1 MONTH OF
FREE
READING

at
www.ForgottenBooks.com

ISBN 978-0-331-22330-9
PIBN 11032314

Die Könige der Germanen.

Das Wesen des ältesten Königthums

der

germanischen Stämme und seine Geschichte

bis auf die Feudalzeit.

Nach den Quellen dargestellt

von

Dr. Felix Dahn,

o. ö. Professor der Rechte an der Hochschule zu Würzburg.

Würzburg, 1866.

A. Stuber's Buchhandlung.

Die Könige der Germanen.

Das Wesen des ältesten Königthums

der

germanischen Stämme und seine Geschichte

bis auf die Feudalzeit.

Nach den Quellen dargestellt

von

Dr. Felix Dahn,

o. ö. Professor der Rechte an der Hochschule zu Würzburg.

Würzburg, 1866.
A. Stuber's Buchhandlung.

Dritte Abtheilung.

Verfaſſung des oſtgothiſchen Reiches in Italien.

Meinem Lehrer und Freund

KASPAR BLUNTSCHLI

in

dankbarer Verehrung

zugeeignet.

Vorwort.

~~~

Raschere Förderung dieses Werkes wurde anfänglich auf meiner Seite durch andere Arbeiten, dann durch die nothwendig gewordene Aenderung im Verlag aufgehalten. Diese und die folgende Abtheilung lagen schon seit einem Jahre druckfertig, die erstere seit Juli gedruckt. Fortan werden so lange Pausen zwischen dem Erscheinen der einzelnen Abtheilungen nicht mehr stattfinden.

Der Anhang zu dieser dritten Abtheilung, das Edict Theoderichs (und die Darstellung des Verhältnisses des römischen und ostgothischen Rechtes in Italien) enthaltend, wird als vierte Abtheilung besonders ausgegeben, solchen Forschern, welche nicht an dem gesammten germanistischen Werk Interesse nehmen, die Separat-Anschaffung zu ermöglichen. Der Druck der vierten Abtheilung wird in Bälde vollendet sein.

Es hat sich mir herausgestellt, daß die allseitig, namentlich auch von Waitz wiederholt, ausgesprochne Aufforderung, das Werk bezüglich der folgenden Stämme mit gleicher Ausführlichkeit, besonders mit gleicher Berücksichtigung der politischen Geschichte, fortzusetzen, in der That unabweislich ist. So wird

denn eine fünfte Abtheilung die Geschichte, eine sechste die Ver=
fassung der Westgothen darstellen: erstere wird im nächsten Jahre
erscheinen können. Die Geschichte und Verfassung der schließlich
im Frankenreich vereinten Stämme wird dann wohl eher vier
als drei starke Abtheilungen erfordern. Die Quellenarbeiten
für all' diese Stämme sind fast abgeschlossen; und so kann ich
die Bearbeitung auch des angelsächsischen und nordischen König=
thums, wie sie Titel und Idee des Werkes erheischen, sicherer
als vor vier Jahren (A. I. p. XI) in Aussicht stellen.

Die Ankündung einer zweiten Auflage der ersten Abtheilung
beruhte auf einem — nicht von mir verschuldeten — Irrthum.
— Mein erster Hauptsatz, von dem rein=germanischen Ursprung
des Königthums ist allgemein als dargethan angenommen, da=
gegen mein zweiter, von der Entwicklung des Bezirks=König=
thums zum Stamm= und Volks=Königthum, fast allgemein
bestritten worden. Vielleicht, daß die heranziehenden Westgothen,
Franken und Alamannen und, in der Nachhut, die nordischen
Könige auch diesen Kampf noch zu meinen Gunsten entscheiden.

Würzburg, im November 1865.

Felix Dahn.

Inhaltsverzeichniß.

I. **Grundlagen. Allgemeines. Die Ansiedlung. Verhältniß zwischen Römern und Gothen** S. 1—23. Vertheilung der Gothen nach Sippen S. 1—5. Die delegatio S. 6. Objecte der Landtheilung S. 6—8. Verbreitungsverschiedenheit S. 8—10. Bedeutung und Maßstab der Landtheilung S. 10—15. Die Römer, Erhaltung der römischen Verfassung und Behörden S. 15—17. Verhältniß der Gothen und Römer nach dem Jdeal der Regierung und in der Wirklichkeit S. 17—19. Verhältniß Theoderichs zu Byzanz und den Römern S. 19—21. Romantisirung des Königthums S. 21—23.

II. **Das Volk. Volksfreiheit. Die Stände** S. 24—56. .
Die Gemeinfreien, ihr Zurücktreten unter den Amalern S. 24. Ihr Wiederhervortreten unter den Wahlkönigen S. 25. Gemeinfreiheit, capillati, Gothi nostri S. 26. Alter gothischer Geburtsadel S. 26—28. Neuer gothischer Dienstadel S. 29. Römischer Adel S. 30. Aemteradel S. 30—34. Reichthum, Abkunft, Bildung S. 35. Gleichstellung des gothischen und römischen Dienst= und Aemteradels S. 35—37. Druck auf die Gemeinfreien S. 37—39. Die Reichen und die Armen, honestiores und humiliores, bei den Römern und den Gothen S. 39—41. Schutz der kleinen Freien durch den König S. 41—44. Gründe des neuen Standes=Unterschiedes, Bekämpfung desselben durch den König S. 44—49. Stellung des gothischen Adels zu den gothischen Freien S. 49—52. Reste der Volksfreiheit S. 52—54. Die Unfreien, römische S. 54—55, gothische S. 56.

III. **Die einzelnen Hoheitsrechte des Königthums** S. 57—81.
    1. **Heerbann. Militärische Einrichtungen und Zustände** S. 57—81.
        Kriegshoheit S. 57. Ausschließung der Römer vom Heer S. 58. Gründe S. 59. Ausnahmen S. 60. Selbstgefühl des Volksheeres S. 61. Eintheilung, Waffenpflicht S. 62. Bewaffnung, Ausrüstung, Administration, Uebung des Heeres S. 62—65. Die Anführer S. 65. Verpflegung, Besoldung S. 66. Domestici S. 67. Proviantirung, Einquartierung, Beitragspflicht der Römer S. 67—71. Annonae S. 72—74. Donativa S. 74—81.

· 2. Gerichtsbann. Rechtszustände S. 81—134.

Gerichtshoheit, imperium und bannus S. 82. Die Erlasse des Königs (Bann, Bußen) S. 83. Sorge für gute Rechtspflege S. 84. Aequitas S. 84—86. Controlle der Rechte des Fiscus S. 86—87. Expropriation S. 88. Willkürliches persönliches Eingreifen des Königs im Interesse der Gerechtigkeit S. 88—92. Gerichtsorganisation, römisches und gothisches Recht S. 92—93. Der comitatus S. 93. als Appellinstanz und als außerordentliches Gericht S. 94. Verweisung an das ordentliche Gericht S. 94. Delegationen S. 95—98. Selbstgewählte Schiedsrichter S. 98—99. Rescripte und Mandate an die Richter S. 99—100', an die Parteien, bedingte, unbedingte S. 100—103. Ruhm und Besetzung des Hofgerichts S. 103—105. Rechtsbelehrungen, Bestätigungen S. 105—106. Begnadigung, Amnestie, außerordentliche Rechtshülfe S. 106—108. Obervormundschaft S. 108—109. Allgemeine Schutzpflicht S. 109—110. Die Schützlinge S. 111. Potentes und minores S. 111—113. Arten des Schutzes S. 113—116. Die tuitio regii nominis S. 116. Wirkungen, Arten S. 116—119. Sauvegarden durch Sajonen S. 119—125. Befreiter Gerichtsstand vor dem comitatus S. 125. Geldstrafen S. 125—131. Untechnische taitio S. 131—134. Römische Nebenwurzeln S. 134.

3. Gesetzgebende Gewalt S. 135.
Ausschließlich beim König S. 135.

4. Finanzhoheit. Finanzzustände S. 136—158.

Patrimonium regis, fiscus, Namen S. 136. Einnahmen S. 137—140. Die Krongüter S. 137. Der Schatz S. 138—139. Directe Steuern S. 139—147. Grundsteuer S. 139—143. Die Steuerpflicht der Gothen und ihre Widersetzung S. 140—143, tertiae S. 143—146, bina et terna S. 146, siliquaticum S. 146—147, auraria, monopolium S. 147. Andere Leistungen und Reichnisse. S. 147. Indirecte Steuern S. 147. Regalien S. 148. Bergregal S. 148. Münzregal S. 148—150. Recht auf den Fund S. 150. Verwaltungseinnahmen, Strafgelder und Aehnliches S. 150. Ehrengeschenke S. 150. Ausgaben S. 151—153. Besoldungen, Heer, Verwaltung, Wohlthätigkeit, Geschenke S. 152. Finanzverwaltung S. 152—157. Abstellung der Mißbräuche S. 152—156. Schutz der Curialen S. 153. Die exactores S. 154. Steuernachlässe S. 155—157.

5. Polizeihoheit. Verwaltung. S. 158—172.

Unterschied vom alten Germanenstaat S. 158. Theoderichs Eifer und Vielthätigkeit: Vergleich mit Karl dem Großen S. 158—159, generalitas, salus publica S. 160. Sorge für Ackerbau S. 161. Lebensmittel S. 161—164. Handel S. 164. Post S. 165. Spiele S. 165—167. Wissenschaft S. 167. Bauten S. 168—172.

6. Amtshoheit S. 172—187.

Römische Amtshoheit, ihr Fortbestand und ihre Rechte S. 173. Fortdauer der römischen. Aemter S. 174—175. Absolutistische Wirkung

S. 176. Mißbräuche der Amtsgewalt S. 176—177. Versuche der Abhülfe S. 178. Außerordentliche Amtsaufträge S. 179. Die gothischen
(duces, comites und) Sajonen S. 180—187.

7. **Kirchenhoheit** S. 187—247.

Rücksichten des arianischen Königs S. 187. Mächtiger Einfluß der
katholischen Bischöfe S. 188—189. Ehrerbietige Behandlung durch den
König S. 189. Schutz der Kirche S. 190. Anerkennung, Bestätigung,
Erweiterung ihrer Rechte S. 190. Das Gerichtsstandsprivileg der
römischen Geistlichen und Bischöfe S. 190—192. Gerichtsbarkeit über
die Geistlichen S. 193—197. Die arianische Kirche S. 197—198. Be-
handlung der Juden S. 198—200. Verhältniß zum römischen Stuhl
S. 200. Odovakar und seine Bestimmungen über die römische Kirche
S. 202—204. Pabst Gelasius I. S. 203—207. Anastasius II. S. 207.
Schisma zwischen Symmachus und Laurentius S. 208—236. Schieds-
spruch Theoderichs S. 210. Synode von a. 499 S. 211—213. Ver-
klagung des Pabstes S. 213—216. Synoden von a. 501 S. 217—229.
Synode von a. 502 S. 229—233. Synode von 503 S. 234—236.
Pabst Hormisdas S. 236—237. Pabst Johannes I. S. 237—238.
Pabst Felix IV. S. 238—240. Das Simoniegesetz Athalarich's
S. 240—242. Agapet I., Silverius S. 243—244. Vigilius S. 245.
Totila und die Kirche S. 245—246.

8. **Repräsentationshoheit ("Gesandtschaftsrecht")** S. 247—253.

Unter Theoderich S. 247—248. Den Wahlkönigen S. 248—249. Das
Verhältniß zu Byzanz S. 249—251. Gesandtschaften S. 250. Die
Titulirung anderer Fürsten S. 252—253.

9. **Das Kronerbrecht** S. 253.

IV. **Gesammtcharakter des Königthums** S. 254—319.

1. **Romanismus** S. 254—275.

Gründe desselben S. 254—255. Verschiedenheit unter den Amalern
und den Wahlkönigen S. 256—257. Die Tracht Theoderichs und die
kaiserlichen Insignien S. 257—258. Die Gothen und das Land Italien
S. 258—260. Die Bedeutung Roms S. 260—263. Cassiodor S. 263—266.
Anschluß an die kaiserlichen Vorgänger S. 266—267. Geschichte des
Verhältnisses der Gothenkönige zum Senat S. 267—275.

2. **Absolutismus** S. 276—319.

Inhalt und Form der absoluten Königsrechte S. 276. Eingriffe in
die persönliche Freiheit, Internirungen, Verheirathungen S. 276—280.
Bedeutung persönlichen Zusammenhangs mit dem König S. 280—282.
Des Königs Gnade S. 282. Sein Hof S. 282—284. Ravenna und
die Provinzen S. 284—286. Das palatium (aula, comitatus)
S. 286—289. Das convivium S. 289—290. Die Begleitung und
Umgebung des Königs S. 290—292. Die besondere göttliche Einsetzung und Leitung der Könige S. 292. Die Titel S. 292—295,
sacra persona S. 296, subjecti, devotio, pietas S. 296—302. Die

civilitas S. 302. Stolz auf die glänzende Aera S. 302—303 gegenüber andern Germanen S. 303—305. Die Thronfolge als Gradmesser
des Absolutismus und der Volksfreiheit S. 305. Athalarich, designatio
successoris S. 306—308. Betonung des alten Erbrechts der Amaler
S. 308—309 gegenüber etwaigen Prätendenten aus dem Adel S. 309—311.
Ernennung Theodahads S. 312. Wahl des Vitigis: Rückschlag S. 312.
Beschränkung des Vitigis und der andern Wahlkönige S. 312—315.
Die Eidesleistung bei Athalarichs Regierungsantritt, keine alte allgemeine Gewohnheit nachweisbar S. 316—317. Verschiedenheit der Stellung von Byzanz zu den Amalern und zu den Wahlkönigen, zumal zu
dem „Tyrannen" Totila S. 317—319.

I. Grundlagen.

Allgemeines. Die Anstedlung. Verhältniß zwischen Gothen und Römern.

Die von Theoderich angeführten Einwanderer und Sieger waren zum weitaus größten Theil Oftgothen[1]. Von andern Germanen hatten sich namentlich Rugier angeschloßen: der dem Odovakar feindliche Anhang des vertriebenen Prinzen Friedrich[2]), und auf dem Marsche durch Dalmatien einzelne Haufen der zurückgeschlagenen Gepiden[3]). Man müßte nun schon von vornherein annehmen, daß bei der Anstedlung in der neuen Heimath die Geschlechter und Sippenverbände, soweit sie in dem Volksheer nach den wechselnden Schicksalen und vielfachen Wanderungen noch erhalten waren, beisammen blieben. Schon aus allgemeinen Erwägungen ergibt sich das. Irgend ein Princip, irgend ein bestimmter Eintheilungsgrund mußte befolgt werden, sollte die Arbeit der Landvertheilung und Anstedlung nicht endlos und nicht zu regelloser Willkür werden.

Man wollte nun aber oder konnte nicht, wie die gewaltsamen Vandalen in Afrika gethan, einige Provinzen als solche, im Gan-

---

1) Ueber die wahrscheinliche Kopfzahl s. Abth. II. S. 78; Manso S. 78, Sartor. 17; auch einzelne Byzantiner waren mitgezogen, Cass. Variar. I. 43, zum Theil wohl als Repräsentanten des Kaisers.

2) A. II. S. 76.

3) In den außeritalischen Provinzen saßen natürlich auch nach dem Siege Theoderich's neben den Provinzialen und Römern und neben den neuen gothischen Besatzungen auch andere, schon früher daselbst angesiedelte Barbarengruppen: alle diese, nicht nur die Anhänger Odovakar's, sind die antiqui barbari der Varien, ein Gegensatz zu den novi barbari, d. h. den Einwandrern unter Theoderich; auch in Italien selbst fanden sich einzelne ältere germanische Colonien: so Schaaren von Alamannen und Taifalen an den Ufern des Po: Ammian. Marcell. 28, 5: Alamannos (Valentinianus) . . cepit . . ad Italiam misit, ubi fertilibus pagis acceptis jam tributarii circumcolunt Padum.

zen, ben Gothen zutheilen, so baß man etwa um Rom ober um
Ravenna das gesammte Volk concentrirt angesiedelt hätte, mit Aus=
weisung ber römischen Grundbesitzer aus ihren Gütern. Theoderich
wollte die Römer bei der Niederlassung seines Volkes möglichst ge=
linde behandeln: beßhalb entschloß er sich zu bem folgenreichen Schritt,
die Gothen über das ganze Reich, zunächst über die ganze Halbinsel
und beren wichtigste Grenzprovinzen, zu vertheilen, indem er sie
einfach in die früher schon ben Schaaren Obovakars zugewiesenen
Güterquoten eintreten ließ: wahrscheinlich war bieß mit dem Kaiser
für ben Fall des Sieges also vorvereinbart worden [1]. Bei bieser
weiten Zerstreuung ber Gothen wäre es nun boch der Gipfel der
Unklugheit gewesen, auch noch das letzte natürliche Band zu zer=
reißen, welches biese auseinander gebreiteten germanischen Siedelun=
gen zusammenhielt, das Band ber Sippe.

Ferner kömmt bazu, baß das germanische Rechtsleben jener
Periobe sich ohne das nahe Zusammenwohnen der Gesippen gar
nicht benken läßt: abgesehen von jenen Rechtsgebieten, in benen bie
Gültigkeit gothischen Rechts bestritten oder unwahrscheinlich ist, ab=
gesehen vom öffentlichen Recht, vom Strafrecht, vom Civil= und
Strafproceß, beruhte auch das Privatrecht und zwar gerade biejeni=
gen Theile bes Privatrechts, in welchen am Unzweifelhaftesten gothisch
Recht galt, beruhte Personenrecht, Familienrecht, Erbrecht und Vor=
mundschaft ganz wesentlich auf bem Verband ber Sippe. Mund=
schaft und Erbrecht hätte sich aber nicht gothisch erhalten können,
wenn die Mundwalte und Erben ohne allen Zusammenhang von
Augsburg bis nach Syrakus, vom Tajo bis zur Drave zerstreut
gewohnt hätten. — Wenn man aber auch nicht an bas spätere
friedliche Rechtsleben ber gothischen Bauerschaften benkt, wie es
fünf Jahrzehnte lang bestand, wenn man sich nur ben Augenblick

---

1) Beßhalb aber hatte schon Obovakar basselbe System befolgt? Schwerlich
reicht die gleiche Absicht ber Schonung bei ihm zur Erklärung aus. Es kömmt
ein andres auch für die Ansteblung ber Gothen wichtiges Moment hinzu. Die
Zahl seiner Anhänger war so gering, seine Herrschaft so wenig befestigt und so
viel mit Kriegen bebroht, baß wahrscheinlich ein sehr großer Theil seiner Krieger
gar nicht auf längere Zeit nach Hause entlassen, sondern um seine Person ver=
sammelt gehalten wurde. Da war es bann eher gleichgültig, ob die von ben rö=
mischen hospites unb beren Knechten nach wie vor einschließlich bes abgetretnen
Drittels bewirthschafteten Güter, von deren Ertrag ein Drittel bem Germanen
(hospes) zufiel, beisammen lagen oder nicht; auch hat gewiß Obovakar schon viel=
fach herrenlose und confiscirte Güter vertheilen können.

vergegenwärtigt, da, nach dem Fall von Ravenna, die Gothen als bewaffnetes Volksheer, in Tausendschaften[1]) und Hundertschaften gegliedert, von ihrem Heerführer die Vertheilung des eroberten Landes forderten, so wird man zu dem nämlichen Ergebniß gedrängt.

Denn dieses Volksheer, diese Tausendschaften und Hundertschaften waren ja selbst nach uralter Sitte[2]) deren Fortbestand bei den Gothen besonders verbürgt ist[3]), nach familiae et propinquitates, nach Sippen und Geschlechtern gegliedert: der Sippeverband war zugleich der Eintheilungsgrund der Hundert= und Tausendschaften, und wenn der Heerführer nach militärischem Maß, regimenterweise, seine Schaaren vertheilen wollte, was ihm aus praktischen Gründen der Gegenwart und der Zukunft am Nächsten liegen mußte, so traf dieser Maßstab wieder mit der natürlichen Gliederung in Familien und Geschlechter zusammen. Nur unter dieser Voraussetzung ist es — dann aber auch völlig — erklärlich, daß die einzelnen Gruppen von Gothen in jeder römischen Landschaft, auch abgesehen von der machtlos gewordenen Regierung, als organische Einheiten auftreten, daß sie in dem Kriege mit Byzanz, von der Staatshülfe verlassen, als relativ selbständige Körper Waffenruhe, Unterwerfung, Widerstand beschließen, was Prokop so oft zu melden hat[4]). Die bloße Nachbarschaft der Grundstücke würde diesen Zusammenhang solcher Gruppen nicht erklären: denn eine Nachbarschaft mit unmittelbar zusammenhängenden Grundstücken bestand, nach dem System der gemischten Ansiedlung, nicht.

Diese allgemeinen Gründe für eine nach Geschlechtergruppen gegliederte Niederlassung werden nun wesentlich bestärkt durch die schon früher[5]) angeführte positive Beweisstelle: es ist[6]) außer Zweifel, daß die Rugier, welche sich den Gothen angeschlossen, nach dem Geschlechterverband in Italien angesiedelt wurden. Noch im Jahre 541 bilden sie einen ganz nach der Abstammung ausgeschiedenen (ἐς τὸ γένος ἀπεκέκριντο l. c.) selbständigen Lebenskreis, wahrscheinlich in der Gegend von Pavia. Sie hatten während des ganzen fünfzigjährigen Bestehens des Gothenstaates nur untereinan-

---

1) Var. V. 27 millenarii; f. u. „Heerbann".
2) Tac. Germ. c. 7. A. II. S. 79.
3) A. II. S. 92.
4) b. G. I. 15 u. oft; f. A. II. S. 212; 223; 227; 241.
5) A. II. S. 128.
6) Nach Prokop b. G. III. 2.

der geheirathet, weder Italienerinnen noch Gothinnen[1]): sie hatten ihr Geschlecht unvermischt mit eignem Namen erhalten, sie bilden einen Kreis von geschloßnen Interessen, in welchem ihr Häuptling Erarich eine wichtige Stellung einnimmt[2]). Dieser Geschlechterverband im Staat thut auf eigne Faust eigne Schritte: es ist bereits nachgewiesen, daß sich diese Erscheinungen nur unter der Voraussetzung erklären lassen, daß diese Geschlechter nebeneinander angesiedelt waren. Offenbar aber hatte man nun nicht etwa diesem Nebenvölklein eine besonders begünstigte Ausnahmsstellung gewährt, sondern die Erscheinung ist nur eine Folge davon, daß man das allgemeine System der Niederlassung eben auch bei ihnen angewendet hatte.

Und damit stimmt in bedeutsamer Weise zusammen, daß unter dem Wenigen, was wir von dem Leben und den Zuständen der Ostgothen in Italien wissen, vor Allem ein lebhaftes Gefühl des Sippeverbandes sich auszeichnet: alle moralischen und juristischen Wirkungen des Geschlechterzusammenhanges, soweit sie das Gesetz noch gestattet, ja gegen das Gesetz, sind noch in starker Uebung: das erklärt sich bei der weiten Ausdehnung des Reiches nur aus dem engen Zusammensiedeln der Sippegenossen.

Die Blutrache steht, trotz dem (römischen) Gesetz, in voller Blüthe: die Königin selber kann sich nicht verhehlen, daß sie vor der Rache der Verwandten ihrer Feinde, welche sie aus dem Wege räumen will, nicht sicher sein werde: und diese Feinde — es sind die Häupter der alten Adelsgeschlechter, die Führer der nationalen Opposition gegen das Romanisiren der Amaler — stehen, obwohl an entgegengesetzte Marken des Reiches versendet, in ständiger Verbindung „durch Vermittlung ihrer Verwandten"[3]), und diese Verwandten sind es denn auch wirklich, welche das Blut ihrer gemordeten Gesippen mit dem Blute der Mörderin rächen[4]).

So eng ist der Zusammenhang der Sippe, daß Glück oder Unglück nach der Anschauung des Volkes alle Glieder Eines Hauses begleitet[5]), und so heilig sind diese Bande, daß ein tüchtiger Mann,

---

1) l. c. γυναιξὶ μέντοι ὡς ἥκιστα ἐπιγμιγνύμενοι ἀλλοτρίαις ἀκραιφνέσι παίδων διαδοχαῖς ἐς τὸ τοῦ ἔθνους ὄνομα ἐν σφίσιν αὐτοῖς διεσώσαντο.

2) l. c. δύναμιν μεγάλην περιβεβλημένος ἐν τούτοις τοῖς βαρβάροις.

3) Proc. b. G. I. 3. διὰ . . . τῶν ξυγγενῶν ξυνήεσαν.

4) l. c. 4. Γότθων γὰρ ξυγγενεῖς κ. τ. λ.

5) l. c. A. II. S. 224.

ein Ideal von einem Gothen, sich weigert, selbst zum Heil des Staates die Familienpietät zu verletzen[1]), ja dieß Gefühl ist stärker fast als das nationale: als sein Verwandter, König Ildibad, ermordet worden von den Gothen, denkt sogar eine Natur wie Totila die Sache seines Volkes aufzugeben und, was das Bedeutsamste, das offne Bekenntniß solcher Gesinnung schadet ihm nicht im Mindesten in der Meinung der Gothen, offenbar weil sie dieselbe theilen.

Wir haben uns also die Gothen nach Familien und Sippen (φύλαι) gegliedert angesiedelt zu denken: neben dem räumlichen Verband der Nachbarschaft bestand und wirkte fort der historisch-hergebrachte persönliche Verband der Geschlechtergruppen, welcher in den Zeiten der unstäten Niederlassungen und politischen Auflockerung während der langen Wanderungen stärker fast als der politische vorgehalten hatte: er hielt auch in Italien bei vorübergehender Zerrüttung des Staates noch die Gemeinden der Gothen zusammen.

Die eigentliche Landtheilung und Ansiedlung fand nun in folgender Weise statt. Eine vom Könige besonders bestellte Commission, wahrscheinlich aus Römern und Gothen gemischt, leitete das gesammte Verfahren. An der Spitze der Commission[2]) stand ein vornehmer Römer, Liberius, der an Odovakar treu bis zu dessen Untergang gehangen und durch diese Treue den Sieger nicht erzürnt, sondern gewonnen hatte[3]): er erhält von Cassiodor das Lob, die schwierige Aufgabe mit großer Sorgfalt und Ordnung, namentlich aber mit großer Schonung der Italiener gelöst zu haben[4]).

Die Gothen wurden nach ihren organischen Gliederungen in Frieden und Krieg, also nach Sippen, Hundertschaften und Tausendschaften von ihren militärischen Vorständen nach den Hauptorten der Landschaften geführt: dort erhielten die Familienväter und andern selbständigen Männer von den Unterbeamten der Commission (delegatores, delegationis) schriftliche Anweisungen (öffentliche Urkunden) auf bestimmte in dieser Provinz belegene Grundstücke (Drittel von römischen Gütercomplexen). Diese Anweisungen heißen **pictatia**[5]). Der Umfang des zugewiesenen Grundstückes[6]) richtet

---

1) l. c. Uraia, der Neffe des Vitigis.
2) Deputatio tertiarum hieß fie. Vgl. Manso S. 82.
3) Cass. Variar. II. 16.
4) l. c.
5) Das Wort begegnet in den Varien und im Edictum Theoderici im allgemeinen Sinn einer öffentlichen Urkunde, zweimal in den Varien mit specieller

sich nach dem Bedürfniß des Empfängers: also zunächst nach der Größe der Familie, besonders nach der Zahl der noch in väterlicher Mundschaft stehenden Söhne, nach dem Stand und der ganzen Stellung des Geschlechts[1]). Woher aber wurde das zu vertheilende Land genommen? welche Grundstücke standen der Commission zur Verfügung?

Zunächst die „sortes Herulorum", d. h. diejenigen Drittel sämmtlicher italienischer Güter, welche Odovakar an seine Anhänger hatte abtreten lassen[2]).

In sehr vielen Fällen waren diese bisherigen Eigenthümer der Güterdrittel in dem vierjährigen blutigen Kampf oder bei jener dunkel angedeuteten „Vesper"[3]) oder bei der Ermordung Odovakar's untergegangen oder nachträglich ihres Vermögens beraubt worden: alsdann brauchte also nur der Gothe in das leer stehende Gut des Herulers einzutreten. Dieß war das zunächst liegende, einfachste Verfahren: dieß lag offenbar der Uebereinkunft von Theoderich und Zeno zu Grunde. Der barbarische Sieger trat an die Stelle des barbarischen Besiegten und der römische hospes wechselte, ohne nochmalige Behelligung und Beraubung nur die Person des Nachbarn und Getheilen (consors). Dieß Verfahren wird als das regelmäßige bestätigt von Prokop: „Theoderich that seinen Unterthanen (d. h. den italienischen) nichts zu Leibe und ließ ihnen nichts zu Leibe thun, ausgenommen, daß die Gothen jenen Theil der Grund-

Beziehung auf die Landtheilung: I. 18 (wo es Gaupp S. 474 mit Recht an die Stelle des sinnlosen petitio setzt: si Romani praedium ... sine delegatoris cujusque pictacio praesumtor barbarus occupavit ... priori domino restituat und III. 35, wo ein Römer in dem Besitze dessen geschützt wird, was der Patricius Liberius ihm oder seiner Mutter per pictacium constiterit deputasse: der Name Liberius deutet bestimmt auf die Landtheilung.

6) „Loses", der Ausdruck sors begegnet technisch nur zweimal in den Varien III. 17; wo der König einem (gothischen) Priester eine sors bei Trient schenkt; und VIII. 26, wo die sortes ausdrücklich als Grundlage des Lebensunterhaltes der Gothen bezeichnet werden cum vos sortes alant propriae. Die Güter der Gothen heißen sonst, wie die der Italiener casae, possessiones IV. 14; ob das einmalige consortes in den Varien technisch gemeint, steht dahin.

1) Die Beweise f. unten bei „Abel".

2) Manso S. 80. Ueber den unmittelbaren Zusammenhang dieser Maßregel mit dem hergebrachten römischen Besoldungs- und Einquartierungssystem gegenüber den Söldnern f. Abth. II. S. 43 und Gaupp S. 460.

3) A. II. S. 80.

stücke unter sich vertheilten, welchen Odovakar seinen Anhängern gegeben hatte"[1].

Indessen neben diesem Verfahren, das die Regel bildete, stauben doch auch zahlreiche Ausnahmen[2]: das einfache Herrentauschen der herulischen Lose konnte nicht immer stattfinden und, wo es stattfand, nicht immer ausreichen.

Erstens behielten viele Heruler ꝛc. in Folge der von Theoderich erlaßnen Amnestie[3] ihre Güter. Zweitens überschritt die Zahl der anzusiedelnden Gothen sehr bedeutend die Zahl der Anhänger Odovakar's. Drittens erfuhr die von Odovakar im Princip ausgesprochne, aber schwerlich durch ganz Italien zur Ausführung gebrachte[4] Dritteltheilung gewiß durch Theoderich eine umfassende Revision[5], welche in vielen Fällen zum ersten Mal zur wirklichen Theilung führte[6], in allen Fällen aber als erste rechtmäßige Theilung von Gothen und Römern[7] angesehen wurde, welche beide wie Byzanz das Eigenthum der Italiener an ihren Gütern durch die Maßregeln des „Usurpators" nicht als aufgehoben betrachteten. Daraus erklärt es sich vollständig, daß neben dem Tausch zwischen Herulern und Gothen[8] auch von einer Theilung[9] zwischen Römern und Gothen gesprochen werden kann. —

---

1) Proc. b. G. I. 1. πλήν γε δὴ ὅτι τῶν χωρίων τὴν μοῖραν ἐν σφίσιν αὐτοῖς Γότϑοι ἐνείμαντο, ἅπερ Ὀδόαχρος τοῖς στασιώταις τοῖς αὐτοῦ ἔδωκεν; bei Prokop darf ἅπερ statt ἥνπερ nicht befremden: s. z. B. Gaupp S. 469; er verwechselt μοῖρα und χωρία.

2) Diese übersieht Leo I. S. 51.

3) A. II. S. 127; diese erstreckte sich auch auf die bis zuletzt von Odovakar behaupteten Städte (Manso S. 84 zweifelt); sie hatten keine Wahl gehabt.

4) Gaupp S. 470.

5) A. II. S. 127.

6) Odovakar hatte für seine Leute nicht das ganze Drittel von Italien gebraucht, hatte viele derselben stets um seine Person versammelt gehalten und diese hatten dann wohl nur ein Drittel der Einkünfte von ihren römischen hospites bezogen.

7) Damit fällt Pallmann's II. S. 327 Polemik gegen meine Sätze A. II. S 327. Seine Behauptung, Ostrom habe die gothische Besetzung Italiens nie anerkannt, ist im Widerspruch mit allen Quellen, mit dem ganzen Verhältniß von Byzanz zu dem Gothenreich von der Uebersendung der Insignien an bis zum Ausbruch des großen Krieges.

8) Prokop l. c.; mit Unrecht verwirft seinen Bericht Manso S. 80.

9) Cassiodor; die einschlägigen Stellen müssen bei der Grundsteuer besprochen werden. Mit Unrecht behauptet Manso S. 80 eine nochmalige Beraubung der Italiener.

Die Annahme dieser mannichfaltigen Combinationen bei der An=
siedlung erklärt nun auch allein in lichtvoller Weise die seltsame
Vertheilung, in welcher wir die Gothen über die Halbinsel verbreitet
finden: keinesweges zwar eine Zusammendrängung derselben in
zwei, drei Provinzen (wie bei den Vandalen), aber doch unverkenn=
bar eine viel größere Dichtigkeit der gothischen Bevölkerung in
Oberitalien, in Ost= und Mittelitalien als im Süden und Westen
der Halbinsel. Dieses interessante Ergebniß läßt sich besonders
aus dem so sehr verschieden abgestuften Widerstand ableiten, den
die byzantinische Invasion in den verschiednen Landschaften findet.

Nicht nur Sicilien[1]) war stets ein unsichrer Besitz der Gothen,
— die Bevölkerung war schon schwierig bei der Besitznahme[2]), klagte
fortwährend über die gothische Verwaltung[3]) und gab das erste
Beispiel eifrigsten Abfalls zu den Griechen, wodurch sie sich den
schweren Haß der Gothen zuzog[4]), — ganz Süditalien bis Neapel
fällt ohne Widerstand den Griechen zu. In dieser Stadt, einer
starken Festung, liegt auch nur gothische Besatzung: es heißt von
diesen Gothen, daß sie ihren Hausstand, ihre Frauen und Kinder
in der Gewalt des Königs wissen, also in Mittel= und Nordital=
lien. Nur diese Mannschaft kämpft und die den toleranten Gothen
dankbar ergebne Judenschaft: von gothischen Einwohnern auch hier
keine Spur. Aber auch auf dem flachen Lande von ganz Bruttien,
Lucanien, Calabrien, Apulien, Campanien ist keine gothische Be=
völkerung von irgend nennenswerther Dichtigkeit: ausdrücklich sagt
Prokop: „alles Land bis Benevent unterwarf sich dem Belisar, da
dort keine Gothen wohnten"[5]).

Erst in Samnium und Picenum stoßen wir auf landangesessne

---

1) In Syrakus lag eine gothische Besatzung: vgl. die Bestallungsformel des
comes civitatis syracusanae Var. VI. 22 u. IX. 14. Ohne Unterstützung durch
eine gothische Bevölkerung ergibt sie sich sofort, Proc. b. G. I. 5, ebenso alle an=
dern Städte: nur in Palermo wird einiger Widerstand versucht, aber nur von der
„Besatzung" (l. c. Γότϑοι δὲ ἐν Πανόρμῳ φυλακὴν εἶχον), nicht von einer
gothischen Bevölkerung. Wenn die Insel nach Prokop anfangs auf ihre Bitten
sogar von jeder Besatzung befreit blieb b. G. III. 16, „auf daß ihre Freiheit und
sonstige Wohlfahrt nicht verletzt werde", so liegt darin auch die Befreiung von der
Landtheilung.

2) Var. I. 3.

3) l. c. IX. 14.

4) Proc. b. G. III. 19.

5) l. c. I. 15. Γότϑων σφίσι τῇ χώρᾳ οὐ παρόντων.

Gothen und zwar genau in der Richtung, in welcher wir sie nach
unsrer obigen Annahme zu suchen haben, nicht im Westen, sondern
im Osten, nach der Küste des abriatischen Meeres zu. „Da kam
Pitza, ein Gothe aus Samnium, und unterwarf sich und die Go-
then, welche daselbst mit ihm wohnten; und gab dem Belisar die
Hälfte des Küstenlandes in die Gewalt, bis zu dem Fluß, der die
Landschaft mitten durchschneidet. Die Gothen aber auf dem andern
Ufer des Flußes wollten sich dem Pitza nicht anschließen und dem
Kaiser nicht unterwerfen"[1].

Man sieht, hier beginnt der Widerstand „der im Lande selbst
sitzenden" „wohnenden" „bauenden" gothischen Bevölkerung, nicht
bloßer Truppendetachements. Die Gothen auf dem „diesseitigen"
Ufer (Prokop spricht vom Hauptquartier in Neapel aus) des Flußes[2]),
d. h. also die im Süden, schließen sich unter einem einflußreichen
großen Grundbesitzer und Geschlechterhaupt an die Feinde: die
Gothen auf dem jenseitigen, d. h. dem nordwestlichen Ufer fassen
im Anlehnen an sicheren Rückhalt andre Beschlüsse. Auch Cassiodor
bestätigt gothische Siedelungen in Samnium und Picenum[3]).

Gehen wir weiter aufwärts nach Norden, so finden wir auf
der Westseite der Halbinsel keine massenhaften gothischen Gruppen:
der größte Theil von Tuscien gehört dem Prinzen Theodahad,
welcher römische Nachbarn hat[4]): wohl aber im Osten: wie im Picentinischen[5]), so in Umbrien, der spätern Pentapolis und dem
Exarchat, in den Landschaften Aemilia und Flaminia, zum Theil
auch noch in Ligurien, stark in Oberitalien und der Lombardei bis
nördlich über Verona und Trient hinaus, ebenso stark im Osten,
im Venetianischen, besonders aber auf der Ostküste der Abria, in
Dalmatien, Savien[6]), Istrien und Liburnien. —

Wenn so im Osten und Norden ein gewisser Zusammenhang

---

1) b. G. I. 15 τότε δὴ καὶ Πίτζας Γότθος ἀνὴρ ἐκ Σαμνίου ἥκων αὐτόν
τε καὶ Γότθους, δι ἐκείνῃ ξὺν αὐτῷ ᾤκηντο καὶ Σαμνίου τοῦ ἐπιθαλασσίου
μοίραν τὴν ἡμίσειαν Βελισαρίῳ ἐνεχείρισεν, ἄχρι ἐς τὸν ποταμόν, ὃς τῆς
χώρας μεταξὺ φέρεται. Γότθοι δὲ ὅσοι ἐπὶ θάτερον τοῦ ποταμοῦ ἵδρυντο
οὔτε τῷ Πίτζᾳ ἕπεσθαι οὔτε βασιλεῖ κατήκοοι εἶναι ἤθελον.
2) Ich möchte ihn eher für den Aternus als für den Sagrus halten.
3) Var. III. 13. V. 27.
4) Doch finden sich allerdings auch gothische possessores in Tuscien, Var.
IV. 14; namentlich in dem späteren florentinischen Gebiet; vgl. Leo I. S. 53.
5) Var. IV. 14. V. 27.
6) Var. IV. 49.

ber gothischen Ansiedlung sich nachweisen läßt, im Westen und Sü=
den dagegen nur vereinzelte gothische Besitzungen begegnen, so er=
klären sich jene Regel und diese Ausnahmen aus der Regel und
den Ausnahmen des Verfahrens bei der ersten Niederlassung: die
Regel bildeten dabei die herulischen Lose, die Ausnahmen einzelne
besondre Verleihungen und Verschenkungen des Königs. Die heru=
lischen Lose, die wirklich abgetretnen nämlich, waren wegen der ge=
ringen Zahl der Anhänger Odovakars nicht über die ganze Halb=
insel gleichmäßig vertheilt, sondern vorzüglich dicht im Osten und
Norden gelagert gewesen — aus denselben Gründen, welche schon
lange Ravenna und Verona wichtiger gemacht hatten als Rom und
Neapel: — nämlich wegen der Abwehr der Barbaren von den
Alpen und von Pannonien her. Daher entscheidet sich denn auch
der ganze Kampf Theoderichs mit Odovakar im Norden und Osten:
im Süden und Westen hat dieser keinen Rückhalt gegen den An=
greifer. Verona, Ravenna sind seine Defensiven und Rimini ist
sein südlichster Stützpunkt. — Und ganz erklärlich ist es daher,
daß auch der Angreifer vom Süden her, daß auch Belisar erst in
denselben Gegenden im Norden und Osten auf geschloßne gothische
Siedelungen stößt: **hier hatte man massenhaft die heruli=
schen Lose unter die Gothen vertheilen können.** Im
Süden und Westen finden sich, außer Besatzungen, nur verein=
zelte gothische Grundbesitzer, meist auf vom König verpachteten
oder besonders geschenkten Gütern. — In den Provinzen außerhalb
Italiens (und den wichtigsten Marken wie Rhätien) gab es, abge=
sehen von der Ostküste der Abria, keine dichte, das Land überziehende Be=
völkerung, sondern fast nur Besatzungen der Städte, Castelle und Pässe.

Ein starkes Zeugniß hiefür liegt darin, daß nicht einmal in
dem gothischen Südgallien, der fruchtbarsten, nächsten und wichtig=
sten Provinz außer Italien, Gothen angesiedelt sind. Denn hier
werden zur Verpflegung des erst hin zu sendenden Gothenheeres
(gothicus exercitus) nur die universi provinciales beordert, d. h.
eben Nicht=gothische Grundbesitzer: es heißt nicht, wie in italienischen
Landschaften in gleichen Fällen, universis Gothis et Romanis oder
provincialibus in Gallia constitutis, sondern nur universis provincialibus[1]). Die Gothen waren auf dem Gebiet des Reiches, vor
dessen Erweiterung durch Eroberungen, vollständig untergebracht.

---

1) Was entschieden nicht aus einer Befreiung der gothischen possessores ab=
zuleiten ist; eine solche Befreiung ist mit dem Ton des Erlasses ganz unvereinbar,
vgl. Var. III. 42 mit 41.

Wie im Einzelnen die Gothen bei der Landvertheilung bedacht wurden, nach welchem Maßstab und an welche Classen von Personen vertheilt wurde, darüber lassen sich nur Annahmen aufstellen, die aus der Natur der Verhältnisse und den Grundgedanken alles germanischen[1] Rechtslebens folgen: ausdrückliche Quellenberichte darüber fehlen und können nur manchmal durch Consequenzen aus Quellenstellen andern Inhalts ergänzt werden[2].

Jedenfalls betrachtete Theoderich jene Landtheilung als die Rechtsgrundlage für alle Grundbesitzverhältnisse in seinem Reich. Merkwürdig ist, daß er hiebei den Bestand dieses seines Reiches nicht erst von der Unterwerfung oder Ermordung Odovakars an batirt (27. Februar oder 8. März a. 493), sondern von seinem Uebergang über den Isonzo (August a. 489), d. h. also, da dieß der officiell anerkannte Grenzfluß Italiens ist, von seinem ersten Erscheinen auf italischem Boden. Das war wohl eine Consequenz aus der legitimistischen Rechtfertigung seiner ganzen Stellung in Italien: sowie er dieß Land im Auftrag des rechtmäßigen Herrn betreten, sollte mit der Besitzergreifung sein Reich als errichtet und an die Stelle der Usurpation Odovakars getreten gelten.

In diesem Gedankenzusammenhang wurzelt eine bedeutsame principielle Entscheidung über Grundbesitzverhältnisse. Ein barbarus hat das Grundstück eines Römers in Besitz genommen und dieser auf Rückgabe geklagt[3]. Da unterscheidet der König: hat die Occupation stattgefunden, ehe wir den Isonzo überschritten, so kömmt es auf den Ablauf der dreißigjährigen Klagverjährung von der Besitzergreifung bis zur Klagstellung an, ob der Römer mit seiner Klage durchbringt. Hat aber die Occupation erst nach jenem Termin (August a. 489) stattgefunden, und hat der barbarus kein pictacium delegatoris aufzuweisen, so muß er ohne weiteres restituiren; ob die Klage verjährt sei oder nicht, wird in diesem Fall

---

1) Ohne ausreichende Kenntniß hievon werden alle Darstellungen dieser Reiche große Lücken zeigen; so auch das tüchtige Buch von Sartor. Vgl. z. B. S. 17.

2) Wir wissen z. B. nicht, ob die Ostgothen wie andre Germanen bezüglich der verschiednen Arten von fundi (Häuser, Gärten, Aecker, Reb=, Wies= und Waldland) verschiedne Quotentheilungen aufstellten; wie z. B. bei den Burgunden geschah, wo der Römer von Hof, Garten, Wald und Weide die Hälfte, vom Ackerland ein Drittel, von den Knechten zwei Drittel behielt. Manso S. 81 vermuthet Analoges; aber die Quellen sprechen ohne Unterschied von Dritteln.

3) Die Motivirung des Falls bei Manso S. 83 ist nicht die richtige.

gar nicht untersucht: b. h. der König will von jenem Termin an nur die urkundliche Landanweisung als Titel des Besitzes eines Barbaren an römischem Boden gelten lassen: von da ab soll anderweitige (gewaltsame) Besitzergreifung unerachtet der hinzu kommenden Klagverjährung den Besitz des barbarus zum Schaden des Römers nicht rechtfertigen[1]).

Die Landtheilung, wie sie im Auftrag des Königs Liberius vorgenommen, bleibt die Richtschnur für Regelung aller Grundbesitzprocesse zwischen Römern und Gothen: in diesem Sinne sagt der König einem Römer, dessen Grundbesitz angefochten wird: „was gemäß unsrer Anordnung der Patricius Liberius Dir und Deiner Mutter hergestelltermaßen per pictacium zugetheilt hat, soll in Kraft und Geltung bleiben"[2]).

Man hat die Frage aufgeworfen, ob nur die Familienväter oder alle waffenfähigen Gothen Lose erhielten?[3]) Wahrscheinlich weder das Eine noch das Andre. Es empfingen Lose alle selbständigen b. h. nicht unter Mundschaft stehenden Freien. Also zwar die Familienväter, aber auch die selbständigen Unverheiratheten. Die Frage, wie es sich hiebei mit den noch unter väterlicher Mundschaft stehenden Haussöhnen verhielt, führt sofort zu der zweiten, der nach dem Quantum, welches jeder, der überhaupt empfing, beanspruchen durfte. Keinenfalls empfing jeder Empfänger gleich viel: es wurde nicht etwa das Drittel von Italien unter alle Empfänger in gleichen Losen vertheilt, sondern jeder Empfänger empfing nach Bedürfniß: es wurden Minimalmaße angenommen, welche für den

---

1) Var. I. 18. si Romani praedium ex quo Deo propitio Sonti fluenta transmisimus, ubi primum Italiae nos suscepit imperium, sine delegatoris cujusquam pictacio praesumtor barbarus occupavit, eum priori domino submota dilatione restituat. quodsi ante designatum tempus rem videtur ingressus adversus quam praescriptio probatur obviare tricennii, petitionem jubemus quiescere pulsatoris. illa enim reduci in medium volumus quae nostris temporibus praesumta damnamus. Diese Motivirung schließt auch die Deutung aus, daß der Fall vor a. 519 spiele und der König nur deßhalb bei der zweiten Alternative der Verjährung geschweige.

2) Var. III. 35; wenn aber dabei der Besitz des Römers auf beneficium principis und votum zurückgeführt wird, so kann damit doch unmöglich das bloße Belassen von zwei Drittel seines frühern Eigenthums, es muß eine Schenkung, Verleihung gemeint sein, welche damals der König dieser römischen Familie ebenfalls durch Liberius mittelst pictacium zuwandte.

3) Manso S. 84.

Alleinstehenden, dann für kleinere, endlich für größere Familien erreicht werden mußten. Ein Hausvater, der noch sechs Söhne in der Mundschaft hatte, erhielt gewiß mehr, als der keinen Sohn mehr in der Mundschaft hatte: die Austheilung an die Söhne mochte dann ihm überlassen werden. Solche Söhne, welche bisher in der Mundschaft gestanden, aber jetzt, etwa während des vierjährigen Krieges, waffenfähig und reif geworden waren, aus derselben auszuscheiden, wurden als selbständige Losempfänger behandelt. Durch die thatsächliche Waffenfähigkeit allein wurde die väterliche (und anderweitige) Mundschaft noch nicht aufgehoben: es mußte noch eine förmliche Entlassung von Seite des Mundwalts (oder des Königs) oder eine thatsächliche Trennung von dem Haushalt des Vaters hinzutreten, was eben jetzt durch Ansiedlung auf eignem Lose mit Willen des Vaters (oder des Königs) geschehen konnte.

Aehnlich wurde wohl für Mündlinge, welche in der Mundschaft eines Schwertmagen, nicht ihres (verstorbnen) Vaters standen, ein Los ausgeschieden und dem Mundwalt zur einstweiligen Verwaltung übertragen.

Neben der Größe der Familie, d. h. der Zahl der noch in Mundschaft stehenden Haussöhne (auf die Töchter kam es weniger an) waren unvermeidlich auch noch andre damit zusammenhängende factische Momente von Einfluß auf die Ausmessung des Loses.

So die Zahl der Knechte und des Viehes, welche der Einwandernde mitbrachte: denn daß die Gothen diese ihre wichtigste Habe mit nach Italien nahmen, ist selbstverständlich und wird von Ennodius bezeugt[1].

Dieß führt zu der Annahme, daß der Reichthum und der Stand die Größe des Loses verschieden gestalteten, eine Ungleichheit, welche mit der germanischen Freiheit oder doch der gewöhnlichen Vorstellung von derselben in Widerspruch zu stehen scheint.

Allein erstens werden wir von unbestreitbaren Thatsachen zu jener Annahme gedrängt, zweitens ist der Widerspruch nicht so grell und vereinzelt, und endlich war die „germanische Freiheit" bei diesen Gothen in Italien schon sehr bedeutend modificirt.

Es steht fest[2]), daß der König eine ganz unvergleichbar

---

1) Sclaven und Vieh der römischen hospites wurden jedenfalls als Zubehörde des abgetretnen Loses mit abgetreten: also wahrscheinlich ein Drittel der Gesammtzahl.

2) s. unten „Finanzhoheit".

größere Menge Landes empfing als alle Andern: das ganze Kron=
gut Odovakars, d. h. alles früher dem Kaiser, dem Fiscus gehörige
Land[1]), vermehrt durch die eingezogenen Güter seiner Anhänger.
An diesen höchst ausgedehnten Ländereien erhielt das Volk keinerlei
Recht. Aber auch die Prinzen des königlichen Hauses erhielten
einen unverhältnißmäßig größern Grundbesitz als alle Andern.
Dem Prinzen Theodohad gehört „fast die ganze Provinz Tuscien[2])
und wenn wir auch hievon einige Uebertreibung abziehen und
spätere Schenkungen der Könige[3]) und widerrechtliche Bereicherun=
gen[4]) in Rechnung bringen — immer bleibt noch eine ursprüng=
liche Dotation von ganz außerordentlichem Umfang.

Ferner: die vornehmen Römer am Hofe und an der Spitze
der Geschäfte waren im Besitze eines bedeutenden Reichthums[5]). Es
geht nun aber nicht anders, wir müssen uns die gothischen Großen
diesen Römern in gesellschaftlicher Lebensstellung völlig gleich den=
ken, und von mehr als Einem derselben wissen wir aus Prokop[6])
und Cassiodor[7]), daß er reich begütert war.

Wenn nun auch ein Theil dieses Reichthums von Geschenken
des Königs herrührte, — wir wissen, daß Theoderich viele Schen=
kungen von Grundbesitz vornahm[8]), — und ein kleinerer aus ihrem
Aemtersold, so reicht dieß doch zur Erklärung solchen allgemeinen
verbreiteten Vermögens entfernt nicht aus, sondern setzt hervorra=
gend starke Dotirung[9]) dieser Geschlechter voraus. Und wenn auch
von diesen Geschlechtern einige dem alten gothischen Volksadel an=
gehörten, der bereits größeren Reichthum mit sich gebracht, so
spricht dieß abermals für stärkere Dotirung mit Land. Denn jener
Reichthum bestand vornehmlich in einer größeren Zahl von Knech=
ten, Rossen, Rindern rc., und hier wurde dann in der That dem
Viel gegeben, der Viel hatte. — Es ward aber auch ferner diese
Bevorzugung nicht allzu scharf empfunden. Denn nicht der Adels=

---

1) Manso S 84 zweifelt.
2) A. II. S. 186.
8) Var. VIII. 23.
4) A. II. l. c. Var. IV. 39, V. 12.
5) Unten: „römischer Adel".
6) Pitza I. 3. Uraia b. G. III. 1.
7) Thulun Var. VIII. 10.
8) s. unten „Finanzhoheit".
9) Manso S. 84 zweifelt.

ſtand als ſolcher war an ſich der Grund der Bevorzugung, ſondern
der individuelle Bedarf einer Sippe war das Maß, das ſich alſo
nach der ganzen ſocialen Stellung und damit freilich auch nach dem
Reichthume derſelben richtete: ſo erhielten Alle gewiß eher mehr
denn weniger als ſie brauchten. Und einzelne Unbilligkeiten und
Härten auszugleichen, dazu war der König ſtets mit Vergabungen
aus ſeinem Patrimonium bereit: ausdrücklich fordert er die Unzu-
friedenen auf, ſich an ſeine Freigebigkeit zu wenden [1]).

Von der Exiſtenz des Gegenſatzes eines Standes der Vornehmen (und Reichen) zu den Geringen (und Armen) im Gothenreich, eines Gegenſatzes, der zunächſt ſociale, dann aber, zumal im
Strafrecht, anfangsweiſe auch bereits juriſtiſche Wirkungen hat,
werden wir uns bald überzeugen.

Wenden wir uns nun von der gothiſchen zu der römiſchen
Hälfte dieſes Reiches, ſo erkennen wir leicht als leitenden Gedanken
der gothiſchen Regierung den Vorſatz, an dem ganzen vorgefundenen
Zuſtand der Römer ſo wenig als nur irgend thunlich zu ändern:
nicht nur im Privatrecht, Strafrecht und Proceßrecht, auch im
öffentlichen, im Verfaſſungs- und Verwaltungsrecht. Es ſollte lediglich an die Stelle des Imperators der Gothenkönig getreten
ſein — ganz ohne Wirkung konnte es natürlich auch für die Römer nicht abgehn, daß der König eines fremden mit ihm eingewanderten Volkes Beherrſcher von Land und Leuten geworden: aber
dieſe unvermeidlichen Ausnahmen ſollten auf das Unvermeidliche in
der That beſchränkt bleiben. So beſtand vor Allem die ganze Verfaſſung der Gemeinden, der Städte fort [2]). Das Edict erwähnt
der Curialen häufig [3]), ebenſo Caſſiodor [4]), und dieſer hat beſondere
Formeln für Ernennung von Curatoren [5]) und Defenſoren [6]). Daß
die Formel für duumviri fehlt, erklärt man [7]) wohl mit Recht daraus, daß dieſe von dem Monarchen nicht beſtätigt werden mußten.

---

1) Unten „Heerbann".
2) Savigny I. S. 336.
3) §§. 27. 52. 53. 68. 69. 113. 126.
4) IV. 11. ſ. unten Finanzen.
5) VII. 11. 12.
6) l. c. ferner II. 17. III. 49. IV. 45. 49. V. 14 (nicht zu verwechſeln
mit defensores ecclesiae II. 30. IX. 15 und gerichtlichen Vertheidigern III. 46).
Edict. §§. 44. 52. 53.
7) Sav. I. S. 337.

Aber auch sie und die ganze hergebrachte Thätigkeit der städtischen
Magistrate in der freiwilligen Gerichtsbarkeit bestanden fort, wie
aus dem Edict[1]), den Varien[2]) und zahlreichen Urkunden über Güter=
käufe und Schenkungen aus der Gothenzeit erhellt[3]). Daher wer=
den denn die Listen der Curialen, die alba curiarum, fortgeführt[4])
und die Ausdrücke municipes, municipia in technischem Sinne ge=
braucht[5]). Die ganze Eintheilung des Reiches in „Provinzen"
wurde beibehalten: auch die italienischen Landschaften heißen, wie
schon seit lange, provinciae[6]).

An der Spitze dieser Provinzen stehen nach wie vor als Vor=
stände der Civilrechtspflege und des Strafrechts, der Administration
und des Finanzwesens zunächst für die Römer[7]), die rectores[8])
oder correctores[9]); gleichbedeutend praesul[10]), praeses[11]); ferner
judices[12]) consulares[13]) duces[14]) praefecti[15]). Unter ihnen stehen
die comites der einzelnen Städte[16]), der civitates. Denn dieß Wort

---

1) §§. 52. 53.
2) IX. 2. habetis per leges potestates in civibus vestris.
3) Abth. II. S. 130. die Citate aus Marini und Spangenberg.
4) Var. IX. 4.
5) l. c. V. 14. VII. 37. 29. 30. III. 9.
6) Cassiodor nennt die folgenden: Aemilia XII. 28. Apulia (idonea) VIII.
33. 1. 16. 35. II 26. V. 7. 31. ·Bruttia (opulenta) VIII. 33. I. 3. 4. III. 46.
47. VIII. 32. IX. 3. XI. 39. XII. 5. 12. 13. Calabria (peculiosa) VIII. 33.
V. 31. Campania (industriosa) VIII. 33. III. 27. IV. 5. 10. 32. 50 Liguria II. 20. V. 10. 28. XI. 16. XII. 28. Lucania I. 3. III. 8. 46. 47. IV. 5.
48. VIII. 33. IX. 4. XII. 13. Picenum IV. 14. V. 26. Samnium III. 13.
IV. 10. V. 26. Tuscia IV. 5. 19. Venetiae V. 15 XII. 24. 26. Die Inseln
Celsina und Cerritona VII. 16. Sicilia I. 3. 4. 29. IV. 7; die vulcanischen
Inseln III. 47. Dazu außer Italien Dalmatia III. 25. 26. VIII. 4. 12. IX. 8.
V. 24. Gallia („Provincia" κατ᾽ ἐξοχήν) II. 3. 12. III. 16. 38. 40. 42. 43.
N. 5. 7. 16. V. 10. VIII. 6. Istria XII. 22. 23. 26. Noricum III. 30. Pannonia (Sirmiensis). Rhaetiae I. 11. VII. 4. Savia IV. 49. V. 14. Nr. 8.
7) Inwiefern auch für die Gothen, darüber s. unten Anhang II.
8) Var. VIII. 8. I. 3. VI. 2. VIII. 1. VI. 20.
9) l. c. Lucaniae, Bruttiae III. 47. Campaniae IV. 32. III. 27.
10) III. 46.
11) VII. 2.
12) VI. 3.
13) VI. 20. VIII. 8. Dalmatiae V. 24. Liguriae XII. 8.
14) In den Marken: wie Rhätien I. 11. VII. 4. Pannonien.
15) Galliarum X. 30. XI. 1.
16) Rom, Ravenna, Neapel, Syrakus haben eigne comites. Var. V. 22. 23.

wird wie municipium technisch gebraucht: in civitates¹), und das dazu gehörige Weichbild, das territorium²), die regio³), gliedert sich das Gebiet der Provinz.

Zur nähern Ortsbezeichnung dient dann noch der Zusatz locus⁴) oder agellus⁵) oder casa, z. B. casa arcinatina⁶), arbitana⁷) oder massa, z. B. palentiana⁸).

Wie die Provincialverwaltung blieb auch die ganze Centralregierung, das ganze System der Aemter am Hof und in den beiden Hauptstädten, Ravenna und Rom, bestehen⁹).

Betrachten wir nun das Verhältniß der beiden Hälften des Gothenstaats zu einander. In allen oben bezeichneten Provinzen der gothischen Niederlassung bestand ein buntes Nebeneinander von Römern und Germanen, weil die Theilung an dem Gütercomplex jedes einzelnen römischen possessor vorgenommen wurde: so grenzte jeder Gothe, wenn auf einer Seite mit einem Landsmann, auf einer oder mehren andern mit einem Römer und füglich konnte Theoderich sagen: wir wissen, daß Gothen und Römer durcheinander gemischt wohnen¹⁰). Die ersten organisirenden Maßregeln, welche dieß gemischte Wohnen begründeten, also die erste Landtheilung und Niederlassung, waren, wie erwähnt, im Ganzen mit großer Glimpflichkeit zur Zufriedenstellung beider Theile vorgenommen worden, namentlich ohne zu empfindliche Bedrückung der Italiener. Dieß bezeugen nicht nur Ennodius und Cassiodor, deren officiöse

---

1) Adriana I. 19. Tridentina II. 17. Ticinnesis IV. 45. Ravenna III. 9. Syracusana IX. 10. 11. Suaviae IV. 9. V. 14. Spoletina IV. 24. V. 4. Pedonensis I. 36. Faventina V. 8. Forojuliensis, Concordiensis, Aquilejensis XII. 20. Comensis II. 35. Catanensis III. 49. Parmensis VIII. 29.

2) Spoletinum II. 21, 37; nolanum IV. 50; faventinum VIII. 17; neapolitanum IV. 50; scyllatinum VIII. 32; vgl. VI. 23, 24.

3) Tridentina V. 9.

4) Ille z. B. hostiliensis oder Benedicti.

5) Juris proprii agellum, qui Fabricula nominatur VIII. 28. I. 36.

6) II. 11.

7) V. 12; über casa vgl. noch III. 52. IV. 14.

8) V. 12; häufig von verpachteten Krongütern: massa nostra rusticiana in Bruttiorum provincia IX. 3.

9) s. unten „Amtshoheit". Mit Recht bemerkt Manso S. 91: es lasse sich nicht entscheiden, ob die geringen Aenderungen in der Competenz einzelner Aemter aus der Zeit Theoderich's oder seiner kaiserlichen Vorgänger herrühren.

10) Var. VII. 3.

und officielle Schönfärberei man nie vergessen darf; es folgt mehr noch aus den übereinstimmenden Berichten aller unabhängigen Quellen über Theoderich's ganzes System, dessen Härte oder Milde gleich bei dieser Grundlegung aller künftigen Verhältnisse sich im Princip entscheiden mußte: ermöglicht wurde die Versorgung der Gothen ohne zu harte Bedrückung der Römer durch die arge Verödung des Landes[1]). Und es war nun das oberste Bestreben der Amaler, ein friedliches und freundliches Verhältniß zwischen den germanischen und römischen consortes herzustellen und zu erhalten. Die beiden Hälften des Reiches sollten, wie sie dem König gleich nah am Herzen lagen[2]), sich als Schützer und Beschützte zusammen schließen, wie Kraft und Bildung sich ergänzen. Beide sollen nicht nach Gewalt, sondern nach Recht und Gesetzlichkeit leben: — das ist die „civilitas", von deren Bedeutung für den Gothenstaat wir noch ausführlich zu handeln haben, — es sollen nicht Furcht und Mißtrauen auf Seite der Römer, nicht Uebermuth und Gewalt- thätigkeit auf Seite der Gothen die gute Nachbarschaft stören. Un- ermüdlich wiederholen die Varien diese Grundgedanken in uner- schöpflichen Wendungen. Aber eben die stete Wiederholung dieser Einschärfungen zeigt, wie wenig Erfolg sie hatten. Wir haben bereits früher[3]) angedeutet und werden bald in fast allen Theilen des Staatslebens bestätigt finden, in wie geringem Maße das Ideal Theoderich's und Cassiodor's erreicht wurde: äußerlich wurden die beiden Reichshälften mit großer Anstrengung in leiblicher Ordnung zusammengehalten, aber die innerliche Gesinnung der beiden Ratio- nen war und blieb Antipathie. Die Italiener haßten, verachteten und fürchteten die ketzerischen Barbaren und die Gothen hätten die

---

1) Hierüber Abth. II. S. 127. Mauso S. 76. Ennod. epist. IX. 8 illas innumeras Gotharum catervas vix scientibus Romanis larga praediorum collatione ditasti et nulla senserunt damna superati; und Cassiodor. Var. II. 16 juvat referre quemadmodum (Liberius) in tertiarum deputatione Gothorum Romanorumque possessiones junxerit et animos. nam cum se homines soleant de vicinitate collidere, istis praediorum communio causam noscitur praestitisse concordiae. sic enim contigit, ut utraque natio dum communiter vivit ad unum velle convenerit. en factum novum et omnino laudabile: gratia dominorum de cespitis divisione conjuncta est, amicitiae populis per domna crevere.

2) Var. III. 13. quos uno voto volumus vendicare.

3) Abth. II. S. 141 f.

Romanen viel lieber als Besiegte denn als Schützlinge behandelt[1]).
So kamen denn fortwährend und überall, am häufigsten aber in
den von dem Sitz der Regierung entlegeneren Provinzen, Gewaltthätigkeiten und Reibungen zwischen den Germanen und Romanen
vor — Gewaltthaten gegen Vermögen, Freiheit und Leben der
Männer und Ehre der Frauen, die wir als die Motive der Gesetzgebung der Amaler kennen lernen werden, — noch mehr aber
schwebten diese Dinge als Wunsch der Gothen, als Furcht der
Provincialen in der Luft, und bei jedem Regierungswechsel, bei
jeder Verschlimmerung des Verhältnisses zu Byzanz wurde sofort
von beiden Völkern an die Möglichkeit des Abgehens von Theoderich's milder Gleichstellungspolitik gedacht.

So ergriff namentlich bei dem Tode Theoderich's die Romanen
die Besorgniß, die neue Regierung möchte die Gothen auf ihre
Kosten begünstigen oder doch deren Neigung zur Gewalt nicht energisch genug begegnen, und Athalarich beeilt sich, Hauptstadt und
Provinzen hierüber durch eidliche Zusicherungen zu beruhigen[2]);
und ähnlichen Befürchtungen hat mit ähnlichen Mitteln Theodahad
zu begegnen, als der Krieg mit Byzanz vor der Thüre steht[3]).
Denn das eigenthümliche Verhältniß der Gothenkönige zu Byzanz
war natürlich auch vom größten Einfluß auf ihre Stellung zu
ihren romanischen Unterthanen: jeder Wechsel der äußern Politik
in jener Richtung machte sich auch in der innern Politik fühlbar.

Theoderich wollte gegenüber seinen Romanen nach der Vernichtung Odovakar's einfach in die Stellung der weströmischen Imperatoren getreten sein: alle Unterthanenpflichten, welche sie bis
a. 486 gegenüber den Kaisern zu erfüllen gehabt, sollten sie nun
ihm gegenüber erfüllen, der alle Herrscherrechte der Imperatoren
über die Römer an sich genommen hatte und ausübte.

Das dreizehnjährige Regiment Odovakar's stand diesem Uebergang nicht im Wege. Wir haben gesehen[4]), wie dieser tapfre Abenteurer sich soviel als thunlich an das legitime Kaiserthum hatte

---

1) Bezeichnend ist Var. V. 39; der König legt gothische Besatzungen in die
(spanischen) Städte „für deren Freiheit zu fechten" — sie fordern aber von den
freien Römern Dienste (servitia) wie von Knechten: non licet ab ingenuis
famulatum quaerere.
2) Var. VIII. 2, 3, 4.
3) l. c. X. 13.
4) Abth. II. S. 38 f.

2*

anlehnen wollen. Nach Erledigung des westlichen Throns wurde römischer Staatsdoctrin gemäß, der östliche Kaiser rechtmäßiger Herrscher auch der abendländischen Hälfte des an sich untheilbaren imperium romanum[1]). Dieß zu bestreiten fiel dem Emporkömmling anfangs gar nicht ein: vielmehr erkannte er ausdrücklich den byzantinischen Kaiser Zeno als Herrn des Abendlandes an und erbat sich von diesem, als sein Statthalter Italien unter dem Titel eines Patricius „verwalten" zu dürfen[2]).

Erst als diese Versuche im Wesentlichen dadurch gescheitert waren, daß Zeno den westlichen Thron nicht für erledigt und an Byzanz heimgefallen erklärte, sondern die Wiedereinsetzung des vertriebnen westlichen Kaisers Nepos forderte, nahm Odovakar den Königstitel an, ließ aber während seiner kurzen Regierung alle römischen Einrichtungen fortbestehen, die also Theoderich unverletzt vorfand, und ebenfalls fortbestehen ließ. Aber seine Stellung in Italien und zu den Romanen war doch eine wesentlich andre als die Odovakars: erstens wegen seines gothischen Volkskönigthums, zweitens wegen seiner verschiednen Beziehung zu Byzanz. Der Amaler hatte als Grundlage seiner Macht das alte, nationale Königthum über die Ostgothen; der kühne Söldnerofficier Odovakar hatte sich nicht auf ein nationales Königthum stützen können[3]): deßhalb kann, von den Italienern verlassen, das gothische Königthum zwanzig Jahre, Odovakar nur vier Jahre lang im Kampf bestehen.

Theoderich war im Auftrag des byzantinischen Kaisers in Italien erschienen[4]), an die Stelle des Anmaßers eine legitime

---

1) Abgesehen davon, daß noch ein früher verdrängter, von Byzanz eingesetzter weströmischer Kaiser, Nepos, in Dalmatien gelebt hatte: ob Byzanz diesen noch halten werde, war wenigstens ungewiß.

2) l. c. S. 40.

3) Vgl. hierüber A. II. S. 49.

4) Pallmann's Widerspruch II. S. 428 ist ein Widerspruch gegen die Quellen, welche er allzu oft durch „eigenmächtige Kritik", die ihm Waitz Gött. gel. Anz. 1864 S. 1027 mit bestem Fug zur Last legt, beseitigt; ich kann darauf nicht immer eingehen und nur beklagen, daß sein immer fleißiges und häufig scharfsinniges Forschen durch diese Methode, vorgefaßte Meinungen gegen die Quellen durchzuführen, in sehr vielen Fällen in's Absurde geführt worden ist. Ich erinnere nur an seine Entdeckung der „Knappen" in den deutschen Urwäldern. Auf den Ton, mit dem er mich wie alle Vorgänger, wo er nämlich von ihnen abweicht, behandelt, will ich nicht eingehen und nur noch bemerken, daß ich mir in diesem Werk häufigere Polemik gegen Pallmann schon deßhalb ersparen kann, weil ein Hauptmangel seiner ganzen Darstellung gerade der Mangel hinreichender Rechtskenntniß ist.

Regierung zu setzen. Das heißt, er sollte selbstverständlich als König der Gothen über sein in Italien anzusiedelndes Volk kraft eignen Rechtes herrschen, über die Romanen aber nicht kraft eignen Rechts, sondern als Statthalter und (bezüglich der Romanen) unter Oberhoheit des Kaisers, dessen Patricius und Feldherr er war: durch diese Abrede war namentlich der Titel eines Königs der Italiener oder Italiens ausgeschlossen. Aber nach dem Untergang Odovakar's „wurde Theoderich als König der Gothen und Italier ausgerufen"[1]). Dazu mögen sehr verschiedne Gründe zusammengewirkt haben: vor Allem die Macht der Thatsachen. Theoderich stand schon als König an der Spitze eines Volkes, des Volkes der Sieger und „Befreier", — sollte er nicht auch König der „Befreiten" sein?

Diese große Herrschernatur konnte schwer als Diener eines Andern herrschen. Dazu kam, daß sein Mandant, Zeno, gestorben war, dessen Nachfolger, Anastasius, gegenüber Theoderich sich nicht für persönlich verpflichtet hielt: die byzantinische Arglist, welche ihn ausgesandt hatte, um wo möglich die beiden Barbarenhelden durch einander aufzureiben, hatte er wohl auch von Anfang an durchschaut. Wer zweifelt, daß, wenn Odovakar Sieger und durch seinen Sieg gefährlich geworden wäre, Byzanz unter Glückwünschen für die Vernichtung der Gothen ihm die Hand geboten hätte?

Den Ausschlag aber gab die Macht Theoderich's nach dem Siege: wenn er jetzt, gestützt auf sein Volk, sich König und nicht Statthalter von Italien nennen wollte, — dem Kaiser fehlte jedes Mittel, ihn zu hindern.

Mit diesem andern Namen war aber zugleich ausgesprochen, daß auch im Wesen Theoderich als Beherrscher von Italien viel selbständiger auftreten werde, als man in Byzanz berechnet hatte. Zwar die Zusammengehörigkeit der beiden Reiche wird, namentlich in dem gemeinsamen Gegensatz zu den „gentes", d. h. der Barbarenwelt, (aller Racen, auch der andern Germanen) immer anerkannt und bei Theoderich's schwächern Nachfolgern steigert sie sich bis zur Einräumung einer unbestimmten Schutzhoheit des Kaisers; aber Theoderich und seine kräftigeren Nachfolger betrachten sich als Herrn Italiens zu eignem Recht, als königliche Nachfolger der

---

1) A. II. S. 162. In dem Wortlaut könnte liegen sollen, daß dieß ohne seinen Willen geschehen sei, was dann jedenfalls nur Schein war.

abenbländifchen Kaifer[1]). Ebenbeßhalb übten fie einerfeits über
die Romanen alle Rechte, welche die Imperatoren geübt hatten,
ließen aber andererfeits auch den ganzen politifchen Zuftand des
weftrömifchen Kaiferftaats für die römifche Hälfte ihres Reiches
fortbeftehen, foweit dieß irgend mit der Anfieblung der Gothen in
Italien und der Nothwenbigkeit, Römer und Gothen neben einan=
der zu beherrfchen, vereinbar war[2]).

Die Regel ift alfo für die römifche Hälfte des Reichs Fortbe=
ftand der römifchen Verfaffung. Darum hat dieß Werk, welches
nicht die römifche Verfaffung des fechsten Jahrhunderts, fondern
das germanifche Königthum zum Gegenftande hat, die ganze römifche
Hälfte des Gothenreichs nicht um ihrer felbft willen zu berückfichti=
gen, fondern nur fofern als die Kenntniß des politifchen Zuftandes
derfelben unerläßlich ift für richtige Beurtheilung der Verhältniffe
der germanifchen Hälfte. Denn die Herrfchaft Theoberich's auch
über die Gothen hat fehr wefentliche Mobificationen baburch erfah=
ren, baß der Gothenkönig zugleich imperatorifche Rechte über die
Römer übte: es war ganz unvermeiblich, baß er biefe viel weiter
gehenben, ja qualitativ andern Rechte auch über feine Gothen aus=
zubehnen trachtete. Beibe Hälften bilbeten ein Ganzes für ben
Herrfcher in bem Einen Staat: es machte das Königthum nothwen=
big über die Staatsangehörigen als folche gewiffe Rechte geltenb:
die Folge war die faft vollftänbige Umwanblung des gothifchen
Königthums nach bem Mufter des römifchen Imperiums[3]).

Auf das Allerbeftimmtefte läßt fich aber grabe bei ber Ge=
fchichte der Oftgothen die Anficht v. Sybels wiberlegen, baß das
germanifche Königthum erft durch ben Dienftvertrag, welchen Häupt=
linge mit bem Kaifer gefchloffen, entftanden und nur eine Aus=
behnung römifcher Gewalten und Rechte auf Germanen fei: wir
haben das Königthum bei ben Oftgothen als lange vor der Berüh=
rung mit ben Römern beftehend nachgewiefen und auch nach biefer
Berührung ben Fortbeftand von beffen germanifchem Charakter:
erft jetzt, in bem in Italien errichteten Reich, in welchem wir aber
auch immer noch beutlich die königliche und die imperatorifche Ge=
walt, welche Theoberich in fich vereinigt, unterfcheiben können, erft

---

1) Abth. II. S. 160.
2) Ueber die Motive f. u. „Romanifiren", Bewunberung ber antiken Cultur,
Milbe und Klugheit wirkten babei zufammen, vgl. Leo I. S. 52, Sartor. S. 11.
3) Dieß verkennt Leo I. S. 52.

jetzt beginnt eine Uebertragung der imperatorischen Gewalt auch über die Gothen, ein Versuch, die ursprünglich sehr beschränkten (aber freilich bei den Gothen schon früher durch die Eroberungen und Wanderungen erweiterten) Rechte des alten germanischen Königthums nach dem Maße des Imperiums auszudehnen.

Wir werden bei unserer Darstellung einerseits das Nebeneinander des germanischen und des römischen Elements in der Herrschaft der Amaler und der Verfassung der Gothen, anderseits aber auch die Uebergänge der beiden Elemente ineinander zu beachten haben. Daß diese Uebergänge fast nie eine Germanisirung des Romanischen, fast immer eine Romanisirung des Germanischen waren, ist unvermeidlich gewesen. Dahin führte nicht nur das starke Interesse des Königthums, dahin führte die Ueberlegenheit der römischen Cultur, der höhere und reichere Entwicklungsgrad der römischen Staatsidee in dem vollständig ausgebildeten und vollständig erhaltnen römischen Staatswesen, dahin führte schon die größere Volkszahl der Romanen, ja endlich auch der unwillkürliche Gesammteinfluß von Luft und Land Italiens. Hätte das Reich der Gothen längere Dauer gehabt, das weichere Volk wäre noch früher und vollständiger zu Italienern geworden als die Langobarden[1]).

---

1) Aehnlich Sartor. S. 21.

II. Das Volk. Volksfreiheit. Die Stände.

Die gothischen Gemeinfreien sind in dem in Italien errichteten Reich nicht mehr die eigentlichen Träger des Staatslebens: das politische Schwergewicht ist von der alten Volksfreiheit auf das Königthum hinübergeglitten: wir haben gesehen[1]), wie sich dieser Uebergang schon vor der italischen Periode vorbereitete, und wie nur die Wucht des bewaffneten und vereinten Volksheeres hin und wieder, dann aber freilich sehr energisch, den Willen des Volkes gegen den König durchsetzte.

In Italien sind nun, solange die Amaler herrschen, — denn unter den Wahlkönigen von Vitigis bis Teja gestaltet sich das wieder wesentlich anders — gegenüber dem in Form und Wesen fast überall zum Absolutismus erstarkten Königthum die Rechte der alten Gemeinfreiheit auf einige stolze Erinnerungen des Volkes und einige ehrende Redewendungen des Königs zusammengeschwunden. Denn die Erscheinung und zugleich die bedeutendste Garantie der Volksfreiheit, die große Volksversammlung, ist im italischen Reich der Amaler verschwunden: an ihre Stelle ist der Hof des Königs, ist der gothische und römische Adel in der Umgebung des Königs getreten. Schon aus äußerlichen Gründen war jetzt das Zusammentreten des Volkes in Friedenszeit zu größern Versammlungen unmöglich geworden, da die Gothen als Siedler oder Besatzung über so weite Provinzen dünn gesäet verbreitet waren. Jetzt mochte noch etwa der Graf die Gothen einer Stadt und ihres Territoriums, höchstens einer kleinern Landschaft, zusammenrufen, ihre Tausendschaften zum Heerbann zu führen, oder ihnen andre Befehle und Erlasse des Königs zu verkünden oder, wie bei Athalarich's Thronbesteigung, ihre Zustimmung zu königlichen Erklärungen abzunehmen: größere Versammlungen zu politischen Zwecken waren im Frieden nicht möglich und schienen, da das Königthum mit Beam-

---

1) A. II. S. 131.

tung, Hof und Adel alle Staatsgeschäfte selbst in die Hand genommen, nicht nöthig. Die ganz romanisirende Staatsleitung, welche der Fortbestand der römischen Aemter mit sich brachte, hätte auch von gothischen Versammlungen in der That nicht ausgehen können. Erst da der Krieg gegen Byzanz wieder größere Maßen als Theile des Volksheeres zusammenführt, tritt auch die Volksfreiheit wieder mehr hervor. Das bei Regeta concentrirte Heer, durch die Gefahr des verrathnen Reiches zur Erinnerung an alte Rechte wach geschreckt, hält eine feierliche Versammlung im alten Stil, welche den König anklagt, absetzt und einen andern König wählt. Von da ab bis zum Untergang des Reiches findet sich wieder häufiger eine active Betheiligung der Menge, freilich vorab des Adels, an der Leitung des Staats: diese Wahlkönige hatten im Kriege weder die Ansprüche noch die Mittel der erblichen Amaler mit deren im Frieden ungestört und unwiderstehlich wirkenden römischen Institutionen.

War doch der ganze Gothenstaat zuletzt auf das Volksheer fast allein beschränkt, und das Volk, um dessen Existenz es sich jetzt handelte, mußte mitwirken bei der Entscheidung seines Schicksals. So geht die „Erhebung des Vitigis zu Regeta von Allen“ daselbst Versammelten aus und an „alle Gothen“ wendet sich sein Antrittsprogramm[1]). „Alle Gothen“ befragt König Ildibad, ob man nicht vor Erneuerung des Kampfes Belisar um Erfüllung seiner Zusagen mahnen soll[2]), „alle Gothen“ König Erarich wegen der Friedensanträge an den Kaiser[3]), zum ganzen Heer als seinen „Brüdern“ spricht König Totila vor der Schlacht von Faënza[4]). Dieß ist nicht eine bloße Phrase Prokops: auch Vitigis redet officiell die Gothen mit „meine Brüder“ an (Stammgenossen, Landsleute)[5]). Und auch unter den Amalern fehlt es nicht ganz an ehrenvoller Anerkennung der alten gothischen Gemeinfreiheit: auch von Athalarich werden die Gothen die „Stammesbrüder“ Theoderichs genannt[6]). Besonders bedeutsam aber ist, daß sich auch unter den

---

1) Var. VIII. 31. „universis Gothis“, was sonst nie begegnet.

2) Proc. b. G. II. 30. ἅπαντας bedeutet bei Prokop in diesen Fällen immer alle dermalen Befragbaren, d. h. alle Heeres- und Volkstheile im Lager und in der Nähe.

3) l. c. III. 2.

4) l. c. III. 4. ἄνδρες ξυγγενεῖς.

5) Var. X. 31. parentes.

6) Var. VIII. 9. cum parentibus suis imperatori dignabatur obsequium; freilich viel öfter heißen die parentes schlechtweg subjecti, s. u. „Absolutismus“.

Amalern der alte stolze nationale[1]) Ehrenname der gemeinfreien Gothen „capillati" erhalten hat, und zwar wird derselbe officiell von der Regierung gebraucht[2]), was ein wohl zu beachtendes Zeichen ehrender Anerkennung des alten Freiheitstolzes ist, in welchem sich der auch nicht=eble Gothe nicht nur dem gothischen Unfreien, auch dem freien Römer gegenüber als etwas Besseres fühlt.

Eine sehr bezeichnende Andeutung dieser besondern Ehre gothischer Gemeinfreiheit liegt auch darin, daß Theoberich von zwei als Knechte in Anspruch genommenen Männern sagt: „Sie erfreuen sich der Freiheit unserer Gothen", nicht nur der privatrecht= lichen Freiheit überhaupt, sondern der „gothischen" Freiheit, d. h. jener Fülle von Recht und Ehre, welche allen freien Gothen als solchen zukömmt; im Privatrecht steht ihm zwar der freigeborne Römer gleich. Aber schon seit Jahrhunderten verband sich mit der ingenuitas des Römers nicht mehr jenes stolze Gefühl auch politischer Rechte und Ehre, welche in der germanischen Gemein= freiheit lag und deren Empfindung wenigstens auch durch den romanischen Absolutismus Theoberich's noch nicht völlig verbun= kelt ist[3]).

Diese Bezeichnung „unsre Gothen" (Gothi nostri) ist ebenfalls eine ehrende Betonung des nationalen Bandes zwischen dem König und seinem germanischen Volk: sie begegnet vorzugsweise auf dem Gebiet des Heerbanns[4]), des kriegerischen Selbstgefühls, und ver= bindet hier König und Volk gegen alle Fremden, auch gegen die römische Reichshälfte: „mit dem Blut der Unsern schützen wir die Römer"[5]). Dieß Gefühl war also doch trotz allem Romanisiren und mancher Bevorzugung der Römer auch den Amalern nicht ganz erloschen: als die amalische Prinzessin Amalafrida im Danda=

---

1) X. II. S. 100.

2) Var. IV. 49 und Ed. §. 145.

3) Var. V. 30. Costula atque Daila cum .... Gothorum nostrorum libertate laetentur, onera sibi servilia a vobis causantur injungi, quae nec ipsos decet perpeti nec cuiquam irrationabiliter fas sit imponi; wahr= scheinlich Zins und Frohn.

4) f. unten „Heerbann" (exercitus noster) und „Sajonen" (sajo noster).

5) Var. X. 18. nostrorum sanguine Romanos vindicamus; vgl. I. 38 juvenes nostri, d. h. unsere jungen gothischen Krieger; unsere Gothen, unsere Stammesbrüder, Gothi nostri parentes nostri, werden vom König auch den rohen Gepiden als Muster aufgestellt, III. 24, (oft aber bedeutet parentes nostri nur die Verschwägerten des Königshauses, IV. I.).

lenreich ermordet worden[1]), droht Athalarich mit dem zornigen Schmerz, welchen „unsre Gothen" über diesen Frevel gegen ihr Königshaus empfinden: die römische Reichshälfte bleibt unerwähnt; in solchen Fällen wird offenbar, was nur zu leicht vergessen wurde, daß die Amaler eben doch gothische, nicht römische Fürsten waren.

Die wichtigste Rolle im Staat unter dem König spielt, wie bemerkt, nicht mehr der Stand der Gemeinfreien, sondern eine Aristokratie, welche aus Römern und Gothen in gleicher Zusammensetzung bestand, in welcher zwar alter gothischer Volksadel noch unterscheidbar ist, deren Grundlage aber nicht mehr dieser altgermanische Erbadel, sondern Hofamt, Staatsamt, Königsdienst, nähere Beziehung zur Person des Königs bildet. Der Staat der Gothen in Italien hat hier, wie in so manchen andern Gebieten, bereits dieselben Erscheinungen entwickelt, welche in den übrigen Germanenreichen aus ähnlichen Verhältnissen ähnlich erwuchsen und nur bei dem längeren Bestand dieser Reiche weiter ausgebildet wurden.

Wir haben zuerst die gothische, dann die römische Hälfte des Reiches in dieser Gestaltung zu beobachten und werden finden, daß die beiden Nationen in der neuen Dienstaristokratie, abgesehen von wenigen Unterscheidungen, die in der verschiednen Geschichte und Cultur begründet sind, in gleichmäßiger Weise auftreten. — Daß in dem italischen Reich der Gothen noch einzelne Geschlechter des alten gothischen Volksadels bestanden, erhellt schon daraus, daß wir den Bestand eines solchen bis unmittelbar an die italische Einwanderung nachgewiesen haben.

Und es fehlt auch nicht an bestimmten Quellenzeugnissen für gothischen Geburtsadel im italischen Gothenreich.

Manche der alten Adelsgeschlechter mögen in den Wanderungen und Kämpfen untergegangen sein; andre sind übergegangen in die neue Dienstaristokratie, so daß ihre alte Abstammung neben der neuen Dienstehre verschwindet — aber mit Unrecht hat man den Fortbestand des alten Erbadels als solchen geleugnet. Die höchste Stelle in diesem Adel kommt dem königlichen Geschlechte selbst zu[2]). Aber auch von andern Gothen wird der Adel der Abstammung gerühmt: „Theobegundis, die erlauchte Frau", wird zur Gerechtigkeit ermahnt mit den Worten: „leg' alle Fehler ab, deiner Herkunft

---

1) A. I. S. 164 und Var. IX. 1.
2) Vgl. A. I. S. 30. Var. VIII. 9. nobilitas VIII. 23. Proc. l. c. I. 6.

eingebenk"[1]), und in erwünschter Weise zeigt die Stelle, daß die
alte Auszeichnung der frühern Vorfahren dieser Edelfrau sich auch
noch in der letzten Generation erhalten hat[2]). An dem Grafen Vinsi=
vad wird, neben dem persönlichen Verdienst seiner Treue und Tapfer=
keit, ausdrücklich gerühmt „der ehrenvolle Adel seines Geschlechts"[3]):
in ihm vereinten sich also die Grundlagen der alten und der neuen
Aristokratie: Abstammung und Dienst[4]), und dieß mußte häufig ge=
schehen, da die Altadeln in ihrer hergebrachten Stellung besondere
factische Erleichterung besaßen, auch die Grundlagen der neuen
Aristokratie für sich zu gewinnen. Ausdrücklich hebt es Prokop bei
Vitigis hervor, daß er zur Krone gelangte, „obwohl nicht aus einem
angesehenen Hause", nur durch kriegerisches Verdienst ausgezeichnet[5]).

Und wenn nun unter Theoderich dieser Adel nur passiv her=
vorragt, d. h. weil er von der Regierung besonders geehrt wird,
so tritt er gegen dessen Nachfolger alsbald energischer hervor. Der
alte Volksadel war es, nicht der neue Dienstadel, der ja seinen
Vorrang dem engen Anschluß an die Monarchen verdankte und
noch nicht genug befestigt war, sich, wie die fränkische Dienstaristo=
kratie, schon gegen die Krone zu erheben, die alten Adelsgeschlechter
waren es, dem Königshause schier ebenbürtig, die eifersüchtigen
Wächter der alten Volksthümlichkeit, welche der romanisirenden
Tochter Theoderich's entgegentraten und die national=gothische Er=
ziehung Athalarich's durchsetzten[6]). Und drei von ihnen, die Häup=
ter dieser Partei[7]), werden von der Regentin verbannt und ermordet.
Daß diese Männer nicht blos persönlich, sondern durch Geburtsadel

---

1) Var. IV. 37. Theodegunda illustris femina: memor natalium tuorum abjicias omne vitiosum; ganz wie der habsüchtige Prinz Theodahad erin=
nert werden muß, l. c. IV. 39. Amali sanguinis virum non decet vulgare
desiderium.

2) l. c. proavorum forsitan obliterentur exempla, longi generis minus
facta recolantur, similes autem filii patrum praeconia mox sequuntur.
Dieß verbietet auch, Theodegunbis für eine Amalungin zu halten.

3) l. c. X. 29. cum generis tui honoranda nobilitas et magnae fidei
documenta suasissent, ut tibi urbem ticinensem quam per bella defenderas
gubernandam pace crederemus.

4) Verdienst, Vertrauen des Königs.

5) l. c. I. 11. οἰκίας μὲν οὐκ ἐπιφανοῦς ὄντα; der Ausdruck οἰκία be=
weist die Existenz erbadliger Geschlechter noch zu Prokops Zeit.

6) l. c. I. 2. ὅσοι ἐν αὐτοῖς λογιμώτατοι ἦσαν.

7) l. c. ἐν βαρβάροις λογιμώτατοι.

ausgezeichnet sind, erhellt daraus, daß ihre zahlreichen Verwandten ebenfalls „höchst hervorragend" sind[1]).

In sehr vielen Fällen ist es nun aber bei der Unbestimmtheit des Sprachgebrauchs Prokops und der Unklarheit Cassiodors und der Gleichgültigkeit beider für diesen Unterschied nicht zu erkennen, ob alter Erbadel oder neuer Dienstadel gemeint sei[2]). Desto wichtiger ist ein Fall, in welchem wir mit Bestimmtheit einen Gothen nicht durch alten Adel getragen, sondern durch persönliches Verdienst in Krieg und Frieden emporsteigen, zuletzt auf der höchsten Stufe dieses neuen Adels als einen der Hauptlenker des Staates erblicken, dessen Treue das Königshaus selbst durch Verschwägerung zu belohnen zugleich und zu sichern nicht verschmäht: es ist dieß Graf Thulun. Er hatte in früher Jugend mit Auszeichnung gegen die Bulgaren gefochten, dann das hart bedrängte Arles glänzend gegen die Franken vertheidigt und endlich noch einen andern Feldzug in Gallien zu glücklichem Erfolg geführt. Im Frieden hatte er am Hof Theoderichs wichtige Aemter bekleidet und, vor allen andern gothischen Großen, den stärksten Einfluß auf den König gewonnen; Cassiodor wagt sogar zu sagen: er beherrschte den König[3]) In der

---

1) Ἀλαν λόγιμοι l. c. I. 4; Amalasuntha weiß sich durch die That den λογιμώτατοις verhaßt. I. 3.

2) Ich habe die Redeweise Prokops so genau als irgend möglich geprüft, s. A. II. S. 261. und Dahn, „Prokop", bestimmtere Resultate als die dort gegebnen lassen sich nicht gewinnen; Köpke S. 205 irrt, wenn er ἄριστοι technisch für den engern Rath des Königs gebraucht glaubt; manchmal sind die πρῶτοι καὶ ἄριστοι Adel beiderlei Art und zugleich „die Tapfersten" so b. G. I. 7; I. 18 nur letztere; ebenso unbestimmt sind die Ausdrücke εἴ τι καθαρόν, δόκιμον, λόγιμον etc. ἦν z. B. IV. 26 oder οὐκ ἀφανὴς ἀνήρ I. 23 der stattliche, streitbare Mann, der mit Helm und Harnisch, als ein Vorkämpfer, vor der Schlachtreihe ficht, ist gewiß ein Edler. ἄρχοντες bezeichnet bald Könige, bald Beamte, bald Heerführer, letzteres I. 23. I. 16., vgl. III. 15. πρῶτοι und ἄριστοι sind oft die Hofleute, die unmittelbare Umgebung des Königs, unter den Amalern, Römer wie Gothen, später meist Gothen, so I. 7. die πρῶτοι Γότθων, welche Justinian gegen Theodahad zu gewinnen sucht, die ἄριστοι mit denen Ildibad tafelt III. 1., beides, doch meist Gothen, die πρῶτοι, durch welche Justinian den zweideutigen Theudis aus Spanien an seinen Hof zu locken sucht. I. 12.

3) Var. III. 10; bes. aber 11; Thulun wird der Rathgeber des Königs: egit locum merito publici secreti. cum ipso proelia, cum ipso negotiorum aequabilia disponebat et in tantam similitudinem ejus cogitationes adjunxerat ut causis recognitis quod ille velle poterat, iste sua sponte peragebat. defensorem omnium suis tractatibus adjuvabat et ministrando consilium regebat ipse rectorum.

gefährlichen Zeit von Athalarichs Regierungsantritt wurde er, schon früher der Verschwägerung mit den Amalern gewürdigt, zum Patricius erhöht und aufgefordert, des Königs Jugend durch seine Kraft und Weisheit zu stützen und zu leiten. Und dieser Mann, nach dem König der erste Gothe im Staat, war nicht von altem Erbadel. Die zwei langen Erlasse, welche alle nur irgend auffindbaren Vorzüge von ihm aussagen, schweigen nicht nur völlig von dem, wo er begründet ist, nie übergangnen Ruhm der Abstammung, sie lassen ihn auch erst durch seine H e i r a t h eine nobilissima conjunctio gewinnen[1]). Es ist bezeichnend, daß gerade dieß Haupt des neuen Gothenadels als Stütze der Regierung dienen muß, welche an den Häuptern des alten Gothenadels ihre Opposition hat.

Diese neue Aristokratie der Gothen, deren Erhebung durch Hofdienst, persönliche Huld[2]) und Gnade des Königs und daher durch Reichthum erst die Darstellung des Absolutismus der Amaler und der alles Andre verdrängenden Bedeutung ihres palatium in's klare Licht stellen kann, hatte ihr Vorbild in dem römischen Adel jener Zeit und dieses Reiches. Nach dem Aussterben des ältern römischen Adels hatte sich ein neuer römischer Adel gebildet aus jenen Geschlechtern, welche seit Jahrhunderten durch Reichthum und Bildung ausgezeichnet, sich im gleichsam erblichen Besitz der höheren Staatsämter erhielten[3]). Diese Geschlechter[4]), vielfach durch Verschwägerung verbunden[5]), bilden einen starken, geschloßnen Stand, dessen Bedeutung im Gothenstaat wir von allen Seiten betrachten

---

1) Er ist nach dem Alles zusammenfassenden Abschluß, bellis, felicitate, prudentia clarus, — von der sonst immer mit gerühmten claritas natalium kein Wort. Die nobilissima stirps Gothorum III. 10 bezeichnet die Nationalität.

2) Man denkt hiebei natürlich zunächst an die Gefolgen des Königs. Aber meine Analyse der δορυφόροι, ἑπόμενοι des Prokop hat die Unbestimmtheit dieser Ausdrücke wohl dargethan, die man nicht wie Köpke technisch auf Gefolgschaft deuten kann. Es frägt sich, ob dieses alte germanische Institut nicht auch wie alle andern bei den Amalern völlig romanisirt wurde. Etwas Aehnliches wie die alte Gefolgschaft war thatsächlich allerdings gegeben in dem Zusammenleben mit den gothischen aber auch römischen Großen des palatium, comitatus s. u.

3) Vergl. über diese römische Aristokratie im Allgemeinen Dahn, Prokop, S. 135 f. und Var. I. 4. 30. 42. II. 1. 2. 3. 15. III. 6. 12. IV. 4. V. 3. 22; über die Quasi-Erblichkeit der Aemter I 4. V. 4. VI. 14. 25. III. 6. 12. V. 40.

4) Bei den Griechen οἱ λόγιμοι, δόκιμοι Proc. I. 8. 10. III. 30. Narses erhält als Geiseln von Lucca οὐ τῶν πολλῶν καὶ ἀγεννῶν, ἀλλ' ἐπίσημοι ἐν τοῖς μάλιστα καὶ εὐπατρίδαι Agathias I. 12.

5) Var. IX. 7.

müssen, weil sich nach seinem Muster auch der neue gothische Adel bildete und mit ihm zu einer herrschenden Macht im Staatsleben zusammenschmolz. Theoderich und die Amaler nach ihm besetzten aus diesen römischen Adelsfamilien regelmäßig die hohen römischen Aemter; die Abkunft von diesen Geschlechtern wird von den Gothen= fürsten hoch geehrt[1]). Und doch war dieser Adel das Haupt der national=römischen Opposition gegen die Barbarenherrschaft und, mit der katholischen Geistlichkeit, deren gefährlichster Feind.

Der Uebertritt dieses Adels entscheidet den Sieg der Byzantiner und dieser Adel bildet die Emigration, welche am Hofe zu Byzanz, wo sie Verwandte und Freunde in Menge hatten, unablässig zur Fortführung des Krieges bis zur Vernichtung der Gothen in Ita= lien schürt. Diese Geschlechter waren auch sehr reich: sie besaßen große Latifundien in ganz Italien, welche sie durch Sclaven unter ihren Intendanten (actores, procuratores) bewirthschaften ließen[2]) oder in Pacht gegeben hatten (conductores s. u.). Das Haus Cassio= dors hatte so ausgedehnte Pferdezucht, daß es das Heer der Gothen in großem Maß mit Rossen versah, schenkungsweise, wie dieser Adel überhaupt die Verwendung seiner großen Reichthümer für den Staat als Ehrensache ansah[3]). So sehr ist die Besetzung der höhern Aemter aus diesen Kreisen Regel, daß es besonders hervorgehoben und geradezu entschuldigt wird, wenn einmal der Consulat an einen Gallier Felix fällt, dessen Geschlecht aber auch ursprünglich römisch und vielfach mit Aemtern geehrt war[4]). Bei Ernennung eines Ab= kömmlings der Decier[5]) zum Patricius wird der alte Ruhm dieses Hauses gefeiert und von allen Senatoren heißt es: „schon eure Herkunft ist ein Lob, der Ruhm wird mit edeln Sprößlingen zu= gleich geboren, mit eurem Leben fängt auch eure Ehre an"[6]).

---

1) So wird von dem Hause Cassiodors gerühmt Var. I. 4. Cassiodoros si= quidem praecedentes fama concelebrat, antiqua proles, laudata prosapies, cum togatis clari, inter viros fortes eximii; ein Vorfahr des gothischen Mini= sters war unter Valerian tribunus und notarius gewesen, ein Freund des Aëtius, Gesandter bei Attila; ein andrer hatte Sicilien und Bruttien gegen die Vandalen vertheidigt; über die verschiednen Cassiodore s. Manso S. 85. 86.

2) Sie schicken ihre procuratores zur Steuerentrichtung. Var. II. 24.

3) Var. II. 2; vergl. noch über den Reichthum des Patricius Felix II. 2; der Decier III. 6. ampla patrimonii cura.

4) II. 1. 2.

5) Das Recht auf solche alte historische Namen legte meist Schmeichelei und Eitelkeit ganz neuen Familien bei.

6) Var. III. 6.

Ueberall wird an die alten Traditionen dieſer Geſchlechter ange=
knüpft¹), und in immer neuen, bezeichnenden Wendungen wird die
factiſche Vererbung der höhern Aemter in dieſen Familien ausge=
drückt: „Zögerung in der Beförderung wäre möglich, wo nur edle
Abkunft oder nur perſönliches Verdienſt vorliegt, ſie iſt unmöglich,
wo ſich beides vereint²). Opilio erhält die comitiva sacrarum: ſein
Bruder und ſein Vater ſchon bekleideten dasſelbe Amt³).

. Dieſe vornehmen Adelsgeſchlechter werden ſelbſt der Verſchwä=
gerung mit dem Königshauſe gewürdigt: ſo die Anicier⁴).

---

1) l. c. VIII. 22 bei Beförderung des Cyprianus: similes habuistis olim
Decios, similes vetustas praedicat fuisse Corvinos.

2) Var. III. 5; sola perfectio a vobis postulatur, cum multa vobiscum
nascantur; elaboratae sunt longa aetate vestri generis dignitates, qua no-
tissimo quodam habitaculo lares iu vestra posuere familia; III. 12 bei
Ernennung eines praefectus urbi: scitis enim saepe ex hac familia viros
enituisse praecipuos; der Vater des Candidaten war comes privatarum, der
Großvater sacrarum largitionum, dann magister; vgl. V. 3. 4. IX. 7.

3) VIII. 16 ipsa quodammodo dignitas in penatibus vestris larum po-
suit et domesticum est foetum publicum decus, vgl. IX. 22. latere potest
forsitan vulgare hominum genus, nesciri non potest proles senatus; ſo er=
hält Paulinus den Conſulat: honorem familiae vestrae domesticum: vos enim
completis paginam consularem, vos crebro nominat cursus annorum, vestrum
nomen repetitum semper efficitur gloriosum, curia romana completur pene
vestra familia IX. 23. honorum (consulatus) non miratur Deciorum familia, quia plena eorum sunt atria fascibus: aliis rara dignitas ista contingit, in hoc decursu generis pene nascitur consularis, in te antiquos Decios
Roma cognavit, Decios inquam, priscis saeculis honoratam prosapiem,
libertatis auxilium, curiae decus, romani nominis singulare praeconium;
über dieſe „Decier“ vgl. noch: III. 6. maximi serenitatis nostrae luminibus
Deciorum sanguis irradiat, qui tot annis continuis simul splendet claritate
virtutis et quamvis rara sit gloria, non agnoscitur in longo stemmate va-
riata. saeculis suis produxit nobilis vena primarios . . nescit inde aliquid
nasci mediocre . . pullulat ex uno germine . . honor civium, gloria generis,
augmentum senatus. II. 1. agnoscat curia . . sanguinis decus, quae non
semel coronam suam nobilitatis ejus flore vestivit. novit inter reliquos
fasces viros inde sumere consulares, qui longo stemmate ducto per tra-
beas lege temporum originarius est honorum.

4) X. 11. considera quod merueris et dignum te nostra affinitate
tractabis. hic honor (primiceriatus, = domesticatus, ſ. X. 12) quamvis
tantis natalibus videatur inferior, cunctis tamen fascibus tuis videtur esse
felicior, cujus tempore meruisti conjugem regiae stirpis accipere, und vgl.
ihr Lob X. 12. neque enim fas est humile dicere quod gerit Anicius (nicht
amicius wie ältre Ausgaben) familia toto orbe praedicata vero dicitur nobilis etc.; über die Bevorzugung dieſes Abels und ſeinen Voranſpruch auf die faſt

„Es ist unsere prophetische Weise, aus den Tugenden der Väter die Erfolge der Nachkommen zu bemessen, denn Art läßt nicht von Art"[1]. „Nach glänzenden Amtsführungen der Ahnen werden mit Fug den Nachkommen die höchsten Würden verliehen: denn keiner will gern hinter dem Ruhm der Seinen zurückbleiben"[2]. „Am Liebsten führen wir in die Curie die Sprößlinge der Curie selbst zurück, denen die senatorische Würde angeboren ist"[3]. „Nach dem Recht der Erblichkeit nimmst du die Wohlthaten des Herrschers in Anspruch, du erlangst die Würde des Bruders, auch an Weisheit sein Bruder, und ein neues Recht haben wir in eurem Fall geschaffen, daß die Verwandten sich im Amte folgen"[4], — es war dieß aber schon lange kein „neues Recht" mehr: „übe die Thätigkeit, die Deiner Abkunft zusteht", heißt es bei der Ernennung des Cyprianus zum comes sacrarum largitionum[5]: „Die Nachkommen sollen sich der Würden erfreuen, die schon ihre Väter besessen"[6].

---

erblich gewordenen Aemter f. noch Var. II. 2. non enim relinqui inglorios patimur, qui generis claritate praedicantur: curat quinimo honorum gradus per parentes; II. 3. bei der Rückkehr eines durch langen Aufenthalt in Gallien verdunkelten Geschlechts zu römischen Würden: jacebat nobilis origo sub gallicano justitio .. tandem avarum antiquus laurus ab honoratae curiae sylva legerunt. nam quis possit negare generi munus cujus habeatis (nomen ist zu ergänzen) velut in arce depositum? cujus ut antiquam prosapiem satiati veterum copia transeamus, est adhuc in oculis omnium candidati nobilissimus pater, qui .. ita produxit in curia etc.

1) Var. II. 15. vgl. qui es clarus stemmate, splendeas dignitate; III. 12 scitis enim saepe ex hac familia enituisse praecipuos .. accedit (zum Großvater) nobilissimus provecti pater. tot igitur originis argumenta promittens credamus bona de nobili, quia laudabilis vena servat originem et feliciter posteris tradit quae in se gloriosa transmissione promeruit.

2) IX. 7. dudum itaque illustris recordationis genitoris tui respublica sensit romana diligentiam. IX. 22. propositum tuum dilatavit opinio faciens fidem generis morum pondere .. neque enim fas erat, ut quem familia tanta produxerat etc. semen generis morum fructibus reddidisti.

3) III. 6.

4) V. 3. V. 4 wird nicht ohne Geschmack dieses Geschlecht, das seit Alter einen tüchtigen Staatsmann nach dem andern liefert, dem virgilischen sich immer wieder ersetzenden Goldzweig verglichen.

5) V. 40; IV. 25. Petrum parentum luce conspicuum in album sacri ordinis referre.

6) III. 11. vgl. III. 5. und VIII. 16. tam frequens est in vestra familia (Opilio) felicissimus provectus, ut licet aliquis vos eligat ad subitum, nihil fuisse videatur incertum. similitudinem suorum felix vena custodit. qua-

„Wenn es der Ruhm guter Fürsten ist, unbekannte Namen durch
Ehren zu verherrlichen, wie viel vorzüglicher ist es, einer hochedeln
Familie zu ertheilen, was sie schon durch die Geburt verdient"[1].
Am deutlichsten erhellt die fast ausschließliche Besetzung der höhern
Würden aus diesem Adel daraus, daß in den stehenden Amtsfor=
meln[2]) der „Glanz der Abstammung" ebenfalls als stehende Vor=
aussetzung figurirt; man konnte von der Mutter der Decier sa=
gen: „so viele Knaben sie der Familie gebar, so viele Consulare
schenkte sie der Curie"[3]), und „in diesen Geschlechtern treten die
Söhne eine Erbschaft von Tugenden nicht minder als von Aemtern
und von Schätzen an"[4]. Auch in den Provinzen stand ein zahl=
reicher, in seinen Landschaften durch Abstammung, große Latifundien
und den halb erblichen Besitz der städtischen Würden mächtiger Adel
an der Spitze der Bevölkerung und oft in feindlichem Gegensatz zu
den vom König aus Italien gesendeten obersten Regierungsbeamten
der Provinz[5]).

Neben der edeln Abkunft und dem damit thatsächlich verbun=
denen Reichthum wird bei den Ernennungen von den persönlichen
Verdiensten des Candidaten[6]) meistens die hohe Bildung, namentlich

---

propter secure tibi credimus, quod toties tuo generi commissum fuisse
gaudemus.

1) XII. f. u.

2) z. B. VI. 14 für Aufnahme in den Senat und oft.

3) Var. III. 6.

4) IX. 21. Vgl. Sartor. S. 43.

5) In der stehenden Formel des Präfidatus heißt es: Var. VII. 8 respice
quantis sit provincia plena nobilibus. habes qui et bene loqui de te debeant et derogare praesumant; der conventus der honorati provinciales, tot
nobiles stehen dem rector provinciae nach VI. 21. Der conventus nobilium
in Neapel VI. 23 besteht aus den Municipalbeamten.

6) Denn diese sollen doch auch nicht fehlen: Var. I. 42 cuncta siquidem
unde famam captat humanitas in te conjuncta sederunt: patria, genus,
instituta praeclara quorum si unum nobilitatem complet (bezeichnend für
den vagen Sinn von nobilitas bei Cassiodor), in te collecta plus facient, qui
non minus genitalis soli fortuna (es ist der Byzantiner Artemidor), quam
gloria stemmatis (ein Verwandter des Kaisers Zeno) et virtutis ornaris; vgl.
V. 4. inter haec stupenda meritorum originis quoque simili claritate res-
plendet (Senarius comes patrimonii) II. 16; „den v. illuster Venantius,
glänzend durch eignes und väterliches Verdienst haben wir zum comes domesticorum befördert, auf daß der angeborne Schimmer seiner Herkunft noch durch
erworbne Würden erhöht werde". V. 41. „Cyprian durch sein Verdienst und den
Glanz der Abkunft ausgezeichnet".

juriſtiſche und rhetoriſche[1]) gerühmt: „außer dieſen Vorzügen deines Geſchlechts darbſt du auch nicht der Empfehlung eigner Verdienſte: Bildung und Studien, die aller Würden würdig machen, ſprechen für dich und mit dem Glanz deines Geſchlechtes verbindeſt du den Schimmer der Beredſamkeit"[2]). Neben Herkunft und Reichthum iſt Bildung die dritte Grundlage der römiſchen Ariſtokratie im Gothenſtaat, und auch ſie wird von Geſchlecht zu Geſchlecht in dieſen Häuſern fortgepflanzt. Sie iſt ein Hauptmotiv bei der Ertheilung von Staatsämtern[3]), und fehlt nicht bei der Zuſammenſtellung der Machtgrundlagen dieſer Ariſtokratie: „das Alterthum hat die Senatoren für adelig erklärt. Was aber iſt herrlicher als zugleich ſo viele Adlige der Wiſſenſchaft zu Ahnen zu haben? Denn wenn altvererbte und von Geſchlecht zu Geſchlecht übertragne Reichthümer Adel verleihen, ſo iſt noch vorzüglicher, weſſen Familie reich erfunden wird an den Schätzen der Bildung"[4]). Und nun wird der Sprößling dieſes Hauſes durch das Vertrauen des Königs zur Quäſtur berufen[5]). Die Rhetorik Caſſiodors muß ſich freilich manchmal auch in Fällen zu helfen wiſſen, wo die liberalia studia fehlen[6]). Aber im Ganzen iſt der Senat eine „Verſammlung von Gelehrten"[7]) und alle Vornehmen ſoll Bildung empfehlen[8]).

Mit dieſem römiſchen Adel ſchmolz nun der neue gothiſche Dienſtadel, wenn ihm auch faſt immer (aber doch nicht immer) die Bildung des erſteren fehlte, durch den gleichen Reichthum, die gleichen Aemter und Würden (wenn auch mit ſtarkem Uebergewicht der militäriſchen), und den gleich nahen perſönlichen Zuſammenhang mit dem König zu Einem Stande zuſammen, und da der alte gothiſche Erbadel thatſächlich meiſt in die gleichen Verhältniſſe des Hof und Staatsdienſtes eingetreten war[9]) erklärt es ſich, daß häufig in den Quellen

---

1) Var. XI. 7. Advocatur V. 4.

2) II. 15. vgl. I. 12. V. 4. omnium crederis intelligentiam habere virtutum, qui exercere meruisti militiam literarum.

3) IV. 45. IX. 25.

4) Var. III. 19. vgl. 20. V. 10. „nicht nur Reichthum und Körperkraft, mehr noch Bildung empfiehlt zu den Aemtern des Staats".

5) Vgl. III. b. 11. ad tramitem recti admoneant te tuorum facta majorum, admoneat lectionis auctoritas, deinde judicii nostri electio gloriosa.

6) IX. 7.

7) Var. III. 33.

8) IX. 7. IX. 21. infantiam bonis artibus enutritam.

9) Binſivad, oben S. 28.

nicht zu unterſcheiden iſt, ob alter ober neuer und ob gothiſcher
oder römiſcher Adel gemeint iſt[1]). Römiſche und gothiſche Große

1) Meiſt kann nur der Sachzuſammenhang aufklären: ſo ſind die proceres,
deren einflußreiche Fürbitte beim König gefangenen Römern Amneſtie erwirkt, IX.
17., natürlich römiſche Große. Die Varien brauchen proceres und nobiles
für Senatoren, z. B. VIII. 19. antiquitas vos fecit nobiles haberi; ferner
IX. 7. IX. 23. inter tot procerum lumina; I. 41. unde melius nobilitati
(b. h. bem Senat) collegam quaerimus quam de vena nobilium, qui se promittat abhorrere moribus quam refugit sanguine vilitatem und bann major
gloria est dignitatis spectare sententiam procerum post regale judicium;
ebenſo VIII. 15; herrlich iſt es ein procer ſein, herrlicher über proceres richten,
heißt es VI. 4. vom Stadtpräfecten als Richter der Senatoren. Die proceres
ſind aber zugleich auch die servientes, b. h. die Hofbeamten, bie zugleich die
höchſten Staatsbeamten ſind, IV. 3. VI. 3.; V. 6. ſind bie proceres wohl bie
Finanzbeamten, die Domänenvorſtände, vgl. V. 7.: procerum suggestione perclaruit, b. h. tua (arcarii) suggestione mit V. 6. a proceribus nostris frequenter admonitus debita reddere neglexit; (auch oft untechniſch, tropiſch:
proceres literarum Var. VIII. 15; ebenſo nobilis: doctrina ex obscuro
nobilem facit und vollends VI. 6. plebs nobilis, b. h. die Bevölkerung
Roms; hier bezeichnet generosus ben Abelsſtand, ebenſo IV. 39.); vgl. VIII.
17. IX. 29. 23; einmal nobiles proceres, b. h. bie Staats= und Hofbeamten
in Byzanz; X. 33, ebenſo VI. 12. illustres proceres; über proceres ſ.
I. 41. IV. 3. V. 6. 7. VI. 3. 7. 12. VII. 7. (= consules und patricii)
8. VIII. J. 19. 2. manu consilioque gloriosi (15. bie Senatoren). IX. 7.
16. 21. 23. 24. X. 33. über bie nobiles, nobilitas I. 4. 41. 42. 46. II. 1.
15. III. 5. X. 18. 20. nobilissimus civis III. 11. 12. nobilissima familia
X. 11. origo II. 3. VIII. 10. stirps Gothorum; nobilis turba III. 11. 22.
populi XI. 5. IV. 16. 48. V. 12. 28. VI. 9. 10. 13. 20. 23. pauper nobilis
VI. 10. (eine gewiß ſeltne aber boch mögliche Ausnahme). VII. 35. 37. VIII. 2.
9. 16. 19. 13. 17. XI. 8. XII. 29. nobilis heißt wer bie Rangſtufe ber spectabilitas hat, VII. 37.; VI. 9. ſind bie nobiles, bie Hofbeamten, bie aulicae potestates: es iſt aber nicht bloß die Zugehörigkeit zum Hofe, welche zum nobilis
macht; man wird, weil man nobilis iſt, zu Hofe gerufen, VII. 35.; man er=
hält, weil man von Geburt nobilis iſt, ein Amt, VIII. 16.; vgl. VIII. 17. antiqua nobilitas parentum; bas iſt bie claritas originis, IV. 4. generis II.
15. lux V. 41. splendor natalium II. 10. 16. 39. V. 41. VI. 14; nobilitas
iſt natürlich auch bie königliche Abſtammung V. 12.; bas königliche Geſchlecht iſt
bie glänzende Spitze, bas edelſte ber Abelsgeſchlechter; primates VI. 15. VIII. 10.
XII. 22. primarii VI. 14. summates II. 4. 14. bezeichnet ebenſo unbeſtimmt ben
Vorrang burch Geburt wie Amt; ben Gegenſatz bildet bie plebs I. 32.; unwill=
kürlich verrathen ſich bes wohlwollenden Caſſiodor geringſchätzig=ariſtokratiſche An=
ſichten von ber Menge: aber bie Zeit erklärt ſie; bie plebs ist innocua I. 27.,
aber wenn nicht geſättigt, poltert ſie VI. 6., vgl. VI. 4. 18. VI. 18. nescit plebs
tacere quando interdum et hoc loquitur, quod a nemine perpetratur; I. 20
inania verborum popularium non cogitamus; ber König entſchuldigt ſich vor
bem Senat förmlich, baß er auch auf bas Geſchrei ber Menge boch um ber Ge=

erfüllten die Aemter des Staats, die Geschäfte des Hofs, die Um=
gebung des Königs in bunter Mischung. So meinen denn die zwei
einzigen Stellen des Edicts, welche von nobiles handeln[1]), den
Abel beider Völker, und zwar will die Eine ausdrücklich den Abel,
der auf Abstammung beruht, neben dem der auf Amt und Würde
ruht, bezeichnen[2]), wie die andre ebenfalls edle Geburt neben Reich=
thum stellt[3]).

Die Söhne dieser Abelshäuser, Gothen[4]) wie Römer traten
früh, oft schon als Knaben[5]), wie im Frankenreich, in den Dienst
des Palastes, in die persönliche Umgebung des Königs[6]), von wo
sie allmälig zu höhern Aemtern aufstiegen. Und durch ihre ein=
flußreichen Familienverbindungen — denn diese Geschlechter waren
vielfach durch Verschönerungen verflochten[7]), — gelangten solche junge
Männer, vorab Römer, oft frühe zu bedeutenden Würden[8]), wäh=
rend Andre, auch Gothen, sich durch Verdienste langsam heben muß=
ten[9]). So scheidet sich denn dieser Abel als eine besondre Standes=
gruppe auch social scharf von den geringern Leuten wie im Um=
gang — sie verkehren nur mit ihresgleichen[10]) — und in der ganzen
Lebensweise.

---

rechtigkeit willen achten muß (popularis loquacitas I. 27.); vgl. IX. 43: vulgi
pectora nefanda imitatio comprehendit — plebis inflammata contentio.

1) Edictum Theoderici §§. 13. 59.

2) §. 13. nobiles et splendidi honoris.

3) §. 59. si domo patrimonio gratulatur et est genere nobilis: wie
die Varien, nach dem Obigen, ersteren Unterschied häufig machen; über genus in
den Varien I. 42. II. 2. 15. III. 5. 6. IV. 39. II. 15. ut qui clarus es stemmate splendeas dignitate.

4) VIII. 10.

5) So die Söhne des Patricius Cyprian. VIII. 22.

6) Var. IV. 4. in ipso .. adolescentiae flore .. palatia nostra intra-
vit; VIII. 21. infantia eorum nota palatio .. ab ipsisque cunabulis regales
oculos pertulere.

7) VIII. 17. quid antiquam parentum repetimus nobilitatem (candidati)
cum vicina resplendeat luce germani? .. his laudibus ductus a conjuge
Basilianae conjunctus (est) familiae, quod plerumque evenit a meritis con-
jugi posse nobilibus. IX. 17. crescit praeclaris meritis tuis, quod in affi-
nitatem de talis elegit, qui se semper ... fecit laudari.

8) So der Präfectus Urbi Reparatus IX. 7.; der Consul Paulinus IX. 22.;
der comes domesticorum Venantius II. 15: denn providentiae nostrae ratio est, in tenera aetate merita futura tractare (inexplorata posteritas)
VIII. 12. primaevus venisti ad honores; vgl. IX. 23.

9) VIII. 10.

10) Var. IV. 48 und I. 27. popularis loquacitas.

Ebendeßhalb wird aber auch von der edeln Bildung und Sitte
dieses Adels ganz besonders patriotischer Sinn und Achtung vor
dem Gesetz gefordert: zwischen Senatoren und ihren Leuten einer=
seits und geringem Volk anderseits war es im Circus wiederholt
zu Thätlichkeiten gekommen. Da schreitet die Gerechtigkeit des Kö=
nigs ein und mahnt die Senatoren der Ehrenpflichten ihres Standes[1]):
sie „schulden dem Staat gleiche Opferwilligkeit wie der König"[2]).
Aber wir werden uns überzeugen, daß diese Liebe zur Gesetzlichkeit
nicht minder der verwilderten und hochfahrenden römischen Aemter=
aristokratie als dem rohen und trotzigen Gothenadel gebrach: diese
Vornehmen, durch Aemter, Einfluß bei Hof, und großen Grund=
besitz mächtig und sicher[3]), behandelten die Geringern sehr häufig
mit Uebermuth und drückender Gewalt, oder sie entzogen sich ihren
öffentlichen Pflichten, widersetzten sich den Beamten des Königs und
wälzten so die Last der Steuern auf die geringern Leute[4]). Es
war dieß eine Wirkung davon, daß sich in dem italischen Gothen=
staat, und zwar bei der germanischen Bevölkerung ganz ebenso wie
bei der römischen, neben den alten Standesunterschieden der Un=
freien, Freigelaßnen, Freien und Edeln, welche mehr juristischer
Natur gewesen, ein neuer Standesunterschied von mehr socialer
Natur gebildet hatte, der aber auch schon anfängt in bedeutenden
juristischen Consequenzen anerkannt zu werden: es ist der Unter=
schied von Hohen und Niedern, Vornehmen und Geringen, ein Un=

---

1) Var. I. 30. intersit igitur inter splendorem vestrum moresque
mediocres. refugite tales familiares qui sunt injuriarum ministri, qui ho-
nori vestro nitantur adscribere quod delinquunt . . vos enim quos semper
gravitas decet nolite truculenter insequi inania verba populorum. l. 32. si
senator civilitatis immemor etc. l. 27. ubi enim quaeratur modestus animus si foedent violenta patricios?

2) Var. II. 24. VIII. 13. „Dein Wandel sei eingedenk deines Adels: nur
verächtlichen Abstamms Sprößlinge fallen in die Laster ihrer Herkunft".

3) Var. IV. 4: „es ist etwas unerhörtes, daß ein Günstling des Herrschers
nicht ausschreitet, und das Glück hält selten Maß". Der Druck dieses Adels auf
die Geringen war so allgemein, daß in jedem Proceß zwischen Gliedern dieser bei=
den Stände die Vermuthung dafür spricht, dem Geringen sei von dem Vornehmen
Unrecht geschehen, IV. 39; wie stolz sich der Amtsadel über die vilitas der Ge=
meinfreien hob, darüber vgl. noch VI. 12. ut amplissimum genium pretiosae
libertatis (d. h. der Patriciat) vilissimam conditionem cum subditis non
haberet.

4) Var. II. 24; sogar die Pächter der Senatoren theilen deren superbia,
zahlen die Steuern mangelhaft und mit Widersetzung l. c. 25.

terschied, der mit dem der Abligen und Gemeinfreien nicht völlig, sondern nur insofern zusammenfällt, als Reichthum Eine der Grundlagen des neuen Adels bildet: viel eher fällt er in den meisten Fällen, Ursachen und Wirkungen zusammen mit dem Gegensatz der Reichen und der Besitzlosen.

Bei den Römern unterschied das Strafrecht schon seit langer Zeit zwischen honestiores[1]) und humiliores, viliores[2]) im Sinne von vornehmeren und geringeren Freien, nicht im Sinne von Freien und Freigelaßnen oder Unfreien. Jene sind die durch ihre höhere sociale Gesammtstellung ausgezeichneten, durch Vermögen mehr noch als durch Würden oder Rangstufen (der spectabilitas etc.), obwohl beide Vorzüge regelmäßig zusammentrafen. Es war dieß eine Unterscheidung, welche aus den römischen Culturzuständen schon lange auch in das Rechtsleben übergegangen war: zumal die sehr häufigen Geldstrafen und die Gesammt= und Theilconfiscationen mußten bei den Armen durch Surrogate, wie Leibesstrafen, Verbannung, Zwangsarbeit in Bergwerken ersetzt werden. Diesen Unterschied in Leben und Recht der Römer fanden die Gothen in Italien vor.

Bei ihnen bestand ursprünglich in Leben und Recht etwas Aehnliches nicht. Wir haben nachgewiesen[3]), daß der alte germanische Adel, wenn auch thatsächlich die Adelsgeschlechter großen Grundbesitz hatten, nicht auf dem Reichthum als Grundlage seines Standesvorzugs beruhte. In den einfachen bäuerlichen Zuständen der Germanen vor der Wanderung konnte der Vermögensunterschied im Rechte keine so große Rolle spielen. Wir haben gesehen, daß jener Adel sich zwar[4]) hohen moralischen Ansehens, auch großen thatsächlichen Einflußes auf das Staatsleben erfreute, aber keine staatsrechtlichen Standesvorrechte besaß. Im Recht, namentlich aber im Strafrecht und Privatrecht, stand der arme, gemeinfreie Bauer, wenn er nur in seinem Allod die Voraussetzung alles Genossenrechts überhaupt besaß, dem reichsten Abligen gleich, und nimmermehr würden es vor der Wanderung die freien gothischen „capillati" ertragen haben, daß der Edle im Strafrecht eine privilegirte

---

1) Und so denn auch das aus römischem Recht geschaffne Edict Theoderichs §§. 75. 83. 89. 91.
2) Ed. §§. 62. 89. 75. 83. 91. 108.
3) A. I. S. 19.
4) A. I. S. 20.

Stellung eingenommen, daß für ein und dasselbe Verbrechen der Gemeinfreie eine härtere, schimpflichere Strafe als der Edle zu tragen gehabt hätte[1]. Er hätte darin eine unerträgbare Herabdrückung des Freien zu den Unfreien erblickt: denn diese allerdings wurden vom germanischen Recht härter und schimpflicher gestraft als die Freien.

Diese alten Zustände hatten sich nun aber bei den Oftgothen schon seit der Auflösung des alten Reiches[2] und während der langen Wanderungen in byzantinischem Land und Sold wesentlich ändern müssen. Die sichre Basis der stolzen Selbständigkeit des kleinen Freien, der feste Grundbesitz, war verloren und die große Menge des Volkes erscheint in den letzten Jahrzehnten vor der Einwanderung in Italien verarmt[3], hülflos, unfähig sich in den schwankenden und schwierigen politischen Verhältnissen selbst zu helfen und zu halten: vom König, von den Führern verlangen sie Land, Brod und Unterhalt — grade der Mangel treibt sie manchmal, in gewaltiger Massenvereinigung den Willen des Königs zu bestürmen und zu zwingen[4], dem sie regelmäßig die Entscheidung des Verhältnisses zu Byzanz und damit ihres ganzen Schicksals allein überlassen müssen[5]. Schon hiedurch war es gegeben, daß die ärmern unbedeutenderen Gemeinfreien jetzt gegenüber dem König und seiner Umgebung, den einflußreichen Vornehmen, eine viel andere Stellung einnahmen, als nach der alten Verfassung in den alten Zuständen.

Und bei der Niederlassung in Italien wurden diese Verhältnisse nicht mehr beseitigt: die Unterscheidungen waren schon so mächtig, daß sie nur bestätigt werden konnten. Die Dienst=Adligen, die Gefolgen, die nächste Umgebung des Königs, die bedeutenderen Heerführer, oder die alten Adelsgeschlechter, welche für zahlreichere Freigelaßne, Knechte und Herden[6] größeren Grundbesitz brauchten, forderten und erhielten, nahmen nun im Leben eine ganz andere Stellung ein als der arme Gemeinfreie, der, durch nichts ausge=

---

1) Die Abstufung der Compositionen ist hiegegen natürlich kein Einwand; übrigens fehlt jede Spur, daß das Compositionensystem bei den Oftgothen bestanden habe, s. unten das Edict und den II. Anhang.

2) a. 376. A. II. S. 56.

3) S. A. II. S. 113.

4) A. II. S. 113.

5) l. c. S. 105. 107.

6) A. II. S. 77.

zeichnet, die geringe Scholle empfing, die zu seines Hauses Bedarf
ausreichte: die gothische Aristokratie trat der vorgefundnen reichen
römischen völlig ebenbürtig zur Seite. Damit waren nun bei den
italischen Gothen die Voraussetzungen gegeben, den römischen Unter=
schied von Vornehm und Gering, Reich und Arm aus dem socialen
Leben in bedenklicher Weise wie bei den Römern auch in das Rechts=
leben übergehen zu lassen und Theoderich widerstand diesem Zug
der Entwicklung nicht völlig. Zwar folgte er ihm nicht sonder
Widerstreben: in manchen Fällen hat er in dem Edict, das auch
für seine Gothen gelten sollte, das römische Recht, wenn es zwischen
honestiores und humiliores unterschied, mit unverkennlicher Absicht=
lichkeit geändert und gleiches Recht für beide hergestellt: indem er
entweder die gelindere Strafe auch für die Geringern aussprach
oder, was der ganzen Tendenz seiner Gesetzgebung viel näher lag,
die härtere Strafe auch auf die Vornehmen ausdehnte.

Aber es ist ein bedeutsames Zeichen, daß er nicht überall
diesen Unterschied wenigstens für die Gothen beseitigte, sondern ihn,
wie er im römischen Strafrecht bestand, oft auch im Edict bestehen
ließ und dadurch auch auf die Gothen anwandte. Wir heben die
bisher nicht beachtete Erscheinung deßhalb nachdrücklich hervor, weil
sie zeigt, daß auch in dieser Hinsicht wie in so mancher andern[1])
in dem kurzlebigen Gothenstaat schon sehr frühe die Ansätze und
Keime ganz der nämlichen Bildungen sich einstellen, welche später
in den andern mehr beachteten und länger bestehenden Reichen, na=
mentlich in dem der Franken, zu reicher Entfaltung gediehen sind[2]).

Wie im Frankenreich die Volksversammlung verschwindet und
die kleinen Gemeinfreien von einer neuen Aristokratie in den Hinter=
grund geschoben werden, ganz ebenso gestalten sich diese Verhält=
nisse anfangsweise bei den Gothen. Und wie dreihundert Jahre
später Karl der Große, so hat schon Theoderich der Große im rich=
tigen Instinct des Königthums die kleinen Freien vor dieser Be=
wegung der Zeit zu schützen versucht — beide gleich vergeblich.
Die Vornehmen, potentes, praepotentes, eben diese römische und
gothische Aristokratie factischer Ueberlegenheit von Amt und Reich=
thum, machen fortwährend das Eingreifen des Königs zum Schutz
der geringen Freien nöthig.

Wenn die gothischen Großen gern Gewalt gegen die Römer

---

1) Z. B. in der tuitio regis, s. unten „Gerichtshoheit".
2) Vgl. oben S. 27.

übten, so waren doch auch die römischen Adelsgeschlechter in den unruhigen und auf Selbsthülfe anweisenden unsichern Zuständen in den letzten Generationen arg verwildert. Zumal wenn die große Modeleidenschaft der Circusparteiung auflodert, greifen sie so rasch wie die Barbaren zur Gewalt[1]. Besonders aber unterdrückten die vornehmen Römer ihre geringern Nachbarn gerne unter dem Scheine des Rechts mit chicanösen Civil= und Strafprocessen[2]), und ange= sehne Gothen wie Römer verachteten häufig, auf ihre mächtige Stellung pochend, die Amtsgewalt der gewöhnlichen Richter und Behörden, so daß die Autorität des Königs selbst in außergewöhn= lichem Eingreifen seinen Beamten gegen solchen Trotz zu Hülfe kommen muß. Diese Großen mischen sich in fremde Prozesse[3]); sie protegiren wer ihre Gunst erkauft und unterdrücken die Gegner ihrer Schützlinge[4]). Und der König muß, bei allem Bestreben, den Mißbrauch dieser bevorzugten Stellung zu hindern, die bevor= zugte Stellung selbst anerkennen: die socialen Unterschiede sind be= reits so stark, daß des Königs Gesetzgebung sie nicht mehr um der alten Rechtsgleichheit willen ignoriren kann, sondern vielfach be= stätigen muß.

Dabei sehen wir deutlich in einigen der entscheidenden Stellen des Edicts, worauf denn der Vorzug dieser Vornehmen beruht, nicht[5]) auf juristischen Standesprivilegien, sondern auf dem Reichthum[6]).

---

1) Zwei der vornehmsten Würdenträger, ein Patricius und ein Consul, Rö= mer, überfallen, wie es scheint, durch höhnischen Zuruf gereizt, eine Deputation der „Grünen", auf dem Wege zum Hof des Königs selbst, unter solchen Mißhandß= lungen, daß Einer der Grünen auf dem Platze bleibt. Var. I. 27. 32; caedes ingenui per senatores.

2) „Calumniae", s. unten „tuitio" und das Edict.

3) Edictum Theoderici §. 44; (s. den Text für alle Citate aus dem Edict im Anhang L); hier ist das militantes der römischen Quelle ganz allgemein zu potentes erweitert.

4) §. 45.

5) Wie Sartor. S. 84 meint.

6) Der substantia Ed. epil., die auch in den Varien eine wichtige Rolle spielt: (Var. III. 18. 37. V. 6. 7. XII. 22.: die primatos genießen die deliciae der Provinz, die mediocres haben nur nothwendige expensae; den Gegensatz zu dem idoneus bildet der tenuis: Ed. §. 97. Var. I. 19. ne tenuis de proprio cogatur exsolvere quod constat idoneos indebite retinere; minor fortuna und mediocritas wird völlig identificirt IV. 40. vgl. IV. 39 und XII. 11 die potiores, generosi, potentes, gegenüber dem fortuna minor. Die mediocres stehen zwischen divites und pauperes in der Mitte: paupertatem fugere et di-

In sehr vielen Fällen, in welchen das römische Recht in Geld strafte oder eine Geldentschädigung zuließ, kamen die Vornehmen, weil sie eben zahlen, entschädigen konnten, verhältnißmäßig sehr glimpflich ab, während die Geringern, d. h. die Aermern, bei denen nichts zu pfänden und zu confisciren war, der körperlichen Züchtigung, der Verbannung und ähnlichen harten Strafen verfielen.

Hatte man aber einer solchen an sich nicht ungerechten Unterscheidung einmal Raum gegeben, — denn straflos konnte doch die Armuth nicht machen[1]), — so lag es nahe genug, auch in andern Beziehungen den humilis schärfer zu behandeln als den honestus[2]).

Besonders klar wird dieser Zusammenhang bei der Strafe für Vergewaltigung einer freien Jungfrau[3]). Hier will das Gesetz vor Allem für die Geschädigte sorgen und zwingt deßhalb den vornehmen und reichen Verbrecher sie zu heirathen und ihr einen großen Theil seines Vermögens zuzuwenden, unter der Voraussetzung, dadurch für die Gekränkte am Besten zu sorgen. Ist aber der Verbrecher niedrig und arm, so würde in der Verbindung mit ihm keine Versorgung liegen und jene Vermögenszuwendung unmöglich oder unbefriedigend sein. Deßhalb muß in diesem Fall der Beleidigten statt der Versorgung die Rache genügen und der besitzlose Niedrige wird — getödtet. Man sieht hier, wie diese unser Rechtsgefühl verletzende enorme Rechtsungleichheit nicht absichtlich von dem Rangunterschied ausgeht, sondern ganz andre Motive jenen Rangunterschied auch im Strafmaß wirksam machen. Die „nobili-

---

vitias non amare: vivunt fortuna mediocrium et conscientia divitum. V. 14. vires mediocrium consurgere sinantur — ebenda expensae pauperes gravare suggeruntur.

1) Diesen Gedankengang zeigen die Barien deutlich IV. 10. quem vero ab hoc redimitione foedum patrocinium tenuitatis excusat, pro amissi (l. commissi) qualitate facinoris in eum fustuario supplicio vindicetur. non enim patimur impunitum quod nolumus esse permissum. IX. 2. aut decem librarum auri dispendio feriatur aut si facultas vindictae non sufficit per fustuaria supplicia laceretur et reddat debitum poenis quod non potuit compensare pecuniis. X. 28 si ad hoc damnum idoneus non potuerit inveniri corporali supplicio poenam luat. III. 20. si quis autem in hac praesumtione medius invenitur ut ad ea quae jussa sunt idoneus non possit inveniri ad nos reducite vinculis religatum, ut poena possit satisfieri, cujus facinoris facultas non sufficit ultioni.

2) Schon ist pauper und humilis synonym mit vilis I. 41; die paupertas ist eine Schande IV. 10; vgl. oben S. 36 die Geringschätzung der plebs.

3) Ed. §. 59.

tas" im Text der Stelle will·nicht etwa „Abel" im strengen staats=
rechtlichen Sinn, sondern dasselbe, was sonst honestiores bezeichnen,
und nur weil die Vermögenszuwendung (idoneum patrimonium)
in diesem Fall die besondere Erörterung der Einen Basis dieser
„Vornehmen" ohnehin nöthig macht, wird die andre hohe Amts=
stellung oder Abkunft dießmal ebenfalls besonders ausgedrückt,
während in den honestiores Abkunft, Rang und Reichthum zu=
sammengefaßt werden. Mit dieser Motivirung der Unterscheidung
stimmt ganz genau, daß bei der Vergewaltigung einer Wittwe, weil
hier der Gesichtspunkt der Versorgung durch künftige Heirath zu=
rücktritt, der Verbrecher, welchen Standes er sei, getödtet wird[1]).

Da nun bei den „Geringern" in Ermanglung von Vermögen
an die Stelle der Confiscation die Verbannung tritt, aber auch die
Reichen mit und neben der Confiscation häufig Verbannung traf[2]),
so mußte in solchen Fällen das Edict, um nicht die Armen zu ge=
lind abkommen zu lassen, zu der Verbannung noch eine Steigerung
fügen, und diese besteht nun regelmäßig in der Lebenslänglichkeit
des Exils, während die Reichen neben dem Verlust ihres Vermö=
gens nur fünf= oder fünfzehnjährige Verbannung trifft. Weil nun
aber auch bei den Reichen manchmal lebenslängliches Exil eintrat
oder auch weil jene Steigerung im Vergleich mit dem Vermögens=
verlust der Reichen noch immer zu gelinde schien, schärfte das Edict
für die Armen die Verbannung bei schweren Verbrechen häufig
noch durch Prügelstrafen, welche es für viele Reate neu einführt.
Dieß ist nun aber ein bedeutsames Zeichen davon, wie nahe bereits
dem Knecht der kleine Gemeinfreie in der Empfindungsweise jener
Zeit und jenes Reiches gerückt ist. Denn nach ältestem germani=
schem Recht ist die schimpfliche Prügelstrafe recht eigentlich Merkmal
eines Knechts, und wenn auch in manchen Stammrechten ganz wie
in unserm Edict kleine Freie derselben, meist eventuell, unterwor=
fen werden, so zeigt das eben nur, daß in allen diesen auf römi=
schem Boden erbauten Germanenstaaten ähnliche Ursachen ähnliche
Umgestaltungen der alten Standesrechte erzeugten. Anderseits aber
mußte eine solche Herabdrückung der kleinen Freien zu den Knech=
ten im Gesetz auch wieder zurückwirken auf ihre sociale Annäherung

---

1) Ed. §. 60; daß unter cujus libet loci doch nur Freie (nicht auch Un=
freie) aber Vornehme wie Geringe zu verstehen sind, erhellt aus §. 63.

2) Confiscationen und Geldstrafen werden im Edict sehr häufig ausgesprochen
§§. 22. 43. 46. 75. 83. 84. 90. 93. 104. 108. 111. 112.

im Leben, wie fie aus diefer thatfächlichen Annäherung in das Ge=
feh übergegangen war, und dann wieder im Recht härtere Behand=
lung der Geringern herbeiführen. So wird die gewaltfame Behin=
derung eines Begräbniffes bei honestiores nur mit Drittelsconfis=
cation und fünfjähriger Verbannung geahndet: bei humiliores wird
die Confiscation durch Lebenslänglichkeit des Exils und Prügel=
ftrafe erfeht[1]). Genau mit derfelben Strafabftufung wird bei Ver=
lauf eines Freien in Sclaverei zwifchen Vornehmen und Geringen
unterfchieden[2]). Lebenswierige Verbannung mit Prügelftrafe ift ein
ftehendes Strafmaß des Edicts für die humiliores[3]). Aber auch
fchon in der Behandlung des Angefchuldigten während des Pro=
ceffes finden fich bedeutende Unterfchiede: der kleine Gemeinfreie
wird bei der Criminalanklage einfach verhaftet, während der reus
nobilis et splendidi honoris von der Haft befreit bleibt[4]).

Wenn in folcher Weife der König die Unterfcheidung zwifchen
honestiores und humiliores, in vielen Fällen, wo er ihn im rö=
mifchen Recht vorfand, auch für die Gothen beibehielt, fo hat er
doch in andern Fällen darauf hingearbeitet, diefe Ungleichheit nicht
gelten zu laffen. Und zwar offenbar nicht um der Römer willen,
welche lange daran gewöhnt waren, fondern um der Gothen willen,
bei denen der neue fociale Zuftand erft noch im Werden begriffen
und noch nicht völlig befeftigt war. So fand er für das eigenthüm=
liche Verbrechen des §. 89 (betrügliche Anmaßung von Amtsgewalt
zum Zwecke der Erpreffung) im römifchen Recht den Unterfchied in
fchroffiter Steigerung vor, indem die humiliores getödtet, die ho=
nestiores nur mit deportatio in insulam geftraft wurden. Diefe
Ungleichheit war dem König zu ftark und nicht wie bei der Noth=
zucht motivirt: im Gegentheil, dieß Reat kam bei Vornehmen häufi=
ger und mit größerer Gefährlichkeit vor als bei Geringen. Deßhalb
rückt der König die beiden Stände einander näher: die Geringen
werden nicht mehr mit dem Tode, fondern nur mit der in dem
Edict auf fie regelmäßig angewandten Strafart, lebenslänglicher

---

1) Ed. §. 75.
2) §. 83.
3) §. 89.
4) Ed. §. 13 heißt es von ihm suae committi debet dignitati, aber auch
dieß hat feinen Grund darin, daß der Reiche Caution ftellen kann, oder auch ohne
folche in feinem (meift liegenden) Vermögen für den Fall der Flucht ein Strafobject
zurückläßt.

Verbannung und Prügelstrafe bedroht: die Vornehmern nicht mehr
mit der leichtern, aber im Gothenstaat unpraktisch gewordnen deportatio, sondern ebenfalls mit lebenslänglichem Exil gestraft, nur
ohne Prügelstrafe — ein charakteristischer Unterschied[1]). Dazu
kömmt nun, daß an dieser Stelle wie an vielen, in welchen exilium-
den Reichen ausdrücklich lebenslänglich oder ohne bestimmte Zeit-
grenze gedroht ist, höchst wahrscheinlich Confiscation des gesammten Vermögens stillschweigend inbegriffen ist[2]). Denn exilium ist
im Gothenstaat an die Stelle der vier andern römischen Verban-
nungsstrafformen (deportatio, in insulam relegatio, in perpetuum relegatio, in tempus relegatio), so auch der in insulam deportatio getreten[3]). Diese aber war immer lebenslänglich
und mit Verlust der Civität und mit Confiscation verbunden. In
den Fällen also, wo im Edict exilium an die Stelle der deportatio getreten ist (nicht auch wo an die Stelle der relegatio) —
und das ist hier der Fall — dürfen wir Gesammtconfiscation mit
dem Exil verbunden annehmen und bei dieser Annahme ist dann
der Unterschied zwischen Armen und Reichen vom König im Fall
unsres Paragraphen in dem Quantum des Strafleidens in der
That aufgehoben[4]).

Sehr deutlich zeigen auch die Bestimmungen über Brandstiftung, daß der Unterschied von honestiores und humiliores
aus dem Vermögensunterschied hervorgegangen war und daß das
Edict keineswegs mit Absicht diesen Standesunterschied verschärfen wollte, sondern ihn nur bei Geldstrafen sanctioniren mußte,
daß der König gerne die humiliores wie die Vornehmen bestrafte,
wo es anging, und nur aus Noth sie manchmal mit andern und
dann freilich schwerern Strafen heimsuchen mußte. Zugleich zeigt

---

1) Darüber daß zwischen relegatio und exilium nicht mehr technisch unter-
schrieben wird, s. im ersten Anhang zu §. 89.

2) Wo nicht Theilconfiscation ausdrücklich beigefügt wird.

3) S. unten Anhang I.

4) Vielleicht erklärt sich auch aus der engen Verbindung von Confiscation
und Exil (Deportation), daß bei der Bestrafung der Bestechung, verübt von Vornehmen, §. 91 des Edicts nur Confiscation, nicht, wie die benützte römische
Quelle, auch Verbannung ausspricht. Es ist hier das Weglassen der Verbannung
eher aus Versehen, — dem Gesetzgeber schwebte die Verbindung beider Strafen
wie in seiner Quelle vor, — denn aus Absicht zu erklären, da der Sprung zu der
schweren Bestrafung der humiliores — für sie ist die Todesstrafe der römischen
Quelle beibehalten, — zu groß erscheint und da Confiscation ohne Verbannung
im Edict nur noch einmal begegnet.

die Stelle auf's Klarste, daß der König vielmehr jene Unterschei=
dung wiewohl mit geringem Erfolg zu bekämpfen und die alt=
germanische Haupttheilung zwischen Freien und Unfreien wieder
zur Hauptsache machen wollte.

Die römischen Quellen, welche das Edict benützt[1]), gehen aus
von dem Unterschied zwischen honestiores und humiliores und
strafen diese viel schwerer.

Der König geht nicht von diesem römischen, sondern von dem
altgermanischen Unterschied der Freien und Unfreien aus und wen=
det auf diese die schwere Strafe an, welche das römische Recht
auf die kleinen Freien anwandte, nämlich den Feuertod. Der König
will sämmtliche Freie gleich behandeln: sie sollen alle mit dem dop=
pelten Ersatz des Schadens abkommen, also auch die kleinen Freien,
wenn der Schade nicht so groß ist, daß jener Ersatz ihr Vermögen
übersteigt. Nur eventuell freilich, das heißt, wenn sie jenen doppel=
ten Ersatz nicht erschwingen können, muß, da sie doch nicht straflos
ausgehn können, für sie eine andre Strafe als die der Reichen eintre=
ten: es trifft sie dann ihr gewöhnliches Schicksal und das constante
Surrogat der Vermögensstrafen: Verbannung mit Prügel. Das
ist aber doch eine bedeutende Strafminderung statt des Feuerto=
des, welchen der gothische König seinen kleinfreien Gothen denn
doch nicht bieten will, vielmehr nur den Knechten droht: dieses ist
die stärkste Aenderung des römischen Rechts, welche der König, der
sonst überhaupt sehr selten und sehr leise ändert, in seinem ganzen
Gesetz vorgenommen hat, und sie ist für die Stellung der Gothen
und Römer im höchsten Grade characteristisch und für die Richtigkeit
unserer Auffassungen des ganzen Reichs im höchsten Grade beweisend.

Nicht minder lehrreich ist, — wenn man versteht den Zusam=
menhang zwischen den Gestaltungen der Rechtsbildung und den
politischen und socialen Zuständen zu erfassen und zur gegenseitigen
Erläuterung zu verwerthen — die Behandlung der Grenzverrückung
im Edict[2]). Die römische Quelle geht aus von den Unterschieden der
Freien und Unfreien und dem der Vornehmen und Geringen. Was
thut nun der König? Er verschärft erstens die Strafe der Unfreien,
macht zweitens den Gegensatz zwischen den Unfreien und der nie=
dersten Schicht der Freien viel größer und hebt drittens den zwischen

---

1) S. den Anhang I. zu §. 97.
2) §. 104.

vornehmen und geringen Freien ganz auf, was alles germanisch gedacht und im Interesse der Germanen gethan ist.

Das römische Recht hatte die Unfreien nur zur Zwangsarbeit in den Bergwerken verurtheilt. Der König verurtheilt sie zum Tode.

Das römische Recht hatte die geringen Freien zu öffentlicher Zwangsarbeit (nicht in den Bergwerken), die Vornehmen nur zu Drittelconfiscation verurtheilt. Der König hebt diesen Unterschied auf: er läßt die den Kleinfreien gedrohte öffentliche Zwangsarbeit ganz fallen und wendet die mildere Strafe, die das römische Recht den Vornehmen vorbehalten, auf alle Freien an[1]).

Metalla und opus publicum kommen im Gothenstaat nicht mehr vor, das nöthigte allerdings den König zu einer Aenderung, aber das ändert nichts an der Bedeutsamkeit der Art und Weise dieser Aenderung: Erhöhung der Sclavenstrafe, Ausgleichung und Milderung der Strafe für die Freien. Wenn es nun räthselhaft erscheint, weßhalb hier der König die sonst nie vergeßne eventuelle Verbannungs= und Prügelstrafe für den Fall der Vermögenslosig= keit der Kleinfreien weglassen mochte, so erklärt sich das doch aus der Art unseres Reats. Die Grenzverrückung im Sinne des Para= graphen kann immer nur verübt werden von einem großen (honestus) oder kleinen (humilis) Grundbesitzer (eigenhändig oder in seinem Auftrag), es liegt also jedenfalls in dem Grundstück ein Object der Confiscation vor und sowie dieß gegeben, will der König von dem Unterschied des römischen Rechts zwischen Vornehmen und Gerin= gen nichts mehr wissen, den er nur, wo ihn die Noth zwingt, sta= tuirt. Bei der Brandstiftung hat er den Unterschied nur relativ, hier hat er ihn absolut aufheben können. Wenn nicht wie in den oben erörterten Fällen besondere Gründe ihn aufrecht erhalten, sucht der König offensichtlich jenen Unterschied im Recht nicht gel= ten zu lassen: es ist ganz dieser aus dem germanischen Rechtsgefühl stammenden Tendenz gemäß, wenn er denselben bei der Gräberzer= störung, wo sie Valentinian erst neu eingeführt hatte, wieder be= seitigt und Vornehme und Geringe mit dem Tode straft[2]).

Also nur der Reichthum, nicht der Rang ist die Basis des Unterschiedes und nur das Vermögen bewirkt die unvermeidlichen Unterscheidungen im Recht.

---

1) Die Verbannung ist nicht wie §. 89 aus Versehen, sondern absichtlich weggelassen: denn es tritt nicht Gesammt=, sondern nur Theilconfiscation ein.

2) §. 110.

Das erhellt auch aus dén Strafen für Rückfall in's Heiden=
thum[1]) und für Zauberei; ersteren straft das Edict ohne Unterschied
mit dem Tode. Letztere bei honestiores mit Gesammtconfiscation
und lebenslänglicher Verbannung: da genügt ihm bei humiliores
die Prügelstrafe als Surrogat der Gesammtconfiscation nicht und
es straft sie mit dem Tode. Diese. Strenge war vielleicht mit ver=
anlaßt durch die Aeußerung der römischen Quelle, eigentlich seien
Zauberer allerwege des Todes würdig. Bezeichnend ist, daß nur
bei honestiores die Confiscation eine schwere Strafe ist: den hu=
miliores kann man meist nur das Leben nehmen; den schlagendsten
Beweis für die blos pecuniäre Bedeutung der Unterscheidung ge=
währt aber der §. 111 des Edicts, welcher bei dem Begraben von
Leichen in Rom die constante Standesunterscheidung und ihr gemäß
Vermögens= oder Prügelstrafe aufstellt, aber dießmal den Gegensatz
von honestiores und humiliores nicht mit diesen Namen, sondern
geradezu folgendermaßen ausdrückt: „wer in der Stadt Rom Leichen
begräbt, soll den vierten Theil seines Vermögens an den Fiscus
verlieren, wenn er aber nichts hat, soll er geprügelt und aus der
Stadt getrieben werden"[2]).

Dieser gesammte Adel nun, römischer und gothischer, altgothi=
scher und neugothischer, wie er, auf Abstammung, Amt, Königsgunst
und Reichthum gegründet, sich über die Gemeinfreien erhebt, nimmt
jetzt die erste Stelle im Staat nach dem König ein — die Gemein=
freien bedeutend in den Hintergrund drängend: in der Friedenszeit
der Amaler überwiegt sogar der römische Adel, weil er die Mehr=
zahl der römischen Aemter füllt an Bedeutung im Staat, in dem
zwanzigjährigen Krieg mit Byzanz aber waren nur äußerst wenige
römische Edle auf Seite der Barbaren und die Aristokratie, welche
wir auch in dieser Periode noch von größtem Einfluß und stets
in der Umgebung des Königs finden, ist also gothischer Adel[3]).

Wie dieser römisch=gothische Adel unter Theoderichs ganzer Re=
gierung die erste Rolle spielt und seine stete einflußreiche Umgebung
bildet[4]), wird ihm auch vor Allen die Designation Athalarichs zum

---

1) Ed. §. 108.
2) Vgl. Var. IV. 10. III. 20.
3) Wie denn Prokop hier immer von λόγιμοι, δόκιμοι τῶν βαρβάρων,
Γότθων spricht und die italienischen λόγιμοι wohl von ihnen unterscheidet.
4) Bei der Tafel wie bei Spazierritten und Reisen, Var. V. 40, Römer wie
Gothen; aber es ist doch ein Gothe (Graf Thulun), nicht ein Römer, für den der

Nachfolger zur Huldigung angezeigt: sie sind jene „Grafen der Gothen und Ersten des Volks", welche Jordanis nennt[1]) die proceres manu consilioque gloriosi[2]), ihre Zustimmung entscheidet: ihrem Vorgang folgt ohne Bedenken die Menge der Gemeinfreien: erst nach ihnen wird die Bevölkerung der Königsstadt vereidigt und nach diesen vollendeten Thatsachen die Gesammtheit der Gothen und Römer in Italien und den Provinzen in Pflicht genommen.

Unter den Wahlkönigen tritt dann der Einfluß wie der Volksversammlung, so der des gothischen Adels noch viel mächtiger hervor. Erst nach eingeholter Zustimmung der Spitzen des Volkes[3]) gibt Vitigis den Frankenkönigen gothisches Reichsland Preis. Aus dem Adel vorab sind jene „Aeltesten" genommen, deren Rath der König einzuholen pflegt[4]); sie erscheinen neben dem König als die Führer und Leiter der Menge in Gefecht und Berathung[5]). Ja, zuletzt wendet sich dieser Adel gegen den König selbst: sie geben ihn seiner Mißerfolge wegen auf und nehmen, ohne daß er ihnen zu widerstehen wagt, die Leitung der Dinge allein in die eigne Hand[6]). Sie tragen insgeheim, ohne vorerst die Menge der Gemeinfreien zu fragen, die Gothenkrone dem Belisar an — unter ihnen Ildibad, der spätere König[7]). Als der Verrath des Byzantiners offenbar wird, ist es der Rest dieser hervorragenden Männer — denn Viele waren in Belisars Gewalt gefallen und gefangen nach Byzanz geführt worden[8]), — welcher sich nach einem neuen König umsieht, denselben aus der eignen Mitte kürt und seine allgemeine Wahl durchsetzt[9]). Auch gegen Totila sind diese Edeln die Wortführer des Volksheers in sehr freimüthiger Rede[10]): sie haben vor-

König, da sie bei einer Meerfahrt beide in Todesgefahr schweben, das eigne Leben wagen will. VIII. 11.

1) c. 59.
2) Var. VIII. 2.
3) Proc. l. c. L 13. εἴ τι ἐν Γότϑοις καϑαρὸν ἦν — Γότϑων οἱ λόγιμοι.
4) l. c. II. 22; sie heißen Γότϑων ἄριστοι II. 28.
5) l. c.
6) Unter den wechselnden Bezeichnungen εἴ τι ἐν Γότϑοις καϑαρὸν ἦν, λόγιμοι, λογιμώτατοι δόκιμοι, δοκιμώτατοι, ἄριστοι πρῶτοι, (s. Dahn, Prokop), sind immer die nämlichen Personen gemeint.
7) l. c. 29 ἀνὴρ δόκιμος.
8) l. c. 29. 30. III. 1.
9) l. c.
10) l. c. III. 24.

zugsweise die Heerführerstellen und den Befehl in den wichtigsten Städten und Festungen[1]). Das ganze Volksheer wehklagt, wenn viele dieser Edeln im Kampfe fallen[2]); schwer fällt ihre Fürsprache bei dem König in's Gewicht[3]), und um des Volkes Treue fest zu sichern, werden diese Edeln als Geiseln verlangt[4]).

Eine bedeutende Kluft trennt von diesem Adel die kleinen ärmern Gemeinfreien; weil dieser Gegensatz der potentes, honesti und der tenues, humiles zumeist auf dem Vermögen beruht, hängt er auch mit Beruf und Beschäftigung zusammen. Wer eine Wittwe verführt, sagt das Edict[5]), wird um stuprum gestraft: „es sei denn eine geringe, gewöhnliche Frau: denn an solchen Wittwen, welche ein Gewerke oder Lohnarbeit betreiben, wird dieß Verbrechen nicht begangen": — man sieht, wie hier der sociale Unterschied von Vornehm und Gering, Reich und Arm auf die sittliche Werthschätzung des Individuums und dadurch selbst auf die juristische Behandlung von Einfluß ist. In gewisser Hinsicht fällt die Unterscheidung von honestiores und humiles, bei der römischen Bevölkerung wenigstens, mit dem Gegensatz der Städter und der rustici zusammen. Denn da die Aristokratie in Ravenna, Rom und in den Städten der Provinzen die Hof=, Staats= und Stadtämter füllte, lebte dauernd kein Vornehmer auf dem flachen Lande. — Sondern, da ein freier Bauernstand in Italien schon lange völlig verschwunden und auch in den übrigen jetzt zum Gothenreich gehörigen Provinzen sehr schwach vertreten war, traf man als Leute, die dauernd auf dem Lande lebten, nur Sclaven, Halbfreie (Colonen) und Freigelaßne, welche die großen Latifundien des städtischen Adels bewirthschafteten: außerdem nur noch etwa eine zwar ökonomisch sehr wichtige aber sehr gering geachtete Classe von Freien, die Intendanten und Pächter der königlichen und adeligen Güter, die actores, procuratores[6]), villici und conductores[7]), — sehr oft waren aber auch

1) Ilbibad in Verona II. 24. 25. Albila ἀνὴρ ἐν Γότθοις μάλιστα δόκιμος in Orvieto II. 20; als Belisar über die Vertheidigung von Auximum Auskunft braucht, sucht er einen der δόκιμοι zu fangen II. 26 u. s. w.

2) l. c. II. 2. ἄνδρας δοκίμους ἐς τὰ μάλιστα τοῦ στρατοπέδου (es sind die Tapfersten u n d die Edelsten gemeint) II. 30. τεθνάναι ἐν τῷ πολέμῳ Γότθων πλείστους καὶ ἀρίστους.

3) l. c. III. 8.

4) l. c. τῶν τινας ἐπισήμων — Οὔλλαν, οὐκ ἀφανῆ ἄνδρα.

5) S. 62.

6) Ed. SS. 69. 121. epil.

7) Ed. SS. 22. 69. 121. 136. 150. epil.

dieſe Unfreie, Freigelaßne, Halbfreie. Deßhalb iſt rusticus meiſt
ſo viel als famulus, servus, Unfreier: genau wird aber dieſe Bedeutung nicht eingehalten und oft iſt rusticus dann der ungebildete,
rohe, arme, wenn auch freie Bewohner[1] des flachen Landes im
Gegenſatz zu dem gebildeten, vornehmen, reichen Städter, welcher
die Geſchäfte der ſtädtiſchen Intereſſen in den ſtädtiſchen Aemtern
beſorgt und ſonſt, im antiken Sinn, ein Leben gebildeter und ge-
nießender Muße lebt. Dieſen Gegenſatz bringt deutlich zur An-
ſchauung ein Erlaß des Königs, welcher die Poſſeſſoren und Curialen Bruttiens vom flachen Lande in die Städte zurückruft[2]. Es
war bei ihnen die Unſitte eingeriſſen, daß ſie den größten Theil des
Jahres nicht in ihren Städten, ſondern auf dem Lande zubrachten
und auch ihre Söhne nicht ſtädtiſch erziehen, ſondern auf ihren
Gütern verbauern ließen. Da ruft ihnen der König die Vorzüge
des gebildeten bürgerlich ſtädtiſchen Lebens vor der rusticitas in's
Gedächtniß: nur jenes ſei ein menſchenwürdiges[3].

Unerachtet nun aber dieſes ſtarken Uebergewichts der neuen
Ariſtokratie des Hofamts und des Reichthums über die kleinen
Gemeinfreien iſt doch der urſprünglich wichtigſte Standesunterſchied

---

1) §. 142.

2) Und dabei die Tagesordnung und Lebensweiſe eines ſolchen ſtädtiſchen
Vornehmen in echt römiſcher Empfindungsweiſe ſchildert.

3) Var. VIII. 31. feris datum est agros sylvasque quaerere, hominibus
autem focos patrios supra cuncta diligere . . . redeant possessores et
curiales Bruttii in civitates (ſtatt civitatibus) suas (ſtatt suis): coloni sunt
qui agros jugiter colunt: ſie aber, welchen der König die honores und die
actiones publicas verließen, ſollen ſich von der rusticitas abheben. Das Land
ſei ſo fruchtbar, daß dort die rustici wie die urbani, die mediocres wie die
praepotentes leben: daß dieſe Steigerung weſentlich eine pecuniäre, zeigt der
Schluß: ut nec minima ibi fortuna copiis probetur excepta . . . redeant
igitur civitates in pristinum decus: nullus amoenitatem ruris praeponat
moenibus antiquarum; folgt eine anſchauliche Schilderung des damaligen ſtädtiſchen Lebens: cum enim minus grata nobilium videatur occursio, an non
affectuosum sit cum paribus miscere sermonem, forum petere, honestas ar-
tes interserere, causas proprias legibus expedire, interdum palmediacis
calculis occupari, ad balnea ire cum sociis, prandia mutuis apparatibus
exhibere? caret profecto his omnibus qui vitam suam vult semper habere
cum famulis. Auf dem Lande leben alſo faſt nur famuli. Die mediocres bilden
eine Schicht unter den hervorragendſten angeſehenſten reichſten Stadtbürgern, den
curiales, IX. 2. praedia curialium, unde maxime mediocribus parantur in-
sidiae . . . wie über dieſen die potiores, der Amtsadel, ſtehen. l. c. nolite gravare *mediocres*, ne vos (i. c. curiales) merito opprimere possent potiores.

von freier und unfreier Geburt¹) immerhin noch in sehr vielen und
sehr wichtigen Beziehungen von ganz entscheidender Bedeutung und
wir haben gesehen, wie Theoderich bestrebt war, auch die Geringern
seiner capillati von der Gleichstellung mit Knechten zu beschützen,
denn „Unfreiheit ist der unglücklichste Zustand"²). Im Strafrecht
ist Freiheit oder Unfreiheit des Geschädigten vor Allem entschei-
dend³), und auch bei der Strafzumessung ist Freiheit oder Unfreiheit des Verbrechers der Hauptcanon⁴), erst in zweiter Reihe kömmt
Reichthum und Armuth in Betracht.

Mit Eifer wird dafür gesorgt, daß der Freigeborne im Genuß
seiner Freiheit nicht durch widerrechtliche Gewalt gestört⁵) oder
derselben durch Härte der eignen Eltern⁶) oder fremde Gewalt und
List völlig beraubt werde⁷). Denn sehr häufig müssen die Versuche
der Vornehmen und Mächtigen, kleine Freie zu ihren Knechten zu
machen, abgewehrt werden⁸). In moralischer Hinsicht kömmt freie
Geburt noch in wichtigsten Betracht, z. B. für Glaubwürdigkeit der
Zeugen⁹). Besonders aber hat sich bei den freien Gothen das
stolzeste und wichtigste Attribut der Volksfreiheit noch erhalten:
das Waffenrecht. Freiheit und Waffenrecht und Heerbannpflicht stehen
noch immer in so wesentlichem Zusammenhang, daß, wenn ein
Gothe als Knecht in Anspruch genommen wird, der Beweis, daß
er dem Heerbann gefolgt sei, zugleich den Beweis seiner Freiheit
einschließt¹⁰). Daher legen denn auch Nichtablige stolzes Gewicht

---

1) Ingenuitas, ingenui Ed. §§. 8. 21. 59. 65. 78. 79. 81. 94. 95. 97.
Var. I. 30. 32. II 18. V. 29. 30. VI. 8. im Gegensatz zu famulatus V. 39.
2) Var. II. 8. conditio suprema; vgl. VIII. 28. ultima servitus.
3) Z. B. bei Nothzucht §§. 59. 63; Todtschlag Var. I. 30. 32.
4) Z. B. bei Brandstiftung Ed §. 97. Entführung §. 21.
5) Ed. §. 8.
6) §§. 94. 95.
7) Ed. §§. 78. 79. 88.
8) Römer (Geistliche, die Bürger von Sarsena, Var. II. 18, Curialen IX. 2),
wie Gothen, V. 29 Gubila ben Oxhar. V. 30 Gubuin ben Kostula und Daila.
VIII. 28 Tanka ben Constantius und Venerius; s. weiteres im Anhang I.
9) Ed. §. 145; servilis ist ein moralischer Makel. Var. IV. 43 servilis
audacia I. 30 furor.
10) Var. V. 29. Ocharus clamat . . sibi Gudila incognitam suo generi
conditionem servitutis imponere, cum pridem sub libertate nostros fuerit
secutus exercitus. Auf der Flotte dienten nur wenige Gothen: noch zu Ende
des großen Krieges sind sie sehr ungeschickt zur See; auf der Flotte begegnen auch
Unfreie, aber nur als Ruderknechte, nicht als Seesoldaten Var. V. 16. (libertatis genus est servire rectori) meint exproprirte Privatsclaven, welche nunmehr
Staatssclaven sind.

auf ihr Geschlecht und die von jeher in demselben fortgepflanzte Vollfreiheit[1]). Die Freiheit der Römer dagegen war längst herabgesunken zu der trotzigen Forderung von Brod und Spielen, zu Tumulten im Circus und vor den Bäckerläden[2]). Dieß Recht auf Spenden und Speisung ist das letzte Vorrecht der kleinfreien Römer vor den Unfreien, und die gothische Regierung hat es anerkannt und gegen die Einmengung von Freigelaßnen und Sclaven geschützt: sonst ist von freien Römern, abgesehen vom Adel, nicht viel im Leben des Staates zu verspüren.

Auch bei den Unfreien und Minderfreien müssen wir die beiden Nationalitäten auseinander halten. An der Lage und den Rechten[3]) der römischen Sclaven und Colonen wurde durch die Einwanderung nicht viel geändert, abgesehen von der Zutheilung einer großen Zahl von ihnen an die gothischen Herrn als Pertinenzen der Gothenlose, und von einigen alsbald zu besprechenden Aenderungen durch das Edict. Es begreift sich aus vielen Gründen, daß in dem großen Kriege die Sclaven und Colonen der römischen Abligen, welche zu Byzanz hielten, in Menge zu den Gothen übertraten oder entliefen: dieß war in solcher Häufigkeit der Fall, daß Totila deren Rückforderung als eine Friedensbedingung voraus sieht und voraus abschlägt — aus Gründen der Klugheit wie der Menschlichkeit. Die Gothen brachten ihre Knechte mit nach Italien, wie sich von selbst versteht, da sie den werthvollsten Theil ihres Vermögens ausmachten, wie ferner ausdrücklich aus der Schilderung ihres Zuges und endlich daraus hervorgeht, daß die Gesetzgebung Theoderichs Sclaven „verschiedner Nation" kennt[4]), was offenbar auf den Unterschied der gothischen (d. h. von gothischen Herrn importirten) und römischen (d. h. von den Gothen in Italien vorgefundenen) Knechte geht. Im Uebrigen aber macht das Gesetz zwischen diesen beiden Gruppen keinen Unterschied, sondern faßet beide unter die Ausdrücke servus[5]) mancipium[6]), weiblich ancilla[7]) zusammen, letztere im Gegensatz zu der originaria[8]).

---

1) l. c. incognitam suo generi servitutem.
2) s. hierüber unter „Romanisiren" und „Absolutismus".
3) s. Leo I. S. 49.
4) Ed. §. 70.
5) §§. 19. 48. 54. 63 65. 66. 69. 70. 77. 80. 84. 85. 86. 87. 97. 98. 100. 101. 102. 103. 104. 109. 117 118. 120. 121. 128. 148 152. Var. II. 19. V. 16. 29. 30. VI. 8. I. 30. IV. 43. VIII. 33. 17.
6) §§. 51. 54. 70. 80. 84. 142 150. 152. vgl. Var. I. 11. III. 18. 31. 43.
7) §§. 21. 64. 65. 97.
8) §§. 21. 64. 67. 68.

Daß neben den eigentlichen Knechten auch Halbfreie und Freigelaßne[1]) bei den Gothen vorkamen, versteht sich, auch abgesehen
von einer ausdrücklichen Bemerkung von Tacitus, aus allgemeinen
Analogien von selbst, und mehrere Eigenthümlichkeiten des Edicts
hängen mit der Sorge für die mitgebrachten Unfreien zusammen.

Auch bei den Römern jener Zeit gab es bekanntlich neben den
eigentlichen servis günstiger gestellte Halbfreie, die coloni[2]) originarii[3]), welche vor jenen den großen Vorzug voraus hatten, nicht
von der Scholle entfernt, weder ohne dieselbe veräußert noch auch
nur auf ein anderes Landgut oder in das Stadthaus ihrer Herrn
versetzt werden zu dürfen[4]).

Diese coloni, originarii bildeten eine sehr zahlreiche und sehr
wichtige hörige ländliche Bevölkerung[5]): freie „Bauern" gab es in
dem in große Latifundien der Vornehmen, der „Gutsbesitzer" getheilten Lande nicht mehr: diese Vornehmen lebten in der Stadt
und ließen ihre Güter durch einen procurator verwalten, von dem
sie nur die Einkünfte bezogen, oder sie vergaben sie gegen einen
Pacht-Zins an einen conductor: daher traf diese vornehmen abligen
Grundbesitzer, welche fast alle zu Byzanz hielten, die kluge Maaßregel Totila's so schwer, von der Prokop erzählt: er befahl den
colonis neben der (erleichterten) Grundsteuer, die Zinse statt an
ihre emigrirten Herrn an die gothische Staatscasse zu bezahlen[6]).

Es ist mir sehr wahrscheinlich, daß die Gothen regelmäßig
ihre mitgebrachten roheren, nur zum Feldbau passenden und zugleich
verläßigeren Knechte an die Stelle der auf ihren Landlosen vorgefundnen italienischen servi, coloni, originarii, rustici treten ließen,
da von jeher die germanischen Knechte also verwendet wurden; die
italienischen suchten sie dann zu verkaufen oder die Reicheren,
welche auch städtische Häuser hatten, in diesen zu verwenden.

Einem solchen Losreißen des glebae adscriptus stand nun aber

---

1) Neben den liberti Ed. §§. 30. 48. 102. 103. 120 begegnen noch familiares. Ed. §. 49.

2) Ed. §. 84. 97. 98. 104. 108. 121. 128. 146. 147. Sart. S. 173 verwechselt sie mit conductores.

3) §§. 48. 56. 63. 65. 66. 67. 80. 97. 142.

4) Sie heißen beßhalb auch rustici §. 150, §. 152, im Gegensatz zu den
famulis ministerii urbani §. 142; oft heißt es servus aut rusticus.

5) Die städtische, niedre Bevölkerung bestand meist aus artifices; die Marmorarbeiter Var. III. 19 sind frei; die Uhrmacher I. 45 vielleicht unfrei.

6) Dahn, Prokop S. 403.

das bisher geltende Recht, auf welches sich derselbe berufen konnte, im Wege, und ebendeßhalb hob der König in einer ausdrücklichen Bestimmung dieß bisherige Recht auf[1]):

Ferner erwähnt das Edict in sehr vielen Fällen, in welchen seine Quellen nur den servus nennen, ausdrücklich auch des colonus, originarius, rusticus, entweder sie jenem gleichstellend oder nach Umständen für sie besondre Bestimmungen treffend. Dieß scheint darauf hinzuweisen, daß der Colonat damals praktisch eine besondere Wichtigkeit erlangt hatte und zwar wahrscheinlich deßhalb, weil die gothischen ländlichen Knechte und Halbfreien im Verhältniß zu ihrem Herrn nach den in der That sehr nahe verwandten Grundsätzen dieses Instituts behandelt wurden, und daß im Allgemeinen die Puncte, in welchen Halbfreie den servis gleichgestellt, in welchen sie ihnen vorgezogen werden sollten, bei der gewaltigen Veränderung der Besitzverhältnisse einer festen Regelung bedurften.

Wir haben uns also die gothischen Knechte, Hörigen, Freigelaßnen theils als zur unmittelbaren Umgebung und Bedienung ihrer Herrn verwendet, theils als bäuerliche Hintersaßen auf vertheilten Leihgütern siedelnd zu denken; während die servi, coloni, originarii, liberti, rustici, famuli, die den Römern verblieben, in ihren alten Verhältnissen beharrten, die den Gothen zugefallnen aber wohl sehr häufig von der Scholle, auf der sie durch gothische Knechte ersetzt wurden, entfernt, veräußert oder in die Stadt verpflanzt wurden[2]).

Erst nachdem wir im Bisherigen die allgemeinen Grundlagen des italischen Gothenstaates, die Ansieblungsweise der Germanen und ihr Verhältniß zu den Römern, sowie die ständischen Verhältnisse beider Nationen kennen gelernt, können wir das Königthum richtig würdigen, welches die einheitliche Spitze dieses aus Gegensätzen combinirten Staates bilden sollte. Zuerst müssen wir die einzelnen Hoheitsrechte des Königthums auf den verschiednen Gebieten des Staatslebens untersuchen: als Ergebniß dieser Untersuchung werden wir dann den romanisirenden und absolutistischen Charakter dieses Königthums begreifen.

---

1) s. unten zu Ed. §. 142.
2) s. den Anhang L §. 70.

III. Die einzelnen Hoheitsrechte des Königthums.

1. Heerbann. Militärische Einrichtungen und Zustände.

Der König hat den Heerbann, die Kriegshoheit[1]). Schon das älteste germanische Königthum hat gerade auf diesem Gebiet die stärksten Rechte — nur in Kriegserklärung und Friedensschluß wirkte die Volksversammlung mit — und wir haben erörtert[2]), aus welchen Gründen und in welchem Maaß dieß Recht bei den Ost-gothen-Königen schon seit Hermanarich sehr erweitert worden war. Hier bedurfte Theoberich, um dieß Recht absolut zu üben, nicht, wie auf andern Gebieten, der Herübernahme römisch-imperatorischer Gewalt. Von allen Einrichtungen im italischen Gothenreich trägt daher das Heer und das Kriegswesen am Meisten noch das alte germanische Gepräge[3]): die Eigenart des Volkes wie die Sicherheit seiner Herrschaft mitten in der römischen Welt erforderten das und der König brauchte, wie bemerkt, hier die Vollgewalt nicht erst durch Romanisiren zu erstreben. So bereitwillig er die Italiener in allen andern Gebieten des Staatslebens seinen Gothen gleich und oft voranstellte, das Kriegswesen ruht auf den Gothen allein: sie allein bilden das Heer des Staats. Dieß wird von der Regierung lediglich als ein lästiges Vorrecht, als eine Pflicht und

---

1) Vgl. im Allgemeinen I. 17. Die A. II. S. 271 angeführten Stellen der Varien und dazu I. 16. 24.. 38. II. 5. 8. 38. V. 24. VII. 1. 3. VIII. 2. 21. 26. IX. 14; von „Geleiten" (Leo I. S. 53) ist im gothischen Heerwesen keine Spur.

2) A. II. S. 108.

3) Der exercitus Gothorum ist das Volk in Waffen, ist das Volksheer, das Volk = populus bei Jord. und sogar bei Cassiodor, s. A. II. S. 243 f.; v. Sybel dagegen wird durch seine ganze Anschauung zu dem Satz geführt: „diese gothischen Völker sind zu römischen Heeren geworden". S. 237 und S. 242; „die Heergewalt des Königs ist aus dem römischen foedus herzuleiten"; aber die Gothenkönige haben sie 300 Jahre vor dem foedus geübt und nach „Tausend-schaften" war nie ein Römerheer gegliedert; irrig auch du Roure I. S. 306.

Mühwaltung dargestellt, die nur die Schonung der Romanen be=
zwecke. Es ist dieß ein in mannchfaltigen Wendungen wiederholter
Grundgedanke Theoderichs: Italiener und Gothen sollen sich wie
Bildung und Kraft ergänzen[1]). Die Gothen fechten für die „Frei=
heit"[2]), sie sind die „Vertheidiger" Italiens, der Gesammtheit und
zumal der Römer[3]), sie sind der Schild, der den Römern Muße
und friedlich=sicheres Leben gewährt[4]). Die Italiener sollen ihnen
dankbar sein dafür, daß sie „im Krieg den ganzen Staat allein be=
schützen und im Frieden euch die Bevölkerung mehren"[5]). Die
Gothen vertheidigen die Verfassung mit den Waffen, die Römer
streiten nur im Proceß[6]); „wer immer euch Römer anzugreifen wa=
gen wird, die Schaaren der Gothen werden sich ihm entgegen wer=
fen"[7]); sie schützen Rom und den Senat, „während das Heer der
Gothen den Krieg besteht, lebe der Römer im Frieden"[8]). „Durch
Abtretung eines Theils des Bodens habt ihr euch Vertheidiger er=
worben"[9]), und Ennodius[10]) rühmt: „Du wachest, daß unsre, der
Römer, Muße nicht gestört werde, deßhalb rüstest und übst und
erhältst Du schneidig das Werkzeug gothischer Kraft (in Waffen=
übungen) und läßt Deine heldenkühne Jugend schon im Frieden
den künftigen Krieg spielen".

In Wahrheit aber waren Vorsicht und Mißtrauen[11]) und wohl
auch die geringere Kriegstüchtigkeit der Italiener die Gründe dieser
„Schonung".

Regelmäßig also wurden in die Reihen des Heeres gar keine
Römer, zumal nicht als Gemeine, aufgenommen[12]). „Wir ließen

---

1) A. II. S. 130. barbari quos certum est reipublicae militare. Ed. §. 32.

2) V. 39 die eigne und die der Provinzialen.

3) IV. 36. exercitus noster-defensores Italiae pro generali securitate,
pro defensione cunctorum; die Gothen heißen defensores III. 38. 41.

4) Var. VII. 4. clypeus ille exercitus nostri quietem debet dare Romanis.

5) Ein wichtiges Verdienst in dem veröbeten Land und der der Ehe abgeneigten
Nation VII. 3. Gothi qui et in paci numerosos vobis populos faciunt et
universam rempublicam per bella defendant.

6) IX. 14.

7) IX. 18.

8) XII. 5.

9) II. 16.

10) pan. p. 483.

11) Das sich in Zeiten der Gährung (nicht regelmäßig wie Balbo sagt I. S.
54) bis zur Entwaffnung der Römer steigert (A. II. S. 173. An Val. p. 625)
und von den Römern wohl erkannt und reichlich erwiedert wurde. X. 18.

12) Var. I. 38. juvenes nostri, (d. h. immer Gothen), qui ad exercitum

ben Gothen und Römern versprechen, daß sie vor uns gleich berechtigt sein sollen und kein andrer Unterschied zwischen ihnen bestehe, als daß jene für das gemeinsame Interesse die Lasten des
Krieges auf sich nehmen, diese aber die friedliche Bewohnung der
Stadt (Rom) vermehre"[1]. Ausdrücklich wird den römischen Bauern[2]
bei dem Durchmarsch eines gothischen Heeres verboten, sich ebenfalls zu bewaffnen und an dem Feldzug Theil zu nehmen, während
jeder waffenfähige Gothe nur durch besondere königliche Befreiung
sich der Heerbannpflicht entziehen kann[3]. Jedoch nur die Italiener werden durch die obigen Stellen von der allgemeinen Kriegspflicht ausgeschlossen: abhängige Barbaren aber an den Marken des Reiches
werden allerdings aufgeboten, dem gothischen Heerbann mit Waffenhülfe zu folgen, so die Gepiden[4]); und die Breonen in Rhätien
werden als in fortwährendem Waffendienst stehend geschildert[5]): sie
hatten wohl ihre viel gefährdete Grenzprovinz zunächst selbst, wenn
auch mit Hülfe gothischer Besatzungen in den Castellen, zu schützen
gegen die häufigen räuberischen Einfälle der benachbarten Barbaren.
Mit Unrecht hat man in einigen Stellen auch Römer ganz allgemein als heerpflichtig bezeichnet sehen wollen. Wenn[6]) universis
Gothis et Romanis Dertonae consistentibus befohlen wird eine
benachbarte Burg zu befestigen, so sind, wie der Ausdruck consi-
stentes beweist, darunter nicht bloß Soldaten, sondern die ganze
umwohnende Bevölkerung, die possessores, gemeint: ganz ebenso[7]),
wenn alle Gothi et Romani circa Verucam castellum *commoran-
tes* in diesem Castell sich Wohnungen bauen sollen: zu solchen
Schanzarbeiten und Frohnden wird eben die römische wie die
gothische Bevölkerung aufgeboten: dieß beweist Var. XII. 17, wo

---

probantur idonei, III. 38, es lebe unser Heer friedlich mit den Römern, das
sind also Gegensätze, die man aber nicht wie v. Glöben und v. Syb. S. 208
deuten darf; s. hierüber Anhang II. und Köpke S. 199.

1) VIII. 3. VII. 25 sic . . Gothos nostros perduximus, ut et armis
sint instructi et aequitate compositi.

2) Var. XII. 5 rustici, agreste hominum genus, possessores.

3) Var. V. 36, die meisten Soldaten tragen deßhalb gothische Namen. l. c.
und 32. 33.

4) V. 10; selbstverständlich auch die Reste der Rugier, vgl. Ennod. vita
Epiph. p. 10, wo die rugische Besatzung von Pavia nach dem Ende des Krieges
ad parentes et familias abzieht; dieß bestätigt unsre Ausführung oben S. 3.

5) l. c. I. 11.

6) Var. I. 17.

7) III. 48 l. c.

alle „possessores" bei Ravenna angehalten werden, Gräben um diese Festung zu ziehen¹). Dagegen begegnen manchmal römische Vornehme als Heerführer und Officiere: in diesen seltnen Fällen wissen wir meist, daß diese Römer im Vertrauen des Königs hoch standen wie Cassiodor oder Cyprian²): es begreift sich, daß man sich in solchen Fällen der Vortheile der Bildung und Talente solcher Männer nicht um ihrer Abstammung willen entgehen lassen wollte³).

In andern Fällen waren mit Civilämtern, zu denen die Rö= mer sogar vorzugsweise befördert wurden, auch einzelne militärische Functionen verbunden, die dann dem Römer nicht entzogen wurden⁴).

Bei dieser Reinerhaltung des Heeres fehlt denn auch den Gothen keineswegs das stolze Bewußtsein germanischen Helden= thums und kräftiger Waffentüchtigkeit: war es doch, abgesehn von der gleichen Nationalität, das Einzige, was in dem Vergleich mit den Romanen bei der unendlichen Ueberlegenheit der römischen Cultur und der großen Empfänglichkeit der Amaler für dieselbe in die Wagschale der Barbaren fiel. Zwar vermeidet Cassiodor jede Ueberhebung der Gothen über die Römer: aber es geht doch nicht minder auf Kosten der Italiener und Byzantiner als der Barbaren, mit denen Theoderich gekämpft, daß er die unvergleich= liche Ueberlegenheit der gothischen Waffen rühmt: und es ist selt= sam genug, dieß Lob in der Sprache der Römer aus dem Munde eines der letzten Träger der antiken Cultur zu vernehmen⁵). In

---

1) Daß in den außerordentlichen Zuständen des großen Krieges auch Italiener gern in die Reihen der bedrängten Gothenheere aufgenommen werden, ist kein Be= weis für die normalen Zeiten.

2) Var. X. I. VIII. 21. 25; solchen Großen konnte auch nicht verwehrt werden, ihre Söhne in den Waffen unterrichten zu lassen.

3) Es sind aber immer Ausnahmen; vgl. Sartor. S. 22, Köpke S. 200, Balbo I. S. 54; irrig du Roure I. S. 305.

4) So der ducatus Rhaetiarum, den Servatus bekleidet, Var. I. 11. Euse= bius ist Präfect von Pavia An Val. p. 626, zahlreiche Römer sind Präfecten von Rom; anders und irrig Manso 115; auch Köpke l. c. übersieht dieß. Uebrigens muß ein für allemal bezüglich des Schlusses aus den Namen auf die Nationalität bemerkt werden, daß zwar schwerlich Römer gothische, häufig aber Gothen römische, griechische oder biblisch=christliche Namen führten: letzteres namentlich die gothischen Bischöfe und Priester: gothische Namen wie Bersilla, Butilin sind bei ihnen selten, aber auch der Hilarius in Var. I. 38 ist trotz seines Namens unstreitig ein Gothe: „Gothis nostris aetatem legitimam virtus facit" sagt der König von ihm. und auch Pabst Bonifacius II. war der Sohn eines Gothen Sigisvult, s. u. „Kirchenhoheit".

5) Var. III. 10. tales mittunt cunabula nostra bellatores! und bei dem

dieſer Hinſicht wird dann auch das engere, nationale Band zwiſchen dem König und ſeinen Gothen fühlbar: „unſere Gothen" heißt es oft emphatiſch[1]): niemals „unſere Römer". Der Ausdruck „exercitus noster", „mein Heer", oder „Gothorum exercitus"[2]) ſoll aber zugleich beſagen, daß der König die Kriegshoheit ganz unbeſchränkt übt: wie die Entſcheidung über Krieg und Frieden unter den Amalern wenigſtens bei dem König allein ſteht[3]). Ganz wie ein römiſcher Imperator in eignem Namen mit alleinigem Entſcheid hat er beſchloſſen, „ſein Heer nach Gallien zu ſchicken": zwar fügt er bei „zum allgemeinen Nutzen[4]); aber eben die Ent-ſcheidung, ob „der allgemeine Nutzen" Krieg oder Friede ver-lange, unterliegt ſeiner Erwägung allein. Und für ſeinen Ruhm kämpfen ſeine Gothen[5]). „Unweigerlich" (modis omnibus) haben ſie auszurücken, und ſtärkſte Anſpornung zur Tapferkeit iſt neben dem Ruhm der Ahnen der Ruhm glücklichen Vollzugs des König-lichen Befehls[6]). Wie in den Provinzen werden in Italien Truppen-abtheilungen vom König beliebig zuſammengezogen und vertheilt[7]), auch wohl um die Städte gelagert: ſo legt Theobahab ein gothiſches Heer um Rom, und ſchwerlich war es ganz ohne Grund, daß der Senat dieſe Maßregel als nicht bloß gegen Byzanz gerichtet anſah[8]).

Aufgebot des Heerbanns nach Gallien: „unſern Gothen braucht man nicht einzu-ſchärfen, daß ſie kämpfen ſollen, nur anzuzeigen, daß ſie kämpfen dürfen: denn das kriegeriſche Geſchlecht freut ſich, ſeine Kraft zu bewähren" I. 24; er for-dert ſie auf, zu zeigen, daß die Tapferkeit der Ahnen noch in ihnen lebe; der ganze Erlaß athmet kriegeriſches Selbſtgefühl und nationalen Waffenſtolz; ähnliche Stellen I. 24. IV. 2. 36 fremens adunatio; auch bei Ennod. p. 473. Jord. c. 59.

1) Var. III. 43. VII. 25; vgl. IX. 1. VII. 39. VIII. 2. 5. X. 14. 21.

2) Var. IV. 36. III. 43. der Heereszug heißt officiell expeditio felicissima. V. 32. 36. VIII. 10, auch exercitus felicissimus V. 10 wie bei den Kaiſern. Ueber exercitus vgl. noch I. 24. 37. II. 15. 38. 42. 43.

3) S. A. II. S. 108 und unten „Repräſentationsgewalt".

4) Das iſt ſtehende Formel hiebei Var. I. 17 generalitatis consilio, pro generali defensione V. 10. 29. 36. X. 18. XI. 19; die expeditiones haben den Zweck ut universitas composita legibus vivat; causa generalitatis X. 18. laborantes pro salute cunctorum V. 11. pro generali securitate IV. 36; gefliſſentlich wird dadurch auch die römiſche, beſchützte Hälfte bezeichnet.

5) Ennod. p. 473.

6) I. 17. ut nostram peragatis feliciter jussionem. Ennod. l. c. memi-nistis cujus imperio ad haec loca commeastis.

7) Techniſch Gothi deputati IX. 25, auch dirigere V. 23, destinare III. 38. V. 11. X. 18.

8) X. 18. defensio vos obsidet; wiederholt beſchwichtigt der König.

Die Eintheilung des oſtgothiſchen Volksheeres iſt noch ganz
die altgothiſche in Tauſendſchaften (und wahrſcheinlich Hundertſchaf=
ten), wie zwar nur durch ein Wort und doch unzweifelhaft be=
wieſen wird. Es iſt der Ausbruck „millenarii“[1]): alſo ganz wie bei
andern Völkern der gothiſchen Gruppe, den Weſtgothen[2]) und Vanda=
len[3]). Wenn nun auch die alten Grundlagen der Heerverfaſſung bei=
behalten blieben, ſo führten doch die ſyſtematiſche Regelung aller
Functionen des Staatslebens, dieſes neue römiſche Princip des
eigentlichen Regierens, welches der König überall zur Geltung
brachte, ſowie die erweiterten Kenntniſſe und Bedürfniſſe des Kriegs=
weſens im italiſchen Reiche zu einer viel ſtrafferen Handhabung der
Heergewalt einerſeits und zu einer ganzen Reihe von neuen Ein=
richtungen anderſeits, welche die alten einfachen Zuſtände germani=
ſchen Heerweſens nicht gekannt und nicht gebraucht hatten. Und
alle ſolche Neuerungen mußten den monarchiſchen und römiſchen
Charakter tragen: denn nur die Regierung, ausgerüſtet mit allen
Mitteln des römiſchen Staats, nicht das Volk, konnte ſie ſchaffen.
Und wie jede ſolche Neuerung vom Königthum ausging vermehrte
ſie formell, meiſt aber auch materiell ſeine Macht.

Der Heerbann ergreift alle Freien, waffenreifen Gothen, nicht
nur die Hausväter[4]), und wird ſtreng gehandhabt. Ein verdienter
Veteran, der die Waffen nicht mehr zu führen vermag, muß erſt
eine beſondre Bitte um Befreiung vom Heerbann einreichen[5]).
Erſt nach langer und genauer Unterſuchung ſeiner Entſchuldigungs=
gründe wird durch königliche jussio dem Geſuch ſtattgegeben, zu=
gleich aber das jährliche Geſchenk entzogen[6]).

---

1) **Var. V. 26,** wie man ihn auch deute, ſ. unten „Donativa“, das Ueberſehn
von Syb., du Roure und A. oben S. 57), dem entſpricht, daß ein gothiſches
Heer einmal Jord. c. 58 aus zwei Tauſendſchaften Fußvolk und fünf Hundert=
ſchaften Reitern beſteht; auch ſonſt laſſen ſich dieſe Eintheilungen wahrnehmen,
namentlich bei Prokop b. G.

2) A. IV.

3) A. I. S. 211.

4) Ein junger Gothe wird durch die Waffenfähigkeit ohne Weiteres heerbann=
pflichtig I. 38; vgl. I. 24 universis Gothis; Köpke S. 198 „Freiheit und Waffen=
recht (wir ſetzen hinzu: und Waffenpflicht) ſind unzertrennlich; die beides haben
ſind der exercitus“.

5) **Var. V. 36.** expetens ut ad expeditiones felicissimas non cogaris.

6) ſ. hierüber unten „Donativa“; über Unfreie auf der Flotte ſ. oben S. 53,
es ſind Staatsſclaven; aber auch freie Italiener werden zum Ruderdienſt gepreßt:

Im alten Germanenstaat hatte der Heerbannpflichtige seine
Waffen selbst mitgebracht[1]), nicht vom König erhalten[2]). Im
Gothenreich aber gab es große, ursprünglich römische Arsenale und
Waffenmagazine, und wenn die Truppen zu Salona aufgeboten
werden, hat der Gothengraf die Einzelnen, wie sie bei ihm ein-
treffen, mit Waffen zu versehen[3]). Eine Neuerung waren ferner
die ständigen Garnisonen, welche nunmehr in den Castellen, den
Schanzen der Grenzpässe[4]), wie in den wichtigern Städten aller
Landschaften lagen[5]). Die· große administrative Sorgfalt der Re-
gierung ist auch auf dem militärischen Gebiete voll thätigen Eifers.
An den Thoren der Städte, an den Mündungen der Häfen sind
Wächter aufgestellt[6]), Waffenschmiede arbeiten unausgesetzt für das
Heer[7]), in den Castellen werden neue Wohnräume für die Be-
satzung hergestellt, die Befestigungen an der Durance wie an der
Etsch und auf Sicilien werden verstärkt und verproviantirt[8]);
wenn die Bürger von Catania die Trümmer ihres Amphitheaters
zur Herstellung ihrer Wälle verwenden zu dürfen bitten, ist solcher

---

sie erhalten Vergütung, dürfen aber ihren Dienst nicht weigern; das ist wohl der
Sinn von Var. V. 16.

1) Vgl. z. B. noch Gregor. Tur. II. 27. „nullus tam inutilis ut tu detulit arma“.

2) Anders die Gefolgen Tac. Germ. c. 13.

3) Var. I. 40. Assio comiti . . illustris sublimitas tua salonitanis
militibus, ut cuicunque se expediendi facultas obtulerit, pro nostra jussione arma necessaria procurabit; zu eng. Sart. S. 66. S. 68 überschätzt er
die Bewaffnung der Gothen. Sie stand der der Byzantiner weit nach; volle Rüstung
ist seltne Ausnahme.

4) In augustanis clausuris (schwerlich Turin, schwerlicher Augsburg, eher
Kosta) II. 5; in der rhätischen Mark VII. 4 munimina Italiae et claustra pro-
vinciae; in den Marken standen die besten Truppen, (Proc.) und Führer. Var.
VII. 4; vgl. Manso S. 123.

5) In Spanien V. 39 wie in Gallien (Avignon III. 38 Arles), in Dalmatien (Salona Var. I. 40. Proc. I.), wie auf Sicilien (Syrakus, Jord. c. 60,
Palermo Proc. I.) und in Italien (Rom, Ravenna, Neapel l. c., Reate und
Nursia Var. VIII. 26). Gothische Truppen lagen wahrscheinlich in jeder Stadt,
in welcher ein Gothengraf seinen Sitz hatte: die milites aber, welche römischen
comites zugetheilt erscheinen, sind keine Soldaten, sondern Amtspersonal, Executoren, Gerichtsdiener, Steuereinheber ꝛc.

6) Var. VII. 29.

7) l. c. VII. 18. 19. formula de armorum factoribus.

8) Var. III. 41. 48. IX. 14. I. 17. Ennod. p. 469. Cassiod. Chron. ad
a. 500.

Eifer ganz im Sinne der Regierung[1]). Die Mauern von Arles, vom Sturmbock der Franken erschüttert, werden geflickt und selbst an dem sichern Ravenna werden Thore vermauert und Gräben erweitert[2]). Auch eine Kriegsflotte schuf sich der König, die schutzlos vorgefundnen Küsten Italiens gegen die beiden Seemächte, Byzanz und Karthago, zu decken. Das Unternehmen[3]) ward in großem Styl in Angriff genommen — tausend Dromonen auf einmal — und der König war mit der Raschheit und Vollständigkeit der Ausführung sehr zufrieden[4]). Die Landtruppen werden auch im Frieden in häufigen Waffenspielen geübt[5]) und förmliche Schulen für Fechten und gymnastische Uebungen unterhalten[6]). Und wir erfahren, daß der Heldenkönig den Waffenübungen[7]) der gothischen Jugend mit Lanze, Wurfspeer und Bogen oft in Person prüfend und belohnend beiwohnte[8]), wie er auch die den Truppen gelieferten Waffen prüfte[9]). Aber an den Kriegen hat er seit der Besiegung Odovakars nicht mehr persönlich Theil genommen[10]). Er überträgt den Heerbefehl an seine Feldherrn, welche selbstverständlich er allein ernennt[11]). Die regelmäßigen gothischen Heerführer

---

1) III. 49.

2) XII. 17.

3) A. II. S. 134; Manso S. 121; Sart. S. 72; es sollte auch dem Getreidetransport dienen, V. 17 et armatis aptam et commercio congruam.

4) Var. V. 17—20; gleichwohl hat es der Gothenstaat im Seewesen nicht weit gebracht: in dem großen Krieg macht sich der Mangel einer der kaiserlichen gewachsnen Flotte in empfindlichster Weise fühlbar, und als Totila eine solche aus den Feinden abgenommenen Kauffahrern und im Hafen überrumpelten Kriegsschiffen zusammengebracht, zeigen sich seine Gothen, deren Ahnen vor dreihundert Jahren auf kleinen Raubkähnen die kühnsten Fahrten gewagt, sehr ungeschickt in deren Behandlung. Proc. b. G. IV. 23. Dahn, Prok. S. 413.

5) Ennod. p. 483. Var. I. 40.

6) l. c. V. 23; ostentent juvenes nostri bellis, quod in gymnasiis didicere virtutis: schola martia mittat examina pugnatura ludo, quae se exercere consueverunt in ocio (so ist wohl statt pugnaturus und des Singulars zu emendiren).

7) In denen Neumann S. 159 Aehnlichkeit mit den „späteren Tournieren" (!) findet.

8) Ennod. l. c.

9) VII. 18. 19.

10) Er hat Italien vielleicht nie mehr verlassen; daß er in Spanien war, ist späte Sage; und daß er das Gothenheer in Gallien a. 508 befehligte, nicht anzunehmen. S. A. II. S. 150.

11) Ebensowenig erscheint Theodahad beim Heere: die Wahlkönige dagegen haben

sind die duces, die Gothengrafen[1]), die Sajonen[2]): da aber alle diese zugleich in der Rechtspflege und der Administration thätig, d. h. zugleich Civilämter sind, können wir erst in anderm Zusammenhang ihre gesammte Stellung richtig würdigen[3]).

Neben diesen gothischen Officieren stehen nun aber auch römische, aus den römischen Einrichtungen beibehaltne Beamte, die praepositi, für das Verpflegungs-, Cassa- und das gesammte Verwaltungswesen des Heeres und hiefür werden, wie für alle römischen Aemter, überwiegend Römer verwendet[4]). Solchen praepositis wird Geld geschickt, um für die Truppen Vorräthe zu kaufen[5]), sie haben „nach hergebrachter Weise" für ein ausrückendes Verstärkungsheer Schiffe und Vorräthe aller Art herbeizuschaffen[6]). — Der König war nun aber keineswegs an die duces, comites, sajones als nothwendige Heerführer gebunden: wie er im Civildienst jedem Gothen oder Römer ohne Amt einen außerordentlichen Auftrag geben kann, welcher ordentlicher Weise von einem der bestehenden Aemter auszuführen wäre, so kann er auch ein Commando an wen er will, übertragen, ganz absehend von den heerverfassungsmäßigen Officieren. So stellt Theoderich einmal einen Sajo einem Grafen gleich, so ernennt Theobahad seinen major domus zum

mit Ausnahme Totila's fast nur für den großen Krieg und politische Verhandlungen Zeit und Kraft.

1) z. B. Pitza et Herdvin, Gothorum nobilissimi Ennod. p. 471. Schon vor der Begründung des italischen Reiches heißen Heerführer Theoderichs comites An. Val. p. 619; ein gothischer Name wurde später mit „comes" übersetzt und der Beamte hieß dann den Römern comes Gothorum, den Gothen mit dem alten gothischen Namen (vielleicht faths. R. A. S. 764).

2) Und die Führer der Tausendschaften.

3) s. unten „Amtshoheit" und Anhang II.; die armigeri sind wenn auch nur einfach „Waffenträger", vielleicht manchmal Gefolgen, jedenfalls persönlich hochstehend (und die capillati natürlich keine Truppengattung, wie Sartor. S. 67 meint). Proc. b. G. I. 12: Theudis, der armiger Theoderichs, wird von ihm zum Statthalter in Spanien gemacht. Jord. c. 58 und Vitigis war armiger Theobahads c. 60, den er tödten läßt; er war gewiß nicht Gefolgsmann desselben.

4) z. B. der Vater des Venantius, der neben der Präfectur: exercitus nostri curas disposuit II. 15.

5) Var. III. 42.

6) Var. V. 23; auch in andern Zweigen haben die praepositi die Verwaltung und Vertheilung von Geldern II. 9, Lebensmitteln I. 34 und Material aller Art: praepositus armorum factoribus VII. 18, calcis VII. 17; vgl. V. 15. 16. 17. 23. dromonariorum Marini N. 114; cursorum N. 115.

Anführer der um Rom zusammengezognen Truppen[1]), und seinen
Schwiegersohn Evermud zum Feldherrn gegen Belisar[2]).

Interessant ist die Frage, ob und wiefern die gothischen Krie=
ger vom Staat Verpflegung, Sold und andern Entgelt für ihre
Dienste erhielten. Ursprünglich konnte natürlich nach der germani=
schen Heerverfassung von dergleichen, abgesehen von dem Antheil
an der Beute, keine Rede sein: die Kriegspflicht ruhte auf jedem
freien waffenfähigen Mann, vielleicht mit besonderer Belastung der
Grundbesitzer: sie war die fast einzige politische Last und Pflicht
und zugleich das stolzeste Recht des freien Germanen[3]). Gewiß
ruhte nun auch in dem italienischen Gothenreich die Verpflichtung,
dem Heerbann des Königs zu folgen, auf jedem freien gothischen
Grundbesitzer: an sich ist nicht anzunehmen, daß derselbe für Er=
füllung dieser Hauptpflicht vom König eine besondere Vergütung
zu fordern gehabt habe[4]). Gleichwohl wird diese Regel durch sehr
zahlreiche Modificationen fast aufgehoben. Es ist deutlich erkenn=
bar, wie sich allmälig auf allen Seiten Uebergänge, erste Ansätze
zu=, oder Surrogate von einem Soldsystem bilden.

Einmal hatte der König eine stehende Leibwache, Fußvolk und
Reiter, die in seinem Palaste selbst lagerte und wachte: und diese
Leibwache wurde in Geld besoldet. Denn eine Abtheilung dersel=
ben beschwert sich bei dem König, daß der Arcarius Praefectorum
ihnen erstens zu wenige und zweitens unterwichtige Solidi ausbe=
zahle[5]). Diese Leibwache hat römische Namen und Formen (do-

---

1) Daß ein solcher nicht regelmäßig Heerführer war, erhellt aus X. 18 his
praefecimus majorem domus nostrae Vaccenem (Wachis?) qui pro suarum
qualitate virtutum bellatoribus esset jure reverendus, cujus exemplo et
excessus vitarent et fortitudinis instrumenta perquirerent; auch Theoderich
hat zwei Hausmeier, Gudila und Bedevulf, mit militärischen und executiven
Functionen (s. u. „Kirchenhoheit"), sie schützen mit den Waffen die öffentliche Ruhe
in Rom; über den spatarius Unigis III. 43 und den prior Gudila VIII.
26 f. u.

2) Jord. c. 60.

3) Daß der Gefolgsherr seine Gefolgen unterhalten und — wenn auch mehr
in der Form von Ehrengaben — gewissermaßen auch besolden mußte, — hat damit natürlich nichts zu schaffen.

4) Falsch Neumann S. 155.

5) Var. I. 10. Domestici partis (die andere Lesart patres ist gewiß falsch;
die Emendation Mansos S. 116 protectores ist kühn und nicht unerläßlich),
equitum et peditum qui nostrae aulae videntur jugiter excubare . . . .
adunata nobis supplicatione conquesti sunt, ab illo arcario praefectorum

mestici, aula, excubare) und war ihrem Ursprung und auch ihrer formalen Einrichtung nach nichts anders als die civilen und militärischen Palastwachen des weströmischen Kaisers. Diese Verhältnisse werden in merkwürdiger Weise beleuchtet durch eine Stelle der Geheimgeschichte. Prokop sagt: „Nachdem Theoderich Italien gewonnen, beließ er die in dem Palast zu Rom dienten daselbst, (um damit eine Spur der alten Verfassung zu erhalten), indem er ihnen Tagegelder auszahlen ließ. Es war aber ihrer eine große Zahl, denn es waren darunter begriffen die sogenannten Silentiarii und die *Domestici* und die Scholarii. Es war ihnen aber nichts Andres übergeblieben als der bloße Name der „Militia" (des Dienstes) und diese Besoldung, die ihnen knapp zum Leben = können ausreichte, welche jedoch Theoderich auch noch auf ihre Kinder und Enkel übergehen ließ"[1]).

Aber man würde doch irren, wenn man die von Prokop genannten domestici für genau dieselben hielte, von denen Cassiodorus spricht. Einmal sind die prokopischen die im Palast zu Rom Dienenden: Cassiodor aber spricht offenbar von dem Palast zu Ravenna, wo die eigentliche Hofhaltung war. Damit stimmt auch ferner zusammen, daß die Begünstigung der domestici in Rom offenbar eine Art Ruhegehalt, eine Pensionirung war: nur der Name (nicht die Mühe) der Militia war ihnen geblieben — unmittelbar darauf spricht Prokop von reinen Almosen an Bettler. Dagegen Cassiodor gibt als den Grund seiner Maaßregel die wirkliche Arbeit, die Mühen und Verdienste dieser domestici an[2]). Es werden dieselben domestici geradezu den otiosis entgegen gesetzt[3]) und ihre Mühe und Thätigkeit betont[4]).

---

pro emolumentis sollennibus nec integri ponderis solidos percipere et in numero gravia se dispendia sustinere.

1) Arc. ed. bonn. 26 p. 146. Ἰταλίαν γὰρ Θευδέριχος ἑλὼν τοὺς ἐν τῷ Ῥώμης παλατίῳ στρατευομένους αὐτοῦ εἴασεν, ὅπως τι διασώζοιτο πολιτείας τῆς παλαιᾶς ἴχνος μίαν ἀπολιπὼν σύνταξιν ἐς ἡμέραν ἑκάστῳ. ἦσαν δὲ οὗτοι πολλοὶ ἄγαν. οἵ τε γὰρ σιλεντιάριοι καλούμενοι καὶ δομέστικοι καὶ σχολάριοι ἐν αὐτοῖς ἦσαν, οἷς δὴ ἄλλο οὐδὲν ὑπελέλειπτο ἢ τὸ τῆς στρατείας ὄνομα μόνον καὶ ἡ σύνταξις αὕτη ἐς τὸ ἀποζῆν ἀποχρῶσα μόλις αὐτοῖς, ἥνπερ ἔς τε παῖδας καὶ ἀπογόνους Θευδέριχος αὐτοὺς παραπέμπειν ἐκέλευσε.

2) l. c. quod benemeritis impendimus — non recedunt a palatii militia.

3) Otioso enim gratuite praestatur aliquid munificentia principali, commendo autem quodam delicto (l. debito) redditur fideliter obsequenti ....

4) Mutilari certe non debet *quod laborantibus datur.* sed a quo fidelis actus exigitur, compensatio imminuta praestatur; über die domestici, welche die comites destinati in provincias begleiten, Var. IX. 13; anders Manso S. 118.

Die beiden Stellen handeln also nicht von denselben Personen. Aber immerhin ist anzunehmen, daß das aufrecht erhaltne Institut der domestici eben in Ravenna zu activem Dienst verwendet wurde. Die civilen und militärischen Diener, welche diesen römischen[1]) Rahmen füllten, waren aber gewiß nicht ausschließlich oder überwiegend oder auch nur zu großem Theile Römer. Schon unter den Kaisern war dieß ja nicht der Fall gewesen: wenn aus den alten domesticis von Romulus Augustulus und deren Fortsetzung in die Leibwachen Odovakars noch zu Anfang von Theoderichs Regierung kleine Reste übrigten — viele werden es nicht gewesen sein, da die nächsten Anhänger des Besiegten mit ihm erschlagen wurden, — so mußten diese im Laufe von Theoderichs langer Regierung nothwendig von Nachrückenden ersetzt werden, und diese Diener und Wächter des königlichen Hauses wurden gewiß nicht aus Römern genommen, sondern vorzugsweise aus Gothen, dann auch aus andern Barbaren, wie sie damals an allen Höfen sich umtrieben[2]). Diese in besondrem Ehrendienst ständig im Palast zu Ravenna versammelten Schaaren wurden also sonder Zweifel in Geld besoldet.

Ferner: das germanische Volksheer, das zur Vertheidigung oder zum Angriff auszog, verpflegte sich ursprünglich selbst, in Feindesland auf Kosten des Feindes; im Inland wohl durch vom Einzelnen mitgenommene Vorräthe oder durch freiwillige Unterstützung. Das mußte natürlich anders werden im Gothenreich, wo in den Städten und Vesten ständige Garnisonen lagen und die Kriegsheere von Italien an die Rhone oder an die Drave marschirten. Es wurden nun alle in activem Dienst als Besatzungen oder als Feldheere verwendeten Truppen vom Staat verpflegt[3]); auf die Motive und Methode dieser Maßregel müssen wir näher eingehen.

---

1) Manso S. 116, Sartor. S. 67 halten sie zu überwiegend für Soldaten; wohl waren alle protectores domestici, aber nicht umgekehrt, am wenigsten können sie die germanische Gefolgschaft sein oder ersetzen. Die comitatenses excubiae IX. 13 gehen nicht auf das Heer, sondern den comitatus.

2) Es war wohl dasselbe Material — abgesehen von den Gothen — wie die δορυφόροι des Kaisers und der byzantinischen Großen; vgl. über die praetorianae cohortes VI. 6 in anderm Sinne; zu den scholae, deren insolentes mores beklagt werden, zählen neben den domestici alle Palastdiener VI. 6. XI. 26; die domestici im weiteren Sinne sind alle Diener, Verwalter ꝛc., der domus regia X. 5 über den domesticatus = primiceriatus X. 11.

3) Vgl. Sart. S. 65.

Es wirkte nämlich eine der hauptsächlichsten Befürchtungen und Bestrebungen der Regierung auf die sorgfältigste Behandlung der Heerverpflegung ein.

Die Gefahr einer Verletzung der „civilitas" durch Gewaltthat, der Conflicte der beiden grollenden Nationalitäten[1]), der Mißhandlung der Provinzialen durch die Gothen war begreiflicherweise am Größten, wo eine größere Anzahl der Letzteren[2]) unter den Waffen beisammen war: auf den Märschen der gothischen Heere, zumal in den entlegeneren Provinzen. Zahlreich sind die Fälle solcher Excesse der gothischen Truppen[3]) und manchmal wurde die Stimmung der Provinzialen durch dieselben so schwer gereizt, daß sie Miene machten, gegen diese Beschützer die Waffen zu ergreifen[4]).

So hatte das gothische Heer auf dem Durchmarsch (wohl nach Gallien) in den cottischen Alpen die Provinzialen geplündert[5]).

---

1) Die Meisten stellen sich das Verhältniß der Gothen und Romanen doch zu sehr nach dem Wunsch Cassiodors vor, wie ihn dessen Mahnungen aussprechen und übersehn die Thatsachen, die zu steter Wiederholung dieser Mahnungen führten: so Sartor. S. 18.

2) Denn Var. V. 10. non potest imperari multis quod nequeant custodire paucissimi.

3) Var. I. 5. (aber freilich reichten sie lange nicht an die Frevel der byzantinischen Truppen, vgl. Sart. S. 71); auch wenn man von der Zeit des Kampfes mit Odovakar absieht, über die damaligen Zustände z. B. in Pavia s. Ennod. v. Epiph. pag. 1011.

4) Dieß ist zum Theil der Sachverhalt, welcher Var. XII. 5 zu Grunde liegt: die römischen rustici und possessores wollen sich bewaffnen, gewiß auch gegen die Ausschreitungen der Gothen, denn „das starke Heer, zur Vertheidigung des Staates ausgesandt, hat die Ländereien der Lucanier und Bruttier verheert und durch Räubereien den Reichthum dieser Landschaften erschöpft"; (sie waren sehr erbittert: labor est illud regere, quod relictum non se potest continere), daher die scharfe Zurückweisung dieses scheinbar gegen äußere Feinde gerichteten Eifers, daher heißen die römischen possessores, welche sonst immer als schutzbedürftige Unterdrückte erscheinen, jetzt auf einmal leidenschaftlich und gefährlich: continete ergo *possessorum intemperantes motus*, dum belligerat Gothorum exercitus, sit in pace Romanus. ne rustici, agreste hominum genus, dum laborandi taedia fugiunt, *illicitis auribus efferantur* (oder effrenentur?) *et contra vos incipiant erigi*, quos vix poteratis in pace moderari. quapropter regia jussione conductores massarum et possessores validos admonete, ut nullam contrahant in concertatione barbariem: *ne non tantum festinent bellis prodesse*, quantum quieta confundere: arripiant ferrum, sed unde agros colant; sumant cuspides, boum stimulos, non furoris.

5) „Wie ein aus seinen Ufern schwellender Strom". IV. 36. quos transiens noster exercitus dum irrigat oppressit: nam licet pro generali securitate

„Wir haben erfahren, daß unser Heer auf dem Durchmarsch die Provinzialen geschädigt habe", heißt es ein andermal[1]), „und die Verpflegungsbeamten müssen die Truppen ihrer „barbarischen Sitten" erst entwöhnen[2]). Sind solche Excesse vorgekommen, so fehlt es Cassiodor nie an Entschuldigungen[3]) in Worten, aber auch nie an Entschädigungen in Thaten.

Aus diesen Verhältnissen begreift sich, daß die Regierung Alles aufbietet, solche Ausschreitungen des Heeres durch möglichst reichliche Verpflegung von Staatswegen zu verhüten, die freilich besser als alle die häufigen Ermahnungen[4]) wirkten; und wenn den Truppen diese Maßregeln als lediglich in ihrem Interesse getroffen dargestellt werden, so zeigt sich in den Erlassen an die römischen Beamten die Sorge für die Provinzialen als mindestens gleich wichtiges Motiv[5]).

Zwar hält die Regierung daran fest, daß die einzelnen Provinzen, in denen gothische Heere marschiren und fechten, zu deren

---

frementi adunatione proruperit, praeteriens tamen istorum culta vastavit. unde necesse fuit civica vastatione dejectis porrigere dextram salutarem, ne (statt nec) ingrati dicant se perisse solos pro defensione cunctorum. misceantur potuis laetitiae, qui viam Italiae defensoribus praestiterunt.

1) II. 8.
2) II. 15.
3) III. 38. IV. 13. .
4) V. 10. sub omni moderatione sollen sie marschiren; vgl. XII. 5. V. 11. 13.
5) V. 10. ne aut ipsi penuria inconsulta fatigentur aut, quod dici nefas est, vastationem nostrae videantur provinciae sustinere . . . ne aliqua excedendi praeberetur occasio. IV. 13. locus injustis praesumtionibus abrogetur. disciplinam . . non potest servare jejunus exercitus; dum, quod deest, semper praesumit armatus. habeat, quod emat, ne cogatur cogitare quod auferat. necessitas moderamen non diligit. II. 15 es ist sehr schwer, die Empfänger zu befriedigen, ohne die Geber zu belästigen, seufzt Cassiodor. Die Wahrheit enthält die Verbindung beider Motive. Var. V. 13 praesenti jussione vos credidimus admonendos, ut annonas constitutas exercitui nostro praebere debeatis. quatenus nec illi negligantur adverso voto nec provinciales debeat perniciosa vastare direptio. commodius enim sub expensarum lege tenetur exercitus, quam si cuncta fuerit vastare permissus; auch aus dem Lob des Ennod. p. 485 geht hervor, wie schwer es war, „daß die indomita inter arma ingenia lex coercet, und daß sie sich von Decreten beherrschen lassen sollen"; nur der großen Persönlichkeit Theoderichs gehorchen diese „Hochgemuthen" solus es meritis et natura compositus, cujus magnanimi jussa sectentur; vgl. vita Epiph. p. 1011. Hier ist zu lesen: Rugi qui parere regibus (statt parcere) vix dignantur (timuisse episcopum).

Unterhalt beizutragen haben[1]) und ermahnt die Pflichtigen, die Truppen nicht durch Verweigerung der gesetzlichen Reichnisse zu widergesetzlicher Selbsthülfe zu treiben, „auf daß die Bewaffneten die Disciplin der civilitas nicht durch Gewaltthat zu verletzen Anlaß haben"[2]); die Bürger der civitates concordiensis, forejuliensis und aquilejensis sollten zur Ausrüstung des Heeres (apparatus exercitus) Waizen und Wein liefern: dieß wird wegen Mißwachs in Fleischlieferungen verwandelt[3]); und oft werden die Provinzialen ermahnt, diese Last nicht als ungerechte Bedrückung, sondern als nöthige Leistung für die Gesammtheit anzusehen[4]). Aber diese Belastung mit dem Unterhalt und der Einquartierung des Heeres wurde, vielleicht grade weil es nur aus Gothen bestand, von den Römern immer sehr übel empfunden[5]) und deßhalb in schwierigen Lagen, wo man sie nicht reizen durfte, sorgfältig vermieden[6]).

In einem lehrreichen Erlaß wird einmal eine solche Maßregel zurückgenommen. Ein starkes Heer war zur Vertheidigung der gothischen Besitzungen nach Gallien gesendet worden. Zuerst hatte Theoderich angeordnet, daß die Provinzialen in den vom Kriege nicht verheerten Landstrichen diese zu ihrem Schutz aufgestellten Truppen erhalten sollten. Das wäre nur gerecht, meint der König[7]). Später aber „aus Großmuth" und auf daß die Grundbesitzer nicht zu sehr in Anspruch genommen würden, schickt er die exercituales expensas aus Italien[8]). Daß dieß lediglich „Großmuth" sei, wird

---

1) So werden die Ligurier beauftragt ad apparatum florentissimi exercitus vota convertite. Var. XII. 16. Diese Beiträge, ebenfalls annonae genannt (nicht genau die Auffassung bei Sart. S. 203, du Roure I. S. 308), werden nach dem Vermögen repartirt. Manso meint S. 120 dieß bei: in annonis reputandis ne aliquem possit cujusquam fraudare versutia; doch erklärt sich dieß besser anders s. u.

2) V. 26.

3) XII. 26. Aehnlich werden den gallischen Provinzialen wegen Kriegsnoth drei Viertel der Steuern erlassen, aber von den unversehrten Ländereien sollen sie zu dem Unterhalt des Heeres beitragen. I. III. 40 ita tamen, ut de illis, quae constat intacta, exercituales juventur expensae.

4) XI. 16. sine querela vel tarditate universa ad apparatum exercitus . . . convertite. quod pro rerum necessitate praecipitur, inde prudentium animus non gravatur.

5) XII. 5.

6) IX. 25.

7) Var. III. 42. nuper siquidem moti justitia jusseramus, ut pars aliqua illaesa provinciae Gothis nostris alimonia reperta praestaret.

8) l. c. ut ad defensionem vestram directus exercitus nostris humani-

auch bei andern solchen Fällen erklärt: „nicht einmal das wollen wir den Provinzialen auferlegen, was sie, wie wir meinen, selbst hätten anbieten sollen"[1]). Deutlich sieht man hier das Schwanken bezüglich eines Princips, das die Regierung für gerecht hält[2]), dessen Durchführung aber von den Römern, wie sie fürchtet, übel aufgenommen wird und zu bösen Folgen führen kann.

Deßhalb entschließt sich die Regierung, die Verpflegung des Heeres den Provinzialen ganz abzunehmen.

Die Art und Weise, wie der König diese Staatsverpflegung[3]) ordnet, ist verschieden. Bald hat der comes rerum privatarum dafür zu sorgen, daß der Graf Colosseus bei Sirmium „nach dem alten Herkommen" Lebensmittel erhalte: es wird also das alte, d. h. römische Verpflegungswesen beibehalten und der Bedarf an Lebensmitteln aus den königlichen Magazinen zugeschickt[4]). Ebenso werden den 60 Kriegern „in augustanis clausuris" die annonae „wie sie auch den Uebrigen zugewiesen sind" gewährt[5]). Diese exercituales expensae sind Getreide, z. B. Waizen, welcher aus Italien nach Marseille geschafft und von dort in die Castelle an der Durance vertheilt wird[6]). Bald werden anstatt dieser Naturalien oder auch neben ihnen[7]) den duces und praepositi des Heeres noch Geldsummen geschickt, um im Lande selbst zu kaufen, was die Truppen brauchen. So läßt Theodahad die

---

tatibus aleretur solumque auxilium provinciae de tam magna congregatione sentirent.

1) l. c. nec illa voluimus imponere, quae vos potuistis, ut arbitramur, offerre.

2) III. 40. quia illos (statt illa) in totum devotio non debet deserere, quos pro se laborare cognoscit.

3) Annonae bezeichnen außer den Reichnissen an Soldaten Var. II. 5. V. 10. 13 (alimonia) und Matrosen V. 16, auch dergleichen an Beamte außerordentlicher Weise, z. B. einen auriga III. 51, Quellenentdecker III. 53, an Gesandte IV. 45; ebenso heißen Almosen IV. 45, Speisungen der Städte VI. 18; vgl. noch unten „Ausgaben" und Var. V. 14. 16. 23. VI. 3. 18. 22. VII. 25. IX. 12. 21. X. 18. XI. 10. XII. 15. 18. exercituales expensae III. 41 sind eben militärische annonae aller Art.

4) Var. IV. 13; daß es sich um ein Heer handelt, zeigt der Wortlaut: jejunus exercitus u. s. w.

5) Var. II. 5.

6) III. 41; der praefectus praetorio bildet die oberste Behörde hiefür. Var. praef. V. 10. 11.

7) III. 42.

annonae für das Heer bei Rom zur Beruhigung der Senatoren einfach auf dem Markte kaufen, um die Römer mit Verpflegung und Einquartierung zu verschonen und doch die Truppen nicht Mangel leiden zu lassen[1]).

Dabei werden aber, nach römischer Sitte, die Preise der Lebensmittel von Amtswegen bestimmt und den Provinzialen nicht baar bezahlt, sondern bei den Steuern gut gerechnet[2]); ganz ebenso müssen die Provinzialen Lebensmittel an die via flaminia schaffen, auf welcher der König mit großem Gefolge nach Rom reist, und sich deren Werth an den Steuern in Abzug bringen lassen[3]).

In der Zusendung von baarem Geld, um die Bedürfnisse auf dem Marsch selbst zu kaufen, liegt auch die richtige Erklärung einer Stelle, welche man irrig als Beweis der Besoldung der gothischen Truppen betrachtet hat. Sie erweist sich als eine Ausnahme, welche das regelmäßige System der Nicht-Besoldung nur bestätigt. Der König schickt eine Schaar Gepiden zur Beschützung von Gallien und diese erhalten wöchentlich drei Solidi[4]).

Man hat diese Ausnahme dadurch erklären wollen, daß diese Truppen eben nicht Gothen waren, die an sich zum Heerbann verpflichtet gewesen, sondern fremde, geworbne Miethtruppen, und die drei solidi seien eben der ihnen zugewiesene Sold[5]).

Allein unsere Stelle wenigstens sagt nicht dieß, sondern etwas Anders. Der Erlaß fällt offenbar in die Zeit des Krieges gegen Franken und Burgunden a. 508: nun waren aber die Gepiden im Jahre 504 unterworfen worden und ich habe keinen Zweifel, daß diese abhängigen Nachbaren dem Heerbann des Königs zu folgen verpflichtet waren, so gut wie die Gothen[6]), halte also diese Gepiden nicht für geworbne Söldner[7]). Wie dem aber sei, unsere

----

1) X. 18; ebenso V. 11.

2) XII. 5. und hierauf geht die versutia in reputandis annonis, (s. oben S. 71 und XII. 16); vielleicht soll III. 40 dasselbe geschehen.

3) XII. 18: in diesem Sinne heißt es: „mit unserem Nachtheil (d. h. Steuerausfall) haben wir dieß Wohlbefinden des Heeres erkauft und haben selbst das Nöthige beigeschafft, auf daß der Feind (d. h. die jetzt gewonnene altrömische Provinz Gallien) ohne Schaden erobert werde"; d. h. in Cassiodors Sprache: ut hostis vinceretur illaesus.

4) Var. V. 10. 11.

5) Manso, S. 114. 119; Pavir. I. S. 217.

6) s. Abth. II. S. 133. 150.

7) Es lauten auch die Worte des Erlasses ganz wie bei dem Aufgebot des gothischen Heerbannes.

Stelle spricht nicht von regelmäßiger Besoldung, sondern von einer Ausnahms-Maßregel. „Wir hatten zwar beschloßen, sagt der König, euch auf dem Marsch in natura verpflegen zu laßen (das war die Regel), aber, damit ihr nicht die Vorräthe verborben oder sonst mit Schwierigkeit erhaltet, haben wir nun vorgezogen, euch in Gold drei solidi für die Woche zu schicken, so daß ihr euch die Rast-Quartiere, so wie der hinreichende Reichthum der Gegend an Futter veranlaßt, auswählen und euch kaufen könnt, was ihr grade besonders braucht. Denn das wird auch die Grundbesitzer mit ihren Vorräthen heranziehen, wenn sie erfahren, daß ihr kaufet, was ihr braucht"[1]). Während den Truppen selbst die Sorge für ihre beßere Verpflegung als Grund dieser Ausnahme bezeichnet wird, gibt der König in seinem Erlaß an den Sajo Veranus in gleichem Betreff als Hauptgrund an die Besorgniß, die Gepiden möchten sonst, unbefriedigt mit der Verpflegung, die Provinzialen plündern[2]).

Man sieht, wie die Verhältnisse von den alten Einrichtungen zu neuen drängen: aber die Regel war noch Verpflegung in Naturalien, ohne Geldsold[3]).

Am nächsten kömmt einem eigentlichen Soldsystem, obwohl es sich auch wieder wesentlich davon unterscheidet, die Institution der „Jahr-Geschenke" an das Heer, welche in sehr bezeichnender Weise die eigenthümliche Mischung von Römischem und Germanischem im Gothenreich charakterisirt und deutlich lehrt, wie unwillkürlich beide Elemente sich zu neuen Bildungen vereinten: es zeigt dieß Beispiel zugleich, daß auch die beibehaltnen römischen Einrichtungen manchmal germanische Färbung annehmen konnten.

Daß die römischen Imperatoren seit Jahrhunderten ihren Heeren Geschenke, welche in gewissen Perioden wiederkehrten, ent-

---

1) Var. V. 11. fuerat quidem dispositionis nostrae, ut vobis iter agentibus annonas juberemus expendi, sed ne species ipsae aut corruptae aut difficile praeberentur, in auro vobis tres solidos per hebdomadam eligimus destinare etc.

2) Var. V. 10.

3) Für Bogenschützen, welche zur Verstärkung eines Heeres entsendet werden, sollen annonae wie Fahrzeuge secundum consuetudinem von dem Präpositus beschafft werden. Var. V. 23. In der Bestallung für den Grafen von Syrakus heißt es: „auf unsre, des Königs Kosten, dient dir eine Schaar milites", das sind Civilpersonal und Krieger. Diese sollen aber nicht gegen die Grundbesitzer Gewalt brauchen, sondern ihre annonae mit Begnügung empfangen. VI. 22. militum tibi numerus nostris servit expensis .... non permittas milites esse possessoribus insolentes: annonas suas sub moderatione percipiant.

richteten, ist bekannt. Diese Gaben, ursprünglich reine Liberalitä=
ten, wiewohl aus halber Furcht und um die gute Laune der Prä=
torianer zu erhalten, gegeben, wurden alsbald als ein Recht von
dem Trotz der Soldaten gefordert und konnten von den Kaisern
nicht mehr wohl geweigert werden: der Versuch weigernder Spar=
samkeit hatte schon Manchem Purpur und Leben gekostet. Man
kann diese Gelder factisch als eine Art, d. h. als einen Bestandtheil
des Soldes ansehen: denn nur unter Voraussetzung ihrer Gewäh=
rung begnügten sich die Heere mit dem eigentlichen Solde. In
diesem Mischcharacter zwischen Geschenken und Sold hatten sich
die donativa im oströmischen Reich bis Justinian erhalten: die Ver=
suche dieses Kaisers, sie abzuschaffen oder zu beschränken, wurden
mit großer Erbitterung bekämpft[1]).

Es ist nicht zu zweifeln, daß diese donativa auch im westlichen
Reich bis zu dessen Erlöschen fortbestanden hatten: sie brauchten
keineswegs immer in Geld, sie konnten auch in Ländereien bestehen,
und wenn Odovakar in seiner unsichern Stellung massenhaft an
seine Anhänger die Schätze des Aerars und die confiscirten Güter
der Italiener vergabte, so waren diese Geschenke im Wesentlichen
nichts Andres als die alten römischen donativa.

Theoderich fand also diese Jahrgeschenke an das Heer vor und
er schaffte sie nicht ab, aber er modificirte sie, er verband damit
einige Dinge, welche theils uralte germanische Sitte waren zwischen
dem Heerführer und dem Heer, theils aus den neuen Zuständen
seines Reiches, aber in germanischem Geist, erwuchsen[2]).

Er verband erstens die Austheilung der donativa gern mit
Musterung und Heerschau über die einzelnen Theile des Volks=
heeres. Solche Waffenschau und Heerversammlung war ursprüng=
lich bei den Germanen zusammengefallen mit den großen Opferfesten
und allgemeinen Volksversammlungen. Beides gab es nicht mehr
im italienischen Reiche, wenn auch Grafen und Sajonen kleinere
Abtheilungen des Heerbanns bei den öfter im Jahre wiederkehren=
den Versammlungen in den Grafschaftsstädten inspiciren mochten.

Theoderich wollte den persönlichen Zusammenhang des Königs
mit dem Kriegsleben des Volkes nicht aufgeben: es sollte, so gut
dieß anging, das Heer den Kriegsherrn als obersten Richter und
Verleiher kriegerischer Ehren erkennen. Deßhalb entbietet er die

---

1) Dahn, Prokop.
2) Anders und irrig Manso S. 120; Sartor. S. 68. 288. Hurter II. S. 30.

sämmtlichen Gothen im Picentinischen und in Samnium zu sich, damit er persönlich die Jahrgeschenke unter sie vertheile[1]).

Es werden gerade die Gothen in diesen beiden Landschaften entboten, offenbar weil sie hier in größerer Dichte saßen und nicht allzu entlegen: denn das war nicht möglich, daß regelmäßig auch aus den ferneren Provinzen die Mannschaften nach Rom oder Ravenna wären geführt worden: an diese wurden wohl die Donativen in des Königs Namen von den Grafen in den Hauptstädten der Provinzen vertheilt.

Daß die Maaßregel keine ganz gewöhnliche war, erhellt aus der besondern Einschärfung der Mannszucht auf dem Marsche, dessen Kosten ebenfalls der König trägt[2]); daß aber anderseits dieß nicht der einzige Fall war, geht aus den angeführten Worten des Erlasses hervor[3]): unmöglich konnten die Gothen dieser Landschaften so sehr den Andern vorgezogen werden, daß diese Andern „als niemals das Antlitz des Königs sehend und daher als todt" zurückgesetzt würden. Zweitens aber sollte das Jahrgeschenk nicht, wie bei den römischen Soldaten, eine ohne Unterschied an alle Empfänger gleich vertheilte Summe sein: sondern der König will Jedem nach Maß seiner Tapferkeit, seiner Würdigkeit größere und kleinere Gaben, will dabei zugleich Lob und Tadel zumessen. „Die sich verdient gemacht, sollen sich größerer Beschenkung erfreuen. Wer da weiß, daß er vor dem Herrscher erscheinen soll, der wird sich nichts zu schulden kommen lassen. Die Guten wird Lob, die Schlechten Tadel begleiten. Auch steht es uns an, bei dieser Gelegenheit das Verhalten der Einzelnen zu untersuchen, so daß für Keinen unbe=

---

1) Var. V. 26. quamvis munificentia nostra sit omnibus ubique gratissima, multo tamen acceptiora credimus, quae nostri praesentia conferuntur. quia majora de conspectu principis populi sumunt quam de largitate beneficia consequuntur. nam pene similis est mortuo qui a suo dominante nescitur. nec sub aliquo honore vivit, quem regis sui notitia non defendit. et ideo praesente jussione mandamus, ut octavo Iduum Juniarum die Deo auxiliante ad praesentiam nostram venire debeatis, qui solenniter regalia bona suscipitis, si venire protinus festinatis.

2) l. c. ideo exercituales gratanter subimus expensas, ut ab armatis custodiatur intacta civilitas.

3) Ferner aus Wendungen wie consuetudine liberalitatis regiae commonemur, ut Gothis nostris debeamus solennia dona largiri-eos, qui annis singulis premia consequuntur; vgl. die entscheidende Stelle von Prokop B. G. I. 12 unten.

kannt verloren geht, was er im Kampf geleistet. Denn, wenn Jeder im Heer immer nur die gleiche, gewöhnte Summe zu erwarten hat, so kann der hieburch zurückgesetzte Tapfere die Tapferkeit nicht mehr lieben. Vielmehr lerne, wer sich nicht bewußt ist einer tapfern That, nur mit Zagen vor uns, seinem Richter, erscheinen. Wer die Wunden, die unser Tadel schlägt, vermeiden will, der lerne sich mit Macht im Ansturm auf den Feind werfen" [1]).

Also eine individuelle Würdigung individueller Würdigkeit, wohl nach dem Zeugniß der Officiere, nicht Vertheilung der Summe nach der Kopfzahl[2]). Es erinnert der Geist dieser durch Tapferkeit zu verdienenden Ehrengaben unwillkürlich an des Tacitus Bericht von den Ehrengeschenken des Gefolgsherrn an die Gefolgen[3]). Wer sind nun aber die Empfänger dieser Gaben? Offenbar nicht in besonderem Verhältniß zum König stehende Männer, etwa dessen Gefolgschaft. An alle Gothen per Picenum et Samnium constituti ist der Erlaß gerichtet[4]), es sind Gothi nostri[5]), d. h. immer das Heer. Allein unter diesen universi soll doch wieder eine Auswahl stattfinden, denn der Sajo Guduin soll die Millenarii (d. h. die Anführer der Tausendschaften, so auch Sartor. S. 67) der Provinz Picenum und Samnium ermahnen, „daß sie diejenigen, welche jährlich die Belohnungen unserer Milde empfangen, um das Donativum zu erhalten, sofort nach unsrem Hofe aufbrechen lassen"[6]). Welche Leute sollen nun die millenarii

---

1) Var. V. 27. quatenus, qui bene nobis meriti fuerint, majore munificentia gratulentur. inculpabiliter enim necesse est vivat, qui suam praesentiam novit principibus offerendam. bonos enim laus, malos querela comitatur. decet etiam nos sub hac occasione singulorum facta perquirere, ut nulli possit perire quod fecit in acie: nam si semper consuetudinarias res exspectet exercitus, virtutem non potest amare neglectus. trepidus discat ad judicem venire, qui se non meminit audacter aliquid egisse. ut melius possit hostibus violentus insurgere, qui nostrae mavult imputationis vulnera declinare.

2) Daburch unterscheidet es sich auf das bestimmteste von Sold: es wird nur bei Wohlverhalten bezahlt, durch Mißverhalten verwirkt, wie Var. VII. 40 deutlich zeigt.

3) Germ. c. 14.

4) Var. V. 26.

5) Var. V. 27.

6) Var. V. 27. Devotio tua millenarios provinciae Piceni et Samnii sine aliqua dilatione commoneat, ut eos qui annis singulis nostrae mansuetu-

aus ben universis auswählen? und wie kann der Erlaß doch an
die universi gerichtet sein? Man kann nicht annehmen: die Tapfern,
die es besonders verdienen: das will der König selbst entscheiden,
und es soll ja auch der Verdienstlose, wenn auch mit Zagen, vor
seinem königlichen Richter erscheinen.

Die millenarii sollen also wählen[1]) nicht qualitativ, sondern
quantitativ, und dieß führt uns im Zusammenhalt mit den singulis annis gewiß auf das Richtige: nicht alle Gothen, die in einer
Provinz lebten, wurden also beschenkt, sondern gewisse Classen. Man
könnte denken, ein Turnus, wie sie in den einzelnen Jahresclassen,
nicht jedes Jahr alle, zum Heerbann entboten wurden: diese Erklärung würde zu allen begegnenden Ausbrücken passen, auch dazu,
daß es allen Gothen der Provinz angekündigt wird, wenn auch nur
Eine Classe für dießmal zum Zuge kömmt. Wir werden aber unten
noch eine andere, wahrscheinlichere Erklärung finden.

Diese Gabenvertheilung geschah durch den König in Person
und in feierlicher Weise[2]). Aber noch eine dritte Stelle der Varien
beleuchtet in sehr willkommner Weise diese Institution. Der Sajo
Gesila wird beauftragt[3]), die Gothen in Picenum und Tuscien
anzuhalten, die rückständige Grundsteuer abzuführen. „Sehr mit
Unrecht, sagt der König, weigern gerade die Gothen sich dieser
Pflicht: denn wer sollte bereitwilliger an unsern Fiscus zahlen als
diejenigen, welche sich des Vortheils des donativum erfreuen, da sie
ja Reichlicheres von unserer Güte erhalten, als unter der Rechtsform von Sold (wenn sie Sold zu forbern hätten), ihnen gewährt
würde"[4]).

Die wichtige Stelle bestätigt einmal, daß die Donativa eine
ganz regelmäßige Leistung von Seite des Königs waren, ebenso

---

dinis premia consequuntur, pro accipiendo donativo ad comitatum faciat
(l. faciant, über Rechtfertigung dieser Lesart s. unten), incunctanter occurere.
Danach erklärt sich auch das Subject im Relativsatz des vorhergehenden Erlasses:
praesenti jussione mandamus, ut octavo Iduum Juniarum die . . . . ad
praesentiam nostram venire debeatis, qui solenniter regalia dona suscipitis.

' 1) Oder, wenn man nicht faciant lesen will, der Sajo selbst: für diese
Anwendung unserer Stelle ist beides gleich brauchbar.

2) Solennia dona und solenniter heißt es immer wieder.

3) Var. IV. 14.

4) l. c. qui enim debent ad fiscum celerius esse devoti, nisi qui ca-
piunt commoda donativi? quando amplius de nostra humanitate recipiunt
quam stipendii jure praestetur.

bestimmt zu erwarten, wie die Leistung der Grundsteuer von Seite der Unterthanen. Ferner beweist sie auf's bündigste, daß die Gothen eigentlichen Sold nicht erhielten, vielmehr die Jahrgeschenke gewissermaßen ein Surrogat dafür bildeten. Der König sagt: die Gothen sollen sich nicht weigern, an den Fiscus zu zahlen: denn sie erhalten ja aus demselben durch unsre Freigebigkeit die Donativa und dabei befinden sie sich besser, als wenn ihnen ein förmlicher Sold ausbezahlt würde[1]).

Endlich gibt uns aber die Stelle auch noch für eine weitere wichtige Frage eine fast zweifellose Antwort: nämlich, welche Gothen eigentlich zum Kriegsdienst verpflichtet waren? Nicht alle, so scheint es, sondern nur die possessores, die Grundbesitzer: wenigstens erhielten nur diese die Jahrgeschenke. Denn die rückständige Steuer ist die Grundsteuer: „der soll die Steuer zahlen, der den Vortheil des Grundbesitzes hat"[2]). Und diese nämlichen sind es, d. h. also die Gothischen Grundbesitzer, welche die Donativen erhalten, nicht alle Gothen[3]); und diejenigen Gothen, welche „statt des Soldes"[4])

---

1) Dieß ist unzweifelhaft der Sinn der Stelle; Manso meint, er könne auch besagen: die Gothen empfangen mehr durch das Jahrgeschenk, als der Sold beträgt, den sie erhalten, und dann wäre hier vielmehr der (einzige) Beweis für die Besoldung gefunden. Aber dieser Sinn wird ausgeschlossen nicht nur durch den Conjunctiv praestetur, „als ihnen gewährt würde", — es müßte sonst nothwendig praestatur heißen „als ihnen gewährt wird", (was auch Manso, obwohl zweifelnd, hervorhebt), — noch mehr durch den ganzen Zusammenhang der Stelle. Denn unmittelbar fährt der König fort: „prüft man nämlich den Umfang meiner Freigebigkeit, so bin eigentlich ich, der König, es, der (freiwillige) Steuern zahlt, indem ich das Vermögen Aller bereichere". Der König will also den Gothen sagen: Was ihr empfangt, ist mehr als ihr gebt: er weiß aber nur Eines zu nennen, was sie empfangen, eben das Jahrgeld. Er kann nicht sagen, was sich Cassiodor nicht hätte entgehen lassen: „nachdem ihr für euren Waffendienst durch den Sold befriedigt seid, erhaltet ihr obenein das Geschenk".

2) l. c. is solvat tributum qui possessionis noscitur habere compendium.

3) Dazu kommt auch das universis Gothis *constitutis*. Gothi constituti heißen bei Cassiodor immer: 1) Militärbesatzungen; 2) die vom König (auf Lose) angewiesenen Grundbesitzer.

4) Wie regelmäßig das Donativum gereicht wird, erhellt daraus, daß es einem verdienten Krieger, welcher wegen Alters von dem Heerbann enthoben wird, entzogen wird, da er selbst Vermögen hat, d. h. eben Grundbesitz. Var. V. 36. sicut tibi remissam vitam concedimus, ita te donativo praesenti auctoritate privamus. Quia non est aequum, ut, cum de tuo cognoscaris idoneus, rem laborantium occupare debeas ociosus. Also nur die wirklich dienstpflichtigen, aber diese auch Alle, erhalten das Donativum. Auch alle Sajonen erhalten — es wird das als selbstverständlich angesehen, — das Donativum. Var. VII. 42.

die Donativen erhielten, sind eben auch diejenigen, welche heerbann=
pflichtig sind: also die Grundbesitzer.

Wenn man Var. V. 26 nicht faciant lesen will, so muß man
millenarii als den technischen Ausdruck für diese heerbannpflichti=
gen Grundbesitzer fassen: sie sind es, welche die jedenfalls nach
Hundertschaften und Tausendschaften gegliederten Schaaren des
gothischen Heerbanns füllen und eben daher ihren Namen führen,
der dann ähnlich gebildet ist wie legionarii, welche eben die Legionen
ausmachen[1]).

Daß die Einrichtung sich über das ganze Heer ausdehnte, geht
aus einer Stelle Prokops hervor, welche besagt[2]), der König habe
den Tribut, welchen er von dem westgothischen Reich, so lang es
unter seiner vormundschaftlichen Verwaltung oder sonstiger Ab=
hängigkeit stand[3]), jährlich erhob, als jährliches Geschenk unter
das Heer der Ostgothen und Westgothen vertheilt.

Man sieht, alle Jahre wurde das Donativum an den ganzen
Heerbann des Reiches vertheilt: die in den entlegneren Landschaften
Stehenden konnten natürlich nicht nach Ravenna zum König ent=
boten werden: aber bei den näher gelegnen Abtheilungen liebte er,
das zu thun, mit der Vertheilung zugleich eine Musterung zu ver=
binden und die Gabe nach Verdienst abzustufen. Es war kein Sold,
aber es war ein Surrogat des Soldes. Es war eine alte römische
Einrichtung, aber wesentlich modificirt. Damit stimmt es völlig
überein, wenn der König die Matrosen seiner Kriegsflotte, welche
doch gewiß analog wie die Soldaten bezahlt wurden, nur an=
zuwerben sucht durch das Versprechen von annonae und von einem
Donativum, das jährlich·je auf fünf Solidi gestellt wird (hier
kam wohl jene individuelle Abstufung nach dem Verdienst, wie bei
den gothischen Heermännern, nicht vor), einen „Sold" stellt er
ihnen daneben nicht in Aussicht[4]), nur anzuwerben sucht durch
das Versprechen von Naturalverpflegung (annonae).

Die obigen Sätze über Sold und Donativum und Beschrän=
kung der Heerbannpflicht auf die Inhaber der sortes werden nun
auf das Bestimmteste bekräftigt durch einen Erlaß, in welchem
Athalarich die Gothen zu Reate und Nursia auffordert, friedlich

---

1) Das Wort millenarii beweist jedenfalls, mag man es von den Führern
oder der Mannschaft verstehen, die Eintheilung des Heeres in Tausendschaften.

2) B. G. I. 12.

3) Abth. II. S. 151.

4) Var. V. 16; von „Lehen" als Sold (Hurter II. S. 23) ist natürlich keine Rede.

und ohne Gewaltthätigkeit mit den Römern zu leben[1]). Dabei spricht er deutlich aus, daß alle Gothen, welche Lose haben, d. h. also alle gothischen possessores, die heerbannpflichtigen Krieger und daß diese zugleich es sind, welche die Donativen erhalten. Er redet von und zu den gothischen Heermännern und sagt ihnen, sie könnten ja auch gar keinen Grund haben, die Römer zu berauben: „denn einmal gewähren Euch Eure eignen Landlose hinreichenden Unterhalt, und zweitens bereichern Euch unsre Donativa. Und wenn einer von Euch einen Wunsch hat, hoffe er seine Erfüllung von der Freigebigkeit des Fürsten, nicht von den Uebergriffen eigner Gewalt. Und es kommt auch Euch zu Statten, wenn die Römer in Ruhe leben: denn alsdann bereichern sie unsere königlichen Einnahmen und erhöhen dadurch auch Eure Donativen“[2]).

Daraus folgt, daß sortes und donativa die einzigen Einnahmsquellen der gothischen Heermänner sind (neben der Naturalverpflegung der annonae), daß sie der König nicht neben beiden noch auf ihre Besoldung verweisen kann, daß die Inhaber der sortes zugleich die Empfänger der Donativen, also auch eben die Heerbannpflichtigen sind, — denn daß das Donativum eben für den Waffendienst gegeben wird, steht fest — und endlich, daß dieß Donativum zwar als selbstverständlich allgemein vorausgesetzt, aber nicht als fixer Sold angesehen, sondern nach dem Bestand der königlichen Kasse bemessen, bald erhöht, bald vermindert wird. — Außer den annonae und dem donativum haben die Heermänner nichts, insbesondere keine Dienste von den Provinzialen zu fordern, in deren Städten sie als Besatzung lagen[3]). Die Donativa waren bedeutend, oft beruft sich der König darauf und fordert, daß man sie durch Tapferkeit verdiene. —

Die Kriegshoheit des Königs ruht ganz auf germanischem Boden: sie ist der alte Heerbann: die Aufnahme römischer Elemente ist ganz unwesentlich. In dem nächst zu betretenden Gebiet des

---

1) Var. VIII. 26. Universis Reatinis et Nursinis Athalaricus rex lautet die Ueberschrift, aber der letzte Theil des Decrets spricht nur zu den Gothen.

2) l. c. nam quae necessitas ad injusta compellat, cum vos et sortes alant propriae et munera nostra domino adjuvante ditificent? nam et si cui aliquid expetendum est, speret de munificentia principis quam de praesumtione virtutis. quia vobis proficit, quando Romani quieti sunt, qui dum aeraria nostra ditant, vestra donativa multiplicant.

3) Var. V. 39. servitia igitur, quae Gothis in civitate positis superflue praestabantur, decernimus amoveri.

Staatslebens, in der Rechtspflege, vereint der König den germani=
schen Gerichtsbann über die Gothen mit der Justizhoheit der Im=
peratoren über die Römer: und hier überwiegt bereits das römische
Element.

2. Gerichtsbann. Rechtszustände.

Der König hat den Gerichtsbann, die Gerichtshoheit[1]). In
seinem Namen, in seinem Auftrag wird die Civil= und Strafrechts=
pflege im ganzen Reich ausgeübt: von ihm leiten alle Richter ihre
Gerichtsgewalt, ihr Recht, Gericht zu halten, zu urtheilen und zu
exequiren ab: er ernennt alle römischen und gothischen Richter
kraft seiner Gerichtshoheit und Amtshoheit. Er ist der Hort des
Rechtsfriedens im Lande: er und sein Hofgericht (comitatus) bildet
die oberste Instanz ordentlicherweise: aber auch außerordentlicher=
weise kann der in seinen Rechten Gekränkte, der Unterdrückte und Ver=
folgte die Hülfe des Königs anrufen. Er hat das Recht, im gesammten
Rechtsleben Urtheile, Verbote und Gebote zu erlassen mit Zwangs=
wirkung, insbesondre mit der Ahndung der Ueberschreitung durch
Geldstrafen[2]); zur Begründung dieses Rechts trafen römisches und
deutsches Recht, imperium und bannus, zusammen: die Imperato=
ren übten es in sehr ausgedehntem Maaß und den Germanen=
Königen kam es, wenn auch ursprünglich durch die Volksversamm=
lung beschränkt, ebenfalls zu. Das gothische Wort für bannus be=
gegnet nicht, aber lateinische Ausdrücke werden technisch mit dem
entsprechenden Sinne gebraucht[3]).

---

1) Vgl. im Allgemeinen die A. II. S. 270 angeführten Stellen der Varien.
2) Var. I. 19 u. oft. s. u.
3) Hieher gehören folgende Bezeichnungen der Erlasse des Königs, welche in
Justiz, Administration, Finanz= und Militärwesen in gleicher Weise gebraucht wer=
den: auctoritas Var. IV. 48. nostra VIII. 24. III. 52. II. 23. I. 36. 44. IV.
41. 6. praesens III. 9. IV. 89 in Civilproceß IV. 14. Steuerwesen II. 28. X. 5.
jussio (praesens, nostra, regia) Var. 1. 7. 8. 13. 15. 19. 23. 27. 28. 29. 39.
44. 37. 30. 25. 24. II. 6. 9. 10. 19. 20. 35. 4. 21. 26. 32. 33. III. 18. 26. 38.
48. 6. IV. 21. 4. 5. 6. 9. 19. 27. 28. 45. 48. V. 20. 29. 36. 7. 27. 5. 14. 18.
23. 41. VI. 17. VII. 4. X. 29. (I. 30. 32. V. 14 in Polizei, Strafrecht, Steuer=
wesen, in Civilrecht II. 11). praesens I. 19. (I 7. II. 19 Strafrecht). (VIII. 10.
Administration). III. 18. IV. 27. I. 23. 28. 29. V. 7. 20. jussa nostra I. 8.
19. 25. V. 41. VII. 42. IV. 14. VIII. 24 (tua IX. 14). IV. 15. (praesentia
IX. 17. II. 6. V. III. 28. 9. (IX. 10 repetita). 14. II. 11. 15. 17. III. 48 ite=

Kürzere Erlasse, welche sich zur jussio etc. verhalten als An=
hänge oder Vollzugsinstructionen, heißen breves, brevia[1]); ebenso
heißen Einsendungen von Beamten, Vollzugsberichte[2]), Anträge[3]),
manchmal auch notitiae, z. B. Rechnungsstellungen[4]).

Fälle, in welchen der König auf Ueberschreitung seiner Be=
fehle Geldstrafen setzt, sind häufig[5]). Die Verletzung königlicher
Befehle wird viel schwerer gestraft als die der untern Stellen, und
nur ausnahmsweise wird einmal angeordnet, daß Ungehorsam gegen
einen der nächsten Vertrauten des Königs, den Stadtpräfecten Ar=
temidor, wie Ungehorsam gegen den König selbst angesehen werden
solle: es wird also diesem die auctoritas regis unmittelbar über=
tragen, im Interesse sicherer und strenger Aufrechthaltung der Ge=
rechtigkeit[6]).

---

rata. admonitio praesens III. 11. IV. 40. affatus praesentes III. 8. IV. 6.
II. 29. nostri IV. 6. VIII. 24. oracula praesentia I. 11. nostra I. 32. V. 15.
24. VII. 41. decreta X. 6. (praesentia VIII. 32. V. 31. 32). II. 32. sententia nostra VI. 7. remedia nostrae pietatis IV. 41. VII. 42. IX 10. ordinatio
nostra XII. 2. 27. vom König VIII. 6. 14. III. 10. 17. 25. 30. 31. 34. 50. 31.
II. 33. IV. 3. 21. 26. 11. 42. 46. I. 29. 40 (ebenso von Beamten VI. 7). V.
8. 5. 20. 23. VI. 7. 16. ordinatio praesens II. 20. definita IX. 16. definitio
praesens I. 30. IX. 15. constituta IX. 16. IV. 45. V. 39. constitutio nostra
IX. 15. praesenti tenore I. 9. praesens humanitas IV. 24. praeceptio I. 31.
praecepta nostra IV. 40.

1) XII. 5, super conscripta XII. 8. V. 31. Aufzählung der Namen XII.
8. annona I. 6. infra scripta IV. 21.

2) XII. 7.

3) II. 39.

4) XII. 5. 16; vgl. noch I. 6. X. 31. XII. 18. 22. XI. 7.

5) Var. I. 30. zehn Pfund Gold für Weigerung der Vorgerichtstellung eines
Sclaven; IX. 12 dieselbe Summe für Erpressungen gegen Curialen. X. 28
dreißig Pfund für Verletzung königlicher Privilegien; VIII. 24 ebensoviel be=
züglich der vom König der Kirche verliehenen Rechte (diese Summe soll zum
Theil den Armen zu Gute kommen, nicht, wie die Regel, das Ganze dem
Fiscus); II. 26 ebensoviel für Verletzung der Accisenfreiheit der negotiatores bei
Ankäufen für öffentliche Rechnung; III. 46 drei Pfund für Vorwurf der infamia
gegen einen vom König begnadigten Verbrecher; IV. 47 hundert (oder 50) Solidi
für Verletzung der Postordnung: VIII. 25 eine Geldstrafe für Anfechtung königs=
licher Schenkungen.

6) Var. I. 43. „Dem Präfect von Rom, unsrem Freund Artemidor, haben
wir solche Gewalt verliehen, daß, wer gegen das Recht handelt, sofort die Strafe
unsres Befehls verwirkt, (d. h. gleiche Strafe wie für Verletzung unsres Befehls).
Und obwohl schon die Gesetze der Stadtpräfectur solche Gewalt gegeben, so haben
wir selbst doch noch speciell belegirt, auf daß desto zuversichtlicher geschehe, was zwie=

Es ist bekannt, daß Theoberich seinen Ruhm und seinen Bei=
namen „der Große" mehr noch seiner Gerechtigkeit als seinem Hel=
benthum verdankt: gerechtes Gericht war das eifrigste Streben und
der größte Stolz des Königs[1]); seinen Ausspruch: „wer die Ge=
rechtigkeit beleidigt, beleidigt mich"[2]), könnte man sein Motto
nennen[3]). Diese reine, strenge, unparteiische Rechtspflege[4]), zumal
die Enthaltung von allem Mißbrauch fiscalischer Rechte, machte
Römern und Griechen im Gegensatz zu der grausam willkürlichen
Justiz der Imperatoren schon in seinen ersten Regierungsjahren
großen Eindruck und seine weise Strenge in Verhütung oder Be=
strafung aller Gewaltthat der Gothen gegen die Provinzialen hat
schon bei seinen Lebzeiten seinen Namen bei allen Völkern verbreitet:
sie hat Verherrlichung in der Sage und auch bei den Geschicht=
schreibern feindlicher Nationalität ehrenvolles Zeugniß gefunden[5]).

sache Autorität anordnet. Er wird also wagen dürfen, Tumultuanten und Ueber=
schreiter der öffentlichen Ordnung mit unserer Autorität niederzuschlagen".

1) I. 9; f. unten „Selbstgefühl".

2) Var. II. 15.

3) Aehnliche characteristische und nicht lediglich rhetorische Worte: „Unrecht kann
nur geschehen, solange ich nicht davon weiß". IV. 12 propositi nostri est, ut
provincias nobis . . subjectas, sicut armis defendimus, ita legibus ordine=
mus, quia semper auget (l. augetur) princeps observata justitia; IV. 22
cordi nobis est, in omnibus moderatam tenere justitiam; IV. 32 regni de=
cus aequitatis affectus (b. h. affectatio); er mochte von sich sagen: „mühevoll
ist es, aber doch nicht unerreichbar, den Sterblichen Gerechtigkeit schaffen". VII. 26.

4) Var. I. 22. IV. 4; f. unten „Finanzhoheit".

5) Vgl. Proc. b. G. I. 1; daß auch die einzige Ausnahme, welche Prokop
macht, die Verurtheilung des Boëthius und Symmachus nicht, wie Prokop be=
hauptet, ohne Gehör, Vertheidigung und Richterspruch (des Senats!) erfolgte, da=
rüber f. A. II. S. 173; ganz sagenhaft bereits der anon. vales; (die Dicta
Theoderichs p. 621 können zum Theil echt sein; jedenfalls sind sie characteristisch
für ihn). p. 623: „tantae disciplinae fuit, ut si quis voluit in agro suo
argentum vel aurum dimittere, ac si intra muros civitatis esset, ita exis=
timaretur et hoc per totam Italiam augurium habebat, ut nulli civitati
portas faceret nec in civitate portae claudebantur; quis quod opus habe=
bat faciebat qua hora vellet ac si in die etc."; auch die Erzählung von der
Wittwe, welche drei Jahre gegen einen Senator kein Urtheil erlangen kann, end=
lich den König anruft, auf dessen Befehl dann über Nacht die Richter Recht finden
und die Köpfe verlieren, weil sie drei Jahre verzögert, was sie in Einem Tag
entscheiden konnten — auch diese Erzählung ist, gerade weil sie echte Sage, (für
Pavirani I. S. 103 ist sie buchstäbliche Wahrheit, wie S. 245 die vorstehende
Schilderung des An. Val.; aber auch Balbo I. S. 90 verkennt das Sagenhafte)
höchst bezeichnend für Theoderichs Wesen und seine Spiegelung in der Meinung
der nächsten Nachwelt. f. S. 90.

Das letzte Ziel aller Bemühung um die Rechtspflege ist dem König immer, die möglichste materielle Gerechtigkeit[1]) zu verwirklichen[2]); diese fordert aber bei den eigenthümlichen Verhältnissen des Gothenreiches vor allem Andern möglichste Unparteilichkeit, gleiches, gleichmäßiges Recht, ohne Ansehn der Person, der Nationalität, der Religion, ohne Bevorzugung des Reichthums, des Ranges, der Abkunft, der Macht: das ist die „aequitas": sie ist das Hauptbestreben des Königs[3]). „Es ist uns eigen, daß wir bei Ungleichen (an Rang ꝛc.) die gleiche Gerechtigkeit gewahrt wissen wollen"[4]). Darin liegt die „aequabilitas", daß man auch die Geringen aufkommen läßt[5]). „Nur dann verdient die Gerechtigkeit ihren ehrenvollen Namen, wenn sie sich mit gleichem Maaße über Vornehme und Geringe verbreitet"[6]). Deßhalb geht auch Gliedern des Königshauses kein Unrecht hin: dem habsüchtigen Theobahab wird seine königliche Abstammung von Theoderich gerade als Grund besonderer Gesetzlichkeit vorgerückt[7]). Derselbe muß gestehen, — denn Cassiodor führte nach Theoderichs Tod die gleichen Tendenzen fort — daß er öfter die „Gerechtigkeit Amalasunthens zu erfahren gehabt, welche ihn gezwungen, mit Privaten nach gleichem Recht zu leben: das ist die rechte aequitas, von der die ganze Welt reden mag; sie stand nicht an, dem Recht des Staates selbst ihren

---

1) VIII. 18.

2) Var. I. 10. 11. 18. 22. 23. 42. II. 8. 9. 13. 18. 24. 28. 29. III. 4. 5. 7. 8. 9 13. (besonders) 15. 18. 23. 31. 34. 37. 42. 43. 45. 46. (besonders) IV. 3. 12. (besonders) 16. V. 12. 29. 37. VI. 5. 23. VII. 3. VIII. 2. IX. 8. 14. 19 u. s. f.

3) Var. IV. 6. quid est enim dignius, quod die noctuque assidua deliberatione volvamus, nisi ut rempublicam nostram, sicut arma protegunt, aequitas quoque inviolata custodiat.

4) V. 29.

5) V. 14. I. 10. X. 5.

6) Er will überall defensio aequabilis I. 37. III. 36. VII. 14. III. 18. nescit personas respicere qui solam cogitat aequitatem; deßhalb heißt es so oft: cujus libet nationis fuerit vel honoris — nullum Gothorum vel Romanorum IV. 47; wie in der Rechtspflege IX. 19 soll auch in allen übrigen Staatsgebieten die aequitas leitendes Princip sein: die billige Vertheilung erleichtert die Lasten des Staates III. 41. aequabili ordinatione divisum onus sub communione subjectos certum est non gravare .. omnia aequabili moderatione praestentur; vgl. II. 24; diese Rechtsgleichheit soll sich bis in die geringsten Sachen, z. B. die Circusparteiung erstrecken. IV. 4.

7) Var. IV. 39. V. 12.

Vetter zu unterwerfen, den sie alsbald zum König machen wollte: sie bezweckt eben das Gewissen des Mannes zu prüfen, dem sie die Zügel des Reiches zu übergeben gedachte, auf daß sie einerseits als Herrin Aller (auch meiner) erkannt würde und ich erst nach gehöriger Prüfung zur Krone gelangen solle"[1]).

. Diese aequitas wird nun auch allen Beamten als oberste Pflicht eingeschärft[2]); sie sollen erstens in ihren Entscheidungen wie der König der aequitas folgen, und zweitens im Leben sich nicht über die Nicht=Beamten im stolzen Gefühl hinwegsetzen[3]), sondern gleiches Recht mit den Andern halten[4]).

Den Richtern vor Allen wird gesagt: „Ihr, die ihr es auf euch genommen, dem Volke Recht zu sprechen, ihr müßt selbst Gerechtigkeit halten, die ihr Andere an das Maaß der aequitas halten sollt"[5]). Wenn daher auch besondre Privilegien und besondrer Schutz verliehen wird, geschieht dieß doch nur unter Vorbehalt allgemeiner Rechtsgleichheit[6]) im Uebrigen; jede Rechtskränkung verletzt die allgemeine aequitas[7]) Und das waren nicht bloße Worte. Wie den Prinzen seines Hauses, wehrt der König auch den sonst so gehätschelten Senatoren jede Unbill[8]) und selbst einem der höchsten Beamten, die sich oft für geringen Leuten unerreichbar halten, dem Präfectus Prätorio Faustus, wird in seinen Bedrückungen eines humilis sehr streng begegnet[9]). .

---

1) Var. X. 4. Cassiobor hat hier die üble Aufgabe, des Landräubers Vergangenheit zu entschuldigen und es ist ihm übel gelungen: die Abnahme des Raubes soll eine Prüfung sein! er muß, um in dieses Königs wie in der frühern Namen, die aequitas predigen zu können, demselben erst eine Sinnesänderung in den Mund legen: mutavimus cum dignitate propositum X. 5.

2) Var. III. 23. 2. 34. 37. 39. 45. VII. 14.

. 3) Das ist die superbia III. 27.

4) IV. 4. vgl. namentlich VI. 15: si humilium privatorum placet aequalitas, quanto magis grata est in potestatis culmine custodita, *quae difficilem modum servat, dum ad suum velle festinat.*

5) I. 18.

6) Aequitate salva II. 4.

7) I. 7., welche übrigens nicht nur in der formalen Gleichheit, sondern in der Verhältnißmäßigkeit besteht I. 36.

8) Var. I. 32.

9) III. 20. En factum, quod cunctos protinus temperet ac corrigat potestates: praetorii praefecto non est bacchari in humilis laesione permissum, et cui a nobis assurgitur, officiendi miseris potestas abrogatur. hinc omnes intelligant, quo amore delectamur aequitatis, ut et potentiam nostro-

· Selbstverständlich unterwirft der König auch die Vertretung
von seinen und des Staates Vermögens=Rechten und Interessen der
strengsten Gerechtigkeit und wehrt den in der römischen Welt alt=
herkömmlichen Uebergriffen des Fiscus. Seine Ansprüche müssen,
wenn bestritten, wie die andrer Kläger in ordentlichem Proceß be=
wiesen werden[1]) und „im Interesse der Gerechtigkeit darf man
auch uns selbst widersprechen"[2]). Bei Bestallung eines advocatus
fisci wird eingeschärft, nicht wie oft, sondern mit welchem Recht
(quemadmodum) er Processe gewinne, darauf werde der König
sehen: nicht durch die Macht, nur durch das Recht der Krone solle
er zu siegen suchen. Denn mit Ruhm verliere der Fiscus, wenn
er im Unrecht sei, und grabe sein Erliegen zeige die Trefflichkeit
des Fürsten[3]). „Am Allermeisten in Sachen des Fiscus soll Ge=
rechtigkeit walten, auf daß keinem Unterthan der König durch un=
begründete Forderungen verhaßt werde: wir wollen uns durch die
Gesetze von unsern Unterthanen besiegen lassen, um (dadurch Gottes
Wohlgefallen zu gewinnen und so) durch die Waffen unsere Feinde
zu besiegen"[4]). Auch der Verwalter der königlichen Domänen soll
gleich allen Andern Recht geben und nehmen, „wie wir das an
unsern Dienern lieben"[5]), und der comes patrimonii soll das un=
bewegliche Gut des Königs nicht beweglich machen, d. h. widerrecht=
lich ausdehnen[6]). Die Rechte des Fiscus auf erbloses Gut werden
genau beschränkt[7]).

Deßhalb soll der Staat Gegenstände, die im Eigenthum von
Privaten stehen und deren er bedarf, nur gegen volle Entschädi=
gung sich aneignen dürfen: das Wesen des Expropriationsverfah=
rens ist hier bereits in allen Grundgedanken ausgesprochen. So

---

rum judicum velimus immiauere, quatenus bona conscientiae possimus
angere.

1) V. 31.
2) VI. 5.
3) Var. I. 22.
4) Dieser Gedanke, daß die gerechte Behandlung der Italiener Gottes Gnade
und den Sieg der gothischen Waffen verdienen werde, findet sich wiederholt bei
Cassiodor ganz wie bei Prokop, (s. Dahn, Prokop S. 402). Var. IV. 32. vgl IV.
4. V. 24. VI. 9. VIII. 13: „nicht einmal uns selbst erlauben wir eine Unge=
rechtigkeit".
5) l. c.
6) Var. VI. 9.
7) Anhang L.

werden Cypreſſen und Pinienſtämme zum Bau, und ſeekundige Sclaven zur Bedienung der Flotte den Eigenthümern durch Zwangs= abtretung, aber gegen angemeßne Entſchädigung, entzogen[1]).

Der Expropriationsgebanke liegt auch vor, wenn die possesso res von forum julii gegen pretium competens Balken abtreten und nach Ravenna ſchaffen müſſen[2]), oder wenn die Landleute ge nöthigt werden, die durch den Marſch beſchädigten Wagen und er ſchöpften Rinder durchziehender Truppen dieſen gegen friſche abzu nehmen: ein Sajo ſoll darüber wachen, daß die Bauern nicht zu kurz kommen[3]), oder wenn die Winzer in Iſtrien ihren Wein zu amtlich auferlegten Preiſen nach Venetien zu Steuer des dortigen Nothſtandes verkaufen müſſen[4]). Die Scheu des Königs, das Pri vateigenthum anzutaſten, geht ſoweit, daß er ſogar in Fällen, in welchen die fraglichen Privatrechte gar nicht als bona fide und justo titulo erworben bezeichnet werden können, aber der Beſitzſtand durch außerordentliche Verjährung geſchützt erſcheinen kann, ſie nur gegen volle Entſchädigung ablöst. Private hatten die öffentlichen Waſſerleitungen zu Rom ſeit langer Zeit zu Privatzwecken miß braucht und für ihre Mühlen und Gärten geradezu abgebaut. Dieſe Anmaſſung wird zwar im öffentlichen Intereſſe abgeſtellt, aber, wo dreißigjähriger Beſitzſtand vorliegt, gegen volle Entſchädigung: „auf daß wir nicht, indem wir Waſſerbauten herſtellen wollen, den Grund bau alles Rechts zerſtören"[5]).

---

1) V. 16. dato pretio competenti dominis; — et si is, qui nobis ne cessarius aestimatur, servus fuerit alienus aut conducat (Dienſtmiethe) eum classibus serviturum aut, si hoc ipse (d. h. der Eigenthümer des Sclaven) magis delegerit (dieſes Wahlrecht hat alſo der Private, nicht der Staat), accepto pretio rationabili publico cedat sua jura dominii (das pretium rationabile, competens wird in Ermanglung vertragsmäßiger Verſtändigung wahrſcheinlich einſeitig vom Beamten feſtgeſetzt), auch V. 17 sine praejudicio dominorum, V. 19. 20 iſt Zwangsabtretung von Schiffsbauholz gegen Entſchädigung angeordnet; das non gravare V. 20 geht aber auf die Qualität der zu expropriirenden Objecte.

2) IV. 8.

3) V. 10. illud pro cunctorum quiete laborantibus indulgentia nostra concedit, ut si aut eorum carpenta itinere longiore quassantur aut ani malia attrita languescunt, te custode atque mediante cum possessoribus sine aliqua oppressione mutentur, ut, qui (d. h. die Soldaten) daturi sunt corpore aut quantitate meliora, quamvis parvis sanis animalibus acquiescant.

4) XII. 26; doch hängt dieß mit andern Geſichtspunkten der Nahrungspolizei zuſammen, ſ. u. „Adminiſtration".

5) Auch hier wird der Gedanke des Expropriationsrechts klar ausgeſprochen III. 31. quia non possumus admissi qualitatem ultra jura corrigere, (ne,

So sehr nun aber auch der König die willkürliche Verletzung des Eigenthums und der Privatrechte überhaupt scheute, so wenig enthielt er sich, im Interesse der materiellen Gerechtigkeit, starker Eingriffe und eigenmächtiger Hinwegsetzung über die Schranken des formalen Rechts. Er hat die sehr bedenkliche Neigung, in verwickel= ten Fällen mit einem außerordentlichen Machtspruch persönlich ein= zugreifen, wenn auch gewiß immer im Interesse des materiellen Rechts — oder doch dessen, was er dafür hielt — und sehr früh hat die Sage diesen Zug seines Wesens, wie bei Salomo und Harun al Raschid, ergriffen und ausgeschmückt. Sagenhaft, aber deßhalb nicht minder, sondern desto mehr bezeichnend ist die Er= zählung[1]), wie der König eine Wittwe, welche sich wieder verlobt und ihren aus der Fremde heimgekehrten Sohn erster Ehe auf An= stiften ihres Bräutigams verleugnet, dadurch zum Geständniß und zur Herausgabe des Vatergutes zwingt, daß er schwört, sie müsse sonst diesen Fremdling, wenn er nach ihrer Behauptung ihr Sohn nicht sei, heirathen. Ganz denselben Charakter trägt die sehr be= zeichnende Sage, welche an des Königs Aufenthalt in Rom an= knüpfend, zugleich die Verderbniß der von ihm vorgefundnen Rechts=

---

dum fabricis prodesse volumus, legum culmina destruamus) si hujus ne- fandissimae rei dominus tricennii praesumtione munitur, (so ist statt domi- nis — munitur zu lesen) accepto pretio competenti suum vendat errorem, ut, quod laesionem publicis praestat fabricis, non praesumatur ulterius, ne, quod nunc sub largitate corrigimus, postea severissime vindicemus. si vero haec aliquid moderna praesumtione tentatum est, sine dubitatione tollatur. unius enim desiderio pravo generalis debet utilitas anteferri, cui vel in causis justis raro poterit obviari, d. h. auch besser begründetes Privat= recht muß gegen Entschädigung dem öffentlichen Interesse geopfert werden. — Diese Achtung vor dem Privateigenthum spricht auch sehr für die Richtigkeit unserer (unten „Finanzhoheit") gegebnen Erklärung von Var. II. 17, welche Stelle man gewöhnlich so deutet, als ob der König eine der Stadtgemeinde Trient gehörige sors ohne Entschädigung verschenke. Das hätte Theoderich, abgesehn von der ersten Landtheilung, welche hier nicht vorliegt, nicht gethan. Vielmehr gehörte die sors zu dem Drittel, das primär abzutreten gewesen wäre, für das aber bis dahin statt der realen Abtretung die „Drittelabgabe" erhoben wurde: jetzt verfügt der König die reale Abtretung und ebendeßhalb das Aufhören der „Drittelabgabe" für diese sors.

1) Des Anon. Bales. p. 621; vgl. Manso S. 173. Uhland, „Dietrich von Bern" in Pfeiffer's „Germania" I. S. 339. Pallmanns Polemik gegen Uhland II. S. 518 hat kein Verständniß von Sage und Sagenbildung; vgl. noch Manso S. 172 v. der Hagen „Heldenbilder" I. S. 105. Raßmann, „deutsche Heldensage" II. p. V. (über die Thidrekssaga) u. S. 454 f.

pflege und seine energische Reform derselben spiegelt. Eine senatorische Wittwe klagt dem König, daß sie seit drei Jahren in einem
Rechtsstreit mit einem vornehmen Römer nicht zur Urtheilfällung
gelangen könne. Ergrimmt läßt der König die saumseligen pflicht-
vergeßnen Richter kommen und spricht: „Ist das Urtheil nicht bis
in zwei Tagen gefällt, so laß ich euch köpfen". Als aber nun das
Urtheil wirklich in zwei Tagen fertig wird, spricht der König:
„Also in zwei Tagen konnte der Spruch geschehn, den ihr drei
Jahre verzögert habt?" Und läßt die Richter jetzt erst recht köpfen [1]).

Geschichte und Rechtsgeschichte bestätigen den der Sage zu
Grunde liegenden Charakter der Rechtspflege Dieterichs von Bern.
Die überkommen imperatorischen Traditionen unterstützten diese
Neigung, rasch und energisch in außerordentlicher Weise persönlich
in die Rechtspflege einzugreifen: zumal bei Hochverrath und Ver-
schwörung wider seine Person. Einen Gothen-Grafen Odoin, der
ihm nachstellt, und einem Römer Theodor läßt er ohne Weitres im
Palast Scissorium köpfen [2]), wie er der (angeblichen) Nachstellung
Odovakars blutig zuvorgekommen war. Und wenn bei Theoderich
solche Eigenmacht doch noch meist der Gerechtigkeit, nicht bloß seiner
Person dient, so üben seine Nachfolger Amalasuntha, Theodahad,

---

1) s. chron. paschale ed. Raderi p. 757. Dindorf p. 604; vgl. auch Joh.
Malala. 15. ed. bonn. p. 384. Θεοδορίχῳ, τῷ γενομένῳ Ῥηγὶ Ῥώμης, προσῆλθεν μιᾷ γυνὴ συγκλητικὴ Ῥώμης, ὀνόματι Ἰουβεναλία διδάσκουσα αὐ-
τόν· „ὅτι τρία ἔτη ἔχω δικαζομένη μετὰ τοῦ Πατρικίου Φόρμου, καὶ εὐλύ-
τωσόν με". καὶ ἐνεγκὼν τοὺς δικολόγους αὐτῶν ἀμφοτέρων μερῶν εἶπεν
αὐτοῖς· „ὅτι εἰ μὴ διὰ τῆς αὔριον δώσετε αὐτοῖς ὅρον καὶ ἀπαλλάξετε αὐτούς, ἀποκεφαλλίζω ὑμᾶς". καὶ καθίσαντες διὰ τῶν δύο ἡμερῶν εἶπαν τὰ
δοκοῦντα τοῖς νόμοις, δεδωκότες αὐτοῖς ὅρον καὶ ἀπηλλάξαντες αὐτούς. καὶ
ἅμα σα χηροὺς ἡ Ἰουβεναλία προσῆλθεν αὐτῷ εὐχαριστοῦσα ὅτι εὐλυτώθη ἡ
δίκη αὐτῶν. καὶ ἠγανάκτησεν ὁ αὐτὸς Ῥὴξ κατὰ τῶν δικολόγων, καὶ ἀγαγὼν
αὐτοὺς εἶπεν αὐτοῖς· „διὰ τί, ὃ ἐποιήσατε εἰς δύο ἡμέρας καὶ ἀπηλλάξατε
αὐτούς, εἰς τρία ἔτη οὐκ ἐποιήσατε"; καὶ ἀπεκεφάλισεν τοὺς δύο δικολόγους
ἐξ ἀμφοτέρων τῶν μερῶν. καὶ ἐγένετο φόβος.

v. Glöben S. 6 f. verkennt den sagenhaften Character der Erzählung. Die
δικόλογοι sind doch eher Richter als Advocaten, (vielleicht nach Wahl der Parteien)
vom König oder einem hohen Beamten delegirte Richter (kaum Schiedsrichter):
vgl. Du Cange p. 436, bei v. Glöben S. 7 und dazu Hollweg Handbuch I. §. 7.
Die Quelle ist sich wohl selbst nicht ganz klar: sie meint eben schuldige Juristen;
andre Anekdoten und Sagen, welche Theoderich als Vertheidiger der Moral und
des materiellen Rechts durch Gewaltsprüche verherrlichen, s. unter „Kirchenhoheit"

2) Anon. Vales. p. 622. Irrig hierüber du Roure.

ahmte diese sultanische Praxis in schlimmerer Weise. Auch Wi=
tigis zwingt Matasuntha zur Ehe[1].

Aber auch abgesehen von solchen, in die Politik verflochtnen
Fällen, ist es doch starke, den Imperatoren nachgeahmte Willkür,
wenn die Diebe einer Statue, falls sie nicht reuig restituiren, für
welchen Fall sie straflos ausgehn sollen „wegen Verschmähung solcher
Gnade" mit dem Tode bestraft werden[2]. Diese Maßregel stammt
aus einer speciellen Liebhaberei des Königs[3]. Ebenso wird in
einem andern Fall, weil der König es sehr gerne sieht, wenn Rö=
mer, die unter Odovakar aus Italien flüchtig gegangen, unter seiner
Herrschaft zurückkehren[4], zu Gunsten eines solchen Zurückgekehrten
der Verjährung ihre sonst immer anerkannte[5] Wirkung ausnahms=
weise entzogen[6].

Endlich ist es eine weitere in seinem besondern Interesse an
dem Schutz der Ehen[7] und der Geringern[8] begründete Willkür=
maßregel, wenn alle von einer Frau, die vorübergehend ihren Mann
verlassen hatte, in dieser Abwesenheit geschloßnen Contracte für
nichtig erklärt werden[9]. Der König war hier allzu eifrig vorge=
gangen und mußte später diese Maßregel nicht ohne leise Entschul=
digung zurücknehmen oder doch modificiren[10]. Bei dieser Neigung

---

1) Jord. c. 60.
2) Var. II. 36. gegen das Edict, das römische und das germanische Recht.
3) s. u. „Bauten".
4) s. unten „Romanisiren" und „Selbstgefühl".
5) s. oben S. 88 und Var. I. 18.
6) Var. III. 18. von jus postliminii oder von Mangel einer Voraussetzung
der Verjährung kann hier keine Rede sein. III. 18. hostium conversatione dam=
nata kann man nicht von einem Kriegsgefangnen sagen und weiter heißt es:
quidquid sibi competens quolibet modo nunc amissum poterit probare,
sine aliqua tarditate recuperet: retinens ex nostra auctoritate (diese brauchte
er nicht, falls nach dem Gesetz keine Verjährung eintreten konnte) dominii jus
omne, quod habuit, nec quaestionem eum de rebus sibi antiqua posses=
sione competentibus volumus sustinere, cui propositi nostri est, etiam nova
praestare; an Aufhebung einer odovakrischen Confiscation zu denken, verbietet
der Wortlaut.
7) s. unten Anhang I.
8) s. unten „Obervormundschaft".
9) Für eine in integrum restitutio wird in sehr ungenügender Weise ar=
gumentirt. Var. II. 10. 11.
10) III. 40. (districtius jubere) . . salva probatione heißt es nachträglich:
daran hatte es gefehlt; s. u., Moratorien ertheilt er wie die Kaiser, II. 38; ein
starkes Mittel ist auch die Androhung von Geldstrafen nicht im Allgemeinen, im

und Möglichkeit der Könige, in Civil- und Strafprocesse in außerordentlicher Weise einzugreifen, ist es in vielen Fällen schwierig, zu bestimmen, ob in Folge von Appellation oder in Folge unmittelbaren primären Anrufens einer Partei oder unter welch' andern Voraussetzungen der König sein Hofgericht einschreiten läßt. Jedenfalls bildet dieser comitatus regis die abschließende Krone der ganzen Gerichtsverfassung des italischen Gothenstaats, welche bekanntlich[1] den bestrittensten Punkt in der ganzen Geschichte desselben bildet. Diese Controversen können nur entschieden und die richtige Ansicht nur bewiesen werden durch eine sehr eingehende Erörterung des Edicts; wir geben deßhalb hier nur die für das Verständniß des Folgenden unerläßlichen einfachen Grundsätze jener Gerichtsverfassung, den ausführlichen Beweis dem zweiten Anhang, nach vorausgesandter Zergliederung des Edicts, überlassend.

In Processen zwischen zwei Römern („rein römischen Fällen" wollen wir sagen) richteten die nach römischer Gerichtsverfassung zuständigen Gerichte, primär nach den Edicten Theoderichs und Athalarichs, secundär nach dem römischen Recht und Civilproceß. In Processen zwischen zwei Gothen („rein gothischen Fällen") richtete der Gothengraf (comes Gothorum) primär nach den Edicten Theoderichs und Athalarichs, secundär nach gothischem Recht und gothischem Civilproceß. Lücken desselben werden aus dem römischen Recht ergänzt. In Processen zwischen Römern und Gothen („gemischten Fällen") richtete der Gothengraf mit Zuziehung eines römischen Juristen, primär nach den Edicten Theoderichs und Athalarichs, secundär bald nach gothischem, bald nach römischem Recht, je nach der Lage der Verhältnisse, jedoch mit Uebergewicht des römischen Rechts in Civilrecht und Prozeßrecht. Im Strafrecht und Strafproceß richten in römischen Fällen die römischen Gerichte nach den Edicten, secundär nach dem römischen Recht. In gothischen Fällen der Gothengraf nach den Edicten, secundär ebenfalls nach römischem Strafrecht und Strafproceß mit geringen Einflüßen des gothischen Rechts. In gemischten Fällen beßgleichen, nach fast ausschließlich römischem Recht. Die Zuziehung eines römischen Juristen stand dem Gothengrafen zu seiner Belehrung in jedem Fall des Bedürfnisses frei.

Gesetz- oder Verordnungswege, sondern speciell zum Vortheil eines Einzelnen: so wird den Verfolgern eines gewissen Castorius mit einer Strafe von 50, denen eines andern Schützlings des Königs von 3 Pfund Gold gedroht. III. 20. 46.

[1] A. II. S. 125 f.

Durch Vertrag konnte auch in rein gothischen Fällen die An=
wendung römischen Rechts von den Parteien vereinbart werden
und die Gothen durften sich bei einseitigen Rechtsgeschäften und
in der freiwilligen Gerichtsbarkeit auch des römischen Rechts und
der römischen Anstalten bedienen, sofern dadurch nicht Rechte andrer
Gothen verletzt werden. —

Alle gothische und römische Rechtspflege wurzelt in dem Ge=
richtsbann und der Gerichtshoheit und gipfelt in dem Pfalzgericht
und comitatus des Königs. Die Thätigkeit dieses comitatus ist
eine sehr mannichfaltige.

Einmal bildet derselbe die Appellationsinstanz nach den Grund=
sätzen des römischen Processes: oft wendet sich eine Partei von
dem Ausspruch eines Untergerichts mit Beschwerde an den König[1])
und er cassirt das angefochtne Urtheil[2]). Meist werden dann in
solchen Fällen beide Parteien in Person vor den „comitatus noster"
beschieden oder, sie sollen gehörig bevollmächtigte, unterrichtete und
rechtskundige Vertreter[3]) dorthin senden, zumal der Appellat, wenn
der Appellant schon an den Hof gereist oder durch einen Andern
daselbst vertreten ist. Dasselbe findet statt, wenn zwar nicht ein
Urtheil, aber eine Vorladung erfolgt und eine Partei hartnäckig
ausgeblieben oder wenn ein Urtheil wegen Widersetzung der Partei
nicht zu vollziehen ist. Manchmal sichert der König ausdrücklich
das Recht der Berufung an seinen Comitat auch von einem von
ihm bestellten außerordentlichen Gericht oder Schiedsgericht zu[4]). In
vielen Fällen hat sich aber eine Partei gleich unmittelbar an den
König gewendet[5]) mit Uebergehung der Untergerichte, und darauf
hin kann der König sehr verschiedne Verfahrensarten einschlagen.
Häufig ist zudem nicht zu erkennen, ob der König primär oder erst
secundär angegangen worden[6]).

Manchmal verweist er die Sache einfach an das ordentliche

---

1) Var. IV. 46. nur gegen Urtheile des Präfectus Prätorio sollte nicht an
den König appellirt werden können, VI. 3. (irrig Sart. S. 105).

2) IV. 46.

3) Instructa persona, III. 36. instructam legibus personam, IV. 44.

4) Var. IV. 46.

5) Das ist die Voraussetzung der Sage. An. Val. p. 623. filius rogavit regem adversus matrem.

6) Zu wenig unterscheiden die nicht=juristischen Darstellungen, z. B. bei Sartor. S. 106. 300.

Untergericht[1]); doch lag auch schon hierin ein Vortheil für die Partei, denn der Richter wird scharf zur Gerechtigkeit ermahnt und wird sie üben, denn er weiß jetzt, daß der König auf den Fall aufmerksam ist; manchmal liegt auch darin der Befehl, die Justiz nicht wie bisher zu verweigern oder zu verzögern; oder es wird der Beklagte, der sich bisher vor dem ordentlichen Gericht zu stellen verschmäht hatte, direct beauftragt, sich vor demselben zu verantworten, und wenn auch dieser Befehl verachtet wird, „was der höchste Frevel", so zieht der König die Sache an sein Gericht[2]), oder er beauftragt jetzt einen Sajo[3]) oder bestellt einen außerordentlichen Beamten, der im Auftrag des Königs den Widerspänstigen zur Verantwortung vor dem ordentlichen Richter zwingen[4]) oder auch manchmal den Streit selbst erledigen soll[5]). Aber auch wenn nur der ordentliche Richter, z. B. der Gothengraf, auf jenen Auftrag hin thätig wird, hat dieß den weitern Vortheil, daß derselbe den Beklagten, der seinem „Grafenbann" nicht folgen wollte, nun unter „Königsbann" vorladen kann: so mögen wir den Unterschied bezeichnen, der in der Anweisung an den Grafen von Syrakus aufgestellt wird: die Kosten, die Ladungsgebühren, die Sponsionen, Conventionalstrafen und Cautionen für das Nichterscheinen sind in letzterem Fall viel größer[6]).

Bezeichnend ist, daß besonders römische Kläger gegen gothische Dränger jenen Weg unmittelbar zum König einschlagen. So beauftragt der König, von Römern um außerordentlichen Rechtsschutz gegen einen Gothen angerufen, einen Gothengrafen, den Beklagten (und die Kläger) vor sein ordentliches Gericht zu laden (suo jubeat adesse judicio) und schärft ihm im Interesse der Römer die Zuziehung eines römischen Juristen, die sich ohnehin von selbst versteht[7]), nochmals ein[8]). Manchmal befiehlt der König nicht auf Antrag einer Partei, sondern, durch die besondre Schwere des Ver-

---

1) Ad . . . ejus remisisse judicium. VIII. 11.
2) Das thut er in obiger Sage gleich l. c. quam rex jussit in conspectu suo sisti.
3) II. 13.
4) Var. I. 27.
5) Var. II. 15; ob der hier genannte Theodahab der gleichnamige Prinz?
6) VIII. 28.
7) VII. 3. .
8) VIII. 28.

brechens bewogen, von sich aus, bem orbentlichen Richter, thätig zu werben, z. B. wegen Vatermord[1]).

Von bieser Verweisung an bas orbentliche Gericht ober Aufforberung an basselbe, thätig zu werben, sinb nun zweitens jene Fälle nicht leicht zu unterscheiben, in welchen ber König ein orbentliches ober auch ein außerorbentliches Gericht aus einem ober mehreren Richtern bestellt: benn nach bamaliger römischer Verfassung kann ber König auch bie orbentlichen Richter für einen Einzelfall bestellen. Erstere Deutung, Anregung ber Thätigkeit bes orbentlicherweise ohnehin zuständigen Gerichts, liegt am Nächsten, wenn wir ben Beauftragten als einen Richterbeamten kennen. So werben zwei vornehme Römer angehalten, sich vor bem Gericht ber **viri illustres** Celianus unb Agapetus wegen in Circusunruhen verübten Todtschlags zu verantworten[2]). Agapetus ist nun aber Präfect von Rom, wo bie That geschah, Celianus ist auch sonst mit ihm zu einem **judicium** verbunben[3]) unb ber Stabtpräfect ist bie competente Behörbe für Circusunruhen[4]). Wenn, im Gebiet ber freiwilligen Gerichtsbarkeit, ber Graf Thulun beauftragt wirb, eine königliche Schenkung zu verbriefen, so ist bieß nur seines Amtes, als Vorstanbes bes königlichen Hauses[5]). Auch ber Consular Dalmatiens wirb nur angewiesen, amtsgemäß zu untersuchen, ob im gegebnen Fall bas Recht bes Fiscus auf erbloses Gut begründet sei. Aehnliche Aufträge innerhalb ber orbentlichen Competenz ergehen an ben **comes rerum privatarum**[6]), an ben **dux Ibba** in Gallien[7]).

Die Uebertragung außerorbentlicher Gerichtsbarkeit liegt aber immer in ber häufig vorkommenben Absenbung außerorbentlicher Commissäre („Senbboten") zur Herstellung ber Orbnung in ganzen Provinzen, bie in Zerrüttung gerathen[8]). Ein solcher Commissär hat immer auch ganz im Allgemeinen Civil = unb Straf-

---

1) II. 14. Symmachus ist boch wohl orbentlicher Richter.

2) Var. I. 27.

3) Var. I. 23.

4) Var. I. 30. 32. Vgl. auch Pavir. I. S. 191. Dasselbe gilt von bem Proceß bes Festus unb Symmachus gegen Paulinus (s. Boëth. I. 4.) unter benselben Richtern: ber Ausbruck arbitri ist hier so wenig technisch wie I. 27.

5) Var. VIII. 25.

6) IV. 11. cujus ordinationi subjacere videtur provincia.

7) IV. 5. Vielleicht auch an ben Gothengrafen Duba; Sunivab III. 13 wirb einfach Gothengraf in Samnium.

8) s. unten „Amtshoheit".

Jurisdiction neben und über den ordentlichen Provinzialbehörden und manchmal werden ihm einzelne schwebende Processe noch besonders in seiner Instruction empfohlen. Das Motiv der Bestellung außerordentlicher Richter ist die Verhütung aller Erschleichung, aller unrichtigen Darstellung der Sachlage durch den regelmäßigen Beamten[1]).

Zweifelhaft ist in vielen Civil=, Straf= und Administrativfällen, ob der Senat zu Rom innerhalb hergebrachter Competenz oder außerordentlicherweise thätig zu werden beauftragt wird[2]).

Sehr häufig wird aber vom König für Processe der Vornehmen unter einander[3]), zumal wenn sie politische (hochverrätherische) Anklagen enthalten, ein besonderes außerordentliches Gericht aus den Großen seines Hofes und der Beamtung bestellt[4]): es werden also die gesetzlichen Gerichte in ihrer Competenz von der Willkür des Königs durchbrochen. Dieß starke, auch wieder von dem Imperatorenthum herübergenommene Recht wird jetzt gegen Gothen wie gegen Römer angewendet und zeigt deutlicher als alles Andre die exorbitante Erstarkung des gothischen Königthums und zugleich die Art und Weise, in welcher diese Erstarkung vor sich ging: durch Ausdehnung der Rechte, welche der König als Nachfolger der Imperatoren über die Römer hatte, auf die Germanen, wie dieß die Einheit des Staats so nahe legte.

Sehr deutlich sehen wir die Functionen der verschiednen Beamten in dem Fall, da zwei Römer, Basilius und Prätextatus, der Zauberei angeklagt sind. Der Praefectus Urbi Romae Argolicus hat die Anklage durchgeführt und erwartet den Entscheid des Königs. Dieser aber, qui nescimus a legibus discrepare, bestellt anstatt selbst zu urtheilen, ein judicium quinquevirale aus 4 senatorischen und patricischen Männern: Symmachus, Decius, Volusia=

---

1) Var. IV. 18. consuetudo est nostrae clementiae, probatae nobis fidei agenda committere, ut cum judices delegamus tractatu maturo locum prava nequeat invenire subreptio.

2) Z. B. IV. 43. ebenso frägt sich, ob der comes Arigern in Rom als comes urbis romanae oder außerordentlicherweise in einem Streit zwischen der römischen Kirche und Juden zu richten hat. Judenverfolgungen waren der Grund seiner Berufung nach Rom gewesen. III. 45.

3) Denn die Spaltungen unter diesen beizulegen ist ihm aus Gründen des innern Friedens sehr wichtig: diese Großen griffen gerne zu Gewalt und gaben den Kleinen ein böses Beispiel. I. 23.

4) Wenn er die Entscheidung nicht gleich vor sein Hofgericht zieht.

nus, Celianus und dem vir illuster Maximianus. Diese sollen mit dem Präfecten den Fall genau nach allen processualischen Formen untersuchen und nach Befund die gesetzliche Strafe aussprechen.

Aber in merkwürdiger Weise tritt zu diesen sechs römischen Richtern, die über zwei Römer urtheilen sollen, noch der Graf Arigern hinzu, dem die disciplina romanae civitatis vertraut ist. Zwar daß dieser gothische Wächter der Sicherheit die beiden Ange= schuldigten, wenn sie sich widersetzen oder verbergen, verhaften und vor die Richter stellen soll, begreift sich, — obwohl es befremdet, daß der Römer, der praefectus urbi ist, dieß nicht selbst besorgen darf; nachdem dieselben in Folge einer Geistesstörung ihrer Wäch= ter aus dem Gefängniß entsprungen sind, erhält der Graf den Auftrag, sie zu ergreifen und vor das Fünfmännergericht zu füh= ren[1]). Jedenfalls auffallend ist es aber, daß der König diesen Gothen, obwohl es sich nicht um Gothen handelt, sondern um zwei Römer, dem römischen Gericht nicht nur als Beisitzer wie die An= dern beiordnet, sondern überordnet: er soll controllirend die Ver= handlungen überwachen, alle Gewaltsamkeit verhindern und dafür sorgen, daß die Angeschuldigten weder, wenn sich ihre Schuld her= ausstellt, entrinnen, noch auch ohne Ueberführung verurtheilt werden.

Warum wird den sechs vornehmen Römern[2]), die über Römer urtheilen, ein Gothe zur Controlle beigegeben? Ich erkläre mir das aus den besondern Verhältnissen des Falles: die Angeklagten wur= den vom Präfecten als schuldig angesehen: er möchte sie lieber gleich, ohne weitere Gerichtsverhandlung, vom König verurtheilt haben, es besteht gegen sie allgemeine Aufregung (impeti accusa- tione multorum). Der König hielt es aber für möglich, daß sie unschuldigerweise von abscheulicher Gehäßigkeit verfolgt werden (si innocentia eorum detestabili pulsetur invidia): er besorgt also eine tumultuarische, gegen die Angeklagten voreingenommene Pro= cedur. Gewiß hat er deßhalb schon unter jene Fünfmänner zwei von ihm wegen ihrer Weisheit hochgeehrten Römer aufgenommen: den Symmachus und Decius. Da nun aber der Graf Arigern, der ihm längst wegen seiner integritas theuer, doch einmal wegen der nöthig gewordnen Verhaftung[3]) bei der Sache thätig werden muß, so

---

1) Var. IV. 22. 23. Spuren dieses Processes bei Gregor. dial. I. 4.
2) Die Mehrzahl der Richter soll die Unparteilichkeit garantiren. V. 34.
3) Solche energische Maßregeln werden am Liebsten Gothen übertragen.

soll er, der Gothe, der unbetheiligte, über ein unbefangnes unpar-
teiisches Verfahren der Römer wachen[1]).

Es ist übrigens sehr wahrscheinlich, daß die beiden Angeschuldigten, obwohl sie ohne allen Titel, ohne alle Rangbezeichnung genannt werden, Senatoren sind und daß hier eine freilich in bezeichnender Weise modificirte Anwendung des alten Gesetzes vorliegt, wonach Senatoren in Criminalprocessen von fünf Standes-
genossen gerichtet werden sollen. Hiefür spricht das „nescimus a
legibus discrepare". Aber eine Abweichung liegt nicht nur darin,
daß der König die fünf Richter ernennt, während sie nach dem Gesetz das Loos bestimmen sollte, mehr noch darin, daß ein sechster
Richter und noch dazu ein Gothe, wenn dieser auch als comes urbis senatorischen Rang hat, oder vom König in den Senat eingeführt ist, bestellt wird[2]).

Häufig ernennt der König auch außerordentlicherweise einen
Beamten, z. B. einen Grafen als Vorstand eines Gerichts, dessen
andre Beisitzer die Parteien selbst wählen dürfen. Einmal bestellt
er so einen comes Merobad und den vir sublimis Gemellus zu

---

1) Namentlich aus dem an ihn gerichteten Schreiben erhellt dieser Gedankenzusammenhang: er hat gewöhnlich nur als comes urbis die disciplina civitatis
romanae: es wird ihm hier der außergewöhnliche Auftrag, für die Gerechtigkeit zu sorgen und darin soll er sich besonders eifrig zeigen: tamen in eis
maxime studiosus esse debes, quae nostra tibi auctoritate delegata cognoscis, ut circa tu augeat gratiam justitia custodita, et augmenta sumas
nostri judicii, qui nobis hactenus integritate placuisti. Zweimal heißt es
omnium violenta defensione summota, d. h. weder Kläger noch Beklagte sollen
ihre causa mit violentia führen (defensio muß hier auch auf den Kläger gehen):
vielmehr soll die Sache nicht nach Leidenschaft entschieden werden, sondern legibus
facias discuti et finiri. „Sind sie überführt, so soll sie die im Gesetz bestimmte
Strafe treffen, nicht eine willkürliche; wird aber ihre Unschuld gehässig verfolgt,
dann dulde auf keine Weise, daß ihnen Unrecht geschehe". Man sieht aus dem
ganzen Erlaß, der König, der auch die Juden gegen den Fanatismus des christlichen Pöbels schützt, mißtraut der allgemeinen Aufregung bei einer so bedenklichen
Anklage. — Merkwürdig ist es, wie die beiden in demselben Betreff an zwei verschiedne Personen erlaßnen Schreiben den vorliegenden Fall nach verschiednen Ge-
sichtspunkten erörtern: es begegnet dieß in den Barien vermöge ihrer rhetorischen
Natur häufig: aber manchmal, z. B. in den Steuer- und Militärmaßregeln werden ganz abweichende Motive für Einen Erlaß angegeben, je nachdem zu den Gothen oder den Römern gesprochen wird: den Gothen z. B. sagt er: die Verpflegung
geschehe in dieser Weise um ihretwillen, den Römern, sie sei um der Römer willen
so geordnet. Und das ist oft mehr als Rhetorik: es ist Politik.

2) Vgl. über jenes Gesetz Sartor. S. 43.

Vorständen eines aus drei Rechtsverständigen (und zu vereidigen=
ben, von den Parteien zu wählenden) bestehenden Schiedsgerichts[1]).
Es schienen aber diese Vorstände ohne die Schiedsrichter entschieden
zu haben: denn später ordnet der König, nachdem die Beklagten
appellirt, nochmals mit denselben Worten ein Schiedsgericht an
und gestattet, falls auch deren Ausspruch angefochten wird, Be=
rufung an das Hofgericht[2]).

Nicht das Urtheil, aber der sofortige Vollzug des königlichen decretum oder auch eines Urtheils erster Instanz wird manchmal außer=
ordentlicherweise einem Sajo[3]) übertragen, der nöthigenfalls mit
seiner Waffe Gehorsam erzwingt. Diese Maßregel wird besonders
angewandt, wenn Rang, Macht oder Character des Verurtheilten
befürchten lassen, er werde dem bloßen schriftlichen Befehle des
Königs oder dem Executor des gewöhnlichen Gerichts nicht Folge
leisten[4]). So sollen Sajonen einen Stadtpräfecten anhalten, mit
Gewalt angemaßte Grundstücke zu restituiren[5]).

An seinen Comitat zieht der König die Sache, abgesehen von
der Berufung gegen eine niedre Instanz, wenn wegen der hohen
Wichtigkeit oder der besondern Schwierigkeit des Falls oder wegen
besonderer Schutzbedürftigkeit der einen oder besonderer Uebermacht
der andern Partei[6]) bei dem ordentlichen Richter Mangel an Ein=
sicht oder gutem Willen oder — bei Widerstand des Verurtheilten
— an der erforderlichen Energie und Macht in Findung und Voll=
zug des gerechten Urtheils zu befürchten steht. Insbesondre, wenn
der beklagte Vornehme sich nicht vor dem ordentlichen Richter stellen
wollte, erhält der Graf Auftrag, ihm Sponsion abzunehmen, daß
er sich vor dem Hofgericht stellen werde[7]).

Fast noch häufiger aber sind die Fälle, in welchen der König
nicht bloß das ordentliche oder außerordentliche Gericht bildet oder

---

1) Var. IV. 12.

2) Var. IV. 46; wenn es hier apud alios arbitros hieße, wäre die Sache
klarer.

3) s. über diese „Amtshoheit".

4) Z. B. Prinz Theobahad Var. IV. 39; alsdann wird der bezeichnende
Ausdruck imminere gebraucht: imminente Sajone nostro l. c. s. Ed. Alh. §. 1. (VI.).

5) III. 20. Doch wird auch hier vorgängige Untersuchung vorbehalten; auch
der Gederich IV. 20, der der Kirche zu ihrem Recht verhelfen soll, ist wohl
ein Sajo.

6) III. 36; nam in causis semper suspecta potentia.

7) III. 36.

bie Sache an seinen Comitat zieht ober bie Richter nur im Allge=
meinen anweist, nach eignem Ermeſſen thätig zu werben, ſonbern
ſelbſt einen materiellen Entſcheib in ber Sache erläßt. Dieſe Ent=
ſcheibe werben entweber an bie Behörbe ober an eine Partei gerichtet.

Dieſe Behörbe iſt balb ber orbentliche Richter, ber ſchon früher
mit ber Sache befaßt war, balb ein erſt jetzt vom König beſtellter
Beamter, welcher bie Sache nun nach bem Entſcheib bes Königs
erlebigen ſoll, — auch bieſe Fälle ſinb nicht leicht auseinanber
zu halten.

In ber Regel ſinb bie an Richter erlaßnen Entſcheibe (ana=
log ben epistolae) ber Kaiſer bebingt gehalten unb binben bie
Gültigkeit bes königlichen Entſcheibs an bie Ergebniſſe einer vom
Richter noch vorzunehmenben Prüfung. Dieß erklärt ſich aus ber
Entſtehungsweiſe ber Entſcheibe: eine Partei hat ſich in erſter
ober in ſpäterer Inſtanz an ben König gewenbet, ihm bie Sach=
lage vorgetragen unb ſeine Hülfe angerufen; ſelten hat ber König
ſchon beibe Parteien vernommen unb wenn auch, ſo hat er boch
kein Beweisverfahren eingeleitet. Wenn er nun in manchen bieſer
Fälle bie Gegenpartei zur Verantwortung vor ſeinem Comitat
aufforbert unb ſo ſich ſelber mit ber Sache befaßt, ſo beauftragt
er boch viel häufiger ben orbentlichen ober außerorbentlichen Richter
ber Sache ober auch einen erſt jetzt hiezu beſtellten Beamten, bie
bem Vorbringen bes Klägers zu Grunb liegenben Thatſachen zu
unterſuchen unb, wenn ſie ſich bewahrheiten, nach ber für bieſen
Fall ſchon gegebnen Entſcheibung bes Königs zu hanbeln — ge=
naue ober analoge Anwenbung bes römiſchen Reſcriptsproceßes.

So ſoll in einem Freiheitsproceß ber Gothengraf conſtatiren,
ob res judicata vorliege, wie ber als Knecht Beanſpruchte behaup=
tet, unb in bieſem Fall bem Kläger Stillſchweigen auferlegen[1]).

Seltner als an bie Richter werben bie Entſcheibe bes Königs an
bie Parteien ſelbſt gerichtet (oft analog ben subscriptiones) unb

---

1) Var. V. 29; ähnliche Weiſungen an ben orbentlichen Richter mit Vorbe=
halt ber causae cognitio I. 5. 11. IV. 48; baburch ſoll alle Erſchleichung (subreptio) verhütet werben: beßhalb ſo oft bie Clauſel IV. 41. si nullis impugna-
tionibus enervantur asserta ober III. 39 si nullo mendacio asserta vitian-
tur; V. 3. 5 si apud vos veritas facti innotescit; anbere Beiſpiele von Auf=
trägen unb Weiſungen an Beamte, geknüpft an bie Bebingung, baß ihre causae
cognitio ben bem König vorgetragnen Sachverhalt beſtätige. Var. I. 8. 37. II.
14. III. 14. 20. 45. IV. 22. 23. 32. 43. 46. V. 6. 24. 31. 33. VII. 46; ebenſo
im Gebiet ber Abminiſtration unb Finanz V. 31.

zwar regelmäßig als bedingte, ausnahmsweise als unbedingte Mandate: d. h. die Partei erhält den Auftrag, dem zu Gunsten des Gegners erlaßnen Urtheil des Königs entweder nachzukommen oder vor dem Comitat den Ungrund der Klage zu behaupten oder etwaige Einreden zu beweisen: manchmal aber, namentlich wo Gefahr im Verzug, bei Streit um den Besitz, soll der Beklagte vorerst unbedingt dem Urtheil des Königs nachkommen, z. B. Besitz restituiren und erst nachträglich etwaige Einreden in petitorio vor dem Comitat vorbringen. In beiden Arten von Mandaten wird der Comitat das eventuell competente Gericht. Ein bedingtes Mandat erhält Prinz Theobahad einmal: entweder soll er restituiren, was seine Leute an Liegenschaften zwei benachbarten Römern entrissen haben oder, falls er Ansprüche zu haben glaubt, dieselben durch einen Vertreter vor dem Comitat geltend machen[1]), ebenso der Bischof von Pola[2]); und ein andrer Bischof, dessen Leute beschuldigt werden, Bürger von Sarsenna verknechtet zu haben, erhält ebenso den alternativen Auftrag, entweder die in Freiheit Vindicirten herauszugeben oder den Proceß vor dem Hofgericht zu führen[3]). Einmal werden unbedingte und bedingte Mandate in der Weise verbunden, daß, was der Beklagte durch Veräußerung eines unvertretnen Pupillen erworben hat, ohne Weitres an den königlichen Executor für den Pupillen zurückzustellen ist: was er durch Erbtheilung erworben zu haben behauptet, soll er vor dem Hofgericht geltend machen[4]). Ein Gothe erhält den al-

---

1) Var. V. 12.

2) IV. 44; restituite supplicanti .. verum tamen si partibus vestris in tam momentaria vel principali justitia adesse cognoscitis, instructam legibus ad comitatum nostrum destinate personam, ubi qualitas negotii agnosci debeat et finiri.

3) II. 18; in der Mitte zwischen Mandaten an Parteien und Anweisungen an Beamte, sowie zwischen bedingten und unbedingten Mandaten steht gewissermaßen V. 30: der Vornehme, welcher Knechtsdienste von Freien forderte, wird beauftragt, hievon abzustehen, — da dem König die Freiheit der Betreffenden außer Zweifel steht; er fordert aber die Dienste vielleicht nicht für sich, sondern als Beamter; behauptet er nicht knechtische, sondern andre (vielleicht staatsbürgerliche) Dienste zu fordern, so mag er hierin fortfahren: im Fall des Ungehorsams würde abermals Klage an den König erfolgen. Auch in integrum restitutio wird bedingtermaßen, d. h. wenn die gesetzlichen Voraussetzungen gegeben und die angeführten Thatsachen begründet seien, der Partei verkündet: sie muß dann vor dem ordentlichen Richter jene Thatsachen, wenn sie der Gegner bestreitet, beweisen. Var. IV. 35.

4) I. 7.

ternativen Auftrag gegen seine Frau, welche eine andere mißhandelt hat, mit seiner eheherrlichen Gewalt einzuschreiten oder, wenn
er sie für unschuldig hält, sie gegen die Klägerin vor dem Hofgericht zu verantworten[1]). Die Depositare von angeblich zu einem
confiscirten Vermögen gehöriger Fahrniß sollen dieselbe dem Fiscus
herausgeben oder sich vor Gericht vertheidigen[2]). Bedingte Mandate werden namentlich häufig den Bischöfen ertheilt[3]), sie sollen
die Begründetheit der Forderungen und Rechtshandlungen ihrer
Leute selbst prüfen und dann nach Befund restituiren oder vor dem
Hofgericht sich verantworten. Letztere Alternative wird als selbstverständlich manchmal unterdrückt[4]).

Ein unbedingtes Mandat erhält der notorische Raubräuber
Prinz Theodahad, der die Grundstücke aller seiner Nachbarn mit
Gewalt oder citeln Rechtsvorwänden an sich zu reißen nicht müde
wird: er wird beauftragt, die Aecker, welche seine Verwalter einem
Römer Domitius entrißen haben, mit aller Zubehör sofort zurückzustellen. „Und wenn ihr glaubt, etwas davon mit Rechtsgründen
für euch in Anspruch nehmen zu können, so schickt einen Vertreter
an unsern Comitat, auf daß nach unparteiischer Prüfung der Angaben beider Parteien dasjenige Urtheil gefällt werde, welches das
Recht vorschreibt"[5]); hier wird also vor Allem der durch Gewalt
veränderte Besitz wieder hergestellt. Ebenso unbedingt wird der
Gothe Goio beauftragt, seinem bisherigen Mündel, der bereits
mündig sei, die Erbschaft des Vaters herauszugeben[6]). Oft ergeht
in solchen Fällen zugleich an einen Executionsbeamten (miles
noster, d. h. Sajo, Executor, Apparitor) der Auftrag, die Restitution rc. entgegen zu nehmen[7]). Interessant in mehr als einer
Hinsicht ist der Proceß des Basilius und der Agapita gegen Probinus, in welchem nicht weniger als vier Mandate des Königs ergehn. Agapita hatte ihren Gatten Basilius verlassen und in dem
Asyl einer Kirche dem Probinus ein Landgut verkauft. Später, zu
ihrem Manne zurückgekehrt, hatte sie das Geschäft angefochten und

1) V. 23.
2) IV. 32; ein andrer alternativer Auftrag II. 21.
3) Z. B. II. 13. 18. III. 7. 37. IV. 44.
4) Vgl. IV. 44. III. 7 und unten „Kirchenhoheit"; andere Fälle bedingter
Mandate an Parteien IV. 37. 39. VI. 12. V. 32 an Gothen, IV. 40 an Römer.
5) Var. IV. 39.
6) I. 38; s. Anhang II.
7) L 8.

der König dem Probinus das bedingte Mandat ertheilt, zu restituiren oder sich zu verantworten. Da keines von beiden geschieht, erfolgt ein unbedingtes Mandat der Restitution. Jetzt aber wird dem Probinus nachträglich, nachdem er restituirt hat, auf seine Vorstellungen gestattet, sein Recht in petitorio vor dem Comitat nachzuweisen. Probinus hat dieß gethan, aber nun ist Basilius (mit Agapita) ausgeblieben und muß durch ein weiteres Mandat angehalten werden, wenn er im Rechte zu sein glaube, sich zu verantworten, d. h. er darf sich nicht mehr auf jenes unbedingte Mandat berufen, das nur den Besitzstreit soll erledigt haben[1]).

Es gibt also sonder Zweifel Fälle, in welchen eine Partei genöthigt wird, gegen ihren Willen, anstatt vor dem gewöhnlichen Gericht vor dem Comitat Recht zu nehmen. Nur manchmal wird der Partei zwischen dem forum ordinarium und dem Hofgericht die Wahl gelassen und nur von Fällen dieser Art, nicht absolut, ist der zu allgemein gehaltne Ausspruch zu verstehen: „wir haben den Basilius angehalten euch Rede zu stehen vor unserem Königsgericht oder vor dem gewöhnlichen Gericht, wenn er will. Denn wir legen den Zwang solcher Weiterung nur denen auf, welche dieß für vortheilhaft halten. Als eine Wohlthat gewähren wir unsre Gegenwart und deßhalb soll nicht, was nur Gegenstand des Wunsches sein soll, Widerstrebenden auferlegt werden"[2]). Solche facultative Zulassung zum Hofgericht begegnet bei der Appellation von dem ordentlichen Gericht, falls auch der Entscheid des vom König bestellten außerordentlichen Schiedsgerichts nicht befriedigen sollte[3]).

Da Justiz und Verwaltung völlig unausgeschieden waren, so wandte man sich keineswegs bloß in Rechtssachen an den comitatus, sondern ebenso in allen Fällen der Administration und des Finanzwesens: denn in fast allen Fällen bildeten die großen Hof-

---

1) Dieß ist der wahrscheinlichste Zusammenhang von Var. II. 11 und IV. 40; der König hat Mühe den Basilius nach jenem Restitutionsmandat nochmal zur Proceßeinlassung zu bringen.

2) IV. 40; daß dieser Satz in solcher Ausdehnung nicht richtig ist, zeigen alle obigen S. 99 f Stellen der Varien; übrigens beweist praesentia nostra, daß comitatus nicht wie man irrig angenommen, das Gericht eines comes, sondern des Königs selbst ist. („comitatus, ubi rerum domini" C. Th. gloss. nom. s. h. v.).

3) IV. 46. nostro comitatui concurrendi licentiam partibus non denegamus.

beamten die vorletzte und der König die letzte Instanz. Es ist
deßhalb oft unklar, ob der König um Rechtshülfe oder andersartige
Hülfe angegangen wird[1]); auch die sehr verschiednen Ausdrücke für
die Bitten und Anrufen der Unterthanen an den Comitat gewähren
keine Auskunft, denn sie werden ohne Unterschied in Justiz, Administration, Finanz gebraucht[2]).

In allen diesen verschiednen Functionen aber erweist sich das
Königsgericht als die durch keinen Verdacht anzutastende Verwirk-
lichung der höchsten Gerechtigkeit, welche der König anstrebt: von
hier fließt alle Gerechtigkeit aus: hier erfüllt der König seine
höchste Pflicht, der Hort des Rechts zu sein. „Was Du draußen in
der Provinz selber thust", sagt er einem Prinzen, „gereicht Dir
zur Gehässigkeit und zum Schaden Deines Rufes: aber an meinem
Hofgericht, da streiten nicht die Personen, sondern die beiden Sach-
lagen selbst mit ihren Rechtsgründen[3]) und ohne Verdacht der
Parteilichkeit wird hier ein Geringerer (und Römer auch einem
Gothen und Prinzen gegenüber) verurtheilt, wenn er eben nach
Zeugniß der Gerechtigkeit verurtheilt werden muß"[4]). „Anderwärts
vielleicht mag man ungerechte Richter fürchten, hier, wo die Rechtshülfe in unserer Gegenwart verlangt wird, ist ein erkauftes Urtheil nicht zu fürchten"[5]). Dieß Tribunal ist über allen Verdacht
erhaben[6]).

---

1) Z. B. wenn der „populus prasinus", die grüne Circuspartei, I. 27, von
dem comitatus consueta remedia fordert, kann dieß fast ebenso gut „herkömmliche financielle ec. Unterstützung" als, was aber doch nach dem Sprachgebrauch der
Varien wahrscheinlicher, die „gewohnte Gerechtigkeit" bedeuten.

2) Die häufigsten technischen Bezeichnungen sind: allegatio V. 36. XII. 26.
IX. 15. II. 30. flebilis III. 7. IX. 15. supplicatio I. 11. IV. 20. 33. 35. 41.
II. 9. adunata I. 10. aditio III. 37. IV. 37. 43. supplex V. 12. flebilis IV.
44. VIII. 24. dolenda IV. 46. frequens V. 15. lacrimabilis III. 14. petitio
(flebilis II. 13). II. 29. 21. suggestio III. 52. IV. 6. 10. 18. 28. 29. 43. 47.
V. 6. 7. 41. lacrimabilis I. 7. 8. conquestio II. 32. 33. preces II. 1. querela I. 30. V. 6. insinuatio I. 2. I. 19. relatio III. 46. IV. 22. 32.

3) d. h. legali positione intercedente Var. I. 7.

4) Var. V. 12.

5) VI. 9.

6) IV. 46. ubi nec redemptio sit forte suspecta nec insidiosa possit
nocere calumnia. Die Beschuldigung widerrechtlicher Bereicherung kann diesen
König, dessen Ruhm die Gerechtigkeit, nicht treffen: also mag der Fiscus einen
wirklich begründeten Anspruch ohne Besorgniß vor falschen Klagen geltend machen.
V. 24.

An dem Comitat hielten sich fortwährend eine hinreichende Zahl von des römischen und des gothischen Rechtes kundigen vornehmen Römern und Gothen auf, aus welchen der König seine außerordentlichen und ordentlichen Richter, Schiedsrichter und Vollzugsmandatare wählte, auch abgesehen von denjenigen Beamten, welche wie der Referendar und der Quästor[1]) officiell der Rechtspflege des Comitats zu walten, an den König zu berichten und in seinem Namen und Auftrag, in seiner Gegenwart oder als seine Vertreter in seiner Abwesenheit, die Urtheile des königlichen Hofgerichts zu verkünden oder schriftlich zu versenden hatten[2]).

Und auch in den übrigen sehr zahlreichen Anwendungen der königlichen Gerichtshoheit, in welchen der Comitat nicht ausdrücklich genannt wird, müssen wir uns doch die Thätigkeit des Königs als durch denselben vermittelt denken: er handelt, auch wenn er persönlich Gericht hält[3]), dabei auf Bericht und Antrag seiner Räthe.

Häufig ertheilt auch der König als oberster Richter Rechtsbelehrungen („epistolae") auf Anfragen von Untergerichten, wenn diese in verwickelten Fällen nicht selbst zu entscheiden wagen. So namentlich, wenn die Frage ein principielles Präjudiz für die politischen Verhältnisse, für die Umgestaltung Italiens durch die gothische Einwanderung enthält[4]), oder wenn, wie bei der Anklage wegen Zauberei, die Gesinnung des Königs oder die Begründetheit der Schuld zweifelhaft ist: er verweist dann wohl von seiner individuellen Ansicht auf die Gesetze[5]).

Als oberster Schützer des Rechts bekräftigt der König auch durch besondre Urkundung noch sichrer ohnehin schon bestehende

---

1) VIII. 14. Sein Amt ist daher eines der wichtigsten. Var. praef. I. 12. 13. V. 3. ihm ist anvertraut der Ruhm unsrer Rechtspflege V. 4. VI. 5. VIII. 13. 18. 19. IX. 24. X. 6. 7. Deßhalb ist es gerade der Quästor, der im Namen Athalarichs unparteiische Gerechtigkeit eidlich verspricht VIII. 14. — (Sartor. S. 48. Manso S. 350). Der Quästor Urbicus beseitigte halb gegen des Königs Willen die letzten Beschränkungen der Amnestie. Vita Epiphanii pag. 1012 seq.

2) Der Comitat bedient sich schriftlicher Form. Var. XII. 21. Sart. S. 108; vgl. über die scriniarii VII. 21. XI. 22. 24.

3) VI. 5.

4) Z. B. bezüglich der Rechtstitel bei Grunderwerb, Verjährung neben Anweisung I. 18 ad interrogationem vestram curavimus praebere responsum, ne per dubitationem possitis errare.

5) IV. 22. 23.

Rechte, womit sich aber gewöhnlich noch weitere Rechtsverleihungen zur Sicherung des erstverliehenen Rechts verbinden: eine Schenkung des Königs steht bereits abgeschlossen und gültig da: aber die auctoritas regis gewährt noch weitere Sicherung des Besitzes durch Erlaß einer königlichen Urkunde, in welcher jede Anfechtung mit einer Geldstrafe bedroht wird[1]. Als oberster Schützer des Rechts cassirt er ungerechte, erschlichne Urtheile seiner Richter und abolirt die verhängte Strafe. Der Archiater Johannes war in Folge einer Erschleichung vom vicarius urbis Romae ohne Gehör verurtheilt worden: da aber später der Gegner reuig sein Unrecht eingesteht, wird die ausgesprochne Confiscation und Verbannung aufgehoben[2]. Anderseits wird aber die Rechtskraft eines rite gefällten Urtheils gegen spätere Wiedererhebung desselben Anspruchs aufrecht erhalten[3] und der König sorgt für stracke Execution der Urtheile, namentlich seiner eignen Mandate, wenn keine Berufung ergriffen worden[4]. Er schickt gleich einen „executor“, dem „ohne alle Weiterung“ herauszugeben ist[5]. Aber auch dem etwa muthwilligen Kläger wird mit Strafe gedroht[6].

Der König übt auch das Recht der Begnadigung im Criminalrecht wie ein römischer Kaiser — doch liegt es in der Natur der Verhältnisse und in dem Geist des germanischen Rechts, daß auch dem Germanischen König diese Befugniß nicht ganz fehlte

---

1) Var. VIII. 25. serenitas nostra vel inchoatae voluntatis desiderium vel . . plenissimae donationis effectum praesenti auctoritate corroboramus, ut saepe dicta domus . . cum omnibus ad se pertinentibus in tua vel heredum tuorum possessione permaneat et quidquid de hac facere malueris, habebis liberam potestatem, cujus libet vel privati nominis vel publici posthac inquietudinem summoventes. ubi, si quid esset quolibet casu qualibet inquisitione forte ambiguum, hujus auctoritatis nostrae judicio constat explosum. fruere . . rebus propriis et nostra . . auctoritate solidatis. alii enim tibi jura legitima praestiterunt (b. h. der vorige König), nos possessionis quietem et cunctis saeculis conferimus firmitatem; ähnliche Urkunden finden sich, aus römischen Formeln übergegangen, auch in andern Germanenstaaten gleichzeitig und später, früher kaum.

2) Var. IV. 41 . .

3) Var. IV. 37. V. 29.

4) Var. I. 5. IV. 15. 37. si controversia est decisa nec aliqua probatur appellatione suspensa.

5) I. 7. 8. militi nostro sine aliqua dilatione restituas — devotio tua faciat sine dilatione restitui.

6) Var. III. 36.

und es ist wohl nur in der Form Anlehnung an das römische Recht
anzunehmen. Einem wegen Entführung angeschuldigten Römer,
den man zum Geständniß gezwungen und in der Vertheidigung
verkürzt hatte, setzt er die Strafe auf sechs Monate Verbannung
herab und erläßt ihm ausdrücklich die infamia, welche mit diesem
Recht verbunden ist[1]): freilich ein sonderbarer Mittelweg statt für
den Fall der Schuld ganz zu verurtheilen, oder für den Fall wesentlicher Formfehler im Verfahren ganz freizusprechen oder dasselbe wieder aufzunehmen. Den Versuch zum Brudermord oder
Körperverletzung straft er mit Verbannung, wohl auch im Wege
der Strafmilderung[2]). Ein Todtschläger, der das Asyl einer Kirche
gesucht, wird zur Relegation auf die vulcanischen Inseln begnadigt[3]). Ebenso wird wohl aus Rücksicht auf die Kirche einem
Priester, der aus Gräbern Gold entwendet, die Strafe erlassen und
nur die Beute abgenommen[4]).

Bei feierlichen Anlässen, bei wichtigen politischen Festen sowohl wie bei den großen Kirchenfesten, z. B. Ostern[5]), werden umfassende, aber nicht ausnahmslose Amnestien (indulgentiae) erlassen
und viele Gefangene aus der Untersuchungs- oder Strafhaft befreit[6]); auch Fürbitten von geistlichen und weltlichen Großen erwirken Begnadigung oder Niederschlagung der Untersuchung[7]).
Keine eigentliche Begnadigung ist die Strafloserklärung des Ehemanns, der den auf handhafter That ergriffnen Ehebrecher erschlagen hat: die schon ausgesprochne Strafe der Verbannung wird auf
Berufung aufgehoben[8]). Zweifelhaft ist, ob die Schiffsführer,

---

1) Var. III. 46. itaque asperitatem poenae nostra lenitate mollimus.

2) Var. I. 18. de percussore tantummodo non etiam peremtore frat-
ris, quanquam omnium communi lege damnetur solumque sit parricidium
quod totius tragoediam reatus exsuperet, tamen *humanitas nostra, quae sibi
et in sceleratis locum pietatis inquirit,* praesenti auctoritate definit, ut hujus
modi portenta provinciae finibus abigantur.

3) III. 47; über die Wirkung des kirchlichen Asyls s. unten „Kirchenhoheit"
und Anhang L.

4) Var. IV. 18. scelus pro sacerdotali honore relinquimus impunitum;
s. u. „Kirchenhoheit".

5) Var. X. 17. XI. 40.

6) Var. XI. 40.

7) Var. IX. 17.

8) I. 37. aestimetur potius vindicta quam culpa; ab exilio tibi inflicto
te praecipimus esse alienum; auch IV. 41 liegt keine eigentliche Begnadigung,
sondern Abolition vor: in abolitum missa sententia.

welche spanisches Getraide nach Rom bringen sollten, aber dasselbe, „den Aufschub nicht ertragend", zuvor in Afrika verkauften, sich eigentlicher Unterschlagung oder nur des Vertragsbruchs schuldig gemacht haben: jedenfalls wird ihnen nur die Strafe, nicht der Schadenersatz erlassen[1]. Klar dagegen ist der Fall des Gothen Tanca, der, unter gnadenweiser Befreiung vor der Strafe der violentia, nur zur Restitution angehalten wird[2].

Auch im Civilrecht gewährt der König außerordentliche Rechts= hülfe, z. B. ertheilt er legitimatio per rescriptum principis[3]), in integrum restitutio[4]).

Von allen Bethätigungen der Gerichtshoheit des Königs sind nun aber für uns die wichtigsten jene, welche wir, trotz der bunten Verschiedenheit ihrer Erscheinungsformen und Richtungen, unter den einheitlichen Begriff der Obervormundschaft zusammenfassen dürfen.

Diese Obervormundschaft knüpft zwar vielfach an Rechte, welche die Imperatoren bereits übten, aber die Auffassung dieser Rechte als Pflichten, einige eigenthümliche Richtungen, welche diese Thätigkeit nimmt, und endlich die Ansätze zu neuen, bestimmten Rechtsinstitutionen, welche aus jenen Auffassungen und diesen Rich= tungen erwuchsen, stellen auch im Ostgothenstaat und zwar schon ziemlich ausgebildet, jene germanische Rechtsidee des Königsschutzes dar, welche sich in den Staaten von längerem Bestand reicher und voller, aber zum Theil erst später entwickelt hat.

Der Ostgothenkönig hat nicht nur, wie schon der Träger der römischen Gerichtshoheit bezüglich der römischen tutela und cura, Recht und Pflicht der Fürsorge und Controlle, er wird auch ganz im germanischen Sinn als der oberste Mundwalt gedacht und als der eventuelle allgemeine Mundwalt Aller, die eines andern Mund=

---

1) Var. V. 35; vielleicht muß zwischen den contractbrüchigen Getraidever= käufern und den naucleri unterschieden werden: quod quamvis inultum minime transire debuisset, ut amor proprii commodi tot populorum jejuna vota suspenderet, tamen, quia nobis insitum est, culpas remittere, quas possu= mus cauta ordinatione corrigere etc. qui vindictam remisimus damna mi= nime sentiamus. Die betreffende Summe macht 1038 sol., von diesen werden 38 eingefordert.

2) Var. VIII. 28. sufficit quod ei relaxamus poenam, qui facere prae= sumpsit injuriam.

3) VII. 40.

4) IV. 35. VIII. 41.

walts darben: er hat Pflicht und Recht, alle Schutzbedürftigen mit
seinem allgemeinen Königsschutz zu schützen und er kann auch in
besondern Fällen gewissen Personen diesen seinen Königsschutz ganz
besonders zuwenden.

. Im Gebiet römischer tutela und cura befiehlt er z. B. auf die
Klage des Tutors eines pupillus dem Executor Amabilis, von dem
Schwager und Bruder des pupillus zurückzufordern, was dieser
dem unbedachten Knaben abgelistet: etwaige Einreden sind vor dem
Comitat geltend zu machen[1]), er ertheilt venia aetatis[2]) und
restitutio ex capite minoris aetatis[3]); für die Verwaltung des
Vermögens eines Abwesenden oder die minderjährigen Söhne eines
treuen Dieners sorgt er durch außerordentliche Mittel[4]), ebenso für
andre verwaiste römische Minderjährige[5]).

Im Gebiet deutschrechtlicher Altersmundschaft macht er den
Satz des deutschen Vormundschaftsrechts geltend, daß die indivi=
duelle Waffenmündigkeit, nicht ein abstractes Altersjahr, die Mund=
schaft des Altersmundwalts aufhebe und verhilft dem bisherigen
Mündel zum Besitz seines väterlichen Erbguts[6]). Und auf's deut=
lichste wird ganz allgemein Pflicht und Recht des Königs ausge=
sprochen, Alle zu schützen, die sich selbst nicht schützen können und
keinen andern Schützer haben.

Die Thronbesteigung eines neuen Königs ist deßhalb so er=
freulich, „weil nun wieder ein Beschirmer Aller vorhanden ist"[7]).
Denn „der König ist der allgemeine Beschützer Aller"[8]), er, als
der Träger der gesetzlichen Ordnung[9]), hat sich Aller in gleicher
Weise anzunehmen[10]), aber doch am Meisten der Schutzbedürftigen:

---

1) Var. I. 7. 8. Neotherius, der Bruder des Plutianus, scheint dessen Gü=
ter an den gemeinsamen Schwager Felix vergeudet zu haben.

2) Var. VII. 41.

3) Var. IV. 35. VIII. 41.

4) I. 15. I. 36. IV. 42 f. unten „tuitio".

5) IV. 9. 42.

6) Var. I. 38; f. über diese Stelle den II. Anhang.

7) Var. VIII. 2. plenissimum gaudium constat esse, cognoscere dominantis exortum, ut, qui creditur universos posse protegere, audiatur ad
regni culmina pervenisse.

8) IX. 5. generalis dominus custos factus sum cunctorum; vgl. „custos
libertatis" Inschrift von Terracina bei Manso 392.

9) Auctor civilitatis VIII. 2.

10) VII. 39.

„Wohl liegt es uns am Herzen, Alle im Allgemeinen zu schützen, aber am Meisten diejenigen, welche sich selbst nicht schützen können. Dadurch wird die Wage der Gleichheit gewahrt, daß wir den Hülf=losen unsere Hülfe leihen und die Furcht vor uns zwischen die Frevler und die Unmündigen stellen"[1]). „Mit Fug nimmt sich des Königs Milde derer an, welche der Fürsorge des Vaters beraubt sind. Denn, unter seinem, des allgemeinen Vaters Schutz, soll man den Verlust des eigenen Erzeugers nicht verspü=ren. Mit Recht sucht die entblößte Kindheit ihre Zuflucht bei uns": so wird den Waisen des Volusian, denen man in der Zeit der Trauer um den Vater Stücke von dessen Erbschaft entrissen, Restitution gewährt[2]). Auch die Waisen Maurentius und Paula, von vielen Seiten verfolgt und des Vatersschutzes beraubt, werden nun in Königsschutz genommen[3]). Ein Vornehmer hat dem armen Castorius ein Gut entrissen, da verordnet der König außerordent=liche Untersuchung durch zwei Sajonen und eventuell doppelte Rückerstattung des Raubes nebst einer Buße von fünfzig Pfund Gold für den Wiederholungsfall; und dieses energische Einschreiten wird mit folgenden Worten gerechtfertigt, welche auf's Schärfste Pflicht und Recht und Tendenz der Krone zeichnen: „Unter den ruhmreichen Sorgen für den Staat, die wir fortwährend im Her=zen tragen, liegt uns vor Allem Andern an, zur Beschirmung der Geringen gegen die Macht der hochmüthigen Großen die Schutz=wehr unsrer Huld emporzurichten. Es ist unser Vorsatz, solch hochfahrend Wesen niederzutreten: mit übermüthiger Keckheit soll nichts ausgerichtet sein. Mehr als die Ungerechtigkeit und Schlau=heit der Frevler soll die Hülfe unsrer Huld vermögen: denn durch solche Thaten verletzt man nicht so fast einen Castorius, als unsern königlichen Willen"[4]).

---

1) l. c. I. 8. cordi nobis est, cunctos in commune protegere, sed eos maxime, quos sibi novimus defuisse. sic enim aequitatis libra servabitur, si auxilium largiamur imparibus et metum nostri pro parvulis insolentibus opponamus.

2) IV. 42. Bene principales clementia suscipit, quos pietas paterna destituit, quia *sub parente publico* genitores minime sentiri debet amissio.

3) V. 9. s. unten „tuitio"; vgl. VII. 39.

4) Var. III. 20; so gewinnt es neue Bedeutung, daß die justitia seine Haupt=sorge ist: oben S. 84 f. und Var. VIII. 2. IX. 14. 19. I. 89 jede Rechtskränkung den König trifft II. 24 und man deßhalb sicher „geschützt" unter seinem Scepter lebt I. 9. tuta est conditio subjectorum etc.; vgl. XII. 15. I. 37. III. 36. IV. 32.

Es sind nun aber, was noch ganz unbemerkt und doch sehr
merkwürdig, jene „Hülfsbedürftigen", denen der besondere Schutz
des Königs sich zuwendet, die nämlichen Kategorien, welche später
im deutschen Staatsrecht sich der besondern Beschützung des Königs
erfreuen: nämlich außer den Unmündigen[1]) die Waisen[2]), die
Frauen[3]), zumal Wittwen[4]) und die Hochbetagten[5]), die Frem=
den[6]), die Blinden[7]), die Kirchen[8]), die Juden[9]) und, entsprech=
end den früher geschilderten socialen und politischen Entwicklungen
und Krisen im Gothenstaat, die armen geringen Gemeinfreien ge=
genüber dem Druck der reichen, mächtigen gothischen und römischen
Aristokratie.

In bedeutsamer Weise ergänzt sich hier unsere obige Dar=
stellung jener socialen und politischen Krisen durch den Nachweis,
wie die beschützende obervormundschaftliche Thätigkeit des Königs
nach allen möglichen Richtungen sich dieser Armen und Geringen
gegen die Unterdrückung der Reichen und Mächtigen annehmen
muß: bereits ist dieser ganze Stand, obgleich frei, nicht mehr
fähig sich selbst zu schützen, sondern, wie Unmündige und Waisen,
auf den Schutz des Königs angewiesen.

„Der Zustand der kleinen Leute ruft die Hülfe des Königs
an"[10]). Sehr zahlreich sind die Beschützungen der minores[11]) gegen

---

1) Oben S. 84.

2) IV. 9. IV. 42.

3) II. 10. propositum regale est gravatis per injuriam subvenire etc.

4) Oben S. 90.

5) V. 25. fessos annos munificentia nostra corroborat, sogar durch
neue Einrichtungen.

6) Ad nos jure recurrit infantia destituta.

7) V. 29.

8) II. 29. IX. 15.

9) V. 37. defensione tuitionis nostrae muniti.

10) I. 27. conditio minorum (das sind nicht etwa Unmündige) regnantis
implorat auxilium.

11) Potior minori non sit infestus VIII. 7. (auch bei andern Zeitgenossen
in diesem Sinn. Ennod. ep. I. 2.) minor fortuna IV. 40. VIII. 7. pauperes
IX. 15. 7. XII. 13. II. 9. IV. 20. mediocres IX. 2. 5. (d. h. Arme XII. 22).
V. 3. 12. 14. 22. 44. VII. 14. 45. mediocribus justitiam servare contendas
IV. 5. 17. 20. 40. II. 24. III. 27. VI. 2. 20. VIII. 13. 31. mediocritas VI.
21. infirmi I. 15. II. 24. III. 17. 5. 9. infirmorum auxilium I. 15. defensio
XII. 1. humiles (privati VI. 14. gegenüber dem Amtsadel I. 15. erigat humi=
les) levamen humilium II. 20. humilitas XII. 3. (vgl. Ennod. epist. I. 2).

die potentes, potentia, potentiores, praepotentes[1]), potiores, idonei. Denn sie sind zugleich die superbi, insolentes, persequentes,
pervasores[2]).

Diese vielnamigen Geringen werden geschützt wie gegen den
Kornwucher der Reichen[3]), so gegen die nimietas der Steuerein-
nehmer, welche von den Armen fordern, was die reichen Senatoren
schuldig bleiben[4]). Die Beschützung dieser Schutzbedürftigen wird
ausdrücklich als Pflicht anerkannt und energisch betrieben[5]). „Das

---

III. 21. 27. 40. fortuna V. 22. im Gegensatz zum Senat: indigentes (nullus
opprimat XII. 5). tenuis IV. 37. VII. 14. IX. 5. tenuissima plebs IX. 15,
tenuitas I. 19. 29. II. 24. 25. IV. 10. 37. V. 14. 41. VI. 20. fessi IV. 36.
II. 26. VI. 20. consule fessis. fatigati IV. 26; sie sind die opprimendi, d. h.
denen oppressio droht I. 15. oppressi IX. 7. refugium XII. 1. miseri IV.
41. lacerati IV. 49. laborantes V. 15.

1) II. 24. IV. 39. 42. III. 5. VII. 42. 17. 20. 36. IV. 40. VIII. 31. II.
25 (d. h. Senatoren) vgl. dazu im Edict §§. 43. 44. 45. 46. 122. epilog. potiores
VIII. 7. idonei VII. 14; diese Belege verglichen mit S. 40 f. und dem Edict
Anhang I. zeigen, daß der Gegensatz von potentiores und minores wesentlich
auf dem Vermögen beruht und für die Gothen erst neu entstanden ist. Köpke (der
K. Maurer folgt), irrt entschieden mit dem Satz S. 202, „ohne Zweifel gehörte
der Gegensatz schon der ältesten Zeit an“; hier hat v. Sybel S. 208 gewiß das
Richtige. Maurer hat fast nur das Ed. Th. benützt.

2) III. 20. XII. 5; man streitet, ob in dem Dictum Theoderichs An Val.
p. 621 „Romanus miser imitatur Gothum, et utilis Gothus imitatur Romanum“ miser und utilis moralisch oder pecuniär gemeint sei; in der Anschauung der Zeit fällt beides bereits zusammen: der utilis ist der Reiche und
Tüchtige; welches Moment aber in jenem Dictum überwog, ist schwer zu sagen:
eher das pecuniäre Gibbon c. 39, Balbo I. S. 89, Sart. S. 20.

3) IX. 5.

4) II. 24. 25.

5) l c. per hanc difficultatem *tenues* deprimi, quos magit decuerat
sublevari. fiet enim, ut exactorum nimietas, tum a *potentibus* contemnitur,
in tenues conversa grassetur .... ut qui functionem propriam vix poterat sustinere devotus, alienis oneribus prematur infirmus ... hoc etiam
edictali programmate in cunctorum noveritis .. notitiam pertulisse, ut
libere prorumpat in publicum, qui se alienae functionis pondere novit
oppressum, relaturi a nobis justitiae fructum, qui *fessis* novimus dare
praesidium .. detestamur *miseros* premi, commovemur et non querentium
malis ... cunctorum nos respiciunt laesiones .. illud piefati nostrae perire credimus, quod per *mediocrium* damna sentimus .. quisquis possessorum sive curialium gravatum se sensit .. ad nostrae serenitatis audientiam
deproperet, sciturus nobis priores excessus omnino displicuisse, cum viderit profutura succedere. patuit ergo vobis arbitrium justi principis etc.
Ueber diese Beschirmung der Geringen durch den König vgl. noch I. 30. II. 23.

Recht soll deßhalb den Mächtigen ein Zügel, ein Schild den Schwachen sein"[1]); die sich selbst nicht helfen können, wie die Blinden, sind an die Hülfe des Königs gewiesen[2]). „Manchmal erlassen wir nothgedrungen etwas scharfe Befehle, aus Liebe zur Gerechtigkeit, indem wir besondere Milde den Armen zuwenden. Denn wer leicht zu bedrücken ist, zieht unser Mitleid besonders an und hat von seiner Geringheit den Vortheil, uns leichter zum Erbarmen zu gewinnen. Denn wir glauben leicht den Kleinen und mißtrauen den Mächtigen"[3]). „Adlige Männer müssen besonders vorsichtig die Gesetzlichkeit einhalten, denn leicht glaubt man vom Mächtigen, daß er Unrecht thue, vom Schwachen, daß er Unrecht leide"[4]) Auch der mächtige Präfectus Prätorio muß ein einem Geringen entrißnes Landgut herausgeben: „dieses Exempel möge alle Gewalten in Zaum und Schranke halten, nicht einmal jenem geht es hin, in Unterdrückung eines Armen auszuschweifen und sogar ihm, vor dem wir selber uns vom Sitz erheben, wird die Macht genommen, dem Hülflosen zu schaden[5])". „Denn es ist Aufgabe des Königs, die Bedrängten durch Huld und Milde aufzurichten[6]), „wir verabscheuen die Bedrückung der Schwachen"[7]), „jede Kränkung der Geringen trifft uns selbst"[8]). „Empfindlich schmerzt der Druck der Vornehmen die Geringen, und wenn die Großen ihre Rache an den Kleinen kühlen, so fällt dieß schwer auf des Königs Ruhm zurück"[9]). So mannfaltig die Formen und Wege der Bedrückung der Kleinen durch die Großen[10]), so mannfaltig sind die Mittel des Schutzes durch den König. Gläubiger treten schlecht begründete Forderungen zum Schaden der Schuldner an Mächtige ab, welche sie dann mit Selbsthülfe oder vor Gericht mit großer Ungleichheit der Stellung eintreiben, oder solche potentes mischen sich auch

---

24. 25. 38. III. 20. 27. 34. 36. 37. IV. 39. 40. 41. V. 14. 15. 29. 39. VI. 20. VII. 14. VIII. 1. XII. 5. 13.

1) III. 17.
2) V. 29.
3) IV. 40.
4) IV. 39.
5) III. 20; s. oben S. 86.
6) IV. 9.
7) II. 25.
8) l. c.
9) III. 27.
10) I. 15. II. 13. Vgl. besonders auch über den Mißbrauch der *patrocinia* Libanius (bei Roth, Feubal. S. 283).

8

ohne allen Schein des Rechts in fremde Proceſſe¹), oder laſſen
ihre Namen auf fremde Häuſer ſchreiben²), oder nehmen einfach
mit Gewalt ihren Nachbarn Aecker und Sclaven³). Auch von den
hohen Beamten wird das „harmloſe geringe Volk“ ſtatt mit „wohl-
wollendem Bürgerſinn“ mit Dünkel und Härte behandelt und mit
den Waffen überfallen⁴). Die fröhliche Circusfreiheit des Volks,
das Recht, ſich über Sieg und Niederlage durch Zuruf zu äußern,
muß gegen die Empfindlichkeit der Senatoren wiederholt vom König
gewahrt werden⁵); die Kräfte der kleinen Leute ſoll man ſchützen
und aufkommen laſſen⁶), gegen ſie beſonders ſoll ſich der Beamte,
der ſich überhaupt nur durch Gerechtigkeit empfiehlt⁷), der billigſten
Milde befleißen. „Je mehr dein Amt mit den kleinen Leuten zu
thun hat (es iſt der comes von Ravenna, der den negotiatores die
Normalpreiſe und Acciſen der Lebensmittel zu beſtimmen hat), deſto
ſorgfältiger mußt du die Billigkeit abwägen: am Meiſten ſchonend
muß man mit den geringen Vermögensclaſſen verfahren, der Reiche
(idoneus) ſpürt einen Schaden kaum, der dem Armen (tenuis)
wehe thut, und wer wenig hat, kann durch kleine Einbuße ſein
Alles verlieren“⁸). Deßhalb fordert der König die kleinen Freien
ſelber auf, ihre reichen Dränger, die Senatoren, muthig zu ver-
klagen⁹). Wenn ſich dieſe „Mächtigen“ weigern, den Geringen vor
Gericht Rede zu ſtehn, läßt ihnen der König durch ſeine Grafen
Sponſion abnehmen, ſich vor dem Hofgericht zu ſtellen¹⁰). In den
entlegnern Landſchaften widerſetzen ſich die „ſenatoriſchen Häuſer“¹¹),
die vornehmen großen Grundbeſitzer mit ihrem ſtarken Anhang von
Pächtern, Freigelaßnen, Colonen und Knechten ganz regelmäßig
der ſchwachen Erecutionsgewalt des ordentlichen Richters. Wiederholt muß dieſen der König einſchärfen, ſich dadurch nicht einſchüch-
tern zu laſſen, ſondern ſofort, wenn ſie nicht durchbringen, ihn

---

1) SS. 23. 44. 122.
2) SS. 45. 46.
3) Var. IV. 39.
4) I. 27.
5) I. 27. 30. 32.
6) V. 14.
7) IV. 22.
8) VII. 14.
9) Var. II. 24. 25.
10) III. 36.
11) II. 24.

selbst zu Hülfe zu rufen [1]). In diesem Sinne wird dem tapfern Herzog Ibba, der einen Rechtsspruch ausführen soll, gesagt: „Du würdest nicht (wie andre Richter) die Ausrede haben, du habest die Frevler nicht zwingen können: denn dir, dem als glorreichen Helden Bekannten, werden Alle nachgeben. Ein Schwacher vielleicht kann den Vermeßnen nichts gebieten, aber Niemand zwingt leichter die Verbrecher, als wen der Ruhm des Heldenthums begleitet" [2]). Und der Epilog des Edicts hält die ausdrückliche Warnung für nöthig, „daß weder Würde noch Reichthum, noch Macht noch Amt über das Gesetz hinaus heben solle", und nochmal schärft er den Richtern ein, „wenn sie gegen einen Mächtigen, Barbaren oder Römer, oder dessen Leute (Intendanten, Verwalter, Pächter) die Autorität des Gesetzes nicht aufrecht halten könnten, sollen sie sofort das Einschreiten des Königs veranlassen, ohne sich durch die Furcht vor der Rache des Mächtigen abhalten zu lassen: denn nur durch solches Anrufen des Königs entgeht der Richter der schweren Strafe für Nichtdurchführung des Edicts".

So wenden sich denn alle Geringen, die gegen Mächtige zu klagen haben, vom König selbst eingeladen [3]), oft aus weitester Ferne [4]) an den Comitat. Der König zwingt dann durch die Beamten dieses Centralorgans und deren milites auch die Hochfahrendsten „zu dem bescheidnen Maß der Rechtsgleichheit herunter" [5]). Und so gewinnt nun der Comitat die Bedeutung, nicht nur der Hort und Ausfluß aller Gerechtigkeit im Allgemeinen zu sein, sondern besonders der Gerechtigkeit im Sinne des Schutzes für alle Verfolgten, der Zuflucht für alle Bedrängten; der Königshof ist das Organ des Königsschutzes, der allgemeinen obervormundschaftlichen Sorge des Königs für alle Schutzbedürftigen [6]). „Von hier aus

---

1) Ed. §. 10. Ed. Ath. §. 1. (VI.).
2) V. 4.
3) Var. II. 24. 25.
4) Aus Sicilien VI. 22.
5) b. h. VI. 13. superbis modestiam aequalitatis imponere.
6) Hier an den fontes justitiae IV. 40 suchen wegen mangelnder Rechtshülfe (inopia justitiae IX. 20) in den Provinzen II. 11. 18. III. 36. 52. IV. 40 die oppressi die remedia nostrae pietatis III. 42, VII. 42, die justitia solita V. 6; „den Comitat aufsuchen ist ein Beweis guten Gewissens, denn hier findet weder Gewalt noch Bestechung Spielraum, hier findet die Unschuld sichre milde Hülfe, der falsche Ankläger sichre strenge Strafe". IV. 9.

strömen wie von einem lebendigen Brunnen die Heilmittel unserer Gerechtigkeit den Hülfsbedürftigen in allen Theilen des Reiches zu"[1]).

Aber aus dieser allgemeinen obervormundschaftlichen Schutz= pflicht des Königs ist bereits ein merkwürdiges Institut erwachsen, welches den Zweck der Zuwendung besondern königlichen Schutzes für gewisse Personen mit verschiednen Mitteln erstrebt, eine Institution, ähnlich denjenigen, welche später bei den Franken eine so reiche Ausbildung und wichtige politische Bedeutung er= langten. Es ist dieß der besonders verliehene „Schutz durch den königlichen Namen" „tuitio regii nominis".

Wir müssen dieß Institut, das bisher in seiner Bedeutung noch gar nicht erkannt, ja so gut wie ganz übersehen worden ist, ausführlich darstellen. Das ist ja das Wichtigste in der Unter= suchung dieser neben dem Frankenreich bestehenden, wenn auch bald untergegangnen Staatenbildungen der Germanen, daß sie uns zei= gen, wie überall aus den ähnlichen Factoren, d. h. dem germani= schen und römischen Nationalcharacter und den ähnlichen Zeitbedürf= nissen, die ähnlichen Rechtsbildungen erwachsen.

Ich glaube es nämlich außer Zweifel stellen zu können, daß außer und über dem allgemeinen Verhältniß von Schutz und Treue, welches zwischen dem König und dem einzelnen Unterthan bestand, ausnahmsweise der König einzelnen Personen in besonderer Weise seinen Schutz in Rechtsform zuwandte, ohne daß eine besondere Ge= genleistung von dem so Begünstigten verlangt wird, wie aber auch keine Landleihe, keine Vergabung von königlichem Gut an denselben stattfindet. Die Verleihung des Schutzes hat vielmehr ihr Motiv in einer besondern Schutzbedürftigkeit oder Schutzwürdigkeit des Schützlings oder auch lediglich in der wohlwollenden Gnade des Herrschers, deren Gründe wir in manchen Fällen kennen, in manchen nicht. Dieser besondere Schutz heißt technisch tuitio[2]). Die Wir= kung des besondern Schutzes besteht erstens manchmal in einem privilegirten Gerichtsstand vor dem comitatus, mit Befreiung von allen andern gewöhnlichen Gerichten; er kann aber zweitens auch bestehen in der Empfehlung des Schützlings durch den König an einen Beamten, der den König vertritt und der dem Schützling

---

1) V. 15.

2) I. 15. 36. 37. II. 4. 29. III. 27. IV. 27. 28. 41. 9. V. 37. 39. VI. 13. untechnisch VIII. 1.

auch unmittelbar zur perſönlichen Deckung (als „Sauvegarde")[1] beigegeben werden kann, oder auch drittens in Androhung einer Geldſtrafe für Verfolgung des Schützlings.

Suchen wir aus den von Caſſiodor mitgetheilten Fällen uns
alle drei Formen klar zu machen: alle drei haben den Zweck beſondern Schutzes gemein: nur wird der Zweck mit verſchiednen
Mitteln angeſtrebt. Sehr bezeichnend iſt, daß die Schützlinge in
beiden Richtungen faſt immer Römer ſind: ſie eben, nicht die
Gothen, bedurften des beſondern Schutzes. Zunächſt der befreite
Gerichtsſtand: er ſchließt ſich vielfach an die Obervormundſchaft
und allgemeine eventuelle Mundſchaft des Königs an.

Ein verwaiſtes Geſchwiſterpaar (Römer) klagt über vielfache
Verfolgung durch ungerechte Anſprüche. Da ertheilt ihnen der
König das Recht, daß ſie fortan nur vor ſeinem Hofgericht, bei
welchem rechtswidrige Bedrückung am Wenigſten vorkommen kann,
zu Recht zu ſtehen brauchen[2]. Es ſind aber die Verfolger offenbar meiſt Gothen: es ſind Klagen von Gothen gegen die Geſchwiſter
gemeint: deßhalb erhält der Gothengraf Oſunes (Osvin) Auftrag,
dieſe Klagen, für die er ſonſt (mit Beiziehung eines Römers)
competent wäre, an den Hof zu verweiſen[3].

Die tuitio zweitens, in welcher der Schützling vom Könige
zu ſeiner perſönlichen Deckung einen Beamten zugewieſen erhält,

---

1) Auch dieſe Form reducirt Sart. S. 300 irrig das ganze Inſtitut; ähnlich
da Roure I. S. 318. 323, und die Meiſten.

2) Vorkommenden Falls ſollen ſie und der Kläger dann perſönlich vor
ihm erſcheinen; mit zweifelhaftem Recht verſteht es Manſo S. 377 als eine Erlaubniß, dauernd am Hof zu leben. Var. IV. 9. Osuni viro illustri comiti
Theodericus rex. innocentiae professio est, nostram elegisse praesentiam,
ubi nec violentiae locus datur nec avaritiae vitia formidantur. Maurentius atque Paula, patris auxilio nudati, multorum se injuriis testantur
exponi quorum adolescentia pervia videtur incommodis, cum facile possit
surripi vel juvenibus destitutis; et ideo nostrum merentur praesidium,
a quibus se calliditas non abstinet improborum. proinde sublimitas vestra tenorem praesentis jussionis agnoscens supra memoratos adultos, si
quis jurgantium pulsare maluerit, ad nostrum comitatum noverit *dirigen-
dos,* (d. h. die Kläger (Manſo) oder auch die Beklagten, dann leben ſie nicht immer
daſelbſt); ubi et innocentia perfugium et calumniatores jus possunt invenire districtum.

3) Ganz ebenſo hat nach Ennod. ep. III. 23, als ein Gothe Toriſa einer römiſchen Waiſe ihr mütterliches Erbe entriſſen, der Gothengraf Tankila zunächſt
Competenz.

entstand offenbar zunächst aus der steten Besorgniß der italienischen possessores vor Gewaltthätigkeiten ihrer gothischen Nachbaren. Daraus erklärt sich einmal, daß es immer Römer sind, die sich diese tuitio erbitten: es erklärt sich ferner hieraus, daß für diesen Fall regelmäßig die tapfern, waffenkundigen und der gothischen Nationalität angehörigen Sajonen[1]) vom König zugetheilt werden: solche gothische Sauvegarde war am Meisten geeignet in Güte oder nöthigenfalls mit Gewalt die von ihren Stammgenossen drohenden Angriffe abzuwehren. Die Sajonen erhielten dafür von dem Schützling Verpflegung und unstreitig auch anderweitige Gaben: wir wissen nur nicht, ob mehr in Form fest bedungnen Soldes oder halb freiwilliger Geschenke. Alle diese Züge des Instituts erkennen wir deutlich aus einem Fall, in welchem ein solcher Schutzmann seinen Schützling selbst mit dem Schwert angegriffen und beraubt hatte. Er wird abgesetzt, gestraft und ein andrer Sajo mit der tuitio betraut[2]).

---

1) Oder gar Gothengrafen II. 29.?

2) V. IV. 27. Teruthar Sajoni Theod. rex. detestabilis est quidem omnis injuria et quicquid contra leges admittitur, justa execratione damnatur. sed malorum omnium probatur extremum, inde detrimenta suscipere, unde credebantur auxilia provenire. exaggerat enim culpam in contrarium versa crudelitas et majus reatui pondus est inopinata deceptio. vir spectabilis itaque Petrus (ein Römer) admiranda nobis sorte conquestus est, *Sajonis* Amarao *tuitionem*, quam *ei contra violentos induleimus*, in se potius fuisse crassatam. ita ut ictum gladii in se demersum aliquis post vim retardaret objectio. subjecta est vulneri manus, quae, ut in totum truncata non caderet, januarum percussa robora praestiterunt, ubi lassato impetu corusca ferri acies corporis extrèma perstrinxit. O execrabilem casum! impugnavit hominem *auxilium suum*, ut *solatii prosperitate* substracta crevit *ex defensione* necessitas. his multo acerbiora subjungens, et quasi laesio veniret ad pretium, ita scelus proprium enormi exactione taxatum est; atque ideo juste in illos pietatis nostrae ira consurgit, qui *benigna jussa* in truculenta ministeria mutaverunt. nam quae erunt refugia supplicantibus, si et *nostra beneficia* vulnerabunt? proinde praesenti jussione censèmus, ut quicquid suprascriptus Amara „*commodi*" *nomine* de causis memorati supplicantis accepit, quasi oppugnator ingratus a te constrictus in duplo ei cogatur exsolvere. quia sub poena restitui dignum est, quod improba temeritate constat extortum; de plaga vero, quam educto gladio temerarius praesumtor inflixit, ad judicium comitis Dudae saepe dicti sajo te compellente veniat audiendus, ut secundum edictorum seriem, quae male commissa claruerint, sine aliqua dilatione componat. *tuitionem vero postulanti contra civiles (l. inciviles) impetus ex nostra jussione* salva civilitate

Der Römer hat sich den Schutz besonders erbeten *(supplicanti-bus)* und zwar vom König selbst *(nostra* beneficia, *indulsimus).* Der König sendet darauf den sajo zu ihm *(directus)*[1]), um bei ihm zu wohnen und ihn zu schützen gegen gewaltsame Angriffe *(violentos)* seiner Mitbürger *(inciviles impetus, inimicus),* d. h. eben der Gothen. Das ist eine besondere königliche Vergünstigung *(beneficia),* und es ist der königliche Schutz, welchen der Sajo zu realisiren hat. Der allgemeine Schutz der persönlichen Sicherheit, welcher des Königs Pflicht und Recht ist, wird hier einem Einzelnen besonders gewährt. Insofern liegt in dieser zunächst ganz einfachen Sauvegardebestellung doch auch weiter eine besondere Begünstigung durch den König und eine besondere Beziehung zu dem König über das allgemeine Unterthanenverhältniß hinaus: denn des **Königs Schutz** hat der Sajo zu gewähren, in des **Königs Na-men** vertheidigt er ihn, vom **König** muß er erbeten und ent-sendet sein.

Es kann ein Sajo auch einem Nicht=Grundbesitzer zum Schutz bestellt werden: ein Römer Ecdicius erhält vom König die Nutzung der einträglichen tituli siliquatici et monopolii[2]); darin soll ihn keine Chicane stören: „und du sollst auch die Hülfe eines Sajo haben, welche dir unsere Autorität zur Ausübung besagter Rechte gewährt. So jedoch, daß diese deine Vertheidigung (der Sajo) sich mit nichten in private Rechtsverhältnisse mische. Denn was wir zur Unterstützung gegeben haben, soll in keiner Weise zum Nachtheil der Gerechtigkeit ausschlagen. Mit Recht würde die Schuld eines An-dern (des Sajo) (auch) dir angerechnet, wenn ein Dritter durch ein Mittel, das du dir zum Nutzen erbeten, geschädigt würde"[3]).

---

praestabis, non exemplo accusati, sed consideratione decenter electi. Und an den Gothen=Grafen Duda: Var. IV. 28 . . . Petrus . . vir spectabilis Amaram sajonem nostrum, qui contrario omine *pro ejus tuitione directus* est, educto gladio se asserit vulnerasse *defensoremque* fecisse quod vix *inimicus* potuisset audere. hoc te et legitima volumus disceptatione cognoscere et probabili sententia terminare.

1) Vgl. Var. IV. 28.

2) s. darüber unten „Finanzhoheit".

3) Var. II. 4. contra omnium calumniantium insidias salva aequitate praesenti auctoritate munitum; habiturum etiam adminicula sajonis, quae pro vindicandis titulis antefatis nostra tibi solenniter auctoritas deputavit (L. deputabit.); ita tamen, ut privatis minime negotiis misceatur defensio tua. nam quod ad auxilium dedimus, contrarium nullo modo justitiae sen-

Hier wird der Sajo nicht zum Schutz aller Rechte des Ecbicius angewiesen, sondern nur der aus der Verleihung des siliquaticum und monopolium fließenden: alle Anfechtungen oder Wider-
setzungen gegen diese Rechte von halb öffentlichem Character (es
ist die pachtweise Verleihung eines Regals) wird der Sajo nöthigenfalls mit Gewalt ohne Anrufen des Richters beseitigen. Aber
Ecbicius soll nun nicht auch in andern Fällen, in welchen er einen
Anspruch zu haben glaubt, denselben ohne Weiteres durch Hülfe
des Sajo mit Zwangübung gegen Dritte und Umgehung des Richters durchsetzen wollen, sondern in allen andern Fällen wie andre
Private die Gerichte anrufen; ein Mißbrauch des Sajo würde
(auch) dem Ecbicius zur Schuld gerechnet.

Aber nicht immer begegnet das Institut der tuitio als ein so
bestimmt ausgebildetes. Das verschiedenartige Bedürfniß nach besonderem Schutz der Verfolgten führte zu verschiedenartigen Erscheinungen. So wird in Einem Fall die tuitio nicht erbeten, sondern unerbeten vom König verliehen und hier wird nicht ein gothischer Sajo zur persönlichen Bedeckung dem Schützling beigegeben,
sondern ein vornehmer Römer, der Patricius Albinus, erhält diese
tuitio deputata, denn das Bedürfniß des Falls ist ganz anderer
Art. Der Schützling, ein Oberarzt, Johannes (ein Römer), war
auf falsche Anklage hin mit Verbannung und Confiscation bestraft
worden. Das Urtheil wird in Folge der Selbstanklage des frühern
Gegners cassirt und der Archiater kehrt zurück: er soll wegen der
früheren Anklage keine Anfechtung mehr zu befahren haben, aber,
auf daß überhaupt die hülflose Lage eines solchen früheren Sträf-
lings nicht zur Unterdrückung mißbraucht werde, soll ihm die tuitio des Patricius Albinus zur Seite stehen[1]. Auch hier wird der
Schützling besondern königlichen Schutzes versichert[2]); aber dieser
Schutz dießmal in andrer Form gewährt, wie es das Bedürfniß des
Falls erheischt: jener Petrus[3]) war offenbar ein römischer posses-

tiatur. quia rationabiliter aliena culpa te respicit, si quae tibi petis prodesse, per te sibi alter sentiat obfuisse.

1) Var. IV. 41. sed ne cujusquam forsitan plectenda temeritas in te
impetus reparare possit audacia, Patritii Albini salvis legibus tuitio te
deputata communiet.

2) l. c. quia nihil fieri volumus incivile, cujus quotidianus labor est,
pro generali quiete tractare.

3) in Var. IV. 27. 28.

sor (er hat sich wohl in sein eigen Haus geflüchtet), und zu ihm wird der Sajo auf's Land hinausgeschickt, bei ihm zu wohnen: der Archiater aber lebt offenbar in einer Stadt, vielleicht zu Rom, und ein vornehmer Römer, den sein Amt dort hält, wird mit seinem Schutze im Namen des Königs (tuitio *deputata*) betraut.

Ganz ebenso wird einem andern Hülfsbedürftigen, der einem begnadigten Sträfling fast gleich steht, dem Römer Crispian, welchem der König das von dem Gericht wegen Todtschlags auferlegte Exil nachläßt, weil er nur seine ehebrecherische Frau sammt dem Buhlen auf handhafter That erschlagen, gegen die impetus incivilium die tuitio eines Gothen Candar, gewiß eines Sajonen, ertheilt, welcher ihm „gesetzliche Vertheidigung" gewähre, d. h. ihn einerseits zwar keiner begründeten Klage vor Gericht entziehe, anderseits aber ihn nicht gegen Gesetz und Recht leiden lasse[1]).

Dieses ganze Institut ging nun offenbar hervor aus der Ober= vormundschaft und allgemeinen eventuellen Mundschaft und allge= meinen Sicherheitssorge des Königs: das Recht aller Unterthanen auf seinen Schutz verschärft sich in Fällen besonderer Schutzbedürf= tigkeit zur Bestellung eines besonderen Organs dieses Schützes. Insofern allerdings wird eine besondere Beziehung zwischen dem Schützling und dem König hergestellt: weiter entwickelt hat sich je= doch dieß Verhältniß nicht: daß es weder mit Landleihe noch mit Gefolgschaft (Antrustionen) irgend etwas zu thun hat, ist klar.

In einem Fall wird die tuitio, zum deutlichen Zeichen ihrer Entstehung aus der Obervormundschaft[2]), geradezu wie eine cura bonorum absentis, zunächst nicht für eine Person, sondern für eine „domus" für das „Haus" bestellt, was allerdings nicht bloß Ver= mögen, auch die Familie und das Gesinde umfaßt; und wieder ist es ein Römer, der Patricius Angelus (der als Gesandter des Kö= nigs an den vandalischen Hof nach Afrika gehen soll), für welchen

---

1) L. 37. die widerrechtlich erpreßte Caution soll das Gericht herausgeben, das sind conventionalia detrimenta, *civiles* impetus: nolumus enim in cujusquam praedam cadere, quos nostra visa est sententia liberare. pari modo contra ~~incivilium~~ impetus Candacis tibi tuitionem sub aequabili defensione prae= stamus, ut nec legibus te subtrahat nec iterum contra jura publica labo= rare permittat; im Schlußsatz heißt nicht etwa laborare soviel als praesumere, sondern opprimi.

2) Denn der König ist der generalis dominus, der custos cunctorum. Var. X. 12. s. oben S. 109.

die tuitio und zwar einem vornehmen Römer, dem Patricius Festus, übertragen wird. Es hat sich aber Angelus gerade diesen zur tuitio erbeten (der sein Nachbar war), wie aus der Stelle hervorgeht. Und daraus ergibt sich nun, daß das Verhältniß nicht bloß ein factisches, sondern ein rechtlich geregeltes und vom König speciell zu gestattendes war: sonst hätten die beiden römischen Patricier dieß Mandat unter sich abmachen können, ohne den König zu bemühen. Der Träger der tuitio muß auch ganz bestimmte Rechte der Vertretung haben, denn zweimal schärft der König ein, die Beschützung dürfe jedoch nicht so weit gehen, daß die Gesetze, d. h. die Rechte Dritter dadurch verletzt würden (salvis legibus). Gerichtet soll der Schutz wieder sein gegen die violentos impetus, offenbar gegen das Gelüsten der Nachbaren, sich an dem Gut des Abwesenden mit Gewalt zu vergreifen. Eine ganz gewöhnliche römische cura bonorum absentis liegt aber doch nicht vor, sonst würde der hiefür technische Ausdruck, nicht das für ein andres Verhältniß technische Wort tuitio gebraucht[1].

Der sprechendste Beweis dafür, daß diese tuitio der Sajonen häufig rechtsförmlich nachgesucht und ertheilt und daß sie als eine Rechtsinstitution, nicht als ein bloß factisches Verhältniß angesehen wurde, liegt nun aber offenbar darin, daß Cassiobor nöthig fand, eine eigne Formel für die Verleihung zu verfassen und damit zugleich eine neue Rechtsordnung zu verbinden zur Abstellung von Mißbräuchen, welche sich bei dem Institut eingeschlichen.

Der Erlaß lautet: „Häufig werden die Sajonen, welche wir in gütiger Absicht verleihen, mit den größten Anschuldigungen belastet. Vergiftet ach! ist unsre Wohlthat und durch die Arznei stieg das Leiden, indem durch die Bösartigkeit der Vornehmen die Sajonen zu andern Zwecken übertragen werden als wozu unsre Heil-

---

1) Var. I. 15. Festo viro illustri atque patritio Theod. rex. gratum nobis est, quoties de magnitudinis tuae meritis aestimatio talis procedit, ut et infirmorum auxilium et absentium credaris esse tuitio (hier ist natürlich das Wort noch nicht technisch) .... unde fit, ut bona nobis de te crescat opinio .... nulli enim propria res a discedente *committitur, nisi de cujus bona conscientia judicatur.* id circo praesenti jussione decrevimus, ut *domus* patritii Angeli ad Africam discedentis, qui regnum petens alterius nostris est utilitatibus serviturus, *salvis legibus tua tuitione* valletur, ne violentos cujusquam impetus subtracta domini defensione patiatur .... ideoque celsitudo vestra, quam notum est habere *vicinam,* erigat humiles, eripiat opprimendos et, quod potestatibus rarum est, proficies cunctis qui universis celsior inveniris.

same Absicht sie bestellte. Deßhalb ist es nöthig geworden, mit heilendem Mittel verderblichen Bestrebungen entgegen zu treten, auf daß wir nicht, während der Eifer unsres Wohlwollens billige Wohlthaten bezweckt, durch Täuschung verruchten Mißbrauch erleiben. Und daher bestimmen wir in gesetzlichem Ausschreiben, daß jeder, der in unabwendbarem Bedürfniß zum Schutz gegen Gewalt und Nachstellung einen tapfern Sajo zu erhalten wünscht, sich vor unsrem Gericht mit einer Conventionalstrafe als Caution dahin verpflichte, daß, wenn der Sajo, welchen er erhält, die Vorschriften unseres Banngebotes mit sträfbaren Uebergriffen verletzt, daß in diesem Fall erstens er (b. h. der Schützling) als Strafe so und so viel Pfund Gold (an den Fiscus) entrichte, und zweitens Alles zu leisten verspreche, was der Gegner an unmittelbarem Schaden, so= wie als Vergütung für die Reise zu fordern hat. Denn wir dürfen nicht, indem wir rechtswidrige Gelüste abwehren wollen, die Un= schuldigen dadurch belasten. Der Sajo-aber, welcher absichtlich das Maß unsrer Instruction überschritten hat, der wisse, daß ihm die Donativen entzogen werden und daß er unsere Ungnade befahre, was schwerer ist als jeder andre Nachtheil. Und daß man ihm fortan nicht mehr vertrauen wird, wenn er unsern Bann, den er voll= ziehen sollte, statt dessen gebrochen hat"[1].

---

[1] Var. VII. 42. Formula edicti ad quaestorem, ut ipse spondere de-beat, qui sajonem meretur. frequenter sajones, quos a nobis credidimus pia voluntate concedi, querelis maximis cognovimus ingravatos. corruptum est proh dolor! beneficium nostrum crevitque potius de medicina cala-mitas, dum ad alios usus potentium malignitate translati sunt, quam eos nostra remedia transtulerunt. unde nobis necesse fuit remedio salubri vo-tis pestiferis obviare, ne, dum pietatis studium ad aequalia beneficia tra-hitur, surreptionum iniquissima patiamur. Atque ideo edictali programm-ate definimus, ut quicunque contra violentas insidias propter ineluctabiles necessitates suas mereri desiderat fortem sajonem, officio nostro poenali se vinculo cautionis astringat, ut si praecepta nostrae jussionis immissione plectibili sajus, quem meretur, excesserit, et ipse poenae nomine det auri libras tot et satisfacere promittat quaecunque ejus adversarius potuerit-tam commodi quam itineris sustinere detrimenta. nos enim, cum repri-mere inciviles animos volumus, praegravare innocentiam non debemus. sajus autem, qui sua voluntate modum praeceptionis excesserit, donativis se noverit exuendum et gratiae nostrae, quod est damnis omnibus gra-vius, incurrere posse periculum nec sibi ulterius esse credendum, si jussionis nostrae, cujus executor esse debuit, temerator extiterit. Vgl. namentlich noch II. 29.

Es geht aus dieser Verordnung abermals hervor, daß die Sajo= nen reichen (römischen) Grundbesitzern (das sind die *praepotentes*) zum Schutz gegen Gewalt und Nachstellung verliehen wurden, wohl erst, wenn sie das Bedürfniß solchen Schutzes dargethan (propter ineluctabiles necessitates). Dieselben sollten auf deren Gütern wohnen und jede Gefährdung abhalten. Oft aber kam es vor, daß diese kriegerischen Leute von denen, die sie erbeten hatten, selbst zur Verübung von Gewaltthätigkeiten gegen Nachbaren, gegen welche die Schützlinge Ansprüche zu haben glaubten oder vorgaben, miß= braucht wurden, daß sie sich derselben bedienten, um mit gewalt= samer Selbsthülfe oder reiner Anmaßung Grundstücke und Habe ihrer Nachbaren in Besitz zu nehmen (immissio plectibilis), daß also die „tapfern Sajonen" ihre Instruction, nur salvis legibus dem Schützling beizustehen, überschritten[1]): die Sajonen hatten na= türlich wegen ihrer Verpflegung und Belohnung ein Interesse, sich den Beifall ihrer Wirthe möglichst zu verdienen durch energische Wahrung und Erzwingung aller Forderungen derselben: an Wi= derstand gegen diese gothischen Officiere war nicht zu denken und ein solcher Sajo konnte die Geißel aller Nachbaren seines Wirthes werden. Daß der Sajo übrigens zum eigentlichen und zwar zum stehenden Heere zählt, erhellt daraus, daß er als solcher zum Do= nativum berechtigt ist. Gegen diesen Mißbrauch soll nun eine Caution für Strafe und Schadensersatz sichern. Der Quästor ver= leiht im Auftrag des Königs den Sajo, denn der Quästor ist das Organ der Gerichtsfunctionen des Comitats.

Aber noch eine andere Rechtswirkung der tuitio scheint aus der Verordnung hervorzugehen, nämlich ein befreiter Gerichtsstand vor dem König. Denn wenn neben dem sonstigen durch den Wirth mittelst des Sajo verursachten Schadens als ganz selbstverständlich „die Kosten der Reise" vorausgesetzt werden, so läßt sich dieß am Einfachsten von den Kosten der Reise zu dem Hofgericht des Königs verstehen. Daraus folgt aber, daß man einen unter der tuitio des Königs Stehenden nur vor des Königs Hofgericht belangen konnte, nicht etwa nur den Sajo, das Werkzeug, dessen Strafe später besprochen wird, sondern den Anstifter, den Schützling. Wenigstens hat, wie

---

1) Daher wird die ausdrückliche Clausel salvis legibus fast bei jedem Fall der tuitio beigefügt. I. 15. IV. 41; nur eine civilis tuitio soll gewahrt werden. I. 36; salva civilitate IV. 27. II. 29; die modestia wird eingeschärft. III. 27. I. 37; sub aequabili defensione.

jene Erklärung so diese Folgerung die größte Wahrscheinlichkeit für sich: weßhalb sollte als selbstverständlich eine "Reise" des Klägers vorausgesetzt werden, wenn er den Beklagten einfach an dem nächsten Gericht der belegnen Sache oder des verübten Vergehens oder an dessen Domicil belangen könnte? Und andere Stellen zeigen, wie der Kläger, der Jemand vor dem Hofgericht belangen will, in Person oder durch einen Vertreter sich dorthin begeben muß[1]).

Wir dürfen also annehmen, daß die tuitio durch einen Sajo einen befreiten Gerichtsstand vor dem König in sich schloß, wenn auch ein solcher für sich allein, ohne Sauvegarde, häufig verliehen wurde und dann ebenfalls tuitio hieß. Das Wesen der tuitio als eines festen Rechtsinstituts erhält aber weitere Beleuchtung in einigen, wenn auch leider nicht in allen Punkten, durch die wichtigste weil officiellste und absichtlichste Quelle, nämlich die für Verleihung derselben verfaßte Formel, welche folgendermassen lautet: "Zwar scheint es überflüßig, von einem Fürsten, dessen Absicht es ist, Aller in gleicher Weise sich anzunehmen, Beschützung (tuitionem) besonders zu erbitten. Aber da die abscheuliche Verwegenheit gewaltthätiger Menschen deine Sicherheit beunruhigt, widerstrebt es uns nicht, durch die Klagen der Leidenden zu solcher Bethätigung der Güte gebracht zu werden, daß, was wir Allen zu verleihen wünschen, wir dem Bittsteller ganz besonders ertheilen, und daher nehmen wir dich, weil du dich als durch vielfache Beschädigung verletzt beklagst, gütig in die Lagerburg unseres Schutzes auf. Auf daß du fortan mit deinen Gegnern nicht wie bisher im freien Feld, sondern wie von einem Walle gedeckt, zu kämpfen habest. So wirst du durch Hülfe des Königs der ungestümen Gewalt, die dich bedrängt, gewachsen. Deßwegen verleiht dir unsre Hoheit den Schutz unseres Namens (tuitionem nostri nominis) als den stärksten Thurm gegen rechtswidrige Angriffe wie gegen Schaden aus Rechtsgeschäften; jedoch mit dem Vorbehalt, daß du nicht etwa, dieses Vorzugs dich überhebend, dich weigerst, auf Rechtsansprüche dich mit Antwort einzulassen, so daß jetzt du etwa hochfahrend das Recht des Staats mit Füßen tretest, der du selbst früher von abscheulicher Frechheit bedrängt wurdest. Und weil unser Befehl wirksame Diener finden muß und der Schein nicht ziemt, daß ein Fürst Worte spreche, die er dann nicht erfüllen kann, so wird nach der Autorität vor-

---

1) Oben S. 101: verschieden von solchem Königsschutz ist natürlich das ältere patrocinium privatorum bei Roth l. c.

stehender Rechtsvergünstigung dich die Treue und Sorgfalt dieses Mannes (der Name ist zu ergänzen) gegen die Gothen, jenes Mannes (ebenso zu ergänzen) gegen die Römer leicht beschützen. Denn es trachtet ja Niemand nach Schutz, als wer Verletzung fürchtet, und ein guter Herrscher besorgt, unbeliebt zu werden. Genieße mithin unserer Güte, freue dich der erhaltnen Vergünstigung. Denn wenn du fortan von irgend wem mit Bruch des Rechts angegriffen wirst, dann werden sich vielmehr, anstatt daß du leidest, deine Wünsche zum Schaden deiner Feinde erfüllen"[1]).

Aus dieser officiellen Darstellung der tuitio geht wieder hervor, daß sie aus der allgemeinen Schutzgewalt des Königs und zwar als eine besondere Potenzirung derselben zu Gunsten eines Einzelnen erwachsen ist: es ist die Steigerung und persönliche Zuwendung einer allgemeinen Königspflicht und Königsbefugniß. Sehr bezeichnend ist das Bild, welches Cassiodor gebraucht: der Schützling, der bisher gegen eine Mehrzahl von Feinden auf freiem Felde zu fechten hatte, wird nun in den „Thurm", das „feste Lager" königlichen Schutzes aufgenommen, so daß er fortan gedeckt kämpft und dadurch der Ueberzahl der Gegner gewachsen wird. Dieß ist ein besonderes beneficium, eine Vergünstigung. Gegenstand derselben ist die ausdrückliche förmliche Verleihung des Schutzes des

---

1) Var. VII. 39. formula tuitionis. superfluum quidem videtur, tuitionem specialiter a principe petere, cujus est propositi, universos communiter vindicare. sed quia securitatem tuam quorundam violentorum execranda temeritas inquietat, non piget dolentium querelis ad hanc partem pietatis adduci, ut, quod omnibus praestare cupimus, supplicanti potissimum conferamus. atque ideo diversorum te, quemadmodum quereris, dispendiis sauciatum in castra defensionis nostrae clementer excipimus. ut cum adversariis tuis non ut hactenus campestri certamine, sed murali videaris protectione contendere. ita fiet, ut truculentis viribus pressus reddaris auxiliis regalibus exaequatus. quapropter tuitionem tibi nostri nominis quasi validissimam turrem contra inciviles impetus et conventionalia detrimenta nostra concedit auctoritas. ita tamen, ne his praesumtionibus sublevatus civile respuas praebere responsum, et tu videaris insolens calcare jura publica, quem primitus detestanda premebat audacia. et quia ministros efficaces nostra debet habere praeceptio, nec decet principem loqui, quod non videatur posse compleri, praesentis beneficii jussione adversus Gothos illa, adversus Romanos illa facile te fides et diligentia custodivit. (l. custodiet) quia nemo laborat defendere, nisi qui timetur offendi, dum praestans dominus fieri formidatur ingratus. fruere igitur nostra clementia, beneficio laetare suscepto. nam si ulterius a quoquam sub incivilitate tentaris, tua de inimicis potius vota complebis.

Königs, des königlichen Namens: die tuitio nostri nominis erinnert sofort an ganz ähnliche Ausbrücke der fränkischen Rechtsquellen; (f. Waitz III. S. 142, sermo, *tuitio*, mundeburdis regis), b. h. der Unterthan barf sich fortan gegen alle Angriffe jeber Art auf den besondern Schutz des Königs berufen.

Nur ein Mittel, eine Realisirungsform, eine Anwendung, eine Erscheinung, eine Folge dieser Rechtsvergünstigung, nicht der Kern des Rechtes selbst, ist es nun, daß zur Durchführung dieses königlichen Wortes königliche Diener speciell mit der Beschirmung des Schützlings betraut werden. Die tuitio besteht bereits nach der Berleihung: nur zu ihrer Bethätigung werden noch weitere Maßregeln ergriffen. Diese können nach dem Bedürfniß des Falles verschieden sein. Die Formel stellt zusammen, was oft auch vereinzelt vorkam: der Schützling erhält eine doppelte defensio, eine gegen bie Gothen, eine zweite gegen bie Römer. Wir werden nicht fehlgreifen in der Annahme, daß bie defensio gegen bie inciviles impetus der Gothen bestand in der Verleihung eines fortis sajo zur persönlichen Deckung, bie defensio gegen (gerichtliche) Verfolgungen unb chicanöse Anfechtungen von Seite der Römer[1]) in der Bekleidung eines vornehmen Römers mit der tuitio, wie eine solche für ben Archiater Johannes bem Patricius Festus übertragen wird. Hier soll also der Schützling zwei Vertreter des Königsschutzes erhalten, wenigstens gewährt bie Formel biese Möglichkeit: nach Bedürfniß kann sie leicht auch auf einen defensor beschränkt werden.

Der Sajo soll bie inciviles impetus, b. h. Gewaltthätigkeiten, nöthigen Falls mit ben Waffen abwehren[2]). Was sind aber bie

1) Der violentia barbarorum steht hierin die calliditas, invidia improborum litigatorum Var. II. 20 gleich, welche sehr häufig waren IV. 37, unb gerade bie tenues besonders verfolgten, f. Ed. Th. §. 79. Ed. Ath. §§. 2. 3. 9. Var. IV. 41 (Vivianum) legum artificio, quo callet, elatum personam tuam objectis criminibus insecutum et eo usque perventum, ut indefensus .. contra juris ordinem damnareris; auch Mißbrauch der Amtsgewalt in biefer Richtung gehört hieher, III. 27; bie obscuri doli II. 23 insidiosa calumnia IV. 46; über bie Häufigkeit biefer calumnia f. noch I. 7. IV. 4. 9. 37. V. 29. 31. 39. VIII. 16. 20. IX. 2. XI. 8. — Sartor. S. 60 sagt kaum zu viel mit ben Worten: „Die Reichen, die Großen, die Beamten, welche Römer von Geburt waren (er übersieht nur, baß es auch gothische Reiche, Große, Beamte gab), brückten das Volk weit mehr als bie Gothen; denn jene waren bie verborbensten, sie hatten bie Macht unb am häufigsten bazu bie Gelegenheit in Händen". Das sind bie civiles impetus, bie conventionalia detrimenta.

2) Darauf unb bie hieraus für ben Angreifer folgende Gefahr geht bas „tua de inimicis vota complebis".

conventionalia detrimenta? ich verstehe ben allerbings bunkeln Ausbruck als ben Gegensatz zu ben inciviles impetus, also civiles impetus, b. h. Nachtheile, welche aus Verträgen unb Rechtsver= hältnissen mittelst chicanöser Processe zu fürchten sind: auch gegen solche Anfechtung soll ber Schützling geschirmt werben unb zwar wirb biese Seite ber Beschirmung (ber Schützling ist thatsächlich gewöhnlich ein Römer), nicht zunächst von bem Sajo, sonbern von bem zweiten defensor, wenn ein solcher besteht (unb zwar thatsäch= lich unb vorzugsweise burch wie gegen Römer), ausgeübt werben.

Diese Auslegung wirb sehr stark unterstützt burch bie unmit= telbar an ben Schutz gegen bie conventionalia detrimenta, b. h. Proceßchicane, geknüpfte Einschärfung. Der Schützling solle sich aber nicht einbilden, er brauche jetzt gar nicht mehr vor Ge= richt Recht zu geben unb Rebe zu stehen. Der Schutz gegen bie gerichtliche Bebrängung besteht nun einmal gewiß barin, baß ber defensor ben Schützling vor Gericht zu vertreten unb ihm mit seinem Rath unb Ansehen beizustehen habe unb zwar ist wahrschein= lich, baß in einem Proceß mit einem Gothen ber Sajo, in einem Proceß mit einem Römer ber römische defensor bieß zu thun hatte.

Mit bieser Vertheibigung vor Gericht scheint sich nun bie An= nahme nicht recht vereinen lassen zu wollen, baß bie tuitio befreiten Gerichtsstanb vor bem Hofgericht gewährt habe: auch ist einzuräu= men, baß biese formula tuitionis nichts bavon sagt, ber Schützling habe sich fortan nur vor biesem obersten Gericht einzulassen. Es ist baher benkbar, baß auch biese Wirkung nicht nothwenbig mit ber tuitio sich verbanb, sonbern, je nach Umstänben, wie bie Ver= leihung bes Sajo, babei vorkommen ober fehlen konnte. Inbessen, auch vor bem Hofgericht, beburfte ber Schützling bes Vertreters[1], was auch starke innere Grünbe für sich hat.

In einem Falle, in welchem gegen ben Mißbrauch ber Amts= gewalt eines Präfectus Prätorio bie Hülfe bes Königs angerufen unb ertheilt wirb, erfahren wir nicht, in welcher ber erörterten For= men bie tuitio gewährt wirb. Es ist bießmal ber Bittsteller selbst ein Beamter, ber Consular von Campanien: „Es ist bie Absicht ber königlichen Hulb, ungerechten Gehässigkeiten ben Spielraum zu

---

1) Unb wahrscheinlich ist auch, baß bas civile praebere responsum eben bas Hofgericht meint. Wenigstens läßt bie anbere Formel (VII. 42) bestimmt annehmen, baß ber Schützling für Klagen wegen Mißbrauch ber tuitio nur vor bem König Rebe stehen muß.

nehmen und der bewaffneten Gewalt die stolze Willkür durch die
Scheu vor unsern Geboten einzuschränken. Den Geringern ist
die Feindschaft eines Ueberlegnen sehr bedrohlich. Dagegen gereicht
es uns zum Ruhme, wenn jene auch an Vornehmeren zu ihrer
Rechtsgenugthuung gelangen. (?) So bist du denn nicht vergeblich,
von langer und manchfaltiger Verfolgung umgetrieben, zu den Schutz=
mitteln unsrer Huld geflüchtet. Du behauptest, du fürchtest die
Präfectur: es möchte der Haß von Privatfeinden sich der öffent=
lichen Amtsgewalt gegen dich bedienen. Aber wir, die wir die
Aemter verleihen, daß sie der Gerechtigkeit, nicht der Mißhand=
lung, dienen, umschanzen dich gegen jene unerlaubten Uebergriffe
durch unsern Schutz (tuitione), so daß die Leidenschaft der glühen=
den Geister an dem Widerstand der königlichen Majestät abpralle
und die Ueberhebung, verhindert, Schaden zu stiften, vielmehr selbst
zu Schaden komme. Denn nur so lang heißt man Richter, als
man für gerecht gilt: ein Name, von dem Recht genommen, wird
nicht durch Willkür bewährt. An dir ist es nun . . . . in dem
Maaß der Bescheidenheit dich zu befleißen, als du unsern Schutz
erworben. Denn, wenn du mit Freuden einen Präfectus Prätorio
abgehalten siehst, dir zu schaden, wie wirst du dich unter dessen
(d. h. unsrem) Schutz benehmen müssen, der, wie du weißt, dir
keine Uebelthat gestatten wird?"[1]).

Man könnte bei diesem Erlaß die Unbestimmtheit des eigent=
lichen Wesens der tuitio daraus erklären, daß ein zweiter, ergän=
zender Erlaß, der uns nicht vorliegt, die betreffende Maßregel also
z. B. eine Verwarnung des Präfecten enthalten habe; so daß
alsdann tuitio hier gar nicht technisch, nicht als eine feste Insti=
tution genommen wäre, sondern nur „Beschirmung" im Allgemeinen
bedeutete. Allein viel wahrscheinlicher ist doch die technische Be=
deutung des Wortes, da, wie die constante Formel zeigt, das In=
stitut als solches bestand und da der ganze Gedankengang, sogar
der Wort=Ausdruck dieser Zuwendung der tuitio, mit der technischen
tuitio-Formel übereinstimmt[2]). Es geht daher aus der Stelle her=

1) Var. III. 27. Vgl. Kraut I. S. 70—84. Roth, Ben. S. 146.
2) Var. III. 27. Joanni v. s. consulari Campaniae Theodericus rex.
propositum est pietatis regiae, locum injustis odiis amputare et potestatis
armatae supercilium cohibere reverentia jussionum. infesta est siquidem
humilibus superioris offensa, cum ad nostram laudem trahitur, si vindicta
de mediocribus acquiratur. (Schwer verständlich). Proinde diu et varia
persecutione jactatus ad pietatis nostrae remedia haud irrite convolasti,

vor, daß das Institut der tuitio in seinen Rechts=Wirkungen so bekannt war, daß ein weiteres Aussprechen derselben nicht mehr erforderlich war, wenn einmal der König erklärt hatte, er gewähre seine „tuitio“. Im vorliegenden Fall scheint der Schützling der Competenz des Präfectus Prätorio, dessen Feindschaft Mißbrauch der Amtsgewalt gewärtigen ließ, entzogen und unmittelbar dem Gericht des Königs unterstellt worden zu sein[1]).

Die dritte Hauptform der tuitio ist die Bedrohung der Bedränger mit einer Geldstrafe. In dieser Form wird als eine besondere, über den allgemeinen Schutz der Gesetze hinausgehende Beschirmung die „tuitio nostri nominis“ auch einer ganzen Amts=classe wegen besonderer Würdigkeit verliehen, nämlich dem mit der comitiva primii ordinis belohnten Veteranus: „Diese (die Comitiva) erhältst du vermöge der Wohlthat der alten Kaiser; aber gegen widerrechtliche Angriffe und Schaden aus Rechtsgeschäften sollst du durch den immerwährenden Schutz unsres Namens geschirmt sein, auf daß man sehe, wie ein Amt, welches unsern Befehlen mit besondrem Eifer gedient hat, auch etwas Besonderes vor dem übrigen Amtspersonal erlangen kann. Und wenn jemand unsre Bestimmungen irgendwie verletzen zu dürfen meint, so verordnen wir, daß ihn eine Geldstrafe von so und so viel Pfund Gold treffen solle. Denn nichts, was mit böswilligem Treiben gegen dich versucht wird, soll gegen dich Wirkung haben“[2]).

---

asserens, emminentissimam praefecturam tibimet esse terrori, ne privata in te odia sociarentur per publicam disciplinam. sed nos, qui donatas dignitates justitiae parere cupimus, non dolori, *contra illicitas praesumtiones nostra te tuitione vallamus, ut regiae majestatis objectu ferventium* furor animorum in suis cautibus elidatur et *de se magis sumat poenas protervia, dum* cohibetur innoxia. tam diu enim judex dicitur, quam diu et justus putatur; quia nomen, quod ab aequitate sumitur, per superbiam non tenetur. restat nunc ut . . . . quantum . . . a nobis protegeris, tantum modestiae parere festines (er soll das Privileg nicht hochfahrend mißbrauchen, ganz wie oben S. 128). nam si gaudio perfrueris, quod a laesione tua praefectos praetorio remotos esse cognoscis, qui sub illo esse monstraris, qui te male agentem *non* (dieß muß eingeschaltet werden, soll die Stelle Sinn haben) passurus esse cognoscis.

1) Arg. l. c. privata odia per publicam disciplinam . . . . praefectos praetorio (der Plural bezeichnet die Befreiung von der Competenz des Amts als solchen) remotos . . sub illo esse monstraris.

2) VI. 13. haec quidem priscorum beneficio consequeris, sed *nostri nominis contra inciviles impetus et conventionalia detrimenta perenni tuitione* valla-

Hier wird der Schutz also durch Geldstrafen, vielleicht auch durch Gerichtstandsprivilegien bethätigt. Daß es sich um dasselbe Institut handelt, zeigt die Wiederholung der beiden Ausdrücke inciviles impetus et conventionalia detrimenta wie in der Formel der Tuitions-verleihung[1])

Es gibt nun eine feine Grenze zwischen der technischen und der untechnischen Anwendung des Ausdrucks: wir werden nämlich wenigstens Eine bestimmte äußerlich greifbare juristische Wirkung der „tuitio" fordern müssen (Sauvegarde oder befreiten Gerichtstand oder Geldbuße) um das Institut als Institut angewendet zu erachten. Nicht mehr als technische Anwendung des Instituts können wir es ansehen, wenn die Juden von Mailand, obwohl in ganz ähnlichen Ausdrücken, gegen Uebergriffe der Kirche durch einen königlichen Erlaß geschützt werden[2]). Hier werden jene Uebergriffe einfach verboten, ohne Gewährung eines Sajo oder eines forum privilegiatum oder einer schützenden Bann-Straf-Summe, es besteht also hier das beneficium principalis auxilii, die defensio pietatis nostrae lediglich in Zustellung dieser Urkunde, dieses Schutzbriefs, dessen Vorzeigung erneuten Angriffe gegenüber zwar auch eine gewisse Sicherung gewähren mag, aber doch nur die allgemeine civilitas wie sie ohnehin besteht ohne ein besonderes Realisirungsmittel aufrecht hält. So ist auch in der Zustellung eines königlichen Schutzbriefes an die mit einer königlichen Töpferei Betrauten eine gewisse Sicherung gewährt, eben durch Vorweis der Urkunde bei Verletzungen der darin bestätigten Rechte, es fällt dieß aber nicht mehr in den Bereich des technischen Institutes der tuitio[3]).

Das Wort tuitio begegnet auch im Zusammenhang mit dem Institut der villici in Spanien, aber offenbar nicht im technischen Sinn, obwohl ein ähnlicher Zweck vorliegt. Die villici sollen eben-

---

ris. ut officium, quod nostris jussionibus speciali solicitudine famulatum est, amplius aliquid a militibus caeteris promereri potuisse videatur. mulcta quoque tot librarum auri percellendum esse censemus, si quis statuta nostra qualibet occasione crediderit violanda. nec tamen aliquid contra te valere permittimus, quod dolosa fuerit machinatione tentatum.

1) VII. 39.

2) V. 37. quoniam nonnullorum vos frequenter causamini praesumtione laceratos et, quae ad synagogam vestram juri pertinere perhibetis, rescindi, opitulabitur vobis mansuetudinis nostrae postulata tuitio.

3) II. 23. cessabit (statt cessavit) contra vos improborum nefanda praesumtio et obscuris dolis effectum nostra tollit auctoritas: incassum enim

falls Schutz gewähren, und man erbat denselben: aber sie gewäh=
ren ihn für eine ganze Ortschaft, nicht für eine einzelne Person:
es ist eine außerordentliche Local = Polizei = Gewalt, welche die Ver=
walter königlicher oder auch adeliger Güter üben: diese Leute waren
mit ihren bewaffneten Knechten rascher zur Hand als der Graf und
sein Personal. Der König hebt aber das ganze Institut auf Kla=
gen der Beschützten selbst wegen Mißbrauchs auf[1]).

Besonders auffallend ist, daß einmal der persönliche Schutz des
Königs mit einer Landleihe des Königs in Verbindung zu stehen
scheint. Der König hatte einem treuen, römischen Diener, Bene=
dictus, ein Grundstück in pedonensi civitate zu lebenslänglichem
Nießbrauch gegeben, vielleicht verpachtet. Nach dessen Tod leiht der
König dasselbe einem andern Römer, dem Theoriolus, diesem über=
trägt er zugleich die civilis tuitio über die verwaisten Kinder des
Benedict mit folgender Motivirung: „der Nutzen, den uns Diener
bringen, muß durch Wiederholung der Wohlthaten erneut werden,
auf daß nicht aus Mangel an Dienenden die unversorgte Sache
Schaden anrichte[2]). Und deßhalb befehlen wir, daß du das Grund=
stück des verstorbenen Benedict kraft unserer Verleihung übernehmest,
so daß du Alles sorgfältig verwaltest und dir dadurch unsre Gnade
mehrst. Du kannst nämlich schon daraus ersehen, welche Belohnung
wir den Lebenden zudenken, daß wir nicht einmal der Verstorbenen
treue Dienste vergessen. Unsre gewöhnte Huld und Milde bewegt
uns, da uns das Gedächtniß treuer Ergebenheit nie entschwindet,
daß wir dir die Kinder des besagten weiland Benedict, der uns
mit aufrichtiger Ergebenheit gedient hat, zur Beschirmung in ge=
setzlicher tuitio übertragen; so daß sie, erleichtert durch den Vor=
theil unmittelbar gegenwärtiger Vertheidigung, freudig erkennen,
wie ihnen die väterlichen Dienste Sicherheit verdient haben. Dem
ganzen Geschlecht komme zu Statten, was eines Einzigen Erge=

---

odit, cui se principalis clementia objecerit; wenn hier auch tuitio stünde,
wäre es doch keine technische tuitio; manchmal begegnet das Wort in noch weiter
von dem Technischen entferntem Sinn: z. B. wenn Athalarich seine Jugend der
tuitio des Kaisers befiehlt VIII. 1., oder Pabst Gelasius zwei Priester dem bloß
gesetzlichen Schutz des Grafen Ezechia.

1) Var. V. 39; s. u. über römisches patrocinium vicorum „Amtshoheit."

2) Dieser echt cassiodorische Satz will besagen: man kann nicht ohne Schaden
ausgeliehene durch den Tod erledigte Güter lange leer stehen lassen: man muß sie
an Andre ausleihen, womit ihnen eine Wohlthat geschieht und für uns die Unter=
brechung des Dienstes verhütet wird.

benheit geleiſtet hat. Denn uns ziemt es Höheres zu verleihen, als
wir von unſern Dienern empfangen. Hier wäre Gleichheit nicht
Gerechtigkeit, ſondern wir vergelten dann am Gerechteſten, wenn
wir uns bei der Vergeltung ſtärker belaſten"[1].

Es iſt aber dieſe Verbindung von tuitio und Königsland doch
nur eine zufällige und an bekannte Erſcheinungen im Frankenreich
dabei nicht zu denken.

Benedict war wohl nur ein durch treuen Fleiß in der Be=
wirthſchaftung ausgezeichneter conductor der domus regia, die Kin=
der können vielleicht wegen Minderjährigkeit das väterliche Gut
nicht erhalten. Doch wird nicht etwa Theoriolus zum tutor oder
curator der Kinder beſtellt; eine ſo gewöhnliche und ſelbſtverſtänd=
liche Maßregel könnte nicht als außerordentliche Gnadenbelohnung
der Kinder für außerordentliche Verdienſte des Vaters hingeſtellt
werden: Theoriolus, der in der Nähe wohnt, vielleicht die Kinder
auf dem Gute belaßen muß, iſt Sauvegarde und wohl auch Ver=
theidiger der Kinder vor Gericht in Folge beſondern Auftrags des
Königs, deſſen tuitio er bethätigen ſoll.

Bezeichnend für die Abſtammung der tuitio aus der oberſten
(obervormundſchaftlichen) Schutzpflicht des Königs iſt es, daß unter
den mit der tuitio geehrten Schützlingen die Kirchen oben an ſtehen,
wie ſpäter der König vor allem advocatus ecclesiae iſt: „An den
Grafen Abila König Theoderich. Obwohl wir wünſchen, daß keiner
von Allen, welche unſre Huld und Milde beſchützt (d. h. von
unſern Unterthanen) Bedrückung zu tragen habe — denn ungeſtörte
Ruhe der Unterthanen iſt des Herrſchers Ruhm — ſo wollen wir
doch beſonders von aller Unbill ſicher die Kirchen wiſſen, durch
deren gerechte Behandlung man die Gnade des Himmels erwirkt.
Und deßhalb bewogen durch die Bitten des vir beatissimus, des
Biſchofs Euſtorgius von Mailand, tragen wir dir in gegenwärtiger
Anſprache auf, daß du den Gütern und Leuten jener Kirche auf
Sicilien mit Vorbehalt der Geſetzlichkeit tuitio gewähreſt. Und
von Niemand, welcher Nation er ſei, laß jene wider das Recht
unterdrücken, welche man aus Ehrfurcht vor dem Himmel unter=
ſtützen ſoll. Jedoch in der Weiſe, daß ſie (d. h. fundi et homines)
gegen Anſprüche des Staats oder der Privaten, die begründeter=
maßen gegen ſie erhoben werden, ſich zur verantworten nicht an=
ſtehn. Denn wie wir nicht wollen, daß ſie von irgend jemand be=

---

1) Var. L 36.

schwert werden, so dulden wir auch nicht, daß sie sich vom Pfad der Gerechtigkeit entfernen"[1]).

Die erbetne tuitio wird hier nicht einem bloßen Sajo, sondern einem Gothengrafen übertragen, dem Ansehen des Schützlings entsprechend: er, der ohnehin den allgemeinen königlichen Bann trägt, soll den besondern Schutz des Königs verwirklichen: vorbehaltlich der allgemeinen Pflicht, vor Gericht Recht zu geben; auch Gothen bedrängten die Kirche, deßhalb wird ein angesehener Gothe gewählt: besondrer Sauvegarde bedarf es nicht, denn der Graf hat der milites genug unter sich. —

Man sieht, dieß Schutzverhältniß ist in manchen Fällen noch ein rein thatsächliches. Aber es ist doch nicht immer nur dieß. Schon ist es zu einem bestimmten Rechtsinstitut mit bestimmten, wenn auch nicht immer denselben, Formen und Wirkungen erwachsen. Und es ist nicht Zufall, daß die beiden durchaus festgestellten Formeln, in dem siebenten Buch der Varien, der Formelsammlung Cassiodors (welches nicht wie die übrigen systemlos zusammengestellt, sondern systematisch geordnet ist), ihren Platz finden zwischen den Formeln für die Rangstufen der Spectabilitas, des Clarissimats einerseits und den Formeln für persönliche Gnadenverleihungen (Venia Aetatis, Legitimation einer Ehe ꝛc.): andererseits: die Schützlinge des Königs werden durch diese persönliche Gnadenverleihung zu einer eignen Gruppe ausgezeichneter Personen[2]). —

---

1) Var. II. 29; die Motivirung ist schon ganz im Geist und Ton späterer Königsprivilegien für Kirchen.

2) Außer von Cassiodor und außer von königlichem Schutz gebraucht, habe ich das Wort tuitio nur noch einmal (in juristischem Sinn) in dem Italien jener Zeit gefunden: Marini Nr. 86. erkauft sich a. 553 in Ravenna die Gothin Runde durch eine beträchtliche Schenkung die tuitio des Erzbischofs von Ravenna contra violentos impetus. Uebrigens ohne allen vorgefundenen römischen Ausgangspunkt hat sich auch dieß Institut im Gothenstaat entwickelt: der römische Ausgangspunkt ist offenbar die tuitio vel executio militaris, eine Art Sauvegarde, welche Theodosius Arkadius und Honorius a. 393 verboten. l. c. Cod. Th. I. 9. nunquam omnino tuitio militaris vel executio negotiis privatorum tribuatur; vgl. den Commentar des Gothofr., der aber seine Definition aus den cassiodorischen Fällen schöpft und zu l. 36. C. Th. 13. 5. tuitionis praesidium für die navicularii. Ferner l. 1. 11. 24 de patrociniis vicorum, woran namentlich bei der tuitio der villici zu denken ist; vgl. die höchst merkwürdige Stelle des Salvianus hiezu: die Steuerpflichtigen ut vim exactionis evadant . . tradunt se ad tuendum protegendumque majoribus et quasi in jus eorum ditionemque transscendunt: aber diese Schützer: hac lege defendunt miseros ut mise-

3. Gesetzgebende Gewalt.

Der König hat die gesetzgebende Gewalt und zwar übt er sie völlig unbeschränkt und ohne Mitwirkung von Adel oder Volksversammlung aus, ganz wie die Imperatoren, von denen er sie überkommen hat. Im altgermanischen Staat hatte es neben der Fortbildung des Rechts durch die Gewohnheit einer eigentlichen Gesetzgebung wohl nur selten bedurft: wo sie aber nöthig wurde, war die Mitwirkung, wenigstens die Genehmigung, von Adel und Volk unerläßlich.

Die Gothenkönige in Italien aber erlassen Gesetze mit auch für die Gothen verbindlicher Kraft, ohne daß irgend einer Mitwirkung des Volkes gedacht würde, was bei den Aufzeichnungen der Stammrechte bei andern Germanen so oft geschieht.

Wir begnügen uns hier, die formale Unbeschränktheit des Königthums auch in diesem wichtigen Gebiet hervorzuheben: eine genaue Untersuchung der „Edicte‟ Theoderichs und Athalarichs (welche übrigens keineswegs die einzigen von den Gothenkönigen erlaßnen Gesetze sind) nach allen Seiten wird der Anhang bringen, auf welchen wir verweisen[1]).

---

rieres faciant defendendo; nur an diese Form benkt Marini ad N. 86: (die executio militaris wird gewährt, wenn die Execution des Civilrichters nicht durchbringt, entspricht also dem imminere des Sajo, (f. unten „Amtshoheit‟). Alle diese „tuitiones‟ nun aber unterscheiden sich, wenn sie auch, neben der germanischen Wurzel der allgemeinen Idee des Königsschutzes, die römischen Wurzeln unserer tuitio regii nominis sind, in allem Wesentlichen von dieser: sie gehen nie vom Herrscher, immer nur von judices, comites etc. aus, werden nie durch die allgemeine Schutzpflicht des Königs motivirt, und jedenfalls sind diese römischen Formen unter den neuen Bedürfnissen und den germanischen Einflüssen des Gothenstaats zu etwas ganz anderem geworden; vgl. auch die von Gothofr. zu lex 36 angeführten Briefe des Symmachus IX. 22. X. 36.

1) Für die Darstellung des Königthums hat der Inhalt des Edicts in seinem privatrechtlichen, strafrechtlichen Detail ꝛc. an sich keine entscheidende Bedeutung: wir haben es hier nur mit dem öffentlichen Recht und auch mit diesem zunächst nur nach der Einen Seite hin zu thun, soweit es eben mit der königlichen Gewalt zusammenhängt. Es ist daher das Meiste, was in der Streitfrage über die Geltung des römischen oder gothischen Rechts und über die Bedeutung des Edicts verhandelt wird (bekanntlich hat von Glöden in einer scharfsinnigen Schrift die Geltung des gothischen Rechts im gothischen Reich bestritten f. Abth. II. S. 125) an sich von nur mittelbarem Interesse für unsern Zweck. Wir werden deßhalb in der Darstellung selbst die hier auftauchenden Fragen nur soweit sie eben mit dem Thema der Darstellung wesentlich zusammenhängen, zu berühren haben. Da aber allerdings die Frage, ob die Gothen nach gothischem oder nach römischem Recht

4. Finanzhoheit. Finanzzustände.

Der König hat die Finanzhoheit: das ganze römische Finanz= wesen, zumal das Steuersystem, blieb bestehn, und der Gothenkönig übt die volle Finanzgewalt des Imperators wie über die Römer so über seine Germanen. Wie in dem römischen Imperatorenstaat jener Zeit ist das Privatvermögen des Königs (patrimonium regis, domus regia) und das öffentliche Vermögen des Staates im We= sentlichen nicht mehr getrennt: die Person des Königs ist das Sub= ject aller einschlägigen Rechte, er hat über beide Vermögensgruppen gleich unbeschränkte Disposition, wenn auch, zum Theil aus alter Tradition, zum Theil um der bequemern und geordnetern Verwal= tung willen, besondere Cassen und Rechnungen und Beamtungen für die einzelnen Vermögenstheile bestehen.

Der Fiscus behält wie seinen Namen, so alle Rechte und Pri= vilegien, die ihm das römische Recht gewährte: ja, der Fiscus ist als juristische Person selbst ein Römer, lebt also nach römischem Rechte, und bedient sich römischer Institutionen[1]).

---

lebten, für unsere ganze Auffassung von dem Reich und Königthum der Gothen mittelbar von Wichtigkeit ist, — waren die Gothen ein Volk und ihr König mehr als ein bloßer Beamter des Kaisers, so lebten sie schwerlich nach römischem Recht und, umgekehrt, lebten sie nach ihrem nationalen Recht, so waren sie gewiß auch eine Nation mit einem nationalen Haupt — da, können wir kurz sagen, die Ansicht von Sybels in der Ansicht von Glöbens eine starke Stütze fände, so wird der Anhang letztere ausdrücklich widerlegen: das sehr kunstvolle, aber auch sehr complicirte Gefüge der v. Glöben'schen Beweisführung läßt sich nur verstehen und deßhalb auch nur widerlegen, wenn man Glied für Glied in der Kette seiner Schlüße verfolgt und auflöst, dieß aber setzt wieder eine so genaue Erörterung eines großen Theiles des Edicts voraus, daß ich mich entschlossen habe, lieber gleich das Ganze, in Text und Commentar zu geben, was vielleicht, (da der bisher einzige und seiner Zeit sehr verdienstvolle Commentar von Rhon in fast allem Wesent= lichen überholt, ohne Berücksichtigung des ganzen politischen Zustandes der Gothen gearbeitet ist, und, abgesehen von der falschen Grundauffassung, auch sehr zahlreiche Irrthümer im Detail, d. h. in der Ableitung der Edictsätze aus den römischen Quellen enthält), als nicht unwillkommene Gabe aufgenommen werden wird.

1) Theoderich hat eine Schenkung von offenbar mehr als 500 solidi ausge= sprochen, Athalarich läßt die nöthige Insinuation vornehmen VIII. 25. Der Fis= cus klagt gegen römische Depositare confiscirter Güter bei dem consularis cam= paniae als forum domicilii und der Proceß wird nach der forma divalium sanctionum geführt; über das Verhältniß von fiscus, aerarium nostrum, do= mus nostra, patrimonium nostrum vgl. V. 6. 7: die domus nostra hat Grund= stücke im contractus libellarius einem Römer ausgethan: die Schuldsumme von

Im Uebrigen gliebert sich der hier vorliegende Stoff am Ein=
fachsten nach Einnahmen (Activa) und Ausgaben (Passiva) des Kö=
nigs ober des Staates. Die erwähnte Vermischung vom Privatver=
mögen des Königs und dem Staatsvermögen bringt es mit sich,
daß die Ausgaben des Staats von beiden Vermögen unausgeschie=
ben bestritten werden.

Der domus regia gehören[1]) vor allem ausgedehnte Liegen=
schaften in Italien und allen Provinzen[2]). Das waren Landgüter
mit aller Zubehör, namentlich Sclaven[3]), Ackerland, Weinberge[4]),
dann Wälder[5]) und Bergwerke[6]). Alle diese Krongüter bien=
ten den Staatsausgaben: die Wälder liefern Schiffsbauholz für die
Flotte[7]), die Landgüter werden zur Verpflegung des Heeres wie
andere possessores beigezogen[8]). Das sind die praedia nostra[9]).

Wenn auch Odovakar einen großen Theil dieser (römischen,
kaiserlichen) Krongüter an seine Anhänger verschenkt hatte[10]), so
waren ja gerade die Angesehensten und Reichsten derselben gefallen
ober ermordet worden und die Confiscation brachte all' ihr Ver=
mögen in Theoderichs Hand zurück[11]). Außerdem erhielt aber Theo=

10,000 solidi wird eingetrieben für — ben *fiscus*. VI. 8 wird fiscus und aerarium nostrum als identisch gebraucht: Das aerarium nostrum ist die Cassa, in
welche die Steuern fließen V 14. VII. 22. VIII. 14. 20. 26. VII. 22. Z. B.
das siliquaticum III. 25; ungenügend hierüber Manso S. 97, Sartor. S. 194.

1) Domus nostra IV. 3. V. 6. 18. regia V. 19. 20. VI. 9. VIII. 10. X. 5.

2) In Italien VIII. 25; bei Trient II. 17. XII. 5; in Apulien V. 7. in
pedonensi civitate domus pinciana; in Bruttien IX. 23. III. 10; in Spanien
V. 39. conductores domus regiae .. tantum decernimus solvere, quantum
nostra praedia constiterit pensitare; am Po V. 18. 20. in Gallien.

3) Neben biesen Sclaven auf königlichen (per domum nostram navigandi
artifices V. 18. 19) Besitzungen, z. B. IV. 14 gab es noch eigentliche Staats=
sclaven: so die exproprirten Privatsclaven, welche als Ruberknechte verwendet
werden: diese waren nicht freigelassen worden arg. *genus* libertatis V. 16; ebenso
die mancipia formarum servitio deputata III. 31.

4) An. Val. p. 622.

5) Var. V. 18. 20.

6) Var. III. 25. 26. IX. 3.

7) Oben S. 88 und V. 18 s. 20.

8) IV. 14.

9) Var. V. 39. regia V. 6. 7. 18. die χωρία τῆς βασιλέως οἰκίας, ἣν δὴ
πατριμώνιον καλοῦσι Proc. I. 6. I. 4. τὴν βασιλειαν οἰκίαν, ἣν πατριμώνιον
καλεῖν νενομίκασιν.

10) A. II. S. 47.

11) Auch später noch wurden Landgüter für den Fiscus eingezogen. IV. 14.
s. unten Anhang I.

berich, wie die Asbingen[1]), auch sonst noch einen großen Theil des vertheilten Landes, nach dem Bedürfniß seines Hauses[2]), die größte aller „sortes barbarorum", und es ist gewiß, daß des Königs Land= besitz ein sehr ausgedehnter war, wenn schon ein Prinz seines Hauses fast ganz Tuscien besaß[3]).

Die Landgüter[4]) wurden entweder auf Rechnung des Königs selbst durch königliche Intendanten (actores, procuratores) mittelst der Sclaven und Colonen bewirthschaftet, oder noch häufiger an Pächter (conductores, conducentes domus regiae) vergeben, Römer und Germanen[5]), gegen einen Pachtzins, canon, dessen Minimum die königlichen Beamten, der comes patrimonii[6]) und seine arcarii, festsetzten und die Pächter nicht willkürlich verringern durften: „sonst würden ja die Güter in ihrem, nicht in unsrem Eigenthum zu stehen scheinen"[7]). Jedoch erhalten die conductores auch ihrerseits, wenigstens manchmal, eine Art festen Gehalts (salaria), entweder in Folge einer Doppelstellung von Pächtern und Verwaltern oder, was noch wahrscheinlicher, weil sie für locale Polizei (Sicherheit), und niedre Gerichtsbarkeit auch öffentliche Functionen hatten[8]). Einen besonders werthvollen und eng an Person und Haus des Königs geknüpften Theil seines Vermögens bildet der Schatz, deß= gleichen die Germanenkönige auch schon vor der Wanderung besaßen.

Dieser Schatz aus Geräth[9]), Geschirr, Waffen[10]) Gewändern

---

1) A. I. S. 204.
2) Oben S. 13.
3) Proc. L 3; über die reichen Erträgnisse der Domänen XI. 7. XII. 12. du Roure I. S. 330.
4) Massae: massa juris nostri rusticiana in Bruttiorum provincia IX. 3. f. oben S. 17.
5) V. 39. qualicunque gente sint editi; f. Ennod. ep. VII. 1. den Gothen Bauto als conductor domus regiae.
6) VI. 9.
7) l. c. V. 39.
8) Die dunkle Stelle V. 39 spricht von Spanien, wo wenigstens bei den Westgothen die königlichen Domänenverwalter auch polizeiliche c. Verrichtungen haben; Gleiches bei Franken und Langobarden; vielleicht hängt die oben S. 131 besprochne tuitio der villici damit zusammen. Ueber den contractus libellarius f. V. 7. Unklar ist, wie die Erben des Amanbianus für die verlorne (pro amissione) casa arbitana vom König die massa palentiana umgetauscht erhalten (transfundere), vielleicht Expropriation?
9) Var. V. 2.
10) Var. V. 2.

von besonderer Kostbarkeit und auch[1]) aus baarem Gelde bestehend, wurde fortwährend durch Geschenke fremder Völker und Fürsten bereichert, wie anderseits aus ihm reiche Ehrengaben an fremde Könige und Gesandte gespendet werden[2]). Freilich werden auch die Reichthümer der kaiserlichen Paläste diesem Königsschatze einverleibt[3]). Auch den Königsschatz der Westgothen hatte Theoderich von Carcassonne nach Ravenna bringen lassen[4]); außer vielen andern Kostbarkeiten nimmt Amalasuntha 40,000 Pfund Gold aus diesem Schatz[5]). Hienach begreift man die Wichtigkeit, welche demselben beigelegt wird, begreift, daß Justinian die Theilung dieses Schatzes Vitigis zur ersten Friedensbedingung macht und daß die Byzantiner Belisar die Erbeutung desselben besonders hoch anrechnen[6]). So ging er denn für König Ildibad verloren, aber unter Totilas elfjähriger Regierung hat sich unerachtet des ununterbrochenen Krieges bereits wieder ein bedeutender Schatz angesammelt, wichtig genug, um Teja zu bestimmen, zu dessen Deckung seinen ganzen Kriegsplan[7]) einzurichten, und die Alamannen zu ihrem Einfall in Italien anzulocken, so daß Narses hofft, sie würden umkehren, wenn sie dessen Erbeutung durch die Byzantiner erfahren[8]). Bei diesem Schatz sind auch die Abzeichen der königlichen Würde, auf welche großes Gewicht gelegt wird[9]).

Ferner die directen Steuern[10]), vor Allem die Grundsteuer[11]). Sie

---

1) Var. V. 44.

2) V. 1. Vom König der Warnen picei (was ist das?) tymbra, pueri gentili candore lucentes, spathae, V. 2. Von den Esthen Bernstein, vom König der Thüringen weiße Rosse, vom König der Vandalen kostbare Waffen u. f. w.

3) Jard. de regn. succ. Belisarius cum opibus palatii.

4) Proc. b. G. I. 12. natürlich nicht blos „Staatskleider", Bower S. 332.

5) l. c. 2. nach den Berechnungen bei du Roure I. S. 327 über 30 Millionen Gulden.

6) II. 29. III. 1. l. c.; auch Jord. c. 60 de regn. succ. p. 241 vergißt der „regiae opes" (opes palatii) nicht; der Kaiser stellt sie im Palast den Senatoren zur Schau.

7) Proc. IV. 34. Agath. I. 8. Vict. tun. p. 375.

8) Agath. II. 10.

9) f. unten „Romanisiren".

10) Ueber Steuerwesen im Gothenstaat im Allgemeinen: I. 14. 19. II. 13. 16. 24. 25. 26. 38. III. 8. IV. 1. 14. 38. V. 14. 15. 31. 34. 39. VI. 24. VII. 21. 22.

11) Ihre mannichfaltigen Namen sind census IV. 16. IX. 9. 10. V. 14. stipendia XII. 16. assis publicus IV. 36. III. 8. V. 14. 39. XII. 15. tributarius XII. 16. publica pecunia I. 26. XII. 2. functio publica II. 24. 25. III. 32.

wurde in hergebrachter Weise nach dem alten[1] römischen Syſtem nach Indictionen und in dreimaligen Jahresraten erhoben[2] und zwar von allen Grundeigenthümern, possessores[3]). Wie die Römer waren auch die königlichen Domänen[4] und die Kirchen (arianiſche[5]) wie römiſche) der Grundſteuer unterworfen; letzteres konnte man nur aus ſchwerbegreiflichem Mißverſtändniß leugnen; nur ausnahmsweiſe und theilweiſe erhalten einzelne Kirchen von der

---

XII. 28. VIII. 2. XI. 2. 10. 7. V. 39. I. 26. fiscalis calculi II. 17. 26. XII. 28. functio debita IV. 14. XII. 8. functio tributaria III. 40. V. 14. 40. IV. 50 36. XII. 22. tributum IX. 43. XI. 7. 2. (fiscale XI. 35. IV. 38. VI. 60) IV. 14. 36. 38. V. 13. 14. XII. 2. 28. I. 26. II. 16. III. 32. VI. 24. VII. 45. tributarius solidus V. 14. IX. 12. XII. 23. illatio III. 42. XII. 16. Auch ſchlechthin fiscus V. 14. I. 24. 31. VI. 3. 8. IV. 14. 20. 32. III. 29. II. 16. 38. 33. I. 19. 22. 26. IX. 14. 25. XII. 7. 18. fiscalis ratio II. 26. illatio XII. 16. auch pensio; aber pensio bezeichnet auch den Pachtzins der conductores I. 16. und des Unterpächters des siliquatarius II. 16, ſowie die als siliquaticum, aurarium, monopolium bekannten Abgaben ſelbſt II. 30; wie denn faſt alle obigen Ausdrücke außer der Grundſteuer noch andere Abgaben bezeichnen können; (auch die von tres abgeleiteten, denn auch andre Abgaben wurden dreimal jährlich erhoben; vgl. Sart. S. 343); vgl. Waitz III. S. 154. 506. 558. 568. Sav. Zeitſchr. VI. u. XI.

1) prisca legum auctoritas III. 42. XII. 16.

2) daher trina, (Sart. S. 200) terna illatio hierüber und über die Fortbauer der Indictionen XII. 2. trinae illationis .. tributa indictionis XIII. — XII. 16. per indictionem I. possessor trina illatione assem tributarium persolvat XI. 33. in illatione tertia solidos tot XIII. indictionis; vgl. I. 16. III. 40. XI. 7. 35. 36. 38.

3) possessores techniſch für den Stand der Grundſteuerpflichtigen. Var. I. 14. 26. II. 17. III. 9. 10. 42. 44. 49. 52. IV. 8. 11. 39. V. 14. VI. 9. 22. VIII. 6. 27. 31. 33. IX. 4. 5. 7. XII. 2. 4. 5. 8. 16. 17. 18. (vgl. Leo I. S. 49); tridentinae civitatis I. 14. VI. 9. 22. voliensee IV. 11. forojuliensis IV. 8. catanensis III. 49. arelatensis III. 44. feltrini V. 9, da das Land meiſt an conductores ausgegeben war, ſtehen neben den possessores oft die conductores I. 16. VIII. 33. von dieſen Pächtern königlicher und privater Güter conductores massarum (über die massae und zu Bervollſtändigung v. S. 17. f. namentlich Marini im II. Anhang) VIII. 33. V. 39. XII. 5) muß man die Pächter der Steuern (conductores titulorum, z. B. siliquatici II. 25. V. 31) unterſcheiden; neben beiden werden dann noch die defensores und curiales genannt, die für die Erhebung haften; z. B. III. 9; einen Gegenſatz zu den possessores bilden die andern Abgaben unterworfnen negotiatores XII. 23. X. 26. II. 30. 38. VII. 14. VI. 7. VIII. 33.

4) XII. 5; es könnte bieß zwar, wie von Syb. und vor ihm ſchon Manſo S. 94 mit Recht bemerken, vielleicht nur Ausnahmen für dieſen Fall ſein, die kaiſerlichen Domainen aber ſteuerten Sart. S. 194, deßhalb gewiß auch Theoderich.

5) Var. I. 26.

frommen Milde des Königs Befreiung¹). Am Wichtigsten ist nun aber für uns, daß auch die Gothen der Grundsteuer unterworfen²) waren, wie die Römer. Sehr bezeichnend ist hiebei, daß alle drei Stellen, welche diese Steuerpflicht erwähnen, zugleich das heftigste Widerstreben der Gothen gegen deren Erfüllung aufzeigen. Schon bei den Vandalen haben wir erörtert, daß der alte Staat der Volks- freiheit keine Besteuerung freier Männer kannte, daß die Zu- muthung derselben mit Ingrimm als ein Ansinnen privatrechtlicher Knechtschaft aufgenommen wurde und bei den Franken werden wir wiederholt diese Stimmung in offnen Aufstand ausbrechen sehen.

Auch die Ostgothen wollen nicht steuern. Die drei Stellen handeln von den Gothen im Picentinischen, zumal der Stadt Habria, und in Tuscien und von „frühern Barbaren"³) in Savien.

Die Gothen bei Habria müssen mit Geldstrafen, die im übrigen picentinischen und im tuscischen Lande sogar mit der fast aller-

---

1) L. 26. praefata ecclesia superindictorum onera tributorum in ea summa non sentiat, quae a .. Cassiodori .. temporibus est soluta. Aber für andere Grundstücke, die sie erwirbt, commune cum universis possessionibus onus solutionis agnoscat et illius subjaceat functioni, cujus est nacta jura dominii: „sonst können wir uns ihrer Gütervermehrung nicht freuen, wenn damit für den Fiscus eine Steuerverminderung verbunden ist." Die Kirche hatte Steuer- freiheit für alle ihre Grundstücke beansprucht, aber der König beschränkt diese auf gewisse von ihm selbst der Kirche geschenkte Güter; ausnahmsweise Befreiung eines Klosters auf Verwendung des Kaisers X. 26. Ebenso ausnahmsweise wird einmal einem Laien Befreiung von der Steuer für ein von ihm erst der Cultur ge- wonnenes Stück bisherigen Sumpflaubs gewährt (II. 33 ut paludibus .. siccatis sine fisco in solum rura revocata possideas nec ullam metuas liberatis rebus exhibere culturam, quas sub generalitatis testimonio absolvimus. Die Steuerpflichtigkeit der arianischen Kirchen Ravenna's erhellt auch daraus, daß, als deren Güter der katholischen Kirche daselbst geschenkt werden, der Kaiser die bisherigen Leistungen derselben an den Fiscus vorbehält. Mar. Nr. 87.
2) Sart. S. 65. 149; mit Unrecht bestritten von Gibbon c. 39.
3) Var. V. 14; antiqui barbari qui romanis mulieribus elegerint nup- tiali foedere sociari quolibet titulo praedia quaesiverint, fiscum possessi caespitis persolvere ac superindictis oneribus parere cogantur; es sind offen- bar alle vor den Ostgothen eingewanderten Germanen gemeint, also namentlich die Leute Odovakars (aber auch alle andern, s. oben S. 1). Ob diese bisher steuerfrei waren (Manso S. 102) ist nicht auszumachen; aber die Stelle, welche das Maaß der Grundsteuer zu Odovakars Zeit erwähnt, spricht nicht von Bar- baren. Pallmann II. S. 331 schwankt; aus Mar. Nr. 83 folgt nichts, da alle Betheiligten Römer sind.

äußerften Maßregel, der Confiscation ihrer Lose, bedroht werden. Die Härte dieser Strafe wie die ganze Ausdrucksweise der Stelle zeigt, daß die Widersetzung sehr energisch, des bösen Beispiels und der allgemeinen Stimmung der Gothen wegen sehr gefährlich war und mit schleunigster Energie unterdrückt werden zu müssen schien. Die gleiche Belastung der Gothen wie der Italiener war, wie wir nach unserer Auffassung sehr wohl einsehen, eine für Theoderich unerläßliche Consequenz seines ganzen Systems: die Gleichstellung der beiden Nationalitäten und die Erziehung der Gothen zur römischen Staatsidee (civilitas s. u. „Romanisiren" und Anhang I u. II) forderten das, wie der Wortlaut der einschlägigen Stellen deutlich besagt; den Ausfall durch Ueberwälzung auf die Römer zu decken, wie die Vandalen thaten, daran kann hier gar nicht gedacht werden[1]). Ausdrücklich wird die aequitas, d. h. die billige Gleichstellung aller Unterthanen, als Hauptgrund an-

---

1) Var. I. 19. fisci volumus legale custodire compendium, quia nostra clementia rebus propriis videtur esse contenta et sicut nullum gravare cupimus, ita debita nobis perdere non debemus. indigentiam juste fugimus, dum perniciosa res est in imperante tenuitas. modus ubique laudandus est. nam cur aut vituperabilis negligentia in propriis defluat aut aliena cupiditas turpis abradat? et ideo vobis praesenti jussione praecipimus, ut, adrianae civitatis curialium insinuatione suscepta, quicunque Gothorum fiscum detrectat implere, eum ad aequitatem redhibitionis arctetis. ne tenuis de proprio cogatur insolvere, quod constat idoneos indebite retinere. hac scilicet ratione servata, ut si quis contumaciae vitio maluerit nostra jussa tardare, cum mulcta reddat, quae debuit etiam non compulsus offerre. quatenus protervo spiritu indecenter erecta impunita justis seculis non relinquatur audacia. IV. 14. Gesilae sajoni Theodericus rex. magni peccati genus est, alienis debitis alterum praegravare. ut quod potest exigi, non mereatur audiri. sua quique damna respiciant et is solvat tributum, qui possessionis noscitur habere compendium. atque ideo praesenti tibi auctoritate delegamus, ut Gothi per Picenum sive Thuscias utrasque residentes te imminente cogantur exsolvere debitas functiones. *in ipsis enim initiis comprimendus excessus est,* ne foeda imitatio, quasi turpis scabies, paulatim reliquos comprehendat. si quis ergo jussa nostra agresti spiritu resupinatus abjecerit, casas ejus appositis titulis fisci nostri juribus vindicabis. ut qui juste noluit parva solvere, rationabiliter videatur maxima perdidisse. (Den Schluß s. ob. S. 78. 79; über die Bedeutung von casa Mar. ad Nr. 91). Von Syb. S. 243 findet es zweifelhaft, ob diese Stellen sich auf die sortes beziehen; er sagt, IV. 14 rede von königlichen Schenkungen (d. h. er meint, die Gothen sollten nur von den ihnen besonders vom König geschenkten Gütern Steuern zahlen), aber was die donativa sind, haben wir oben gezeigt und nicht von ihnen (als Gütern) fordert IV. 14 Steuern, sondern um ihrer willen,

gegeben und die Geldstrafen werden damit gerechtfertigt, daß die Steuerweigerung eine gefährliche Regung jenes der Staatsordnung widerstrebenden Trotzes sei (spiritus agrestis contumacium personarum V. 31), der unter der Herrschaft des Rechts (justis seculis, sub civilitate) nicht zu dulden ist.

Und daß jenes hartnäckige und häufige Widerstreben[1]) schließlich doch gebrochen wurde, ist nicht das geringste Zeichen von der bereits unwiderstehlich gewordenen Macht des Königthums[2]). An die Grundsteuer schließt sich eine andere Abgabe, über welche freilich sehr abweichende Meinungen bestehen und völlige Klarheit kaum zu gewinnen ist. Es sind dieß die tertiae, welche nur an zwei Stellen[3]) Cassiodors begegnen. V. II. 17 wird der Stadt Trient eröffnet: pro sorte, quam Butilino presbytero nostra largitate contulimus, nullam debere solvere fiscalis calculi functionem: sed in ea praestatione quanti se solidi comprehendunt, de tertiarum illationibus vos noveritis esse relevandos: und I. 14 wird der Stadt Cathalia gestattet: quod a Cathaliensibus inferebatur genus tertiarum (magnificentia tua), faciat annis singulis in tributaria summa persolvi. Savigny[4]) hielt

d. h. die Gothen, welche so reiche Donativen erhalten, sollen sich nicht weigern, von ihren Gütern Steuern zu zahlen. Damit fällt auch seine Wegerklärung von I. 19.

1) Auch Var. XI. 37 enthält Andeutungen des Sträubens (der Mächtigen) gegen Erfüllung der bürgerlichen Pflichten: quid publicas actiones (hierüber VIII. 31) per difficiles minutias (a praetorianis) referamus esse collectas, quas magna subtilitate compositas et ab illis exigunt, quos offendere non praesumunt; und unter den zu wenig Steuern zahlenden possessores in Savien V. 14 sind gewiß auch Gothen.

2) In jedem Steuerdistrict wird eine bestimmte, nach den Polyptiken V. 14 pro hominum qualitate l. c. vertheilte Summe erhoben und von den Curialen und Exactoren an die arcarii abgeliefert XII. 8: der Ausfall auf Seite eines Pflichtigen wird auf die übrigen repartirt: daher die schweren Folgen jeder Steuerverweigerung für Andre. IV. 14; eventuell haften die Curialen und die Finanzbeamten. Die judices provinciarum haben über Steuerausfälle an den Praefectus Praetorio zu berichten II. 24. 25. IX. 9; über die Grundsteuer vgl. noch Manso S. 100. 384, und im Leben Constantins S. 184. 221. Balbo I. S. 23. du Roure I. S. 327 f.; sie kann auch in Naturalien abgetragen werden, nach Bedürfniß der Regierung; vgl. Mar. Nr. 139 und seine Noten. Hegel I. S. 50. 60.

3) In Mar. Nr. 138 a. 504 findet sich ein „pictacium de titulis tertiarum über c. 260 solidi, das aber nur zeigt, daß dabei große Summen vorkamen: es wurden wohl auch diese „tituli" wie die siliquatici etc. behandelt.

4) L. 133; ebenso Sart. S. 348. Buat, du Roure I. S. 302, obwohl er nach Buat die eigentliche Bedeutung der tertiae kennt.

zuletzt diese tertiae für die gewöhnliche Grundsteuer, die sonst trina illatio heißt[1]), weil sie in drei Terminen abgeführt wurde. Allein unmöglich können die in der letzten Stelle genannten tertiae die trina illatio, das tributum sein, denn sie werden ja diesem ausdrücklich entgegengesetzt und sollen mit ihr (in tributaria summa) zugleich entrichtet werden: darin liegt die Vergünstigung, daß die oft vexatorische Steuererhebung für beide Abgaben jedes Jahr zugleich stattfinden solle, nicht, wie Savigny meint, darin, daß die trina illatio in Einer einzigen Zahlung entrichtet werde, denn der Hauptgegensatz liegt in tertiarum genus und tributaria summa[2]). Andere haben sie für die von den Gothen zu entrichtende Grundsteuer gehalten, aber mit Unrecht, denn sie werden ja von den römischen Municipien Trient und Cathalia entrichtet. Ebensowenig sind wohl die beiden von Gaupp S. 489 aufgestellten Hypothesen zu halten, wonach die tertiae entweder altrömische Abgaben für Benützung kaiserlicher Güter wären — denn in diesem Fall verstand sich von selbst und brauchte nicht erst verordnet zu werden, daß, wenn solche Güter der Stadt Trient entzogen wurden, sie nicht mehr die Nutzungsvergütung zu zahlen brauchte — oder eine von Odovakar den Römern aufgebürdete Abgabe für das Drittel, welches er seinen Schaaren steuerfrei angewiesen hätte (wie Genserich that) — denn Gaupp muß dann eine Milderung dieser Abgabe seit der Gothenzeit annehmen: nun wissen wir aber, daß die Grundsteuer unter Theoderich gerade wie unter Odovakar erhoben wurde[3]); vielmehr scheint die früher von Savigny selbst[4]) und von Manso[5]) aufgestellte Vermuthung durch neue Gründe gestützt werden zu können. Unmöglich könnte die Dritteltheilung bei jedem einzelnen Grundstück vollzogen werden[6]), so viel Boden brauchten die Gothen nicht: Italien hat heute auf 5,772 Quadrat-Meilen über 25 Millionen Einwohner, also auf dem Drittel von 1,924 Quadrat-Meilen über 8 Millionen. Die einwandernden Gothen aber be-

---

1) Z. B. Var. XII. 2.

2) Vergl. Gaupp S. 487, der auch Savigny's Erklärung der andern Stelle widerlegt.

3) Var. IV. 38.

4) In der I. Aufl. L. S. 286.

5) S. 83.

6) s. oben S. 7.

trugen höchstens 300,000 Köpfe. Wenn man nun die Dichtigkeit
der heutigen Bevölkerung gegenüber jener Zeit auch noch so hoch
anschlägt, so kommt anderseits in Betracht, daß die Oftgothen auch
außerhalb Italien starke Heere hatten und keinenfalls konnten jene
300,000 Seelen 1924 Quadrat-Meilen brauchen; es kämen auf die
Quadrat-Meile 155 Seelen. Es wurden daher bei sehr vielen römischen Gütern die Drittel nicht abgerissen: es ist aber nicht anzunehmen, daß die Eigenthümer derselben unbeschwert ausgegangen
seien, da ja die Gothen selbst von ihren Losen Steuer zahlten.
Vielmehr hatten sie wahrscheinlich den Ertrag dieses Drittels in
Früchten oder Geld abzugeben und diese Drittelabgabe führte denselben Namen wie die wirklich abgetretnen Drittel, nämlich tertiae[1]),
an deren Stelle sie traten[2]). Diese Annahme stimmt am Besten zu
den beiden fraglichen Stellen[3]): in II. 17 wird der Stadt Trient
eröffnet, daß der König ein Stück ihres nicht vertheilten Drittels
jetzt vertheilt und daß sie fortan um den Werth dieser sors weniger
von der Abgabe für das unvertheilte Drittel zu entrichten habe: in
I. 14 wird der Stadt Cathalia gestattet, die Abfindungsabgabe zugleich mit der Grundsteuer zu bezahlen, um die zweifache Erhebung
zu vermeiden. Zu dieser Erklärung stimmt es am Besten, wenn
Theoderich hinzusetzt: ita — illis suspectum tertiarum nomen au-
ferimus. Weder die Grundsteuer noch andere althergebrachte Abgaben konnten (den Römern) suspecta heißen, wohl aber mußte
eine Leistung suspecta sein, welche den römischen Eigenthümer stets
erinnerte, daß er ein Drittel seines Gutes nur aus Vergunst der
Barbaren noch besaß[4]).

---

1) f. o. S. 7; darin liegt ein starkes Argument für unsere Deutung; eine
Abgabe von den den Römern verbliebenen zwei Dritteln ist sie freilich nicht, wie
Sart. S. 348 mit Recht ausführt; wohl aber ein Entgelt für das belaßne dritte
Drittel, was Sart. verwechselt.

2) Das ist die sors barbarica bei Sav. I. S. 333, im alsbald zu erörtern-
den Sinne.

3) Warum werden gerade von zwei Stadtgemeinden die tertiae erwähnt?
man ließ die Abfindung vielleicht besonders bei Communalgut stattfinden, und bei
großen Grundcomplexen in Einer Hand, wie bei Städten, konnten am Ehesten
gewisse Einzel-Güter von der realen Theilung verschont bleiben.

4) Die bina et terna dagegen III. 8. VII. 21. 20. haben, was sie auch sein
mögen, mit neuen durch die Gothen herbeigeführten Einrichtungen nichts zu thun;
vgl. die verschiednen Ansichten bei Sart. S. 207; Manso S. 388 f. Du Cange s.

Reichen Ertrag muß ferner die siliquaticum genannte Steuer
gewährt haben[1]). Die Verkaufsaccise von Theodos II. und Valentinian III. eingeführt, betrug eine siliqua, d. h. $1/24$ von jedem Solidus[2]) des Preises jeder veräußerten (beweglichen wie unbeweglichen)
Sache, d. h. etwa vier Procent[3]). Sie wird den Kirchen von Mailand und Ravenna erlassen[4]) und soll nicht erhoben werden bei Vor-

v. tertia; sie sind gewiß weder mit der Grundsteuer (trina illatio), noch mit den
tertiae identisch (mit diesen verwechselt sie Mar. ad Nr. 138, dessen Erklärung
der tertiae von dem groben Irrthum ausgeht, die Römer hätten $2/3$ abtreten
müssen, die Grundsteuer der Gothen habe beßhalb bina et terna (warum
dann nicht prima et secunda?), die der Römer tertiae geheißen); es scheinen
römische Steuerzuschläge zu sein; ebenso Manso l. c. du Roure I. S. 329; vgl.
auch Sav. Abhandl. über die röm. Steuerverfassung: über die tertiae vgl. noch
die von Sav. R. R. I. S. 333 erörterte Kaufurkunde, Marini Nr. 115, welche
die im Gebiete von Ravenna und Faënza veräußerten Grundstücke nennt: „liberas — ab omni nexu fisci deviti (debiti?) populi privative et ab here
(l. aere) alieno litibus causis controverhisque omnibus *nec non et a sorte
barbari (os)*", (wörtlich ebenso nur ohne sors barbarica weil a. 591 Nr. 122).
Die Erklärung Sav's: „von dem Grundstück ist die sors barbarica bereits abgezogen": scheint richtiger als die von Gaupp S. 477: das Grundstück ist kraft
Privilegium (wovon wir nichts wissen, sogar Kirchen hatten kein Privilegium hierin), von der Drittelabtretung verschont; am wahrscheinlichsten aber ist die Erklärung: das Grundstück ist nicht mit einer Abgabe belastet, welche anstatt der
realen Abtretung zu entrichten ist, so daß die tertiae auch geradezu sors barbarica hieße. Marini weiß keine Auskunft; die Zusammenstellung mit controver-
siis und im Folgenden: et a ratione tutelaria et curae et ab obligatione
ceterisque aliis titulis vel oneribus sive contractibus ... nec cum quoque
se eas habere communes zeigt deutlich, daß die sors barbarica in der Mitte
steht zwischen einer privaten Obligatio und einer öffentlichen Last, das entspricht einer öffentlichen Abgabe, die statt der privaten Abtretung an einen barbarus erhoben wird; analog dem häufigen Ausdruck liberos ab nexu fisci, z. B.
Nr. 118. Die Urkunde ist aus a. 540, wo also die reale Theilung längst vollzogen war. Ravenna und Faënza waren damals gerade wieder byzantinisch geworden; zu einer Aufhebung dieser Steuer hatte man aber noch keinenfalls Zeit
gehabt, ganz abgesehen davon, daß diese Aufhebung, die gar nicht im System eines
Alexandros lag, unbillig gewesen wäre, da ja die besiegten Gothen, wie aus Marini erhellt, ihr Grundeigenthum behielten (einige Zeit sogar die arianischen
Kirchen, Mar. Nr. 117. 119), und also die Römer, die die Realtheilung erlitten
hatten, nichts zurückerhielten.

1) Vgl. II. 4. 30. III. 25. 26. IV. 19. titulus siliquatici V. 31. Manso
S. 108. Sart. S. 209.
2) 1 Sol = 4 Scrupel; 1 Scrupel = 6 siliquae.
3) Cod. Theod. Nov. Theod. II. I. 26 (25).
4) Var. II. 30. Sart. S. 115.

rathläufen für ben Staat[1]). Der comes siliquatariorum ift zugleich Hafenbeamter[2]). Defraubationen ber Unterthanen foll er anzeigen[3]) und ber Graf wird ihn gehörig zu unterftützen[4]) angewiefen[5]). Wie biefe Steuer traf auch die auraria (ober chrysargyron) vorzüglich Ge= werf und Hanbel: fie war eine Gewerbefteuer[6]), beftand unter ben Gothen fort[7]), ward aber auf das herfömmliche Maß ftrenge be= fchränkt[8]). Mit beiben wird regelmäßig zufammen genannt[9]), bas monopolium, b. h. das offenbar fehr einträgliche und beßhalb nur gegen fchwere Abgaben für beftimmte Zeit (5 Jahre) verliehene Recht, gewiffe Waaren, wie Waizen, Wein, Käfe, Fleifch, Heu, Krämerwaaren entweder überhaupt ober in beftimmten Gebieten, (in einzelnen Stäbten, Ravenna, Rom, Pavia, Piacenza) ben Haupt= ftäbten ober an ben Hof mit Ausschluß jebes anbern Verkäufers ver= laufen zu bürfen[10]). Zu biefen birecten Steuern tritt nun eine Reihe von Reichniffen und Leistungen, welche die Unterthanen un= entgeltlich ober gegen (vollen ober geringen) Entgelt, namentlich Abzug an ber Grundfteuer zu entrichten haben, nach römifchem Herkommen[11]), wie manchfaltige Beiträge zu ben Kriegslaften, zur Abhülfe bes Nothftanbs leibenber Provinzen[12]), Vorspann, Frohn= ben, Schanzarbeiten[13]), Baubienfte[14]), Einquartierungen[15]), beren Maß ber Abfolutismus ziemlich willkürlich beftimmen kann[16]). Von inbirecten Steuern werben befonbers die Zölle unb Hafengelber er= wähnt[17]).

---

1) So fcheint Var. II. 26 zu beuten.

2) l. c. II. 12; vgl. IV. 19.

3) III. 25.

4) Auch biefer titulus wird verpachtet, VIII. 9. XI. 1. 2. 15. V. 31. III. 25 per Dalmatiam; zweifelnb Manfo S. 110, beffer Sart. S. 209.

5) III. 26.

6) Manfo S. 106, Conftantin S. 189. Hegel I. S. 70.

7) l. c. II. 30.

8) l. c. II. 26; die Entrichtung heißt pensio II. 30.

9) Z. B. erlaffen II. 30.

10) II. 4. 26. 30. X. 28. Manfo S. 107. Sartor. l. c. du Roure I. S. 328.

11) So hier mit Recht von Sybel S. 249. Vgl. Hegel I. S. 83. 50.

12) XII. 22.

13) XII. 17.

14) I. 17.

15) XII. 5.

16) Sart. S. 205.

17) Var. III. 8. IV. 19. VI. 8. 23. V. 39. transmarinorum canon, ubi

Von den Regalien[1]) ist zunächst das Bergregal, dann der Anspruch auf edle Metalle und Minerale überhaupt zu nennen.
Es werden Eisenbergwerke in Dalmatien, Goldbergwerke in Bruttien
erwähnt[2]). Wenn unbebaute Strecken Privaten zur Cultur überlassen werden, behält sich der König Erz, Blei und Marmor ausdrücklich vor[3]). Wichtiger für uns ist die Ausübung des Münz-
regals durch die Gothenkönige[4]). Es haben sich erhalten Silber-
Münzen Theoderichs mit Anastas und Justin, Athalarichs mit
Justin (Silber) und Justinian (Silber und Kupfer) und ohne
Kaiser (Kupfer), Theodahads mit Justinian (Silber und Kupfer)
und ohne Kaiser (Kupfer), des Vitigis ebenso, Matasuntha's mit
Justinian (Silber), Totila's mit Justinian (Silber), mit Anastas
(Silber und Kupfer) und ohne Kaiser (Silber und Kupfer), Teja's mit Anastas (Silber); hienach hätte Theoderich nie ohne Erwähnung des Kaisers geprägt; dieß ist aber sehr unwahrscheinlich
— man denke nur an die Zeit des Krieges mit Byzanz a. 507
und Friebländers Erklärung, daß sich erst später das Gothenreich
mehr befestigt und unabhängig von Byzanz gefühlt habe, trifft
nicht zu.

---

non parva fraus utilitatibus publicis fieri indicatur; es soll die Quantität
der zollpflichtigen Waaren (namentlich Salz, Silber, Seide, Gemmen, Purpur und
Perlen VI. 7) constatirt werden IX. 14; vgl. Manso S. 111; Sart. S. 190;
du Roure I. S. 329. Von der alten Kopfsteuer findet sich keine Spur; es ist
undenkbar, daß die Gothen dieselbe zahlten. Roth. Ben. S. 88.

1) Ueber das älteste germanische Recht in dieser Hinsicht f. R. A. S. 249.

2) Var. III. 25. 26. ordinatio ferrariarum IX. 3; doch fragt sich, ob der
betreffende Boden nicht von Anfang an dem Staat gehört; ebenso ist es zweifelhaft, ob die l. c. II. 23 verliehene Töpferei zugleich eine Verleihung des ärarial-
ischen Bodens oder nur des Rechtes enthält; Gibbon c. 39; unklar auch Sart.
S. 184. 330. 340; du Roure I. S. 329.

3) VII. 44; hieraus folgt vielleicht gerade (anders Manso S. 98, Sartor.
S. 195), daß das Recht des Staates auf ausschließliche Gewinnung dieser Pro-
ducte noch nicht allgemein und selbstverständlich in Geltung war; die Salzwäscherei
am abriatischen Meer war frei. XII. 27; vgl. Manso S. 94; Sart. S. 183;
irrig du Roure I. S. 330.

4) A. II. S. 104; Var. V. 39. VII. 32. formula, qua moneta committitur; monetarii V. 39 VI. 7. XI. 16; über Münzverschlechterung und Beschneidung
vgl. Var. I. 10 mit Ed. §. 90 und Proc. b. G. III. 1.; wir folgen hier durchaus
Friebländer; er hat alle ältern Arbeiten berücksichtigt; vgl. die reichen Literaturan-
gaben daselbst. Hienach sind als antiquirt anzusehen: Gibbon c. 39; Manso;
Sartor. S. 42. 270; Pavir. I. S. 33; Muratori antiquit. Ital. II. 27, p. 577;
einiges Neue hat Pallmann II. S. 372 f.

Die Festigkeit war unter Theoderich am größten und die Ab=
hängigkeit unter Athalarich und Theodahad bis zum Ausbruch des
Krieges viel bedeutender; es ist deßhalb wahrscheinlicher, daß die
selbständigen Münzen Theoderichs nur eben zufällig nicht erhalten
sind. Goldmünzen durfte mit eigenem Namen und Bilde (bis a. 540)
nur der Kaiser prägen[1]), deßhalb tragen die während der Gothen=
herrschaft in Arles, Mailand, Rom und Ravenna geprägten Gold=
stücke Namen und Bild des Kaisers (Justinus und Anastas), doch
ist es bedeutsam, daß Theoderich wenigstens schon sein Monogramm
beisetzt[2]). Die Silbermünzen tragen auf der Vorderseite Brust=
bild und Namen des Kaisers; nur eine Münze des Totila, offen=
bar aus der Zeit seiner größten Erfolge und der Verwerfung seiner
letzten Friedensanträge, zeigt statt des Brustbildes des Kaisers des
Königs eignen, mit dem kaiserlichen Stirnband geschmückten Kopf
und seinen Namen. Die Kehrseite der Münzen bezieht sich immer
auf die Gothenkönige und trägt deren Namen, ausgeschrieben oder
im Monogramm: das des Athalarich ist von D. N. (Dominus
Noster) begleitet[3]).

Die Kupfermünzen tragen nur ausnahmsweise das Bild des
Kaisers. Von Theoderich, Vitigis und Teja haben sich keine Kupfer=
münzen, von Athalarich nur solche mit seinem Namen, nicht mit
seinem Bild erhalten, von Theodahad aber und Totila solche mit
dem Brustbild von jenem im Profil, von diesem, ganz wie auf den
kaiserlichen, von vorn, doch statt mit dem kaiserlichen Diadem mit
einer geschlossenen Krone[4]). Die Prägstätten der Ostgothen waren
Rom (invicta), Ravenna und Pavia (felices), Mailand und Arles[5]).
Das gesammte Münzwesen stand unter dem comes sacrarum largitionum, die einzelnen Münzmeister wurden nicht, wie fast alle an=
dern Beamten, auf ein Jahr, sondern auf fünf Jahre bestellt[6]).

---

1) Proc. l. c. III. 33. Dahn, Prokop S. 128; irrige Consequenzen hieraus
zieht der Kritiker in den Heidelb. Jahrb. von 1811.

2) Was nach der Darstellung Friedländers doch kaum zweifelhaft, S. 13.

3) Friedländer S. 14; er irrt aber mit der Behauptung, Theoderich habe
diesen kaiserlichen Ehrennamen noch gar nicht geführt; s. u. „Absolutismus".

4) Auch hier möchte ich von Friedländer S. 18 abweichen und eher zufälligen
Verlust der selbständigen Kupfermünzen der Könige bis Theodahad annehmen, als
stolze Emancipation des Letztern wegen des beginnenden Krieges: Theodahad lebte
ja nach Beginn des Kampfes nur noch wenige Wochen.

5) Friedländer S. 13. 20.

6) Var. VI. 7. VII. 32.

Es ist ebenso bezeichnend, daß Amalasuntha nicht selbst münzt — sie war eben trotz ihres Titels regina und domina nostra nur Vormünderin des alleinigen Königs Athalarich, — wie daß Vitigis Münzen mit Matasuntha's Monogramm (ohne das seine) schlagen ließ: die Verbindung mit ihr sollte das ganze Gewicht amalischen Erbrechts mit seinem auf Volkswahl gegründeten Recht vereinen[1]).

Ferner wird ein Theil an allen Schätzen für den König vom comes rerum privatarum in Anspruch genommen und sogar geflissentlich nach solchen gegraben[2]); und erbloses Gut nimmt in den vom Gesetz vorgezeichneten Fällen[3]) derselbe Beamte[4]) in Beschlag[5]).

Auch die Administration, die Civil= und zumal die Strafrechts= pflege warfen an Gebühren, Taxen, Strafgeldern und zumal durch Con= fiscationen große Summen ab. (S. Anhang I.) Der König kann jedes Verbrechen, d. h. jede Handlung, die er dafür erklärt, mit beliebig hoher Geldstrafe belegen[6]) und in ähnlicher Weise, nach altrömi= scher Sitte, der Präfectus Prätorio[7]) und andere hohe Beamte[8]).

Endlich kommen hiezu die außerordentlichen Ehrengeschenke wie von eignen reichen Unterthanen, so von fremden Königen und Völkern[9]).

---

1) Weßhalb die Gothenkönige während des Krieges das Andenken des lang verstorbnen Anastas auf ihren Münzen erneuten, darüber s. A. II. S. 235.

2) Var. IV. 34. VI. 8. VIII. 6. pecuniae depositiones, quae longa ve- tustate dominos competentes amiserunt. VIII. 6. IX. 34.

3) Ed. §§. 24. 28.

4) Oder unter ihm der comes der Stadt IX. 4; der Consular der Provinz V. 24; neben ihm der praefectus praetorio VII. 3.

5) Vgl. Manso S. 98. VII. 3.

6) Var. VIII. 24. X. 2; auch gegenüber den Gothen V. 5.

7) VI. 3. Confiscationen Ed. in 11 §§.; s. Anhang I.

8) Ueber solche mulctae s. noch I. 19. IX. 14; über Gerichtskosten IX. 14; über Confiscationen Ed. §§. 112—114. Var. IV. 14. V. 32. XII. 13; die letz- tern waren gegen Odovakars Anhänger in ausgedehntem Maß angewandt worden, eine interessante Spur hievon glaube ich in folgendem gefunden zu haben; einer der angesehensten und für Theoderich verderblichsten Großen Odovakars wär dessen Feldherr Tufa gewesen, der durch seinen Rücktritt zu den Feinden (nach vielleicht nur zu diesem Behuf vorgegebnen Uebergang zu Theoderich) diesen schwer bedroht hatte; jedenfalls ging dieser Mann zu Grunde und jedenfalls ward sein Vermögen confiscirt: wenn es nun Var. IV. 32 heißt: „Alles, was einst dem Tufa gehörte, ist bekanntlich unser Eigenthum geworden", und wenn Wegnahme von bei andern beponirter Fahrniß, die zu diesem Vermögen gehört, verordnet wird, so scheint mir dieser Tufa kein andrer als jener Verräther und der Rechtstitel Confiscation.

9) Cassiodor IX. 25; Thüringer, Warnen V. 1, Bandalen V. 44, Esthen V. 2

Unter ben Ausgaben bildeten wohl ben größten Poſten die Beſol=
bungen und Penſionen der zahlreichen Beamten in Geld und Natural=
verpflegung[1]); dann Ausrüſtung, Donativa und Annonä für das
Heer und Flotte[2]). Im Gebiet der Adminiſtration ſtehen neben ben Ko=
ſten der Verwaltung ſelbſt, z. B. der Poſt, obenan die Ausgaben für die
zahlreichen Bauten[3]), für die Spiele[4]). Ferner verausgabt die ſehr aus=
gedehnte Wohlthätigkeit des Königs große Summen für Geld= und
Getreide=Spenden an einzelne Städte[5]) und ganze Provinzen[6]), an
ganze Claſſen von Hilfsbedürftigen und an Einzelne[7]); an gewiſſen
Tagen, z. B. zu Neujahr, waren umfaſſende Gabenvertheilungen
herkömmlich[8]). Dazu kommen die Geſchenke an fremde Fürſten
und Völker[9]) und ganz beſonders die zahlreichen Verleihungen und
Schenkungen, zumal von Landgütern, an Vornehme und an Beamte
zur Belohnung treuer Dienſte[10]), ſowie an katholiſche und arianiſche

---

1) Consuetudines ſind annonae V. 26. 27. I. 10. VII. 19. VI. 22. XI.
10. 36. XII. 2. Penſionen XII. 36, über die salaria V. 39 ſ. oben S. 138; Ge=
haltzulagen IX. 13 (250 solidi und 10 annonae mehr für die domestici comi-
tum; außer an die regelmäßigen und eigentlichen Staatsdiener zahlt Theoberich
auch an öffentliche Diener, Profeſſoren in Rom IX. 21 und außerordentlicher=
weiſe an einen Quellenfinder; III. 53, auriga II. 9. III. 5 u. A.; dieſe und
andre Ausgaben werden auf Indictionsraten der Grundſteuer angewieſen.
2) Var. II. 5. V. 10. 11. 16. 26. IV. 14. V. 26. 27. 36. VIII. 26. VII.
42; ſ. oben S. 71 exercituales expensae; auch dieſe waren groß.
3) Reſtaurationen und Neubauten V. 9. II. 39. III. 44. VIII. 30; ſ. unten
„Verwaltung".
4) Pantomimen, Wagenrennen, Thierkämpfe; IX. 17 intelligant Romani,
nos multis agere expensis, ut illi garrula debeant exultatione gaudere I.
20 sumptum, quem pro spectaculis civitatis perpendimus IX. 21; ſ. unten
ſenba, und vgl. noch I. 31. 32. 33. II. 9. (III. 51 monatliche Raten, menstrua).
5) XI. 11. 22. 23. 27; hiefür beſtehen eigne praefecti annonae VI. 6. 18.
An Val. p. 620 dona et annonas largitus p. 622, für Rom allein jährlich
120,000 modii.
6) II. 8. V. 39. tenor praebendae, quem nostra diversis largitur humanitas provincialibus. III. 42.
7) Gefangne XII. 9; Arme XII. 27; Mansi VIII. p. 142; Flüchtlinge oder
Colonien oder Geſandte der Heruler Var. IV. 45.
8) VI. 7. Auch die zahlreichen Steuernachläſſe in nothleidenden Provinzen
fallen, als Verzicht auf Einnahmen, unter dieſen Geſichtspunkt.
9) Burgunder, Thüringer, Heruler, Eſthen; ſ. die Belege A. II. S. 272.
10) So erhält Thulun für ſeine tapfern Thaten in Gallien große Ländereien
in dieſer von ihm gewonnenen Provinz VIII. 10. quem ille arbiter rerum largitione redituum judicavit esse prosequendum, ut ibi fieret dominus possessionum, ubi utilitati publicae procuravit augmentum; der Referendarius

Kirchen, welche aus Frömmigkeit mit Steuernachläſſen und Pri=
vilegien aller Art, aber auch mit Geſchenken an Geld, Land und
Koſtbarkeiten häufig bedacht wurden[1]), andrer außerordentlicher Aus=
gaben[2]) zu geſchweigen. Man ſieht, die Ausgaben des Königs waren
mannchfaltig und groß[3]) und man erwartete von ſeiner Freigebig=
keit Außerordentliches[4]). Die Regierung war beßhalb unabläſſig be=
müht, die Uebelſtände und Mißbräuche, welche ſich bei Erhaltung
des römiſchen Finanzweſens miterhalten hatten, abzuſtellen. Die
Finanzcalamität war ein Hauptzeichen, zugleich eine Haupturſache
und eine Hauptwirkung, vom Untergange des Römerthums jener
Zeit[5]). In drei Richtungen beſonders muß hier geſorgt werden:
Verhütung des maßloſen im Syſtem und in deſſen Mißbräuchen
liegenden Druckes auf die Steuerpflichtigen, Verhütung der maßloſen
Unterſchlagung und Selbſtbereicherung der Finanzbeamten, und Ver=
hütung der Steuerausfälle durch Trotz oder Liſt der Pflichtigen.
Bei den ſtarken Obliegenheiten der Staatscaſſe und den ſtarken Zu=
muthungen an die perſönliche Freigebigkeit des Königs mußte das
wirklich[6]) Verfallne mit Eifer und Genauigkeit voll und rechtzeitig
eingetrieben werden: vor durch Beſtechung erkaufter Nachſicht werden
die Steuerbeamten energiſch gewarnt[7]), ſie haften, wenn ſie die ge=
ſetzlichen Friſten nicht einhalten, für den Verluſt[8]).

Gleichwohl ſorgt die Regierung viel eifriger gegen das Zuviel
als gegen das Zuwenig der Beſteuerung, eifriger gegen Schädigung

---

Johannes erhält für ausgezeichnete Dienſte vom König domum in castro lucul-
lano positum cum omnibus ad se pertinentibus VIII. 25; der presbyter
Butilin II. 17 eine sors im Gebiet von Trient; die Erben eines ſo Beſchenkten
erfreuen ſich ganz beſonders königlichen Schutzes gegen jede Anfechtung. I. 7. vgl. I. 51.

1) Unten „Kirchenhoheit“.
2) Prämien II. 35. 36; ferner für Bildung IX. 21, Landbau u. ſ. w.
3) Aubers Sartor. S. 211; er irrt. Beſſer du Roure I. S. 331.
4) ſ. unten „Abſolutismus“ (pietas).
5) Dahn, Prokop S. 289. Hegel I. S. 67.
6) V. 14. IV. 14. XII. 10. II. 19. 26. Die Pflichtigen zahlten gern in
unterwichtiger Münze II. 25.
7) Turpis venalitas XII. 16, dilationis redemtio, venales morae XII.
10. XI. 7.
8) III. 8. VII. 20. 21. 22, wie alle Finanzbeamten, auch die arcarii (über
dieſe ſ. Mar. ad Nr. 139), für Credit, Stundung, Nachlaß ſtrenge haften V. 7.
X. 28. XII. 8. 10. 20. 23. 2. 16; ihre Saumſal, z. B. der censitores auf Sicilien wird ſchwer geahndet IX. 12. XII. 6.

der Unterthanen, als gegen Schädigung der eigenen Casse[1]). Ganz
besonders nahm sie sich der unglücklichen Curialen an, jener städtischen Bürger und Beamten, auf welchen das römische Finanzsystem,
vorzüglich wegen ihrer primären und eventuellen Haftung für den
Steuerentgang, am Schwersten lastete[2]). Auf widerrechtliche Bedrückung derselben durch die Finanzbeamten werden schwere Strafen
gesetzt: die Richter sollen ihnen beistehen gegen die Bedrängung
durch Sajonen und andre Executoren: der viel verfolgte Stand wird
als Spiegelbild des römischen Senats, als „Kern und Lebenskraft
der Städte" gerühmt[3]); es wird ihnen die freie Veräußerung ihrer
Liegenschaften, welche das römische Recht verboten, theilweise gestattet[4]). Gleichwohl blieb ihre Lage noch immer so schlimm, daß
die Tilgung ihres Namens im „album curiae", d. h. die Enthebung
von ihrem Stand, nach wie vor als besondere Gnade des Königs
galt[5]), daß sie sich und ihre Söhne durch jedes Mittel dem Elend
ihrer Würde zu entziehen trachteten[6]). Sie flohen aus den Städten
auf das Land, ja sie flüchteten in die Wüste und ließen sich (oft
scheinbar) als Sclaven verkaufen, um nur den Steuerbeamten, den
„truculenti compulsores", zu entrinnen. Dagegen mußte denn mit
scharfen Mitteln eingeschritten werden: die Curialen werden des
königlichen Schutzes versichert[7]), aber anderseits auch genöthigt, mit
ihren Knaben den größten Theil des Jahres in den Städten, nicht
auf dem Lande, zu leben. In der Absicht der Erhaltung derselben
bei ihren Standespflichten viel mehr als in der Sorge für den Flor
der Städte und die Bildung, wie die Worte glauben machen sollen,
wurzelt der Erlaß[8]), der mit Bürgschaften und Conventionalstrafen

1) Dieß verkennt Leo I. S. 52. Milde gegen die Pflichtigen II. 38, Strenge
gegen die Beamten gingen Hand in Hand. V. 14. XI. 7. 38. XII. 5. 8. 10.

2) Sart. S. 55; Manso S. 105; Constantin S. 232; Leo I. S. 48.

3) II. 18 curia quam vocavit antiquitas minorem senatum IX. 2.

4) VII. 47. Hegel I. S. 77; über das Ed. s. Anh. I.

5) IX. 4; sie treten damit in den Stand der possessores.

6) „Denn wenn die reichen Senatoren, die sie dreimal im Jahre um die
Steuern angehen müssen, nicht zahlen, leiden sie durch ihre Haftung mehr als durch
Krieg" II. 24; „sie, für welche wir besonders gesorgt wissen wollen, verlieren
durch solchen Ungehorsam Hab und Gut" 25. Hegel S. 69.

7) IX. 2. II. 24; (über das ältere, (bes. Nov. I. von Majorian) römische
Recht, an welches hier geknüpft wird, s. Ritter Cod. Theod. II. praef.); sie sollen
die renitenten Senatoren verklagen, aber das war gefährlich: denn die Rache dieser
potentes war nah und der König weit.

8) VIII. 31; Manso S. 127, Sart. S. 281, du Roure I. S. 372 haben
dieß nicht erkannt; vgl. Balbo I. 19. Kuhn I. S. 50. Hegel S. 49. 60. 77. 94. 109.

ben Sinn für Bildung und städtischen Patriotismus erzwingen
will[1]). Zur Abstellung der mit der Eintreibung der Steuern ver-
knüpften Bedrückung der Curialen und der Pflichtigen werden eigene
Sendboten in die Provinzen beordert und die Grafen zu deren
Unterstützung angewiesen[2]). Viel Mißbrauch hing unzertrennlich
mit dem Verpachten der Steuern zusammen. Die Ausstände werden
für die Steuer=Pächter durch die Behörden eingetrieben[3]); auch hiebei
wird die enormitas, nimietas, iniqua praesumtio exactorum beschränkt[4]), welche sogar ganz neue Steuern auf eigne Faust geschaffen
- hatten[5]). Bei Zöllen und Hafengeldern wird die Ueberschreitung
des gesetzlichen Maßes geahndet[6]). Die Grundsteuer soll nicht nach
der Willkür der Einheber[7]), sondern nach den Einträgen in die
Polyptiken bestimmt werden. Die Unterschlagungen der Beamten,
welche mehr Steuern erheben als einliefern[8]), oder zu schweres
Maß und Gewicht führen, werden abgestellt: man schickt das Nor-
malgewicht (libra cubiculi) aus dem königlichen Palast zur Controlle nach Ligurien und Spanien[9]), man gestattet den Pflichtigen
mit Umgehung dieser Subalternen, die man um ihrer notorischen
Raubsucht willen am liebsten ganz entbehrt hätte, gleich an die
arcarii des Königs zu zahlen[10]), oder die Steuer, statt in drei Raten, auf einmal abzuführen[11]); milites aus den Centralstellen werden an die Provinzen abgeordnet, den Einhebern zugleich zur außerordentlichen[12]) Unterstützung und Controlle, abgesehen von der
regelmäßigen[13]), die ebenfalls für Anklage und Verwarnung nicht

---

1) Freilich war dieser Bürgersinn tief gesunken: königliche Commissäre müssen
die Besorgung der dringendsten städtischen Angelegenheiten erzwingen VIII. 29.
30; vgl. noch über die damalige Stellung der Curialen I. 19, II. 17. 18. 24.
III. 9. 47. 49. IV. 8. 11. 45. 49. V. 14. VI. 3. V. 21. VII. 47. IX. 4. XII. 8.

2) Z. B. bezüglich des Siliquaticum III 25. 26.

3) Z. B. bei dem Monopolium X. 28; vgl. V. 31. II. 4.

4) II. 24. XII. 8. 14. Boëth. I. 4; provincialium fortunas . . publicis
vectigalibus pessumdari . . indolui; exactores Ed. §. 149.

5) V. 14.

6) IV. 19. V. 39.

7) Exactores II. 24. XII. 8. XI. 7. discussores IV. 38. IX. 10. XI. 2. Ed.
§. 144. milites XI. 8. compulsores II. 45. VII. 45. IX. 4. XI. 7. V. 39. XII. 8.

8) V. 14; der Pflichtige darf apochae cautionis fordern; vgl. Mar. Nr. 138.

9) V. 14. 39. XI. 15. 16.

10) XII. 8.

11) II. 24.

12) XII. 16. 2. 7.

13) XI. 1.

zu hoch steht und sich über Verwendung der Gelder zu ihren Renn-
zwecken ausweisen oder dieselben zurückzahlen muß[1]). Die Pflichtigen werden aufgefordert, gegen jeden Mißbrauch der Steueramts-
gewalt Klage zu führen[2]), dieß wird den Beamten zur Warnung
mitgetheilt[3]) und oft wird jener Aufforderung entsprochen[4]).

Im Interesse der Unterthanen wird das Recht des Fiscus auf
erbloses Gut genau begrenzt und gewissenhafteste Beachtung dieser
Grenzen befohlen[5]). Am Meisten aber empfahl sich die gothische
Regierung ihren römischen Unterthanen durch die außerordentlich
häufigen Nachlässe von Steuern, welche sie, im Gegensatz zu der
grausamen Unerbittlichkeit byzantinischer Finanzpraxis, bei jeder
billigen Gelegenheit mit großer Liberalität und Milde gewährte[6])
Alle Verringerungen der Steuerfähigkeit der Provinzen durch Krieg[7])
Mißwachs und andere Nothgründe werden berücksichtigt. Die conductores Apuli, welchen feindliche Einfälle (die byzantinischen Schiffe
von a. 507), das Getreide verbrannt, dürfen den Mindererlös von
ihrer pensio in Abzug bringen[8]); den negotiatores urbis sipon-

---

1) IX. 14; auch die außerordentlichen Controlleure müssen aber wieder controllirt werden! X. 18.

2) V. 15. IX. 10.

3) IX. 12 ne credatis longinquitatis difficultate latere.

4) IX. 14.

5) V. 24. IX. 14; denn: VIII. 20 aedes nostras nequitias intrare non
sinimus. Ed. §§. 24 f.; im Ostreich wurde gerade dieß Recht besonders mißbraucht,
Dahn, Prokop S. 339; s. aber auch die Klagen des Ennod. ep. II. 26 über die
advocati fisci und Boëth. de consol. I. 4.

6) Sie füllen einen großen Theil der Varien I. 16. 26. II. 30. 38. 45. III.
32. 40. IV. 19. 26. 36. 38. 50. V. 14. VII. 45. IX. 9. 10. 11. 13. 19. X. 26.
XI. 15. 39. XII. 7. 22. 23. 26. 28. Manso f. S. 101. 104.

7) Die Verheerungen in dem Krieg mit Odovakar müssen sehr groß gewesen
sein; dieser hatte, von Rom zurückgewiesen, das flache Land weithin verwüstet
(Abth. II. S. 79); auf diesen Krieg gehen die Klagen des Pabstes Gelasius bei
Mansi VIII. p. 14. 23. a. 492. 493. p. 21 a. 494. 37; die Bischöfe Galliens
schickten subsidia nach Rom (Krieg und Hunger hatte auch den katholischen Klerus dermaßen gelichtet, daß der Pabst eine Abkürzung der vorgeschriebnen Beför-
berungsintervalle eintreten lassen muß, ne remaneant sacris ordinibus ecclesiae funditus destitutae l. c.), wohin eine unzählige Menge verarmten Volks zusammen geflüchtet war, l. c. 142; vgl. auch p. 130, wo ein Priester verwundet
entflohen ist, propter provinciae vastitatem, quam Thusciae prae omnibus
barbarorum feritas diversa sectantium etc.

8) I. 16.

tinae werden aus gleichem Grunde auf fünf Jahre Monopolium, Siliquaticum, Auraria erlassen[1]); für ganz Gallien werden die Steuern nach Maßgabe der durch den Krieg erlassnen Verluste herabgesetzt und der wackern Stadt Arles, welche eine schwere Belagerung unerschrocken bestanden, für die laufende Periode ganz erlassen, „denn sie hat bereits den kostbaren Zins ihrer Treue entrichtet"[2]); ebenso, unerbeten, der Stadt Marseille[3]), und den venetischen Landschaften, welche durch Plünderungen der Sueven gelitten hatten[4]). Manchmal werden auch die Excesse des gothischen Heerbanns auf feinen Märschen durch ähnliche Steuerbefreiungen vergütet: so den Bewohnern der cottischen Alpen[5]). Andere Anlässe hiezu bieten Verheerungen durch Naturereignisse, z. B. Ausbrüche des Vesuv[6]) oder Mißwachs[7]) oder auch freudige Ereignisse, wie die Thronbesteigung des Athalarich: solche Milde soll den neuen Herrn empfehlen[8]), und bei Erweiterung des Reiches durch neue Provinzen kann den alten Erleichterung gewährt werden[9]).

Zu hoch gegriffene Steueranschläge werden, in Vereinbarung mit den Pflichtigen selbst, ein für allemal herabgesetzt[10]), wofür eine eigene Formel nöthig erachtet wird[11]), den Gravasiani und Pontonates werden die alten geringern Ansätze[12]), wie sie unter Odovakar bestanden, wieder gewährt[13]); ebenso den Spaniern die unter

---

1) II. 38; und alle Privatschulden auf gleiche Zeit gestundet.

2) III. 32.

3) IV. 26 der ihre alten immunitates bestätigt werden; diese neu eroberten Provinzen sollen durch besondere Milde gewonnen werden. l. c.

4) XII. 7; ein Steuernachlaß heißt kurzweg humanitas, daher VII. 32 humanitas supter annexa = breve annexum.

5) IV. 36; es wird sogar Gold in solchen Fällen unter die Geplünderten vertheilt. II. 8.

6) Für Nola, Neapel, Campanien IV. 36; ganz willkürlich wie sonst bestimmt auch hier Pavir. I. S. 211 die Zeit des Erlasses.

7) Für die von Getraide-, Wein-, Oelverkauf erhobnen Gefälle IV. 19; einmal setzt Boëth. I. 4 Nachlaß der coëmtio in Campanien wegen Mißwachs durch, gegen den praef. praet.

8) In Syrakus IX. 10, wie in Dalmatien und Savien IX. 9; der Steuerzuschlag, augmentum, IX. 11 wird erlassen.

9) II. 37.

10) IX. 9.

11) VII. 45; die Ergebnisse solcher Revisionen werden in die Steuerrollen eingetragen. V. 14.

12) Richtiger als Naudet und Sart. hierüber b. Heidelb. Jahrb. v. 1811.

13) d. h. das augmentum erlassen IV. 38; vgl. IX. 9. 10. 11. 12.

Eurich und Alarich bestandenen[1]): „denn Erhöhung der Abgaben
soll nur statt finden, wenn auch die Erträgnisse zugenommen: sonst
zerstört solcher momentane Zuwachs der Einnahme auf die Dauer
die Steuerfähigkeit"[2]), so wird sogar in den reichen Provinzen
Lucanien und Bruttien die Jahresabgabe von 1,200 auf 1,000 solidi
herabgesetzt[3]). Möglichst gerechte, verhältnißmäßige Vertheilung der
Steuerlast wird angestrebt[4]).

Alle diese Thätigkeit konnte nun zwar die principiellen Schäden
des römischen Finanzsystems[5]), in Gesetz und Praxis, welche mehr
ein Raub als eine Besteuerung war[6]), nicht heilen: sie traf meist
nur die Symptome statt der Wurzel des Leidens; aber gleichwohl
hat sie in der vierzigjährigen Friedensregierung Theoderichs wesentlich zu jenem Flor Italiens beigetragen, welchen Geschichte und
Sage bezeugen[7]). Theoderich fand den Schatz nach Odovakars Re-

---

1) V. 39.

2) IV. 38 und III. 40. non gratulamur exigere quod tristis noscitur
solutor offerre.

3) XI. 39; die einzige uns erhaltne Angabe über das Quantum (vgl. die
Beurtheilung desselben bei Manso S. 102); wahrscheinlich unter Athalarich; offenbar hatte man bei dem steigenden Wohlstand unter Theoderich die Abgaben ver-
suchsweise gesteigert: und geht nun bei drohenderen Verhältnissen und größerer
Schwäche der Regierung wieder davon ab, um die Pflichtigen in guter Stimmung
zu halten; ähnliche Maßregeln Athalarichs s. oben IX. 10 12.

4) XI. 39; pro hominum et possessionum qualitate: hominum qualitas
bezeichnet nicht nationale, sondern Standes (Vermögens-) Unterschiede wie IV. 38
varia tributa, quia non est agrorum una fecunditas; wie ohnmächtig die
gewöhnlichen Beamten gegenüber den reichen Grundbesitzern in jedem Gebiet des
Staatslebens waren und welche Mittel die Regierung gegen jene anwenden mußte,
darüber vgl. oben S. 112 f. Ed. Ath. epil und Var. II. 24. V. 24. 25; wenn
sich die Reichen entzogen, erpreßten die machtlosen Beamten deren Schulden lieber
von den Armen. Das ist der Sinn von II. 24 alienae functionis pondere opprimi; vgl. V. 15 und Manso S. 103.

5) Dahn, Prokop S. 289; Sart. S. 189. 200; sehr gut dieser S. 280 gegen
die Anklagen des Boëthius.

6) Var. V. 39; praeda potius quam exactio.

7) Vgl. Pavir. I. S. 199. A. II. S. 155 f.; Sart. S. 178 führt die Berechnung von Romé de l'Isle Metrologie p. 130 an, wonach der Kornpreis
unter Theoderich (seit a. 446) auf ein Drittel gesunken war; eine lehrreiche Stelle
bei Ennod. ep. IX. 23 vix pascebatur Italia publici sudore dispendii, quando
tu (Liberius oben S. 12) eam . . et ad spem reparationis et ad praebitio-
nem tributariam commutasti. laeti coepimus te moderante inferre aerariis
publicis, quod cum maximo dolore solebamus accipere . . . tu primus
fecisti regales copias sine malo privatae concussionis affluere.

gierung leer vor und hinterließ ihn reich gefüllt[1]). Wir haben
hiemit im Finanzwesen bereits jenes Gebiets beschritten, welches wir im folgenden Abschitt nach allen andern Richtungen
zu durchwandern haben, die Verwaltung und Polizei der gothischen
Könige in Italien.

5. Polizeihoheit. Verwaltung.

Der König hat die volle Polizeihoheit der römischen Staatsgewalt. Nichts unterscheidet das Staatsleben der Gothen in Italien, wie überhaupt der Germanen auf römischem Boden, so augenfällig von den Rechtszuständen vor der Wanderung als die Existenz
und reiche Ausbildung einer eigentlichen Polizei und einer Admini-
strativgewalt des Königs, welche in den alten Staats- und Lebens-
verhältnissen weder nöthig noch möglich gewesen wäre. Theoderich
fand die Institute und die Thätigkeit der römischen Verwaltung vor
und wandte sie sofort auf beide Hälften seines Staates an. Dabei
mußten die dessen ungewohnten Gothen in der stark bevormunden-
den und willkürlich eingreifenden Vielregiererei eine Neuerung verspüren, welcher sie sich nur mit Widerstreben fügten. Es hat aber
der wohlwollende Eifer, die erschöpfende Umsicht, die emsige Thätigkeit, welche Theoderich gerade in diesem Gebiet zur Hebung der
tief gesunkenen Cultur und Blüthe Italiens bewährte — die Ver-
ordnungensammlung Cassiodors bietet hier ein reiches Material —
neben seiner lautern Justizpflege[2]), vornehmlich seinen Regenten-
ruhm begründet. In der That gemahnt Vieles in Theoderich, besonders aber der das ganze Staatsleben vom Größten bis in's
Kleinste umfassende Eifer — die große römische Staatsidee der
Einheit und Gesetzeszucht entgeht ihm so wenig als die kleinsten
römischen Marmortrümmer, die ungenützt auf den Feldern liegen
— an den größten aller Germanenkönige, an Karl den Großen.
Aber an schöpferischer Kraft, an Originalität, an Talent, für
neue Bedürfnisse neue Abhülfen in großem Stil zu erfinden, steht

---

1) Anon. Vales. p. 620; praeclarus et bonae voluntatis in omnibus…
cujus temporibus felicitas est sequuta Italiam … quanquam aerarium
publicum ex toto faeneum invenisset, suo labore recuperavit et opulentum
fecit; vgl. Ennod. p. 468. Eine Inschrift in S. Zenone zu Verona nennt
Theoderich: „den Italiens würdigsten König Italiens".

2) Oben S. 84.

der Gothe weit dem großen Franken nach. Theoderich hat doch
eigentlich nur angewandt, freilich mit Wohlwollen, Umsicht und
Energie, was er an römischen Einrichtungen vorfand. Was er von
seiner Thätigkeit in Bauwerken sagt, können wir von seinem ganzen
System urtheilen: „Wir wollen mehr das Alte erhalten als Neues
herstellen, denn wir vermögen nicht, so Schönes zu schaffen als zu
conserviren: nicht größern Ruhm kann uns Erfindung als Erhal=
tung bringen"[1]). Aber eben hierin liegt für unsere Betrachtung
die große Bedeutung des Ostgothen=Reichs: es enthält die früheste
umfassende Durchführung der römischen Staatsidee bei Germanen.
Die römische Idee der salus publica, die Rücksicht auf die Gesammt=
heit, die generalitas[2]), universitas[3]), utilitas omnium, rei publicae[4]).
Die römische Staatseinheit, der alle centrifugale Selbstherrlichkeit
unterworfen werden muß, ist das Ideal dieser Könige. Mit Grund
kann sich namentlich Theoderich berühmen, daß ihn unablässig die
Sorge für die allgemeine Wohlfahrt beschäftige: sie ist das Staats=
princip dieses aufgeklärten, alles für das Volk, nichts durch das
Volk anstrebenden Despotismus[5]): der Gesammtheit und ihrer Wohl=
fahrt, der alle Sorge der Regierung gilt, sollen sich auch alle Ein=
zelinteressen Anderer unterordnen[6]), für die communis utilitas übt
der König auch sein Kriegsrecht[7]) und alle Dienste fordert er nur
im Interesse der Unterthanen selbst[8]). „Euer ruhiges Glück ist
unsre Freude"[9]); wenn sie daher seinem Gebote dienen, dienen sie
damit nur dem eignen Nutzen[10]). Denn „unsere tägliche Arbeit ist es,

---

1) Var. III. 9; dort ist zu lesen: non majorem laudem de inventis quam
de rebus possumus acquirere custoditis.

2) IX. 15. VIII. 5. 12. 13. 20). II. 16. 33. I. 28. (praef.) I. 17. 20. 23.
III. 3. 11. X. 3. 4. 23. XII. 5. XI. 16; auch bei Ennod. häufig.

3) II. 28. IX. 19.

4) II. 6. 20. I. 19. 28. V. 6. 7. 17. 18. 31. 35. 39. IV. 16. VI. 6. VII.
30. 33. VIII. 12.

5) Vgl. Var. I. 30. IV. 16. V. 16. III. 31. 34.

6) V. 20; nulli grave quod pro communi utilitate, V. 17 ne quod dici
nefas, utilitati publicae voluptas privata obstetisse videatur, d. h. Fisch=
fang der Schifffahrt. XII. 16. reipublicae ordo tali consistere cernitur,
quod pro cunctorum utilitate praestatur. IV. 13; providentia nostra, quae
omnes reipublicae partes . . circumspicit.

7) I. 24; generalitatis consilio I. 67. V. 10 (oben S. 88) pro generali
defensione.

8) V. 13. St. Marthe p. 52.

9) VI. 24.

10) VII. 3. IV. 5; studio reipublicae semper invigilamus II. 20 curas.

für das ruhige Glück Aller zu sorgen"[1]), d. h. für jenen Frieden,
der jedem Reiche zu wünschen, in welchem das eigne Volk gedeiht
und welcher allen Völkern zu Statten kommt[2]). „Die friedliche
Muße der Unterthanen ist der Ruhm des Fürsten, der für Alle
sorgt"[3]). Sogar des Königs Erholungsstunden dienen noch dem
Staat[4]). „Tag und Nacht sind wir bestrebt, die aequitas in
unserm Reiche zu bewähren"[5]), aus guten Gründen wird dabei in
diesem zwieschlächtigen Staat vor Allem auf innere Ruhe und Eintracht gesehen[6]). Für die Gesammtheit sollen, wie der König, stets
auch seine Beamten wirken[7]).

Für unsern Zweck ist die Constatirung der Aufnahme jenes
römischen Princips in den Germanen=Staat wichtiger als die erschöpfende Darstellung all' seiner Anwendungen.

Die Regierung sucht den Zustand des Landes und der Bevölkerung in allen Lebensrichtungen zu heben.

Der Ackerbau gewann schon durch die erste natürliche Wirkung
der gothischen Einwanderung an sich, d. h. durch die Auftheilung
vieler Latifundien in mittelgroße Güter und durch die Ansiedlung
von zahlreichen, freien Bauern mit ihren Knechten und ihrem Vieh[8]).
Sodann wirkte der König aber auch mit Eifer dahin, die Ertrag-

---

reipublicae perpetua cogitatione revolvimus III. 24. institutum suum providentia nostra non deserit, cum subjectis semper intenta profutura dis-
ponit; vgl. V. 6.

1) IV. 41.

2) I. 1.

3) II. 29.

4) I. 45; sit . . pro republica, et cum ludere videamur, nam ideo vo-
luptuosa quaerimus, ut per ipsa seria impleamus.

5) I. 39; quid est enim dignius, quod die noctuque assidua deliberatione volvamus, nisi ut rempublicam nostram ... aequitas custodiat;
dieß ist zur stehenden Einleitungsformel geworden, vgl. IV. 6; die beiden Erlasse
behandeln zwei fast gleiche Fälle in fast gleichen Worten.

6) I. 23; quid est, quod nos melius praedicet, quam quietus populus,
concors senatus; decet regalis apicis curam generalitatis custodire con-
cordiam.

7) VIII. 18. pro generali quiete laborare. IV. 41. III. 31. universae
reipublicae nostrae infatigabilem curam impendere; beßhalb fällt aber freilich auch utilitas publica IV. 38 und ordinatio nostra oder utilitas nostra
IX. 9 zusammen.

8) Vgl. hierüber Sartor. S. 324; Manso S. 127; Gretschel S. 4; Athalarich kann rühmen: Var. IX. 10. longa quies culturam agris praestitit et
populos ampliavit. Balbo I. S. 88. Hegel I. S. 36.

fähigkeit des Bodens zu steigern. Er unterstützte die Trockenlegung der pontinischen und der umbrischen Sümpfe bei Terracina und bei Spoleto: das dadurch zu gewinnende Land wird im Voraus von königlichen Geometern[1]) vermessen und den Unternehmern steuerfrei geschenkt[2]). Wichtiger noch war die Sorge für Wiederherstellung, Erhaltung, Neuerrichtung von Wasserleitungen, deren Stadt und Land so dringend bedurften[3]): ein afrikanischer Quellenentdecker wird in Sold genommen[4]). Diese Bemühung für Erhaltung, Steigerung und rationelle Verwerthung der Urproducte des Landes erstreckt sich von der Hebung der Bergschätze[5]) bis zu Schutz und Förderung der Fischerei[6]). Als Sorge der Viehzucht wird meist der Eintausch alamanischer Rinder in Noricum angeführt[7]). Diese kurzen und vereinzelten Bemühungen konnten aber natürlich nicht die Jahrhunderte lang eingewurzelten und allgemeinen Uebelstände heben, welche verhinderten, daß Italien sich selbst ernährte und wie für die Kaiser, so bildet für die Gothenkönige die Sorge für die Lebensmittel[8]) fast die wichtigste Aufgabe der Verwaltung[9]).

1) III. 52. (Dietrich v. Bern als Schützer des Landbaus bei Uhland l. c.).

2) Var. II. 21. 32. 33; die noch erhaltne Inschrift neben dem Dom zu Terracina, welche die Vollendung des erstern Unternehmens bezeugt, s. bei Manso S. 392, vgl. Sartor. S. 268: Maria Nicolai dei bonificamenti delleterre pontine. Kircher Latium vetus et novum Amstelod. 1671. p. 249 nach dem ersten Abdruck in Gruter Inscript. antiq. Heidelb. 1603 p. 152; reiche Literatur bei Gregorov. I. S. 318; über einen von Theoderich selbst bei Ravenna angelegten Obstgarten s. Ennod. epigr. II. 111. dextera bellipotens etc.

3) III. 31. IV. 31. V. 38. VII. 6; die der Stadt Rom standen noch, die der Vorstädte waren zerfallen.

4) III. 53.

5) III. 25. 50; oben S. 148.

6) V. 16; doch sollen deren Interessen den wichtigern der Schifffahrt nachstehen. V. 20.

7) III. 50; ich kann mir diese „auf langem Wege ermüdet durch Noricum ziehenden" Alamannen (itineris longinquitate defecti . . ut illorum provectio adjuvetur), welche ihr Vieh mit sich führen, nur erklären als die vor Chlodovech flüchtenden „müden Reste" des Volkes, die von Theoderich in Rhätien angesiedelt worden (Glück, Bisth. S. 90); das Hauptmotiv bei dem vorgeschriebenen Tausch ist aber offenbar nicht die Sorge für die Viehzucht der Noriker, sondern für das Weiterkommen der Alamannen; in der Verdeckung der wahren und (je nach angeredeter Person) in der Betonung von geringfügigen Motiven liegt eine selten beachtete Schwierigkeit für kritische Benützung der Varien; s. oben S. 153).

8) Gibbon c. 39; Manso S. 128; Pavir. I. 240; du Roure I. S. 368; U. II. S. 158. Sart. S. 111 f. de occup. p. 23.

9) Cassiodor nennt diese Sorge vor allen andern der Regierung Var. praef.

Obwohl Italien zeitweise und landschaftsweise jetzt sogar wieder Getreide ausführte[1]), so reichte doch weder seine Production noch sein Verkehr aus, in freier wirthschaftlicher Thätigkeit das Bedürfniß nach Ort, Zeit und Maß der Nachfrage zu befriedigen.

Unaufhörlich muß von Regierungswegen bald in der einen, bald in der andern von Verheerung oder Mißwachs heimgesuchten Provinz für Beischaffung und billige Vertheilung der wichtigsten Nahrungsmittel gesorgt werden, ganz abgesehen davon, daß in den großen Städten wie Rom, Ravenna, Mailand Bürger und Proletarier, wie von den Kaisern, so von den Gothenkönigen durch Geldgeschenke, Brodvertheilungen und andere Speisungen und Spenden[2]) bei guter Laune erhalten zu werden beanspruchen. Steigen die Kornpreise, so macht das Volk sofort Tumult und muß durch Versprechungen[3]) und oft durch Vertheilungen aus den königlichen Magazinen beschwichtigt werden[4]).

Dabei verfährt die Regierung, um niedrige Preise zu erzwingen, nach römischem Herkommen, sehr gewaltsam[5]). In Ravenna wird für eine ganze Reihe von Victualien der Maximalpreis durch öffentlichen Anschlag festgesetzt, und jede Ueberschreitung mit Geld-

ipsas quoque noctes inexplicabilis cura circumvolat, ne desint alimonia civitatibus, quae supra omnia populi requirant, und die Nahrungspolizei bildet den Gegenstand sehr vieler Erlasse in seiner Sammlung. I. 34. 35. II. 11. 20. IV. 5. 7. 13. V. 16. 35. VI. 6. 18. VII. 12. IX. 5. XI. 5. XII. 22. 23. 24. 25. 26. 27. 28.

1) V. 16; das überschätzt Neumann S. 149.

2) Z. B. Freibäder VI. 4.

3) VI. 6. VI. 18; si querela panis, *ut assolet*, concitetur; zumal für die romana copia (VII. 9) muß immer gesorgt sein.

4) Solche Magazine (horrea, zahlreiche horrearii bei Mar. ad. Nr. 75 und Böcking s. h. v.), zunächst für die annonae des Heeres bestimmt, befanden sich zu Pavia, Dertona, Trient, Treviso X. 27, Marseille XII. 27 und in Ravenna 26 und Rom selbst III. 29: (praefecti annonae in den Varien; vgl. Proc. I. 14, Gart. S. 45, Böcking 1 u. 1151* 112, und die Stellen im Cod. Theod. VI. 2 p. 149); sie enthielten Wein, Oel, Waizen rc., theils aus den Erträgnissen der Domänen, theils von den Pächtern derselben oder andern Bauern gegen Abzug am Pachtzins oder an der Grundsteuer, seltner gegen Baargeld, XII. 26, beigeschafft, XII. 23; jene Vertheilungen geschehen theils ganz unentgeltlich, theils zu wohlthätigen Preisen IX. 27; Ligurien und Benetien hatten durch Burgunden und Alamannen gelitten, nun werden ihnen 25 modii Waizen zu 1 solidus abgelassen; oft aber muß geradezu mit Geldspenden den verarmenden Communen beigesprungen werden. XI. 15.

5) VII. 11. 12. non sit merces in potestate sola vendentium!

und Prügelstrafe bedroht[1]). Ebenso wird in der ganzen Provinz
Flaminia die Ueberforderung der Gastwirthe gestraft. Und wie in
den Hauptstädten setzt in den meisten Orten, namentlich in den
Handelsstädten, ein königlicher Beamter im Einvernehmen mit dem
Bischof[2]) und der Bürgerschaft die Preise für alle wichtigsten Waaren
fest[3]). Aber auch sonst werden, nach römischer Sitte, ziemlich
häufig irrationelle Maßregeln[4]) getroffen, welche durch Zwang bewirken sollten, was kaum die Freiheit noch hätte bewirken können.
Die Ausfuhr von Getreide und Speck wird beschränkt[5]), ja die
Kornhändler werden gezwungen, alle ihre Vorräthe, die den eignen
Bedarf übersteigen, sofort zum Einkaufspreis zu veräußern[6]). Dergleichen Mittel fruchteten wenig[7]); vielmehr muß die Regierung
nicht nur in Nothzeiten aus Spanien Getreide nach Rom[8]), aus
Sicilien und Campanien, Lucanien und Tuscien nach Gallien[9])
kommen und aus Aquileja, Istrien und Friaul Lebensmittel zu

---

1) VI. 6. magister per aequatores . . victualium rerum in urbe regia
constituit (pretia) et tam necessariae rei etiam judicem facit. ipse gaudium populis, ipse temporibus nostris praestat ornatum, quando tales viros copiae publicae praeficit, ut plebs querula seditionem nesciat habere
satiata. X. 11. edictum de pretiis custodiendis Ravennae. X. 28. propter
sterilitatem quoque praesentis temporis de singulis speciebus, prout emi-
nentiae vestrae rationabiliter visum fuerit, pretia facite temperari. Die
Maßregel steht im Zusammenhang mit dem fünfjährigen Privileg für die arca-
rios prorogatores tritici et vini et casei, macellarios, vinarios, capitula-
rios horreariorum et tabernariorum, foenerarios et cellaritas für Rom,
Ravenna, Pavia, Piacenza; sive per alia loca quicunque publicos titulos ad-
ministrare noscuntur (darauf geht auch VII. 14); dieß liegt in der Competenz
des Grafen von Ravenna.

2) Hierüber s. unter „Kirchenhoheit."

3) VI. 6. XII. 12 (erogator obsoniorum), Manso S. 129; vgl. XII. 5,
wo auch den possessores für die Lebensmittel, welche sie dem Heer verabreichen
müssen, der Preis festgesetzt und an der Steuerschuld gut gerechnet wird: pretia,
quae antiquus ordo constituit, ex jussione rerum domini cognoscite tempe-
rata, ut multo arctius (hier muß altius gelesen werden) quam vendere sole-
batis, in assem publicum praebita debeant imputari, d. h. bei jener Berechnung soll ein höherer als der Marktpreis zu Grunde gelegt werden.

4) Sart. S. 112. 303.

5) I. 34. II. 12.

6) IX. 5. 24; Manso S. 130; der Kornwucher war in jenem Jahrhundert
stark und häufig; vgl. Dahn, Prokop S. 301).

7) Rationeller war der Nachlaß der Accisen von Oel und Wein. IV. 19.

8) V. 35.

9) IV. 5. 7.

Zwangspreisen nach Venetien verkaufen laffen[1]), alljährlich hat der praepositus annonae dafür zu forgen, daß Getreideſchiffe aus Apulien und Calabrien rechtzeitig in Mittelitalien und Rom eintreffen[2]), wie Ravenna regelmäßig von Ligurien aus verforgt wird[3]). So begreifen wir, daß der raſche Transport des Getreides ein Hauptzweck bei Herſtellung der Flotte war: ſie ſollte den Handel zugleich vermitteln und ſchützen[4]). Die tribuni maritimorum haben die angekauften Vorräthe raſch nach Ravenna zu ſchaffen[5]). Auch ſonſt geſchah Manches für den Handel[6]): Maß und Gewicht werden genau regulirt[7]), das Münzweſen, das lange zum Nutzen der Privaten war mißbraucht worden, wird reformirt und jede Fälſchung ſchwer geſtraft[8]). Die Meſſen und Märkte und die Straßen zu denſelben werden vor räuberiſchen Ueberfällen geſchützt[9]) und es wird wenigſtens einigermaßen dem Hauptübel abgeholfen, welches den römiſchen Seehandel zerſtört hatte: dem erdrückenden Syſtem und der räuberiſchen Praxis der Hafenzölle —: „denn die Schiffer fürchteten die kaiſerlichen Häfen mehr als den Schiffbruch"[10]) und die „maßloſe Zumuthung" mehr als den Sturm[11]) — durch Abſtellung der ärgſten Mißbräuche und ſtrengere Controlle der Hafenbeamten ſollen die fremden Segel wieder an die veröbeten Küſten Italiens gelockt werden[12]). Aber freilich wagte oder verſtand Theoderich hier ſo wenig als anderwärts, an die Stelle des ſchlechten römiſchen Syſtems etwas Anderes zu ſetzen: die Pulsader des Handels, die

---

1) XII. 26.

2) I. 35.

3) II. 20.

4) V. 17; Manſo S. 121; Hurter II. S. 105; Mur. ad a. 309.

5) XII. 23. 24.

6) I. 30. II. 12. VI. 7. 23. VII. 9. 23. IX. 14. X. 28. XI. 11. 12; über die Schifffahrt ſ. noch IV. 15. 5.

7) XI. 16. V. 39.

8) V. 39. VI. 7. VII. 32. XI. 16; ſ. das Lob der oſtgothiſchen Münzen in techniſcher Hinſicht bei Friedländer: ſie waren die beſten ihrer Zeit.

9) VIII. 33 über die Meſſe zu Conſilinum; Gibbon c. 39; vgl. Manſo S. 131; Pavir. I. S. 37; falſch du Roure I. S. 370.

10) IV. 19.

11) VII. 9.

12) II. 12. 19. IV. 19. V. 39; portus nostros navis veniens non pavescat; vgl. Manſo S. 130. VII. 23. peregrinos prudenter excipias et nostrorum commercium moderata de qualitate componas. inter duos populos semper nascuntur certamina, nisi fuerit justitia custodita.

Freiheit, blieb unterbunden, und wenig half es, daß der Tarif der Zölle und Zwangspreise, unter welchen der Kaufmann seine Waaren im Hafen verkaufen mußte, nicht mehr vom Hafenbeamten allein, sondern mit Zuziehung des Bischofes und der Bürger festgestellt werden sollte[1]).

Nicht den Zwecken des Privatverkehrs oder des Handels, sondern nur der Regierung diente auch unter den Gothenkönigen das aus den römischen Einrichtungen beibehaltene Postwesen[2]), in welchem ebenfalls viele Uebelstände abgestellt werden. Dem Mißbrauche der nur zu öffentlichen Zwecken eingeräumten Rechte, sich der königlichen Post zu bedienen, wird wiederholt entgegen getreten[3]). Wer ohne solches Recht[4]), gegen den Willen des Postmeisters, ein Pferd nimmt, zahlt hundert solidi Strafe, wer mehr als einen Centner Gepäck führt, 100 Pfund Gold, jeder darf nur auf dem kürzesten Weg reisen, und wer ein Pferd fordern darf, soll nicht Vorspann verlangen[5]), Beamte, welche diese Postordnung nicht aufrecht halten, büßen zwei Unzen Gold; diese Geldstrafen fallen der Postcasse zu[6]). Das Postwesen hat in Rom der Präfectus Prätorio unter sich, die Centralstelle war zu Ravenna[7]).

Außerdem soll die Flußschifffahrt, welche beschützt (auf dem Tiber, Mincio, Arno, Ollio) und in Stand erhalten wird[8]), den Dienst der Posten möglichst erleichtern[9]). Die flaminische Straße wird bei der Reise des Königs nach Rom restaurirt und über den Tiber eine Schiffsbrücke geschlagen[10]). Wie sorgfältig die Sicher=

---

1) IX. 14; vgl. Sart. S. 338; Krit. in den Heidelb. Jahrb. v. 1811; Pavir. I. S. 240; du Roure I. S. 371; doch kann An. Val. p. 623 rühmen negotiantes . . de diversis provinciis *ad ipsum* (zum Hof) concurrebant wegen der Sicherheit der Straßen und der reichen Bezahlung.

2) VI. 6.

3) I. 29. V. 14. XI. 14. IV. 47.

4) d. h. evectio V. 5. VI. 3. VII. 17. XII. 15; s. auch Böck. s. h. v.

5) Curialen und Defensoren bedrückten hiemit oft die possessores V. 14. 39.

6) V. 5.

7) VI. 6. IV. 17. der magister officiorum; vgl. über das Postwesen noch I. 29. II. 30. III. 11. catabulenses IV. 15. 47. V. 5. 14. VII. 33. XI. 9. 14. XII. 15. veredarii II. 31. IV. 47. VI. 6. paraveredi XII. 15. 20. XI. 14. V. 39. cursuales equi V. 5. IV. 47. Manso S. 131. Sart. S. 185. 330. Böck. s. v. veredi. Kuhn I. S. 206.

8) IV. 20. durch Ergänzung der Zahl der Ruderknechte IV. 15.

9) Dromones V. 16. 17. 18. II. 31.

10) XII. 18. 19. wie auf der Regelung dieser Anstalten, des „cursuale ministerium", ordinationum nostrarum celeritas beruhe V. 5, ist wohl gewürdigt.

heitspolizei[1]), gehanbhabt wurbe, haben wir in Darftellung ber Juftizhoheit gefehen, unb werben wir in ber bes Edicts wieber finben: bie Sorge für ben Lanbfrieben befchäftigte bie Regierung fortwährenb unb ihren Eifer wenigftens, wenn nicht ben Erfolg — (benn Barien unb Ebict zeigen einen anbern Stanb ber Dinge) — hat bie Sage[2]) in ber Berühmung conftatirt, man habe unter Theoberich Golbfpangen unb Golbmünzen auf bes Königs Heer= ftraße legen unb nach Jahr unb Tag wieber unberührt auflefen können[3]).

Für bie Erheiterung bes Volkes muß burch Fortführung ber alten Spiele, Pantomimen, Wagenrennen[4]) unb Kämpfe wilber Thiere unter einanber unb mit Menfchen, — nur Menfchengefechte waren abgefchafft — geforgt werben. Der König verwanbte große Koften barauf unb fchüßte bie Circusfreiheit, obwohl er bie Gefah= ren biefer Leibenfchaft, welche an bie Stelle bes Bürgergeiftes ben Parteigeift gefeßt hatte, wohl erkannte: gegen beffere Ueberzeugung[5]), aus Furcht, bas Volk burch Entziehung feiner jeßt einzigen Lebens= freube unb faft einzigen Befchäftigung zu erbittern, unterwirft fich Theoberich biefer koftfpieligen Protection[6]). Wieberholt kam es zu blutigen Tumulten[7]). Die grüne Partei fcheint bie unterbrückte ge= wefen zu fein — ber Hof von Byzanz protegirte meift bie Blauen — ber König nimmt fich ihrer an; er überträgt zwei Patriciern bas Patrocinium über biefelbe, unb bezahlt ihren pantomimus[8]). ·

---

1) Ramentlich ber Sicherheit ber Straßen: An. Val. p. 620. ita ut etiam pax pergentibus esset.

2) Das Sagenhafte biefer Züge hat man meift verkannt; z. B. Mur. ad a. 516.

3) Aber in Rom unb Ravenna war bie nächtliche Sicherheit nicht eben groß VII. 7. VII. 9. IX. 15, wie bie Formeln für Beftallung ber praefecti vigilum urbis Romae et Ravennae verrathen.

4) Aurigae, nur Römer II. 9. III. 39.

5) III. 51.

6) I. 30. 82; vgl. bie wörtlich übereinftimmenbe Klage Profops bei Dahn, Profop S. 325.

7) I. 20.

8) I. 20. über pantomimi noch I. 20. 31—33; über bie Ausgaben unb Be= mühungen ber Regierung für ben Circus vgl. I. 20. 27. 30. 31. 32. 33. 43. II. 9. III. 39. 51. V. 42. VI. 18; bie Parteien heißen populi I. 17. 20. 31. 33. III. 51. II. 16; aber auch bie Beamten, zumal bie Confuln, werben angehalten, ihre hergebrachten Stanbesausgaben für biefe Fefte nicht vorzuenthalten, z. B. für bie Wagenlenker in Mailanb III. 39. Dort wirb einmal ein Gothe zum tribu= nus voluptatum (VII. 10) beftellt: boch barf man nicht alle tribuni bei Caffio=

Für uns ist an diesen Spielen die politische Seite die wichtigste. Wie Theoderich gegen seine Neigung sich aus politischen Gründen denselben nicht entzog[1]), so wurden sie auch von Eutharich und Totila als politische Mittel benützt. Als jener, der Schwiegersohn Theoderichs, ausersehen war, nach dessen Tod für Amalasuntha oder Athalarich das Reich zu verwalten und den Mangel eines reifen und beliebten und tüchtigen Mannes im Haus der Amaler zu ersetzen — denn Theodahad, vor Athalarichs Geburt der nächste Erbe, entbehrte dieser Eigenschaften — mußte derselbe vor Allem die Sympathie der Romanen erwerben — die der Gothen besaß er bereits durch seine Familienverhältnisse. Deßhalb ließ ihn Theoderich vom Kaiser in Byzanz adoptiren, und ernannte ihn zum Consul des Jahres 519.

Als solcher hielt er nun die ordentlichen, dem Consul obliegenden Spiele, aber mit einer Pracht, welche Alles seit Jahrhunderten gesehene überstrahlte, würdig des Eidams eines solchen Königs[2]). Wieweit er dadurch die Sympathie der Römer gewonnen, dieß zu erproben, hinderte sein früher Tod, der alle Pläne, mit denen Theoderich für die Zeit nach seinem eignen Tod gesorgt zu haben glaubte, zerstörte. Den Zweck dieses Aufwands trifft ein Zeitgenosse mit den Worten: „Theoderich gab Spiele im Circus und Amphitheater, so daß er von den Römern ein Trajan oder Valentinian genannt wurde, deren Zeiten er sich zum Vorbild nahm[3]).

Und als Totila sich als unzweifelhaften Herrn von Rom bewähren und seine auf Gewinnung der Römer zielende Politik vollenden will, weiß er nichts Eiligeres zu thun, als zu Rom wieder Spiele zu geben[4]).

Für die wissenschaftliche Bildung konnte in dieser Zeit des un-

---

ber auf dieß Amt beziehn: es gibt auch tribuni maritimorum XII. 24. provinciarum VII. 30. cartariorum VII. 43; vgl. I. 4. VI. 3. 19; andere tribuni bei Mar. Nr. 91 u. unten.

1) Bei seinem Besuche in Rom a. 500 gab er glänzende Spiele. An. Val. p. 622.

2) Die befreundeten Vandalenkönige lieferten dazu die edelsten Wüstenthiere Afrikas, welche unter sich und mit Gladiatoren kämpften. Chron. Cass. p. 659; vgl. Pavir. I. S. 261.

3) An. Val. p. 620.

4) A. II. S. 234. Die politische Seite wurde hiebei übersehen; vgl. Gibbon c. 39; Manso S. 138—141; Sartor. S. 24. 120. 304; Balbo I. S. 92; du Roure I. S. 370. II. 91; gut Mur. ad a. 519; Hurter II. S. 76. Gregorov. I. S. 236 f.; außer in Rom begegnen Spiele in Ravenna und Mailand.

aufhaltſamen Verfalls nichts Weſentliches geſchehen. Doch mußte
die conſtante Bevorzugung der wiſſenſchaftlich (d. h. meiſt in Recht
und Rhetorik) Gebildeten in den Staatsämtern[1]) wenigſtens äußer=
lich zu dieſen Studien anſpornen Und Caſſiodor ſorgte dafür,
daß auch nach dem Tode Theoderichs die Regierung in dieſer Rich=
tung thätig blieb. Die doctores eloquentiae und magistri scholarum zu Rom ſollen die herkömmlichen Semeſtralbezüge, die man
ihnen vorenthalten oder geſchmälert hatte, voll und rechtzeitig erhal=
ten und von den Säumigen Verzugszinſen fordern dürfen. Wenn
man ſo große Summen auf Spiele, nur zur Erheiterung des Vol=
kes verwende, dürfe man doch wahrlich in der Pflege der Bildung
nicht ſparen[2]). Für die Bildung der Knaben in den Provinzial=
ſtädten und die Verhütung ihrer Verbauerung auf dem Lande wird
mit ſtrengen Zwangsmitteln geſorgt[3]).

Weitaus am Meiſten aber geſchah für Erhaltung, Wiederher=
ſtellung und, ſo gut es gehen wollte, Nachahmung der Bauwerke
(und Plaſtik) der Antike. Theoderich ſcheint perſönlich großes In=
tereſſe und hohe Bewunderung für dieſe Denkmale der antiken Cul=
tur gehegt zu haben[4]). Und als ein Zeugniß der romaniſirenden
Richtung und der Vielthätigkeit ſeiner Regierung haben auch wir
hier dieſes ſchon oft gerühmte Verdienſt der Gothen um Italien
nach den politiſchen Geſichtspunkten wenigſtens zu betrachten[5]). Es
leitet nämlich den König hiebei neben ſeiner individuellen Neigung
— ſchon Zeitgenoſſen (der An. Val.) nannten ihn den Freund der
Bauten, den Wiederherſteller der Städte — auch der Gedanke, daß
ſich der Glanz ſeiner Regierung und der Flor ſeines Reichs in die=
ſen Bauten als den ſichtbaren Zeichen einer glücklichen Aera dar=
ſtellen ſoll. „Denn es iſt eines großen Königs würdig, ſeine Paläſte

---

1) ſ. Var. I. 12. 18. 22. 39. 45. II. 3. 15. 40. III. 11. 12. 33. IV. 36.
V. 4. 21. 40 V. 1. 5. 9. 10. 12. 14. VIII. 12. 14. 18. 19. 20. IX. 7. 21.

2) Var. IX. 21. vgl. Ennod. pan. p. 481. ep. V. 16. Manſo S. 131.
Sart. S. 152. Pavir. I. S. 362. Krit. in den Heidelb. Jahrb. von 1811. du
Roure I. S. 484. Bernhardy S. 331.

3) Var. III. 31. oben S. 153.

4) Er ſagt, die Betrachtung derſelben ſei ſeine liebſte Erholung von den
Sorgen der Regierung VIII. 15.

5) Dieſer Geſichtspunkt fehlt den zahlreichen und ausführlichen Darſtellungen
des Gegenſtands bei Mur. ad a. 516; Gibbon S. 39; Manſo S. 123 f.; Sart.
S. 117. 162. 314; Hurter II. S. 79; du Roure I. S. 366; Gregorov. I.
S. 317 mit reicher Literatur. .

durch Bauten zu verherrlichen. Den Schmuck der Städte zu ver=
mehren ist edelste patriotische Pflicht." „In unsrer Aera sollen die
Werke der Alten nicht zerfallen, da wir täglich die Zierden der
Städte zu mehren trachten." „Ferne sei es, daß wir der Herrlich=
keit der Alten nachstehen, denen unsre Zeit an Glück nicht nach=
sieht;" „das Glück der von uns befreiten Städte stelle sich in ihren
Bauten dar. Vielmehr wird das Alterthum in unsrer Aera würdi=
ger wieder hergestellt[1])." Dieß führt zu dem zweiten politischen Ge=
danken dieser Bestrebungen.

Es soll nämlich in dieser Sorge für die Erhaltung der schön=
sten Monumente der römischen Vorzeit von seinen römischen Unter=
thanen der Beweis erblickt werden[2]), mit welcher Pietät der Go=
thenkönig an die ganze römische Vergangenheit, an die Traditionen
seiner Vorgänger anknüpft: und in der That hat dieser Barbar
vielfach die römische Kunst gegen die gewinnsüchtige Zerstörung der
barbarischen[3]) Römer geschützt: während diese schon seit Constantin
die alten Bauten einrissen und zerlegten, um selber neue daraus zu=
sammenzusetzen oder auch wohl bloß, um das Material zu Privat=
zwecken zu verwerthen, ehrt den Gothenkönig die Einsicht, daß hier
frommes Erhalten besser sei als eitles Neubauen[4]). Zu Dank und
Lob will er die Manen der alten Kaiser verpflichten, deren Bau=
schöpfungen er die Jugend wieder gegeben, daß sie, lange von grei=
senhaftem Alter entstellt, wieder in ursprünglicher Frische glänzen[5]).
„Die Wunderwerke der Alten sollen auch unsern Ruhm vermehren,
indem wir sie der Zerstörung entreißen"[6]).

Demgemäß liegt ihm vor Allem am Herzen die Erhaltung der

---

1) Var. I. 6. III. 10. II. 28. IV. 51.

2) Deßhalb die tendenziöse Chron. Cass. p. 657. sub cujus felici imperio
plurimae renovantur urbes, munitissima castella conduntur, consurgunt
admiranda palatia, magnisque ejus operibus *antiqua miracula superantur.*

3) I. 25. vgl. Balbo I. S. 14. Sart. S. 166. Dahn, Prokop S. 121. Cassio=
dors Wunsch: „romanam pulchritudinem non vigiliae, sed sola deberet re=
verentia custodire". VII. 13 blieb Wunsch.

4) III. 9.

5) I. 25.

6) II. 39. deßhalb werden auch Privaten zerfallne öffentliche Gebäude gegen
die Verpflichtung völliger Herstellung zu freiem vererblichen Eigenthum überlassen,
z. B. zu Spoleto IV. 24 („denn wer Zerstörtes wieder baut, erweist dem Staat
den größten Dienst" III. 29), und so häufig geschah dieß, daß für so bedingte Schenkun=
gen eine besondere Formel aufgesetzt wird. VII. 44.

Herrlichkeit der ewigen Roma selbst[1]): der **praefectus urbi** erhält jährlich große Summen zur Restauration der Gebäude Roms und die wirkliche Verwendung zu diesem Zweck wird strenge controllirt[2]). Vor Allem werden daher Private, welche zu Rom Bauwerke restauriren wollen, belobt, belohnt und unterstützt: „denn hier müssen alle Häuser prangen, auf daß nicht neben den herrlichsten Kunstwerken häßliche Schutthaufen stören: hier darf nichts auch nur mittelmäßig sein"[3]), „denn Roms Bauten sind unvergleichlich, von den höchsten Kuppeln bis zu den tiefsten Cloaken"[4]). Die „Stadt" soll glänzen von wiedererstehenden Gebäuden: Patricier[5]), die hiezu mitwirken, zeigen ihre Bildung und ihren Reichthum auf edelstem Gebiet und „bewähren sich durch solchen Patriotismus würdig, in der römischen Herrlichkeit zu wohnen"[6]). Diese Herrlichkeit zu preisen ermüdet der König so wenig[7]), als sie zu erhalten[8]). „Das ganze Rom ist ein Wunder"[9]) und ein besonderer Baumeister wird für des Königs Bauten in Rom allein bestellt[10]), mehr als für alle andern fordert er für diese Anordnungen Gehorsam[11]). So mag Ennodius frohlocken: „das alte Rom, der Städte ehrwürdige Mutter, wird wieder jung und mag zum andern mal die Lupercalien feiern"[12]).

Als der Pöbel zu Rom eine Synagoge niedergebrannt, zürnt der hier in empfindlichster Stelle verletzte König schwer[13]): „wißt, heftig hat uns mißfallen, daß in jener Stadt, in der wir Alles auf's Herrlichste prangend wünschen, die blinde Leidenschaft des Volks sich bis zur Zerstörung der Bauwerke vergangen." Nach

---

1) Der ornatus urbis II. 7; s. die schöne Darstellung von Gregorov. I. S. 278 f. (Rubeus p. 121. 137; Giannone I. S. 211).

2) II. 34.

3) III. 29. in aliis quippe civitatibus et minus nitentia sustinentur: in ea vero nec mediocre aliquid patimur.

4) III. 30.

5) IV. 51. Symmachus baute viel zu Rom auf eigne und auf königliche Kosten.

6) IV. 30.

7) VII. 15. romanae fabricae decus, illa mirabilis silva moenium .. in una urbe tot stupenda.

8) I. 25. romanae moenia civitatis, ubi studium nobis semper impendere infatigabilis ambitus erit.

9) l. c. universa Roma miraculum.

10) l. c.

11) I. 25.

12) c. 11.

13) IV. 43.

Iſidor hätte er die vergoldete Statue, die ihm der Senat errichtet, vorzüglich für ſeine Verdienſte um die römiſchen Bauten erhalten[1]).

Die Thätigkeit der gothiſchen Verwaltung in dieſem Gebiet iſt eine ganz außerordentliche[2]). Die Sorge des Königs reicht hier vom höchſten bis in das kleinſte Detail: nicht die Marmorquadern entgehn ihm, die unbenützt auf den Feldern liegen. Seine indivi= duelle Erreguug ſpürt man aus dem gewaltigen Eifer, welchen die nächtliche Entwendung einer Statue zu Como veranlaßt: zwei De= crete: 100 Goldſtücke für den Entdecker, Unterſuchung gegen alle Metallarbeiter wegen möglicher Beihülfe, Strafloſigkeit im Fall reuiger Zurückſtellung und Todesſtrafe für den nicht durch thätige Reue entdeckten Dieb[3]).

---

1) Chron. Gothor. per hunc dignitas urbis Romae non parva est resti-tuta: muros enim ejus iste redintegravit: ob quam causam a senatu in-auratam statuam meruit; eine Mehrzahl ſeiner Standbilder zu Rom, von der Wittwe des Boëthius, umgeſtürzt: Proc. b. G. III. 21, eine nach der Sitte der Zeit aus mehrfarbigen Steinen zuſammengeſetzte Statue zu Neapel. l. c. I. 24.

2) Vgl. I. 5. 17. 21. 24. 28. II. 7. 27. 34. 37. (35. 36.) III. 9. 10. 19. 29. 30. 31. 39. 44. 49. IV. 24. 29. 30. 43. 51. V. 8. 9. 38. VII. 5. 13. 15. 16. 44. VIII. 29. IX. 14. X. 7. 30. marmorarii II. 19. architecti Daniel III. 19. Aloisius II. 39.

3) II. 28. 29; wir fügen eine Ueberſicht der wichtigſten Leiſtungen der Ama= ler in dieſem Gebiete bei: zu Rom Reſtauration eines theatrum IV. 51; der Waſſerleitungen VII. 6. III. 31. V. 38; eines Thores (Theodahad) X. 30; der Cloaken III. 30; andere Gebäude III. 29; über die zu Rom gefundenen Ziegeln mit dem Monogramm Theoderichs ſ. die Literatur bei Sart. S. 313 und Grego= rov. I. S. 299; er verwandte auf römiſche Bauten jährlich 25,000 Stück derſelben und außerdem 200 Pfd. Gold. An. Val. p. 622; Chron. Cass. p. 657; dieſe Summe wird, wenn unterſchlagen, Var. II. 34, nochmal ausbezahlt I. 25; zu Ra= venna: der Aquabuct Trajans und andre Waſſerleitungen (Var. V. 38. Chron. Cass.) ſein Hauptpalaſt und noch ein palatium modicum, Agn. Mur. II. p. 66; ein Säulengang und Bäder (Anon. Vales. p. 623); das Baptiſterium; zahl= reiche andre Kirchen; die Basilica Herculis; das Kloſter S. Mariae ad memo-riam Th. regis u. A. bei Agn. Mur. p. 113; zwei Statuen Theoderichs und ſein Grabmal mit ſeiner Reiterſtatue Agn. II. p. 123; Bauten arianiſcher Biſchöfe daſelbſt Agn. Mur. II. p. 105; einige ſelbſtändige Notizen auch bei der Chron. de Rav. bei Murat. I. 2. p. 5; Amalaſuntha, Theoderichs Grabmal (reiches Material hierüber bei Manſo S. 396—404; Balbo I. S. 84; Hurter II. S. 33; Mur. ad a. 526; Pallmann II. S. 491 u. Pavir II. S. 776); ſie ließ von Byzanz Marmor kommen X. 8. 9; andre Bauten derſelben bei Agn. Mur. II. p. 95, und Theoderich be= ſchied geſchickte Marmorarbeiter, vornehmlich für Sarkophage, von Rom nach Ra= venna III. 19; vgl. auch V. 8. — (ſ. im Allgem. v. Quaſt, die altchriſtlichen Bauwerke von Ravenna vom V. bis IX. Jahrh. Berlin 1842). Zu Pavia einen Palaſt, Bäder, ein Amphitheater, Stadtmauern (An Val. l. c.), Gerüſte für das

Der Vorstand des gesammten Bauwesens ist der curator palatii. Dieser hat zunächst die Residenz, den königlichen Palast zu Ravenna, herzustellen, zu erhalten und immer zu verschönern. Außerdem hat er aber auch für alle andern Bauten des Königs, militärische und civile, die Pläne vorzulegen, ihn frägt das ganze große Heer der Werkleute, Maurer, Erzgießer, Gips- und Musiv-arbeiter um Rath. Er soll dafür sorgen, daß Niemand die Neu-bauten von den antiken unterscheiden könne — ein schwerer Auftrag! — und kann alle diese Pflichten nur erfüllen, wenn er die vom König angewiesenen Bau-Gelder gewissenhaft verwendet[1]).

6. Amtshoheit.

Der König hat die volle Amtshoheit. Die eben geschilderte Administration setzt ein reiches System von Beamtungen voraus, welches wir denn auch im Gothenstaat antreffen: die ganze rö-mische Aemterhierarchie bestand unverändert fort[2]). Diese als solche liegt außerhalb der Geschichte germanischen Königthums[3]): hier ge-

Volk, um den Spielen zuzusehen (**Mezzabarba, Mediolan. Numism. imp. bei Pavir** I. 879) [mir unzugänglich], eine Statue Theoderichs Agnell. II. p. 123; zu Be-rona Stadtmauern, Palast, Bäder und Säulengang vom Palast zu einem Thor (An. Val. l. c. Außerdem Bäder zu Abanum II. 39; zu Spoleto II. 37; Wasserleitungen II. 39. IV. 31; zu Parma VIII. 29. 30 (Athalarich); Cloaken in Parma (Athalarich) VIII. 29. 30; militärische Bauten und Stadtwälle zu Dertona I. 17; Arles III. 44; Catania III. 49: Terracina Balbo l. c. (s. oben S. 63); Syrakus IX. 14; vgl. II. 7. III. 9. 10; im Trientinischen wurde eine ganze „Stadt" neu angelegt, wahrscheinlich eine Befestigung V. 9; Paläste in ganz Italien hist. misc. XV. p. 101. Theoderi-cus .. dum pacifice apud Italiam regnaret per singula quaeque celebriora loca regia sibi habitucala construxit; zu Modicia Paul. Diac. IV. 22 einen Sommerpalast pro eo quod aestivo tempore locus ipso utpote vicinus Alpi-bus temperatus et salubris existat; vgl. vita s. Hilari Acta. S. Boll. 15. Mai. III. p. 473 seq.; (am Bedese) Ennod. c. 11. p. 467; video sub civilitatis plenitudine palatina ubique tecta rutilare . . . und Cassiodor Chron. ad a. 500; weitere Literatur in den italienischen Städtegeschichten und Alterthümern.

1) VII. 5. — Andre Maßregeln der Verwaltung f. oben unter „Finanzhoheit" S. 152 und unter „Amtshoheit".

2) f. die Zusammenstellung der römischen Aemter im Gothenstaat. A. II. S. 269. Vgl. Manso S. 342 f.; du Roure I. S. 320; Hurter II. S. 11; He-gel I. S. 109. Auch Odovakar hat comites domesticorum, magistri militum, praefecti praetorio An. Val. p. 619. Mansi VIII. p. 33.

3) Vgl. darüber außer der notitia dignitatum bes. Manso Beilage VIII. und Constantin, Hegel I. S. 65, Giannone I. S. 198.

nügt ber Beweis, baß ber Gothenkönig bie Amtsgewalt ganz wie ber Imperator übt. Er ernennt ganz willkürlich[1]) bie Beamten[2]), beförbert fie[3]), befolbet fie[4]), controllirt fie[5]), ftraft fie[6]), belohnt fie[7]), entläßt fie[8]), beurlaubt fie[9]), vereibigt fie[10]), er hebt auch ganze Aemterarten auf[11]), ganz fo unbefchränkt wie ber römifche Kaifer. Welche bebeutenbe Mittel biefe römifche Aemtermafchine bem Königthum in feinem Streben nach ber abfoluten, römifchen Herrfchergewalt über ben ganzen Staat gewähren mußte, leuch= tet ein[12]).

Die römifchen Aemter behalten, wie aus Caffiobors Beftal= lungsformeln erhellt, alle ihre Formen, ihre Canzlei unb Dienft= perfonal[13]), Functionen, Attribute unb Privilegien[14]). Man kann

1) VI. 13. gratia; (unzugänglich blieb Pantinus de dignit. aulae goth.).

2) VI. 18. nostra electione deferimus VI. 18; bei ben höhern Aemtern wirb bie Ernennung unter Lobpreifung bes Canbibaten bem Senat mitgetheilt.

3) XI. 35. XII. 7; manchmal erhielten aber bie Beamten nach höheren wie= ber niebere Stellen Var. X. 12; Sartor. S. 59. 283; Manfo l. c.

4) I. 10. XI. 35; Manfo S. 380; Bethm. H. S. 58.

5) I. 21. 35. II. 34. III. 27. IV. 12. 28. XII. 16. VIII. 20. IX. 12. 14.

6) VI. 3. Ed. §§. 1. 3. f. epil. Basilius regni ministerio depulsus Boeth. I. 4.

7) XI. 36. 37.

8) (Veterani VI. 13. XI. 35).

9) I. 39. II. 22. IV. 6. 48. VII. 36. IX. 6. X. 29.

10) XI. 35.

11) V. 39.

12) f. A. II. S. 124; nur bie politifch faft bebeutungslofen Municipalbeam= ten werben noch, zum Theil, gewählt, Balbo I. S. 21; vgl. im Allgem. Kuhn I. S. 35. 227 f., aber auch S. 158; du Roure I. S. 360; Hegel I. S. 43. 125.

13) Officia VI. 3.

14) VI. 22. privilegia dignitatis tuae nec volumus minui nec jubemus excedi. I. 23. decessorum privilegia VI. 14. VII. 4. VIII 16. Die Belohnung altgebienter Beamten erfolgt ganz nach divalia statuta, ben munifica jura ber cana antiquitas VI. 13. magnifici, (illustris magnificentia) I. 4. 14. II. 5. III. 20; auch bie römifchen Rangclaffen ber illustres (illustratus vacans VI. 11), IX. 8., clarissimi, clarissimatus I. 7. IV. 42, VII. 38 sublimis (subli= mitas tua I. 2. III. 26. IV. 9. V. 8 (ber comes *Gothorum* VII. 3 heißt vir sublimis); spectabilis VII. 37 38. I. 5. IV. 10. VI. 12. II. 28. III. 30) wer= ben beibehalten; vgl. Balbo I. S. 13; f. Böcking s. v. „vir" unb bie ent= fprechenben Titulaturen magnitudo tua VII. 15. VIII. 6. I. 15. II. 11. III. 11. IV. 11. V. 12 u. oft; mansuetudo vestra VIII, 50. reverentia vestra II. 18. beatitudo vestra, vir beatissimus I. 9. III. 37. II. 29, celsitudo vestra I,

nicht[1]) aus dem Nichterscheinen gewisser Aemter in den Formel-sammlungen Cassiobors mit Sicherheit auf deren Nichtexistenz schließen: denn jene Sammlungen sind keineswegs erschöpfend: es fehlt z. B. die Formel für die Bestallung des wichtigen Amtes eines major domus, das doch gewiß bestand[2]).

Die ganze „militia" bleibt erhalten[3]). Auch die allerhöchsten Würden und Aemter der römischen Verfassung verleiht der Gothen-könig: er bestellt Präfecti Prätorio, Patricier, Consuln[4]). Bei Er-nennung der Consuln findet aber eine nicht deutliche Mitwirkung des Kaisers (der Gothenkönig ernennt den consul occidentis, der Kaiser bestätigt ihn) statt[5]). Ihr Amt war ein Scheinamt und höchst kostspielig wegen der Spiele, die man von ihnen erwartete[6]);

15. II. 38. honorati III. 12. IX. 5. Kuhn I. S. 200. — Die verschiednen Stufen der comitivae ohne Amt. Sartor. S. 51; du Roure I. S. 318; Manso S. 379.

1) Wie Sartor. S. 269. 276; Balbo I. S. 53 u. A.

2) Mansi VIII. p. 250 und Cassiodor selbst in dem praktischen Theil seiner Sammlung; ebenso nennt nur der anon. vales einen praepositus s. cubiculi p. 625.

3) An. Val. p. 620. militia Romanis sicut sub principis esse praece-pit; s. bes. Kuhn I. S. 155; sehr oft bedeutet daher milites Civilbeamte, nicht Soldaten, (z. B. VII. 28. VIII. 18. XII. 1. milites nostrae sedis XII. 16. 19. XI. 16 miles noster in rem directus XI. 12), was man oft verkannt hat (s. unten Anhang II. über militia, milites officiorum); es sind die Executoren VI. 13. XII. 8. II. 28. 31. 5. XII. 18. 1. 19. 4. 40. 30. XI. 35. VI. 3. 13. 25. VII. 4. 9. 13. 18. 43. 22. 30. VIII. 13. 12; ferner noch V. 25. 36. XI. 8. IX. 4. Ed. §§. 73. 89; sogar exercitus bezeichnet Civilbeamte XII. 18. (Bethm. H. S. 28. 161. 165).

4) s. A. II. S. 269.

5) II. 1. A. II. S. 40; Pavir. I. S. 260; Balbo I. S. 35; u. bes. Pagi, dissertatio hypatica sive de consulibus caesareis Lund. 1682 und die Litera-tur bei Gregorov. I. S. 334; Mur. ad a. 519; Gibbon c. 39; du Roure I. S. 314; Kuhn I. S. 207.

6) Sehr naiv rühmt Cassiodor den Fortschritt dieses Amtes, das jetzt gar nichts mehr zu thun gebe III. 39; consul cujus constat esse propositi, ut debeat ex liberalitate laudari ne videatur aliud dignitas promittere, aliud senatorem velle complere . . . sub opinione munifici parcum non decet in-veniri. quia inumbrat famam publicam in consule tenacitatis obscuritas; Theoderich hält einen allzu sparsamen Consul streng an diese Amtspflicht; über die Stellung der Consuln in jener Zeit vgl. noch I. 27. II. 1 (ordinarius) 2. III. VI. 1. 2. 10. 20. IX. 22. X. 2; Sart. S. 44; Ennod. ep. I. 5; Manso S. 378; über die patricii I. 3. 4. 10. 15. 20. 23. 27. 33. 39. III. 5. 6. 11. VI. 2. 29. 42. VIII. 21.

aber Behörden[1]) von größter Wichtigkeit waren der praefectus praetorio[2]), der praefectus urbi[3]) und der quaestor s. palatii[4]).

Dieses Recht war nicht ein bloßes Ehrenrecht, sondern er-
möglichte dem König, mit den höchsten Würden des römischen Volkes
zugleich in gesetzlicher Weise dessen Leitung nach seinem Sinne befreundeten, verläßigen Männern zu übertragen; und deßhalb, nicht
nur um der Ehre willen, verlangt Justinian von Theobahab Verzicht auf diese Befugnisse[5]). Wenn der König alle Beamten ernennt, so hat er auch auf die Wahl der Bischöfe wenigstens thatsächlich großen Einfluß, einigemale ernennt er sogar den Bischof
von Rom[6]).

Diese Beamten sind recht eigentlich die Werkzeuge dieses „aufgeklärten Despotismus": „wie die Sonne ihre Strahlen entsendet,
so gehen vom König die Aemter aus, überallhin den Schimmer
seiner Gerechtigkeit zu verbreiten"[7]): der Beamte wird mit dem Geist
dieser Regierung getränkt[8]); jede Beförderung soll den Eifer mehren: am Hofe, in persönlicher Umgebung des Königs, haben sie
dessen[9]) Intentionen begreifen lernen können und sollen nun seinem
Vorbild nacheifern: „eine Art Priesterschaft ist es, einem so ge-
wissenhaften König zu dienen"[10]). Die Beamten sollen den König

---

1) du Roure I. S. 319; Sartor. S. 47; über seine Competenz im Steuerwesen S. 197.

2) **Var. praef.** I. 1. 14. II. 16. 24. III. 20. 27. IV. 47. V. 5. VI. 3.
VIII. 20. IX. 7. X. 26.

3) I. 30. 31. 42. III. 11. 12. VI. 4. 8. 18. IX. 21.

4) s. Anhang II. und vgl. die Briefe des Ennod. an Faustus.

5) Daß Theoderich jene Würden immer nur an Römer verliehen habe, ist
eine rhetorische Uebertreibung Prokops: wir finden die Gothen Thulun VIII. 9.
10. X. 25; (vgl. noch IV. 49. IX. 11—13; Manso S. 90; Sartor. S. 22. 57.)
als Patricius und Dux, Osvin als Vorstand von Dalmatien und Savien, Criva
als praepositus cubiculi An. Val. p. 625; Triguilla praepos. regiae domus
Boeth. I. 4; Bilia als comes patrimonii Var. I. 18. V. 18. 19. 20; Bacauda
tribunus voluptatum in Mailand V. 25; Bifigital als censitor IX. 11. 12;
Gilba als comes von Syrakus IX. 11. 13.

6) s. unten „Kirchenhoheit".

7) VI. 23.

8) VI. 9.

9) Daß der König strenge Anforderungen machte und sich seine Leute oft in
persönlichem Verkehr im Hofdienst heranbildete, ist der Kern zahlloser Phrasen
Cassiodors; vgl. VIII. 21; vgl. Ennod. p. 468; Var. V. 15 misimus nostris
institutionibus eruditum.

10) I. 12.

allgegenwärtig machen[1]) und selbst ein Cassiodor kann all' seine
Amtsthätigkeit nur darin zusammenfassen, er wolle in Allem handeln, wie es rerum dominus befohlen[2]), der „terror armatus" liegt
ihm zur Seite, jeden Widerstand und Ungehorsam zu beugen und
zu brechen[3]).

Freilich entsprachen die Beamten oft diesem Ideal[4]) sehr wenig:
die Controlle dieser Werkzeuge machte ihrem Meister schwere Mühe,
denn die allgemeine Verderbniß der römischen Welt äußerte sich
ähnlich wie im Ostreich[5]), auch im Westreich nicht am Wenigsten
in den zahllosen und argen Mißbräuchen und Freveln der Beam-
tenwelt[6]). Die bloße Saumsal in Erfüllung der königlichen Befehle war noch das Geringste[7]); aber die Bestechlichkeit (venalitas) und die erpressende Habgier war so allgemein, daß die Warnung vor derselben nicht nur in stehende Amtsformeln[8]) aufgenommen, sondern bei fast jeder Ernennung speciell eingeschärft wird[9]).

Die domestici der comites ergänzen ihren schmalen Sold
durch Aussaugung der Provinzialen[10]). Die Domänenverwalter benützten die Furcht vor dem königlichen Namen zu ihrer Bereiche-

1) IV. 37.

2) XI. 8.

3) l. c.

4) Cassiodor spricht es mit den Worten aus: So oft des Königs Auge auf
einen seiner Beamten fällt, soll er sich freuen können seiner glücklichen Wahl. IV. 3.

5) Wo es aber noch schlimmer war; Dahn, Prokop S. 297; Balbo I. S. 5;
die Nation war daselbst noch bedeutend mehr demoralisirt und Theoderich muß,
nach Abzug aller Uebertreibungen Cassiodors, das wichtige Herrschertalent gehabt
haben, tüchtige Leute zu entdecken. rimator ille actuum VIII. 10. speculator
virtutum I. 23. altae prudentiae perscrutator IX. 10. 24; in diesem Sinne
ist seine Wahl eine Prophetie VIII. 13; Prokop bestätigt dieß Lob.

6) Boëth. de consol. I. 4.

7) I. 40. ordinatio nostra non debet per moram impediri; vgl. IX. 14.
l. 2. 21. IV. 28. Die Geschäftslast der wichtigern Aemter, z. B. des Präfectus
Prätorio war sehr groß; vgl. trotz aller Rhetorik Var. praef.; es wird dann,
nach fruchtloser Mahnung, meist ein compulsor abgesandt zum Zweck des „imminere".

8) VI. 21.

9) V. 4. VI. 20. VII. 7. 13. XI. 24. 35. 8. VI. 20; s. unten Anhang I.
zu §§. 1. 2. 90. V. 19. cave, ne te venalitas maculet.

10) IX. 12; vgl. Boëth. I. 4. pro tuendo jure potentiorum semper spreta
offensio. quoties ego Cunigastum in imbecilli cujusque fortunas impetum
facientem obvius excepi, quoties Triguillam regiae praepositum domus
ab incepta perpetrataque jam prorsus injuria dejeci!

rung[1]). Die Finanzbeamten führten auf eigne Fauft neue Steuern ein oder Steuererhöhungen (adjectitia incommoda)[2]), brauchten zu schweres Gewicht und unterschlugen den Mehrbetrag: oder auch sie ließen sich Nachlaß und Stundung ablaufen[3]) und ihr niedres Personal folgte ihrem Vorbild[4]). Die comites der Städte erhoben Bausteuern und bauten nicht, und nahmen den Schiffern unter dem Vorwand von Zöllen und Ehrengeschenken ihre besten Waaren[5]).

Aber auch gegen Freiheit, Leib und Leben mißbrauchten die Beamten ihre Gewalt: hielten Angeschuldigte in ungerechtfertigt langer Haft[6]), erpreßten Geständnisse, verkürzten die Vertheidigung, zwangen kleine Freie in ihre Knechtschaft[7]), ja Todesurtheile verkauften sie[8]) und auch hierin eiferte ihnen ihr untergebnes Personal im Kleinen getreulich nach[9]), so daß die besten Maßregeln der Regierung in der Ausführung durch schlechte Beamte vereitelt wurden[10]). Dem gegenüber wiederholt die Regierung immer wieder ihre vergeblichen guten Lehren[11]), warnt vor dem Dünkel, daß hohe Würden vor Strafe sichern[12]): diese verpflichten nur zu besto größerer Treue[13]). Die Scheu vor dem König soll diese gewaffnete Willkür einschüchtern[14]), denn seine Befehle müssen bis in's Kleinste befolgt werden[15]); und wie der König die Vorstände, sollen diese ihr Personal controlliren[16]). Solche Ermahnungen, dann schärfere Verweise[17]) gehen den strengern Maßregeln vorher. Sie fruchten wenig[18]).

---

1) IV. 4.
2) X. 1. 8; das find die saeva discussionis, schlimmer als Krieg. IX. 9.
8) X. 17.
4) IX. 2; vgl. IV. 21.
5) IX. 14.
6) III. 46. IX. 17.
7) V. 30.
8) Ed. §. 1.
9) VI. 22. XI. 18.
10) V. 6. XI. 18; über das Beispiel der Vorstände. XI. 8.
11) X. 5.
12) IV. 49.
13) IV. 29. 80.
14) III. 27.
15) II. 12.
16) VI. 9.
17) IV. 29.
18) Boëth. I. 6 sagt, freilich rhetorisch und erbittert: si quando probis, quod

Caffiobor muß die continentia ein seltnes Gut an einem Beamten nennen[1]) und ein Wunder ist es ihm, wenn ein Bollzugsbeamter Lob verdienen kann. Der Uebermuth der Aemter war groß und allgemein[2]). Die Amtsgewalt hält so schwer Maß, in das einzige Streben verrannt, ihren Willen durchzusetzen[3]). Schärferer Mittel bedarf's; die Provinzialen müssen aufgefordert[4]) werden, sich ohne Scheu beim König zu beklagen[5]), oft verzichten sie — aus Furcht — auf Bestrafung des Bedrückers, wenn ihm nur gewehrt wird[6]). Dann sendet wohl der König außerordentliche Commissäre, den Zustand der Provinz zu prüfen, die regelmäßigen Beamten zu überwachen, die Schuldigen zu entfernen, den Mißbräuchen zu steuern[7]). Aber auch schwere Strafen drohen Barien und Edicte dem Mißbrauch der Amtsgewalt[8]), und wenn ein Amt sich durch Bedrückung besonders verhaßt gemacht, so cassirt es der König ganz. So das der villici in Spanien (nur hier?); dieselben scheinen locale, halb private Schutz- und Verwaltungsbeamte gewesen zu sein[9]).

---

perrarum est, honores deferuntur; das andre Extrem bei Coohl. c. 10 „de probitate magistratuum et officialium sub rege Th.“

1) X. 5.

2) Bor Allem der großen Palastbeamten, der caues palatini, wie Boëth. I. 4 sie nennt. Var. IV. 4. III. 40. V. 14. VII. 1. IX. 12. XI. 8. I. 4 ut plerisque moris est.

3) VI. 15.

4) IX. 12.

5) IX. 17.

6) IX. 14.

7) XI. 7; von ihnen heißt es ebenfalls imminere debent: praecepimus consuetudinarii milites nostrae sedis tibi officioque tuo imminere; vgl. XII. 19.

8) s. Anhang I.

9) s. oben S. 138. V. 39. villicorum quoque genus, quod ad damnosam tuitionem queruntur inventum, tam de privata possessione quam de publica funditus volumus amoveri. quia non est defensio, quae praestatur invitis; suspectum est quod patiuntur nolentes (statt volentes); nam hoc est revera beneficium, si sine murmure feratur acceptum. Die „privata possessio“ bezeichnet Unterthanen im Gegensatz zum König, nicht Privatgüter des Königs im Gegensatz zu fiscalischen. Dieser Unterschied bestand nicht mehr in solcher Schärfe (s. oben S. 136). Es waren Berwalter königlicher und abliger villae, welche eine gewisse Ortspolizei (und auf Berlangen besondre tuitio) wohl im Namen ihrer Herrn (s. die Klagen über den Mißbrauch solcher patrocinia oben S. 132) handhabten, wenigstens findet sich im westgothischen Spanien ganz diese Einrichtung. Sie mißbrauchten die tuitio wie die Saionen. Den villicis privatorum ganz ähnlich sind die in den Barien und bei Marini oft genannten ac-

Es war nun aber der König im ganzen Gebiet der Verwaltung, so wenig wie im Heerwesen und in der Rechtspflege, an Einhaltung der regelmäßigen Behördenorganisation gebunden. Häufig sandte er in zerrüttete Provinzen außerordentliche Commissäre („Sendboten" mögen wir sie nennen) mit außerordentlicher Vollmacht, welche dann neben und über den regelmäßigen Behörden für Wiederherstellung der Ordnung und des Flors der Landschaft thätig werden sollen; oft werden dabei gegen in jenen Kreisen gerade graffirende Verbrechen die alten römischen Strafbestimmungen, manchmal verschärft, in Erinnerung gebracht, oder neue Strafen angedroht[1]). So werden Ampelius und Liberius nach Spanien gesendet: „ganz Spanien" wird ihnen als Amtsgebiet zugewiesen, „auf daß die eingewurzelten Mißbräuche gegen unsere neuen Befehle nicht mehr bestehen können"[2]). Der Senat wird beauftragt, die römischen Wasserleitungen wiederherzustellen: und dabei noch ein Specialcommissär bestellt, den Zustand dieser Bauten zu untersuchen und an den König zu berichten[3]); ebenso soll der vir spectabilis Genesius die Reinigung der Wasserleitungen und Cloaken zu Parma überwachen[4]) und der comes Suna die Verwendung von Marmortrümmern zu Neubauten[5]); ein andermal hat ein Bischof ex auctoritate nostra (anerbotner= oder aufgetragnermaßen?) eine Wasserleitung herzustellen[6]).

---

tores, Vermögensverwalter; oft sind sie wohl Freigelaßne; ihr Herr heißt patronus Var. IV. 35 f. oben S. 55; daß königliche Intendanten in Processen von Bauern, Colonen, Conductoren, Gerichtsbarkeit hatten, darüber f. VI. 9 und Manso S. 37; vgl. die fränkischen actores bei Waitz II. S. 408.

1) Es ist nicht immer leicht zu entscheiden, ob ein solcher Erlaß den regelmäßigen Provinzialbeamten oder einen Sendboten bestellt. Letzteres wohl z. B. IV. 49. Fribibald ist schwerlich ordentlicher comes Gothorum in Savien: in seiner Mission folgt ihm der Römer Severian V. 14; (im Ganzen darf man eine chronologische Folge der Varienbücher I.—V. und VIII. IX. X. annehmen: das beweist der Fall des Basilius (oben S. 103) und die Reihenfolge der gothischen und byzantinischen Herrscher; eine gute Ausgabe und Kritik der Varien wäre eine verdienstreiche, aber mühevolle Arbeit). Dagegen Gemellus, obwohl ad provinciam componendam nostra mansuetudine de necessitatibus vestris cogitante nach Gallien gesendet, ist doch ordentlicher vicarius praefect. Galliarum III. 17.

2) V. 39.

3) III. 31.

4) VIII. 29. 30. imminere.

5) II. 7.

6) IV. 3. ein außerordentlicher Auftrag besondern Vertrauens ergeht auch I. 45 an Boëthius.

Ein Gothengraf hat in außerordentlicher Mission Eide der Huld und Treue für den König zu leisten und zu empfangen[1]) und Sajonen und comitatici sind recht eigentlich dazu bestellt, solche außerordentliche Aufträge des Königs auszuführen[2]). Aber auch sonst erhalten Männer, welche sich einmal das Vertrauen des Königs erworben, sehr häufig Aufträge außerhalb ihrer Amtssphäre, z. B. der Quästor Ambrosius[3]) oder würdige Bischöfe[4]): insbesondere werden solche bewährte Männer aus der Umgebung des Königs vom Hof aus ohne Amt mit dem Auftrag in die Provinzen entsendet, die Provinzialbehörden bei einzelnen wichtigen Geschäften, z. B. der Steuererhebung zu unterweisen, zu überwachen und zu unterstützen[5]): auch aus dem Senat werden oft zwei Commissäre gewählt, ein einzelnes Geschäft im Auftrag des Königs zu vollführen[6]) oder einen Specialbericht einzusenden[7]).

Gothische Beamte sind die duces, die Gothengrafen und die Sajonen. Die Stellung der erstern beiden in der Civilverwaltung kann nur im Zusammenhang mit der Darstellung des gesammten Rechtszustandes, zumal der Gültigkeit des gothischen Rechts in diesem Staate erörtert werden[8]). Hier genügt die Bemerkung, daß duces[9]) und comites, wie Heerführerschaft im Kriege[10]), so im Frieden

---

1) VIII. 5.

2) VIII. 2. 7. IX. 10.

3) VIII. 13. ita gratiam dominantis auxisti, ut tibi saepe committeretur, quod dignitas non haberet.

4) IX. 5. XII. 27.

5) XI. 2. 7.

6) Z. B. die Vermessung des durch Austrocknung von Sümpfen zu gewinnenden Landes. II. 32.

7) Z. B. über die Verwendung der römischen Baugelder I. 21. qui estis ad indaginem veritatis electi; über andre solche (oft zweifelhafte) Specialaufträge in allen Zweigen des Staats I. 20. 21. 23. 27. 45. II. 10. 32. 35. 36. III. 10. 13. 15. 23. 45. 52. IV. 12. 16. 17. 18. 20. 21. 22. 27. 28. 33. 46. 47. 50. 5. 6. 9. 10. V. 8. 14. 17. 19. 39. 20. 27. 28. ? 35. 39. VI. 9. 20. 27. 35. Sart. S. 59; manchmal wird der ordentliche Beamte beauftragt, aus seinem Personal zu delegiren IV. 50; solche Sendboten sollen in den Provinzen die Gerechtigkeit des comitatus vertreten, ohne Reisebemühung der Unterthanen. V. 15.

8) Im Anhang II.

9) Ob die duces Sinderith und Hunila bei Jord. c. 59. 60 technisch zu fassen, läßt sich nicht entscheiden.

10) Oben S. 65; sie haben die millenarii, die Tausendführer unter sich; unsere Ansicht oben S. 77 (vgl. Eichhorn §. 23) wird durch die westgothischen

Justiz-, Finanz- und Verwaltungs-Functionen haben. Das Amt der Sajonen dagegen kann an dieser Stelle bereits erschöpfend dargestellt werden[1]. Die Sajonen, ein gothisches, nicht römisches Amt, sind, wie die duces und comites, Heermänner und Civilbeamte zugleich. Sie gehören utrique militiae an[2]: wahrscheinlich avanciren sie in beiden Beziehungen zu der über ihnen stehenden Stufe des Gothengrafen, unter dessen Gerichtsbarkeit und zu dessen Dienst sie stehen[3]; der (frühere) Sajo Duda und der (spätere) Gothengraf Duda ist wohl Eine Person[4] und aus des Ennodius Briefen[5] erfahren wir, daß Tankila, der in den Varien[6] eher als Sajo denn als Graf zu denken, comes geworden. Der Sajo hat im Militär- und Civildienst den Bann, die jussio, des Königs zu verkünden, zum Gehorsam aufzufordern (das ist das den Sajonen constant aufgetragne „admonere") und nöthigenfalls den Vollzug zu erzwingen: die Sajonen haben, mehr noch als in ihrer Zutheilung an die comites, ihre Bedeutung darin, die unmittelbaren Vollstrecker des unmittelbaren Königsgebots zu sein. Als ein Gothenheer nach Gallien aufgeboten werden soll, wird dieß dem gesammten Heerbann durch „unsern Sajo Nandius" verkündet[7]. Aber der Sajo ist auch selbst Heerführer: und zwar steht er dem Gothengrafen ziemlich nahe: der Gothengraf Julianus steht an der Spitze eines Heeres: zu seiner Verstärkung wird der „Sajo noster Tato" mit einem Corps von Bogenschützen abgesandt und dieß ist

---

millenarii und die þusundi-faþs des Ulfila bestätigt; ob es auch ostgothische hunda-faþs gab, steht dahin.

1) Ungenügend die Darstellungen bei Cochlaeus, Manso, Sartor. S. 97. 284., du Roure; am besten noch, aber auch in der Hauptsache nicht richtig v. Glöden S. 71; daß das Wort nicht lateinisch (von sagum), sondern gothisch zu erklären ist, hat schon Gothofr. ad l. 37. Cod. Theod. 8. 5. eingesehn; s. du Cange s. h. v. und Lindenbrog. gloss. leg. ant.; nach Isidor „dictor" Anfanga: gothisch wohl sagja R. A. S. 766. Gramm. II. S. 518; vgl. Graff VI. S. 117 (etwas abweichend Helfferich Erbacker II. S. 25); über die westgothischen Sajonen L. V. II. 1. 17. 25. II. 2. 4. 10. V. 3. 2. VI. 21. 5; südfranzösische R. A. l. c.; Schäffner I. S. 369.

2) L. 24.

3) IV. 27.

4) IV. 28. 32. 33.

5) III. 23.

6) II. 35.

7) l. 24. per Nandium (statt Pernandium) sajonem nostrum admonendum curavimus, ut ad expeditionem .. moveatis.

so stark als das des Grafen[1]). Ein Sajo Veranus hat eine Gepi=
benschaar durch Venetien und Ligurien nach Gallien zu führen: er
hat zwar zunächst nur die Geldzahlungen an sie zu besorgen, den
Tausch ihrer ermüdeten Rosse und erschütterten Wagen gegen frische
der Landbevölkerung und überhaupt ihr friedliches Verhalten gegen
diese zu überwachen, aber eben dafür hat er auch militärische Au=
torität[2]). Ein andrer Sajo hat im Castell Veruca für die Be=
satzung Wohnräume bauen zu lassen[3]). Ein weiterer hat die gothi=
schen Tausendschaften von Samnium und Picenum nach Ravenna
zu entbieten (admonere), um dort ihre Donativa zu empfangen[4]).
Die Sajonen sind also Heermänner[5]): daher[6]) erhalten auch sie
selbst Donativa, wie nur die activen Krieger[7]). Deßwegen sind sie
auch alle ohne Ausnahme[8]) nicht Römer, sondern Gothen[9]).

Weil sie Gothen, weil sie Krieger sind, wird ihrer Treue und
Energie denn auch in der ganzen Civilverwaltung der rasche und
kräftige Vollzug des königlichen Bannes anvertraut: sie sind die un=
mittelbaren Vollstrecker seines persönlichen Gebots, sie sind, wie seine
Arme, die Werkzeuge seines Willens. Aus allen diesen Gründen
heißen sie emphatisch „sajones *nostri*“, unsere Sajonen, was
sonst nur noch bei dem Heere und dem Volk der Gothen begegnet,
dem eben auch sie angehören[10]).

---

1) V. 23. Tatonem sajonem nostrum cum sagittariis ad illustrem virum
comitem Julianum aestimavimus esse dirigendum, ut majus sumeret robur
duplicatus exercitus.

2) V. 30.

3) Domicilia vobis construatis ist hier zu lesen III. 48.

4) V. 27.

5) Diese Seite verkennt Cart. S. 284, während Balbo I. S. 54 sie nur is-
pettori militari nennt; besser du Roure I. S. 313.

6) VII. 42.

7) Oben S. 78.

8) Höchstens vielleicht mit einer zweifelhaften.

9) Sie heißen: Biligis (al. Uniligis) II. 20. Terutha (al. Thzuza, Suzuza,
Thezuza) IV. 47. Tato V. 23. Tankila II. 35. Manila IV. 12. V. 5. Leodefrid
III. 47. Suba IV. 39. Duba IV. 31. 34. Grimoda III. 20 (al. Tranvila,
Grurba, Frimula). Godiscalc IV. 47. Gesila IV. 14 (vielleicht der „impulsor“
Gevica bei Ennod. IV. 5.). Dumerit VIII. 27. Arulf (Arilulf, Agilulf V. 20).
Amara (Amala? IV. 27. 28). Frumari (II 13. Fruinarit). Guduin V. 27. Ran=
dius I. 24. Gubila IX. 10. Gubinand V. 19. Zweifelhaft ist nur Veramus V.
10; auch dieß könnte Romanisirung von der gothischen Wurzel bairus sein;
s. Förstemann S. 227.

10) III. 48. IV. 28. V. 23: der majordomus noster ist auch Heerführer.

Deßhalb ihr ehrender Beiname fortis[1]): und beßhalb ihr Titel devotio tua: die devotio ist, wie wir sehen werden, die technische Bezeichnung für den von allen Unterthanen geschuldeten treuen Gehorsam: dieser erscheint bei den Sajonen, den unmittelbarsten Willensvollstreckern des Königs, potenzirt, und beßhalb redet er sie an: „Deine Treugehorsamkeit, Willfährigkeit, Ergebenheit"[2]). Daher begreift sich, daß der König, wem er gegen gewaltsame Bedrängung seinen besondern Schutz zuwenden will, diese „tapfern" und energischen Heermänner, die Träger seines Willens, als Sauvegarden schickt[3]). Und auch sonst werden Sajonen geschickt, wo immer der Wille des Königs auf Widerstand getroffen hat oder zu treffen fürchtet. Wenn Prinz Theodahad seinen Raub nicht herausgeben wollte, sorgt ein zugeschickter (directus, destinatus) Sajo für den Gehorsam[4]). Ein notorischer Ausflüchtemacher wird auf königlichen Befehl kurzweg von einem Sajo vor Gericht gebracht[5]): selbst die Weihe des Priesters schützt nicht vor dem Sajo, der in Vollzug weltlichen Urtheils Schuldhaft verhängt[6]). Wenn in einer Provinz Gothen und Römer Landgüter überfallen und geplündert haben, so erhalten ein Sajo und ein Comitiacus Befehl, sich an Ort und Stelle zu begeben, Untersuchung vorzunehmen und die Schuldigen an Gut und Leib zu strafen: weil beide Nationalitäten betheiligt sind, wird ein gothischer und ein römischer Executivbeamter verbunden, um Unparteilichkeit zu sichern[7]). Diese Gleichstellung des Sajo mit dem comitiacus, der ein Vollzugsorgan des comes ist[8]), beleuchtet seine ganze Stellung. In Folge solchen Auftrags

---

1) VII. 42.

2) VIII. 27. IV. 47. V. 10. XII. 3; seltner heißen auch die ihnen in allem übrigen gleichstehenden römischen Civilexecutoren so I. 8; vir devotus V. 21; apparitores Ed. §. 73. II. 21. III. 20; s. auch Waitz II. S. 480.

3) s. oben tuitio S. 122 (technisch adminicula, defensio sajonis); freilich wandte sich diese Energie manchmal gegen die Beschützten und (oben S. 118) artete wie die andrer Gothentruppen in Bedrückung der Curialen aus. IX. 2.

4) IV. 39. ut imminente sajone nostro nuper occupata cum omnibus, quae direpta sunt .. facias sine aliqua dilatione restitui (imminere auch IV. 46), ganz ebenso IV. 14. 32.

5) II. 13.

6) VIII. 24. sajus diaconum propriae custodiae mancipavit; bieß kann unerachtet des jetzt ertheilten Privilegs wieder geschehen.

7) Dieß geschah scheint es häufig: z. B. Victor et Vintigisal censitores Siciliae. IX. 11.

8) Mar. ad N. 79; Manso S. 369; Var VIII. 24. VII. 31. IX. 14. executore Sajone.

kann nun aber dem Sajo nicht wie gewöhnlich bloße Execution, auch Untersuchung und Urtheilfällung können ihm übertragen werden: die regelmäßige Behörde, fürchtet man, würde gewaltsamem Wiberstand begegnen und nicht gewachsen sein[1]).

Und wie in der Justiz, so haben die Sajonen auch in Finanz und Administration den Befehl des Königs zu vollziehn und Wiberstand mit Gewalt und Strafen zu brechen: so die Steuerweigerung der Gothen durch Confiscation ihrer Lose[2]). Ein Sajo hat nach vergrabnen Schätzen suchen zu lassen[3]). Ein andrer Getraibeschiffe zum Unterhalt des Hofes nach Ravenna zu beordern[4]).

Der Mißbrauch der Rechte auf Beförderung durch die Reichspost hat in Rom in hohem Maße überhand genommen. Da wird vom König ein Sajo vom Hofe weg auf so lange nach Rom beorbert, als die utilitas publica erheischt: er soll dort, römischen Stadtbeamten zugewiesen, diesem Unwesen steuern und namentlich die hohe angedrohte Straffumme einziehn: jene Beamten haben die Constatirung des Falls und die Strafverfällung; der Sajo die Execution[5]). Ein andrer Sajo wird beauftragt, an den Ufern des Po Dromonen bauen zu lassen, wobei er sogar Expropriation verfügen kann: aber doch ist er dabei eigentlich nur Vollzugsorgan des Präfectus Prätorio und des Comes Patrimonii[6]). Ein halb militärischer, halb administrativer Auftrag wird einem andern Sajo, der unter Leitung derselben Beamten die Schiffer der Flotte (Ruderer) nach Ravenna zu entbieten hat[7]).

Sofern die Sajonen unter dem comes Gothorum stehen, haben sie besten Befehle, namentlich die Labungen vor sein Gericht zu vollziehen: sie vollstrecken seine jussiones; aber natürlich auch die Befehle des Königs, welche unmittelbar vom palatium aus in die Provinz an sie oder den comes gelangen[8]). Die Gebühr, welche

---

1) VIII. 27; auch IV. 28 wird einem Sajo (wenn Tanfila nicht Graf ist) Criminaluntersuchung zur Verkündung königlicher Edicte anvertraut. II. 35.

2) IV. 14; ebenso die Realisirung einer andern Confiscation. IV. 32.

3) IV. 34.

4) II. 20.

5) IV. 47.

6) V. 20.

7) Er soll ad provinciam illam *excurrere*. V. 19.

8) In ersterer Hinsicht stehen sie den römischen executores, apparitores (s. die Stellen bei Böck. Register p. 12 und Gloss. nom. Cod. Th.) comitiaci gleich, welche ebenfalls devoti heißen; Var. II. 10. 21.

sie in letzterm Fall unter Königsbann erheben dürfen, beträgt das Doppelte der Gebühr des ersten Falls[1]). Der König hatte diese Summen nach Rang und Reichthum der Parteien abgestuft.

In Syrakus sind gothische Sajonen, weil ein Gothengraf dort residirt. Aber in außerordentlichem Auftrag kann ein Sajo vom König, unabhängig vom Grafen, ja zu dessen Controlle in die Provinz beordert werden[2]).

Wie alle Beamte dürfen die Sajonen die Reichspost zur Ausführung ihrer Aufträge benützen: aber sie sollen dabei immer auf dem geradesten Weg an den Ort ihres Geschäfts reisen und bei Strafe nicht mehr als hundert Pfund Gepäck führen[3]).

Auf die einzelnen zugeordneten Beamten und die am Hofe unmittelbar dem König dienenden Sajonen wirft besonders helles Licht der Erlaß Cassiodors an alle den cancellariis beigeordneten Sajonem. „Wie nicht alle Kranke, so sind nicht alle Unterthanen gleich zu behandeln: manche mit gelinden, andre mit scharfen Mitteln. Und so haben wir Deine Ergebenheit (devotionem tuam) zur Unterstützung dem vir clarissimus, unsrem Cancellarius, beigegeben. Gegen keinen erhebe Dich, als wer die Gesetze verschmäht. Wer nicht Recht geben will, den schleife vor Gericht. Ergrimme mit Maß und strafe mit reifer Ruhe. Wir wollen Dich lieber gefürchtet als geliebt wissen. Denn Deiner Strenge wird es verdankt, wenn Niemand die Gesetze zu überschreiten wagt. Vor Allem sei in Deinen treuen Handlungen auf die öffentlichen Einkünfte bedacht. Die Gesetzesverachtung Andrer sei Dein Vortheil (d. h. gegen sie darf er einschreiten und Gebühren erheben, von denen ein Theil ihm selbst zufiel, wie es scheint). Wer nicht freiwillig gerechten Pflichten nachkömmt, der gehorche gezwungen. Aber nur in den Dir überwiesenen Fällen werde thätig: wer lediglich befohlenes vollzieht, bleibt frei von Schuld. An einem Vollzugsbeamten ist das Schlimmste, wenn er von des Richters Urtheil abweicht. Aber überhebe Dich auch nicht um deßwillen, daß Dir Niemand widerstehen kann, und nimm nicht Hochmuth an, weil Dich die geringen Leute allgemein

---

1) Var. IX. 14; von Sart. S. 284 mißverstanden; vgl. R. A. S. 847.
2) l. c. IX. 10.
3) l. c. IV. 47; nullum praeterea sajonum discursus facere patiaris, sed ad causam quam directus fuerit uno tantum itinere permittatur accedere vel redire . . expeditos properare mittendarios volumus, non migrare censemus; wie die Kraniche, unbelastet, sollen diese Träger des königlichen Willens eilen.

fürchten. Grade tapfre Männer sind im Frieden am bescheidensten und besonders liebt die Gerechtigkeit, wer manchen Kampf bestanden. Wie erfreulich ist es, wenn Du bei der Heimkehr zu Deinen Stammgenossen (d. h. Gothen) nicht die Schmach von Beschwerden mitbringst, sondern sie Deine Thätigkeit des Lobes der Wackern werth finden. Auch wir (d. h. der Präfectus Prätorio) empfangen mit Freuden die mit Lob zurückkehrenden und lassen nicht müssig die sich rühmlichst bewährt haben. Und ihnen vertraut der Herrscher auch Höheres an, die er in Förderung seines Nutzens tüchtig er- funden"[1]).

Wir ersehen aus diesem Erlaß, daß die Sajonen, wenn sie nicht in besondern Aufträgen oder als ständige Executoren eines Provinzialbeamten verwendet werden, am Hofe, unter dem Präfec- tus Prätorio, dienen. Dorthin zu ihren gothischen Cameraden — sie sind im Kampf erprobte Krieger — kehren sie, nach Vollendung ihres Auftrags, zurück. Ihre Aufträge sind, das Zwangsrecht des Königs und seiner Beamten durchzuführen, in Justiz, Verwaltung und Finanz. Dieß ist der eigentliche Character ihres Amts: sie sollen ohne Eigenmacht und ohne Ueberhebung höhere Befehle rasch und kräftig vollziehn; bewähren sie sich, so werden sie wieder ver- wendet — darin liegt eine Belohnung auch um der Gebühren wil- len, die sie zum Theil behalten dürfen — und befördert[2]). Ganz dem entsprechend und entscheidend für unsere Auffassung ist das Edict Athalarichs[3]), welches für den Fall, daß ein praepotens der pau- citas des Executionspersonals des gewöhnlichen Richters sich wider- setzt, droht mit der Absendung eines Sajo vom König aus, „auf daß, wer dem Richter nicht gehorchen wollte, die Rache des vigor regius erfahre". Die Sajonen realisiren also den vigor regius.

---

1) XII. 3. universis Sajonibus qui sunt cancellariis deputati Senator praef. praet. devotionem tuam solatiis illius viri clarissimi Cancellarii nostri sollenni more deputamus, ut contra nullum alium erigaris, nisi qui legibus parere despexerit. ad forum trahe, qui justa non recipit: sub con- tinentia irascere, sub maturitate distringe. timeri te amplius volumus quam probari — cogitetur prae omnibus pecuniae publicae fidelis exac- tio — causis tantum te delegatis impende. si praecepta sequeris, devia non requiris — in executore illud est pessimum si judicis relinquat ar- bitrium — viri fortes semper in pace modesti sunt et justitiam nimis di- ligunt, qui frequenter praelia tractaverunt.

2) Abgesehen von ehrenvollen militärischen Aufträgen oben S. 182 war ihre Stellung niedrig und jedenfalls mühsam und gefahrvoll. V. 19.

3) §. 1. (VI.) s. unten.

Die majores domus der Gothenkönige sind ursprünglich ein römi=
sches Amt[1]), aber drei Gothen, Vaccenes (Wachis?), Gubila (der frühere
Sajo?) und Bedevulf, letztere beiden gleichzeitig, bekleiden dasselbe
mit überwiegend militärischen (und sicherheitspolizeilichen) Func=
tionen, die ihnen aber außerordentlich übertragen sind. Regelmäßig
scheinen sie am Hof des Königs Leibwachen befehligt zu haben[2]).

7. Kirchenhoheit.

Der König übt seine allgemeine Herrschergewalt auch über die
Kirche. Im Wesentlichen hat der Gothenkönig gegenüber der katho=
lischen und arianischen Kirche die gleichen Rechte wie der Impera=
tor und, wenn es die Politik gestattet oder gebietet, übt er sie auch
aus. In der Regel aber enthält sich der ketzerische König, eben um
der Politik willen, solcher Maßregeln, welche seine katholischen Un=
terthanen grade von einem Ketzer am Empfindlichsten[3]) aufnehmen
würden, und im Ganzen behandelten die Könige die orthodoxe Kirche
mit Ehrerbietung[4]) und vorsichtiger schonender Klugheit. Die katho=
lische Kirche behält ihre ganze Verfassung; sie lebt nach römischem
Recht und ihren eignen canones[5]); die katholischen Bischöfe sind
hoch geehrt[6]). Die Fürbitte der katholischen Bischöfe trug wesent=

---

1) Ausführliches darüber bei den Franken; über die vicedomini, die schon bei
Odovakar vorkommen, s. Mar. ad Nr. 93.

2) Der magister militum Faustus, an welchen Pabst Gelasius schreibt,
Mansi VIII. p. 132 ist vielleicht ein Byzantiner; nach Odovakar begegnet der Aus=
druck in Italien nicht mehr. Die spatarii, welche einmal in den Barien und als
Begleiter Totila's bei Gregor. dial. II. 14 genannt werden, sind vielleicht die
armigeri (unten Anh. II; an römische armigeri s. Böck. 20. 29. 188 ist nicht zu
denken), und nur byzantinischer Name für ein gothisches Militäramt (vgl. Waitz II.
S. 362); es sind vier Gothen: Rigga, Wusilterich, Ruderich, Blindin.

3) A. II. S. 167; über die Gefahr des religiösen Gegensatzes Gibbon c. 39;
Hegel I. S. 108; Abel S. 7; Roth Ben. S. 61; Sart. S. 215.

4) VIII. 24; das ist die veneratio religiosi studii I. 26; die divina re=
verentia II. 17. Proc. l. c. II. 6.

5) III. 45.

6) Ihre officielle Anrede von Seite des Königs (von andern Seiten anders,
s. Marini), und ihr Titel ist vir venerabilis IV. 20. 44. I. 9. III. 7. 14. VIII.
8. X. 13. 19; ebenso antistes I. 26. VIII. 24. IX. 15. IV. 20; beatitudo vestra
I. 9. (vir beatissimus II. 29) III. 37; sanctitas vestra II. 8. I. 9. IV. 31.
44. XII. 27. IX. 15. VIII. 8. 24. X. 35. III. 7. IV. 20. 43. V. 37; den großen

lich bei zur Erlaffung der allgemeinen Amneftie nach dem Untergang Odovakars, wie der Bischof von Ravenna die Capitulation
deffelben vermittelt hatte[1]). Epiphanius von Pavia[2]), Victor von
Turin, Laurentius von Mailand, Johann III. von Ravenna[3]) und
Cefarius von Arles werden hoch geehrt und erreichen Vieles von
der frommen und gnädigen Gefinnung Theoderichs für ihre katholifchen und römifchen Schutzbefohlnen: denn als thatfächliche Vertreter und Befchützer der Romanen erfcheinen die Bifchöfe auch hier
wie bei den Franken[4]). Ein unbekannter Bifchof und der von
Mailand erhalten unter fehr ehrenvoller Motivirung den Auftrag,
Wohlthaten des Königs den Würdigften zuzutheilen[5]). Aber fchon
haben die Bifchöfe auch dem Rechte nach in den[6]) gothifchen Städten
eine ganz ähnliche Stellung wie in den fränkifchen (und aus denfelben naheliegenden Gründen) in Vertretung gewiffer ftädtifcher
Intereffen und Mitleitung gewiffer Verwaltungsfunctionen neben
dem weltlichen Beamten, dem comes des Königs: bei Feftfetzung
der Zölle und Preife der Waaren ankommender Schiffe foll der

Einfluß der Bifchöfe und deffen richtige Würdigung von Seite der Regierung beweist VIII 8; der Ketzerkönig bittet wiederholt, die katholifchen Bifchöfe möchten
für ihn beten. (Var. und ftehende Schlußformel in den Schreiben an die Synoden
Manfi VIII. p. 254 seq.). Bei feinem Aufenthalt in Rom verrichtet er in der
Petersfirche feine Andacht „devotissimus ac si catholicus" Anon. Val.; Ennod.
p. 482 lobt feine Frömmigkeit; fogar der fanatifche An. Val. p. 620 fagt: (vor
a. 519) nihil contra religionem catholicam tentans; vgl. Balbo I. S. 83;
mit Recht hat Pallmann II. darauf hingewiefen, wie die Geiftlichkeit in Italien
alsbald von Odovakar ab- und dem Sendling des Kaifers zufiel: vgl. z. B.
Agn. Mur. II. p. 68. invitat novum regem venientem de Oriente, aperuit
portas quas Odovacar clauserat, und fchon viel früher Epiphanius.

1) Agn. Mur. II. p. 68; A. II. S. 80 und Balbo I. S. 52; Gibbon c. 39.
2) Ennod. vita Epiph. p. 1011; über feine Reife nach Gallien zum Los-
kauf der von den Burgunden fortgefchleppten Römer f. Pavir. I. 115 und Pabft
Gelafius, Manfi VIII. 121; fchon bei Odovakar ftand er in großem Anfehn. Ennod. vita. Goffelin S. 44.
3) Pavir. I. S. 120.
4) f. z B. Ennod. ep. II. 26. V. 10. de illa coeca muliere etc. vita.
Epiph. p. 1010 seq.; f. Löbell S. 319; Hegel I. S. 114; Giefebrecht I. S. 70;
auch der vir venerabilis Augustinus, „vita clarus et nomine", auf deffen Bitten den Nothleidenden in Benetien geholfen wird XII. 26 (vgl. Ennod. l. c.
p. 1022) ift gewiß ein Bifchof: der Titel beweist es.
5) II. 8. XII. 27; ähnlich IV. 31; vgl. Baron. v. Pagi ad a. 494; Sart.
128; Pavir. I. S. 156.
6) Römifch-italienifchen Hegel I. S. 97 u.

comes den Bischof von Syrakus beziehen[1]). Auch die königlichen Maßregeln gegen Kornwucher werden neben dem weltlichen Beamten den Bischöfen zur Ausführung übertragen[2]) und es scheint allgemeine Sitte gewesen zu sein, Bischöfen Vermittlungsversuche oder schiedsrichterliche Gewalt anzuvertrauen[3]). Man sieht, solche Geschäfte besonders wurden den Bischöfen leicht auch nach ihrer juristischen Seite überwiesen, welche sie in ihren religiösen oder ethischen Seiten nach biblischer, christlicher, canonischer Anschauung ohnehin berührten: wie z. B. der Wucher. Aus religiösen, sittlichen und juristischen Gründen war der Einfluß der Bischöfe bereits sehr fühlbar im Staatsleben und es ist bedeutsam, daß Athalarich in den Befürchtungen über Störungen seiner Thronfolge sich vor Allem an die Bischöfe wendet und diese und durch diese die Romanen zu gewinnen trachtet[4]). Die größeren Kirchen hatten schon lange[5]) sehr beträchtliches Vermögen, namentlich Grundbesitz, z. B. die von Mailand auf Sicilien[6]).

So war es Klugheit nicht minder als Frömmigkeit[7]), was die Könige bewog, die Wünsche der Bischöfe gerne zu erfüllen, Steuererleichterungen werden ihnen wiederholt für kirchliche Grundstücke und Geschäfte gewährt[8]).

---

1) Hegel I. S. 115. IX. 14.

2) IX. 5.

3) Ennod. ep. VII. 1. hat der comes patrimonii der Kirche von Mailand die Schlichtung eines Processes übertragen. Ennodius erkennt auf Zeugenbeweis, holt aber erst des comes Genehmigung ein; vgl. über die schon seit Constantin urkannten Schiedsgerichte der Bischöfe Hegel I. S. 98. III. 37; si in alienis causis beatitudinem vestram convenit adhiberi. ut per vos jurgantium strepitus conquiescat, quanto magis ad vos remitti debet quod vos spectat auctores.

4) VIII. 8.

5) f. Hegel l. l. c.

6) II. 29; über das Vermögen (Grundbesitz, Sclaven rc.) der arianischen Kirchen zu Ravenna f. Mar. N. 87; ein servus ecclesiae rom. Mansi VIII. p. 133 ein conductor mit peculium. Planck I. S. 256. Gosselin S. 96.

7) Hurter II. S. 44 sagt: „Theoderich handelte aus reiner Staatsklugheit" und vertheidigt ihn gegen den Vorwurf der — Toleranz; „mit dieser wäre das Christenthum nicht weit gekommen" meint er (!); sollte des Königs Mutter, Ereliva, quae in baptismo Eusebia dicta est, ebenfalls aus „Klugheit" haben convertiren müssen, um den Katholiken eine Beschützerin am Hof zu zeigen; oder trat sie schon vor a. 489 über?

8) f. oben S. 141; Manso S. 146; Cassiodors bekannte Frömmigkeit wirkte ebenfalls in dieser Richtung; vgl. z. B. XII. 20; soviel kann man St. Marthe

Wir haben bereits gesehen, wie den Kirchen gleich den Waisen und andern Hülfsbedürftigen der besondere Königsschutz verliehen wird[1]); denn oft genug reizt ihr Reichthum die Gewalt[2]). Dagegen schreitet der König ein, bestätigt ihre hergebrachten Rechte und Privilegien und Besitzstände und vermehrt dieselben: die Schenkungen des Westgothen Alarich II. an die Kirche von Narbonne werden anerkannt und der waffengewaltige dux Ibba soll ihr den Besitz der ihr entrißnen Güter wieder verschaffen[3]).

Auch in der Rechtspflege werden die hergebrachten Privilegien der Kirche anerkannt und ihr neue verliehen[4]); einem Todtschläger (Römer), welcher das Asyl einer Kirche aufgesucht, wird die Todesstrafe in lebenslängliche Verbannung gemildert: „auf daß wir so einerseits dem heiligen Tempel unsre Ehrfurcht bezeigen und doch anderseits der Verbrecher nicht ganz straffrei ausgehe"[5]). Jedoch dem Recht im Allgemeinen und speciell dem Recht des Königs über die Kirche wird bei alledem nichts vergeben. Der Bischof civitatis Augustanae (Turin oder Aosta?) war fälschlich des Landesverraths beschuldigt worden: er wird unschuldig erfunden und in seine Würde wieder eingesetzt, die ihm also der König doch kraft eignen Rechts entzogen hatte und wieder gibt. Dabei wird wieder von der Ehrwürdigkeit des priesterlichen Amtes in sehr hohen Ausdrücken gesprochen[6]). Die Bestrafung der falschen Ankläger wird dem Bischof

---

avert. p. VII. zugeben), einmal auch für ein Kloster auf Verwendung des Kaisers. X. 26.

1) II. 29.

2) IV. 20; kleinere Kirchen zählen aber oben S. 111 zu den mediocres personae.

3) IV. 5; auch gegen die Juden, welche seine Toleranz doch etwas übermüthig gemacht zu haben scheint (An. Val. p. 6. 25), schützt der König die Kirchen. IV. 9.

4) Var. VIII. 24.

5) Var. III. 47. conscius facti sui intra ecclesiae septa refugiens declinare se credidit praescriptam legibus ultionem. Vulcaniae insulae perpetua relegatione damnamus. ut et sancto templo reverentiam habuisse videamur, nec vindictam criminosus evadat in totum, qui innocenti non credidit esse parcendum; das Asyl der Kirchen wurde häufig gesucht; vergl. Mansi VIII. p. 129; Boëth. I. 4 zum Gril verurtheilte Verbrecher; Var. II. 11 von einer von ihrem Manne entlaufenen Frau und Ed. §§. 70. 71. im I Anhang; Analoges bei Franken, s. Löbell S. 331.

6) Das freilich seinen Träger auch zu besonderer Gerechtigkeitsliebe verpflichtet. III. 7; omnes quidem justitiam colere praecipimus, sed eos maxime qui divinis honoribus eriguntur; vgl. VIII. 24 und bei jeder Gelegenheit.

von Mailand übertragen, weil dieselben ebenfalls Geistliche waren. Es erfolgt aber aus der Stelle nicht, daß der König die Gerichtsbarkeit über Geistliche nothwendig und um hergebrachten Rechtes willen Geistlichen überlasse, sondern es ist dieß eine freiwillige Vergünstigung, aus Zweckmäßigkeitsgründen, wenn auch die traditio ecclesiastica dabei, d. h. in dem geistlichen Proceß gewahrt werden soll[1]).

Sehr bezeichnend ist in dieser Hinsicht ein von Athalarich dem Bischof von Rom verliehenes Privileg. Ein Diaconus war auf Klage eines Laien von einem Sajo in Haft genommen und ein Presbyter derselben Kirche um geringer Ursach willen strafrechtlich verfolgt (und wahrscheinlich ebenfalls eingezogen) worden. Der römische Klerus behauptet in einer Beschwerde an den König: „nach altem Herkommen habe in Klagen von Laien gegen Diener der römischen Kirche der römische Bischof zu entscheiden" — es wird, mit gewohnter Unbestimmtheit, nicht gesagt, ob nur primär, als Vermittlungsinstanz[2]), oder ob definitiv. Der König erklärt nun, solches Vorgehen der Laien mißfalle ihm höchlich, und er ertheilt jetzt, aus Dank gegen Gott, den man in seinen Dienern ehrt und aus Ehrfurcht vor dem apostolischen Stuhl, durch diesen Erlaß, das Privileg, daß Jeder mit einer Klage gegen einen römischen Kleriker sich zunächst an den Pabst zu wenden habe: dieser soll den Fall selbst entscheiden oder zur Entscheidung delegiren. Erst dann, wenn der Kläger sich mit dieser Entscheidung nicht befriedigt findet, darf er den Kleriker vor dem weltlichen Gericht belangen, wo er beweisen muß, daß er zuvor, aber vergeblich, sich an den Pabst gewendet.

Aus diesem Erlaß erhellt einmal, daß der König jene behauptete „alte Gewohnheit" als eine bestehende und verbindliche nicht anerkennt: sonst bedürfte es nicht eines neuen, jetzt erst von ihm zu erhaltenden Privilegs: jene Behauptung mag für seinen Willen ein Nebenmotiv sein, aber erst sein Wille ertheilt jetzt, um Gottes und der Ehre des apostolischen Stuhles willen, ein neues Recht. Und zwar wird dieß Recht genau präcisirt: es wird nicht etwa volle Befreiung von weltlicher Gerichtsbarkeit gewährt, welche

---

1) Var. I. 9; volumus .. impugnatores ejus legitima poena percellere. sed quoniam et ipsi clericatus nomine fungebantur, ad sanctitatis vestrae judicium cuncta transmittimus ordinanda, cujus est et aequitatem moribus talibus imponere, quem novimus traditionem ecclesiasticam custodire.

2) Dieß scheint z. B. der Fall bei Mansi VIII. p. 129.

man nach jener alten Gewohnheit beanspruchen zu wollen scheint, sondern es wird der Kläger nur angewiesen, zunächst einen Aus= spruch des römischen Bischofs abzuwarten. Dieß ist aber nicht viel= mehr als ein Sühneversuch, ein Versuch der Vermittlung. Verur= theilt der Pabst den Geistlichen ganz nach dem Klagumfang, so hat der Laie ohnehin keinen Grund zu weiterer Rechtsverfolgung. Der Geistliche durfte wohl in diesem Fall nicht an das weltliche Gericht appelliren. Weist aber der Pabst auch nur theilweise die Klage ab, so kann der Laie sofort die Sache dadurch an das welt= liche Gericht ziehen (und zwar an die erste Instanz), daß er be= hauptet und durch Vorlage des zum Theil abweisenden Ausspruchs beweist, der Pabst habe seinen „wohlbegründeten" Anspruch nicht anerkannt; — darüber, ob der Anspruch wohl begründet sei (com= petens), kann er wenigstens jetzt das weltliche Gericht entscheiden lassen[1]).

---

1) Man wende nicht ein, nur dann, wenn der Pabst gar keinen oder wenn er einen völlig abweisenden Bescheid gegeben, dürfe das weltliche Gericht angerufen werden. Der Wortlaut besagt letzteres nicht, Var. VIII. 24; flebili aditione causamini, hoc fuisse longae consuetudinis institutum, ut, si quis sacrosanctae romanae ecclesiae servientem aliqua crederet actione pulsandum, ad supradictae civitatis antistitem negotium suum dicturus, occurreret, ne clerus vester, forensibus litibus profanatus, negotiis potius saecularibus occupetur (diese Motivirung würde volle Exemtion fordern); addentes, diaconum quoque vestrum ad contumeliam religionis tanta executionis acerbitate compulsum, ut sajus eum propriae custodiae crederet mancipandum. presbyterum quin etiam romanae ecclesiae pro levibus causis asseritis criminaliter impetitum. quod nobis pro ingenita reverentia, quam nostro debemus auctori, displicuisse profitemur ... sed aliorum plectenda subventio nobis obtulit plenissimae laudis eventum; ut causa contingeret praestandi, quae nos coelestibus commendarent (statt ret) auxiliis. atque ideo considerantes apostolicae sedis honorem .... (nicht wegen jener longa consuetudo) praesenti auctoritate (also erst jetzt) moderato ordine (d. h. nicht so unbeschränkt, wie der Klerus fordert) definimus, ut si quispiam ad romanum clerum aliquem pertinentem in qualibet causa probabili crediderit actione pulsandum, ad beatissimi Papae judicium *prius* conveniat audiendus. ut aut ipse inter utrosque more suae sanctitatis agnoscat aut causam deleget aequitatis studio terminandam. et si forte, quod credi nefas est, competens desiderium fuerit petitoris elusum, tunc ad saecularia fora pergaturus occurat, quando suas petitiones probaverit a supradictae sedis praesule fuisse neglectas. Wer mit Verletzung dieses Privilegs sich primär an das weltliche Gericht wendet, wird zwiefach, mit Verlust seines Anspruchs und einer Geldbuße von 10 Pfd. Gold gestraft, wie er zwiefach gegen unser Ge= bot und die divina reverentia (aber nicht gegen jene consuetudo) gefehlt; irrig

Es fehlt denn auch nicht an Belegen für Ausübung königlicher Civil= und Strafgerichtsbarkeit über die Kirche[1]). Wie der Bischof von Augusta wird der von Arles bei dem König verklagt und vor den Comitat gestellt[2]); und sogar der Bischof von Rom vom König in den Kerker geworfen, alle drei wegen Hochverrath: man sieht, wegen weltlicher Delicte, zumal wegen politischer, bedenkt sich der König gar nicht, sogar über die Häupter der Kirche zu richten[3]).

Nur eine thatsächliche Vergünstigung, nicht eine Ausdehnung jenes Privilegs auf alle Bischöfe ist es, wenn der König bei Klagen gegen Kirchen und Untergebne der Bischöfe aus Rücksicht auf das heilige Amt, zu dem man sich keiner bewußten Ungerechtigkeit versieht, in bedingten Mandaten die Bischöfe auffordert, die gegen ihre Leute erhobnen Ansprüche selbst zu untersuchen und gegebnen Falls zu erfüllen. Weigern sie sich dessen, so müssen sie sich, wie Laien, vor dem Hofgericht verantworten[4]). Auch Var. III. 14 steht dem nicht entgegen. Der Bischof wird beauftragt, zunächst die Klage des Laien zu prüfen (dem Kirchenleute Frau und Fahrniß entrißen), und, findet er sie begründet, Restitution und Bestrafung der Thäter zu veranlassen, die offenbar Unfreie (homines) sind. Weigerte sich der Bischof dessen, so schritte sonder Zweifel das Gericht des Königs ein Dieß erhellt aus einem andern Fall ganz deutlich. Der König schreibt an den Bischof Petrus: „Germanus, der sich für den echten Sohn des verstorbnen Thomas ausgibt, behauptet, ein Theil des

---

über dieß Privileg Mur. ad a. 529; Pavir. I. S. 372; Sartor. S. 310; Gregorw. I. S. 322. 145; besser Bower S. 335. Anders scheint der von Ennod. ep. IV. 1 erwähnte Fall eines Streites zwischen zwei Geistlichen zu liegen: hier schlägt Ennodius einen weltlichen Großen als Schiedsrichter vor; über die älteren römischen Gesetze, welche Athalarich zum Theil dabei erneut, zum Theil mobificirt, Ritter l. c.; man ersieht daraus das Schwanken der Gesetzgebung und der Praxis, je nach der Persönlichkeit der Kaiser; ein constantes Recht bestand in dem von dem Klerus behaupteten Umfang weder durch Gesetz noch durch Gewohnheitsrecht. Vgl Etaublin S. 281; Planck I. S. 299.

1) Var. II. 18. 29. III. 7. 14. 37; vgl. Sart. S. 143. 45. IV. 44. 18. 22. 23. VIII. 24; vgl. Ed. §§. 26 70. 114; Theodahad soll auf das Recht, Priester zum Tod zu verurtheilen, zu Gunsten des Kaisers verzichten. Proc. b. G. I. 6.

2) (Jener nicht vor den Bischof von Mailand, wie Ughelli Ital. sacra IV. sagt) f. Vita s. Cesarii. Der König wird aber von dem Eindruck der ehrwürdigen Persönlichkeit bewogen, die Untersuchung fallen zu laßen; er entläßt den Bischof mit reichen Geschenken, welche dieser sofort zu frommen Zwecken verwendet; l. c. p. Pavir. I. S. 216. 222; über Symmachus f. u. Planck S. 305.

3) Ueber geschichtliche Präcedenzfälle f. Bower S. 337, Schröck XVII. S. 210.

4) Var. III. 7.

ihm zukommenden Vermögens seines Vaters stehe in eurem Besitz. Gründet sich seine Klage auf Wahrheit und beweist er, daß seines Vaters Erbschaft ihm mit Recht zustehe, so gebt sie dem Kläger, in Befolgung jener Gerechtigkeit, zu welcher ihr ja selbst (als Priester) ermahnt, ohne den Schaden langen Vorenthalts, heraus. (Denn die Begründetheit eurer Rechtsansprüche sollte von euch selbst als Richtern untersucht werden, von euch sollte Gerechtigkeit ausgehen, statt daß man sie euch auferlegen muß). Schließt aber euer Entscheid diese Sache nicht nach der Billigkeit ab, so wisset wohl, daß in diesem Fall die Klage des Beschwerdeführers zu unsrem Gehör und Entscheid bringen würde. Lehret ihr doch selbst, man solle die Stimme der Armuth, wenn sie Gerechtigkeit begleitet, nicht überhören"[1]. Auf's deutlichste ist hiemit gesagt, daß der Bischof nicht selbst richten oder den Endentscheid an ein geistlich Gericht weisen darf: sondern, da er selbst nicht gehandelt hat und also nicht von den Thatsachen unterrichtet ist, soll er die Handlungsweise seiner Leute prüfen. Von seiner Gesinnung wird erwartet, daß er keine Ungerechtigkeit hingehen lassen, sondern dieselben anweisen würde, dem Kläger zu restituiren, falls er diesen im Recht findet. Damit ist ein Proceß vermieden und das Ansehn der Kirche gewahrt. Findet er ihn aber nicht im Recht, so ist nun nicht etwa damit der Kläger abgewiesen oder an ein geistlich Gericht gewiesen, sondern, wie in andern Fällen, das Hofgericht competent. Der eingeklammerte Satz ist also nur eine Höflichkeitsphrase oder ein frommer Wunsch.

Daß dieß der wahre Zusammenhang, zeigt auch der Erlaß an den Bischof von Pola: "Etwas Gehässiges hat immer eine Klage gegen einen solchen, der Anspruch auf Ehrerbietung hat. Denn man glaubt, es müsse etwas besonders Schweres geschehen sein, wenn nicht einmal einem solchen gegenüber geschwiegen wird. Stephanus hat mit flehendem Anrufen bei uns geklagt, daß ein ihm gehöriges Haus, welches er schon vor euren beiden letzten Vorgängern besessen, ihm vor etwa neun Monaten von Leuten der Kirche, der ihr vorsteht, entrißen worden. Findet ihr nun, daß dieß so geschehn, so gebt das Haus in Rücksicht auf die Gerechtigkeit dem Bittsteller gehöriger Weise zurück. Denn es ziemt sich, daß von euch abgestellt werde, was von euren Leuten gar nicht hätte gefehlt

---

1) III. 37.

werden sollen. Kommt ihr aber zu der Ansicht, daß eure Partei so ganz wesentlich und vorzüglich im Rechte sei, nachdem ihr die Sache sorgfältig untersucht und geprüft habt — denn einem Priester ziemt es nicht, unbegründete Ansprüche in die Länge zu ziehn — so schickt einen rechtskundigen Bevollmächtigten an unsern Comitat, wo dann die Rechtslage des Falles untersucht und das Urtheil gesprochen werden wird. Deßhalb möge sich eure Heiligkeit nicht betrüben und beklagen, (vielleicht) mit trügerischen Worten (bei uns) beschuldigt worden zu sein. Denn höher steht ein gereinigter Ruf als ein (wegen furchtsamen Abstehens von der Klage) gar nicht angegriffener"[1].

Man sieht, dem Bischof wird aus Ehrerbietung ein gewisser Spielraum gelassen, ohne Proceß gut zu machen, was seine Leute gefehlt: eventuell aber die königliche Richterschaft auch über Kirche und Bischof erstreckt. Und eine Stelle, welche man gegen dieß Recht angeführt hat, setzt es vielmehr voraus. Ein Priester Laurentius hat Gräber bestohlen. Der König beauftragt einen gothischen Grafen, also den weltlichen Richter, den Fall zu untersuchen und ihm seinen Raub abzunehmen: weitere Strafe wird ihm „aus Gnade" ausdrücklich erlassen: dieß zeigt deutlich das Recht des weltlichen Richters, zu untersuchen und zu strafen[2].

Dieß Ergebniß würde auch nicht entkräftet, sondern nur bestätigt durch einen Brief des Pabstes Gelasius an den comes Ezechia, in welchem er sagt: zwei Geistliche (einer Kirche zu Rom muß man annehmen), werden von einer gewissen Theodora unterdrückt, welche sie als Sclaven in Anspruch nehme, obwohl sie von nexibus pristinae conditionis durch Gottes Hülfe (Freilassung f. p. 138 und Eintritt in den geistlichen Stand) gelöst seien und, obwohl Geistliche, würden sie per auctoritatem regiam contra leges publicas (durch oder) bei dem Archidiacon der Stadt Grumentia belangt, obwohl wer einen Priester belange, dessen Forum aufsuchen müsse. Der Graf möge sie also schützen, wenn die Gegner sich nicht vor dem

---

1) Var. IV. 44.

2) Vielleicht — der Ausdruck ist nicht klar — wird der Priester geistlichen Strafen (oder göttlichen?) überlassen, was selbstverständlich kein Einwand gegen die Beweiskraft der Stelle ist. IV. 18. Die Bestreitung der Unterwerfung von Geistlichen unter weltliches Gericht bei Hurter f. II. S. 48. 53. hat schon Manso S. 148 widerlegt; die Stellen sind I. 9. III. 14 f. oben; und die noch von Hurter angeführte III. 15 spricht gar nicht von Geistlichen; richtig hierüber auch Sart. S. 144; vgl. Pland S. 315; bei Gosselin S. 158. 165 fehlt Var. VIII. 24.

für sie delegirten Gericht einlassen wollten, daß ihnen weder Gewalt noch List (subreptio, ein wegen angeblichen Ungehorsams von dem andern Gericht erschlichnes Urtheil) schade: es spreche gegen die Sache der Kläger, daß sie das (ordentliche) Gericht scheuten[1]). Es ist zwar richtig, daß man die Stelle nicht wohl dahin verstehen könne, der Pabst fordre nur das Gericht zu Rom statt dessen zu Grumentia für die Priester; aber es ist ja doch der Graf des Königs, der die Competenzfrage zu entscheiden hat und jedenfalls läge hier nur der Anspruch des Pabstes vor: daß der König und sein Graf, welche zu entscheiden haben, die leges publicas, auf welche sich jener berief, auch in dieser Weise ansahen, wäre, wie die regia auctoritas zeigt, nicht anzunehmen, und unser Privileg zeigt deutlich, daß dieß erst jetzt und in viel beschränkterer Weise gewährt werden soll. Aber diese Briefe sind, wenn nicht ganz gefälscht, jedenfalls fälschlich in diese Zeit verlegt: denn damals gab es noch keine archidiaconi mit solcher Stellung[2]), wie Gelasius a. 494 als lex publica in Anspruch nahm[3]). Dieser Sachverhalt erhellt auch aus einem Brief desselben Pabstes an zwei Bischöfe, worin er sie anweist, einen Laien, den vir spectabilis Brumarius, welcher einen Sclaven der Kirche mißhandelt und deren Bischof beschimpft hat, aufzufordern ad ecclesia salpina judicium vestrum inquisitionemque zu erscheinen und die Motive beider Handlungen anzugeben. Der Pabst hält es aber für möglich, daß der Laie dieser Aufforderung nicht Folge leiste und dann kann er nicht etwa dazu gezwungen, sondern nur bei dem judex provinciae wegen injuria atrox verklagt werden. Es ist klar, daß eine Gerichtsbarkeit der Bischöfe über Brumarius nicht besteht[4]). In einem andern Fall haben sich zwei Priester der Kirche von Nola der geistlichen Autorität widersetzt, sind an den Hof des Königs geeilt und haben sich dort beklagt, ihnen geschehe von dem Bischof Gewalt, indem sie ihren geistlichen Stand sorgfältig verschwiegen. So haben sie denn durch Bestechung der Barbaren (d. h. der gothischen Großen) eine

---

1) Mansi VIII. p. 137 a. 492—496; also lange Zeit vor jenem Privileg; auch in Decr. Grat. XI. qu. 1. canon. 12.

2) s. Mansi l. c.; vgl. Pseudo-Isidor Hinschius II. p. 633 f.

3) Vgl. Richter, Kirchenrecht §. 191, der im Ganzen übereinstimmt, aber die Gothenzeit und unser Privileg übergeht; erst Justinians (daselbst angeführte) Gesetze haben auch Laien an das Gericht des Bischofs über Geistliche gebunden; über die Strafgerichtsbarkeit über Geistliche bis auf Justinian s. §. 197; Bethm. H. S. 132.

4) Mansi VIII. p. 86.

auctoritas des Königs, ein Urtheil, contra civilitatem erschlichen, welches den Bischof schwer benachtheiligt. Da eilt dieser an den Hof, deckt den Betrug auf, d. h. beweist den geistlichen Stand der Kläger und erlangt bei dem König „gemäß der glückseligen Gerechtigkeit seiner Aera", daß die widerspänstigen Geistlichen gezwungen werden, sich der geistlichen Autorität ihres Bischofs zu unterwerfen[1]). Es handelt sich hiebei nur um geistliche Correction, und die präjudicielle Statusfrage, ob die Parteien Geistliche sind, wird vor dem weltlichen Gericht verhandelt. Die Uebelthäter, welche die ecclesia vibonensis geschädigt, werden zuerst zum Ersatz aufgefordert: da sie sich aber weigern, kann die Kirche nur die geistliche Strafe der Excommunication aussprechen, im Uebrigen muß sie leges publicas anrufen[2]).

Auch in Ehesachen sogar übt der König noch Rechte wie der Imperator, welche bald darauf die Kirche an sich zu nehmen suchte: z. B. ertheilt er, nicht der Pabst, Dispens zu Ehen unter Geschwisterkindern, wofür Cassiobor eine besondere Formel entwirft[3]). Ebenso wird über Zauberei noch nach weltlichem Recht von weltlichen Richtern gerichtet und von geistlicher Competenz begegnet keine Spur[4]).

Nicht minder als die katholische[5]) hält der König seine eigne, die arianische Kirche, streng an das Maß des Rechtes. Ein arianischer Bischof (denn er ist ein Gothe, Gudila) wird angewiesen, sarsenatische Bürger, welche seine Kirche als Sclaven in Anspruch nimmt, frei zu geben, wenn er nach Untersuchung der Sache nicht ganz fest von seinem Rechte überzeugt ist; — ein Priester soll einen irgend zweifelhaften Anspruch lieber aufgeben als sich vom Richter verurtheilen lassen — in letztrem Fall aber soll er sich vor dem königlichen Hofgericht durch einen Bevollmächtigten vertheidigen gegen die in libertatem vindicatio[6]). Ein andermal wird die For-

---

1) Mansi l. c. p. 85.

2) l. c p. 86, vgl. auch 87; auch p. 128 nur Excommunication für Bruch des Asyls; ebenso p. 131 „causa Coelestini" für Mord.

3) VII. 46; vgl. hiezu Ennod. ep. V. 24, der sich doch zugleich auch an den Pabst wendet, und die daselbst angeführte Abhandlung von Sirmond hierüber; der König regelt das Eherecht durch sein Ed. §§. 36. 38. 39. 53. 92.

4) IV. 22. 23. Ed. §§. 108; der Brief des Gelasius, Mansi VIII. p. 131 steht nicht entgegen. Pland S. 500, Rein S. 903.

5) Vgl. die Ermahnung Var. VIII. 24.

6) Var. II. 18.

berung einer arianiſchen Kirche, von der Grundſteuer ganz befreit
zu werden, in ſcharfen Worten abgewieſen[1]). Oft iſt es unmöglich zu unterſcheiden, ob die Biſchöfe Katholiken oder Arianer ſind.
Die gothiſchen Namen zwar[2]) beweiſen mit ziemlicher Sicherheit
den Arianismus ihres Trägers, aber nicht umgekehrt die ungothi-
ſchen[3]) Namen den Katholicismus: denn bei dem Eintritt in den
geiſtlichen Stand nahmen die Prieſter häufig bibliſche, griechiſche, römiſche Namen an, die auch bei Laiengothen begegnen. Es iſt ein
gutes Zeichen für die Gothen, daß wir ſo wenig von ihrer arianiſchen Kirche wiſſen; in den größern Städten muß man neben den
katholiſchen auch arianiſche Biſchofsſitze annehmen[4]).

Theoderichs kluge und würdige Auffaſſung des Verhältniſſes

---

1) I. 26. qui largitatem nostram moderatis precibus impetrarunt nostrorum terminos praestitorum immodica non debent praesumtione transcen-
dere; ſie ſoll ſich mit dem Pachtzins (pensio) ihrer Güter begnügen, welche ihr
zum Theil der König geſchenkt und ſteuerfrei erklärt hat: tributa sunt purpurae,
non lacernae. lucrum cum invidia periculum est: quanto melius, omnia
moderate agere, quae nullus audeat accusare; auch das siliquaticum wird
von den Kirchen erhoben; ſchon von Conſtantius hatte die Kirche Steuerfreiheit
für alle ihre Güter (vergeblich) zu erringen geſucht; ſ. Hegel. I. S. 72.

2) Wie Butilin II. 17, Berſilla I. 26. IV. 24, Gubila II. 18. V. 29; aber
der Sohn des Gothen Sigisvult iſt der ſpätere Pabſt Bonifacius, ſ. u.

3) Und Mar. Nr. 119 zeigt gothiſche und römiſche Namen von gothiſchen
Prieſtern in großer Zahl nebeneinander, ſ. Anh. II. (Staüblin S. 280).

4) Die episcopi, denen Witigis ſeine Geſandten empfiehlt, ſind zweifelhaft
X. 34; die Concilienprotokolle geben einigen Aufſchluß; die arianiſchen Kirchen in
Ravenna und einen Biſchof Hunimund nennt Agnell. Mur II. p. 105 und einen
arianiſchen in Rom Marini Nr. 140. Pabſt Gelaſius, Mansi VIII. p. 239 nennt eine
Basilica Barbarorum zu Rom, Greg. l. c. III. 30 eine ecclesia Arianorum
in Subura; Marini in not. ad Nr. 75 hebt die Abſichtlichkeit hervor, mit
welcher in den Urkunden die *catholicae* ecclesiae Ravennae bezeichnet werden;
ſ. die zahlreichen Belege baſelbſt; Juſtinian gab ihnen nach dem Siege die Kirchen
der Arianer nebſt allem Vermögen derſelben. Agn. Mur. l. c. p. 113 die Urkunde bei Mar. Nr. 87, aber erſt unter Agnellus a. 556—569; das arianiſche
Bekenntniß heißt lex gothica Mar. Nr. 117. 119; ihre Kathedrale in Ravenna
war vermuthlich S. Anastasia (ſ. beſ. Mar. Nr. 119), basilica *Gothorum*, nicht
zu verwechſeln mit der gleichnamigen katholiſchen baſelbſt, und benannt nach der
ἀνάστασις, nicht nach St. Anastasia, ſ. Mar. ad h. l.; und dieſe iſt gemeint,
wenn die Urkunden von ecclesia Gothorum Ravennae ſprechen. Marini Nr. 117;
ſie wurde von Juſtinian umgetauft; ſ. die lange Reihe der arianiſchen Kirchen zu
Ravenna bei Agn. l. c.; über die Sprache des oſtgothiſchen Gottesdienſtes ſ. Wattenbach S. 42 und Papencordt S. 295.

der Religion zum Staat[1]) zeigt sich am Glänzendsten in seiner
Behandlung der Juden. Die Juden, schon von den heidnischen
Imperatoren hin und wieder verfolgt, waren seit der Erhebung des
Christenthums zur römischen Staatsreligion von der verbündeten
Kirchen= und Staatsdespotie der Verachtung und oft der grausam=
sten Bedrängung ausgesetzt; und auch in den Reichen der neube=
kehrten Germanen, in welchen sie schon als Fremde rechtlos waren,
erduldeten sie immer eine gedrückte Lage, oft, wie bei den West=
gothen, grimmige Verfolgung.

Theoderich aber hielt nicht nur alle ihre hergebrachten Privi=
legien und Rechte[2]) aufrecht, er schützte sie auch mit Nachdruck ge=
gen den Fanatismus des christlichen Pöbels. Er beklagt, daß sie
sich vom rechten Glauben und damit von der Seligkeit im Himmel
abwenden[3]), aber er weiß, daß auf Erden sein Gericht Juden und
Christen mit gleichem Maße messen muß und daß der Staat den
Glauben nicht vorschreiben soll und kann[4]).

Christliche Sclaven hatten in Rom ihren jüdischen Herrn er=
schlagen: die Bestrafung der Mörder führte zu wildem Tumult

1) s. die Berühmung der Gothen in dieser Hinsicht bei Proc. II. 6. τὰ δὲ
τῆς εἰς θεὸν εὐσεβείας κ. τ. λ. Hugo Grot. p. 32.

2) Nach den constituta divalia der Kaiser II. 27. Ed. §. 143. IV. 33
universis Judaiis Genuae constitutis: deposcitis vobis privilegia debere
servari quae judaicis instituta legum provida decrevit antiquitas. quod
nos libenter annuimus etc. Die Judengemeinde zu Genua war beträchtlich. II.
27; Manso S. 143; Boecler p. 28; sie wurden nach eignem Recht von eignen
Richtern gerichtet (im Civilproceß unter sich).

3) II. 27. divinitatis gratia destituti . . quid appetitis quae refugere
deberetis? ob III. 45 Juden oder Samaritaner gemeint sind? höchst wahrschein=
lich doch das Letztere: samareae superstitiones populum improba fronte dura-
tam synagogam ibidem fuisse iniquis conatibus mentitur; anders Manso
S. 147; vgl. A. II. S. 165.

4) A. II. S. 167; die Verwerfung aller Heuchelei und die Heilighaltung echter
Religiosität spiegelt sich in der Sage (bei Theod. Lect. p. 561, Theoph. Chron.
p. 219): Theoderich habe einen Katholiken, der, um Carriere zu machen, zum Arianis=
mus übergetreten sei, enthaupten lassen; diese Bedeutung der Sage verkennen (Manso
S. 145, Hurter II. S. 54) sowohl, die sie für Fabel, als die sie für Geschichte halten:
(Eart. S. 306; Pavir. I. S. 123; Mur. a. 497; Sigon. p. 393); gerade als Sage
ist sie bedeutsam; auch Gibbon c. 89 nennt sie nur „a foolish tale". Fälle des
Uebertritts zum Katholicismus: (wichtig ist, daß selbst der bedeutendste Feldherr
Theoderichs, Ibba, katholisch war, Aschbach S. 177) vielleicht Mar. Nr. 140 und
Var. X. 26 (Veranilda), sicher Herila mortuus in pace fidei catholicae bei
Fabretti X. 128, und der Gothe bei Greg. l. c. 6.

des Pöbels, der die Synagoge verbrannte. Der König trägt dem Senat die Bestrafung der Schuldigen auf und verweist wegen Klagen wider die Juden auf den Rechtsweg[1]. Die Juden von Mailand werden gegen Eingriffe der Geistlichkeit in das Eigenthum der Synagoge sogar durch die tuitio des Königs geschützt. Selbst-verständlich müssen auch sie die Rechte der Kirche achten und die dreißigjährige Klagenverjährung gegen sich wirken lassen. Es scheint, die christlichen Priester hatten in den unruhigen drei oder vier Jahrzehnten vor Theoderich den Besitz der Juden an ihren Synagogen häufig alterirt, dieselben in christliche Kirchen verwan-delt und beriefen sich nun auf Verjährung. Der König schafft den Juden Recht. Dabei wird freilich wieder geseufzt: „Was erbittest du, Jude, die weltliche Ruhe, da du doch die ewige nicht gewinnen kannst?" Aber diese weltliche Ruhe soll ihnen der Staat eben doch gewähren: „möge der Jude dann durch die Gerechtigkeit der Men-schen an die Gerechtigkeit Gottes gemahnt werden". Die Regierung weiß, „daß die Erhaltung des Rechtsverbands im Staat erheischt, auch denen, die im Glauben irren, Gerechtigkeit zu gewähren[2]. Man sieht, die Juden Neapels hatten gute Gründe, ihre Stadt auf's verzweifeltste für die Gothen gegen Byzanz zu vertheidigen[3].

---

1) IV. 43; aber freilich dürfen auch diese nicht die strengen alten Judenedicte, die severitas veteris sanctionis, überschreiten, II. 27 (f. z. B. Cod. Theod. XVI. 18. l. 25 §. 2. l. 27); oder entgegen stehende ersetzte Rechte der Christen antasten. l. c. Die Juden von Genua dürfen ihre Synagoge nur neu bedachen, nicht schmücken oder erweitern. l. c.; aber sogar den verhaßten Samaritanern soll Gerechtigkeit werden, so wenig begründet ihre Ansprüche auf ein jetzt der römi-schen Kirche gehöriges Gebäude scheinen. III. 45.

2) IV. 9. libenter annuimus, quae sine legum injuria postulantur. maxime cum pro servanda civilitate nec illis sunt neganda beneficia justi-tiae qui adhuc noscuntur in fide errare.

3) Proc. b. G. I. 10, Gibbon c. 39, Gregorov. I. S. 300, A. II. S. 206, Proc. l. c. I. 8 zeigt an, daß sie besonders den Handel mit Getreide und andern Lebensmitteln in Händen hatten; vgl. Staüblin S. 279; Rein S. 893; Gosselin S. 78. Aehnliche Vorgänge wie die Synagogenverbrennung zu Rom, erzählt der anon. Vales. als zu Ravenna geschehen: an eine Verwechselung mit Rom ist nicht zu denken; die Quelle ist genau unterrichtet. Theoderich verfügt Herstellung der Synagoge auf Kosten der reichen und Prügelstrafen für die (irrig Pavir. I. S. 275) vermögenslosen Tumultuanten; das ist ganz sein System und immer noch Erlaß der im Edict §§. 97—98 gedrohten Todesstrafe im Gnadenwege; es geschah unter dem Consulat des Eutharich (des königlichen Eidams, der für einen Feind der Katholiken galt (vgl. Balbo I. S. 93); die fanatische Quelle (vgl. Sart. S. 108; ihr folgt Gervaise p. 128, Ozanam S. 57) nennt auch den praeposi-tus cubiculi Triva (ich vermuthe derselbe, den Boëth. I. pr. 4 mit schwerem

Das Wichtigste ist für uns staatsrechtlich und politisch das Verhältniß der Gothenkönige zu dem römischen Stuhl[1]): es begeg=

Tabel Triguilla praepositus regiae domus nennt), der dem König zu Gunsten der Verfolgten referirte (er war Gothe und Arianer), einen „Ketzer und Freund der Juden"; also a. 519 (irrig a. 522. Mur. ad h. a.); die Quelle läßt von („ex eo") da an schon jene feindseligere Stimmung gegen die Orthodoxen durch Teu= felshülfe den König ergreifen, welche doch erst a. 524 zum Ausbruch kam; viel= mehr umgekehrt ist es ein Zeichen der Erbitterung der Katholiken über jene Maß= regeln, daß man von nun an dem König jede Handlung übel auslegte, so wenn er „bald darauf" in Verona eine Capelle des heiligen Stephanus entfernt (will= kürlich Gervaise l. c.) und „bald darauf" schon sieht das Volk vor seinem Palast Zeichen und Wunder geschehen, die das Verderben des Ketzers verkünden; bedeut= sam ist es, daß die Verläumdung, welche ihm den Plan beimißt, er habe an dem Tage, da ihn das Gottesgericht raschen Todes zuvorkommend ereilte, alle katholi= schen Kirchen dem Arianismus weihen wollen (A. II. S. 174; die Verläumdung wächst mit der Zeit: bei Anastas. vit. Joh. und hist. misc. p. 103 will der König bereits „totam Italiam gladio extinguere, quod si non omnem Ita= liam gladio perderet; Bower S. 321 spricht incorrect von beabsichtigter Re= torsion), diesen Rath auf einen Juden zurückführt; die politische Toleranz gegen diese hat offenbar den Religionshaß gegen den Ketzer bedeutend geschürt; daß so extreme Schritte dem König am Ende seiner Tage fern lagen, erhellt, abge= sehen von allem Andern, schon aus seinem letzten Auftrag (vgl. Manso S. 167; anders Gibbon c. 39; Balbo I. S. 100; Hurter II. S. 179; Mur. ad a. 525), an sein Volk „in Liebe und Milde mit Kaiser, Senat und Römern fort= zufahren" (Jord. c. 59; ut senatum populumque romanum amarent princi= pemque orientalem placatum semper propitiumque haberent), der durch die Erlasse Athalarichs VIII. 1—10 bestätigt wird (bei Theodahad wirkte auch Furcht vor Byzanz X. 26); Paßmanns Behauptung II. S. 260, der Anonymus sei bar= barischen Bluts gewesen, wird durch dessen tadelndes „alienigeni" p. 628 wider= legt; nachträglich zu A. II. S. 174 verweise ich auf die verschiednen Sagen von Theoderichs Ende und Strafe bei W. Grimm, H. S. S. 38, bald wird er von einem Zwerg oder einem gespenstigen Roß oder Hirsch (die der Teufel selber sind), in einen Wald entführt, bald muß er in der Wüste Rumenei bis an den jüngsten Tag mit Drachen kämpfen, bald hat er sein geheimnißvolles Verschwinden selbst veranstaltet (wie er denn [l. c. S. 105] auch nicht ein Menschensohn, sondern von einem Nachtelben gezeugt ist), er wird auch zum wilden Jäger, Woban l. c. S. 49 oder auch, nach der Kaiserchronik:

„vil manige daz sâhen,
daz in die tievel nâmen:
si fuorten in in den berc ze Vulcân;
daz gebôt in sent Johannes der heilige man. (der Pabst)
dâ brinnet er uns an den jungisten tac,
daz im nieman gehelfen ne mac".

1) Die dem Pabst officiell vom König gegebnen Titel sind: papa X. 17. XI. 2. papa beatus X. 19. venerabilis X. 20. beatissimus VIII. 24. IX. 16. X.

nen hier die ersten Conflicte germanischer Herrscher mit der Hierarchie. Wir müssen daher die rechtlichen und thatsächlichen Beziehungen der Amaler und ihrer Nachfolger in Italien zu den Päbsten im
geschichtlichen Zusammenhang darstellen. Juristisch kömmt dabei insbesondre das Recht der Könige, die Päbste zu ernennen, zu richten
und sie durch Gesetze zu verbinden, in Frage.

Der Besitzstand an Macht und Rechten von Staatsgewalt und
Pabstthum, welchen Theoderich in Italien vorfand, war folgender:
die römischen Bischöfe waren Unterthanen der weströmischen Kaiser.
Bei Besetzung des päbstlichen Stuhls sollte, nach der Lehre der
Kirche, der Klerus, der Senat und das Volk von Rom concurriren[1]).
Aber die weströmischen Kaiser hatten wiederholt die Bischöfe von
Rom ernannt[2]) und — (wie die östlichen die Patriarchen von By-
zanz) — oft mit Härte die Staatsgewalt empfinden lassen[3]).

Nach der Absetzung von Romulus Augustulus und dem Tode
des Nepos hatten die Päbste Simplicius a. 467—482 und Felix III.
a. 482—492 die Herrschaft Odovakars anerkannt, der sich, wie wir
sahen[4]), mit der Kirche möglichst gut zu stellen suchte. Bevor aber
Pabst Simplicius starb, ließ der König durch seinen Präfectus
Prätorio, den Patricius Basilius, als seinen Stellvertreter (agens
vices) in der Peterskirche zwei Verordnungen verkünden, die erste
über die Pabstwahl, die zweite über die Veräußerung von Gütern
der römischen Kirche, welche später unter Theoderich von einer
Synode als ungültig bezeichnet wurden. Die erste Bestimmung verfügt, daß, wenn Pabst Simplicius sterben sollte, sein Nachfolger

20. 25. apostolicus-IX. 2. sanctissimus IX. 15. pontifex apostolicus VIII.
15. vgl. sedes apostolica VIII. 24. IX. 15. sacrosancta romana ecclesia
III. 45. Ennodius und Cassiodor geben den Titel papa nur dem römischen Bischof;
vgl. Sirmond. not. ad Ennod. ep. IV. 1. und J. Grimm über Jorn. S. 12;
Cochl. c. IX. „de reverentia Theoderici erga papam et clerum romanum
atque catholicum". Boecler p. 27.

1) f. außer Hefeles Conciliengeschichte u. A. Staudenmaier, Gesch. d. Bischofswahlen mit besonderer Berücksichtigung der Rechte und des Einflusses christlicher
Fürsten auf dieselben, Tübingen 1830; daneben die Darstellungen in den Kirchen-
geschichten von Bower, Gieseler I. 3. A. Bonn 1831; erschöpfend ist das Material
für den Gothenstaat noch nirgends verarbeitet. (Vgl. Stäublin S. 281; Planck S. 263).

2) So Honorius a. 418 den Bonifacius Epistola Honorii ad Symmachum
bei Jaffé regesta.

3) f. die zahlreichen Beispiele bei Bower S. 252; das verkennt Sart. S. 139,
der sich selbst widerspricht. Irrig Gosselin S. 32.

4) A. II. S. 45.

nicht ohne Einholung der Bewilligung Odovakars erwählt werden
solle[1]).

Diese Bestimmung hatte Odovakar getroffen, um die Aufregun-
gen und Streitigkeiten abzuschneiden, welche sich häufig an die
Pabstwahl knüpften und auch den Staat in gefährliche Gährungen
stürzten[2]). Daß der Pabst selbst dazu mitwirkte, ist aus diesem
Gesichtspunkt nicht so befremdlich, daß man um deßwillen die klare,
unverdächtige Quellenstelle um vorgefaßter Meinungen willen verwerfen dürfte, wie von entgegengesetzten Seiten geschehen[3]), um
so weniger, als die Maßregel nicht die große Tragweite hat, die
man ihr beigelegt. Denn keineswegs hat Odovakar, wie man die
Sache bisher darstellte[4]), damit ein Recht des Beherrschers von
Italien oder der weltlichen Macht bei Besetzung des päbstlichen
Stuhls principiell und für alle künftigen Fälle aufstellen wollen, —
diese Aufgabe hat sich der immer nur für seinen nächsten Tag sor-
gende Abenteurer gewiß nicht gestellt — ja nicht einmal für die
Dauer seiner Herrschaft hat er für alle künftigen Pabstwahlen
jenes Recht beansprucht, sondern nach dem klaren Wortlaut hat er
nur für diesen Einen Fall, d. h. den Fall des Todes dieses
Pabstes und im Einvernehmen mit demselben bestimmt, daß „der
„Nachfolger des Simplicius" nicht ohne seine Zustimmung gewählt
werde. Mehr besagen die Worte nicht und alle späteren Vorgänge
bestätigen unsere Auffassung, ja sind mit der bisherigen gar nicht
zu vereinbaren. Odovakar wollte für dießmal ein Recht üben, das
die Kaiser oft genug geübt und bewog den Pabst aus Rücksichten

---

1) Mansi VIII. p. 265. cum in unum apud b. Petrum apostolum rese-
dissent, sublimis et eminentissimus vir, praefectus praetorio atque patricius agens etiam vices praecellentissimi regis Odoacris Basilius dixit:
„quamquam studii nostri et religionis intersit, ut in episcopatus electione
concordia principaliter servetur ecclesiae, ne per occasionem seditionis
status civitatis (al. civilitatis) vocetur in dubium, tamen admonitione beatissimi viri papae nostri Simplicii, quam ante oculos semper habere debemus, hoc nobis meministis sub obtestatione fuisse mandatum, ut propter
illum strepitum et venerabilis ecclesiae detrimentum, si eum de hac luce
transire contigerit, non sine nostra consultatione cujusquam celebretur
electio".

2) Anders Balbo I. f. p. 37: Gelosia del principe nuovo.

3) Von Pallmann II. S. 339, wegen der sonstigen Unabhängigkeitstendenz
der Päbste, und von Binius bei Mansi VIII. p. 270, der die Behauptung ein
confictum nennt, „weil der Pabst unmöglich sich so viel vergeben konnte".

4) Sigon. p. 398; du Roure I. S. 408 namentlich Protestanten. Rambach

des Kirchenfriedens ihm beizutreten und damit etwaigem Wider=
spruch zu begegnen[1]).

Dagegen die zweite Verordnung, welche die Veräußerung von
Kirchenvermögen untersagt, ist ganz deutlich, im Gegensatz zu der
ersten, als eine bleibende, für alle Zukunft wirken sollende bezeichnet[2]).

Als Motiv dieser bleibenden Bestimmung ist wohl kein andres
als das ausgesprochne anzunehmen, nämlich wirkliche Sorge für
Erhaltung des römischen Kircheguts. Der Zusammenhang aber
mit der ersten Norm und der Grund des Einschreitens der welt=
lichen Macht liegt, wie ich vermuthe, darin, daß gerade bei Be=
werbungen um den päbstlichen Stuhl von den Wahlparteien das
Vermögen der Kirche in Bestechung und andrer simonistischer Ver=
wenbung am Aergsten verschleudert wurde[3]). Odovakar wollte auch
dieß „detrimentum ecclesiae" wie durch Abschneidung von Wahl=
streit, so durch ein allgemeines Verbot verhüten.

S. 163; Eart. S. 137; Bower S. 252 (der ganz irrig alle spätern Vorgänge,
welche auf bem von Anfang an von den Kaisern geübten Recht der Pabsternen=
nung beruhen, auf biesen ganz ephemeren Erlaß zurückführt); aber auch Stauben=
maier S. 65, Gregorovius I. S. 248, Pallmann II. S. 339. Gröne S. 173.

1) Ja, vielleicht ging bie Initiative vom Pabst selbst aus; so Bower S. 30,
ber aber S. 85 willkürliche Zusätze macht. Irrig auch Lo Beau VII. p. 201. 202.

2) l. c. p. 267. ne unquam praedium seu rusticum seu urbanum vel
ornamenta aut ministeria ecclesiarum, quae nunc sunt vel quae ex quibuslibet titulis ad ecclesiarum jura pervenerint, ab eo, qui nunc antistes sub
electione communi (b. h. Zusammenwirken des Klerus unb des Königs) fuerit
ordinandus et *illis qui futuris saeculis sequuntur*, quocumque titulo atque
commento alienentur. si quis vero aliquid eorum alienare voluerit, inefiax
atque irritum judicetur; sitque facienti vel consentienti accipientique anathema . . . et is, qui praedium rusticum vel urbanum juris ecclesiastici
fuerit consecutus, noverit se nulla lege vel praescriptione munitum, sed
sive is, qui alienaverit sive is, qui consequente (statt consequenter) voluntate contraria praedium hujusmodi alienatum revocare tentaverit, id
cum fructibus restituat, qui illud fuerit consecutus . . . quam etiam poenam placuit accipientis haeredes prohaeredesque respicere. in qua re cuilibet clericorum contradicendi libera sit facultas. iniquum est enim et
sacrilegii instar, ut, quae vel pro salute vel pro requie animarum suarum
unusquisque venerabili ecclesiae pauperum causa contulerit aut certe reliquerit ab his, quos haec maxime servare convenerat in alienitatem
transferantur. planae (l. plane) quaecumque in gemmis vel auro atque argento nec non et vestibus minus apta usibus vel ornatui videbuntur ecclesiae, quae servari ac diu manere non possunt, sub justa aestimatione ven-
dantur et erogationi religiosae proficiant.

3) s. unten Athalarichs Gesetz gegen bie Simonie. Schröckh S. 217. 220.

Der nach dem Willen Odovakars gewählte Pabst war Fe=
lix III. Als dieser a. 492 am 25. Februar[1]) starb, war Odovakar
bereits nicht mehr im Stande, auf die Pabstwahl einzuwirken:
denn schon seit Anfang October a. 490 (nach seiner ersten Nieder=
lage) hatte ihm Rom die Thore versperrt und sich in die Gewalt
oder doch auf die Seite Theoderichs begeben[2]), der dazumal, mit
der Bezwingung Ravenna's beschäftigt, sich um die Pabstwahl wohl
ebenfalls nicht kümmern konnte[3]). Es folgte Gelasius I.[4]).

Als Theoderich gesiegt hatte, succedirte er in den vorgefundnen
ziemlich zweifelhaft zwischen Rechten und thatsächlichen Gewalten
schwankendem Besitzstand der römischen Kaiser und Odovakars gegen=
über dem päbstlichen Stuhl. Dieß an sich zweifelhafte Maß von
überkommnen Rechten muß man schärfer als bisher im Auge be=
halten, um richtiger als bisher Theoderichs scheinbar widerspruch=
volles Verhalten in diesen Fragen zu beurtheilen. Es ist wohl aus=
einander zu halten, was zu thun Theoderich für staatsrechtlich er=
laubt und was zu lassen er für politisch rathsam hielt. Er hatte,
wie wir gesehen, alle Gründe der Klugheit und der Gesinnung, die
katholische Kirche nicht zu reizen durch Einmischung seiner ketzeri=
schen Hand in ihr inneres Leben, zumal in die immer mächtiger
zur Herrschaft aufstrebende Entwicklung der päbstlichen Gewalt.
Und der König enthielt sich vorsichtig, trotz mancher Provocation,
der Eingriffe, so lang dieß die Politik zu fordern schien. Sobald
aber umgekehrt grade die Politik ein energisches Eingreifen zu
rathen schien, griff er ohne Bedenken ein und konnte sich dazu nach
den von den Kaisern auf ihn übergegangnen Rechten für wohl be=
fugt erachten. Und bei seinen Nachfolgern verhielt es sich je nach
thatsächlicher Schwäche oder Gefahr oder Leidenschaft nicht anders.
Die Politik entschied über Ausübung oder Nichtausübung der Rechte
dieser Könige — aber wir müssen wenigstens zu constatiren suchen,
welches Maß dieser königlichen Rechte sie, und welches Pabst und
Kirche anerkannten.

Begreiflicherweise hing die Beziehung des Königs zum römischen
Stuhl auch sehr wesentlich von der Persönlichkeit des jeweiligen
Pabstes ab. Der Afrikaner Gelasius war ein energischer Vor=

---

1) Jaffé l. c.
2) A. II. S. 79.
3) Anders du Roure I. S. 241.
4) a. 492—496.

kämpfer hierarchischen Rechts, der gelegentlich erklärte, Toleranz gegen die Ketzer sei verderblicher als die schrecklichste Verheerung der Provinzen durch die Barbaren[1]); man erkennt daran den muthi= gen Geist des Mannes wieder, der die Bischöfe in Afrika ange= feuert hatte, „die Drohungen der (arianischen Vandalen=) Könige und die Satzungen der wüthigen Barbaren zu verachten"[2]). An Theoderich schrieb er, er setze als gewiß voraus, daß der König die Gesetze der römischen Kaiser, deren Beachtung in weltlichen Dingen er vorgeschrieben, noch viel mehr werde gehalten wissen wollen „be= züglich der Ehrerbietung gegen den heiligen Apostel Petrus zur Vermehrung seines (weltlichen) Glückes". Die himmlische Seligkeit kann er dem Ketzer nicht verheißen[3]). — Und dem Bischof Hel= pidius von Volaterra ertheilt er scharfen Verweis, weil er, ohne zuvor den Pabst gesehen und befragt zu haben, nach Ravenna an den Hof des Königs reisen wolle, was doch gegen die canones sei[4]); er droht sogar mit Strafe der Absetzung dafür. Der König er= kannte diesen übrigens von vielen Bischöfen nicht beachteten Aus= spruch nicht an: er berief wiederholt Bischöfe an seinen Hof und diese kamen auch freiwillig, ohne vorher den Pabst zu fragen[5]). Aber es kam nicht zum Conflict mit Gelasius, da der König seiner= seits den bedenklichen Verkehr des Pabstes mit Byzanz nicht hemmte und nicht, nach dem Beispiel der Kaiser, sich in die Kirchenangele= genheiten mischte, die in zahlreichen und wichtigen Synoden unter Gelasius verhandelt wurden[6]). Der Pabst wandte sich an des Königs[7]) Mutter, um dessen Wohlthätigkeit anzurufen für Heilung

---

1) Zu einem Brief an die Bischöfe in Picenum. Mansi l. c. p. 23.

2) l. c. VII. p. 1094.

3) l. c. VIII. p. 139; f. A. II. S. 167.

4) l. c. p. 127. quo ausu, qua temeritate rescribis Ravennam te pa= rare proficisci, cum canones evidenter praecipiant, nullum omnino pontifi= cem, nisi nobis visis atque consultis, ad comitatum debere contendere; quod cum longaevi vel aetate vel honore pontifices pistoriensis, lucensis et fesulanus nuper monstrentur fecisse, tu, qui paucorum dierum fungi sacerdotio videris, quemadmodum tibi putas licere quod non licet; nisi quod hoc officio carere festinas, quo (statt quod) his excessibus te osten= dis indignum.

5) Epiphanius, Laurentius von Mailand, Ennod. v. Ep. p. 1011, Cesarius von Arles; und Viele vor der Synode von a. 499 f. u.

6) Vgl. Anast. vita Gel. p. 121. seq. Mansi. l. c. Manso S. 149. Bower l. c.

7) (katholische) An. Val. p. 620.

der schweren Wunden, welche der Krieg mit Odovakar, in dem Rugen, Burgunden und Westgothen arg gehaust hatten, zu heilen [1]).

Sein Nachfolger, der milde Anastasius II. a. 496—498, wurde einmüthig und frei zu Rom gewählt, ohne daß irgend eine Spur von königlichem Einfluß dabei sichtbar würde, so wenig wie bei des Gelasius Wahl; und jetzt hätte doch Theoderich volle Muße gehabt, jene Verordnung Odovakars, wenn sie für alle Zukunft gelten sollte, anzuwenden. Es spricht für ein gutes Verhältniß zwischen König und Pabst, daß, als letzterer einen Versuch machte, durch viel größere Nachgiebigkeit als seine Vorgänger gezeigt, den Streit mit Byzanz über Acacius und das Concil von Chalkedon beizulegen und zu diesem Behuf[2]) zwei Bischöfe an den ketzerischen[3]) Kaiser Anastasius sandte, der König diese Gesandtschaft durch den Patricius Festus begleiten ließ, den er in politischen Angelegenheiten an den Kaiser abordnete.

Aber dieser Gesandte ließ sich von dem Kaiser Anastasius gewinnen, der auch über die Kirchenfragen mehr insgeheim mit dem Patricius als mit den beiden Bischöfen öffentlich verhandelte. Festus versprach dem Kaiser, er werde bei seiner Rückkehr den Pabst zur vollen Nachgiebigkeit, namentlich zur Annahme des Henotikon, der Einungsformel, Zeno's in dem eutychianischen Streit, bewegen. Diese Schritte des Festus und ihre Consequenzen wurden die Anläße nicht nur zu einer großen Spaltung der römischen Kirche, sondern auch zu schweren Conflicten der hierarchischen Partei und des Pabstes mit der Staatsgewalt.

Wir müssen deßhalb auf diese verworrenen Händel eingehen und zwar zunächst ihre juristische Seite betrachten; gerade diese ist gewöhnlich in der Darstellung, nicht eben zum Vortheil der Klarheit, von den politisch-kirchlichen Parteiinteressen in den Hintergrund gedrängt worden[4]).

---

1) Nach a. 495; Mansi VIII. p. 142.

2) Vgl. Bower S. 119.

3) Diesen, nicht den König, meinen die Worte des Pabstes in seinem Brief an Chlodovech; Mansi l. c. p. 193: „nam refrigescit caritas multorum et malorum hominum versutia (das sind die ketzerischen Bischöfe und Räthe des Kaisers) navicula nostra feris fluctibus agitatur (der Streit mit Byzanz und Antiochia, in Italien hatte die Kirche Frieden) et dispumantibus undis pertunditur".

4) Die politische Angelegenheit, welche Festus (nach An. Vales. p. 620, Faustus Niger s. aber Mur. ann. ad a. 496) in Byzanz verhandeln sollte (keines-

Als Festus nach Rom zurückkam, war Anastasius II. gestorben[1]), von dessen Milde er jene Nachgiebigkeit gehofft hatte. Und der Candidat der Majorität, der Diakon Symmachus, schien ihm nicht der Mann, von dem er die Verleugnung des strengen bisher von den Päbsten festgehaltnen Rechtsstandpunkts erwarten durfte — dieß beleuchtet von vornherein Ruf und Character des Symmachus und bestätigt unsre Auffassung seines Verhaltens in dem ganzen Conflict: Festus betrieb deßhalb mit weit gehender Bestechung die Wahl des von ihm für das Henotikon gewonnenen Archipresbyter Laurentius[2]).

Aber schon zuvor[3]), wenn auch am gleichen Tage (22. Nov.), und von der Majorität[4]) war Symmachus consecrirt worden[5]).

---

wegs nur das Henotikon Gregorov. I. S. 255) war keine geringere als die Anerkennung von Theoderichs italischem Königthum und, zum Zeichen hievon, die Herausgabe der weströmischen Reichsinsignien von Seite des Kaisers (f. A. II. S. 163 und unten „Romanisiren“). Man hat angenommen, Festus habe bei dem Kaiser den Zweck dieser seiner politischen Mission nur dadurch erreicht, daß er ihm in der kirchlichen Frage jenes Versprechen gab (du Roure u. A.). Will man dieß vermuthen, so kann man doch das Versprechen nur als heimlich und in eignem Namen von Festus gegeben betrachten. Keinenfalls aber hat Theoderich von diesem Versprechen vorher gewußt, geschweige es selbst geben lassen: dem widerspricht sein ganzes weiteres Benehmen: er tritt gegen Festus und die zu dem Henotikon neigende Partei auf. Damit hätte er gewagt, was er um der Römer willen nie wagen konnte, nämlich, daß der Kaiser solchen Treubruch aufdeckte und die Anerkennung, deren Bedingungserfüllung der König dann selbst vereitelt hätte, als nicht geschehn bezeichnete. — Die Quelle ist Theodorus Lector II. p. 560 (Theoph. Chron. p 220). Φῆστος τίς βουλῆς τῆς συγκλήτου ῾Ρώμης πρὸς βασιλέα σταλεὶς ᾿Αναστάσιον διά τιναςχρείας πολιτικὰς .... ὡς λόγος, ὑπέδετο λάθρα τῷ βασιλεῖ πείδειν τὸν ῾Ρώμης ἐπίσκοπον τῷ ἐνωτικῷ Ζήνωνος ὑπογράφειν. Daß der Pabst bereits gewonnen war (Bower S. 156) ist nicht anzunehmen; vgl. Pavir I. S. 134; Hurter II. S. 43.

1) 16. Nov. a. 498, Jaffé p. 61.

2) Theodor. l. c. ἐλθὼν δὲ ἐν ῾Ρώμῃ, εὗρε τὸν ἐπίσκοπον ᾿Αναστάσιον τελευτήσαντα. διὸ .. ἐποιήσατο διὰ σχήματα τὸ ζητούμενον ὑπογράψαι. ὑποφθείρας γε διὰ χρήμασι πλείονας ψηφίσασθαι εἰς ἐπίσκοπον παρὰ τὸ ἔθος ῾Ρωμαιόν τινα ᾧ ὄνομα ἦν Λαυρέντιος. (Theoph. p. 221).

3) Anastas. vita Symm. l. c.

4) Theod. Lector. l. c.

5) Hiemit beginnt die Geschichte des Schisma's zwischen Symmachus und Laurentius und der zahlreichen Kämpfe innerhalb und außerhalb der von ersterem gehaltenen Synoden, welche sehr dunkel und controversenreich ist. — Die Quellen, aus deren abgerißnen und oft widersprechenden Sätzen man mit mühvoller Mosaikarbeit das Gesammtbild der Begebenheiten zusammenstückeln muß, sind außer den

Ohne Zweifel war Symmachus hienach der correct, gemäß den canones der römischen Kirche, gewählte legitime Pabst und der Gegenpabst Laurentius ein Anmaßer.

Aber derselbe trat nicht zurück, seine Partei bestand zwar nur aus dem kleinern Theil des Klerus, doch dafür war der größere Theil des Senats auf seiner Seite, geführt von Festus[1]) und einem andern einflußreichen Senator, dem Consular Probinus. Man muß dieß wohl im Auge behalten: Laien besonders stehen auf des Gegenpabstes Seite, der mehr als das Werkzeug, denn als das Haupt seiner Partei erscheint. Symmachus aber ist das Haupt der freien Kirche: er vertritt das rein hierarchische Interesse und System[2]). Es kam wiederholt zu blutigen Zusammenstößen in den Straßen von Rom, wo Laurentius, der Schützling des Se= nats[3]), auch einen Theil des niedern Volkes für sich und später

---

Acten der Synoden Mansi VIII. die vita Symmachi in Anastas vitae pontif. bei Muratori III. 1. Ennodius apologeticus pro Synodo und die epistolae ed. Sirmond. Theodor. Lector. (Theophanes und Nicephor. Callistus folgen diesem, ohne selbständige Quellen). — Das hienach von Pagi ad Baron. a. 499—504 (auch Mansi l. c.) aufgestellte chronologische System der symmachischen Synoden wurde von dem Bollandisten Sollerius in vita s. Symmachi Acta 55. IV. Julii dies 19. p. 639 berichtigt; (ganz irrig Cochl. c. 9; St. Marthe S. 76; Rubeus p. 125; Gervaise p. 12. Murat. ann. ad. a. 495. 499; Bower S. 240; aber auch noch Pavir. I. S. 144 f.; Schröckh und Plank l. c. Le Beau VII. p. 201. Hurter II. S. 57; Manso S. 154 f.; Balbo I. S. 68; Sart. S. 308; du Roure I. S. 407 f.; Gregorov. I. S. 256. 303; man pflegt irrig Theode= richs Reise nach Rom a. 500 mit Vorgängen von a. 499 und 501 zu vermischen); eine neu aufgefundne anonyme vita Symmachi von einem wohlunterrichteten, aber dem Pabst sehr feindlichen Zeitgenossen, Muratori III. 2. p. 45, bestätigte diese Berichtigun= gen und gewährte Mansi Mittel zu weitern Aufhellungen; in neuerer Zeit hat Hefele II. S. 616 eine sehr gediegene, auch Mansi vielfach verbessernde Darstellung gegeben, der ich in chronologischer Hinsicht (mit zwei wichtigen Ausnahmen) fast völlig beipflichten kann; in der politischen, mehr noch in der juristischen Würdi= gung muß ich im Wesentlichen von ihm abweichen.

1) Er war caput senati (sic) An. Val. p. 620. Hefele II. S. 607 nennt diesen irrig einen Beamten des Kaisers; ein solcher hatte unter den Gothen bei der Pabstwahl nichts zu schaffen.

2) Deßhalb sagt auch der strengkirchliche An. Val. p. 622 ordinante Deo qui eo dignus fuit superavit Symmachus: der wegen seiner Askese wie ein Heiliger verehrte Diakon Paschasius hielt bis zu seinem Tod zu Laurentius, wofür nach der Legende seine Seele schwere Strafe in heißen Quellen zu leiden hat. Ba= ron. ad. a. 498.

3) Dieser muß zur Anerkennung des Symmachus wiederholt ermahnt werden. Mansi p. 250.

wenigſtens gewiß, wahrſcheinlich aber ſchon von Anfang an, das äußerliche Uebergewicht hatte[1]).

„Da vertrugen ſich beide Parteien dahin, nach Ravenna zu gehen zu dem Urtheil des Königs Theoberich, und als ſie Beide nach Ravenna gekommen, erlangten ſie dieß Urtheil der Billigkeit, daß, wer zuerſt ordinirt oder auf weſſen Seite die Mehrheit erfunden worden, ſitzen ſolle auf dem apoſtoliſchen Stuhl. Dieß hat die Gerechtigkeit und Erkenntniß der Wahrheit auf Symmachus Seite erfunden und ſo iſt Symmachus Pabſt geworden"[2]).

Die thatſächlichen und moraliſchen Motive, welche, die Ketzerhaftigkeit des Königs überwiegend, die Parteien zur Anrufung ſeines Schiedſpruches brängten[3]), waren wohl, neben einer jetzt bereits ſechs Jahre lang bewährten Gerechtigkeit und Weisheit und ſeiner Ehrerbietung gegen die katholiſche Kirche, die Analogie der häufigen Entſcheidungen von Kirchenſtreiten durch die Kaiſer und endlich das Bewußtſein, daß er eben der Beherrſcher der Stadt war, deren Ruhe geſtört war. Von einer opinio necessitatis aber,

---

1) Anastas. p. 123. ex qua causa separatus est clerus et divisus est senatus. Theod. l. c. δι' οὓς καὶ φόνοι καὶ ἁρπαγαὶ καὶ ἄλλα μύρια κακὰ κατὰ τὴν πόλιν γεγόνασιν. Anonymus: p. 47. tantaque clerum ac populum romanum discordia feralis invaserat, ut nec divina consideratio nec metus regius partes a propria collisione cohiberet; er ſagt nur *cum* (Symmacho) Laurentius fuerat ordinatus: er verſchweigt Priorität und Majorität des Symmachus; charakteriſtiſch iſt der metus regius: der Verfaſſer betont immer Recht, Macht und Intereſſe der Staatsgewalt.

2) Anast. l. c. facta contentione hoc *construxerunt* partes, ut ambo Ravennam pergerent ad judicium regis Theoderici, qui, dum ambo Ravennam introissent, hoc judicium aequitatis invenerunt: ut, qui primus ordinatus fuisset, vel ubi pars maxima cognosceretur, ipse sederet in sede apostolica. Das „construxerunt" bezeichnet deutlich ein Compromiß; das erſte judicium kann man wegen des zweiten, nothwendig „Urtheil" bedeutenden nicht mit Gericht überſetzen und darin das gewöhnliche „Königsgericht" verſtehen; auch judicium aequitatis weiſt auf Schiedſpruch. Der An. ſagt freilich: (ihm folgt Mur. ad. a. 499 und dieſem wieder Gregorov. I. S. 256) tunc *coguntur* utrique . . regium subituri judicium petere comitatum; aber das iſt wieder ſein ſtark das königliche Recht betonender Standpunkt; das ganze ſpätere Benehmen Theoderichs ſowohl als des Pabſtes und der Biſchöfe ſchließt die Möglichkeit aus, daß jener damals die beiden Parteien ſeiner Richtergewalt unterworfen hätte; der Bericht des Anaſtaſius dagegen ſtimmt mit allem Folgenden; daß man gemäß jenem „Geſetz Odovakars" des Königs Entſcheidung anzurufen ſich verpflichtet gefühlt, Sigon. p. 392, Gröne S. 73 iſt völlig unerweislich.

3) Was Binius bei Mansi freilich auch tadelt; (nicht nur die Laurentier, wie Gröne l. c.); de Beau VII. p. 198.

b. h. von der Anerkennung eines Rechts des Königs zur Entscheidung, ist keine Spur wahrzunehmen. Und doch hätte Theoderich,
wenn in jener Zeit schon der Kampf zwischen Staat und Kirche
immer mit jener Principienklarheit und Bewußtheit geführt worden wäre, welche man fälschlich erst aus unserer Zeit in jene Tage
überträgt[1]), eine schiedsrichterliche Rolle zurückweisen und, etwa
mit Bezug auf jenen Erlaß Odovakars, wenn derselbe die gewöhnlich angenommene Bedeutung hatte, mit einer Rüge der Wahl ohne
seine Befragung, den Pabst ernennen müssen. Das fällt ihm aber
gar nicht ein. Er nimmt das Compromiß an und entscheidet als
Schiedsrichter, nach den canones der Kirche, für Symmachus. Politisch betrachtet kreuzten sich die Interessen. Zunächst scheint es
ein Vortheil für den König, einen nach Byzanz neigenden Pabst
auszuschließen. In Wahrheit aber wäre es für den ketzerischen
König ein noch viel größerer Vortheil gewesen, einen Mann auf
dem Stuhle Petri zu sehen, der durch Annahme des Henotikon sich
in den Augen fast aller abendländischen Bischöfe selbst zum Ketzer
gemacht haben würde: alsdann hätte die katholische Kirche ihre gefährliche Macht in dem Staat der arianischen Gothen verloren.
Theoderich aber entschied nach Recht und Gewissen für den stark
hierarchischen Symmachus.

Dieser berief nun alsbald eine Synode nach Rom[2]), deren
ausdrücklich ausgesprochener Zweck es ist[3]), die Pabstwahl zu ordnen und alle Uebelstände und Unzukömmlichkeiten abzuschneiden,
welche sich dabei eingeschlichen und auch die letzten Wirren veranlaßt hatten. Zu diesem Behuf verbietet die Synode, daß bei Lebzeiten des Pabstes Geistliche erstens sich um die Nachfolge bewerben
oder zweitens einem solchen Bewerber ihre Stimme verpflichten.
Wenn vielmehr der Pabst keinen Nachfolger empfohlen hat[4]), soll
Einstimmigkeit, eventuell Stimmenmehrheit des „geistlichen Standes" den neuen Pabst erwählen. Ein Geistlicher, der hiebei seine

1) Wie Pallmann II.; vgl. Wilmans S. 138; Haße I. S. 126.
2) I. Synode unter Symmachus vom Pabst berufen (nicht vom König, wie
Bower S. 233 sagt), 1. März a. 499 „in basilica s. Petri". Pagi ad. h. a.
Mansi VIII. p. 230—238.
3) l. c. p. 431. expressis scilicet sententiis sancientes, quid circa romani episcopi ordinationem debeat custodiri.
4) Ueber diese in Correctheit und Wirkung bestrittne Sitte s. Binius l. c.,
Bower III. S. 9. 19. 234, Planck I. S. 439, Hefele II. S. 609 und die Literatur daselbst.

14*

Stimme unfrei (b. h. in Folge von bei Lebzeiten des Vorpabstes eingegangnen Verpflichtungen) abgibt, soll mit Amtsentsetzung bestraft, wenn er aber eine Verletzung dieser Beschlüsse anzeigt, falls er selbst schuldig, von der Strafe befreit und obenein belohnt werden[1]).

Das ist Alles. Es ist nun aber offenbar unbegreiflich, wie die Synode, welche ex professo die Pabstwahl ordnen will, jene angeblich von Odovakar dem Monarchen vindicirte, höchst rechtswesentliche Befugniß ganz ignoriren konnte, wenn jener Erlaß in der That die bisher angenommene Bedeutung[2]) gehabt hätte.

Die Synode, frei und mit dem hierarchischen Pabst ganz im Einverständniß[3]), anerkennt nur ein Recht der Geistlichkeit (ecclesiasticus ordo), den Pabst zu wählen, König, Senat und Volk von Rom schließt sie von der Wahl aus.

---

1) l. c. p. 231—234.

2) Auch bei Schröckh XVII. S. 180.

3) Auch der bisherige Gegenpabst war auf der Synode erschienen und hatte sich unterworfen: er unterzeichnet, nach den Bischöfen, an der Spitze der presbyteri als archipresbyter tituli Praxidae und erhielt dafür „intuitu misericordiae" Anast. p. 122 auf oder bald nach der Synode (vgl. Hefele l. c. gegen Baronius und Pagi) das Bisthum Nuceria. Hiemit ist nicht unvereinbar, wie Hefele l. c. anzudeuten scheint, die Darstellung des Anon.; daß beide Gegner persönlich in Ravenna vor dem König erschienen und hier für Symmachus entschieden wurde, sagt auch Anast. l. c. und daß damals schon Laurentius durch Drohungen (des Königs) bewogen (vita anon.) worden, sich zu unterwerfen, wofür man ihm damals schon ein Bisthum, vielleicht auch speciell bereits Nuceria zugesagt, ist mit den andern Quellen (Theod. Lector. l. c. und hist. misc. p. 101 lassen den König an der Spitze des von ihm berufnen Concils handeln; er zieht aber die Ereignisse von 498—501 zusammen; das übersieht Binius l. c.) nicht unvereinbar; nur das ist gehässige Verläumdung, daß Symmachus durch Bestechung obgesiegt habe; freilich wurden im Palaste große Summen bei solchen Wahlstreiten aufgewendet, Var. X., und dieß gab Gelegenheit zu solchen Behauptungen; an diesem Resultat ändert auch nichts ein etwas verdächtig klingender Brief des Ennod. III., aus welchem hervorgeht, daß Bischof (episcopus meus) Laurentius von Mailand im Interesse des Pabstes (pro necessitatibus domni Papae) zu Ravenna an gewisse Vornehme, „deren Namen man nicht mit Sicherheit der Schrift anvertrauen kann" (certis potentibus, quorum nomina tutum non est scripto signari) mehr als 400 solidi verwendet habe. Ennodius hatte die Bürgschaft für diese Schuld des Pabstes übernommen, der Pabst zahlte nicht und der Bischof hielt sich mit Erbitterung an den Bürgen, VI. 16. 33; Fertig S. 26; auch Kamele V. 13. hatte Ennobius dem Pabst geliehen (zur Reise nach Ravenna?); bestochen wurde, so scheint's, aber gewiß nicht der König; irrig Glöne S. 186.

Der Sieg des Symmachus und der hierarchischen Partei auf dieser Synode war vollständig. Der König ignorirte, so scheint es, den Beschluß, welcher ihm, dem Senat[1]) und Volk jede Mitwirkung bei der Pabstwahl entzog. Er hatte bisher nur gethan, wozu ihn beide Parteien aufgefordert. Als aber die Streitigkeiten wieder entbrennen, die öffentliche Ordnung in Rom immer mehr zerstören, sehen wir den König in Ausübung seiner Gewalt über die Kirche weiter vorgehn, von der einen Partei selbst dazu aufgefordert. Nicht Laurentius selbst, sondern seine Anhänger, zumal die weltlichen, d. h. die vom Kaiser gewonnenen Senatoren[2]), geführt von Festus und Probinus, erneuern den Streit in Rom: wieder kam es, noch im Jahre 499 und 500, zu Straßengefechten daselbst[3]).

Jetzt wurde Symmachus von seinen Gegnern, namentlich von Festus und Probinus[4]) wegen mehrer Verbrechen beim König angeklagt: unter andern nicht näher bezeichneten darüber, daß er Ostern nicht mit der Gesammtheit gefeiert, dann des Ehebruchs und der Verschleuderung des Kirchenguts[5]). Und der König geht darauf ein. Nicht mehr als bloßer Schiedsrichter, als Richter will er über den Pabst urtheilen und zwar betrachtet er dieß offenbar als sein Recht: denn unter den Anklagen war wenigstens Eine, die wegen Ehebruchs, welche eine Verletzung auch des weltlichen Strafgesetzes behauptete. Er lud den Pabst vor sein Hofgericht nach

---

1) Wie stark die Betheiligung des Senats bei der Pabstwahl war, erhellt aus der ganzen Darstellung dieser Händel; die Synoden setzen sich mit dem Senat in steten Verkehr, wenn man auch nicht Senatoren in den Sitzungen gegenwärtig annehmen darf (wie Bower); daher auch die sonst auffallende Erscheinung, daß Senatsbeschlüsse über Simonie ergehn und der König sein Simoniegesetz dem Senat mittheilt. Var. IX. 15. Vgl. Planck I. S. 137; irrig Gröne S. 186.

2) Jedenfalls im Interesse, wenn nicht in erneuertem Auftrag des Kaisers; wie schroff sich dieser gegen Symmachus stellte, darüber s. Bower und die Briefe bei Mansi l. c. S. 257.

3) Nach Anast. soll damals schon Laurentius heimlich von Nuceria nach Rom zurückgerufen worden sein; aber er verschiebt die Daten; er spricht vom Jahre 501/502. post annos quatuor. vita an. post aliquot annos. Theod. Lect. τριῶν ἐνιαυτῶν κρατησάσης τῆς τοιαύτης συγχύσεως.

4) Anast.

5) Ennod. apol. p. 983. (mulieres etc.) u. bes. p. 989. sui impugnator est, qui fornicationis officiis urget adulteria et per animarum stupra carnis accusat. Anast. sagt nur: incriminarunt accusantes Symmachum; vit. an. hat die Osterdifferenz und die mulieres cum quibus accusabatur in scelere die dilapidatio praediorum und pro multis criminibus außerdem.

Ravenna[1]). Das Hauptmotiv des Einschreitens für den König war dabei, wie aus allen seinen spätern Briefen[2]) deutlich hervorgeht, und was sich nicht nur vom Standpunkt der Staatsgewalt im Allgemeinen, noch viel mehr gerade aus Theoderichs besonderm, uns bereits bekannten Bestreben völlig erklärt, die Sorge für die Wiederherstellung der Ruhe und Sicherheit in den Straßen seiner zweiten Hauptstadt, denn in derselben war die civilitás gründlich zerstört und Mord, Todtschlag, Raub und Gewalt aller Art an der Tagesordnung[3]).

Auffallend scheint, daß der Pabst, der alsbald sogar einer Synode die Competenz, ihn zu richten, abspricht, sich ohne Weitres der Gerichtshoheit des Königs unterwirft. Aber eine bisher nicht richtig erfaßte Notiz der vita anonyma erklärt es: der König forderte den Pabst einstweilen nur wegen der Osterfeierdifferenz, nicht wegen der eigentlichen Verbrechen, zur Erklärung auf und der Pabst nahm keinen Anstand, sich hierüber vor dem König zu expliciren: das war noch keine Anerkennung eigentlicher Gerichtsgewalt. Er brach mit geistlichem Gefolg von Rom auf und reiste nach Ravenna über Rimini. Hier aber traf ihn ein Befehl des Königs, in dieser Stadt zu bleiben[4]), sei es, daß der König jetzt bei Ankunft des Pabstes

---

1) Vit. an. quem rex ad comitatum convo — hier ist eine Textlücke: offenbar convocavit.

2) Mansi p. 250. pax in civitate romana; richtig schon Sartor. S. 137.

3) Mögen die allgemeinen Ausdrücke des Theod. Lector. φόνοι καὶ ἁρπαγαὶ καὶ ἄλλα μύρια κακὰ und der vita an. wenig beweisen, Anast. hat genaue bestimmte Angaben. p. 123. caedes et homicidia in clero fiebant. qui vero communicabant b. Symmacho juste, publice, qui inventi fuissent intra urbem, gladio occidebantur. etiam et sanctimoniam mulieres . . deponentes de monasteris . ., denudantes sexum foemineum, caedibus plagarum afflictas vulnerabant et omni die pugnas contra ecclesiam in medio civitatis gerebant. etiam multos sacerdotes occiderunt . . quos fustibus et gladio interfecerunt et multos alios Christianos, ita ut nulli esset securitas die vel nocte de clero in civitate gerebant; dieß umfaßt die Zeit von a. 498—504; vgl. auch Ennod. ep. I. 3.

4) Der Text der vita an. ist grade hier lückenhaft: pro multis criminibus Symmachus apud regem accusatur, quem rex sub occasione paschali, quod non cum universitate celebraverat ad comitatum convo [Lücken] rationem . . [Lücken] festivitatis dissonantia (l. dissonantiae) redditurum; fecitque apud Ariminum residere; das sub occasione ist der angegebne Grund oder vielleicht richtiger Vorwand der Ladung; deutlich ist, daß nur wegen jener Differenz ein Rechenschaftgeben (rationem reddere) verlangt wird; daß den Pabst

gleiche Scenen, wie in Rom, in seiner Residenz besorgte[1]), sei es, daß er erst die Untersuchung der eigentlichen Verbrechen abgeschlossen sehen wollte. Denn diese betrieb er dabei eifrig und ohne Wissen des Pabstes.

„Als er aber hier mit seinen Geistlichen eine Zeit lang geblieben war, sah der Pabst eines Abends, an der Meeresküste wandelnd, jene Weiber, mit denen er der Sünde beschuldigt wurde, vorbei reisen, und erfuhr, daß sie auf Befehl des Königs an das Hofgericht gingen. Er stellte sich aber, als ob er nichts davon gesehn und erfahren habe, und mitten in der Nacht, als Alles schlief, entfloh er mit einem einzigen Genossen, ging nach Rom zurück und schloß sich hier in der Peterskirche ein[2]). Darauf gingen seine bisherigen Begleiter zu dem König und erklärten, ohne ihr Wissen sei Symmachus entflohn".

Wenn wir auch die gehässige Auslegung dieser Thatsachen bei dem Anonymus verwerfen[3]), die Thatsachen selbst dürfen wir nicht bezweifeln: der genaue Bericht trägt ganz das Gepräge der Wahrheit.

Dieser Schritt warf den bösen Schein auf Symmachus, sein schlechtes Gewissen habe ihn in dem Augenblick zur Flucht getrieben, da er erfuhr, der König werde die mitschuldigen Frauen vernehmen. Diese Auslegung ist möglich, scheint mir aber nicht die

---

erst in Ariminum der Haltbefehl traf, ist meine wohl richtige Auslegung des fecit residere; denn beschieden ist der Pabst ad comitatum, d. h. Ravennam.

1) Auch später hält er den Conflict von Ravenna fern; ganz irrig verbindet Bower S. 240 des Königs Besuch in Rom a. 500 mit Vorfällen aus dem Jahre 501; richtig Schröckh XVII. S. 108.

2) v. an. cumque ibidem, cum suis clericis aliquantisper moratur, postmeridianis horis super litus maris ambulans, vidit mulieres inde transire, cum quibus accusabatur in scelere, quae comitatum petebant regia jussione. dissimulans ergo, se scire, quod viderat, nocte media, dormientibus cunctis, cum uno tantum conscio fugiens regreditur Romam seque intra b. Petri Apostoli septa concludit. Das war Asyl. Anast. sagt, seine Gegner hätten die falschen Zeugen nach Ravenna geschickt; es ist merkwürdig, wie consequent diese beiden Quellen bei jeder Gelegenheit ihren hierarchischen, die andern den ghibellinischen Character bewähren; Anast. läßt den König eine allzu passive Rolle spielen.

3) Bower S. 247 adoptirt sie natürlich. Das andre Extrem bei Pavir. I. S. 147, der die Begegnung mit den Weibern ganz verschweigt, obwohl er sie kennt, und dann doch S. 223 Gibbon einen Betrüger schilt; ungenau Balbo I. S. 67. Mur. ad a. 503 meint, der Pabst sei geflohen, weil man ihm nicht gleiches Gehör wie seinen Gegnern gab: allein das konnte er damals nicht behaupten.

richtige: der weitre Verlauf zeigt, daß Symmachus höchst wahr=
scheinlich unschuldig war und durch die Flucht konnte er seine per=
sönliche Sache nur verschlimmern. Vielmehr scheint mir der Zu=
sammenhang der Gründe folgender: der Pabst war dem Ruf des
Königs gefolgt, sich wegen der Osterdifferenz zu erklären. Jetzt, in
Rimini festgehalten und vielleicht schon hierüber unwillig, erfuhr
er, daß der König eine eigentliche strafrechtliche Untersuchung wegen
Ehebruchs wider ihn eingeleitet und ihn seiner Gerichtsbarkeit unter=
worfen habe. Dieser aber entzog er sich, um des Princips willen,
durch die Flucht nach Rom.

Seine eigne Sache verschlimmerte er dadurch. Aus Furcht vor
dem König verließen ihn viele Geistliche seines Anhangs und der
König ist sichtlich von nun an bis zu den Vorgängen auf der Syno=
dus Palmaris gegen ihn gestimmt[1]): jene Flucht hatte seinen Zorn
und seinen Verdacht gereizt. Vor Allem setzte er, — das hat man
bisher übersehen, — seine Criminaluntersuchungen fort und führte
sie bis zur Bereitstellung alles Beweismaterials durch: denn er
konnte dasselbe später der Synode zur Verfügung stellen. Aber den
Richterspruch selbst thun, das hatte er entweder von Anfang nicht
gewollt, oder gab es jetzt auf, nachdem sich der Pabst in Asyl begeben.

Aber er nahm doch die Leitung der Sache selbst in die Hand:
er selbst wollte für Beilegung der Wirren, als oberste Autorität
im Staat, sorgen, nicht sie der Kirche überlassen, deren in der
ersten Synode erzieltes Ergebniß keine Dauer gehabt hatte.

Er bestellte nun, kraft königlichen Rechts, einen „Visitator",
der im Auftrag des Königs, zu Rom eine Synode versammeln und
mit derselben über den Pabst richten, zugleich aber einstweilen die
römische Kirche, von der er also Symmachus suspendirt, verwalten
sollte. Dieß that er, wie es heißt, auf Verlangen der Laurentianer
(der Laien) und auch die Person des Visitators, des Bischofs Petrus
von Altinum, wählte der König, so scheint es, nach deren Wunsch,
also in für Symmachus ungünstiger Weise[2]). Petrus erschien um

---

1) Diese Zeit meint Ennod. ep. V. 13 dudum dum nobis metus instaret
et de clementia pii regis dubio meritorum aestimatione penderemus incerto, camelos papae . . . tradidimus etc.

2) So ist Anast. Theod. Lector, Ennod. mit der vita zu vereinen. Anast.:
Festus et Probinus senatores miserunt relationem regi et coeperunt agere,
ut visitatorem daret rex sedis apostolicae. tunc rex dedit Petrum alticinae
civitatis episcopum, *quod canones prohibebant;* nach der vita an. sendet der
König durch jene Begleiter des Symmachus an Senat und Klerus „praecepta

Oftern a. 501 in Rom und berief, auf des Königs Befehl, in des
Königs Namen, eine Synode dorthin [1]). Der Visitator, nach dem
Wunsch der Laurentianer gewählt, trat nun entschieden gegen Sym=
machus auf: — dieß, wie schon seine Wahl, bezeichnet die Gesin=
nung des Königs, — namentlich entriß er eine Anzahl römischer
Kirchen den Anhängern des Pabstes und setzte Laurentianer in deren
Besitz [2]). Damals wohl kam Laurentius selbst nach Rom. (Anast.).

Aber grade diese Parteilichkeit gegen Symmachus wirkte günstig
für Symmachus: der hierarchische Geist, dessen verfolgter Vertreter
er war, regte sich zu seinen Gunsten in der nicht=römischen Geist=
lichkeit. Die Bischöfe, welche ihr Weg nach Rom über Ravenna
führt, fragen den König vorwurfsvoll, warum denn er ihrem hohen
Alter die Mühen dieser Reise zumuthe? und als er antwortet, meh=
reres Erschreckliche sei über des Symmachus Wandel an ihn ge=
bracht worden, was die Synode untersuchen und richten müsse, er=
widern sie kühn: „er selbst, der jetzt verklagt sei (und nicht der
König) hätte die Synode berufen müssen: denn, nach der Würde
des Principats Petri, hätten, gemäß Gottes Befehl, die Concilien=
schlüsse dem Pabst diese besondre Gewalt in der Kirche verliehen,
nicht von Geringern gerichtet zu werden" [3]), (es kann also die
Synode nur dann den Pabst richten, wenn er auf dieß Privileg
verzichtet und selbst sie zum Richten beruft). Und der König weist
diese Ansprüche nicht zurück: er weicht sichtlich einem Conflict mit
den Bischöfen aus und beruft sich darauf, der Pabst selbst habe in

---

super ejus quodammodo damnatione"; „quodammodo" muß er doch hinzu=
sehen: das „damnatione" ist wohl auf „judicatione" zurückzuführen, zeigt aber
des Königs Verstimmung an; weiter sagt die Quelle, der Pabst sei jetzt „ab universo clero romano" der Verschleuderung des Kirchenguts gegen die canones
beschuldigt worden: — das geht zu weit: der Pabst hatte immer noch geistliche
Anhänger, wenn auch grade jetzt die meisten abgefallen waren — und es sei die
Person des Petrus von fast allen als Visitator verlangt worden.

1) II. Synode unter Symmachus, vom König berufen, zwischen Ostern und
August a. 501. „in basilica Julii" vit. an. jubente rege. acta Mansi p. 247.
ex praecepto gloriosissimi regis Theoderici . . cum ex diversis provinciis
ad urbem romanam convenire regia praecepisset auctoritas; ebenso Th.
Lect. Θεοδέριχος σύνοδον ἐπισκόπων ποιησάμενος.

2) Das meint Anast. p. 123. Petrus, invasor sedis apostolicae, et Laurentius vivo Symmacho pervaserunt sedem ejus; vgl. Ennod. Apolog.; aber
Hefele l. c. irrt, wenn er, Baronius folgend, behauptet, in dem Panegyrikus
(verwechseln ihn beide mit dem apologeticus?) des Ennodius sei des Petrus Par=
teilichkeit bezeugt; davon enthält der Panegyrikus nichts.

3) Mansi VIII. p. 249.

Briefen den Wunsch der Berufung einer Synode ausgesprochen, und als die Bischöfe so weit gehn, Vorlage dieser Briefe zu fordern, versteht sich der König auch hiezu. Ja, so scharf sieht der hierarchische Geist auf diesen Punkt, daß das Protokoll der Synode mit deutlicher Geflissentlichkeit hervorhebt, als nun die Synode eröffnet worden, sei „der Ordnung gemäß" der Pabst erschienen[1]) und habe ausdrücklich erklärt, der König habe die Synode nach seinem Wunsch berufen „und damit nahm er den Priestern die Traurigkeit über den mangelnden Rechtsbestand der Synode aus der Seele". Aber trotz alledem sind diese Erklärungen des Königs und des Pabstes doch bloß Umgehungen und Verhüllungen der Wahrheit, daß eben doch der König, und nicht der Pabst, wie die hierarchische Lehre forderte, die Synode berufen, was ihre eignen Acten officiell anerkennen[2]). Der „Wunsch" des Pabstes mochte ihr Gewissen etwas beruhigen, aber er war doch nur ein Nebenmotiv für den König gewesen, dieser hält an seinem Recht, Synoden auch gegen den Willen des Pabstes zu berufen, strenge fest, wie sich bald zeigen wird. Und nicht vergessen dürfen wir, daß die Quelle, welche jene Erklärungen des Königs und des Pabstes melden, die sehr stark hierarchisch gefärbten Synodalprotokolle sind, welche die Nachgiebigkeit des Königs und sein Zurückweichen vor Pabst und Synode übertreiben[3]), wie wir getrost da annehmen dürfen, wo des Königs, von denselben Protokollen gemeldete, Handlungen jener angeblichen Unterwürfigkeit der Gesinnung widersprechen[4]). Uebrigens vermied allerdings gewiß der König mit Sorgfalt einen Conflict mit Pabst und Kirche, der seine ganze Versöhnungstendenz zwischen Römern und Gothen vereitelt hätte. Und

---

1) Die Laurentier bestritten später die formelle Gültigkeit der Synode wegen des erst spätern Erscheinens des Pabstes, Ennod. apol. p. 985, über die geschichtliche Entwicklung des Rechts des Kaisers oder des Pabstes Concilien zu berufen, zu eröffnen und ihnen zu präsidiren Pland I. S. 681—684; irrig Thomassin p. 405.

2) Mansi l. c. p. 249. ex praecepto gloriosissimi regis, wie auch Theod. Lect. ohne Umschweif sagt l. c. Binius verdreht völlig die Thatsachen, um sagen zu können, der König habe wohl gewußt, daß er keine Synode berufen dürfe und der Pabst habe sie berufen; irrig auch Rubeus p. 126; Thomassin p. 402. 419. 405.

3) Z. B. Mansi l. c. 250. nec aliquid ad eum de ecclesiasticis negotiis praeter reverentiam pertinere; irrig hiedurch Le Beau p. 200.

4) Jenes Gespräch in Ravenna enthielt jedenfalls Feinheiten und Zweideutigkeiten; es wurde ein Hauptgegenstand des spätern Federstreits zwischen den Laurentiern und Symmachiern. Ennod. apolog.

er war in den Formen gewiß sehr rücksichtsvoll, ohne seinem Recht thatsächlich etwas zu vergeben. Das ist ganz seine Art und soviel ist gewiß an jenem Gespräch in Ravenna richtig[1]).

Der Pabst hatte nun jedenfalls ein geistliches Gericht, wenn auch leider durch den König berufen, erzielt, während ihn früher, vielleicht wenigstens, der König selbst richten wollte, und der König vermied offenbar einen Conflict, zwar nicht um jeden Preis, aber doch um den Preis starker Concessionen.

In gleichem Maße mit dieser bemerkten Vorsicht wächst nun dem Pabst die Energie: schärfer als vor der Bestellung des Petrus wahrt er seine beanspruchte Stellung gegen den König.

Anstatt sich vor der Synode zu rechtfertigen, wie es des Königs erklärter Wille, verlangt er vor Allem, die Synode müsse erstens jenen Visitator verwerfen und beseitigen, den Laien (Festus und Probinus) und ein Theil des Clerus verlangt hätten[2]) (und den der König bestellt hatte), und zweitens müsse Er zuvor in alle ihm in Rom von Petrus und den Laurentianern entrißne Kirchen wieder restituirt werden. Nur nach Erfüllung dieser Bedingungen werde er auf sein Privileg, nicht gerichtet werden zu können, verzichten und sich freiwillig dem Gericht der Synode unterstellen[3]).

Ein sehr großer Theil[4]) der Geistlichen billigte diese Forderungen des Pabstes: „aber die Synode nahm sich doch nicht heraus, etwas zu entscheiden, ohne des Königs Vorwissen" gesteht das Protokoll — höchst begreiflich: denn die Bischöfe wußten sehr gut, der König wolle etwas Andres. Man schickte nun Gesandte an den König, denselben von seinem Willen abzubringen und zur Genehmigung jener Bedingungen des Pabstes zu bewegen.

Hier kömmt die durch die hierarchische Färbung[5]) der Protokolle vielfach verdunkelte Abhängigkeit der Synode vom König deutlich zum Vorschein. — Sehr geschickt ist es nun aber, wie das Protokoll[6]) es der Nachläßigkeit der Gesandten Schuld gibt, daß

---

1) l. c. affectu bonae conversationis.

2) Schröckh XVII. S. 197 eifert gewaltig über diese Ansprüche des Pabstes.

3) Mansi l. c. p. 249.

4) l. c. maximus numerus, doch nicht major; irrig Gröne S. 175.

5) Die man auch bei Ennod. apol. trotz der Schmeicheleien für Theoderich nicht vergessen darf; das Richtige bei Gibbon c. 39: „he was the head of the church as well as of the state"; was Pavir. L S. 223 dagegen sagt, ist bodenlos; richtiger Sart. S. 142; falsch auch Thomassin p. 403; Gröne S. 175.

6) l. c.

jene „gerechte Forderung" nicht den erwünschten Bescheid vom König erlangte: „die Gesandten müssen sie eben nicht gehörig vorgebracht haben"; damit ist der König nicht der Ungerechtigkeit beschuldigt und doch die Gerechtigkeit der Forderung aufrecht erhalten.

Der König wies nämlich das Begehren des Pabstes einfach ab und befahl[1]), derselbe solle vor der Synode seinen Anklägern Rede stehn, ehe er die verlornen Kirchen wieder erlange[2]). Klar sieht man, der König steht über Pabst und Concil: er befiehlt, in welcher Weise das Concil den Pabst behandeln und den Streit beilegen soll. Und das Concil findet dabei nichts Rechtswidriges: es gehorcht.

Nicht aber der Pabst. Dieser setzt nun dem Befehl des Königs offnen Trotz entgegen: er wiederholt, nur unter jenen beiden Voraussetzungen habe er auf sein Recht, nicht gerichtet zu werden, verzichtet und sich zur Reinigung entschlossen. Jetzt, nach Verwerfung seiner Forderung[3]) sei er dazu nicht mehr gewillt[4]).

Bisher war nur ein Conflict des Pabstes mit seinen Anklägern vorhanden: von jetzt an besteht auch ein Conflict des Pabstes mit dem König. Diesen Sachverhalt und damit die Bedeutung der weitern Vorgänge hat man verkannt.

In dem Concil standen sich drei Parteien gegenüber: die Laurentianer, die entschiednen hierarchischen Anhänger des Pabstes und eine Mittelpartei voll Rücksicht auf den König.

Die Laurentianer[5]) forderten, was der König, seit der Flucht des Pabstes erzürnt, bereits gewährt: Rechtfertigung des Pabstes

---

1) l. c. jussus est regis praeceptionibus papa Symmachus, ante patrimonii vel ecclesiarum receptionem, cum impugnatoribus suis in disceptatione configere.

2) Vit. an. jubente rege de ejus excessibus judicatura; von dem Visitator schweigt er, vermuthlich weil jetzt, nach der Eröffnung der Synode, dessen Thätigkeit ihm nicht mehr wichtig genug scheint, deßwegen mit Pabst und Concil zu streiten; vielleicht auch, weil des Petrus Heftigkeit ihm zu weit gegangen war; er hatte sich abhalten lassen, den Pabst, wie der König befohlen, in Rom sofort zu begrüßen; überhaupt hatte der König, wie der libellus incongr. absol. zeigt, den Pabst nie ganz nach dem Wunsch des Festus behandelt, z. B. nicht alle Ankläger zugelassen.

3) In der zweiten, bezüglich Petrus, hatte der König, scheint es, nachgegeben; über Bestechung des Petrus (?) Filiasi p. 188.

4) Das Protokoll l. c. übergeht die ganze Zwischenzeit und springt sofort auf die Sessoriana. Das Motiv dieses Auftretens scheint mir viel eher Behauptung des hierarchischen Princips, als listige Vereitlung der Verhandlung aus Schuldbewußtsein, (wie Bower S. 271 sagt).

5) Sie waren meist jüngere Kleriker. Ennod. apol. p. 981.

in der Synode. Eventuell forderten sie seine Absetzung. Die Hierarchen theilten unbedingt den Standpunkt des Pabstes, sahen mit
der gerechtfertigten Weigerung desselben, vor der Synode sich zu
reinigen[1]), die Sache für erledigt, die (vom König berufne) Synode
(gegen den Willen des Königs, durch diesen Beschluß des Pabstes)
als aufgelöst an, und viele Bischöfe dieser Partei verließen deßhalb
ohne Weitres Rom. Bei dieser Auffassung begreifen wir es sehr
wohl, weßhalb der König diese Abreise so schwer tadelte.

Aber noch war es dem Pabst nicht gelungen, die Mehrzahl der
Versammlung auf seine Seite zu ziehn.

Vielmehr besteht um diese Zeit eine, durch Zahl und Ansehn
ihrer Glieder, zur Entscheidung befähigte Mittelpartei, welche zwar
nicht mit den Laurentianern gegen den Pabst auftritt[2]), aber doch
auch dessen strengen Standpunkt nicht theilt, sondern, in kluger
Rücksicht auf den König, die Sache nicht durch die Weigerung des
Pabstes erledigt und die Synode nicht für aufgelöst erachtet[3]).

An der Spitze dieser Partei stehen die Häupter der ganzen
Synode, die angesehensten Bischöfe des Reiches, nach dem römischen:
Laurentius von Mailand, Marcellin von Aquileja[4]) und Petrus
von Ravenna. Diese blieben in Rom und baten den König brieflich, den Sitz der Synode nach Ravenna zu verlegen: dort, unter
des Königs Augen, mochten sie hoffen, werde der Pabst seinen Widerstand nicht fortsetzen können.

Der König war über die Renitenz des Pabstes und die eigenmächtige Abreise seiner Anhänger erzürnt. Ihm lag aber vor Allem an der Herstellung der Ruhe in Rom und deßhalb an der Beilegung des Streites. Seine maßvolle Vorsicht — sein eigenster

---

1) Vit. an. atque id agitur a nonnullis episcopis et senatoribus, ne
(Süden) Symmachus audientiae subderetur. hoc palam pro ejus defensione
clamantibus quod a nullo possit romanus pontifex etiamsi talis sit, qualis
accusatur, audiri.

2) Hierüber vgl. Ennod. apol. p. 985 und Sirmonds Anmerk. b.

3) Vit. an. sed *electiores* antistites, tam pro religionis intuitu, quam
pro regis jussione, censebant tantae rei negotium paene ubique vulgatum
sine examine nullatenus deferendum.

4) Der Erstere schreibt einmal an den Zweiten im Interesse des Pabstes,
Ennod. ep. IV. 1, und wenn ich IV. 29 recht verstehe, so ist der „aquilijensis“
erst spät wieder dem Pabst günstiger gestimmt worden; aber auch Laurentius von
Mailand war, zu einer gewissen Zeit wenigstens, gespannt mit dem Pabst; Ennod.
ep. (oben), dessen spätere Stellung behandelt dictio I p. 1050.

Characterzug[1]) — verließ ihn auch in diesem Conflicte nicht: er wußte wohl, wie gefährlich für seinen Ketzerstaat ein schwerer Kampf mit der Orthodoxie werden müßte. Er wollte deßhalb entfernt nicht, wie die Laurentier, Absetzung des Pabstes, ja auch das war ihm nicht absolut wesentlich, den Pabst in der Synode verurtheilt oder auch nur gerichtet zu sehen. Aber absolut wesentlich war ihm, jene Herabwürdigung der königlichen Autorität zu verhindern, die in der Weigerung des Pabstes lag, sich vor der vom König berufnen Synode zu stellen, und besonders in der eigenmächtigen Auflösung dieser vom König beauftragten Autorität durch den bloßen Willen des Pabstes. Diese, vom König berufne, Autorität sollte jedenfalls die Sache erledigen und Rom die Ruhe wiedergeben; diesem Princip sollte nichts vergeben werden; — wie, daran lag ihm viel weniger: in dem Modus konnte er Concessionen machen. Und so legte denn seine Klugheit der Synode einen für den Pabst schonenden, die Synode ehrenden und das Recht des Königs wahrenden Ausweg nah. Er gestattete ihr, wenn sie dieß vorziehe, auch ohne Gerichtsverhandlung über den Pabst, die Sache beizulegen, wenn sie nur die Ruhe herstellte.

Er gab also in der Sache zum Theil nach, wahrte aber im Princip, in der Form sein Recht.

Er bestand nicht mehr absolut darauf, daß der Pabst sich in der Synode wider seine Ankläger verantworte; aber Er, der König, ist es, der der Synode jetzt gestattet, in anderer Weise Frieden zu schaffen. Es ist also doch nur der Wille des Königs, der sein Organ, die Synode, ihres früheren Auftrags entbindet, es ist nicht Recht oder Wille des Pabstes, nicht gerichtet zu werden, was entscheidet und von einer Sprengung der Synode durch den Pabst darf keine Rede sein.

Es kommen hier mehrere Briefe des Königs in Betracht.

Zuerst schreibt er am 8. August a. 501 an die drei genannten Häupter der Mittelpartei „und an alle Bischöfe, die in Rom geblieben sind" (residentibus). Er tadelt die Abgereisten sehr streng, lobt die Gebliebenen sehr warm, verweigert eine Verlegung der Synode nach Ravenna, „wegen der weiten Reise einiger, des hohen Alters andrer Bischöfe" — in Wahrheit wohl, weil er nicht auch noch die Ruhe Ravennas gestört sehen wollte und dann gewiß auch,

---

1) Vgl. A. II. S. 147 und seine eignen merkwürdigen Worte. Var. III. 4 an Chlodovech. Gröne S. 175 verschweigt des Königs Erlaubniß.

um den Schein zu vermeiden, als sei die jetzige (II., die julianische Synode) durch den Pabst und dessen Anhänger wirklich gesprengt und die Berufung einer Dritten nöthig geworden, was die Ortsveränderung zweifellos gemacht hätte[1]). Er fordert sie auf, zu einer zweiten Sitzung zusammenzutreten und verheißt nöthigen Falls selbst nach Rom zu kommen, auf daß in seiner Gegenwart die Sache von der Synode erledigt, jedenfalls aber die Ruhe in Rom hergestellt werde.

Anders gehalten ist der Brief, welchen der König am 28. August an die gesammte Synode, also auch an die, einstweilen zurückgerufnen, Anhänger des Pabstes richtet. Mit kräftigem Nachdruck und im Ton des Vorwurfs frägt er, wie er denn correcter und ehrerbietiger habe handeln können, als indem er die Entscheidung über den verklagten Pabst einer Synode übertrage? Er tadelt scharf die Uneinigkeit und das ergebnißlose Auseinandergehen der letzten Sitzung und trägt der Versammlung auf, nur jedenfalls der Kirche und der Stadt den Frieden wiederzugeben. Letzteres bezieht

---

1) Hier nämlich muß ich von Hefeles Zählungssystem der symmachischen Synoden völlig abweichen: er sieht S. 620 f. in der jetzt zu schildernden Versammlung in der basilica sessoriana eine neue Synode, die III. des Symmachus, und folglich in der sogenannten palmaris die IV.; aber die sessoriana ist offenbar nur eine zweite Sitzung der Juliana. Denn der König nennt sie einen „secundus conventus", d. h. ein zweites Zusammenkommen der von ihm berufnen Juliana: nach Hefeles Zählung müßte er nothwendig von einem tertius oder von einem primus conventus sprechen: ersteres, wenn er sie von a. 499 zählt (dann heißt conventus soviel als synodus), letzteres, wenn er jene nicht zählt und conventus sessio heißen soll: secundus conventus aber kann er nur sagen, wenn er eben die zweite Sitzung der zweiten Synode meint. Ganz damit übereinstimmend sagt er an andrem Ort, die Sessoriana solle es nicht durch abermalige Resultatlosigkeit zur Nothwendigkeit einer secunda congregatio bringen: d. h. zu einer zweiten, vom König zu berufenden Synode; hier müßte nach Hefele entweder tertia oder quarta stehn, je nachdem der König die I., die petrina von a. 499 zählt oder nicht. — Hefele beruft sich darauf, daß Ennodius in seinem apologeticus pro synodo (palmari) diese die vierte nenne und ebenso der Pabst in den Protokollen derselben. Allein dieß ist eben der Standpunkt jener hierarchischen Partei, welche die juliana durch die Weigerung des Pabstes und die Abreise seiner Anhänger für gesprengt ansahen und deßhalb die sessoriana als eine ganz neue Synode ansahen. Da aber die vom König berufne Synode nicht ohne Willen des Königs und nicht vor Erreichung des vom König ihr gesetzten Zieles gelöst werden konnte, und da die Mehrzahl und die Angesehensten ihrer Glieder, diese Ansicht theilend, in Rom blieben, haben wir keinen Grund, jenen Parteistandpunkt zu theilen.

ſich beſonders barauf, baß bie Laurentianer unb Symmachianer ſich um ben Beſitz mehrerer Kirchen in Rom mit ben Waffen bekämpf= ten; jene haben babei burch bie Senatoren[1]) bie Oberhanb: bieſe Hereinziehung von Laien in ben Kirchenſtreit wirb ben Laurentianern von ber hierarchiſchen Partei immer wieber vorgeworfen.

Von ber im Brief an bie bem König näher ſtehenbe Partei beſprochnen Reiſe bes König nach Rom ſagt bas Schreiben an bie Geſammtſynobe nichts. Statt beſſen enthält es bie erſte An= beutung jenes erörterten Auswegs auch für bie Hierarchen, von ber zwanzig Tage zuvor in bem Brief an bie Mittelpartei noch keine Spur begegnet: ber Synobe wirb jetzt zuerſt anheimgeſtellt, ben Streit auch ohne Unterſuchung ber Anklagen gegen ben Pabſt bei= zulegen[2]), wenn ſie bieß vor Gott unb Gewiſſen verantworten könnten. Zugleich ſenbet ber König brei vornehme Gothen, ben comes Arigern[3]) unb bie beiben Hausmeier Gubila unb Bebevulf nach Rom, um bie Ruhe baſelbſt aufrecht zu halten unb beſonbers, um bem Pabſt im Namen bes Königs freies Geleit aus ber Peters= kirche nach ber Seſſoriana ſchwören unb gewähren zu laſſen.

Dieß iſt bebeutſam. Der König ſagt: „ba ihr bie Anweſenheit bes Pabſtes in ber Sitzung für nöthig erklärt habt" — er ſcheint alſo eine Zeit lang baran gebacht zu haben, ber Pabſt könne von ber Synobe nach ſeiner Weigerung als contumax proceſſirt werben, worauf man aber nicht einging: jenes hatten wohl bie Laurentier, in Hoffnung auf ſeine Abſetzung, gewünſcht. Ferner läßt er bie Officiere bem Pabſt zwar zunächſt Schutz gegen bie Laurentier ver= ſprechen, aber boch auch zugleich Sicherheit vor Strafe burch ben König[4]), b. h. ber Pabſt ſolle nicht fürchten, aus ſeinem Aſyl burch bieſe Officiere, ſtatt in bie Sitzung, in einen Kerker bes Königs gebracht zu werben.

---

1) Ennod. apol. p. 994; nach Anaſt. ſteht nur Ein angeſehner Senator auf Seite bes Symmachus, ber Conſular Fauſtus, ber mit Ennobius eng befreunbet war (ſ. beſſen Briefe I. 3. f.), unb vit. an. nennt ben Anhang bes Laurentius senatus electior; bagegen von ber „plebs" ſtanb ber größere Theil bei bem Pabſt. **Mansi p. 251.**

2) **Mansi p. 250.**

3) Die falſche Lesart Consatriernus (z. B. noch bei Cart. S. 309) iſt aus Zuſammenziehung von comes Arigernus entſtanben. Wir kennen ihn aus Var IV. 16; Mansi p. 230 nennt ihn comes unb vir illuster; bie beiben Hausmeier viros sublimes; mit Unrecht wohl macht auch Arigern zum Hausmeier p. 256 er war ſpäter (?) comes urbis; ſ. Manſo S. 316.

4) „Ne quid dubitationis habeat jussio nostra".

So trat denn die zweite Sitzung der II. Synode zusammen[1]. Ihr Zustandekommen schon war ein Erfolg des Königs, eine Niederlage des Pabstes: er hatte es nicht vermocht, die starke Mittelpartei auf seinen Standpunkt herüberzuziehen und die Synode zu sprengen. Jenes entscheidende Centrum stand jetzt dem König näher als dem Pabst. Es ging jetzt gar nicht einmal auf den vom König gestatteten Ausweg ein[2]: die Majorität beschloß vielmehr, nach dem ursprünglichen Befehl des Königs, über den Pabst förmlich Gericht zu halten. Sie nahm die Anklageschrift der Laurentier an und nahm sie in ihre Acten auf[3], verwarf zwar deren Forderung, des Angeklagten eigne Sclaven als Belastungszeugen zu vernehmen als gegen weltliches und canonisches Proceßrecht[4], lud aber den Angeklagten vor. Und der Pabst — gab nach. Er verließ also seinen streng hierarchischen Standpunkt, er verzichtete auf seine frühere Forderung der Restitution vor aller Rechtfertigung: er willigte ein, sich vor der Synode gegen seine Ankläger zu rechtfertigen[5]. Den Grund dieser plötzlichen Nachgiebigkeit suchen wir wohl mit Recht in der Haltung der Mittelpartei: er mochte fürchten, nachdem er sie nicht für seinen Standpunkt gewonnen, sie durch fortgesetzten Widerstand vollends auf Seite der Laurentier zu drängen. Vielleicht war es auch schwer, den drei gothischen Officieren zu widerstreben[6].

---

1) II. Synode unter Symmachus, vom König berufen, 1. Sept. a. 501. „in basilica s. crucis hierosolym.", auch „basilica sessoriana" genannt.

2) Sie nannten des Königs letzten Brief „höchst maßvolle Befehle", moderatissima praecepta p. 257.

3) Mansi p. 249; vit. An. ut libellus inter gesta sollemniter panderetur; derselbe behauptete, der König habe sich bereits von der Schuld des Pabstes überzeugt, was der Pabst später bestritt; Mansi l. c. (oder bewies? declaravit oder perclaruit?); jedenfalls hatte der König die Untersuchung durchgeführt, denn er stellt in seinem Brief der Synode alles Beweismaterial zur Verfügung (Mansi); vgl. Ennod. apol. p. 987; zweifelhaft, ob das „post libellum Romae factum" des Anast. auf eine früher dem König eingereichte (Anast. scheint das sagen zu wollen) oder die hier gemeinte Anklage oder auf die spätere Streitschrift geht; danach bemißt sich die Zeit der Rückkehr des Laurentius nach Rom; der König scheint sich weder von der Schuld noch der Unschuld überzeugt zu haben; Mansi l. c. non enim etc.

4) Ennod. apol. p. 979.

5) Mansi p. 250. ut causam diceret; vgl. Le Beau p. 201.

6) Das Protokoll sagt, mit großen Uebergehungen, der Pabst habe seine Privilegien, auf die er einmal verzichtet, nicht wieder aufnehmen wollen, aber er hatte ja nur bedingt verzichtet und seine Bedingung war nicht erfüllt; vgl. auch Hefele l. c.

Als der Pabst die Peterskirche verließ, um sich nach der Sessoriana zu begeben, war er ein im Princip überwundner Mann. Da
trat eine jener Wendungen ein, welche der Geschichte der Hierarchie
in dem Kampf mit ihren Gegnern so oft zu statten gekommen ist:
rohe Vergewaltigung wandte dem Pabst rasch und mächtig die all=
gemeine Sympathie zu, diesen irdischen Segen des Martyriums[1]).

Symmachus wurde auf seinem weiten Wege von St. Peter
nach der Sessoriana — die beiden entlegensten Puncte Roms —
von den Laurentiern, Senatoren und Priestern, überfallen und
sammt seinem Gefolge so übel zugerichtet („crudeliter mactatus"),
daß mehrere seiner Begleiter schwere Wunden erhielten, und nur
der Energie der drei Officiere gelang es, die Angegriffnen vor
Schlimmerem zu retten und sie lebend in die Peterskirche zurückzuführen — in die Sessoriana gelangte der Pabst nicht[2]).

Ein seltsames Bild: das Haupt der römisch=katholischen Kirche
in den Straßen Roms gegen römische Senatoren und katholische
Priester von den Speeren ketzerischer Barbaren geschützt! —

Darauf erfolgte ein totaler Umschlag in der Stimmung der
Synode: die Mittelpartei näherte sich mit starken Schritten dem
Pabst[3]). Zwar lud sie denselben noch[4]) wiederholt vor, — wollte
also noch das Gericht beginnen. Da er aber, nun freilich in der
günstigsten Situation, erwiderte: „als er, unter Verzicht auf seine
Privilegien, sich habe nach dem Willen des Königs[5]) vor der Synode rechtfertigen wollen, habe die Synode (also nicht nur der König)
das erstemal seine Forderungen verworfen, das zweitemal sei er fast
erschlagen worden, jetzt unterwerfe er sich dem Gericht der Synode
nicht mehr: Gott und der König hätten Gewalt, mit ihm nach
Gutdünken zu verfahren[6]): — so ergriff die Synode jetzt den vom
König gewährten Ausweg. Sie berichtete an diesen, sie könne

---

1) Deßhalb übergeht die vit. an. dieß ganz (wie Mur. ad a. 503 mit Recht
hervorhebt) und springt gleich auf Späteres über.

2) Mansi p. 249.

3) Erst jetzt; anders Bower S. 245.

4) Jussionis vestrae obsequio Mansi p. 238.

5) l. c.

6) l. c. p. 250. Juristisch ist diese Wendung wohl fast bedeutungslos; aber
höchst characteristisch ist, daß der Pabst nur sagt: in *potestate* dei est et domni
regis quid de me delegerit ordinare, während die Synode an den König
schreibt: dominum regem habere quod vellet *jus* faciendi, p. 256; p. 250.

weder den Pabst als contumax behandeln, da er sich ja (einmal) gestellt habe[1]), noch auch könne sie ihn, gegen seinen Willen, zur Stelle schaffen[2]), „zumal da es etwas ganz neues sei, daß ein Pabst von Bischöfen gerichtet werde"[3]). Das ist das wahre Motiv, es zeigt aber deutlich den Umschlag der Stimmung und Gesinnung: vor wenigen Tagen noch hatte man sich über dieß „Neue" ruhig hinweg gesetzt. — Sie hätten daher (die vom König gewährte zweite Alternative ergriffen und ohne den Pabst zu richten) alles mögliche gethan, den Kirchenfrieden herzustellen und Senat und Klerus zur Unterwerfung unter Symmachus ermahnt[4]). Diese aber hätten nicht Folge geleistet, so sei es nun des Königs Sache, als ein frommer Herr, ihrer Uneinigkeit und Schwäche zu Hülfe zu kommen und das Uebrige zu thun: denn der Schlauheit der Weltleute (Festus) sei priesterliche Einfalt nicht gewachsen (!): sie bäten daher um Erlaubniß nach Hause zurückkehren zu dürfen; „denn sie könnten nichts andres mehr beschließen". Sie halten also jetzt Alle die Synode für geschlossen.

Was ist nun der Grund, weßhalb der König in seinem Antwortschreiben vom 1. Oct. a. 501 ziemlich ungehalten erwidert, sie dürften nicht abreisen, sondern müßten die Sache in einer neuen Synode erst „erledigen". Worin soll diese weitere Erledigung bestehen? Offenbar weder in wirklichem Richten über den Pabst — denn der König wiederholt, davon dürften sie absehn — noch in einer Erklärung, wer der rechte Pabst sei[5]). Denn das war für den König gar nicht zweifelhaft und konnte es jetzt überhaupt für

---

1) Aber jetzt war er, auf viermalige Ladung (Mansi l. c. und 256; Ennod. apol. p. 983; diese Renitenz malt die vit. an. gehäßig aus) ausgeblieben: die Synode wollte ihn nicht contumaciren.

2) l. c. p. 256. Wegen des Asyls?

3) Mansi l. c.; vgl. Ennod. apol. p. 982 und bes. 988; in dieser principiellen Frage liegt die zweite Hauptbedeutung dieser Händel; vgl. die Controverse über die Unrichtbarkeit des Pabstes an diese Vorgänge geknüpft und einst eifrig erörtert, abgesehn von Baronius und Pagi, von Ludwig Thomassin dissert. in conc. gener. et partic. Lucae 1728 fol. (diss. XV. in conc. nom. sub Symm. l.); dagegen Schröckh XVII. S. 112; Bower S. 250; beide Extreme sind historisch irrig; vgl. Haße I. S. 126. 147.

4) f. die Ermahnung bei Mansi p. 251; nach der vit. an. nöthigt der Trotz des Pabstes hiezu, worauf die Laurentier erwidern: ihr Gewissen gestatte ihnen dieß mit nichten.

5) Hefele l. c.

15*

Niemand mehr sein, nachdem ja die Synode bereits die Laurentier, Senat und Klerus, zur Unterwerfung unter Symmachus ermahnt.

Das Richtige liegt vielmehr, wie der immer wiederholte Auftrag, Rom zu beruhigen und der Schluß des Briefes zeigen, darin, daß der König verlangt, die Synode solle ihren Beschluß nicht nur aussprechen, sondern auch wirklich durchführen, d. h. die einzelnen Kirchen und Gebäude in Rom, um deren Besitz die Parteien heftig[1]) stritten, nach gehöriger canonischer Untersuchung, den Unberechtigten im Einzelnen absprechen und abnehmen und den Berechtigten restituiren. Sie sollten diese Arbeit nicht ihm zuschieben, denn er habe deutlich gezeigt, daß er sich in diese Dinge nicht mischen wolle: hätte er es gewollt, setzt er, nicht ohne Tadel der bisherigen Resultatlosigkeit der geistlichen Behörde vornehm hinzu, so würde er es mit seinen proceres[2]) unter Gottes Hülfe wohl fertig gebracht haben.

Sie brauchten den Pabst nicht zu richten: wolle dieser aber in der Synode erscheinen, so biete er ihm nochmal das Geleit der drei Officiere an: jedenfalls aber sollten diese, wenn der Ausspruch der Synode über den Besitz der einzelnen Kirchen erfolgt sei, dieselben, namentlich den Lateran, den Berechtigten thatsächlich übergeben und den Widerstand gegen Beschlüsse der Synode brechen (damit war der Behauptung der Synode begegnet, sie sei zu schwach, weiteres zu erzwingen), auf jeden Fall aber sollten sie keine Unordnung in Rom zurücklassen.

Die Bischöfe gehorchen. Sie treten zu einer neuen Synode zusammen[3]). Diese erklärt, nach einer geschichtlichen Darstellung der bisherigen Vorgänge, sie wolle auf die Anklagen gegen Symmachus nicht eingehen, sondern dieselben dem Gerichte Gottes über-

---

1) Das ist (vit. an.), die summa confusio, in welcher die Synode Rom belassen.

2) Ueber die Bedeutung dieses Ausdrucks s. Bethm. H. S. 112; es sind die primores palatii, welche dem kaiserlichen consistorium entsprechen.

3) III. Synode unter Symmachus, vom König berufen, vom 23. Oct. a. 501. „in porticu b. Petri Apostoli quae appellatur ad Palmaria". Anast. „Symmachus congregavit etc." Mansi l. c.; ich folge Hefele II. S. 623 in der Annahme des Jahres und auch in der Ortsbezeichnung (obwohl mehrere Handschriften bei Mansi statt palmari, oder ad palmam lesen: „palam"); deßhalb, weil die gewöhnlich von Baronius, Pagi, dem Bollandisten und Mansi palmaris genannte nächste (IV.) Synode offenbar, wie aus dem Protokolltext erhellt, in basilica Petri gehalten wurde.

laffen[1]), vor ben Menſchen ſollen bieſe Anklagen fortan abgethan
ſein. Zweitens ermahnen ſie ben Senat, ber bie Anklagen beſon=
bers betrieb, ſich bieſem Beſchluß zu fügen. Drittens geben ſie,
„nach ben Befehlen[2]) bes Fürſten, welche uns bieſe Ge=
walt übertragen, bem Pabſt alle geiſtliche Gewalt in Rom zu=
rück, er ſoll in allen Kirchen zu Rom ber Sacramente walten
bürfen, bie von ihm abgefallnen Geiſtlichen ſollen ihm Genugthuung
leiſten unb ſich unterwerfen, bafür aber Verzeihung erhalten unb
in ihre Aemter wieder eingeſetzt werben: jeber Geiſtliche aber, ber
in irgenb einer römiſchen Kirche fortan, gegen bes Symmachus
Willen, Meſſe hält, ſoll als Schismatiker geſtraft werben".

Hiemit ſah ber König bie Sache für erlebigt unb namentlich
ſeinen Conflict mit bem Pabſt als beenbet an. Er überläßt es
jetzt bem Pabſt, mit bem er fortan in Eintracht ſteht, ben aller=
bings noch lange unb lebhaft fortbauernben Wiberſtanb ber Lauren=
tier mit geiſtlichen Mitteln ſelbſt zu überwinben; er miſcht ſich,
trotz wieberholten Berufens[3]) beiber Parteien, nicht mehr ein, ſteht
aber entſchieben auf bes Symmachus Seite, b. h. auf bem Stanb=
punkt unb Reſultat ber Palmaris, unb läßt ſich bavon burch alle
Anſtrengungen ber Laurentier nicht abbringen. Unb er hatte allen
Grunb, mit jenem Stanbpunkt unb Reſultat zufrieben zu ſein.
Denn ehe wir auf bie weitern, für uns minber wichtigen Dinge
eingehn, müſſen wir bas ſtaatsrechtliche Ergebniß bes bebeutſamen
Conflicts[4]) zwiſchen König unb Pabſt ſcharf firiren. Es war ein
Sieg bes Königs über bie extreme hierarchiſche Partei, erfochten,
nicht burch Gewalt, ſonbern burch weiſe Mäßigung unb burch kluge
Gewinnung einer Mittelpartei. Die extremſten Forberungen gab
ſowohl König als Pabſt auf. Der König verzichtet barauf, ben
Pabſt von ber Synobe gerichtet zu ſehen, ber Pabſt aber verzichtet
auf bie Anerkennung, baß ihn ber König burch bie Synobe gar

---

1) Die Autorität Petri iſt zwar babei erwähnt, aber bas Entſcheibenbſte iſt bie
Geſtattung bes Königs, anbers Heſele l. c.

2) Mansi p. 251; secundum principalia praecepta, quae nostrae hoc
tribunat potestati, ei quidquid ecclesiastici juris . . est . . reformamus.

3) Vit. an. p. 47.

4) Pfahler Geſch. ignorirt in ſeiner Darſtellung bes Oſtgothenreichs bieſe
Dinge gänzlich; bie präciſe juriſtiſche Beurtheilung fehlt in ben bisherigen Dar=
ſtellungen, z. B. bei Schröckh XVII. S. 199; aber auch noch bei Heſele: jener
ſchlägt Rechtsſtellung unb Erfolge bes Königs ſtaatsrechtlich zu hoch, bieſer zu
niebrig an; ebenſo Goſſelin S. 196.

nicht richten laſſen könne: der König iſt es, der die Synode dieſes Geſchäfts entbindet; und ausdrücklich erkennt der Pabſt die höhere Richtergewalt des Königs an, nicht bloß durch einmaligen Aus- ſpruch, auf den wir kein großes Gewicht legen wollen, mehr noch dadurch, daß er den Standpunkt der Palmaris theilt und ſich bei ihrer Entſcheidung beruhigt. Denn dieſer anerkennt vollſtändig alle vom König geforderten Rechte[1]).

Das Verfahren der Synode wird daher von der ſtreng hierarchi- ſchen Partei außerhalb Italiens nicht gebilligt: in einem Schreiben[2]) an zwei römiſche Senatoren tadelt Biſchof Avitus von Vienne, im Namen aller Biſchöfe Galliens, die Synode, „daß ſie vom König den Befehl angenommen, den Pabſt zu richten", und beruhigt ſich nur damit, daß ſie dieß ſelbſt ſpäter als ungehörig bezeichnet hät- ten. Er übergeht aber dabei das Entſcheidende, daß nämlich die Synode, von früheren ſchüchternen Verſuchen abgeſehn, erſt dann mit dieſem Ausſpruch Ernſt zu machen wagt, nachdem ihnen der König geſtattet, vom Gericht Umgang zu nehmen[3]). — Seit der Palmaris ändert ſich die Stellung aller Parteien: König, Pabſt und Biſchöfe ſtehen auf der einen, die Laurentier allein auf der an- dern Seite: dieſe greifen daher jetzt conſequent nicht nur den Pabſt, auch den König an.

Die Ruhe in Rom war nach der Palmaris vorübergehend hergeſtellt: damals vielleicht floh Laurentius[4]) vor der jetzt Rom

---

1) Verwirft aber auch auf's Entſchiedenſte die Partei des Laurentius, welche die Reinheit und Freiheit der Kirche vielfach den Intereſſen der Laien geopfert hatte. Deßhalb feiert Anaſt. mit Grund den Sieg des Symmachus als einen Sieg der wahren Kirche.

2) Mansi, Schröckh S. 294. Der Brief hat ſehr energiſche Stellen. „Sym- machus, wenn weltlich angeklagt, hätte, ſtatt des Gerichts, die Unterſtützung ſeiner Mitprieſter finden ſollen: quia sicut subditos nos esse terrenis potestatibus jubet arbiter coeli, *staturos nos ante reges et principes in quacumque accusatione praedicens*, ita non facile datur intelligi, qua vel ratione vel lege ab infe- rioribus eminentior judicetur. Die Synode habe „salva ejus reverentia dic- tum sit" dieſe Sache faſt leichtſinnig (pene temere) übernommen, und nur ſpäter wenigſtens, „ut breviter potuit" erklärt, daß weder ihr noch dem König die Beſchuldigungen des Pabſtes bewieſen ſeien". Dieß iſt übrigens nicht genau.

3) Man ſehe wie bei Mansi p. 250 der Senat aufgefordert wird, von der Proceſſirung des Pabſtes abzuſtehen; juxta mandatum principis. Hurter, der II. S. 59 f. zu einem ſehr verſchiednen ſtaatsrechtlichen Ergebniß kommt, übergeht ſolche Stellen ganz; aber auch Gregorov. überſchätzt I. S. 321 die Fortſchritte der päbſtlichen Macht unter den Gothen.

4) Vit. an. violentiam Symmachi persecutionemque declinans.

beherrschenden Uebermacht des Pabstes nach Ravenna und versuchte, den König mit dem Resultat der Palmaris, der Richt-Processirung, unzufrieden zu machen[1]). Dem König ward eine Schrift überreicht, in welcher die Laurentier Processirung oder Absetzung des Pabstes forderten und Restituirung jener Kirchen an Laurentius, für welche er a. 496 als römischer Bischof ordinirt sei, und bei welchen er nach den Canones bleiben müsse[2]). Da der König darauf nicht einging[3]), kehrte Laurentius, auf den Ruf der Seinen, wieder nach Rom zurück und setzte daselbst den Streit noch vier Jahre fort[4]), wobei Symmachus besonders der Verschleuderung des Kirchenguts beschuldigt wurde. Diese Anklage zu widerlegen, berief nun Symmachus selbst eine Synode[5]).

Auf dieser Versammlung belobte zuerst der Pabst die Bischöfe wegen der auf der Palmaris gefaßten Beschlüsse[6]), und erklärte dann, seine Gegner hätten sich bei ihren Anklagen bezüglich Verschleuderung des Kirchenguts auf einen Erlaß Odovakars berufen, der angeblich („quasi") im Interesse der Erhaltung des Kirchenguts ergangen sei. Er, der Pabst, wolle über die Gültigkeit dieser Verfügung, welcher übrigens kein römischer Bischof beigewohnt oder seine Unterschrift gegeben habe, sich weiter nicht äußern, sondern sie verlesen und die Synode darüber urtheilen lassen. —

In diesem Zusammenhang nun, aus diesen Gründen und nicht aus andern, wie bisher angenommen worden, erfolgte die Verwerfung jener Verordnungen Odovakars und zwar handelte es sich dabei wesentlich nur um Verwerfung der zweiten Verordnung, der bezüglich des Kirchenguts: die erste, bezüglich der Pabstwahl, wird offenbar nur deßhalb verlesen, weil sie — das zeigt das Protokoll — mit der zweiten in Einer Urkunde („scriptura" p. 266) als Anfang derselben, enthalten war. Jene zweite Verordnung allein

---

1) Vielleicht versuchte man auch schon damals, wie später, ihn aufzubringen gegen die Kühnheit der Bischöfe in jenem Gespräch zu Ravenna. Ennod. apol. p. 976, die Verwerfung des Petrus p. 985 u. s. w.

2) Vit. an. p. 47.

3) Vgl. das hohe Lob, das ihm Ennod. p. 985 ertheilt, daß er den immer wiederholten Versuchen der Laurentier widerstanden; irrig Mur. ad a. 503.

4) Vit. an. l. c. a. 502—506.

5) IV. Synode unter Symmachus, vom Pabst berufen, 6. Nov. a. 502, in der Peterskirche, (nicht ad palmam, wonach sie gewöhnlich irrig als palmaris bezeichnet wird; s. Hefele II. S. 625; Mansi p. 265 seq.).

6) Theilt also deren Auffassung von den Rechten des Königs.

hatte bei dem Zweck der Synode Interesse: sie mußte beseitigt werden, denn sonst konnten die Laurentier allerdings in jeder Veräußerung von Kirchengut eine Rechtsverletzung erblicken.

Von der Pabstwahl aber und dem Recht des Königs dabei ist
jetzt gar kein Grund zu reden: Theoderich hatte jenes Recht bisher nie ausgeübt.

Diesen Zusammenhang bestätigen auch die Vorgänge bei der
Vorlesung. Als der Diakon Hormisdas zu lesen angefangen und die
erste Verordnung vorgelesen hat, erhebt sich nur Einer der Anwesenden, Bischof Crescanius von Tubertum, und spricht[1]): „hier
erwäge die heilige Synode, wie, mit Umgehung von Geistlichen,
denen am Meisten an einem so hohen Bischof liegt, Laien die Wahl
in ihre Gewalt gebracht haben, was offenbar gegen die Canones ist".

Darauf wird, ohne daß die Versammlung oder auch nur noch
ein Einzelner sich darüber aussprächt, sofort mit der Verlesung der
zweiten Verordnung begonnen und fortan wird, in der ganzen Verhandlung, der ersten Verordnung gar nicht mehr erwähnt, während
gegen die zweite fünf Bischöfe sich erheben und ausdrücklich ausgesprochen wird, „jene Scriptur sei ungültig und zu verwerfen sei
die Anmaßung eines Laien, etwas über Kirchengut zu beschließen,
über welches zu verfügen Gott nur den Priestern gestattet hat".
Nach dieser Verwerfung der zweiten Verordnung fährt Symmachus
fort: „jetzt wolle er übrigens, zur Beschämung seiner Ankläger,
selbst mit der Synode eine Beschränkung der Veräußerung römischer Kirchengüter durch den Pabst festsetzen". Und nachdem dieß geschieht[2]), schließt die Synode.

Damit glauben wir bewiesen zu haben, daß diese Synode nur
den Zweck hatte, den Anklagen der Laurentier bezüglich der Veräußerung des Kirchenguts jenen Boden zu entziehn, den dieß obo-
vakrische Verbot gewährte und an dessen Stelle eine andre, canonische Ordnung zu setzen, daß die Wahlverordnung nur gelegentlich,
im Vorbeigehen, verlesen und, auf gelegentliche Rüge Eines Glie-
des, in Pausch und Bogen mit der „ganzen Scriptur" verworfen
ward. Die einzige weitere Erwähnung des die Wahlverordnung betreffenden Vorgangs liegt darin, daß in der Aufzählung der Bischöfe, auf deren Votum hin die „Scriptur" verworfen wird, neben
den fünf, welche gegen die zweite Verordnung gesprochen, auch der

---

1) l. c. p. 267.
2) Vgl. auch Roth Feud. S. 264.

Rame des Crescanius erwähnt wird, der nur gegen die erste ge=
sprochen[1]). Damit glauben wir aber auch vollends dargethan zu
haben, daß jene erste Verordnung sich nur auf den Fall des Basi=
lius bezog, nicht principiell auf alle Pabstwahlen. Sonst wäre die
eifrig hierarchische Synode, welche bezüglich der zweiten Verord=
nung so energisch protestirt, nicht über die Rügen des Crescanius
sogar ohne das übliche „non licuit" hinweggegangen: aber Verbot
und Rüge betrafen nur einen einmaligen historischen Fall[2]). Und
deßhalb nimmt auch der König von der Verwerfung der Scriptur
weder jetzt[3]) Notiz, noch läßt er sich durch diese Verwerfung später
abhalten, selbst einen Pabst zu ernennen.

Jetzt griffen die Laurentier, nachdem die Bischöfe mit dem
Pabst gingen, neben dem Pabst auch die Bischöfe und den König
selbst an[4]). Sie verbreiteten einen Protest gegen die Palmaris, in
welchem[5]) sie erklärten, der König habe nicht alle Bischöfe geladen
und er und die Synode hätten nicht alle Ankläger[6]) des Pabstes
zugelassen: auch jenes Gespräch in Ravenna wird getadelt[7]) und,
wie wir sahen, nicht ganz ohne Grund, der Widerspruch in dem
Benehmen der Bischöfe hervorgehoben, welche bald erklärt hätten,
sie dürften den Pabst nicht richten und dann doch wieder die Klage=
schrift angenommen und ihn geladen hätten[8]). Auf diesen Protest
(betitelt „adversus synodum incongruae absolutionis") antwor=
tete Ennodius mit seinem apologeticus pro synodo[9]), und Sym=

1) l. c. p. 268.

2) **Baron.** meint, die ganze **scriptura** sei eine Erfindung der Laurentier ge=
wesen; aber damals wurde die Echtheit nicht bezweifelt; vgl. **Muratori annal.**
III. p. 242; **Le Beau** p. 201. 202.

3) Obwohl er in einem Schreiben von a. 507 an den Senat die Anordnung
bezüglich der Veräußerung des Kirchenguts erwähnt und bestätigt. **Mansi** l. c.
p. 345; wie rückfichtslos die Kaiser Gesetze über Kirchengut erließen, davon f. Bei=
spiele bei **Bower** S. 255; über die Verwaltung desselben **Planck** I. S. 350.

4) **Ennod. apol.** p. 987. Christum et regem parili temeritate despicitis.

5) Neben andern ganz gleichgültigen Behauptungen f. **Ennod. apol.**; **Bower**
S. 247; **Hurter** II. S. 62.

6) **Ennod. apol.** p. 979.

7) f. oben S. 217.

8) **Ennod. apol.** p. 978.

9) Ed. **Sirmond.** p. 974—995; **Ennod.** stand dem Pabst auch schon a. 500
sehr nahe, näher als der Bischof von Mailand; vgl. ep. und IV. 1. 31; V. 10.
13; der Laurentius, für den er sich IV. 11 verwendet, ist ein vir sublimis und
sicher nicht der Gegenpabst; man hat z. B. **Planck** I. S. 610. 661, **Schröckh** XVII.

machus berief eine neue Synode[1]). Diese Synode war selbstver=
ständlich mit dem Pabst in größter Harmonie: waren sie doch
beide zugleich angegriffen. Mit Begeisterung wird der Pabst be=
grüßt, die Apologie des Ennobius verlesen, völlig gebilligt und den
Acten einverleibt, ja zum erstenmal, was sehr bezeichnend ist, Be=
strafung der Gegner des Symmachus verlangt. Der Pabst bittet,
sie zu begnadigen und läßt nur die alten Beschlüsse gegen solche
Angriffe auf den Pabst verlesen[2]) und Strafen für deren Verletzung
aussprechen. — Wahrscheinlich waren es Mißhandlungen von sym=
machischen Priestern durch Senatoren und Streitigkeiten über den
Besitz von Kirchengütern, welche die Berufung einer weitern Synode
im Jahre 504 veranlaßten[3]).

Hier wurden die ältern Gesetze gegen jene Gewaltthätigkeiten
erneut, und in sehr auffallender Weise ward bezüglich des Streites
über den Besitz von Kirchengütern erklärt, die Berufung auf
Schenkung des Königs[4]) oder sonst der weltlichen Macht solle den
widerrechtlichen Besitzer nicht von der Excommunication befreien;
ferner sei[5]) es als schweres Sacrileg zu erachten, wenn christliche
Obrigkeiten und Könige solche Güter, welche Jemand um seines
Seelenheils willen einer Kirche geschenkt habe, Andren zutheile;
und schließlich wird das ewige anathema ausgesprochen über Alle,
welche widerrechtlicher Weise Kirchengüter confisciren, besitzen, an=
nehmen, geben und vererben[6]).

S. 206 den „kleinen Diakonus" Ennobius zu hart beurtheilt; wir haben gar
keinen Grund sein Auftreten auf bloße Schmeichelei statt auf Ueberzeugung zurück=
zuführen; vgl. Haße I. S. 147.

1) V. Synode unter Symmachus, vom Pabst berufen, a. 503 „ante con=
fessionem b. Petri"; Mansi p. 295 seq.

2) Dabei läuft das Postulat mit unter, jeder Bischof müsse vor allem Ent=
zogenes restituirt erhalten, ehe er sich vor einer Synode verantworte, „wie auch
ihr von uns geurtheilt" p. 297, was nur von der Minorität wahr ist; man sieht
aber die veränderte Stimmung und Situation.

3) VI. Synode unter Symmachus vom 1. Oct. 504; apud b. Petrum apo=
stolum. Mansi p. 310 seq.

4) p. 312. qui largitatis regiae (der von Theoderich regelmäßig gebrauchte
Ausdruck) specie vel cujuscumque potestatis improba subreptione pervaserint.

5) l. c. ingens sacrilegium, ut quaecumque (quis) . . . ecclesiae, pro
salute animarum . . . reliquerit ab his, quibus haec maximi servari con=
venit . . id est . . super omnibus a principibus et primis regionum in
alium transferri vel converti.

6) l. c. confiscare . . qui res ecclesiae jussu vel largitione principum

Geht auch das letzte vornehmlich gegen die Laurentier, welche immer noch nicht Alles restituirt haben mochten, so sind doch die beiden Beziehungen auf Geschenke des Königs und christliche Fürsten, die Kirchengüter confisciren und Laien zuwenden, gewiß gegen den Gothenkönig[1]) gerichtet und zwar ziemlich scharf. Vielleicht beriefen sich diejenigen, welche von Petrus, dem königlichen Visitator, Kirchengüter empfangen hatten, auf königliche Schenkung, vielleicht aber war der Beschluß sogar gegen eine der Grundmaßregeln Theoderichs gezielt, nämlich gegen die Dritteltheilung bei der Niederlassung, wobei Kirchengüter schwerlich geschont worden. Indessen ist letzteres, als ein principieller Protest, nach 11 Jahren doch etwas unwahrscheinlich[2]) und vielleicht nur gegen einzelne Fälle gerichtet. Unrichtig aber ist, daß, diesem Beschluß nachgebend, Theoderich in Var. II. 29 Restitution der der Kirche von Mailand entrißnen Güter befohlen[3]): in diesem Erlaß ist von einer Restitution gar keine Rede, sondern nur von Verleihung der tuitio[4]).

Bald darauf gab Laurentius den nutzlosen Widerstand auf, denn der König erließ zuletzt auf Bitten des Pabstes, obwohl er sich gar nie mehr um diese Sache kümmern und besonders nach der palmaris sie als erledigt betrachten wollte, doch auch einen directen Befehl an Festus, dessen Schützer, zur Restituirung aller Kirchen,

---

vel quorumdam potentum aut quadam invasione aut tyrannica potestate retinuere.

1) Daher auch die besonders ängstliche Rechtfertigung in der Eröffnungsrede des Pabstes p. 310; daher die Umständlichkeit, die Hefele l. c. rügt; daher auch der abschließende Satz gegen alle kaiserliche, königliche, richterliche, staatliche Zwangsgewalt; non licet imperatori vel *cuiquam pietatem custodienti* etc. definitio injusta regio nutu vel jussa a judicibus ordinata non valet; s. übrigens ähnliche Concilienschlüsse bei Roth Feud. S. 76. 78.

2) Obwohl merkwürdiger Weise dieser Protest sich selbst als ein allzu verspäteter bezeichnet, viel früher hätte man sich rühren sollen; l. c. *sera* de his rebus poenitudine commovemur, cum jam transactis temporibus contra hujusmodi personas canonum suffulti praesidio se sacerdotes domini erigere debuissent, ut non mansuetudo .. ad similia perpetranda improborum audaciam adhuc quotidie provocetur. Doch ist die Sprache fast allzu stark, um gegen den König zu gehn.

3) Wie Baronius a. 504; Binius bei Mansi l. c. p. 316 und Hefele II. S. 629 behaupten.

4) S. oben S. 131; die Annahme Remi Ceilliers S. 649 einer VII. Synode des Symmachus ist irrig: die angeführten Worte des Anast. meinen die palmaris; so auch Hefele l. c.

auch der bis jetzt noch behaupteten [1]), an Symmachus. Festus wagte nicht dem König zu trotzen, er gehorchte, gewährte aber dem Laurentius auf seinen Landgütern bis zu dessen Tod ein Asyl.

Dieser Befehl des Königs erging Ende a. 504 oder Anfang a. 505; wie die vit. an. berichtet, setzte der alexandrinische Diakon Pelagius denselben als Gesandter des Pabstes beim König durch [2]). Dieser Zeitpunkt macht wahrscheinlich, daß die Beschlüsse der Synode vom 1. Oct. a. 504 gegen Verleihungen von Petrus in des Königs Namen an Laien und Priester des Laurentius gerichtet waren und der König eben jetzt bewogen wurde, diese Beschlüsse dadurch anzuerkennen, daß er dem Haupt der Laurentier befahl, jene Verleihungen als ungültige herauszugeben. Denn seines Visitators Handlungen hat der König schon vor der Sessoriana besavouirt, indem er sich des Pabstes Forderung, diesen zu beseitigen, nicht widersetzte [3]).

Unter Symmachus kam es zu keinem Conflict mit dem König mehr. Ebensowenig unter dessen Nachfolger Hormisdas [4]), der, obwohl ohne sichtbaren Einfluß Theoderichs gewählt, mit diesem in bestem Vernehmen stand [5]). Der König mischte sich nicht in die zahlreichen Synoden und Gesandtschaften, durch welche der Pabst das Schisma mit der griechischen Kirche und den Streit mit dem Kaiser Anastas [6]) beizulegen suchte; Hormisdas war aber auch so

---

1) Uebertreibend behauptet vit. an. Laurentius tenebat romanam ecclesiam; aber die bella civilia und homicidia dauerten fort, und Laurentius habe endlich durch „freiwilligen Rücktritt" die Ruhe herstellen wollen; das Wahre hieran mag sein, daß Festus, und nicht er, die Seele des Widerstandes gewesen war; irrig sagt hist. misc. und Theod. Lector. l. c., Laurentius sei von Symmachus „verbannt" worden; so Hurter II. S. 66; Gosselin l. c.; Sart. S. 137 macht daraus „gebannt".

2) Dieses Schreiben des Königs meint Ennod. ep. IX. 30 in dem merkwürdigen Brief an den Pabst, in welchem er des Königs Benehmen verherrlicht: quod vix veteres principes praesentiae suae sudore potiti sunt, hoc semper regis nostri brevis procuravit epistola.

3) Ennod. apol. p. 987 zeigt die Nachgiebigkeit des Königs in diesem Punct. Hefele's Auffassung, daß erst jetzt der König auf Seite des Symmachus getreten sei, l. c. S. 630 ist irrig; aber erst später unterwarfen sich die letzten Anhänger des Laurentius, z. B. Mansi VIII. p. 345.

4) a. 514 bis a. 523; Theophan. p. 248.

5) Unter seinem Pontificat machte der König reiche Schenkungen an die Vatican= und die Peterskirche. Anast. vita Hormisdae p. 125; Mur. ad a. 523; über die Schenkungen an St. Hilarius (u. Cäsarius, Derichsw. S. 75); s. dessen vita p. 474 seq.

6) Der eine ganz andere Sprache als Theoderich gegen den Pabst führt: non jubere volumus, non nobis juberi! ruft er ihm zu. Anast. l. c.

vorsichtig, ehe er italienische Bischöfe nach Byzanz absendete, den „Rath" des Königs einzuholen, d. h. durch Befragung und Mittheilung des Zweckes der Gesandtschaft dem Argwohn des Königs zuvorzukommen[1]).

Als aber seit a. 523 die Verfolgungen im byzantinischen Reich nicht mehr bloß Nestorianer und Eutychianer, sondern auch die Glaubensgenossen Theoderichs, die Arianer, trafen[2]), mit großer Strenge — sie wurden zum Katholicismus herübergezwungen und ihre Kirchen ihnen genommen und dem orthodoxen Cult geweiht, — berief der König den neuen Pabst Johannes I.[3]), den Patricier Agapet und noch drei Senatoren[4]) zu sich nach Ravenna und schickte sie als besondere Gesandte nach Byzanz, um den Kaiser von seiner Verfolgung der Arianer abzubringen. Er zwang den Pabst wider dessen Willen[5]) zu dieser kirchlich=politischen Mission und beugte dessen Widerstreben unter das absolute Befehlsrecht seines Königthums[6]). Inzwischen war aber jene Verschlimmerung in dem Verhältniß des Königs zu den Römern eingetreten, welche in der Katastrophe von Boëthius und Symmachus ihren schärfsten Ausdruck fand: Theoderich[7]), schwer gereizt, zürnte schwer: sein Argwohn folgte jedem Schein von Schuld, und der Pabst wurde bei seiner Rückkehr, die in die schlimmste Zeit fiel, in's Gefängniß geworfen, wo er am 11. Mai a. 526 starb[8]).

Der König übt also das Recht, hier über den römischen Bischof wegen Hochverrath Untersuchungshaft zu verhängen; denn Gefäng-

---

1) Z. B. a. 515. Mur. ad. h. a. Anast. p. 124 seq.: zweimal heißt es: cum consilio regis Theoderici und einmal sogar perrexit ad regem Th. Ravennam et cum ejus consilio misit; über die westgothischen Synoden unter Theoderich (d. h. Amalarich und Theudis) s. Gams II. S. 452; unter Theoderich ruhen ausnahmsweise auch in diesem Reich die Religionsverfolgungen.

2) s. A. II. S. 168. Mur. ad. h. a.; Gregorov. I. S. 308; s. den Fanatismus Justinians Proc. b. G. I. 5.

3) a. 523—526; ebenfalls ohne sichtbaren Einfluß Theoderichs gewählt; s. Sart. S. 138.

4) Vielleicht auch noch fünf Bischöfe; anon. Vales. p. l. c.

5) Anast. vita Joh. cum fletu . . cum grandi fletu.

6) s. „Absolutismus".

7) Gibbon c. 39. A. II.; s. Bower S. 325 und unten.

8) Ueber die Gründe Marc. Com. p. 319; Gibbon c. 39. A. II l. c. Schlosser II. S. 39; sein Brief ex carcere ad episcopos bei Mansi l. c. p. 606 ist unecht; s. schon Schröckh l. c. S. 215; s. die ausführliche Darstellung A. II. S. 170 f.

nißstrafe ist dem Strafrecht Theoberichs fremb: beßhalb kann man darin auch nicht eine Begnadigung von der Todesstrafe erblicken, an welche Theoderich vielleicht im ersten Grimme dachte[1]). Bloße Willkür, ohne alle Rechtsform, ist nicht anzunehmen; auch andere, wie es scheint, vornehme, Römer wurden bamals ob seditionis suspicionem verhaftet und erst von Athalarich entlassen[2]). Er richtet jetzt unbedenklich über Johannes wegen weltlicher Verbrechen, wie er auch über des Symmachus Anklagen Proceß eingeleitet und ihn zu Ariminum festgehalten hatte. Zum Urtheil über Johannes kam es nicht mehr: es frägt sich, ob es der König einer Synode überlassen hätte, wie a. 501. Wegen Hochverrath hätte er jetzt, b. h. in solch' bebenklicher Lage, wohl selbst gerichtet. Denn jetzt scheut er sich auch nicht, zum erstenmal von seinem Recht Gebrauch zu machen und den Pabst selbst zu ernennen, ein Recht, welches vor und nach ihm rechtgläubige Kaiser im Osten und Westen[3]), das einmal auch Odovakar, ein Ketzer wie er, geübt hatten. Daß er nicht schon frühere Päbste ernannt (wenigstens soviel wir wissen), baß er der Verpönung jenes Acts auf der Synode von a. 502 nicht entgegengetreten[4]), mochte ihm bamals politisch rathsam scheinen. Jetzt schien es ihm eben politisch rathsam, in so gefährlich aufge=regter Zeit, einen Mann auf den wichtigen Stuhl Petri zu setzen, wie Er ihn wollte[5]), nicht etwa einen eifrigen Anhänger der national=römischen ober der streng hierarchischen und eifrig ortho=boxen ober der byzantinischen Partei, und so setzte er benn den all=gemein als tüchtig anerkannten und milden Felix IV. zum Pabst, ohne sich um jenen Synobalbeschluß im Minbesten zu kümmern. Es ist auch zweifellos, baß nach römischem Staatsrecht, wie es in biesen (nicht gothischen) Dingen im italischen Gothenreich galt, ein Synobalbeschluß nicht die Rechtswirkung haben konnte, ein von den kaiserlichen Vorgängern auf den Monarchen übergegangenes Recht

---

1) l. c. S. 171; Anast. l. c.

2) s. oben S. 106 f. unb A. II. S. 178 f.

3) Bower S. 252.

4) Er konnte bas füglich ignoriren, wie wir gesehn; s. Haße I. S. 126.

5) Anbers Gibbon c. 39; Sart. S. 139; ganz falsch Pavir. I. S. 327; ben Werth bieses Historikers kennzeichnet (außer A. II. S. 192), baß er ben Brief bes lang verstorbnen Apoll. Sib. I. 2. über ben Westgothen Theoberich auf ben Ostgothen bezieht, (was freilich noch ganz anbern Leuten begegnet ist; s. A. II. S. 123.

diesem zu entziehen, sondern nur den Sinn, daß die Kirche von ihrem Standpunkt aus, jenes Recht als nicht den canonischen Satzungen entsprechend ansehen müsse. Daß dieß den Monarchen nicht beirrte, ist begreiflich. Wir sahen, daß die Verwerfung jener Scriptur nur wegen der zweiten Verordnung geschah. Uebrigens ruhte dieß Ernennungsrecht gar nicht auf jener Scriptur, die nur Einen Fall betraf. Daher erklärt es sich denn, daß auch von der Kirche, von denselben Bischöfen, welche jenen Beschluß gefaßt und von denen so manche noch leben mußten, nicht der mindeste Protest, damals nicht und später nicht, gegen die Ausübung jenes Rechts erhoben wurde, welche jenen Beschluß auf's Stärkste verletzte. Mag die Furcht vor dem ergrimmten König im Anfang die Opposition eingeschüchtert haben, Theoderich starb schon sechs Wochen nachher, und auch in den vier Jahren, welche Felix noch lebte, in einer Zeit, da von der Milde und Schwäche Amalasunthens gar nichts zu fürchten war, erfolgt nicht die leiseste Geltendmachung jenes Beschlusses, welche unbeschadet der Anerkennung des Pabstes hätte geschehen können.

Die Hauptquelle für diesen Vorgang und seine juristische Natur ist der Erlaß Athalarichs, in welchem dieser dem bei der Wahl ebenfalls betheiligten Senat für die gutwillige Unterwerfung unter die Entscheidung Theoderichs höfliche Worte sagt, durch welche man sich über das juristische Wesen der Sache nicht täuschen lassen darf: verrathen sie doch selbst deutlich das „Befehlsrecht" des Königs[1].

Aus den höflichen Worten ist nicht etwa die Freiheit des Se-

---

1) VIII. 15. senatui urbis Romae Athalaricus rex. gratissimum nostro profitemur animo, quod gloriosi domini avi nostri respondistis in episcopatus electione judicio (d. h. es erfolgt eine Wahl, aber der König hat vorher bestimmt, wer gewählt werden soll), oportebat enim arbitrio (d. h. nicht technisch Schiedspruch, es kam dießmal gar nicht zu zwiespältiger Wahl und zur Uebertragung des Entscheids an den König: er kam dem Allen durch seinen Befehl zuvor) boni principis obediri, qui sapienti deliberatione pertractans (bei sich allein), quamvis in aliena religione, talem visus est pontificem *delegisse* (das ist der technische Ausdruck für Ernennung durch weltliche Autorität), ut nulli merito debeat displicere; ut agnoscatis illum hoc optasse praecipue, quatenus bonis sacerdotibus ecclesiarum omnium religio pullularet. *recepistis* itaque (andres ist ihnen nicht überlassen) virum et divina gratia probabiliter institutum et regali *examinatione* laudatum. Man hatte von Seite des Senats einen andern Candidaten im Sinne gehabt: das sollen sie vergessen: nullus adhuc pristina contentione teneatur. pudorem non habet victi, cujus votum contin-

nats herauszulesen, den vom König Bestimmten auch nicht aner=
kennen zu können[1]). Dagegen kann man in Var. IX. 15 nicht den
Beweis finden, Athalarich habe hier in allen Fällen die Ernennung
des Pabstes als seinem Palaste zugewiesen gedacht: in diesem gegen
die Simonie gerichteten Erlaß[2]) normirt er das Maximum der von
den Wahlparteien zu verwendenden Gebühren und Ausgaben bei
der Wahl eines Pabstes oder Patriarchen „für den Fall, daß
etwa ein Streit über die Consecration des Pabstes entsteht und
der Zwist der Parteien an unsern Palast gebracht worden ist"[3]).
Es ist allerdings bedeutsam, daß Athalarich für diesen Fall voraus=

---

git a principe superari: (es ist keine Schande, daß eure Stimmen durch den
Entscheid des Königs beseitigt worden): ille quinimmo suum efficit qui eum
sub puritate dilexerit: (wenn ihr jetzt den vom König Bestellten liebt, ist es,
wie wenn er euer Candidat gewesen wäre!) nam quae sit causa doloris (es
war also eine solche, nach der Meinung Mancher), quando hóc et in isto rep-
perit, quod alterius in partem ductus optaverit? crjnea (?) sunt ista certamina, pugna sine ferro, rixa sine odio, clamoribus, non doloribus res ista
peragitur. Es gab also entschieden eine Gegenpartei; aber, wie gesagt, zu Doppel=
wahl und arbitrium ließ es der König gar nicht kommen: nam et si persona
summota sit, nihil tamen a fidelibus amittetur, cum optatum sacerdotium
possidetur. qua propter redeunte legato nostro .. rationabile duximus,
ad coetum vestrum salutationis apices destinare. magna enim jucunditate
perfruimur quoties cum nostris proceribus verba miscemus. Das sind
süße Schalen: am Schlusse folgt der bittre Kern: et hoc suavissimum vobis
minime dubitamus, si quod illius fecistis *imperio* (das ist die Wahrheit unter
dem Gewebe der Phrasen) nobis etiam cognoscitis esse gratiosum. Anast. v.
Fel. verschweigt die Einsetzung durch den König. Baronius und Mur. haben den
Befehl wohl erkannt und scharf verdammt, ad. a. 526. Theoderich befolgte, er gab
nicht Beispiel der Pabsternennung; Staubenmaier (ähnlich Schröckh l. c.) entschuldigt
den Eingriff mit dem zwei Monate dauernden Parteikampf S. 66, aber dieser war
nicht die Ursache; Theoderichs Handlung war wohl nur in der Form glimpflicher
als die Theodahads bei Silverius. St. Marthe S. 100 sagt, seit der Arianer=
verfolgung in Byzanz il changea de conduite envers l'eglise .. et ce fut
alors qu'il *usurpa* le droit d'établir les papes; von Widerstand (Balbo I.
S. 100) ist keine Spur zu sehn; richtig auch Sart. S. 308 und Gregorov. I.
S. 310. 315.

1) Irrig hierüber auch Bower S. 330. Le Beau VIII. p. 74; vgl. Haße S. 126.

2) Commentirt von Heumann sylloge dissertat. I. 3. Götting; dann von
Manso S. 417 f., der des Ersteren grobe Irrthümer mehrfach berichtigt; sehr mit
Unrecht lobt Schröckh XVII. den sehr mißglückten Commentar.

3) l. c. cum de apostolici consecratione pontificis intentio fortasse
pervenerit et ad palatium nostrum producta fuerit altercatio populorum.

sest, sein Palaft werde alsbann beschäftigt, an ihn werde die Ent=
scheidung bei streitigen Wahlen gebracht werden. — Dieser Gedanke
lag nahe, da ja in der That sein Vorfahr war angerufen worden,
zwischen Symmachus und Laurentius zu entscheiden und vielleicht
hatte das unter ihm selbst zwischen Bonifacius II. und Dioskurus
ausgebrochne, aber bald durch den Tod des Letztern beendete Schisma
von a. 530[1]) bereits zu simonistischen Geschäften an seinem Hofe
Anlaß gegeben und eine neue Schiedsrichterschaft in Aussicht ge=
stellt, welche bei dem wiederholt geübten Ernennungsrecht immer
leicht vorkommen konnte.

Eine sehr starke Anerkennung dieses Ernennungsrechts oder
doch eines Rechts der Mitwirkung der Gothenkönige bei der Pabst=
wahl von Seite des Pabstes selbst liegt aber in einer Erklärung
des Bonifacius, er habe sich dadurch des crimen laesae majestatis,
d. h. einer Verletzung königlichen Hoheitsrechts, schuldig gemacht,
daß er versuchte, seinen Nachfolger, ohne Zuziehung des Königs,
bei seinen Lebzeiten durch Verpflichtung der Kleriker zu einer be=
stimmten Wahl zu gewinnen[2]).

Daß aber der König in Kirchensachen auch die höchste, d. h.
die gesetzgebende Gewalt in Anspruch nahm, zeigt[3]) das sehr merk=
würdige Gesetz, welches Athalarich[4]) gegen die Simonie erließ[5]).
In dem Eifer, ihren Anhang zu verstärken, hatten bei Pabst= und
Bischofswahlen die Parteien wiederholt offne Simonie getrieben[6]),
d. h. Geld und Kostbarkeiten in Menge hingegeben und versprochen
an einflußreiche Hofleute, Beamte und andre Vornehme, unter dem
Schein theils von Gebühren, theils von Almosen an Arme, welche
in diesen Fällen herkömmlich. Dabei war man soweit gegangen,
sogar die Kirchengefäße anzugreifen.

1) Jaffé p. 72.
2) Ich muß aber bemerken, daß mir diese Auslegung der in ihren Motiven
dunkeln Worte (Anast. v. Bon. p. 127 „reum se confessus est majestatis“),
obwohl sie die wahrscheinlichste ist und nicht nur Bower S. 345, sondern sogar
Hefele II. l. c. sie theilt, nicht über allen Zweifel feststeht; vielleicht ist die ma=
jestas Gottes oder der Kirche gemeint.
3) Abgesehn von dem Ed. §§. 26. 70. 71. 114. 125. 126 (und von dem prae=
ceptum, oben S. 233, welches mehr die Ausführung eines Synodalbeschlusses ist).
4) Nicht der Pabst wie Pavir. I. S. 409 oder der Senat, wie Mur. ad.
a. 532 und Bower S. 342 sagen; irrig auch Gibbon c. 39; richtig St. Marthe
p. 112; Giannoni I. S. 209.
5) a. 532/533. Var. IX. 15. 16; vgl. Sart. S. 141.
6) Bei der Wahl des Johannes (Manso S. 418), des Bonifacius und Dioskur.

Dagegen schreitet der König ein in einem allgemeinen Gesetz, welches „dem Pabst, allen Patriarchen und Metropoliten, dem Senat und Volk von Rom" bekannt gemacht wird. Er knüpft dabei an einen zur Zeit des Pabstes Bonifacius ergangnen Senatsschluß. Alle Versprechungen „de episcopatu obtinendo" sollen unklagbar, ja nichtig sein und zwar mit rückwirkender Kraft; — Pabst Johannes soll der von ihm geleisteten Versprechungen ebenfalls ledig sein; — alle Zahlungen müssen von den Empfängern zurückgezahlt werden[1]. Alle Ausgaben bei Wahl eines Pabstes im königlichen Palast mit Einschluß der Gebühren an die tabularii (s. Böck. s. h. v.) werden genau firirt und zwar auf 3,000, bei Wahl eines andern Patriarchen auf 2,000 sol.; als Almosen in den Städten soll jeder Caudidat nur 500 sol. und zwar eben an Arme, nicht an Reiche, idonei, ausgeben dürfen[2]. Scheut sich der Schenker zurückzufordern, was er unter jenem Titel gegeben, oder der Empfänger zurückzuzahlen, so darf die betheiligte Kirche den Anspruch für und gegen die Erben geltend machen[3]. Hat man sich selbst eidlich verpflichtet, von der begangnen Simonie zu schweigen, so soll jeder unbescholtne Dritte das Delict anzeigen und ein Drittel der Summe als Denunciationsprämie einziehn dürfen: zwei Drittel werden der fraglichen Kirche für Bauzwecke oder den Klerus zugesprochen[4]. — Athalarichs Regierung stand wie mit den katholischen Bischöfen überhaupt, so mit den Päbsten gut: auf Fürbitte des Felix werden[5] vornehme Römer aus politischer Haft entlassen[6], ihm gewährt der König das oben erörterte Privileg[7] und läßt ihn ohne Einmischung den Streit des Bischofs Ekklesius und des Klerus zu Ravenna schlichten[8].

---

1) Man handelte dabei wegen der Gefahr sich zu compromittiren meist durch Zwischenpersonen: per interpositas personas, sive per aliam quamcumque personam.

2) Anders Manso S. 240, der aber gegen Heumann im Recht ist; etwas Neues (Staudenmaier S. 67; Gröne S. 186; Gregorov. I. S. 315) lag in jenen Gebühren nicht.

3) Aehnlich versteht auch Manso S. 424 die dunkeln Worte.

4) Es ist dieß ein neues, selbständig vom König ausgehendes, wenn auch im Einvernehmen mit dem Pabst erlaßnes Gesetz: die canones der Kirche werden im Allgemeinen bestätigt.

5) A. II. S. 179.

6) A. II. S. 183.

7) VIII. 24.

8) Agn. Mur. II. p. 67 u. 528.

Bei Wahl der folgenden Päbste Bonifacius II. a. 530—532'
Johannes II. a. 532—535, Agapet I. a. 535—536 zeigt sich keine
Einmischung der Gothenkönige[1]); aber bei den jetzt drohenden Ver=
hältnissen wird Agapet von Theodahad gezwungen als Gesandter
nach Byzanz zu gehen[2]), und nach dessen Tod setzt Theodahad
a. 536 den Silverius ein: er wird auf seinen Befehl gewählt[3]),
offenbar abermals, weil die Ausübung jenes unverlornen Rechtes
jetzt wünschenswerth erscheint[4]), und abermals ohne daß um deß=
willen je ein Protest oder auch nur eine Rüge, ein Vorwurf gegen
Silverius erfolgt wäre, wozu doch die wechselnden Schicksale und
die vielen Anfeindungen dieses Pabstes so reichen Anlaß boten.

Wir sahen, wie Silverius, obwohl gerade er vorzüglich Rom in
Belisars Gewalt[5]) geliefert hatte, später, gewiß ohne[6]) Grund, be=
schuldigt wurde, er habe die Stadt an Vitigis verrathen wollen;
wahrscheinlich war dieß nur ein Vorwand, ihn zu ersetzen durch
Vigilius, der für die religiösen Parteiinteressen Theodoras gewon=
nen war[7]), während früher Silverius sie abgewiesen hatte[8]).

---

1) A. II. S. 205.

2) Die Ansicht Hefele's II. S. 721 von einem Versuch Athalarichs, den römischen
Stuhl im Einverständniß mit einem Theil des Klerus „ebenso eigenmächtig" wie
Theoderich zu besetzen, kann ich nicht theilen. Sie beruht lediglich darauf, daß der
Vater des Bonifacius ein Gothe war (Anast. v. Bon. „ex patre Sigisvulto").
Deßhalb und weil der König nach Dioskurs Tod keinen Gegenpabst ernannte, soll
Bonifacius der Candidat des Königs gewesen sein. Aber jene Gründe sind doch
allzu schwach. Ein Gothe, der katholisch geworden, war schwerlich ein Werkzeug
des Ketzerkönigs; daß der König keinen zweiten Gegenpabst ernannte, erklärt sich
sehr einfach, wenn er auch keinen ersten ernannt hatte, und überdem nimmt ja
Hefele selbst an, daß Bonifacius gegen ein königliches Recht auftrat.

3) Anast. vita Silverii p. 129. hic levatus est a tyranno Theodato
„sine deliberatione decreti" chron. Marcellini com. in Roncalli II. p. 324.

4) So auch Mur. ad a. 536; Rambach S. 386. Anast. sagt auch corruptus pecunia data talem timorem induxit clero ut qui non consentiret in
ejus ordinationem gladio puniretur . . . ordinato autem Silverio sub vi.

5) A. II. S. 211; Proc. b. G. I. 14; vita Silv. p. 209.

6) Anast. vita Silv. p. 130. exierunt quidem falsi testes et dixerunt,
quia nos multis vicibus invenimus Silverium papam scripta mittentem ad
regem Gothorum: „veni ad portam quae appellatur Asinaria et civitatem
tibi trado et Belisarium patricium". Liberat. c. 22 nennt die Fälscher der
fingirten Briefe; Proc. I. 25 spricht nur von einem Verdacht Belisars.

7) Liberatus brev. c. 22. p. 148; er spricht von sieben Centnern Gold, die
ihm die Kaiserin versprach (vgl. Victor. Tunun. Roncall. II. p. 368), und
von zweien, die Vigilius wieder Belisar zusicherte.

8) Vita Silv. l. c. domna Augusta, rem illam nunquam facturus ero

16*

Für uns ist am Lehrreichsten, wie so viel schonungsloser der orthodoxe und legitime Kaiser in Byzanz seine Rechte über den römischen Bischof übt als die Gothenkönige[1]). Belisar, offenbar im Auftrag der Kaiserin, richtet über den Pabst a. 537, nachdem dieser den geheimen Bestürmungen mannhaft widersteht[2]), Theodora's Willen bezüglich des Concils von Chalkedon und der drei Capitel zu thun und, ohne mindeste Ueberführung, entsetzt er ihn auf die frivolste und schroffste Weise und schickt ihn nach Griechenland[3]). Von Griechenland aus schickt ihn Justinian in Verbannung nach Patara in Lycien[4]), läßt ihn dann a. 538[5]) nach Italien zurückbringen und nochmals wegen jener Briefe untersuchen: im Falle der Ueberführung soll er irgendwo Bischof, im Falle des Beweises der Unschuld sogar wieder Pabst werden[6]). Aber Vigilius wußte bei Belisar durchzusetzen[7]), daß Silverius[8]) ihm ausgeliefert wurde[9]): er wird abermals verbannt auf die Insel Palmaria, wo er stirbt, vielleicht des Hungertodes[10]).

---

ut revocem hominem haereticum (Anthimum patriarcham) in sua nequitia damnatum.

1) Bower S. 466. 433. 422. s. Grimm über Jorn. S. 12. Le Beau VII. p. 202.

2) Liberatus l. c. p. 149.

3) Er flüchtet aus seinem Palast in die Basilica Sabinä, wird von da durch Photius, den Sohn Antoninens, unter eidlichem, freiem Geleit, zu Belisar zurückgebracht und, dem Eid gemäß, wieder entlassen, das nächstemal aber „sah ihn sein Gefolge nicht wieder, seit er abermals allein in den Palast entboten ward“. Liberatus l. c. vita Silv. l. c. ingresso Silverio cum Vigilio solo in musileum, ubi Antonina patricia jacebat in lecto et Belisarius patricius sedebat ad pedes ejus, Antonina dixit ad eum: „dic, domne Silveri papa, quid fecimus tibi et Romanis, quod tu velis nos in manus Gothorum tradere?“ Und während sie noch spricht (offenbar ein verabredetes Zeichen) — ehe er sich verantworten kann, tritt ein Priester herein und reißt ihm das Pallium vom Halse (l. c.), führt ihn hinaus, steckt ihn in Mönchskleider und bringt ihn in geheime Haft. Bower S. 391.

4) Liberat. c. 22. p. 150; schon dem Pabst Agapet hatte er gedroht: aut consenti nobis aut exilio te deportari faciam Agn. p. 128.

5) Wenn Jaffé recht vermuthet; p. 75.

6) l. c. p. 151.

7) l. c. Silverii adventu territus, ne sede pelleretur, Belisario mandat: „trade mihi Silverium, alioqui non possum facere, quod a me exigis“, d. h. die Wünsche Theodora's und Antoninens.

8) Verurtheilt und?

9) Lib. c. 22. traditur duobus Vigilii defensoribus et servis ejus.

10) Vita. p. 211. Liber. l. c.; auch die Bischöfe von Ravenna setzt Justinian

Sein Nachfolger Vigilius a. 547—555 wird, nach Verabredung mit der Kaiserin, einfach auf Belisars Befehl eingesetzt [1]); wie Justinian mit diesem Opfer der Intriguen umging, ist bekannt [2]).

Im Jahre 549 schreibt er von Griechenland aus an den Bischof von Arles, derselbe möge den Frankenkönig Childebert bewegen, Totila, der damals Rom gewonnen, brieflich zu warnen vor jeder Einmischung in die ihm fremde katholische Kirche, vor jeder Schädigung und Verwirrung derselben [3]). Diese Motivirung ist sehr bezeichnend. Die Einmischung des Monarchen als solchen in die Kirchensachen kann Vigilius — unter Justinian! — nicht zurückweisen: er spricht dem Totila nur als Ketzer dieß Recht ab [4]). Sein Nachfolger Pelagius I. wird ebenso auf Befehl Justinians gewählt [5]). Und bei der Wahl Pelagius II. wird ausdrücklich hervorgehoben, daß sie „ohne Befehl des Kaisers" deßhalb erfolgen mußte, weil die Langobarden die Stadt umschlossen hielten [6]).

Die Geschichte des Gothenkrieges hat gezeigt, wie, neben dem

---

selbst ein, natürlich nicht unentgeltlich; s. die naive Erzählung bei Agn. Mur. II. p. 105 von Bischof Maximian.

1) Proc. I. 25. (Βελισάριος) ἕτερον ἀρχιερέα Βιγίλιον ὄνομα κατεστήσατο. Liberatus c. 22. favore Belisarii ordinatur Marc. l. c. Belisarius Vigilium ordinavit.

2) s. die Quellennachweise bei Jaffé p. 81 f. seq.; Bower S. 391.

3) Mansi IX. p. 361. quia Gothi cum rege suo in civitate romana perlibentur ingressi (dignetur scribere), ne se in ecclesiae praejudicio, quippe quae alienae legis, immisceat et aliquid faciat unde catholica possit ecclesia perturbari.

4) Er war auf's Entschiedenste für die kaiserliche Sache und gegen die Gothen aufgetreten, hatte Getreideschiffe von Sicilien den belagerten Römern geschickt. (Proc. III. 15) u. s. w. Vgl. die Briefe nach Arles bei Jaffé; deßhalb konnte er sich nicht an Totila direct wenden; er hatte a. 540 mit Belisar dem gefangnen Vitigis zu Rom in der Basilika Julii sicher Geleit zum Kaiser geschworen. Vita Vigilii l. c.

5) Vita Vigilii l. c. (Imperator) suscepta relatione Narsetis .., adduci eos praecepit . . dixitque eis: „si vultis recipere Vigilium, ut sit papa vester, gratias agimus; sin autem, hic habetis archidiaconum vestrum Pelagium, et manus mea erit vobiscum". responderunt omnes: imperet deus pietati tuae, ut „restituas" modo nobis Vigilium et, quando eum voluerit deus transire de hoc saeculo, tunc cum vestra praeceptione donabitur nobis Pelagius archidiaconus noster.

6) Vita Pelagii II. lib. pont. I. 231. absque jussione principis eo quod Langobardi obsiderent civitatem romanam.

senatorischen Adel[1]) als Führer der nationalen, der katholische Kleras als Führer der religiösen Opposition auf Seite der Byzantiner trat und dadurch sehr wesentlich zum Untergang der Barbaren und Ketzer beitrug[2]). Deßhalb finden wir denn auch in der spätern Zeit des Krieges selbst unter Totila eine wohl begreifliche Härte gegen solche katholische Priester, die nach constatirtem Verrath in die Hände der Gothen fielen[3]). Und auch in dieser Zeit noch macht Totila, wie er in St. Peter betet[4]) und den spätern Pabst Pelagius ehrt, dem h. Benedict seinen Besuch, vielleicht nicht ohne politische Absicht[5]).

---

1) f. z. B. Proc. III. 35.

2) Wie Silverius Rom, so liefert Datius A. II. S. 199 (f. auch Abel S. 14) ganz Ligurien und Mailand den Griechen in die Hände. Proc. II. 7.

3) Vgl. Proc. III. 10. 15. dagegen 16; die Erbitterung einzelner Gothen wie des Zalla (statt Galla) bei Greg. dial. II. 31 gegen den katholischen Klerus zu jener Zeit ist wohl begreiflich: Gothorum quidem Zalla nomine perfidiae fuit arianae, qui Totilae regis eorum temporibus contra Catholicae ecclesiae religiosos viros ardore immanissimae crudelitatis exarsit, ita ut quisquis ei Clericus monachusve ante faciem venisset; ab ejus manibus vivus nullo modo exiret. Anast. p. 129 (u. hist. misc. l. c) scheint zu anticipiren oder zu übertreiben oder die Nothwendigkeiten des Krieges zu übersehn, wenn er bei der Belagerung Roms durch Vitigis sagt: ecclesiae et corpora sanctorum martyrum exterminatae sunt a Gothis; wir wissen, daß die Gothen den S. Peter u. A. schonten; f. Binius bei Mansi. IX. p. 5.

4) Proc. III. 20.

5) Die Thatsache ist wohl richtig, aber in der ganzen Erzählung derselben bei Gregor. dial. II. 14. 15 (vgl. Neander II. S. 372) ist der Legendenstyl unverkennbar — (das erhellt auch schon daraus, daß von Totila noch eine zweite Versuchung katholischer Wunderthäter erzählt wird, l. c. III. 5; er wurde zum Typus eines grausamen, geistreichen, aber immer beschämten Zweiflers; vgl. III. 6, wo er das rothe Gesicht des Bischofs von Narnia gottloserweise aus „assiduae potationis consuetudine" abzuleiten wagt, aber bald widerlegt wird. Daß Totila den Bischof von Populonia den Bären vorgeworfen, ist sehr unwahrscheinlich, obwohl derselbe eingestandenermaßen durch Bergung byzantinischer Truppen den Tod verdient hatte 11; auch andre seiner Grausamkeiten sind vielleicht übertrieben: so gegen den Bischof von Perugia 13; weitere gothische Grausamkeiten, immer nur gegen Priester unter Totila 18; sehr bezeichnend ist auch die erdichtete Legende von Theoderichs Umstimmung (durch seinen Sturz vom Pferde) für St. Hilarus vita H. Boll. 15. May (May III.) p. 474; [übrigens ein interessanter Conflict des Königsbaues am Bedese mit der Celle des Heiligen]) — und so manche Einzelheit nur aus diesem Styl heraus erfunden; (richtig Balbo I. S. 233). Stylvoll ist des Heiligen Prophezeiung an Totila: „multa mala fecisti, multa mala facis, jam ali.

8. Repräsentationshoheit. („Gesandtschaftsrecht").

Der König allein hat das Recht den Staat nach Außen zu vertreten; er allein entscheidet über Krieg und Frieden und Bünd-

quando ab iniquitate conquiesce; equidem Romam ingressurus es, mare transiturus, novem annos regnans, decimo morieris"; hist. misc. l. c. läßt erst von jener Mahnung an eine Sinnesänderung des bisher „grausamen" Totila eintreten: wie Prokop beweist, unrichtigermaßen. Darauf geht auch Paul. Diac. hist. Langob. I. 26.

„Saeve tyranne, tuae frustrantur retia fraudis,
Frena capis vitae, saeve tyranne tuae";

und „rector vafer deprenderis
inique possessor fugis";

aber Benedict sagt doch voraus, daß dieser König Rom nicht, wie man fürchtete, zerstören werde. l. c. 15. Ein ungenannter Kritiker der I. u. II. A. in den histor. polit. Blättern (1862) hat vorwurfsvoll gefragt, woher ich denn wisse, daß Pabst Silverius durch Uebergabe Roms einen Eid gebrochen, gerade hier fehle die sonst nie versäumte Quellenangabe. Es ist das nicht richtig: denn ich habe S. 209 bis 212 wiederholt auf Prokop b. G. I. 11 bis 14 verwiesen; indessen trage ich jenem besondern Wunsch entsprechend die Worte der Stelle nach: Proc. I. 11. „Vitigis ermahnte wiederholt Silverius, den Bischof der Stadt, und Senat und Volk von Rom unter Erinnerung an die Regierung Theoderichs, sich gegen die Gothen treu und wohlgesinnt zu verhalten, und ließ sich hierüber von ihnen die furchtbarsten Eide schwören" und I. 14: „die Römer aber hielten es für besser in die Stadt das Heer des Kaisers aufzunehmen. Am Meisten jedoch bewog sie hiezu Silverius, der Bischof dieser Stadt"; sie schicken ihm die Einladung bis nach Neapel entgegen; (über die legendenhaften Bischöfe Sidonius und Jbbo in der Schweiz zur Zeit Theoderichs s. Gelpke I. S. 261).

Ganz irrig ist die Darstellung dieser Verhältnisse von Staat und Kirche bei Damberger I. S. 69 f. Dieß Werk, dem nicht die Kritik allein fehlt, wimmelt von Irrthümern, Entstellungen und Erfindungen: ich stelle, um die weitere Ignorirung zu rechtfertigen, Einiges hier zusammen: S. 69. Theoderich bespricht sich bei seinem Schiedspruch mit „ehrwürdigen Bischöfen", kommt zur palmaris nach Rom S. 71, der Pabst beruft das Concil und muß sich „gleichsam" rechtfertigen S. 72, Cassiodor wird mit Liberius verwechselt, unter Hormisdas „lastet die Herrschaft des Arianers immer schwerer auf der Kirche" 106, S. 115 wird eine Correspondenz zwischen Theoderich und dem Kaiser rein erfunden, Triguilla und Cunigast sind die Ankläger des Boëthius, Theobahad ist Amalasunthens Gemahl S. 133, der „Vorschlag" des Pabstes Felix durch Theoderich ist „einem scharfen Befehl nicht unähnlich", das Simoniegesetz erfolgt auf Bitten des Pabstes, die Gothen sind „Lehnleute", Bischof Datius war von den Gothen „zuerst" gekränkt; das Lächerlichste aber ist S. 131 die Verwechslung des Hilderich mit Sigmund und die auf diese Verwechslung gebaute Darstellung. Die mit unverantwortlicher Flüchtigkeit benützten Quellen werden aufs Willkürlichste von vorher eingenommenem Standpunkt ausgelegt und jeder Einfall der Parteilichkeit wird als quellenmäßige Thatsache hingestellt.

niß, er schickt und empfängt Gesandte[1]), er bestimmt alle Verhältnisse des Reichs zu andern Staaten.

Wir haben bereits erörtert[2]), aus welchen Gründen dieß Recht
vor andern seit der Auflösung der urgermanischen Zustände von
der Mitwirkung, ja ursprünglichen Alleinentscheidung der Volksversammlung gelöst und vom König allein geübt werden mußte, und
ebenso haben wir bereits die Belege und die Gründe der Erscheinung
angegeben, daß die Amaler dieß Recht viel unumschränkter übten
als die fünf ihnen folgenden Wahlkönige, bei welchen die Mitwirkung des Adels (der Heerführer) und des Volkes (des Heeres)
bei den Beschlüssen über Krieg, Bündniß und Frieden wieder viel
mehr nöthig geworden.

Wir vervollständigen jene Darstellung hier nur noch durch
einige Züge. Theoderich erwägt bei sich allein die Politik der Nach-
barstaaten[3]); er allein entscheidet über Krieg, Frieden[4]) und Bündniß, freilich „zum allgemeinen Wohl", aber dessen Forderungen
beurtheilt eben er allein, ohne das Volk oder den Senat zu fragen,
und Regenten wie Amalasuntha, Theodahad, Erarich haben wiederholt das Reich für ihren Privatvortheil verrathen und verkauft.

Vitigis dagegen läßt nicht nur seinen Feldzugsplan, auch die
Gestaltung der Verhältnisse zu den Franken und die Abtretung
gothischen Reichslands[5]) an dieselben wiederholt durch Volk und
Adel gutheißen: er holt ihre Zustimmung ein[6]). Auch die Verhandlungen mit Belisar während der Belagerung Roms gehen nicht
vom König allein aus, sondern von der Gesammtheit der Barbaren[7]);

---

1) Die Bemerkungen Theodahads (Proc. l. c. I. 7) über Beschränkungen der
Unverletzlichkeit von Gesandten sind natürlich weder römisches (Rein l. c.) noch
gothisches Völkerrecht, sondern Redensarten.

2) A. I. S. 213. II. S. 107; Köpke S. 169 und jetzt auch Roth Feudal. 23.

3) Var. I. 30; f. A. II. S. 134.

4) Oben S. 61 und A. II. S. 133 f. Athalarich allein kündet den Vandalen
die Freundschaft IX. 2; doch wird hier die Stimmung der Gothen wenigstens mit
erwähnt.

5) Interessant wäre, wenn in Proc b. G. I. 3 (vgl. Vand. II. 5) eine Bestreitung des Rechts Theoderichs, gothisch Reichsland abzutreten, vorläge; aber der
(verdorbne) Text und der Zusammenhang machen diesen Sinn der Stelle sehr
zweifelhaft. Sie fehlt bei Schröder I.

6) A. II. S. 209. 211; vgl. Köpke S. 201. 204; überall kann ich ihm aber
nicht beipflichten; ich muß ihm und von Sybel S. 208 gegenüber auf meine genaue Analyse des Sprachgebrauchs von Prokop verweisen. A. II. S. 265.

7) Proc. II. 6. βάρβαροι - ἔπεμψαν.

deßgleichen berathen König und Volk[1]) die spätern Verhandlungen mit den Langobarden, den Franken und den Persern[2]). Ebenso entscheidet Vitigis erst nach langer Berathung mit den „Hervorragendsten" die Verwerfung neuer fränkischer Anträge und Anknüpfung von Verhandlungen mit Belisar[3]). Wir haben schon bemerkt, daß dieser Adel später sogar, auf eigne Faust, über den König hinweg, dem Belisar die Krone des Abendlandes bietet und Vitigis selbst wagt nicht zu widerstehen[4]).

Die weitere Verhandlung findet statt mit dem König und dem Adel[5]). Belisar soll ihm und den Spitzen der Gothen schwören[6]). Auch Jldibab verhandelt mit Belisar nur, nach Zustimmung Aller[7]). Und Erarich holt die Zustimmung Aller zu seinen Friedensbedingungen ein[8]). Nicht zu verkennen ist, daß Totila wieder selbständiger die äußere Politik, namentlich die Verhandlungen mit den Byzantinern, leitet[9]): sein Glück, sein Glanz, sein Talent und seine größere Macht erklären das[10]). Auch der gewaltige Teja handelt allein[11]): nach seinem Fall sendet das Volksheer Adlige zum Abschluß der Capitulation an Narses[12]).

Das völkerrechtliche Verhältniß des Gothenstaats zu Byzanz

1) l. c. 22.

2) l. c. *Οὐίτιγις δὲ καὶ οἱ ξὺν αὐτῷ Γότθοι . . . ἐν βουλῇ ἐποιοῦντο καὶ αὐτοῖς πολλὰ βουλευσαμένοις . . ἔδοξεν . . . γνῶμαι οὖν πολλαὶ πρὸς τῶν ἐς τὴν βουλὴν ξυνιόντων ἐλέγοντο . . ἐν αἷς καὶ τόδε ἐς τὸν λόγον ἦλθεν . . τοῦτο Οὐίτιγί τε αὐτῷ ἤρεσκε καὶ Γότθοις τοῖς ἄλλοις.*

3) II. 28. *Οὐίτιγις δὲ ξὺν Γότθοις τοῖς ἀρίστοις πολλὰ κοινολογησάμενος.*

4) l. c. 29. *ἐν σφίσιν οὖν αὐτοῖς βουλευσάμενοι εἴ τι ἐν Γότθοις καθαρὸν ἦν κ. τ. λ. ὧν δὴ αἰσθόμενος ὁ Οὐίτιγις ἔδεισέ τε καὶ Γότθοις ὡς βέλτιστα βουλεύεσθαι εἰπὲν Βελισαρίῳ καὶ αὐτὸς λάθρα παρῆναι ἐς τὴν βασιλείαν ἴναι, οὐδένα γὰρ οἱ ἐμποδὼν στήσεσθαι;* die Uebersetzung Vitigis *quamvis timeret* ist also falsch.

5) l. c. *παρά τε Οὐίτιγιν καὶ Γότθων τοὺς δοκίμους . . τῶν ἐπιτηδείων τινὰς ἔπεμψεν.*

6) l. c. *Οὐιτίγιδι καὶ Γότθων τοῖς ἄρχουσιν.*

7) *ἅπαντας ξυγκαλέσας* l. c. X. 30.

8) III. *Γότθους ἅπαντας ξυγκαλέσας βουλὴν προὔθετο.*

9) Obwohl es sonst (s. unt. u. Proc. III 24. 25) an Regungen der Volksfreiheit auch gegen ihn nicht fehlt.

10) Bei seinen Vorschlägen und Entscheidungen erwähnt Prokop die Befragung von Volk und Adel nicht, das ist nicht bloßer Zufall; man sollte das besonders erwarten in III. 21. 22. IV. 24. 29.

11) IV. 34.

12) IV. 35. *οἱ βάρβαροι πέμψαντες τῶν λογίμων τινας.*

haben wir bereits[1]) dahin festgestellt, daß die Zusammengehörigkeit desselben mit Byzanz anerkannt wurde — sie beide bilden zusammen die respublica romana im Gegensatz zu den Barbaren — eine wahre Ueberordnung des Kaisers von Theoderich jedoch nicht[2]): auch über die Italiener herrscht er zu eignem Recht[3]), nicht, wie ursprünglich wohl die Meinung war[4]), in Vertretung des Kaisers. Seine amalischen Nachfolger rufen dann wohl die tuitio, protectio des Kaisers an[5]), aber eine feste, juristische Gestalt gewinnt dieß so wenig, als früher das von Theoderich beanspruchte, aber nur moralische und thatsächliche Protectorat über die befreundeten Germanenstämme[6]).

---

1) A. II. S. 133. 160; vgl. auch Köpke S. 182; unser völlig unabhängiges Zusammentreffen in manchen wichtigsten Fragen, meist gegen von Glöden und von Sybel, ist gewiß eine Bestätigung unserer Ergebnisse.

2) Wie z. B. Gibbon c. 39; Balbo I. S. 55; La Farina I. p. 60, der Kritiker in Heidelb. Jahrb. von 1811 nach Jord. de regn. succ.: ac si proprio jam clienti; vgl. Gregorov. I. S. 251; besser Boecler S. 12; Hegel I. S. 103; Abel S. 3; Giannone I. S. 194; Aschbach S. 163; Mansi VIII. l. c.; sehr bezeichnend schreibt Anastasius an den Senat: excelsus rex, cui regendi vos potestas atque sollicitudo commissa est; darin soll liegen a nobis commissa, aber dieß zu sagen wagt man doch nicht und der Senat in seiner Antwort spricht von (zwei) regna; characteristisch stellen die „gesta Theoderici regis" bei Mone, Anzeiger für Kunde der deutschen Vorzeit IV. und VII. p. 14, p. 354, das Verhältniß Theoderichs zu Byzanz und dem Senat dar: die Römer bitten den Kaiser, Odovakar durch Theoderich stürzen zu lassen und später bittet der Senat den Kaiser, Theoderich zu ermorden. — (Alle andern Züge der bedeutend später entstandenen oder richtiger gelehrt fabricirten gesta sind unverwendbar); es blieb ein frommer Wunsch, was Priscian. de laud. Anastasii imp. diesem zurief: ed. Dindorf Bonn 1829, p. 525: „utraque Roma tibi nam spero pareat uni".

3) Regnum Italiae; ῾Ρωμαίων τε καὶ ᾿Ιταλιωτῶν ἄρχειν ἀπάντων. Proc. b. G. I. 1.

4) Daß aber Byzanz nachträglich rechtsförmlich, wenn auch nicht aufsichtig das Gothenreich anerkannte, haben wir (A. II. S. 168. 216, s. die Hauptstelle Agath. I. 6) bewiesen; die Meisten, Sartor. S. 261, Köpke S. 162 vermengen Rechtsform und Gesinnung in der byzantinischen Anerkennung; der erstern fehlte nichts; Pallmanns Darstellung II. S. 371 hat keinen juristischen Gedanken; das Rechte schon b. Mascou II. S. 66; Fabeln über d. Rugier Friedrich b. Filiasi V. p. 184.

5) Vgl. Jord. c 59. Athalaricus tam suam adolescentiam quam matris viduitatem Orientis principi commendavit; (vgl. Proc. b. G. I. 3); deßhalb sind sie. c. 60 des Kaisers suscepti und von ihm zu rächen; Anast. p. 129; reginam Justiniano commendatam; de regn. succ. p. 240; hist. misc. p. 104.

6) A. II. S. 134. 143; Gibbon c. 39; Waitz II. S. 63; Leo Vorles. I. S. 331; du Roure II. S. 88 überschätzt die Abhängigkeit. Es bleibt bei dem Bagen: amici nostri, conjuratae nobis gentis (durch Eide bestärkte Freundschafts-

Gesandte empfingen und schickten die Gothenkönige in großer Häufigkeit, wie Cassiodor[1]) und Prokop zeigen; dieselben pflegen nach alter Sitte Ehrengeschenke zwischen den Königen auszutauschen[2]). Die Gesandten erhalten, außer den von ihnen zu überreichenden Legitimationsschreiben, mündliche[3]) Instructionen, welche die Haupt-sache ihrer Sendung enthalten[4]). Man setzte unter Theoderich, der

---

verträge), qui ad eum spectare, per eum sperare (vgl. Roth Ben. S. 165; qui dispositum nostrum sequi videntur). Var. III. 1. 2. 4; gegenüber den Franken wagt auch Jord. c. 58 nur von einem „foedus" zu sprechen; aut amicitia aut subjectio; Tribut wurde höchstens (selbstverständlich auch von im Reich angesiedelten Alamannen, mehr besagt Agath. I. 6 nicht), von den Gepiden, von den West-gothen (Proc. l. c. I. 12) nur die hergebrachten Steuern erhoben. (Bei dieser Gelegenheit kann ich die Bemerkung nicht unterdrücken, daß Pallmann IV. S. 59 vermöge seiner undeutlichen Schreibart oder vermöge großer Flüchtigkeit den Schein eines groben Irrthums auf A. II. S. 6 wirft; ich sage daselbst, Prokop irrt jedenfalls in der Behauptung, daß die Germanen unterworfnen Völkern keinen Zins aufzulegen pflegten und dieß von Seite der Heruler eine übermüthige Aus-nahme sei. Pallmann sagt nun: „Auch Dahn bezweifelt den Prokop'schen Bericht in einigen Beziehungen. Wenn er aber die in ihm mitgetheilte Zinspflichtigkeit der Langobarden ungermanisch nennt, so ist das schlechterdings unrichtig" (folgt ein Citat aus Grimm. R. A. S. 299). Hienach muß jeder Leser glauben, ich be-streite die regelmäßige Zinspflichtigkeit von den Germanen unterworfnen Völkern, wäh-rend ich umgekehrt die prokop'sche Leugnung derselben bestreite; für seine Person kann Pallmann so undeutlich schreiben oder flüchtig lesen als er will, aber nicht wenn es sich um andere Leute handelt); über Heerbannpflichtigkeit der unterworf-nen Gepiden oben S. 73; vgl. aber auch Proc. b. G. III. 1. Ουλιας Γηπαις μὲν γένος, ἐς δὲ τὸ τῶν βασιλέως (Ἰλδιβάδου) δορυφόρων ἀξίωμα ἥκων (ein Söldner?); auch die βάρβαροι ἐν Σουαβίᾳ, aus welche Vitigis sein Heer ver-stärkt, Proc. b. G. I. 16, sind keine Gothen, sondern, so scheint es nach l. c. 15, abhängige Stämme: ob sie aber geworben oder ausgehoben, aufgeboten werden, erhellt nicht.

1) Var. I. 1. 6. 45. 46. II. 6. III. 1. 2. IV. 1. 2. 3. 47. V. 1. 2. 43. VI. 3. 6. 9. VII. 33. VIII. 12. IX. 1. X. 20—24. 33—35. XI. 1. Ennod. p. 469.

2) I. 45. 46. IV. 12. V. 1. 2. vicissitudinem muneris pro expensarum vestrorum consideratione tribuentes.

3) An die Heruler „patrio sermone" IV. 2. Dieß Eine Quellenwort widerlegt Pallmanns II. S. 99 eilf Seiten, in welchen er die „gothische Völkergruppe" be-streitet; richtig Büdinger I. S. 56; vgl. auch Maßmann in Haupts Zeitschrift I., der mit Recht die Identität der Eigennamen hervorhebt; mundartliche Verschieden-heiten (wie das vandalische "sinhöra armon") sind dadurch nicht ausgeschlossen über die gothische Sprache der Burgunden Derichsweiler S. 146.

4) I. 1. III. 2. 34. V. 2. 42. 43. VIII 1: sie vor Allen dürfen sich der Reichspost bedienen. IV. 47. VII. 33. V. 5. legationum utilitas.

auch gegen Franken und Vandalen sehr von oben herab spricht[1]), eine Ehre darein, mehr Gesandte zu empfangen als zu schicken, namentlich gegenüber Byzanz[2]). Dieß änderte sich freilich sehr unter seinen Nachfolgern: Theodahab und Gudelina buhlen in kriechenden Worten um die Gunst der Kaiserin Theodora[3]), während Amalasuntha noch dieselbe ignorirt, und Vitigis sucht nach dem Verlust von Rom auch Bischöfe und Große von Byzanz für seine Gesandten und ihre Zwecke zu gewinnen[4]).

Nicht ohne Interesse ist es, die officiellen Anreden und Titelspenden an andre Herrscher zu vergleichen. Der Kaiser heißt princeps[5]), piissime imperator[6]), clementissime principum[7]) und mansuetudo, excellentia, pietas, clementia, serenitas (serenissimus) vestra[8]), Titel, die Theoderich selbst führt[9]).

Odovakar wird, was wohl zu beachten, von den Gothenkönigen nie, wie von Byzanz[10]), tyrannus oder sonst mit abgünstigem Beisatz genannt, er heißt der „frühere Herr" oder sogar rex praecedens[11]), oder es steht einfach sein Name, ohne rex[12]). Der König der Vandalen heißt nobilitas vestra[13]), der König der Franken excellentia vestra (ebenso die der Thüringer, Heruler und Warnen)[14]),

---

1) V. 43. 44.

2) XI. 1. tantis nos legationibus tam raro requisitus ornavit . ., ut italicos dominos erigeret reverentiam eoi culminis inclinavit.

3) X. 20—24.

4) Var. X. 33—35.

5) Ed. §. 24. 43. VIII. 1. X. 33. gloriosissimus X. 10.

6) II. 1. X. 12. 19. 2. 33.

7) I. 1. X. 1. imperator X. 24. 32. 33.

8) Augusta X. 8. 22. 15. 23. 20. 19. 21. 24. 25. 26. 27. 32—35. Mansi VIII. p. 30. VIII. 1. I. 1. X. 1. 2.

9) s. unten „Absolutismus"; unter Theodahab steigern sich die Schmeicheltitel, z. B. princeps triumphalis IX. 20; IX. 19. absolute mirabilis etc.

10) Und von Ennod. p. 451, der den Besiegten am Meisten schmäht 462. 465. Bart. de occ p. 16; vgl. Pallmann II. S. 171. Nur bei Jord. c. 57. von Theoderich selbst.

11) I. 4.

12) V. 44.

13) II. 16. IV. 38. Cassiodor spricht nur von seiner Dürftigkeit. (A. II. s. V. 41. abjecta tempora, sterilitas) und Habsucht VIII. 17. III. 12. avaritia; vgl. Ennod. l. c.; erst die gothischen Gesandten in der tendenziösen Rede bei Agath. I. 6. sagen: Ὀδόακρον καθελών, τὸν ἐπηλύτην, τὸν τύραννον.

14) III. 3. 4; aber auch ein Patricius in Byzanz. X. 35.

aber auch **virtus vestra**[1]), der Westgothenkönig **fortitudo vestra**[2]); dieser und Chlodovech sind **filii nostri**[3]), ein verstorbner Westgothenkönig heißt **praecelsae recordationis**[4]), während der Burgundenkönig mit **fraternitas vestra** angeredet wird[5]).

9. Das Kronerbrecht

der Amaler[6]), die dabei mitwirkende **designatio successoris**[7]) und das Erforderniß der Anerkennung und Huldigung des Volkes, welche nach dem Sturz der Amaler wieder zu vollstem Wahlrecht in ursprünglicher Freiheit erstarkt, werden, sofern sie nicht bereits erörtert sind, am besten in die Darstellung des Gesammtcharacters des Königthums verflochten; der römische Absolutismus der Amaler und das germanische Volkskönigthum der spätern Wahlkönige findet in diesen verschiednen Rechtstiteln des Kronerwerbs den prägnantesten Ausdruck.

---

1) II. 41.

2) III. 1.

3) III. 24. (unter einander **fratres** III. 4).

4) V. 39.

5) III. 2; III. 3 **frater noster**; die Unterscheidungen bei Sart. S. 263 sind hiemit widerlegt.

6) Köpke S. 185.

7) Köpke S. 188.

IV. Gesammtcharacter des Königthums.

1. Romanismus.

Die Untersuchung der einzelnen Rechte des Königthums hat unsern Satz bestätigt, daß die Amaler durch Uebertragung der ihnen über die Romanen zustehenden imperatorischen Rechte[1]) auf die Gothen das alte germanische Königthum[2]) wesentlich veränderten, es romanisirten. Dieses Romanisiren der Aemter, auch in dem zweiten Sinn ihres bewundernden Eingehens auf die vorgefundnen römischen Staatsformen, ist nun noch in einigen Hauptrichtungen darzustellen.

Theoderich nennt die italienische Hälfte seines Reiches selbst die respublica romana[3]). So war es in der That. Der ganze, römische Staat in Italien dauerte fort[4]), nur trat an seine Spitze der König statt des Kaisers und neben, vielmehr hinter ihn der gothische Staat. Dieses Fortbestehenlassen des ganzen römischen Staatswesens war eine Folge nicht nur der hohen persönlichen Vorliebe Theoderichs für die antike Kultur, es war in den Dingen gegeben und schwer, fast unmöglich zu vermeiden[5]). Im Auftrag

---

1) Im Ostgothenstaat ist dieß unzweifelhaft; anders bei den Franken, Roth Ben. S. 108.

2) Dessen Character hat A. I. im Princip festgestellt und die abweichenden Ansichten besprochen: es kann auf dieselben nicht wieder in jedem Einzelreich eingegangen werden; den Grundirrthum (von Phillips I. S. 345 u. A., aber auch noch v. Wietersheim) des Gefolgschaftsstaats und Gefolgsherrnkönigthums widerlegt der Ostgothenstaat am Bestimmtesten.

3) Var. II. 16.

4) „Dadurch ist es möglich geworden, daß Hollweg Handbuch I. fast jede ältere Einrichtung mit einer entsprechenden Stelle aus Cassiodorus belegen konnte". v. Glöden S. 42. La Farina I. p. 60.

5) Das verkennt sogar Gibbon c. 39; und in neuester Zeit wieder Helfferich Erbacker I. S. 4; vgl. Wilmans S. 139; Ozanam S. 56; Le Beau VII. p. 177.

des Kaisers, mit Beihülfe der Römer[1]), hatte Theoderich den Odovakar gestürzt[2]), konnte er jene Formen antasten, welche selbst
dieser geschont? Tief eingewurzelt wie die Sprache war das Recht
der Vorfahren in den Italienern und ohne eine erschöpfende Ver-
tilgung oder Austreibung derselben, die außer dem Bereich der Möglichkeit[3]) lag, ließ sich die Verfassung nicht beseitigen. Für Römer
und Gothen eine gemeinsame dritte Rechtswelt schaffen, war unmöglich: die Verschiedenheit der beiden Nationen und ihres Cultur-
grades war zu groß und nur vielleicht der Lauf der Jahre, nimmermehr ein Einzelner in einem Augenblick, hätte sie ausgleichen können:
ebensowenig ging es an, das gothische Volksleben plötzlich ganz in
römische Formen zu zwängen und so blieb nur das Eine übrig:
beide Völker in dem Einen Staat wie in zwei Staaten nebeneinander hergehen zu lassen: ihre Einheit war fast nur die Person
des Monarchen[4]).

Wir können daher fast in allen Punkten den römischen und
den gothischen Staat gesondert[5]) betrachten: ja der erstere, reich entwickelt und ausgebildet, tritt so sehr in den Vordergrund, daß der
gothische, aus den alten Fugen gekommen und noch nicht ganz in
neue Formen übergegangen, schon oft[6]) ganz übersehen und als in
dem römischen aufgegangen, angenommen worden ist.

---

1) Ennod. p. 465. tecum pars mundi potior.

2) Ennod. p. 455. te orbis domina ad status sui reparationem Roma
poscebat; so will Theoderich die Sache von den Römern angesehen wissen: er ist
romani nominis erectio l. c. p. 482; er ist vom Himmel gesendet, während
Odovakars Erhebung vom Teufel eingegeben war; vita Epiph. p. 1008. 1010.

3) Auch die anfangs beabsichtigte Entziehung der Freiheit sollte immer nur
die Anhänger Odovakars treffen, wie Ennod. vita Epiph. l. 1012 deutlich besagt: ut illis tantum Romanis libertatis jus tribueret, quos partibus ipsius
fides examinata junxisset; nicht alle Römer, wie man vielfach behauptet.

4) An Val. p. 620. gubernavit duas gentes in uno; (daher wundert sich
Proc. b. G. I. 1, daß es ihm gelang, die Liebe beider Völker zu gewinnen).
Vgl. hierüber unten III. S. 143. Deßhalb kann auch ein noch so sehr von dem Geist
des Königs durchdrungner und dem römischen Adel nahe stehender Gothengraf doch
nur „beinah" ein römischer Bürger genannt werden. Var. IV. 16; vgl. du Roure
I. S. 300; das Richtige schon bei Eichh. Z. f. g. R. II. S. 284.

5) Bei An. Val. p. 619 quasi Gothorum Romanorumque regnator geht
das quasi auf Romanorum, d. h. auf die Verbindung (que); sehr bezeichnend.
Jord. de regn. succ. p. 240 regnum gentis suae et romani populi princi-
datum prudenter et pacifice continuit; vgl. La Farina I. p. 60.

6) Z. B. von dem Kritiker in den Heidelb. Jahrb. von 1811 S. 625 und

Dieß wurde dadurch befördert, daß unter den Amalern in der langen und blühenden Friedenszeit die Gothen selbst zum Theil auf dieses Romanisiren eingingen[1]. Gegen den gewaltigen und glänzenden Theoderich wenigstens findet nur sehr leise Opposition statt, und fast nur da, wo der materiellste Egoismus die alten germanischen Einrichtungen mit ihrem Minimum von staatsbürgerlichen Pflichten erhalten wissen will (S. 141). Aber gegen Amalasuntha und ihr noch hingegebneres Romanisiren regt sich die nationale Opposition schon stärker[2]), sie stürzt ihren Nachfolger, der, ganz in römische Cultur verloren, ohne alles Gefühl für das Nationale, das Volk verkauft. Und unter den Wahlkönigen ist das Romanisiren schon deßhalb viel schwächer, weil fast ihre ganze Thätigkeit in der Heerführerschaft aufging.

Bei Totila, der wieder länger und zum Theil frieblicher regierte, ist zwar die größere Hinneigung zu dem römischen Wesen nicht zu verkennen[3]): aber sie geht doch lange nicht so weit wie bei den Amalern, während sein Nachfolger Teja, der König der Verzweiflung, der lang verhaltnen nationalen[4]) Antipathie ihren starken Ausbruck gibt: er vernichtet, soweit er greift, den auch von Totila noch gehätschelten Senat: sein Königthum ist gleichsam losgelöst

---

Cartor. S. 260, der immer nur von „Horden" der Germanen spricht; in anderer Weise von v. Glöben und v. Sybel; auch Hegel I. S. 104 sieht nur die Fortsetzung des weströmischen Staats; s. A. II. S. 125. Dagegen vortrefflich Köpke S. 161.

1) Vollständig byzantinisirend dachte z. B. Jord. (vgl. Waitz. Z. f. S. II S. 44): man darf dabei seine Verwandtschaft mit den Amalern nicht vergessen und seinen Katholicismus: hat er doch, wie v. Syb. sehr wahrscheinlich gemacht, seine Chronik dem Pabst Vigilius dedicirt; vgl. Schirren p. 91; er ist amalisch-byzantinisch gesinnt, nicht gothisch und sieht deßhalb nach Amalasunthens Untergang das Heil in der (zweiten) Heirath Matasunthens mit Germanus: gegen Bitigis, den Gemahl Matasunthens ist er noch schonend: in Totila aber sieht er fast wie Justinian selbst nur den tyrannus; sehr gut hierüber Wattenb. S. 51: vgl. Freudensprung S. 7. 8; Jordan S. 27 legt ihm „deutsche Gesinnung" bei!

2) Proc. b. G. I. 2. Die Berechtigung derselben wird fast immer verkannt; z. B. Filiasi p. 194; Gianonne I. S. 213. 226; Mur. ad a. 327; Pavir. I. S. 361; Muchar II. S. 7; selbst v. Gibbon c. 41; richtiger Balbo I. S. 10 und Gregorov. I. S. 331. Sigonius p. 432 spricht wenigstens von der Fürstin nimia potestas.

3) Anast. v. Vigilii p. 132: „er lebte mit den Römern wie ein Vater mit seinen Kindern"; er hat zum Quästor den Römer Spinus. Proc. III. 40.

4) Sogar v. Sybel S. 160 muß einräumen, daß „das Bewußtsein eigenartiger Volksthümlichkeit bei den Ostgothen immer lebendig geblieben".

vom Lande: das Volksheer und der Schatz allein sind seine Stützen
und, nachdem die römische Hälfte von Theoderichs Reich wegge=
fallen, d. h. byzantinisch, feindlich geworden, bleibt nur die gothische
allein übrig, bis auch sie unter diesem Heldenkönig einen nicht un=
würdigen Untergang findet.

Diese Unterschiede in den Verhältnissen unter Theoderich, unter
seinen amalischen und endlich seinen nicht amalischen Nachfolgern,
diese Bewegung und Entwicklung hat man verkannt, wenn man den
ganzen Gothenstaat von a. 493 bis a. 550 als eine unveränderte
politische und staatsrechtliche Einheit betrachtete und darstellte[1]).

Es ist der bezeichnendste Ausdruck für die romanisirende Poli=
tik Theoderichs, daß er nach der Vernichtung Odovakars seine bis=
herige gothische Kleidung ablegte und römische Tracht annahm.

Dieß sollte nicht blos den Römern den Anblick eines barba=
rischen Herrn ersparen, es sollte zeigen, daß er nicht nur König
der Gothen sei — seine Herrschaft über diese bedurfte nicht des
äußern Symbols und ihre Anhänglichkeit wurde durch jene, obgleich
starke Annäherung an die Römer, nicht erschüttert — sondern, wie
er sich selbst nennt, auch ein römischer Fürst, d. h. der Nachfolger
der weströmischen Kaiser, aber mit dem Königs= statt des Kaiser=
titels[2]).

In diesem Sinne trug er auch den Purpur, wie die römischen
Kaiser, die vestis regia[3]), und forderte von Byzanz die übrigen
Attribute des westlichen Kaiserthums schon a. 490 nach seinem Sieg
an der Abda[4]) zurück, welche Odovakar nicht zu führen und zu
tragen gewagt[5]), sondern, bei seinem Versuch der Anlehnung an
das Kaiserthum[6]), Zeno überschickt und nicht mehr zurückerhal=
ten hatte.

Es war von großer politischer Bedeutung, daß[7]) Anastasius

---

1) So Gibbon c. 41 und die Meisten; besser der Kritiker in d. Heidelb.
Jahrb. von 1811 und Köpke.

2) Jord. c. 57. „Romanorum*que* regnator"; vgl. A. II. S. 130; Sart.
S. 20. 254 und Köpke S. 183; doch war die Spannung mit Byzanz nicht erst
„von Honorius und Valentinian geerbt" l. c.

3) An. Val. p. 619. Var. I. 2.

4) l. c.

5) Wie Cass. Chron. ad a. 476 sehr geflissentlich hervorhebt.

6) A. II. S. 39; Pallmann de interitu p. 28.

7) Nach langem Zögern (s. Abel S. 9). Zeno starb April a. 491; und erst
a. 498 schickte Anastasius die Kleinodien. Das „Zenone consulto" bei Jord.

sie wirklich an Theoderich herausgab: denn es enthielt dieß, nach-
dem der anfängliche Verdruß über die Anmaßung des italischen
Königstitels[1]) verwunden war (weil man sich eben zu einem ernsten
Krieg gegen Theoderich zu schwach fühlte), die feierlichste Anerken-
nung jener Succession in die imperatorischen Rechte über die
Römer[2]). Und es war für Theoderich überaus wichtig, gerade den
Römern gegenüber diese Anerkennung von Seite des Kaisers zur
Schau tragen zu können[3]).

---

c. 57 bedeutet also nur die Bitte, nicht die Gewährung; hist. misc. p. 100 sagt
anticipirend: Zeno Italiam per pragmaticam tribuens sacri velaminis dono
confirmavit; ihr folgt Rubeus p. 118; irrig Giannone I. S. 193.

1) Anon. Vales facta pace cum imperatore per Festum de praesumtione regni (hierüber A. II. S. 161 und Köpke S. 180 f.; Luben III. S. 49 u.
S. 57 widerspricht sich; vgl. auch Böcler S. 13; Baron. u. Murat. ann. ad.
a. 493. 498. An. Val. p. 620. Gothi sibi confirmaverunt Theodoricum regem
non exspectantes jussionem novi principis) omnia ornamenta palatii quae
Odoachar Constantinopolim transmiserat remittit; Proc. b. G. II. 7. ἀπο-
διδόναι τὴν γῆν τῷ κυρίῳ οὐδαμῇ ἔγνω.

2) Das verkennt Köpke S. 182; richtig Balbo I. S. 51; Phillips I. S. 345.
477; du Roure I. S. 408; anders Bower S. 121.

3) Worin diese insignia bestanden, ist schwer zu sagen: neben Trachtstücken
•(vestis regia An. Val. l. c., sie allein nimmt an Friedl. S. 24) ist auch an
Geräth des Palastes zu denken. Anon. Vales. p. 622. omnia ornamenta palatii; ganz ungenügend Pavir. I. S. 96; Balbo I. S. 48 sagt: le corone, le
gioie e gli altri arredi del palazzo imperiale; vgl. du Roure I. S. 263;
Hurter II. S. 70; Jord. c. 57 (nach Gloß) tertioque anno ingressus Italiam,
Zenone imperatore consulto, privatum habitum suaeque gentis vestitum
seponens, insigne regii amictus quasi jam Gothorum Romanorumque regnator assumit. Dieß erklärt sich folgendermaßen: die Ablegung der gothischen
Tracht ist zugleich Ablegung einer „Privaten"-Tracht, denn der germanische König
„zeichnet sich in Tracht und Kleidung wenig von den übrigen Freien des Volkes
aus", Grimm R. A. S. 239 (sehr weniges bei Klemm S. 208; über den höchst
zweifelhaften Goldblech-Hauptschmuck S. 207). Isidor sagt in chron. Gothor.
von dem Westgothen Leovigild: „er zuerst (a. 580) saß mit königlichem Gewand
angethan auf dem Thron, denn vor ihm hatten die Könige Tracht und Sitz mit
dem Volke gemein"; und wie sehr waren doch die Westgothenkönige romanisirt und
absolut geworden; vgl. R. A. S. 241: „außer dem Haarschmuck ist von andern
Insignien der Könige in ältester Zeit kaum die Rede von keiner Krone; (nur etwa
Stab (Klemm l. c.), Speer, Fahne); Ennod. p. 461 spricht nur von glänzender
Waffenrüstung in der Schlacht; Proc. nennt einmal die Heerfahne βάνδος; der
Fahnenschaft ist mit einem goldnen Armring (vgl. Wackernagel in Haupts Z. IX.
S. 540) an des Bannerträgers Arm geheftet und die Erbeutung dieses Armrings
wird als schwere Schmach empfunden und mit höchster Anstrengung abgewehrt; ich
erinnere, daß ein Held, Dietrichs von Bern, Wildeber, in der Bilkinas. c. 109 (ich

Es ist begreiflich, daß dem Romanisiren Theoberichs seine Ger=
manen vor Allem darin folgen[1]), daß sie wie er das schöne Süd=
land als ihre Heimat ansehen: es war dem so lange unstät wan=
bernden und von aller Noth der Heimatlosigkeit bedrängten Volke
theuer, ja wie unentbehrlich geworden: immer und immer wieder,
nicht nur im Unglück, selbst im besten Glück, unter Totila, suchen
sie[2]) vom Kaiser die Erlaubniß nach, im Lande bleiben zu dürfen, un=
ter den schwersten Bedingungen: sie wollen sich mit dem Lande nörd=
lich vom Po begnügen, alle Inseln und das ganze Festland südlich vom
Po an Byzanz abtreten: (da blieb nur ein schmales Gebiet, da die
Franken im Westen die Seealpen und ihr Vorland abgerißen, —

muß nach W. Grimm Heldens. S. 30 citiren in Ermanglung des Originals) ei=
nen goldnen Armring trägt; (daß der Löwe Theoberichs „Schild= und Wappen=
zeichen“ gewesen; Lersch in Jahrb. b. Ver. d. Alterth. Fr. im Rheinl. I. S. 32
möchte schwer zu beweisen sein! er folgt den späten Sagen Raßmann II. S. 425;
W. Grimm S. 143). Theoberich legte also die gothische private Tracht, jetzt schon,
nach Odovakars Fall, a. 493, ab und gewiß jetzt schon Purpur (den er bisher ge=
wiß nicht getragen) an, wenn er auch die übrigen Insignien des „regii amictus“
erst später vom Kaiser erhielt, A. II. S. 163; welch' große Bedeutung seinem Pur=
pur beigelegt wird, erhellt mehr noch als aus Var. I. 2 aus Ennod. p. 486;
auch Vitigis und Ilbibad tragen den Purpur, Proc. I. 29. II. 30. Totila trug
eine Krone mit Edelsteinen, hist. misc. p. 108; ferner calciamenta, an denen
man den König erkannte (purpurne), und seine vestes regales heißen purpurei
Greg. l. c.; dem spatarius, der diese Abzeichen angelegt, ruft St. Benedict zu:
pone, fili, pone hoc quod portas, non est tuum! seit a. 493 unterscheiden sich
die Könige (auch die Königin, Proc. III. 1) scharf von der Tracht der andern
Gothen, s. die wichtige Stelle des Agath. I. 20 A. II. S. 242: man legte größtes
Gewicht hierauf; wenn aber einzelne Gothen sich in Tracht und Sitten romanisir=
ten (vgl. Proc. I. 2, die drei Erzieher Athalarichs), so fehlt es auch nicht an Bei=
spielen, daß Römer die barbarische Weise, die βαρβαρικὰ διασήματα Agath. I.
20, annahmen, — in Byzanz war das herrschende Mode — und in Italien sagt
Ennod. de Joviniano, qui, cum haberet barbam gothicam, lacerna vestitus
processit: carm. II. 57:
     barbaricam faciem romanos sumere cultus
          miror et in modico distinctas corpore gentes.
     59 nobilibus tollis genium, male compte, lacernis,
          discordes miscens inimico foedere proles.
     1) Merkwürdig ist, daß ein Gothe neben seinem gothischen noch den ungothi=
schen, in Italien geläufigen Namen Andreas führt, Marini Nr. 86; aus vielen
Stellen Prokops erhellt, daß die Gothen ziemlich regelmäßig Latein verstanden und
sprachen, z. B. II. 1. Die Vornehmeren gewiß; Dollmetscher werden kaum (I. 18?)
beschäftigt.
     2) A. II. S. 158.

man sieht hieraus am allerdeutlichsten, wie dünn die gothische Be=
völkerung über das ursprüngliche Gebiet des Reichs muß gesäet
gewesen sein, wenn sie jetzt, freilich nach sehr großem Menschen=
verluste, auf dem fünften Theil desselben Unterkunft finden kann);
auch auf die volle Unabhängigkeit verzichten sie. Erst nach den ge=
waltigen Katastrophen von Taginas und vom Vesuv zeigt sich eine
andre Gesinnung, welche die Freiheit dem Lande vorzieht und um
keinen Preis von der Herrschaft des Kaisers wissen will.

Theoderich nennt Italien das Vaterland der Gothen[1]) und die
Herrlichkeit Roms ist nie mit größerer Bewunderung gepriesen ge=
worden, als von diesem Barbarenkönig, mittelst der Beredsamkeit
freilich eines „der letzten Römer"[2]).

---

1) I. 21; eine schöne Ausführung dieses italischen Patriotismus; vgl. über
Italien noch VIII. 4. I. 8. II. 12. III. 41. 42. 51. IV. 36 und namentlich noch
die ideale, der Wirklichkeit freilich wenig entsprechende Auffassung des Verhältnisses
der Gothen zu Italien in Cassiodors Brief, der „Roma" bei Justinian um Frie=
den für Theodahad bitten läßt. XI.

2) I. 5. quid jam de Roma debemus dicere, quam fas est ab ipsis
liberis plus amari. IV. 6. nulli sit ingrata Roma, *quae dici non potest aliena*;
illa eloquentiae fecunda mater, illa virtutum omnium latissimum templum.
I. 44. nunquam majori damno periclitati sunt mores, quam cum gravitas
romana culpatur . . . pudor est degenerasse de prioribus; Rom correct
behandeln ist der höchste Ruhm, III. 11; mehr kann Niemand geehrt werden, als
wem man Rom vertraut, VI. 4. Rom ist die Welt: Rom besitzt Alles l. c., und
hat seinesgleichen nicht auf Erden, X. 18; über die Herrlichkeit Roms vgl. noch
X. 18. IV. 17. gloriosum opus est servienti, unde romana civitas probatur
ornari, dum tantum quis apud nos proficit, quantum prodesse urbi proprio
labore constiterit, I. 25; keines unserer Gebote soll so eifrig befolgt werden, als
das für Rom ergeht, I. 25; vgl. noch VII. 7. 9. 15. 17. 36. 25. 39. 6. VIII.
1. IX. 17. 19. 21. X. 12. XI. 5. V. 27. 32. 39. 42. 45. 46. II. 1. 2. 3. 34.
III. 5. 11. 16. 31. IV. 51. 23. 43. 28. V. 35. VI. 45; dort haben die divitiae
generales und labor mundi Wunder geschaffen, VII. 13; fast wörtlich so Pro=
kop, Dahn S. 121. III. 21. ubi respici possit tanta moenium pulchritudo?
piaculi genus est, absentem sibi Romam diutius facere, qui in ea possunt
constitutis laribus habitare. (habitatio tam clara) 29. Roma, quae princi=
paliter ore mundi laudatur. 30. Immer wacht in uns die Sorge für die Stadt
Rom. Was ist unsrer Arbeit würdiger als die Wiederherstellung dieser Stadt, die
den Schmuck unsres Reiches enthält. Sogar ihre cloacae sind splendidae und
staunenswerther als andrer Städte Prachtbauten. Daran kann man, Du einziges
Rom, Deine Größe ermessen: welche Stadt kann mit Deinen Höhen wetteifern,
wenn Deine untersten Tiefen ohne Gleichen sind? 53. nihil desiderabile pute=
tur fuisse, quod sub nobis non potuerit romana civitas continere. IV. 29.
cura reverentiae romanae; über die Sorge für die Bauten in Rom IV. 30
und oben S. 171.

Da der Amaler sich als Nachfolger der weströmischen Kaiser[1]) betrachtet, nennt er sich geradezu einen römischen Herrscher (romanus princeps), und wenn neue Provinzen sich ihm anschließen, heißt es: sie haben Rom gesucht[2]), und von einem Italiener, der aus der Fremde in's Gothenreich zurückkehrt, sagt er: er hat sein Vaterland wieder im römischen Reich gefunden[3]). Sein Reich ist das regnum Italiae[4]).

Am Meisten wird die Zusammengehörigkeit dieses Reiches zu Byzanz begreiflicherweise betont gegenüber den Romanen[5]) — den Gothen gegenüber redet man eine ganz andre, das besondre gothische Nationalband, das den Volkskönig und sein Volk verknüpft, aner= kennende Sprache — und dem Kaiser selbst; an Anastasius[6]) schreibt Theoderich: „Uns vereint die ehrfurchtvolle Liebe zur Stadt Rom, von der wir beide, durch Einen Namen verknüpft (princeps roma- nus und βασιλεὺς Ῥωμαίων) uns nicht trennen können. Zwischen unsern beiden Staaten, welche unter den frühern Herrschern immer Einen Körper gebildet haben, darf keine Zwietracht dauern. In der gesammten römischen Welt (d. h. in unsern beiden Reichen) herrsche nur ein Wollen und Denken"[7]). Obwohl Ravenna Resi-

---

1) Vgl. hierüber A. II. S. 125. 139; ganz oberflächlich wieder Neumann S. 150; er zieht schon nach Italien zwar als rex gentium, aber zugleich als consul romanus. Jord. de regn. suic. p. 240.

2) III. 16. talem te judicem provincia fessa recipiat, qualem *romanum principem* transmisisse cognoscat . . nihil tale sentiat, quale patiebatur dum Romam quaerebat (d. h. vermißte, entbehrte), vgl. III. 17. libenter pa- rendum est *romanae consuetudini*, cui estis post longa tempora restituti; so spricht er zu den Burgunden und Franken entrißnen südgallischen Provincialen; propa- gator nominis Romani (in Pannonien und Gallien) nennt ihn die Inschrift von Taracina, und Ennod. ep. IX. 23 sagt von jenen Landschaften: ut (Liberius) Galliis, quibus civilitatem post multos annorum circulos intulisti, quos sine te non contigit saporem de romana libertate gustare ad Italiam tuam et poscentibus nobis et tenentibus (l. tendentibus) illis reducaris.

3) Ad romanum repatriavit imperium III. 18. I. 43. II. 1 Roma te recolligit ad ubera sua; ebenso Ennod p. 155. 476. 478. latiare imperium, latiana regna.

4) II. 41.

5) Sehr gut hierüber Köpke S. 164; richtig' auch Pavir. I. S. 67. comun- que si fosse, il certo si è, che i Goti in questa impresa si valsero del nome romano; s. Sigon. p. 381.

6) Viel zu früh, in's Jahr 490, setzen diesen Brief Baron. u. Pagi ad h. a.

7) I. 1. romanus orbis, Italia III. 52. X. 21. romana regna; vgl. Köpke 163. A. II. S. 125. 164.

benz, hat doch die Stadt Rom noch große Wichtigkeit, größere faft
als unter den letzten Kaifern[1]); fie war eben der Schwerpunkt der
römifchen Nationalität in diefem Doppelstaat und überwog faft
den Barbaren und fein palatium[2]). Rom heißt noch immer das
Haupt der Welt[3]). Die gute Laune ihrer Bevölkerung fucht der
König gerne durch Sorge für die römifchen Bauten[4]) und felbst
gegen feine Reigung[5]) durch die Circusfpiele[6]) und durch reichliche
Nahrung[7]) zu erhalten: es ift das alte panem et circenses!

„Theurer ift uns die frohe Stimmung und Zufriedenheit der
Bevölkerung Roms[8]) als jede Fülle köftlichften Metalls"[9]). Die

---

1) Proc. III. 37.

2) Eine Huldigung für das Römerthum enthält daher fein mit fo großer
Pracht und Geflissentlichkeit in Scene gesetzter Befuch in Rom a. 500, bei dem er
Senat und Volk in einer Rede die Wahrung aller römifchen Inftitutionen, die
volle Gleichftellung mit den Gothen verhieß. Diefe Verheißungen wurden auf ehernen Tafeln öffentlich aufgeftellt; Boëthius hielt ihm eine Lobrede. Der Senat votirte ihm eine vergoldete Statue, die Spiele, welche der König gab, dauerten viele
Tage und der ganze Aufenthalt fechs Monate; damals fetzte er für Rom jene jährliche Getraidefpendung aus, welche Juftinian fortzahlte (Sanctio pragm. §. 22)
und die erwähnten Baugelder (Cass. Chron. vgl. Anon. Vales. p. 622. Chron.
Cassiod. p 651. Isidori l. c. vita s. Fulgentii A. A. S. Jan. I. p. 32—45
(15. Jan.) fuit autem tunc in urbe maximum gaudium. Theoderici regis
praesentia romani senatus et populi laetificante conventus . . in loco, qui
palma aurea dicitur, memorato Theoderico rege concionem faciente . .
romanae curiae nobilitatem decus ordinemque distinctis decoratum gradibus; auch die Sage feiert diefen Befuch (oben S. 90), der allerdings von typifcher Bedeutung war; Biener I. p. 265 batirt erft von da ab des Königs wahre
Herrfchaft; vgl. Boecler p. 14, Sigonius p. 395, Muratori ann. ad. h. a,
Gibbon. c. 39, Mafcou II. S. 64, Hurter II. S. 68, Balbo I. p. 63, du Roure
I. p. 423, Gregorov. I. S. 277.

3) IX. 17. caput mundi; auch sacra urbs II. 2; urbs eximia I. 32, daher auch fchlechthin urbs II. 7. IV. 30; romanae arces II. 34; sacra moenia,
Roma cana III. 11; semper felix VI. 1; V. 4 opinio romanae urbis, d. h.
der Ruhm, Beamter in Rom zu fein.

4) Oben S. 170.

5) I. 20. pars minima curarum publicarum principem de spectaculis
loqui, tamen pro amore reipublicae romanae non pigebit und die auffallend
ftarke Mißbilligung der Modeleidenfchaft, V. 42.

6) f. oben S. 167.

7) V. 35; f. oben S. 162; Gibbon c. 39; du Roure I. S. 427; Wilmans
S. 140; Boecler S. 25; Mafcou II. S. 64; Gregorov. I. S. 295; den Senat
gewinnt die affabilitas, die plebs die annonae; Cass. Chron. p. 657; welche
Wichtigkeit man dem Zuruf im Circus beimaß, zeigt Proc. I. 6.

8) IX. 17. nominis Romae dignitas apud nos gratissima.

9) VI. 18; vgl. IX. 7.

Bürger Roms haben mit Recht vor allen Andern viel voraus[1]).
„Der allgemeine Wunsch ist, daß Rom sich freue, dann freut sich
die Welt; nichts ist geringfügig, was Rom erfreut: die Neigung
jener Stadt ist unvergleichlicher Ruhm[2]); mehr als für den ganzen
übrigen Staat beschäftigt[3]) uns die Sorge für Rom"[4]).

Ein Beamter hatte zu Anfang von Athalarichs Regierung eine
Anzahl von Römern in langer Haft gehalten[5]). Dieß hat in der
Stadt allgemein finstre Stimmung hervorgerufen, die um so drücken=
der lastete, als gerade die Zeit eines kirchlichen Freudenfestes nahte[6]).
Der König beeilt sich, jene Härte abzustellen und durch ausdrück=
liche Entschuldigung und gute Verheißungen die Bevölkerung um=
zustimmen[7]).

Offen wird bekannt: „Sogar der König wünscht die gute
Meinung Roms zu haben"[8]), und wo Cassiodor in eignem Namen
spricht, weiß er die „Quiriten"[9]) nicht genug mit allem Lobe[10])
ruhiger Gesetzlichkeit zu überhäufen, welches sie doch, nach Zeugniß
seiner eignen Erlasse, nicht eben ganz verdienten[11]).

---

1) VII. 7; die plebs romulea XII. 11 ist eine plebs nobilis, VI. 4.

2) VI. 18.

3) IX. 21. ut est de vobis cura nostra solicita.

4) III. 31; daß solche Uebertreibungen gesagt wurden, ist immerhin etwas;
vgl. Proc. b. G. I. 20; Procop. b. G. I. 20. Ῥωμαίους .. οὓς Θευδέριχος
ἐν βίῳ τρυφερῷ τε καὶ ἄλλως ἐλευθέρῳ ἐξέτρεψεν.

5) Aus politischem Argwohn, vielleicht im Zusammenhang mit der Gährung
kurz vor Theoderichs Tode.

6) Weihnachten a. 526 oder Ostern a. 527.

7) Var. IX. 17. Nefas est (Romanis) .... longam sustinere tristitiam
.. exultatio civitatis illius generalitatis votum est, dum necesse est lae-
tari reliqua, si mundi caput gaudere proveniat ... revocentur nunc ad
laetitiam pristinam Romani nec nobis credant placere posse, nisi qui eos
eligunt modesta aequalitate tractare. nam si quid inique vel acerbe hactenus pertulerunt, non credant a nostra mansuetudine negligendum, qui
nec nobis otia damus, ut illi secura pace ac tranquilla laetitia perfruan-
tur. cito sentiant, quia nos amare non possumus, quos illi pro suis excessibus horruerunt. Der Schluß enthält deutlich eine Desavouirung des harten
Beamten.

8) VI. 18.

9) VI. 18. XII. 11. populus romanus VIII. 2. IX. 14. 15. X. 14.

10) XII. 5. 11. XI. 39. 5. III. 13. 16. 23. 24. 38. IV. 47. 43. VI. 18. VII.
3. l. 20. 21. 31.

11) XII. 11; die Stelle ist höchst bezeichnend für einen also damals schon her=
vorstehenden liebenswürdigen und schlimmen Characterzug des niedern Volkes in
Italien, er ist das älteste Zeugniß für das dolce far niente und die frohe Bedürf=

· Der Hauptvertreter dieser romanisirenden Richtung der Re=
gierung[1]) war nun Cassiodor, selbst einer der letzten hervorragen=
den Träger griechisch=römischer Bildung[2]): aus seinen Erlassen vor=
nehmlich schöpfen wir unsere Kenntniß von dem Rechts= und Staats=
leben im Gothenreich. Dabei muß man sich zwar bewußt bleiben,
daß, obwohl im Namen des Königs, doch eigentlich der gelehrte
Römer spricht[3]). Andererseits aber steht fest, daß der Minister den
König nichts reden lassen durfte, was dieser nicht billigte, und daß,
wenn die Sprache dieser Erlasse auf Cassiodors Rechnung kömmt,
doch ihr Inhalt und ihre Tendenz dem Willen und Gedanken des
Königs entstammen. Und da Cassiodor nach Theoderichs Tod unter
dessen Nachfolgern fast noch entscheidenderen Einfluß auf die Staats=
leitung[4]) übte, so dürfen wir die Schreiben aus dieser Zeit eher

nißlosigkeit der Arbeitscheu; turba, quae vivit quieta, populus, qui nesciatur,
nisi cum locus est; clamor sine seditione, quibus sola contentio, est paupertatem fugere et divitias non amare: *nesciunt esse lucripetae nec aliqua e*
negotiationis (so ist statt des sinnlosen negationis zu lesen) *calliditate deseruciat.*
vivunt fortuna mediocrum et conscientia (d. h. Gefühl, Zufriedenheit) *divitum;*
Cochlaeus hat ein eigenes cap. (VII.) „de beneficentia et studio Theoderici
ergo urbem Romam"; diese wegen Unkritik ganz unbrauchbare Schrift hat nur
dadurch Interesse, daß sie die wechselnden Ansichten der Autoren von a. 1200—1500
über Theoderich und sein Reich mittheilt.

1) Und gewiß auch eine Hauptstütze der Toleranz und Ehrerbietung gegen
den Katholicismus; über sein Verhältniß zu den Päbsten und St. Benedict s. St.
Marthe und Schröckh. XVI. S. 141.

2) Vgl. Bähr I. S. 602. Unerachtet des wohl begründeten Tadels seiner
historischen Arbeiten bei Mommsen, Chron. S. 560 f.; vergeblich vertheidigt ihn
hiegegen St. Marthe S. 361.

3) Deßhalb sind nicht alle Worte Cassiodors Gedanken Theoderichs. Einiges
von dem Romanisiren der Varien kömmt nicht auf des Königs Rechnung: na=
mentlich scheint die stolze Hochhaltung gothischen Waffenthums in der Wirklichkeit
viel stärker als in den Formeln des Römers hervorgetreten zu sein, wie Proc.
l. c. I. 2 (auch nach Abzug von der Uebertreibung und rhetorischen Zuspitzung
dieser Stelle) beweist; vgl. Abel S. 6.

4) (du Roure II. S. 244 stellt die Ministerien seit Athalarich zusammen);
nur soviel ist richtig an den Uebertreibungen Naudets, (daß Cassiodor durch
völlige Umkehr des Systems Theoderichs, durch absolute Bevorzugung der Römer
und Katholiken den Untergang des Gothenreiches vorbereitet habe), daß von Ama=
lasuntha bis Theodahad die romanisirende Richtung Cassiodors sehr fühlbar wurde
und die nationale Opposition der Gothen herausforderte; ich kenne das (sehr un=
kritische) Buch nur nach der Anzeige seines siegreichen und schonenden Mitbewer=
bers bei der Preisaufgabe der französischen Akademie von 1808, Sartorius, in den
gött. gel. Anz. von 1811 S. 1106; Naudet erklärt das Romanisiren Theoderichs

noch mehr denn weniger als Ausdruck des Regierungswillens fassen[1]).

Wenn daher so oft in den Varien die Weisheit der altrömischen Staatseinrichtungen gepriesen, die römische Vorzeit als Muster aufgestellt wird[2]), so ist das zwar der Form und zum Theil auch

---

als bloße Heuchelei; er macht aus ihm einen Tyrannen-Character im Styl von Tiberius; der Titel des Buches ist: histoire de l'établissement, des progrès et de la décadence des Gothes en Italie par J. Naudet Par. 1811. Sart. hat ihn hinreichend widerlegt; vgl. auch die Krit. in den Heidelb. Jahrb. v. 1811.

1) Sein Austritt aus dem Staatsdienst unter Vitigis hat (unter Andrem) gewiß auch den Grund, daß nach dem allgemeinen Uebergang der Italiener zu Byzanz das gothische Reich, wie er es gedacht, nicht mehr bestand: (diese politischen Gründe ignorirt St. Marthe p. 210); es gehörte viel dazu, nach Amalasunthens Mord noch Theodahad zu dienen (vgl. Schlosser II. S. 18); aber er trat nicht wie die meisten seiner Freunde gegen das Volk Theoderichs auf; er ging in das von ihm gegründete Kloster zu Squillacium und entzog sich so jeder Parteistellung, die ihm schon seit Ausbruch des Krieges unerträglich geworden sein mußte; zu spät setzen seinen Austritt Schröckh XVI. S. 130, Balbo I. S. 236 (richtig Wattenb. S. 46); sein jüngstes Schreiben X. 32 fällt in die Zeit der Verhandlungen des Vitigis mit dem Kaiser, nach dem Verlust von Rom (s. den Beweis u. II. S. 218) a. 538, wahrscheinlich trat er zurück, sowie diese gescheitert; J. Grimm über Jorn. S. 16; über das nahe Verhältniß Cassiodors zu den Amalern Var. IX. 24; vgl. A. II. S. 135; über die drei Cassiodore gegen Buat l. c. Rubeus p. 121 Manso; Hurter II. S. 143 verwechselt Großvater, Vater und Sohn; eine kritische Ausgabe der Varien und eine Darstellung der Bildung, Gesinnung und Politik Cassiodors wäre eine verdienstvolle Arbeit St. Marthe vie de Cassiodore Par. 1695 ist ohne alle Kritik und Methode; treffliche Andeutungen bei Mommsen; man sehe S. 650 f., wie sehr Cassiodor gothisirte, d. h. in seiner für den Eidam Theoderichs (nicht für diesen selbst, St. Marthe l. c., oder auf dessen Befehl, wie Bähr II. S. 108, Schröckh XVI. S. 131), gearbeiteten Chronik aus seiner Quelle (Prosper) alles den Gothen Nachtheilige entfernte und sie namentlich als ausnahmslos mild gegen die Römer darstellte: z. B. ad a. 420. (ubi clementer victoria usi sunt) 491. a. 500. 502. 514. 518. 519. Die Chronik z. B. ad a. 500 trägt ganz die Tendenz der Varien; weitere Cit. über Cass. bei Wattenb. l. c. und Potthast s. h. v. über Cassiodors Verdienste f. Schröckh XVI. S. 130; Boëthius kann man an politischem Einfluß nicht mit ihm vergleichen, wie die meisten Aelteren thun; Cassiodors politischer Standpunct gegen Gothen und Byzanz ist sehr verschieden von dem des Jordanes (ob. S. 256); dieß ist bei den Aufstellungen v. Syb de font. (vgl. dazu Waitz in Gött. gel. Anz. v. 1839 N. 78) nicht zu übersehen.

2) Vgl. über die antiquitas A. II. S. 129. Var. I. 6. II. 18. 19. 26. 28. 39. III. 29. 33. 39. IV. 10. 19. 33. 35. 51. VI. 6. 7. VII. 2. 7. 9. 10. 41. XI. 8. priscarum legum reverenda auctoritas II. 13. provida decrevit antiquitas VII. 10. VI. 21. IV. 33. IX. 28. prisca auctoritas VII. 20. 41. 47.

der Sache nach aus der Persönlichkeit des gelehrten Römers her-
ausgesprochen: aber dieser hätte dem König nicht solche Worte in
den Mund legen können, wenn nicht dessen eigenster Wille und
eigenste That die Schonung und Verehrung für das Römerthum
fortwährend-dargestellt hätten[1]).

Deßhalb werden solche Männer bevorzugt, welche im Gegensatz zur Neuzeit altrömische Zucht und Sitte bewähren[2]). Man
verlangt von den Beamten antiquorum instituta und entzieht ihnen
dem entsprechend auch keines der alten Amtsrechte[3]). Sogar die
alten römischen Palastwachen behielt der König bei[4]) und spricht
offen seinen Zweck aus, daß er, der immer die Normen der Alten
beachtet[5]), die durch die letzten Umwälzungen erschütterten Staats-
verhältnisse auf den vorigen Stand, d. h. die normale römische
Verfassung zurückführen will[6]). „Denn wir freuen uns der Einrichtungen des Alterthums und gerne befolgen wir die hergebrachten
Normen"[7]).

Und hier wird auch der letzte Grund dieses romanisirenden

VIII. 19. IX. 2. antiquitas moderatrix VII. 10. reverenda V. 5. VII. 41.
justa II. 28. curiosa 40. beneficialis 39. cana III. 33. VI. 13. antiqua so-
lennitas IV. 20. jura VI. 4. consuetudo 9. legum statuta IV. 33. vetustas
II. 4. VI. 23. inventa vetustatis obstupenda praeconia rerum ordinatarum
divalibus sanctionibus (divalia statuta II. 27. IV. 28. 32. sind die alten
Kaifergesetze); non licet negare quod te cognoscis sub antiquitate largiri
IV. 12. III. 39. sequi convenit vetustatem quae suo quodam privilegio velut debita quae donantur exposcit. Die alten römischen Gesetze machen neue
gesetzgeberische Thätigkeit überflüßig. XI. 8.

1) Bezeichnend ist die häufige Cumulirung: et prisca legum et nostrae
jussionis auctoritas, VII. 46. XI. 7; vgl. namentlich IV. 35, wo einem Römer die in integrum restitutio erbeten wird: quod jura tribuerunt nostra
quoque beneficia largiantur; es ist immerhin ein beneficium, daß der Gothenkönig den Römern gewährt, was das römische Recht aufstellt. Doch heißt das Institut auch im römischen Recht beneficium und der König hält sich genau an
alle Voraussetzungen der sacratissimae leges, und nur si nihil est quod jure
contra referatur soll auch unsere Gewalt, nostra quoque auctoritas, das Peti-
tum gewähren.

2) A. II. S. 136. Var. IX. 23. X. 6. II. 32. priscae confidentiae virum
miramur.

3) VI. 15. I. 43.

4) Oben S. 67. Var. I. 10. Proc. arc. c.

5) IV. 42.

6) Var. III. 31. ad statum pristinum cuncta revocare studemus.

7) l. c. II. 4.

Conservatismus ausgesprochen: es ist die Fernhaltung aller Gewalt, die Abwehr alles Unrechts durch die starke Ordnung des römischen Staatswesens: „wo man vernünftige Schranken einhält, gibt es keinen Uebergriff der Gewalt in das Recht". Characteristisch für Theoderichs Ansicht von germanischem und römischem Staatswesen ist, daß er, während bei Erhaltung vorgefundner römischer Einrichtungen ihre ersprießliche Vernünftigkeit immer stillschweigend als selbstverständlich vorausgesetzt wird, bei Erhaltung einer Anordnung des Westgothen-Königs Alarich II. ausdrücklich den Vorbehalt macht: „die Bestimmung eines frühern Königs, von der jedoch feststeht, daß sie vernünftig getroffen sei, wollen wir nicht verletzt wissen. Was durch ein billigenswerthes Gebot geordnet ist, soll gelten. Denn warum ältere Normen erschüttern, wenn nichts daran auszusetzen ist?"[1]).

Ganz anders von seinen römischen Vorgängern: „Die Ehrwürdigkeit der frühern Herrscher wird durch das Beispiel sogar unsrer Verehrung bewiesen" und aus Achtung für seinen Willen fordert er von den Gothen Befolgung der alten Kaisergesetze[2]). Im Anfang hatten es auch die Herrscher in Byzanz nicht an Ermahnungen fehlen lassen, welche dem Gothenkönig „den Senat, die Gesetze der Kaiser und alle Glieder Italiens" empfahlen[3]). Demgemäß fordert, wie Trajan, der König seinen Quästor auf, nöthigenfalls auch gegen ihn zu sprechen nach dem alten Recht: „Einem guten Fürsten darf man im Interesse der Gerechtigkeit widersprechen, tyrannische Wildheit ist es, von allen Satzungen nichts hören wollen. Unsere Gesetze sollen ein Echo der Decrete der Alten sein, denn soviel finden sie Lob, als sie an das Alterthum gemahnen"[4]).

---

1) Var. IV. 17.
2) IV. 33; etwas anders X. 7.
3) I. 1.
4) VIII. 13. Ueber dieses Bestreben, die römischen Traditionen zu conserviren, s. noch VII. 22. VIII. 16. 22. X. 6. 7. IV. 26. 38. 42. V. 39. VI. 14. 23; über die hergebrachten privilegia I. 12. 22. II. 28. III. 39. VI. 9. 14. 18. 22. VII. 4. 8. VIII. 16; die priscae sanctionis VII. 24. constitua divalia II. 28. vetera Ed. §. 54. die consuetudines VII. 2 (priscae IV. 25. 21. 20. longae VIII. 24. antiquae V. 5. VI. 9. antiqua institutio Ed. §. 105. pristinae V. 38.) IV. 13. V. 23. antiquorum jura X. 7. prudentia, auctoritas majorum VII. 8. sit (quaestor) imitator prudentissimus antiquorum VI. 5. regulae veteres IV. 42 (jede auch noch so fern liegende Gelegenheit wird ergriffen von Erneuerung altrömischer Herrlichkeit zu sprechen; der König läßt Getraide aus Spanien nach Rom bringen; da heißt es: ut sub nobis felicior Roma recu-

Den confequenten Abfchluß findet diefes-Romanifiren in der ganz befondern Ehrerbietung, mit welcher der Senat in Wort und That behandelt wird[1]): der Senat, diefer glänzende Gipfel der römifchen Hälfte des Reichs, deffen Fortbeftand am Klarften den Fortbeftand des römifchen Staatswefens darftellte[2]). Die Verleihung der höheren Aemter: Patriciat, Confulat, Präfectur wird dem Senat jedesmal mit großen Lobeserhebungen deffelben angezeigt: diefe und andere Würdenträger treten felbft in den Senat ein[3]). „Diefe Ehre für den Candidaten, die auch den Senat erfreut (d. h. feine Vermehrung durch würdige Glieder), gereicht zugleich dem König zum Ruhme"[4]). Durch diefe Ernennungen belohnt der König treue

peret antiquum vectigal. Athalarich beruft VIII. 3 fich bei feinem Hulbeid auf das Beifpiel Trajans; cordi nobis est, universos ordines (d. h. die altrömifchen Rangclaffen) locis suis continere VI. 25. V. 5. quod sanxit reverenda antiquitas — antiquae consuetudinis cautelam non volumus removere V. 5; ganz verkehrt über die Brauchbarkeit der Varien für das Streben Theoderichs Neumann S. 144: der König habe deren Romanifiren als eine unfchädliche Thorheit an einem fonft höchft brauchbaren Diener belächelt; (die Polemik diefes Auffatzes, der z. B. fagt S. 146: wahrfcheinlich kannten die Gothen in früheren Zeiten keine Könige und der Abel der Gothen war diefen von den Römern beigelegt, wie unfer Wohlgeboren, (!) gegen den immer gediegenen Manfo, ift fehr feicht); auch Gibbon. c. 39 unterfchätzt den Werth der Varien als Quellen; vgl. über deren kritifche Benützung A. II. S. 135.

1) I. 13. 14. 15. 21. 22. 23. 30. 31. 32. 36. 19. 27. 32. II. 13. 24. III. 31. 39. 5. 6. 11. 12. 3. 24. 33. 21. IV. 4. 25. 22. 42. V. 4. 21. 22. 41. VI. 12. 4. 6. 14. 5. 20. XI. 5. 13. 1. XII. 19. X. 19. 11. 14. 15. 17. 19. VIII. 1. IX. 2. 7. 21. 22. 25; vgl. Ennod. p. 468 u. f. Briefe passim., Hurter II. S. 73, Gregorov. I. S. 276, Cochl. c. VIII. „de gratia et honorificentia Th. regis erga senatum romanum". Boecler p 22. Biener I. p. 265.

2) Dem Senat (Cass. Chron. ad. h. a. senatum mira affabilitate tractans); daher verfpricht ihm Theoderich bei feiner Romfahrt a. 500 die Wahrung aller römifchen Ueberlieferungen, den Senat empfiehlt ihm der Kaifer, hist. misc. p. 100. Var. I. 1 und er feinen Gothen. Jord. c. 59. vgl. Proc. I. 6.

3) I. 4. I. 43. Hurter II. S. 76 überfieht dieß, vgl. Kuhn I. S. 178.

4) Ein Gedanke, der immer wiederkehrt. I. 43 scitis . ., nostrum esse gaudium culmina dignitatum. scitis vobis proficere, quod nobis contigerit in fascium honore praestare, quid enim de vobis aestimemus agnoscitis, quando viris longo labore compertis hoc certe in praemium damus, ut vestri corporis mereantur esse participes. III. 12. cupimus, ut perpetuis honoribus fulgeatis; quia quicquid de vobis fama loquitur, nostris institutionibus applicatur. nam cum omnia celsa mereamiui, nostram invidiam tangit, si quid vobis fortasse defuerit. I. 44. caritatem vestri praecipuam nos habere ex ipsa cura potestis agnoscere etc. Der Senat ift eine der ganzen Menfchheit ehrwürdige Verfammlung, I. 42. III. 11, der Gefetzgeber der Welt,

Anhänger und beherrscht zugleich[1]) den Senat, was freilich unter schmeichelnden Worten verborgen wird[2]).

Aber die also geehrte Körperschaft soll auch dem gesammten übrigen Volk, über das sie sich hoch erhebt[3]), in gehöriger gesetz- und rechtliebender Gesinnung (civilitas) ein Muster geben[4]), und wenn die Senatoren sich der Besteuerung[5]) entziehen und die Last auf die Armen wälzen wollen, wird ihnen das als ihres Standes unwürdig, in ernsten Worten verwiesen[6]), während bei patriotischer Freigebigkeit[7]) eines Senators ausgerufen wird: „was ist so echt senatorisch, als für die allgemeine Wohlfahrt arbeiten?"[8]).

VI. 4; die Senatoren sind die primarii mundi l. c., jeder Vergleich mit dem Senat gewährt höchsten Glanz.

1) Deßhalb soll Theodahad auf dieß Recht verzichten. Proc. l. c. I. 6.

2) I. 13. Was die Menschheit an Blüthen besitzt, soll den Senat schmücken; wie die Burg die Zierde der Stadt, ist der Senat der Schmuck der andern Stände; er heißt sonst in der Anrede noch patres XII. 5, patres conscripti I. 4, ordo amplissimus X. 19. I. 32. 41. IX. 16. principes civitatis Boëth. I. 4; und Theoderich nennt ihn in seinem praeceptum, Mansi VIII. l. c., domitor orbis, reparator libertatis, sacer III. 33. 24. 28. 29, I. 41 praecipua vestri ordinis cura . . examinare cogit admittendos . . honor senatus, quem non solum volumus augeri numero civium, sed ornari maxime luce meritorum. recipiat (statt des verkehrten rejiciat) alius ordo mediocres, senatus respuit eximie non probatos; senatus reverendissimus, II. 25.

3) Der senatus und die turba vaga populorum sind sehr weit getrennt, III. 5; (vgl. Proc. I. 8 ähnlich von Neapel, und Dahn, Prokop S. 140). Der Senat ist die nobilis turba III. 11; die loquacitas popularis soll sich auch bei der Circusfreiheit des höhnenden oder schmähenden (verwünschenden) Zurufs gegen Senatoren enthalten. I. 27. praesumtionis hujus habenda discretio est. teneatur ad culpam, quisquis reverendissimo senatori transeunti injuriam protervus inflixit, si male optavit, dum bene loqui debuit; aber eben wegen ihrer hohen Ueberordnung sollen diese Herren auch nicht zu empfindlich sein: mores graves in spectaculis quis requirat? ad circum nesciunt convenire Catones. quicquid illic gaudenti populo dicetur, injuria non putatur: locus est qui defendit excessum.

4) d. h. praedicari moribus romanis, VIII. 11.

5) Ueber die Grundsteuerpflichtigkeit der Senatoren und die Art der Erhebung f. Kuhn I. S. 219 (der übrigens Cassiodors schlagende Beweisstellen hier nicht beachtet hat), mit Recht gegen Burckhardt, Zeit Constantins S. 453.

6) II. 24. IV. 4. sie sind ja parentes publici de clementia nominati.

7) Ueber den enormen Reichthum dieser Familien f. oben S. 31 Schlosser B. G. II. S. 10 und Kuhn I. S. 217; (man berechnet die Jahresrente der ersten Häuser auf 53 Centner Goldes); er floß großentheils aus den canones ihrer conductores: daher die kluge Maßregel Totilas III. 6, f. Dahn, Prok. S. 402; aber auch der gothische Adel war sehr reich; vgl. über Uraia Proc. b. G. III. 1.

8) V. II. 31.

Aus den senatorischen Geschlechtern gingen nun zwar regel=
mäßig die Männer hervor, welche die höheren Staatsämter und
die senatorische Würde selbst erlangten¹). Doch immer nur durch
den Willen des Königs und neben den aus diesen „senatorischen
Familien" hervorgegangnen Senatoren²) standen auch solche Män=
ner, welche der König unerachtet geringerer Abkunft um ihrer per=
sönlichen Verdienste, und zwar oft auch wegen gelehrter Bildung und
juristisch = rhetorischer Auszeichnung, zu Senatoren ernannte³). Dieß
absolute Ernennungsrecht des Königs ist juristisch das Wichtigste

---

1) Diese besondere Bevorzugung der alten Senatsgeschlechter und des Königs
Auffassung ihrer Stellung wird besonders klar durch Var. III. 6, s. oben S. 31 f.,
delectat peregrini germinis viros gremio libertatis inserere .... sed
multo nobis probatur acceptius, quoties dignitatibus reddimus, qui de ipsa
Curiae claritate nascuntur. quia non sunt de vobis examina nostra solicita, dum praejudicata bona transfunditis, qui merita cum luce praestatis.
origo ipsa jam gloria est, laus nobilitati connascitur, idem vobis est dignitatis quod vitae principium. senatus enim honor amplissimus nobiscum
(l. vobiscum) gignitur, ad quem vix maturis aetatibus pervenitur; auf
das Urtheil des Senats wird höchstes Gewicht gelegt: Var. III. 11. quas divitias aestimas aptiores, quam in oculis senatus preciosam gerere puritatem
et ante ipsum libertatis gremium nullis vitiis esse captivum? Männer aus
solchen Familien befördert der König, ohne sie persönlich zu kennen, auf den Ruf
ihres Hauses und ihres Verdienstes hin. Var. IX. 23. quid de vobis judicemus
expendite, cum ad summarum culmina dignitatum germinis vestri viros,
quos nunquam vidimus, eligamus, non fastidio negligentiae, sed honorabili
praesumptione naturae: ad examen veniant quae putantur incerta.

2) s oben S. 34.

3) Natürlich weiß Cassiobor auch über diese Fälle, wie oben über die Regel,
schöne Dinge zu sagen. Var. III 33. gratum nobis est, vota vestra circa
sacri ordinis augmenta proficere. laetamur, tales viros eligere, qui sena-
toria mereantur luce radiare, ut laude conspicuis deferatur gratia dignitatis. curia namque disciplinis veterum patet nec ei judicari potest extraneus (es bedarf also der Entschuldigung), qui bonorum artium est alumnus.
Armentarius und Superbus werden wegen ihrer Auszeichnung als Redner und
Advocaten zu referendarii curiae ernannt. Der König fürchtet, die erblichen
hochadligen Senatoren werden sie nicht als Ihresgleichen anerkennen; deßhalb
sagt er: nam quid dignius, si et senatorio vestiatur togata professio?
Wissenschaft meint er, ist das Höchste, höher sogar als Geburt: gloriosa est
denique scientia literarum: quia, quod primum est in homine, mores
purgat. Nicht ohne Feinheit ist die leise Andeutung, die gewandten Redner
würden auch etwaige Gegner zu gewinnen wissen: ducantur ergo ad penetralia libertatis laudati merito suo, ornati judicio nostro, *habituri sine*
dubio gratissimum senatum, — (gerade das war zweifelhaft —) quorum ars
est facere de irato benevolum, de suspecto placatum, de austero mitem,

und politisch das Maßgebende in dem ganzen Verhältniß von König und Senat.

Auch abgesehen von der Aemtercarrière werden diese senatori=schen Familien (germen senatorium, venerandum examen senatorii ordinis Var. IV. 42) besonders der königlichen Huld gewürdigt[1]). „Sogar mir, dem Könige, ist der Senat ehrwürdig" — eine Wen=dung, bezeichnend für die Stellung des absoluten Monarchen zu dieser in den Formen geschonten Aristokratie[2]).

de adversante propitium. quid ergo patribus imponere non possit, qui lectere animum judicantis evaluit? Die Worte Cassiodors verrathen manch=mal gegen ihren Willen die Gedanken, welche sie verbergen sollen. Nur eine höf=liche Phrase ist es, daß der vom König ernannte nachträglich vobis mittitur approbandus und ipse magis traditur examini, cujus sententia noscitur prolata pensari, Var. V. 22; denn dieß „examen" ist ohne Wirkung; über die Ernennung der Senatoren mit Rücksicht auf die Wünsche des Collegiums. Var. I. 41. haec enim praecipientes nil imminuimus sacro ordini de so=lita auctoritate judicii. quando major est gloria dignitatis, spectare sen=tentiam procerum post regale judicium: ornatus ipsorum est, si, quae solent illi deligere, nos jubemus, et si, quod ab illis quotidie petitur, nos magno opere postulamus. Es ist mehr als nur rhetorische Sprachweise, es ist politische Absicht, daß sich bei dieser (mittelbaren) Ernennung von Senatoren ein Gedanke des wiederholt, der dieß Recht des Königs als mit der Freiheit der Curie vereinbar zeigen soll. Var. V. 41. licet candidatos vobis frequenter genuerit munificentia principalis et fecunda indulgentia nostra vobis altera sit natura, habetis nunc profecto virum, quem et nos elegisse deceat et vos suscepisse con=veniat. cui sicut fortunatum fuit a nobis eligi, ita laudabile erit vestro coetui honorum lege sociari; vgl. III. 6. Die Männer, welche zu hohen sena=torischen Aemtern befördert wurden, hatte der König zuerst in geringeren Stellun=gen und längerem Dienst erprobt und gleichsam für den Senat (vorab jedoch für sich), erzogen, ein Verdienst, das ausdrücklich hervorgehoben wird. Var. l. c. hoc tamen curiae felicius provenit, quod nobis et impolitus tyro militat, illa vero non recipit, nisi qui jam dignus honoribus potuerit inveniri. con=venienter ergo ordo vester aestimatur eximius, qui semper est de proba=tissimis congregatus .... suscipite itaque collegam, quem palatia nostra longa examinatione probaverunt, qui regiis ita intrepidus militavit affati=bus, ut jussa nostra saepe nobis expectantibus atque laudantibus expli=caret; über die Rechte des Königs und des Senats bei Verleihung der senatori=schen Würde vgl. Var. VIII. 19. licet apud vos seminarium sit senatus, tamen et de nostra indulgentia nascitur qui vestris coetibus applicetur, alumnos (senatus) cunctae nobis pariunt aulicae dignitatis; vgl. besonders auch VI. 14; f. über das Geschichtliche Kuhn I. S. 176 f. und 205.

1) Var. IV. 42.

2) Var. IV. 21. tu, (Rector Decuriarum) tantis tacentibus vox sena=tus, vide quid dignitatis acceperis, ut inter tot eloquentes viros sis di-

Auf die geschilderte formell höfliche Behandlung des dem Wesen nach doch völlig abhängigen[1]) Senats beschränkt sich unter den Gothenkönigen, wie unter den Kaisern[2]), der letzte Rest der „römischen Freiheit", die ausdrücklich als an den Senat geknüpft dargestellt wird[3]). Zwar behielt der Senat fast alle seine hergebrachten Rechte: z. B. gegenüber der Kirche[4]), die freiwillige[5]) und auch die strafrechtliche Gerichtsbarkeit für gewisse Verbrechen in Rom[6]) und oft übertrug der König ihm auch außerordentliche Judicatur[7]): aber sein politisch wichtigstes Privileg, das Recht, daß über Senatoren nur ein durch das Los bestimmtes Preisgericht urtheilen sollte, war durch die Modification factisch beseitigt, daß statt des Loses der König jetzt die Richter aus dem Senat wählte, in welchen er einführen konnte, wen er wollte[8]). Und jene formelle, schön redende Höflichkeit hielt den König nicht ab, diesen vielgelobten Senat nöthigenfalls der Zuchtgewalt (disciplina) eines Gothen, des comes urbis Arigern, zu unterwerfen: diesem muß unbedingt gehorcht werden, sonst wird mit Geldstrafe eingeschritten[9]).

---

cendi primarius, quos etiam nobis profitemur esse reverendos. Was dem römischen Namen schmückt, liest man, stammt von euch. II. 24.

1) s. Manso S. 377; überraschend wahr sagt Jord. de regn. succ. p. 240. ab illo populo *quondam* romano et senatu *jam paene ipso nomine cum virtute sepulto*; das war nicht cassiodorisch. Jord. ist aber, sofern nicht gothisch, byzantinisch, nicht lateinisch gesinnt.

2) Hegel I. S. 67.

3) IX. 231. A. II. S. 182; der Senat ist gremium libertatis III. 11. penetralia libertatis, aula libertatis VI. 4. VI. 15. aula coelica (!) libertatis V. 21. Gibbon c. 39; auch in den Provincialstädten bilden die Curien die ornatus libertatis.

4) Oben S. 213; ferner den Patronat über die hohe Schule zu Rom. Var. IX. 21; vgl. Kuhn I. S. 96.

5) V. 21.

6) Irrig Rein S. 241.

7) IV. 43; oben S. 96.

8) Hienach ist v. Glöden S. 9 zu modificiren (Vorstand des Gerichts ist der Stadtpräfect; vgl. Hollweg. Handb. I. §. 7. N. 17—20), der den Arigern ganz übergeht; damit stimmt auch der Proceß des Boëthius I. 4. s. u. Anh. II.

9) IV. 16. disciplinae se praefati viri romanus ordo restituat; es bezieht sich der Erlaß wohl nicht auf den Kirchenstreit (oben S. 209), sondern auf die Circushändel (s. oben S. 269), bei denen die Senatoren der schuldigere Theil scheinen (vgl. I. 27): quoniam nos specialiter injunxisse cognoscite, ut error, qui ab auctoribus suis minime fuerit emendatus, legum districtione resecetur. *pareatur ergo.* etc.; auch I. 32 wird den Senatoren mit Geldstrafen gedroht.

Es erklärt sich sehr wohl aus der politischen Geschichte, daß wir gerade unter der Regentschaft Amalasunthens eine sichtlich zunehmende Anlehnung an den Senat bemerken[1]): in diesem römischen Adel fand die noch mehr als Theoderich romanisirende[2]) und ihrem Volke entfremdete Regierung zugleich ihre Hauptstütze gegen die gothische Nationalpartei: eine amalische Prinzessin wird mit einem Senator Maximus vermählt[3]) und anderseits tritt Graf Thulun, ein Verschwägerter der Amaler und neben Cassiodor der wichtigste Berather der Regentin, jetzt als Patricius selbst in den Senat ein und berühmt sich, schon unter Theoderich eifrig für die Senatspartei gewirkt zu haben[4]).

---

1) A. II. S. 182. Gregorov. I. S. 321. St. **Marthe** p. 113 f.; vgl. schon das Thronbesteigungsmanifest Athalarichs an den Senat VIII. 2; und in seinem Briefe an den Kaiser beruft er sich auf das gute Verhältniß seines Vaters und Großvaters zu diesen höchsten römischen Würden. VIII. 1; er sollte zu einem römischen Imperator erzogen werden. Proc. I. 2.

2) Amalasuntha sucht auch die Familie des Boëthius zu versöhnen, Proc. l. c. vergeblich; s. A. II. S. 232.

3) **Var.** X. 11; vermuthlich derselbe Maximus, den Belisar wegen Verdachts der Conspiration mit den belagernden Gothen aus Rom entfernt. Proc. l. c. I. 25.

4) In VIII. 11 spricht nämlich nicht, wie allgemein angenommen wird, Athalarich, sondern Thulun zum Senat: in VIII. 10 hat bereits Athalarich dem Senat angezeigt, daß er Thulun zum Patricius gemacht und ihn in den Senat eingeführt habe; nun spricht Thulun selbst zum Senat; daß Athalarich nicht spricht, erhellt schon aus den Eingangsworten: sie sind eine Aufforderung dem König zu danken für meinen provectus, d. h. Beförderung; man kann auch nicht annehmen, der Erlaß stehe nicht mit VIII. 10 im Zusammenhang, vielmehr habe Theoderich seinen Enkel zum Patricius machen lassen (provectus meus): denn der damals 8jährige Athalarich kann doch nicht von sich rühmen, daß sein Rath seinen Großvater gelenkt habe und *insertus* stirpi, regiae, aufgenommen in das königliche Geschlecht, kann man nicht von einem Sprößling desselben, genau aber von einem Mann nicht königlicher Abkunft sagen, der der Verschwägerung mit den Amalern gewürdigt wird; es ist bezeichnend für die Wichtigkeit dieses Actes, daß Cassiodor, der sonst nur der Könige und seine eignen Schreiben aufbewahrt, auch diese von ihm für Thulun aufgesetzte Erklärung in seine Sammlung aufgenommen hat. In diese Periode fällt auch ein Schreiben Athalarichs, welches das Recht des Königs, den Senat durch Ernennungen zu den höheren Aemtern zu erweitern und zugleich zu lenken abermals entschuldigt. VIII. 19. licet coetus vester gemino splendore semper viridetur, clarior tamen redditur, quoties augetur lumine dignitatum . . . praedicari, hinc est, quod vobis aggregare cupimus, quem reperimus ubicunque praecipuum. *nam licet apud vos seminarium sit senatus, tamen et de nostra indulgentia nascitur, qui vestris coetibus applicatur;* woher die Senatoren genommen wurden, sagt der nächste Satz: *alumnos cunctae*

Unter Theobahad schon trübte sich das Verhältniß der Regierung zum Senat: in der schwülen Zeit vor dem Ausbruch des Krieges, da man von dem zwar völlig romanisirten, aber doch unbeliebten Fürsten sich alles Möglichen versah, waren in Rom Unruhen ausgebrochen, die das gegenseitige Mißtrauen erzeugt hatte[1]): der König macht den Senat in ziemlich strenger Sprache dafür verantwortlich: aber noch steht ja immer Cassiodor an der Spitze der Geschäfte, der gewiß dem amplissimus ordo nicht zu nahe tritt: daher auch in dem Tadel ihres Benehmens im einzelnen Fall noch hohes Lob für ihren Stand und seine Aufgaben liegt[2]).

Am Lehrreichsten für das Verhältniß des Regenten zum Senat ist selbstverständlich die uns erhaltne allgemeine Formel für die Ernennung von Senatoren und senatorischen Beamten: denn in dieser für alle Fälle berechneten Formel ist ja Alles weggelassen, was dem einzelnen concreten Verhältniß angehört, und nur die bei allen Ernennungen maßgebenden Gedanken sind ausgedrückt: da begegnet denn wieder die edle Abstammung, das bewährte Verdienst des Candidaten, die gegenseitige Verherrlichung des Senats und des neuen Mitglieds durch die Aufnahme, neben der senatorischen Geburt das unbedingte Ernennungsrecht, aber zugleich der Wunsch des Königs nach der Billigung des Senats[3]).

---

nobis pariunt aulicas dignitates, quaestura autem vere mater senatoris est, quoniam ex prudentia venit. quid enim dignius, quam curiae participem fieri, qui adhaesit consilio principali? sehr characteristisch ist der Schluß: quapropter, patres conscripti, favete vestro (al. nostro), si collegae manum clementiae porrigitis, nos potius sublimatis.

1) s. A. II. S. 196.

2) Var. X. 13. (postquam . . . petitionibus vestris, quamvis essent quaedam reprehensibiles, noster animus obviasset etc., s. die Stelle A. II. S. 196; zu spät setzt diese Vorfälle Gregorov. I. S. 338); es handelt sich um Befürchtungen, wie sie bei Regierungsveränderung in diesem Staat immer eintraten ("primordia principis") amovete suspiciones ab ordine vestro semper extraneas: non decet senatum corrigi, qui debet alios paterna exhortatione moderari; (Theobahad hatte, so scheint es, eine große Zahl Senatoren zu sich nach Ravenna entboten und diese erblickten, wohl nicht mit Unrecht, in dieser Ehre eine Vergeiselung; deßhalb macht sie der König auf die darin liegende Auszeichnung aufmerksam und begnügt sich um ihrer Befürchtungen willen, nur Einige nöthigen Falls zu sich zu berufen. Dieß ist wohl der Zusammenhang der Thatsachen und Gedanken; später sucht der Kaiser den Senat vor der Willkür der Gothenkönige zu schützen. Proc. l. c. I. 6).

3) Var. VI. 14.

Theobahad zwang später den Senat, bei dem Kaiser den Frieden und Schonung für den Amalerthron zu bitten[1]). Witigis nahm,
ehe er sich von Rom nach Ravenna zurückzog, einige Senatoren
als Geiseln mit und die übrigen nochmals in eibliche Pflicht der
Treue, was dieselben nicht im Mindesten abhielt, Belisar auf's
Eifrigste nach Rom einzuladen[2]). Daher rechtfertigen sich nicht nur
die schweren Vorwürfe, welche Witigis und Totila[3]) gegen die Un-
dankbarkeit des Senats erhoben, wir begreifen auch, weßhalb letz-
ter, nachdem er Rom wieder gewonnen, die Senatoren zuerst mit
der härtesten Strafe, mit Verknechtung, bedroht und später a. 547
sie wenigstens[4]) als Geiseln und Gefangne von Rom fort nach
Campanien führt[5]). Als er sich später wieder in einen nicht mehr
zu entreißenden Besitz Roms gesetzt zu haben glaubt und, den Krieg
für so gut wie beendigt haltend, in der Weise Theoderichs friedlich
regieren und ganz die alten Staatszustände wie unter jenem König
herstellen will, ruft er die Senatoren aus Campanien[6]) wieder nach
Rom zurück und läßt sie in ihre alten Functionen wieder eintreten: dieß soll, wie die Circusspiele, aller Welt die Wiederherstellung
des römisch-gothischen Doppelstaats bezeugen. Die Kinder derselben
behält er aber, unter dem Vorwand seines Hofdienstes, in Wahrheit als Geiseln, bei sich, und als nach Narses' Sieg die Senatoren
abermals von den Gothen abfallen, tödtet der ergrimmte Teja die
Kinder und Väter, so viele er erreichen kann. Zu diesem extremen
Gegentheil des Verhältnisses von König und Senat unter den Amalern, wie es Cassiodor ausgemalt, hatten die Dinge geführt und
die Unwahrheit jenes gleißenden Scheines aufgedeckt[7]).

---

1) A. II. S. 205; der Brief ist erhalten.
2) Proc. I. 11. p. 61.
3) l. c. III. 20.
4) Wie schon a. 536 Witigis. Proc. l. c.
5) Jord. p. 242.
6) Sofern sie nicht von Johannes befreit oder nach Byzanz entkommen waren; aufgehoben hat Totila den Senat keineswegs; s. Gregorov. I. S. 447 gegen
Cartius de senatu romano I. p. 142 und Roger Wilmans S. 141.
7) Die echt römische Auffassung hat Anast. p. 129 misit imperator Belisarium cum exercitu ut liberaret omnem Italiam a captivitate (ex servitio
hist. misc. p. 105) Gothorum; daß sich der Senat auch unter den Gothenkönigen als unmittelbar unter dem Kaiser stehend, betrachtete (Wilmans S. 141), ist
(juristisch) nicht richtig; daran ändert das „senatus vester" a. 515 bei Mansi
l. c. nichts; senatus noster sagen die Könige viel häufiger; irrig auch Mascou II.
S. 63.

2. Absolutismus.

Im engsten Zusammenhang mit dem Romanisiren der amalun=
gischen Regierung steht ihr zweiter Hauptcharacterzug: das in Form
und Inhalt gleich entschieden absolutistische Auftreten. Die vorge=
fundne Herrschergewalt der römischen Imperatoren wurde ganz un=
verändert über die Italiener ausgeübt und schon die Einheit des
Staatsganzen brachte es mit sich, daß diese stärkere Gewalt auch
über die gothischen Hälfte ausgedehnt wurde[1]. Es wurde im In=
halt wenig unterschieden, ob Italiener oder Gothen die Thätigkeit
der Regierung beschäftigten, und Cassiodor wendet seine absolutisti=
schen Formen und Formeln ebenfalls ohne Unterscheidung an[2].

Den Absolutismus in den materiellen Regierungsrechten haben
wir bereits kennen gelernt: denn alle bisher erörterten Hoheits=
rechte (Militär= und Gesetzgebungs= und Finanzgewalt, Gerichts=
gewalt[3], Amtshoheit, Repräsentation, administrative und Kirchenho=
heit) übt der König allein und die einst dem germanischen Königthum
gesetzten Schranken hemmen ihn nicht mehr: interessant ist es aber,
aus der Sprache der Varien zu erfahren, wie klar das Bewußtsein
dieser absoluten Gewalt war und wie consequent sie sich in allen
Formen ausprägte[4].

Wie weit entfernt vom alten gothischen Königthum, welches
nicht „über das Maß der Freiheit" hinausging, ist eine Regierung,
welche von sich sprechen kann: „Wir sind zwar unfehlbar (in der
Wahl würdiger Diener) und unserer Gewalt steht, vermöge der
Gnade Gottes, alles frei, was wir wollen. Aber doch richten wir
unsern Willen nach Vernunftgründen, auf daß unsere Beschlüsse
der allgemeinen Billigung würdig erscheinen"[5]. Der König steht
über dem Gesetz[6], er ist keiner irdischen Gewalt unterthan: er er=

---

1) A. II. S. 131.

2) Die Ausnahmen von dieser Regel s. o. S. 61.

3) Auf diese beiden beschränkte noch Eichh. Z. f. D. R II. S. 283 die Rechte
der Ostgothenkönige über die Germanen.

4) Zwar sind die einschlägigen Ausdrücke Cassiodors oft nur zunächst rheto=
rische Phrasen, z. B. VI. 9, aber sie werden doch bei jeder Gelegenheit, die der
Regierung der Mühe werth scheint, praktisch verwirklicht.

5) Var. I. 12. pompa meritorum est regale judicium, quia nescimus
ista, nisi dignis impendere. et quanquam potestati nostrae, deo favente,
subjaceat omne, quod volumus, voluntatem tamen nostram de ratione me-
timur, ut illud magis aestimemur elegisse, quod cunctos dignum est probare.

6) Var. X. 4. Amalasuntha macht Theodahab zum König, d. h. voluit eum

kennt keinen Richter über sich an[1]) — ein Satz, welcher gegen die
altgermanische Verfassung, wonach auch der König der Volksver=
sammlung verantwortlich ist, schroff verstößt[2]). Diese von den
Amalungen beanspruchte Unverantwortlichkeit wird zwar in ruhigen
Zeiten nicht bestritten, aber schon Amalasuntha kann ihren Willen
gegen den gothischen Adel nicht mehr behaupten[3]); und die Volks=
versammlung zu Regeta erkennt jene Unverantwortlichkeit nicht an,
sondern übt ihr altes Recht, einen schuldigen König abzusetzen und
zum Tode zu verurtheilen: dieser Vorgang ist nicht als ein revo=
lutionärer aufzufassen[4]), sondern als Uebung eines alten und un=
verlornen Rechtes.

Derselbe König, der von diesem Volksgericht verurtheilt wurde,
hatte die Unbeschränktheit seiner Herrschergewalt schroffer als alle
Vorgänger ausgesprochen, „nur unser eigner Wille, keine von An=
dern ausgehenden Gesetze zwingen uns. Obgleich wir, kraft der
Verleihung Gottes, Alles können, glauben wir doch nur thun zu
dürfen, was löblich ist"[5]). Ein Theobahab konnte leicht diese unbe=
schränkte Macht in selbstischer Habgier ausbeuten. Aber auch der
wohlwollende Theoderich thut gerade im Interesse der materiellen
Gerechtigkeit Schritte, welche juristisch nicht zu rechtfertigen sind.
Ein gewisser Thomas schuldet dem Aerar 1,000 sol. für titulo li=
bellario ihm übertragne Grundstücke. Der Arcarius Johannes,
der ihm creditirt hatte, erbietet sich an jenes Statt zu zahlen, wenn
man ihm das (zuerst confiscirte) Gesammtvermögen desselben zu Pfand
überlasse[6]). Der König streckt nun dem Schuldner einen letzten Termin
vor. Habe er bis zu den Septembercalenden nicht bezahlt, so solle
sein ganzes Vermögen confiscirt und dem Arcarius Johannes aus=

---

ipsis legibus anteferre; es ist das imperatorische: princeps legibus solutus;
s. Rein S. 181. 229.

1) Var. VI. 4. hac . . . ratione discreti, quod alteri subdi non possu=
mus, qui judices non habemus.

2) Vgl. die entscheidenden Stellen aus der Hakonar Goda Saga c. 17 und
und zumal Frosta þingalag III. 48 bei Wilda S. 989.

3) Proc. b. G. I. 2.

4) So z. B. Bünau II. S. 34.

5) Var. X. 16. propria voluntate vincimur, qui alienis conditionibus
non tenemur. nam cum, deo praestante, possimus omnia, sola nobis licere
credimus laudanda; ebenso ist es nur die clementia des Königs, daß er sich
mit seinem ihm nach dem Recht zustehenden Gut des Fiscus begnügt, I. 27; und
von seinem Eide: X. 16, Deo debemus ista, non homini.

6) Pignoris capio? Bethm.=Hollw. S. 339.

geantwortet werden, „welcher versprochen hat, dann die Schuld unsrem Fiscus zu bezahlen". Diese Seltsamkeit hat nun ihre „Gründe" darin, daß der Arcarius eventuell für die von ihm creditirte Summe hafte, und zweitens darin, daß er des Schuldners — Schwiegersohn sei, so daß jener sein Vermögen doch nur an seinen Erben verliere!

Offenbar hat hier der König in praktischen Billigkeitserwägungen nach Willkür, nicht nach Recht entschieden: denn nach Recht kann der Fiscus sich nur für die Schuld aus dem Vermögen des Schuldners bezahlt machen und sich eventuell für den Rest der Schuld an den Arcarius halten[1]).

Die verhängnißvolle Verwechslung staatsrechtlicher Herrschaft über und privatrechtlichen Eigenthums des Monarchen an Land und Leuten ist zwar zunächst nur eine cassioborische Phrase[2]), die sogar mit edeln Intentionen in Zusammenhang steht[3]), und es wird mit diesem extremen Satz des Absolutismus regelmäßig weder gegen Römer noch gegen Gothen Ernst gemacht; aber ausnahmsweise werden allerdings praktische Consequenzen daraus gegen beide gezogen und die Macht hiezu ist immer da.

So werden freie italienische Schiffer zum Ruderdienst auf der Flotte gepreßt[4]), aus Finanzgründen werden die Bürger mit Conventionalstrafen und Bürgenstellung gezwungen, den größten Theil des Jahres in ihren Städten zu verleben[5]), zu Gunsten Einzelner wird der Verjährung ihre Wirkung entzogen[6]), freie possessores müssen bei den Bauten frohnden, Balken herbeischaffen, schanzen, Lebensmittel an die Reisestraße des Königs liefern, bald mit, bald ohne Entgelt[7]), jede Familie muß ihr Getraide, sofern es das

---

1) V. 6; an venditio oder cessio bonorum (Bethmann-H. S. 328. 340) zu denken, verbietet die vorgängige Confiscation und Anderes; ebensowenig ist es missio in bona; vgl. Bethm.-H. 309 f.

2) „Der Fürst hat kein eignes Privatvermögen, sondern was immer wir mit Gottes Hülfe beherrschen, das erklären wir als uns eigengehörig". Var. X. 12. domum exceptam non habent principes: sed quidquid auxilio divino regimus, nostrum proprie confitemur.

3) l. c. V. 24 sagt der König, das Recht des Fiscus auf erbloses Gut soll nicht zur Verdrängung wirklicher Erben mißbraucht werden, „denn, was immer der Unterthan rechtmäßig besitzt, ist noch mehr als Fiscalgut unser eigen". V. 24.

4) Var. V. 16; oben S. 53.

5) Var. VIII. 31; oben S. 153.

6) III. 18; oben S. 91.

7) Oben S. Var. I. 17. V. 38. XII. 17. 18; vgl. die höchst bezeichnende

eigne Bedürfniß übersteigt, zum Einkaufspreis an die Bedürftigen
ablassen[1]). Und wenn in dieser Sorge für die Volksnahrung die
Polizei die stärksten und häufigsten Eingriffe in Eigenthum und
Freiheit der Privaten macht[2]), so übt doch auch sonst ganz allge=
mein der König das energische Recht, Gebote und Verbote, auch als
Specialgesetze, zum Vortheil Einzelner, willkürlich zu erlassen und
ihre Verletzung mit schweren Geld= und Leibesstrafen zu bedrohen[3]).

Ein andrer starker Eingriff in die persönliche Freiheit ist die
Internirung vornehmer Römer und ihrer Söhne in Rom und Ra=
venna. Wenn bei den Söhnen auch die Absicht, sie bei den Stublen
festzuhalten, obwaltet, so reicht diese doch schon bei ihnen nicht aus
und trifft bei den Vätern gar nicht zu. Der Senator Faustus
scheint[4]) nicht so fast Urlaub von einem Amt[5]) — denn von seiner
Amtspflicht ist in den Motiven keine Rede — als die Erlaubniß,
Rom zu verlassen, zu erbitten und die ausgesprochne Absicht jenes
Zwanges, Rom blühend und belebt zu erhalten[6]), ist gewiß so
wenig die einzige wie bei der ähnlichen Maßregel gegen die Cu=
rialen[7]). Es scheint vielmehr nebenbei eine verdeckte Vergeiselung
beabsichtigt, wie Totila die Knaben der Senatoren, scheinbar als
seine Pagen, in Wahrheit als Geiseln mit sich führt[8]).

Wenn die Söhne des Ecdicius in solcher Weise in Rom fest=
gehalten und erst bei dem Tod ihres Vaters durch besondre[9]) Er=

Darstellung des Conflicts Theoderichs mit S. Hilarus, der den vom König ver=
langten angariae zum Bau des palatium super Bedentem fluvium sich ent=
ziehen will. Diese angariae werden als tyrannisch empfunden: A. S. 15. May
p. 474; jedenfalls folgt aus der Erzählung die unbedingte Steuerpflichtigkeit der
Kirche, ob man deren Nachlaß bei Hilarus aus dem Mirakel der Legende oder
aus der Klugheit und Frömmigkeit des Königs ableite.

1) IX. 5. oben S. 162

2) V. 4. XII. 22. 26; oben S. 90 f.

3) VIII. 24; oben S. 117; über die ausgedehnte Gerichtsbarkeit der Kaiser,
Rein S. 423. 429.

4) III. 21.

5) Hierüber vgl. VII. 36. IV. 48 und Sart. S. 281.

6) Imperatorische Maßregeln zu diesem Zweck bei Kuhn I. S. 175.

7) Oben S. 153.

8) Proc. b. G. III. Balbo I. S. 311.

9) Var. II. 22. Aus den „Universitätsstatuten" (s. de stud. liber. U. R.
et C. C. Th. 14,9) allein kann dieß nicht erklärt werden; s. Manso S. 133 und
dessen vermischte Abhandl. und Aufsätze S. 81, wo die Statuten (Valentinians)
erörtert sind; die zu Rom studirenden meist vornehmen Jünglinge stehen aber aller=
dings unter der Aufsicht des Stadtpräfecten, so erkläre ich mir Ennod. ep. it. 14;

laubniß des Königs entlaſſen werden, ſo iſt hier vielleicht weniger
an Geiſelſchaft zu denken, weil ihr Vater vom König ein Finanz-
regal und dafür beſondre tuitio erhalten hatte[1]). Aber wenn zweimal die Söhne vornehmer Sicilianer, zweimal Syrakuſaner, die zu
Rom ſtudiren, in ſolcher Weiſe feſtgehalten erſcheinen, ſo darf man
wohl darin mehr als Sorge für ihren Fleiß erblicken: denn dieſe
argwöhniſchen[2]) Inſulaner und zumal die Großen von Syrakus,
wurden von den Gothen mit beſſerm Grunde ſelbſt beargwöhnt[3]).
Der Syrakuſaner Filagrius hat ſich lang am Hofe aufgehalten und
will nun nach Hauſe zurückkehren; ſeine Neffen ſollen in Rom ſtu-
biren; ſie werden dem Stadtpräfecten überwieſen: er ſoll ſie „nieder-
laſſen“ und „feſthalten“: „und nicht eher laſſe ſie abreiſen, bis
dieß ein zweiter Befehl von uns an Dich gebietet“; es wird dann
zwar ſehr einladend ausgeführt, wie ſchön es in Rom zu leben ſei
und wie es ſchon dem Odyſſeus, nach Homer, ſo ſehr zur Bildung aus-
geſchlagen ſei, lange in der Fremde geweſen zu ſein; aber ſchließlich wird doch gar nicht verhehlt, daß, neben der Sorge für ihre
Bildung, auch „unſer Intereſſe“ (nostrae utilitatis ratio) ihre
Feſthaltung in Rom erheiſche; welch’ andres Intereſſe aber als das
einer Geiſelſchaft kann dabei walten[4])? — Und in einem zweiten
Fall werden die Söhne eines andern vornehmen Syrakuſaners Va-
lerianus mit ganz derſelben Formel in Rom feſtgehalten[5]).

Auch ſcheinen die Gothenkönige, wie dieß bei den Franken und
auch im Mittelalter noch häufig vorkömmt, über die Hand gothiſcher Mädchen, ſogar wenn ſie bereits verlobt waren, willkürlich verfügt zu haben: freilich[6]) wird dieß Letztere von dem Verlobten mit In-

---

vgl. zu oben S. 168 Var. IX. 21. Symmachi epist. I. 79. V. 35. Justin. sanctio pragm. c. 22 (über die Beſoldung).

1) II. 4; oben S. 119.

2) „Suspicantium Siculorum animos“; vgl. Pallmann II. S. 461.

3) I. 39.

4) Anders St. Marthe S. 332; Sartor. S. 152.

5) IV. 6. Sicilien, das iſt dabei wohl zu beachten, war die einzige Landſchaft,
welche, von Anbeginn widerſpänſtig, (Var. I. 3. Sigon. p. 385), noch ſpäter
gegen Theoderich einen Aufſtand verſuchte, der a. 522 durch Abſendung eines eignen Heeres niedergeſchlagen werden mußte; Agnellus vita Johann. Murat. I.
2. Annal. ad a. 522; vgl. Pavir. I. S. 272; Balbo I. S. 94.

6) Das Verbot im Edict §. 93 meint zunächſt Unterthanen, aber ſeine Allgemeinheit träfe auch den König; ſ. Belege für dieß befremdende Recht der Germanenkönige R. A. S. 436, wo römiſcher Urſprung vermuthet wird.

grimm empfunden und, wie Theobahab von Optari[1]), wird Ilbibad von Vila beßhalb erschlagen[2]).

Eine solche Herrschergewalt mochte freilich mit Grund sagen, daß die Persönlichkeit des Fürsten allein den ganzen Character des Staatslebens bestimme[3]) und daß eher die Wirkung eines Natur= gesetzes als diese Wirkung ausbleiben könne[4]). Dieser Absolutis= mus hat auch bereits dahin geführt, daß, wie die Person des Kö= nigs Mittelpunct des gesammten Staatslebens, so der enge per= sönliche Zusammenhang mit ihm zur Bedingung aller politischen Bedeutung der Einzelnen geworden ist[5]). Nicht mehr die Gemein= freiheit, das allgemeine Staatsgenossenrecht, sondern eine besondere Beziehung zu der Person des Königs ist jetzt die Hauptsache. Am

---

1) Proc. b. G. I. 11; du Roure nennt den schnellfüßigen Rächer technisch le chef des coureurs!

2) l. c. III. 1., was J. Grimms Vermuthung, oben Anm. IV. bestätigt; man kann dabei nicht an Unfreie denken; das erste Mädchen ist eine reiche Erbin (ἐπίκληρος) und die beiden Männer sind Heermänner, also frei und gewiß nicht mit Mägden verlobt; Theobahab war, wie gewöhnlich, bestochen (χρήμασιν ἀνα= πεισθείς), von Ilbibad heißt es: εἴτε ἀγνοίᾳ, εἴτε τῳ ἄλλῳ ἠγμένος; als ein Recht der Könige sehn also weder Prokop noch die Betheiligten die Sache an: es ist aber ein Zeichen ihrer Macht; so erklärt sich auch die juristische Möglichkeit der Entstehung der oben S. 84 besprochnen Sage; die Wittwe hat ein Vermögen von 1,000 sol. und ist nicht als Unfreie gedacht; gewiß liegt bei den Ostgothen in Italien römischer Ursprung dieser Willkür am Nächsten; s. Lactant. de mort. persec. c. 38 über Fälle unter Maximin.

3) Ennod. p. 440 redet ihn direct an: salve, status reipublicae! und be= weist, daß die Person des Königs der Staat sei.

4) Var. III. 12. s. A. II. S. 131; facilius est errare naturam, quam dissimilem sui princeps possit formare rempublicam; andere stark abso= lutistische Wendungen, s. l. c. VIII. 15. 9; auch ein schlechter Fürst kann nur ge= heim getadelt werden, öffentlich wagt das Niemand, VI. 11. VI. 19; nur der Arzt darf unsrem Wunsch widersprechen. IX. 22. de illo nefas est ambigi, qui meruit eligi judicio principali. X. 6. intellige quantum sit, quod a te exigatur, cui opinio nostra committitur; alle Unterthanen schulden dem König von Rechtswegen unentgeltlichen Dienst, III. 19; an den König, der Alle schützt, II. 29, kann vom Unterthan gar keine Forderung weiter gemacht werden, IV. 36; vgl. noch I. 2. 3. 12. 22. 23. 30. 36. 39. 42. 44. II. 20. 2. III. 6. 23. 12. 42. 43. IV. 6. 12. 32. V. 15. VI. 9. 13. VII. 32. 35. 42. VIII. 2. 3. 4. IX. 5. 12. X. 1. 4. 5. 12. 16. 31. XI. 11. 12 XII. 5. 13. 18. 19. 20; vgl. V. 44. cum rex satisfacit, quaelibet dura dissolvit (von andern Kronen ebenso); ein andrer Hauch als diese byzantinische Stickluft weht in dem Erlaß des Vitigis. X. 31.

5) Var. I. 2. 36. 42. 43. II. 22. 28. IV. 9. V. 26. VI. 3. 5. 17. 19. VII. 35. VIII. 4. 9. IX. 12. 25. X. 12.

Stärkſten drückt dieß die[1]) Stelle aus, welche einen dem König Un-
bekannten einem Geſtorbenen gleichſtellt: ſo wenig wie ein Begrab-
ner nimmt er Theil an dem Leben des Staates. In des Königs
Nähe, an ſeinem Hof zu leben, iſt von allergrößter Wichtigkeit[2]).
Wo der König naht, drängt ſich beßhalb eine Menge von Menſchen
heran[3]); wie ſein Hoflager von „Menſchenſchaaren" wimmelt[4]);
als er in Ligurien reiſt, müſſen alle Schiffe von Ravenna Getraide
nachführen, „denn ſein Hof ſelbſt und die Unzähligen, welche heran-
ſtrömen, um Wohlthaten zu empfangen, haben alle Vorräthe der
Provinz erſchöpft"[5])

Von dem günſtigen Urtheil des Königs hängt alle Ehre ab[6]).
Die beſondere Huld und Gnade des Königs iſt daher von aller-
höchſtem Werth, ſeine Ungnade, ingratitudo nostra[7]), ein ſchweres,
an unbeſtimmten Gefahren reiches Unheil[8]). Der Verluſt dieſer
Gnade iſt ſchwerer als jedes andre Unheil[9]); ein Vornehmer, der
ſeine Sclaven dem Gericht entzieht, wird mit einer Geldſtrafe von
10 Pfund Gold bedroht „und unſrer Ungnade, was noch viel ſchwerer
iſt"[10]). Die Erwerbung der Gnade des Königs iſt das Ziel alles

---

1) Bereits A. II. S. 130 mitgetheilte.

2) Var. I. 2. V. 28. XII. 12. 18. 19.

3) Var. XII 19.

4) VIII. 5.

5) Var. II. 20. quantas in Ravennate urbe sulcatinas potueris invenire frumentis fiscalibus oneratas ad nos usque perducas . . . (Liguria),
quae praesentiam nostram sustinet, multorum debet solatia invenire. trahit
observantium catervas comitatus noster, et dum ad beneficia praestanda
curritur, necessario populis copia postulatur; vgl. VI. 17 in tumultuosis
processionibus nostris.

6) Var. I 3. quamvis proprio fruatur honore, quod est natura laudabile, nec desint probatae conscientiae fasces, — tamen judicii nostri culmen excelsum est, cum, qui a nobis provehitur, praecipuus et plenus meritis aestimatur, . . . omnium capax esse potest meritorum, qui judicem
cunctarum habuit virtutum. haec est enim vitae gloriosa commoditas, dominos esse testes; vgl. IX. 22 non vereamini absentes nec sitis de principis ignoratione soliciti.

7) I. 30.

8) Gratia nostra I. 13. 43. V. 3. 40. 41. III. 34. II. 2. 43. ut nos ipsi
merito stupere videamur, in unius gratia (nostra) tot desiderabilia fuisse
contempta. VII. 42. VIII. 1. 2. XII. 4. 11. IX. 24. X. 20. 21. 23.

9) VII. 42; ſ. oben „formula tuitionis" S. 123.

10) I. 30. nostrae ingratitudinis, quod multo gravius est, pericula incurrat.

Wohlverhaltens der Beamten[1]). Auch ein Cassiodor freut sich, wenn seine Beliebtheit bei den Bürgern ihm die Gnade der Herrscher mehrt[2]), und unzähligemale wird bei Ernennungen zu wichtigeren Aemtern besonders die Ehre hervorgehoben, die in der damit ausgesprochnen Gunst des Königs liegt[3]). Es gibt kein größer Verdienst als die Gnade des Herrschers gewonnen zu haben. Der Byzantiner Artemidor hat seinen Verwandten, den Kaiser Zeno, verlassen und ist in treuer Anhänglichkeit dem Stern Theoberichs gefolgt, dessen Schicksal zu theilen. Diese Treue und sein angenehmer persönlicher Umgang — „er löst des Staates bittre Sorgen im süßen Tranke seiner Reden auf" — (solatia confabulationis, . . sermonis suavitas), das beständige Verweilen bei der Person des Königs — er ist der gern gesehne, stets willkommne Tischgenoß des Herrn — werden ihm zum höchsten Verdienst angerechnet und mit Verleihung der Stadtpräfectur belohnt[4]).

Man erinnert sich bei dieser Erwähnung der königlichen Tischgenossenschaft der convivae regis der Franken, d. h. solcher Römer, welche durch Aufnahme in die persönliche Umgebung des Königs, besonders an seiner Tafel, den germanischen Gefolgen gleichgestellt werden. Man sieht auch an diesem Punct, wie die analogen, wenn auch nicht ganz gleichen Verhältnisse in diesen Staaten analoge, wenn auch nicht ganz gleiche Bildungen treiben, nur daß wir bei den Franken in breiter Entfaltung und langer Entwicklung kennen, was bei der kurzen Dauer des Gothenreichs nur erst zu Anfängen gedeihen konnte. — Bezeichnend für die hohe Bedeutung des comitatus, der aula, des palatium und für die Auffassung, welche bei Zusammensetzung derselben leitete, ist ein späteres Schreiben an

---

1) IV. 23. V. 41; s. oben S. 175; I. 36. ut omnia vigilante ordinatione procurans nostrae gratiae merearis augmenta; sie macht aber viele Neider, IX. 24, und selten stellt sich ein solcher Günstling den mediocres im Rechte gleich. V. 3.

2) XII. 5. hoc mihi apud rerum dominos profuit. 19. rex laetus optatur ab omnibus, cunctos contristat si probatur offensus.

3) Dessen Urtheil untrüglich ist. Var. I. 12. III. 6. V. 9. I. 3. IV. 28. IX. 22. VIII. 10; (schon deßhalb, weil Cassiodors Physiognomik die Charactere an Körper und Gesicht erkennt (!) VI. 9.) und besonders I. 43. V. 3. palatinis honoribus nostro judicio laudatus se immiscuit .. sub genii nostri luce intrepidus quidem sed reverenter astabat.

4) l. c. I. 43. in nulla se nobis parte dissocians .. regalem quin etiam mensam conviva geniatus amavit, ibi se nobis studens jungere, ubi certum est nos posse gaudere.

biesen Artemibor, das ihn von Rom an ben Hof zurückberuft: „es ziemt sich, unsern Hof mit edeln Männern zu zieren, wodurch zugleich ihr Wunsch erfüllt und unsere dienende Umgebung durch ihre Verdienste geschmückt wird[1]). Deßhalb entbieten wir Dich durch diesen Erlaß vor unser Angesicht (welches zu schauen Dir gewiß von höchstem Werth ist), auf baß Du, der früher lange bei uns verweilt, wieder die Freude unsrer Nähe genießest. Denn, wer zum Gespräch mit uns gelassen wird, hält das für ein göttliches Gnadengeschenk[2]). Wir hemmen baher die Sehnsucht dessen nicht, den wir selbst zu sehen wünschen und glauben, baß Du mit Freuden kömmst, wie wir Dich gern empfangen".

Nicht Jeder, der wollte, durfte am Hofe leben: es beburfte dazu besonderer Erlaubniß, wie anderseits der König die Initiative ergreifen kann[3]). Die vom König ausgehende Berufung an den Hof ist eine hohe Ehre, da sie sonst nur auf Bitten als Gunst gewährt wird: nur wer ein gutes Gewissen hat, wird jene Bitte stellen. Dagegen werden Beamte verdächtig, welche sich nicht, wie üblich, bei einem Thronwechsel bem neuen Herrscher vorstellen[4]) oder gar auf wiederholten Ruf nicht aus ihrer fernen Provinz an den Hof kommen[5]). Für ben Guten ist der Anblick des Königs[6]) eine hohe Freude[7]), wie anderseits der Fürst Glanz und Ehre gewinnt, wenn sich die edeln Männer in reicher Zahl an seinem Hof versammeln[8]).

---

1) Ebenso IV. 3: es schmückt ben Palast, die Würben ben Würbigsten zu leihn; VII. 34. desiderat aula praesentiam bonorum.

2) Vgl. VII. 34. domini recordatio concedit semper augmenta.

3) Im vorliegenden Fall III. 22 hatte wohl Artemibor die „Sehnsucht" geäußert, beburfte aber als Präfect von Rom besondern Urlaubs; Cassiobor hat neben einer formula evocataria, quam princeps dirigit VII. 34 eine solche, quae petenti conceditur; über evocare vgl. noch II. 6. III. 22. V. 25. 28.

4) Var. IX. 2. initia nostra.

5) l. c. IX. 10.

6) Conspectus principis I. 2. III. 28.

7) Var. IV. 3. princeps quoties dignatus est, procerem suum adspicere; X. 13. certe munus est, videre principem; das Wort, das der König an ihn richtet, ist hohe Ehre. VIII. 4. juri siquidem de se bene arbitrabitur aestimatum, qui regium meretur alloquium; quia dignitas est subjecti, affatus meruisse dominantis. — Var. praef. gloriosa colloquia regum. XII. 18. cui nos parere contendimus, magnus provectus est, si mereamini ad ejus placidos pervenire conspectus; ber Beamte, der das Heraustreten des Königs zur Audienz meldet, ist wie der Morgenstern, der die nahende Sonne verkündet. VI. 6.

8) l. c. inde magis crescimus, si viros nobiles nostris obsequiis ag-

Als der König mit seinem zahlreichen Hof=Gefolge[1]) nach
Rom aufbricht, werden die sorgfältigsten Reiseanstalten getroffen;
Brücken werden geschlagen, Straßen hergestellt, Pferde, Lebensmittel,
erlesne Speisen beigeschafft; dabei heißt es: „das ist der höchste
Lohn des Lebens, vor den Augen des Herrschers dienen zu dür=
fen"[2]). Deßhalb verleihen jene Aemter höchste Ehre, deren Verwal=
tung in häufige Berührung mit der Person[3]) des Königs bringt:
„jedes Amt ist in dem Maße glänzend, als es von dem Anblick
unserer Gegenwart Licht empfängt, da, wer unser Gespräch ge=
winnt, Ehre gewinnt. Ja, köstlicher als alle Amtswürde, ist es in
der Nähe des Königs zu leben"[4]).

Daher kömmt es denn, daß die Residenz Ravenna, „die Königs=
stadt"[5]), die wichtigste Rolle spielt; der König schmückt sie mit herr=
lichen Bauten, zu welchen weither die Landschaften Material herbei=
schaffen müssen[6]); nach Ravenna wird die Flotte beschieden[7]); hier

---

gregamus. IV. 3. de claritate servientium crescit fama dominorum III. 2.
Ennod. ep. IV. 6. angustiorem regni pompam rerum dominus metitus est,
cum vos non haberet.

1) Man erkennt den König an dem obsequium der frequentia comitatus,
obsequentium, qui ejus latera obambulant Greg. dial. oben S. 259.

2) l. c. XII. 18. praemium est vitae domino vidente servire, cui nec
culpa celari nec bonum possit nascondi . . militiam vestram transscendi-
tis, si rerum domino placere possitis.

3) V. 30. nobis exspectantibus saepe placuisti.

4) VI. 17. I. 42. vgl. VI. 3. ingressus palatium nostra consuetudine
frequenter adoratur (l. adornatur); das tröstet bei Scheinämtern: adesse conspectibus regiis et abesse molestiis; vgl. VI. 5; adesse conspectibus regis
VI. 12; aulicae dignitates überragen die modiocres honores VIII. 13; doch
wird dabei eine Discretion und tactvolle verschwiegne Vorsicht (V. 3. secreta
nostra quasi oblivisceretur occuluit) verlangt, welche zu wahren schwer und zu
verletzen gefährlich ist. VIII. 10. sacri cubiculi secreta . . arduum nimis est,
meruisse principis secreta etc.; man muß die Geheimnisse des Königs (arcana regia VIII. 18. regalis praesentiae pondus V. 40) in sich verschließen,
sich nicht mit dessen Vertrauen brüsten, IV. 3; stete Anspannung aller Geistes=
kräfte gehört dazu, im persönlichen Verkehr den Anforderungen Theoderichs zu ge=
nügen. VIII. 21.

5) Urbs regia Var. I. 6. civitas VIII. 5; vgl. X. 28. XII. 24; mansio
ravennates VII. 7. 14. X. 28; über Ravenna vgl. noch II. 20. 30. III. 9. 11.
19. V. 8. 17. 38.

6) Oben S. 171; Marmorsäulen, die in den Provinzen verkommen, werden
zu ihrem Schmuck verwendet, III. 10. 9. I. 6. V. 8. Architekten werden herbeige=
rufen, denn „es ist königlich, Paläste einzurichten". I. 6. Der letzte Grund der
Bevorzugung der Königsstadt vor Rom war ihre feste sichre Lage, nicht die Nähe

lag fortwährend ein gothisches Heer, der exercitus ravennianus[1]). Nur ausnahmsweise hält sich der König anderswo auf[2]). Auch das Hauptland, Italien, und in ihm wieder die in der Nähe Roms und Ravenna's liegenden Landschaften treten in den Varien sichtlich in den Vordergrund, während die andern Provinzen und auch schon die entlegneren Gebiete Italiens in viel wenigeren Erlassen erscheinen[3]), und sogar in Hauptbewegungen des Staatslebens, z. B. bei den Thronwechseln, lediglich den Entscheidungen jener Centralpuncte zu folgen haben.

Es ist eine Ausnahme, wenn einmal ein Glied des gallischen Adels auf der von dem italienischen Adel besetzten Stufenleiter der höhern Aemter Fuß faßt[4]), — eine Zurücksetzung der Provinzialen, welche sogar als Geringschätzung ausgesprochen wird[5]), und ihren Grund, abgesehen von der starken Centralisation im Allgemeinen, besonders in dem geringern Grad von Bildung, von civilitas hat, welchen man ihnen zutraut[6]). Sehr bezeichnend hiefür ist, daß unter proceres die Beamten und Großen des Hofes und Italiens im Gegensatz zu den Provinzialvorständen, den judices provinciarum, verstanden und diesen vorgezogen werden[7]). Wie Italien der

von Byzanz (andere Gründe, s. bei Balbo I.; besser Hurter II. S. 31; Cochlaeus S. 38; Giannone I. S. 198).

7) Var. V. 17.

1) Agn. Mur. II. p. 68.

2) Am Meisten noch, zum Theil propter metum gentium (das weiß auch Chron. pasch. oben S. 90) in Verona; z. B. a. 519 An. Val.; in Rom a. 500; in Ligurien II. 20, und zur Zeit des Diebstahls der Statue zu Como mag er daselbst gewesen sein, II. 35. 36; ob er seinen Beinamen „von Berne" von seinem Sieg a. 489 erhalten, Pallmann II. S. 449 (übrigens vor ihm schon Boecler p. 1) ist doch zweifelhaft; vgl. Gibbon. c. 39; du Roure I. S. 320; schon Ennodius p. 439 hat den bezeichnenden Ausdruck: „Verona tua".

3) Ueber das römische Centralisiren und die Ertödtung des Lebens in den Provinzen s. bes. Roth Ben. S. 59.

4) Var. II. 23; oben S. 31.

5) l. c. V. 4: von einem Advocaten, der statt Rom Spoleto zum Ort seiner Thätigkeit wählt, heißt es: res tantum dura, quantum a vestra (romana) prudentia cognoscitur segregata.

6) l. c. inter bene moratos enim meruisse justa facillimum fuit, provincialibus autem se vaga libertate tractantibus nimis arduum; es ist selten, daß man sich in Ligurien Bildung erwirbt, VIII. 12; über II. 3 vgl. S. 33; in den ferneren Provinzen wie Spanien, V. 39, Sicilien, Savien riß das Band der Ordnung manchmal ganz; vgl. I. 4 provinciis reddita disciplina. IV. 49.

7) l. c. VI. 7. parum est, quod provinciarum judices tuas subjaceant

Mittelpunct des Reichs, so die Königsstadt Ravenna Italiens, so das palatium der Königsstadt und der König des palatiums.

Das palatium[1]) ist das Herz des Staates; von hier aus ergehen die Befehle des Königs in alle Provinzen: eilige Boten tragen sie auf raschen, stets bereiten Pferden und Schiffen in alle Richtungen[2]), und hier laufen die Klagen der Unterthanen aus allen Provinzen[3]), laufen alle Ergebnisse des Staatslebens zusammen. „Das Schlimmste wäre, wenn die Uebelstände draußen sich sogar in unsrem Palast fühlbar machten"[4]). Die höheren Hof= ämter sind zugleich Staatsämter[5]), ein Ergebniß des Imperatoren=

---

potestati, ipsis quoque proceribus chartarum (l. chartas) confirmas; die Einsetzung der judices provinciarum steht bei Hofbeamten, VI. 6; vgl. die stark centralisirte Gewalt des Präfectus Prätorio über die Provincialbeamten, XII. 1; über das Verhältniß der Provinzen zum Centrum s. noch Bethm.=H. S. 29; V. 39. I. 3. 4. II. 15. 9. III. 16. 48. 50. 17. 41. IV. 21. 10. 12. 45. VI. 5. 18. VII. 2. 3.

1) Vgl. 4. 10. 42. I. 6. 39. 43. X. 3. III. 19. 28. IV. 3. 4. VI. 3. 6. 89. VIII. 32. IX. 21 und Waitz II. 123. Darüber A. II. S. 130. VIII. 23. X. 25. Var. 1. 10. palatia nostra VI. 9. V. 3. 41. (auch bei Jord. c. 59. 60) gleich= bedeutend αὐλή (Proc. I. 6.) aula, Ennod. p. 468. Var. VII. 34. VIII. 13. 14. 16. Waitz II. S. 385. I. 10. aulica domus IV. 1; (dagegen domus nostra, divina ist der königliche Finanzhaushalt, X. 12); und comitatus noster IX. 15. I. 7. 8. 27. II. 18. 20. III. 22. 28. 36. IV. 9. 39. 40 44. 45. 46. V. 12. 15. 26. 32. VI. 22; vgl. auch Ennod. ep. II. 17. inter occupationes et excubias, quibus universos Ravenna distringit; Var. XII. 22. VI. 10. 19. VII. 5. Die Bedeutung der aula und Theoderichs Individualität zugleich spiegeln sich in der Instruction für die cura palatii Var. VII. 5. „Die Schönheit des Palastes bedarf steter Erhaltung: er ist unsre Freude und der herrliche Schmuck unsres mächtigen Reichs, das laut redende Zeugniß unsres Staats. Der Palast wird den staunenden Gesandten gezeigt, daß sie sofort von dem Hause auf den Herrn des Hauses schließen. Es ist die höchste Freude eines weisen Sinnes, sich an schöner Wohnung erfreuen und den Geist, den die Sorgen des Staates ermübet, an der Schönheit der Bauwerke erquicken. Du sollst das Alte im ursprünglichen Glanz erhalten und Neues dem Alterthum Aehnliches herstellen; nicht die geringste Sorge wahrlich ist Dir anvertraut, dessen Dienst unsern Geist, der sich des Bauens be= sonders freut, befriedigen soll. Deßhalb schreitest Du auch mit goldnem Stabe un= ter all' dem wimmelnden Gefolge unmittelbar vor uns einher"; über den fulgor palatinus Ennod. IV. 6, über den damaligen Glanz und Flor von Ravenna s. Rubeus p. 129 seq. (ein unfritisches, aber sehr stoffreiches Buch).

2) l. c. VI. 6. VII. 14; an der Spitze dieser evectiones steht der comes Ravennae.

3) V. 14.

4) IX. 2. et palatio et provinciis. 9. Proc. l. c. τά περιπάλεια καὶ Ἰταλίαν.

5) III. 19; vgl. du Roure I. S. 336; Manso l. c.; Mascou II. S. 62; während die niederen eine Vorstufe zu diesen sind. VI. 41. oben S. 37.

thums, welches auch altgermanischen Sitten[1]) nicht widersprach, wonach die persönliche Dienstumgebung des Königs auch im Staat von großem Einfluß ist; in andern Germanenreichen ist von der germanischen Wurzel dieser Verhältnisse mehr zu spüren: hier hat fast nur die römische Tradition gewirkt[2]).

Auch der freie Zutritt zum König hat aufgehört[3]); er ist nach den strengen Formen byzantinischer Etikette geordnet, für Jeder= mann, mag er es noch so eilig haben[4]). An dem Hofe drängen sich[5]) außer den ständigen Hofbeamten[6]) und ihrem großen Dienst= personal (milites) und den nach römischem Muster geordneten und besoldeten Leibwachen, welche den König beständig umgeben, den Palastwachen und Palastbienern[7]), die vom König außerordentlich

---

1) R. A. S. 250 f. Roth. Ben. l. c.; aber der major domus ist nicht deutscher Wurzel, wie die ältere Ansicht annahm; so Mascou II. S. 61 u. A.

2) Vgl. Giesebrecht I. S. 66. IX. 9. virum et palatio nostro clarum et provinciis longa conversatione notissimum; sogar auf die Gerechtigkeit des Königs haben die im Palast Dienenben besondern Anspruch, I. 10, und ausdrück= lich muß bemerkt werden, daß der Dienst in excubiis palatii nicht der ausschließ= liche Weg der Aemtererlangung sein soll; doch haben jene den Vorzug. VI. 10 illi tamen modis omnibus praeferantur, qui sudore maximo nostris aspectibus affuerunt; über die Heranbildung der römischen und germanischen Adelsjugend an dem Hof: s. oben S. 37; z. B. auch Theobahab. Proc. l. c. I. 6. οὐ γέγονα ἐπη= λύτης αὐλῆς· τετύχηκε γάρ μοι τετέχθαι ἐν βασιλέως θείου; s. auch Mascou II. S. 66; vgl. Löbell S. 218; Phillips I. S. 245.

3) Er ist für alle, außer für den Arzt Gegenstand langer Bemühung. VI. 19. vgl. VI. 20. VII. 34. 35; bezeichnend ist die wenn auch vielleicht ungenaue No= tiz bei Greg. tur. III. 31, daß bei den Ostgothen reges und minor populus aus verschiednen Bechern das Abendmahl nehmen.

4) l. c. VI. 6. legatorum quamvis festinantium.

5) XII. 19.

6) „Proceres palatii mei", Mansi VIII. p. 257, die Grabschrift eines Hofbäckers Theoderichs, Florentius, bei Mar. ad N. 122; ein Arzt Elpidius Proc. b. G. I. über die archiatri oben S. 120 und Kuhn I. S. 89; dignitates po= testates aulicae, palatii. Var. I. 2. 4. 43. V. 5. VI. 8. 6. XI. 4. VIII. 13. 21. IX. 2. 15. VII. 14.

7) Scholae praetoriae VI. 6. 10; s. oben S. 66 („Gold"), Böcking. S. 300. 304 und s. v. domestici und Kuhn I. S. 140; die domestici des Prin= zen Theobahad bleiben seine domestici auch im Königspalast, X. 12; (darunter können auch Unfreie sein, denn homines sind nach dem Edict §. 75 servi); qui juri nostro ante fuerant subjecti; ein Vorstand oder der Vorstand derselben ist der homo Theodosius, vielleicht selbst ein Unfreier: alsdann ein starkes Anzeichen, wie das absolute Königthum seine unfreien Diener jetzt über die Gemeinfreien he= ben kann; Theodos hat ein sehr einflußreiches Amt; ähnliches bei den Franken;

dorthin Berufenen[1]), dann die zahlreichen Bittfteller, die vor den[2]) comitatus geladnen oder zu ihm flüchtenden Rechtsparteien, oft aus weiter Ferne[3]), die Bifchöfe und Geiftlichen, welche ihre Wahl-candidaten durchfetzen oder die Wohlthätigkeit des Königs anrufen wollen[4]), die fremden Kaufleute[5]), befonders aber auch die Ge-fandten der fremden Völker und Könige[6]), welche mit Staunen an der reich mit Gäften und Schüffeln befetzten Tafel des Königs in Fülle finden, was bei ihnen zu Haufe höchfte Seltenheit[7]). Auf dieß convivium nostrum, principale, mensa regalis[8]), die Tafel-runde des Königs, wird ein Gewicht gelegt, das vielmehr an die Halle Heorod des Beowulfliedes als an römifche Mufter gemahnt. Der König fieht im convivium die Blüthe des palatium: hier ent-faltet fich feftlich in der Pracht des Gelages der Glanz des Hofes und der Flor des Reichs; zahllofe Diener zehren an des Herrfchers Tifch; bis zu den fernften Stämmen wird der Ruhm diefes reichen Hofhalts getragen, hier leiht der König, während der Becher kreist, in geneigter Laune den Wünfchen, den Vorfchlägen der Tafelge-noffen das Ohr[9]). Ein anfchauliches Bild eines folchen Gelages gibt uns Caffiodor[10]): Römer und Gothen tafeln in herkömmlicher Feierlichkeit mit dem König; alle Provinzen bringen ihre edeln Er-

---

Roth. Ben. S. 120; aber auch fchon Tac. Germ. c. 25 (welche Stelle nicht [wie kraut I. S. 48] eine Mundfchaft des Königs über alle libertini, fondern nur das große Anfehn der libertini des Königs beweist); über das Ceremoniell und die Ordnung am Hofe, namentlich das Inzuchthalten der wogenden Schaaren, XII. 19. VI. 6. formula magisteriae dignitatis. ad eum pertinet palatii dis-ciplina .. ipse insolentium scholarum mores procellosos .. disserenat. tam multi ordines sine confusione aliqua componuntur; vgl. du Roure I. S. 334.

1) Oben S. 284.
2) Oben S. 115.
3) VIII. 32. cum Infadius vir sublimis pro causis suis ad comitatum sacratissimum festinaret itineris longinquitate confectus etc. aus Sicilien.
4) Var IX. 15; oben S. 242.
5) An. Val. p. 623.
6) VI. 6. 3. I. 45; oben S. 251; Gibbon. c. 39.
7) VI 9; fie heißen fogar voraces. VI. 3.
8) XII. 4. 1. 43. *Solvη.* Proc. b. G. I. 1; vgl. bef. die Schilderung der Königstafel. III. 1.
9) VI. 9; die Bedeutung des convivium Theoderichs und ihre germanifche Färbung ift gar nicht zu verkennen, der Ausdruck convivium nostrum ift halb technifch. XII. 18. I. 43.
10) XII. 12.

zeugniſſe an des Königs Tiſch: „da kamen wir, wie das der Fluß
der Rede mit ſich bringt, auf die edeln bruttiſchen und ſilaniſchen
Weine zu ſprechen". Caſſiodor hat, patriotica veritate, die Weine
ſeiner Heimath gerühmt. Der König will ſie prüfen und Caſſiodor
befiehlt nun: „ſende ſchleunig zu Schiff die beſcheidne Gabe, den
Wunſch des Königs zu erfüllen". „Nicht als der geringſte Schmuck
des Staates erweiſet ſich die Zurüſtung der königlichen Tafel, denn
ſo viele Länder ſcheint ein Herrſcher zu beſitzen, als er Seltenheiten
auftiſcht. Mag der Bürger ſpeiſen, was ſeine Heimath gereift: an
fürſtlichem Gelag ſehe man, was die Bewunderung weckt. So ſende
denn ihre Karpfen die Donau, und die gewaltigen Salme der
Rhein[1] und ihre ſüßen Muſcheln die bruttiſche See. Alſo muß
der König tafeln, daß die Geſandten der Barbaren glauben, es ſei
die ganze Erde ſein: alle Städte müſſen ſich ergänzen in Lieferun-
gen für den Herrn der Macht. Deßhalb ſind jene Weine beizu-
ſchaffen, die nur das goldne Italien zieht; aus Verona die acineter
Traube, ein Gewächs, köſtlicher als der gewürzte Trank der Griechen,
ein Wein, auf den ſogar Italien ſtolz ſein mag[2]), und unter den
Dienern, welche Glanz und Genuß der Königstafel mehren, fehlt
auch der Harfenſchläger nicht, den ſich der Frankenkönig erbittet[3]),
„vom Ruhm unſrer Tafel gelockt"[4]).

Es begreift ſich, daß bei dieſer Bedeutung des palatium der
praefectus praetorio, der an der Spitze dieſes ganzen Hofſtaats
ſteht und ſeine Ausgaben ꝛc. verwaltet, die Seele der ganzen Regierung iſt: ſein Glanz leuchtet vom Palaſt bis in die entlegenſten
Provinzen, ihm auf dem Fuße folgen alle Sorgen des Staats, ihm
hat die Verfaſſung die ganze Laſt des Staates aufgebürdet, in dieſer
Einen Bruſt bergen ſich alle Forderungen des öffentlichen Wohls[5]).
Aber auch die ſonſt, außer Amtes, bevorzugten Männer in der unmittelbaren Umgebung des Königs, ſeine Gäſte an der Tafel, ſeine
Begleiter auf Spazierritten, Gothen[6]) und Römer[7]) haben deßhalb

---

1) Vgl. Wackernagel l. c. S. 550.

2) XII. 4.

3) Dieſer war wohl ein Römer: aber „an Theoderichs Hof hörte man auch
noch die alten gothiſchen Heldenlieder". Wattenbach. S. 42; ſ. „Genſimund" unten.

4) II. 40. convivii nostri fama pellectus.

5) Var. praef. und VI. 3.

6) Wie Thulun Var. VIII. 9; ſ. Schloſſer l. c. S. 17; ſo verſtehe ich auch
Jord. c. 58; Pitzam comitem suum inter primos electum.

7) Wie Artemidor Var. I. 43. III. 22; Cyprian V. 41, der zu viel ge-

ebenfalls großen Einfluß auf die Geschäfte und die Regierung des
Staates: ihre Vermittlung und Fürsprache suchen die dem König
ferner Stehenden.

„Wer des Cyprianus Verwendung erworben, pflegt bald eine
Gunst von uns zu erhalten; oft erlangt jener auf unsern Spazier=
ritten [1]), was früher in Audienz und Cabinet verhandelt wurde.
Denn wenn es uns manchmal anwandelt, den durch Regierungs=
sorgen ermüdeten Geist zu erholen, tummeln wir das Roß, auf
daß schon durch das bunte Mancherlei der Eindrücke Kraft und
Frische des Körpers sich wieder herstelle. Bei solchen Gelegenheiten
trägt er uns, ein gefälliger Erzähler, die manchfaltigsten Dinge
vor und seine Vorschläge wurden unsrem leicht verletzten Urtheil
niemals lästig. Während er so mit wohlwollender Kunst Gründe
zur Gewährung der Gesuche vortrug, erholte sich unser Geist, be=
friedigt durch die Freude, wohlzuthun. Solches Verdienst erwarb
er sich um unsern Geist und verletzte nie. Oft zürnten wir den

schmähte Ankläger des Boethius. Diese Umgebung heißt obsequium nostrum, III.
22; Boeth. I. 4 schilt sie freilich „die Hunde des Palastes". Solche Leute konnten
auch vornehme Römer verderben, wie des Paulinus und des Boeth. Beispiel zeigt.
Boeth. l. c.; er hatte die „aulici" 34 fürchten und der Senat ließ ihn fallen.

1) Totila ist bei einem Ausflug begleitet von dem spatarius Rigga und drei
comites (Begleitern, nicht „Grafen"; s. Anhang II.); „qui sibi prae caeteris
adhaerere consueverant". An Gefolgen muß man deßhalb nicht gleich denken;
sie geben sich dann auch für spatarii aus; ich muß überhaupt bemerken, daß sich
eine ganz zweifellose Spur germanischer Gefolgschaft bei den Gothenköni=
gen nicht findet: auch die von Roth Ben. S. 29 angeführten Stellen beweisen sie
nicht: daß die δορυφόροι keine germanische Gefolgen sind, wird meine Erörterung
X. II. und Dahn, Prokop S. 393 gezeigt haben: die Proc. b. G. I. 26 von Vi=
tigis nach Ravenna geschickten Mörder sind es so wenig als die satellites des Theoda=
had, Jord. c. 59, welche Amalasuntha erwürgen; vielmehr zeigt Proc. III. 1, daß
die δορυφόροι, welche aufwartend dabei stehen, wie Ilbibad mit seinem Abel an
der Tafel sitzt, keine Gefolgschaft — das ist eher der mittafelnde Abel — sondern
Trabanten, nach byzantinischem Muster sind (darunter Vila, ein Gepide, gewor=
ben? auch der δορυφόρος III. 8 ist gewiß kein Gefolgsmann); warum die 300,
welche Totila III 4 in einen Hinterhalt legt, Gefolgen sein sollen, ist nicht abzu=
sehen, und die 1,000 δόκιμοι, welche Theoderich Proc. b. V. I. 8 seiner Schwester
in's Vandalenreich mitgibt, sind viel zu zahlreich für eine Gefolgschaft: es sind „Er=
lesene"; wie ganz byzantinisirt die Umgebung dieser Fürsten war, zeigt der cubi=
cularius Theoderichs, Seba, ein Eunuch, nach griechischer Sitte, (s. seine
Grabschrift bei Marini ad N. 86); die Möglichkeit, daß neben diesem großen ro=
manisirten Hofstaat sich ein germanisches Gefolge erhielt, soll nicht ganz geleugnet
werden, sie ist aber, bei den Amalern besonders, schwach.

böfen Händeln, aber die Zunge des Erzählers ward nie unange=
nehm. Oft auch verwarfen wir einen Antrag, aber der Antrag=
steller gefiel uns. Oft hielt er den Ausbruch unſres Unwillens
auf und benützte den Augenblick gnädiger Stimmung"[1]).

Und von Thulun heißt es: „Mit Dir beſprach der König
Theoderich die Sicherheit des Friedens und die Gefahren des Krie=
ges und er, ſonſt vorſichtig in Allem, theilte Dir vertrauend ſeine
Geheimniſſe mit. Du aber täuſchteſt niemals mit zweideutigen
Antworten. Oft berichtigteſt Du im Eifer für das Rechte, was un=
richtig an ihn gebracht worden und manchmal widerſprachſt Du
im Intereſſe des Herrſchers Theoderich den Wünſchen des Menſchen
Theoderich. Denn jener in Schlachten nie beſiegte Held ließ ſich
zu ſeinem Ruhme überwinden und erfreulich war dem gerechten
Fürſten der begründete Widerſpruch eines Getreuen"[2]).

Es fehlt auch dieſem Abſolutismus nicht ganz die Anlehnung
an die Fiction beſonderer, das allgemeine Maß der Weltregierung
überſchreitender göttlicher Begnadigung des Herrſchers. Wenn dieß
häufig nur in herkömmlichen Phraſen[3]) geſchieht, ſo tritt es doch
gelegentlich, nach Bedarf, ſo bei der Rechtfertigung der Thronfolge
Athalarichs, mehr als gewöhnlich hervor.

„Wen die Gottheit zur erlauchten Höhe des Herrſchers erhebt,
den macht ſie auch tüchtig, die Völker zu beherrſchen und auch die
Jugend iſt kein Hinderniß, wo himmliſcher Einfluß eingreift"[4]).
Gott inſpirirt dem König den Gedanken, ſich mit andern Königen
zu verſchwägern[5]) oder eine Kriegs= und Handelsflotte zu ſchaffen[6]).
Theodahab empfängt die Krone von Amalaſuntha „divinitus" durch
Eingebung Gottes[7]). Göttlicher Wille gewinnt dem Knaben Atha=
larich die Huldigung der Großen, wie Theoderich ihn auf Befehl
Gottes zum Erben[8]) eingeſetzt[9]). „Wir Könige haben Höheres als

---

1) Var. V. 41.

2) Var. VIII. 9.

3) Cum favore divino, deo favente etc.; juvante X. 4. deitate V. 16.
praestante III. 17. auxiliante X. 5. VII. 37.

4) Var. VIII. 9. licet ad regendos populos idoneos efficiant, quos ad
augustum culmen divina (ebenſo X. 4) provexerint, quando nec aetas im-
pedit, ubi sese potentia coelestis refundit etc.; etwas anders gemeint iſt der
impulsus divinitatis, XII. 13.

5) V. 43.

6) V. 16.

7) X. 4.

8) VIII. 2.　9) VIII. 5.

andere Sterbliche von Gott empfangen; wer könnte, der die Herr=
schaft erhalten, Gott etwas Aehnliches entrichten"[1]? Die Gottheit
hat die Amaler von je ganz besonders unterstützt[2]).

Auffallend ist, daß sogar die katholischen Concilien den Ketzer
Theoderich durch Gottes besondren Willen an das Steuerruder Ita=
liens geführt erklären[3]) und ihn von Gott inspirirt handeln lassen[4]).
Vitigis beruft sich in dem Manifest nach seiner Thronbesteigung
auf die bei Erhebung von Fürsten besonders eingreifende Hand der
Vorsehung[5]).

Die Titel, welche der König führt, sind rex, d. h. rex Gothorum et Italorum, denn er hat das regnum Italiae[6]), so war er
ausgerufen worden zu Ravenna. Aber letztere Bezeichnung vermied
Theoderich aus Rücksicht auf Byzanz, das sie zwar anerkännt hatte,
aber nie gerne hörte[7]). Er nennt sich in den Varien, im Edict
und sonst einfach Theodericus rex, wie vor ihm Odovakar[8]). Nur

---

1) VIII. 24; bedeutsam ist, daß bei Cassiodor wie bei Prokop die milde Be=
handlung der Römer als Bedingung der Siegverleihung im Kriege dargestellt wird,
VI. 3. und IV. 5; vgl. Dahn Prokop S. 402.

2) VIII. 5.

3) Mansi l. c. p. 249.

4) l. c. p. 250. 255.

5) Var. X. 31. quamvis omnis provectus ad divinitatis est munera
referendus . . . . . tamen quam maxime causa regiae dignitatis superius
est applicanda judiciis, quia ipse nihilominus ordinavit, cui suos populos
parere cognoscit. Doch diese theologische Einleitung ist nur Formel: im Wesent=
lichen macht er die freie und einstimmige und begeisterte Wahl des Volksheeres als
Grund seines Herrschaftsrechts geltend; s. A. II. S. 208.

6) Var. II. 41; vgl. Sart. S. 37.

7) Oben S. 250; „de *praesumtione* regni".

8) Auch Prokop bestätigt dieß in einer meist mißverstandnen (z. B. von
Mur. ann. ad a. 494. Abel S. 4) Stelle, b. G. I. 1; βασιλέως μὲν τοῦ Ῥωμαίων οὔτε τοῦ σχήματος οὔτε τοῦ ὀνόματος ἐπιβατεῦσαι ἠξίωσεν· ἀλλά ῥήξ
τε διεβίω καλούμενος· οὕτωγάρ σφῶν τοὺς ἡγεμόνας οἱ βάρβαροι καλεῖν
νενομίκασι (Suidas s. v. Θευδέριχος, welchen Boecler p. 18 als selbständige
Quelle anführt, schreibt nur Proc. l. c. aus); er will sagen: „Theoderich nannte
sich nicht imperator Romanorum, er machte sich nicht zum weströmischen Kaiser
(aber das σχῆμα βασιλέως legte er allerdings an, darin irrt Prokop), sondern
nannte sich einfach rex; bei diesem lateinischen Wort fällt nun dem Prokop zur
Unzeit ein, daß das gleichlautende „reiks" gothisch einen „Fürsten" bezeichnet und,
uneigentlich, mochten wohl auch die Gothen ihre Könige manchmal so nennen;
das war aber nicht der Grund, weßhalb sich Theoderich rex nannte: und seine
eigentliche gothische Bezeichnung war gewiß nicht (vgl. R. A. S. 229: „Lateinischen
Schriftstellern heißen die deutschen Könige reges und reguli, das goth. reiks

in feinen Briefen an die Bischöfe und in deren Antworten findet
sich der Beisatz „Flavius"[1]), den sonst nur die Kaiser führten.
Ausserdem heißt er auch unzweifelhaft Dominus Noster[2]) oder einfach dominus[3]); dominus war eine damals auch an andre[4]) Personen häufig gerichtete Anrede: Theoberich nennt auch die Bischöfe
so[5]); Amalasuntha heißt domina[6]), domina soror nostra bei Theodahab, praecellentissima domina[7]), regina[8]). Theoberich bei Athalarich gloriosus dominus avus noster[9]), divae memoriae[10]), glorio-

---

(vgl. Gramm. II. S. 516), obwohl dem lateinischen rex wörtlich entsprechend, bedeutet weniger: Ulfila übersetzt damit ἄρχων, nicht βασιλεύς; dafür gebraucht er
þiudans") reiks, sondern þiudans: er ist „der höchste Ausdruck, die Personification" der þiuda, des Volks" ; Köpke S. 198.

1) Mansi VIII. p. 250. seq. Flavius Theodericus rex; einmal aber auch
in einem Brief an den Senat; Mansi l. c. p. 345; Theoberich ist der erste Ger-
mane, der ihn führt; Ennod. p. 440. salve, regum maxime! das „Alamanni-
cus" p. 482 ist nur Phrase.

2) Friedländer irrt, oben S.149; (Muratori antiq. Ital. diss. 27. p. 232;
über ostgothische Münzen f. noch Soetbeer in Forsch. z. d. Gesch. I. S. 283; unzugänglich blieb mir das in der Z. f. G. II. S. 362 angeführte Buch: de Lagoy, die Münzen des Gothenreichs in Italien); das Entscheidendste ist, daß sogar
der Senat in einem Brief an den Kaiser dem König diesen eigentlich kaiserlichen
Namen beilegt: Mansi VIII. p. 400; ferner heißt er officiell so auf den 15 von
Henzen (bei Gregorov. I. S. 298) beigebrachten Ziegelsteinstempeln: D. N. Theoderico felix Roma; ebenso häufig bei Cass. Chron., z. B. p. 657. felicissimus
atque fortissimus rex D. N. und bei Ennod. ep., z. B. III. 23. D. N. rex;
sogar Eutharich heißt so bei Cassiod. Chron., und schon Odovakar hieß: praecellentissimus rex dominus noster. Mar. N. 82; (Mommsen S. 550 sagt, weil
er damals a. 515 f. von Theoberich zu seinem Nachfolger bestimmt war, ebenso
Sigon. p. 414; gewiß ist letzteres aber nicht).

3) Var. I. 2. 3. 22. II. 16. III. 4. V. 41. VI. 20. 23. VIII. 1. 2. 6. 17.
42. IX. 9. 19. 22. 28. 23. XI. 8. 16. XII. 4. 18. 28. Anon. Val. p. 626 domine rex! Ennod. pan. p. 445 inclyte, clementissime domine! p. 453; Romae p. 463 (wie seniores domini die frühern Kaiser); potentissimus ep. IX.
23; piissimus, invictissimus rex, regnans Mansi VIII. p. 400; dominus
nennt Theoberich auch andere Barbarenkönige. I. 45.

4) Dominus jugalis meus, Var. X. 21.

5) Mansi l. c.; vgl. Ennod. epist. I. 1. 2 und oft salve mi domine!

6) Also richtig Proc. I. 2. ὦ δέσποινα.

7) X. 24.

8) Praef.

9) VIII. 5. 9. 7. 14. 10. 16. 17. IX. 12. 8. 10. 11. 24. X. 18.

10) VIII. 17. 21. 25. IX. 1. 10.

sae[1]), recordationis[2]), als sein Rechtsvorfahr clementissimus[3]), gloriosus [4]), auctor noster[5]), gloriosae[6]), auch auctor divae recordationis[7]).

Vollständig falsch ist es, wenn von Glöben S. 140[8]) in dem
von Cassiodor gebrauchten Titel rerum dominus[9]) den Ausdruck der
nur thatsächlichen, nicht legitimen Herrschaft dieser Könige erblickt:
Cassiodor ist es nicht eingefallen, die Legitimität der Könige zu be=
zweifeln, denen er diente: und daß dominus rerum nicht eine ille=
gitime blos factische Gewalt bezeichnen soll, geht auf's Schlagendste
daraus hervor, daß nicht bloß andre Autoren wie Anian. ad 2. 20,
C. Th. 12. 1, sondern Cassiodor selbst denjenigen, welcher hienach
der Gegensatz zu dem illegitimen dominus rerum sein müßte, den
Kaiser, ebenfalls dominus rerum nennt[10]); es bezeichnet vielmehr in
absolutistischem Sinne die unbegrenzte Machtfülle dieser Herrscher,
wie es das ähnliche arbiter rerum[11]) noch schärfer ausspricht[12]).
Daher kömmt es denn auch, daß Cassiodor den Ausdruck besonders
da anwendet, wo er, der Unterthan, den Monarchen bezeichnet[13]);

---

1) VIII. 6.
2) X. 3. (Athalarich X. 1. filius 3. divae).
3) IX. 9.
4) IX. 25.
5) IX. 9. 25.
6) X. 1.
7) X. 1. VIII. 16. 25. IX. (s. Amalafreda, Theoderichs Mutter, heißt sublimitas tua; Gelas. ep. Mansi VIII. p. 142) 12. 10.
8) Und manche sind der blendenden Behauptung gefolgt, z. B. Helmbach und
von Sybel S. 168.
9) IX. 24. XI. 1. 5. 8. 10. XII. 3. 4. 5. 6. 11. 12. 18. X. 4. VI. 19.
VIII. 14; ebenso Ennod. ep. IV. 6. VII 27; die Aufzählung v. Glöbens l. c.
ist nicht erschöpfend.
10) I. 4.
11) VIII. 10.
12) v. Glöben selbst führt den gleichen Titel bei westgothischen Königen an;
sollen auch diese nicht „legitim“ gewesen sein?
13) Während der Herrschaft von Amalasuntha mit Theodahad, seltner mit
Athalarich, begegnet auch der Plural domini rerum, XII. 4; vgl. X. 4. domina
rerum; XII. 11. 12. 5. 6. XI. 8. (regnantes); es ist derselbe Sinn wie in Generalis dominus, X. 12 cunctorum oder gar VIII. 2. rector omnium terrarum; andere, mehr umschreibende, weniger streng technische Titel sind regnans
Var. I. 2. 3. 9. 22. 23. 27. 29. 43. X. 11. III. 49. IX. 25. VI. 20. XI. 8.
IV. 32. II. 29. X. 10. 14. XII. 12. Ennod. carm. I. 2. regnator VIII. 7. 10.
rector Ennod. p. 457. culmen nostrum X. 17. dominans I. 3. VI. 9. VIII.

hat doch. Cassiodor den Gothenkönigen wie sie selbst[1]) nicht blos königliche Majestät beigelegt[2]), sondern auch, als Nachfolgern der Imperatoren, alle Derivate von imperium[3]) und dieses selbst[4]).

Deßhalb heißt auch, ganz wie bei den Imperatoren[5]), Alles, was unmittelbar die Person des Regenten betrifft, sacrum[6]), selbst sein Purpurgewand[7]), und ein Verstoß hiebei ist ein sacrilegus reatus[8]); ja auch die Münzverfälschung macht die Hand des Verbrechers zu einer sacrilega, weil die Münzen das Bild des Königs

---

2. 13. XII. 13. 28. III. 12. 48. V. 26. 44. dominator XII. 20. princeps und alle Ableitungen davon. Mansi l. c. passim und Var. I. 7. 30. III. 22. 42. IV. 4. 36. VI. 20. VIII. 10. IX. 22. X. 11. 14. XII. 18. 28. wie von den Kaisern; princeps venerabilis redet ihn Ennod. p. 437 an; vgl. 475. invictissime v. Epiph. p. 1011; andere Bezeichnungen wie serenitas XII. 7, nostra VIII. 28, mansuetudo V. 25. X. 13. I. 7. V. 37 und namentlich pietas sind manchmal bloß als Titel, II. 28. 26. (IV. 27 pietatis ira), manchmal aber auch noch als wegen des einzelnen Falls gewählte Prädicate zu fassen, s. u.; sie begegnen auch mit clementia vestra, serenissimus dominus p. 286. piissimus, clementissimus in den Synobalacten.

1) Ed. §§. 49. 113.

2) X. 4; vgl. IX. 25. regia summitas; Ennod. p. 438 majestas tua.

3) XI. 35. IV. 4. I. 4. 13. 19. VIII. 16; vgl. A. II. S. 272 und Giesebrecht I. S. 71.

4) VIII. 16. X. 4. IX. 25. VII. 3; nur imperator heißt der König nie in den Varien, wohl aber bei Ennod. v. Epiph. p. 1022; sein Befehlsrecht bezeichnet regia auctoritas, VII. 38. Var. Damit vergleiche man den Titel in der Inschrift von Terracina; nur hier heißt der Gothenkönig augustus; aber auch die Inschrift bei Banduri numism. imper. II. p. 601 von Sponius abgeschrieben (nach Sart. S. 269): „salvis domino nostro Zenone Augusto et gloriosissimo rege Theoderico"; hier heißt der Kaiser dominus der Italiener und steht vor dem König: diese Inschrift stammt aber, wie der Name Zeno zeigt, aus der Zeit vor a. 491, also vor der vollen Aufrichtung von Theoberichs Herrschaft, und vor der praesumtio regni; später begegnet keine Spur solcher Unterordnung mehr; Zeno war Theoberichs Mandant: Pabst Gelasius nennt den König dominus, filius meus wie den Kaiser, Schröckh XVII. S. 81; praecellentissimus rex Mansi VIII. p. 85, excellentissimus p. 142; daß der Arianer auch sanctus, piissimus von der Kirche genannt wird, entschuldigt Baron.: ex consuetudine, non ex meritis.

5) Var. X. 22.

6) Sacra vestis VI. 7. s. Böck. s. h. v., oder sanctissimus: leges sanctissimae. VII. 20.

7) Var. I. 2 und VI. 7. vgl. sacer cognitor Ed. §. 55; sacrum cubiculum VIII. 10. comitatus sacratissimus VIII. 32; vgl. Ennod. p. 438; sacer parvulus 487 (Thronerbe) Marini ad N. 115.

8) Vgl. I. 2. VII. 32. III. 16. VI. 3. 7. 14. XII. 13. Ed. §. 154.

tragen[1]). Bei dem Haupte des Königs wurden wie bei dem des Imperators Eide geschworen[2]).

Diesen stolzen Formen und Titeln des Herrschers entspricht der bezeichnende Ausdruck subjectus, welcher dem freien Staatsangehörigen, auch dem gothischen capillatus, nunmehr zukömmt[3]). Waren doch unter den Amalern fast nur Pflichten, keine Rechte mehr den Unterthanen geblieben. Zwar ist von der libertas in den Varien noch oft die Rede[4]), aber das Wort ist, im staatsrechtlichen Sinne, zur Phrase geworden; oft ist es nur die Circusfreiheit[5]), oft bezeichnet es die Zugehörigkeit zum Gothenstaat, die Unabhängigkeit von andern Germanen, zumal bei Rückerwerb altrömischer Provinzen, oder den Sturz Odovakars[6]) und die jetzt größere Rechtssicherheit[7]). Characteristisch für die Art von Freiheit, welche in

1) Var. VII. 32. quid nam erit tutum, si in nostra pecatur effigie et, quam subjectus corde venerari debet, manu sacrilega violare festinet? indessen ist dieß wie IX. 14. 15 zeigt, nur Phrase, sonst mußte nach IX. 14 jede Verletzung des Edicts als sacrilegium gestraft werden.

2) Var. VIII. 3. Athalarich sagt: jurat vobis, per quem juratis, nec potest ab illo quisquam falli, quo invocato non licet impune mentiri; (Köpke hat dieß mißverstanden); vice sacra heißt regis vice VI. 3. (s. Böck. s. h. v.); erst nach dem Fall des Reichs schwören Gothen wieder bei dem Leben des Kaisers. Mar. N. 93; divina domus, nicht die Kirche, wie man gemeint, XII. 5 heißt das königliche Vermögen; wie die Kaiser begrüßt die Gothenkönige der Zuruf des Volkes im Circus; und häufig werden ihnen, wie jenen, Ehrenstatuen errichtet; die senatorische Wittwe im chron. pasch. oben S. 90 f. begrüßt den König, indem sie ihm mit brennenden Kerzen naht, wie man den Kaisern nahte; über diese Sitte f. Notae ad. l. c. II. p. 437.

3) Var. I. 9. 16. 42. II. 29. III. 11. 24. 25. 41. 42. 43. IV. 30. 37. 46. 47. V. 6. 41. 22. 24. 41. XII. 13. 28. VI. 5. 15. 23. VII. 32. 37. VIII. 8. 9. 14. 16. 23. IX. 4. 9. X. 11. 6. 17. 16; Ennod. p. 477 ep. IX. 23; subditi III. 49; Ennod. p. 438; es ist das ἀρχόμενοι des Profop; Dahn, Profop S. 143; über den Abstand zwischen dominus und subjectus VI. 50 quam arduum est subjectum verba dominantis assumere, loqui posse quod nostrum esse creditur! 5. quae auctoritas erit linguae, quae sub oculis regalem genium possit implere? exerce potestatem principis conditione subjecti.

4) I. 4. 32. II. 18. III. 11. 12. 17. 32. 33. IV. 4. V. 16. 29. 30. VI. 4. 14. 15. VIII. 10. 31. IX. 2. X. 4. 34. XII. 11.

5) I. 4. 32.

6) So heißt Theoderichs Schwert bei Ennod. p. 460 vindex libertatis.

7) III. 17. 32. V. 39. Gothos misimus pro libertate Hispaniae pugnare XII. 5. libertas gaudet, si talia (furtum, vis, rapinae), non laetentur. VIII. 4. die Gothen stehen unter Waffen, ut intus vita felicior secura libertate carpatur.

dieſem Staate von der alten Volksfreiheit noch übrig geblieben, iſt,
daß der König „der Herr der Freiheit" heißt[1]) und wie Jronie
klingt der in bittrem Ernſt gemeinte Saß: „die Freiheit trägt immer
die Geſtalt, welche die Willkür des Herrſchers beſtimmt"[2]). Nicht
ſehr hoch können wir die verächtliche Freiheit des römiſchen Pöbels
anſchlagen, in den Straßen von Rom und Ravenna tumultuariſch
Brod und Spiele zu verlangen[3]); nur einmal geſtatten die Varien
dem Volk in Rom eine freie Wahl: es iſt die — eines Gauklers[4]);
und es iſt für das Volk ein Ruhm geworden, daß man „ſeine
Exiſtenz nicht mehr verſpürt, außer wenn rechter Anlaß vorliegt",
d. h. wenn es dem Herrſcher zujubeln darf[5]).

Die Geſammtpflicht des subjectus gegen den Herrſcher, die
geforderte Geſinnung iſt die unbedingt gehorſame und treue Hin=
gebung, die devotio[6]): ſie äußert ſich in der eifrigen Erfüllung
der einzelnen (ſtaatsbürgerlichen) Unterthanenpflichten, z. B. der
Steuerentrichtung[7]), bei der Expropriation[8]), dem Kriegsdienſt[9]);
[deßhalb heißt der sajo, dieſes blindgehorſame Organ des Herrſcher=
willens, devotio tua, κατ᾽ ἐξοχήν[10])]; in Amtserfüllung[11]), in willi=

---

1) III. 11. Var. VIII. 11. dominus libertatis; milder noch custos libertatis (Jnſchrift von Terracina).

2) l. c. 12. quale fuerit dominantis arbitrium, talem parit libertatis
aspectum.

3) VI. 6. VI. 18.

4) I. 20.

5) XII. 11. turba quieta, populus qui nescitur nisi sit locus.

6) Vgl. Var. I. 8. 29. VII. 27. 28. VIII. 7. 27. XII. 3. 16. XI. 9. 8. XI.
24. X. 17. (Ennod. p. 438. 477. III. 25 obsequia fidelium 26. 34). II. 21.
IV. 5. 8. 47. romana X. 13; vgl. den Sprachgebrauch im gloss. nom. s. h. v.
des C. Th.

7) Dieſe ſelbſt heißt annua devotio, praesens devotio VI. 24. XII. 5. XI.
7. devoti die Nicht-Rückſtändigen l. c. XII. 8 (hier iſt casarum ſtatt causarum
zu leſen); vgl. III 32. 40. V. 9. necessitas publica multorum debet devotione compleri XII. 16. possessor devotus solvat assem tributarium; über
den indevotus VI. 13. II. 24. XI. 2. non pertuli tributarios indevotos; bei
Steuererhöhungen heißt es: ut cresceret devotio; aber auch Steuernachläſſe
mehren die devotio. IX. 11.

8) IV. 8.

9) I. 17.

10) V. 10. ſ. oben S. 183; ſelten wird die devotio ſtatt auf die Perſon des
Herrſchers auf die utilitas publica bezogen, II. 32; man ſchuldet ihm gratuita
obsequia, III. 19; dieß Wort II. 34 und veneratio VII. 32 begegnet neben der
devotio; devotus für subjectus IV. 5. VIII. 6. qui in Galliis regno nostrae

ger Anerkennung des Thronfolgers, im Anfang neuer Regierung[1]).
Die devotio wird neu gewonnenen Provinzen sofort beigebracht[2])
und besonders auch vom Senat gefordert[3]). Die staatsrechtliche
Unterordnung des Unterthans ist ein „Dienen"[4]); das Wort Bür=
ger (civis) bezeichnet fast nur mehr den Stadt= oder Staatsgenossen
im Gegensatz zu Fremden[5]). Die Staatsbürger sind juri nostro
subjecti[6]), und famulatus und servitium wird von ihnen wie von
Sclaven gebraucht[7]). Aber freilich entspricht dieser devotio als
allgemeinen Pflicht der subjecti auch eine allgemeine Pflicht des
dominus: diese Königspflicht ist die pietas, die Huld und Milde[8]).

---

pietatis devoti sunt; den subjectis soll durch Erkenntniß von des Königs
Sorge für das Gemeinwohl oben S. 159 die devotio wachsen, VII. 21; III. 24.
praecepta pro utilitate regni probabili devotione compleantur. I. 36. de-
votorum nobis memoria non deficit . . syncera nobis cognoscitur devotione
paruisse; ein Anhänger Odovakars war früher indevotus, später wird er devotus, II. 16; Ennod. p. 452. indevotae nationes, d. h. invictae; vgl. noch über
devotio II. 24. indevotus XII. 2.

11) III. 27.

1) VIII. 4. 5. hier ist sie besonders verdienstlich, 16. meminimus, qua devotione nobis in primordiis regni nostri servieris, quando maxime necessarium habetur fidelium obsequium, I. 3. (von Cassiodor), „gleich im Anfang unserer Regierung treu ergeben (devotus), als mit den wogenden Verhältnissen auch die Gesinnungen der Provinzialen schwankten, hast Du die argwöhnischen
Sicilier von voreiliger Hartnäckigkeit abgelenkt, sub devotione ihnen die Schuld,
uns die Strafe ersparend. Darauf hast Du Bruttien und Lucanien consuetudinem devotionis auferlegt".

2) V. 16. instituta devotio in Gallien.

3) l. c.

4) Servire, servitium; vgl. darüber IV. 24. 38. V. 41. III. 34; die Gesammtheit dient unter der Freiheit, X. 4. VIII. 16. V. 4. devotio servientium,
I. 36; ebenso von Beamten, IV. 4. VI. 3; vgl. Ennod. p. 477 die bezeichnenden
Worte: O regem omni tranquillitate compositum, qui *devotioni* nostrae im-
putat, quod impendimus *servituti!*

5) Var. I. 3. 30. III. 43. VIII. 29. 30. IX. 5. XII. 10.

6) X. 12.

7) III. 49; vgl. auch Ennod. p. 438. erit dispensationis sacrae de *famulis* aestimare quod exigas, in quibus cognoscis totum tibi militare quod
praevalent; ebenso p. 477. vita Ep. p. 1021.

8) Vgl. VIII. 20. 22. 8. 17. X. 3. 4. 15. 22. IX. 4. 15. VII. 3. 39. 42.
V. 39. VI. 10. 7. III. 20. 27. V. 37. IV. 7. 20. 22. 23. 41. 42. 46. 26. 50.
VI. 13. III. 21. 36. 38. 40. 44. 46. 47. II. 22. X. 16.
In vielen Stellen steht pietas als bloßer Titel ohne besondre Beziehung
auf den vorliegenden Fall (so VIII. 6. und des Kaisers. X. 1); in andern
aber ist noch Leben in dem Wort (so z. B. Ennod. p. 440); oft wechselt beides

Diese bezieht sich ganz allgemein auf alle Unterthanen als solche[1]) und äußert sich je nach den Verhältnissen sehr verschieden, zumal in der freigebigen Unterstützung aller Hülfsbedürftigen und in reichlichen Beschenkungen[2]). Reiche Freigebigkeit wird ja von den Germanen von jeher von ihren Königen erwartet, wie Geschichte und Sage bezeugen: der „reiche König von milder, offner Hand" ist ein ständiger Ausdruck der Heldensage und diese Anforderung der Germanen ist gewiß unter den Gründen des besondern Hervorragens dieses Zuges bei Theoderich[3]). Deßhalb wird im Gegensatz zu der reichen milden Hand Theoderichs[4]) an Odovakar die Kargheit und Dürftigkeit gerügt, gleichsam damit sein unkönigliches Wesen dargethan — als ob Odovakar freiwillig karg gewesen wäre, der vielmehr um Anhänger zu werben, das Krongut vergeuden mußte — deßhalb war seine Regierung „eine schlimme Zeit, damals litt treuer Dienst unter höchst geiziger Unfruchtbarkeit der Belohnung: denn was konnte der selbst dürftige Schenker verleihn?"[5]) und der Amaler hütet sich deßhalb vor Mangel[6]).

---

in Einem Erlaß, Var. IV. 22. 23; man sieht deutlich den Uebergang von Prädicaten zu Titeln; manchmal ist natürlich pietas auch Frömmigkeit. IV. 22; nicht so häufig begegnen in gleichem Sinne mansuetudo III. 17. 44; I. 7. 16. II. 5. V. 26. IV. 20. aequitas I. 8. V. 40. humanitas I. 30. IV. 26. II. 9. XII. 28. serenitas II. 35. 25. 32. 33. 36. III. 37. XI. 19. I. 33. VI. 6. VIII. 25. 28. clementia nostra IV. 18. V. 37. IX. 19. II. 24. I. 37. (V. 15. clementia nostrae serenitatis). II. 38. 23. III. 18. VIII. 25.

1) II. 29. omnibus debet regnantis pietas subvenire. VI. 10.

2) Deßhalb heißt die comitiva sacrarum largitionum pietatis officium. VI. 7.

3) Z. B. V. 2. divites reges. Boecler p. 23. Cochl. c. 14. „de Th. regis magnificentia".

4) Ubertas domini Var. XII. 28.

5) Var. V. 41. A. II. S. 47; damals penuria respublicae, jetzt clementissima tempora, IX. 4; dann: talis est in subjectis mensura provectuum qualis fuerit et distantia dominorum.

6) I. 19; aber zugleich V. 19. rapacitas continenti principi nulla redemtione placitura; Theoderich ist frei von V. 44. auri tyrannica cupiditas; vgl. dagegen Ennod. pan. p. 450 über Odovakar und ep IX. 23. tibi (Liberio) debemus, quod apud potentissimum dominum et ubique victorem securi divitias confitemur: tuta est enim subjectorum opulentia quando non indiget imperator. Es ist doch nicht bloß zufällig, daß die Sage gerade die Freigebigkeit Theoderichs besonders hervorhebt: pidrekssaga c. 14. (in Ermanglung des Originals citire ich nach Raßmann II. S. 357). „Er war herablassend, milde und sehr freigebig, so daß er nichts sparte gegen seine Freunde, weder Gold noch

Oft muß der König den Mißbrauch dieser „königlichen Pflicht" abwehren[1]), obwohl die liberalsten Grundsätze bezüglich derselben anerkannt werden[2]). Namentlich weiß diese Huld treue Dienste reichlich zu belohnen: sie gehen nicht verloren[3]) Aber die pietas des Königs äußert sich auch in der freiwilligen Beschränkung seines Absolutismus[4]), in der Begnadigung[5]), in der Stillung aller Klagen, die an sein Ohr gelangen[6]); sie ist daher die Seele der ganzen Administration[7]), aber auch das Motiv der lautersten Rechts=

Silber, noch Kleinode, und fast gegen Jeden, der es zu empfangen wünschte"; f. noch über die regalia largitas, largitas nostra I. 21. II. 21. 37. III. 12. 18. 29. 31. V. 10. 12. VI. 7. 20. VII. 3. XII. 28. (13 dominorum.) II. 17. IV. 26. VIII. 25 (hier ist liberalitas IX. 9. 10. III. 35 statt libertas zu lesen.) IV. 20. XII. 9. principalis (clementia IV. 42.) I. 7. 10. III. 5. 11. XII. 27. regalis II. 30. 34. V. 26. 11. affluentia, liberalitas, largitas VIII. 23. boni regis (regalia dona VI. 7.) I. 8. II. 21. 37. III. 18. 29. 31. V. 10. 12. VI. 7. 20. VII. 3.

1) I. 26.

2) II. 30. beneficialem esse principem licet, nec intra regulas constituti potest munificentia regalis arctari .. clementia non habet legem, nec debet sub angustis terminis sequi, quam decet sine fine laudari. VI. 7. von dem comes s. larg: regalibus magna profecto felicitas est militare donis, et dignitatem habere de publica largitate. alii judices obtemperant virtutibus regnatoris, haec tantummodo sola est, quae serviat ad momenta pietatis I. 16. regnantis facultas tunc fit ditior, cum remittit; et acquirit nobiles thesauros famae neglecta vilitate pecuniae. hinc est, quod consuetudinis nostrae humanitatae commoniti opem, fessis manum porrigimus, ut pietatis nostrae remedio surgant qui fortunae suae acerbitate corruerant. II. 22. aequum est, ut commodet se regalis pietas fati vulnere sauciatis.

3) Nicht einmal den Erben des Dieners; I. 36. V. 3. III. 32. V. 13. VI. 24; diese Vergeltung ist die vicissitudo.

4) X. 10.

5) XI. 40. III. 47; unsere Menschlichkeit (im Gegensatz zum districtus judex, VIII. 20) sucht auch bei Verbrechern für unsere Huld und Gnade Raum. I. 18. III. 46. materia est gloriae principalis delinquentis reatus, quia nisi culparum occasionis insurgerent, locum pietas non haberet II. 34 adfuit moderatrix, quae nobis semper juncta est, clementia II. 9 affectus pietatis geht über die fines justitiae.

6) II. 13. commovemur pietatis studio quaerela supplicum III. 40 quamvis sensum nostrae pietatis turba multiplex cogitationum intraret et diversas regni partes consueta sedulitate respiciat.

7) l. c. apud conscientiam nostram laesionis genus est profutura tardare. Wenn in Venetien Mißwachs eingetreten, sorgt die pietas des Königs nicht nur für Steuererlaß, sondern für Zufuhr billiger Nahrung. XII. 26. IV. 50; wenn den Schiffern, die Getraide von Sicilien nach Gallien zu führen haben, im

pflege[1]), sie ist der Schild der Schwachen gegen den Uebermuth der Großen[2]) und erscheint am deutlichsten in dem ganzen Institut der tuitio[3]).

Das Gothenreich in Italien hat zuerst die römische Staatsidee unter Germanen bewußt und systematisch durchzuführen versucht, und immerhin mit einem gewissen Erfolg. Hierauf zum Theil, zum Theil aber auch auf die gothische Nationalität und endlich auf den Flor und Glanz des Reichs im Allgemeinen gründet sich das sehr starke Selbstgefühl des amalischen Königthums[4]). Nicht nur die kriegerischen Erfolge — so lang Theoberich lebt, ist Italien, meint er, sicher vor den Barbaren des Nordens[5]) — mehr noch das Streben nach strenger und reiner Gerechtigkeit, die Verbreitung der Cultur, die Aufrechthaltung oder Einführung der Rechtsordnung („civilitas") sind die Vorzüge, deren sich der Gründer dieses Reichs berühmt: letztere Ziele veredeln erst recht seine Waffenthaten[6]). Ja, der Ruhm der Gerechtigkeit steht Theoberich (oder doch Cassiodor) höher als der Waffenruhm[7]).

Sturm der größte Theil der Fracht gesunken, so rechnet ihnen die pietas des Königs benselben als geliefert an. IV. 7. propositum pietatis nostrae, injuste periclitantium sublevare fortunas; die pietas kommt solchen Bitten zuvor; („erfindungsreich" erspart sie durch Abordnung von Sendboten fernen Provinzen den weiten Weg zum Hof. V. 15).

1) IV. 46.

2) III. 20. pietatis obstaculum, auxilium; remedio pietatis nostrae crudelibus damnis afflicto consulamus; 36 pietatis nostrae propositum est, miserandis fletibus audientiam non negare.

3) Oben S. 116; VII. 39. 42. V. 37. III. 27. ad pietatis nostrae convolastr remedia.

4) Hierüber im Allgemeinen VIII. 10. 26. IX. 12. X. 18. 22. XI. prooem., welches auch nach Abzug aller Rhetorik Cassiodor noch übrig bleibt.

5) Var III. 48; vgl. Jord. c. 59.

6) II. 37. provectum regni nostri . . reipublicae augmenta. inter tot quotidie successus etc. IV. 12. provincias sicut armis defendimus, ita legibus ordinamus. III. 43; nec minor nobis cura est rerum moralium quam potest esse bellorum. aliorum forte regum proelia captarum civitatum aut praedas appetunt aut ruinas. nobis propositum est, Deo juvante, sic vincere, ut subjecti se doleant nostrum dominatum tardius acquisisse; eine schöne und offenbar der Wahrheit entsprechende Aeußerung; der Schutz im Innern ist nicht minder wichtig als der Schutz nach Außen: IX. 9. absit a vobis exterarum gentium metus et calumniosis non pateatis insidiis. nam non minus est saeva discussionis, quam malum bellicum evadere (so muß der Satz umgestellt werden).

7) Var. V. 30. non tantum armis, quantum judiciis nos effici cupimus

Im Frieden ist der Stolz des Königs die ungestörte Herr=
schaft der Rechtsordnung: das ist die „disciplina temporum"[1]).
Diese versteht sich im Gothenstaat von selbst und jeder Rechtsbruch
ist eine Beleidigung unsrer „Aera"[2]); gleichsam ein Anachronismus
oder etwas „Staatsfremdes"[3]).

In diesem Sinne wird die Ueberlegenheit gegenüber andern
Germanenstaaten mit sehr starker Ueberhebung ausgesprochen: es
sind die Vorzüge der Geistesbildung, welche jenen fehlen[4]). „Bildung

---

clariores; seine Gothen ermahnt er, sie sollen wie durch Kriegsruhm durch Rechts=
liebe glänzen. IV. 5. vgl. III. 9.

1) IV. 10. nullam fieri violentiam patiaris, sed totum cogatur ad
justum, unde nostrum floret imperium; IV. 12. vgl. II. 21. 23. V. 4. quod
est omni thesauro pretiosius, apud quaestorem *civilitatis nostrae fama* re-
ponitur.

2) V. 33. nostris temporibus inimicum.

3) „Unter unsrer Aera, der Herrschaft der Gerechtigkeit, legt die barbarischen
Gewaltsamkeiten ab", sagt er zu neu gewonnenen Unterthanen. III. 17. II. 13.
non decet nostri temporis justitiam III. 43. non decent confundi jura imperante justitia (i. c. Theoderico) non decet temporis nostri disciplinam
II. 23. VIII. 32. tempora nostra decet sedare confusa IV. 5. furoris genus
est, saeculo pacato violento studere proposito XI. 8. IV. 12. „laß den Pro=
ceß omni incivilitate summota nach dem Gesetz entscheiden, conservata disciplina nostri temporis. Denn von keinem, der das Glück hat, unsrem Staat an=
zugehören (A. II. S. 138; hierüber III. 43. X. 11. decet .. priores suos vincere, qui ad nostra meruerunt tempora pervenire), darf irgend etwas mit Ge=
walt entschieden werden". IV. 10. neglecta temporum disciplina I. 19. justa
saecula; wie Gewalt ist Bestechung vom Geiste dieser Zeilen ausgeschlossen. XII.
6. XI. 8. (widerlich ist dieselbe Sprache im Namen Theodahads zu vernehmen,
dessen Stolz X. 18 bald Lügen gestraft wird). Darin setzt Athalarich des Groß=
vaters Ruhm (vgl. IX. 24. 17), daß er seine Gothen dazu herangebildet habe,
auf Gesetz und Recht zu hören: „im Rechtsgehorsam (disciplina) liegt unser Heil
und unser Ruhm bei allen Völkern" VIII. 26. und Theoderich stellt seine Gothen
den wilden Gepiden als Muster auf: die Verbindung von Heldenkraft im Krieg
und Gesetzlichkeit im Frieden hat den Flor und Glanz geschaffen, darin sie stehn.
III. 24; wie hoch man sich dieses Glanzes berühmte, darüber s. noch VII. 5. 14.
25. VIII. 9. 11. 13. 26. 28. 32. 33. XI. 5. 9. XII. 4. 15. 28. I. 20. 44. 45.
II. 2. 13. 21. 23. 28. 35. 37. III. 16. 17. 28. 31. 34. 38. 48. 52. IV. 2. 3.
12. 17. 45. 51. V. 33. 41. VI. 6. 9. 20. VII. 26. saeculi hujus honor *huma-
nae mentis* est manifesta probatio; auch Pabst Gelasius rühmt ob Theoderichs
Gerechtigkeit die beatitudo temporum suorum, Mansi VIII. p. 84; selbstver=
ständlich Cass. Chron. p. 658 in vestrorum laude temporum.

4) Etwas abweichend Hegel I. S. 103; vgl. die bezeichnende Stelle über den
verschiednen Zustand Galliens unter Gothen oder unter Franken und Burgunden.
III. 16; die Gesandten Theoderichs haben die wilden Barbarenkönige, deren Zorn

(b. h. zunächst Beredsamkeit) haben die Könige der Barbaren nicht,
nur bei den nach Recht und Gesetz herrschenden Fürsten (b. h. dem
Kaiser und Theoderich) sieht man sie wohnen: die Waffen führen
auch andre Stämme, aber nur den Beherrschern der Römer steht
das gebildete Wort zu Gebot"[1]. Mit dieser überlegnen Cultur
hängt auch der überlegne Reichthum des Gothenstaats zusammen:
„Die Heruler sollen in unsrem Reich nicht in der Dürftigkeit
ihres eignen Staates reisen, reicher als die Heimat sei ihnen die
Fremde"[2]; mit Staunen schauen die Gesandten der fremden Völker
die stolze Pracht des Hofes von Ravenna, mit Zögern scheiden sie,
reich beschenkt, und verkünden daheim die Herrlichkeit Theoderichs[3].
Theoderich freut sich unverkennbar der weiten Verbreitung seines
Namens[4].

So prätendiren die Gothen unter allen Germanen und andern
Barbaren den ersten Rang[5]; nur mit Vorbehalt und Wahl be=

---

und Trotz kaum die Stimme der Vernunft versteht, der Wahrheit zu unterwerfen
und ihr Rechtsgefühl zu wecken. IV. 3 s. A. II. S. 135.

1) IX. 21; andre Germanen müssen das propositum gentile erst ablegen;
die Gothen, obwohl selbst officiell barbari genannt (Ed. prol. §§. 32. 34. 43.
44. 145. epil. und einmal gentiles VIII. 17), werden doch den andern barbari,
den gentes, geistlich und sittlich entgegengestellt; domitor gentium heißt Theoderich; s. A. II. S. 165; II. 5. iracundae, X. 19. ferae et agrestissimae gentes-
impetus gentiles; wie wilde Thiere verhalten sie sich zu den Gothen. VII. 4;
über die gentilitas, die gentilis feritas XII. 28. ferocitas II. 16. barbarae
gentes in diesem Sinne s. noch II. 5. 41. III. 17. 23. 48. XII. 4. X. 19. I.
27. 30. 46. V. 44. VI. 3. 6. 9. VII. 4. 41; eine Gothenprinzessin soll die Thü=
ringer erst beßre Lebensweise lehren. IV. 1. (s. A. II. S. 135, über die den Burgun=
den geschickten Uhren) und von Boëth. heißt es: die Fremden sollen sehen, daß wir
solche Männer als Hofleute (proceres) haben, die anderwärts als Autoren ge=
lesen werden. I. 45.

2) IV. 45.

3) II. 3. habent nimirum, quod in patria sua loquantur, dum parentibus suis dicere gestiunt, quod viderunt. IV. 6. Die humanitas, die sie em=
pfangen, ist aber Geld, nicht „Humanität"; den Griechen, über die man sich nicht mit
höherer Cultur wegsetzen kann, wird ihre Eitelkeit und Verschmitztheit vorgerückt.
II. 6. V. 40. vgl. V. 17. IX. I. II. 39. regalis gloria. V. 40, auch der Kaiser
und sein Hof ist post nos non mirabilis und Cass. Chron. vergißt nicht das
Staunen des byzantinischen Gesandten über den Reichthum Theoderichs; ad a. 519,
p. 659.

4) Var. 5. 2.

5) Var. VIII. 10. Gothorum nobilissima stirpe gloriatur, quod inter
nationes eximium est; die Uebersetzung „edelstes Geschlecht unter den Gothen"

folgt daher Theoberich die Sitten der Barbarenvölker[1]), sofern es das fürstliche Ceremoniell erheischt: z. B. bei Ehren- und Brautgeschenken, aber er adoptirt doch auch durch Waffenleihe, more gentium, den König der Heruler[2]). Das Glück dieser Zeit, der Glanz und Ruhm dieser Regierung[3]) soll nun auch in der Freude der Bevölkerung erscheinen[4]) und die Römer sollen empfinden, daß diese Aera[5]) der Glanzperiode römischen Imperatorenthums gleichstehe[6]). Wenn übrigens auch der Ruhm dieses Reiches, der nicht bloß ein eingebildeter war — die Sage der Völker bezeugt es — großentheils auf der Großartigkeit der römischen Staatsidee beruht und Theoberich selbst gesteht, erst in römischer Schule gelernt zu haben, Römer zu beherrschen[7]), so hat er es doch jetzt gelernt und wendet diese Kunst nöthigenfalls auch sehr energisch gegen die Römer selbst und erinnert sie, daß durch seine Kraft allein sie die Güter des Friedens wieder gewonnen und daß er der Herrscher sei, der jede Friedensstörung strafe[8]). Und er hatte wie den Willen, so, das haben wir zur Genüge gesehn, die volle Macht dazu.

Am deutlichsten läßt sich der romanische Character der absolu-

---

wird durch eine Reihe von Gründen ausgeschlossen; non mediocres nationes VIII. 3.

1) IV. 1. more gentium.

2) IV. 1. 2. Er heißt „der Vater der Völker". V. 44.

3) II. 34. laus nostrorum temporum.

4) Laudes nostrorum temporum gaudia populorum, II. 37; namentlich im Gegensatz zu der bangen, kargen Zeit Odovakars. V. 41; oben S. 300.

5) Ennod. nennt sie in einem Brief an den Pabst geradezu das goldne Zeitalter. IX. 25.

6) I. 6. absit, ut ornatui cedamus veterum, qui impares non sumus beatitudine saeculorum; vgl. I. 20. beatitudo temporum laetitia saeculorum; daher die gothischen Denkmünzen aus jenen Tagen mit Inschriften, wie Roma felix, felicitas temporum (s. die noch ungedruckten Materialien von Jenen bei Gregorov. I. S. 298: 6 Stempel mit felix Roma, 5 mit bono Romae, 2 unter Athalarich, worunter eine Roma fida) etc.; „nicht ungleich sind unsre Tage der Vorzeit; wir haben würdige Nacheifrer der Alten; wieder wie unter den besten Kaisern gelangt man durch Werth zu Würden": „sei ein Plinius, sagt Athalarich zu seinem Quästor, wie Du an uns einen Trajan hast". VIII. 13. Deßhalb darf sich der hohe Geist des Herrschers auch um die kleinen Dinge des Circus kümmern: denn in diesen Spielen erscheint das Glück des Volkes I. 20, und dieses bezeugt des Herrschers Werth. IX. 25.

7) 1. 1. bezeichnend Agn. bei Mur. II. p. 68. regnavit Ravennae Romanorum moro; vgl. Ennod. educavit te Graecia in gremio civilitatis.

8) I. 44.

tiftischen Regierung der Amalungen und die Rückkehr zu dem alt-
gothischen Volkskönigthum in der Regierung ihrer Nachfolger darthun in der verschiednen Rechtsform und Rechtsart, in welcher die
Einen und die Andern die Krone erwerben, weßhalb wir mit dieser
Untersuchung schließen[1]).

Im Zusammenhang mit dem allgemeinen Erstarken des Königs-
thums in dem italienischen Reich der Amaler trat auch die Erblichkeit der Krone vor das freie Wahlrecht des Volkes und hiezu kam,
in Nachahmung kaiserlicher Rechte, die Bezeichnung des Nachfolgers
durch den Herrscher (designatio successoris). Wenn schon der Erbe
Theoderich von seinem Vater empfohlen und vom Volk acceptirt
wird, so ist bei der Thronbesteigung Athalarichs der Vorschlag seines
Großvaters und seine Abstammung viel gewichtiger als die freilich
ebenfalls eingeholte Zustimmung des Volkes. „Als Theoderich zu
hohem Alter gelangt war und erkannte, daß er in Bälde aus dieser
Welt scheiden werde, rief er die gothischen Grafen und die Ersten
seines Volkes zusammen und bestellte ihnen Athalarich, das kaum
10jährige Knäblein, zum König und trug ihnen auf, wie in testa-
mentarischen Worten sprechend, ihn als ihren König zu ehren".
So spricht Jordanes: der Wille des Herrschers bestimmt den Nachfolger: und nicht die Volksversammlung, nur die Ersten des Staates werden beigezogen, den Befehl zu vernehmen[2]). Dazu stimmt
auch die officielle Auffassung bei Cassiodor: er läßt Athalarich sagen[3]): „Mit solcher Schnelligkeit trug der König die Hoheit seiner
Herrschaft auf mich über, daß man meinen sollte, ein Gewand, nicht
ein Reich sei gewechselt worden".

Natürlich wird dieser Entschluß des Königs auf göttliche Eingebung zurückgeführt[4]) und zunächst ist es nur diese einseitige

---

1) Vgl. Var. VIII. 1—10. 16. 17. IX. 2. 12. 24. 25. X. 1—7. 9—18. 31.
XI. 1; vgl. Köpke S. 188; ungenügend Balbo l. S. 91 und Heidelb. Jahrb.
von 1811.

2) l. c. c. 59. quod praeceptum in omnibus custodientes und de regn.
succ. p. 240. ipso ordinante succepit. Zuerst werden Abel, Senat und Volk,
Gothen und Römer in Ravenna und Rom, dann die Provinzen beigezogen.

3) Var. VIII. 2.

4) Var. VIII. 5. nos heredes regni sui deo imperante substituit; VIII.
2. ut voluntatem ibi agnosceres confluxisse divinam, noveritis divina providentia fuisse dispositum, ut Gothorum Romanorumque nobis generalis
consensus accederet; vgl. VIII. 6.

Handlung, welche die Krone verleiht[1]). Freilich, in zweiter Linie, wird auch die Zustimmung des Volkes erwähnt[2]). Aber der Ueber=gang der Krone ist bereits vorher erfolgt und wird als bereits vollendet dem Senat angezeigt[3]); die Zustimmung folgt „auf Be=fehl" nach[4]): und auf „Anordnung" Theoderichs leisten die Unter=thanen noch bei Lebzeiten seinem Nachfolger den Eid[5]). Außer jener designatio wird nun auch ferner das Erbrecht[6]) Athalarichs hervorgehoben[7]), das Erbrecht in jenem alten germanischen Sinn, da das Volk mit dem Blut das Glück und die Vorzüge des Ahnen für vererblich hält[8]).

Es widerstrebte nämlich so Manches in der Stimmung des Volkes und in der gefährlichen Zeit der Regentschaft eines Weibes für ein Kind[9]). Hierin liegt offenbar der nicht genug gewürdigte

---

1) Var. VIII. 8. avus nos heredes substituit, nos in sede regni sui collocavit.

2) Mit seinem Befehl haben sich die Wünsche Aller so vereint, daß Ein Mann zu versprechen schien, was Alle wünschten. VIII. 2. 7. vota tot ingentium populorum; cui ordinationi Gothorum Romanorumque desideria convenerunt. VIII. 6.

3) VIII. 2. necessarium duximus, de ortu regni nostri vos facere certiores.

4) VIII. 3. nuntiamus-avi ordinatione dispositum, ut Gothorum Romanorumque in nostrum regnum suasissimus consensus accederet.

5) VIII. 4. glorioso domno avo nostro feliciter ordinante tam Gothorum quam Romanorum praesentium pro munimine incepti regni sacramenta suscepimus, quod vos quoque libentissimos facturos esse judicamus (danach modificirt sich das Gothi sibi praeficiunt der hist. misc. p. 104), oder zum Befehl tritt der Eid. VIII. 5. cujus ordinatione adhuc eo superstite in regia civitate-sacramenti interpositione cunctorum vota conjuncta sunt.

6) Heres. VIII. 5. 25. regia hereditas VIII. 1.

7) l. c. dilatatum potius quam mutatum videtur esse imperium, cum transit ad posteros. VIII. 2. quodammodo ipse putatur vivere, cujus vobis progenies cognoscitur imperare.

8) VIII. 5. ut successione sanguinis sui beneficia vobis a se collata faceret esse perpetua. VIII. 6. quatenus decus generis, quod in illo floruit, in successores (statt succipere) protinus aequali luce radiaret. VIII. 2. ut heredem bonorum suorum relinqueret, qui beneficia ejus in vobis possit augere; 6. vix sentitur amissus, cui non succedit extraneus; wie eng die Gothen Glück und Unglück als an einer ganzen Sippe haftend denken, zeigt Uraia. A. II. S. 224.

9) A. II. S. 176. 192; die Vererbung seiner Krone war Theoderichs schwerste Sorge; es ist höchst bezeichnend, daß Ennod. nicht nur seine Lobrede mit dem Wunsch nach einem Sohne des Königs schließt, sondern auch in dem oben citirten

Grund einer Reihe von Erscheinungen. Einmal bestimmte gewiß diese Besorgniß den König, durch designatio successoris und noch mehr durch eibliche In=Pflichtnahme der Spitzen seines Volkes schon bei seinen Lebzeiten der Gefahr einer Anfechtung der Thronfolge seines Enkels zuvorzukommen. Ferner aber begreift sich jetzt, weß=halb grade erst um diese Zeit mit so unverkennbarer Absicht Cassio=bor immer und immer wieder die mit nichts Anderm zu vergleichende Herrlichkeit des amalischen Geschlechts und sein unantastbares Kron=erbrecht hervorhebt. Darin, in dieser politischen Tendenz, liegt also allerdings der Grund, daß wir die germanische Auffassung von dem specifischen Wesen des Königthums als einer durch die Ver=erbung edelsten Blutes mit vererbter Würde, als eines nationalen Kleinods, dessen Werth in der innigen Verwachsenheit des Königs=hauses mit der ganzen Vergangenheit des Volkes beruht, in diesen officiellen Selbstzeugnissen der Amaler so scharf betont finden. Aber ebendeßhalb war es eine desto seltsamere Verirrung der Kri=tik[1]), wenn man um dieser Absichtlichkeit in Cassiobors Worten willen das ganze Erb=Königthum der Amaler für eine Erfindung dieses Ministers[2]) ausgegeben hat. — Das wäre nicht blos höchst gefährlich, es wäre unmöglich gewesen. Sollten denn, ich muß es wiederholen, die Gothen, seit sie Italien betreten, das Gedächtniß verloren haben, daß man ihnen weiß machen konnte, sechzehn Ama=ler vor Athalarich hätten die Krone getragen, während in Wahr=heit erst Theoderichs Vater sie erworben? Und wenn andre Ge=schlechter nach der Krone trachteten, wenn eine Partei den Knaben Athalarich nicht auf dem Throne sehen wollte, konnte man glauben, dessen Sache durch eine so unverschämte Behauptung besser zu machen, deren Erlogenheit notorisch sein mußte? Würde man, wenn etwa dem Enkel Victor Emanuels die Krone von Italien bestritten würde, seine Sache mit der Berühmung glücklich vertheidigen, daß

Brief an den Pabst, da er den König von Gott für sein Benehmen a. 499 s. be=lohnt wünscht, nichts Andres zu wünschen weiß, als det etiam regni de ejus germine successorem.

1) s. A. II. S. 123; v. Sybel S. 124. 126; Schirren S. 83 f.

2) Vgl. übrigens auch Ennod. pan. p. 447. 460. 485; (der panegyrische Cha=rakter steht hier nicht im Wege: wie konnte Ennobius dem König eine solche Ahnenreihe im Angesicht der Gothen beilegen, wenn diese die Lüge belächeln muß=ten?) origo te dedit dominum (Gothis) . . sceptra tibi conciliavit splendor generis . . telis agendum, ut avorum decora per me non pereant-ab ipsa mundi infantia regum (avorum Theoderici) examinata claritudo.

schon sechzehn seiner Ahnen Könige' von Italien gewesen? Und man glaube doch nicht, daß beßhalb, weil wir von der Vorge= schichte der Gothen nichts wissen, die Gothen ihre eigne Vergangen= heit nicht gekannt hätten[1]). Nein, berief man sich, dem Verdienst und der Reise andrer denkbarer Thronprätendenten gegenüber, auf das alte Kronrecht der Amaler, so konnte dieß nicht von einem Römer erdichtet sein[2]). Besonders beweisend ist, daß man dieß ama= lische Kronrecht als mit ganz bestimmten Thatsachen in der alten Volksgeschichte und deren Tradition verflochten darstellen kann, daß man sagen kann: „Es gibt bereits in der Geschichte der Gothen ein Beispiel solcher Treue: nämlich jener auf der ganzen Erde durch die Sage verherrlichte Gensimund, welcher, obwohl nur durch Waffen= leihe in die Sippe der Amaler aufgenommen, ihnen solche Treue bewährte, daß er, da man ihn selbst zum König haben wollte, dieß ausschlug und statt dessen den Erben der Amelungen mit wunder= baren Treuen diente. Ihnen ließ er sein Verdienst zu gute kommen und den unmündigen Königskinden wandte er die Krone zu, die ihm hätte werden können. Deßhalb preisen ihn Lied und Sage der Gothen, und weil er einmal vergänglichen Glanz verschmäht, lebt er unvergänglich im Munde unsres Volks. So lang der Name der Gothen lebt, wird auch sein Ruhm vom Zeugniß Aller getragen werden". Konnte man so sprechen, wenn Cassiodor den Stamm= baum der Amaler von Theoderichs Großvater an erfunden, oder hat Cassiodor vielleicht auch diese Geschichte erfunden, den erstaun= ten Gothen den Namen Gensimund zum ersten Mal genannt und sich dabei auf Sagen und Traditionen berufen, von denen sie nichts wußten?[3]).

Dieses Muster wird als von dem Grafen Thulun erreicht dar= gestellt und fast will es scheinen, als ob manche diesen in Krieg

---

1) Man erinnere sich doch, daß nicht nur Cassiodor, daß auch Ablavius da= mals eine Geschichte der Gothen geschrieben hatte; s. Jord. c. 4. 14. 23; v. Sy= bel de font. p. 34—37; in der Bibliothek des Klosters Tegernsee Pez. Thes. VI. 2. 53. noch c. a. 1200 vielleicht erhalten; s. Wattenbach S. 44, der aber auch v. Syb. folgt.

2) s. auch Wietersheim IV. S. 14; zu dem Stammbaum A. II. S. 116 f. auch Buat Abhdl. d. bayer. Akad. I. S. 115; mit der Gothenherrschaft verbreitet sich der Name „Amelung"; s. Uhland l. c. S. 338.

3) Das Ereigniß spielt offenbar c. a. 416, s. A. II. S. 60; völlig mißver= standen hat dieß v. Glöden, der bei Gensimund an den Vandalenkönig Guntha= mund denkt!!

und Frieden bewährten nächsten Freund Theoderichs als deffen Nachfolger gewünscht hätten. Athalarich ernennt ihn zum Patricius und zu seinem officiellen Rathgeber und er wird mit den Amalern jetzt verschwägert[1].

In diesem Zusammenhang begreift es sich, wenn mit freudigem Erstaunen gerühmt wird, daß „in aller Ruhe ohne Aufruhr und Streit der Thronwechsel erfolgt sei, daß von so vielen in Kampf und Rath erprobten proceres kein Widerspruch gegen den Aus= spruch des Herrschers vernommen worden, wie es doch oft geschieht (ut assolet), daß in einem Staat, reich an Gereisten, ein Knabe ohne Kampf und Widerstand den Thron besteigen konnte, daß sicherer das erwartete Verdienst des Kindes als das bewährte Andrer schien"[2].

Das erklärt sich nun blos aus dem hohen Vorzug des Königs= geschlechts und dieser wird immer wieder eingeschärft: die lange Reihe der Ahnen im Purpur[3], der Glanz und die Segnungen der Herrschaft der Vorfahren, zumal des Großvaters[4]. „Die Gottheit,

---

1) VIII. 9.

2) IX. 25. VIII. 2. 6. ne aliqua novitas quieta turbaret. Denn man hegte gegründete Besorgnisse (VIII. 3. 4. A. II. S. 178) nach vielen Seiten: wie die Erhebung von Kronprätendenten fürchtete man Angriffe von Byzanz, litorum curae primordia regni nostri armis juvit (Cassiodorus) und Reibun= gen zwischen Gothen und Italienern: VIII. 16. cum anxia populorum vota trepidarent et de tanti regni adhuc *incerto* herede subjectorum corda tre= pidarent: es wurde auch die Ruhe ernstlich gestört, der amor disciplinae IX. 19 war verschwunden, ganz in der Nähe der Residenz, bei Faënza, übten Gothen und Römer Raub und Heimsuchung: sie glaubten mit Theoderichs Tod die Auf= rechthaltung des Landfriedens geschwächt und lang verhaltne Gelüste brachen los. VIII. 27. gravius plectendi sunt, qui nec admonitionibus justis nec princi= pis initiis obediendum esse crediderunt; mit Mühe beugte man weitern Er= schütterungen vor. IX. 25; man versprach nach allen Seiten hin das Beste, na= mentlich Fortführung des bisherigen Systems. XI. 8; die rerum domini würden nichts Neues verlangen: estote ad consueta soliciti, de novitate securi. Die Vererbung der Krone werde wie das Blut so die Wohlthaten Theoderichs fort= setzen; über VIII. 5 s. A. II. S. 178. IX. 9. wir haben von unsrem clemen= tissimus auctor gelernt, nie in der Sorge für die Unterthanen zu rasten.

3) Var. VIII. 1. majorum purpuratus ordo; denn hier ist statt des un= möglichen vos zu lesen nos; s. A. II. S. 181.

4) l. c. recipite itaque prosperum vobis semper nomen, Amalorum regalem prosapiem, blatteum germen (statt baltheum A. II. S. 87), infan= tiam purpuratam, per quos parentes vestri decenter evecti sunt et inter tam prolixum ordinem regum susceperunt semper augmenta; auch über die Asdingen hoben sich die Amaler. IX. 1.

welche unſre Ahnen unterſtützt hat, wird auch uns Gnade geben,
daß ihr unter unſrer Herrſchaft mehr noch als unter unſern Vä=
tern gedeihen mögt"[1]). Denn den Amalern ſteht jede andre Her=
kunft nach[2]). „Freiwillig ließ ſich Theoderich herab, für die
höchſten Ehren des römiſchen Staats dem Kaiſer zu dienen, er, der
Abkömmling ſo vieler Könige"[3]). Hoch wird Caſſiodor geprieſen,
daß er in ſeiner gothiſchen Geſchichte „die Könige der Gothen, ſeit
lange in Vergeſſenheit gehüllt, aus der Verborgenheit des Alter=
thums hervorgeführt, die Amaler dem Glanz ihres Geſchlechtes
wiedergegeben und deutlich gezeigt hat, daß Athalarich bis in's
17. Glied Könige zu Ahnen hat. So daß der Senat, deſſen Vor=
fahren gleichfalls immer ablig gegolten, ſich von einem uralten
Fürſtengeſchlecht beherrſcht ſieht"[4]). Denn auch über den höchſten
römiſchen Adelsgeſchlechtern ſteht die Königsfamilie ſo hoch erhaben,
daß, wenn die oberſte derſelben der königlichen Verſchwägerung ge=
würdigt wird[5]), ihr dieß in Worten vorgehalten wird, welche faſt
kränkend vornehm ſind[6]).

Das Anomale in der Herrſchaft Amalaſuntha's als Regentin
und dann, nach dem Tode Athalarichs, als alleinige Königin, haben
wir bereits in ſeiner juriſtiſchen Bedeutung gewürdigt[7]). Der
Weiberherrſchaft widerſtrebten viele Parteien im Volk: vielleicht gab
es eine Partei, welche ihr den nächſten Schwertmagen Theoderichs[8]),

---

1) l. c. vgl. VIII. 1. 5. IX. 1. X. 3.

2) VIII. 2.

3) Var. VIII. 9. vgl. V. 12. fulgor regiae consanguinitatis. IV. 39. generis claritate fulgotis.

4) ſ. aber auch den hohen Reſpect, mit welchem Greg. tur. III. 31 von dem
sanguis regius der Amaler ſpricht.

5) Solche affines ragen vor allen subjectis. VIII. 23.

6) Var. X. 11. Meruisti conjugem regiae stirpis accipere, quam in
tuis curulibus nec praesumpsisses optare; ſ. die Stelle oben S. 32; cave,
ne major videatur felicitas tua moribus tuis . . . laudati sunt hactenus
parentes tui, sed tanta non sunt conjunctione decorati und dem Senat wird
geſagt: 12. parentis nomen dignatus est (dominus) praestare subjecto. exul-
tate generaliter et has nuptias laetitia profusa celebrate . . . quae preces
a me exigere potuerunt, quod meus animus spontanea deliberatione con-
cessit? ut vestri ordinis viros parentes appellare possimus, qui nobis affi-
nitatis claritate jungendi sunt; vgl. VIII. 11; während die Kaiſer ſich, manchmal
wenigſtens, ſelbſt als dem ſenatoriſchen Stande angehörig, bezeichnen. Kuhn I. S. 215.

7) A. II. S. 192.

8) Auch von ihm X. 1. avorum suorum purpureo decore 3 generis claritate conspicuus, Amalorum stirpe progenitus majorum suorum virtus.

ben Prinzen Theobahab, aufbrängen wollte, so baß ihre Wahl keine
ganz freie war. Dieß würbe manches erklären. Es war aber ge=
fährlich, Amalasunthen bas Scepter zu beftreiten: sie scheute ben
Morb nicht unb so schwebte, scheint es, auch Theobahab eine Zeit=
lang in Gefahr; zuletzt entschloß sie sich aber, ben Gegner zu ge=
winnen statt ihn zu beseitigen unb ihn zum Mit=König zu machen[1]).
Dabei handelt sie ganz allein, bem Senat bleibt nur bas „An=
nehmen"[2]). Theobahab zeigt ihm bie vollenbete Thatsache an[3]).
Die Gothen werben gar nicht gefragt. Sie führt ben Titel **Regina**
fort unb thatsächlich wollte sie allein herrschen[4]), ber Form nach
mit ihm[5].

Der stärkste Rückschlag gegen biese absolutistische Uebertragungs=
form ber Krone geschieht aber nun bei bem Sturz ber Amaler,
in ber Volksversammlung zu Regeta, welche ben lanbesverrätheri=
schen König absetzt, zum Tobe verurtheilt (tollatur de medio!) unb
ben gemeinfreien Vitigis an seine Stelle setzt, obwohl noch Glieder
bes Amalerhauses unb alte Abelsgeschlechter vorhanden. sinb. Das
ist nicht etwa rechtlose, revolutionäre Willkür, sonbern bas Volk
erinnert sich babei nur seines uralten Rechtes ber Wahl[6]). Unb

---

1) Während eine Partei sie beschulbigte, sie wolle wieder heirathen unb beß=
halb ihren Sohn beseitigen (Proc. b. G. I. 2) brängte sie, scheint es, eine anbere
zu einer zweiten Ehe, statt welcher sie bann Theobahabs Erhebung beschließt. Dieß,
bisher unbemerkt, liegt in ber Berühmung, biese Schritt wahre ihre „castitas".
X. 3. — Auf jene Partei, welche ihn zum König forberte, beutet Theobahab. X. 4.
(wahrscheinlich übertreibt er aber bie Allgemeinheit bieses Wunsches: seine eignen
Gesanbten verrathen ihn, er war verhaßt: Proc. b. G. I. 4. Var. X.); suscipia-
tur gratissime, quod generalitatem constat optasse: (statt bes sinnlosen or-
nasse) reserentur nunc sine metu vota cunctorum, ut, *unde periculum por-
tuli*, inde me universitas cognoscat ornari. praesumsistis enim me in-
conscio (wie vorsichtig!) susurrare, quod palam non poteratis assumere.
quantum vobis debeatur, hinc datur intelligi ut illud mihi festinaretis divinitus evenire, quod meus animus non audebat appetere; bie Stelle ist
jebenfalls nur mit Vorsicht aufzunehmen; mit ben Fabeln, theils Sagen, theils
Anekboten bei Greg. tur. III. 31 ist hiefür nichts anzufangen; ungenau Born=
hak I. S. 290; wie Pavir. s. A. II. S. 198 macht Pfahler Gesch. S. 365 Theo=
bahab zu Amalasunthens Gemahl, trotz Gubelincns Briefen.
2) Accipere l. c. Anm. 1. X. 1. perduximus ad sceptra. Proc. I. 4.
3) Var. X. 4. nuntiamus, dominam rerum consortem me regni sui
larga pietate fecisse.
4) l. c.
5) Var. X. 4. mecum sociata regnare.
6) s. bie Stelle X. 31. Abth. II. S. 207. Köpke S. 193. **Binius** bei **Mansi**
IX. p. 5 hat bie Notiz, Theobahab habe seine Absetzung damnatione cujusdam

dieses Recht der Wahl wird nun fort und fort bis zum Untergang des Reichs geübt.

Die Erhebung des Vitigis zu Regeta geht von dem ganzen Volksheer aus in einer Handlung, die ganz den Styl der alten Volksversammlungen trägt[1]). Und von Vitigis bis Teja tritt jetzt wieder (an der Stelle des amalischen Absolutismus) das echt gothische Königthum viel reiner auf: die Rechte von Adel und Volk[2]) leben wieder auf[3]). Volk und Adel befrägt Vitigis bei der Uebung des Repräsentationsrechts[4]), oft auch als Kriegsrath[5]); der Adel bereitet ohne und gegen seinen Willen seine Absetzung und Ersetzung durch Belisar, den Fremdling, vor[6]); Vitigis wagt keinen Widerstand; der gesammte Rest[7]) dieses Adels trägt später dem Uraia die Krone an[8]) und erklärt, längst hätten sie den glücklosen König Vitigis abgesetzt, wenn sie nicht auf ihn, seinen Neffen, Rücksicht genommen[9]). Auf sein Ablehnen hin erwählen alle Gothen[10]) den Jlbibad[11]), der seine Verhandlungen mit Belisar erst nach Zustimmung Aller[12]) anknüpft[13]). So wenig wie Chlodovech[14]) kann Jlbibad nach Despotenart einen Privatfeind[15]) offen tödten lassen: er muß ihn mit falschen Anklagen

malefici Judaei erfahren, was keine Quelle meldet; sehr bedeutsam ergänzt das Manifest bei Cassiodor Jord. de regn. succ. p. 240 (quod ipse optaverat).

1) A. II. S. 208 (freilich sehr contra votum domini Justiniani Augusti! wie Anast. p. 128 naiv tadelt; es ist dasselbe wie die praesumtio regni Theoderichs).

2) Den „ἅπαντες" A. II. und Dahn, Prokop s h. v.

3) Auch das ist verkannt von Gibbon c. 41 und seit ihm von fast Allen; s. bes. A. II. S. 210; richtiger Köpke.

4) Oben S. 249 f.

5) Proc. l. c. II. 9. 26. 28.

6) Freilich zunächst als Imperator. A. II. S. 222.

7) Denn die Meisten der „nobiliores", Marc. com., waren von Belisar gefangen. Proc. III. 1.

8) Proc. l. c. 30. ξυμφρονήσαντες εἴ. τι αὐτῶν καθαρὸν ἐνταῦθα ἔτι ἐλελοίπετο.

9) Seine Verwandtschaft mit Vitigis steht ihm eher entgegen als zur Seite.

10) ἅπασι Γότθοις l. c.

11) Nicht einmal Theudis, geschweige Jlbibad war ein Westgothe, wie Rub. p. 147 sagt.

12) II. 29. ἅπαντας Γότθους ξυγκαλέσας.

13) Ebenso später Erarich III. 2.

14) Gregor. Tur. l. c.

15) Ganz irrig sagt Leo, Vorl. I. S. 364, Jlbibad ließ alle Amelungensprossen tödten: Uraia ist ein Verwandter des Vitigis und kein Amaler.

verberben unb heimlich ermorben[1]). Das zieht ihm schweren Un=
willen unb viele böse Nachrede zu; rächen will man die That we=
gen seiner Unentbehrlichkeit nicht. Aber für eine zweite Willkür=
hanblung wirb er erschlagen[2]). Dem ebenfalls freigewählten König
Erarich werfen die Meisten in offner Rede seine Unfähigkeit vor,
wie die Heruler offen ihren König schmähen[3]); jetzt lebt der Frei=
muth germanischer Rede wieder auf, der gegen Theoberich, in Jta=
lien wenigstens[4]), verstummt war. Totila, von den Gothen unter
Ermorbung Erarichs gewählt[5]), rebet sie wie Vitigis mit dem Na=
men: „meine Brüber“ an[6]). Da ber gothische Abel[7]) für einen
seiner tapfersten Leibwächter, ben er wegen eines Verbrechens zum
Tobe verurtheilt, Fürbitte einlegt, geht er mit großer Rücksicht=
nahme barauf ein unb gibt sich große Mühe, sie bavon abzubrin=
gen, was bann auch gelingt[8]). Sowie ihm bas Glück ben Rücken
kehrte, wenbet sich gegen ihn wie gegen Vitigis, Jlbibab, Erarich
bie Unzufriedenheit bes Abels in freimüthigstem, offenstem Tabel,
unb er hat alle Mühe, sie zu beschwichtigen[9]).

Merkwürbig ist, wie mächtig die Anhänglichkeit der Gothen an
die Amaler auch unter biesem glänzenden Wahlkönig noch nachwirkt:
man kann baran benken, baß bas Volksheer gegen einen byzantini=

---

1) III. 1.

2) A. II. S. 226.

3) III. 2. οἱ Γότθοι τῇ Ἐραρίχου ἀρχῇ ἤχθοντο οὐκ ἀξιοχρέων τὸν
ἄνδρα ὁρῶντες . . . καὶ αὐτὸν ἐκ τοῦ ἐμφανοῦς οἱ πλεῖστοι ἐκάκιζον.

4) Vgl. aber A. II. S. 112.

5) l. c. III. 3; auf ihre Wahl führt er seine Krone zurück; III. 25. διδόν-
των ὑμῶν τὴν ἀρχὴν ἔλαβον. Die Verwanbtschaft mit Jlbibab ist nur wie
seine individuelle Tüchtigkeit moralisches Motiv, nicht Rechtstitel.

6) ἄνδρες ξυγγενεῖς III. 4. s. oben; unb ξυστρατιῶται. III. 8; aber sein
Vorrecht auf ben werthvollsten Theil ber Beute erkennen die „Waffengenossen“ an,
III. 20; hiemit find die Einnahmen bes Gothenkönigs oben S. 150 zu ergänzen.

7) Βαρβάρων οἱ δοκιμώτατοι. III. 8; baß bis ganz zuletzt, auch nach bem
blutigen zwanzigjährigen Kriege, in welchem offenbar ein sehr großer Theil bes
Abels gefallen unb gefangen war, immer noch Ablige unb zwar auch noch Erb=
ablige vorhanben waren, zeigt Agath. I. 13, wo unter ben Geiseln einer einzigen
Stabt, Lucca, enthalten find: οὐ τῶν πολλῶν τε καὶ ἀγεννῶν, ἀλλ᾽ ἐπίσημοι ἐν
τοῖς μάλιστα καὶ εὐπαρίδαι. Diese Stelle unb die εὐδαίμονες I. 6 bestäti=
gen unsre Darstellung, S. 28 unb 39; schon Theobahab sucht ber Kaiser burch
Gewinnung bes gothischen Abels zu zwingen. Proc. l. c. I. 7.

8) III. 8; auch bie Gewalt= unb Rachezelüste ber Gothen nach ber Einnahme
von Rom weiß er zu bänbigen. III. 20.

9) III. 25; s. A. II. S. 234.

ſchen Prinzen blos beßhalb vielleicht nicht kämpfen wird, weil er Theoderichs Enkelin, Mataſuntha, als Gattin in ſeinem Lager hat[1]). Nach ſeinem Fall wählt die Geſammtheit der Gothen den König Teja und nach deſſen Untergang denken ſie noch daran den Alamannenfürſten Butilin zu wählen[2]). Man ſieht, die Exiſtenz des Volks wird als an die Exiſtenz des Königthums geknüpft gedacht. —

Nicht ohne Intereſſe, namentlich wegen wichtiger Analogie bei den Franken iſt es, daß wir in dem Gothenſtaat Spuren einer gegenſeitigen Eidleiſtung von König, Römern und Gothen antreffen[3]). Man muß ſich aber hüten, dieſer Erſcheinung, die möglicherweiſe eine vereinzelte iſt, d. h. vielleicht nur einmal, aus beſondern Gründen, erfolgte, eine zu allgemeine Bedeutung beizulegen.

Schon in der heidniſchen Urzeit hat es Formen und Symbole bei der Königswahl gegeben, welche die Pflicht der Treue des Volkes und der Huld des Königs darſtellten und heiligten[4]): die Erhebung auf den Schild, das Umreiten der Gränzen, vielleicht mag auch der Eid ſelbſt dabei von jeher vorgekommen ſein[5]). In den ſpäteren chriſtlichen Reichen der Franken ꝛc. iſt der Eid neben und bald vor der Schilderhebung die wichtigſte Form. Bei Theoderichs Erhebung iſt uns von einem Eide[6]) nichts bekannt. Aber Athalarich empfängt von Gothen und Römern[7]) Eide und erwidert ſie. Noch bei Lebzeiten Theoderichs hatten die in der Hauptſtadt anweſenden Gothen und Römer einen Eid geleiſtet (sacramenti interpositione), der ſie zunächſt verpflichtete, keinen andern denn Athalarich als Nachfolger anzuerkennen, ferner wohl auch, ihm Treue zu halten[8]). Nach Theoderichs Tod wurde wenigſtens der Senat von Rom benachrichtigt, daß Gothen und Römer zu Ravenna dem jungen König bereits geſchworen haben und aufgefordert, dieſem

1) A. II. S. 237.

2) A. II. S. 239—242.

3) Vgl. Mascou II. S. 63.

4) R. A. S. 234: „Ohne Zweifel ſind dabei in älterer Zeit Förmlichkeiten vorgekommen, deren Schilderung wir mit Bedauern vermiſſen".

5) A. M. Waitz II. S. 115 f. R. A. S. 252: „Bei der Huldigung wurden in älteſter Zeit weder Eide noch Gelübde abgelegt; in der Schilderhebung oder dem lauten Beifall der Umſtehenden . . . . war Alles begriffen"; (?) irrig iſt, daß erſt ſeit der Feudalzeit Treueid der Unterthanen begegnet, wie ſich hier zeigt.

6) Der Eid, welchen Theoderich a. 500 bei ſeinem Beſuch in Rom den Römern leiſtet, hat natürlich ganz andre Bedeutung.

7) Etwas verſchiednes ſind die Eide der Beamten. XI. 35.

8) VIII. 5.

Vorgang zu folgen[1]). Ferner wurde die Bevölkerung der Stadt
Rom in besonderm Schreiben[2]) benachrichtigt von der bereits voll-
zognen eiblichen Huldigung in Ravenna und aufgefordert, deßgleichen zu thun. Dafür leistet dann auch der König durch eine
Gesandtschaft den Eid: „daß er Gerechtigkeit und gleichmäßige
Milde, welche die Völker fördert, hegen werde: Gothen und Römer
sollen bei ihm gleich viel Recht haben und nur der Unterschied bestehen, daß jene die Mühen des Krieges zum allgemeinen Nutzen
übernehmen, während Euch die ruhige Siedelung in der civitas
romana vermehrt"[3]). Man sieht, vor Allem soll die Besorgniß zerstreut werden, die neue Regierung könne von jener allgemeinen
Gerechtigkeit und besonders von jener Gleichstellung der Römer mit
den Gothen abweichen, welche Theoberich so beliebt gemacht: sie verspricht ganz in dessen Fußtapfen zu treten[4]) und aus Ed. Ath.
§. 12 (II.) erhellt, daß Athalarich auch schwor, alle Edicte Theoberichs und das herkömmliche Recht des Staats zu wahren, also wie
Theoberich a. 500. Aehnlich war wohl der Inhalt des Eides, welchen
er durch einen gothischen Grafen Sigiswind und andre Gesandte
dem Senat leisten ließ; er bietet ihnen noch weitre Garantien der
Sicherheit, wenn sie solche wünschen[5]). Und auch den gesammten
Römern in Italien und Dalmatien wird einerseits der gleiche
Schwur abverlangt, den die Gothen und Römer in der Hauptstadt geleistet — nämlich, daß sie ihm die gleiche Treue und Ergebenheit wie seinen Ahnen halten sollen — anderseits aber werden

---

1) VIII. 2. es erhellt weder, ob zum zweiten Mal, noch ob der hier erwähnte
Eid der Gothi und Romani jener erste zu Lebzeiten Theoberichs geleistete war.

2) VIII. 3. Köpke S. 194 hält es für an den Senat gerichtet; die Haupt-
überschrift aber lautet: populo romano Athalaricus rex: die andre senatui urbis Romae super eodem ist eine spätere Inhaltsangabe; ferner ist in dem Schreiben keine Spur von dem üblichen Lob des Senats, vielmehr sein Ton an einen
weiteren Kreis gerichtet und endlich ist eine zweimalige Vereibigung des Senats
unwahrscheinlich, während zwischen dem Senat VIII. 2 und allen Römern in
Italien und Dalmatien VIII. 4 füglich Rom Berücksichtigung verdient.

3) f. A. II. S. 178; dieß kann man doch nur von der Bevölkerung Roms
verstehen.

4) VIII. 4. er schwört „solches, was unsere Tendenz erkläre und das Vertrauen Aller aufrichte"; vgl. VIII. 2. 9—16. Theoberich soll in ihm fortleben.

5) VIII. 2; doch wird jener Eid als ein beneficium, eine Herablassung (in-
clinando VIII. 3), als ein Geschenk freier Gnade bezeichnet: es war gegenüber
den Römern ein solcher Eid des Herrschers (der Eid Trajans ist doch nur eine
Ausnahme) etwas Neues.

ihnen auch eibliche Versprechen gegeben, welche seine Absichten kundthun und ihre Hoffnung bekräftigen sollen, im Andenken an die Wohltha=ten Theoberichs. Auch die Gothen wie die Provincialen hatten Er=gebenheit zu schwören[1]): der ihnen vom König durch einen Grafen geleistete Eid konnte natürlich nicht Gleichstellung mit den Römern zum Gegenstand haben: er verhieß Huld im Allgemeinen[2]). Sehr bezeichnend aber ist, daß in den neu erworbnen Gebieten in Gallien nicht bloß die gothische 'und romanische Bevölkerung dem König, sondern daß auch die gothische der romanischen, die romanische der gothischen Hälfte die Treue gegen den König geloben sollte[3]). Die Treue gegen den gemeinsamen Richter, Schützer und Herrscher sollte die Eintracht der beiden Nationalitäten sichern.

Bei den späteren Königen wird nichts mehr von Eiden der Treue und der Huld erwähnt[4]), (obwohl sie vorkommen mögen)[5]), denn die Eide, welche die Senatoren von Theobahad fordern und geleistet erhalten[6]), sind mit den von Athalarich geschwornen nicht zu vergleichen: sie werden nicht bei dem Regierungsantritt und nicht auch den Gothen geleistet und nicht durch einen Eid der Untertha=nen erwidert: sondern Senat und Volk von Rom, durch einzelne Maßregeln des Königs geängstigt, verlangen die eibliche Erklärung, daß dieselben nicht gegen ihre Sicherheit (securitas) gerichtet seien. Diese Eide haben also einen ganz andern Character[7]). Wir wissen daher nicht, ob bei den Ostgothen gegenseitige Eide von König und Volk altherkömmlich waren.

Die Amaler sind das vermittelnde Band zwischen den Gothen und Byzanz: nachdem sie weggefallen, stehen sich das Barbarenvolk und der Kaiser feindlich gegenüber[8]).

---

1) VIII. 5. 6. universis Gothis in Italia constitutis ut sub jurisjurandi religione promitterent, fidem se regno nostro devoto animo servaturos.

2) VIII. 5; wie sie Treue schworen; sicut nobis vestrum animum devo=tissimi proditis, sic de nostris sensibus audiatis.

3) VIII. 6. 7.

4) Auch die Worte des Vitigis X. 31 sind kein „Gelübbe", wie Köpke S. 194 sagt.

5) Die bei Athalarichs Antritt geleisteten beruhten auf Theoberichs aus be=sondern Gründen erlaßner besondrer Vorschrift und ich kann deßhalb nicht mit Roth Ben. S. 111 darin einen Beleg altgermanischer Sitte des Fidelitätseides er=blicken; für die Franken aber ist seine Darstellung gewiß die allein richtige.

6) Var. X. 16. 17; auch dem Volk in Rom läßt er schwören.

7) X. 17. *jurat, qui non potest cogi*; auch der von Vitigis verlangte Eid der Römer, Proc. I. 11 ist ein außerordentlicher; deßgleichen bei Totila. III. 9.

8) Vgl. namentlich Proc. I. 2, wo Amalasuntha als „Tochter Theoberichs"

Höchst bezeichnend für die Verschiedenheit des Verhältnisses der Amaler und der Wahlkönige zu Byzanz ist die Sanctio pragmatica, mit welcher Justinian nach dem Siege des Narses die italischen Verhältnisse ordnet[1]). Was Theoderich, Athalarich, Amalasuntha und Theodahad verfügt haben, soll „unverletzbar" erhalten und anerkannt werden[2]). Was aber der „Tyrann Totila" geschenkt oder sonst verfügt hat, soll in keiner Weise aufrecht erhalten bleiben, sondern die durch seine Handlungen in ihrem Besitzstand alterirt worden, dürfen Restitution fordern[3]) und wer zur Zeit dieser „tyrannis" an Beamte oder Günstlinge des Totila veräußert, zumal geschenkt hat, darf das Geschäft, als durch Furcht erpreßt, rückgängig machen. Man sieht, die Amaler erkennt der Kaiser als legitime Herrn Italiens an, da sie von Zeno, Anastas, Justin und ihm selber als solche behandelt worden. Daß er Vitigis, Ildibad, Erarich und Teja nicht bei Namen nennt, erklärt sich wohl daraus, daß diese Könige, obwohl sie zusammen über 6 Jahre regiert, mit dem Krieg so beschäftigt waren, daß ihnen zu wichtigern Rechtshandlungen, zu organischen Einrichtungen nicht viel Zeit und Gelegenheit blieb. Totila aber hatte lange Zeit den ungestörten friedlichen Besitz Italiens und er setzte wieder die Regierung und Verwaltung in vollen Gang, wobei er manche weittragende Rechtsmaßregel traf. Diese sollten nun nicht anerkannt werden: mit dem Sturze Theodahads, mit dem Ausschluß der allein als „Befreier Italiens" gegen Odovakar ausgesendeten Amaler von dem Throne sah Justinian den Rechtsgrund des Bestandes der Gothenherrschaft als vernichtet an, (das ist die byzantinische Auffassung, z. B. des com. Marc. p. 322)[4]), freilich erst jetzt, nach dem Siege: denn mit Vitigis hatte er, einmal wenigstens, Italien theilen wollen[5]), und sehr inconsequent, da er angeblich Amalasuntha an Theodahad

---

des Kaisers Schutz gegen ihr Volk anruft; die „Rache", welche Justinian später für sie vollzieht, ist freilich nur ein fadenscheiniger Vorwand.

1) Corp. jur. ed. Beck II. p. 509.

2) §§. 1. 8.

3) Denn §. 2. quod per illum tyrannidis ejus tempore factum esse invenitur, hoc legitima nostra notare tempora non concedimus.

4) In diesem Sinne sagt d. hist. misc. Vitigis regnum *invasit*. l. c. com. Marc. p. 325. Vitigis Tyrannus, und Ildibad heißt bei Jord. p. 241 nur regulus nicht rex.

5) A. II. S. 221, Dahn Prokop S. 157.

rächen wollte: nun bekriegte er statt dessen ihren Rächer und Eidam[1]). Doch erklärt es sich aus jener Anschauung, daß Justinian die Gesandten der Wahlkönige fast gar nie annahm[2]). Totila aber hat offenbar durch seine glänzenden Erfolge den Haß des Kaisers wie kein Andrer der Wahlkönige sich zugezogen: nie wird er ohne ein Scheltwort genannt[3]).

1) Naiv drückt dieß aus hist. misc. 1. c. conceptas contra Theodatum vires in Vitigim convertit.

2) Proc. III. 37.

3) Tyrannus ist das gelindeste: nefandissimi Totilae *superventus* §. 8, sceleratae memoriae Totilae adventus; und der entartete Gothe, Jord. p. 240, sagt: malo Italiae adsciscitur regno; auch Gregor. 1. c. nennt ihn perfidae mentis und läßt ihn Dei judicio fallen; die andern heißen nur einmal insgesammt praeteriti nefandi tyranni; neben der Anerkennung der Handlungen der Amaler wird übrigens manchmal doch auch die ganze Zeit der Gothenherrschaft seit a. 493 tempus gothicae ferocitatis, tyrannidis, captivitas Italiae genannt; in den Urkunden der Zeit steht „barbaricum hoc" statt tempus barbaricum. Mar. N. 86.

Druck von Ph. J. Pfeiffer in Augsburg

Die Könige der Germanen.

Das Wesen des ältesten Königthums

der

germanischen Stämme und seine Geschichte

bis auf die Feudalzeit.

Nach den Quellen dargestellt

von

Dr. Felix Dahn,

o. ö. Professor der Rechte an der Hochschule zu Würzburg.

―――――――――✠―――――――――

Würzburg, 1866.
A. Stuber's Buchhandlung.

Vierte Abtheilung.

Anhänge zur dritten Abtheilung.

~~~~~~~~

Erster Anhang:

Die Edicte der Könige Theoderich u. Athalarich.

Zweiter Anhang:

Das gothische Recht im gothischen Reich.

Verzeichniß

der in der III. und IV. Abtheilung häufiger oder in abgekürzter Form angeführten Werke [1].

A. Quellen.

Cassiodori Chronicon ed. Th. Mommsen. Leipz. 1861.

Chronicon Paschale — Dindorf, Bonn 1832.

Corpus juris antejustiniani ed. Haenel. Bonn 1833 f.

Gregorius magnus dialogorum libri IV. Colon. Agr. 1610.

Gretschel, edictum Athalarici regis. Lips. 1828.

Haenel, lex romana Wisigothorum. Berol. 1847.

Theodorus Lector ed. Valesius. Par. 1673.

Theophanes chronographia ed. Classen. Bonn 1839.

B. Literatur.

Abel, der König Theobt. Stuttgart 1855.

Aretin, literar. Handbuch für bayer. Geschichte. München 1810.

Baronius, annales ecclesiastici cum notis Pagii 1624.

Bèchard, histoire du droit municipal au moyen age I. Paris 1861.

Bernays, die Chronik des Sulpicius Severus. Berlin 1861.

v. Bethmann-Hollweg, Handbuch des Civilprocesses. I. Gerichtsverfassung und Proceß des sinkenden Römerreichs. (Bonn 1834.)

Biener, de origine et progressu juris germ. I. Lips. 1787.

Böcking, Abriß der Institutionen, 2. Aufl. Bonn 1860.

„ Pandekten des römischen Privatrechts. I. Bonn 1863.

---

[1] Ueber die schon in I. und II. vorkommenden s. Abth. I. p. XIII—XXIV.

Bower, Geschichte der Päbste, überf. v. Rambach. Magdeb. u. Leipz. 1751—80. Tom. 1—9.

Du Cange (s. Du Fresne) glossarium ed. Henschel. Paris 1840.

Le Clerc, vie de Boèce (bibliotheque choisie). Amsterdam 1708.

Dahn, Prokopius von Cäsarea. Berlin 1865.

Damberger, synchronistische Geschichte von Kirche und Staat im Mittelalter. Regensburg 1850—60. Tom. 1—15.

Derichsweiler, Geschichte der Burgunden. Münster 1863.

Eichhorn, über fränkische Provinzialverwaltung: Zeitschr. f. gesch. R. W. VIII.

Filiasi, memorie storiche di Veneti primi e secondi Venezia 1796.

Freudensprung, commentatio de Jornande sive Jordane ejusque libellorum natalibus. Monach. 1837.

Gams, Kirchengeschichte von Spanien. I. Regensburg 1862.

Gans, das Erbrecht in weltgeschichtlicher Entwicklung. III. Stuttg. 1829.

Geib, Geschichte des römischen Criminalprocesses. Leipzig 1842.

Gelpke, Kirchengeschichte der Schweiz. I. Bern 1856. II. 1861.

Gervaise, vie de Boèce.

Giannone, storia di Napoli, übersetzt von Lohenschiolb. Ulm 1758.

Gieseler, Kirchengeschichte. I. 3. Aufl. Bonn 1831.

Gosselin, Macht des Pabstes im Mittelalter. Münster 1859.

Gröne, die Pabstgeschichte. I. Regensburg 1864.

Hartmann, de Odovacre dissert. Göttingen 1863.

Hase, über Agathias im journal des savans Par. 1829.

Haße, Kirchengeschichte ed. Köhler. I. Leipzig 1864.

Hefele, Conciliengeschichte. Freiburg i. B. 1855—63. Bb. 1—5.

Hegel, Geschichte der Städteverfassung von Italien. Leipzig 1847.

Helfferich, der Erbacker. I. Leipzig 1864.

Heumann, sylloge dissertationum Götting. I. 1743—50. (pars 1—4.)

Hinschius Pseudo Isidori Decretales.

Hubtwalker, über eine germanische Mordsühne. Zeitschr. f. gesch. R. W. II.

Hugo Grotius prolegomena ad histor. Gothor. Vandalor. et Langobard. Amstelod. 1865.

Künßberg, Wanderung in das germanische Alterthum. Berlin 1861.

Kuhn, die städtische und bürgerliche Verfassung des römischen Reichs bis auf Justinian. I. Leipzig 1864. II. idem 1865.

Lersch, in Jahrb. des Vereins für Alterth. im Rheinlande. L.

Maffei, Verona illustrata. Verona 1732. Fol.

Manso, Leben Constantins. Wien 1819. (Nachdruck.)

Muchar, Geschichte von Steiermark. I. Graz 1864.

Muratori, annales Italiae. Milano 1744.

   „   antiquitates —. Mediol. 1788.

Naudet, changemens opérés dans toutes les parties de l'administration de l'empire romain. II. Paris, Strassb. 1817.

Neander, allgemeine Geschichte der chrisl. Religion und Kirche II. Hamb. 1829.

Ozanam, Begründung des Christenthums (aus dem Französischen, von einem Ungenannten). München 1845.

Pagi, dissertatio hypatica sive de consulibus caesareis. Lund. 1682.

Pallmann, Geschichte der Völker=Wanderung. I. Gotha 1863. II. Weimar 1864.

Papencordt, Geschichte der Stadt Rom im Mittelalter, ed. Höfer. Paderb. 1857.

Pfahler, Geschichte der Deutschen bis Karl den Großen. Stuttg. 1861.

Pinder und Friedländer, Beiträge zur ältern Münzkunde. I. Berlin 1851.

Pland, Geschichte der christlichen Gesellschaftsverfassung. Hannover 1803—9.

v. Quast, die altchristlichen Bauwerke von Ravenna. Berlin 1842.

Rambach s. Bower.

Raßmann, deutsche Heldensage. 2. Aufl. Hannover 1863.

Rein, Criminalrecht der Römer. Leipzig 1844.

Rhon, edictum Theoderici. Halae 1816.

Richter, Lehrbuch des Kirchenrechts. 4. Aufl. Leipzig 1843.

Ritter praefatio ad Cod. Theod. ed. Gothofredus. Lips. 1736.

Rosa Gabriele nell' archivio storico italiano, nuova serie VI. Firenze 1857. (Recension von Papencordt, Gesch. d. Stadt Rom.)

Roth, Paul, Feubalität und Unterthanenverband. Weimar 1863.

Rößler, die Geten und ihre Nachbarn. Wien 1864.

Rota, Julius Martianus, vita Boëthii (italienisch von Varchi, in dessen Uebersetzung der consolatio). Parma 1798.

Rubeus, historia Ravennae. Venet. 1572.

Rudorff, Vormundschaft. Berlin 1832.

Sartorius de occupatione provinciarum roman. per barbaros, in rec. soc. scient. Götting. 2, 35.

Schloßer, Weltgeschichte in zusammenhängender Erzählung. Frankf. a. M. 1815—42.

Schröch, Geschichte der christlichen Kirche. 2. Ausg. Leipzig 1772—1803.

Schröder, Geschichte des ehelichen Güterrechts in Deutschland. I. Stettin 1863.

Sigonius de imperio occidentali. Hannov. 1618. Fol.

Staudenmaier, Geschichte der Bischofswahlen, mit besonderer Berücksichtigung der Rechte und des Einflusses christl. Fürsten auf dieselben. Tübingen 1830.

Thomassin, dissertationum in concilia generalia et particularia. tom. I. Colon. 1734.

Ughelli, Italia sacra. Venet. 1714.

Bater, kirchenhistorisches Archiv v. 1825. N. 4. (Stäudlin.)

W. Wackernagel, Geschichte der deutschen Literatur. Basel 1858.

Wilmans, Roger, Rom vom V.—VIII. Jahrh. in Schmid's Z. f. Gesch. II.

Wüstenfeld, Venetorum historia. Götting. 1846.

Zumpt, über den römischen Colonat. Rhein: Museum 1845.

Unzugänglich blieben mir:

Gran Croce, del regno d'Italia sotto i barbari. anno?

de Lagoy, über die Münzen des Gothenreichs in Italien, citirt in Schmid's
    Z. f. Gesch. I. S. 362.

Massy, history of the Romans under the emperors. London 1864.

Nitzsche, de synodo palmari Viteberg 1765. 4.

Inhaltsverzeichniß.

Erster Anhang: Die Edicte der Könige Theoderich und Athalarich. Text und Commentar S. 1—137.

I. Edictum Theoderici regis S. 1—122.

  1. Allgemeines. Einleitung S. 1—44.

    Charakter des Edicts, andere Edicte S. 1—2. Entstehungsgründe des Edicts, Motive der Schöpfung desselben aus dem römischen Recht S. 2—4. Verfasser S. 5. Entstehungszeit S. 5—12. (Nicht a. 500 S. 7. Nicht der Lex romana Visigothorum nachgebildet S. 8--11. Nicht das I. Concil von Orleans a. 511 benützend S. 12.) Zweck des Edicts S. 13—14. Hauptgegenstände S. 14. Verhältniß zu den Varien S. 15. Schutz der civilitas S. 16—20. Ausschluß der Fehde und Selbsthülfe S. 20—25.

      I. Rechtspflege S. 26—31.

      II. Recht der Liegenschaften S. 31—33.

      III. Sclavenrecht S. 33—38.

      IV. Frauenrecht S. 38—41.

      V. Landfrieden S. 41—44.

  2. Text und Commentar S. 44—102. (s. die einzelnen capita S. 118 f.)

  3. Schlußbetrachtungen S. 102—117.

    Verhältniß der Häufigkeit der benützten einzelnen Quellen S. 102—104. Die „Ausnahmen"; Gedankengang und Zusammenhang des Edicts S. 104 bis 109. Veränderungen des geltenden Rechts durch das Edict S. 109—113. Die vom Edict bedrohten Vergehen S. 113. Die Strafen des Edicts S. 113—117: I. Vermögensstrafen, 1) mehrfacher Ersatz, 2) bestimmte Geld-summen, 3) Confiscationen S. 114. II. Amtsentsetzung. III. Prügelstrafe 1) primär, 2) eventuell. IV. Verbannung 1) primär S. 115, 2) secundär S. 116. V. Todesstrafe 1) einfache S. 116, 2) geschärfte S. 117.

    Capita Edicti Theoderici regis S. 118—122.

II. Edictum Athalarici regis S. 123—136.

  1. Allgemeines. Einleitung S. 123—125. Verhältniß des Ed. Th. zu den Erlassen Athalarichs in den Varien S. 123. Bedeutung des Ed. Ath., Verfasser und Entstehungszeit desselben S. 124.

  2. Text und Commentar S. 125—133 (s. die einzelnen capita S. 136).

  3. Schlußbetrachtungen S. 133—135. Uebereinstimmung mit dem Ed. Th. nach Inhalt, Entstehungsweise, Charakter, Quellen und Zweck. Unterschiede in Inhalt und Form S. 134. Strafsystem S. 135.

    Capita Edicti Athalarici regis S. 136.

Zweiter Anhang. Das gothische Recht im gothischen Reich S. 137—190. Verhältniß des Edicts zu dem thatsächlich unter den Gothen und Römern

lebenden Recht S. 137—138. Dürftigkeit des oftgothischen Privatrechts
S. 139; friedliches und processuales Rechtsleben der beiden Völker S. 140.
Subsidiarität des römischen Rechts S. 141—144; nur im Privatrecht Reste
des gothischen Rechts S. 145.
Gründe für die Geltung gothischen Privatrechts S. 145—177.
 I. Die selbstständige Stellung der Gothen S. 145.
 II. Die Existenz des Edicts S. 145. Dasselbe war nicht nur ein Rechts-
katechismus, eine blos theoretische oder private Arbeit S. 146.
 III. Fälle der Anwendung gothischen Rechts im Gothenstaat S. 146—150.
Hilarius S. 146—148. Pitza S. 149. Gudila und Oschar S. 150.
 IV. Quellenaussprüche, welche das römische Recht auf Römer beschränken,
das gothische bei Gothen voraussetzen S. 151—155.
 V. Existenz und Function der Gothengrafen S. 155—177. Uebersicht der
römischen Gerichtsverfassung S. 155—157. formula comitivae Gothorum per provincias S. 157—158. Entstehung der neuen comites
Gothorum aus den alten Gothengrafen S. 159—160. Vereinigung
römischer und gothischer Aemter in einer Person S. 161. Weitere Argumente für die Geltung gothischen Rechts aus der Function der Gothengrafen S. 161—163. Bestätigung dieser Auffassung durch alle praktischen
Fälle S. 163—167. Römer als Gothengrafen? S. 167—168. Der
comes urbis syracusanae S. 169—170. Die duces Gothorum S.
170—174. Die priores S. 173. Uebersicht aller gothischen Heerführer
bei Prokop S. 174. Die Bekämpfung dieser Auffassung des Gothengrafen durch v. Glöben S. 175. Widerlegung v. Glöbens S. 175—177.
Widerlegung der Gründe für Leugnung des gothischen Rechts S. 178—190:
 1) falsche Auffassung des Verhältnisses zu Byzanz S. 178.
 2)   „   „   „   Ausdrucks „rerum dominus" S. 178.
 3)   „   „   „   Verhältnisses zu Zeno S. 178.
 4)   „   „   „   Gothengrafen S. 178.
 5)   „   „   der Ausdrücke „jus" und „leges" S. 179.
 6)   „   „   des Systems der persönlichen Rechte, S. 179.
 7)   „   „   der Subsidiarität des römischen Rechts S. 179.
 8)   „   „   der Stelle des Orosius VII. 43. S. 179.
 9)   „   „   der Varienstellen, welche (theoretisch) die Gothen angeblich dem römischen Recht unterstellen S. 179—180.
 10 a) Falsche Auffassung der Varienstellen, welche (praktisch) römisches Recht
auf Gothen angewendet zeigen sollen S. 180—181.
 10 b) Falsche Auffassung der Urkunden, welche (praktisch) römisches Recht
auf Gothen angewendet zeigen sollen S. 181—184. Die Urkunden
N. 117 u. 118 bei Marini S. 180—182. N. 114 bei Marini S. 183.
N. 85 S. 184. Zusammenstellung der übrigen möglicherweise Gothen
betreffenden Urkunden S. 183—187.
 11) Falsche Auffassung der sanctio pragmatica Justinians S. 187—188.
Das Recht der „antiqui barbari" S. 188—189.
Berichtigung S. 190.

Erster Anhang:

Die Edicte der Könige Theoderich und Athalarich.

———————

I. Edictum Theoderici regis.

1. Allgemeines. Einleitung.

Sofern in dem altgermanischen Staat für „Gesetzgebung", d. h. absichtliche in Einem bestimmten Act beschlossene Aenderung des alten Gewohnheitsrechts, Möglichkeit und Bedürfniß gegeben war, lag die gesetzgebende Gewalt ohne Zweifel auch bei den monarchischen Stämmen in der Hand der Volksversammlung; mochten auch die Vorschläge des Königs von besonderem Gewicht und die Initiative meistens von ihm ergriffen sein, das Recht des Beschlusses stand bei dem Volk [1]).

Es ist ein sehr starkes Anzeichen davon, wie weit in dem italischen Gothenreich die königliche Gewalt über ihr altes Maß hinaus zum Absolutismus vorgeschritten war, daß in demselben die Könige das Recht der Gesetzgebung ganz allein üben (ohne Befragung, ohne Mitwirkung des Volkes, ohne Erwähnung des Beiraths der Vornehmen, wie die Rechtsaufzeichnungen anderer Germanenkönige aus jenen Jahrhunderten thun), und zwar in ausgedehntem Umfang und mit reicher Häufigkeit [2]). Denn die gewöhnliche Ansicht

---

1) A. I. S. 200; der Bericht des Jordanis von der Gesetzgebung des Dikeneos ist eine getische, nicht gothische Tradition. Ist auch bilageineis gothisch, so sind hiemit doch überwiegend ethische, nicht juristische Sätze gemeint; vgl. gegen Türk Forsch. I. u. D. Privat-R. S. 30, von Glöden S. 21 und Schilter im Glossar. s. v. Gothen; s. über bilageineis ferner Grimm Gesch. d. D. Spr. I. 453; aber auf Isidor. chron. ad a. 504 kann man sich nicht berufen, denn sein Satz: „sub (Eurico) Gothi legum instituta scriptis habere coeperunt, antea tantum moribus et consuetudine tenebantur" meint offenbar nur Westgothen; vgl. Köpke S. 194.

2) Ganz irrig ist der Satz Leos, Vorles. I. S. 831 (der blindlings v. Glöden folgt), alle von den Kaisern neu erlassenen Gesetze hätten ipso jure auch im Gothenreich gegolten; etwa auch die Gesetze über Arianerverfolgung? und weßhalb hielt dann Justinian eine besondere Publication seiner Gesetze in Italien für nöthig?

ift unrichtig, welche in dem κατ' ἐξοχήν sogenannten „Edict Theo=
berichs" (und etwa noch Athalarichs) die einzige Aeußerung oft=
gothifcher Gefetzgebung erblickt.

In den zwölf Büchern der Varien finden fich, neben den ad=
miniftrativen Ausführungen, auch häufig adminiftrative Verordnun=
gen und hin und wieder auch eigentliche Gefetze[1]), wie fie gerade
befondere Veranlaffungen in's Leben gerufen: z. B. die zunehmende
Häufigkeit gewiffer Verbrechen oder auch die allgemeine Auflöfung
der Ordnung in ganzen Provinzen[2]). „Edictalia programmata"
meiftens heißen in den Varien die für alle Staatsangehörigen oder
doch für einen größern Kreis als die gewöhnlichen Erlaffe beftimm=
ten und verbindlichen Normen, d. h. eben die eigentlichen Gefetze,
fo das Gefetz gegen Privatpfändung[3]), gegen Simonie[4]), zum Schutz
der Curialen[5]); insbefondere die „an alle Gothen und Römer", „an
alle Provinzialen"[6]) „universis Gothis et Romanis", „universis
possessoribus", „universis provincialibus" gerichteten Erlaffe find
häufig, dem Inhalt und der Weite des Geltungskreifes nach, wahre
Gefetze, fo gut wie das Edict[7]).

Mit folchen oft ziemlich umfangreichen Erlaffen fteht alfo das
Edict in manchem Betracht auf gleicher Linie: weßhalb denn jene
Erlaffe nicht nur von ihrem Urheber Caffiodor, fondern auch von
dem „Edict" felbft den gleichen Namen, „edicta, edictalia pro=
grammata" erhalten: unfer Edict ift alfo nicht das Edict, fondern
ein Edict Theoderichs, wie ja auch feine kaiferlichen Vorgänger
Edicte erließen[8]).

1) So I. 30; II. 26; III. 13; IV. 10. 17; V. 5.

2) So z. B. in Savien IV. 49; Spanien V. 39; auf Sicilien IX. 14;
technifch früher mandata genannt, Rein S. 74.

3) IX. 15.

4) IX. 2; f. Könige der Germ. A. III. S.

5) II. 24.

6) Einer Provinz oder mehrerer oder aller Provinzen; z. B. I. 28. 29;
II. 16. 18; III. 17. 40. 42. 44. 48; IV. 33. 49; V. 15. 26. 38; VIII. 3. 5.
7. 26; IX. 9. 10; X. 31; XI. 37; XII. 2. 6.

7) Daneben begegnen auch Privilegien, Specialgefetze: z. B. X. 28; II. 30
heißt es von einem folchen: non praejudicat juri publico personalis exceptio;
vgl. Edictum Theod. §§. 129. 143.

8) Rein S. 74; vgl. „edicta" Var. II. 35. 36; IV. 10; V. 5; IX. 19;
edictale programma: I. 31; II. 24. 25; IV. 10; VII. 42; XII. 13; edictalis
tenor XI. 19; deßhalb kann der König in der Mehrzahl von edicta nostra fprechen,
VII. 3 oder von edictorum series IV. 27, nach denen der Richter urtheilen foll

Das Edictum Theoderici ist, wie der Prolog besagt, hervorgerufen durch das Bedürfniß, für gewisse Fragen des Civil= und Strafrechts, welche in der Praxis besonders häufig vorkamen, die Entscheidung zu fixiren, ganz wie bei manchen Erlassen der Varien: das Edictum unterscheidet sich von diesen also weniger qualitativ, als quantitativ, d. h. durch seinen bedeutenderen Umfang, durch die größere Zahl solcher praktisch=wichtigen Verhältnisse, die es regelt. — Für uns ist namentlich die Wahrnehmung wichtig, daß dieß Gesetz vom König allein ausgeht, ohne alle Mitwirkung des Gothen=Volkes. Es findet sich weder im Prolog noch im Text noch im Epilog die mindeste Andeutung, daß die Gothen auch nur nachträglich das Edict gut geheißen, genehmigt, angenommen hätten. Daß bei der Aufzeichnung desselben gothische Rechtsweiser nicht mitwirkten konnten, versteht sich, da das Gesetz fast ausschließlich römisches Recht enthält, das nur, nach Bedürfniß der Gegenwart und dieses Reiches, modificirt wird. Der König hat die Nothwendigkeit der Regelung gewisser Verhältnisse erkannt und er allein sorgt für diese Regelung. Er greift dabei nach dem römischen Recht, nicht, weil es römisch ist und weil etwa seine Gothen, als „Soldaten des Kaisers", nach römischem Recht zu leben verpflichtet sind — in diesem Fall dürfte er ja an dem römischen Recht nicht ändern, was er doch so vielfach

---

und Athalarich sagt IX. 14: edicta gloriosi domini avi nostri vel universa praecepta, quae ad Siciliam pro commovendis (l. commonendis oder componendis) universorum moribus destinavit; edicta Athalarichs s. IX. 2. 15. 18; auch ganz einzelne Verfügungen heißen edictum II. 35. 36; das Edictum Theoderici selbst nennt auch andere Erlasse des Königs (und der Kaiser) edicta: so prol. §§. 5. 145. epil.; und jeder einzelne Paragraph des Edictum heißt auch edictum (§. 34 und noch viermal). Die Gothenkönige ließen wie die Kaiser manchmal wichtige Verordnungen im Senat verlesen und dann auf Erz= oder Marmor=Tafeln öffentlich ausstellen: Anon. Vales. l. c. Var. IX. 16. 19. 20; X. 6. 12; so wurde auch unser Edictum ausgehängt, prol.; ebenso aber auch die amtlichen Preistarife und die damit zusammenhängenden Privilegien X. 26; auch Beamte, wie der praefectus praetorio, übten noch das altrömische jus edicendi XI. 8 edictum per provincias, XI. 11. 12. 13. 28; XII. 1. (s. Sav. Syst. I. S. 143 f., Bethmann-Hollweg S. 75, Rein S. 76) nach alter Sitte universitatem generalibus edictis admonere IX. 18; die „aedicta", auf welche sich bei Marini Nr. 119 gothische Priester in Ravenna berufen, können nicht (wie Mar. in notis) die ed. Theod. et Ath. sein: denn die Urkunde ist vom Jahre 551 und seit a. 540 galten in Ravenna nur noch die kaiserlichen Gesetze und römisch Recht (es gab ja wichtige römische edicta, die hier einschlugen); v. Glöben hat jenen chronologischen Grund ebenso übersehen, S. 125, wie Sav. II. §§. 61. 64. und Gans Erb-R. des M. A. S. 167; s. unten Anhang II.

thut —, sondern weil dieses reich ausgebildete Recht gerade für diejenigen Verhältnisse, welche normirt werden sollten, sehr detaillirte, sehr strenge und, nach des Königs Ansicht und Absicht, sehr zweckmäßige Bestimmungen enthielt (während solche im gothischen, unter ganz andern Verhältnissen erwachsenen, Recht ganz fehlten oder im Zusammenhang mit nicht mehr anwendbaren Institutionen, wie z. B. Blutrache, geordnet waren), dann weil die römische Hälfte seines Reiches an dieses Recht ohnehin gewöhnt und gebunden war.

„Zweckmäßig" schienen dem König diese römischen, meist kaiserlichen, Gesetze, nicht nur für die einzelnen kleinen Verhältnisse, um die es sich handelte, mehr noch für seinen großen, allgemeinen, politischen Zweck: für die Umbildung des gothischen Königthums nach dem Muster des imperatorischen Absolutismus. Dieß war bei Theoderich nicht ein blos subjectives despotisches Gelüsten — wiewohl diese große Herrschernatur unverkennbar den Zug zu unbedingter Herrschaft in sich trug — sondern es lag hiefür eine objective politische Nothwendigkeit vor. Wenn diese kühne Staatenschöpfung stehen sollte, konnte sie nur von der starken Hand ungehemmter Einherrschaft gehalten werden: so lehnte sich Theoderich, wie später andere deutsche Herrscher in Italien, an das absolutistische Römerrecht. Wie weit hierin die Macht der Verhältnisse unwillkürlich trieb, wie weit bewußte Absicht führte, ist schwer zu unterscheiden: daß aber letztere bestimmt vorhanden war, hat uns die Betrachtung des romanisirenden Absolutismus in Theoderichs Regiment gezeigt[1]).

Wer das Edict verfaßt hat, wissen wir nicht. Jedenfalls ein im römischen Recht, besonders der damaligen Praxis, unterrichteter Römer[2]); daß Cassiodor der Verfasser sei[3]), ist eine nicht blos unerweisliche, sondern eine höchst unwahrscheinliche Behauptung[4]). Denn die Ausdrucksweise des Textes ist fast überall, wo von den technischen Wortfassungen der römischen Quelle abgewichen wird, von einer Rohheit und plumpen Ungeübtheit, welche der Schreibart Cassiodors, dessen Fehler vielmehr schwülstige Ueberkunst, ganz widerspricht. Eher könnte er den Prolog und Epilog verfaßt haben, in welchen

----

1) A. III. S. 276 f.
2) Kein Gothe; s. Sav. II. S. 181. Walch, l. c. Haenel p. XCII.
3) So Rhon nach Ritter in praef. ad C. Theod. Gothofr., Balbo l. p. 66 u. A.
4) Einverstanden Stobbe S. 96.

einige Ausdrücke und Wendungen der Varien aufstoßen. Indessen
ist dieß aus dem gemeinsamen Geschmack der Zeit ebenso gut zu
erklären [1]) und besonders aus den den Regierungskreisen zu Ravenna insgemein geläufigen Vorstellungs= und Ausdrucks=Weisen.
Es findet sich auch das Edict nicht in der Variensammlung, in
welche es doch Cassiodor so gewiß wie das von ihm verfaßte Edict
Athalarichs würde aufgenommen haben, wenn es von ihm her=
rührte [2]).

So wenig wie der Verfasser läßt sich die Entstehungszeit des
Edicts genau bestimmen. Keiner der zahlreichen Schriftsteller, die
von Theoderichs Regierung sprechen, erwähnt des Edicts, auch Cas=
siodor und Eunodius nicht, was in der That befremdet [3]). Da wir
nun auch keine Handschrift des Edicts mehr besitzen [4]), so war es

---

1) So hat auch Ennodius cassiodorische Ausdrücke wie generalitas, leges
calcare, occupationes nostrae, civilitas p. 448, ep. IV. 5.

2) Richtig bemerkt v. Glöben S. 34, daß der quaestor sacri palatii und
sein officium das Organ für das Ediciren im Namen des Königs war, aber
daraus folgt nur, daß der Quästor das Edict erließ, nicht daß er es verfaßte.

3) Vgl. v. Glöben S. 13; daß der Anonymus Val. l. c. unser Edict meine,
wenn er sagt: Theoderich behandelte die Römer so milde, „dona et annonas
largitus, exhibens ludos circensium et amphitheatrum, ut etiam a Romanis
Trajanus vel Valentinianus, quorum tempora sectatus est, adpellaretur, et
a Gothis secundum edictum suum, quem eis constituit, rex fortissimus in
omnibus judicaretur,“ ist schwer denkbar. Wie sollen die Gothen ihren König
„nach dem Edict“ für einen Helden angesehen haben? Und er hat ja das Edict
nicht bloß den Gothen gegeben. Wohl aber hat er einmal den Römern eine für
sie höchst wichtige Rechtserklärung gegeben, das Versprechen, ihnen das römische
Recht zu belassen, welche Erklärung als ein „edictum“ auf Tafeln ausgestellt
wurde, und zwar gerade damals, als er ihnen annonas und ludos gab, nämlich
a. 500 bei seinem Besuch in Rom. Ich schlage deßhalb vor, den fraglichen Satz
eine Zeile hinauf zu rücken und zu lesen: ut etiam a Romanis Trajanus vel
Valentinianus adpellaretur, quorum tempora secundum edictum suum, quem
eis constituit, sectatus est et a Gothis rex fortissimus in omnibus judicaretur; dieß gibt einen sehr guten Sinn (namentlich im Zusammenhalt mit den
Worten des An. omnia quod retro principes (vgl. Trajan. et Valent.) ordinaverunt, die jetzige Fassung gibt gar keinen.

4) All' unsre Kenntniß von zwei solchen beruht auf einem Briefe Pierre
Pithou's (in den unten sub 1. 2. 3. 5 angeführten Ausgaben von Cassiodor) vom
13. Dec. 1578 an Eduard Molé, in welchem er berichtet, er habe dem Buchhändler
Sebastian Nivellius auf dessen Wunsch ein Manuscript des Edictum Theoderici
gegeben, der es als Anhang seiner Varienausgabe drucken wolle. Durch Molé
erhielt Nivellius noch eine zweite Handschrift und darauf erschien a. 1579 die
editio princeps des Edicts. Lindenbrog benützte vor seiner Ausgabe die Manu-

in der That nicht überflüffig, daß v. Glöben die Frage nach der Echtheit diefes Gefetzes aufwarf, die aber doch entfchieden zu bejahen ift [1]).

---

fcripte Pithou's: es läßt fich alfo aus der Notiz bei Heinecc. antiq. Germ. p. 301 nicht auf eine dritte Handfchrift fchließen, f. v. Glöben l. c.; Vermuthungen über den jetzigen Verwahrungsort diefer Manufcripte in Richters frit. Jahrb. 1837 und Z. f. gefch. R. W. IX. 236.

1) Abgefehen von der Glaubwürdigfeit jener Männer zeugt dafür die Sprache, die ganz das Gepräge der Zeit trägt und mehr als Alles der genaue Zufammenfchluß feiner Beftimmungen mit den Zuftänden des Gothenftaats (wie fie A. II. und III. diefes Werfes gefchildert: jenen Zufammenfchluß nachzuweifen und das Gefetz im Einzelnen aus den Bedürfniffen des zwiefchlächtigen Reiches heraus zu erflären, ift die Hauptaufgabe des folgenden Commentars); beßhalb war der Nachweis v. Glöbens, daß der fragliche Theoderich der oftgothifche Theoderich, eher überflüffig. Auf diefes Zufammenftimmen ift fogar noch mehr Gewicht zu legen, als mit v. Glöben S. 146 auf den von Sav. II. S. 292 nachgewiefenen Umftand, daß in der fogen. collectio Anselmo dedicata zwifchen a. 863. und 897 die §§. 15. 16. unferes Edicts benützt find. Denn Hänel hat dagegen erinnert, daß beide Stellen auch in den Anhängen des Julian und in Handfchriften des brev. Alaric. begegnen, welche die collectio vielfach benützt hat; Schneiders frit. Jahrb. 1843 S. 966; f. auch Helmbach S. 423. Die bisherigen Ausgaben find:

I. princeps: Paris. apud S. Nivelliam 1579 fol. (mit den Werfen Jaffioborff nebft Jordanis, Ennodius pan. etc. und den Noten des Formerius zu den Varien).

II. Diefelbe Ausgabe eriftirt mit der Jahreszahl 1589; beide Abdrücke find felten; ein Eremplar von 1579 ift auf der Göttinger Univerfitätsbibliothef (vgl. Intelligenzblatt der Leipziger Literaturzeitung von 1803, Nr. 3 p. 53), eins von 1589 auf der Königlichen zu Paris (c. 871), (nach v. Glöben S. 4).

III. Mit den Werfen Caffiodors Paris. apud Marcum Orry, 1600. 8.

IV. Lindenbrog. Codex leg. antiq. Francf. 1607, 1613. fol. p. 829.

V. Mit den Werfen Caffiodors cura Petri Brossaei. Genevae 1609. 8.

VI. „ „ „ „ sumptibus Petri Chovet. Genevie 1650. 8.

VII. Diefelbe Ausgabe nochmal 1663. (Manfo S. 490 und Savigny II. S. 18 fennen nach eine Genfer Ausgabe von 1656, Sartor. S. 289 von 1637; nach Manfo l. c. follen einige Eremplare von 1650 die Variante führen: „sumptibus Joannis de Tournes" (Tornaesius, Thurneifen, Fabricius biblioth. med. et inf. lat. IV. p. 682.)

VIII. Goldast ab Haimensfeld collectio conftitut imper. Francf. 1713. III. fol.

IX. P. Georgisch. corp. jur. germ. antiqu. Halae 1738. 4.

X. P. Canciani leges antiquae barbar. Venef. 1781. I. fol.

XI. G. T. Rhon commentatio ad edictum Theoderici regis Oftrogothorum. Hal. 1816. 4.

XII. Hiernach Walter corp. jur. Germ. ant. Berol. 1824. 8. I.

Litteratur: Vgl. außer Rhon und v. Glöben bef. Heinecc. antiq. Germ. l. p. 298.

Die Gründe der lange herrschenden Annahme[1]), daß das Edict im Jahre 500 bei der Anwesenheit Theoderichs in Rom erlassen worden sei, hat zum Theil schon von Glöden widerlegt. Die oben[2]) erwähnte, späte, sagenhafte Erzählung des Chronicon paschale[3]) sagt nebenbei, daß Theoderich, ehe er[4]) von Rom wieder nach Ravenna zurück ging, eine διάταξις περὶ ἑκάστου νόμου erließ. Aber das Edict ist, was von Glöden nicht hervorhebt, in der That alles Andre eher als eine διάταξις περὶ ἑκάστου νόμου. Vielmehr hat hier das Chronikon, was noch nicht beachtet ist, lediglich den An. Val. nachgebildet, welcher sagt: omnia, quod retro principes romani ordinaverunt, inviolabiliter servaturum promittit, d. h. der König versprach eidlich im Allgemeinen die Beachtung des ganzen bestehenden Rechts (ἕκαστος νόμος), die διάταξις ist nur die Bestimmung, daß ἕκαστος νόμος gehalten werden solle. Wollte man darin eine „erschöpfende Gesetzgebung" sehen, so wäre jedenfalls das Edictum nicht gemeint[5]). Damit haben wir auch schon die zweite Stütze jenes Datums a. 500 beseitigt: den Bericht des An. Val. l. c.: er meint keine detailirte Gesetzgebung, sondern nur ein allgemeines Versprechen. Wenn Pagi die folgenden Worte, Theoderich habe „in decem annos regni sui" die vier Buchstaben der Unterschrift „edicti sui" nur durch eine Blechform nachgemalt, auf unser „Edictum" bezieht (und deßhalb oben tricennalem in decennalem ändert), so ist dieß ganz grundlos, nicht bloß, weil edictum, edictale programma, wie wir S. 2 ausführlich dargethan, in sehr vielen Fällen andere Erlasse als das Ed. Th. meinen kann, ja meinen muß, (so Var. I. 31. II. 24. 35) noch viel mehr deßhalb, weil die

---

Biener Comment. I. p. 121. Zimmern Gesch. d. röm. Priv.-R. S. 112. Puchta, Institut. S. 658. Aretin, Lit. d. Staatsgesch. v. Bayern. München, 1810. S. 80. Sav. II. (c. 11 S. 60) S. 172 f. Walch, neue jenalische allgem. Lit.-Ztg. v. 1843 Nr. 10—12, 14—16. Heimbach, Leipz. Repert. Jahrg. III. Bd. I. 1845. S. 420. Gengler S. 84. 86 Nr. 101. Leo, Vorles. über D. Gesch. S. 931. Zöpfl §. 19. Walter §. 41. Stobbe S. 94.

1) Seit Ritter praef. ad Cod. Theod. bei Heinecc. p. 297. Biener I. p. 213. Murat. ann. ad h. a. Hurter II. S. 14. Eichh. §. 41. Phill. I. S. 565. Sart. S. 290. Walter I. S. 43. Sav. II. S. 172. Gretschel p. 3. Türf, Priv.-R. S. 86. Bähr I. S. 761. Pavir. I. S. 144.

2) A. III. S. 90.

3) ed. Dindorf p. 604.

4) Nach der vaticanischen Handschrift und Malalas, ed. bonn. 15 p. 384.

5) Richtig Hurter II. S. 71. Anders Walch S. 61.

noch speciell nachweisen. In einigen dieser Fälle beruht die Uebereinstimmung sichtlich

1) auf der gemeinsamen barbarischen Verderbniß der Sprache: so §. 120 (des Ed.), wo beide Barbarenrechte sich nicht mit dem classischen: noxa sequitur caput begnügen, sondern ein barbarisches „semper" beifügen.

2) In andern Fällen, so §. 152, beruht die Uebereinstimmung (daß statt des römisch abstract gedachten Simplums der Multiplication, nämlich des Werthes des Sclaven, dieser selbst gleichsam als fungibel gedacht wird und nebst einem zweiten gleich guten in natura restituirt werden muß) auf der beiden (gleichzeitigen und stammverwandten) Germanengesetzen eigenen roheren, concreteren, sinnlicheren Rechtsanschauung, wie solche Form des Ersatzes ja auch in den Stammrechten so oft als echt germanisch begegnet. Und daß

3) das Edict an dieser Stelle die Lex nicht nachgebildet haben muß, folgt schlagend daraus, daß das Edict auch in andern Stellen, wo von einer Ableitung aus der Lex keine Rede sein kann, die gleiche sinnlichere Rechnungsweise befolgt: nämlich §§. 70. 80. 84; diese ist eben gemein-germanisch.

4) Ferner erklärt sich die Uebereinstimmung in den Wortformen manchmal daraus, daß beide Gesetze die Satzbildung ihrer blos erklärenden, lehrenden Quelle, Paulus, in den Imperativen eben des Gesetzes verwandeln mußten: so §§. 54. (I) 14. 5. 145. 117. (in §. 26 aber besteht gar keine Uebereinstimmung). — Sehr klar ist

5) weßhalb beide Gesetze in §. 42 des Edicts aus dem in insulam relegantur der Quelle ein exilium, das eine mit dirigere, das andre mit destinare gemacht: nämlich weil weder bei Ost- noch West-Gothen die deportatio in insulam vorkam und daß §. 42 nicht aus der interpret., sondern aus Paulus schöpfte, geht unwiderleglich daraus hervor, daß der §. 42 sogar den Schreibfehler der Codices des Paulus utriusque statt utrique hat.

6) Daß übrigens §. 145 (I) siquis barbarorum ganz selbstständig aus Theoderichs Staat und Tendenz hervorgegangen, werden wir unten zeigen.

7) Dazu kommt, daß v. Glöden bei einigen dieser Stellen nur deßhalb an eine Benützung der Lex dachte, weil er, Rhon folgend, die rechte Quelle des Edicts gar nicht kannte:

a) §. 5 (I) des EC schöpft nicht aus der vermeintlichen Stelle des Paulus, sondern aus der unten im Commentar angeführten Stelle des Macer, wie der Wortlaut zeigt (nullius momenti esse sententiam).

b) Auch §. 5 (II) schöpft höchst wahrscheinlich aus andern Quellen (s. den Commentar u. S. 9).

c) Daß §. 17 unmittelbar aus l. l. cit. S. 9 schöpfte, zeigt der copirte Ausdruck: „ministri" (s. den Comment.).

d) Daß aber auch §. 54, wo die Uebereinstimmung mit der interpretatio am Bedenklichsten scheint, nicht aus dieser, sondern aus l. 2 cit. (S. 9 u. den Comment.) schöpfte, zeigt die wörtliche Copirung von (VII) sortiatur. Damit fällt der stärkste Grund v. Glöbens.

e) Schließlich ist es ganz irrig, daß Ed. §. 152 Paul. S. R. I. 13 A. §. 5, oder die Interpretatio zur Grundlage habe. Die Uebereinstimmung bezüglich der Verdopplung des Sclaven haben wir aus andrer Wurzel erklärt: sonst aber ist der Ausgangspunkt des §. 152 ein völlig anderer. Paulus erklärt, was ein servus corruptus sei, und wendet die lex aquilia nur auf die ancilla corrupta virgo an, was die Interpretatio paraphrasirt. Der §. 152 aber spricht von dem servus occisus und statuirt nur hiebei die Criminal- und Civilklage nebeneinander.

Hiemit haben wir alle Gründe beseitigt, welche für ein Nachahmungsverhältniß zwischen Ed. und Lex sprechen sollen[1]. Das Jahr 506 gibt uns also keinen Anhaltspunkt, weder nach rückwärts noch vorwärts, für die Entstehungszeit des Edicts[2].

Viel später als nach der gewöhnlichen, ja auch als nach von Glöbens Annahme würde die Entstehung des Edicts fallen, wenn, wie man behauptet hat, §. 70 desselben eine Bestimmung des I. Concils von Orleans von a. 511 über Sclavenasylrecht benützt hätte. Allein bei näherer Prüfung ergibt sich, daß die Uebereinstimmung beider Bestimmungen nur in zwei Worten besteht, welche eine zu

---

1) Die von v. Glöben noch S. 31 angeführten Stellen und §. 117 des Ed. bezeichnet er selbst als nur dann beweiskräftig, wenn sie von jenen jetzt hinweggeräumten Stützen getragen werden (gegen §. 54 und darüber, daß zwei der von v. Glöben angeführten Stellen gar nicht dem Breviar und der Interpretation, sondern Zusätzen aus dem XVI. Jahrh. angehören, s. Haenel l. c.).

2) Rhon widerspricht sich selbst, wenn er das Edict in das Jahr 500 setzt und doch §. 134 aus dem Westgothenrecht von a. 506 ableitet.

fällige recht wohl sein kann; in allem Uebrigen besteht weder for=
male noch inhaltliche Uebereinstimmung:

§. 70. (I) si servus cujuslibet
nationis ad quamlibet ecclesiam
confugerit, statim domino veniam
promittente reddatur: (II) nec
enim ultra unum diem ibidem residere praecipimus. (III)qui si exire noluerit, vir religiosus archidiaconus ejusdem ecclesiae vel
presbyter atque clerici eundem
ad dominum suum exire compellant et domino indulgentiam
praestanti sine dilatione contradant. (IV) quod si hoc suprascriptae religiosae personae
facere forte noluerint, aliud mancipium ejusdem meriti domino
dare cogantur: (V) ita ut etiam
illud mancipium, quod in ecclesiae latebris commoratur, si extra
ecclesiam potuerit comprehendi,
a domino protinus vindicetur.

Concil. aurel. Mansi VIII.
p. 351 c. III. servus qui ad
ecclesiam pro qualibet culpa
confugerit, si a domino pro ad-
missa culpa sacramenta susceperit, *statim* ad servitium domini sui redire cogatur: sed si,
posteaquam datis a domino sacramentis fuerit consignatus, in
aliquid poenae pro eadem culpa
qua excusatur probatus fuerit
pertulisse, pro contemptu ecclesiae .. a communione et con-
vivio catholicorum sicut superius
comprehensum est, extraneus
habeatur. sin vero servus pro
culpa sua ab ecclesia defensatus
sacramenta domini clericis exi-
gentibus de impunitate per-
ceperit, exire nolentem a domino
liceat occupari.

vielmehr in Geist, Form und Gegenstand nur Unterschied.

Es bleibt also die Entstehungszeit des Edicts innerhalb des Zeit=
raums von a. 493—526 unbestimmbar[1]). Nur soviel können wir
sagen, daß einerseits erst eine gewisse Reihe von Jahren die dem
ganzen Gesetz zu Grunde liegenden und im Prolog erörterten Erfah=
rungen bringen konnte, und daß anderseits Theoderich, nachdem
einmal die Erfahrungen vorlagen, nicht mehr sehr lang mit der
Abhülfe gewartet haben wird. Ich möchte die Entstehung des Edicts
hienach in die ersten Jahre des 6. Jahrhunderts setzen[2]).

Die wichtigste Frage ist aber die nach den Entstehungsgründen
und dem Zweck unseres Gesetzes. Daß das Edict nicht ein allge=
meines erschöpfendes Gesetzbuch sein sollte, sagt nicht blos seine Ein=

---

1) Einverstanden Daniels I. S. 138.
2) Die Gründe, aus welchen Walch S. 61 das Edict vor a. 500 erlassen
annimmt (die Dringlichkeit des Bedürfnisses, die geringe Zahl der bisher praktisch
gewordenen Fälle, die Freude der Römer bei dem Besuch des Königs), sind allzu
schwach.

leitung ausdrücklich, noch mehr beweist dieß die Kürze und Unvoll=
ständigkeit seines Inhalts. Ganz irrig ist die Ansicht[1]), Theoderich
habe mit diesem Gesetzeswerk sein Hauptziel, die „Verschmelzung"
seiner Gothen mit den Römern zu Einem Volke, bezweckt. Das ist
in doppeltem Sinne unrichtig. Einmal hat Theoderich dieses Ziel
gar nicht gehabt[2]). Seine Worte und mehr noch seine Maßregeln
in den Barien beweisen das Gegentheil; so sehr er die Harmonie
zwischen den beiden Hälften seiner Unterthanen wünschte, so bestimmt
betont er doch den nationalen Unterschied der beiden: er spricht
von ihren sich ergänzenden Eigenschaften und dieses Ineinander=
greifen des Verschiedenen soll bestehen bleiben, nicht ausgelöscht
werden durch Fusion.

Und seinen Worten entsprechen seine Einrichtungen. Er läßt
die Gothen allein das Heer des Staates bilden: er baut auf die
sich ergänzenden Eigenschaften der beiden Völker das ganze System
des Staates: ja, er läßt Römern und Gothen ihr nationales Recht,
während die Verschmelzung doch hier hätte beginnen müssen.

Denn — und dieß führt uns auf den zweiten Punct — in
dem vorliegenden Edict kann man doch nicht einen Versuch hiezu,
vielmehr nur den Beweis des Gegentheils erblicken. Eine Ver=
schmelzung der beiden Völker in ihrem Rechtszustand hätte nur
durch eine planmäßige und systematische Einführung des römischen
(oder gothischen) Rechts in den wichtigen Grundlagen des ganzen
Volkslebens, also im Familien= und Erbrecht, im Recht der Liegen=
schaften re. angebahnt werden können. Statt dessen bietet das Edict
sehr wenige privatrechtliche, beinahe ausschließlich strafrechtliche, po=
lizeiliche und proceßrechtliche Einzelbestimmungen, ohne alles Sy=
stem[3]), ohne irgend ein Gemeinsames, als daß sie sämmtlich sichtbar
durch Dringlichkeit und Häufigkeit der fraglichen Fälle veranlaßt
sind. Für die Verschmelzung der beiden Nationalitäten war es sehr
unwichtig, ob der ungerechte Richter das Dreifache oder das Vier=
fache zu ersetzen hatte, aber wichtig war es für die Rechtssicherheit,

___

1) z. B. Biener I. III. p. V. bei Rhon (nach Sartorius S. 78) ähnlich
auch Sav. II. S. 173. Phill. I. S. 346. Stobbe I. S. 98. Gans III. S. 160.
2) Abth. II. S. 128; man hat sich bei dieser Phrase wohl nicht immer etwas
bestimmtes gedacht; richtig Gibbon c. 39; Türk, O. Privatr. S. 87 f. u. Heidelb.
Jahrb. von 1811.
3) Daß die Ordnung des Cod. Theod. zu Grunde liege (Ritter l. c.), wider=
legt der Augenschein; s. Sav. II. S. 181; welcher ungefähre Gedankenzusammen=
hang bei der Sammlung waltete, darüber s. „Schlußbetrachtungen".

noch speciell nachweisen. In einigen dieser Fälle beruht die Uebereinstimmung sichtlich

1) auf der gemeinsamen barbarischen Verderbniß der Sprache: so §. 120 (des Ed.), wo beide Barbarenrechte sich nicht mit dem classischen: noxa sequitur caput begnügen, sondern ein barbarisches „semper" beifügen.

2) In andern Fällen, so §. 152, beruht die Uebereinstimmung (daß statt des römisch abstract gedachten Simplums der Multiplication, nämlich des Werthes des Sclaven, dieser selbst gleichsam als fungibel gedacht wird und nebst einem zweiten gleich guten in natura restituirt werden muß) auf der beiden (gleichzeitigen und stammverwandten) Germanengesetzen eigenen roheren, concreteren, sinnlicheren Rechtsanschauung, wie solche Form des Ersatzes ja auch in den Stammrechten so oft als echt germanisch begegnet. Und daß

3) das Edict an dieser Stelle die Lex nicht nachgebildet haben muß, folgt schlagend daraus, daß das Edict auch in andern Stellen, wo von einer Ableitung aus der Lex keine Rede sein kann, die gleiche sinnlichere Rechnungsweise befolgt: nämlich §§. 70. 80. 84; diese ist eben gemein-germanisch.

4) Ferner erklärt sich die Uebereinstimmung in den Wortformen manchmal daraus, daß beide Gesetze die Satzbildung ihrer blos erklärenden, lehrenden Quelle, Paulus, in den Imperativton eben des Gesetzes verwandeln mußten: so §§. 54. (I) 14. 5. 145. 117. (in §. 26 aber besteht gar keine Uebereinstimmung). — Sehr klar ist

5) weßhalb, beide Gesetze in §. 42 des Edicts aus dem in insulam relegantur der Quelle ein exilium, das eine mit dirigere, das andre mit destinare gemacht: nämlich weil weder bei Ost- noch West-Gothen die deportatio in insulam vorkam und daß §. 42 nicht aus der interpret., sondern aus Paulus schöpfte, geht unwiderleglich daraus hervor, daß der §. 42 sogar den Schreibfehler der Codices des Paulus utriusque statt utrique hat.

6) Daß übrigens §. 145 (I) siquis barbarorum ganz selbstständig aus Theoderichs Staat und Tendenz hervorgegangen, werden wir unten zeigen.

7) Dazu kommt, daß v. Glöden bei einigen dieser Stellen nur deßhalb an eine Benützung der Lex dachte, weil er, Rhon folgend, die rechte Quelle des Edicts gar nicht kannte:

a) §. 5 (I) des Ed. schöpft nicht aus der vermeintlichen Stelle des Paulus, sondern aus der unten im Commentar angeführten Stelle des Macer, wie der Wortlaut zeigt (nullius momenti esse sententiam).

b) Auch §. 5 (II) schöpft höchst wahrscheinlich aus andern Quellen (s. den Commentar u. S. 9).

c) Daß §. 17 unmittelbar aus l. 1. cit. S. 9 schöpfte, zeigt der copirte Ausdruck: „ministri" (s. den Comment.).

d) Daß aber auch §. 54, wo die Uebereinstimmung mit der interpretatio am Bedenklichsten scheint, nicht aus dieser, sondern aus l. 2 cit. (S. 9 u. den Comment.) schöpfte, zeigt die wörtliche Copirung von (VII) sortiatur. Damit fällt der stärkste Grund v. Glöbens.

e) Schließlich ist es ganz irrig, daß Ed. §. 152 Paul. S. R. I. 13 A. §. 5, oder die Interpretatio zur Grundlage habe. Die Uebereinstimmung bezüglich der Verdopplung des Sclaven haben wir aus andrer Wurzel erklärt: sonst aber ist der Ausgangspunkt des §. 152 ein völlig anderer. Paulus erklärt, was ein servus *corruptus* sei, und wendet die lex aquilia nur auf die ancilla corrupta virgo an, was die Interpretatio paraphrasirt. Der §. 152 aber spricht von dem servus *occisus* und statuirt nur hiebei die Criminal- und Civilklage nebeneinander.

Hiemit haben wir alle Gründe beseitigt, welche für ein Nachahmungsverhältniß zwischen Ed. und Lex sprechen sollen[1]. Das Jahr 506 gibt uns also keinen Anhaltspunkt, weder nach rückwärts noch vorwärts, für die Entstehungszeit des Edicts[2].

Viel später als nach der gewöhnlichen, ja auch als nach von Glöbens Annahme würde die Entstehung des Edicts fallen, wenn, wie man behauptet hat, §. 70 desselben eine Bestimmung des I. Concils von Orleans von a. 511 über Sclavenasylrecht benützt hätte. Allein bei näherer Prüfung ergibt sich, daß die Uebereinstimmung beider Bestimmungen nur in zwei Worten besteht, welche eine zu=

---

1) Die von v. Glöben noch S. 31 angeführten Stellen und §. 117 des Ed. bezeichnet er selbst als nur dann beweiskräftig, wenn sie von jenen jetzt hinweggeräumten Stützen getragen werden (gegen §. 54 und darüber, daß zwei der von v. Glöben angeführten Stellen gar nicht dem Breviar und der Interpretation, sondern Zusätzen aus dem XVI. Jahrh. angehören, s. Haenel l. c.).

2) Rhon widerspricht sich selbst, wenn er das Edict in das Jahr 500 setzt und doch §. 134 aus dem Westgothenrecht von a. 506 ableitet.

in der That nicht überflüssig, daß v. Glöben die Frage nach der Echtheit dieses Gesetzes aufwarf, die aber doch entschieden zu bejahen ist[1]).

scripte Pithou's: es läßt sich also aus der Notiz bei Heinecc. antiq. Germ. p. 301 nicht auf eine dritte Handschrift schließen, s. v. Glöben l. c.; Vermuthungen über den jetzigen Verwahrungsort dieser Manuscripte in Richters krit. Jahrb. 1837 und Z. f. gesch. R. W. IX. 236.

1) Abgesehen von der Glaubwürdigkeit jener Männer zeugt dafür die Sprache, die ganz das Gepräge der Zeit trägt und mehr als Alles der genaue Zusammenschluß seiner Bestimmungen mit den Zuständen des Gothenstaats (wie sie A. II. und III. dieses Werkes geschildert: jenen Zusammenschluß nachzuweisen und das Gesetz im Einzelnen aus den Bedürfnissen des zwieschlächtigen Reiches heraus zu erklären, ist die Hauptaufgabe des folgenden Commentars); deßhalb war der Nachweis v. Glöbens, daß der fragliche Theoderich der ostgothische Theoderich, eher überflüssig. Auf dieses Zusammenstimmen ist sogar noch mehr Gewicht zu legen, als mit v. Glöben S. 146 auf den von Sav. II. S. 292 nachgewiesenen Umstand, daß in der sogen. collectio Anselmo dedicata zwischen a. 863 und 897 die §§. 15. 16. unseres Edicts benützt sind. Denn Hänel hat dagegen erinnert, daß beide Stellen auch in den Anhängen des Julian und in Handschriften des brev. Alaric. begegnen, welche die collectio vielfach benützt hat; Schneiders krit. Jahrb. 1843 S. 966; s. auch Helmbach S. 423. Die bisherigen Ausgaben sind:

I. princeps: Paris. apud S. Nivellium 1579 fol. (mit den Werken Jassiodors nebst Jordanis, Ennodius pan. etc. und den Noten des Fornarius zu den Varien).

II. Dieselbe Ausgabe existirt mit der Jahreszahl 1589; beide Abdrücke sind selten; ein Exemplar von 1579 ist auf der Göttinger Universitätsbibliothek (vgl. Intelligenzblatt der Leipziger Literaturzeitung von 1803, Nr. 3 p. 53), eins von 1589 auf der Königlichen zu Paris (c. 871), (nach v. Glöben S. 4).

III. Mit den Werken Cassiodors Paris. apud Marcum Orry, 1600. 8.

IV. Lindenbrog. Codex leg. antiq. Francf. 1607, 1613. fol. p. 829.

V. Mit den Werken Cassiodors cura Petri Brossaei. Genevae 1609. 8.

VI. „ „ „ „ sumptibus Petri Chovet. Genevae 1650. 8.

VII. Dieselbe Ausgabe nochmal 1663. (Manso S. 490 und Savigny II. S. 18 kennen noch eine Genfer Ausgabe von 1656, Sartor. S. 289 von 1637; nach Manso l. c. sollen einige Exemplare von 1650 die Variante führen: „sumptibus Joannis de Tournes" (Tornaesius, Thurneisen, Fabricius biblioth. med. et inf. lat. IV. p. 682.)

VIII. Goldast ab Haimensfeld collectio constitut imper. Francf. 1713. III. fol.

IX. P. Georgisch. corp. jur. germ. antiqui. Halae 1738. 4.

X. P. Canciani leges antiquae barbar. Venet. 1781. I. fol.

XI. G. T. Rhon commentatio ad edictum Theoderici regis Ostrogothorum. Hal. 1816. 4.

XII. Hiernach Walter corp. jur. Germ. ant. Berol. 1824. 8. I.

Litteratur: Vgl. außer Rhon und v. Glöben bes. Heinecc. antiq. Germ. I. p. 298.

Die Gründe der lange herrschenden Annahme[1]), daß das Edict im Jahre 500 bei der Anwesenheit Theoderichs in Rom erlassen worden sei, hat zum Theil schon von Glöden widerlegt. Die oben[2]) erwähnte, späte, sagenhafte Erzählung des Chronicon paschale[3]) sagt nebenbei, daß Theoderich, ehe er[4]) von Rom wieder nach Ravenna zurück ging, eine διάταξις περὶ ἑκάστου νόμου erließ. Aber das Edict ist, was von Glöden nicht hervorhebt, in der That alles Andre eher als eine διάταξις περὶ ἑκάστου νόμου. Vielmehr hat hier das Chronikon, was noch nicht beachtet ist, lediglich den An. Val. nachgebildet, welcher sagt: omnia, quod retro principes romani ordinaverunt, inviolabiliter servaturum promittit, d. h. der König versprach eidlich im Allgemeinen die Beachtung des ganzen bestehenden Rechts (ἕκαστος νόμος), die διάταξις ist nur die Bestimmung, daß ἕκαστος νόμος gehalten werden solle. Wollte man darin eine „erschöpfende Gesetzgebung" sehen, so wäre jedenfalls das Edictum nicht gemeint[5]). Damit haben wir auch schon die zweite Stütze jenes Datums a. 500 beseitigt: den Bericht des An. Val. l. c.: er meint keine detailirte Gesetzgebung, sondern nur ein allgemeines Versprechen. Wenn Pagi die folgenden Worte, Theoderich habe „in decem annos regni sui" die vier Buchstaben der Unterschrift „edicti sui" nur durch eine Blechform nachgemalt, auf unser „Edictum" bezieht (und beßhalb oben tricennalem in decennalem ändert), so ist dieß ganz grundlos, nicht bloß, weil edictum, edictale programma, wie wir S. 2 ausführlich dargethan, in sehr vielen Fällen andere Erlasse als das Ed. Th. meinen kann, ja meinen muß, (so Var. I. 31. II. 24. 35) noch viel mehr beßhalb, weil die

Biener Comment. I. p. 121. Zimmern Gesch. d. röm. Priv.-R. §. 112. Puchta, Institut. S. 658. Aretin. Lit. d. Staatsgesch. v. Bayern. München, 1810. S. 80. Sav. II. (c. 11 §. 60) S. 172 f. Walch, neue jenaische allgem. Lit.-Ztg. v. 1843 Nr. 10—12, 14—16. Heimbach, Leipz. Repert. Jahrg. III. Bd. I. 1845. S. 420. Gengler S. 84. 86 Nr. 101. Leo, Vorles. über D. Gesch. S. 931. Zöpfl §. 19. Walter §. 41. Stobbe S. 94.

1) Selt Ritter praef. ad Cod. Theod. bei Heinecc. p. 297. Biener I. p. 213. Murat. ann. ad h. a. Hurter II. S. 14. Eichh. §. 41. Phill. I. S. 565. Sart. S. 290. Walter I. S. 43. Sav. II. S. 172. Gretschel p. 3. Türk, Priv.-R. S. 86. Bähr I. S. 761. Pavir. I. S. 144.

2) A. III. S. 90.

3) ed. Dindorf p. 604.

4) Nach der vaticanischen Handschrift und Malalas, ed. bonn. 15 p. 384.

5) Richtig Hurter II. S. 71. Anders Walch S. 61.

Stelle offenbar nur sagen soll: „bei der Unterschrift all' seiner Er=
lasse" und nicht die Unterschreibung Eines bestimmten Erlasses
meint[1]).

Nach der seit von Glöden herrschenden Ansicht, denn ihm sind
die Meisten gefolgt[2]), wäre das Edict nach a. 506 entstanden, da
es die aus diesem Jahre stammende[3]) Lex Romana Visigothorum
benützt haben soll.

Allein die 9 Edicts=Artikel, welche diese Uebereinstimmung
und insbesondre die §§. 134 u. 137, welche die Ableitung des Edicts
von der Lex darthun sollen, beweisen dieß keineswegs. Was die
letzten beiden anlangt, so hat schon Walch unwiderleglich dargethan
S. 60 f., daß §. 134 nicht aus der mißverstandenen interpretatio,
sondern aus der mit Absicht geänderten l. 4 Cod. Theodos. 2, 33
schöpfte, welche in der Lex Rom. Burgund. t. 30 ebenso benützt ist
und in Italien, wie die Lex Romana utinensis II. 32 (bei Canciani IX. p. 475) zeigt, in gleichem Sinne gehandhabt wurde; und
ebenso, daß §.137 nicht aus der mißverstandenen interpret. zu I.1. Cod.
Th. 3, 8, sondern aus den Gesetzen von Theodos v. a. 380. 381.
(vgl. l. 1 Cod. Just. 5, 9 u. l. 4; 6; 56) geschöpft hat[4]).

Damit fällt die behauptete Abhängigkeit des Edicts von der
Lex und jene Zeitbestimmung v. a. 506.

Was die behauptete Uebereinstimmung betrifft, so würde,
wie schon Walch bemerkte S. 59 und unsere Darstellung in A. II.
S. 151 gezeigt hat, falls eine solche, auf Absicht beruhende Uebereinstimmung anzunehmen wäre, die Vermuthung wohl eher für die Ab=
hängigkeit der Lex vom Edict sprechen. Denn es ist, auch abge=
sehen von der politischen Unterordnung Alarichs unter Theoderich,
höchst unwahrscheinlich, daß der römische Jurist, welcher in Ra=
venna oder Rom alle Quellen des römischen Rechts direct zur Hand
hatte, namentlich Paulus und den Cod. Theod., anstatt aus diesen,
aus der westgothischen Bearbeitung sollte geschöpft haben. Bestünde
also eine auf Absicht beruhende Uebereinstimmung, so würden wir
eher an eine Nachahmung des Edictes durch die Lex denken: —
Theoderich (und Italien) verhielt sich zu Alarich (und Gallien) als

---

1) Walch S. 61 und Haenel p. XCII. halten mit Unrecht am Jahre 500 fest.
2) Heimbach, Gengler, Zöpfl, Stobbe l. c. Dagegen Walch und Haenel l.
roman. Visig. p. XCII.
3) Sav. Gesch. II. §. 14.
4) Auch v. Daniels I. S. 188 bestreitet v. Glöden, aber mit sehr vagen
Gründen.

Hegemon und in römischer Cultur gewiß eher als Lehrer denn als
Schüler — wonach dann das Edict vor a. 506 müßte entstanden sein.

Aber auch diese Zeitbestimmung fällt, denn es fehlt jede Ge=
wißheit, daß in den 9 von v. Glöden angeführten Paragraphen
Nachahmung vorliege: es ist vielmehr zufällige Ueberein=
stimmung viel wahrscheinlicher. Diese lag sehr nahe, denn die beiden
barbarischen Bearbeitungen schöpften aus denselben Quellen und
beide hatten nothwendig und sichtlich das Bestreben, die schwülstige
Sprache der Constitutionen zu vereinfachen, sie kürzer und klarer
zu fassen.

Es ist nun entscheidend, daß alle jene behaupteten Ueberein=
stimmungen sich zurückführen lassen entweder auf ganz bestimmte[1])
Gründe oder auf solche (bewußte oder unwillkürliche) Vereinfachung
des Ausdrucks der römischen Quellen.

Und nicht minder, daß eine völlige Uebereinstimmung in
keinem jener Fälle besteht, sondern bald der Inhalt, bald die Form
wieder abweicht, ohne daß sich im letztern Fall ein Grund angeben
ließe, weßhalb denn, wenn einmal copirt wurde, nicht ganz copirt
wurde[2]).

Der bloße Zweck der Vereinfachung und Verständlichmachung
hat Ed. und Lex zu den ähnlichen Wendungen geführt in §§. 17.
54. Abs. (III) (wo sie aus dem seltneren medicamentarius das be=
kanntere maleficus, aus dissolutor aber violator gemacht haben)
Abs. (VI) haben sie statt des seltneren sponsalis largitas beide das
technische sponsalitia largitas; §. 17 statt des complicirten: „si
voluntatis adsensio detegitur" haben die Gesetze „si consentiat"
und „si consenserit"; statt: „eadem qua raptor severitate plectatur" das schlichte: „pariter puniantur" und „pariter occidatur".
Also Vereinfachung beide, aber nicht beide wörtliche Uebereinstim=
mung, was bei Copirung des Einen durch das andre Gesetz zu er=
warten wäre.

Neben diesem allgemeinen Erklärungsgrund der Aehnlichkeit
kann ich aber in folgenden Fällen das Motiv der Uebereinstimmung

---

1) Von Walch wie von v. Glöden übersehene.

2) Es sind die folgenden Paragraphen des Edicts, welche aus der interpretatio geschöpft sein sollen statt aus den nachstehenden wirklichen Quellen:
§§. 5. 145 (aus Paul. sent. rec. V. 5. a. §. 6—7), 14 (aus l. 15 Cod. Theod.
IX. 1.), 17 (aus l. 1. l. c. IX. 24.), 42 (aus Paul. l. c. 15, §. 5.), 54 (aus
l. 1. Cod. Th. III. 16.), 77 (aus l. 4. l. c. IX. 10.), 117 (aus Paul. l. c. II.
t. 31. §. 2.) und 120 (aus Paul. l. c. I. 13 A. §. 5.).

noch speciell nachweisen. In einigen dieser Fälle beruht die Uebereinstimmung sichtlich

1) auf der gemeinsamen barbarischen Verderbniß der Sprache:
   so §. 120 (des Ed.), wo beide Barbarenrechte sich nicht mit
   dem classischen: noxa sequitur caput begnügen, sondern ein
   barbarisches „semper" beifügen.

2) In andern Fällen, so §. 152, beruht die Uebereinstimmung
   (daß statt des römisch abstract gedachten Simplums der Multiplication, nämlich des Werthes des Sclaven, dieser selbst
   gleichsam als fungibel gedacht wird und nebst einem zweiten
   gleich guten in natura restituirt werden muß) auf der beiden
   (gleichzeitigen und stammverwandten) Germanengesetzen eigenen
   roheren, concreteren, sinnlicheren Rechtsanschauung, wie solche
   Form des Ersatzes ja auch in den Stammrechten so oft als
   echt germanisch begegnet. Und daß

3) das Edict an dieser Stelle die Lex nicht nachgebildet haben
   muß, folgt schlagend daraus, daß das Edict auch in andern
   Stellen, wo von einer Ableitung aus der Lex keine Rede sein
   kann, die gleiche sinnlichere Rechnungsweise befolgt: nämlich
   §§. 70. 80. 84; diese ist eben gemein-germanisch.

4) Ferner erklärt sich die Uebereinstimmung in den Wortformen
   manchmal daraus, daß beide Gesetze die Satzbildung ihrer
   blos erklärenden, lehrenden Quelle, Paulus, in den
   Imperativton eben des Gesetzes verwandeln mußten: so §§. 54.
   (I) 14. 5. 145. 117. (in §. 26 aber besteht gar keine Uebereinstimmung). — Sehr klar ist

5) weßhalb, beide Gesetze in §. 42 des Edicts aus dem in insulam relegantur der Quelle ein exilium, das eine mit dirigere, das andre mit destinare gemacht: nämlich weil weder
   bei Ost- noch West-Gothen die deportatio in insulam vorkam
   und daß §. 42 nicht aus der interpret., sondern aus Paulus
   schöpfte, geht unwiderleglich daraus hervor, daß der §. 42 sogar
   den Schreibfehler der Codices des Paulus utriusque statt
   utrique hat.

6) Daß übrigens §. 145 (I) siquis barbarorum ganz selbstständig
   aus Theoderichs Staat und Tendenz hervorgegangen, werden
   wir unten zeigen.

7) Dazu kommt, daß v. Glöden bei einigen dieser Stellen nur
   deßhalb an eine Benützung der Lex dachte, weil er, Rhon
   folgend, die rechte Quelle des Edicts gar nicht kannte:

a) §. 5 (I) des Ed. schöpft nicht aus der vermeintlichen Stelle des Paulus, sondern aus der unten im Commentar angeführten Stelle des Macer, wie der Wortlaut zeigt (nullius momenti esse sententiam).

b) Auch §. 5 (II) schöpft höchst wahrscheinlich aus andern Quellen (f. den Commentar n. S. 9).

c) Daß §. 17 unmittelbar aus l. l. cit. S. 9 schöpfte, zeigt der copirte Ausdruck: „ministri" (f. den Comment.).

d) Daß aber auch §. 54, wo die Uebereinstimmung mit der interpretatio am Bedenklichsten scheint, nicht aus dieser, sondern aus l. 2 cit. (S. 9 u. den Comment.) schöpfte, zeigt die wörtliche Copirung von (VII) sortiatur. Damit fällt der stärkste Grund v. Glödens.

e) Schließlich ist es ganz irrig, daß Ed. §. 152 Paul. S. R. I. 13 A. §. 5, oder die Interpretatio zur Grundlage habe. Die Uebereinstimmung bezüglich der Verdopplung des Sclaven haben wir aus andrer Wurzel erklärt: sonst aber ist der Ausgangspunkt des §. 152 ein völlig anderer. Paulus erklärt, was ein servus corruptus sei, und wendet die lex aquilia nur auf die ancilla corrupta virgo an, was die Interpretatio paraphrasirt. Der §. 152 aber spricht von dem servus occisus und statuirt nur hiebei die Criminal= und Civilklage nebeneinander.

Hiemit haben wir alle Gründe beseitigt, welche für ein Nach=ahmungsverhältniß zwischen Ed. und Lex sprechen sollen[1]). Das Jahr 506 gibt uns also keinen Anhaltspunkt, weder nach rückwärts noch vorwärts, für die Entstehungszeit des Edicts[2]).

Viel später als nach der gewöhnlichen, ja auch als nach von Glödens Annahme würde die Entstehung des Edicts fallen, wenn, wie man behauptet hat, §. 70 desselben eine Bestimmung des I. Con=cils von Orleans von a. 511 über Sclavenasylrecht benützt hätte. Allein bei näherer Prüfung ergibt sich, daß die Uebereinstimmung beider Bestimmungen nur in zwei Worten besteht, welche eine zu=

---

1) Die von v. Glöben noch S. 31 angeführten Stellen und §. 117 des Ed. bezeichnet er selbst als nur dann beweiskräftig, wenn sie von jenen jetzt hinweg=geräumten Stützen getragen werden (gegen §. 54 und darüber, daß zwei der von v. Glöben angeführten Stellen gar nicht dem Breviar und der Interpretation, sondern Zusätzen aus dem XVI. Jahrh. angehören, f. Haenel l. c.).

2) Rhon widerspricht sich selbst, wenn er das Edict in das Jahr 500 setzt und doch §. 134 aus dem Westgothenrecht von a. 506 ableitet.

sucht Theoderich auch in den andern Germanenstaaten diesen Geist zu verbreiten[1]), und klar ist er sich bewußt, wie es die römische Rechts = und Staatsidee ist mit ihrer starken centripetalen Unterwerfung des Staatsbürgers unter das allgemeine Band des Rechts und der Wohlfahrt, welche er im Gegensatz zu dem barbarischen, zumal germanischen Centrifugaltrieb[2]) nach ungezügelter Selbstherrlichkeit des Individuums anstrebt; er bekennt, erst in Byzanz gelernt zu haben, „wie man nach der Gerechtigkeit über Römer regiere." „Unser Reich ist eine Nachbildung des Euren, schreibt er dem Kaiser, jenes Vorbilds guten politischen Strebens, jenes Musters eines unvergleichlichen Staats: in dem Maß, als wir diesem Vorbild nachstreben, übertreffen wir die andern Völker"[3]). Daß gerade die römische Regierungsweise das Ideal dieser civilitas abgegeben, erhellt, abgesehen von allgemeinen Gründen, daraus, daß von einem Beamten, der in Gallien besonders die Staatsidee Theoderichs realisiren soll, gesagt wird: „Die Gallier sollen erkennen, daß dich ein römischer Fürst gesendet hat"[4]). „Der römischen Rechtsgewohnheit, die ihr nach langer Zeit zurückgewonnen, müßt ihr gerne folgen", sagt er diesen den Franken und Burgunden abgewonnenen Provinzialen. „Legt die friedlichen Sitten römischer Bürger an und das Barbarenthum, die unbändig wilde Sinnesart, von euch. Unter der Gesetzlichkeit unserer Aera dürft ihr keine barbarischen Sitten mehr haben. Kehret zum Leben nach Gesetz und Recht zurück: was ist den Menschen glücklicher, als auf das Gesetz vertrauen dürfen, ohne Furcht vor allem Andern. Die Rechtsordnung des

leichtfertiger Tumult, Mord und Brand in der eignen Stadt, das ist nicht Römerart, das verletzt die gravitas romana"; Cassiodor geht dabei von seinem Ideal des Römerthumes aus.

1) Var. I. 27: exterarum gentium mores sub lege moderamur.

2) Roths Feudal. S. 14—33 ausgezeichneter Bekämpfung der mit diesem Wort gewöhnlich verbundenen Irrthümer stimme ich vollkommen bei: die Germanen hatten schon vor der Wanderung einen wirklichen Staat; auch das Fehderecht, weil vom Staat anerkannt, hebt dies nicht auf: aber eben die Anerkennung des Fehderechts der Sippe durch den Staat, ist ein nach meiner Meinung, von Roth S. 34, nicht hinreichend gewürdigtes Zeichen noch unvollkommner Gestaltung der Staatsidee selbst; seine Ausführung aber, daß der altgermanische Staat wirklich ein Staat, der mittelalterliche Feudalstaat kein Staat, und der moderne „Rechtsstaat" vielfach eine Rückkehr zu den ursprünglichen Rechtszuständen ist, stimmt völlig zu meinen Sätzen in A. I. S. 36. Münchener gel. Anz. 1859, Nr. 50.

3) Var. I. 1.

4) Var. III. 6. vgl. Proc. b. G. ἔργῳ δὲ βασιλεὺς ἀληθὴς d. h. bei Prokop „wie ein römischer Imperator".

Staats ist der beste Schutz des menschlichen Lebens. Die Barbaren=
welt lebt nach Willkür und findet dabei statt des Heiles das Ver=
derben. Das ist zwar etwas ganz Andres als unter Burgunden
und Franken — (man erinnere sich, daß in diesen Reichen Blutrache
und Fehde auch unter den Romanen eingerissen[1]) —) aber eine
heilsame Neuerung muß willkommen sein"[2]). Gegen gewaltsame
Geltendmachung von Rechten wendet sich der Schluß der Ermah=
nung: „erkennet, daß nicht die Körperkraft, sondern die Vernunft
dem Menschen Vorzug leiht, und daß nur jene mit Recht gedeihen,
welche Andern Recht gewähren. Jene Selbsthülfe ist eine entzügelte
Willkür abscheulicher Freiheit"[3]).

Gerade diese sogar vom germanischen Staat anerkannte starke
Ausdehnung der Selbsthülfe, der Blutrache und Fehde und Pfän=
dung, welche in dem Nationalcharakter und der Culturstufe jener
Völker wurzeln, jener unbändige Stolz, welcher jedes Recht selbst
durchsetzen, jede Kränkung selbst rächen will und in der Anrufung
von Rechtsschutz und Richter ein Zeichen der Schwäche erblickt, diese
incivilitas des centrifugalen selbstherrlichen propositum gentile ist
es, was die Germanen von der römischen voll entwickelten Idee des
Einheitsstaates trennte. Diesen Widerwillen, sich durch den Richter
zu seinem Recht verhelfen zu lassen, meint der vielfach mißverstan=
dene Ausspruch des Westgothen Athaulph, er hätte gern an die Stelle
des westlichen Kaiserthums einen Gothenstaat gesetzt, aber seine Gothen
widerstrebten, den Gesetzen zu gehorchen, d. h.[4]) nach Recht und
Richterspruch statt mit Selbsthülfe und Fehde und unter der straffen
Form der Regierung des Einheitsstaates zu leben, die von ihnen
als eine unerträgliche Beschränkung empfunden ward. Das ist im
letzten Grund der Gegensatz von civilitas und incivilitas: Theo=
derich versucht wie in seinem ganzen Regiment, so in seinem Edict
diese Durchführung der civilitas. —

Daß es aber gerade das Fehderecht und die germanische weit=
gehende Selbsthülfe ist, welches Edict und Varien verfolgen, erhellt
deutlich aus der oft wiederholten ausdrücklichen Warnung vor dem

---

1) Greg. tur. u. Abell S. 109.

2) Var. III. 17. vgl. III. 43 jure romano d. h. ex legibus sollen die Neu=
gewonnenen leben.

3) l. c. IX. 2. effrenata licentia abominabili libertate vgl. noch I. 11
u. III. 43: „was nützt es, Gallien von der Herrschaft der Barbaren befreit zu
haben, wenn man daselbst nicht nach Recht und Gesetz lebt?"

4) Natürlich nicht dem römischen Civilrecht (so v. Glöben S. 82).

Wahne, Gewaltanwendung werde durch den Zweck, ein begründetes Recht selbst statt durch den Richter geltend zu machen, gerechtfertigt. So wird in den Varien in wörtlicher Uebereinstimmung mit dem Edict den barbaris, d. h. den Gepiden in dem erst kürzlich und nur halb unterworfenen Pannonien — in so fernen und wenig vom Geist Theoderichs durchdrungenen Provinzen erhielten sich die alten rauhen Sitten am Leichtesten — das Fehderecht, welches sie ohne Zweifel bis dahin geübt, ausdrücklich entzogen: „Das glauben wir euch noch besonders einschärfen zu sollen, daß ihr nicht gegen euch selbst, sondern gegen den Feind zu wüthen verlangen sollt. Nicht führe euch jede Kleinigkeit in die Gefahr des Todes: beruhigt euch bei der Rechtshülfe, diesem Segen der Welt. Was nehmt ihr eure Zuflucht zum Zweikampf, da ihr doch unbestechliche Richter habt? Legt das Schwert ab, wenn kein äußerer Kriegsfeind da ist. Sehr mit Unrecht hebt ihr den Arm gegen die eignen Volksgenossen, für welche zu sterben vielmehr ein Ruhm ist. Wenn die bewaffnete Faust den Anspruch geltend macht, wozu hat der Mensch die Sprache? Oder woran soll man erkennen, daß Friede besteht, wenn auch unter der Herrschaft des Gesetzes noch gefochten wird?[1] Ahmet vielmehr unsere Gothen nach, welche im Felde zu kämpfen, zu Hause sich zu beherrschen wissen. Solche Lebensweise sollt ihr führen, welche, wie ihr seht, unsere Stammesbrüder (die Gothen) zu Glanz und Flor gebracht hat"[2]. Auch die gallischen Provinzialen[3] werden vor Selbsthülfe und Fehde und Blutrache gewarnt. Ebenso scheint die Schilderung des starken Verlustes an Menschenleben in dem westgothischen Spanien auf Fehde und Blutrache zu deuten: „das Leben der Menschen wird dortselbst in zügellosem Wagen zu Grunde gerichtet und um geringer Ursach willen finden sie in Menge den Tod. In solch bösem Frieden fallen, wie bei einem Kampfspiel, so viele, als kaum in der Noth des Krieges fallen könnten[4]." Und

---

1) Zum Theil die „civilitas", zum Theil Dietrichs Unbereitheit zum Kampf spiegelt sich in der Didr. S. c. 90, wo er auf die Ausforderung Widgas antwortet: „ich säume nicht zum Kampf, ob ich mit Einem oder Mehreren fechten soll. Aber den Rechtsfrieden will ich einsetzen, daß nicht jeder Landstreicher mir hier in meinem eignen Lande Zweikampf bieten soll." (Raßmann II. S. 391, und er droht, ihn vor den Thoren von Bern aufzuhängen. vgl. c. 93.)

2) Var. III. 24.

3) III. 17.

4) VI. 4; man hat wie jenen ganzen Gesichtspunct, so diese Stelle nicht beachtet.

denselben Sinn hat die Mahnung Cassiodors in seinem Edictum per provincias[1]): „Erkühnt euch nicht zu frevlen Wagnissen, lebt friedlich, wandelt ohne Harm. Gibt es einen Rechtsstreit, so begnügt euch mit der Entscheidung eurer väterlichen Gesetze. Keiner erhebe sich zu Tumult, niemand nehme seine Zuflucht zur Gewalt. Eine Art Wahnsinn ist es, in der Zeit des Friedens Gewaltthaten verüben."

Wie der allgemeine Zweck des Gesetzes, so zeigt das Detail seines Inhalts deutlich, daß vor Allem der Rechtsfriede geschirmt werden sollte, und zwar eben in jenen Richtungen, in welchen er, bei der eigenartigen Situation der beiden Völker, am Meisten gefährdet war. Dabei wurde aber nicht abstract theoretisch, sondern ganz nach praktischer Erfahrung vorgegangen. Man muß sich die Entstehung des Gesetzes und die Entscheidungsart der Frage, welche Verhältnisse dadurch geregelt werden sollten, so vorstellen, daß der König die Fälle, welche durch Berufung oder gleich durch primäre Klage am Häufigsten an seinen Comitat gelangten, oder bezüglich deren Parteien und Behörden anfragend sich an denselben gewandt hatten, zusammenstellen ließ[2]). Um nun für diese Fälle bestimmte und nöthigenfalls strenge Normen und Strafen zu gewinnen, war es aus vielen Gründen für den König das Nächstliegende, auf das römische Recht, zumal auf die Constitutionen und Edicte der Kaiser über solche und ähnliche Fälle, zurück zu greifen. Dieses Recht galt (im Privatrecht) für die Römer, für die bedrohte Hälfte seines Reiches, ohnehin, und es empfahl sich auch im Strafrecht, seine festen, klaren und oft sehr strengen Grundsätze auf die andre, die bedrohende Hälfte auszudehnen. Für manche der Fälle fehlte es im gothischen Gewohnheitsrecht überhaupt an jeder Bestimmung. Dann muß man erwägen, wie bei dem unstäten Wanderleben der Gothen die alten Rechtstraditionen vielfach in Verwirrung gerathen sein mußten. Der König hatte also, bei seiner hohen Verehrung für das römische Wesen, Grund genug, die römischen, mit so vielen Vorzügen sich empfehlenden Rechtssätze, zur Regelung der zweifelhaften oder sonst kräftiger Behandlung bedürftigen Fälle anzuwenden. Bei dieser Entstehungsweise erklärt sich dann der eigenartig

---

1) XI. 8.

2) Bei der von Geschichte und Sage bezeugten, nur allzueifrigen (s. A. III. S. 89) persönlichen Thätigkeit des Königs in der Rechtspflege, braucht er schwerlich erst (v. Glöden S. 141) die Registratur des comitatus zu durchstöbern.

gemifchte Inhalt des Edicts: es begreift fich, daß ihm ein Syftem gänzlich fehlen mußte, es erklärt fich, warum außer den oben er= wähnten Gruppen von Einzelfällen namentlich noch für die Re= gelung der Rechtspflege im Allgemeinen durch daffelbe geforgt wird. Denn wollte die Regierung die Gothen von der Selbfthülfe ent= wöhnen, von gewaltthätiger, eigenmächtiger Ausfechtung ihrer Streitfälle abziehen und anhalten, fie nach Recht und Gefeß von den Gerichten [1]) entfcheiden zu laffen, dann mußte fie auch dafür forgen, daß diefe Gerichte das materielle Recht möglichft zur Gel= tung brachten durch reine, ftrenge Juftiz [2]).

Es wird uns aber bei diefer Grundauffaffung nicht mehr be= fremden, neben den Beftimmungen zum Schuß der civilitas in jenen Hauptrichtungen auch „Ausnahmen", d. h. einzelne fremdartige, wie zufällig hieher verfchlagne Beftimmungen über Privatrecht u. A. zu treffen. — Es find dieß eben folche Fälle, welche entweder (aus andern Gründen) häufig vorkamen, oder zufällig durch wiederholte Anfragen und Berufungen an den Comitat gelangt und einer all= gemeinen Reglung bedürftig erfchienen waren.

In diefer Weife erklären fich Entftehung und Beftandtheile des Edicts vollftändig [3]) und zwar vertheilen fich feine Beftimmungen folgendermaßen nach den oben aufgeftellten Gefichtspuncten:

1. Rechtspflege [4]).

Dahin gehören vor Allem die Beftimmungen gegen Beftechung

---

1) auctoritas legum, judicis ift technifcher Ausdruck geworden. Ed. §§. 10. 11. 145.

2) Daher fo oft in den Varien der Gedankengang: ihr braucht zum Schuß eurer Rechte keine Gewalt, denn ihr habt gute Gerichte. VII. 3. cur eligant quaerere violenta qui praesentia probantur habere judicia? *ideo enim emolumenta judicibus damus*, ideo tot officia diversis largitatibus continemus, *ut inter vos non sinatis crescere, quod possit ad odium pertinere.* III. 24. cur ad monomachiam recurritis, qui venalem judicem non habetis? f. A. II. S. 137.

3) Nur nebenher wirkt auch die Abficht, das Recht zugänglicher zu machen, bei v. Glöden die ausfchließliche Urfache des Edicts. S. 141.

4) Ausfchluß jedes Vorwands der Selbfthülfe durch Sorge für ftrenge und reine Juftiz. In den Varien wird derfelbe Zweck in allen feinen möglichen Seiten und mit allen möglichen Mitteln angeftrebt; der größte Theil derfelben befchäftigt fich mit diefer Sorge: wir heben hervor Var. XII. 5 sit judicibus vigor ex legibus: subsellia non desinant jura malis moribus intonare. timeat latro judicium etc.; aber auch große Vorficht wird den Strafrichtern eingefchärft, daß das Schwert des Gefetzes nicht Unfchuldige treffe. Die Sorgfalt der Unterfuchung

der Richter [1]), gegen Erpreſſungen [2]), über gleiches Gehör und gleiche Beweislaſt und über Verkündung des Urtheils in Gegenwart beider Parteien [3]), über wirklichen und raſchen Vollzug der Urtheile [4]). Aber auch gegen Mißbrauch des Proceſſes zu chicanöſer Verfolgung und Vexation muß geſorgt werden [5]). Der Fiscus namentlich ſoll ſeine Privilegien nicht mißbrauchen, ſich ebenfalls an den ordentlichen Richter ſeiner Schuldner halten müſſen [6]), und beſonders nicht mit ſeinem Anſpruch auf erbloſes Gut in die Erbrechte der Verwandten, der Kirchen und Corporationen eingreifen; er ſoll auch bei Capital⸗ ſtrafen und Confiscation die anerkannten Erbrechte und bei Ver⸗ urtheilung des Mannes die Vermögensrechte der Frau reſpectiren; ebenſo werden die Mißbräuche bei Einhebung der Steuern abge⸗ ſtellt [7]). Erſchlichne Entſcheidungen ſeien ungültig und die Er⸗

ſtreite mit der Schwere der Strafe. Var. V. 39, die justitia custodita in dieſem Sinn, iſt das Hauptziel ſeiner Regierung, die Sicherheit der Provinzialen, die Aernbte, welche die Ausſaat der Aemter und ihre Koſten bezweckt. VI. 3. V. 8, sine cujusquam concussione; ſ. A. IV. „Gerichtshoheit“.

1) SS. 1. 2. 4. vgl. §. 91. Die Beſtechung der Beamten war eines der ärgſten Uebel im oſt⸗ und weſtrömiſchen Reich. ſ. A. III. S. 175. ſ. Dahn, Prokop S. 338 f.: über Amtsverbrechen ſ. Rein S. 598; wie allgemein und in welchem Maße die (venalitas) Beſtechung geübt wurde, zeigt das überreiche Material hier⸗ über in den Varien ſ. A. III. „Amtshoheit“ und II. 27. IV. 4. 46. V. 15. 19. VI, 4. 9. VII. 30. VIII. 1. 7. 13. 14. 20. 17. IX. 15. 16. 19. X. 27. 28. XI. 6. 7. 5. XII. 26. 27. 6. 2. ſogar ein Caſſiodor berühmt ſich: non me sensit quisquam venalitate pollutum. XI. 2. und verheißt bei ſeinem Amtsantritt, daß er die foeda nundinatio der malitiosa venalitas weder üben noch dulden werde; ein geiſtvolles Gleichniß über die venalitas I. 35; cave venales mores! in ſtehenden Amtsformeln X. 35. VII. 1. Bei faſt jedem Amt muß mit ausdrück⸗ licher Strafe davor gewarnt werden.

2) §. 3: über die Häufigkeit der Erpreſſung ſ. A. III. S. 177 u. Var. IV. 27. V. 14. XII. 12. 13.

3) SS. 5. 7; vgl. dazu III. 46.

4) § 6. §. 131 werden Friſt (zwei Monate) und Mittel (Pfändung) dafür feſtgeſetzt; wie oft die Klage über Nichtvollzug der Urtheile in den Varien wegen Saum⸗ ſal des Richters oder Widerſtand des Verurtheilten begegnet, darüber ſ. A. III. S. 114.

5) SS. 13. 14. 19; wie nöthig dieß war, zeigen die Varien; ſo A. III. S. 128; über calumnia in dieſem weitern Sinn gegenüber dem ältern techniſchen (v. Glö⸗ den S. 391) vgl. die Stellen s. h. v. im Gloss. nom. C. Th.

6) Dem auch im Strafproceß Niemand entzogen werden darf: competent iſt das Gericht des Begehungsorts §. 103.

7) SS. 24—27. 112. 113. 144. 153; wie ſo ganz dieſe Maßregeln bringenden Zeitübeln begegnen und völlig im Geiſt der Varien gehalten ſind, darüber ſiehe A. III. S. 154.

schleichung wird gestraft; ebenso, und zwar sehr streng, alle Denun-
ciation: auf jede nicht sofort gerichtlich erhobene Beschuldigung
sollen die Behörden gar nicht eingehn [1]).

Fälschung von Testamenten und andern Urkunden, sowie wis-
sentlicher Gebrauch falscher Urkunden und falsches Zeugniß vor
Gericht werden schwer geahndet [2]). Es soll ferner kein Gläubiger
seine Forderung zum Schaden des Schuldners an einen Mächtigen
(Gothen oder Römer) abtreten und kein Vornehmer sich in einen
fremden Proceß mischen [3]). Auch die Unsitte, die Namen von Vornehmen als angeblicher Eigenthümer an Häusern anzuheften, was
nur der Fiscus darf, wird abgestellt [4]). Gegen ungerechte Urtheile
wird Berufung gewährt [5]). Das Asylrecht der Kirchen wird anerkannt, aber auf mäßige und namentlich auf bestimmte Schranken
zurückgeführt [6]). Der Versuch, Verurtheilte zu befreien, wird auch
gegen Geistliche, mit der Strafe des Verurtheilten geahndet [7]). Anderseits sollen die Gerichte und ihre Diener ihre Amtsbefugniß
nicht überschreiten [8]) und von frivolen Klagen soll die Bestrafung
des muthwilligen Klägers abhalten [9]), namentlich sollen durch Eid
entschiedene Processe nicht wieder aufgenommen werden [10]).

Auch den Juden werden nach den Privilegien der Kaiser die
eignen Gesetze und Gerichte belassen [11]). Die Competenz der Ge-
richtshöfe wird dann weiter für praktisch besonders wichtige Fälle,
normirt: der Verkäufer muß dem Käufer, dem die Kaufsache evin-
cirt worden, selber Rede stehen, darf ihn nicht an seinen Auctor
verweisen, sondern nur diesem den Streit verkünden und in solchem
Falle muß der Auctor, falls er seinen Verkauf vertheidigen will,
dieß an dem Forum seines Käufers (des Litisdenuncianten) thun,

---

1) §§. 35. 50. 37, 129; über die häufigen subreptiones A. III. S. 100. 106;
ebenso bezeugen die Varien die Fortdauer der Angeberei, welche schon seit den ersten
Imperatoren das römische Leben und die römische Justiz vergiftet hatte, vgl. VIII. 15.
fuit enim tempus, cum per delatores vexarentur et judices.

2) §§. 30. 40. 41. 42. 91 prakt. Fälle a. d. Zeitgeschichte. A. III. S. 190 ꝛc.

3) §§. 43. Praktische Beispiele. A. III. S. 114.

4) S. 45—47; über die Varien vgl. A. III. S. 114.

5) S. 56; f. A. III. S. 93.

6) §§. 70. 71; Parallelstellen in den Varien A. III. S. 190.

7) S. 114.

8) S. 73. A. III. S. 177.

9) S. 74. A. III. S. 117. 127.

10) S. 106.

11) S. 143 oben A. III. S. 199. Sart. S. 101.

darf nicht die Sache an feinen eignen, wenn auch privilegirten, Gerichtsstand ziehen[1]). Auch die Regelung der Beweislast nach dem Grundsatz: „affirmanti incumbit probatio" wird nicht verabsäumt[2]). Besondere Bestimmungen machten die in römischer potestas oder gothischer Mundschaft stehenden Haussöhne und Knechte nöthig: wenn sie gegen eine Criminalklage Vater oder Herr nicht vertritt, sollen sie dem Richter überantwortet werden, nur der Haussohn darf sich auch selbst vertheidigen[3]).

Bei dieser sorgfältigen Reinigung und Regelung der Rechtspflege, welche sich bis auf die Feststellung der Gerichtsferien erstreckt[4]), rechtfertigt es sich dann, wenn alle Selbsthülfe auf's allerstrengste verpönt und die Pflicht eingeschärft wird, alle Streitigkeiten gerichtlich und gesetzlich auszutragen[5]). Wir erblicken hierin den eigentlichen Hauptzweck des ganzen, die Rechtspflege regelnden Theils des Gesetzes. In diesem Sinne wird das Selbstpfändungsrecht des Gläubigers an Sachen des Schuldners ganz allgemein verworfen[6]); er soll den Richter anrufen und von diesem Execution erwirken[7]); ebenso wenig soll sich der Darlehensgläubiger mit Gewalt die Schuldsumme nehmen[8]). Ganz besonders charakteristisch für die Tendenz des Gesetzes und für die Zustände im Gothenreich ist nun aber §. 145: er zeigt deutlich, von welcher Seite her der König den trotzigen Widerstand gegen Recht und Gericht befürchtete und er bestätigt auf's Erwünschteste unsere Auffassung von den Entstehungsgründen des Edicts. Der Paragraph handelt von der Contumacia, von dem Ungehorsam des Beklagten gegen das Gericht und es ist höchst bezeichnend, daß dabei vorausgesetzt wird, der Ungehorsame sei immer ein Gothe[9]). Zweimal wird derjenige, von

1) §. 139. 140.
2) §. 132 qui possessor ad judicam veniet.
3) §. 128.
4) §. 154.
5) Hierüber oben A. III. S. 303.
6) §. 123 vgl. gerade diesen Fall oben S. 17.
7) §. 124.
8) §. 126.
9) Oder doch ein Barbar: denn die andern Nicht-Römer im Reiche waren der civilitas noch ferner, als die Gothen, z. B. die Gepiden (oben S. 24), oder die Breonen, „welche, an kriegerisches Leben gewöhnt, der civilitas oft mit den Waffen zu nahe zu treten beschuldigt werden und der Gerechtigkeit zu folgen deßhalb verschmähen, weil sie immer mit Kampf und Krieg zu thun haben" I. 11; vergleicht man den Sprachgebrauch der Barien mit dem Edict, prol. epil. §§. 32.

welchem der Fall handelt, als Nicht=Römer bezeichnet [1]); es heißt
nicht: si *quis* tertio conventus und nicht: *quemlibet* fuisse conventum, sondern si quis *barbarorum* und quemlibet *capillatorum*,
der Ehrenname der Gothen als solcher (zunächst der Gemeinfreien).
Und dieß offensichtlich nicht in dem Sinne, daß die Bestimmung nur
für Gothen, für Romanen aber etwas andres gelten sollte: sie soll
für alle Ungehorsamen gelten: aber weil in den praktischen Fällen,
deren häufiges Vorkommen im comitatus zur Aufnahme dieser Bestimmung geführt hatte [2]), immer Gothen die Ungehorsamen gewesen
waren, so schwebte dem Gesetzgeber eben dieser Fall — als der bei
der Natur und Situation der beiden Völker regelmäßige — ausschließ=
lich vor, und da sein ganzes Edict hauptsächlich die Sicherung des
Landfriedens gegen gothische Gewaltthat und Eigenmacht bezweckte,
schrieb er, als ob alle Ungehorsamen immer Gothen sein würden.
Man sieht deutlich, daß eben praktische Fälle gothischer Gerichts=
widerspänstigkeit zur Fassung dieses Paragraphen, der speciell auf
Gothen gemünzt war, geführt haben. Denn eigentlich ist dieser
Paragraph nur eine nähere Ausführung von §. 5, welchem derselbe

---

34. 43. 44. 145, so kann man gar nicht mehr zweifeln, daß barbari zunächst die
mit Theoderich Eingewanderten (Ostgothen, Rugier 2c.) bezeichnet (darin hat
v. Glöden S. 130 gegen Türk, D. Privatr. S. 89, völlig Recht; vielleicht auch
darin, daß das Edict gerade um auch alle diese nicht-gothischen Nicht=Römer zu treffen,
statt von universis Romanis et Gothis von Romanis und Barbaris sprach;
doch begegnet die nämliche Redeweise auch in den Varien), dann aber auch alle
andern, d. h. vor Theoderich in Italien angesiedelten Nicht=Römer, also vornehm=
lich, aber nicht ausschließlich, die Anhänger Odovakars, diese heißen manchmal
antiqui barbari Var. V. 14 (aber nicht nothwendig: der einfache barbarus I. 18
ist ein solcher antiquus barbarus), endlich einigemale in den Varien außer Theoderichs
Reich stehende germanische und ungermanische Völker II. 5. IV. 3. Manchmal
werden zwar nicht die Gothen, aber doch der König und seine Regierung im Gegensatz zu den barbari reges gedacht: Theoderich ist, obwohl auch ein rex barbarorum, doch kein barbarus rex; in diesem Schwanken spiegelt sich seine Doppelstellung, A. III. S. 255; die barbari in Pannonia constituti sind die besiegten
Gepiden im Gegensatz zu Gothi nostri (III. 24; ebenso victoria Gothorum de
barbaris d. h. Bulgaribus VIII. 21). Die Provinzialen in dem Franken und
Burgunden entrißnen Gallien sollen jetzt barbaros mores ablegen III. 17 (denn
diese beiden Germanen heißen barbari III. 43), aber freilich mußten barbari
mores auch dem Gothenheer erst abgewöhnt werden. II. 15.

1) §. 145. Si quis *barbarorum* tertio conventus judicio adesse contempserit. si quis *barbarorum* tertio competentis judicis auctoritate conventus...
dummodo tertio quemlibet *capillatorum* fuisse conventum ostendat.

2) Hier passen buchstäblich die Worte des motivirenden Prologs.

Rechtsſatz bereits, aber in ganz allgemeiner Faſſung, zu Grunde
liegt. Zu §. 5 war der Geſetzgeber in anderem Gedankengang ge=
langt: die erſten vier Paragraphen ſorgen für die Grundvoraus=
ſetzungen aller ordentlichen Rechtspflege, Unbeſtechlichkeit ꝛc., §. 5
fordert in gleichem Sinn gleiches Gehör und Gegenwart der Par=
teien bei der Urtheilsverkündung: von letzterer Regel wird nun
kurz die Ausnahme des Ungehorſams ſtatuirt. In dieſem Gedanken=
zuſammenhang hatte der König noch nicht vorzugsweiſe an ſeine
Gothen gedacht: als er aber nochmal, eben veranlaßt durch prak=
tiſche Fälle, auf den Ungehorſam zu ſprechen kömmt und deſſen
Strafe feſtſetzt — das affirmative Präjudiz des Eingeſtändniſſes —
da kommen ihm begreiflicherweiſe in erſter Reihe ſeine trotzigen
Gothen [1]) in den Gedanken, ja allein in die Feder.

Damit ſtimmt zuſammen, daß die Varien ausdrücklich hervor=
heben, keiner ſolle bei Verbrechen ſich durch ſeine Nationalität für
geſichert halten: d. h. die Gothen ſollen nicht wähnen, ſich als Sie=
ger über das Geſetz ſtellen zu dürfen[2]).

Weiter bezweckt das Edict als eine Hauptfrage den Schutz der
Landgüter:

II. Recht der Liegenſchaften.

Nach Landbeſitz verlangten von jeher alle Germanen, hatten die
Söldner Odovakars verlangt und ebenſo ſeit lange die Oſtgothen[3]).
Anfangs nun zwar war die Landtheilung ziemlich glimpflich abge=
gangen: die Römer hatten allen Grund mit dem maßvollen und
methodiſchen Vorgehen des Liberius zufrieden zu ſein und auch die
Gothen begnügten ſich zunächſt mit dem neuen Grunderwerb. Aber
daß die gute Freundnachbarlichkeit, welche Caſſiodor rühmt[4]), nicht
eben lange vorhielt, das beweiſen ſeine eignen Erlaſſe und andre
gleichzeitige Quellen.

Wenn die Römer, nachdem die Schrecken des Krieges·vergeſſen

---

1) Deren spiritus agrestis rügt er. Var. IV. 14.
2) Neben der gothiſchen Neigung zu meiſterloſer Selbſthülfe war beſonders
der Hochmuth des vornehmen Aemteradels Quelle der meiſten Rechtsbrüche; beß=
halb warnt der König nach beiden Richtungen zugleich. Var. IV. 49: vivite
compositi, vivite bonis moribus instituti: nullum natio (ſtatt des ſinnloſen
ratio), nullum promeritus honor excuset.
3) A. II, S. 66.
4) II. S. 16, A. III. S. 17 u. Ennod. ep. IX. 23; Sart. de occ. p. 19;
Hegel I. S. 106 folgt allzuſehr dem Optimismus Caſſiodors; gut Abel S. 7.

waren, grollten über jede Abtretung, so mochte anderseits so man=
cher Gothe, der seine sors mit den Latifundien seines römischen
Nachbars verglich, unzufrieden werden [1]). Das war der principielle
Hauptpunct, an dem die Milde Theoderichs die Römer geschont —
und die Germanen verdrossen hatte, und alle Quellen zeigen, wie
häufig die Gothen mit Gewalt und List ihren römischen Nachbaren
ihren Grundbesitz (nebst Zubehör) abzubringen suchten [2]).

Hier lag, bei der unmittelbaren Nachbarschaft der consortes,

1) Das ist die „schmähliche Begier nach fremdem Gut, die in's Unendliche
empor wüchse, zöge sie nicht das Schwergewicht des Rechts hernieder". Var. IV. 39.
 · 2) Ein Römer in agello suo violentias perpessus dicitur hactenus
operam navasse cum barbaris Ennod. ep. VI. 14, d. h. wohl, er hat seitdem
bei Gothen als Taglöhner arbeiten müssen; einem Römer entreißen Gudila und
die Söhne des Grafen Tzaliko seinen Grundbesitz. Mar. Nr. 140. Der Gothe
Tanka hat zwei Römern entrissen juris proprii agellum quod Fabricula nominatur cum suo peculio; ganz allgemein befürchtet Cassiodor, daß unter den
Getheilten (consortes), wie es zu gehen pflegt (ut fieri assolet), eine indis-
ciplinatio entstehe, d. h. ein Bruch der disciplina temporis, der civilitas. Den
technischen Ausdruck consortes habe ich noch einmal getroffen, nämlich bei Ennodius III. ep. 5, wo ein nobilis Dalmatius klagt: in Sicilia praedium bono
hactenus jure possessum, a *consortibus* invasum: dagegen wird das juvamen
civilitatis, d. h. der quaestor s. pal. angerufen. (Also auch in Sicilien einzelne
Gothenlose; im Cod. Th. hat consortes, consortium nie Bezug auf sors barbarica .s. Gloss. nom. s. h. v. vgl. die richtigen Bemerkungen über sors und
consortes bei Roth Ben. S. 64; gothisch hießen sie gadailans, Ulph. Eph. 3, 5.)
Also auch hier wieder in Verbindung mit der Klage, daß einem Römer von seinen
consortes Land entrissen worden; drei Römer werden von Theodahad ihrer Ländereien beraubt. V. 12: palentianam massam ab hominibus vestris nullis
causis exstantibus indecenter invasam. IV. 439: possessiones juris sui ab
hominibus vestris neglectis legibus pervasas. vgl. I. 18: si praesumtor barbarus praedium etc., zumal die schutzlose Kirche, auch eine Römerin, hat zu
leiden. IV. 5: possessiones ecclesiae a pervasoribus occupatae. IV. 20:
ecclesiae jugum ... usurpatione violenta retineri auf Sicilien, vielleicht der
Fall Ennod. l. c. II. 29. (Aber freilich verüben auch Kirchenleute (Gothen?)
solche Frevel. IV. 44.) Ueber die direptiones possessionum in Lucanien, Bruttien, bei Faënza VIII. 27. XII. 5. Durch die Bürgerkriege voll Flucht und Verbannung waren viele Italiener nach Gallien, nach Byzanz gescheucht worden: wenn
sie jetzt wiederkehrten, fanden sie häufig ihre Güter in fremdem Besitz III. 18, oder
die Grenzen verändert III. 52. 59; alle Mittel der List und Gewalt waren gerade
bei Gütererwerb in Schwang IV. 40. vgl. III. 18. Mansi VIII. p. 142 praedia
(einer Römerin) a barbaris vel Romanis inconvenienter invasa, das ist
Boëth. I. 4 die impunita avaritia barbarorum: quoties miseros quos in-
finitis calumniis i. b. semper a. vexabat objecta periculis auctoritate pro-
texi, provincialium fortunas .. privatis rapinis .. pessumdari indolui.

die Gefahr zu fortwährenden Reibungen und das Gesetz enthält daher zahlreiche Bestimmungen in dieser Richtung zum Schutz der possessores. Die meisten derselben haben wir schon unter dem Gesichtspunct des Verbots der Selbsthülfe und aller Gewaltthat besprochen [1]).

Schenkungen von Liegenschaften bedürfen gerichtlicher Verbriefung [2]) und solenner Tradition vor Zeugen [3]), um Streitigkeiten hierüber vorzubeugen. Der Versuch, seine Landgrenze durch Ausgraben oder Vorrücken der Markzeichen zu erweitern, wird an dem Sclaven mit dem Tode, an dem Herrn mit Einziehung des Drittels seines Vermögens gestraft, und zwar wird neu bestimmt, welche Markzeichen gelten sollen [4]); wer auf fremdem Boden aus Irrthum ein Gebäude aufführt, muß dieß gegen Kostenersatz dem Grundeigenthümer überlassen [5]), die Schädigung von Saaten und Bäumen wird vierfach vergütet [6]).

Unmittelbar an diese Regelung und Schützung der Landgüter schließen sich die Bestimmungen über die Verhältnisse der Sclaven: ihrer wichtigsten Zubehör [7]).

III. Sclavenrecht.

Die Sclaven waren in den langen Kriegen zügellos geworden und verwildert: bei dem massenhaften Untergang vornehmer Römer, welche Sclaven in großer Anzahl besaßen, suchten sich viele in Freiheit zu setzen, oder den Herrn zu wechseln [8]). Umgekehrt versuchten aber auch in der richterlosen Zeit rechtloser Gewalt und Verwirrung bis auf Theoderichs Sieg und noch den nächsten Jahren nach dem-

---

1) z. B.: §§. 16. 45. 47. 56. 57. 58. 75. 97. 98.
2) S. 52.
3) S. 53.
4) S. 105.
5) S. 137.
6) S. 151.
7) Var. III. 18 tam in agris quam in mancipiis urbanis aut rusticis.
8) Dieß geschah in Kriegen und Unruhen ganz regelmäßig in Italien; in dem großen Kriege waren die Sclaven der zu den Byzantinern übergegangenen Römer in Menge zu den Gothen geflohen, Proc. b. G. III. 16. (und ebenso geschah es bei den Kriegen der Gothen in Gallien Var. III. 43.) und bes. Mar. N. 86: mancipia, quae in his massis esse noscuntur et *ab hoc tempore barbarici reperiri potuerunt;* a. 553: gerade am Ende des Krieges; vgl. auch die praktischen Fälle bei Ennod. ep. III. 16. 19. u. Greg. dial. I. 10.

selben sehr oft mächtige Große freie, aber schutzlose Personen in die Zahl ihrer Knechte herabzudrücken, als ihre Sclaven in Anspruch zu nehmen. Gegen diese und ähnliche Zeitübel[1]) in den Sclaven= verhältnissen sucht das ·Edict Abhülfe[2]). Der bestochene Richter, der einen Freien als Sclaven erklärt, wird schwer gestraft[3]). Der verkaufte Freie verliert seinen status nicht, wenn er nicht mit dem Verkäufer im Einverständniß handelte[4]), das Recht der Eltern, ihre Kinder zu verkaufen oder zu verpfänden, wird auch für den Fall der höchsten Noth nicht mehr anerkannt. Die Kinder bleiben frei und der Pfandgläubiger wird mit Exil bestraft[5]). Häufig kam es vor, daß sich die Herrn ihre Knechte gegenseitig abspänstig zu machen, sie zur Flucht in ihr Haus zu verlocken suchten (sollicitatio). Ju solchem Fall muß der sollicitator den Flüchtling sammt seinem pe= culium und noch drei gleich gute Sclaven herausgeben[6]).

Mit der Behauptung, er habe den Flüchtling für einen Freien gehalten, wird er nur gehört, wenn er denselben alsbald vor Ge= richt geführt und dieser sich daselbst als Freien erklärt hat[7]). Wer ohne sollicitatio einen flüchtigen Sclaven aufnimmt oder verbirgt, muß ihn mit seinem peculium und einem gleich guten herausgeben. Hat er einen und denselben wiederholt geheßt, so wird er wie der sollicitator gestraft und muß drei gleich gute stellen. Aber manche Herrn speculirten auf diesen Gewinn, auf das Mitleid des Andern zählend, und schickten selber den Sclaven als angeblichen Flüchtling dem Nachbarn zu, um ihn dann mit drei weiteren zurückzufordern. Um dieß zu verhindern, wird der Sclave auf der Folter befragt, ob er von seinem Herrn dem Andern zugeschickt worden und im Be= jahungsfall confiscirt[8]). Wer verlockte oder geraubte Sclaven wissentlich kauft, haftet, außer auf Rückgabe — der flüchtige Sclave kann weder

---

1) Ueber die Häufigkeit solcher Fälle f. Var. II. 18. V. 29. 30. VIII. 28. IX. 24.; auch bei Germanen unter sich kam dieß von jeher vor. R. A. S. 330.

2) §§. 78. 79. 81. auf plagium steht Tod; Gehülfen und Begünstiger wer= den nach Standesabstufungen gestraft §. 83.

3) §. 2. Ueber die Beweislast entscheidet der Besitzstand: der als Sclave in Anspruch genommene bisherige Freie muß seine Freiheit nicht beweisen, wohl aber der bisherige Sclave bei vindicatio in libertatem §. 90.

4) §. 82.

5) §. 94. 95.

6) §. 80.

7) §. 80.

8) §. 84.

verkauft noch verschenkt werden — wegen Diebstahls: ebenso schon jeder, der einen Sclaven gegen den Willen seines Herrn im Hause behält, die Erben aber immer nur auf Herausgabe[1]).

Fremde Sclaven kann der Ankläger im Proceß eines Vierten nur dann zur peinlichen Frage ziehen lassen, wenn er den Werth, nach Schätzung des Herrn, erlegt[2]). Da aber Freigelassene und eigne Sclaven zum Nachtheil ihrer Herrn nicht gefoltert werden durften[3]), wurden oft Sclaven freigelassen oder gekauft, auf daß sie nicht peinlich befragt werden könnten: solchen Umgehungen gegenüber gestattet das Gesetz gleichwohl die Folter[4]).

Besser als die eigentlichen mancipia[5]), servi[6]) waren gestellt die originarii[7]), coloni[8]), glebae adscripti[9]). Sie durften nach römischem Recht nicht ohne die Scholle veräußert werden: gerade hierin aber hat Theoderich, das bisherige Recht im Wesentlichen ändernd, und zwar im Geist des ältesten germanischen Rechts[10]), sie den servis gleichgestellt: sie können fortan zu famuli urbani gemacht oder auf ein andres Grundstück des Herrn versetzt, oder ohne die Scholle verkauft werden[11]). Im Uebrigen unterscheidet jedoch das Edict häufig, ob ein Vergehen von oder an einem servus (ancilla[12]), oder von oder an einem originarius (originaria) verübt worden[13]); wenn auch andrerseits diese Classen manchmal gleichgestellt werden[14]), zeigt sich doch ihre verschiedene Stellung deutlich darin,

---

1) §. 85—88.
2) §. 100.
3) S. oben A. III. S. 225.
4) §§. 101. 102.
5) §§. 51. 64. 70. 80. 84. 142. 150. 152.
6) S. die Stellen A. III. S. 54.
7) §§. 48. 56. 63. 67. 80. 97. 142.
8) §§. 84. 97. 98. 104. 109. 121. 128. 146. 147.
9) Vgl. Sav. Abhandl. über den römischen Colonat Zschr. f. gesch. R. W. VI. S. 273 (verm. Schriften II. S. 1 und über die römische Steuerverfassung, Kopfsteuer der Colonen, II. S. 71.) Zumpt im rhein. Muf. 1845 S. 1; Hegel I. S. 84; Roth Ben. S. 47; Kuhn I. S. 259 f.; Zöpfl S. 87 sagt seltsamerweise, das Standesverhältniß derselben sei erst durch die gothische Einwanderung entstanden; ein Mißverständniß von Zumpt S. 13.?
10) R. A. S. 343.
11) §. 142; Kuhn I. S. 262 hat das Edict nicht berücksichtigt; ebensowenig Zumpt Var. III. 18 stellt mancipia urbana und rusticos neben einander.
12) §§. 21. 64. 65. 97.
13) §§. 66. 67. 68.
14) §§. 21. 56. 63. 64. 84. 109. 148.

3*

daß der colonus (nicht aber natürlich der servus) so gut wie der dominus wegen Entwendung der Früchte des Gutes klagen kann: quia utriusque interest[1]).

Eine Originaria, welche das Gut des Herrn verläßt, kann von einem andern in zwanzig Jahren erseſſen werden: ihre in dieſer Zeit gebornen Kinder gehören eigentlich dem erſten Herrn, doch muß ſich dieſer mit andern von gleichem Werth begnügen, auf daß Mutter und Kinder nicht getrennt werden[2]). Gegen andere Sclaven, aber auch gegen freie collegiati und curiales, welche, um ihren harten Standespflichten zu entkommen, flüchtig gegangen und mit ihrem Willen als Sclaven von einem Herrn erworben worden ſind, erliſcht die Zurückforderung in dreißig Jahren[3]). Das Aſylrecht der Kirchen kam den Sclaven in genau beſtimmtem Umfang[4]) zu gut: verſprach der Herr Verzeihung, ſo mußte der Sclave ſofort, jedenfalls aber nach Tagesfriſt, herausgegeben werden. Will die Prieſterſchaft dieß nicht, ſo muß ſie dem Herrn einen Sclaven gleichen Werthes ſtellen und gleichwohl kann der Herr den Flüchtling, wenn er ihn außerhalb des Aſyles antrifft, vindiciren[5]). Wer betrüglich einen Sclaven, der zu entfliehen pflegt, verkauft, muß dem Käufer, dem der Sclave entflohen, den Kaufpreis zurückzahlen und jeden Schaden erſetzen[6]). Gefangne und aus der Gefangenſchaft heimgekehrte Sclaven und Colonen werden dem Herrn zurückgeſtellt, wenn ſie nicht ein andrer (Römer oder Gothe) von den Feinden erworben hatte[7]). Wer einen fremden Sclaven (oder rusticus, colonus) ohne deſſen oder des Herrn oder des Pächters Einwilligung für ſich zu arbeiten zwingt, zahlt für die Tagarbeit des Sclaven (ebenſo des fremden Rindes) einen Goldſolidus[8]). Wer einen fremden Sclaven (oder rusticus) tödtet, haftet dem Herrn nach deſſen

---

1) §. 146; ſie ſind Rechtsſubjecte, nicht blos Rechtsobjecte wie die servi (Kuhn I. S. 266): ein gothiſcher Freigelaſſener Suberit mit Grundbeſitz bei Mar. N. 80; über originarii vgl. noch Mansi p. 139; ſehr unrichtig hier wie ſonſt ſind die Erklärungen des Edicts bei Sart., wie ſchon die Heidelb. Jahrb. v. 1811 gezeigt.

2) §. 68.

3) §. 69.

4) S. oben S. 28.

5) §. 70.

6) §. 141.

7) §. 148.

8) §. 150.

Wahl entweder mit der Civilklage auf Erstattung von zwei gleich-guten oder mit der Criminalklage auf Mord[1]).

Ferner wird natürlich bei den meisten vom Edict aufgezählten Verbrechen unterschieden, ob sie von (oder an)[2]) Freien oder Un-freien begangen werden[3]) — letztere werden immer strenger ge-straft[4]) — und im zweiten Fall, ob von dem Unfreien[5]) aus eignem Antrieb oder mit Willen oder mit Wissen oder Auftrag des Herrn (oder des conductor): solcher Auftrag[6]) macht den Sclaven nicht straffrei, sondern neben ihm noch den Herrn strafbar[7]). Bei Ver-brechen, die der Sclave allein begangen[8]), kann sich der Herr der Haft in vielen Fällen durch noxae datio[9]) (aber an den Richter zur Bestrafung[10]), nicht mehr in Eigenthum und Willkür des Ge-schädigten) entziehen; aber besonders gefährlich war der Mißbrauch der Sclaven zur Begehung von Verbrechen[11]) durch die Herrn, da hier die Aussicht für diesen selbst bei der That ungefährdet zu sein und nach der That unentdeckt zu bleiben, mächtig wirkte[12]). Daher hie-für besonders strenge Strafen für beide, Herrn und Sclaven[13]), auch werden die Sclaven als Gehülfen ihrer verbrecherischen Herrn ge-straft[14]). Doch sollen die liberti, originarii, servi (mancipia) und auch die familiares nicht als Kläger gegen ihre Herrn, Patrone

---

1) §. 152.

2) §. 59.

3) §§. 56. 61. 104.

4) Was ebenso dem germanischen wie dem römischen Recht entsprach. Vgl. z. B. Rein S. 361. 362.

5) §. 117. 118.

6) §. 21.

7) §. 104.

8) Auch dieß kam häufig vor: unter den räuberischen rustici von Lucanien sind gewiß auch Halbfreie und Unfreie. Var. VIII. 33. vgl. II. 19. III. 14.

9) §. 20.

10) §. 56. ad poenam mortis judici publico vgl. §. 98 aut ipsum . . . si hoc magis elegerit pro facti culpa tradat judici puniendum. Vgl. §§. 109. 117. 118. 120. 128. u. Geib. S. 460 f.

11) §. 75.

12) In den Varien wird der Senator, dessen Sclave einen Freien erschlagen, zur Auslieferung des Angeklagten bei Vermeidung der königl. Ungnade und schwerer Geldbuße angehalten, I. 30. Die Stelle ist bezüglich des erwähnten Mißbrauchs sehr lehrreich, f. bef. am E.

13) §. 22. 70. 77.

14) §. 38.

und deren Kinder vernommen, vielmehr bei solchen Anklagen mit dem Tode gestraft werden, mit der einzigen Ausnahme — die bezeichnend genug ist für den Geist dieser römischen und von Theoderich beibehaltenen Gesetzgebung — des crimen majestatis [1]).

Ferner Bestimmungen zum Schutz der Frauen und der Geschlechtsverhältnisse [2]).

IV. Frauenrecht.

Entführung einer freien Frau oder Jungfrau wird mit dem Tode des Entführers und seiner Gehülfen, aber auch der einwilligenden Entführten gestraft: denn der in diesem Fall durch das Verbrechen Verletzte ist, nach römischem wie nach germanischem Recht, der Gatte, Vater oder Vormund [3]); aber auch diese letzteren beiden werden mit Exil gestraft, wenn sie sich mit dem Entführer vertragen [4]) und der Sclave, der solchen gesetzwidrigen Vergleich anzeigt, wird mit der Freiheit belohnt [5]); doch soll es nicht als Entführung gelten, wenn die Braut vor der feierlichen Uebergabe von Seite des Vaters dem Bräutigam auf sein Zureden in sein Haus

---

1) §. 48. 49. Begreiflicherweise konnten Römer auch vor dem Fall des Reichs gothische Sclaven haben; die ancilla Ranihild und den libertus Guderit des Römers Collictus bei Marini N. 80 (freilich erst a. 564, aber möglicherweise seit a. 550) N. 93 Sisivara liberta Theudivarae.

2) Ueber die praktische Nothwendigkeit, hier Abhülfe zu schaffen, vgl. Var. I. 37. II. 10. 11. III. 14. 46. IV. 12. 40. V. 32. 33. VI. 8. VII. 46. Proc. b. G. III. 8. Ehen zwischen Gothen und Römern waren nicht selten Var. V. 14. Marimus, Theubis u. s. unten Anhang II. und die Fälle bei Marini. Daß auch diese Bestimmungen ihre Spitze gegen die Gothen, nicht gegen die Römer gerichtet haben, zeigen alle obigen Belege; die Declamationen über die Unschuld der Gothen und die Verderbniß der Römer sind schon deßhalb, abgesehen von allem Andern (die bekannte Stelle Salvians ist sehr rhetorisch) unpassend, weil es sich hier mehr um Gewalt als um Verführung handelt. Irrig sehen Rhon, Gretschel S. 5, und die Meisten, die Tendenz gegen die Römer gekehrt: aber diese standen schon unter denjenigen Bestimmungen, welche das Edict jetzt nur auf die Gothen ausdehnt; auch fehlen hier jene widernatürlichen Geschlechtsverbrechen, welche die auf Römer und Byzantiner zielende Gesetzgebung der Kaiser so viel beschäftigt, ganz; diese Dinge kommen eben als häufige, Gesetzeshülfe fordernde Uebel bei Germanen nicht vor, „ἀρσενοκοῖται" blieb zur Ehre der Gothen unübersetzt". Maßmann, Ulf. p. XCII.; die Taifalen bei Ammian beweisen nichts.

3) §. 17.

4) §. 18.

5) §. 19.

folgt[1]), während anderseits kein Hausvater gezwungen werden kann, seine Kinder jemanden zu verheirathen[2]). Die Klage steht fünf Jahre lang auch dem Nichtbetheiligten offen: nach dieser Zeit aber auch den Verletzten nicht mehr und die in der verbotenen Ehe zwischen dem Entführer und der Entführten erzeugten Kinder werden nach dieser Frist legitimirt[3]). Der Freie, der eine fremde Sclavin oder Magd entführt mit zusammengerotteter Schaar, wird als Entführer gestraft (oder eigentlich wegen violentia); ebenso der Sclave oder Colone, der dieß Verbrechen für sich, nicht im Auftrag seines Herrn begeht[4]); ebenso wird der Conductor gestraft, mit dessen Willen oder Wissen es geschah. Geschah es mit Willen oder doch Wissen des Herrn, so verwirkt dieser das Gut, von dem die entführende Truppe ausging, an den Fiscus[5]).

Heirath mit einer zu nahe Verwandten begründet keine Ehe, und Kinder aus solcher Verbindung sind nicht legitim[6]). Eine Wittwe, welche (in oder außer der Ehe) das Trauerjahr verletzt, kann von ihren Kindern (erster Ehe) und den Verwandten des Mannes wegen stuprum verklagt werden[7]). Mit ganz besonderer Strenge wird aber der Ehebruch verfolgt — die Varien beweisen an mehr als einer Stelle, daß dieß sehr nöthig war[8]) — nicht nur

---

1) §. 92.

2) S. aber oben A. III. S. 280.

3) §. 20.

4) Dieser Fall liegt wohl vor Var. III. 14, wo die homines eines Bischofs eine Frau geraubt haben.

5) §. 21. 22.

6) §. 30. Vgl. darüber Var. VI. 8; der comes rerum privatarum ist die zuständige Behörde; über legitimatio hierbei VIII. 46.

7) §. 37.

8) Es gilt, das ganze Institut der Ehe als solches zu schützen, Var. V. 32. 33; bezeichnend ist, daß in dem Erlaß, welcher, obwohl an eine einzelne Veranlassung geknüpft, im Allgemeinen die Verhältnisse der Provinzen Lucanien und Bruttien regelt, als eines der Haupt-Probedelicte der Ehebruch genannt wird. XII. 5. Tödtung des auf der That ergriffenen Ehebrechers durch den Mann wird nicht gestraft: I. 37 pro amore pudicitiae porrigere ferrum maritis non est leges calcare, sed condere . . . aestimetur potius vindicta quam culpa (S. oben A. III. S. 107 (Snabe). Dieß entsprach ebenso dem germanischen (R. A. S. 450. 742. 743. Wilda S. 823) wie dem römischen (Rein S. 211. 838) Recht; vgl. II. 10. 11. III. 14. Entführung einer Ehefrau; ausdrücklich sagt der König, daß ihm unter allen wichtigen Interessen der Schutz der Ehe am Meisten anliege l. c. 11. inter caetera humani generis pondera conjugalis affectus curam sibi praecipuam vindicavit . . . ideo . . . jura vel divina vel publica nexum con-

beibe Ehebrecher werden mit bem Tobe geftraft: ebenfo bie Begünfti=
ger unb Gehülfen, ja auch bie mitwiffenben Sclaven unb ber bloße
Rathgeber [1]). Auch fonft fucht bas Gefetz Beftanb unb Feftigkeit
ber Ehen zu fchützen. Das frühere römifche Recht freter Scheibung
(repudium) wirb verworfen unb nur aus brei Grünben, welche
vor Gericht bewiefen werben mußten, Scheibung geftattet (Ehebruch,
Zauber (Giftmifcherei) unb Gräberentweihung, auf Seite ber Frau
ftatt beffen Kuppelei); ber unfchulbige Mann erhält ben Nießbrauch
ber dos unb ber sponsalitia largitas, bas Eigenthum an beiben er=
halten bie Kinber; bie unfchulbige Frau erhält bie dos zu Eigen=
thum, von ber donatio propter nuptias, wie ber Mann, nur ben
Nießbrauch. Der vornehme Freie, welcher eine freie Jungfrau ver=
gewaltigt, muß fie heirathen unb ihr babei ein Fünftel feines Ver=
mögens als Wiberlage verfchreiben: ift er fchon verheirathet, fo
fteigt biefe Verfchreibung auf ein Drittel feines Vermögens. Nur
wenn er arm unb nicht vornehm ift, alfo in ber Heirath mit ihm
für bie Gefchänbete kein Vortheil liegt, foll er getöbtet werben.

Dagegen wer eine Wittwe vergewaltigt, wirb, ohne Rückficht
auf feinen Stanb, als adulter getöbtet. Unb wenn bie Wittwe
fich freiwillig mit einem Sclaven einläßt, werben beibe verbrannt.
Aber auch bie freiwillige Vermifchung ber vornehmen Wittwe (ma=
trona vidua) mit einem Freien ift ein ftrafbares stuprum, nicht
aber bie ber Wittwe geringen Stanbes [2]). Wenn ein frember
Sclave ober Originarius eine freie Jungfrau ober Wittwe ver=
gewaltigt, wirb er getöbtet [3]). — Nach einer andern Seite hin war es
von großer Wichtigkeit, bie Verhältniffe zu regeln, welche bei Ver=
mifchung von Freien ober Unfreien mit fremben Sclavinnen für
biefe unb beren Kinber fich ergaben. Die Kinber einer ancilla fol=
gen immer, welchen Stanbes auch ihr Erzeuger, ber Mutter, b. h.
fie gehören beren Herrn. Das gleiche gilt bei ber Vermifchung
einer Originaria mit einem Freien ober servus, während bei ber
Vermifchung berfelben mit einem originarius nur zwei Drittel ber

jugii tanta cautela praecipiunt custodire, ut crimen sit magnum etc. 10.
nec dissimulari potest . . ut sollicitatores publicos habeat genialis thori
reverenda societas et illud humani generis procreabile sacramentum scelerata temeritate profanetur. III. 17. maxime confidimus execrandum, quod
genialis matrimonii impugnat affectum.

1) §. 38. 39. vgl. §. 54. 60. 61.
2) §. 60—62.
3) §. 63.

Kinder dem Herrn der Mutter gehören[1]). Der Freie, der eine fremde Sclavin verführt hat, kann, wenn er dem einwilligenden Herrn derselben gegenüber diese seine Absicht zu Protokoll erklärt, auf Lebenszeit in die Gewalt des Herrn treten und dann mit ihr in contubernio leben — der Ehe sind Sclaven nicht fähig. — Willigt aber der Herr oder er selbst nicht hierein, so muß er ersterem zwei gleich gute Sclaven geben, und, wenn er dieß nicht vermag, wird er nach strenger Prügelstrafe unter die collegiati der nächsten Stadt versetzt[2]).

Endlich Strafen für andere Gewaltthaten gegen Person und Eigenthum.

V. Landfrieden.

Wie unablässig die Regierung für die Sicherheit von Person und Eigenthum sorgen mußte und sorgte, haben wir gesehen[3]).

Im Edict gehen die einschlägigen Normen zum Theil in das Verbot der Selbsthülfe und die Sorge für die Justiz über[4]). Es hebt hervor die widerrechtliche Gefangenhaltung, die es mit dem Tode straft[5]). Ferner die eigenmächtige Verfolgung von Forderungen[6]), anderseits aber auch den Ungehorsam gegen die Verurtheilung und den Widerstand gegen die Execution[7]). Die großen Grundbesitzer, Gothen und Römer, widersetzten sich sehr regelmäßig, wenn der Richter geübte Gewalt durch Auflage von Restitution und Strafe ahnden wollte: in solchen Fällen soll das Hofgericht des Königs angegangen werden, mit seiner unwiderstehlichen Energie durchzugreifen[8]), jedenfalls trägt der Widerspänstige die Proceßkosten[9]).

---

1) S. 65—67.
2) S. 64 über diese f. u.
3) S. oben S. 16; über violentia Var. VII. 3. 39. XI. 8. III. 38. IV. 9. 27. V. 37. 1. 30. V. 30; f. das „Ueberhandnehmen von Verbrechen gegen das Eigenthum in den durch Eroberung begründeten (Germanen-) Staaten" und die überall dagegen nöthig gewordenen Maßregeln bei Wilba S. 906.
4) Daher sind viele der unter V. gehörigen Sätze auch unter I. oben S. 26 zu stellen.
5) S. 8. vgl. Var. III. 38; man sehe wie der Gothe Zalla mit dem rusticus bei Greg. dial. II. 31 umgeht.
6) SS. 9. 10 Privatpfändung SS. 123. 124, Sätze, die in bedeutsamer Weise unmittelbar an die Sorge für reine Justiz geknüpft werden.
7) S. 11.
8) S. 10.
9) S. 13.

Auch darf Keiner, der einen Anspruch auf eine Sache zu haben behauptet, den Besitzer abhalten, darüber zu testiren, denn er kann ja auch gegen den Erben oder Legatar klagen[1]. Gegen widerrechtliche Gewalt aber ist Selbsthülfe zulässig: so gegen Mord- und Todtschlag-Versuch[2], gegen Raub[3], Landfriedensbruch, Hausfriedensbruch, Heimsuchung[4], Plünderung; und in Nothwehr hiegegen wird der Angreifer straflos getödtet[5]. Schädigung fremder Saaten und Bäume wird vierfach ersetzt[6].

Begreiflicherweise waren ebenso häufig wie die Grundstücke, Sclaven und Vieh Gegenstand gewaltsamer oder listiger Aneignung: gegen diese abactores oder fures, die gefährlichsten Feinde fremder Weiden und Ställe, wird die Todesstrafe und vierfacher Ersatz ausgesprochen[7]. Von dem abactor wird der fur unterschieden und diesem der Hehler zugelaufenen Viehs gleichgestellt[8]. Die Erben haften nur im Betrag der Bereicherung[9]. Und abermals wird die gewaltsame Vertreibung aus Haus und Hof mit bewaffneten Schaaren „mit Eisen, Stein und Stangen", oder die Vermiethung von Knechten — auch diese werden mit dem Tode gestraft[10] — an einen Andern zu diesem Zweck als violentia geahndet. (Auch das Verhindern des Begräbnisses des Schuldners durch den Gläubiger kam vor und wurde gestraft[11]. Und vor Allem wird auf Wiederherstellung des Besitzstandes gedrungen[12]. Todesstrafe steht auch auf der arglistigen Verknechtung eines Freien, welche häufig ver-

---

1) S. 31; dem Intestaterben, der den Erblasser am Testiren behindert, wird die Erbschaft als einem Unwürdigen entrissen. S. 33.

2) Ueber die Häufigkeit des homicidium s. Var. V. 39; Ermordung des Herrn durch den Sclaven II. 19. IV. 43. Vatermord, Brudermord I. 18. II. 14. (Versuch); vgl. I. 27. I. 37. III. 47. caedes I. 30. 32. IV. 27.

3) Ueber die latrones s. Var. XII. 5. VIII. 31. VII. 1.; fures XII. 5.; in Rom VII. 7.; Ravenna VII. 8.; Lucanien VII. 33.; furtum II. 35. 36. IV. 49. Der Hehler haftet wie der Stehler V. 39. VII. 1. 7. 8. 13.; pervasores III. 14.

4) §. 16.

5) §. 15. 16.

6) §. 151; hieher gehören die Fälle Var. VII. 8. u. oben S. 20.

7) SS. 56. 57 u. 88.

8) S. 58.

9) S. 88.

10) S. 77.

11) S. 75.

12) S. 75. 76.

sucht wurde ¹), und auf Verkauf eines Freien in fremde Knecht=
schaft; auch wer ohne plagiatus einen Freien mit Gewalt in Knecht=
schaft hält, wird calumniae et injuriarum schuldig ²).

Oft legten sich Private Amtsgewalt oder andere Autorität zum
Zweck der Erpressung oder Einschüchterung fälschlich bei: dieß wird
mit Prügeln und Exil gestraft ³).

Auf Brandstiftung ⁴) steht für Sclaven der Flammentod: Freie
müssen, außer Vergütung allen Schadens und Wiederaufbau des
Hauses ⁵), obenein nochmal den Werth der verbrannten Sachen be=
zahlen: eventuell Prügelstrafe und lebenslängliches Exil ⁶). Bei
fahrlässiger Brandstiftung eines Sclaven wird der an frembem
Gut angerichtete Schaden vom Herrn ersetzt oder der Sclave dem
Richter zur Strafe überantwortet: den Schaden an eignem Gut
straft der Herr wohl selbst ⁷); für Raub durch seine Sclaven haftet
der Herr binnen Jahresfrist auf's Vierfache, später auf einfachen
Ersatz: er kann sich aber durch Ueberlieferung des Schuldigen an
den Richter und einfache Herausgabe der Bereicherung befreien ⁸).
Aehnliches gilt bei Diebstahl und andern, durch Sclaven verübten
Schaden ⁹). Der Grundsatz: „noxa sequitur caput“, wird dabei
anerkannt ¹⁰). Der Hehler von geraubten und gestohlnen Sachen
haftet wie der Stehler ¹¹). Diebstahl am Fiscus wird vierfach er=
setzt ¹²). Von der Haft für Entwendung aus Wirthshäusern und
Ställen kann sich der Wirth nur durch den Eid befreien ¹³).

Wie zerrüttet Theoderich das Rechtsleben, wie gefährlich die

---

1) S. oben S. 34 A. III. S. 177 Var. II. 18. V. 29. 30; ein Gothe hat zwei Rö=
mern ihren Acker genommen und damit sie ihr Eigenthum nicht geltend machen können,
nimmt er sie obenein beide als seine Knechte in Anspruch, VIII. 28: Athalarich
erläßt hier die von unsrem S. gedrohte Strafe und verfügt einfache Restitution:
er scheint bona fides des Tanka anzunehmen, vgl. IX. 24.

2) §. 79.

3) §. 89.

4) Sie kam häufig vor Var. IV. 43. oben S. 20.

5) Eine Anwendung hievon oben A. III. S. 200.

6) §. 97.

7) §. 98.

8) §. 109.

9) §. 117. 118.

10) §. 120.

11) §. 116.

12) §. 115.

13) §. 119.

Eigenmächtigkeit der Privaten vorfand, zeigt eine Bestimmung, daß, wer einen Menschen ohne Gehör und ohne Richterspruch tödten läßt, als Mörder hingerichtet werden soll[1]). Auch gewaltsame Befreiung von Gefangenen kam häufig vor[2]). Auf die Erregung von Aufruhr im Volk oder im Heer wird der Feuertod gesetzt[3]); ebenfalls der Tod auf Zerstörung von Gräbern[4]), auf Verletzung des Asylrechts der Kirchen und auf Kirchenraub[5]). Die Häufigkeit der Gewaltverbrechen führte, wie wir gesehen, zu der Ausbildung von förmlichen Rechtsinstituten, wie der tuitio[6]).

2. Text und Commentar.

Wir haben gesehen, daß das Edict ausschließlich aus dem römischen Recht schöpfte[7]), welches nur von dem König manchmal geändert wird, und wir haben gesehen, aus welchen Gründen dieß geschah.

Prüfen wir nun im Detail, aus welchen Quellen des römischen Rechts die einzelnen Sätze des Edicts entnommen sind[8]), so finden wir zwar die beiden großen Hauptmassen des damaligen römischen Rechtsstoffs, das „jus“, die Schriften der Juristen, und die „leges“, die Gesetze der Kaiser, wie sie in den Sammlungen der Zeit oder auch vereinzelt vorlagen, aber sehr ungleichmäßig benützt, mit großem Uebergewicht der leges[9]).

---

1) §. 99.

2) §. 103.

3) §. 107.

4) §. 110.

5) §. 125.

6) Oben A. III. S. 116.

7) „Ex consuetudinibus patriis“ wie ältere glaubten (Ritter, Biener I. p. 124, Pithou, Dabelow) ist leider so gut wie nichts hinzugefügt: s. Eichhorn I. §. 41: „die Spuren des deutschen Rechts . . . sind freilich wohl Folgen der gothischen Bearbeitung des römischen Rechts, aber sie enthalten keine germanischen Rechtsgrundsätze“ u. Heinecc. ant. Germ. I. p. 298; mit Fug mochte Bilda insofern das Edict ignoriren.

8) Sav. II. S. 178: „die Arbeit Rhons dürfte eine fortgesetzte Forschung über diesen früher ganz vernachläßigten Gegenstand nicht überflüssig machen“; das Folgende wird die Richtigkeit dieser Bemerkung und die Verbesserungsbedürftigkeit der Rhon'schen Aufstellungen auch da beweisen, wo unsere Arbeit die Schwierigkeiten nur zeigt, ohne sie vielleicht selbst zu lösen; vgl. A. III. S. 185. Anm. 1.

9) S. unten die Zusammenstellung in den „Schlußbetrachtungen“; die Ge-

Die Benützung geschah nun aber nicht in der Weise, daß der König die aufgenommenen Stellen aus den römischen Schriften und Gesetzen unverändert aneinander gereiht hätte. Vielmehr ist die Verarbeitung eine höchst gewaltsame Durcheinanderknetung des römischen Stoffes, sowohl im Inhalt, als im Ausdruck. Oft sind in einem Satz des Edicts die Stellen eines oder mehrerer Juristen mit den ursprünglich abweichenden eines oder mehrerer Gesetze in der Weise ineinandergezogen, daß von einem Juristen, z. B. Paulus, der Anfang der Satzes, von einem andern oder einem Gesetze die Mitte, also z. B. die Wortform in Beschreibung des Falls und seiner factischen Voraussetzungen, entlehnt, und der Schluß, die eigentliche Rechtsnorm, anders als in den ersten beiden Stellen, vom König entweder aus einer dritten Gesetzesstelle oder auch aus eigner Willkür geschöpft ist.

Edictum Theoderici regis.

Prologus [1].

Die Aufschlüsse, welche der Prolog über Entstehung und Zweck des Gesetzes, Abstellung der praktisch wichtigsten Gebrechen und

sammtheit dieses Stoffes, aber vorab die Gesetze bezeichnen die Ausdrücke: leges prol. §§. 1. 7. 11. 13. 17. 20. 26. 28. 29. 31. 35. 36. 37. 53. 54. 55. 68. 69. 71. 72. 113. 124. 153. epil. antiquae vel novellae leges (Sav. II. S. 177 „novellae leges heißen auch die constitutiones des Cod. Th. im Gegensatz zu dem vetus jus") §. 12. epil.; veteram constituta §. 23; legitimum jus §. 142. jus publicum prol. §§. 1. 7. 24. jus vetus epil.; jura dictantes epil.; ebenso sind in den Varien leges alle Rechtsnormen: (legum districtio IV. 16. (leges priscae II. 18. III. 7.) 22. 43. legum injuria V. 37. — custodia IV. 33. — cauta V. 14. 24. — disciplina VII. 1. — severitas V. 14. — auctoritas V. 39. (leges feriatae VI. 24.) vorzugsweise aber die Kaisergesetze: XII. 3. X. 5. IX. 2. 3. VIII. 19. 32. VII. 13. 24. V. 4. 12. 31. 32. IV. 10. 12. 22. 27. 32. 39. III. 13. 36. 37. 43. 46. II. 16. I. 27. 30. 44. aber auch das Gewohnheitsrecht der Barbaren heißt patriae leges XI. 8. gentium leges III. 3.

1) (I) Querelae ad nos plurimae pervenerunt, intra provincias nonnullos legum praecepta calcare: (II) et quamvis nullus injuste factum possit sub legum auctoritate defendere, nos tamen, cogitantes generalitatis quietem et ante oculos habentes illa, quae possunt saepe contingere, pro hujas modi casibus terminandis, praesentia jussimus edicta pendere: (III) ut, salva juris publici reverentia et legibus omnibus cunctorum devotione servandis, quae Barbari Romanique sequi debeant super expressis articulis, edictis praesentibus cognoscant.

Verbrechen und Herstellung der Macht des Gesetzes (Juris reverentia) gewährt, sind bereits erörtert. (Oben S. 16.)

Das leges calcare, devotio und generalitas sind Lieblingsausdrücke auch der Varien [1]). In den Provinzen, fern von dem Centrum des Staates, kamen solche Ruhestörungen am häufigsten vor [2]); über die ganz ähnliche Weise, in welcher der Prolog des Ed. Athalarici [3]) nur einzelne dringende Fälle neu regeln, im Uebrigen aber ängstlich alle ältern Rechtsnormen in Gültigkeit erhalten wissen will, s. u.; das Gesetz nennt jeden seiner Paragraphen ein Edictum (edicta praesentia); über quies generalitatis, siehe die Parallelstelle in den Varien oben (bei tuitio) S. 116 f.; jus publicum ist nicht blos öffentliches Recht, sondern Staatsordnung, Recht überhaupt im Gegensatz zur Willkür der Privaten.

§. 1. [4]) Hier liegt offenbar zu Grunde Paulus sententiae receptae L. V. t. 23. §. 10: judex, qui in caput fortunasque hominis etc., dazu kommt vielleicht [5]) Marcianus in l. 14. Instit. in l. 1. §. 1. Digestorum 48, 8. Die Strafe hat aber der König von deportatio in insulam und Confiscation zur Todesstrafe erhöht. Charakteristisch ist, daß die Strafe für Bestechung „priore loco" des ganzen Gesetzes steht s. oben A. III. S. 178 und A. IV. S. 27 [6]); leges und jus publicum sind der Gesammtbestand der Rechtsordnung, jenes besonders die Kaisergesetze.

Dieselbe Stelle des Paulus, wieder mit Veränderung der Strafe, ist die Quelle von

§. 2. [7]) Mit Unrecht behauptet Rhon die Benützung der Con

---

1) L. 80. 37. vgl. III. 20. 21. VII. 39 u. oben S. 5. 19.

2) S. oben S. 24.

3) Var. IX. 19.

4) §. 1. Priore itaque loco statuimus, ut si judex acceperit pecuniam, quatenus adversum caput innocens contra leges et juris publici sancta judicaret, capite puniatur.

5) Wie Rhon ad h. l. wegen des Conjunctivs acceperit annimmt.

6) Daß Ritter Cod. Theod. Gothofr. p. 757 mit Unrecht diesen Satz aus dem oben A. III. S. 90 erwähnten sagenhaften Vorfall ableitet, ist klar: es ist ja diese einzelne Sage nur der Ausdruck jener Gesammtdenkweise Theoderichs, die allerdings dem Edict zu Grunde liegt; es bedarf also der Gründe von Glöbens S. 7 gar nicht; irrig ist dessen Ableitung unseres §. aus l. 16. L 3. §. 5. D. l. c. u. l. 5. §. 1. D. 48. l.

7) §. 2. (I) Judex si pecuniam, contra statum aut fortunas cujuslibet ut sententiam proferret, acceperit et ex hac re sub justa fuerit examinatione convictus, in quadruplum quod venalitatis studio accepit, exsolvat: (II) illi profuturum contra quem redemptus docebitur tulisse sententiam.

ſtitution des Gratian und Valens von a. 382 l. 1. Codicis Justinianei 9, 27 oder der des Arkadius, Honorius und Theodoſius l. 3.
eod. 1, 51 von a. 403. Beide Stellen handeln nicht von Beſtechung,
ſondern von Raub und Erpreſſung, haben im Wortlaut keine Ueber-
einſtimmung und vertheilen das Vierfache anders. Die im römiſchen Recht häufige Strafe des Vierfachen verhängt der König auch
in vielen andern Fällen, ohne Anlehnung an beſtimmte römiſche
Sätze [1]). Vielmehr liegt jene Conſtitution Gratians [2]) ꝛc. und (bezüglich der Erben) eine zweite derſelben vom gleichen Jahre [3]) dem
nächſten Paragraph wörtlich und auch im Strafmaß zu Grunde.

§. 3. [4]) Und da zwei Stellen dieſes Codertitels in unſrem Paragraphen benützt ſind, ſo iſt wohl auch die Amtsentſetzung aus
l. 1 deſſelben Titels genommen, unerachtet der ganz abweichenden
Wortform.

§. 4 [5]) iſt die erſte nicht auf ein römiſches Geſetz zurückführbare
Beſtimmung, denn dieſelbe [6]) aus l. 1 C. Th. I. 7 abzuleiten, geht
nicht an, da erſtens der Wortlaut nicht das mindeſte mit der ſchwül-
ſtigen und breiten Conſtitution Conſtantins gemein hat, zweitens
die Strafe eine andere (und zwar geringer: Prügel und Vierfaches
ſtatt Tod) iſt, und endlich beſonders deßhalb, weil unſer Edict nur
einen einzelnen beſtimmten Erceß des Amtsperſonals eines Richters
hervorhebt, während dort ſehr allgemein hievon gehandelt und doch
gerade dieſer Erceß nicht angeführt wird. Vielmehr forderte damals eben die praktiſche Häufigkeit gerade dieſes Falls Abhülfe und
der König beſtimmte die Strafe nach eignem Ermeſſen, wenn auch
im Geiſt der römiſchen Strafen, doch ohne Anlehnung an ein be-
ſtimmtes Geſetz [7]).

---

1) Ueber die venalitas ſ. oben die S. 46 citirten Stellen und über die
Häufigkeit von Statusproceſſen A. III. S. 53.

2) Im Cod. Theodos. L. 9. t. 27 l. 3. Dieſe iſt Rhon hier entgangen.

3) Cod. Th. l. c. l. 4.

4) §. 8. (I) judex quod *immerito provinciālibus rapuerit*, amissa dignitate,
qua male usus est, in quadruplum reddat: his dumtaxat, quibus immerito
constat ablatum, (II) et si defunctus fuerit, ab heredibus haec poena poscatur.

5) §. 4. officium cujuslibet judicii, quod quid ultra, quam jussum est,
exegerit, in quadruplum sub fustuaria poena cogatur exsolvere iis, quibus
illicite, monstrabuntur ablata.

6) Mit Rhon.

7) Ueber das officium vgl. §. 10. §. 55. in den Varien I. 37. II. 26. V.
25. VI. 23. VII. 3. Kuhn S. 151 u. oben A. III. S. 177. Ganz irrig iſt v. Glöbens

§. 5 [1]) ist nicht [2]) auf Paulus S. R. L. V. t. 5. a §. 6 zurückzuführen, welche Stelle nur im Inhalt dieses allgemeinen Rechts-
satzes übereinstimmt, sondern offenbar allein auf Macer 1. II. de
appellationibus (1. 1 §. 3 D. 49, 8) wie der Wortlaut zeigt:

Der zweite Absatz [3]) ist nicht [4]) ausschließlich aus Paulus l. c.
§. 7 (eher aus einer Constitution von Diokletian und Maximian
L. 9 Cod. Just. 7, 43) herzuleiten, sondern drückt einen römischen
Rechtssatz, ohne Anlehnung an eine bestimmte Stelle, in eignen
Worten aus [5]), und läßt die römischen Zusätze fast all' dieser Stellen
über die Appellation weg.

§. 6 [6]) spricht einen auch im Cod. Theod. 4 t. 17 (keineswegs
(Rhon) nur in l. 1. cit.) niedergelegten Grundsatz, aber mit eignen
Worten aus, hat aber nicht gerade daraus geschöpft, wie schon der
ganz selbstständige Abschluß (II) zeigt [7]).

§ 7 [8]) ist ein allgemeiner Rechtsgrundsatz für alle Procedur,
der natürlich auch im römischen Recht ausdrücklich anerkannt ist,
den aber der Gesetzgeber nicht aus einem bestimmten römischen Satze,
sondern aus seiner eignen Rechtserkenntniß und seinem Rechtswillen
geschöpft hat [9]).

Satz S. 104, der Fall der Var. IV. 27. 28. sei der unserer §§. 3. 4: der Sajo
ist weder ein judex, §. 3, noch hat er als Glied des officium judicis zu viel
eingefordert.

1) §. 5. (I) sententia non praesentibus partibus dicta *nullius momenti* sit.

2) Mit Rhon u. v. Glöben.

3) §. 5. (II) nisi adversus eum prolata doceatur, qui tertio conventus
et edictis sollemniter inclamatus adesse contempserit. Vgl. unten §. 144.
Geib S. 508.

4) Mit Rhon.

5) Ebenso gut wie jene beiden Stellen kämen in Betracht l. 8. l. c. ferner
l. 53. §. 1. D. 42, 1. l. 68—73. D. 5, 1.

6) §. 6. (I) ad officium sollicitudinemque judicis pertinet, ut ea scripto
lata definiant, quae apud se aguntur, sententia.

7) §. 6. (II) et in executionem mitti jubeant, quod fuerit judicatum.
Ueber die executio und executores f. Bethm. H. S. 329 u. Var. I. 8. IV. 32;
sie soll stets civilis V. 8. moderata sein, II. 21. oben S. 19.

8) §. 7. judex discussis utriusque partis suggestionibus atque documentis id solum judicare debet, quod juri et legibus viderit convenire.

9) Die von Rhon angeführten Stellen von Ulpian und Proculus l. 6. §. 1.
l. 12. D. 2, 18 fallen nur sehr im Allgemeinen unter diesen Gedanken und haben
nicht vorgeschwebt. Verletzung dieser Bestimmung und Verkürzung in der Vertheidigung sind Motive zur Begnadigung. Var. III. 46. oben A. III. S. 107.

Unbegreiflich ist, wie man

§. 8[1]) und die Strafe hiefür in

§. 9[2]) aus L.´ unica Cod. Th. 9, 3 hat zusammengesetzt sein lassen wollen[3]), da die Coderstelle von einem ganz andern Fall, nämlich der Mißhandlung formal rechtlich vom Richter in Haft Gesetzter, unser Edict aber von der formal widerrechtlich ohne Richterspruch erfolgten Gefangenhaltung und dazu in ganz verschiednen Worten handelt. Vielmehr regelt das Gesetz einen praktisch häufigen Fall selbstständig, doch mit Anknüpfung an die Bestimmungen über violentia, woher auch die Todesstrafe genommen[4]).

Lehrreich für die Entstehungsart des Edicts ist die Zusammensetzung von

§. 10[5]). Der Eingang (I) enthält eine der Tendenz des Edicts und dem Bedürfniß der Zeit besonders entsprechende Einschärfung. Darauf folgt (II) die Strafbestimmung, welche, zum Theil sogar wörtlich, aus l. 3. Cod. Th. 4, 22 genommen ist[6]). Den Schluß

---

1) §. 8. sine competentia judicis praecepto nullus ingenuorum sustineat detentionis injuriam, aut ad judicium deducatur vel in privata habeatur cujuslibet praesumtione custodia.

2) §. 9. si quis autem aliquid eorum admiserit, ad violentiae poenam, quae capitalis est, se non dubitet esse rapiendum.

3) Rhon ad h. l.

4) Ueber violentia s. noch §§. 16. 21. 75. 77. 109. 124. 125. 126; ob Var. IV. 27. 28. unter unsern §. 9. fällt, (v. Glöben S. 104) ist zweifelhaft; über das germanische Recht, Wilda S. 794.

5) §. 10. (I) qualemcunque cujuslibet rei possessorem conveniri judiciaria auctoritate decernimus et exspectari semper justae cognitionis eventus; (judex ist im Edict ein ganz allgemeiner Ausdruck und bezeichnet jeben, der Gerichtsbarkeit zu üben hat, den comes, dux, praef. praetorio, vom König delegirte Specialcommissäre, keineswegs nur den eigentlichen „judex" im Sinne der römischen Gerichtsverfassung; s. hierüber §§. 1—3. 8. 10. 13. 25. 45. 46. 55. 56. 58. 64. 73. 74. 88. 90. 98. 106. 109. 114. 123. 128. 130. 145. 149. epil. judex provinciae §§. 52. 55.; dem entspricht völlig der Sprachgebrauch der Varien III. 11. 16. 24. 27. 37; VI. 6. 12; VII. 7. 16. 22. 24. 26. 28. 43; VIII. 14. 18. 26; IX. 19. 24; XII. 3. 5. 6. 15; provinciarum II. 24. 28; V. 14; VI. 3. 7. 21. 23; IX. 20; universis judicibus provinciarum XI. 9; XII. 2; judex palatinus XI. 2; ordinarius IX. 2. 14; civitatis IX. 15; romanus V. 14. (also arg. e contr. auch ein judex gothicus); judicium comitis I. 5; quinquennale IV. 23).

6) §. 10. (II) quod siquis qualemcunque possessorem possessione dejecerit, amissionem pro tanta praesumtione vel bonae litis incurrat, reformata scilicet possessione, quam occupaverit, fructus quoque duplos pro

aber, nämlich (III) die Aufforderung an die Gerichte, wenn sie
gegenüber einem Mächtigen diese Strafe nicht durchsetzen können,
die Hülfe des Hofgerichts anzurufen, hat der König wieder selbstständig hinzugefügt, nach dem Bedürfniß seiner Zeit und Zustände[1].
Man sieht, wie ein unselbstständiges Entlehnen und selbstständiges
Schaffen von Rechtsnormen bei dem Entwerfen dieses Gesetzes dicht
nebeneinander gehn[2]. — Der nächste Paragraph:

§. 11[3]) drückt einen Grundsatz des römischen Rechts ohne
Nachbildung einer einzelnen Stelle aus.

§. 12.[4]) Ueber die Verjährung enthält die Bestimmung der
lex 1 Cod. Theod. 4, 14 dem Inhalt nach und in einem einzigen
Ausdruck auch mit wörtlicher Nachbildung — wie Rhon richtig annimmt — (jugi silentio, d. h. hier jugiter), während sonst in der
Form nicht die mindeste Aehnlichkeit besteht. Die in (VI) erwähnte
novella lex ist offenbar die Novelle 24 §. 13 von Valentinian III.,

---

tanta temeritate persolvat. quod si illam possessionem occupaverit, quae
eidem minime debebatur, hanc poenam habeat, ut et rem cum fructibus
in eo statu domino reddat invasam et aestimationem rei pervasae subire
cogatur *suis* juribus profuturam (in den Var. III. 20 wird abweichend hievon
der doppelte Ersatz dem Geschädigten zugesprochen); an die uns in l. 4 Cod. Just.
8. 4. u. l. 1. §. 4. l. 6. D. 43. 16. erhaltnen Stellen ist zunächst nicht gedacht,
wie Rhon meint.

1) §. 10. (III) cujus decreti justi atque legitimi omnes per provincias
judices et urbe venerabili constitutos vel eorum officia jubemus esse cu-
stodes: ita, ut si aliquid extiterit, quo se putent exigendae mulctae superius comprehensae pares esse non posse, relationem ad scrinia nostra
transmittant, ut a nobis, si ratio poposcerit, districtius vindicetur. Vgl. epil.

2) Ueber Selbsthülfe vgl. den genau zutreffenden Fall Var. IV. 39 u. §§. 15.
16. u. das gleiche Strafprincip in einer andern Aeußerung der Selbsthülfe, Var.
IV. 10.; vgl. auch oben S. 21. (über den Besitz im Recht des Edicts s. noch
§§. 12. 69. 76; über poena dupli noch §§. 84. 97. 152.)

3) §. 11. (I) quod si possessor pulsatus legibus non reddiderit rem
petitam et sub cognitionis eventu adversus eum legibus fuerit lata sententia, a die, qua per auctoritatem conventus est et dedit responsam, expensas litis vel sumtus victus exsolvat. (II) hoc remedio fiet, ut in mala
causa nullum litigare delectet. Vgl. dazu oben S. 30.

4) §. 12. (I) qui per triginta annos quamlibet rem jugiter possidere
fuerit adprobatus, neque publico neque privato nomine patiatur aliquam
penitus quaestionem. (II) tali autem possessori (so Pitthöus, Golbast, Georg.
und Cancian; Lindenbrog unrichtig professori) etiam auctorum proauctorum-
que suorum tempora secundum leges proficere debere censemus: (III) illud
adjicientes, ut si intra triginta annos mota lis fuerit (Pit. u. Golbast ultra
triginta annorum mortalis fuerit) nec finita, superveniens conclusio tri-

welcher sogar einige Worte, aber mit seltsamer Veränderung, entnommen sind; die Novelle sagt: „ex quo competere actio poterat", daraus macht das Edict: „circa eos, qui, ex quo competere poterant und „cui si is casus eveniet" ist verwandelt in cui casui [1]). Interessant ist auch die Verarbeitung des römischen Stoffes im nächsten Abschnitt: §. 13. [2]) Die Stelle schöpft aus l. 19 pr. und l. 11 Cod. Theod. 9, 1 in selbstständigen Worten: nur den Ausdruck: „vinculum inscriptionis" entlehnt sie. Ferner führt sie die Wirkung der Standesunterscheidung aus, welche l. 19 nur mit: „habita dignitatis aestimatione" andeutet; si non probaverit, quod intendit ist copirt nach l. 11: „si quod intenderit non probaverit" [3]).

§. 14 [4]) stimmt mit dem Inhalt von l. 15 l. c.; die unbehülfliche Wortform ist aber selbstständig (auch nicht aus der interpret. geschöpft, oben S. 10).

§. 15 [5]) ist wörtlich copirt nach einem Rescript von Gordian,

---

ginta annorum eandem sine aliqua dubitatione consumat: (IV) quia cuivis aetatis credimus abundeque sufficere, intra triginta annos et actiones suas rite componere et eas publico judicio vel privata definitione peragere. (V) ita, ut circa pupillarem aetatem privilegia antiquis vel novellis legibus concessa serventur vel circa eos, qui, ex quo competere poterant, post vicesimum et quintum annum intra tricesimum suas legibus proposuerint actiones. (VI) cui casui quinquennii beneficium novella lege probamus adjectum.

1) Vgl. Gaus III. S. 161; über Verjährung f. noch Ed. §. 68. §. 9. Var. L 37; über die pupilli Var. I. 7. f. A. III. S. 111; über Vormundschaft §§. 18. 82.

2) §. 13. (I) qui alterum quolibet crimine putaverit accusandum, non prius audiatur nec de exhibitione aliquid jubeatur, nisi se praemissae inscriptionis vinculis obligarit et istud caverit apud competentem judicem, se eam poenam subiturum, si non probaverit, quod intendit, quam possit reus convictus secundum leges excipere: (II) et usque ad eventum judicii tam reus quam accusator aequali custodiae sorte teneantur, nisi forte aut minora sint crimina, in quibus fidejussor praeberi debeat aut reus adeo nobilis et splendidi honoris sit, ut suae committi debeat dignitati.

3) Vgl. dazu Boëth. I. 4. III. 3. Der fidejussor begegnet noch §. 135. und in den Varien I. 37. II. 13. IV. 5. VIII. 31; für Erfüllung königlichen Gebots V. 5; sponsio legitima III. 36. IV. 32. V. 34; über die Strafe falscher Anklage III. 36.

4) §. 14. (I) sub alterius nomine nullus accuset: (II) quia improbum judicamus, ut quis alienae utilitatis vel voluntatis quasi sub specie accusationis executor existat.

5) §. 15. qui percussorem ad se venientem ferro repulerit, non habetur homicida: quia defensor propriae salutis videtur in nullo peccasse.

4*

bas uns in l. 3 Cod. Just. 9, 16 (f. Sav. II. S. 178) erhalten
ist: nur steht bort für ferro „gladio“, ferner: „non ut homicida
tenetur“ unb peccasse zwischen in nullo unb videtur[1]). Daß bei

§. 16[2]) bie l. 2 Cod. Theod. 9, 14 vorgeschwebt habe, möchte
ich nicht[3]) vermuthen: ber Fall ist ziemlich unb bie Form völlig
verschieben. Eher ist er nur bie (selbstständige) consequente Weiter-
führung bes Gebankens in §. 15[4]).

§. 17[5]) lehnt sich an l. 1 Cod. Theod. 9, 24, von ber er ben
Ausbruck ministri copirt: aber er steigert bie Strafe ber Einwilli-
genben von bloßer Entziehung bes Erbrechts gegen bie Eltern zum
Tobe[6]).

§. 18[7]) folgt bem § 4 l. c. ohne Wortentlehnung (nur in
bem vindicare klingt bie vindicta nach) unb setzt aus praktischen
Gründen (f. oben S. 10 u. unten) exilium für deportatio.

§. 19[8]) folgt bemselben §. 4, copirt „pactione“ unb „dissi-
mulatione“, verwandelt aber bie seit Constantins Zeit mit bem
Wegfallen ber Latinität unpraktisch geworbne Erhebung bes servus
zum Latinus unb bes Latinus zum civis Romanus in einfache
Befreiung.

---

1) Nothwehr ist auch gegen gewaltsame Verknechtung gestattet. Var. V. 29;
über percussor Var. I. 18. u. Rein S. 426.

2) §. 16. qui ad possessionem alienam violentus advenerit cum multitudine congregata, si aut ipse aut aliquis ex eodem numero casu, dum
repellitur violentia, occisus fuerit, is, qui per necessitatem hoc fecit, a
metu poenae liber habeatur.

3) Mit Rhon.

4) Ueber Benützung beiber §§. in ber collectio Anselmo dedicata. f. oben
S. 6 u. Sav. II. S. 292.

5) §. 17. (I) raptorem ingenuae mulieris aut virginis cum suis com-
plicibus vel ministris rebus probatis juxta leges jubemus extingui: (II.)
et si consenserit rapta raptori pariter occidatur.

6) Ueber Entführung vgl. §§. 18—22 u. 92 (vgl. aber §§. 109. 116. 124.
über Begriff unb Geschichte ber Strafe, Rein S. 392); in ben Barien erwartet
ein geständiger Entführer bie Todesstrafe, bie im Gnabenwege in Exil verwandelt
wirb. III. 14. Entführung einer Ehefrau burch homines einer Kirche oben S. 39.

7) §. 18. si parentes raptae aut curator ejus, quae minore aetate
rapta est, exequi et vindicare talis facti culpam forte neglexerit, pactum,
quod non licet, de hoc crimine faciendo, poenam patiantur exilii.

8) §. 19. servus vero, si querelam de raptu dissimulari a dominis et
pactione crimen senserit definiri atque judiciis (Selb. indiciis) prodiderit,
libertate donetur.

§. 20[1]) folgt, aber ohne irgend zu copiren, der l. 3 l. c. (un=
richtig spricht Rhon von eadem fere formula). Das „etiamsi
egisse aliquid de legibus doceatur" meint offenbar eine erhobne,
aber nicht durchgeführte Klage[2]).

§. 21[3]) und §. 22[4]) sind keinesfalls mit Rhon auf l. 3 cit.
zurückzuführen, welche nur von der Verjährung des crimen raptus
handelt, während diese Paragraphen dieß Verbrechen, wenn es von
oder an Unfreien verübt wird, besprechen (und selbsterfundene Strafen
unterstellen, von dem in l. 1 und 2 c. bestimmten Feuertod mit
Bewußtsein abweichend) Am ehesten noch läßt sich von den mir
bekannten römischen Bestimmungen, den Unterscheidungen nach, hie=
her ziehn eine Constitution von Valentinian, Theodos und Arka=
dius von a. 390 in l. 8 Cod. Just. 9, 12[5]).

§. 23[6]) leitet Rhon aus dem prätorischen Edict ab[7]). Aber
es findet sich in dem alle möglichen Erbberechtigten zusammenfassen=
den Satz keine Spur der Unterscheidung in die vier prätorischen
Classen unde liberi, unde legitimi, unde cognati, und namentlich
fehlt die vierte Classe: unde vir et uxor, ganz. Nach unserer Auf=
fassung von Entstehungsweise und Tendenz dieses und des nächsten
Paragraphen war die Beschränkung des fiscalischen Rechts auf erb=

---

1) §. 20. (I) raptum intra quinquennium liceat omnibus accusare:
(II) post quinquennium vero nullus de hoc crimine faciat quaestionem,
(III) etiamsi intra suprascriptam tempus egisse aliquid de legibus doceatur: (IV) maxime cum et filii de hoc matrimonio suscepti exacto quin-
quennio et jure et privilegio muniantur.

2) So auch Rhon.

3) §. 21. (I) si quis ancillam alienam aut originariam violenter cum
multitudine congregata rapuerit, si ingenuus est, raptoris poena feriatur,
quia violentiae crimen admittit. (II) si servus est aut colonus et sua hoc
tantum voluntate commisit, simili ratione puniatur.

4) §. 22. (I) si vero conscio conductore aut jubente aut connivente
vel non prohibente hoc fuerit, etiam conductor ipse tanquam facti reus,
simili poena feriatur. (II) si autem domino sciente vel jubente hoc fecit,
eandem possessionem, de qua raptor egressus est, fisco profuturam dominus incunctanter amittat.

5) Ueber die conductores vgl. noch A. III. S. 31. 55. u. §§. 22. 69. 121. 136.
150. epilog.

6) §. 28. (I) si quis intestatus mortuus fuerit, is ad ejus successio-
nem veniat, qui inter agnatos atque cognatos gradu vel titulo proximus
invenitur, (II.) salvo jure filiorum ac nepotum.

7) Sart. S. 87 schweigt; zu §§. 23. 29. vgl. Gans III. S. 164.

loſes Gut der eigentliche Hauptzweck dieſer Paragraphen[1]) und nur
nebenbei und nur in jenem Betracht wird das Inteſtat=Erbrecht
berührt. Daher wird denn auch das beſtehende Erbrecht nur zu=
ſammengefaßt und in Erinnerung gebracht, nicht aber ſoll ein neues
Erbrecht damit eingeführt werden. Das könnte erſtens keinenfalls
nur ſo nebenher geſchehen und zweitens wäre §. 23 jedenfalls dazu
unbrauchbar. Denn derſelbe ſagt blos: der nächſte Agnat oder
Cognat ſoll erben, aber er ſagt nicht, wer denn der nächſte Agnat
oder Cognat ſei. Das läßt der Paragraph, der nur das ganze
Erbrecht, wie es beſteht, anerkennt, nicht neu ſchafft, ganz unent=
ſchieden und offenbar thut er das mit Abſicht; er ſagt lediglich: in
jedem Erbfall ſoll derjenige, welcher nach dem im concreten Fall
geltenden Recht zu ſuccediren hat, vor dem Fiscus wirklich erben.
Und zwar ſoll offenbar gothiſch und römiſch Recht zuſammengefaßt
werden[2]); mit dem Ausdruck: Agnaten und Cognaten ſind jeden=
falls auch alle nach deutſchem Recht Erbberechtigten getroffen. Die
Nebeneinanderſtellung von gradus und titulus ſcheint ebenfalls das
Nebeneinander von römiſchem und gothiſchem Recht auszudrücken.
Denn im römiſchen Inteſtatrecht gibt eben nur der gradus einen
titulus (außer der Ehe und dem Succeſſionsrecht gewiſſer Corpora=
tionen: hievon handelt aber dieſer Abſchnitt gar nicht, ſondern ex
profeſſo die §§. 24. 26. 27). Wenn alſo titulus einen Sinn haben
ſoll neben gradus, ſo kann es nur einen nicht=römiſchen titulus
meinen, im deutſchen Recht aber entſcheidet vor dem eigentlichen
„gradus“ die Parentel.

Unſerer Anſicht ſcheint entgegen zu ſtehen der Schlußſatz, wel=
cher das ſogenannte Repräſentationsrecht der Nachkommen vorver=
ſtorbener Kinder anerkennt, das in den uns bekannten germaniſchen
Rechten urſprünglich nicht beſteht.

Allein keinenfalls konnte dieß neue Recht in unſerem Abſchnitt
neu bei den Gothen eingeführt werden: denn er erkennt ja nur
ein ſchon beſtehendes Recht an: „salvo jure“ kann man nicht
ſagen von einem Recht, welches bisher gar nicht beſtand. Man
braucht aber gar nicht die immerhin mißliche Auskunft, es habe
etwa ausnahmsweiſe bei den Gothen Repräſentationsrecht gegolten:
vielmehr ſalvirt der Schlußſatz das fragliche Recht einfach nur da,

1) Man ſehe die Inſtruction für einen advocatus fisci Var. I. 22. A. III.
S. 87; ſchon Sav. II. S. 176 ſcheint auf dem Wege geweſen zu ſein, dieß zu
finden.

2) Das hat auch Sav. II. S. 176 ſehr richtig erkannt.

wo und sofern es galt, b. h. eben bei ben Römern. — Die Ansicht, baß hier gothisches wie römisches Intestat=Erbrecht (vor bem Fiscus) anerkannt werben sollte, wirb kräftig begründet burch ben folgenben Abschnitt:

§. 24[1]). Von Anlehnung an bas prätorische Ebict als solches (Rhon), kann auch hier keine Rebe sein: benn wie §. 23 mit ben Agnaten statt mit ben liberi, so beginnt §. 24 mit ben parentes statt mit ben liberi: bieses Voranstellen ber Eltern als solchen ent= spricht ber germanischen Parentelenordnung, in welcher, bei fehlen= ber Descendentenerbfolge, an erster Stelle eben bie Eltern erben, während nach bem Ebict bes Prätors bie Mutter erst in ber britten Classe (unde cognati) gerufen wirb. Das eventuelle Erbrecht ber Ehegatten ist allerdings für bie Römer aus jener Quelle geschöpft, bei ben Gothen konnte aber ein solches nach bem Geist bes germanischen Familienrechts füglich ebenfalls bestehen. Der Ausbruck „secundum veterum constituta", ber freilich nur römisch Recht bebeutet, steht nicht im Wege, benn er bezieht sich nicht auf bie Erborbnung, sonbern auf bas Recht bes Fiscus. Der König wollte also zunächst nur bessen Uebergriffe beschränken unb bestätigt alle bestehenben Erb= rechte, gothische wie römische: beßhalb wählt er seine Worte so un= bestimmt: keinenfalls können bie beiben Paragraphen als eine abä= quate Darstellung ber bamaligen römischen Erborbnung allein gelten[2]). — Der König verweist ben Fiscus auf ben Weg ber regelmäßigen Klage[3]): bie praesumtio titulorum ist ber in §. 47 gestrafte Mißbrauch[4]). Der

---

1) §. 24. (I) *fiscus tunc agat*, quando nec parentum nec filiorum nec nepotum nec agnatorum nec cognatorum nec uxoris et mariti quae suc- cedat extare comperitur persona, secundum veterum constituta: (II) ita ut fiscus, quotiens locum successionis invenerit vel aliqua sibi competentia repetit, actionem, remota titulorum vel officii praesumtione, proponat: (III) quia tunc fiscus unamquamque rem merito potest et sine oppressionis alienae injuria vindicare, cum intercedente sententia pro ipso fuerit ju- dicatum. (IV) nobis enim, sicut et principes voluerunt, jus cum privatis volumus esse commune.

2) Richtig v. Daniels I. S. 144, „was über bas Intestaterbrecht vorkommt, würbe mit einer noch größeren Rechtsmanchfaltigkeit als ber zwischen Römern unb Gothen bestehen können."

3) Competent ist ber comes rerum privatarum Var. VI. 8. tu bona ca- duca non sinis esse vacantia; mit bem Ebict übereinstimmenb wirb gesagt: proximos defunctorum nobis legaliter anteponis, quia in hoc casu prin- cipis persona post omnes est; eine Anwenbung unseres Paragraphen ober boch

§. 25[1]) wird von Rhon nur von dem Fall der caduca verstanden und dahin gedeutet, daß nach l. 27. 30. 31. Cod. Theod.
10, 10 der competente Richter in diesem Fall der comes rer. privatar. sei. Es ist nicht zu läugnen, daß diese Deutung die Ein-
schiebung unseres Paragraphen in lauter Sätze über die caduca für
sich hat und die Uebereinstimmung des Wortes possessorem mit
lit. 31 §. 1 cit. Allein denkbar wäre doch auch eine allgemeine
Bedeutung des Satzes für alle Fälle, in welchen der Fiscus klagend
auftritt und es ist nicht eben wahrscheinlich, daß, hart nach der
Gleichstellung des Fiscus mit den Privaten, jenem ein so gehässiges
Vorrecht sollte bestätigt werden. Die Gründe halten sich die Wage[2]).

§. 26[3]) stimmt dem Inhalt nach mit l. 5 t. 3 Cod. Theod.
de bonis clericorum et monachorum: die Form ist selbstständig[4]);
ebenso verhält sich

---

des darin enthaltenen römischen Rechts iu Var. V. 24. Johanna Andreae (Römer) quondam jugali suo successisse legis munere (d. h. ab intestato, unde
vir et uxor) perhibetur, quae intestata nullis existentibus proximis luce
dicitur esse privata; cujus substantia a diversis nullo legitimo jure suf-
fultis usurpatione voluntaria suggeritur possideri. et quia caduca bona
fisco nostro competere legum cauta decreverunt, ... admonemus ut, ...
si revera ... nullus ei aut testamento heres extitit aut proximitatis jure
successit, fisci nostri eam facies compendiis agregari. Dieß Recht des Fiscus wird als ein Mittel angesehen, habgieriges Zugreifen der Privaten abzuschneiden.

4) Dabei ist der Ausdruck: „nobis jus cum privatis esse commune" wichtig,
weil er unsere Deutung derselben Worte bei Cassiodor (Var. X. 4. u. Anhang II.)
als die richtige und die, welche darin einen Beleg für die Herrschaft des römischen
Rechts über die Gothen erblickt, als unrichtig beweist. Mit dem Erlaß von Theodos
u. Valent. v. a. 429 in l. 4. Cod. Just. 1. 14 (Rhon) hat dieser Satz nichts zu thun;
über Erbrecht vgl. noch §. 29. §. 112; über Rechte und Privilegien des fiscus
vgl. §§. 22. 24. 25. 27. 45. 55. 69. 71. 111. 112. 113. 115. 126. 144. 149.

1) §. 25. Unumquemque possessorem fisci nomine apud competentem
judicem statuimus debere pulsari.

2) Ueber die Bedeutung von possessor vgl. §§. 10. 132. 136. mit §. 144.
aber auch A. III. S. 140.

3) §. 26. clericos religiosasque personas intestatas deficientes quotiens
defuerit, qui jure succedat, locum ecclesiae suae secundum leges facere
debere praecipimus.

4) Die l. un. C. Th. 5. 2. (v. Glöben S. 26) ist nicht benützt; über clerici
vgl. §. 70. §. 114 religiosus begegnet noch bei locus religiosus §. 125 und
persona religiosa in den Var.

§ 27[1]) zu l. 5 t. 2 eod.; über die Curialen vgl. noch §§. 113. 126 und Hegel I. S. 109.

§. 28[2]) (im Zusammenhalt mit §. 32) hat von je für einen Hauptbeweis der Unterwerfung der Gothen unter das römische Recht gegolten. Man behauptet hienach, die Gothen hätten Testamente gemacht, im Widerspruch gegen germanisches Recht[3]).

Allein der beschränkende Zusatz: „quos testari *leges* permittunt" entspricht der Stelle die Beweiskraft für diese Behauptung: denn es ist eine naive petitio principii, weil man die Gültigkeit des römischen Rechts für die Gothen annimmt, in diesen zum Testiren berechtigten Personen die Gothen eingeschlossen zu denken. Das Edict enthält hier, wie so oft, nicht eine Einführung von neuen, sondern eine Einschärfung und Anerkennung von alten Rechtssätzen: es ist vielfach eine bloße declaratio, nicht eine creatio juris. Man wende nicht ein (wie v. Glöden u. A.), die Römer waren ja schon an dieß Recht gebunden, es konnte also das Edict, sofern es römisch Recht enthält, nur die Gothen daran binden wollen. Freilich waren die Römer an das geltende römische Recht gebunden, aber bei dem damaligen Zustand des Rechtsstoffes, bei der Masse von jus und leges, war sehr oft vergessen, zweifelhaft, unklar, was denn das geltende römische Recht sei. Dieser Zustand, der die Sammlungen des Gregorianischen, Hermogenianischen, Theodosianischen Codex veranlaßte, veranlaßte auch die Entstehung solcher Partien des Edicts, da in der Zerrüttung und Verwirrung, welche Theoderich in Italien vorfand, ein bestimmtes Aussprechen und Anerkennen des Rechts, wo es, wie Anfragen und Processe den König belehrten, zweifelhaft geworden, besonderes Bedürfniß war.

Im Straf- und Proceß-Recht sollten die Bestimmungen des Edicts für Gothen und Römer gemeinsam gelten: dagegen bedurfte es in denjenigen Bestimmungen des Privatrechts, welche ihrer Natur nach bisher nur für die Römer galten, nicht erst einer ausdrücklichen Erklärung hierüber: das verstand sich von selbst und wurde von selbst von Gothen und Römern verstanden.

---

1) §. 27. curialis si sine successore, quem leges vocant, intestatus defecerit excluso fisco curiae suae locum faciat.

2) §. 28. (I) faciendorum testamentorum omnibus, quos testari leges permittant, damus late licentiam: (II) ita, ut septem aut quinque testes ingenui ac puberes in conspectu testatoris uno tempore eodem rogante subscribant.

3) Tac. Germ. c. 20. Belege R. A. S. 470.

Wenn übrigens der König noch ausdrücklich bemerkt: alle die, welche die bisherigen Gesetze es gestatten, sollen Testamente machen dürfen, so waren hiemit zwar zunächst die wegen Jugend oder Strafe ꝛc Unfähigen ausgeschlossen, aber ebenso auch die Barbaren, denn die römischen leges hatten den Römern, nicht den Barbaren, die testamenti factio gegeben[1]) Zweitens aber waren durch den damaligen Bestand der römischen Gesetzgebung die Gothen, wollte man selbst von dem Barbarenthum und der mangelnden Civität absehen, auch noch als Arianer von der testamenti factio ausgeschlossen: denn die Arianer führen den Reigen der zahlreichen Secten, welche durch ein Gesetz von Theodosius und Valentinian von a. 428 (l. 5 Cod. J. I. 5) der activen und passiven Testaments- und Intestat-Erbfähigkeit beraubt wurden. Hätte also der König auch seine Gothen Testamente machen lassen wollen, so hätte er gerade das Gegentheil thun müssen von dem, was er gethan hat: er hätte entweder ihnen dieß Recht ausdrücklich einräumen, oder er hätte wenigstens jenen Zusatz weglassen müssen, der die Gothen aus zwei Gründen ausschließt. Man kann auch nicht sagen, wenn es ein Grundsatz des gothischen Reiches war, daß die Gothen nach römischem Rechte lebten, dann sei eben auch das eine „lex" und diese mache also die Gothen fähig; „leges" sind im Edict immer im Allgemeinen und offenbar auch an dieser Stelle speziell die alten römischen Gesetze; ein solcher bloßer Grundsatz wäre keine „lex"[2]). Diese Stelle kann also jene Meinung nicht beweisen. Wie sehr die Stelle lediglich das bestehende Recht für die Römer anerkennen will, zeigt auch die Kürze, mit welcher die beiden damaligen Testamentsformen, die civile (Ulpian 20, 1) mit (jetzt) 5 und die prätorische mit 7 Zeugen[3]), nur durch diese beiden Zahlen

---

1) v. Glöben muß zugeben (s. auch v. Daniels I. S. 140), daß sich keine Spur der Civität der Gothen findet S. 130; daß unser Edict durch diesen Paragraphen nicht zu dem indulgentiae pragmaticum bei Ennod. v. Epiph. p. 1012 gemacht werde, ist richtig (v. Glöben S. 139); aber immerhin mochte diese „late data licentia" deßhalb ausgesprochen werden, weil Theoderich einige Zeit gedroht hatte, den Römern mit der libertas romana (die ich übrigens überwiegend in politischem, nicht in privatrechtlichem Sinne verstehe) auch die testamenti factio zu entziehen: alsdann fällt gothische testamenti factio völlig außer den Bereich und Zweck des §.

2) Aus demselben Grunde kann man auch nicht annehmen, die leges in §. 28 meinten den §. 32: Sätze des Edicts heißen immer Edicta, nie leges.

3) §. 2. Instit. 2, 10. Vgl. Savigny, Beitrag zur Geschichte der römischen Testamente in der Zeitschr. f. geschichtl. Jurisprud. I. 1. S. 78.

angedeutet werden: für die Römer war diese Andeutung ebenso genügend, als sie für die Gothen, wenn sie auch diesen hätte gelten
sollen, ungenügend und unverständlich gewesen wäre¹).

§. 29²) ist mit ziemlich barbarischer Copirung des Wortlauts
entnommen der Nov. Theodos et Valentin. t. 9: „quod si litteras
testator ignoret vel subscribere nequeat, octavo scriptore pro
eo adhibito etc.; über das falsum f. noch §§. 29. 30. 40. 41. 90,
und über den Begriff Rein S. 331; der falsarius wird Var. XII. 5
besonders erwähnt.

§. 30.³) Dem Inhalt nach mit bekannten römischen Grundsätzen übereinstimmend⁴), dehnt in selbstständiger Form das falsum
auf andere Testamentsfälscher aus.

§. 31⁵) schärft, ohne Anlehnung an eine einzelne Stelle, einen
selbstverständlichen Satz ein, offenbar durch praktische Fälle veranlaßt. Dieser Paragraph und der §. 33 schließen den wichtigen
§. 32 in bedeutsamer Weise ein und es trägt diese seine Stellung
dazu bei, ihn in's rechte Licht zu setzen⁶).

§. 32⁷) gibt nämlich den jeweilig in den Heerbann eingereih-

---

1) Die weiteren formalen Bestimmungen in (II) sind dem römischen Recht
entnommen vgl. l. 21. §§. 2. 3. l. 5. D. 28, 1. L 9 Cod. J. 6. 23, ohne wörtliche Copirung, doch mit Einhalt der termini technici; über testamenta f. noch
§§. 29. 31. 33. 72. 90.

2) §. 29. (I) quod si testator aut litteras ignorando aut per necessitatem vicinae mortis propriam subscriptionem non potuerit commodare,
tunc octavus testis pro testatore adhibeatur hujusmodi, de cujus fide du-
bitari omnino non possit: (II) scituris testibus et scriptore pracipue testamenti, quod, si quid falsitatis extiterit sub cognitione decursa, se supplicium evadere non posse, quod circa falsarios legum dictat auctoritas.

3) §. 30. (I) sciat autem scriptus heres vel legatarius aut libertus,
quod, si eis conniventibus aut scientibus tale aliquid temptatum fuerit,
se non solum emolumento ipso vel fructu ejus scripturae esse privandos,
verum etiam falsi poenam declinare non posse, (II) in hoc reatu erit,
quisquis operam aut studium faciendis adhibuerit testamentis, cum volun-
tates velimus esse liberas mortuorum et nihil ibi sibi aliena debeat per-
suasio vindicare. -

4) Vgl. z. B. l. 6. §. 1. D. 48. 10.

5) §. 31. (I) ne quis voluntatem suam facere volentem aut testes quolibet nomine deterreat aut contradictor existat, (II) cum, si quid actionis
fuerit, eam legibus adversus heredem possit exercere.

6) Ueber die testes f. noch §. 51; irrig Sart.

7) §. 32. (I) barbaris, quos certum est reipublicae militare, quomodo
voluerint faciendi domus licentiam testamenti, (II) sive domi sive in ca-

ten Barbaren ausnahmsweise das Recht erstens zu testiren und
zwar (zweitens) in der einfachen Form des römischen Militärtestaments.

Diese Stelle gilt für einen weitern Hauptbeweis der romanisirenden Ansicht und es liegt hier allerdings eine Ausnahme von
der Regel vor. Aber diese Ausnahme bestätigt die Regel und ihre
Entstehung ist sehr wohl zu begreifen[1]). Sie bestätigt die Regel,
daß die Gothen[2]) nicht nach römischem Recht lebten und daher auch
nicht Testamente machen konnten: im Gegenfall wäre es nicht nöthig
und nicht möglich gewesen, einer einzelnen Classe von Gothen,
nämlich den jeweiligen Heermännern, dieß Recht als ein Privileg
besonders einzuräumen. Freilich könnte man auch das Privileg,
das hier den Heermännern ertheilt wird, nicht in dem Recht[3]),
überhaupt ein Testament zu machen, sondern in dem Recht, ein
formloses Militärtestament zu machen, erblicken, so daß dann der
Satz besagte: „alle Gothen dürfen, wie alle Römer, Testamente,
und die gothischen Heermänner obenein Militärtestamente machen"[4]).

Allein dagegen spricht[5]) doch, daß, so zahlreich in den Varien
und den Urkunden die Fälle der activen und passiven testamenti
factio bei Römern begegnen, auch nicht Eine Spur von Testamenten bei Gothen zu finden ist. Denn auch der einzige (von den
Gegnern übrigens gar nicht bemerkte) Fall, der ein gothisches Testament vorauszusetzen scheint, hat bei näherer Untersuchung diese Bedeutung nicht[6]). Des Prinzen Theodahad Mutter ist gestorben und
Athalarich befiehlt, demselben einige Güter, die früher zu deren
Vermögen gehörten und jetzt in des Königs Besitz sind, auf dessen
Bitten[7]) heraus zu geben. Wie kommt der König zum Besitz die-

---

stris fuerint constituti; die Stelle will offenbar die Stelle Trajans nachahmen:
„faciant testamenta quomodo velint, faciant quomodo poterint". Ulpian
l. 45. ad edictum l. 1. pr. D. 29, 1.

1) Biener I. p. 124 will den Satz gar aus gothischem Recht ableiten.

2) Denn mit Unrecht haben die Vertheidiger der richtigen Theorie in den
barbari die nicht-gothischen Germanen sehen wollen: der constante Sprachgebrauch der Edicte und der Varien schließt dieß aus. S. oben S. 29.

3) Vgl. l. 1. 15. 1. penult. C. J. de testam. milit. §. 3. Inst. eod.

4) So Sart. S. 89, Walch, v. Glöben, unklar v. Daniels I. S. 143. Gans
III. S. 163 u. A.

5) Abgesehen von andern Gründen s. Anhang II.

6) Es ist Var. VIII. 23. S. A. II. S. 187.

7) Früher hatte er vielleicht Gewalt versucht, s. Proc. b. G. I. 4. Θεοδάτον ...
τοὺς ἀγροὺς ἀφελέσθαι οὐδ᾽ ἑνὶ λόγῳ ... οὐχ ἥκιστά γε τὴν βασίλειον οἰκίαν.

fer Güter? Hier könnte man denken, die Erblafferin habe durch
Teftament den König zum Miterben oder doch zum Vermächtniß=
nehmer beftellt. Aber dem widerfpricht der Wortlaut, welcher nie
von einem Erbrecht des Königs, fondern nur von dem des
Sohnes fpricht. (successio.) Bei Lebzeiten alfo hatte die Frau
dem König (oder Theoderich) mehrere Güter in mehreren Provinzen
gefchenkt. Ohne Rechtsanfpruch drückt der habgierige Sohn den
Wunfch aus, mit feinem Muttererbe auch einige diefer früher hiezu
gehörigen Befitzungen zu vereinen. Der König gewährt die Bitte
und fagt, bei Wohlverhalten werde er ihm fpäter auch den Reft
diefer Güter fchenken[1].

Das Motiv, den gothifchen Kriegern das Militärteftament zu
gewähren, kann recht wohl die billige Gleichftellung mit den aus=
nahmsweife im gothifchen Heere dienenden Römern gewefen fein.
Wir behaupten übrigens nur, daß aus §§. 28 und 32 nicht mit
Nothwendigkeit die testamenti factio der Gothen folgt: be=
wiefen ift fie damit nicht. Aber auch ihre Annahme würde die Sätze
des II. Anhangs vom gothifchen Recht im gothifchen Reich nicht
aufheben, fondern nur die dafelbft zugegebenen Ausnahmen um
Eine allerdings wichtige vermehren. Dann waren aber wohl die
„sortes" nur in Ermanglung von Söhnen Gegenftand der letzt=
willigen Verfügung. Will man das Teftiren der Gothen annehmen,
fo müßte man es daraus erklären, daß die gothifchen Hausväter
des wichtigen Rechtes, das fie ihre römifchen Nachbarn üben fahen,
nicht entrathen wollten und daß der König diefe Gleichftellung für
billig hielt, dem das Intereffe der felbftftändigen und reifen patres
familias (der Erblaffer) höher ftand, als das der Mündlinge (der
Erben). Nahe gelegt wurde das Teftiren den Gothen durch
ihre unzweifelhafte Berechtigung und Neigung, fich der römifchen
Formen der freiwilligen Gerichtsbarkeit bei Rechtsgefchäften unter
Lebenden zu bedienen[2].

---

1) In den Varien begegnen folgende Sätze des römifchen Erbrechts, aber
immer nur in römifchen Fällen: activer und paffiver Uebergang der obligatio auf
den Erben, namentlich Rückforderung von unrechtmäßigem Gewinn IX. 14. 15.
Teftament= und Erbunfähigkeit der Concubinenkinder VII. 40. Inteftaterbfolge
unde vir et uxor V. 24. Erbrecht der Tochter V. 7, des Sohnes, III. 37 (hier
beftritt die Kirche vielleicht die eheliche Geburt) ebenfo I. 7 nebft außergerichtlicher
Erbtheilung; die größte Rolle fpielt aber, unferer Deutung von §. 23 entfprechend,
die Befchränkung des Rechtes des Fiscus auf wirkliche caduca V. 24. VI. 8. IX. 14.
2) Vgl. auch R. A. S. 482, wo das nullum testamentum des Tac. durch

§. 33[1]) enthält einen bekannten Satz des römischen Rechts[2]), der an dieser Stelle aber offenbar gegen die gothischen Familienerben gerichtet wird, die der Ausübung des neuen Rechts der gothischen Heermänner, das Erbe durch Testament an Fremde zu vergeben, sich voraussichtlich energisch widersetzen würden.

§. 34[3]) enthält selbstverständliche, auch im römischen Recht anerkannte Sätze[4]).

§. 35[5]) straft die falschen Ankläger, „diese Feinde des Menschengeschlechts", gegen welche seit zweihundert Jahren zahlreiche Gesetze erlassen werden (es handelte sich namentlich um angeblich dem Fiscus entzogene bona caduca); aber das Edict hat aus keiner der 34 Constitutionen des einschlägigen Theodosianischen Titels (10, 10) wörtlich geschöpft (daher die Barbarei der Sprache) und hat dessen höchstes Strafmaß (Tod durch's Schwert) zum Feuertod gesteigert: eine Aenderung, die ebenso in Theoderichs individuellem Geist und Charakter wurzelt, als sie die bösartige Gefährlichkeit des Reats in seiner Zeit beweist[6]).

---

einen merkwürdigen Fall (Egilssaga 8, 34) aus dem Norden und Anderes beschränkt wird, aber freilich mit zweifelhaftem Recht.

1) §. 33. Is, qui ab intestato defuncti sperat hereditatem, si volentem testatorem prohibeat facere testamentum tanquam ab indigno ejus hereditas auferatur.

2) L. 19. D. 29, 6. Cod. Just. 6, 34.

3) §. 34. (I) nemo Romanus aut barbarus rem petat alienam: (II) quam si per subreptionem impetraverit, non valebit, et eam se non dubitet cum fructibus redditurum. (III) salvo eo, quod super hac parte superiora nostra edicta jus sanciunt.

4) Aus Cod. Theod. 1. 2. (falsch das Citat bei Rhon) ist unser §. nicht entlehnt; außer hier werden noch ein prol. u. epil. u. §§. 43. 44 ausdrücklich beide Hälften des Reiches mit barbari und Romani bezeichnet; über subreptio s. noch §. 29 u. Ed. Ath. §. 3. Trotz aller Vorsicht begegnet dieselbe oft s. Mansi VIII. p. 85.

5) §. 35. (1) is qui, quasi sub specie utilitatis publicae, ut sic necessarie faciat, delator existit, quem tamen nos execrari omnino profitemur, quamvis vel vera dicens, legibus prohibeatur audiri: (II) tamen, si ea, quae ad aures publicas detulerit, inter acta constitutus non potuerit adprobare, flammis debet absumi. Vgl. hiezu §§. 50 u. 100.

6) Es steht damit nicht in Widerspruch, daß der König bei besonders verhaßten Verbrechen selbst Prämien auf die, begründete und bewiesene, Anklage setzt: so durch Gesetz gegen Simonie Var. IX. 15, bei Diebstahl einer kostbaren Statue als Polizeimaßregel, übrigens nach alter römischer Sitte (Geib S. 105. 525; oft in den Concilien A. III. S. 242; germanische Analogien bei Wilda S. 902); eine Anwendung der Strafe gegen falsche Ankläger Var. I. 9; über die Erhaltung

§. 36[1]) ist nachgebildet, zum Theil wörtlich, einer Constitution von Arkadius und Honorius l. 6 Cod. Just. 5, 5 und Gaj. Inst. 1, 64 ed. Huschke.

§. 37[2]) hat keinenfalls, wie Rhon behauptet, l. 1 Cod. Theod. 3, 8 „excerpirt": Wortübereinstimmung besteht nicht und jenes Gesetz specificirt die Folgen, welche unseres als aus demselben und den andern desselben Titels bekannt voraussetzt. Der Ausdruck migrare allein nöthigt nicht, Benutzung von l. 3 c. anzunehmen[3]).

§. 38[4]) behält die Todesstrafe bei, welche seit Constantin[5]) die frühere Vermögens- und Verbannungsstrafe (Paul. Sent. II. 26 §. 14; falsch das Citat bei Rhon) ersetzt hatte; die Form ist selbstständig, nur vielleicht convicti entlehnt aus l. 1 c.[6]). In

§. 39[7]) ist der erste Theil wörtlich entlehnt aus Papinian l. II. de adulteriis (domum praebuerit ut adulterium ... fieret, das stuprum cum masculo ist ausgelassen: von diesem Reat ist im Gothenstaat gar nicht die Rede f. oben S. 38) l. 8 D. 48, 5; wenn Papinian und l. 9 c. Ulpian l. 4 de adulter. den Begriff von domus noch durch andre einzelne Räume erweitern, sucht das Edict, ohne Exemplification, dasselbe durch den Zusatz vel casam zu erreichen, wie der zweite Theil alle möglichen Formen der Kuppelei und Verführung, die das römische Recht casuistisch aufführt, in

---

des römischen Accusationsprocesses unter Theoderich und dessen Ausdehnung auf die Gothen f. §. 50, Anhang II. u. Gretschel S. 20. 21.

1) §. 36. si quis ad nuptias non legitimas adspiraverit, legum censuram penitus non evadat, qui nec justum matrimonium nec filios se habere sciat legitimos.

2) §. 37. (I) intra annum mortis mariti nulla ad secundas nuptias migret: (II) sed nec furtim se misceat illi, cujus post annum erit uxor futura; quia leges videtur circumscribere voluisse; (III) idcirco utramque personam stupri ream esse praecipimus. (IV) quam querelam damus tantum filiis et propinquis, ut, quod in talibus causis legibus competit, exsequantur.

3) Vgl. l. Gans III. S. 162; über stuprum f. noch §§. 60—63.

4) §. 38. adulteri et adulterae, intra judicia convicti, interitum non evadant: ministris ejusdem criminis aut consciis pariter puniendis.

5) l. 1. Cod. Th. 9, 40; vgl. Constantius u. Constans l. 4. l. c. 11, 36, Gratian, Valentinian u. Theodos l. 9. l. c. 38, 7; f. auch Ed. Ath. §. 5. und über das germanische Recht Wilda S. 828.

6) Ueber Eherecht vgl. noch §§. 3. 92.

7) §. 39. qui, ut adulterium fieret, domum vel casam praebuit, quive mulieri, ut adulterio consentiret, suasit, capite puniatur.

möglichst allgemeinem Ausbruck zusammenzufassen und zu treffen sucht[1]).

§. 40[2]) ist wörtlich copirt aus Paulus Sent. 1, 12. §. 8 (vgl. l. 20 C. J. 9, 22) nur steht dort „tenetur“ und ist eben nicht imperativisch als Gesetz, sondern erklärend, richterlich entscheidend gehalten. Der König hatte vielleicht eine Anfrage in einem praktischen Fall mit der Stelle entschieden und nahm sie nun imperativisch in sein Gesetz auf (vgl. übrigens auch einen Erlaß von Diokletian und Maximian in l. 20 Cod. Just. 9. 22).

§. 41[3]) hat das: „qui sciens dolo malo id fieri jussit faciendumve curavit“ bei Paulus 4 t. 7 §. 2 (vgl. l. 2 D. 47, 10) casuistisch auseinander gelegt; den Conjunctiv aber dem §. 1 nachgebildet; die Strafe hat das Edict gesteigert, indem es auf alle Fälle den Tod setzt: die lex cornelia de falsis hatte nur Deportation und Constantin (in l. 2 Cod. Theod. 9, 19) blos für die schwersten Fälle den Tod gedroht.

§. 42[4]) ist wörtlich genommen aus Paulus Sent. 5, 15 §. 5 (vgl. l. 16 D. 22, 5) (wodurch, was manche[4]) übersehn, s. oben S. 42 varium und utrique gerechtfertigt werden), nur mit Weglassung der für den Gothenstaat nicht praktischen alternativen deportatio in insulam und der submotio curia.

§. 43[5]) stimmt bezüglich der cessio in potentiorem überein mit einem Erlaß von Honorius und Theodosius von a. 422 (l. 1 Cod. Theod. 2, 13), fügt aber die an den Fiscus zu zahlende

---

1) Ueber Behandlung der Gehülfen s. noch §. 120.

2) §. 40. qui falsum nesciens allegavit, ad falsi poenam minime teneatur.

3) §. 41. qui falsum fecerit, vel sciens falso usus fuerit, aut alterum facere suaserit, aut coëgerit, capitali poena feriatur.

4) §. 42. qui varium (Witth. u. Gold. vanum, am Rande varium) aut falsum testimonium dixerint aut utrique (so Witth. u. Gold., am Rande utrique, die andern utriusque, wie auch Rhon und Welker lesen) parti prodiderint, in exilium dirigantur.

5) §. 43. nullus ad potentem Romanum aut Barbarum proprias quolibet titulo transferat actiones. (II.) quod si fecerit, jacturam litis jurgator incurrat et is, qui susceperit, medietatem pretii rei aestimatae fisco cogatur inferre. (III) qua poena teneri praecipimus etiam eos, qui rem in lite positam in hujusmodi crediderit (l. crediderint) transferendam esse personam: quoniam volumus, ut, remota persona potentioris, aequa jurgantes sorte confligant. (IV) litigantibus vero post causae terminum largiendi, quod vicerint, cui voluerint personae, concedimus potestatem.

Straffumme neu hinzu; und dieß ist auch bezüglich des zweiten
Falls — Veräußerung einer streitigen Sache — eine Neuerung:
der Prätor hatte in seinem Edict nur eine actio in factum auf
das Interesse gegeben (vgl. die Stellen in D. 4 tit. 7 de
alienatione judicii mutandi causa facta). Dabei hat wohl die
Unbehülflichkeit des Ausdrucks, welche gerade in diesem Abschnitt
sehr groß ist (z. B. largiendi quod vicerint), den Gesetzgeber da=
hin geführt, etwas andres zu sagen, als er sagen wollte: er wollte,
wie der Schlußsatz und wie die römischen Quellen zeigen, jede Ver=
äußerung einer streitigen Sache verbieten: aber da ihm die cessio
(der nicht streitigen actio) in potentiorem vorschwebte und da auch
in den römischen Quellen (z. B. l. 1 l. 12 cit. l.) dieser Fall als
der praktisch wichtigste als Beispiel am Häufigsten begegnete, so
sprach er die Strafe nur für den Fall aus[1]).

§. 44[2]) ist eine Verallgemeinerung von zahlreichen römischen
Einzelgesetzen: aus den „militantes" der l. 6. Cod. Theod. 2, 12,
den Fiscalbeamten (vgl. die Constitutionen in t. 17 (18) Cod. J. 2)
sind hier die „potentes" im Allgemeinen geworden und das „patrocinium potentiorum" in einem Erlaß von Diokletian und Maximian l. 1 Cod. Just. t. 13 (14) ist in potens-defensor und suffragator verändert. Rhon scheint den §. für ganz selbstständig zu
halten.

Mit dem hier besprochenen Mißbrauch hängen die in den
§§. 45—47 gerügten enge zusammen; häufig wurde nämlich die
Sitte des Fiscus und vornehmer Privaten, ihren Namen an ihre
Häuser anzuschlagen, dahin mißbraucht, daß die Besitzer die Namen
des Fiscus oder vornehmer Römer an ihr Haus schrieben, um alle,
die Ansprüche bezüglich derselben hatten, z. B. Pfandrechte, Nieß=
brauch, andere Dienstbarkeiten, von deren Geltendmachung abzu=
schrecken; ja manche suchten, indem sie den eignen oder vornehmer
Gönner Namen an fremde Häuser schrieben, deren Eigenthümern
durch diese Art Occupation den Besitz zu entreißen.

§. 45[3]) sucht nun dieß Uebel, gegen welches zahlreiche Gesetze

---

1) Ueber die potentes und ihren Druck f. A. III. S. 112 u. Var. II. 24.
25. IV. 39. 42. III. 5. 20. 36. IV. 40. VIII. 31.

2) §. 44. nullus se potens Romanus aut Barbarus tanquam defensor
aut suffragator negotio misceat.

3) §. 45. (I) nullus alienae rei vel suae titulos prorsus adfigat: (II)
cum soli fisco hoc privilegium his, quae possidet jure vel corpore, videatur esse concessum.

vergeblich ergangen waren [1]), mit der Wurzel auszureißen, indem
es fortan nur dem Fiscus gestattet, seine Besitzungen mit seinem
Namen zu bezeichnen [2]): jedem Andern wird das Namenanheften
(auch des eignen Namens an eignen Gütern) untersagt; dieß war
eine Neuerung: denn daß schon Honorius dasselbe gethan habe, ist
ein Irrthum, den bereits Gothofrebus widerlegt hat. Honorius
hat nur verboten, des Fiscus Namen an Privathäuser zu schreiben. Weiter wird in

§. 46 [3]), zum Theil wörtlicher Copirung von l. 1 Cod. Theod.
2, 14, jener erstere Mißbrauch mit der alten Strafe bedroht, dagegen den zweiten straft der König nicht mit bloßer Verurtheilung
ad metalla (wie l. 1 cit.), sondern, die Strafe steigernd, wie der
Mißbrauch gestiegen sein mochte, mit dem Tode; (auch hatten die
Gothen jene Strafe nicht:) bei dieser Strenge hielt er es für unnöthig, die ältere Strafe der connivirenden Vornehmen (infamia)
zu wiederholen. Ueber

§. 47 [4]) s. Anm. 4.)

§. 48 [5]) ist (zum Theil mit wörtlicher Wiederholung — in

---

1) S. dieselben im Commentar v. Gothofr. zu diesem Titel u. vgl. über
diese „tituli" noch Ed. Ath. §. 2. u. Gretschel p. 25.

2) Daher erfolgt die Confiscation durch Anheften des Namens des Fiscus: Var. IV. 14. casas eorum titulis appositis fisci nostri juri vindicabis
V. 6. substantiam Thomatis fixis titulis publico debes applicare. (quam
pridem nostro nomine fixis titulis fecimus vindicare.)

3) §. 46. (I) is qui in ea re, quam possidet, judicis praeceptione conventus titulum potentis nomine adfixum adversario suo crediderit opponen-
dum, ejus possessionis aut casae, quam sub hac fraude vindicare tentaverit, amissione puniatur: (II) nec repetendae actionis, etsi competere
possit, habeat facultatem.

4) §. 47. ille vero, qui possessa ab aliis praedia titulis occupaverit,
capite puniatur. Dieß Reat liegt vor in Var. III. 20. si vir magnificus
Faustus ea, quae Castorius possidebat, titulis gravavit. Da die Strafe nur
in dem doppelten Ersatze besteht, scheint der Fall vor Erlaß des Edicts zu spielen
(wenn nicht Begnadigung vorliegt); nur eventuell wird Todesstrafe oder nur Kerker und Prügel und zwar nur Insolventen gedroht: denn so ist das siquis in
hac praesumtione medius invenitur zu verstehen; medius ist so viel als me-
diocris, nicht etwa Gehülfe.

5) §. 48. (I) libertos, originarios vel servos dominos aut patronos suos
eorumque liberos deferentes in quolibet negotio prohibemus audiri: (II)
quia hujusmodi personae neque in civilibus neque in criminalibus causis
contra patronos aut dominos eorumque liberos, etiamsi pro his dicant,
vocem possunt habere legitimam; (III) quos in hujusmodi facto deprehen-
sos in ipso actionis exordio gladiis oportet extingui.

ipso .... accusationis exordio) entnommen aus l. 3 Cod. Theod. 9, 6[1]). Dasselbe gilt von

§. 49[2]). Die Beibehaltung der einzigen Ausnahme, des crimen laesae majestatis, charakterisirt die Zeit und das System Theoderichs. Man hat mit Unrecht in dem Edict eine Milderung der Strafe erblickt. Arcadius und Honorius schon hatten die Feuertobstrafe (von Valens, Gratian und Valentinian a. 376) a. 397 in Tod durch's Schwert verwandelt[3]). Ueber

§. 50[4]) vgl. oben §§. 13. 35 und Cod. Theod. 10, 10, mit welchem der Inhalt übereinstimmt: occultae delationes ist copirt aus l. 4 cit.

§. 51[5]) stimmt ohne Zweifel, wie Rhon vermuthet, mit l. 1. 3. 5. u. 6. Cod. Theod. 8, 12 überein, (mit l. 2 u. 4 aber (Rhon) hat er nichts gemein). Die Wortform mußte jedoch schon deßhalb eine andere sein, weil das Edict bei dieser Frage von dem Gegensatz von Fahrniß und Liegenschaften ausgeht[6]).

§. 52[7]) folgt dem Gedankengang der l. 8 cit. (nicht auch l. 1 Rhon), aber mit Kürzungen und Modificationen[8]).

---

1) S. A. III. S. 225 die Berufung des Papstes auf diese Gesetze.

2) §. 49. (I) hoc etiam de familiaribus servari debere censemus, qui cujuslibet familiaritati vel domui inhaerentes (im Cod. l. c. cujus familiaritati vel dominio inhaeserit: denn er faßt die familiares und servos zusammen) delatores aut accusatores emerserint; (II) excepto tamen crimine majestatis.

3) Ueber die causa majestatis vgl. §. 113. Rein S. 589. familiaris ist sehr allgemein: Var. I. 30 ist es Sclave oder Freigelassener; ähnlich IV. 44, wo es den homines ecclesiae gleichsteht.

4) §. 50. (I) Occultis secretisque delationibus nihil credi debet: (II) sed eum, qui aliquid defert, ad judicium venire convenit, ut si quod detulit non potuerit adprobare, capitali subjaceat ultioni.

5) §. 51. (I) donationes sub hac sollemnitate praecipimus celebrari: quod si cujuslibet pretii res mobilis fortasse donetur vel certe mancipium, sola traditione largientis sit perfecta donatio, (II) quae tamen scripturae fide possit ostendi, cui testium subscriptio adjecta monstretur.

6) S. Ed. Ath. §. 8. u. Gretschel ad h.; über traditio f. noch §. 53. §. 138

7) §. 52. (I) si vero praedium rusticum aut urbanum quisquam libero arbitrio conferre voluerit, scriptura munificentiae etiam testium subscriptionibus roborata gestis municipalibus allegetur; (II) ita, ut confectioni gestorum praesentes adhibeantur tres curiales et magistratus aut pro magistratu defensor civitatis cum tribus curialibus aut duumviri quinquennales (so ist mit Savigny Gesch. d. r. R. im R. A. I. S. 87 zu lesen statt: tres curiales aut magistratus ... u. duumviri vel quinquennalis) vgl. hiezu

5*

§. 53¹) ſchöpft zum Theil aus 1 1 l. c. §. 2 (advocata vicinitate), zum Theil (in locis etc.) aus l. 8 §. 2²).

§. 54³) ſchöpft aus l. 1 Cod. Th. III. 16 bie brei Fälle ber
Schulb bes Mannes⁴); (boch hat ber Cober anbere Bezeichnungen:

Hegel I. S. 112); (III) qui si defuerint, in alia civitate, quae haec habuerit, allegationis firmitas impleatur aut apud judicem ejusdem provinciae, quod donatum fuerit, allegetur.

8) Vgl. über bieſe Cav. a. a. O.; über bie gesta vgl. noch §§. 53. 64. 80.
90. u. oben S. 33.; Béchard 1. p. 66; Hegel I. S. 93; wir können eine Anwendung bieſes Paragraphen aus ben Barien nachweiſen: eine von Theoberich in-
tenbirte Schenkung wirb von Athalarich burch gerichtliche Fertigung nach Maßgabe unſeres Paragraphen (obwohl bas römiſche Recht (ſeit Zeno l. 34. C. J.
VIII. 54 u. Nov. 52. c. 2) bei Schenkungen bes Monarchen bie Inſinuation erließ) vollzogen, Var. VIII. 25; vielleicht fällt auch bie frühere Schenkung von
Güterquoten eines Freigelaſſenen Guberit, welche eine Urkunde von a. 564 nennt,
Mansi N. 80, mit Beziehung auf fides documenti, noch unter bie Zeit ber Geltung bes Ebicts; baß ber §. nur bas in Italien geltende Recht beſtätigt, zeigt
N. 84. a. 491 bei Marini. Die Formel Var. VIII. 25. iſt faſt wörtlich bieſelbe
wie Mar. N. 82. u. 93.

1) §. 53. (I) de traditione vero, quam semper in locis secundum leges
fieri necesse est, si magistratus defensor aut duumviri quinquennales (ſo
lieſt Savigny 1. c. S. 88 ſtatt magistratus defensor duumviri aut quinquennalis) forte defuerint, ad conficienda introductionem gesta tres suf-
ficiant curiales: (II) dummodo vicinis scientibus impleatur corporalis in-
troductionis eventus.

2) Vgl. Var. IV. 40. possessio arciretina juris sollemnitate *mercatus.*
(Kauf) Ueber bie Beamten vgl. Marini ad N. 113. Hegel I. S. 112.

3) §. 54. (I) passim matrimonia dissipari non patimur. (II) ideo uxor
a marito aut maritus ab uxore nisi probatis causis, quas leges comprehendunt, omisso repudio, a jugali vinculo non recedant. (III) causae autem
istae debent esse divortii: si maritus aut homicida aut maleficus aut sepulchrorum violator ab uxore in examine fuerit adprobatus. (IV) maritus quoque his criminibus convictam merito dimittat uxorem: si adulteram, si
maleficam vel etiam quam vulgus adpellat aggagulam in judicio potuerit
adprobare. (V) quibus edoctis, maritus et dotem lucretur et sponsalitiam
recipiat vel sibi habeat largitatem et tituli utriusque proprietatem secundum leges filiis eum jubemus servare communibus. (VI) pari etiam modo,
si mulier maritum superioribus criminibus involutum in judicatione con-
vicerit, et dotem recipiat et sponsalitiam lucro habeat largitatem. cujus
tamen sponsalitiae tantum donationis proprietatem liberis communibus
etiam ipsa conservet: (VII) nubendi vero vel non nubendi licentiam pro
constitutis veteribus sortiatur.

4) Vgl. Var. II. 11: quid facere potuit probum, quae nullis culpis
exstantibus reliquit maritum; eine Anwenbung unſeres §.

neben homicida stellt er den medicamentarius[1]) vel sepulchrorum dissolutor); und des Weibes, (mocha, medicamentaria vel conciliatrix)[2]) aus l. 2 l. c.[3]) aber die Gleichstellung der sponsalis largitas mit der dos; ferner verweist das Edict auf l. 2 bezüglich der Wiederverheirathung, zum Theil mit wörtlicher Copirung („sortiatur"). Es wird also hier die Constitution von Constantin combinirt mit der von Honorius und Theodosius[4]).

§. 55[5]) hat aus vielen Constitutionen des betreffenden Codextitels geschöpft: die superflua appellatio kommt aus l. 42 cit.; der sacer cognitor[6]) aus l. 44, beide mit leisen Modificationen, das appellationem (suscipere) contempserit aus l. 67 (u. 22), (das in custodiam dederit erinnert an l. 2), die zehn Pfund Gold aus l. 22 — auffallend ist, daß der König, der sonst meist die Strafen

---

1) Ueber maleficus s. Heffter Crim. R. S. 274, Rein S. 429: im gothischen Staat ist es nicht Giftmischer, sondern zunächst Zauberer s. §. 108, Ed. Ath. (unten) vgl. §. IV. 22; aber bei den Germanen begreift Zauberei die Giftmischung in sich, Wilda S. 962; s. die Belege des schwankenden Sprachgebrauchs daselbst S. 965.

2) Das ebensoviel als aggagula gloss. nom. C. Th. s. h. v. u. Gothofr. zu diesem Titel; bei Hugo Grot. = malefica, aber auch „acucula" VI. 2. p. 141.

3) Welche Rhon mit Unrecht nicht für benützt erklärt: nur die Wiedervermehrung der Scheidungsgründe wird im Edict ausgeschlossen.

4) Während von einer Benützung von Nov. t. 17 Theodos., welche Rhon behauptet, keine Spur sich zeigt; über sponsalitia largitas, munificentia s. noch §§. 59. 153; s. auch oben S. 9 u. Gans III. S. 163; vielleicht wollte man auch dem germanischen Recht freier Scheidung (R. A. S. 454) entgegen treten; die gleichen Schuldfälle der Frau hat auch die Lex Burg. t. 34.

5) §. 55. (I) Omnes appellationes suscipiant ii provinciarum judices, a quibus provocari potest: quando optimae conscientiae conveniat etiam superfluam appellationem sine dubitatione suscipere, dum de appellationis merito sacer possit perpensis legibus cognitor judicare. (II) quod si judex sua absentia procuravit, ne appellatorios libellos accipiat, in locis celeberrimis, qui appellare voluerit, libellum de absentia judicis de (l. et?) sua appellatione habere debere censemus. (III) judex autem, qui aut suscipere appellationem contempserit aut certe in custodiam dederit aut verberaverit aut aliquo dispendio laeserit appellantem, decem librarum auri amissione feriatur, quas fisci compendiis cura sacri cognitoris praecipimus aggregari; (IV) officium quoque, cujus interest, mulctae legitimae subjacebit.

6) Vgl. über diesen noch den Epilog und in den Varien IV. 37. VII. 8. IX. 14. XII. 21.

schärft, in diesem ihm besonders am Herzen liegenden Punct die niedrigste Summe gewählt hat, während andre Constitutionen (z. B. l. 33, l. 25, l. 58 l. c.) 20, 25 und 30 Pfund aussprechen[1]). Das officium wird bald mit derselben Summe gestraft, bald mit einer andern (l. 22. 25. 33. 59). Zweifelhaft ist daher, wie viel die mulcta legitima betragen soll, wahrscheinlich wie in der benützten l. 22, fünfzehn Pfund. Die Bestimmung über den libellus de absentia judicis findet sich im Codex nicht. In

§. 56[2]) hat das Edict für die abactores die strengste von Hadrian nur für die schwersten Fälle eingeführte Strafe, das Schwert[3]), ganz allgemein ausgesprochen und damit noch den von Paulus S. R. 5. 18; für den Viehdiebstahl erwähnten vierfachen[4]) Ersatz cumulirt. Die Alternative des Herrn bezüglich der Auslieferung des schuldigen Eignen oder vierfachen Ersatzes entspricht dem auch sonst vom Edict für Sclavenverbrechen aufgestellten Princip[5]) Das: de pascuis vel de stabulis hier und in §. 57 steht nicht bei Paulus und ist vielleicht der Stelle Ulpians l. 8 §. 1 ex pascuis vel ex armentis nachgebildet. In

§. 57[6]) ist die Begrenzung des Begriffes eines abactor (abigeator), nach der Zahl der Thiere, der Stelle des Paulus (vgl. auch l 2 D. l. c.) entnommen, ebenso das „intra suprascriptum numerum" (nur verschlechtert). Dagegen das „severissime puni-

---

1) Ueber den Gang der Appellation s. Bethmann = Hollweg S. 66, Hegel I. S. 115.

2) §. 56. (I) Abactor animalium vel gregum atque pecorum alienorum, sive ea de stabulis sive de pascuis abegerit, gladio puniatur et in quadruplum amittentis damno de ejus substantia consulatur. (III) quod si servus aut originarius fuerit, dominus pro his conventus legibus, si maluerit, aut ut supra diximus, satisfaciat aut impetitos ad poenam mortis judici publico tradere non moretur.

3) Ulpian l. 8 de officio proconsulis l. 1. pr. D. 47. 14.

4) Huschke liest quadruplum wie an unsrer Stelle, früher triplum.

5) Vgl. §§. 109. 117. 118. 120. 128. Biener l. c. dachte dabei an gothisches Recht.

6) §. 57. (I) Abactor si usque ad unum equum, duas equas, totidemque boves et usque ad decem capras et quinque porcos tulisse tam de stabulis quam de pascuis fuerit adprobatus, sive per surreptionem sive ea violenter abduxerit, severissime puniatur: (II) quidquid vero intra suprascriptum numerum animalium vel porcorum (P. am Rande vel pecorum) a quocunque sublatum fuerit, tanquam furtum sub quadrupli poena solvatur.

atur" knüpft abfichtlich an das Refcript Hadrians an, der verfügt hatte: wenn fie am fchwerften beftraft werden (quum durissime puniuntur), Tod durch's Schwert, das Edict befiehlt nun, das folle immer gefchehen[1].

§. 58[2]) ift theils wörtliche Wiederholung, theils Umfchreibung von Ulpian §. 1 l. c. ceterum, si quis bovem aberrantem vel equos in solitudine relictos abduxerit, non est abigeus, sed fur potius. Daher confequent die Diebesftrafe des Bierfachen; die Beftimmung über die Anzeigepflicht fehlt in jenen römifchen Quellen[3]).

§. 59[4]) führt Rhon mit Unrecht auf t. 4. 1. §. 2 der collatio leg. mos. et roman. zurück: denn diefe handelt von Verführung, nicht von Nothzucht (quodsi aliquis *seduxerit* virginem). Vielmehr fcheint das Edict die einfchlägige mofaifche Gefetzgebung felbft[5]), mit den nöthigen Modificationen, benützt zu haben. — Den Hauptunterfchied bei Mofes, nämlich, ob die Vergewaltigte verlobt war oder nicht, läßt das Edict, als für die (gothifche weniger als die) römifche Anfchauung gleichgültig, weg: ftellt vielmehr, diefer entfprechend, Freiheit oder Unfreiheit als Hauptunterfchied auf. Aber es recipirt aus V. 29 einmal die Nöthigung, die Gefchändete zu heirathen[6])

---

1) Das Verbrechen kam in der Provinz Savia z. B. fo häufig vor, daß es in allererfter Reihe die Abfendung eines Specialcommiffärs veranlaßte Var. IV. 49; vgl. auch darüber VIII. 32. VII. 1. u. §. 88. Rein S. 325.

2) §. 58. (I) Qui bovem vel equum errantem vel aliud pecus abduxerit, furti magis reus tenendus est, et in quadruplum animalia vel pecora sublata restituat: (II) nisi ea ab eo die, quo invenerit, septem diebus continuis in publicis celeberrimisque locis aut ante praetorium judicis proposuerit; hoc enim facto nullius poenae damna sustineat.

3) Ueber furtum vgl. noch §§. 57. 86. 88. 115. 116. 117. 118. 120. 130. oben S. 41.

4) §. 59. (I) qui ingenuam virginem per vim corruperit, si idoneo patrimonio gratulatur et est genere nobilis, eandem accipere cogatur uxorem; ita ut ei sponsalitiae titulo largitatis quintam partem patrimonii sui noverit conferendam. (II) quod si jam habens uxorem ista commiserit, tertiam partem patrimonii sui illi, quam per vim corruperit, sub idonea et sollemni scriptura dare cogatur; ut illa, quae per eum jacturam pudoris incurrit, honestum possit invenire conjugium. (III) si autem nullo patrimonio aut nobilitate fuleitur, oppressor et violator pudoris ingenui supplicio adficiatur extremo.

5) Nämlich 5. Buch Mofe c. 22. V. 23—29; vgl. Wilba S. 817.

6) Uebrigens entfpricht dieß auch einigen germanifchen Rechten, während andere (und kaiferliche und kirchliche Gefetze) diefe Ehe verbieten; f. hierüber und über die Motive Wilba S. 844.

und dann eine Geldentschädigung; während jedoch B. 29 diese dem Vater zahlen läßt, spricht das Edict dieselbe als **sponsalitia largitas** ihr selbst zu; hierin der mosaischen Bestimmung über die Verführung folgend 2. Buch Mose 16. Kann er sie nicht heirathen, weil er schon eine Frau hat, so steigt die Geldentschädigung (im mos. R. bestand damals noch Polygamie: daher versagte in diesem Falle die Quelle). Daß (III) aus l. 4 Cod. Theod. 11, 36 (f. l. 30 §. 1 Cod. Just.) abgeleitet sei (Rhon), möchte ich bezweifeln. Hervorzuheben ist der große Unterschied in der Behandlung des (reichen) Vornehmen und des (armen) Geringen, obwohl Freien, eine Rechtsungleichheit, welche der germanischen Verfassung schroff widerspricht[1]). Uebrigens kennen wir einen Fall, in welchem dieß Gesetz zur Anwendung kam: Totila ließ einen Gothen, der ein italienisch Mädchen vergewaltigt, tödten, Proc. b. G. III. 8, und gab ihr besser Vermögen.

§. 60[2]) entspricht im Allgemeinen dem römischen Recht[3]). Bei

§. 61[4]) ist nach meiner Meinung der Text zu ändern und zu lesen: „si *servus* vero", dieß fordert das „servili subjacere libidini" und zwingender noch der Umstand, daß nur alsdann die Casuistik der §§. 61—64 vollständig würde, während sonst der Fall des stuprum voluntarium des Sclaven mit der Wittwe fehlt; nur sehr gezwungen und gegen den Sprachgebrauch läßt sich die servilis libido auf die matrona selbst beziehen, welche etwa nicht wie die vilis vulgarisque vidua im folgenden Paragraphen handeln soll. (Nach der bisherigen Lesart würde derselbe Fall bald als stuprum §. 62, bald als adulterium §. 61 bezeichnet.) Die Feuerstrafe erklärt sich bei meiner Annahme nicht wie bisher nur sehr mißlich aus der Analogie mit dem crimen raptus, sondern sehr gut aus der Verordnung dieser Strafe durch Constantin für die Vermischung der Frau mit dem eignen Sclaven[5]), (hier auch auf fremde erstreckt).

---

1) S. oben S. 40 u. A. III. S. 43, 47.

2) §. 60. si quis viduae stuprum violenter intulerit, cujuslibet loci corruptor sit, adulterii poena disseriat.

3) S. zu §. 63.

4) §. 61. (I) si quis servus vero, etiamsi cum volente et adquiescente vidua hoc crimen admiserit, flammis ultricibus exuratur: (II) illa quoque adulterii poena damnanda, quae non erubuit servili subjacere libidini.

5) l. 1. C. Th. 9. 9. Wenn übrigens auch das germanische Recht diese Vermischungen mit ähnlicher Strenge ahndet (Wilda S. 705), führt doch Giannone I. S. 196 unsern §. irrig auf gothisch Recht zurück.

§. 62[1]) ist dem Gedanken nach und zum Theil wörtlich (publice exercere) genommen aus Paulus S. R. 2, 26 §. 11 (vgl. l. 48 pr. D. 23, 2), ferner aus einer Constitution von Diocletian und Maximian l. 28 (29) Cod. J. 9, 9. Daß diese Stelle, und nicht l. 22 l. c., vorschwebte (wie Rhon behauptet), beweist die wörtliche Wiederholung von vilis und ministerium. (Die Ueberschriften von §§. 61 und 62 sind hienach zu ändern.)

§. 63[2]) spricht von der Nothzucht durch Sclaven: es ist also §. 60 unerachtet des Ausdruckes cujuslibet loci corruptor doch nur von (armen oder reichen, geringen und vornehmen) Freien zu verstehen, im Gegensatz zu der Unterscheidung in §. 59. Daß die Entführungsstrafe des Sclaven (Feuertod l. 1 §. 5 l. 2 Cod. Th. 9, 24) bei dem capite feriatur für Nothzucht vorgeschwebt habe (Rhon), ist zweifelhaft.

§. 64[3]) ist nicht blos dem Gedanken nach (Rhon), sondern zum Theil wörtlich („nulli quolibet modo obnoxius civitati") entnommen der Nov. tit. 9 des Theodos und Valentinian (nicht Valens wie Rhon sagt). Selbstständig fügt das Edict bei, wahrscheinlich in Erinnerung eines praktischen Falles, daß auch der Tod der Unfreien die Verpflichtung des advena nicht aufhebt; und zweitens verschärft es die römische Bestimmung sehr wesentlich dadurch, daß es den advena dem Herrn der Eignen verknechtet (mansurus in

---

1) §. 62. (I) si matrona vidua alicuius libidine volens corrupta sit, stuprum admittitur: (II) nisi forte vilis vulgarisque sit mulier. cum his enim viduis adquiescentibus siquis concubuerit, quas artis operam aut ministerii laborem publice exercere constiterit, hoc crimine nec ipse nec illae teneantur obnoxii.

2) §. 63. si servus alienus aut originarius ingenuam virginem per vim corruperit aut stuprum viduae per vim intulerit, convento domino rebus discussis atque patefactis capite feriatur.

3) §. 64. (I) ancillam alienam virginem vel originariam cujuslibet aetatis quisquis ingenuus, nulli tamen quolibet modo obnoxius civitati, corruperit, si dominus voluerit aut corruptor ipse rogaverit et apud gesta professus fuerit, mansurus in domini mulieris potestate, ejus quam vitiavit contubernium non relinquat nec eadem mortua discedendi habeat facultatem. (II) quod si dominus ancillae non consenserit, aut ille profiteri noluerit, tunc aut hujus meriti duo mancipia domino tradat, ejus juri profutura, si ejus substantia patiatur; (III) aut, si hoc implere non potuerit, caesus districtissime fustibus vicinae civitatis collegio deputetur; (IV) quod judex ejusdem loci periculi sui memor implere et custodire debebit.

domini ... potestate). Vielleicht liegt hier Einfluß gothischen Rechtes vor, denn der später in dem Rechtssprichwort ausgedrückte Grundsatz: „Trittst du meine Henne, wirst du mein Hahn", galt schon in den ältesten Stammrechten: für die letzte Alternative (II) habe ich so wenig wie Rhon eine positive römische Quellenbestimmung gefunden, glaube aber, daß die in derselben Novelle angewandte vicariorum compensatio Veranlassung zu der vorletzten (III) Bestimmung gegeben hat und die letzte, die Prügelstrafe und die deputatio collegio civitatis[4]), kam als eventuelle Strafe damals im römischen Rechte sehr häufig vor.

§. 65[2]) und §. 66[3]) sprechen nur dem römischen und germanischen Sclavenrecht und Eherecht gemeinsame Grundsätze aus[4]).

§. 67[5]) ist nicht[6]) aus dem gothischen Recht abzuleiten, sondern einfach aus l. 1 §. 3 Cod. Th. l. c. geschöpft, womit die Nov. Valentin. t. 8, t. 9, t. 12 zu vergleichen.

§. 68[7]) ist entnommen aus l. 1 §. 3 Cod. Th. l. c. und die novella lex, auf welche verwiesen wird, ist die eben citirte Nov. t. 9; es sind theilweise die selben Ausbrücke, nur umgestellt.

§. 69[8]) ist dem Inhalt nach mehr aus Nov. 1 Majoriani, als

---

1) Vgl. über diese collegia, collegiati Gothofr. ed. Ritter V. p. 213; Hegel I. S. 53. 83. 114, wie nahe sie der Knechtschaft standen, s. Nov. Major. VII. §§. 2. 4. u. Kuhn I. S. 79—81. 265; über die Gründe, welche sie und die Curialen oft in volle Knechtschaft brängten Hegel I. S. 72.

2) §. 65. quotiens se ancillae ingenuus aut originarius aut servus forte miscuerit, necesse est, ut omnis matrem sequatur agnatio, id est filii omnes ad dominum ancillae pertineant.

3) §. 66. quoties vero se originariae servus alienus ingenuusve miscuerit, nihilominus omnes filii matrem sequantur.

4) Vgl. l. 19. D. 1, 5. l. 16. C. J. 11, 48 (47) l. 1 C. Theod. 5, 10, woher vielleicht das Wort agnatio in §. 65.

5) §. 67. si vero originarius alienus se originariae fortasse coajunxerit, duas filiorum partes originarii dominus et tertiam sobolis originariae dominus consequatur.

6) Mit Biener Comment. I. p. 125.

7) §. 68. (I) originaria ex quo (Pith. et Gold. ex eo) de ingenuo solo discesserit, intra vicennii spatia repetatur. (II) quod si (Pith. et Gold. quae si) originaria exemptis viginti annis domino sub hac praescriptione perierit, simul ejus (P. et G. sunt ejus) agnatio, intra viginti annos suscepta a domino mulieris servato novellae legis tenore non pereat.

8) §. 69. (I) quisquis curialem aut collegiatum aut servum per triginta annos possederit, qui nullam patriae suae collationem subiisse monstratur (P. et G. patriam suam collationem subiisse monstretur), eos prae-

(nach Rhon) aus l. 1 cit. Cod. Th. 5, 10 und Nov. Th. de praescript. trig. ann. geschöpft (vgl. auch l. 1. 2. 3 Cod. Th. 12, 19); die Wortfaffung ist selbstständig und so scheint der Zusatz von den dominis in transmarinis regionibus ebenfalls neu, aus concreten Veranlaffungen, hinzugefügt, wenigstens specialifirt aus dem allgemeinen Gedanken in Nov. Majoriani 1[4]).

§. 70[2]) und §. 71[3]) combiniren die Bestimmungen der Kaisergesetze mit dem kirchlichen Herkommen[4]) bezüglich des Asylrechts. Die eintägige Dauer des Asyls ist entnommen aus l. 5 Cod. Th. 9, 45 (die von Rhon besonders angeführte l. 4 Cod. Just. h. t. ist nur der Schluß dieser Constitution und enthält Bestimmungen, die das Edict nicht aufgenommen) und ebendaher die Verzeihung (das ist das „conventione praemissa" der l. 3 cit.) des Herrn als Be-

---

diorum dominis jubemus adquiri: (II) quia in nullo tricennalis legis saluberrimum constitutum sub qualibet patimur occasione turbari: quam sive adversus privatum sive adversus fiscum suam, quemadmodum leges praecipiunt, obtinere convenit firmitatem. (III) et quia frequenter scimus tales calumnias in perniciem dominorum conniventibus rusticis aut curialibus excitari, quo conlationem praestitisse dicantur: hoc ' eatenus valebit si sciente possessionis domino et non reluctante aut certe procuratore conductoreque ejus, cum dominus in transmarinis fuerit regionibus constitutus, collationem (P. et G. consolationem) praestitam fuerit adprobatum.

1) Vgl. Gans III. S. 163; irrig Sart. über die procuratores vgl. nach §. 121 u. epil. in den Barien ebenfalls II. 24.

2) §. 70. (I) si servus cujuslibet nationis ad quamlibet ecclesiam confugerit, statim domino veniam promittente reddatur; (II) nec enim ultra unam diem ibidem residere praecipimus. (III) qui si exire noluerit, vir religiosus archidiaconus ejusdem ecclesiae vel presbyter atque clerici eundem ad dominum suum exire compellant et domino indulgentiam praestanti sine dilatione contradant. (IV) quod si hoc suprascriptae religiosae personae facere forte noluerint, aliud mancipium ejusdem meriti domino dare cogantur: (V) ita, ut etiam illud mancipium, quod in ecclesiae latebris commoratur, si extra ecclesiam potuerit comprehendi, a domino protinus vindicetur.

3) §. 71. (I) siquis in causa publici debiti ad ecclesiam quamlibet coavolaverit, archidiaconus eum compellat egredi, ad edenda legibus ratiocinia sua; (II) aut, si hoc facere noluerit, ejus substantiam, quam ad ecclesiam detulit, sine mora contradat. (III) quod nisi fecerit, quanti interest utilitatis publicae archidiaconus cogatur exsolvere.

4) Vgl. auch c. 14. ep. Gelas. ad episc. Lucaniae bei Mansi VIII. p. 35 seq. p. 132 sacramenta de impunitate p. 139; im Falle Boëth. L 4. kennte Asyl freilich nicht schützen; über germanisches Asylrecht R. A. S. 887; vgl. Wilda S. 537.

bingung der Auslieferung (wobei indulgentia wörtlich copirt)[1]). Der absichtlich generalisirende Ausdruck: servus cujuslibet nationis und quamlibet ecclesiam will einerseits auch den römischen Sclaven, der in eine katholische[2]) Kirche flüchtet, vor dem gothischen Herrn schützen, anderseits auch den arianischen Kirchen das Asylrecht gewähren[3]). Die Verpflichtung der nicht ausliefernden Kirche, einen Ersatzsclaven zu stellen und die Schuld eines Fiscalschuldners zu bezahlen, dessen mitgebrachtes Vermögen sie nicht herausgibt, ist der l. 1 Cod. Th. l. c. theils ganz, theils analog nachgebildet. Mit Unrecht führt Rhon auch l. 3 cit. als Quelle an: diese fordert vielmehr jedenfalls Auslieferung (der Decurionen), welche nach älterm Recht nach Abtretung ihres Vermögens Geistliche werden durften[4]).

§. 72[5]) spricht einen bekannten römischen Rechtssatz in eignen Worten aus (irrig Sart. S. 89).

§. 73[6]) stimmt im Inhalt mit l. 18 l. 21 D. 2, 4; „specialiter" aber (Rhon) mit keiner mir bekannten Bestimmung, auch nicht mit l. 1 Cod. Th. 1, 22 die Rhon anführt (vgl. im Allgem. Bethm.-H. S. 253); offenbar lagen praktische Veranlassungen vor;

---

1) Daß die Schlüsse des Concils von Orange v. a. 441. l. 5. 30. Mansi VI. p. 434 seq. benützt seien (Rhon), ist nicht richtig: dieselben besagen nur, daß das Asylrecht der Kirche respectirt werden soll und daß, wer dadurch einen Sclaven verloren, nicht ohne Weiteres gleichsam zum Ersatz einen Sclaven des Priesters ergreifen dürfe. Ebensowenig ist, wie wir gesehen (oben S. 12), der Beschluß des I. Concils von Orleans von a. 511 über Sclavenasyl benützt.

2) Die Gothen berufen sich darauf, daß sie stets das Asylrecht der katholischen Kirchen geachtet. Proc. l. c. II. 6.

3) Pabst Gelasius Mansi VIII. p. 132 erkennt dasselbe an (barbarorum basilica); s. daselbst die Flucht des Judensclaven.

4) Ueber die ecclesiae §§. 125. 126. über das Asyl s. oben S. 28. und Var. II. 11. III. 47. Pabst Gelasius droht in einem Brief von sehr zweifelhafter Rechtheit mit Excommunication für Bruch des Asyls durch zwei Beneventaner. Mansi VIII. p. 128.

5) §. 72. testamenta, sicut leges praecipiunt, allegentur: hoc modo fides voluntatis alienae titubare non poterit.

6) §. 73. (I) auctoritates quorumlibet judicum vel praecepta cujuslibet sedis ac potestatis sola publica servata civilitate exsequantur officia: (II) et conventum sufficiat promittere, se ad judicium esse venturum; nihil ultra praesumat apparitor. (III) et illius sedis apparitor exsecutionis suscipiat, unde praecepta manaverint. (IV) quod si alterius miles alterius judicis auctoritatem exsequi forte temptaverit, amissionem cinguli fustibus caesus incurrat: (V) litigator autem negotium incunctanter amittat.

der Verlust des cingulum steht in den von Rhon gesammelten Stellen allein, die Prügelstrafe und die Strafe der Partei scheint das Edict selbstständig hinzuzufügen[1]).

§. 74[2]) stimmt mit einem allgemeinen römischen Grundsatz, den auch Ulpian l. 79 pr. D. 5, 2 ausspricht. Die Form ist aber selbstständig. Die boni viri neben dem judex hat man mit zweifelhaftem Recht für gothische Schöffen gehalten[3]).

§. 75[4]) ist zum größten Theil wörtlich der lex Julia de vi privata bei Paulus S. R. 5. 26 §. 3 (vgl. l. 3 pr. 6 l. 4. 5 pr. D. 48, 6) entnommen; die poena aber superius adscripta ist (§. 9) der Tod, wie seit Constantin im römischen Recht[5]). Der Strafe für Verhinderung eines Begräbnisses liegt zu Grunde die ältere Strafe (vor Constantin) der Lex Julia[6]), doch mit Modificationen. Die mit der Vermögensstrafe verbundene Verbannung ist auf fünf Jahre festgesetzt, die im Gothenstaat unpraktischen metalla sind in lebenslängliche Verbannung verwandelt und durch die Prügelstrafe verschärft, welche das Edict neu einzuführen Neigung hat[7]).

----

1) Ueber milites und militia §. 89 u. A. III. S. 174 über cingulum s. noch epil. u. den römischen Sprachgebrauch im Gloss. nom. C. Th. s. h. v. Bethm. H. S. 59.

2) §. 74. (I) si petitor improbe litem cujuscunque rei alteri forte commoverit et fuerit sub justa examinatione convictus, ex die plantati sollemniter jurgii sumtus et litis expensas, quas se pulsatus immerito sustinuisse docuerit, a petitore recipiat, (II) sub aestimatione scilicet judicis aut bonorum virorum ex delegatione noscentium: quorum justitiae et deliberationis erit, quales sumtus litis et expensas eum, qui importune alterum ad publicum deduxerit examen, redhibere conveniat.

3) S. v. Glöden S. 68 unten Anhang II.

4) §. 75. (I) qui etiam armatis hominibus, ferro, fuste, lapide de possessione quemquam domo, villa expulerit, expugnaverit, obsederit, clauserit aut si forte propter hanc rem quis homines suos praestiterit, locaverit, conduxerit, turbam, seditiones, incendium fecerit, ad violentiae poenam, quae est superius adscripta, (§. 9) teneatur. (II) si quis autem sepeliri mortuum, quasi debitorem suum adserens, prohibuerit, honestiores bonorum suorum partem tertiam perdant et in quinquennale exilium dirigantur: humiliores caesi fustibus perpetui exilii damna sustineant.

5) L. 1. l. 2. Cod. 9. 10; eine praktische Anwendung dieses §. sowie des §. 16 findet sich Var. VIII. 27; Athalarich droht mit Geld- und Leibesstrafe für direptiones possessorum. S. unten Ed. Ath. §. 1 (II) u. Gretschel p. 20.

6) S. die Stelle des Paulus.

7) Ueber die Bedeutung von homines vgl. Var. X. 5 u. s. auch Ennod. epistolae passim.

§. 76[1]) spricht einen bekannten Satz des römischen Interdicten-
rechts zum Schutz des Besitzes aus[2]) und zwar ohne Unterscheidung
von Fahrniß und Liegenschaften, in Uebereinstimmung, wie Rhon
mit Recht anführt, mit dem damaligen römischen Recht, welches das
Interdict de vi auch auf Fahrniß erstreckte[3]).

§. 77[4]) ist, wie namentlich die Voranstellung des Geständnisses
zeigt, dem Gedankengang von l. 4 Cod. Th. 9, 10 entnommen, aber
mit offenbar absichtlich anders gewählten Worten; meist hat das
Edict die breitere, oft schwülstige Ausführung seiner Quellen gestürzt in einer kräftigen, aber freilich oft sehr barbarischen Sprache;
das hier ausgesprochene Princip wendet das Edict bei Sclavenverbrechen immer an; übrigens hat es die Strafe der Sclaven von
den metalla, die es nicht kennt, zur Todesstrafe gesteigert.

§. 78[5]) ist nicht, wie Rhon behauptet, aus l. 1 Cod. Th. 9, 18
geflossen, denn der Charakter beider Darstellungen ist ebenso verschieden, wie die Strafe (statt metalla oder circus — bestiae und
gladiatorius ludus — welche Strafarten das Edict nicht kennt, einfache Todesstrafe), sondern eher, worauf seine das Delict expli-
cirende Darstellung hinweist, aus dem Wortlaut der lex Fabia
selbst oder einer erläuternden Juristenstelle[6]).

---

1) §. 76. Illi res occupata per violentiam intra annum momenti jure
salva proprietatis causa reddetur: qui eandem rem, quam alterius praesumptione perdidit nec violenter nec abscondite nec precario possidet.

2) Vgl. Paulus S. R. 5. 6. 7. u. Gajus 4. 154.

3) Vgl. die völlige selbst wörtliche Uebereinstimmung Var. VIII. 28, jedenfalls
nach dem Edict: (denn Athalarich spricht) momenti jure si competunt primitus
invasa ita tamen ut persona legitima disceptationibus non desistat. Restitutionsmandat vorbehaltlich des Petitoriums; und auch IV. 44 (Theoderich) scheint
wörtlich das Edict zu citiren momenti jure restituite supplicanti, vielleicht
auch IV. 39 si momenti tempora suffragantur in gleichen Fällen.

4) §. 77. (I) Si servi de irrogata violentia convicti fuerint, aut certe con-
fessi, et hoc domini praecepto factum sub justa et diligenti cognitione constiterit, domino ad violentiae poenam retento pervasa reddantur: (II) servis
nihilominus extremo supplicio puniendis, si violentiam eos sua temeritate
commisisse claruerit.

5) §. 78. Qui ingenuum plagiando, id est sollicitando, in alia loca
translatum aut vendiderit aut donaverit vel suo certe servitio vindicandum crediderit, occidatur.

6) Ueber plagium vgl. noch §§. 81. 82; über das deutsche Recht Wilda
S. 797; über das Verhältniß zu sollicitatio, den Begriff und die wachsenden
Strafen Rein S. 389 f.

§. 79¹) wendet consequent, was schon von dem bloßen An-
sprechen als Sclaven gilt, auf die thatsächliche Freiheitsentziehung
an, vielleicht hat eine Constitution von Diocletian und Maximian
l. 31 Cod. Just. 7, 46 de calumnia²) vel injuria, prout . . . . .
elegeris vorgeschwebt³).

§. 80.⁴) Der vierfache Ersatz entspricht der Diebsstrafe. Die
übrigen Bestimmungen, deren Quelle ich so wenig wie Rhon auf-
finden konnte, sind vielleicht selbstständige Zuthat des Königs⁵).

§. 81⁶) stimmt dem Inhalt nach mit l. 10 Cod. J. 9, 20
(Rhon u. Sav. II. 178); ob aber dieselbe benützt worden sei, ist
wegen der ganz abweichenden Form zweifelhaft.

§. 82⁷) beruht auf l. 6 (nicht 2 Rhon) und beziehungsweise
auf l. 1 Cod. Just., es scheint nicht nöthig, mit Rhon einen Widerspruch zwischen beiden und Aufhebung der l. 1 durch die spätere
l. 6 anzunehmen; l. 1 sagt: wer sich als Sclaven verkaufen läßt,
ohne den Preis mit dem Verkäufer zu theilen, verliert die Freiheit
nicht (nur wer theilt, verliert sie), womit auch Ulpian in l. 7. D. 40, 12

---

1) §. 79. Qui ingenuum in servitute tenet, nec conditioni potest ob-
noxium comprobare, et calumniae et injuriarum reus teneatur adstrictus.

2) Ueber die große Häufigkeit der calumniatores s. Var. IV. 9. 41: legum
quo callet, artificio elatum; es bezeichnet im w. S. jede chicanöse Prozeßver-
folgung unbegründeter Ansprüche s. IV. 4. 9. 37. 41. 46. V. 29. 31. 39. VIII,
16. 20. IX. 2.

3) Ueber injuria vgl. §. 82. Verbalinjurien in den Var. I. 31 u. 32.

4) §. 80. (I) Qui mancipium alienum sollicitaverit, tres alios ejusdem
meriti, et ipsum domino cum peculio suo reddat. (II) quod si quis a quolibet bona fide suscipitur, quo se dicat ingenuum, suscipientis haec debet
esse cautela, ut eum ducat ad gesta, et se profiteatur ingenuum. (III) quo
facto, dum a domino servus aut originarius postulatus fuerit et probatus,
solus sine retinentia incommoditate reddatur.

5) Ueber peculium vgl. §§. 84. 121; die einfache Restitution findet sich praktisch in den Varien III. 43. si quae mancipia servitutem declinantia ad alios
se, quam quibus videbantur competere contulerunt, prioribus dominis jubemus sine aliqua dubietate restitui.

6) §. 81. Si quis nesciens a plagiatore mancipia comparaverit, reatu
plagii non potest obligari.

7) §. 82. (I) Si ingenuus distrahatur nullum praejudicium sui status
incurrit, nisi forte, tacendo de ingenuitate sua, emptoris ignorantiam, major
aetate, circumvenerit. (II) nam de plagio adversum venditorem pro defensione vel injuria sua agere potuit (l. poterit?). (III) nisi pretium, quod pro eo
datum fuerit, cum suo voluerit venditore partiri. (IV) tunc enim praejudicium
conditionis incurret, quod sibi ipse dissimulando et consentiendo peperit.

und l. 6 Cod. Just. 6, 2 übereinstimmen. Dagegen soll. nun — (argumento e contrario) sprechen —; die Stelle l. 6 (quoniam neque venditionem patiens originem deseruisse judicandus est), Rhons Deutung ist möglich, aber nicht nothwendig, und unsere Stelle kann schon dermalen, jedenfalls aber durch eine leise Aenderung der Interpunction, mit l. 6 vereinbart werden: man braucht nur den Satz „nam de plagio" als Zwischensatz zu denken. Aber auch abgesehen davon, wäre der Schlußsatz mit „tunc enim" ganz unnöthig und seine Aufnahme unlogisch, wenn auch ohne die Bedingung in dem Satz „nisi pretium" die bloße Kenntniß des status originis jenen Verlust herbeiführte. In dem circum venire ist daher, freilich undeutlich, das Theilen des pretium inbegriffen.

§. 83[1]) ist zum Theil wörtlich nachgebildet der Stelle des Kallistratos libro 6. de cognitionibus (l. 6 §. 2 D. 48, 15) (anders Rhon), wobei freilich der Jurist nur das Gesetz selbst zu umschreiben scheint. Irrig sagt Rhon, die Strafe des ältern römischen Rechts (bloße Geldstrafe) sei beibehalten, dieselbe war später in metalla verwandelt worden und diesen folgt das Edict, nur daß es statt der metalla sein ständiges Surrogat, Exil und Prügelstrafe, einschiebt und damit eine bedeutende Confiscation verbindet.

§. 84[2]) ist entnommen aus einer Constitution von Constantin von a. 317 (l. 4 Cod. Just. 6, 1, so schon Sav. II. S. 178); neu ist fast nur die Gleichstellung des colonus, dann die Weglassung der alternativen Summe (20 sol) statt des Zubußesclaven[3]) und die Darstellung ist selbstständig[4]).

1) §. 83. (I) Qui ingenuum celaverint, vendiderint, vel scientes comparaverint, humiliores fustibus caesi in perpetuum dirigantur exilium; (II) honestiores, confiscata tertia parte bonorum suorum, poenam patiantur nihilominus quinquennalis exilii.

2) §. 84. (I) Quisquis servum sive colonum alienum sciens fugitivum susceperit aut occultaverit, ipsum domino cum mercedibus et peculio ejus et ejusdem meriti alterum reddat. (II) quod si secundo aut tertio eundem fugitivum idem, apud quem fuerat, suscipiendum esse crediderit, praeter ipsum cum mercedibus tres alios domino ejus tradat. (III) mancipium tamen ipsum, ne forte propter capiendum lucrum callide et dolose a domino ad domum ejus, qui susceperat, immissum fuerit, oportet in examinatione torqueri: ut si per interrogationem in questionem positi constiterit a domino suo ad domum alterius fraudulenter immissum, fisci protinus compendiis adplicetur.

3) S. oben S. 10.

4) Ueber die coloni vgl. noch §§. 84. 97. 98. 104. 109. 121. 128. 146. 147. u. A. III. S. 55; über Rückfall im römischen Recht Rein S. 235.

§. 85[1]) spricht einen bekannten römischen Rechtssatz aus[2]), ob die denselben genau auf unsern Fall anwendende Constitution von Alexander l. 6 Cod. Just. 6, 2 vorschwebte, wäre bei der ganz verschiedenen Fassung zweifelhaft; (irrig ist die Verweisung von Rhon auf l. 2 D. 47, 2), aber da

§. 86[3]) mit l. 6 cit. zum Theil auch wörtlich übereinstimmt, scheint dieselbe allerdings gekannt und beiden §§. zu Grunde gelegt zu sein.

§. 87[4]) ist aus einer Constitution von Diokletian und Maximian l. 6 Cod. Just. 9, 20 entnommen, nur mit Uebertragung aus dem Activ ins Passiv[5]).

§. 88[6]) stimmt mit allgemeinen römischen Sätzen, aber l. unica Cod. Just. 4, 17 ist nicht benützt (wie Rhon sagt); die Wortform ist ganz verschieden; und während unser Paragraph vom abactor, sollicitator und fur ausgeht, spricht jene Stelle von vis, concussio und delicta im Allgemeinen; auch ist dort die litis contestatio schon, nicht erst die convictio, der Termin.

§. 89[7]) schöpft aus Paulus S. R. 4, 25. 12[8]), wie das copirte „militiam confingere" beweist[9]); an die Stelle der im Gothenstaat unpraktischen deportatio in insulam tritt Exil. Die Strafe wird ausnahmsweise gemildert: aus Todesstrafe wird Prügelstrafe und Relegation. Aber eben nur die Strafe der viliores. Der

---

1) §. 85. Servos sollicitatos ab altero vel furto ablatos, si scientes alii susceperunt, non tantum de his susceptis conveniri et eos reddere debent, sed etiam ad poenalem actionem furti detinendi sunt.

2) Vgl. l. 11. §. 2. D. 11. 13; über sollicitatio f. noch §. 88; die sollicitatores in den Varien sind Verlocker nicht von Sclaven, sondern von Ehefrauen: sollicitatio alienarum nuptiarum II. 10. 11. IV. 40; vgl. Ed. Ath. §. 4. (I).

3) §. 86. Qui servum alienum invito domino apud se tenuerit, furti est actione pulsandus.

4) §. 87. In fuga positus servus nec vendi nec donari potest.

5) Vgl. auch Paulus S. R. I. 6. a. 2. u. l. 2. l. 6. §. 2. D. 48, 15.

6) §. 88. (I) Si abactor, sollicitator, ac fur, antequam per auctoritatem judicis convincatur, mortuus fuerit, heredes ejus pro delicto auctoris sui in nullo teneantur obnoxii, (II) nisi ob earum tantum rerum repetitionem, quas ad eos pervenisse constiterit.

7) §. 89. Siquis sibi, ut aliquem terreat, militiam confinxerit vel adsumpserit quam non habet potestatem, viliores fustibus caesi perpetuae relegationis mala sustineant, honestiores exilii patiantur incommoda.

8) Vgl. l. 27. §. 2. D. h. t. l. 3. D. 48. 4.

9) Vgl. über dieß Reat Rein S. 345.

Dahn, germanisches Königthum IV.

Unterschied in der Behandlung der Vornehmen und Geringen im
Edict ist ungermanisch[1]): bezeichnend daher, daß die seltne Ausnahme einer Strafabschwächung die Tendenz hat, diesen Unterschied zu verringern.

§. 90[2]) ist zusammengesetzt aus den verkürzten §§. 1 u. 5,
5, 25 von Paulus S. R.[3]); sehr bezeichnend für die Entstehungsweise
des Edicts und sehr bestätigend für unsere Gesammtauffassung seiner Tendenz ist, daß sich der König veranlaßt sieht, eine besondere
Art von Münzverbrechen, welche in den benützten Quellen fehlt,
selbstständig hinzuzufügen, nämlich das kreisförmige Beschneiden der
Münzen, welches, da es die Form wahrte und nur Gewicht und
Umfang veränderte, vor Entdeckung besonders sicherte. In dieser
Kunst hatte man es damals ziemlich weit gebracht, am Weitesten
der kaiserliche Finanzbeamte Alexander, dem sie den Beinamen
„Kneifscheere" eingetragen[4]). Aber offenbar verstanden sich auch
im Gothenreich viele Leute trefflich darauf[5]), und wir sehen hier
dem König zu, wie er einem Modeverbrechen entgegen arbeitet: zuerst greift er nach den alten Stützen, den römischen Rechtsquellen;
wo ihn aber deren Bestimmungen für einen Sonderfall im Stiche
lassen, muß er selbst abhelfen. (Die ähnlichen etwa verwendbaren
Bestimmungen anderer römischen Stellen hat er, sich in diesem Paragraphen nur an Paulus haltend, nicht beachtet.)

§. 91[6]) schöpft aus Paulus l. c. 2[7]), nur mit der constanten

---

1) A. III. S. 47.

2) §. 90. (I) Qui testamentum, codicillum, tabulas, rationes, gesta,
libellos, cautiones, epistolas in fraudem alterius quocunque loco deleverint,
mutaverint, subjecerint, subrepserint, incenderint, raserint; (II) aut aes,
argentum vel ferrum inauratum scientes pro auro dederint vel vendiderint
vel supposuerint quique pro argento stannum subjecerint vel exteriorem
circulum solidi praeciderint quive, ut id fieret, jusserint operamve dederint poenam sustineant falso (falsi) crimini constitutam.

3) Vgl. ebenda 4, 7. §. 1—4. l. 2. D. 48, 10. l. 14. Cod. J. 9. 22; ferner
§. 7. J. 4, 18. l. 30. D. pr. h. t.; über den falsarius Var. XII. 5.

4) A. II. S. 225. Proc. b. G. III. 1. Dahn, Procop. S. 300.

5) Var. I. 10 klagen Besoldete, daß ihnen solidi non integri ponderis ausbezahlt werden; daher wird in den Urkunden bei Mar. die „integritas" der solidi immer besonders ausbedungen oder anerkannt.

6) §. 91. (I) Qui testibus pecuniam dederit, ut falsum testimonium
dicant, vel certe quod sciunt taceant aut non exprimant veritatem vel
judici praemium dederint, ut sententiam contra justitiam dicat vel non

Verwandlung des Indicativ in den Imperativ[1]). Sehr befremdend
ist, daß den Vornehmen die Deportation erlassen sein soll. Es er=
klärt sich dieß wohl nur durch ein Versehen der Auslassung; den
bestochnen Richter nämlich, dessen Strafe Paulus auch anführt, hat
der König schon §. 1 u. 2 und zwar in §. 1 schwerer, als mit
Deportation gestraft: so vergaß er die diesem — von Paulus —
gedrohte Deportation noch für den Bestechenden auszusprechen.

§. 92[2]) folgt, wie Rhon richtig bemerkt, aus l. 1 Cod. Th.
9, 24[3]); an der Verlobten begeht der Bräutigam keine Entführung,
vgl. hierüber das canonische Recht in c. 5, c. 9 Caus. 36 qu. 2,
und Gothofr. ad. h. l.; die kaiserliche Gesetzgebung schwankte, s. die
Nachweise bei Gothofr. und Rein.

§. 93[4]) versteht sich nach römischem wie gothischem Recht von
selbst und wurde vom König, wohl aus praktischem Anlaß, bestätigt,
ohne eine römische Quelle; l. 1 Cod. Th. 3, 11 (wie Rhon sagt)
wurde gewiß nicht benützt, sonst wäre, wie dort, eine Strafe bei=
gefügt; auch die Fassung ist ganz anders[5]).

§. 94[6]) stammt, zum Theil wörtlich, aus Paulus[7]); vielleicht
sollte dem germanischen Verkaufsrecht des Vaters (R. A. S. 461)
begegnet werden.

§. 95[8]) ist wörtlich entnommen aus Paulus l. c. mit Weg=

---

judicet, (II) humiliores capite puniantur, honestiores bonorum suorum
amissione mulctentur.

7) Vgl. l. 1. §. 2. l. 21. D. h. t.

1) S. oben S. 10.

2) §. 92. Si sponsa persuasa ab sponso ad ejus domum non tradita
reverit, sponsus raptoris crimine non teneatur.

3) Aber unrichtig ist seine Verweisung am Ende, es ist III. 189, nicht 211.

4) §. 93. Invitus pater familiam suam in matrimonium nulli dare compellatur.

5) Ueber patria potestas s. noch §§. 94. 128.

6) §. 94. (I) Parentes, qui cogente necessitate filios suos alimentorum
gratia vendiderint, ingenuitati eorum non praejudicant; (II) homo enim
liber pretio nullo aestimatur.

7) S. R. 5, 1. 1. (vgl. fragmenta vaticana 26. 33. 34. (L. 1. C. J. 4,
43. L. 1. 37. C. J. 7, 16.) L. 1. C. Th. 5, 8.

8) §. 95. (I) Nec pro pignore filii a parentibus alicui dari possunt:
(II) et si sciens creditor ingenuos pro pignore a parentibus susceperit,
in exilium dirigetur. (III) operas enim tantum parentes filiorum, quos in
potestate habuerint, locare possunt.

6 *

laſſung der antiquirten fiducia und Verwandlung der deportatio in exilium (irrig über §§. 93—95 Sart).

§. 96¹) ſtimmt mit allgemeinen Rechts= und Proceßgrund= ſätzen²).

§. 97³) iſt wörtlich entlehnt aus Paulus 5, 20, 2 u. 5, 3, 6⁴), welche Stellen aber verſchiedne Strafen enthalten: der König com= binirt beide in einer charakteriſtiſchen Weiſe; während 5, 3, 6 zwi= ſchen Vornehmen und Geringen (Freie) unterſcheidet und dieſe viel ſchwerer ſtraft, ſtellt der König ſtatt deſſen den dem germaniſchen Recht allein entſprechenden Unterſchied zwiſchen Freien und Sclaven auf, ſtraft die letztern ſchwerer als die erſtern und zwar nach 5, 20, 2 mit dem Tode (Feuertod): die Freien kommen ab mit dem doppelten Erſatz allen Schadens (daß ſie den Bau wiederherſtellen müſſen, iſt vielleicht aus Theoderichs individuellen Neigungen ge= floſſen, ſ. eine Anwendung dieſer Beſtimmung bei dem Verbrennen der Synagogen in Ravenna und Rom⁵), wobei die römiſche Strafe für fahrläſſige Brandſtiftung, nur verdoppelt, benützt wird⁶). Nur falls der Freie dieſen Erſatz nicht leiſten kann, tritt eventuell die Prügel= und Verbannungsſtrafe ein, welche in ihrer Verbindung das ſtehende Surrogat des Edicts für die metalla ſind, die das römiſche Recht (5, 20, 2) primär für die humiliores ausſprach. Dadurch wird freilich auf einem Umweg der Unterſchied zwiſchen Vornehmen und Geringen, richtiger zwiſchen Armen und Reichen, wieder hergeſtellt⁷), aber im Fall der Bußen=Inſolvenz läßt auch

1) §. 96. (I) Qui in libertate degens ad servitutem vocatur, rei partes sustinet: (II) ideo petitori ejus, vel illi, qui se dominum dicet, incumbet, servum suum docere. (III) si vero ex possessione servitutis in libertatem reclamet (reclametur?), defensori ejus necesse est, liberum comprobare.

2) Vgl. l. 7. §. 5. D. 40, 2. (welche Stelle Ulpians vielleicht benützt iſt. „partes sustinet") l. 8. l. 20. D. 2. 23. u. l. 5. C. J. 7, 16.

3) §. 97. (I) Qui casam, domum aut villam alienam inimicitiarum causa incenderit, si servus, colonus, ancilla, originarius fuerit, incendio concre- metur. (II) si ingenuus hoc fecerit, restituat quidquid dispendii acciderit per illud, quod commovit, incendium; (III) aedificiumque renovet et aesti- mationem insuper consumptarum rerum pro poena talis facti cogatur ex- solvere; (IV) aut, si hoc sustinere pro tenuitate nequiverit, fustibus caesus perpetui exilii relegatione plectatur.

4) Vgl. l. 28. §. 12. D. 48, 19. l. 9. 11. D. 47, 9. l. 10. D. 48, 8.

5) A. III. S. 200.

6) Anders und irrig Rhon.

7) Vgl. A. III. S. 48; übrigens ſtraft auch germaniſches Recht Brandſtiftung mit dem Feuertod. Wilda S. 945.

das germanische Recht nothgedrungen eine andere Strafart ein=
treten[1]).

§. 98[2]) verarbeitet selbstständig die Sätze von Paulus 5, 20,
§§. 3, 4; nur „sarcire“ ist wörtlich entlehnt.

§. 99[3]) ist combinirt, zum Theil wörtlich, aus Paulus 5,
23, 11 u. 5, 26, 1; nur wird dem ermordeten civis romanus jetzt
jeder homo gleichgestellt und, was bezeichnend ist für die gothischen
Zustände, den Fall der Tödtung kraft Richterspruch ausdrücklich
auszunehmen für nöthig erachtet. Dieß hat seinen Grund gewiß
in der Neigung der gothischen Sippegenossen, den Richter und die
übrigen bei Verhängung der Todesstrafe (die nach gothischem Recht
wohl nur selten vorgekommen war) betheiligten Personen wie einen
Privaten, der das Blut eines Gesippen vergossen, mit Rache zu
verfolgen. — Der König hat hier übrigens wieder, seiner politischen
Tendenz und dem germanischen Recht gemäß[4]), den Unterschied
zwischen Vornehm und Gering beseitigt und auch den Vornehmen
statt, wie die römische Quelle, nur mit Deportation, mit dem Tode
bedroht[5]).

§. 100[6]) ist fast wörtlich entnommen Paulus 5, 16, §. 3[7]).

§. 101[8]) ebenso aus l. c. §. 7[9]); nur ist das *poterit* inter-
rogari verschärft in *debet* subjici quaestioni[10]).

---

1) Wilda S. 894. 896.

2) §. 98. (I) Ex eo vero incendio, quod incaute servus aut colonus
in domini sui agro supponit, si vicini forte arbores frugiferas aut silvas,
vincta vel segetem laeserit sive aliud quodlibet dispendium adtulerit, aut
aestimatione habita dominus ejus, per quem vicino damnum continget,
sarciat atque compenset: (II) aut ipsum, qui ignem supposuit, si hoc
magis elegerit, pro facti culpa tradat judici puniendum.

3) §. 99. Qui hominem sine audientia et sine potestate vel jurisdic-
tione judicis competentis immerito jusserit vel suaserit occidi, tanquam
reus homicidii occidatur.

4) S. oben S. 82.

5) Vgl. übrigens Cicero in Verrem 5. 57. 62. 63; l..7. 10. D. 48. 6.;
dann l. 15. §. 1. D. h. t. l. 5. C. J. 9, 2.; über homicidium s. noch §§. 54.
152 u. oben S. 42.

6) §. 100. (I) Servus alienus in alterius caput torqueri non potest:
(II) nisi delator aut accusator, cujus interest probare quod intendit, pretium ejus, quantum dominus taxaverit, inferri paratus sit.

7) Vgl. l. 15. §§. 33. 41. D. 47. 10. l. 13. D. 48. 18. l. 8. D. 19. 5.

8) §. 101. Qui servum ideo comparaverit, ne adversus se torqueretur,

§. 102[1]) beßgleichen aus l. c. §. 9[2]).

§. 103[3]) ſtimmt mit l. 10, l. 16 Cod. Th. 9, 1; Rhon behauptet birecte Benützung; aber Schluß (III) unb Motivirung ſinb
aus praktiſchen Anläſſen ſelbſtſtänbig hinzugefügt[4]).

§. 104[5]) copirt bie Schilberung bes Reats wörtlich aus Paulus
5, 22, §. 2: aber in ber Strafbeſtimmung weicht ber König in
intereſſanter Weiſe ab: einmal hebt er abermals[6]) ben Unterſchieb
von Vornehmen unb Geringen zu Gunſten ber Letztern auf, unb
bann ſteigert er wieber bie Strafe bes Unfreien (von metalla zum
Tobe: ſo auch germaniſche Rechte: z. B. L. Burg. 55, 3: si servus
hoc fecerit, occidatur). Befrembenb iſt, baß bas Ebict nicht, wie
Paulus, neben ber Confiscation auch bie Verbannung ausſpricht;
man kann nicht annehmen, obwohl auch anbere Stellen bazu verſuchen, mit jeber Geſammtconfiscation ſei Verbannung verbunden
geweſen, wie umgekehrt mit jeber lebenslänglichen Verbannung Geſammtconfiscation verbunden war.

§. 105[7]) verarbeitet, zum Theil mit Beibehaltung, aber ver-

---

restituto pretio resoluta venditione adversus eum, qui fraudulenter emerat,
debet subjici quaestióni.

9) Vgl. l. 1. § 6. §. 14. D. 48, 18.

10) Ueber bie Folter ſ. noch §§. 84. 100. 102; unb Geib. S. 349.

1) §. 102. Si servus ad hoc fuerit manumissus, ne torqueatur, quaestio
de eo nihilominus haberi potest.

2) Vgl. l. 1. §. 13. D. l. c.

3) §. 103. (I) Ubi quod facinus commissum dicitur, ibi deferendum
et vindicandum est. (II) hi enim, qui accusantur, de provincia ad aliam
provinciam transferri non debent, ne per longum iter eripiantur aut fu-
giant: (III) nec interest, si ingenui vel liberti vel servi sint, qui aliquid
criminosum commisisse dicuntur.

4) Ueber fora vgl. noch §. 139.

5) §. 104. (I) Qui effodiunt terminos vel exarant limites, finem scilicet
designantes, aut arbores terminales evertunt, si servi sunt aut coloni et
sine conscientia vel jussu domini fecerint, (morte) puniantur. (II) si vero
hoc imperante domino factum esse constiterit, idem dominus tertiam partem bonorum suorum perdat, fisci juribus profuturam, (III) servo ipso aut
colono nihilominus capite puniendo.

6) S. oben S. 82 u. S. 84.

7) §. 105. (I) Eos terminos observandos, quos duorum fundorum dominus inter utrumque praedium, cum ex his unum alienaret, servari debere constituit; (II) non eos, qui singulos fundos antiqua institutione se-
parabant.

ſchiebener Conſtruction, der Wörter, die Erklärung von Paulus lib. resp. III. in l. 12 D. 10, 1.

§. 106[1]) ſtimmt im Allgemeinen mit dem römiſchen Recht[2]), ohne daß der König, welchem praktiſche Fälle vorlagen, aus beſtimmten römiſchen Quellen geſchöpft hätte[3]).

§. 107[4]), welchen Rhon ſeltſamer Weiſe ganz übergangen hat, iſt politiſch ſehr intereſſant. Zwar iſt nicht anzunehmen, daß Theoderich den ganzen furchtbaren Apparat, welchen die lex Julia majestatis[5]) der Tyrannei der Imperatoren in die Hand gab, in Bewegung ſetzte, aber dem gefährlichſten gegen die Regierung gerichteten Fall dieſer Art, der Aufruhrſtiftung im Volk oder Heer, begegnet er doch vorſichtig mit einer beſondern Strafe und während das römiſche Recht einfache Todesſtrafe dafür ausſpricht, droht Theoderich mit dem Feuertod, dem Strafmaximum ſeines Edicts. Es iſt dieſe Strafart, obzwar im germaniſchen Recht wohlbekannt[6]), doch gewiß nicht aus dieſem genommen, ſondern vom König willkürlich eingeführt: er wollte das gefährliche Reat durch die ſchwerſte ſeiner Strafen als eines der ſchwerſten bezeichnen und davon auf's Stärkſte abſchrecken[7]).

§. 108[8]) ſtellt, unter Abſchaffung des geltenden milderen Rechts

---

1) §. 106. (I) Quoties aliquod negotium consensu litigantium aut sententia judicis sacramentis fuerit diffinitum, retractari non poterit: (II) nec de perjurio agere cuiquam vel movere permittitur quaestionem.

2) S. die Belegſtellen bei Rhon.

3) Ueber den Eid ſ. noch §. 119.

4) §. 107. Qui auctor seditionis vel in populo vel in exercitu fuerit, incendio concrematur.

5) Ueber die fränkiſche infidelitas ſ. Roth Ben. 130; die Behandlung des Demetrius Proc. III. 6. durch die Soldaten iſt Rache, nicht Strafe für crimen laesae majestatis.

6) Aber nicht für Empörung R. A. S. 699. Wilda S. 504.

7) Das Reat begegnet auch in den Varien häufig. Das Gefängniß in Var. IX. 17 iſt nicht, wie man irrig angenommen, Strafhaft, ſondern wie der Zuſammenhang beweiſt, (pro sola suspicione seditionis ... in judicio minime convicti) Unterſuchungshaft; hier ſind politiſche Verbrecher gemeint; seditio umfaßt aber auch nicht-politiſchen Tumult: alle Zuſammenrottung mit Geſchrei und Gewalt: ſo z. B. Var. I. 20. 30—33. 44 im Circus 32. Straßenaufläufe VI. 6. 18. (wegen Brodtheuerung) mit Brandſtiftung IV. 43. (Judenverfolgung) ſ. auch die Belege bei Rein S. 522. 524. 532.

8) §. 108. (I) Si quis pagano ritu sacrificare fuerit deprehensus, arioli etiam atque umbrarii, si reperti fuerint, sub justa aestimatione convicti, capite puniantur. (II) malarum artium conscii, id est malefici, nudati

in l. 23 Cod. Th. 16, 10 (Confiscation und Verbannung), die Todesstrafe der constantinischen Gesetzgebung l. 6 eod. für Rückfall in's Heidenthum wieder her; wozu den König vielleicht die Rücksicht auf die Kirche oder auf seine Gothen, bei denen die altgermanischen[1]) Gebräuche noch nicht ganz vergessen waren, bewog: jene mildere Strafe wendet er auf die Vornehmen in leichtern Fällen an; (er kannte die Stelle l. 23, denn das „deprehensus" erinnert an das dortige „comprehensus"), während es befremdet, daß für die Geringen an der Todesstrafe festgehalten wird, vielleicht weil l. 23 sagte: „quamvis capitali poena subdi debuerint". Die „arioli" begegnen auch im Langobardenrecht L. Liutprandi VI. 22[2]).

§. 109[3]) ist eine Umschreibung einer Constitution von Diokletian und Maximian in l. 4 Cod. J. 3, 41, wie Rhon und Sav. l. c. richtig bemerkt.

§. 110[4]) hebt den von Valent. Nov. 5 eingeführten Unterschied von Vornehmen und Geringen auf und straft auch jene mit dem Tode; ganz unrichtig sind die Bemerkungen Rhons zu unserm Paragraph[5]).

---

rebus omnibus, quas habere possunt, honesti perpetuo damnantur exilio; (III) humiliores capite puniendi sunt.

1) Aber auch in den Römern steckte noch so viel Heidenthum, daß Pabst Gelasius ihnen kaum ausreden kann, die Unterlassung der Lupercalien sei die Ursache der Plagen gewesen, die Rom heimsuchten. Mansi VIII. p. 95. über die Oeffnung des Janustempels a. 538, Proc. I. 25, und noch unter Totila hat St. Benedict alle Mühe, das Landvolk von heidnischen Opfern abzubringen. Greg. l. c. II.

2) Nicht aber im Westgothenrecht und die umbrarii in keinem von beiden (irrig Rhon); über die malefici vgl. noch §. 54; das Reat begegnet Var. IV. 22. 23. und soll nach legum districtio, juris definita entschieden werden: lebenswierige Verbannung ist die Strafe, nicht der Tod: entweder weil Basilius und Prätertatus keine humiles sind, oder weil der Fall vor Erlaß des Edicts spielt: Dafür spricht daß von edicta nicht die Rede.

3) §. 109. (I) Si servus aut colonus domino nesciente violenter aliqua rapiat, dominus ejus intra annum in quadruplum, post annum in simplum convenietur. (II) aut pro noxia certe, si hoc magis elegerit, ipsum servum vel colonum noverit ad poenam judici contradendum. (III) ita ut, quod ad eum ex ipsa servi violentia pervenisse constiterit, reddat. (IV) at si conventus eum fugisse dixerit, executionem ejus querenti dedisse sufficiat.

4) §. 110. Qui sepulchrum destruxerit, occidatur.

5) Vgl. Rein S. 900; competent ist der comes privatarum Var. VI. 8; ob Var. IV. 18 völlig unser Reat (Gräberzerstörung) enthält, ist zweifelhaft; es scheint mehr Diebstahl der Kostbarkeiten an und in den Gräbern zu sein; frei-

§. 111[1]) benützt die l. 6 Cod. Th. 9, 17, aber selbstständig setzt sie die Confiscation von ⅓ auf ¼ herab[2]) und fügt die eventuelle Prügelstrafe und Ausweisung aus der Stadt hinzu; hier sieht man deutlich, daß die Unfähigkeit der Armen, die hohen Geldstrafen, die so häufig sind, zu zahlen, zu einer andern, dann härtern Bestrafung derselben genöthigt und so den Standesunterschied in der Rechtsungleichheit befördert hat[3]).

§. 112[4]) umschreibt die l. 2. Cod. Th. 9, 42, mildert jedoch, zum Nachtheil des Fiscus, indem er, auf eine ältere Constitution von Constantius und Julian von a. 356 zurückgehend, die Beschränkung des Erbrechts auf Eltern und Kindern in der Constitution von Honorius und Theodosius von a. 421 l. 23 l. c. beseitigt.

§. 113.[5]) Diese beiden Constitutionen liegen der Ausnahme bezüglich der lex Julia majestatis zu Grunde; dagegen der bezüglich der Curialen? vielleicht l. 24 l. c.? (vgl. über diese Hegel I. Seite 111).

§. 114[6]) ist eine analoge, aber selbstständige Anwendung von l. 5 Cod. Th. 9, 3; die Strafe des connivirenden Richters scheint neu bestimmt: wenigstens beruht sie entschieden nicht auf l. 7 Cod. Th. 9, 1 (wie Rhon), deren Fall und Strafe ganz andere sind.

---

lich heißt es: cineribus effossis. Der Thäter weil ein Priester wird begnadigt, gegen Herausgabe seines Raubes s. oben III. S. 170; mit Schonung der cineres mortuorum läßt der König selbst nach Schätzen graben.

1) §. 111. (I) Qui intra urbem Romam cadavera sepelierit, quartam partem patrimonii sui fisco sociare cogatur. (II) si nihil habuerit, caesus fustibus civitate pellatur.

2) Rhon hat dieß mißverstanden, er spricht von tertia *solum* parte, statt von *quarta solum* parte.

3) S. oben A. III. S. 49.

4) §. 112. (I) Damnatorum ex quibuslibet criminibus bona filiis primum ac parentibus vel propinquis usque ad tertium gradum proficiant: (II) quod si eos non habuerint fisco omnia solvantur.

5) §. 113. (I) Si curialis damnatus filios reliquerit, totum, quod dimisit, ipsi capiant: (II) si non habuerit filios ad curiam ejus perveniant facultates; (III) excepta causa majestatis, in qua omnium damnatorum bona nec ad filios, si habeant, sed ad solum fiscum, secundum legum cauta, necesse est pervenire.

6) § 114. (I) Si addictos damnatosque judiciis clerici vel quilibet alii violenter eruerint, ipsi ad poenam, vel ad dispendia teneantur, quae sententia in convictos prolata statuisse monstrabitur: (II) et si conniventia judicis vel conludio hoc claruerit perpetratum, quinque auri libras idem judex cogatur exsolvere.

§. 115[1]) ſpricht, ohne Anlehnung an eine Einzelſtelle, ben ſchwerſten Diebſtahlserſat für Diebſtahl zum Schaben des Fiscus aus.

§. 116[2]) beruht auf einer conſequenten, aber ſelbſtſtänbigen Verallgemeinerung einer Conſtitution von Diokletian unb Maximian in l. 14 Cod. J. 6, 2.

§. 117[3]) copirt wörtlich Paulus 2, 31, §. 7 (vgl. Gajus Inst. 4, 75 unb l. Romana Burgund. 4), bezüglich ber Theorie umſchreibt er benſelben 1, 15, §. 1, aber in ſelbſtſtänbiger Form (vgl. Inst. 49, l. 14, §. 3 D. 19, 5 unb L. Burgund. t. 13).

§. 118[4]) ſpricht, ohne Anlehnung an eine poſitive Stelle, einen bekannten römiſchen Rechtsſat (l. 33 D. 9, 4) aus: ber Schluß ſcheint bie jebenfalls bem Geſetzgeber bekannte, ſchon von §. 109 er= wähnte Conſtitution benützt zu haben.

§. 119[5]) beruht im Allgemeinen auf ben Grunbſätzen bes rö= miſchen Rechts de recepto; ber neue Zuſat bezüglich ber Eibe ent= hält jebenfalls ben Aeſtimationseib bes römiſchen Rechts, aber ber bemſelben nicht congeniale primäre Reinigungseib bes Beklagten iſt vielleicht auf Einfluß germaniſchen Proceßrechts, wenigſtens ger= maniſcher Anſchauungen, zurückzuführen.

§. 120[6]) iſt eine wenig veränberte wörtliche Copie von Paulus S. R. 2, 31, §. 8 unb §. 10 (vgl. Gajus 4, 77 unb 3, 302).

---

1) §. 115. Qui pecuniam fisco vel publicis rationibus competentem furandi studio tulerit, eam reddat in quadruplum.

2) §. 116. Qui sciens ex rapinis aliqua a raptore, id est a fure, servanda susceperit, eadem qua raptor poena teneatur.

3) §. 117. (I) Servus si furtum fecerit vel damnum cuilibet dederit, nisi ejus dominus hoc pro sui qualitate reddere vel sarcire paratus sit, noxae eum dare cogitur: (II) quod et de animalibus faciet, si alicui damna generaverint.

4) §. 118. Si propter furtum servi dominus conventus furem ipsum magis tradere quam defendere eum in judicio voluerit, illa etiam, quae ad eum ex ipso furto pervenisse constiterit, pariter debebit exsolvere.

5) §. 119. (I) Si quid de taberna vel stabulo perierit, ab his qui locis talibus praesunt vel qui in his negotiantur repetendum est: (II) ita, ut praestent sacramenta de conscientia sua suorumque; (III) et si hoc fecerint nihil cogantur exsolvere, aut certe, quantum petitor juraverit, se in eo loco perdidisse, restituant.

6) §. 120. (I) Si servus furtum fecerit et manumissus a domino fuerit vel venditus alteri vel donatus, causam de furto tum ipse manumissus dicat vel ille qui eum emit aut cui donatus est. (II) noxa enim semper caput sequitur. (III) et non solum is, qui furtum fecit, sed etiam is, cujus opera vel consilio furtum factum fuerit, furti actione tenebitur.

§. 121[1]) benützt, wie die Aufzählung der abhängigen Perſonen zeigt, (nur ſteht ſtatt des actor der servus) l. 2 Cod. Th. 2, 31 und bezüglich des peculium, aber in ſelbſtſtändigerer Weiſe, die l. 1 Cod. Th. 2, 32; wie ſonſt, ſtellt auch hier das Edict dem servus den colonus gleich.

§. 122[2]) ſchöpft zum Theil wörtlich aus l. 1 Cod. Th. 2, 13 und ſtimmt zuſammen mit den §§. 43—47.

§. 123[3]) (von Rhon übergangen) ſpricht einen[4]) aus dem römiſchen Recht folgenden Satz, aber ſelbſtſtändig, in Bekämpfung mißbräuchlicher Anwendung des vom germaniſchen Recht in gewiſſen Fällen anerkannten Selbſtpfändungsrechts aus[5]): charakteriſtiſch für die Tendenz des Edicts[6]).

---

1) §. 121. (I) Si procuratori vel conductori sive colono vel servo alicujus invito vel nesciente domino mutuam pecuniam quis dederit, nec ipsi domino nec rei ejus aliquod praejudicium comparetur: (II) sed ex peculio servi vel coloni, considerata vel servata prius indemnitate domini, consulatur petitionibus creditoris.

2) §. 122. Amittant repetitionem debiti creditores, qui cautiones debitorum suorum potentibus tradiderint et per eos magis exactionem mutuae pecuniae voluerint procurare.

3) §. 123. (I) Capiendorum pro suo arbitrio pignorum unicuique licentiam denegamus: (II) ita ut, si probabile fuerit, hoc agendi judicis praestet auctoritas.

4) Ueber cautiones vgl. §§. 133. 145. u. Var. VII. 42 gegen Mißbrauch von Sajonen officio nostro poenali se vinculo cautionis adstringat.

5) In den Varien wird mißbräuchliches Pfänden als ein in Campanien und Samnium (hier ſaßen aber nachweislich Gothen beſonders dicht) allgemein eingeriſſener Unfug, der, „wie wenn ein Geſetz es geſtattet hätte“ (quasi edicto misso; d. h. nicht wie v. Glöden S. 15 meint omisso: dann hätte „quasi“ keinen Sinn und überdem findet ſich niemals das ſogen. Edictum Theoderici einfach als edictum κατ' ἐξοχήν techniſch bezeichnet) wie ein begründet Recht geübt werde, gerügt und mit Verluſt der Forderung beſtraft (doch wohl erſt blos des Pfandrechts): falls aber ein Andrer als der Schuldner (z. B. deſſen Mitbürger, blos weil er des Schuldners Mitbürger,) gepfändet worden, muß der Pfänder den gleichen Werth nochmal entrichten: im Fall der Inſolvenz, Prügelſtrafe Var. IV. 10. ut quisquis, quod repetere debuisset, pignorandi studio fortassis invaserit (es iſt an Liegenſchaften gedacht) voce juris amittat nec liceat cuique sua sponte nisi obligatum forsitan pignus auferre; hier iſt ein durch Vertrag beſtelltes (vgl. Ed. §. 124 creditor res sibi non obligatas) Fauſtpfand auch an Fahrniß ausgenommen: das darf der Pfandgläubiger natürlich mitnehmen, ohne Mitwirkung des Richters; si vero alterum pro altero pignorare maluerit, in duplum, cui vim fecit, direpta restituat. Das Zeitverhältniß dieſes Specialgeſetzes zum Edict läßt ſich nicht beſtimmen; (das Edict hat keine Strafe ausge-

§. 124[1]) leitet Rhon mit Recht aus einer (freien) Benützung des prätorischen Edicts her, welches unter Umständen seine actio quod metus causa auf's Vierfache gab[2]); entschieden spricht hiefür die Herabsetzung auf das Einfache nach Jahresfrist, daß aber der Schlußsatz bezüglich der Früchte auf den Fall in l. 7 D. 20, 2 zurückzuführen sei, ist nicht eben so gewiß; möglicherweise ist nur der in l. 14 c. §. 7 besprochene Fall gemeint. In

§. 125[3]) erblickt Rhon mit Unrecht eine Schärfung, weil er die Bestimmung auf eine falsche Quelle zurückführt. Die Quellen sind vielmehr eine Constitution von Honorius und Theodosius von a. 409 (l. 2 Cod. J. 1, 12), welche das Reat als crimen laesae ansieht und eine spätere (a. 466) von Leo, welche den Tod darauf setzt. Charakteristisch aber ist, daß das Edict aus den „sacrosanctae ecclesiae orthodoxae fidei" letzterer Stelle „ecclesiae id est loci religiosi" machen muß: denn selbstverständlich wollte der König seinen arianischen Kirchen das gleiche Recht verleihen; um nun jeden Anstoß, aber auch jeden Zweifel in der Bezeichnung zu vermeiden, fügt er jene Erläuterung bei. Der ziemlich schwierige

§. 126[4]) (von Rhon übergangen) will offenbar einen praktisch

---

sprochen), jedoch ist in demselben genau das Princip des §. 10 des Edicts angewandt, wo eine ganz nah verwandte Aeußerung der Selbsthülfe vorliegt. v. Glöben, der die Stelle für älter hält als das Edict, kann bei seiner Auslegung von misso, dieselbe gar nicht erklären; er schlägt deshalb vor: quasi edicto missi, d. h. quasi decreto judicis in possessionem missi: aber dem widerspricht die Construction; das „edictale programma" ist der Erlaß selbst.

6) Ueber pignora vgl. §§. 130. 133 u. Var. V. 7.

1) §. 124. (I) Creditor si debitori suo res sibi non obligatas violenter rapiat, intra annum criminis admissi conventus sub poena quadrupli praesumta restituat: (II) post annum vero in simplum debebit exsolvere. (III) quod etiam de fructibus violenter ablatis servari debere legum ratio persuadet.

2) S. Ulpian l. 11 ad Edict. in l. 14. D. 4. 2.; andere, eigentlich näher liegende Bestimmungen z. B. Paulus S. R. 5, 26. §. 4. (vgl. 2, 14 §. 5. eod. l. 5. Cod. J. 9, 12. l. 3. C. 8, 14, l. 11. 4. 24. l. 7. l. 8. D. 48, 7.) sind dabei übergangen.

3) §. 125. Si quis de ecclesiis, id est locis religiosis, homines traxeri vel aliquid violenter crediderit auferendum, capite puniatur.

4) §. 126. (I) Nullus posthaec curialium sive tabulariorum aut susceptorum in ecclesia residens pittacia delegationis emittat. (II) sed si quem fisco debitorem novit, exponat eum extra ecclesiam constitutus, aut certe delege facturus cum eo, qui se debitorem negaverit, publice rationem.

häufigen Mißbrauch abstellen, der in den Zuständen der Zeit be=
gründet war. Die Curialen (wie die Tabularii und susceptores
vgl. über sie Hegel I. S. 84) hatten mit eigner Haftung[1]) die
Steuerausstände der Unterthanen einzutreiben. Hatten sie nun für einen
Steuerschuldner gezahlt, so stand ihnen selbstverständlich eine Klage
gegen diesen zu, welche sie, wie andre, abtreten, also den Schuldner
belegiren konnten[2]). Wenn nun aber diese Curialen dauernd oder
vorübergehend in Kirchen eintraten (was sie, sich den Lasten ihres
Standes zu entziehen, sehr oft thaten, s. A. III, S. 153), so sollten
sie, während solcher unzugänglichen Stellung, keinen Schuldner des
Fiscus belegiren können, dem in diesem Fall, wenn er die Schuld
bestritt, die Vertheidigung sehr erschwert wäre: sondern, will er
dieß, so muß er extra ecclesiam constitutus sein. — Der Schluß=
satz (III) ist nur eine specielle Anwendung des allgemeinen Satzes
in §. 124 auf den belegirten Schuldner: hier mochte der Gläubiger,
der die Valuta schon bezahlt, besonders oft zur Selbsthülfe greifen,
da er an der Existenz der Obligatio nicht zweifelte[3]). Interessant
ist die Wahrnehmung, wie die Sprache in allen Paragraphen, welche
sich nicht an eine römische Quelle anlehnen können, viel barbarischer
ist: so namentlich der Schluß unseres Paragraphen, wo das Subject
zweimal wechselt[4]).

§. 127[5]) spricht einen bekannten Satz des römischen Rechts aus
(l. 1 Cod. J. 8, 42 (41), vielleicht mit Benützung einer Constitution

---

(III) quod si mutuum quis, cum sibi delegatur et se non debere clama-
verit, violenter crediderit exigendum, in quadruplum extorta restituat.

1) A. III. S. 153.

2) Der wichtige Ausdruck pittacia delegationis bestätigt hier die richtige
Lesart in den Varien, wo er immer bei der Loosvertheilung gebraucht wird. Vgl.
I. 18. III. 35 ausgenommen XII. 20, wo es eine öffentliche Urkunde über Ver=
pfändung ist. Vgl. A. III. S. 5 (über delegare s. A. III. S. 5 u. Var. IV.
18, pittacia auch bei Ennod. u. Marini IV. 138 u. 139 a. 504, s. seine Note
17 über das Wort; übrigens ist pittacium, nicht, wie ich früher schrieb, pictacium zu schreiben (πιττάκιον).

3) So verstehe ich wenigstens den dunklen Sinn des §.; Hegel I. S. 109,
sagt nur „Steuerzettel".

4) Die falsche Interpunction bei Rhon muß auf Druckfehlern beruhen; über
die susceptores s. noch §§. 144. 149. u. oben III.

5) §. 127. (I) Delegari nemo debet invitus: (II) sed si is qui a creditore suo delegatur, consensum delegationi praebens, debere se fateatur,
et redditurum spondeat, quod promisit, cogatur exsolvere.

von Diokletian und Maximian (l. 6 l. c.); der Schluß ist selbstständig[1]).

§. 128[2]) entspricht, aber ohne Copirung, der l. 33 D. 9, 4;
das germanische Recht hat analoge Grundsätze, charakteristisch für
das Edict ist wieder die ausdrückliche Gleichstellung des colonus
mit dem servus.

§. 129[3]) schärft allgemein ein, was §. 33 für einen einzelnen
Fall ausgesprochen s. oben S. 62; ob der Wortlaut einem Rescript
entnommen (Rhon) oder selbstständig, steht dahin.

§. 130[4]) eine Umschreibung von Paulus 2, 31, §. 24, mit
absichtlicher Vermeidung seiner Worte, wie häufig im Edict; das
römische Recht gewährte hier eine actio praescriptis verbis l. 5
D. 19, 5; offenbar gab ein Proceß, eine Anfrage Anlaß zur Aufnahme dieser isolirten Bestimmung[5]).

§. 131[6]) ist eine in der Form ganz selbstständige Verarbeitung
des Rescriptes von Antoninus Pius (in Kallistratos l. 2 cognit.
l. 31 D. 42, 1); die Bestimmung über die Pfändung ist aber ohne
Zweifel (wie schon Rhon vermuthet) wörtlich entlehnt aus Paulus
5, 5, §. 4 (vgl. l. 9 C. 7, 53).

§. 132[7]) stimmt mit dem römischen Recht im Allgemeinen; vgl.
l. 12 Cod. Th. 11, 39.

---

1) Nicht aus l. 7 cit. geschöpft, wie Rhon anzudeuten scheint.

2) §. 128. (I) Filius in potestate patris positus vel servus aut colonus
si a patre vel domino in qualibet culpa non defendatur de ipso delicto
vel crimine, tradendi sunt judici competenti: (II) nisi forte filius familias
ipse defendere pro delicto, quo impetitur, in judicio se voluerit.

3) §. 129. Qui per mendacium vel subreptionem aliquid impetraverit,
nec ipsi prosit nec alterum laedat.

4) §. 130. Quod promissum fuisse constiterit, ut fur comprehendatur,
merito debetur et oportet exsolvi.

5) Ueber sententia s. noch §. 145.

6) §. 131. (I) Qui de debito in judicio convicti vel condemnati fuerint,
intra duos menses a die latae sententiae solutionem procurare debent:
(II) quod si non fecerint, per auctoritatem judicis ad ejus petitionem, qui
vincet, capi eorum pignora debent et distrahi: (III) ut quod sententia juste
lata constituit, possit impleri.

7) §. 132. (I) Qui possessor ad judicium venit, non est cogendus dicere, unde tenet nec onus ei debet probationis imponi: (II) quia hoc
magis petitoris officium, ut ram, quam repetit, doceat ad se pertinere.

§. 133[1]) recipirt einfach das Vellejanische Senatusconsult[2]); man könnte dieß bezüglich der Gothinnen befremdend finden, aber bei näherer Erwägung ergibt sich, daß dieß mit dem germanischen Recht wegen der durch die eheliche Mundschaft beschränkten Handlungs= fähigkeit der Frauen sich wenigstens vereinbaren ließ.

§. 134.[3]) Das Verhältniß zum westgothischen Recht ist oben S. 8 besprochen.

§. 135[4]) stimmt mit einer Constitution von Diokletian und Maximian in l. 21 Cod. J. 8, 41 und einer zweiten derselben Kaiser in l. 21 L. c. 8, 14; aber ohne Copirung.

§. 136[5]) stimmt mit einer Constitution der selben Kaiser in l. 25 Cod. J. 4, 65[6]) (irrig die Verweisung bei Rhon auf l. 10 l. c.); deutlich sieht man, wie diese abgerissenen Sätze aus dem Obligationenrecht durch einzelne unverbundene Anlässe in das Edict gekommen sind.

§. 137[7]) stimmt mit dem römischen Recht im Allgemeinen (l. 7, §. 5 D. 41) in selbstständiger Fassung.

§. 138[8]) ist abermals nachgebildet einer Constitution jener bei= den (§. 136) Kaiser in Cod. Gregor. 3, 2 §. 4 (irrig die Ver= weisung bei Rhon).

§. 139[9]) copirt wörtlich Paul lib. III. resp. in l. 49 D. 5, 1 nur in der imperativen Gesetzesform, statt der Responsalfassung; über emtio venditio f. noch §§. 140, 141, 147.

---

1) §. 133. Mulier etiamsi per cautionem alienum debitum se reddi- turum spondeat, non tenetur.

2) Von dem Recht, für einen andern zu klagen (Rhon), ist nicht die Rede.

3) §. 134. Amittat sortem debiti creditor, qui ultra legitimam cen- tesimam crediderit a debitore poscendum.

4) §. 135. Fidejussor, qui redimendo pignora ejus debitoris, pro quo fidem dixerat, a creditore liberavit, oblata sibi debita pecunia, restituere pignora debitori compellatur.

5) §. 136. (I) Si quisquam rem suam nesciens a possessore conduxerit, nihil sibi praejudicat: (II) sed de proprietate ipsius agere poterit.

6) Bürgschaft in den Barien für Fiscalschuldner III. 13.

7) §. 137. (I) Si quis nesciens alienam aream esse aedificium in ea construxerit, sumptus quos fecit, recipiat: (II) sed amittat, quam in solo alieno fecerat mansionem.

8) §. 188. Si una res a duobus temporibus diversis comparetur, ille potior erit, et dominium ejus magis acquirat, cui traditam fuisse claruerit.

9) §. 189. Auctor venditionis, etiamsi privilegium habeat sui judicis, tamen defensurus venditionem suam forum sequatur emptoris.

§. 140¹) ſtimmt in ſelbſtſtändiger Form mit dem römiſchen Recht; eine beſtimmte Quelle kann ich wenigſtens nicht angeben.

§. 141²) umſchreibt Paul. 2, 17, §. 11³).

§. 142⁴) ändert mit bewußter Abſicht (arg. „etiamsi“) das beſtehende Recht, nach welchem coloni, originarii nicht ohne ihren fundus veräußert, ja nicht von demſelben entfernt werden durften⁵), ſie galten als unzertrennliche Zubehör der Güter: „praediis, non capitibus adscribuntur“; nur wenn Ein Herr mehrere Güter hatte, durfte er (ſeit Nov. 12 Valent.) den originarius von einem auf's andere verſetzen. Als Motiv dieſer ſtarken Neuerung des Königs vermuthe ich das Intereſſe der gothiſchen Loosinhaber, deren Ver= mögen, außer in den Loosen, vornehmlich in den Sclaven beſtand und durch die Verkäuflichmachung aller Sclaven ſehr gewinnen mußte. Ferner, die Gothen hatten ihre Knechte in nicht geringer Zahl mit nach Italien gebracht und hatten nun mehr als Einen Grund, die auf ihren Loosen vorgefundenen unzuverläſſigen römi= ſchen Sclaven und Colonen zu verkaufen (oder, die Reicheren⁶), die zugleich Stadthäuſer beſaßen, in dieſe zu übertragen — was deß= halb ausdrücklich geſtattet wird —) und ſie durch ihre mitgebrachten bäueriſchen Knechte zu erſetzen, die ſie nicht anders unterbringen .

---

1) §. 140. (I) Qui de re comparata pertulerit quaestionem, ipse petitori respondere compellitur, nec ad auctorem suum proponentem repellit: (II) quem necesse est ad hoc tantum ipse commoneat, ut factum suum in judicatione (Pith. et Goldast in inditione) defendat.

2) §. 141. Quicunque fugere solitum vendiderit ignoranti, si emptorem quoque fugerit, et pretium venditor reddat et damna sarciat, quae per eundem contigerint fugitivum.

3) Vgl. l. 13 D. §. 1. 19. 1. l. 1. C. J. 4, 58.

4) §. 142. (I) Liceat unicuique domino ex praediis, quae corporaliter et legitimo jure possidet, rustica utriusque sexus mancipia etiamsi originaria sint, ad juris sui loca transferre vel urbanis ministeriis adplicare: (II) ita, ut et illis praediis adquirantur ad quae voluntate domini migrata fuisse constiterit et inter urbanos famulos merito censeantur: (III) nec de ejusmodi factis atque ordinationibus, velut sub oppositione originis, quaestio ulla, nascatur. (IV) alienare etiam supradictae conditionis homines liceat dominis absque terrae aliqua portione, sub scripturae adtestatione vel cedere vel vendere cui libuerit vel donare.

5) S. oben S. 35 u. vgl. die Ausführung des Gothofr. zu t. 9 u. 10 des C. Theod.

6) Vgl. das „höchſt zahlreiche“ Gefolge von Dienern und Dienerinnen, welches die Frau des reichen Urala auf ihrem Weg ins Bad begleitet. Proc. b. G. III. 1.

und verwenden konnten. Diese Erwägungen scheinen mir die Mo=
tive unseres Paragraphen gewesen zu sein[1]).

§. 143[2]) bestätigt einfach das geltende Recht bezüglich der Ju=
den, deren Privilegien und allgemeine Rechtsstellung der König wie=

1) Famulus ist hier identisch mit servus; auch in den Varien ist dieser
Sprachgebrauch der überwiegende: II. 39. famuli Stephanum dominum truci-
dantes ... servi maluerunt occidere; ein freier Gothe wird als Knecht bean=
sprucht: famulatus V. 29; die für freie römische Bürger bestimmten Spenden
sollen nicht an Sclaven (fortuna servilis XII. 11.) vergeudet werden (famulorum
societas); doch gibt es auch eine libera famulatio: Staatsdienst XI. 37. und
famulatus ist Var. VIII. 10. treues aber freies Dienen; die reginae domus famuli VI. 9. können nach dem Zusammenhang auch Beamte sein; an manchen
Stellen ist es zweifelhaft, z. B. XI. 10; VIII. 31. ist es offenbar synonym mit
rusticis; die famuli der Senatoren in I. 30. boni servi, vielleicht daneben auch
Freigelassene; freie Bauern verkaufen ihre Kinder bei dem Jahrmarkt zu Cosilina
an Städter zu städtischem Dienst, praesto sunt pueri ac paellas, ... quos
non facit captivitas sub pretio esse, sed libertas. hos merito parentes
vendunt, quoniam de ipsa famulatione proficiunt. dubium quippe non est,
servos posse meliorari, qui de labore agrorum ad urbana servitia trans-
feruntur, VIII. 33; von Freigebornen soll nicht Knechtesdienst gefordert werden,
V. 39 ab ingenuis famulatum quaerere non decet; vgl. über ingenuus einer=
seits, famulus = servus anderseits auch VI. 8; famuli legibus personam non
habent; allgemeiner ist homines: es begreift neben Unfreien z. B. gewiß III.
14. II. 29. auch die Freien actores V. 12. IV. 44. werden homines ecclesiae
als familiares (darüber Roth Ben. S. 155) bezeichnet: diese können unfreie oder
freigelassene (Ed. §§. 30. 48. 102. 103. 120.) oder freie Verwalter sein (vgl. Kuhn
I. S. 263), rusticus bezeichnet ebenso den unfreien wie den halbfreien und den
kleinfreien Landbewohner (s. A. III. S. 52 u. Kuhn I. S. 32) Var. VI. 8: der
comes privatar. hatte ehedem meist nur zu thun mit den Sclaven (causam habere cum famulis) dann wird fortgefahren: „postquam agrestium curas feliciter amisit (also famuli = agrestes), actibus urbanis se occupaverit. uti-
tur dignitas liberorum causis, de ingenuorum causis disceptare posse sentitur." Dagegen bezeichnet die primäre Prügelstrafe in Var. VIII. 32. die rusticos
vel cujuslibet loci homines als vermögenslose Halbfreie oder Freie. Die rustici
in VI. 9. sind königliche Colonen oder Gutsverwalter. Der comes patrimonii
soll nicht unbegründete Ansprüche im Interesse des Königs durchsetzen wollen, „wie
dieß etwa des Königs rustici thun" insolens libertate genus rusticorum, qui
adeo sibi putant licere voluntaria, quoniam ad nostram pertinere dicuntur
substantiam. Unbestimmbar sind II. 18 die rustici, welche die Pferde der Rei=
senden stehlen; die homines bei Ennod. ep. sind meist Unfreie, z. B. VI. 24.

2) §. 143. (I) Circa Judaeos privilegia legibus delata serventur: (II)
quos inter se jurgantes et suis viventes legibus, eos judices habere necesse est, quos habent observantiae praeceptores.

berholt anerkennt[1]). Ein wie starker Beweis in den Motiven dieses Paragraphen für das nationale Recht der Gothen liegt, wird der II. Anhang zeigen.

§. 144[2]) ist eine Nachbildung von l. 18 Cod. Th. 12, 6, wobei aber das Edict die Stellung des betreffenden Beamten, welche die römische Quelle als bekannt voraussetzen konnte, breiter erklärt, was auch sonst begegnet[3]); bezüglich der discussores hatte die Nov. 7 Valentinians nur im Allgemeinen eine Strafe für fama und fortunae gedroht, nicht ebenfalls, wie Rhon behauptet, das Vierfache ausgesprochen; das Edict erst hat die Strafe für beide gleich gemacht[4]).

§. 145[5]) wendet, wie wir oben gesehen, das römische Contumacialverfahren auch (Bethm. H., S. 290) auf die Gothen an[6]).

---

1) S. A. III. S. 199; daß Var. IV. 33 älter als unser Edict, hat von Glöden S. 34 wahrscheinlich gemacht.

2) §. 144. (I) Quicunque susceptores fuerint fiscalium titulorum in emittendis possessorum securitatibus nomina singularum possessionum professionem earum evidenter designent: (II) acceptam quoque pro earum functione exponant pecuniae quantitatem. (III) quod si aliquis professionem locorum nomina summamque perceptae pecuniae in securitatibus a se factis comprehendere forte noluerit et hujus culpae reus in judicio fuerit adprobatus, quadruplum ejus pecuniae, quam possessor se dedisse probaverit, eidem cogatur exsolvere. (IV) quod etiam circa discussorem similiter convenit custodire, si de quibus titulis reliquas summas a praesumptoribus vel reliquatoribus exegerint, in securitatibus emittendis signare noluerint.

3) Ueber die praesumtores, praesumentes s. die zahlreichen Klagen der Varien oben S. 19 u. III. 31. 34. IV. 17. V. 5. 13. 14. 25. 32. 37. 39. VII. 9. VIII. 28. 33. X. 5. XI. 18. XII. 3. 13. 14. 15.

4) Ueber die discussores s. Var. IV. 38. IX. 10. XII. 2; exactores XII. 14; sie erfordern manche Rüge A. III. S. 154.

5) §. 145. (I) Siquis barbarorum tertio competentis judicis auctoritate conventus et edictis solemniter inclamatus ad judicem cujus praecceptione conventus est venire neglexerit, merito sub discussione causae sententiam excipiet contumaciae; (II) adeo, ut judicetur, de quo conventus est, perdidisse negotium. (III) dummodo tertio quemlibet capillatorum fuisse conventum aut cautionis ab eodem emissae fides ostendat aut Ingenuorum vel honestorum testium dicta confirment, quibus manifeste clareat, auctoritate pulsatum contemsisse dare responsum nec voluisse ad judicium convenire.

6) Ueber das höchst wichtige capillati A. II. S. 99 u. III. S. 53; gothisch taglahs oder skaftahs? s. R. A. S. 283; eine Verschiedenheit des Contumacial-

§. 146¹) copirt wörtlich Paulus S. R. 2, 31, §. 30. (Vgl.
l. 14 §. 2, l. 26 §. 1 D. 47, 2.)

§. 147²) stimmt mit den römischen Grundsätzen und benützt viel=
leicht die Constitution von Diokletian und Maximian l. 3 C. J. 4, 44³).

§. 148⁴) führt Rhon ganz irrig auf l. 2 § 1 Cod. Th. 5, 5
zurück, welche von einem völlig verschiedenen Gesichtspunct (Ver=
pflegungskosten) ausgeht und unsre Frage (das Schicksal der ge=
fangnen und -wiedergekehrten Unfreien) gar nicht berührt. Viel=
mehr scheint wieder die unsern Fall ex professo behandelnde Con=
stitution von Diokletian und Maximian, l. 10 C. J. h. t. 8, 50 (51),
benützt zu sein⁵).

§. 149⁶) ist eine Umschreibung von l. 3 pr. Cod. Th. 11, 8
(die Aufeinanderfolge von mensura und pondus und das Mit=
bringen des corpus delicti beweist die Benützung); ob aber die
poena quadrupli aus l. 20 Cod. Th. 11, 7 geschöpft ist (Rhon),
ist zweifelhaft, da alsdann schwerlich die daselbst eventuell gedrohte
Todesstrafe fehlen würde; vielleicht beruht die Strafe auf Ueber=
tragung von §. 144, welche dieselbe Strafe für andre Reate der=
selben Personen hat; auch der Bau des Paragraphen ist jenem

verfahrens gegen Barbari und Römer kann ich nicht mit v. Daniels I. S. 144
in unserem §. entdecken.

1) §. 146. De frugibus ab aliquo ex fundo cujuslibet sublatis tam
colonus quam dominus, quia utriusque interest, agere potest.

2) §. 147. (I) Placita bona fide et definita venditio a venditore rescindi non potest: (II) sed pretium, quod ab emptore debetur, repetendum est.

3) Diese steht dem §. jedenfalls näher als die von Rhon angeführten l. 1.
l. 7. C. Th. 3, 1.

4) §. 148. (I) Servi aut coloni ab hostibus capti et reversi, domino
restituantur: (II) si non sunt ante ab altero vendentibus hostibus in commercio comparati.

5) Wörtlich ist copirt das entscheidende Wort „commercio"; wieder stellt das
Edict ausdrücklich den servis die coloni gleich; §. 12 u. 13 l. c.; aber l. 5.
l. 19. pr. D. 49, 15, die Rhon noch anführt, handeln nicht von Unfreien.

6) §. 149. (I) Si quis exactorum vel susceptorum majorem mensuram
vel majus pondus adhibuerit, dum fiscales traduntur species, quam publicae ordinationis moderatio antiquitas provisa constituit, ad judicem continuo cum ipsis mensuris et ponderibus deducatur: (II) ut si fuerit de
eorum inquitate convictus, inde quadruplum pro utilitate illius, quem gravavit, male susceptarum specierum damna sustineat. (III) quod etiam circa
negotiatores observari debere censemus, in commerciis si injusta pondera
vel mensuras adhibuisse fuerint adprobati. (Bisher setzte man das Komma
irrig nach commerciis.)

nachgebildet: und wie dort die discussores werden hier die negotiatores [1]) schließlich den susceptores gleichgestellt; daß dabei Nov. 1
von Majorian maßgebend gewesen sei (Rhon), ist aus demselben
Grunde (wegen der daselbst gedrohten Todesstrafe) zu bezweifeln;
die Gleichstellung lag an sich nahe genug [2]).

§. 150[3]) ist, wie schon die unbeholfne Sprache zeigt, aus keiner römischen Quelle geflossen, sondern sichtlich vom König neu
eingeführt, um einem gewiß häufigen Unwesen zu begegnen: die
Gothen zwangen wohl oft Sclaven und Vieh ihrer römischen Nachbarn, für sie zu arbeiten [4]).

§. 151[5]) schöpft wörtlich aus Paulus 1, 31, §. 25[6]), verdoppelt aber dessen Strafmaß, nach Analogie der schwersten Diebes-
strafe oder von §. 109.

§. 152[7]) bestätigt die römischrechtliche Concurrenz der Civil-
und Criminalklage [8]).

§. 153[9]) benützt abermals zwei Constitutionen von Diokletian

---

1). Ueber negotiari, negotiatores vgl. §. 149 u. über ihre Standesstellung,
Pflichten und Rechte Var. I. 10. 26. II. 30. 38. VI. 7. XII. 23. VII. 14. VIII.
33. A. III. S. 140.

2) Die Maßregeln gegen Mißbräuche der exactores und zur Regelung ihrer
Stellung füllen einen großen Theil der Varien II. 24. III. 8. V. 39. XI. 8. 15.
16. XII. 2. 8. 11. 16.

3) §. 150. (I) Nulli liceat invito domino (Pith. et Goldast invitus
rustico) rustico alieno operas aut obsequium imperare nec ejus mancipio
aut bove uti, (II) nisi hoc forte idem rusticus aut conductor ipsius vel
dominus sua voluntate praestiterit. (III) qui contra fecerit, det pro unius
rustici vel unius bovis diurna opera, quam praesumsit, auri solidum unum.

4) Ueber die rustici in den Varien VIII. 33. 31. 32. II. 13. VI. 9. X. 5.
u. oben S. 97 irrig Sart.; über Gebrauchsanmaßung nach germanischem Recht
Wilda S. 920.

5) §. 151. Sive seges aliena sive quaelibet arbor cujusque dolo dejecta fuerit aut aliquid damni provenerit, in quadruplum ejus nomine, qui
hoc fecerit, addicatur.

6) Vgl. l. 8. §. 2. D. 47. 7. pr. D. 47. 2.

7) §. 152. (I) Si alienus servus ab aliquo vel rusticus occidatur, in
potestate habet dominus ejus aut criminaliter de obnoxii morte agere et
homicidam capitaliter accusare, (II) aut de damno certe amissi mancipii
civiliter actionem proponere, ita ut pro uno servo occiso duos tales recipiat.

8) S. z. B. l. 1. C. Th. 9. 20, die aber nicht benützt ist; über das duplum
f. oben; irrig Sart.

9) §. 153. (I) Uxor pro marito non debet conveniri. (II) res ejus

und Maximian[1]), welche im Coder Theodosianus nicht vorkamen; den Schlußsatz scheint Rhon richtig auf den Fall des debitum primipilare gedeutet zu haben[2]), jedoch ist zu bemerken, daß es überhaupt im Gothenstaat häufig vorkam, daß Gläubiger statt auf ihre Schuldner auf denselben nahe stehende Dritte, ja auch bloße Stadtgenossen derselben griffen[3]); man hat dabei, natürlich mit Unrecht, an Einfluß gothischer „Gesammtbürgschaft" gedacht.

§. 154[4]) stimmt im Allgemeinen mit dem römischen Ferienrecht[5]), es würde die Gerichtsferien aber wesentlich beschränken[6]), falls, wie es zunächst gemeint scheint, alle nicht hier angeführten Feiertage ausgeschlossen sein sollten: mehrere politische und kirchliche Feiertage würden dadurch wegfallen[7]). Vielleicht aber ist die Absicht des Paragraphen nur, Sonntag und Ostern besonders hervorzuheben.

Epilogus[8]). Sehr bezeichnend für die Zustände im Gothen-

---

aut sponsalis munificentia pro mariti. obnoxietate poscatur, legum prudentia et moderatione servata.

1) l. 1. 1. 2. C. J. 4, 12. arg. conveniri .pro marito.

2) Vgl. l. 4. C. J. 8, 15.

3) Vgl. Var. IV. 10. uxor maritalibus debitis nisi per successionis vincula non tenetur.

4) §. 154. (I) Die solis, qui dominicus nuncupatur, sed et diebus paschalibus nullum praecipimus conveniri. (II) qui contra fecerit sacrilegii reus habeatur.

5) Bethm. Hollw. S. 224—228 Seib S. 538 f.

6) Was Theoderichs Tendenzen sehr nahe läge. A. III. S. 90.

7) Vgl. l. 1. 2. C. Th. II. 8; falsch ist die Verweisung bei Rhon.

8) (I) Haec, quantum occupationes nostrae admittere vel quae nobis ad praesens occurrere potuerunt, a cunctis (so mit Recht und Glück v. Glöden, (Türk devictis, al. victis, was aus Theoderichs Munde ganz undenkbar) tam barbaris quam Romanis, sumus profutura complexi, quae omnium barbarorum sive Romanorum debet servare devotio. (II) quae comprehendere nos vel edicti brevitas vel curae publicae non siverunt, quoties oborta fuerint, custodito legum tramite terminentur. (III) nec cujuslibet dignitatis aut substantiae aut potentiae aut cinguli vel honoris persona, contra haec qua salubriter statuta sunt, quolibet modo credat esse veniendum, quae ex novellis legibus ac veteris juris sanctimonia pro aliqua parte collegimus: (IV) scituris cognitoribus universis ac jura dictantibus, quod si in aliquo haec edicta fuerint violata, se proscriptionis deportationisque poena merito esse feriendos. (V) quod si forsitan persona potentior aut ejus procurator vel vice dominus ipsius aut certe conductor seu barbari seu Romani in aliquo genere causae praesentia non permiserint edicta

ſtaat und unſre Auffaſſung von den Motiven des Edicts beſtätigend
iſt, daß der Epilog ſelbſt vorausſetzt, mächtigere Perſonen, Gothen
und Römer, oder deren Verwalter und Pächter würden ſich oft dem
Richter, der das Edict anwenden will, mit ſolchem Erfolg widerſetzen, daß ſeine Autorität und ſeine Zwangsmittel nicht ausreichen,
dieſen Widerſtand zu brechen: dann ſoll die Hülfe des Königs angerufen werden.   Die Varien zeigen, wie häufig der ordentliche
Richter gegen einen ſolchen Vornehmen nichts ausrichtet, ſondern
den Comitat anrufen muß[1]).

3. Schlußbetrachtungen.

Fragen wir nun, in welcher Weiſe ſich die von dem Edict benützten römiſchen Quellen der Häufigkeit der Benützung nach ab-
ſtufen, ſo ergibt ſich das nachſtehende Reſultat:

Am Stärkſten benützt iſt, wie ſich aus der Natur der Verhältniſſe erklärt, die reichhaltige und officielle Sammlung des

I) Codex Theodosianus, nämlich in 42 Paragraphen[2]). Darauf
folgt

II) Paulus, und zwar ſeine Sentenzen in 30 Paragraphen[3]).

Sehr auffallend iſt nun die Thatſache, daß unverhältnißmäßig
ſtärker als alle folgenden Quellen (wie 14 zu 1 im Verhältniß zu
den Conſtitutionen aller andern Kaiſer, und wie 14 zu 4 im Verhältniß zu allen Juriſtenſtellen) verwerthet ſind:

---

servari, et judex, cujus intererit, obsistere aut vindicare aut obviare non
potuerit, in nostram illico, si sibi consulit, instructa ex omnibus relatione dirigat, deposita totius formidinis suspicione notitiam. (VI) hac
enim sola ratione a culpa esse poterit absolutus. (VII) quia quod pro
omnium provincialium securitate provisum est, universitatis debet servare
devotio.

1) Var. III. 21; nur von einem ſo gewaltigen Krieger wie Herzog Ibba wird
das Gegentheil vermuthet; ſ. oben u. vgl. VII. 28: reverentiam nostram honoratam credimus, si bene habitos notros judices sentiamus.

2) §. 3. 10. 12. 13. 14. 17. 18. 19. 20. 26. 27. 38. 43. 44. 46. 48. 50.
51. 52. 53. 54. 55. 65. 66. 67. 68. 69. 70. 71. 77. 92. 98. 103. 108. 111. 112.
113. 114. 121. 122. 144. 149.

3) §. 1. 2. 5. 40. 41. 42. 56. 57. 62. 75. 89. 90. 91. 94. 95. 97. 98. 99.
100. 101. 102. 104. 105. 117. 120. 130. 131. 141. 146. 151. Seine libri re-
sponsor. in 2 §. §. 105 u. §. 139. Die Aufzählung bei Sav. II. S. 178 iſt
nicht richtig, weil ſie nur Rhon folgt. Bähr I. S. 761 nennt Paulus die
Hauptquelle.

III) Conſtitutionen der Kaiſer Diokletian und Maximian, und zwar ſolche, die in den damaligen Sammlungen meiſt gar nicht enthalten ſind, nämlich in 14 Paragraphen[1]).

Rhon iſt hierauf nicht aufmerkſam geworden, weil er, lediglich nach den Verweiſungen von Gothofredus arbeitend, die im Codex Juſtinians enthaltenen Conſtitutionen als ſolche citirte, ohne zu prüfen, von welchen Kaiſern dieſelben ſtammen; ebenſowenig Sav. l. c., deſſen entfernt nicht erſchöpfende Aufzählung ebenſo blos Rhon wie dieſer Gothofr. folgt. Da nun aber das Edict dem juſtinianiſchen Codex vorherging, muß man die einzelnen Conſtitutionen als ſolche zuſammenſtellen und dann ergibt ſich das überraſchende Uebergewicht der Geſetze von zwei ſo frühen Kaiſern[2]). Es erklärt ſich dieß aber doch wohl einfach daraus, daß Diokletian eine außerordentliche Menge von Conſtitutionen erlaſſen hat[3]) und in den uns verlornen Theilen der Gregorianiſchen und Hermogenianiſchen Sammlungen (deren uns erhaltne in der That auffallend viele Conſtitutionen jener Kaiſer enthalten) mögen die im Edict benützten und uns ſonſt nur im Cod. Juſt. überlieferten Conſtitutionen Diokletians geſtanden haben, ohne daß wir eine verlorene Separatſammlung der Conſtitutionen dieſer Kaiſer annehmen müſſen. Zu Rom und Ravenna fand man überdieß a. 500 zur Noth wohl auch noch alle Kaiſerconſtitutionen einzeln in den Scrinien; aber die Verfaſſer des Edicts ſuchten und benützten ſie einzeln ſchwerlich.

IV) Viermal iſt Ulpian benützt, nämlich in den §§. 32, 57, 58, 96; zweimal de officio proconsulis; zweimal ad edictum.

V) Dreimal iſt benützt die Nov. t. 9 von Theodos und Valentinian, §. 29, 64, 68.

VI) Zweimal eine Conſtitution von Severus Alexander, §§. 85, 86.

VII) Alle andern Quellen ſind nur einmal benützt, nämlich:
1) Marcian L. 14. Instit. (l. 1, §. 1 D. 48) in §. 1.
2) Macer de appellat. (l. 1, §. 3 D. 49, 8) in §. 5.
3) Papinian L. II. de adult. (l. 8 D. 48. 5) in §. 39.
4) Kalliſtratos L. 16. de cognit. (l. 6, §. 2 D. ad leg. Fab.) in §. 83.

---

1) §§. 5. 44. 62. 79. 87. 109. 118. 127. 135. 136. 138. 147. 148. 153.

2) Nur Eine dieſer 14 Stellen §. 135 iſt dem uns erhaltnen Codex Gregorianus entnommen, im Cod. Th. findet ſich keine derſelben.

3) Man ſpricht von 1200 Rein, S. 77.

5) Gajus Instit. 1, 64 in §. 36 (?).

6) Das alte Testament (coll. leg. mos.?) in §. 51.

7) Das prätorische Edict in §. 124.

8) Das velleïanische Senatusconsult in §. 133.

9) Ein Rescript von Antoninus in §. 131.

10) Eine Constitution — D. 42, 1 in §. 15.

11) „ „ Gordian in §. 82.

12) „ „ Constantin in §. 84.

13) „ „ Constantin und Julian in §. 112.

14) „ „ Honorius und Theodos in §. 125.

15) „ „ Valentinian II., Theodos u. Arkadius in §. 22.

16) „ „ Arkadius und Honorius in §. 36.

17) „ „ Majorian in §. 69.

18) „ „ Valentinian in §. 12.

Von den 154 Paragraphen des Edicts fallen, wie wir gesehen, nicht weniger als 138, also volle ⁸/₉ [1]), unter die oben von uns aufgestellten Kategorien, so daß kein Zweifel mehr darüber bestehen kann, welches eigentlich die von dem Gesetzgeber verfolgten Zwecke waren: sie lassen sich, wie gesagt, zusammenfassen in den Satz: Regelung der durch die neue Staatenschöpfung am Wichtigsten geworbnen Verhältnisse und zwar vorzugsweise Rechtsschutz für die Provincialen gegen die Gewalt und Uebergriffe der Gothen. Wie verhält es sich nun aber mit den 16 überschüßigen Paragraphen?

Zuerst muß bemerkt werden, daß die Ausscheidung derselben mit Absicht so strenge als möglich geschah, um die Gefahr zu vermeiden, einer vorgefaßten Idee von den Tendenzen des Edicts zu Liebe, seinen Paragraphen in der Auffassung Gewalt zu thun: von den genannten 16 Paragraphen[2]) lassen sich die nachstehenden ebenso

---

[1]) Und zwar betreffen das Gerichtswesen 49, die Gewaltsverbrechen 37, die Geschlechtsverbrechen 28, die Sclaven 17 und die Liegenschaften 7 Paragraphen: wenn man bei den Paragraphen gemischten Inhalts die Bestimmung nach dem Ueberwiegenden trifft.

[2]) Es sind die folgenden §§. 23. 29. 30. 32. 51. 72. 90. 108. 111. 127. 133. 134. 135. 136. 138. 147. und zwar enthalten diese Ausnahmen zum Theil, während das ganze Edict fast nur öffentliches Recht (Strafrecht, Verwaltungsrecht, Proceß) enthält, auch, rein oder gemischt mit öffentlichem, Privatrecht: nämlich §. 23 (reines) Intestaterbrecht, 29 Form des Testaments gemischt mit Strafrecht (Fälschung), ebenso §. 30. 32 u. 72 (reines Testamentrecht, 51 (rein) Schenkungsform, 127 (rein) Delegation, 133 (rein) Intercession der Frauen, 136 (rein) Eigenthum und Miethe, 138 (rein) Eigenthumserwerb, 147 (rein) Kauf. Dagegen 90

gut der Kategorie Gerichtswesen §§. 23, 51 (51 auch zu Liegen=
schaften wegen 52), 72 und der Gruppe Gewalt und Eigenthums=
verbrechen die §§. 29, 30, 90 zuweisen; so daß nur 10 auszuschei=
dende übrig blieben.

Indessen kann jedenfalls auch dieß halbe Dutzend Ausnahmen
mehr an unserer Regel nichts ändern und unsere Erklärung von
der Entstehung des Edicts würde vollständig ausreichen: es sind
eben sechzehn Fragen, welche wegen ihres gleichfalls häufigen Vor=
kommens am Hofgericht oder wegen anderer Gründe für den König
von besonderer Wichtigkeit scheinen. Wir brauchen uns aber hie=
mit nicht zu begnügen: es läßt sich vielmehr bei (fast) allen diesen
Ausnahmen deutlich der Gedankenzusammenhang nachweisen, in
welchem der Gesetzgeber von den fünf Hauptgruppen aus zu ihnen
gelangt ist. Dieß kann aber nur in der Erörterung der Gesammt=
eintheilung des Edicts gezeigt werden.

Denn, wenn man auch diesem Gesetz ein eigentliches System
mit Recht abgesprochen hat, wenn es auch seine fünf Hauptgruppen
in buntem Wechsel immer wieder aufeinander[1]) folgen läßt und die
Ausnahmen dazwischen schiebt, so waltet doch meist in seinen ein=
zelnen Abtheilungen wenigstens eine gewisse Ideen=Association.

Das Vorwort berichtet über die Veranlassung der Entstehung
des Gesetzes, motivirt dadurch seinen systemlosen Charakter und be=
stimmt die Ausdehnung seiner Gültigkeit, sowie seine allgemeine
Tendenz (generalitatis quietem, den Landfrieden).

Zuerst wird nun für die Rechtspflege (§. 8—11) gesorgt,
(§. 1—7) auf daß die Selbsthülfe keine Ausrede habe; auch die
Anerkennung der Verjährung (§. 12) gehört zur quies generali=
tatis. Aber die Gerichtshülfe soll auch nicht mißbraucht werden zu
solchen Anklagen (§§. 13, 14), wie gegen den Angriff unberechtig=
ter Gewalt Nothwehr gestattet sein muß (§§. 15, 16). Das hiebei
erwähnte Gewaltverbrechen gegen Personen und Eigenthum führt
den Gesetzgeber zum erstenmal zum Schutz der Frauen (Entführung,
Frauenraub), wobei der Verletzte auch der Gewaltherr der einwilli=

Fälschung, Betrug, Münzfälschung (Zerstörung von Testamenten), §. 108 Ver=
brechen gegen das Christenthum, Zauberei, Vergiftung. §. 111. Begraben von
Todten innerhalb der Mauern Roms.

1) S. oben S. 26 f. Türk Vorles. S. 87, v. Glöden S. 142 u. v. Daniels
meinen, die Reihenfolge der §§. sei durch die Ordnung der Acten in der Regi=
stratur bestimmt worden.

genben Entführten sein kann (§. 17—22). Hierauf folgt die erste
Ausnahme: nämlich die Regelung der Intestaterbfolge (§. 23),
welche auf den ersten Blick nur vom Zufall an diese Stelle ver-
schlagen scheint. Aber nähere Betrachtung zeigt einen Zusammenhang deutlich auf, der freilich zunächst befremden mag. Die nächsten 9 Paragraphen (§. 24—33) handeln vom Erbrecht und der
Gesetzgeber wurde hierauf geführt durch seine Sorge für reine, unparteiliche Rechtspflege. Es gab nämlich im damaligen römischen
Rechtsleben eine höchst gefürchtete, mit Uebergriffen aller Art die
privatrechtliche Gleichheit aller Rechtssubjecte unaufhörlich gefährdende Person: das war Niemand anders, als der Fiscus. Wenn
man von Prokops Darstellung des Rechtslebens im Ostreich auch
alle Uebertreibungen abzieht[1]), so bleibt noch die Gewißheit übrig,
daß der Fiscus, wie alle seine Rechte und Vorrechte, so namentlich
sein Recht auf erblosen Nachlaß auf's Aeußerste mißbrauchte und
sehr zahlreiche Varien Cassiodors beweisen, daß dieß im Westreich
nicht besser war, daß der König alle Mühe hatte, den räuberischen
Eifer seiner Fiscale zu zügeln[2]).

Dieß bezwecken eben für den Hauptfall (die bona caduca)
§. 24—27 unseres Edicts, welche also die Reinheit der Rechtspflege, auch gegenüber dem Fiscus, eines der fünf Hauptthemen,
zum Gegenstand haben und damit auf §. 14 zurückgreifen. In
diesem Zusammenhang, d. h. um zu bestimmen, wann die Ausnahme
der bona caduca vorliege[3]), muß selbstverständlich die Regel der
Intestat- und normalen Testamenterbfolge ausgesprochen werden
und daher der §. 23 an dieser Stelle. Weiter wird dann der Fiscus verpflichtet wie ein andrer Kläger sich an das ordentliche Gericht des Beklagten zu wenden und die privilegirten Erbrechte der
Kirchen und andrer Körperschaften zu respectiren (§. 25—27).
Daran schließen sich Bestimmungen über die Testamentserbfolge

1) Dahn, Procop S. 300. 336.
2) S. oben S. 98.
3) Gerade dieses Privileg des Fiscus wurde, wie im Ostreich, (Dahn, Procop S. 339) so auch im weströmischen Staat am häufigsten mißbraucht: will-
kommene Ergänzung und Erklärung gewähren auch hier die Varien. Die Sici-
cilianer klagen: quorundam substantias mortuorum sine aliqua discretione
justitiae fisci nomine caduci te perhibent titulo vindicare, cum tibi hoc
de peregrinis tantum videatur esse commissum, quibus nullus heres aut
testamentarius aut legitimus invenitur. IX. 14. Das Edict war damals
schon erlassen: Athalarich spricht; vgl. über dieß Recht noch die dunkle Stelle Var.
XII. 9.

§. 28—33, wobei die §§. 28; 29, 30 gar nicht als Ausnahmen gelten können, denn sie bezwecken den Schutz von Erbschaften gegen
listiges Unrecht (Fälschung) und auch der §. 32, der sonst sehr viel
Noth macht[1]), bietet in Hinsicht seiner Stellung keine Schwierigkeit: er bezweckt, wie die neben ihm stehenden, die Sicherung des
wirklichen Willens des Testators gegen Anfechtung aus nur formalen Gründen.

Nach dieser Abschweifung von der Rechtspflege in's Erbrecht
zu welcher die Zügelung des Fiscus veranlaßt hatte, wird in §. 34
u. 35 wieder an §. 13 u. 14 angeknüpft und der Mißbrauch des
Gerichts zu Erschleichung und falschen Anklagen verhütet. — Hierauf werden zum erstenmal völlig unvermittelt vier Paragraphen
über Geschlechtsverbrechen eingeschoben (§. 36—39), worauf ebenso
unvermittelt wieder Paragraphen über Rechtspflege folgen (§. 40
bis 47), die unter sich gut zusammenhängen (Fälschung, falsches
Zeugniß, Abtretung von Forderungen an Mächtigere zum Schaden
des Schuldners, Einmischung von Mächtigen in fremde Processe,
Anheftung von Tituli, Zeugschaftsunfähigkeit der Unfreien gegen
ihre Herrn, geheime Anklagen). Von der streitigen wendet sich das
Edict zu der freiwilligen Gerichtsbarkeit und regelt zugleich den Erwerb von Liegenschaften (§. 52. 53), welche nur in gerichtlicher Fertigung sollen geschenkt werden können: daher erklärt sich die „Ausnahme" §. 51, welche, im Gegensatz hiezu, bei der Schenkung von
Fahrniß statt der gerichtlichen einfach schriftliche Form für genügend
erklärt.

Die Normirung der Ehescheidung (§. 54) hängt freilich nur
locker mit dem Vorhergehenden zusammen: es ist aber das Verbin-
dungsglied der Gedanke, daß auch hier die Gerichte thätig werden
und die ältern freien Privatscheidungen (repudia) ausgeschlossen
sein sollen. Daß das Thema „Rechtspflege" hier noch nicht aufge-
gegeben war, zeigt der folgende Abschnitt über die Appellation
(§. 55); ohne Uebergang folgen nun drei Bestimmungen (§. 56—58)
über Diebstahl und Raub (Gewalt) und daran schließen sich Gewaltverbrechen gegen Frauen (§. 59—63), welche, sofern sie von
Sclaven verübt werden (§. 63), von selbst in das Sclavenrecht hin-
überleiten, zunächst in Regelung der Rechtsverhältnisse an Kindern
der Sclavinnen von fremden Freien oder Unfreien (§. 63—70).
Und da Sclaven am Häufigsten in der Lage waren, das Asylrecht

---

1) S. oben S. 60.

der Kirchen anzurufen, leitet das Sclavenrecht zu Bestimmungen über dieses Recht und seinen Einfluß auf den Gang der Rechtspflege, um die Thätigkeit der Gerichte (70—74), womit die „Ausnahme" (§. 72 Allegation der Testamente), freilich nur locker, aber doch in etwas zusammenhängt. Daran reihen sich unvermittelt Bestimmungen gegen gewaltsame Besitzesstörung und Freiheitentziehung, was consequent zu weiteren Sätzen über Sclavenrecht hinüberführt (§. 77—88). In diesen Sätzen waren mehrere Fälle von Betrug zu entscheiden gewesen; das hat den Gesetzgeber an andere häufige Arten von Betrug erinnert (§. 89—91), daher die Ausnahme §. 90, welche aber mit §. 91 zum Theil unter das Thema Rechtspflege fällt. Darauf zwei Bestimmungen über Eherecht, richtiger Familienrecht, patria potestas, die zu dem Sclavenrecht leiten, weil den Eltern das Recht, die Kinder zu verkaufen, abgesprochen wird. §. 91—96. Aber auch §. 96—103 behandelt noch Sclavenrecht mit Beziehungen auf Rechtspflege und Gewaltverbrechen: nur §. 99 handelt ganz isolirt von Mord. Die §§. 100 u. 101 gehörten eigentlich zu §. 48 u. 49. An die Beziehungen auf Rechtspflege im Vorstehenden knüpft §. 103 u. §. 105 (Grenzverrückung), eingeschoben im Zusammenhang mit dem Sclavenrecht.

Mit dem isolirten §. 107 (Aufruhr) steht die Ausnahme (Verbrechen gegen die Religion) §. 108 wohl nur durch die gemeinsame Todesstrafe in Verbindung und dieß führt wohl auch zu §. 109 (Raub durch Sclaven), da der unschuldige Herr zwar mit dem vierfachen Ersatz abkömmt, der Sclave aber, wenn in noxam gegeben, getödtet wird, vgl. §. 87, während die Ausnahme §. 111 (Begraben von Leichen in Rom) sich natürlich an den Schutz der Gräber in §. 110 anschließt.

Die häufigen Todes- und Exilstrafen in den vorstehenden Paragraphen führen zur Verfügung über den Nachlaß der Verurtheilten (§. 112—114) und damit verbindet sich die Strafe für die Befreiung von Verurtheilten (§. 114). Da hiebei wiederholt der Fiscus genannt werden muß, wird nebenher die Veruntreuung (Entwendung) von Fiscalvermögen geahndet (§. 115), worauf zu Entwendungen im Allgemeinen fortgegangen wird; (§. 116—120) und da hiebei wieder die Sclavenverhältnisse in Betracht kommen, werden auch die Forderungen gegen Sclaven und ihr Peculium geregelt (§. 121). Damit ist das Gebiet des Forderungsrechtes betreten und es werden verschiedene Versuche der Gläubiger, mit unrechten Mitteln, namentlich durch Selbsthülfe und Gewalt, ihre Forderungen zu realisiren, verpön. (§. 121—124.) Daran schließen sich weitere Bestimmungen über Gewalt (§. 125) und da dabei von dem Asylrecht der Kirchen gesprochen wurde, auch ein Zusatz hierüber. (§. 126.) Der nächste Abschnitt nimmt das Forderungsrecht wieder auf und es bildet §. 117 eigentlich keine Ausnahme, da er wie §. 122 nur die Verschlimmerung der Proceßstellung des Schuldners verhüten will; auch die in §§. 128—132 folgenden Sätze betreffen Rechtspflege und Proceßrecht, aber mit besonderer Beziehung auf Forderungsrecht und daher erklärt sich, wie der Gesetzgeber zu den das Obligationenrecht betreffenden Ausnahmen §§. 133, 134, 135, 136, 138 gelangte, die in diesem Zusammenhang kaum mehr als Ausnahmen gelten können. Die noch übrigen sechzehn Paragraphen haben ihre formale Verbindung in der gemeinsamen Sorge für Proceßrecht und Rechtspflege §§. 137. 143. 144. 145. 146. 149. 153. 154. materiell; dem Inhalt nach, tritt bald Sclavenrecht, §§. 141. 142. 146. 148. 150., bald Recht der Liegenschaften, §§. 142. 145. 146. 151, bald gewaltsame Widerspänstigkeit, §§. 145. 150. 152 hinzu und da hier, materiell der obligationenrechtliche Gesichtspunct häufig in den Vordergrund tritt, so erklärt sich auch die letzte Ausnahme §. 147.

Was die Selbständigkeit und Unselbständigkeit des Edicts anlangt, so finden wir diese zwar, bei genauer Prüfung überwiegend, aber doch nicht in dem Maße der herrschenden Vorstellung. Von den 154 Paragraphen sind nämlich 91 ohne selbständigen Beisatz in Inhalt und Form dem römischen Recht entnommen, während die Zahl solcher, deren römische Quelle wir nicht kennen, oder deren Inhalt oder Form auf absichtlicher Umgestaltung des römischen Rechts beruht, 63 beträgt[1]).

Betrachten wir nun die Veränderungen, welche der König an dem geltenden Recht vornahm[2]), so ergibt sich zunächst die für die Tendenz des Edicts bezeichnende Thatsache, daß die meisten dieser Aenderungen Schärfungen und Steigerungen der vom römischen Recht gedrohten Strafen sind[3]). So wird die Strafe des bestochenen

---

1) Es sind die §§. 1. 2. 4. 8. 9. 10. 15. 19. 21. 22. 23. 24. 25. 27. 28. 30. 31. 32. 34. 35. 37. 43. 45. 46. 47. 55. 56. 58. 60. 61. 64. 65. 66. 72. 73. 74. 75. 76. 90. 93. 95. 96. 97. 99. 104. 106. 107. 108. 114. 115. 118. 119. 123. 126. 128. 131. 132. 137. 140. 142. 145. 150. 152. 154.

2) Ueber die rohe äußere Verarbeitung des römischen Stoffes s. Sav. II. S. 179. Mit dieser Rohheit hängt auch der Mangel der in den westgothischen und burgundischen Rechtsbüchern gegebenen Quellennachweisungen zusammen. l. c.

3) Die sämmtlichen Straferhöhungen des Edicts sind in §. 1. 17. 35. 41. 43. 45. 46. 56. 57. 64. 73. 75. 77. 78. 83. 97. 107. 108. 110. 111.

Richters — das ist ganz im Geist Theoderichs — von bloßer Deportation und Confiscation[1]), ebenso die der einwilligenden Entführten von bloßer Entziehung des Erbrechts[2]), zur Todesstrafe
erhöht; falsche Ankläger werden nicht mehr blos zur einfachen
Todesstrafe, sondern zu der schwersten Strafe, die das Edict kennt,
zum Feuertod verurtheilt — abermals bezeichnend für Theoderich[3]).
Häufig, wie z. B. bei der Fälschung, spricht das Edict die bisher
nur für die schwersten Fälle gedrohte Strafe für alle Fälle des betreffenden Reats aus.[4])

Manchmal fügt der König zu den bestehenden Strafen noch
eine Geldbuße an den Fiscus §. 43. Die Strafe für Mißbrauch
der Amtsgewalt (Entsetzung) wird noch durch Prügel geschärft und
auch auf die Partei, zu deren Gunsten sie erfolgt, ausgedehnt[5]).
Die Strafe für Behinderung eines Begräbnisses wird von den metalla in lebenswierige Verbannung verwandelt und geschärft durch
Prügel[6]); ebenso die Strafe für violentia und Menschenraub (plagium) von den metalla zum Tode[7]), oder, je nach Umständen, zu
Prügeln, Exil und Confiscation[8]).

§. 97 verdoppelt die römische Strafe für Brandstiftung; weiter
wird für Aufruhr die einfache Todesstrafe des römischen Rechts zu
der höchsten Strafe des Edicts, Feuertod, gesteigert (§. 107); der
Rückfall in's Heidenthum statt mit Confiscation und Verbannung
wieder, wie im ältern Recht, mit dem Tode gebüßt[9]), ebenso in
allen Fällen die Gräberzerstörung[10]) und das Begraben von Todten
innerhalb Roms außer mit Confiscation mit Prügelstrafe und Verbannung bedroht[11]). Man kann aus dieser Schärfung der Strafen
entnehmen, daß die damit getroffnen Verbrechen besonders häufig

---

1) §. 1.

2) §. 17.

3) §. 35.

4) §. 41 immer Tod statt der für die kleineren Fälle üblichen Deportation;
ganz ebenso §§. 56. 57 Todesstrafe bei vierfachem Ersatz bei abigeatores: Hadrian hatte gesagt: Tod, wenn sie am Schwersten gestraft werden: Theoderich sagt:
immer Tod, denn sie sollen am Schwersten gestraft werden.

5) §. 73.

6) §. 75.

7) §. 77. 78.

8) §. 83.

9) §. 108.

10) §. 110.

11) §. 111.

waren[1]) oder in des Königs Augen besonders strafwürdig erschienen[2]). Charakteristisch ist besonders die schwere Strafe für An-
stiftung von Empörung — sie ist ein Zeichen, welche Besorgnisse
der König hegte.

Nicht minder bezeichnend aber als diese Straferhöhungen sind
die übrigen Aenderungen, namentlich die wenigen Strafminderungen,
welche das Edict verfügte; sie bezwecken in sehr bedeutsamer Weise
fast sämmtlich die Aufhebung eines Unterschiedes, welchen der König
bei den Römern, wie in allen socialen Zuständen, so auch im Strafrecht vorfand[3]) und der auch bei den Gothen, so wenig er mit der
germanischen Verfassung stimmte[4]), vermöge des Umschwungs aller
Verhältnisse sich bereits eingeführt hatte, wenn er auch keineswegs
schon befestigt und der König vielmehr bestrebt war, ihn nach Kräften zu beseitigen — in mancher Hinsicht muß er ihn bereits gelten
lassen: — den Unterschied von Vornehmen und Geringen[5]); der
König sucht diesen zu beseitigen und dafür die echt germanische
summa divisio von Freien und Unfreien bei Thäter und Geschädigten zur Hauptsache zu machen[6]). — Die wenigen Strafmilderungen
sind folgende. In §. 4 mag befremden, daß der Exceß eines Ge-
richtsdieners gelinder bestraft wird: man sollte bei der Tendenz des
Edicts das Gegentheil erwarten; es erklärt sich aber vielleicht daher,
daß in der römischen Quelle ganz allgemein von allen Excessen des
Amtspersonals die Rede ist, während das Edict nur Einen und
zwar leichten Fall behandelt. Ferner werden (§. 55) Fehler des
Richters bei Berufungen mit nur zehn Pfund Gold geahndet, während das römische Recht mit 20, 25 und 80 Pfund straft. Sollte
sich diese auch sonst begegnende Herabsetzung der Geldstrafen etwa
daraus erklären, daß in dem Abendland seit der letzten in steten

---

1) §§. 17. 41. 56. 57. 77. 78. 97. (?)
2) So §§. 1. 35. 75. 97. 110. 111.
3) z. B. bei furtum Rein S. 820 f.; ferner S. 419—421.
4) Denn die germanische quantitative Abstufung von Wehrgeld und Bußen
des Adels und der Freien ist nicht mit Abstufung der Strafart zu verwechseln;
nur bei Insolvenz der kleinen Freien trat an die Stelle der Geldbuße eine andere
Strafart.
5) d. h. Reichen und Armen: sehr bezeichnend nennt Agath. I. 6. die hervorragenden Gothen die εὐδαίμονες des Volkes; daß die humiles nicht mit den
Unfreien zusammenfallen (wie Rein S. 188) zeigen die Stellen A. III. S. 111;
der Knecht ist dem Germanen (Totila) noch immer der οἰκτρότατος Proc. III. 6.
6) R. A. S. 658. f. oben S. 739.

Unruhen verstrichenen 50 Jahren das Geld viel seltner und deß=
halb werthvoller und daher eine Reduction des Strafmaßes nöthig
geworden war? Wenigstens wird in einem verwandten Fall, wo
es sich nicht um Geld handelt, die Strafe für die Amtsperson so=
gar verschärft (§. 73), was auch ganz im Geiste Theoderichs, so
daß die obige Milderung wohl auf besonders zwingenden Gründen
beruhen mußte.

Manche Strafmilderungen bezwecken sichtlich den Druck des
Fiscus, der unerträglich geworden, zu verringern: so wird (§. 111)
eine Drittelconfiscation auf eine Viertelconfiscation herabgesetzt;
§. 112 nicht nur Eltern und Kindern, sondern allen Verwandten
von damnati bis zum dritten Grad ein Erbrecht und erst in deren
Ermanglung dem Fiscus ein Einziehungsrecht eingeräumt.

Selbstständige Bestimmungen sind im Uebrigen noch die Strafe
des Vierfachen in §. 2 (?), die Schlußsätze von §. 6 und 8; die
Verwandlung der Deportatio in Exilium §. 18; (ebenso die §§. 42
und 95) oft verschärft durch Prügel §. 75; es scheint im Gothen=
reich nur Eine Art von Verbannung, exilium, gegeben zu haben:
die (relegatio und die) deportatio in insulam[1]) scheint allmälig
unpraktisch geworden zu sein: es standen ja auch den Gothen keine
geeigneten Inseln zu Gebot: die meisten Inseln im Mittel= und
adriatischen Meer gehörten den Vandalen oder Byzantinern, und
auch die wenigen den Gothen gehörigen konnten in Ermanglung
ausreichender Seemacht nicht als sichre Detentionsorte für Verbrecher
gelten, denn das Entkommen in das feindliche Byzanz wäre allzu=
leicht gewesen[2]). Auch die damnatio ad metalla kennt das Edict
nicht: die spanischen und orientalischen Bergwerke des alten Römer=
reichs fehlten dem Gothenstaat und wenn auch Spuren von Berg=
bau im Gothenstaat begegnen, so scheinen die Werke doch nicht mehr
als Strafanstalten organisirt gewesen zu sein; daher das Edict statt
der metalla (meist für Sclaven) fast stets die Todesstrafe ausspricht
§§. 46, 77, 164 (ganz ebenso statt des schon seit Constantin abge=
schafften ludus gladiatorius und der bestiae §. 78), manchmal aber
auch nur lebenslängliche Verbannung mit Prügelstrafe §. 83. Dann
die Beseitigung der unpraktischen Latini juniani in §. 19 und der

1) Im Edict wird sie immer in exilium verwandelt, es kennt das Wort
deportatio in insulam nicht; die relegatio kommt zwar einmal in §. 89 in
scheinbarem Gegensatz zu exilium vor, aber s. darüber unten.

2) Ich corrigire hier meinen Irrthum in A. II. S. 48. Hartmann p. 21
hat gezeigt, daß Melita nicht Malta, sondern Meleda bei Dalmatien ist.

fiducia in §. 95, die Construirung der Intestaterbfolge in §. 23, die Einführung des Militärtestaments für die Gothen in §. 32; §. 45 die absolute Untersagung des Anheftens von Tituli; die Anzeigepflicht bei zugelaufenen Thieren §. 58; ganz analog die Bestimmung §. 80. Die Ahndung der Nothzucht §. 59, die Verknechtung des Freien, der mit einer fremden Sclavin in contubernio leben will §. 64; vielleicht §. 73 die Prügelstrafe für den Gerichtsdiener und die Strafe für die Partei; (einiges Neue auch in §. 84; ob in §. 91 Versehen oder Absicht?) Die Strafe für die Kreisbeschneidung der Münzen §. 90; das Einandernäherrücken von honestiores und humiliores §. 97; statt dieses Unterschiedes Betonung des germanischen von Freiheit und Unfreiheit, die Wiederaufführung verbrannter Gebäude §. 97; die Gleichstellung jedes homo mit dem civis romanus bei der Tödtung §. 99; §. 119 vielleicht Einfluß des germanischen Reinigungseides; §. 121 und sonst oft die geflissentliche Gleichstellung des colonus mit dem servus; §. 125 die Verleihung des Asylrechts auch an nicht orthodoxe Kirchen; §. 126 die Bestimmung über Delegation von Schuldnern der Curialen; §. 142 die Einführung der Veräußerlichkeit der originarii wie der servi ohne die Scholle und (?) §. 154 die Beschränkung der Gerichtsferien.

Die vom Edict bedrohten crimina publica und delicta privata sind: abigei §§. 56, 57, 88. adulterium §§. 38, 39, 54, 60, 61. Befreiung von Gefangnen §. 114. Bestechung §. 2 f. 91. Betrug §. 90 (f. falsum). Brandstiftung §§. 97, 98. calumnia §. 79. concussio §§. 3, 4, 89. delatio §§. 35, 50, 100. Ehebruch (f. adulterium). Entführung §§. 17, 18, 19, 20, 21, 22, 92 (f. raptor, rapina, raptus). Fälschung §§. 29, 30, 40, 41, 90. Falsches Zeugniß §. 42. (falsum §§. 40, 41.) furtum §§. 57, 58, 86, 88, 115, 116, 117, 118, 120, 130. Gebrauchsanmaßung §. 150. Gefangenhaltung §. 8. Gewalt §. 8 (f. violentia). Gräberzerstörung §. 110. Grenzverrückung §§. 104, 105. homicidium §§. 54, 99, 152. injuria §§. 79, 82. Kuppelei §. 54. majestatis laesae crimen §§. 49, 113. malefici §§. 54, 108. Menschenverkauf §. 92. Münzverschlechterung §. 90. Nothzucht §§. 59—63. plagium §§. 78, 81, 82. rapina §§. 116, 124. raptor §§. 17—22, 109, 116. Raub §. 109. Religionsverbrechen §. 108. seditio §. 107. Selbsthülfe §§. 10, 15, 16 (f. violentia). sollicitatio §§. 85, 88. stuprum §§. 37, 60, 61, 62, 63. subreptio §§, 34, 129. Tödtung §. 99. violentia vis §§. 9, 16, 21, 75, 77, 109, 124, 125, 126. Zauberei §. 108.

Auf diese Verbrechen vertheilen sich die Strafarten des Edicts in folgender Weise:

I. Vermögensstrafen[1]), und zwar:

1) mehrfacher Ersatz: für Selbsthülfe §. 10 (in den Varien duplum IV. 10, Anheftung von tituli und privata usurpatio III. 20), für Erpressung von Beamten vierfacher Ersatz §§. 2—4 (vgl. Var. III. 10, 27), für abigei §§. 56, 57; furta §§. 56; Viehdiebstahl, Raub §§. 109, 124, 126; Bestehlung des Fiscus §§. 124, 126, analog für Amtsvergehn der Fiscalbeamten §. 26 (vgl. Var. IX. 14), 126, 149; Schädigung fremder Saaten;

2) bestimmte Geldsummen: 10 Pfd. Gold für Unterdrückung der Berufung §. 55 (dieselbe Summe in den Var. für Erpressung an Curialen X. 2, Verletzung königlicher Privilegien II. 26, III. 24 (X. 28; 30 Pfd. für Nichtvorgerichtstellung von Sclaven. I. 30); 5 Pfd. Gold für Connivenz des Richters bei Befreiung von Gefangnen §. 114 (vgl. Var. 50 Pfd. Gold für chicanöse Verfolgung eines königlichen Schützlings VIII. 20, ein andermal nur 13 sol. III. 40); 1 solidus täglich für widerrechtliche Benutzung fremder Knechte und Thiere §. 150 (100 oder 50 sol. oder 100 sol. und 2 Unzen für Verletzung der Postordnung V. 5, IV. 47); 6 sol. für Ueberschreitung der Preistarife XI. 11, 12; unbestimmte mulctae und Brüchen I. 19, 30. VI. 3. VIII. 31.

3) Confiscationen, und zwar

a) eines Landguts §§. 22 bei Entführung, Anheften von tituli 46 (Var. V. 14 die casae der Steuerweigerer),

b) eines Knechts 84,

c) der Hälfte des pretium einer ad potentiorem cedirten Forderung 43,

d) eines Drittels des Vermögens: Behinderung eines Begräbnisses 75, Menschenverkauf 83, Grenzverrückung 94,

e) Viertelsconfiscation für Leichenbestattung in Rom 111,

f) Gesammtconfiscation für Bestechung 91, Heidenthum und Zauberei 108, des Nachlaßes der damnati 112. (In den Varien Gesammtconfiscation gegen den Staatsverräther[2]) Tufa IV. 32. Verletzung königlicher Privilegien XII. 13, als Finanz- und Schuld-Execution V. 6, 7.)

g) Entziehung der donativa Var. IV. 27, 28.

---

1) S. im Allgemeinen Proc. b. G. I. 2.
2) Vgl. gegen Boëthius u. Symmachus Proc. b. G. I. 1 u. im Allgem. I. 6.

II. Amtsentsetzung für Erpressung §§. 3, Verletzung des Edicts und andere Amtsvergehen 73 epil. (Boeth. I. 4. Basilius regis ministerio depulsus.)

III. Prügelstrafe[1]:

1) primär für Erpressungen der Amtsdiener §§. 4, und sonstigen Mißbrauch ihrer Amtsgewalt 3; diese Leute gelten als insolvent, ebenso die rustici VIII. 33, deßhalb hier primär Prügelstrafe;

2) eventuell, d. h. für den Fall der Insolvenz[2] bei Geldstrafen auch an Freien, ganz gegen das altgermanische Recht, aber auch in der L. Visig. und sonst in den Stammrechten (R. A. S. 704, A. III. S. 44), entsprechend in den Varien, III. 20 dicandse Processe, IV. 10 eigenmächtige Pfändung, X. 28 Verletzung königlicher Privilegien, IX. 2 Erpressung an Curialen, Raub VIII. 33, XI. 11 Ueberschreitung der Preistarife, bei Verführung fremder Magd §§. 64, Menschenverkauf 83, betrügliche Beilegung von Amtsgewalt 89, Brandstiftung 97 (s. An. Val. A. III. S. 200), Bestattung von Leichen in Rom 111. Und zwar immer in Verbindung mit Verbannung ausgenommen §. 64, wo statt deren deputatio collegio civitatis eintritt[3].

IV. Verbannung[4] und zwar 1) primär meist
a) lebenslänglich (wofür in Ermanglung einer Zeitangabe die Vermuthung spricht), bei Nichtverfolgung der Entführung

---

1) S. im Allgem. Proc. I. 2.

2) S. oben und zahlreiche Beispiele aus dem römischen Recht bei Rein S. 233, der sie aber nicht ganz richtig als „Strafverwandlung" bezeichnet.

3) Folter ist nie Strafe, sondern nur Beweisprozedur und wird im Edict nur bei Sclaven erwähnt, §§. 84. 100. 101. 102; als mißbräuchlich gegen Freie angewendet (wegen Hochverrath?) Var. IX. 17; auch bei Boëthius (An Val. l. c.) vielleicht nur um Geständniß zu erpressen. Ebenso ist Gefängniß dem Strafsystem des Gesetzes fremd: die Fälle Var. III. 20. 46. IX. 17. XI. 40. sind Untersuchungshaft; ebenso bei Boëthius und Pabst Johannes (A. II. S. 173; über das römische Recht Geib S. 288. Doch lag hier wie dort (Geib S. 535) Mißbrauch sehr nah.

4) Das Recht des Gothenstaats kennt nur mehr Eine Form der Verbannung, exilium; die Unterscheidungen des römischen Rechts in exilium, relegatio, deportatio (in insulam) sind nicht mehr praktisch. Zwar begegnen auch diese Ausdrücke (exilium §§. 18. 42. 75. 83. 95. 108. releg. 89. 47. Var. IX. 18. deport. Epil. Var. IX. 18.) noch im Edict und in den Varien, z. B. III. 47, aber sie sind nicht mehr technisch gemeint. (Daher in vielen Fällen das Edict „exilium" braucht, wo seine Quellen die in insulam relegatio oder deportatio haben, z. B. §§. 42. 75. 95.) In den Varien wird einmal das Exil auf den vulcanischen Inseln verhängt (A. III. S. 107) und der Epilog des Edicts hat das Wort de-

8*

§§. 18, falſchem Zeugniß 42 (Boëth. I. 4. Opilionem atque Basilium ob injurias atque multiplices fraudes in exilium ire regis sententia decrevit (daſelbſt wird für ungehorſame Verbannte Brandmarkung gedroht), Heidenthum und Zauberei 108, Inpfandnahme freier Kinder 95, betrüglicher Amts= anmaſſung 89, in den Varien bei Todtſchlag III. 47, Körper= verletzung I. 18, mit lebenslänglichem Exil iſt immer Ge= ſammtconfiscation verbunden (ob aber auch umgekehrt §. 91?), ſo auch Var. IV. 41; bei zeitwieriger Verbannung hält es der König für wichtig zu bemerken, Confiscation ſolle ſie nicht begleiten Var. III. 46;

b) zeitwierige Verbannung begegnet: fünfjährig mit Drittelconfis= cation bei Begräbnißbehinderung §. 75, vgl. Var. l. c. halb= jährig; es ſcheint dieß mehr volle Begnadigung unter Be= dingung zeitwieriger Entfernung aus praktiſchen Gründen, auch II. 14 iſt die legitima ultio wohl Verbannung;

2) ſecundär, d. h. im Fall der Inſolvenz bei Brandſtiftung §. 97, (bei Leichenbeſtattung in Rom §. 111, aber nur Austreibung aus Rom.)

V. Todesſtrafe[1]), und zwar

1) einfache (Schwert) für den beſtochnen Richter, der eine Todesſtrafe ausgeſprochen §§. 1; wegen violentia in allen ihren Formen 9, 77; Ehebruch 38, 39; falsum 41, 90; Anheftung von tituli an fremde Häuſer 47; Anklage von Sclaven und Freigelaſſe= nen gegen Herren und Patrone 48; geheime Angeberei 50; unfreie abigei 56; eventuell (d. h. für Arme) wegen Nothzucht an einer freien Jungfrau 59, 63, oder Wittwe 60, 63; plagium 78; Grenz=

---

portatio; aber der Epilog ſpricht eine freiere, rhetoriſche, nicht die ſtreng techniſch juriſtiſche Sprache des Geſetzes ſelbſt; in dieſem begegnet der Ausdruck nicht: de= portatio iſt im Epilog ſo wenig techniſch gemeint, als der ebenfalls darin begeg= nende und entſchieden nicht mehr praktiſche Ausdruck proscriptio. Daß aber das Nebeneinander von relegatio und exilium in §. 89 des Edicts keinen techniſchen Unterſchied bedeutet, ſondern nur die Wiederholung deſſelben Wortes vermeiden will, beweiſt die Verbindung beider Ausdrücke in §. 97 relegatio exilii. (Ebenſo Ed. Ath. poena relegentur exilii.) Und gerade §. 89, die einzige Stelle, welche verleiten könnte, an eine techniſche Unterſcheidung zu denken, beweiſt das Gegen= theil. Denn ſie ſpricht von relegatio der, wenn unterſchieden werden ſoll, gelin= dern Strafform bei den viliores und von der härtern, exilium, bei den honestiores. Das müßte ſich aber umgekehrt verhalten, wenn techniſch unterſchieden würde.

1) Vgl. im Allgem. die Punctation Theodahads Proc. l. c. I. 6.

verrückung von Sclaven 104; Heidenthum (primär) und Zauberei eventuell 108; Gräberzerstörung 110; Kirchenraub und Asylbruch 125;

2) geschärfte (einzige im Edict gedrohte Schärfung ist Feuer= tob); geheime Angeberei §§. 35; Vermischung mit dem eig= nen Sclaven 61; adulterium 38, 39; (so auch germanische Rechte R. A. S. 699); im römischen Recht vorübergehend (s. Rein S. 851), vielleicht auch im Edict, weil auf den Fall des §. 61, der als adulterium gefaßt wird, der Feuertod steht; doch wäre hier Steige= rung denkbar; Brandstiftung (bei Sclaven) 97; Empörung 107[1]).

---

1) In den Varien Todesstrafe gegen Sclaven wegen Herrenmord arg. fiat pastus vulturis II. 19 und II. 36 für Diebstahl einer Statue offenbar will= kürlich (denn an den fur nocturnus des römischen Rechts ist nicht zu denken) gedroht, aber freilich nur gedroht. Das den Bären vorwerfen bei Greg. dial. l. c. s. A. III. S. 246 halte ich für einfach erfunden; als technische Strafe kam es längst nicht mehr vor und germanisch ist es auch nicht (R. A. S. 701) es wäre tyrannische Willkür, wie die Hinrichtung der römischen Senatoren durch Vitigis Proc. b. G. I. 26; Todesstrafe für militärische Vergehen l. c. II. 12.

Capita Edicti Theoderici regis.

§. 1. Judex si pecuniam acceperit, ut male judicet 44

2. Judex si, contra statum aut fortunas cujuslibet ut sententiam
proferret, pecuniam acceperit 46

3. Judex si immerito a provincialibus aliquid acceperit 47

4. Si officium cujuslibet judicis ultra jussionem acceperit . . . 47

5. Si sententia non praesentibus dicatur 48

6. Ut ad officium et sollicitudinem judicis pertineat, quomodo in
executionem mittantur judicia 48

7. Judex ut discussis allegationibus vel documentis utriusque
partis verum judicet 48

8. Sine judicis auctoritate nullum ingenuorum debere teneri . . 49

9. De his, qui aliquid adversus hoc praesumpserint 49

10. Cujuslibet rei possessorem per judicis auctoritatem debere
conveniri et exspectare cognitionis eventum 49

11. Si possessor pulsatus legibus non reddiderit rem petitam . 50

12. De his, qui per triginta annos quamlibet rem jugiter possederint 50

13. De his, qui alterum quolibet crimine pulsaverint 51

14. Ut sub alterius nomine nullus accuset 51

15. De percussore ad se veniente 51

16. De his, qui ad possessionem alienam violenter vadunt . . . 52

17. De raptore ingenuae mulieris aut virginis 52

18. De parente raptae aut curatore ejus 52

19. De servo, qui querelam de raptu viderit dissimulari 52

20. De raptu intra quae tempora concludatur 53

21. Si ancillam alienam aut originariam congregata multitudine
rapiat 53

22. De conductore conscio aut connivente 53

23. De his, qui intestati mortui fuerint 53

24. Quando debet fiscus agere 55

25. Unumquemque possessorem apud judicem fisci nomine pulsandum 56

26. De intestatis clericis et religiosis personis 56

27. Curialis si sine successore intestatus defecerit 57

28. De data testandi licentia 57

29. Si testator aut literas ignoret aut non possit subscribere . . 59

§. 30. De falsariis 59
31. Ut voluntatem suam facere volenti nullus contradicat . . . 59
32. De his, qui ab intestato possunt succedere 59
33. De barbaris, qui voluerint jure testari 62
34. De subreptione Romani aut barbari 62
35. De delatoribus 62
36. Si quis ad nuptias non legitimas adspiraverit 63
37. Intra annum mortis mariti si mulier nupserit 63
38. De adultere et adultera 63
39. Qui, ut adulterium fuerit, domum praestiterit 63
40. Qui falsum fecerit aut usus fuerit 64
41. Qui falsum nesciens allegaverit 64
42. Qui varium vel falsum testimonium dixerit 64
43. Nullum debere ad potentem Romanum aut barbarum suas
    actiones transferre 64
44. Nullum Romanum aut barbarum tanquam defensorem aut suffra-
    gatorem in alieno stare negotio 65
45. Nullum debere alienae rei nec suae titulos ponere 65
46. Si quis in ea re, quam possidet, conventus, ut adversario suo
    resistat, titulos posuerit 66
47. Si quis possessa ab aliis praedia titulis occupaverit 66
48. Libertos originarios aut servos contra patronos suos eorum-
    que liberos non audiri 66
49. Hoc etiam et de familiaribus observandum 67
50. De occultis secretisque delationibus 67
51. De donationibus celebrandis mancipiorum 67
52. Si quis praedium rusticum aut urbanum donaverit 67
53. De traditione facienda 68
54. Matrimonia passim non debere dissipari, ut quibuslibet cri-
    minibus probatis a conjunctione recedant 68
55. Omnes appellationes judicem debere suscipere 69
56. De abactore animalium diversorum 70
57. Abactor si usque ad unum equum, duas equas, totidemque
    boves, decem capras, et quinque porcos 70
58. Qui bovem, equum, vel aliud pecus errans invenerit . . . 71
59. Qui ingenuam virginem per vim corruperit 71
60. Si quis viduae violenter stuprum intulerit 72
61. Si matrona vidua cujuslibet libidine corrumpatur 72
62. Si matrona vidua volens corrumpatur a servo 73
63. Si servus alienus aut originarius ingenuam virginem per vim
    corruperit 73
64. Si quis ancillam alienam aut originariam virginem corruperit 73
65. Quoties se ancillae ingenuus originarius aut servus miscuerit 74
66. Quoties se originariae servus alienus aut ingenuus sociaverit 74
67. Si originarius alienus se originariae junxerit 74
68. Si originaria de ingenuo solo exierit 74

Seite

§. 69. Si quis curialem collegiatum aut servum per triginta annos possederit 74

70. Si servus ad quamlibet ecclesiam confugiat 75

71. Si quis in causa publici debiti ad ecclesiam quamlibet convolaverit 75

72. De allegatione testamentorum 76

73. De auctoritatibus exsequendis 76

74. De improbo litigatore 77

75. De armatis hominibus expugnandis, si ad rem venerint violenti 77

76. De reddendo momento rerum invasarum 78

77. Si servi de inrogata violentia convicti fecerint 78

78. De ingenuo plagiato 78

79. Si quis ingenuum in conditione tenuerit 79

80. Si mancipium alienum sollicitaverit 79

81. Si quis nesciens a plagiatore mancipia comparaverit . . . 79

82. Si quis ingenuus distrahatur 79

83. Qui ingenuum coelaverit, vendiderit vel sciens comparaverit . 80

84. Quisquis servum alienum aut colonum sciens fugitivum susceperit 80

85. Si servos sollicitatos vel ab altero furto ablatos susceperit . 81

86. Qui servum alienum invito domino apud se detinuerit . . . 81

87. In fuga positum servum 81

88. Si abactor, sollicitator, aut fur, antequam conveniatur mortuus fuerit 81

89. Si quis sibi ad terrorem militiam confixerunt 81

90. Si quis testamentum, codicillum, tabulas, gesta, libellos, cautiones, epistolas, in fraudem alterius mutaverit 82

91. Qui testibus pecuniam dederit, ut falsum dicant 82

92. Si sponsa persuasa ab sponso ad ejus domum non tradita venerit 83

93. Invitus pater familiam suam nulli dare in matrimonium cogitur 83

94. Parentes, qui cogente necessitate filios vendiderint 83

95. Nec pro pignore filios a parentibus dari (liceat.) 83

96. Qui in libertate degunt, si ad servitutem vocantur 84

97. Qui domum aut villam aut casam incenderit 84

98. Incendium, quod incaute servus aut colonus in agro suo posuerit 85

99. Qui hominem sine audientia occiderit aut occidi suaserit . . 85

100. Servum alienum in alterius caput torqueri non posse . . . 85

101. Qui servum ideo comparavit, ne adversus se torqueretur . . 85

102. Si servus ad hoc fuerit manumissus, ne torqueretur . . . 86

103. Ubi aliquod facinus committitur, ibi debere defendi 86

104. De effossis terminis aut arboribus terminalibus 86

105. Qui limites inter duos fundos debeant observari 86

106. De negotio sacramentis finito 87

Seite

§. 107. De auctore seditionis 87
108. De his, qui pagano ritu sacrificaverint 87
109. Si servus aut colonus domino nesciente violenter aliqua
    rapuerit 88
110. Qui sepulchrum destruxerint 89
111. Si quis intra urbem Romam cadavera sepelierit 89
112. De bonis damnatorum quolibet crimine 89
113. Si curialis damnatus filios reliquerit 89
114. Si damnatum clerici aut alii eruerint 89
115. Qui pecuniam publicam aut fiscalem furaverit 90
116. Si quis a fure aliqua ad servandum susceperit 90
117. Servus si furtum fecerit vel damnum cuilibet dederit . . 90
118. Si propter furtum servi dominus conventus fuerit . . . 90
119. Si quid de taberna nave aut stabulo perierit 90
120. Si servus furtum fecerit et manumissus fuerit 90
121. Si procuratori aut actori vel colono, conductori aut servo
    alicujus, invito aut nesciente domino mutuam pecuniam
    quis dederit 91
122. Si quis cautionem suam potenti dederit exigendam . . . 91
123. Creditor si debitori suo res sibi non obligatas violenter
    rapiat 91
124. De pignoribus capiendis 92
125. Si quis de ecclesiis, id est locis religiosis, homines traxerit 92
126. Ut nullus curialium sive tabulariorum vel susceptorum intra
    ecclesiam residens, emittat pittacia 92
127. Ut invitus nullus delegetur 93
128. Si filius in potestate patris positus, servus aut colonus a
    patre vel domino in aliqua culpa non defendatur . . . 94
129. Qui per mendacium vel subreptionem aliquid impetraverit 94
130. Si quid promissum est, ut fur comprehenderetur 94
131. Qui de debito in judicio convicti aut condemnati fuerint . 94
132. Qui possessor ad judicium veniet 94
133. Mulier etiamsi per cautionem alienum debitum se reddi-
    turum spondeat 95
134. Qui ultra legitimam centesimam a debitore suo speraverit 95
135. Si fidejussor pignora debitoris, pro quo fidem fecit, liberaverit 95
136. Si quis quamlibet rem suam nesciens a possessore conduxerit 95
137. Si quis in area aliena aedificium fecerit 95
138. Si una res a duobus fuerit comparata 95
139. Cujus forum auctor venditionis sequatur 95
140. Qui de re comparata pertulerit quaestionem 95
141. Quicunque servum fugitivum vendiderit ignoranti 95
142. Liceat unicuique domino mancipia sua, etiam originaria, ad
    alia loca transferre vel quod voluerit facere 96
143. De servandis privilegiis Judaeorum 97
144. De emittendis securitatibus fiscalium titulorum 98

§ 145. Si quis barbarorum tertio conventus judicio adesse con-
    tempserit 98
  146. De frugibus sublatis 99
  147. De venditionibus bona fide celebratis 99
  148. De servis aut colonis de hoste reversis 99
  149. De mensura et ponderatione publica 99
  150. Ut nullus alieno rustico aut bovi imperet 100
  151. De messe laesa aut arbore dejecta 100
  152. Si alienus servus ab alio occidatur 100
  153. Uxorem pro marito non debere conveniri 100
  154. De die dominico et diebus sancti Paschalis 101

II. Edictum Athalarici regis.

1. Allgemeines. Einleitung.

Wir würden Sinn und Bedeutung so mancher Bestimmung des Edicts viel klarer erkennen, ja der ganze Zusammenhang, sowie die verändernde Entwicklung der Zustände im Gothenreich würde uns viel deutlicher werden, wenn sich die Entstehungszeit der einzelnen Erlasse in der Variensammlung Cassiodors bestimmen ließe, was jedoch nur bei sehr seltnen Ausnahmen und auch da meist nur ver=muthungsweise möglich ist[1]). Es bietet sich jedoch gerade in Be=ziehung auf die Gesetzgebung, welche uns hier beschäftigt, eine solche Ausnahme von ziemlicher Tragweite: wir wissen wenigstens be=stimmt, daß alle Erlasse, welche den Namen Athalarichs führen, natürlich nach dem Edict Theoderichs entstanden sind, also dieß als geltend vorausjetzen. Daburch sind wir in den Stand gesetzt, zu ermitteln, in welcher Richtung die Fortentwicklung der Zustände und der entsprechenden Gesetzgebung und Rechtspflege erfolgte, und besonders lehrreich wird die Untersuchung sein, in welchen Puncten der Nachfolger die Einschärfungen des Vorgängers wiederholen oder steigern mußte — hier liegen dann die tiefst gewurzelten Zeitübel und Staatsgebrechen zu Grunde — und in welchen Gebieten etwa neu auftauchende Uebelstände neue Maßregeln nöthig machten — diese sind dann Anzeichen der seither erfolgten Veränderungen oder Folgen späterer Erfahrungen.

Da finden wir benn direptiones praediorum Var. VIII. 27, den Fall des §. 16, gewaltsame Verknechtung von Römern und Entziehung ihrer Grundstücke §. 28 durch Gothen, den Fall der §§. 56, 75, 79, es soll juri consentaneum judicium gesprochen werden, epilog, aber die Strafe erläßt der König, Schutz und Zwang der Curialen 31 im Sinne von §§. 4, 69, 113, 126, Raub und abactus IX. 2, 32 gegen Erpressungen der Sajonen und Executo=

---

1) S. Manso S. 340, Buat Abh. d. bayer. Akad. I. S. 95.

ren nach §. 4, Raub § 33, dafür Prügelstrafe im Sinne des Edicts, da die rustici insolvent sind; Mißbrauch der Amts-gewalt IX. 14 im Sinne der §§. 1—9, caduca, Sporteln nach §§. 3, 4, 24.

Und in diesem Sinne wird auch das an sich ziemlich unbe-deutende sogenannte Edictum Athalarici[1]) regis Var. IX. 18 von Wichtigkeit: denn es wirft in mehrfacher Hinsicht aufhellendes Licht auf das Edictum Theoderici, welches es voraußsetzt. Dieß Edictum Athalarici hat Cassiobor zum Verfasser, der es in seine Varien-sammlung aufgenommen[2]), es trägt alle Kennzeichen cassiborischer Sprache, auch bei den ganz positiven Rechtsbestimmungen, und zeigt dadurch deutlich, daß das Edict Theoderichs nicht von Cassiobor ist. Es findet sich daher in allen Ausgaben der Varien[3]). Außer-dem haben es Manso S. 405 f. und Gretschel[4]) abgedruckt und erläutert.

Die Entstehungszeit des Edicts läßt sich nur durch den Rah-men von Athalarichs Regierung, 26. August a. 526 bis Frühjahr 534, sicher bestimmen[5]).

_____

1) Zöpfl S. 89 immer Athanarici.

2) Schon als Quästor Var. IX. 25 mußte Cassiobor eine Kenntniß des römischen Rechts haben, reicher als zur Abfassung dieses Edicts gehörte.

3) S. die Aufzählung derselben bei Potthast s. v. Cassiodorus.

4) Ad Edictum Ath. regis Ostrog. apud Cass. Var. IX. 18 obvium succincta commentatio Lipsiae 1828. Ersterer bringt auch Varianten aus zwei Handschriften der Breslauer Universitäts-Bibliothek (A. und B.) und den Randglossen des Garetius; die ersteren sind aber fast lediglich Schreib-verstöße und sichtliche Textentstellungen; die irgend werthvollen habe ich auf-genommen; ich bemerke hier, daß ich in dieser Abth. außer den A. I. p. XIII. angegebenen Ausgaben vielfach die princeps von 1533 Aug. Vindel. benützt habe, welche, neben zahlreichen leicht zu erkennenden Druckverstößen, in sehr vielen Fällen bessere Lesarten hat, als Alle späteren. Vgl. noch Troß in Pertz's Archiv VI. a. S. 487 f.

5) Denn Manso's S. 406 u. Gretschel's Annahme, daß die Worte des Pro-logs „gleichzeitig mit dem Wiberstand gegen äußere Feinde wolle man die Ruhe-störer im Innern durch dieß Edict unterdrücken" die von Cassiobor X. 1. in die primordia regni (also a. 525—527) verlegten Drohungen der Franken und Burgunden meinen, ist unsicher; die Bedrohung der primordia regni gehen auf die Versuche von Byzanz, nicht der Franken und Burgunden: auch später fehlte es nicht an Gelegenheiten, Feinden zu widerstehen und wahrscheinlich sammelte doch die neue Regierung einige Zeit lang Erfahrungen, ehe sie die praktisch drin-gendsten Fragen erkennen und regeln konnte. Mur. setzt es in das Jahr 532.

2. Text und Commentar.

Edictum Athalarici regis.

Prologus [1]).

Mit Recht führt Gretschel den Prolog wieder wie ältere Aus=
gaben bis „subducimus", denn das folgende „primum" bezeichnet
deutlich den Anfang des Gesetzes selbst; und das „menschenunwür=
dige Leben" meint nicht nur die pervasores, sondern alle Arten
von Verbrechern. Manso hatte mit „damnamus" den Prolog ge=
schlossen. Der Prolog bezeichnet das Gesetz als ein edictum, d. h.
einen allgemeinen, nicht für einen einzelnen Fall und Personen er=
gehenden Erlaß, ein Gegensatz zu rescripta und decreta, und
knüpft an das altrömische Ediciren, nicht bloß an das Edict Theo=
derichs an. (Wie Gret. für möglich hält: antiquitas kann man
nicht von 2—3 Jahrzehnten sagen; (er findet in Absatz (I) die
„psychologische Warnungstheorie") und §. 8 (III) zeigt den Sinn
von antiquitas in diesem Edict.)

§. 1[2]) straft die pervasores praediorum[3]); die sui (I) sind
eine Zusammenfassung der actores, conductores, famuli, familia-

---

1) (I) Provide decrevit antiquitas, universitatem edictis generalibus
admoneri, per quae et delictum omne corrigitur et excedentis verecundia
non gravatur. cuncti enim sibi aestimant dici, ubi nullum constat exponi:
et similis fit innocenti, quem contigerit sub communione purgari. (II) hinc
et nostra vere (I. nunc statt vere?) pietas custoditur, dum feriato gladio
nascitur metus et provenit sine cruore correctio; commovemur enim pla-
cati, minamur otiosi et clementer irascimur, quando vitia sola damnamus.
(III) Diu est quod diversorum querelae nostris auribus crebris susurra-
tionibus insonarunt, quosdam, civilitate despecta, affectare vivere belluina
saevitia, dum regressi ad agreste principium, jus humanum sibi aestimant
feraliter odiosum. (IV) quos nunc apte judicavimus (B. l. judicamus)
comprimendos, ut eo tempore inimica bonis moribus crimina persequamur,
quo hostibus reipublicae divina virtute resistimus. Utrumque (enim B.)
quidem noxium, utrumque pellendum: sed tanto gravius grassantur vitia,
quanto magis probantur interna. unum recumbit in altero: facilius quippe
inimicorum acies cadunt, si nostro aevo delicta subducimus.

2) §. 1. (I) Primum humano generi noxiam pervasionem, sub qua
nec dici potest civilitas nec haberi, severitate legum et nostra indig-
natione damnamus, statuentes, ut sanctio divi Valentiniani adversum eos

res, ministri, servi, welche Ed. Th. einzeln aufzuzählen pflegt.
Daß die citirte sanctio divi Valent. die von Valentinian III. nov.
19 de invasor. corp. jur. antejust. Berol. p. 1298 und nicht die
von Valentinian II. l. 3 C. Th. IV. 22 sei, hat Gretschel S. 16
gegen Cujacius und Westenberg dargethan[1]), denn nur jene, nicht
diese, spricht ex professo von der invasio in Privatgüter. Die
Strafe besteht nach jenem Gesetz, welches übrigens nur dem ältern
römischen Recht folgt, in Verlust des Anspruchs und Entrichtung
der aestimatio rei[2]). Vorausgesetzt wird also, was aus dem Text
nicht unzweifelhaft hervorgehn würde, daß die invasio eigenmächtige
Geltendmachung eines angeblichen Rechtes bezweckt[3]). Neben dieser
civilrechtlichen Folge stand nun aber auf dem Delict auch noch
(möglicherweise) nach §. 75 Ed. Th. die Strafe der violentia[4]),
der Tod, und es scheint also ein Widerspruch, daß Athalarich statt
desselben für die Armen die Verbannung ausspricht[5]), oder eine

---

(diu?) pessime neglecta, consurgat, qui praedia urbana vel rustica, despecto
juris ordine, per se suosque praesumserint, expulso possessore, violenter
intrare. (II) nec aliquid de ejus districtione de testabili volumus tem-
peratione mitigari: insuper addentes, ut, si quis ingenuorum ad satis-
faciendum legi superius definitae idoneus non habetur, deportationis protinus subjaciat ultioni; (III) quia plus debuit cogitare jura publica, qui
se noverat alibi (vielleicht aliam?) non posse sustinere vindictam. (IV) judices igitur competentes, ad quos potest admissum facinus pertinere, si
invasorum cum possint amovere, pertulerint tenere praesumta (scilicet
praedia), et adepta cinguli honore priventur et fisco nostro tantum fiant
obnoxii, quantum praesumtor potuisset addici: (V) in auctoribus tamen
facinoris manentibus constitutis. (VI) quod si quis in tantam raptatus
amentiam tyrannico spiritu juri publico parere neglexerit viribus que
praepotens (praeposteris, Garetius) destinati officii spreverit paucitatem,
relatione judicis nostris auribus notabilis ingeratur, ut indulta executione
sajonum, ultionum sentiat vigoris regii, qui obedire noluit cognitori.

3) Hierüber vgl. oben S. 17 und Ed. Th. §§. 16. 75. 76, Gretschel p. 7.
14.; über die civilitas oben S. 14 u. Var. IV. 10.

1) So übrigens auch schon Gothofr. im Com. zu l. 3. c. u. Manso S. 407.

2) S. Quellen und Lit. bei Gretschel p. 18.

3) Der Fall des sog. decretum divi Marci; Ed. Th. §. 10 hatte die l. 3.
c. zum Theil sogar wörtlich benützt, S. oben S. 49; der Nachfolger zieht nun
das spätere Gesetz herbei: dieß ist ein neuer Grund für obige Annahme Anm. 1,
denn im Gegenfall hätte Athalarich nur auf §. 10 zu verweisen gebraucht.

4) S. oben S. 77.

5) Daß deportatio nicht technisch gemeint, sondern nur exilium ist, s. oben
S. 115.

Strafmilderung. Es ist aber vielmehr eine Strafschärfung: denn die Verbannung soll, falls die Criminalklage nicht erhoben wird, den insolventen Invasor treffen, den jene Civilstrafe nicht treffen kann, und der also in diesem Fall ganz straflos ausginge[1]). Wird die Criminalklage erhoben, so bleibt es bei dem Recht des §. 75 (I). Athalarich füllt also in nicht ungeschickter Weise eine Lücke im System seines Vorgängers aus und zwar, was bezeichnend, durch eine Strafschärfung. Zur deportatio griff er dabei, weil diese vor der von Constantin eingeführten Schwertstrafe häufig die öffentliche Strafe der vis gewesen war: die nur für den Fall der öffentlichen Criminalklage gedrohte Schwertstrafe in diesem Fall, wo nur die Civilklage erhoben und resultatlos geblieben war, eintreten zu lassen, schien allzuhart[2]).

Der gegen die connivirenden oder furchtsamen Richter gewendete Absatz IV. entspricht völlig dem Ed. Th.[3]) und der Schluß (VI.) deckt die Ursache der Schlaffheit der Richter auf: den trotzigen Widerstand der praepotentes gegen die Function des Richters[4]); man sieht, wie diese Uebelstände auch nach Theoderichs Maßregeln noch fortdauerten: es wird Ed. Th. §. 6 u. epil. wiederholt mit einem für die Aufgabe des Sajo besonders bezeichnenden Zusatz[5]). Ebenso behandelt

§. 2[6]) einen schon von Ed. Th. §§. 45 f. gerügten Mißbrauch; neben den incivilis impetus der pervasares stellt §. 2 die civilis

---

1) Das will (III) verhindern.

2) Zu diesem Ergebniß gelangt auch Gretschel p. 22; aber seine Begründung, (daß man häufig die Criminalklage aus Furcht vor Rache nicht erhoben), trifft bei insolventes nicht zu.

3) Epil. u. §§. 2. 6. oben S. 47; vielleicht schwebte die von Gretschel angeführte Nov. Valent. vor.

4) Vgl. einen Fall solcher rustica temeritas bei Ennod. ep. VI. 10.

5) S. A. III. S. 184, ob notabilis technisch, d. h. infamiae nota dignus zu fassen sei, Gretschel p. 24, steht dahin.

6) §. 2. Et quia summis principibus juris communione vivendum est, si quis, legum ordine praetumisso nomine publico titulos praesumserit affigere, in tantum possidenti fiat obnoxius, quantum sanctio superius memorata testatur. (II) merito enim et sacrilegii poena percellitur, qui iniquo pervasionis pondere ausus est majestatem regii nominis ingravare. (III) litis quoque expensas judicio superatus exsolvat: quod hinc dantur fomenta detestabilis jurgii, cum improbi vincuntur (B. convincuntur) illaesi nec dolet calumniantibus pudoris damnum, si evaserint dispendia facultatum.

invasio, ben civilis impetus [1]). Athalarich läßt bie Bestimmungen
des Ed. Th. in Kraft: auch bie Todesstrafe des §. 47 (arg. das
merito enim, es wird ber §. 47 cassiodorisch gerechtfertigt), benn
als sacrilegium (II) ist nach Cassiodors Rebeweise ber Frevel zu
fassen, ber mit bem Namen des Königs getrieben wird [2]), und bes
sacrilegiums Strafe ist ber Tod. Den §. 1 Ed. Ath. kann §. 2
angewendet nennen, weil auch §. 45 Th. wie §. 1 Ath. ben Verlust bes begründeten Anspruchs broht. Die Aufbürbung ber Proceß=
kosten (III) ist nur eine ausbrückliche Anwenbung ber Grundsätze
bes römischen und theoberich'schen Rechts, vielleicht burch Weigerung
eines bestimmten praesumtor, neben ben übrigen Strafen auch noch
biese zu tragen, veranlaßt.

§. 3 [3]) soll nach Gretschel mit bem Vorigen in sofern zusam=
menhängen, als eben ein „titulus" Gegenstanb ber Erschleichung
sein soll. Aber bieß kann nicht sein, ba §. 45 Ed. Th. ben Priva=
ten alle Titelanheftung verboten hat und bie allein hienach noch
gestattete Anheftung bes titulus fisci b. h. regalis bem Privaten
nichts half. Gretschel hat sich burch bie Doppelbebeutung von
titulus (Namen und Rechtstitel) täuschen lassen. Ein Zusammen=
hang [4]) besteht zwischen §. 3 und §. 2 so wenig, als zwischen §. 3
und §. 4. Athalarich greift nur einzelne Fälle systemlos heraus.
Die Erschleichung hatte ebenfalls schon Ed. Th. §. 34 u. 129 ge=
straft: §. 3 beläßt es hiebei, fügt aber zweckmäßig, zur Vermeibung
ber Erschleichung, bie Vorschrift bei, jebes erlangte Rescript bem
Gegner mitzutheilen, auf baß bieser im Fall betrüglicher Darstel=
lung sofort remonstriren und ben Monarchen enttäuschen kann.

Die folgenben Bestimmungen gegen Geschlechtsverbrechen, bie
im Vergleich mit bem Ed. Th. einige neue Arten berselben ent=
halten und strenge strafen, leitet Gretschel S. 38 aus Amalasun=
thens weiblicher Entrüstung über bie Unkeuschheit ber Römer gegen=
über ben Gothen her. Aber strenge Maßregeln gegen bie Römer

---

1) S. A. III. tuitio S. 128.

2) A. III. S. 297.

3) §. 3. (I) Si quis autem de nostris scriniis aliquid crediderit pro-
movendum (promerendum A), adversario suo quantum ad causam ejus
pertinet de consecuta serie jussionum nihil aestimet supprimendum. (II) ni
fecerit, careat impetratis vel si aliquod ex eo agere tentaverit, nihilominus
habeatur infirmum, (III) quia illos solos volumus uti beneficiis nostris,
quos non cognoscimus studere versutiis.

4) Den auch Manso annimmt S. 409.

waren bekanntlich Amalasunthens Sache nicht, und wenn auch die hier behandelten Vergehen im Gegensatz zu den Gewaltsamkeiten im Ed. Th. (Entführung, Frauenraub und Nothzucht) einen mehr römischen Charakter haben — neben Ehebruch Concubinat, Bigamie und sollicitatio — so kommt zu erwägen, daß die Gothen im Laufe von 30 Jahren sich den Lastern der römischen Cultur kaum weniger als ihren Tugenden werden genähert haben. Es tritt dazu, daß Concubinat und sogar Nebenfrauen den Germanen keineswegs so unbekannt waren[1]), als man nach des Tacitus Tendenz-Idealisirung angenommen hat. Nur etwa

§. 4[2]), die specifisch römische sollicitatio mag eine vorzugsweise gegen die Römer gerichtete Ergänzung von Ed. Th. §§. 36—39, 59—67 sein, wo dieß Verbrechen fehlt. Die Varien II. 10. 11 erzählen einen römischen Fall der Art. Die von Athalarich gedrohte Strafe der Eheunfähigkeit ist, so weit ich sehe, nicht aus dem römischen Recht geschöpft[3]), aber gewiß auch nicht aus gothischem: eher den canonischen Satzungen für analoge Fälle nachgebildet. Kirchlicher Einfluß (Cassiodors) liegt wohl hier wie in andern Germanenreichen diesen Bestimmungen zu Grunde (s. Wilda l. c.) Die eventuelle Abstufung von Geld- und Verbannungsstrafe (um keinen entschlüpfen zu lassen, (III-V.) so Gretschel mit Recht gegen Manso) ist ganz im Geist des ältern Edicts und der Varien, siehe A. III. S. 142. „relegatio" ist nur wieder der (cassioborisch) gewähltere Ausdruck statt des technischen exilium.

---

1) Wilda S. 853.

2) §. 4. (I) Qui suasione plectenda matrimonia dividere nititur aliena, ipsius conjugium habeatur illicitum: ut magis contigisse sentiat sibi, quod in altero malignus exercere tentaverit. (II) si vero pro conjunctionibus caritate privatur (hier schlage ich vor si vero praesentis conjunctionis caritate privatur) faturum matrimonium illi jure denegamus; quia non meretur jugalis reverentiae praemia consequi, qui in geniali tori ausus est divisione grassari. (III) sed ne aliquos hujus sceleris reos ultio nostra derelinquat, illos, quos spes non habet praesentis conjugii vel futuri, si quid in alienos thalamos dolosa machinatione praesumserint, facultatum suarum media portione priventur, statim fisci juribus applicanda. (IV) si vero prohibente pauperie in aliquorum substantia nequierit vindicari, poena relegentur auxilii, ne, quod dictu nefas est, ideo videantur comminationem juris publici evadere, quia vilissimae noscuntur subjacere fortunae. (V) sed haec de sollicitatoribus affectus alieni pietas nostra decrevit.

3) So auch Heimbach S. 425. Paul. Sent. rec. V. 4 droht nur eine poena extraordinaria.

§. 5[1]) schärft nur die „divalis commonitio", b. h. den §. 38 Ed. Th. ein[2]); daß divalis bei Athalarich den Großvater bezeichnet, darüber s. A. III. S. 294; mit Recht bemerkt Gretschel, daß adulterium, wie aus §§. 6, 7 hervorgehe, im engern römischen Sinne gedacht, also nur von oder mit einer Ehefrau zu begehen, der Beischlaf des Ehemanns mit einer Nicht-Ehefrau aber nicht adulterium sei: dieß entsprach aber auch dem germanischen Recht[3]).

§. 6[4]) straft die Bigamie mit Confiscation, also gelinder als adulterium. Mit Recht erklärt dieß Gretschel wohl daraus, daß das römische Recht dieß Verbrechen zuerst nur mit infamia und auch später nur als stuprum, nicht als adulterium strafe[5]). Auf dem Stuprum stand Halbconfiscation, eventuell Prügel und Verbannung[6]). Der Grund, weßhalb der letztere Fall (der Insolvenz) hier vergessen wird, liegt offenbar darin, daß das Delikt sich in solchen Fällen zur Beachtung gedrängt hatte, in welchen der Verbrecher reich war oder das Verbrechen um des Reichthums der einen Frau willen begangen hatte. (arg. cupiditas.)

§. 7[7]) wird von Gretschel[8]) wohl mit Unrecht aus dem erwähnten Motiv Amalasunthens erklärt und mißverstanden; denn der Paragraph setzt nicht den bloßen Concubinat, sondern den Concubinat neben der Ehe voraus, wie die Strafe in beiden Fällen zeigt; aber auch die Germanen kannten diese Sitte oder Unsitte[9])

---

1) §. 5. Ceterum in adulteriis totam districtissime volumus custodire quisquid divali potuit commonitione decani.

2) Dieß hat Heimbach l. c. verkannt.

3) Wilda S. 821 über adulteriam im w. S. l. 101 pr. D. de verb. signif. u. Roßhirt, Criminal-R. S. 462.

4) §. 6. (I) Uno tempore duabus nemo copuletur uxoribus quia se noverit rerum suarum amissione plectendum. (II) nam aut libido est et recte perfrui non sinitur: aut cupiditas, et jure nuditate damnatur.

5) S. 32, Roßhirt S. 473.

6) Oben S. Ed. Th. 61 f.

7) §. 7. (I) Si quis autem superflua turpique cupidine conjugali honestate despecta ad concubinae elegerit venire complexus; si ingenua fuerit, jugo servitutis cum filiis suis modis omnibus addicatur uxori, (II) ut illi se per honesta judicia sentiat subdi, cui per illicitam (pollitam Garet.) libidinem credidit posse praeponi. (III) quod si ad tale flagitium ancilla pervenerit, excepta poena sanguinis, matronali subjaceat ultioni, (IV) ut illam patiatur judicem, quam formidare debuisset absentem.

8) Der lediglich Manso S. 411 wörtlich copirt.

9) Wilba l. c. S. 807. R. A.

und Athalarichs eigner Lebenswandel zeugt von der Demoralisation
der Gothen in diesen Beziehungen[1]). Die Strafe scheint selbstständig bestimmt, vielleicht mit Einfluß germanischen Rechts[2]).

§. 8[3]) bezieht sich einfach auf §§. 51, 52 Ed. Th., welche hier
bestätigt und erläutert werden, (allegatio wird wiederholt); wider
die Erpressung von praepotentes und Beamten gegen Geringere
sah man in der Form der Schenkungen eine Garantie[4]).

§. 9[5]) knüpft ebenso an Ed. Th. §. 108 an[6]). Die malefici sind
nach Cod. Theod. 4. IX. 16 haruspices, mathematici, harioli, au-
gures, vates, chaldaei, magi et caeteri, quos maleficos ob faci-
norum magnitudinem vulgus appellat, also Zauberer, nicht zunächst Giftmischer. Daß Cassiodor diesen Aberglauben vollständig,
vielleicht mehr als Theoderich (s. A. III. S. 98) theilt und jene
Wirkungen auf den Teufel (auctor mortis) zurückführt, erhellt
aus (II); die Ermahnung an die Richter bildet nicht einen neuen
Abschnitt, sondern bezieht sich gerade auf die Zauberei: diese sollen
die Richter weder aus Furcht noch aus falscher Aufklärung noch
aus Gewinnsucht unbestraft lassen[7]).

---

1) Proc. b. G. I. 23.

2) Die Verweisung auf Paul. sent. II. 20 §. 1. bei Heimbach S. 425 erklärt nichts.

3) §. 8. (I) Donationes nullius terror extorqueat, nullus acquirere
per fraudem vel execrabilem lasciviam concupiscat. (II) sola enim honestas (B. veritas) merito capit (B. carpit) lucrum de legibus. (III) in
allegationem (l. allegatione) justissimae largitatis illam districtionem (l. d.
fehlt bei Gretschel) volumus custodiri, quam pro veritate sollicita (so A. B.
C., Manso sollicite) legalis sanxit antiquitas. (IV) sic enim, ut ipsa testatur, et fraudi non patebit occasio et veritati major crescit auctoritas.
(V) alioqui nulli praecipimus videri firmum, quod ipse conditor, non im-
plendo quae leges vel jura praecipiunt, fecit incertum.

4) Vgl. über diese Erpressungen A. III. S. 176.

5) §. 9. (I) Maleficos quoque vel eos, qui ab eorum nefariis artibus
aliquid crediderint expetendum, legum severitas insequatur, quia impium
est, nos illis esse remissos, quos coelestis pietas non patitur impunitos.
(II) qualis enim fatuitas est creatorem vitae relinquere et sequi potius
mortis auctorem? turpis actus ex toto sit a judicibus aliena. (III) nemo
faciat, quod jura condemnant, quia decretali poena plectendi sunt, qui
se prohibitis excessibus miscuerunt. quid enim in aliis damnent, si ipsi
se inhonesta contagione commaculent? (falsch Gretschel: in honesta).

6) Was Gretschel übersieht.

7) So auch Gretschel und Garet; stünde im nächsten §. statt „divitibus"

9*

§. 10[1]) hat zum Gegenstand die wiederholt[2]) ausgeführte Unterdrückung der humiles[3]) durch die potentes, die hier, nach dem
Hauptgrund ihrer Macht, die Reichen genannt werden[4]). Es ist
dieß eine deutliche Bestätigung unserer Auffassungen. Daß sie ihren
Uebermuth bis zum Todtschlag trieben, haben wir oben gesehen[5]).
Die Gewaltthat wird hier als wie der Menschen[6]) überhaupt, so besonders der Unterthanen des Gothenstaats, des Trägers der civilitas, unwürdig bezeichnet[7]). tuitionis auctoritas ist hier nur soviel
als imperium, nicht tuitio regii nominis; die jussio nostra,
welche solche Handlung verletzen würde, ist wohl nicht blos Ed. Th.
§. 99, sondern auch §§. 45—47 und dieser Paragraph selbst.

§. 11[8]) ergänzt gewissermaßen den §. 55 des Ed. Th. Wie
dieser das Recht der Appellation gegen den Widerwillen des ungerechten Richters, so sichert §. 11 das Recht des Siegers erster Instanz gegen einen Mißbrauch des Appellationsrechts und zwar mit
Schärfung des römischen Rechts: dieses hatte blos Verlust des Besitzes angeordnet (Cod. Theod. IX. 38), unser Paragraph bestimmt
Sachfälligkeit[9]).

---

potentibus, so wäre eher an eine Warnung der Richter im Allgemeinen zu denken,
da die Beamten mit zu den unterdrückenden praepotentes zählen. Gerade bei
diesem Verbrechen war aus den angedeuteten Motiven Unthätigkeit der Richter zu
besorgen.

1) §. 10. (I) Sit etiam sub divitibus tuto mediocritas. a caedis tem-
peretur insania. (II) nam praesumtio manuum actus probatur esse bellorum, maxime in eis, quos tuitionis nostrae munit auctoritas. (III) si
quis autem facere improba praesumtione tentaverit, violator nostrae jussionis habeatur.

2) A. III. S. 111.

3) Ueber die mediocritas s. Cod. Th. IX. 1. 27.

4) S. A. III. S. 42.

5) Oben S. 85. §. 99.

6) Vgl. auch Ed. Th. prol.

7) Vielleicht ist statt bellorum zu lesen belluarum.

8) §. 11. (I) Appellari a subjecto (A. suspecto) judicibus ordinariis
in una causa secundo non patimur, ne quod ad remedium repertum est
innocentis, asylum (auxilium A.) quodam modo videatur esse criminosis.
(II) si quis vero vetita iterare tentaverit, negotio privatus abscedat.

9) S. Manso S. 414; Gretschel schreibt ihn aus wie bei „mediocritas“,
„malefici“ und dem Concubinat.

§. 12[1]) beſtätigt, daß das kleine Edict die übrigen Rechtsquellen nicht aufhebt, ſondern neben ſich vorausſetzt. Es will die übrigen edicta Athalarici[2]), wie die verſchiedenen edicta Theoderici, das große und die kleineren[3]), aufrecht erhalten wiſſen. Die usualia jura publica aber ſind aller übrige Rechtsſtoff, alle Rechtsquellen, römiſche leges und jus und gothiſches Gewohnheitsrecht, der ganze Rechtsbeſtand des Staates in öffentlichem und Privat=Recht; daß Athalarich die Anerkennung all' dieſer Rechtsnormen beſchworen, haben wir bereits erörtert[4]). Dieſer letzte Abſchnitt iſt dem Epilog des Ed. Th. genau entſprechend: beide bezeichnen ſich als einzelne Ergänzungen des beſtehenden Rechts.

3. Schlußbetrachtungen.

Da die Uebelſtände und Verbrechen, welche das Edict Theoderichs bekämpfte, in Charakter und Verhältniß der beiden Völker und dem Geiſt der Zeit ihre fort und fort wirkenden Urſachen hatten, konnte ſie das Edict nicht beſeitigen und wir ſahen bereits, daß die unter Athalarich erlaſſenen Varien die nämlichen Haupt=objecte behandeln. Ganz begreiflich finden wir daher im Edict Atha=larichs, das ſeine Bemühungen potenzirt und einigermaßen zuſam=mengefaßt darſtellt, dieſe fünf Hauptgruppen des Ed. Th. wieder. Nämlich Gruppe I. in §§. 1—3. 8. 10. 11. 12, II. §. 1. 2, (nur III. muß als in II. inbegriffen betrachtet werden), IV. §§. 4—7, V. §§. 1. (V.) 8. 9. 10.

---

1) §. 12. (I) Sed ne, pauca tangentes, reliqua credamur noluisse ser-vari, omnia edicta quam domni avi nostri, quae sunt venerabili delibera-tione firmata, et usualia jura publica sub omni censemus districtionis robore custodiri, quae tanto munimine se legunt, ut nostra (i?) quoque jurisjurandi interpositione cingantur. (II) quid per multa discurrimus? legum usualis regula et praeceptorum nostrorum probitas ubique servetur.

2) Siehe dergleichen in den Varien VIII. 24. IX. 2. 15.

3) Oben S. 3. u. Sav. II. S. 175.

4) A. II. S. 178; aber gerade aus unſerm Edict folgt (gegen v. Glöden, unten), daß ſich ſolche Verſprechungen und Eide nur auf das öffentliche Recht und die politiſche Stellung der Könige bezogen, denn Aenderungen des Privatrechts enthält dieß Edict wie das Theoderichs.

Wir finden im Ed. Ath. dieselben Reate wie im Ed. Th. und in den Varien: invasio, Selbsthülfe, tituli, subreptio, adulterium, Erpressung, malefici, Unterdrückung der Armen, caedes, Mißbrauch des Processes, neu sind darin nur Bigamie und Concubinat (sollicitatio begegnet früher wenigstens in den Varien).

Auch sonst steht dieß kleine Edict mit dem größern vielfach auf Einer Linie. Beide sind durch die Sorge für praktisch häufige Fälle, durch häufige Fragen[1]) und Klagen veranlaßt, beide sind Edicta im römischen Sinn, beide schöpfen aus dem römischen Recht, beide setzen den Fortbestand aller übrigen Rechtsnormen voraus[2]), beide wollen die civilitas schützen[3]).

Aber auch an Unterschieden zwischen beiden Gesetzen fehlt es nicht. Vor Allem des Umfangs: Athalarich konnte, nachdem Theoderich in 154 Sätzen die wichtigsten Puncte behandelt, sich kürzer fassen und theils nur eine Nachlese des Uebergangnen halten, theils, wo es nöthig schien, des Vorfahrs Strafen wiederholen und verschärfen. Ferner hat Cassiodor seine moralischen und logischen Begründungen, die er bei jedem Rechtssatz anzubringen liebt, auch hier nicht unterdrücken können, während die Verfasser des ältern Edicts, abgesehen von Prolog und Epilog, kurz und nüchtern nur die Rechtssätze aussprechen. Dann nennt er einmal die römische Quelle, aus der geschöpft wird, was jene nie gethan[4]).

Das Ed. Ath. hat dem Ed. Th. nirgend derogirt — dieß ist bezeichnend. Dem römischen Recht aber hat es wiederholt derogirt. Es hat nur einige Lücken des (römischen und) theoderich'schen Rechts ausgefüllt und zwar immer mit Strafvermehrungen[5]), was nicht minder bezeichnend.

Es hat meistens schon im Ed. Th. begegnende Reate, doch auch einige neue[6]), und bestimmt für diese manchmal selbstständige, nicht aus römischem Recht geschöpfte Strafen.

---

1) Consultationes, Bethm. H. S. 101.
2) Vgl. die Prologe und Epiloge.
3) Ed. Ath. prol. (III) §. 1. (I) u. oben S. 16.
4) Aber auch er nur einmal: die Folgerungen Gretschels aus diesem Unterschied sind unbegründet.
5) §§. 1. 11.
6) Oben S. 123.

Sein Straffyftem ift das des Ed. Th. [1]), doch hat es als ein novum die Eheunfähigkeit §. 4; und auffallend ift, daß es bei der eventuellen Verbannung der Prügelftrafe gefchweigt, welche im Ed. Th. deren regelmäßige Begleiterin. Caffiodor fcheint aber kein befonderer Freund der Ruthe gewefen zu fein, fie findet fich auch in den Barten auffallend felten im Vergleich mit dem Ed. Th.

---

1) Tod, Verbannung, Confiscation.

Capita edicti Athalarici regis.

	Seite
Prologus	125
§. 1. De pervasoribus praediorum	125
2. De titulis affixis	127
3. De subreptionibus	128
4. De sollicitatione alienarum nuptiarum	129
5. De adulteriis	130
6. De bigamia	130
7. De concubinis	130
8. De donationibus	131
9. De maleficis	131
10. De vi et caedibus	132
11. De appellationibus	132
12. (Epilogus)	133

Zweiter Anhang.

Das gothische Recht im gothischen Reich.

Fragen wir nun, wie wir uns nach allem bisher Vorgetragnen den Rechtszustand im gothischen Staat zu denken haben, so müssen wir von einem Unterschied ausgehen, der, auf den ersten Anblick befremdend, doch gewiß in den Verhältnissen dieses Staates und des eigenthümlichen Geistes seiner Regierung im Gegensatz zu dem Geiste seines Volkes begründet war: von dem Unschied nämlich des von den königlichen Gerichten gehandhabten und des im Volke, (unter der römischen Bevölkerung für sich und der gothischen Bevölkerung für sich,) lebenden Rechtes, d. h. desjenigen, nach welchem einerseits die Gothen untereinander, anderseits die Römer untereinander lebten, so lang es nicht zum Streite, zum Processe kam. Dieß Recht war gewiß für die Gothen nur das altgothische, für die Römer fast ebenso nur das altrömische.

Aber das Edict will doch, wie sein Vorwort und Nachwort zeigen, vor dem gothischen Recht, von dem es fast überall abweicht, und vor dem römischen Recht, das es vielfach modificirt, in erster Linie gelten?[1] Allerdings will es das: aber es konnte das nur da erzwingen, wo es durch die Gerichte durchgesetzt wurde.

Man denke nur an ein uns nahe liegendes Beispiel, an den Zustand des deutschen Rechtslebens auf dem Lande nach dem Einbringen des römischen Rechts in die Particulargesetze und als gemeines deutsches Recht: Jahrhunderte lang haben die deutschen Bauern, trotz der Legal-Autorität des römischen Rechts, nach ihrem

---

1) Daß das Edict nur für Mischfälle gelten sollte, Eichh. §. 30, ist ein Irrthum, und Türk ohnehin unhaltbarer Ansicht, die barbari des Edicts seien die nicht-gothischen Nicht-Römer (Odovakriden etc.) Privatr. S. 89 hat v. Glöbens treffliche Emendation des de oder a victis in: „a cunctis“ im Ed. Th. epilog. auch den Schein eines Grundes entzogen; mit Unrecht hält v. Daniels I. S. 140 an victis fest: victi hätte Theoderich die Römer nun und nimmer genannt.

althergebrachten Recht, in Familienrecht, Liegenschaftsrecht, in Handel und Wandel, in Erbgang und Vertrag fortgelebt, ohne daß das fremde Recht, das sie nicht verstanden, ja gar nicht kannten, sie daran gehindert hätte, so lang es nicht zum Processe kam, in welchem dann oft, zu ihrem Erstaunen, ganz andere Grundsätze, als beide Parteien für Recht hielten, zur Anwendung kamen.

Ganz ebenso muß es den gothischen Bauern und zwar besonders außer Italien mit dem Edict ergangen sein: wenn dasselbe auch in jeder Provinz einmal publicirt und bei jedem Grafengericht zu finden und obwohl eine gewisse einfache Kürze in der Sprache, namentlich gegenüber den benützten Constitutionen, offenbar mit Absicht in demselben angestrebt war, so ist es doch ganz unmöglich, daß die Gothen dieß lateinisch redende und mit den complicirtesten römischen Institutionen enge zusammenhängende Recht sollten in ihr Verständniß haben aufnehmen können. Im Gebiet des Privatrechts lebten also die Gothen thatsächlich zunächst nach gothischem Recht[1]).

In den Processen von zwei Gothen vor dem Gericht des Gothengrafen kam zunächst das Edict zur Anwendung, das aber sehr wenige privatrechtliche Sätze enthält und von diesen wenigen ist fast kein einziger in directem Widerspruch mit dem germanischen Recht: die meisten enthalten nur, was sich in jedem Rechte von selbst versteht, und sehr wenige bringen eine Erweiterung und Aenderung des germanischen Rechts durch römische Sätze.

Enthielt das Edict keine Vorschrift — und dieß wird in den meisten Fragen der Fall gewesen sein — so kam das gothische Recht zur Anwendung. Also in gothischen Fällen römisches Recht als solches (abgesehen vom Edict), so scheint es, gar nicht? Hier liegt ein Punct, in welchem wir von der herkömmlichen Ansicht abweichen[2]).

Das ostgothische Recht müssen wir uns als auf der gleichen Stufe stehend denken mit den ältesten Germanen=Rechten: den alten einfachen Zuständen vor der Berührung mit Rom entsprechend. Denn in den stürmischen letzten dritthalb Jahrhunderten wird das

---

1) v. Glöden hat etwas hievon empfunden und daher von seiner Behauptung der Alleinherrschaft des römischen Rechts die Ausnahme eines „Compromisses" gemacht; aber auch ohne „Compromiß" lebte der gothische Bauer mit seinem Hause und seinem Nachbarn gewiß nach gothischem Recht.

2) Auch von deren jüngster Modification bei Walch, Köpke, Stobbe; unklar Giannone I. S. 197.

ſtets in Krieg und Wanderung begriffne Volk ſein Privatrecht nicht
von Innen heraus haben weiter bilden können.

Dieſe ſämmtlichen älteſten Stammrechte genügten nun dem Bedürfniß des neuen Lebens in Städten, in verwickelten Culturver-
hältniſſen, mit viel reicherem Verkehre, mit römiſchen Nachbarn nicht
mehr: wir ſehen daher in die Aufzeichnung dieſer Stammrechte
überall römiſches Recht aufgenommen, das den neuen Bedürfniſſen
entſprach. — Zu einer Aufzeichnung des oſtgothiſchen Privatrechts
iſt es, unſeres Wiſſens, nie gekommen: die wenigen privatrechtlichen
Paragraphen des Edicts genügten jenem neuen Zeitbedürfniß nicht:
daher wurde das römiſche Recht, wo das Edict und das gothiſche
Recht ſchwiegen, ſubſidiäres Recht für die Gothen in einem doppelten Sinne. Einmal ſo, daß ihnen geſtattet wurde, ſich römiſcher
Inſtitutionen zu bedienen[1]); zweitens aber wurden gewiß auch die
Lücken des gothiſchen Gewohnheitsrechts ebenfalls oft mit römiſchem
Recht ausgefüllt. Dieß gilt unbedingt in Proceſſen zwiſchen Römern und Gothen, in welchen nothwendig eine gewiſſe Miſchung
oder eine Abwechslung beider Rechte Statt haben mußte — im
Ganzen und Großen etwa in der von Savigny angegebenen Weiſe[2]) —
und hier war gewiß der Fall nicht ſelten, daß römiſches Recht
direct oder analog angewandt wurde, weil das gothiſche Recht, auch
wenn es nach jenem Syſtem hätte angewendet werden ſollen, keine
oder keine hinlänglich entwickelten Normen über das fragliche Verhältniß enthielt[3]). Zweitens konnten aber die veränderten Lebens-

1) z. B. der Errichtung und Eintragung von Verträgen vor und in den
acta: (Edict §. 35. 52. Var. VII. 8. 24. u. Marini ſ. u.; es liegen Beweiſe
vor, daß ſie ſich dieſer ſichernden Form in der That häufig bedienten (der König
ſelbſt läßt eine Schenkung an den Römer durch einen Gothen, der comes sacrar.
largitionum oder comes rerum privatar. war, actu legitimo injura (donativi) optime transferre Var. VIII. 25, das iſt plenissimae donationis ef-
fectus; ein Gothe Tupha deponirt Fahrniß bei einem Römer sub emissione
chirographi IV. 32; daß der Pabſt ein chirographon vom Fiscus erhält, erklärt
ſich einfach ſchon daraus, daß beide nach römiſchem Recht leben. XII. 20.) wurden
ja auch nach germaniſchem Recht wichtige Geſchäfte vor Gericht in öffentlicher
Form befeſtigt. Dieß lag in den Städten, wo ſie täglich die Römer ſich dieſer
Inſtitutionen bedienen ſahen, den Vornehmeren nahe genug.

2) Daher z. B. die 30jährige Klagenverjährung einem Gothen gegen einen
Römer zu ſtatten kömmt, I. 18, der des letztern Grundſtück occupirt hat; Verjährung anerkannt gegen Juden IV. 27. V. 9. wird das Inſtitut der praescriptio,
humani generis patrona, ganz allgemein anerkannt. Vgl. V. 37, Sart. de occ.
p. 13.

3) Wer möchte z. B. bezweifeln, daß, wenn in dem Grenzſtreit Var. III. 52

Verhältnisse, namentlich im Obligationenrecht, auch zwei Gothen zu
Rechtsbeziehungen führen, über deren Complication (z. B. mora,
culpa levis) das eigne Recht nichts enthalten hatte: da lag es den
das Urtheil findenden Schöffen oder Grafen nahe genug, sich an
das reich ausgebildete römische Recht zu halten.

Im friedlichen Rechtsleben der Römer untereinander kam aus
ähnlichen Gründen gewiß auch oft, obwohl nicht so oft wie unter
den Gothen das gothische, das römische Recht zur Anwendung, nicht
immer das kaum überall bekannt[1]) geworbne Edict, dessen Abweichungen freilich nicht groß. Kam es zum Proceß, so galt primär
in einem römischen Fall das Recht des Edicts, subsidiär das damalige römische Recht[2]).

Was nun das friedliche Rechtsleben der Gothen mit Römern
anlangt, so ist klar, daß es sich hier nur um das Obligationenrecht
(und Sachenrecht als Gegenstand der Obligationen) handeln kann:
denn bei Mischungen im Familienrecht (zu dem das Erbrecht gehört), also, wenn eine Gothin einen Römer heirathete oder umgekehrt, entschied immer nur Ein Recht, ebenso bei (der Mundschaft
oder tutela,) allen Fragen des Personenrechts das Recht jedes Einzelnen. Wenn aber ein Gothe mit einem Römer einen Vertrag
schloß, so mußten sie sich, darauf führte schon die Abschließung
selbst, wohl meist über das zu befolgende Recht verständigen und
dann wurde wohl meist das römische gewählt[3]).

Kam es zum Proceß, so entschied in erster Linie das Edict;

<hr>

die eine Partei ein Gothe gewesen wäre, der König ebenfalls die Zuziehung
eines römischen agrimensor verordnet hätte, der nach seiner römischen Praxis
verfuhr. Die römische Cultur, in der die Gothen lebten, führte zur Benützung
aller mit derselben verbundenen Institutionen, darunter auch mancher juristischen;
damit fallen alle Beweise von Glöbens S. 78 aus der allgemeinen Anwendung
römischen Rechts? Diese Betrachtungen erklären auch den Rechtszustand vor Erlaß des Edicts: auch damals galt für die Gothen nur gothisch Privatrecht, subsidiär und ergänzend römisch Recht; über die in den Varien angewendeten römischen Gesetze s. Gothofr. prol. c. 3.

1) Daher und aus der kurzen Zeit seiner Geltung, nicht 50 Jahre, erklärt
sich die Seltenheit der Handschriften, oben S. 5.

2) Das sagt der König in einem römischen Fall selbst: „Wir pflegen die Klagen der Bittsteller nach den statuta divalium sanctionum zu entscheiden" IV. 12.
Das sind die Gesetze der Kaiser.

3) Aber daß sich das römische hiebei von selbst verstand, weil dieß der Sinn
von jus commune etc. bei Cass. sei (v. Daniels I. S. 141) ist — Grund und
Begründung — irrig.

eventuell mußte dann bald römisches, bald gothisches Privatrecht zur Anwendung kommen (ungefähr nach den von Savigny hiefür aufgestellten Grundsätzen), wie überall, wo das Princip der persönlichen Rechte verwirklicht werden sollte.

Auch für das Gebiet des Strafrechts, des Strafproceßes und des Civilproceßes hatte das Edict eine Anzahl von Bestimmungen getroffen, welche aber nicht erschöpfend waren oder sein sollten, sondern selbstverständlich daneben ein ganzes Rechtssystem voraussetzten.

Fragen wir nun, welches Rechtssystem und wollten wir etwa wie im Privatrecht für Römer das römische, für Gothen das gothische und in gemischten Fällen ein gemischtes System annehmen, so überzeugen uns doch die einzelnen Bestimmungen des Edicts und noch mehr seine ganze Haltung von der Unmöglichkeit dieser Annahme oder doch von der Nothwendigkeit wesentlicher Modificationen derselben. Es ist in der That unmöglich, mit den durch das Edict festgestellten Institutionen das germanische Proceßrecht und Strafrecht rein und ganz zu vereinen. Einmal spricht das Edict in so allgemeiner, umfassender Weise, daß im Straf= und Proceß=Recht[1]) am wenigsten daran zu denken ist, es habe stets nur solche Fälle, wo alle Betheiligten Römer sind, im Auge: sein Hauptzweck, allgemeine Sicherung des Landfriedens, würde dadurch vereitelt. Betrachten wir die Mischfälle zunächst im Civilproceß: wenn ein Römer einen Gothen oder umgekehrt verklagte, so war der Richter der Gothengraf, der einen römischen Juristen beizog. Sollte dieser bald in dem einen Fall den Gothen zum Eidhelferbeweis zulassen oder auf Zweikampf erkennen, bald den Haupteid und Zeugen= und Urkunden=Beweis instruiren? Das ging offenbar nicht an. Vielmehr folgte der Richter, unter Leitung des Juristen, gewiß dem rationellern Gang des römischen Proceßes[2]). Und im Strafrecht

---

1) Daß die römischen advocati, die advocatio fortbestand, erhellt aus vielen Stellen der Varien vgl. XI. 14. I. 22; vgl. die ῥήτορες in Neapel Proc. l. c. I. 8.; über den Fortbestand des Inscriptionenproceßes VI. 15, der defensores III. 46.; andere defensores Bethm. H. S. 127, Grib S. 484; der König selbst bedient sich auch in rein gothischen Criminalfällen des Rescriptsproceßes, s. A. III. S. 100 u. v. Glöden S. 103.

2) Und so habe ich denn auch einen gemischten Fall aufgefunden, in welchem der römische Civilproceß wenigstens von einem delegirten Richter (schwerlich Schiedsrichter) eingehalten wird; in den zu wenig benützten Briefen des Ennod. ep. VII. 1. nämlich findet sich eine Klage des chartarius Epiphanius gegen den Gothen

und Strafproceß muß im Wesentlichen dasselbe gelten[1]): wenn etwa mehrere Römer und Gothen einen Römer und einen Gothen im Raufhandel erschlagen hatten, ist es denkbar, daß hier neben dem römischen Proceß und der römischen Strafe ein germanischer Proceß mit Eidhülfe und eventuellem Kampf, eine Forderung auf Wehrgeld und eventuelles Fehderecht sollte hergegangen sein? Auch dieß ist praktisch ganz undurchführbar: vielmehr spricht auch hier der Gothengraf (oder das Obergericht) nach römischem Proceßgang[2]), wie ihn das Edict voraussetzt[3]), die römische Strafe für alle Theile.

Eher könnte man in gothischen Fällen germanischen Civil- und Strafproceß und germanisches Strafrecht angewendet denken. Aber auch dem stehen entscheidende Gründe entgegen: einmal im criminellen Gebiet wieder die allgemeine Sprache des Edicts[4]), welche den römischen Strafproceß und die römischen Strafen offenbar überall angewendet wissen will. Dazu kommen aber noch zwingendere Momente. Es findet sich nämlich in einer Stelle die deutlich erkennbare Spur davon, daß die barbari das wichtigste Stück ihres altgermanischen Strafprozeßrechts, das eventuelle Fehderecht, ausüben wollen

---

Bauto, conductor domus regiae, um 64 sol. Steuerrückstand. Der Beklagte bringt die exceptio solutionis oder richtiger compensationis vor. Er habe nämlich dem Kläger durch einen gewissen Projectus 40 sol. gezahlt „suffragii nomine" (s. Bethm. H. S. 57. O. J. 4, 3), ohne daß die Gegenleistung, eben das suffragium, erfolgt sei. Der Kläger replicirt, wenn er vom Beklagten etwas empfangen, so habe er es durch die Gegenleistung verdient, verneint also den Thatgrund der Compensationseinrede. Da er aber die Glaubwürdigkeit des Zeugen Projectus gelten läßt, so wird dieser über den Gegenstand und die Nichtentrichtung jenes beneficium, suffragium eidlich vernommen. Der Richter folgt hier ganz dem römischen, nicht dem germanischen Proceß: von Reinigungseid, Eidhülfe, Kampf oder Ordal keine Spur.

1) S. den legitimus accusator des römischen Strafprocesses in Var. I. 37. Die „legum districtio" in den Var. z. B. IV. 43 ist also der römische Accusations- Strafprozeß; (das accusatorische Princip §§. 35. 50 galt ja auch im germanischen Strafproceß als Regel). S. übrigens auch Geib S. 103 u. 530.

2) Nur mit einer gleich zu besprechenden Modification.

3) §§. 13. 14. 35. 37. 48. 49. 50. 74. 100; so Var. III. 27: hier richtet der Gothengraf Duda über das Reat eines Gothen gegen einen Römer „secundum edictorum seriem", d. h. also nach römischem Recht. Dadurch wird auch die Deutung des in der Stelle vorkommenden „componat" auf Composition ausgeschlossen, welche bei den Ostgothen auch vor der italienischen Ansiedlung nicht vorgekommen zu sein scheint. Vgl. oben S. 20 u. v. Glöden S. 107 f.

4) Auch die Varien erlassen nicht nur einem Römer die infamia, VII. 46,

und der König verweist sie, unter ausdrücklicher Negation dieses Rechts, vor die Gerichte [1]).

Dazu kommt, daß die Grundvoraussetzung alles germanischen Processes, die allgemeine Versammlung der Rechtsgenossen, in den normalen Zuständen des Gothenreiches fehlt: sie war, abgesehen von der Tendenz der Regierung, schon durch die Art der Ansiedelung ausgeschlossen. Wenn auch in den Städten, in welchen ein Gothengraf saß, regelmäßige Versammlungen der benachbarten gothischen Grundbesitzer zu Gerichtstagen stattfinden mochten, so waren die Gothen doch nothwendig immer eine so kleine Zahl, daß sie der alten Volksversammlung nicht entsprachen. Damit stimmt zusammen, daß der Gothengraf, wie mehrere Stellen der Varien beweisen, viel mehr, als dieß der germanische Proceß dem Vorsitzenden gestattet, mit dem Urtheilsprechen selbst zu thun hat. So sehen wir in alle Gebiete des Rechtslebens mehr oder weniger römisches Recht eingedrungen, zumal aber den allgemeinen Geist römischer Rechtsordnung und in diesem Sinne konnte Theoderich füglich sagen, daß Alles, was zu seinem Reiche gehöre, römischer Rechtsordnung zu folgen habe [2]). Ganz erloschen freilich waren die alten Einrichtungen nicht und als in dem Krieg gegen Byzanz wieder größere Volks- (Heer-) Versammlungen möglich und anderseits die romanisirenden absolutistischen Regierungsformen der Amalungen durch die Lage des Staats unmöglich geworden waren, hat Prokop mehr als einen Fall zu berichten, in welchem wir deutlich das Urtheil von dem Volk, nicht von einem Einzelrichter, selbst vom König nicht, fällen sehen.

In den normalen Zeiten der Amalungenherrschaft hat entschieden der königliche Richter (und der König [3]) selbst im Hofgericht) viel größeren Einfluß auf die Urtheilfällung. Doch entschied er wohl nicht ganz allein, sondern es liegt die Vermuthung nahe, er

sondern statuiren dieselbe ganz allgemein gegen Simonie IX. 15. u. Privilegienverletzung X. 28; über sponsio legitima III. 36, IV. 32; cautiones §. 13.

1) Var. III. 23. 24. s. oben S. 24; mit Recht bemerkt v. Glöden S. 110; daß hier bestimmt, genau und technisch, nicht in vager Weise, die drei germanischen Institute Fehde, Kampf als Ordal und Reinigungseid verboten werden (arma, monomachia und *ejurator* proprietatis alienae (furtum, non animam salvat).

2) Var. I. 27.

3) oder sein Quästor (lauter Römer); über die Quästoren Theoderichs s. Varien, über den Fidelius Athalarichs Proc. I. 14; noch Totila hat einen Quästor Spinus III. 40.

habe wie in Mischfällen römische Juristen, so in rein gothischen Fällen aus den versammelten Gothen Berather beigezogen, im Civilproceß, wo gothisch Recht zur Anwendung kam, auch für die Rechtsfrage, im Strafproceß, wo römische Strafen verhängt wurden, wenigstens für die Thatfrage[1]). — Das Befremdende und mit unserer Gesammtauffassung scheinbar nicht wohl vereinbare Uebergewicht des römischen Rechts in diesen Gebieten wird begreiflich, wenn wir uns erinnern, daß Proceß und Strafrecht dem öffentlichen Recht des Staates angehören und mit den großen Institutionen des Verfassungsrechts untrennbar zusammenhängen. Wir haben uns aber überzeugt, daß das ganze öffentliche Recht überwölbt war von dem großen und weiten Bau des vorgefundnen Römerstaats, während von dem alten germanischen Staatsrecht nur vereinzelte Stücke, wie der Adel, die Ehre der Gemeinfreien zum Theil und das Heerwesen sich unter diesem römischen Dach erhalten hatten. All' dieß gilt von der Zeit der Amalungen: in den Jahren des Krieges, unter den Wahlkönigen, wo von dem Staat fast nur das Heer noch übrig ist, tritt das germanische Element wieder viel mehr in den Vordergrund.

Aber da man dem gothischen Privatrecht nicht einmal diese bescheidene Sphäre, welche wir ihm hienach vindiciren, hat übrig lassen, sondern ihm die Geltung völlig absprechen wollen[2]), müssen wir die Gründe unserer Ansicht anführen, dabei zuerst die gegen diese Gründe erhobnen Einwände beseitigen und endlich die Argumente für die Gegenbehauptung widerlegen.

---

1) Dieß sind vielleicht die boni viri, die jura dictantes des Edicts §. 74. u. epil.

2) v. Glöden S. 35; nur mit den drei Beschränkungen, daß zwei Gothen auf gothisch Recht compromittiren konnten, das gothische Familienrecht sich der Herrschaft des römischen widersetzen und in den entlegnern Provinzen Unkenntniß die Anwendung desselben verhindern mochte. Ihm sind die meisten gefolgt: v. Sybel, Zöpfl. Gengler, Walter I. S. 42, Leo Vorl. I. S. 335; die ältere Ansicht bei Ritter O. Th. II. praef.; St. Marthe p. 348; Maffou II. S. 66; Biener I. p. 123; Hurter II. S. 15; Eichh. §. 41; Sav. I. S. 32 f. II. 11; Gans III. S. 161; Manso S. 92; Sart. S. 77. 241; Neumann S. 152; Pavir. I. S. 101; Gretschel p. 3; du Roure II. p. 344; Giesebrecht I. S. 70; Gaupp S. 478; Hegel I. S. 107. 118; Phill. I. 566; Muchar IV. S. 130. 138; Böcking Inst. I. S. 89; Stobbe I. S. 98; v. Daniels I. S. 144, nach Walch die ausführlichste Bekämpfung v. Glödens: ich habe sie erst nach Abschluß meiner Untersuchung eingesehen und kann fast keinen ihrer Gründe gelten lassen; die im Text vertretene Ansicht weicht von beiden bisher aufgestellten ab.

Unsere Gründe sind:

I. Die selbständige Stellung der Gothen, die nicht ein römi=
sches Heer unter einem römischen Beamten, sondern ein von By=
zanz unabhängiges Volk waren[1]), begründet im Allgemeinen eine
Vermuthung dafür, daß sie ihr nationales Recht nicht ganz ver=
loren hatten[2]).

II. Die Existenz des Edicts selbst. Waren die Gothen als ein
„kaiserliches Heer" von ihrer Ankunft in Italien an schon an das
römische Recht gebunden, so ist nicht abzusehen, weßhalb dieß Edict
erlassen wurde, welches in den allermeisten Fällen nur Sätze aus=
spricht des geltenden römischen Rechts, an welche die Römer und
nach jener Ansicht also auch die Gothen bereits gebunden waren:
dagegen erklärt sich das Edict sehr wohl aus der Absicht, in den
praktisch wichtigsten Fragen die Gothen durch dieß Gesetz erst den
römischen Bestimmungen zu unterwerfen, an welche sie bis dahin
nicht gebunden waren.

Das hat man denn wohl gefühlt und deßhalb[3]) behauptet, das
Edict habe gar nicht Gesetzeskraft besitzen, sondern lediglich ein
Rechtskatechismus, eine declaratio des bestehenden Rechts sein sol=
len, denn Theoderich habe als bloßer „Beamter des Kaisers" gar
keine gesetzgebende Gewalt gehabt und sei an das römische Recht
gebunden gewesen. Das Edict spreche nur theoretisch. Das sind
aber handgreifliche Irrthümer[4]). Zwar kann man nicht[5]) in Var.

---

1) A. II. S. 125, III. S. 250.

2) Ich erinnere daran, daß sogar nicht=angesiedelte den römischen Fahnen
als Hülfsvölker folgende Barbaren (Heruler und Hunnen) im Verkehr unterein=
ander Anerkennung ihres eignen Strafrechts fordern und sich gegen das römische
Strafrecht sträuben, welchem sie ihr Soldvertrag nicht unterwerfe. Proc. l. V. I.
u. Agath. II. 7.

3) von Glöben S. 139 f.

4) S. A. II. S. 130 (seltsam ist der Widerspruch bei Sterzinger, Abh. d.
bayer. Akad. I, der S. 142 das Ed. Th. in's Jahr 500 setzt und S. 147 leugnet,
daß Theoderich je ein Edict erlassen); einverstanden Stobbe S. 96. Leo Vorles.
I. S. 331 erklärt das Edict für eine Privatarbeit, was, wo möglich, noch irriger
als v. Glöben, welchem Zöpfl auch hierin folgt; jener bemerkt, daß unsere Exem=
plare des Edicts ohne dies und consul seien, was nach Cod. Th. I. 1. 1. Be=
dingung der Geltung eines Gesetzes sei; er meint, diese Bezeichnung sei in den
spätern Handschriften ausgefallen; aber auch wenn sie von jeher fehlte, sah Theo=
derich darin gewiß kein Hinderniß der Gültigkeit; mit Recht sagt v. Daniels I.
S. 141, das Edict bedürfe vielmehr der Erklärung aus dem römischen Recht, als

IV. 10: „quasi edicto misso" eine Bezeichnung des Ed. Th. als geltenden Rechts erblicken[1]), daß aber das Edict nicht blos ein Rechtskatechismus sein sollte, zeigt, mehr noch als 1) seine große Unvollständigkeit, 2) der Befehl, dasselbe öffentlich auszuhängen (prol), was nur bei Gesetzen geschah, zeigt aber 3) am Unverkennbarsten der epil. des Edicts, welcher jeden Richter mit Exil bedroht, der „irgend einen Satz dieses gegenwärtigen Edicts anzuwenden unterläßt oder überschreitet", das ist doch sicher nicht blos theoretisch, sondern sehr praktisch gesprochen. Wie wenig aber 4) Theoderich daran dachte, blos eine declaratio juris geben zu dürfen oder an das römische Recht seines „Herrn und Kaisers" gebunden zu sein, erhellt daraus, daß er in einer ganzen Reihe von Fällen das bestehende römische Recht selbständig nach Gutdünken änderte[2]). 5) Dazu kömmt vollends ganz entscheidend, daß das spätere Ed. Athal. folgende Paragraphen des Ed. Th. als in voller praktischer Geltung stehend voraussetzt: §§. 75. 45. 46. 47. 34. 129. 39. 51; namentlich aber ist §. 34 Ed. Th. beweisend und § 12 („edicta avi") Ed. Athal. So daß der Satz v. Glödens, das Ed. Athal. beziehe sich nirgends auf eine vorausgegangene Gesetzgebung Theoderichs, entschieden unrichtig ist.

III. Es gibt Fälle der Anwendung gothischen Rechts im Gothenstaat. Zunächst im Gebiet des Familienrechts und des allgemeinen Personenrechts: in der That ist in diesem mit der ganzen Lebensweise, der Sitte und den sittlichen Anschauungen eines Volkes am Innigsten zusammenhängenden Felde die Unterwerfung unter den Zwang fremden Rechtes am Unnatürlichsten[3]). Wir erfahren aber

---

daß es dieß erkläre. Gans III. S. 161 nennt es: „ein Manifest", auf welche Weise man das Recht betrachten wolle, was auch der Name Edictum besage (??).

5) Mit Walch S. 59.

1) S. oben S. 17, 91.

2) Wir haben das oben S. 109—113 bewiesen u. v. Glödens Irrthum S. 141 in vielen Beispielen widerlegt; dieser vor unsern Augen stehenden Thatsache gegenüber können Aeußerungen wie Var. II. 4. IV. 22. 33. X. 7 u. Proc. b. G. II. 6, daß die Gothen das römische Recht den Römern belassen hätten, sich nur auf die Erhaltung des öffentlichen Rechts und der Aemter rc. beziehen, was auch der ganze (politische) Zusammenhang erfordert.

3) z. B. die römischrechtliche Gleichstellung der Tochter mit den Söhnen im Erbrecht auch bezüglich der Liegenschaften ist schon deßhalb undenkbar, weil sie in der ersten Generation bereits den ganzen Zweck der gothischen Landlose würde vereitelt und neue Abtretungen der Römer nöthig gemacht haben, welche Theoderich um keinen Preis geduldet hätte.

auch ausdrücklich, daß z. B. die Frage, wann die Mundschaft über
einen jungen Gothen erlösche, nach gothischem, nicht nach römischem
Recht entschieden wurde.

Ein junger Gothe, Namens Hilarius[1]), hatte, ehe er zu seinen
Jahren gekommen, seinen Vater verloren. Nach germanischem Recht
mußte der nächste Schwertmage, also der Bruder des Vaters, wenn
ein solcher lebte, die Mundschaft über den Verwaisten und nicht
nur, wie nach römischem Recht, die thatsächliche Verwaltung, son=
dern auch den Besitz des Vermögens übernehmen. Das finden wir
denn genau bestätigt. Der Vatersbruder[2]) des jungen Mannes,
ein Gothe, Bajo (oder Gojo), hatte die Mundschaft übernommen
und kraft dieses Rechtes[3]) auch die thatsächliche Verwaltung und
zum Theil den Besitz. Aber der Mündel, obwohl er noch nicht die
25 Jahre, die das römische Recht zur Volljährigkeit verlangt, er=
reicht hatte, war bereits vollständig waffenfähig und zum Heerbann
eingereiht: er verlangte nun Aufhebung der Mundschaft und volle
Herausgabe seines Vatergutes, welches der Oheim eigennützig zu=
rückbehielt und durch Ausbeutung für sich verschlechterte, zu freier
Verfügung. Und der König, an welchen, als den Obervormund,
er sich mit diesem Verlangen gewendet, erkennt seinen Anspruch als
zu Recht begründet und befiehlt dem Mundwalt, das Gut heraus=
zugeben: der Jüngling sei waffenfähig, also nach gothischem Recht
mündig[4]).

Dieß ganze Rechtsverhältniß ist ebenso klar, als es entscheidend
ist für die richtige Ansicht. Die vom König gebrauchten Worte
beseitigen jede andere Auslegung des Falles und der darauf ange=
wendeten Rechtsgrundsätze. Auch die etwaige Auffassung als einer
Ertheilung von venia aetatis wird durch den ausdrücklichen Aus=
spruch ausgeschlossen: die Gothen erlangen die Volljährigkeit (nicht
wie die Römer, durch eine abstracte Zahl von Jahren, sondern in
jedem individuellen Fall) durch die Kriegsreife[5]).

---

1) Der römische Name darf nicht beirren, die gothische Abstammung ist un=
zweifelhaft durch Var. I. 38, den vorletzten Satz der Stelle, bewiesen; über die Na=
men s. unten zu Marini; die Mischung war groß: in Einer Familie Mauricius,
Rambus, Theudimund Proc. b. G. I. 7. IV. 26.

2) oder der Großvater, in Ermanglung des Oheims, wenn man nepos mit
Enkel übersetzen will: für das Ergebniß ist dieß gleichgültig.

3) ex jure memorato.

4) Vgl. die Belege des Grundsatzes R. A. 413, wo aber wie bei Kraut I.
84 S. 111, Rudorff I. S. 108 unsere Stelle fehlt.

5) Daß von keiner venia aetatis hier die Rede ist, wie von Glöben S. 102

„Es ist unwürdig, unsere jungen Männer, wenn sie schon waf=
fenfähig sind, noch für unfähig zu erklären, ihr Leben selbst zu
ordnen und, wenn man sie fähig hält, des Krieges zu walten, sie
für unfähig erachtet, ihres Hauses zu schalten: wer einen Feind zu
erlegen vermag, der darf sich jeder benachtheiligten Stellung ent=
ziehen." So störend meist die rhetorischen Ausschmückungen Caf=
siodors in seinen amtlichen Erlassen wirken, — hier trägt das
Gleichniß von den jungen Ablern, welches er zur Motivirung der
Entscheidung einflicht, zur Erläuterung des Falles und des Rechts=
grundsatzes bei: „wenn die jungen Abler flügge werden und selbst
in sichrem Flug ihre Beute gewinnen können, dann entlassen sie die
Alten aus der Mundschaft und Verpflegung;" d. h. also die indivi=
duelle körperliche Reife und Fähigkeit zur Selbstständigkeit macht,
wie die jungen Abler, die jungen Gothen mündig [1]).

Daß der König in diesem und manchem andern Fall als Ober=
vormund, nach der germanischen Rechtsidee der höchsten und even=
tuellen Königs=Mundschaft [2]), auftritt, haben wir bereits erörtert [3]).

---

sagt, zeigt am Besten der Vergleich mit der für dieß römische Institut erlassenen
Formel: da heißt es ganz anders Var. VII. 41. *si id tempus* constat elapsum,
quo ad hanc veniam accedi jura voluerunt — ut in foro competenti ea,
quae in his causis reverenda legum dictat antiquitas, solenniter actite=
tur, ita, ut in alienandis rusticis vel urbanis praediis constitutionum ser=
vetur auctoritas etc.; warum fehlt denn I. 38 die ganz unerläßliche Beziehung
auf die erreichten 20 Jahre? warum wird ausdrücklich gesagt, auf die Zahl der
Jahre komme gar nichts an?

1) Var. I. 38. Bajoni (al. Cojoni) viro spectabili Theodericus rex. Non
est beneficium, quod praestatur invitis, nec cuiquam videtur utile, quod
adversa voluntate conceditur. unde spectabilitas tua Hilarii adolescentis
nepotis tui cognoscat nos querelis gravibus expetitos, quod res patris
ejus non meliorandi causa, sed deteriorandi voto detineas. quapropter
quisquid ex jure memorato te retentare cognoscis, sine aliqua dilatione
restitue, ut res parentum propria voluntate disponat. quia et nobis con=
grua videtur esse persona, qui assumta domini (i?) libertate proficiat. pullos
suos audaces aquilae tam diu procurato cibo nutriunt, donec paulatim a
molli pluma recedentes adulta aetate pennescant. quibus ut constiterit
firmus volatus, novellos ungues in praedam teneram consuescunt. nec
indigent alieno labore vivere, quos potest captio propria satiare. sic ju=
venes nostri, qui ad exercitum probantur idonei, indignum est, ut ad vitam suam
dicantur infirmi et putentur domum suam non regere, qui creduntur bella posse
tractare. Gothis aetatem legitimam virtus facit et qui valet hostem confodere,
ab omni se jam debet vitio vindicare.

2) Kraut I. S. 63—75. Uebertragung an Beamte S. 84; über das römische

Dieser Fall der Befreiung von der Mundschaft durch die Er-
langung der natürlichen Reife, der Waffenfähigkeit, wurde auch früher schon als Beweis der Fortdauer gothischen Rechts angeführt.
Aber ein neuer und schlagender Beweis ist folgender Fall. Das
Weib eines Gothen Brandila, eine geborne Römerin, Procula,
welche aber durch die Ehe aus römischem in das gothische Recht
ihres Ehemannes übertritt, hatte das Weib eines andern Gothen,
Pitza[1]), ebenfalls eine geborne Römerin und ebenfalls zur gothischen Rechtsgenossin geworden, wahrscheinlich eine Nachbarin,
während Pitza draußen im Heerbann diente, dreimal bis nahe
zum Sterben mit Schlägen mißhandelt. Nicht die Mißhandelte
klagt — sie kann nicht klagen ohne Vertretung durch ihren
ehelichen Mundwalt — aber dieser selbst klagt nach seiner Heimkehr. Und wie entscheidet der König? Er überweiset sie nach
germanischem Recht[2]) der maritalis districtio ihres Ehemannes:
der soll zunächst die Familiengerichtsbarkeit über sie üben, und dadurch dafür sorgen, daß nicht nochmal solche Klage ergehe, denn
sonst müßte nach dem Strafgesetz gegen dasjenige eingeschritten
werden, was doch zunächst seiner domestica districtio unterliegt.
Wenn er aber die Beschuldigung bestreitet, dann soll er mit seiner Frau — denn sie bedarf nach gothischem Recht der Vertretung des ehelichen Mundwalts — vor dem Hofgericht des Königs
erscheinen, und die Sache dort ausfechten, wo sie dann nach Befund

---

Recht Rudorff I. S. 12; das gothische für tuitio bei Grimm in Haupts Z. VII.
S. 461.

3) Diese Darstellung des Falls scheint mir für unsern Zweck zu genügen,
eine andere, sehr gelehrte (aber complicirte und überflüssige) Widerlegung der von
Glöben'schen Auffassung dieser Stelle bei Walch S. 54; von Glöbens Argumentation aus dem ganz römischen Westgothenrecht für das Ostgothenrecht ist unstatt-
haft; die poena dupli für den Sajo Amara IV. 28 ist ganz irrelevant, da sie
entweder strafrechtlich oder disciplinar, keinenfalls aber civilrechtlich ist; daß sie
auch im Westgothenrecht einmal einem Sajo, für ein anderes Delict gedroht wird (Walch
S. 55) ist zufällig und daß bei der Strafe die interpret. zu Paul. sent. rec.
V. 3. §. 1. zu Grunde liege (v. Glöben) unwahrscheinlich, jedenfalls aber gleichgültig.

1) (Pitzanes) ich bemerke hier, daß das bei Cass. Ennod. u. Marini häufige
anes, enes gothischer Namen, das ungothisch scheint, und z. B. v. Glöben bewegt,
Barianes, Mar. N. 114, für einen Griechen zu halten, sich einfach daraus erklärt,
daß die Lateiner die gothischen Namen auf a(s) bald mit ae, bald mit anis decli-
nirten: Totila(s), Totilae und Totilanis.

2) S. die Belege R. A. S. 447. 450. 750.

Sieg oder Strafe empfangen wird. Das ist genau nach germanischem Recht entschieden[1]).

Ganz ebenso wird in einem Freiheitproceß zwischen zwei Gothen, Gubila und Othar[2]), aus der Heerbannpflichtigkeit für
die Freiheit des Beklagten Beweis geführt, was zeigt, daß dabei
gothisch Recht zur Anwendung kam[3]).

---

1) Var. V. 32, daß das damalige römische Recht hiezu nicht stimmt, zeigt
Rudorff I. S. 53—60. Geib S. 519.

2) V. 29.

3) S. A. III. S. 152 R. A. S. 340. Aus dem obigen Fall V. 82 entwickelt
sich nachträglich ein Proceß über Ehebruch und man darf den hiebei vom König
dem richtenden Gothen ertheilten Auftrag, nach „jura *nostra*" zu richten, als
einen Beweis für gothisch Recht ansetzen: jura nostra sagt der König, indem er,
ein Gothe, zu einem Gothen spricht (vgl. oben Gothi nostri). Der Ausdruck begegnet nie, wo römisch Recht angewendet wird; dem steht auch nicht entgegen, daß
§§. 38 f. des Edicts auch auf Ehebruch der Gothen römisch Recht anwenden: es
kann ja der Fall vor Erlaß des Edicts spielen: und dieß darf man, ja muß man
annehmen, da der sonst nie begegnende Ausdruck offenbar etwas Anderes sagen
will, als das übliche edicta, leges, legum trames, constituta, divalia statuta;
dagegen aus einigen Rechtshandlungen der Amaler läßt sich nicht gerade beweisen,
daß sie nach gothischem Recht lebten, obwohl sie sich aus dieser Voraussetzung am
Natürlichsten erklären: am Wenigsten kann man sich mit Hugo Grot. hist. Goth.
p. 68. Neumann S. 157 darauf berufen, daß Theoderich den König der Heruler
durch Waffenleihe als Wahlsohn annimmt: denn auch die Kaiser haben diese (allerdings gothische R. A. S. 167) Sitte, von barbarischen Völkern angenommen,
wiederholt geübt (Proc. b. P. I. 10, Jord. c. 57, Var. VIII. 1; auch die
Forderung Athalarichs, zum Familiengericht über Amalafreda beigezogen zu werden (s. A. I. S. 164), beweist nichts: denn die Fürstin wurde jedenfalls nach
ihrer Heirath nach vandalischem, nicht mehr nach gothischem Recht gerichtet, und
daß die Vandalen nicht nach römischem Recht lebten, steht fest. Ferner ist aber
auch der ganze Gedanke mehr politisch und moralisch als juristisch. Und letzteres
entzieht auch der von Theoderich wiederholt geübten germanischen Sitte der Braut-
geschenke (vgl. Wackernagel l. c. S. 550 Amalafreda erhält sogar Liegenschaften
als Mitgift, Lilybäum auf Sicilien Proc. b. G. II. 5.) die Beweiskraft: obwohl
er ausdrücklich sagt Var. IV. 1. er thue das „more gentium" fehlt doch der Beweis der opinio necessitatis und es könnte bloße Accomodation an die Sitte
der Vandalen und Thüringer sein; auch andere, früher als Anwendungen gothischen Rechts angesehene, Fälle sind aufzugeben: so die professiones juris gothici
bei Sav. II. §. 64: Westgothen sind gemeint; ferner die Aufforderung Athalarichs,
der Gothe Kunigast solle sententiam amicam vestris moribus über einen Gothen sprechen: denn wie v. Glöben mit Recht bemerkt S. 93, mußte Athalarich,
selbst ein Gothe, sagen nostris moribus, dachte er an gothisch Recht: er dachte
aber nur an den Charakter des Kunigast und der Plural ist eine höfliche Anrede;
wenn Prokop b. G. IV. 35 sagt, die Gothen wollen nach dem Fall des Teja

IV. Quellenaussprüche, welche das römische Recht auf Römer beschränken, das gothische bei Gothen voraussetzen. Deutlich sagt Theoderich, das römische Recht soll für die „Beschützten", die durch die (gothische) Waffen Vertheidigten gelten, im Gegensatz zu den „Beschützern" — daß aber diese die Gothen sind, ist oben A. III. S. 58 dargethan[1]). Ferner der Gothengraf wird neben den römischen cognitor gestellt: „ut unicuique jura sua serventur"[2]). Selbst wenn man dieß nicht übersetzen will, auf daß jeder sein Volksrecht behalte: „sondern auf daß die (subjectiven) Rechte eines jeden gewahrt werden"[3]), beweist die Stelle für gothisch Recht: denn wenn das römische Recht es ist, welches die Rechte der Gothen bestimmt, so kann man nicht sagen, es sei ein Gothe als Richter nothwendig, um diese Rechte nach jenem Recht zu beurtheilen. Ganz entscheidend aber ist der Ausspruch Prokops, daß die Ostgothen, Vandalen, Westgothen und Gepiden wie dieselbe Sprache und den gleichen Glauben (Arianismus), so das gleiche Recht hatten[4]). Denn natür-

---

Italien verlassen und αὐτόνομοι mit andern Barbaren leben, so geht dieß nicht, wie Maltretus in der Uebersetzung und Manso S. 277 annehmen, auf das Privatrecht (woraus dessen Beibehaltung, also bisherige Geltung folgen würde), sondern auf politische Unabhängigkeit; dieß verkennt v. Daniels I. S. 148, der dieß Argument festhalten will, er kennt den Sprachgebrauch Prokops nicht und übersieht, daß die Gothen das Reich verlassen wollen: οὐ μέντοι βασιλεῖ ἐπακούσοντες. Daß das componat in Var. IV. 27. 28 nicht germanische Composition bedeutet, darüber s. oben S. 20 u. v. Glöben S. 109; Anerkennung der Verpflichtung zur Blutrache liegt nicht in Var. IX. (Amalafreda), eher in III. 1. non vos parentum fusus sanguis inflammat, aber die Stelle spricht von den Königen der Westgothen und Franken; auch Var. VII. 39. VIII. 3. X. 5. betrachtet v. Dan. l. c. irrig als Beweise gothischen Rechts; ebensowenig kann man den von der Sage freilich aus dem echtesten Geist uralten Germanenrechts geschöpften Schiedspruch Theoderichs zwischen Franken und Westgothen anführen, wonach letztere zur Sühne einen fränkischen Reiter sammt Roß und Speer mit Goldstücken zudecken müssen; (s. über die Quellen dieser Sage (R. A. hielten sie noch für möglicherweise historisch) bei Hubtwalker in Z. f. gesch. R. W. II. S. 137 u. R. a. S. 672; die hier als uraltes gothisches Recht angenommene Beschüttung des Erschlagenen mit edlem Getraide ist gewiß nie historisch angewendet worden, sondern wahrscheinlich ein Symbol der Unsühnbarkeit) oder die compositio, welche die Frankenkönige von Theodahad für Ermordung ihrer Nichte Amalasuntha fordern. Greg. tur. III. 31·

1) Var. III. 43. delectamur jure romano vivere, quos armis cupimus vindicare. cum exercitus noster (das sind die vindicantes) intraverit Gallias: d. h. die römischen Provincialen in Gallien sollen jure romano vivere.

2) Var. VII. 3.

3) So v. Glöben und Walch S. 43.

4) B. V. 1. 2. νόμοις τοῖς αὐτοῖς χρῶνται.

lich meint Prokop nicht das damalige öffentliche Recht dieser Stämme, worin durch die verschiedene Reception römischer Einrichtungen große Verschiedenheiten entstanden waren (z. B. Steuerwesen) oder die Zeit vor a. 493, womit v. Glöden Seite 91 den Satz als irrig oder gleichgiltig zu erledigen glaubt, sondern, wie der Vergleich mit der Sprache zeigt, die ganze nationale Rechtssitte der gothischen Völkergruppe, also besonders auch das Privatrecht: nun frage ich aber, wie Prokop etwas von ostgothischem Privatrecht wissen konnte, wenn es nicht im italischen Gothenreich, das er genau kannte, galt? Er wird doch schwerlich das ostgothische Privatrecht vor a. 493 — vor seiner Geburt — zum Gegenstand rechtsgeschichtlicher Studien gemacht haben. Auch sagt er nicht: „sie hatten", sondern: „sie haben" gleiches Recht[1]). Dieß ist zwingend.

Es gab also, abgesehen vom Edict, kein gemeines Landrecht für den Gothenstaat, sondern es galt auch in diesem, wie in den übrigen Germanenstaaten dieser Periode, das Princip der „persönlichen Rechte", wenn auch thatsächlich sehr häufig römisches Recht auf Gothen angewendet wurde.

Mit diesem Princip stehen auch die leisen Spuren der Anerkennung von eignem Recht der Juden und andrer Fremden in Zusammenhang. Das Edict hat[2]) den Juden in dieser Hinsicht mehr eingeräumt, als das bisherige römische Recht. Wenn aber dieses kaum geduldete Volk im Gothenstaat in jüdischen Fällen nach jüdischem Recht und von jüdischen Richtern gerichtet wurde, glaubt man wirklich, daß man dem herrschenden, siegenden Volk dieß Recht nicht gelassen habe?[3])

Daß für die Gothen auch nationales Recht muß gegolten haben, erhellt aus der Aufforderung Cassiodors an Römer und Gothen, beide Völker sollten in Streitfällen nicht zur Gewalt greifen, sondern sich „mit der Entscheidung ihres väterlichen (von den Vätern überkommenen) Rechtes begnügen." — Das

---

1) nicht ἔχρωντο, sondern χρῶνται.

2) §. 143 f. oben

3) Nicht westgothisch Recht im objectiven Sinn (wie man behauptet hat), sondern subjective Rechte, welche Handlungen westgothischer Könige begründet haben, werden anerkannt IV. 7; auch der sehr dunkle Erlaß XII. 9. anerkennt nicht, wie es den Anschein hat, afrikanisches Recht; aber mit Fug bemerkt Köpke S. 200: „Wenn die Gothen ihre viel jüngere kirchliche Parteistellung den Römern gegenüber festhielten — (trotz aller daraus folgenden Gefahren A. II. S. 167) so gewiß noch viel mehr die uralte Rechtssitte, mit der sie von Natur verwachsen waren."

hat für die Gothen keinen Sinn, wenn sie nur nach dem ihnen fremden römischen Recht gerichtet wurden, das man nicht ihr väter= liches, von den Vätern überkommenes nennen konnte. Die Stelle beweist, daß also auch in Mischfällen gothisches Recht nicht aus= geschlossen war[1]). Der Ausdruck: una lex illos et aequabilis dis= ciplina complectitur[2]) meint natürlich nicht die Gültigkeit römi= schen Rechts für die Gothen, sondern[3]), wie die aequabilis dis= ciplina zeigt, nur die unparteiliche Gleichheit vor dem Gesetz, die politische Gleichstellung beider Völker. Dasselbe gilt, wenn gesagt wird: ein Mann von bewährter Gerechtigkeit soll gemischte Fälle im Summarium entscheiden „legum consideratione“, d. h. nach der in concretem Fall anzuwendenden Rechtsnorm: Edict oder leges und jus oder gothisch Recht, „denn wir lassen unsre Unterthanen, die wir alle gleichmäßig schützen wollen, nicht nach unausgeschiednem Rechte leben,“ (sondern wir wahren (hinter dem Edict) jedem sein nationales Recht.) In Mischfällen mußte, je nach der Lage der Sache, bald des Klägers, bald des Beklagten Recht zur Anwendung kommen, deßhalb heißt es: „du wirst insgemein für Beide urtheilen, was der Gerechtigkeit entspricht,“ d. h., du, obwohl ein Gothe, wirst nicht in Mischfällen gothisch Recht zum Nachtheil des Römers an= wenden, wo die Billigkeit die Anwendung römischen Rechts erheischt. Das Richten „ohne Ansehn der Person“ soll sich hier namentlich äußern in gerechter Wahl des anzuwendenden nationalen Rechts; allgemeine Grundsätze hierüber waren nicht durch Gesetz festgestellt: hier kam es also auf Billigkeit des Richters und praktisches Er= messen an[4]).

---

1) Var. XI. 8. si quid tamen emerserit civile certamen, legibus *patriis* estote contenti.

2) II. 16.

3) Ganz abgesehen von der una lex des Edicts, auf welches man z. B. Zimmern Röm. R. Gesch. I. §. 112 die Ausdrücke vom jus commune allein bezog.

4) III. 13. Samnitarum .. supplicatione permoti hoc remedio credimus laborantibus subveniri, si spectabilitatem tuam juberemus ad finienda jurgia proficisci .. intra itaque provinciam Samnii, si quod negotium Ro= mano cum Gothis est aut Gotho emerserit aliquod cum Romanis, legum consideratione definies. nec permittimus, indiscreto jure vivere, quos uno voto volumus vindicare. censebis ergo in commune, quae sunt amica ju= stitiae. quia nescit personas respicere, qui meram cogitat aequitatem; hier kann man indiscreto jure vivere unmöglich mit v. Glöden S. 87 Hegel I. S. 120 verstehen, als: vivere in jure discreto: in jure vivere sagt auch ein Cassiodor nie: nec indiscreto sinimus jure vivere aber heißt nicht, wie man

Deßhalb ist es sehr bezeichnend, daß der Gothengraf angewiesen wird, er soll in rein gothischen Fällen einfach scharf „amputare", d. h. hier macht die Anwendung der Einen Rechtsquelle, Edict oder gothisch Recht, keine Schwierigkeit: dagegen in Mischfällen soll er den Knoten nicht durchschneiden (amputare), sondern „aequabili ratione discingere" nach billigem Ermessen vorsichtig entschürzen, d. h. hier muß er nach billiger Erwägung bald des einen, bald des andern Rechts Anwendbarkeit herausfühlen. — Keinenfalls aber, man lege die Stelle aus wie man wolle, ist sie für v. Glöden beweisend, denn sie handelt ja von Mischfällen, nicht von gothischen.

Die antiqui barbari, welche Römerinnen geheirathet[1]), wollen für deren Güter keine Grundsteuer zahlen, „weil die Männer bisher keine zahlten"[2]). Dieß zeigt nicht nur, daß die Römerin, nach germanischem Recht, durch die Ehe in die Nationalität des Mannes eintritt, es zeigt auch, daß diese antiqui barbari nach germanischem Recht lebten. Denn nur nach germanischem, nicht nach (damaligem) römischen Recht[3]) erwirbt der Mann durch die Ehe, wenn nicht Miteigenthum, doch jedenfalls Nießbrauch und Verwaltung des Frauenguts[4]). Nach römischem Recht begründet die Ehe (ohne manus), abgesehen von dos und donatio propter nuptias, gar keine Veränderung in der vermögensrechtlichen Stellung der Gatten und es wäre, nach römischem Recht, nicht abzusehen, wie so die Römerin=

bisher übersetzt hat, „nach Einem Recht leben", sondern soviel als „volumus discreto jure vivere"; die bisherige Erklärung übersieht die doppelte Verneinung und übersetzt indiscreto als hieße es discreto. Die Stelle ist also nach meiner Erklärung eine bestimmte Anerkennung des gothischen Rechts; man wende nicht ein, das darauf folgende uno voto schließe obige Erklärung aus. Es ist ganz im Geist Cassiodors, zu sagen: „grade weil wir beide gleich lieben, lassen wir sie nicht nach gleichem, d. h. einerlei Recht, sondern jeden nach seinem eignen Recht leben", denn auch hier, wie A. III. S. 133, wäre die aequalitas nicht aequitas. — Will man diesen allerdings geschraubten, aber ebendeßhalb cassiodorischen Satz nicht gelten lassen — und nur wer Cassiodor ganz genau kennt, wird ihn gelten lassen — und wegen des uno voto lieber die doppelte Verneinung ignoriren, so bedeutet non indiscreto jure soviel als non impari jure, d. h. nicht mit Hintansetzung der Römer; nachträglich sehe ich, daß auch v. Daniels I. S. 146 indiscreto jure liest, aber er macht keinen Versuch, das uno voto zu erklären.

1) Vgl. Glück, Bisth. S. 87.
2) Vgl. Hartmann p. 11.
3) Die Ehe mit manus kam damals in Italien längst nicht mehr vor.
4) S. die Belege R. A. S. 449.

nen durch die bloße Thatsache der Eheschließung Besitz und Verwaltung ihrer Güter auf die barbari übertragen[1]).

V. Existenz und Function der Gothengrafen. Diese kann nur
durch Erinnerung an die gesammte Gerichtsorganisation klar gemacht
werden[2]). In römischen Fällen richten die römischen Richter nach
dem Edict, eventuell nach römischem Recht[3]).

Daher finden wir denn eine Reihe von römischen Behörden in voller richterlicher Thätigkeit: der Senat zu Rom richtet
in Straffachen[4]), ebenso der praefectus urbi[5]), der praefectus

---

1) Der Sprachgebrauch Cassiodors gewährt, trotz seiner Unbestimmtheit, auch
einigen Anhalt: römisch Recht bezeichnet er mit jus romanum III. 43 prisci juris
forma (Ed. epil. jus vetus) IV. 12 statuta divalium sanctionum. Dazu bildet das goth. jura nostra V. 33 einen deutlichen Gegensatz oben S. 150. Das
römische Recht besteht aus den leges principum, deren Einhaltung der Kaiser
fordert L. 1: auch ein gemischter Fall kann legibus entschieden werden, aber nie
begegnet dieß in gothischen Fällen; jura publica sind die Rechtsordnung des
Staats überhaupt (wie im Ed. prol. §. 1. vgl. 7. 24). III. 17: ebensoviel als
jure civili VII. 4 und jure romano vivere III. 43; in gothischen Fällen soll
der Gothengraf richten: secundum edicta nostra, diese entschieden primär. Wenn
sie aber nicht ausreichen, was oft genug der Fall sein mußte, was dann? Die
Stelle schweigt über das dann anzuwendende Recht ganz, fügt aber hinzu, nur in
Mischfällen müsse ein prudens romanus beigezogen werden. Das ist deutlich genug.

2) S. A. III. S. 92.

3) Ueber die römischen Aemter f. Manso S. 357.

4) Als Pairsgericht Var. IV. 43 A. III. S. 98, II. S. 173, Bethm. H. S. 83,
Geib S. 399, 440, 499, 500; der Proceß des Boëthius verlief, so weit ich sehe,
nicht mit der allgemein (z. B. Cochl. c. 19, Schröckh XVI. S. 130, die stoffreiche
aber ganz kritiklose vie de Boëce in bibl. choisie von Le Clerc XVI., aber
selbst noch von Gregorov. I. S. 312) behaupteten Unregelmäßigkeit: vier namentlich benannte Ankläger, darunter der sehr angesehne Cyprianus (die drei von Boëth.
I. 4 angeschwärzten delatores scheinen nur die Zeugen des Letztern gewesen zu
sein), ganz bestimmte Anklagepuncte (Hochverrath, Vernichtung der den Senat
überführenden Briefe): der Senat selbst als Pairsgericht richtet, nicht der König,
es scheint sogar der ganze Senat und zwar ohne eine oratio principis; (Kuhn
I. S. 205) ohne Recht scheint Boëthius die Folterung (confessio) der drei geringern delatores gefordert zu haben; er wagt nicht Verkürzung in seiner Vertheidigung zu behaupten und geht über die Eine Anklage (Vernichtung der com-
promittirenden Briefe) mit Schweigen hinweg: er gesteht, er würde eine Verschwörung gegen Theoderich nicht entdeckt haben. Der Senat verurtheilt ihn zum Tode
und der König begnadigt ihn anfänglich; seine Vertheidigung macht juristisch einen
sehr schlechten Eindruck, denn sie greift nur den Leumund von dreien der Ankläger
an; über andre Gerichtsbarkeit des Senats Rein 74, A. III. S. 96; über des

praetorio[1]), aber auch sein vicarius, der v. urbis romanae[2]), der quaestor s. palatii[3]), ferner der comes rerum privatarum[4]).

In den weniger bevölkerten Provinzen reist der judex romanus von Ort zu Ort und hält hier drei Tage im Jahr Gericht in jedem Municipium über die bis dahin erwachsenen Processe. Für diese drei Tage hat er nach dem Herkommen von der Stadt Verpflegung zu fordern; sehr bezeichnend ist, daß, wie im spätern Frankenreich, diese Wohlthat oft zur Plage der Bürger wurde und der König die drei Tage als Maximum einschärfen muß[5]). Der eigentliche Richter ist nicht der comes, sondern der princeps, dessen Spruch der comes nur bestätigt und vollzieht[6]).

Speciell für Römer Recht zu sprechen haben die „cognitores": sie empfangen draußen in den Provinzen aus der Canzlei des Königs die Entscheidung des Hofgerichts[7]): sie haben, von ihrem Amtspersonal begleitet, das römische Recht in römischen Processen auszusprechen und der Gothengraf soll solche Processe nicht von ihnen weg vor sein Gericht ziehn[8]), sie werden neben diesem vom

---

Kaisers (Königs) Senat und des praef. urbi außerordentliche Strafgerichtsbarkeit, welche sehr wenig an Gesetze gebunden war, s. Rein S. 107.

5) Var. I. 80. 82; Hegel I. S. 66, II. S. 115; Bethm. H. S. 83; Geib S. 399. 408; Manso Con. S. 112.

1) Geib S. 433. 468.

2) Var. IV. 41; Bethm. H. S. 86; über andere vicarii, bes. den frühern v. Italiae Hegel I. S. 65. 115; Geib S. 448; Manso l. c. S. 110; Bethm. H. S. 77; Böcking s. h. v.

3) Enn. ep. VI. 10 und oft; (Bethm. H. S. 102; Manso l. c. S. 129); daselbst auch viele Fälle römischer Processe, z. B. VI. 13, 14; über freiwillige römische Gerichtsbarkeit s. Marini u. Ennod. p. 1042.

4) Var. IV. 11 zwischen den professores und den curiales volienses, in Civilsachen; Manso l. c. S. 131.

5) Var. Bethm. H. S. 67; über die consulares in den Provinzen (Bethm. H. S. 12. 61; Hegel I. S. 83; Mar. ad. N. 139; Böck. s. v. Campania; die judices, welche Totila auf seine Seite zieht, Jord. p. 242, sind ganz allgemein die von Justinian und Belisar bestellten Beamten.

6) Var. VII. 1. 24; Bethm. H. S. 55; Manso S. 359; Geib S. 477; über die comites s. noch S. 278; in Bruttien und Lucanien begegnen noch die alten correctores Var. vgl. Bethm. H. S. 64; Hegel I. S. 34. 117; Giannone I. S. 200. 204; Geib S. 466. 417; Sav. I. S. 330—336; über die facultativen arbitri, wodurch sich auch die Stellen A. III. S. 95 f. theilweise erklären, s. Bethm. H. S. 152.

7) XII. 21.

8) IX. 14 (warum nicht, wenn auch er, ein römischer Richter, mit römischem

König in die Provinzen entsendet und nur aus Römern genommen[1]); können aber auch speciell vom König für einen Fall belegirt
sein[2]).

In gothischen Fällen richten die Gothengrafen nach dem Edict,
eventuell nach gothischem, subeventuell nach römischem Recht[3]); in
gemischten Fällen mit Zuziehung eines prudens romanus[4]), wobei,
nach billiger Erwägung aller Umstände, bald römisches, bald gothisches Recht angewandt wurde, mit starkem Uebergewicht des Erstern.

Dieß besagt unverkennbar die officielle Bestallungsformel des
comes Gothorum: wenn nun immer blos römisch Recht auch in
gothischen und gemischten Fällen angewandt wurde, weßhalb einen
eignen Gothenrichter, und weßhalb muß dieser dann den römischen
Juristen nicht auch in gothischen Fällen beiziehn?

Aber wir müssen dieß Amt eingänglich erörtern: Der comes
Gothorum ist die wichtigste, ja fast die einzige neue Obrigkeit im
Gothenstaat und seine Bestallungsformel der Hauptbeweis für das
Nebeneinanderbestehen römischen und gothischen Rechts in diesem
Reich. Sie lautet: „Formel der comitiva Gothorum in den einzelnen Provinzen. Da wir wissen, daß die Gothen mit Gottes
Hülfe mit euch gemischt wohnen, haben wir nöthig erachtet, auf daß
nicht, wie das zu gehen pflegt, unter den Getheilen Ungebühr entstehe, jenen vir sublimis, uns von jeher durch gute Sitten bewährt,
zu euch als comes zu schicken. Derselbe soll einen Streit zwischen
Gothen nach unsern Edicten entscheiden. Wenn aber ein Rechts-
handel zwischen einem Römer und einem Gothen entsteht, soll er
einen römischen Rechtskundigen beiziehen und so den Streit in gerechter Weise entscheiden. Ueber zwei Römer aber sollen die römi-

---

assessor, nach römischem Rechte, richtet, wie v. Glöden sagt[7]) vgl. über sie Ed.
§§. 55 epil. die Stellen C. Th. gloss. nom. s. h. v. Hegel I. 6, 117.

1) VII. 8.

2) IV. 87, vielleicht heißen aber die allgemein bestellten auch delegati.
Bethm. H. 105.

3) In der Zeit vor dem Edict primär nach gothischem, eventuell nach römischem Recht: denn die Ansicht Walchs, das Institut der Gothengrafen sei jünger,
als das Edict, ist deßhalb unhaltbar, weil Theoderich seine comites Gothorum
schon mit nach Italien brachte: sollten die Gothen bis a. 489 keine Richter gehabt
haben?

4) Ohne Grund unterscheidet Sart. S. 105 je nachdem der Gothe Kläger
oder Beklagter war. Daß in allen Fällen an den König appellirt werden kann,
versteht sich, da sein palatium höchste gothische wie römische Instanz.

schen cognitores richten, welche wir in die Provinzen entsenden, so
daß jedem sein Recht gewahrt bleibt und unerachtet der Verschieden=
heit der Richter Eine Gerechtigkeit Alle einschließe. So sollen mit
Hülfe des Himmels beide Völker in gemeinsamem Frieden süßer
Ruhe genießen. Wisset dabei, daß wir zwar für Alle die gleiche
Liebe hegen, daß aber unserm Herzen am Meisten der sich empfehlen
wird, wer in maßvollem Willen die Gesetze hoch hält. Wir können
nichts Widerrechtliches leiden, wir verabscheuen die frevle Ueber=
hebung sammt ihren Thätern: unsere Huld und Milde verwirft die
Gewaltthätigen. Im Rechtsstreit sollen Rechtsgründe gelten, nicht
die Fäuste. Denn weßhalb soll, wer die Gerichte zur Hand hat,
Gewalt suchen und vorziehen? Deßwegen ja zahlen wir den Rich=
tern ihren Gehalt, deßwegen erhalten wir in manchfaltger Frei=
gebigkeit so zahlreiche Aemter, weil wir unter euch nichts wollen
aufkommen lassen, was irgend aussieht, wie Haß. Ein und das=
selbe Streben umfasse euer Leben, wie ihr eine und dieselbe Regie=
rung habt. Vernehmet, beide Völker, was wir lieben: Euch Gothen
sollen die Römer wie sie Nachbarn an Gütern sind, so durch Liebe
nah am Herzen stehn. Ihr Römer aber müßt mit großem Eifer
die Gothen lieben, welche im Frieden eure Bevölkerung mehren und
im Krieg den gesammten Staat vertheidigen. Deßhalb ziemt es
euch, dem von uns gesandten Richter zu gehorchen, so daß ihr in
jeder Weise befolgt, was immer er zur Aufrechthaltung des Rechts
beschließt, indem ihr dadurch, wie unserm Gebot, so eurem eignen
Vortheil gemäß handelt."

Diese Formel enthält das ganze Programm der innern Politik
des Königs, seine principielle Auffassung des Verhältnisses beider
Nationalitäten; es ist bezeichnend, daß er es ausspricht bei Bestel=
lung der einzigen neuen Behörde, derjenigen, welche seine pari=
tätische Tendenz gleichsam in Person darstellen und im Staatsleben
durchführen soll. Denn etwas Neues ist dieses Amt des comes
Gothorum, so wie es jetzt geordnet ist, allerdings, und ohne Zweifel
erfolgte die Einrichtung desselben als eine der grundlegenden In=
stitutionen bei der allerersten Consolidation des jungen Staates,
gewiß nicht lange nach der Landtheilung und im Zusammenhang
mit dem Ausschluß der Römer von dem Heere, also etwa a. 494,
wenn auch diese Formel erst später, nachdem das Amt schon Jahre
lang gewirkt hatte, aufgesetzt wurde.

Man hat viel darüber gestritten, ob das Amt des comes, das
wir in allen germanischen und römischen Staaten jener Periode

antreffen, germanischer oder römischer Wurzel sei. Der Ostgothenstaat gewährt besten Aufschluß hierüber.

Daß es bei den Ostgothen vor a. 493 Beamte des Königs gab,
welche im Kriege den Heerbann des Königs als seine Heerführer
übten, ist nicht nur aus allgemeinen Gründen und Analogien anzunehmen, es ist durch bestimmte Belege bezeugt. Eine Anzahl dieser
Unterfeldherrn wird von Tufa an Odovakar a. 492 ausgeliefert.

Daß ferner die Gothen vor a. 489 Beamte hatten, welche im
Frieden den Gerichtsbann des Königs in Leitung des Gerichtes
(über Gothen) übten, ist unzweifelhaft und nach Analogie andrer
Stämme, nach gemein-germanischer Verfassung dürfen wir annehmen, daß Heerbann und Gerichtsbann von denselben Beamten geübt
wurde; wie diese gothisch hießen, wissen wir nicht, wir nennen sie
Grafen[1]).

In dem italischen Gothenreich finden wir nun gothische Männer, welche genau in derselben Weise Heerführer und Richter sind,
den Heerbann und den Gerichtsbann (über Gothen) des Königs
üben, sie heißen comites Gothorum, und sie sind ohne Zweifel,
nach diesen beiden Functionen, nichts andres, als die mit nach Italien gebrachten Grafen. Der Inhalt des Amts des comes Gothorum, sofern es sich in beiden Functionen auf Gothen bezieht,
stammt also aus germanischer Wurzel. Daneben hat nun aber der
comes Gothorum, wie wir in den Varien finden, noch andre Functionen: er hat Gerichtsbarkeit auch für Mischfälle und er hat administrative und financielle Functionen über Römer wie Gothen.
Wie und woher hat der alte Gothengraf diese neuen Functionen
erhalten?

Theoderich fand in Italien römische Beamte vor, welche über
die Römer ursprünglich militärische, dann auch administrative, finanzielle, zum Theil auch richterliche Gewalten übten, die comites[2]).
Theoderich that nun, was dem Bedürfniß seines Doppelstaates und

---

1) S. A. I. S. 24.

2) S. über comites und judices Kuhn I. S. 156 u. bes. 194 f. über die
verschiedenen Bedeutungen römischer comites; damit vgl. Bethm.-H. S. 26;
Phill. I. S. 488, von seinem „Gefolgschaftsstaat" aus, kann in comites nur
convivae regis sehn. Der gleiche Standpunct bei Leo in Hermes XXXIV. hat
zu einer sehr ungerechten Beurtheilung von Manso's verdienstreicher Arbeit geführt;
gerade die Fernhaltung des „romantischen Wesens fahrender Königssöhne" empfiehlt Manso's Buch.

seiner ganzen Tendenz am Nächsten lag: er ließ für die Römer das alte Amt des römischen comes, wie alle andern römischen Aemter bestehen, und stellte nur neben diesen comes Romanorum einen comes Gothorum, indem er den alten Gothengrafen zu ihrem hergebrachten Heer- und Gerichtsbann über die Gothen noch die gleiche administrative und finanzielle Gewalt über die Gothen gab, welche der comes Romanorum über die Römer übte und indem er diesem so ungeschaffnen Amt auch die Gerichtsgewalt über Mischfälle übertrug, (für welche jetzt nothwendig gesorgt werden mußte,) jedoch mit Beiziehung eines römischen Juristen. Diese neuen administrativen und finanziellen Functionen des Inhalts seines Amts sind also dem comes Gothorum aus römischer Wurzel beigelegt und außerdem wurde die ganze Form des Amts (Officium, Canzlei, Personal und anderer Apparat) für die nicht-militärischen Functionen ebenfalls aus der römischen comitiva herübergenommen. Die Gerichtsbarkeit in Mischfällen war natürlich ganz neu. Ohne Zweifel wurden meistens dieselben Männer, welche a. 493 noch Grafen gewesen, a. 494 comites Gothorum und ebenso gewiß nannten sie die Gothen neben dem lateinischen auch noch mit altem gothischen Namen, vielleicht faus.

Dieß die einfache, klare, natürliche Entstehung des Amtes des comes Gothorum. Aber diese Einfachheit wurde gestört durch die Ungleichheit der vorgefundenen römischen Verfassung in den einzelnen Provinzen und durch die Ungleichheit der Niederlassungen der Gothen in denselben. In den italischen Städten und Provinzen von dichterer römischer Bevölkerung fand der comes Gothorum einen comes (Romanorum) oder judex, corrector, rector, praeses, consularis etc. vor: alsdann hatte der comes Gothorum (außer dem Heerbann, den immer nur er hat) nur über die Gothen die administrative und finanzielle Gewalt, welche der römische comes etc. über die Römer des Gebiets übte, und die Gerichtsbarkeit in Mischfällen. Dieß ist das normale, von der Formel vorausgesetzte Verhältniß. Es gab aber auch zweitens Gegenden, in welchen es nur des römischen comes etc. provincialis bedurfte und keines Gothengrafen, weil keine Gothen angesiedelt waren: kamen vorübergehend gothische Besatzungen in solche Gegenden, so hatte der Gothengraf außer dem Heerbann die Gerichtsbarkeit in Mischfällen, sonst aber keine Function.

Drittens endlich konnte aber auch ein Gothe die comitiva oder den praesidatus etc. Romanorum und die comitiva Gothorum in

seiner Person vereinen: diese bisher unbeachtete[1]) und doch praktisch nicht seltne Erscheinung erklärt die sonst unerklärlichen Schwierigkeiten in den Varien und entfernt die Gründe, welche v. Glöden
zu seiner irrigen Auffassung leiteten.

In solchen Fällen, in welchen ein Gothe rector etc. provinciae (comes civitatis) und comes Gothorum zugleich war, ließ er
in römischen Fällen, ganz wie wenn ein Römer rector etc. war,
den eigentlichen römischen Richter, den cognitor, richten — denn zu
richten hat nach der römischen Verfassung[2]) der rector etc. nicht,
dieß erleichterte die Verwaltung des Amtes durch Gothen — in
Mischfällen richtet er als comes Gothorum mit dem prudens[3]) (in
römischen zu richten ist ihm auch in diesem Fall untersagt, so erklärt sich Var. IX. 14) in gothischen als c. G. allein — außerdem hat
er als römischer Beamter imperium[4]), administrative und finanzielle
Gewalt über die Römer und als comes Gothorum Heerbann, administrative und finanzielle Gewalt über die Gothen seiner Provinz
(oder Stadt).

Diese ganze Auffassung des Gothengrafen wird nun bestätigt[5])
durch die Stellung seiner Bestallung in der Formelsammlung Cassiodors[6]). Ferner durch die Adresse der Formel: sie ist gerichtet
nicht an die Gothen — für diese war der Gothengraf im Wesentlichen nichts Neues, wenn er auch in Verwaltung und Finanz ihnen
gegenüber einige neue Functionen erhalten — sondern an die Römer: für diese schien es eine gefährdende Neuerung, daß sie immer

---

1) So von Eichh. Z. f. gr. R. II. S. 284; Manso S. 95. 361; Sart.
S. 281; Gibb. p. 39 (der Maffei Verona illustrata folgt; s. dagegen Abbell S. 188
über die lehrreichen fränkischen Verhältnisse); Hegel I. S. 116 f., mit dem ich in
mancher Hinsicht zusammen treffe, hat doch übersehen, daß Theoderich Gothengrafen
schon mitbrachte und ist durch die irrige Voraussetzung, Gothi heiße milites, Romani heiße privati, zu einigen irrigen Folgerungen geführt worden.

2) Ueber magistratus und judex Bethm. H. S. 136, und über den Unterschied
von Civil- und Strafproceß hiebei für die Zeit v. a. 400—568 Geib S. 466; Sav.
I. S. 330—336.

3) Diesen vergißt völlig Muchar. IV. S. 188.

4) Bethm. H. S. 41.

5) Und die Bezeichnung desselben als bloßen judex militaris bei v. Glöden
ausgeschlossen.

6) Die formula comitivae Gothorum steht neben den Formeln der ordentlichen Civilbehörden für die Römer in den einzelnen Provinzen: formula
comitivae (Romanorum) provinciae VII. 1. praesidatus VII. 2. ducatus
Rhaetiorum VII. 4.

graf Pithia (Pitza?) und später hat ein andrer Gothengraf, Neudes (arg. vir illuster, der Titel des comes Gothorum), die Existenz von res judicata zu conftatiren. In dem gemischten Fall Tanca gegen Constantius und Venerius wegen Grundeigenthum und Freiheit, richtet der Gothengraf (vir illuster) Hunigaft, aber ganz nach unsrem System muß er einen römischen Juriften beiziehn[1]); in dem gemischten Fall Julianus gegen den vornehmen Gothen (domnus) Trasamund begegnet neben dem gothischen impulsor Gudica der Römer (quaestor) Fauftus als entscheidende Autorität[2]); in dem Proceß des Gothen Maza (Mazanes) um ein Grundftück richtet ein Gothengraf Annas[3]). Der Gothengraf Duda richtet über eine Körperverletzung eines Gothen, an einem Römer begangen[4]). Der Gothengraf Geberich hat (gothischen, römischen?) Kirchen zurückzuschaffen, was ihnen gothische oder römische Räuber entriffen[5]). In dem (gothischen oder gemischten?) Fall III. 15 richtet nach dem

---

I. 9. IV. 18. Adila comes II. 29. Dazu kommen die von Marini ad Nr. 90 gesammelten Gattila, Trita, Maldefrid, Trakilo (Tzakilo? = diminutiv von dem goth.-vandal. Tzazo f. A. L. S. 171, f. Grimm, Gesch. d. d. Spr. S. 473—808, Förftem. S. 1366) IV. 140. Haminc et Widin comites Gothorum l. in hist. misc. p. 179. Cunigast (Hunigast?) Boëth. I. 4. Audoin comes As. Val. Die von Gregor. dial. A. III. S. 259 genannten comites Totilanis find wohl nur „Begleiter", keine „Grafen". Andere comites und comitivae bei Caffiodor find die comitiva domesticor. II. 15, 16. VI. 11. VIII. 12. archiatror. VI. 9. sacrar. largit. VII. 20, 21, 24. VIII. 13, 16, 17. 21. I. 4. II. 31. III. 8. VI. 7. IX. 7. patrimonii VIII. 21. IX. 12. I. 16. V. 15, 19, 20. VI. 9. XII. 4. IX. 9. VI. 11, 13. (primi ordinis II. 28. secundi ordinis VI. 26.) rer. privatar. I. 4. III. 12, 53. IV. 3, 11, 13, 15. VI. 8. siliquatarior. II. 12. portus romanae VII. 9. romanae VII. 13. syracusanae civitatis VI. 22. neapolitanae VI. 23, 24, 25. ravennatis VII. 14. militiae VII. 26. provinciae VII. 1. u. vgl. Böck. Regifter p. 44—46.

1) VIII. 28. ita tamen ut persona legitima disceptationibus non desistat.

2) impulsor ift vielleicht sajo Ennod. ep. III. 20; sehr viele Mißverftändniffe diefer Fälle der Varien bei Buchar IV. S. 139.

3) Var. I. 5. unklar ift der Fall IV. 37, hier richtet zwar consequent ein cognitor über Renatus und Inquilina: aber was hat die edle Gothin Theodegunbis damit zu schaffen? Klar ift Alles, wenn man ftatt Inquilinam [left Inquilinum, in diefem den improbus litigator und einen actor oder colonus oder procurator oder Freigelaffenen der Theodegunbis fieht. Oder follte Caffiodor ein Weib litigator ftatt litigatrix nennen können? Dann ift Inquilina wohl eine colona, originaria.

4) IV. 27, 28 und zwar secundum edictorum seriem, d. h. nach römischem und des Edicts Strafrecht.

5) IV. 20.

Gothengrafen Suna ein andrer Gothe, Theodahad. Der Gothengraf Vanbil ist zugleich comes civitatis in Avignon und schützt die
Römer gegen die violentia der Gothen[1]). Graf Abila auf Sicilien
hat Kirchengüter in königliche tuitio zu nehmen, als Offizier und
Richter[2]).

Im Gebiet des Strafrechts kann daher recht wohl ein Gothengraf Annas einem Priester Laurentius seinen Raub abzunehmen
beauftragt werden: er hat judicium über ihn[3]), auch abgesehen von
außerordentlichen Aufträgen[4]), welche der König, wie allen seinen
Beamten, auch den Gothengrafen geben kann[5]); besonders Graf
Arigern erhält wichtige Aufträge vom König[6]); er hat daneben die
comitiva urbis romanae; deßhalb ist er competent in einem Proceß
zwischen Kirche und Synagoge zu Rom[7]); bei Tumulten der Senatoren[8]) leitet er das Fünferpairsgericht über Senatoren wegen Zauberei[9]).

Gerade aus der Sendung dieses comes Arigern nach Gallien
und seiner Rückberufung geht deutlich hervor, daß der comes Gothorum nicht nur Militärrichter, sondern zwar ein Heerführer, zugleich aber ein Civilbeamter ist, der als Richter und Verwaltungs-
beamter wie über Gothen, so auch über Römer Amtsgewalt haben
kann.

Er hat in seiner Provinz sich als guten Krieger bewährt und
zugleich soll er die Rechtsordnung schützen (civilitas). Darauf
wird ihm als comes urbis romanae die Herstellung der Ordnung
in Rom übertragen und die Abstellung der Reibungen zwischen
Adel und Volk: daneben aber bleibt er Krieger und comes Gothorum[10]). Ebenso ist Vinsivab in Pavia zugleich comes Gothorum
und comes urbis ticinensis: er hatte die Stadt im Kriege vertheidigt und soll sie jetzt in jener Doppelstellung verwalten; da (unter

---

1) III. 38.
2) II. 27.
3) II. 18.
4) Vgl. Bethm. Hollw. S. 51.
5) z. B. IV. 35 dem Grafen Luverit, II. 7 dem Grafen Suna.
6) S. A. III. S. 224. 97.
7) III. 45.
8) IV. 16, 43.
9) Außerordentlicherweise IV. 22, 23; s. A. III. S. 97 aber doch thatsächlich
deßhalb, weil er comes urbis ist.
10) IV. 16 bezieht sich auf Circusunruhen, ist nicht etwa die Bestallung für
seinen Auftrag a. 501. A. III. S. 224; dieser war außerordentlich.

Theobahab) keine andre Vertheidigung von Pavia gemeint sein kann, als die in den Jahren 490—493, haben wir hier also einen unzweifelhaften Fall, in welchem ein (alter d. h. vor=italischer) Gothengraf ein (neuer) comes Gothorum wird und zugleich die römische comitiva urbis erhält[1]). Besonders beweisend für die richtige Ansicht ist auch die Reorganisation der Rechtspflege in Savien; in dem ganzen Erlaß werden immer Römer und Gothen neben einander berücksichtigt: in solchem Zusammenhang sorgt nun der König zuerst für die römische Rechtspflege und spricht dabei von einem besondern judex Romanorum, darauf für die gothische Rechtspflege und nun — wendet er sich zu dem analogen Beamten, eben dem comes Gothorum.

Wenn in Savien nur römisch Recht und römische Richter in Betracht kommen, warum heißt dann der erste Richter judex Romanorum? Wenn er auch über Gothen und nach römischem Recht zu richten hat, muß er judex Romanorum et Gothorum oder judex schlechthin, nimmermehr aber kann er heißen, wie er heißt. Ferner, die Kosten seiner Verpflegung bürdet der König nur „den Provinzialen in den Municipien”, d. h. den Römern, auf: diese sollen die Kosten seiner Rundreisen tragen „nach Maßgabe der alten Gesetze”, d. h. der alten römischen, welche doch gewiß keine Gothen als beitragpflichtig kannten: hätten auch die Gothen Antheil an und Vortheil von seiner Thätigkeit, würde die aequitas Theoderichs sie von dem Kostenbeitrag befreit haben? In Savien stand der comes Gothorum neben den römischen judices, die in dem wenig bevölkerten Land Rundreisen machten.

Daß der comes Gothorum nicht blos judex militaris ist, erhellt, wie aus IV. 16, weiter daraus, daß er ganz wie der römische comes, einen ganzen Stab von domestici unter sich und einen vicarius oder vicedominus, einen zweifellosen Richterbeamten, neben sich hat[2]).

---

1) X. 29 urbem Ticinum, quam per bella defenderas, gubernandam pace (tibi credidimus): er bedarf des Urlaubs, um sie zu verlassen und soll wie jeder römische comes (vgl. VII. 1. VII. 16) emergentes causas .. audire et finire: et si quod a nostra pietate fuerit decretum, eodem commonente peragite; er hat neben der (gothen=) richterlichen administrative Functionen und den Vollzug der königlichen Befehle aller Art.

2) V. 14 judex vero romanus (das vero bezeichnet den Uebergang von den bisher besprochenen barbari zu der römischen Hälfte) propter expensas provincialium, quae gravare pauperes suggeruntur, per annum in unum quodque municipium semel accedat, cui non amplius quam triduanae prae-

Selbstverständlich hat der comes Gothorum als solcher, auch wenn er kein römisch Amt daneben bekleidet, volle Strafgewalt in gothischen und gemischten Fällen zur Aufrechthaltung der Disciplin, namentlich zum Schutz der Provinzialen gegen seine Heermänner[1]). In rein gothischen Fällen ist von römischen Beamten nichts zu verspüren: ein Beklagter, offenbar ein Gothe, wird zuerst vor das ordentliche Gericht des comes Gothorum Suna geladen und da er sich nicht stellt, erhält den Auftrag, den Fall zu Ende zu führen, ein anderer Gothe, Theodahad, eben weil gothisch Recht angewendet werden kann[2]).

Für das Nebeneinander von Gothen und Römern im Gerichtswesen spricht, daß auch in andern Gebieten des Staatslebens um der Parität willen so häufig ein gothischer und ein römischer Beamter nebeneinander gestellt werden: so haben Visigiskel und Victor als censitores auf Sicilien über Gothen und Römer financielle und executive Gewalt[3]). In die Provinz Dalmatien von stark gemischter Bevölkerung wird Osvin als comes Gothorum und comes provinciae abgesendet, aber ihm der Römer Severinus mitgegeben[4]). Die beiden sollen sich in der Rechtspflege ergänzen. Selbstverständlich hat der Gothe den Heerbefehl: schon früher war Osvin in dieser Doppelstellung in Dalmatien gewesen und hatte deßhalb die ordentliche Civilinstanz gebildet und daneben auch die Finanzbeamten in Verfolgung fiscalischer Ansprüche zu unterstützen gehabt[5]). In Mischfällen steht immer neben dem Gothengrafen ein Römer: so als ein Gothe das Grundstück eines Römers occupirt hat und ersetzen zu haben behauptet: hier steht, entsprechend dem Princip in VII. 3, neben dem comes Gothorum Bilia der Römer Domitianus[6]).

Sollten auch Römer comites Gothorum sein können? Zuerst

---

beantur expensae, sicut legum cauta tribuerunt; majores enim nostri discursus judicum non oneri, sed compendio provincialibus esse voluerunt. Nun wird wieder zu der gothischen Rechtspflege übergegangen: domestici *comitis Gothorum* nec non et vicedomini aliqua dicuntur provincialibus concinnatis terroribus abstulisse.

1) Var. XII. 5.
2) II. 15.
3) IX. 12.
4) Vielleicht als sein princeps, Manso S. 306 IV. 9. IX. 8, 9.
5) III. 26.
6) I. 18.

ist auf diese Frage zu antworten: es liegt kein sichrer Fall vor; wenn Colosseus (als praeses provinciae und comes Gothorum) nach Pannonien geschickt wird[1]), so folgt aus dem römischen Namen, wie das Beispiel des Hilarius, des Neffen des Gojo, des Abemut, qui et Andreas und vieler Andren[2]) zeigen, noch keineswegs römische Abkunft: grade diesen Namen mochte sich ein Gothe leicht beilegen und die Anspielung Cassiodors auf den Sinn desselben macht die appellative Beziehung des Namens erst recht wahrscheinlich und beweist keineswegs, wie v. Glöden sagt, die römische Nationalität. Zweitens aber konnte recht wohl der Römer Colosseus praeses provinciae werden und comites Gothorum in der Provinz bereits vorfinden: seine Amtsgewalt als praeses provinciae erstreckt sich ja auf alle Einwohner der Provinz[3]) (deßhalb wird er auch den barbari angezeigt,) wenn diese auch den Gothen gegenüber in manchen Richtungen durch die unter ihm stehenden comites Gothorum vermittelt wird. Endlich drittens scheint auch die allerdings gewiß sehr seltne Ausnahme nicht ganz undenkbar, daß ein Römer, der ausnahmsweise Officier[4]), auch ausnahmsweise comes Gothorum war; derselbe mochte dann, um gothisch Recht anzuwenden, — es kann ja ohnehin nur gothisch Privatrecht in gothischen Fällen und manchmal in Mischfällen, aushülfsweise, hinter dem Edict, zur Anwendung — ebenso gothische bonos viros, jura dictantes, beiziehen, wie analog der Römer römische prudentes. — Die Verbindung von römischen und gothischen Richtern kömmt außer in Mischfällen sogar manchmal in römischen Fällen vor: so[5]) in IV. 12: hier sollen neben dem vir illuster Gemellus ein Gothe comes Merobad, wohl ein comes Gothorum, Vorstand des von den Parteien zu wählenden Schiedsgerichts sein, den Rechtsspruch sollen thun: tres honorati, qui legum possint habere notitiam; für das Amt des comes Gothorum folgt aus der Stelle nichts, weil eine außerordentliche Commission bestellt wird: (römisch Recht prisci juris forma statuta divalium sanctionum: es handelt sich um Erbrecht und poenae secundarum nuptiarum IV. 12.) und da wir die be-

---

1) Allen dortigen Barbaren und Römern wird angezeigt, daß er ihre defensio und gubernatio übernommen — III. 24.

2) A. III. S. 60.

3) Bethm. H. S. 66.

4) S. A. III. S. 60; Hegel I. S. 105, 125 u. Roth Ben. S. 174 haben diese Ausnahmen nicht berücksichtigt.

5) Abgesehen von der Zauberei, s. oben.

theiligten Personen als Verwandte des Ennodius aus dessen Briefen
kennen, dürfen wir nicht einen Gothen unter römischem Namen
darunter vermuthen; aber es liegt eben nicht regelmäßiger Gerichts-
weg vor. Ganz anders lautet es, wo derselbe Merobad als comes
Gothorum thätig dargestellt wird: defensio im Krieg, ordinatio
im Frieden ist alsdann gleichermaßen seine Aufgabe, deßhalb soll
moderatio seine fortitudo begleiten: „wir haben den comes Gothorum Merobad zu euch nach Massilien geschickt, der für Alles,
was Eure Sicherheit und Wohlfahrt betrifft, Sorge trage. Eingedenk unsrer Gnade walte er der Gerechtigkeit, helfe den Geringen,
werfe den Uebelthätern die Sicherheit seiner Züchtigung entgegen,
lasse keinen durch Anmaßung unterdrücken, und halte Alle zum Gerechten an, wodurch von jeher unser Reich geblüht"[1]): er ist zugleich
comes urbis massiliensis. Einen sehr klaren Fall solcher Cumu-
lation finden wir in Syrakus: daselbst ist der comes Gothorum
Gilba zugleich comes civitatis syracusanae[2]): neben ihm ist kein
römischer comes mehr in der Stadt; er hat nicht das Recht, über
zwei Römer im Civilproceß gegen ihren Willen zu richten: dieß
wird ihm, unter Verweisung auf frühere Edicta, welche für das
ganze Reich und auch speciell für Sicilien ergangen, untersagt:
in solchen Fällen sollen die judices ordinarii, die cognitores richten:
er hat allerdings decernendi auctoritas, aber nicht in römischen
Fällen — (gegen den Willen der Parteien, wohl aber durfte er,
was also vorkam und sehr für diese gothischen fremden Beamten
spricht, richten, wenn beide Römer sein Gericht wählten —) also
nur in gothischen und in gemischten; daß er comes Gothorum war,
ist hienach klar, daß er aber zugleich comes urbis syracusanae war,
zeigen seine übrigen Functionen, verglichen mit der uns erhaltnen
Bestallungsformel eines comes urbis syracusanae[3]): er hat nicht
nur den Bau von Befestigungen anzuordnen, — das steht ihm als
comes Gothorum zu — sondern ferner das Geld für diese Bauten

---

1) III. 34 — deutlich eine Variation der formula VII. 3.

2) Seine Bestallungsformel als solchen ist uns VI. 22 erhalten. Er richtet
nicht blos über Syrakusaner s. Var. VI. 22, Hegel I. S. 116: es soll ganz das
alte Amt bleiben; ob Οὐλίαρις δε Νεάπολιν ἐφύλασσεν Proc. b. G. I. 8 ebenfalls zugleich Gothengraf und comes urbis neapolitanae (s. dessen formula
VI. 21; vgl. Hegel I. S. 117, Giannone I. S. 205) steht dahin. Aehnliches
vielleicht zu Palermo Proc. l. c. 5; aber die comites urbis romanae, ravennatis, massiliensis VII. 13, 14. III. 34. s. Hegel l. c.

3) Oben Anm. 1. S. 164.

zu erheben, erbloses Gut für den Fiscus einzuziehen, von ankommenden Schiffen Hafengelder und Zölle zu beziehen und den Preistarif ihrer Waaren zu bestimmen[1]).

Die civile Thätigkeit des comes Gothorum in der oben bezeichneten Richtung glauben wir hiemit dargethan zu haben.

Ebensowenig kann bezweifelt werden, daß die Gothengrafen zugleich gothische Officiere sind[2]).

Eine lehrreiche Analogie des comes Gothorum ist der dux. Die duces, Gothen (Jbba, Willitanc), sind an sich nichts andres

---

1) IX. 14. duorum negotia Romanorum etiam his invitis ad tuum diceris vocare judicium, quae si cognoscis facta, ulterius non praesumas: ne dum jus *judicum incompetenter* quaerere, reatum potius videaris invenire (denn nicht er ist römischer „judex") memor enim prius esse debes edicti, qui inter alios majus a te sequenda constitui (verborbener Text, vielleicht quod inter alia hoc magis a te sequendum constitui?) aliaqui tota tibi decernendi auctoritas tollitur (er hat sie also, in andern Fällen), si a te illa regula (in VII. 3) minime custoditur; *ordinariis judicibus* administrationum suarum potestas illibata servetur: *cognitores* suos legitima turba comitetur: observationum illarum non mordearis invidia; die edicta, welche die Competenz des comes Gothorum regelten, sind natürlich nicht die Ed. Th. oder Ath., sondern verlorne Erlasse, welche auch die formula VII. 3 voraussetzt: denn diese formula ist kein Edict, sie wendet nur das wohl schon a. 494 ergangne Gerichtsorganisationsgesetz an; seine Gerichtscompetenz als Gothengraf neben seiner comitiva syr. civ. beweist auch die Anerkennung, daß er neben den Fällen, in welchen er unter Königsbann zu handeln hat, d. h. unmittelbare Ladungen und Befehle des Königs durch sein Executionspersonal, Sajonen und executores, zuzustellen und zu vollziehen hat, auch selbst kraft eignen (abgeleiteten) Bannes Parteien vor sich laden darf: praeterea conventionibus se gravari omnimodo ingemiscunt: ut ad judicium deducendi, pene tanta videantur amittere, quanta vix probantur a delictis dispendia sustinere, vocatio enim judicis (er ist doch Richter, wenn gleich nicht römischer „judex") spes justitiae debet esse, non mulcta... unde censemus, ut si nostra conveniunt decreta pulsatos, tantum commodi percipiat executor (vgl. Bethm. H. S. 353), quantum gloriosus dominus avus noster pro honoribus personae debere sajones accipere expressa quantitate constituit..., si vero tua jussione conventio aestimetur, dumtaxat in illis causis atque personis, ubi te misceri edicta voluerunt (d. h. in gothischen und gemischten Fällen) mediam portionem executor accipiat, quam de praeceptis regiis sumere potuisset; die Ueberschreitung dieser Taxordnung (vgl. Bethm. H. S. 240, 241) durch den comes oder sein Personal wird mit der poena quadrupli geahndet.

2) So Arigern IV. 16 oben S. 165; Osvin I. 40; Bandil III. 58; Sunivad X. 29; Pitza. Das weiß auch Greg. dial. l. c. III. 18. comes, qui eidem exercitui (Totilae, Perusiam obsidenti) praefuit, vgl. Gianonne I. S. 196 und Hugo Grot. in proleg. ad hist. Goth. etc.

als gothische Oberoffiziere, über ben comites stehend[4]) und Heere befehligend. Sie sind zugleich Gothenrichter. Als solche haben sie zugleich Gerichtsbarkeit über gothische Heermänner, z. B. der dux Wilitanc über die Soldaten Patzes und Brandila[2]). Nun fand sich in der römischen Verfassung das Amt des dux als ein militärisches und zugleich als oberste Verwaltung gewisser Grenzprovinzen vor[3]). Theoderich gab daher bald Gothen (Ibba, Thulun in Gallien), seltner Römern (Servatus in Rhätien) dieß Doppelamt: sie befehligen gothische Heere, richten über Gothen und haben zugleich die Justiz, Administration und Finanz in ihrer Grenzprovinz[4]), wobei sie also, wenn Gothen, in römischen und gemischten Fällen römische Juristen beiziehen mußten; wenn Römer, brauchten sie gothische jura dictantes nur in den seltnen Fällen, wo ein Civilproceß in rein gothischen Processen an sie, nicht an die nähere Instanz der unter ihnen stehenden Grafen gelangte.

Dieß bestätigt die Formel für den ducatus Rhaetiarum[5]): „Alle

---

1) Ganz unmöglich wie bei den Römern (Bethm. H. S. 413) identisch mit den comites, wie v. Glöben S. 60 zu behaupten sich genöthigt sieht; ihm folgt Walter I. S. 43 (s. über die fränkischen duces, Waitz III. S. 239 f.) duces untechnisch: Jord. de regn. suc. p. 240 inter alios ductor Vitigis Var. VIII. 10. Thulun inter duces directus? II. 42. IX. 25? Daria dux Gothorum cum exercitu Greg. dial. I. 2 (vgl. Löbell S. 188, zu eng Phill. I. S. 490). Mar Avent. ad a. 509 Mammo dux. Isidor nennt den bekannten (katholischen) dux Ibba einen dux Gepidarum: von Geburt? oder, wahrscheinlicher, als Anführer des gepidischen Contingents A. III. S. 73; duces, comites, millenarii, sajones stecken in den ἄρχοντες Prokops; ein solcher dux ist auch formell der thatsächlich freilich fast unabhängige Theubis im Westgothenreich. Proc. I. 12: Θεύδης.. Γότθων.. Θευδερίχου δόντος ἦρχεν.. Θευδέριχος οὔτε παρελύων τῆς ἀρχῆς Θεύδην, ἀλλὰ καὶ τῷ στρατῷ ἐργγείσθαι ἀεὶ ἐς πόλεμον ἰόντι ἐκέλευεν, vgl. Lembke I. S. 54; hätte v. Glöben Recht, so müßten auch ostgothische magistri militum begegnen, s. Bethm. H. S. 95; davon findet sich aber nichts und kann nach A. III. S. 60 keine Rede sein; die man dafür gehalten, sind Heerführer Odovakars; in der echt römischen Zeit ist dux wie patricius ein bloßer Titel und steht unter, nicht über dem comes, vgl. Eichh. Z. f. g. R. W. II. S. 288; anders die gothischen duces, welche Gothengrafen ohne Zweifel unter sich haben; westgothische Analogien über Unterbeamte der comites außer den millenarii und sajones möchte ich nicht mit Eichh. l. c. gelten lassen.

2) V. 33.

3) Bethm. H. l. c.

4) Vgl. Bethm. H. l. c.

5) Var. VII. 4 (vgl. Böck. s. v. „dux", Eichhorn §. 21 b.) ... multum his creditum videtur, quibus confinales populi deputantur: quia non est tale pacatis regionibus jus dicere, quale suspectis gentibus assidere, ubi

duces zwar haben die Rangklasse der spectabilitas und nur die
Zeit bewirkt einen Unterschied unter ihnen, aber wer eine Grenz-
provinz anvertraut erhält, der wird doch besonders ausgezeichnet.
Du hast nicht nur (wie die andern praesides provinciarum) in
ruhigen Landschaften Recht zu sprechen, sondern verdächtige
Nachbarstämme zu überwachen, wo man nicht bloße Verfehlungen,
Uebertretungen, sondern Kämpfe zu erwarten hat: nicht bloß die
Stimme des Gerichtsausrufers wird dort gehört, sondern oft
fordert der Schall der Kriegstrompeten heraus. Hier an dieser
Pforte Italiens wird der Andrang der Barbaren aufgefangen und
mit dem Speer ihr wüthender Uebergriff zurückgewiesen. So ist
der Kriegssturm der Nachbarstämme euer Waidwerk und im Spiele
treibt ihr, was auch wir eifrig und mit Erfolg gepflogen. Und
daher vertrauen wir dir den Ducatus der rhätischen Provinzen, da
wir vernehmen, daß du an Geist und Körper kräftig seist. Auf
daß du die Krieger sowohl im Frieden leitest, als auch mit ihnen
eifrig unsre Marken begehest. Du siehst, dir ist nichts Geringes
anbefohlen, wenn die Ruhe uns'res Reiches deiner Wachsamkeit vertraut wird. Doch sollen die dir zugetheilten Soldaten mit den Provincialen nach Recht und Gesetz leben und nicht soll sich der Muth,
der sich bewaffnet weiß, überheben. Denn jener Schild unsres
Heeres soll den Römern Ruhe schaffen. Zu dem Zweck sind sie an
die Grenze gestellt, daß darinnen mit Sicherheit und Freiheit das
Leben desto glücklicher genossen werde. Laß weder die Ausländer
ohne Untersuchung herein, noch laß die Unsrigen mit Unachtsamkeit
zu den Nachbarstämmen hinaus. Denn da bedarf es seltner der
Waffen, wo man weiß, daß das Eindringen überwacht wird."

Der dux hat hier neben der Jurisdiction wie alle andern duces
zugleich die militärische Grenzbewachung und bei dem Angriff der

---

non tantum *vitia* (Strafrecht), quantum *bella* suspecta sunt. nec solum vox
praeconis insonat, (aber doch auch) sed *tubarum* crepitus frequenter insultat.
Rhaetiae namque munimina sunt Italiae et claustra provinciae. quae non
immerito sic appellata esse judicamus, quando contra feras et agrestissi-
mas gentes velut quaedam plagarum obstacula disponuntur: ibi enim impetus gentilis excipitur et transmissis jaculis sauciatur furibanda prae-
sumptio. sic *gentilis impetus vestra venatio* est ... ideoque validum te *ingenio
ac viribus* audientes ... Ducatum tibi credimus Rhaetiarum: ut *milites et
in pace regas* et cum eis fines nostros solenni alacritate circumeas ....
tranquillitas regni nostri tua creditur solicitudine custodiri. ita tamen, ut
milites tibi commissi vivant cum provincialibus jure civili.

Barbaren auch den Kriegsbefehl über gothische Truppen, welche den Provincialen, den Römern entgegen gesetzt werden. Dem entsprechend erhält Servatus dux Rhaetiarum den Auftrag, geraubte Knechte restituiren zu lassen[1]). Ganz ebenso hat der dux Guduin neben der Heerführung auch der Rechtspflege zu walten[2]). Der dux Ibba im narbonnensischen Gallien hat neben seinen stolz gerühmten Waffenthaten auch den Kirchen wieder zu den ihnen entrissnen Gütern zu verhelfen[3]). Die Occupanten sind vielleicht Nicht-Römer. Doch haben grade die gothischen duces gewiß oft auch über Römer Gerichtsgewalt zu üben, wie dieß das Bedürfniß in Grenzprovinzen oder in noch halb militärisch verwalteten Neuerwerbungen erheischt: sie sind zugleich praesides (duces) provinciae und duces (Heerführer) Gothorum[4]).

---

1) I. 11 vgl. Jäger S. 369, 407; aber ein Sclavenhändler muß der Beraubte nicht gewesen sein.

2) Var. V. 30. Guduin viro sublimi Theodericus rex. quos duces eligimus, eis simul et aequitatis momenta jure delegamus. quia non tantum *armis* quantum *judiciis* nos effici cupimus clariores.

3) Var. IV. 5.

4) Zweimal begegnen auch priores in den Varien VII. 30, VIII. 26. Quibisa, des Sibja Sohn, also Gothe, ein Beamter über gothische Unterthanen, Heermänner: aber auch im Frieden hat er für die disciplina zu sorgen; und noch einmal habe ich den Ausdruck gefunden bei Greg. dial. I. 10: qui eorum (d. h. gothischer Soldaten) prior esse videbatur; sollte es hier aber technisch sein? an priores dispositionum (Böck. s. h. v.) ist nicht zu denken. Hegel I. S. 124 hält sie für identisch mit den comites secundi ordinis Var. VII. 26 und diese für civile und militärische Subalterne der comites Gothorum; doch ist dieß sehr zu bezweifeln: sie heißen niemals comites und ihre Bestallung enthält nur civile, keine militärische Functionen. Dagegen hat Hegel dargethan, daß in Einem Falle wenigstens prior identisch ist mit tribunus provinciarum. Schon deßhalb kann prior nicht = comes secundi ordinis sein: sonst hätte Cassiodor zwei ganz verschiedne Formeln für Ein Amt, f. VII. 30; ich vermuthe, daß in VII. 26 prior nur die Uebersetzung eines gothischen Wortes ist (für hundafaþ, wie millenarius für taihunhundafaþ?) und blos zufällig mit dem römischen prior = tribunus in VII. 30 zusammen stimmt. Denn die tribuni = priores VII. 30 sind unstreitig (prisca consuetudo) altrömische Beamte (vgl. andre tribuni Var. I. 4, Kuhn I. S. 162, Bethm. H. S. 117) und nur civile (arg. VII. 30): ganz ebenso die tribuni maritimorum, d. h. der Seeküste von Benetien XII. 24 (in welchen die Benetianer ihre ältesten Stadtbeamten sehen wollten, es handelt sich aber nur um die Provinz Benetien), mit Unrecht legt Hegel ihnen militärische Functionen bei: sie sind lediglich Vorsteher des Küstenhandels und haben Oel, Wein und Getreide nach Ravenna zu liefern: die Schilderung ihrer Beschäftigung schließt militärische Bedeutung aus. — Ich füge hier die Zusammenstellung sämmtlicher

Man sieht, diese nationalen Gothenrichter sind starke Stützen der richtigen Ansicht: wären die Gothen nur nach römischem Recht

---

gothischer Heerführer bei Proc. b. G. an, sie alle, duces, comites, millenarii, sajones heißen ἄρχοντες. Albila (comes von Orvieto? II. 11 mit 1000 Mann millenarius?); Gibimer in Clusium (l. c. ganz ebenso); in Tudertum Wiligisal (mit 600 l. c.); in Osimo Wisand mit 7000 (dux), ich zweifle nicht, daß er der frühere Οὐλσανδος Βανδαλάριος ist, der sich I. 18 als Held ersten Ranges bewährt und nach Prokop sehr lange lebte; in Urbinum Morra mit 9000 (l. c.), in Acherontia IV. 26; Leubari mit 4000 in Rom; I. 11 f. Bleda, Roderich und Ultari, die Sieger von Mucella; ἄρχοντες Γότθων μαχιμώτατοι III. 5; Roderich, Befehlshaber bei Ostia, fällt III. 19; Hunila und Pitza (al. Pissa) ἄρχοντες I. 16 (letzterer schwerlich derselbe, der schon a. 504 die Gepiden schlug, der Name begegnet noch I. 15; man läßt, gleichsam durch die 100 Jahre, welche Cassiodor erreichte, verleitet, die Zeitgenossen Theoderichs um der gleichen Namen willen viel zu alt werden: so ist der Liberius, welcher a. 552 gegen die Gothen befehligt, gewiß nicht derselbe, welcher a. 493 die Loostheilung leitete, er müßte nahe an 100 Jahren gewesen sein). Wiligisal (derselbe wie Var. II. 12?) und Asinarius mit einem starken Heere in Dalmatien I. 16 (ist Asinarius wie Coloffäus ein römisches cognomen für einen Gothen, oder ist Asinarius ein Römer? schwerlich vertraute man a. 536 gothische Truppen einem Römer gegen die Byzantiner an); Wachis, ἀρχόντων τις, οὐκ ἀφανὴς ἀνήρ, I. 18; man konnte also ein ἄρχων sein und doch ἀφανής: ob aber ἀφανής genere nobilis oder virtute clarus, ist nicht zu entscheiden. Marcia, zuerst Befehlshaber in Gallien, dann (mit Vitigis und fünf andern ἄρχοντες) eines der sieben Lager vor Rom I. 11, 19; (Albis — ein Gesandter — I. 20?) Ildibad und Totila, ehe sie Könige werden, Commandanten von Verona und Treviso II. 29. III. 2; ein ungenannter Gepanzerter καὶ στρατιᾶς ἡγούμενος I. 22 (der οὐκ ἀφανὴς ἐν τῷ Γότθων ἔθνει mit Helm und Harnisch im Vorkampf I. 23.) Ebrimut, Theobahads Eidam I. 8, Skipuar, Gibla und Gundulph (Indulph), Führer eines Heeres und einer Flotte von 47 Segeln IV. 23; Skipuar ist einer von den fünf Gothen, welche den sterbenden Totila aus dem Getümmel führen: er vertheidigt ihn bis zum Aeußersten, verwundet seinen heftigsten Verfolger und wird selbst verwundet IV. 32 (Gefolgschaft?); Grippa, Führer des dalmatischen Heeres I. 7; Ragnari, Commandant von Tarent IV. 34; Recimund ἀνὴρ δόκιμος, Befehlshaber in Bruttien III. 18; Osba, Γότθων ἁπάντων μαχιμώτατος, verbrennt in dem Thurm am Hafen Portus, dessen Besatzung er befehligt III. 19; Sifigis, Befehlshaber der Castelle in den cottischen Alpen II. 28; über Theudis, armiger und Statthalter im Westgothenreich, s. oben; Wachimut (Οὐάκιμος), der Sieger von Ancona II. 13 (wohl nicht identisch mit Οὐάκις I. 18); Uliaris III. 4 (?), identisch mit dem Commandanten von Neapel? aber nicht mit Οὐλλαρις III. 5, dieser fällt III. 4, obwohl ganz gleich geschrieben (Οὐλλαρις, al. Οὐάλαρις, Οὐάλλαρις, Οὐαλάριος: früher wird ein Οὔλας, οὐκ ἀφανὴς ἀνήρ vergesellt II. 7); Ultheus, Oheim des Vitigis, fällt im Picentinischen II. 9; Uraia, der Neffe des Vitigis, Eroberer von Mailand, schlägt die Krone aus, von größtem Ansehen II. 12, 21, 30; Usdrila, Commandant von Rimini IV. 28 (φυλακτήριον ἄρχων);

gerichtet worden, so wäre ein Gothe als besonderer Richter für sie nicht nur nicht nöthig, sondern, wegen Unkenntniß des römischen Rechts, nicht möglich für sie gewesen: denn in rein gothischen Fällen soll er allein, ohne Zuziehung eines römischen Juristen, nur in gemischten Fällen mit einem solchen richten: diese Einrichtung hat nur Sinn, wenn in reinen Fällen rein gothisches, in gemischten gemischtes Recht gesprochen wird: wenn in rein gothischen römisch Recht gelten soll, hat sie keinen. Diese Stütze der richtigen Ansicht hat nun von Glöden durch folgende Sätze beseitigen wollen: der comes Gothorum ist nur der römische judex militaris und der prudens romanus sein assessor. Denn 1) Romanus und Gothus bezeichnet nicht „Römer" und „Gothe", sondern „Civilist" und „Soldat", doch sollten die Gothen auch außer Dienstes von ihren Officieren gerichtet werden. 2) Es gebe Fälle, wo über Gothen nicht ein comes Gothorum, sondern ein bloßer comes richte; 3) comes Gothorum sei also kein Titel, sondern eine zufällige Umschreibung. 4) Der comes Gothorum sei nach vielen Varienstellen ein Officier, ein dux oder comes I. 11. III. 18. 14. IV. 17. 13. so V. 29. 33. VI. 22. VII. 2. IX. 8. 9. 5) Auch die sanct. pragm. nenne den comes Gothorum einen judex militaris. 6) Der comes Gothorum sei kein germanischer Richter, denn a) er selbst, nicht Umstand oder Schöffen richte, b) man könne von ihm an den König appelliren I. 5. und da c) auch Römer wie Florianus, Colosseus, Servatus seien comites Gothorum wonach derselbe sich einfach als der römische comes und dux herausstelle. Deßhalb hatte 7) der comes Gothorum, wie jeder römische Richter, einen assessor[1], das sei der

---

es ist wohl nicht bloßer Zufall, daß alle Heeresabtheilungen der Gothen, deren Stärke Prokop angibt, sich als Tausendschaften und Hundertschaften auffassen lassen, namentlich 1000 Mann begegnen oft, z. B. I. 26. Hiezu kommen noch die oben S. 163 erwähnten comites und aus Agath. I. u. II. Aligern, Sohn des Fribigern, Bruder des Königs Teja, Commandant von Cumä p. 31 f.; Ragnari, Commandant von Compsä, angeblich aus dem hunnischen Stamm der Bisvoper (? sein Name ist aber gut germanisch) p. 92 seq.; ein merkwürdiger Beleg, wie gothische und byzantinische Neigung gemischte Familien spaltete, wäre die Geschichte des ravennatischen Hauses des Isuardus Traversarius im commentariolus des Antonio Franchini (bei Rubeus p. 150 seq.), ein Sohn Stephan belagert mit Vitigis Rom, ein anderer, Pyrrhus, Gemahl der Albara, der Tochter des „dux Doctrulf" (?) steht eifrig zu Belisar; aber mir scheint der ganze Stammbaum (es folgen dann Buccellus, Hammingus, Gothefridus, Lotarius, Isnardus, Carolus) eine reine Erfindung; Theodahad war so wenig früher Herzog in Tuscien, als später Amalasunthens Gemahl, wie Muchar IV. 148 sagt.

1) Ueber diesen Sav. I. §. 26, Bethmann-Hollweg S. 154, Hegel I. S. 93.

prudens romanus, ben er nicht nur in gemischten, auch in gothischen Fällen beiziehen mußte, was Cassiodor zu sagen nur nicht für nöthig erachtet habe.

Dieses fein gesponnene Gewebe von glänzenden Sätzen ist nun aber ein Gewebe von glänzenden Irrthümern[1]), denn es ist ad 1) entschieden nicht wahr, daß Romanus und Gothus Civilist und Soldat bedeute: nicht Stände, Nationen bezeichnet es. Dieß beweist unwiderleglich grade die entscheidende Stelle, die Bestallungsformel des Gothengrafen selbst, welche sagt; „Gothen und Römer, beide Nationen" (G. et R.) „utraeque nationes" und nochmal audiat „uterque populus"[2]); 2—4) erklären sich, abgesehen von den Fällen, in welchen v. Glöben den comes Gothorum irrig für einen bloßen comes hält[3]), einfach aus der oben bewiesenen Vereinung beider comitivae in Einer Person. Ferner hat schon Walch bemerkt, daß das imperium[4]), d. h. die Criminalgerichtsbarkeit bei dem praeses oder rector provinciae bleiben konnte[5]).

Servatus und Colosseus und Oswin sind duces, praesides in Rhätien, Pannonien, Dalmatien und Savien und zugleich Heerführer, duces Gothorum, comites Gothorum: deßhalb haben sie über alle Einwohner ihrer Provinzen, Römer und Barbaren, Civil und Militär-Gerichtsbarkeit[6]). Ist der Präses ein Römer, so

---

1) v. Glöben berührt sich hier mit dem schon von Sartor. Gött. gel. Anz. von 1811, S. 1100 gerügten Satz von Wolfs-Tone (in dessen etat civil et politique de l'Italie sous la domination des Gothes Paris 1820, mir ungänglich), daß die Gothen Civilbeamten nicht unterworfen gewesen.

2) Hegel I. S. 104 ist hierin leider v. Glöben gefolgt und deßhalb zu einer nicht ganz richtigen Auffaffung des comes Gothorum gelangt. Dieß, sowie die Berkennung des germanischen Staats neben dem römischen im Gothenreich (des bloßen „Heerkönigs" Theoderich) sind nach meiner Meinung die Irrthümer seiner Darstellung; irrig über Romani, provinciales Gothi auch Muchar IV. S. 137, vgl. Glück Bisth. S. 82.

3) S. oben S. 163 f.

4) Hierüber Hegel I. 27.

5) Nicht mußte; hierin und in der Berkennung der Offiziersstellung des Gothengrafen, welche Cassiodor wie die Geschichtschreiber beweisen, irrt Walch S. 43. Letztere machte ihn allerdings auch zum Militärrichter (vgl. Geib S. 502, 503), v. Glöben fehlte umgekehrt darin, daß er bloß diese Seite in's Auge faßte.

6) Dem Oswin legt Cass. IX. 9 ausdrücklich das praesidere bei; die barbari in Pannonien sind nicht Gothen III. 24, denn die Gothen werden diesen „barbari" als Muster aufgestellt. Es sind die Gepiden. Das Letztere haben wie Türk, so v. Glöben und Walch übersehen.

steht meist ein besondrer comes Gothorum neben ihm[1]), der dann über seine Truppen und die Civilgothen richtet, mit Ausschluß des praeses: dann hat Er über diese das imperium. In andern Fällen, wenn ein Gothe comes civitatis ist, hat er Gerichtsgewalt (und Heergewalt) in gothischen und gemischten Fällen: nur römische sind ihm entzogen[2]).

Daß 5) c. 23 der sanctio pragmatica unter dem judex militaris nicht den comes Gothorum meinen kann, ist augenfällig, da a) damals (August a. 554) keine gothische Behörde mehr in Italien bestand und überdem b) der Gothengraf niemals inter duos procedentes Romanos zu richten hatte, wie der judex militaris dieser Stelle[3]). Wenn 6a) der Gothengraf keine gothischen Schöffen zur Seite hat, so erklärt sich dieß einfach daraus, daß das Edict und der ganze Proceß unbedingt römisch Recht waren: daher auch b) die Appellabilität (S. aber auch R. A. S. 836); daß übrigens im Civilproceß, sofern gothisch Recht angewendet wurde, der Graf gothische Männer, wie den prudens romanus in gemischten Fällen, befragend beiziehen durfte, ist sicher, und die jura dictantes neben den römischen cognitores im Epilog sind vielleicht solche Schöffen.

5c) ist bereits erledigt oben sub 2—4;

6) ist ganz unhaltbar. Cassiodor soll „unnöthig" gefunden haben, zu sagen, daß der Graf den prudens romanus auch in gothischen Fällen beiziehen müsse, was sich doch viel weniger von selbst verstand, als seine gleichwohl ausdrücklich angeordnete Zuziehung in Mischfällen. Cassiodor sagt: „in gothischen Fällen richte, in römischen richte gar nicht, in gemischten richte, aber mit dem prudens": das kann doch nimmermehr heißen sollen: richte auch in gothischen mit dem prudens! Dieß scheint mir so schlagend, daß es jede weitere Ausführung erspart: mit dieser unhaltbaren Erklärung von Var. VII. 3 steht und fällt aber v. Glöbens ganzes Gebäude[4]).

Im Bisherigen haben wir die Gründe der richtigen Ansicht aufgestellt und gegen Anfechtungen aufrecht erhalten.

Es übrigt nun noch, die Gründe für die Gegenansicht zu beseitigen, sofern dieß nicht bereits geschehen.

---

1) So Var. V. 4; nicht ganz richtig Walch.

2) Dieß ist der Fall in Syrakus VI. 22. VII. 3, den v. Glöben nicht erkannt hat.

3) Die richtige Erklärung hat Walch S. 44.

4) Einverstanden Hegel I. S. 20, der mit Recht hervorhebt, daß der assessor bei Cassiodor nie prudens, immer consiliarius heißt.

Diese Ansicht beruht nun 1) auf einer falschen Grundauffassung des Verhältnisses von Theoderich zu Byzanz.

Wir haben bereits in mehrfachem Zusammenhang dargethan,
daß Italien und Byzanz nicht als Ein Reich angesehen wurden:
Theoderich hat nicht nur für seine Person, als Beamter, — für
sein Volk hat er, als König, Italien von Zeno angewiesen erhalten[1]); nicht nur Theoderich nennt in einem Brief an den Kaiser
Byzanz und sein Reich zwei Reiche[2]), nicht bloß der doch sehr
demüthige Brief Athalarichs spricht gleichwohl noch von seinem
Reich[3]), sogar Justinian selbst erkennt an, daß erst nach dem Untergang des Ostgothenstaates aus den bisher von diesen beherrschten
und aus den oströmischen Ländern, jetzt erst, wieder Ein Staat geworden sei[4]).

2) Daß rerum dominus bei Cassiodor nicht die Illegitimität,
sondern die Absolutheit des Monarchen bezeichnen soll, haben wir
A. III. S. 295 bewiesen (vgl. Walch S. 40, 41 zu 1 u. 2).

3) Walch hat bereits S. 41 die Behauptung S. 42 widerlegt,
Theoderich habe (angeblich dem Zeno) die Erhaltung des römischen Rechts
geloben müssen; gibt man aber auch jene Behauptung zu, so folgt
doch nicht, daß jenes Versprechen die Gültigkeit des gothischen Privatrechts für die Gothen ausgeschlossen habe: daran konnte dem Kaiser
nichts liegen.

4) Die Argumente aus der Auffassung des Gothengrafen bei
von Glöden fallen mit dieser bereits oben S. 160 f. widerlegten Auffassung.

5) Das Edict sage im Prolog und Epilog, subsidiär sollen
leges und jus publicum gelten, das sei aber römisch Recht. Wenn
man aber auch leges auf römisch Recht ausschließlich beziehen will,
so ist es doch eine petitio principii in jus publicum auch nur
römisch Recht zu erblicken: jus publicum ist im Sprachgebrauch des

---

1) Proc. b. G. L. 1. τὴν ἑσπερίαν ἐπικράτησιν αὐτῷ τε καὶ Γότθοις:
mit Recht weist v. Daniels L. S. 140 den Vergleich mit Odovakar zurück und
bemerkt, daß eine Aenderung des Rechtszustandes der Ostgothen seit 489 nicht
nachweisbar sei: daß sie aber vor a. 489 nicht nach römischem Recht lebten, ist
doch sicher. Dazu bedurfte es aber gar nicht erst einer „Capitulation" (v. Daniels)
Theoderichs mit dem Kaiser.

2) Var. I. 1. utrasque respublicas; ebenso Vitigis X. 32.

3) Var. VIII. 1. regnum nostrum; vgl. X. 19 externa gens.

4) Sanctio pragmat. c. 11. ut una Deo volente facta republica legum
etiam nostrarum ubique prolatetur auctoritas.

Edicts wie der Varien nicht „Verfassungsrecht", sondern die ge=
sammte Rechtsordnung des Staates, das vom Staat geschützte Recht,
auch Privatrecht, dazu gehört aber namentlich auch die Gerichtsord=
nung und die Bestallung der Gothengrafen und z. B. der Satz, daß
sie, in gothischen Fällen allein richtend, gothisch Recht anwenden
sollen [1]).

6) Die „Unmöglichkeit einer Regel, nach welcher im einzelnen
Falle von den mehreren nationalen Rechten das anzuwendende be=
stimmt worden wäre" (§. 17) — ein befremdlicher Einwand im
Angesicht des Rechtszustands aller Germanenstaaten vom 6.—9. Jahr=
hundert! Nur in Mischfällen war Schwierigkeit, aber keine un=
überwindliche gegeben. Damit und durch unsre Annahmen oben
(Subsidiarität auch des römischen Rechts S. 138 f.) fällt auch

7) die „Unmöglichkeit, aus dem Edict und einem germanischen
Subsidiarrecht ein System zu construiren". (§. 18.)

8) Daß das Verhältniß der Gothen zu Rom und Byzanz nicht
die Existenz gothischen Privatrechts für Gothen ausschloß (§. 19),
haben wir bereits dargethan; und ebenso, daß v. Glöden des Orosius VII.
43 Erzählung von Ataulphs Intention mißverstanden und „leges"
anstatt mit Rechtsordnung überhaupt irrig mit „römisch Recht"
übersetzt. (A. II. S. 146, s. auch A. V.)

9) Cassiodor soll an mehreren Stellen die Gothen als an
römisch Recht gebunden darstellen. Das ist eine Täuschung:
a) Var. II. 16. sic contingit, ut utraque natio dum communiter
vivit, ad unum velle convenerit .. una lex illos et aequalis disciplina complectitur. Diese Stelle spricht von dem Verhältniß der
consortes und der tertiarum deputatio: diese Normen sind die
una lex; weiter sagt sie nur, daß beide Völker zu gleicher disciplina,
d. h. civilitas, (s. oben S. 16 f., so auch v. Daniels l. S. 146)
angehalten werden und endlich meint sie ja nur das Verhältniß von
Römer und Gothe, nicht von Gothe und Gothe. b) über Var.
III. 13. „indiscreto jure" s. oben S. 153 c) VII. 4. ut milites tibi
commissi vivant cum provincialibus jure civili VII. 25 assueti
bellis videamini legibus vivere cum Romanis X. 5. si quis habuerit cum altero forte negotium, ad communia jura descendite,
meinen, wie unsere erschöpfende Darstellung von der civilitas ge=
zeigt, diese, nicht römisch Civilrecht; und alle diese Stellen sprechen

---

1) Ausführlicheres hierüber bei Walch S. 46.

ja, was man doch nicht hätte übersehen sollen, nicht von gothischen, nur von **Mischfällen**[1]). d) über delectamur jure romano vivere Var. III. 43 f. oben; es besagt nur: die den Franken und Burgunden entriſſnen Länder (Provincialen, nicht Gothen waren darin, v. Daniels I. S. 146 hat dieß nicht verstanden: von Odovakriden iſt keine Rede) leben fortan nach römischer Staatsordnung und denselben Sinn hat I. 27 juri Romano servit, quidquid sociatur Italiae; lebten doch nicht einmal die italienischen Juden unter ſich nach römischem Civilrecht. e) Var. III. 3 Athalarichs Manifeſt, daß beide Völker bei ihm gleiches Recht, d. h keines einen Vorzug, haben solle und nur Kriegspflicht und Waffenrecht die Gothen staatsrechtlich auszeichne, kann nur die größte Voreihgenommenheit auf Gleichheit des Civilrechts deuten: „apud nos" „in meinen Augen", sagt der König, sollen ſie jus commune und *aequabilis clementia* haben, und ebenso unbegreiflich iſt wie f) in Var. VII. 3. „ut sub diversitate judicum una *justitia* complectatur omnes" justitia als Recht im objectiven Sinne gefaßt wird: „verschiedene Richter, Eine Gerechtigkeit" iſt unverkennbar der Gedanke. Daran könnte nichts ändern, wenn wirklich ein a n d r e r Autor, Ennodius (nicht Caſſiodor), an einer einzelnen Stelle (vita Epiph.) justitia im Sinne von „Recht" gebraucht hätte. Aber nicht einmal das iſt richtig. Ennodius sagt daselbſt: hätte Theoderich den Anhängern Odovakars, wie er vor hatte, die libertas romana entzogen, so wäre das zwar nur Gerechtigkeit gewesen (justitia), aber doch ſtreng, und ſie hätte viele Klagen erweckt (lamentabilis).

10) Während die Fälle der Anwendung gothischen Rechts nur Schein seien, gebe es umgekehrt a) in den Varien und b) in Urkunden Fälle der Anwendung römischen Rechts auf Gothen. Den erſten Theil dieser Behauptung haben wir bereits widerlegt. Und den zweiten zu widerlegen iſt nicht schwer. a) Die fraglichen Stellen der Varien behandeln nicht gothische, sondern **Mischfälle**[2]), was Walch und v. Daniels I. S. 148, wie von Glöden überſehn[3]); zweitens behandeln ſie nicht Civilrecht, sondern Civilproceß, drittens gerade solche Rechte des Civilproceſſes, die man den Römern

---

1) Auch hierin folgt Zöpfl l. c. den Sätzen v. Glödens.

2) I. 5, Maza gegen einen Römer arg. Florianus. IV. 39, Domitius gegen Theodahad. V. 12 Theodahad gegen Argolicus und Amantianus' Erben. VIII. 28 Tanka gegen Venerius.

3) v. Daniels l. c. ergreift die Ausflucht verlorner Edicte, die für beide Völker römisch Recht enthielten, oder römischen Gerichtsgebrauch an gothischen Gerichten.

in Mischfällen am Wenigsten entziehen konnte: das possessorische Rechts=
mittel und die Appellation. Der Fall IV. 28 betrifft wieder den M i s ch=
fall (Petrus gegen Amara), ferner S t r a f r e ch t (Körperverletzung s.
A. III. S. 118) und enthält vielleicht nur eine Disciplinarbuße.
b) Etwas stärker ist der Schein der Beweiskraft der Urkunden über
Rechtsgeschäfte von Gothen mit angeblicher Anwendung römischen
Rechts[1]): dieß Argument hat v. Glöden die meisten Gläubigen
gewonnen. Aber es wird gelingen, auch diese Gründe zu entkräften.
Die beiden bedenklichsten Fälle (die Urkunden N. 117 u. 118 bei
Marini) weiß Walch gegen v. Glöden nicht zu vertheidigen: er gibt
zu, daß die Gothen die testamenti factio hatten und legt die §§. 28.
32 des Edicts in demselben Sinne wie von Glöden als Quelle dieses
Rechts zu Grunde. Und die Anführung der stipulatio, der poena
dupli, der mancipatio in diesen Urkunden entschuldigt er damit, daß die
römischen Tabellarien diese Formeln, die sie, so wenig wie die Go=
then, verstanden hätten, in die Urkunden gothischer Fälle aus „Ge=
dankenlosigkeit" aufgenommen hätten. Besäßen wir keine andere
Vertheidigung gegen diese gefährlichen beiden Urkunden, wir wären
wohl überwunden. Aber Walch hat übersehn, daß diese Urkunden
(über Geschäfte zu Ravenna) aus dem Jahre 540 u. 541 sind, seit
welchen Jahren zwar noch dreizehn Jahre der Krieg dauerte, Ra=
v e n n a a b e r b e r e i t s v o n d e n B y z a n t i n e r n besetzt war,
welche ganz entschieden die daselbst bezwungenen Gothen nicht
mehr als eignes Volk nach gothischem Recht leben ließen, wie
das bei den Eroberungen Justinians Princip war und die Erör=
terung der sanctio pragmatica alsbald zeigen wird. — Dieß ist
für sich allein völlig entscheidend: daneben aber bemerke ich noch,
1) daß im ersten Fall die Parteien eine Kirche in Ravenna und
Minnulus, der Sohn des Christoborus, ein arianischer Priester, im
zweiten Falle zwei Priester Alamut und Gudilif[2]) sind: Minnulus
ist nach seinem und seines Vaters Namen ein Römer — (denn
daß nur Gothen Arianer im Gothenstaat gewesen, ist nicht anzu=
nehmen: die im Ostreich verfolgten arianischen Römer und die heim=
lich arianischen Italiener bekannten im Staate Theoderichs offen
ihren Glauben: auch An. Val. nennt uns arianische Römer —)
danach ist also der Fall jedenfalls ein g e m i s ch t e r und schon deß=
halb beweisunkräftig. Wahrscheinlich aber lebten 2) auch die

---

1) Vgl. darüber im Allgem. Sav. II. S. 182 f.
2) Dieser Name begegnet auch bei Ennod. ep. VI. 28.

Kirchen der Arianer als juristische Personen wie der Fiscus des Gothenkönigs nach römischem Recht, so daß dann sogar ein rein römischer Fall vorläge. Und möglicherweise, was v. Glöben zugibt, lebten auch alle Priester als solche nach römischem Recht und dann ist auch der Fall von N. 118 ein rein römischer. Indessen, jedenfalls entzieht die Jahrzahl 540 u. 541 diesen Urkunden alle Beweiskraft für v. Glöbens Sätze[1]). Dazu kommt noch, 3) daß sich Gothen nicht „gedankenlos", sondern mit klarer Absicht — unser Diakon kann lesen und schreiben — dieser bequemen Formen der freiwilligen römischen Gerichtsbarkeit bedienten, ja, wie §§. 51, 52, 53, 64, 80, 90 des Ed. zeigen, manchmal bedienen mußten, jedenfalls aber durch Compromiß bedienen durften[2]). Damit fällt die Beweiskraft aller jener römischen Sätze, welche sich, wie die ganze allegatio und die Vertragsformeln, schon ihrer Bequemlichkeit wegen den gothischen Parteien empfahlen: hier ist gewiß die freiwillige Annahme des römischen Rechts geradezu Regel und das Compromiß sogar meist ein stillschweigendes gewesen. Es sind also nur solche Anwendungen römischen Rechts auf Gothen gegen uns beweiskräftig, welche eine Beseitigung von germanischen Rechtssätzen voraussetzen, die nicht pactis privatorum, durch Compromiß beseitigt werden können, die also dem jus publicum (im privatrechtlichen Sinn) angehören. Ein solcher germanischer Rechtssatz ist z. B. die Nothwendigkeit der Geschlechtsmundschaft über alle Frauen. Und einen hiegegen gerichteten Beweis glaubt v. Glöben gefunden zu haben[3]).

---

1) Ueber die Zeit der Uebergabe von Ravenna Ende a. 539 vgl. Gibbon l. c. mit Marini ad N. 115; letzterer und Sav. I. S. 347 setzten sie zu spät: daß in N. 115 alle Beamten lateinische, nicht griechische Namen tragen, beweist nicht, daß sie nicht dem Kaiser dienten; denn Belisar beließ diese, meist gut kaiserlich gesinnten, römischen Beamten des Gothenstaats, wie wir aus Prokop wissen, regelmäßig im Amt (z. B. den Fidelius l. c. II. 12): namentlich so unwichtige wie die hier genannten.

2) Das verkennt v. Glöben S. 116.

3) Etwas gar zu leicht hat sich v. Daniels I. S. 148 die Bekämpfung von Glöbens, wie überhaupt, so namentlich bezüglich dieser Urkunden gemacht, welche keineswegs blos durch die Bezeichnung, daß sie alle gemischte Fälle seien, ganz zu beseitigen sind (namentlich was das jus publicum im obigen Sinn. z. B. N. 85, anlangt). Sein Satz, in solchen Fällen habe römisch Recht als „Landrecht" gelten müssen, ist irrig, denn das Reich hatte ja auch eine gothische Hälfte — nur das Edict ist Landrecht — und widerspricht seiner eignen Behauptung, daß

In N. 114 bei Marini verkauften die Wittwe Thulgilo[1]) und ihre Tochter Domnica Grundstücke an Peregrinus, wobei die nach germanischem Recht erforderliche Genehmigung des Geschlechtsmund= walts nicht erwähnt werde und außerdem werden jene Liegenschaften als aus der Erbschaft des verstorbenen Gatten und Vaters, Paria, stammend bezeichnet, während nach germanischem Recht Liegenschaften nicht an die Spindel erben.

Zur Entkräftung dieser Sätze braucht man sich gar nicht darauf zu berufen, daß auch diese Urkunde in die Jahre 539—546 fällt und daß im Laufe von a. 539/40 schon Ravenna byzantinisch wurde. Wir wollen, ja wir müssen annehmen, die Urkunde sei vor dem Fall Ravenna's errichtet, — sie enthält nichts ungermanisches, vielmehr ein Moment, welches germanisches Recht voraus zu setzen scheint[2]). Man hat nämlich nicht genau beachtet, daß neben den beiden Frauen noch ein Dritter mit handelt und mit verkauft, näm= lich Deutherius, der Sohn der Thulgilo und Bruder der Domnica. Dieser aber ist nach germanischem Recht genau als nächster Schwert= mage der Geschlechtsmundwalt seiner Mutter und Schwester[3]) und schon dadurch, daß er mit handelt, die Urkunde selbst mit unter= schreibt, gäbe er in hinreichender Weise die angeblich fehlende Ge= nehmigung. Man hat aber weiter nicht beachtet, daß die Formel seiner Unterschrift ganz anders lautet, als die seiner Mutter und Schwester: während diese einfach unterzeichnen, ohne sich auf ihre gegenseitigen oder des Deutherius Acte zu beziehen, erklärt dieser: ego Deuthe-rius his instrumentis factis tam a matre mea Thulgilone quam a germana mea Domnica *ad omnia cum easdem* (sic) *consentiens* relegi, *consensi* et subscripsi: also eine ausdrückliche Genehmigung der Hand= lungen beider Frauen. Die Vererbung von Liegenschaften an die Spin= del aber nöthigt noch nicht[4]) ganz allgemein testamenti factio der Gothen zuzugeben: es genügt anzunehmen, Paria war ein Heer-

---

nach Var. VII. 3. in Mischfällen die „beiderseitigen Rechte" angewandt werden sollten (was aber doch „aequabili ratione" gewiß nicht heißen kann).

1) Der Name ist doch sicher eher gothisch, als griechisch, wie v. Glöden S. 117 meint: in letztrem Falle und wenn auch Paria ein Grieche, verlöre die Urkunde alle Beweiskraft für v. Glöden.

2) Auf die Gemischtheit des Falls können wir uns hier nicht berufen, da das angeblich entgegenstehende gothische Personen= und Erbrecht nicht durch Compromiß mit Peregrinus hinweg pactirt werden konnte.

3) S. Fraut I. S. 188.

4) Mit Walch.

mann, der nach §. 32 des Edicts teſtirte und ſeiner Frau und ſei= nen Kindern die Grundſtücke durch Teſtament zuwies[1]).

Die Beweiskraft der Urkunde, Marini N. 85, in welcher Hilde= vara dem Biſchof Ecclesius und ſeiner Kirche Grundſtücke ſchenkt ohne Zuziehung eines Geſchlechtsvormunds, hat Walch durch die Bemerkung zu widerlegen geſucht, daß keineswegs bei allen Stäm= men Frauen, auch wenn ſie unter dem Schutz eines Mundwalts ſtanden, nur mit Zuziehung deſſelben zu handeln vermochten: dieß ſei nur ſpätes Langobardenrecht, das weſtgothiſche und burgundiſche Recht kannte die Geſchlechtsmundſchaft gar nicht oder nur facultativ. Allein man bedarf dieſer immerhin mißlichen Auskunft nicht. Nicht blos iſt die Urkunde äußerſt mangelhaft erhalten — es iſt nur ein Fragment von 15 Zeilen — und deßhalb möglicherweiſe die Er= wähnung des Geſchlechtsmundwalts verloren, ſie bezeugt nur die Ausführung einer früher ſchon in einem andern Rechtsgeſchäft feierlich vorgenommenen Schenkung: war bei jenem der Mundwalt zugezogen, ſo bedurfte es ſeiner jetzt nicht mehr. Die dabei er= wähnte perfecta aetas muß nicht die römiſche Majorennität bezeich= nen: man erinnere ſich, daß auch in den übrigen Stammrechten für die Fähigkeit zu Rechtsgeſchäften feſte Termine (von 10, 12, 14, 15, 18, 20 Jahren) beſtimmt wurden[2]), vor deren Erreichung hatte Hildevara gar nicht, auch nicht mit dem Mundwalt, handeln können, nach denſelben kann ſie handeln, aber mit dem Mundwalt.

Hiemit ſind alle Beweisſtellen v. Glödens erledigt.

Es iſt doch gewiß kein Zufall, daß, während ſich in den Ge= ſchäftsurkunden zahlreiche Fälle der Anwendung römiſchen Rechts auf Gothen in den nur 45 Jahren ſeit der Beſiegung des Volkes bis a. 600 erhalten haben, nämlich faſt anderthalb Dutzend, auch nicht ein einziger ſichrer Fall dieſer Art aus den 62 Jahren von 493—555 ſich erhalten hat; ich ſtelle jene Fälle hier zuſammen, ſo=

---

1) Richtig iſt zwar Walchs Ausführung, daß jener Ausſchluß der Spindel von Liegenſchaften nicht bei allen Stämmen jener Zeit galt (abgeſehen von dem ganz romaniſirten und der Zeit nach ungewiſſen Weſtgothenrecht ſiehe die Stellen aus dem fränkiſchen und burgundiſchen Recht bei Walter R. G. II. §. 579 f.), daß alſo auch nach gothiſchem Inteſtaterbrecht Liegenſchaften an Domnica fallen konnten; aber Thulgilo könnte nach den von Walch angeführten Sätzen des ala= manniſchen und burgundiſchen Rechts nur Nießbrauch erwerben, während ſie offenbar Eigenthum hat; Walch denkt an Beiſitz nach L. Alam. 55. 1, was nicht unmöglich.

2) S. die Belege R. A. S. 43 f.; Kraut I. S. 115 f., beſ. 132 f., 161.

fern sie nicht schon oben erörtert sind (vgl. im Allgem. v. Glöden S. 122). Marini N. 75: Ranberit und Recitanc Testamentszeugen a. 575 (vgl. Sav. II. S. 185), vielleicht ist auch der Testator Mannä (das biblische Manasse oder Manila?), der Vater des Ranberit, ein Gothe; N. 79: a. 557 erbittet sich Gundihilt, die Wittwe des Gundula, für sich und ihre Waisen Leuberit und Lanberit in Processen mit Gunberit, Abiub und Rosemud, qui et Faffo, einen tutor specialis in Person eines Römers (vgl. v. Glöden S. 122); N. 86: a. 553 in Ravenna schenkt Runilo, die Tochter des Aberit, Gattin des Wilitanc, Halbschwester des Ademunt (qui et Andreas, Gothen führten also oft einen zweiten römischen Namen) in ganz römischen Formen, indem sie bei dem Haupte des Kaisers schwört; da die Schenkung beträchtlich und der Titel des Gothen vir sublimis ist, haben wir vielleicht den dux Wilitanc aus Var. V. 33 vor uns, dessen Titel ebenfalls sublimitas tua (vgl. Sav. l. c.).

N. 93: im Lauf des VI. Jahrhunderts, jedenfalls aber nach dem Fall Ravenna's (denn bei dem Leben des Kaisers wird geschworen), eine Schenkung der freigelaßnen Sisivara (der Herrin Theudevara) an eine Kirche zu Ravenna (wäre übrigens auch nach dem Recht der Edicte zu erklären: daß sich die Gothen auch während ihrer Herrschaft der Formen der freiwilligen Gerichtsbarkeit zum Theil bedienen mußten, zum Theil bedienen durften und wirklich bedienten, steht fest; durch Compromiß bei Parteien konnte dieß auch in gothischen Fällen geschehen, die uns erhaltnen sind aber sämmtlich gemischte).

N. 119: a. 551 überläßt der gothische Klerus der arianischen Hauptkirche St. Anastasia zu Ravenna zwei Drittel eines der Kirche gehörigen Sumpfes an den Defensor (vielleicht derselben Kirche) Petrus. Das Geschäft ist eine datio in solutum, denn Petrus hatte der Kirche 120 solidi in verzinslichem Darlehen zur Tilgung einer anderweiten Schuld geliehen. Da die Kirche sie nicht in Geld heimzahlen kann oder da sie (wie Mar. scharfsinnig bemerkt) die alsbald eingetretne Aufhebung alles arianischen Kirchenguts zu Gunsten der katholischen Kirchen voraus sah (a. 551 hatte dieß noch nicht wohl sein können: Totila stand damals auf dem Höhepunct seiner Macht und fast nur Ravenna war dem Kaiser geblieben, freilich denkt die Kirche noch an einen möglichen futurus episcopus), überließ sie ihrem Gläubiger jene Grundstücke. Da diese aber 190 solidi werth waren, erließ Petrus der Kirche die rückständigen 10 solidi Zinsen und zahlte ihr noch 60 sol. dazu. Daß dieß Geschäft

nach römischem Recht verhandelt wird, erklärt sich aus allen oben
S. 138 und S. 182 erörterten Gründen: es hätte übrigens ganz
ebenso unter Theoderich abgeschlossen werden können. Wichtig ist
(f. A. III. S. 60) das Nebeneinander von gothischen und ungothischen
Namen: universus clerus i. e. (ein Bischof würde, scheints, nicht
mehr geduldet, er fehlt). Optarit et Vitalianus presbyteri, Suni-
frid diaconus, Petrus subdiaconus, Vuliarit et Paulus clerici,
Monnulus, Daniel, Theudila (= Totila?), Mirica, Sindila spu-
dei, mit dem gothischen Beisatz BOKAREIS, Costila, Gudeli-
nus, Guderit, Hosbat (Asbad?) et Benenatus vestiarii, Vuliarit
et Malutheus idem Spodei (hier vielleicht Vulfwant, Vulfgang statt
Vuliarit nach der subscriptio specialis), die in der subscr. spec.
fehlenden Namen des Optarit presbyter und andrer stecken vielleicht
in den 16 Zeilen unlesbarer gothischer Schrift: dafür hat diese
neue Namen, wie Igila, Costila (Gudeliv ist wohl Gudelin): sollten
dieß die gothischen Namen für Monnulus und Daniel, die fehlen,
sein? über solche Doppelbenennung f. N. 86 (so vermuthet zum
Theil, wie ich sehe, auch Mar., man gedenkt dabei J. Grimm's
Hypothese bezüglich Jornandes und Jordanes).

Mit Unrecht sieht Marini darin eine Verletzung des A. III. S. 236
erwähnten praeceptum Theoderichs: denn zur Tilgung von Schulden war die Veräußerung von Kirchengut allerdings gestattet, ganz
abgesehn davon, daß jenes praeceptum an den Senat zu Rom nur
katholische Kirchen im Auge hat: denn seine Basis ist der Syno-
dalbeschluß von a. 502; auch das Verbot verzinslicher Darlehen
galt zunächst nur für die katholische Kirche.

Die Germanen in N. 76 sind nicht Gothen, sondern eher Langobarden (c. a. 680), dagegen der Halbigern, der N. 121 a. 591 den
halben fundus Genicianus von einem Römer kauft (unter den Zeugen begegnet ein Oderich, filius Bohardis), ist wohl ein Gothe,
denn dieser fundus lag, wie N. 122 zeigt, bei Rimini und soweit
waren damals die Langobarden nicht vorgedrungen; die angewendeten römischen Sätze hätten in dem Mischfall auch unter Theoderich
nicht befremdet. Bald darauf wird die andre Hälfte dieses fundus
verkauft von Rusticiana, der Gattin des Gothen Tzita, der ihr
auctor und spontaneus fidejussor heißt. N. 122: er ist, wenn ich
recht verstehe, kaiserlicher Soldat im Regiment der Persarmenier;
wir wissen aber, daß die gefangnen Gothen in Masse in den orientalischen Regimentern verwendet wurden (Dahn, Prokop S. 392);

Halbigern wird als Nachbar genannt, an gothisch Recht ist bei dem „auctor" nicht zu denken[1]).

In der dem VI. Jahrhundert angehörigen, zu Bergamo auf= gefundenen N. 131 (der sogen. „charta damnatae litis") haben wir einen Vergleich zwischen dem navicularius Leo einerseits und den Eheleuten Babrulf und Sisifriba (oder Richifriba) andererseits; Leo erhält für einen Anspruch von 130 sol. ein Zwölftel eines Grund= stücks der Eheleute und für certi labores und expensae propriae ein zweites Zwölftel derselben: dafür aber zahlt er „pro dirimenda lite", ihnen wieder 5 sol. heraus; unter den 5 Zeugen begegnen zwei Gothen Giberich, der Sohn des comes Cessa, und Arbeka (qui commanet ad sgincas). Bei der Unsicherheit der Zeit und des Fundorts (Bergamo würde eher auf Langobarden deuten) läßt sich mit der Urkunde wenig anfangen, abgesehen davon, daß sie ein Ver= gleich ist und in einem Mischfall; daß ein Vergleich vorliegt, ist nach den Worten pro dirimenda lite nicht zu bezweifeln und dafür spricht doch auch am Meisten der Ausdruck „charta damnatae litis", auch wenn dieß nicht für dirimendae verschrieben. Marini erblickt darin die damnatio ad aestimationem litis und bezieht den Ver= zicht, der in dirimenda lite steckt, nur auf die unterlassene Appellation, nicht auf die Unterlassung der Klagstellung überhaupt. Ob die 130 sol. durch Urtheil oder durch Anerkennung fest stehn, ist nicht zu entscheiden; mir scheint die „lis" sich speciell auf die weniger bestimmbaren labores und expensae zu beziehen: die Eheleute schla= gen eben ihr zweites Zwölftel Land höher an, als der labores Be= trag und „pro dirimenda lite" d. h. um über diese Differenz nicht noch zum Proceß zu kommen, werden 5 sol. herausgezahlt. Be= zeichnend ist, daß in so vielen dieser Fälle die Gothen immer dem baaren Gelde nachfragen und Land ausbieten, umgekehrt die Römer.

11) Sehr leicht zu widerlegen ist das letzte Argument v. Glö= bens S. 120 f. aus dem Rechtszustand der Gothen in Italien nach dem Siege des Narses. Weil nämlich aus einer Reihe von Ur= kunden (bei Marini NN. 75. 79. 86. 119. 121. 131 u. Vorrede p. XVII.) erhelle, daß die Gothen nach dem Jahre 554 nach römischem Recht lebten und weil Justinian in der sanctio pragmatica, mit welcher er nach seinem Siege die Verhältnisse Italiens ordnete, das gothische Recht nicht ausdrücklich abgeschafft habe, so müßte man den Zustand nach dem Siege auch als den Zustand vor dem Siege annehmen.

---

1) S. Marini Nota 8.

Allein v. Glöden hat c. 11 der sanctio übersehn, in welchem verordnet ist, daß Justinians Rechtsbücher und die spätern Novellen
in allen Provinzen Italiens publicirt werden und gelten sollen,
„auf daß, nachdem Italien und das Ostreich wieder Ein Staat geworden, die Autorität der kaiserlichen Gesetze überall in diesem
Staate gelten solle." Damit war aber ausgesprochen, daß in Italien ausschließlich das justinianische Recht gelten solle und dem gothischen für die unterworfnen Gothen, die in diesem Lande blieben,
die Anwendung entzogen: auch sie mußten jetzt ausschließlich nach
römischem Rechte leben[1]).

Viel scheinbarer als alle Argumente v. Glödens spricht für
seine Ansicht der von ihm übersehene Fall Ennod. ep. VII. 1 oben
S. 141, wo der comes patrimonii Julianus, nicht ein Gothenrichter,
über einen gemischten Fall richtet; aber der comes patrimonii war
in allen Processen über Steuerrückstände außerordentlicherweise competent und schloß das ordentliche Gericht aus (vgl. auch Bethm. H.
S. 119); Ennodius oder die Kirche von Mailand ist von ihm als
Schiedsrichter oder Richter delegirt.

Es drängt sich zuletzt noch die Frage auf, nach welchem Recht
die übrigen nicht ostgothischen Germanen in dem Reiche, die „antiqui barbari"[2]), lebten. Offenbar muß man die verschiednen Classen dieser Germanen und die verschiednen Modalitäten, unter
denen ihre Ansiedlung erfolgt war, auseinander halten. Diejenigen,
welche wie die oben erwähnten Alamannen[3]) ꝛc. noch während des Bestandes des westlichen Kaiserthums als Gefangene waren in Italien
eingepflanzt worden, hatten natürlich kein eignes Rechtsleben behalten und der Sieg Theoderichs änderte daran nichts. Dagegen
läßt sich wohl denken, daß die in Folge älterer Verträge mit den
Kaisern in den äußern Provinzen als Colonisten, Grenzer, abhängige und waffenpflichtige Bundesgenossen angesiedelten Schaaren,
abgesehen von dem öffentlichen Recht, ihr eignes Rechtsleben unter
einander fort führten[4]) und auch hierin wurde durch Theoderich
nichts geändert. Die Anhänger Odovakars wurden nach der Amnestie wahrscheinlich wie die Ostgothen angesehen, lebten also nach

---

1) Vgl. Sav. II. S. 183; irrig Gans III. S. 165.
2) S. A. III. S. 1. A. IV. S. 30.
3) A. III. S. 1.
4) Ich erinnere an die oben angeführte Rechtsstellung sogar nichtangesiedel-
ter, den römischen Fahnen folgender Hülfstruppen.

oftgothifchem, möglicherweife auch[1]) nach eignem Recht, welches übrigens wohl nicht fehr verfchieden war, da ja all diefe Heruler, Rugier, Sciren, Turcilingen felbft der gothifchen Gruppe ange= hörten[2]). Gleiche Bewandtniß hatte es mit den unter Theoderich in Italien eingezogenen Rugiern[3]) und Gepiden: fie lebten im Allgemeinen nach gothifchem Recht, vielleicht in ihren Beziehungen untereinander (Familien=, Erbrecht ꝛc.), nach dem eignen Gewohn= heitsrecht, fofern fich dieß in einzelnen Puncten von dem oftgothi= fchen unterfchied. Primär aber galt für alle (cunctis Ed. epil.) Einwohner des Reichs das Recht des Edicts.

---

1) Wie zuvor, Hartmann p. 11.

2) S. A. III. S. 251. (Dafelbft Anm. 3 ift jetzt obenein — nach dem neueften Fund in Italien — das ganz correcte froja arme, völlig beftätigend, einzuftellen.)

3) Welche Roth Ben. S. 27 mit Unrecht für mit den Odovakriden identifch hält.

Berichtigung.

Mein Freund Professor Hinschius in Berlin macht mich aufmerksam, daß er
p. Cv. prolegom. seines Pseudo-Isidor die Unechtheit der Acten des 5ten und
6ten Concils unter Symmachus dargethan. Hefele hält sie für echt. Die ganz
abweichende Redeweise und der heftige Ton, namentlich des 6ten (gegen den König),
war mir von jeher aufgefallen, wie S. 234 und 235 bemerkt. An dem Gesammt=
Ergebniß des 7. Abschnittes der III. Abth. wird hieburch nicht das Mindeste ge=
ändert, es ist nur S. 234 bis S. 235 Zeile 16 v. oben zu streichen.

In A. Stuber's Buchhandlung in Würzburg sind ferner erschienen:

Baader, Franz von, Grundzüge der Societätsphilosophie: Ideen über Recht, Staat, Gesellschaft und Kirche. Mit Anmerkungen und Erläuterungen von Professor Dr. Franz Hoffmann. Zweite verbesserte und erweiterte Auflage. Thlr. 1. oder fl. 1. 45 kr.

Bauer, Ludwig, Frisch gesungen! 2. Aufl. Ngr. 9. ob. 30 kr.
— — Gedichte. 2. Aufl. broschirt Ngr. 27. ob. fl. 1. 30 kr.
— — ditto gebunden Thlr. 1. 10 Ngr. ob. fl. 2. 12 kr.

Bentheim-Tecklenburg, Moriz, Reichsgraf zu, Dichtungen. Ngr. 20. ob. fl. 1. 12 kr.
— — ditto gebunden Thlr. 1. 6 Ngr. ob. fl. 2.

Braunschweiger, Dr. M., die Geschichte der Juden und ihrer Literatur zur Zeit des Mittelalters in den romanischen Staaten von 700—1200. Ngr. 27. ob. fl. 1. 36 kr.

Dippel, Dr. Joseph, Priester der Diöcese Passau, Versuch einer systematischen Darstellung der Philosophie des Carolus Bovillus, nebst einem kurzen Lebensabrisse. Ein Beitrag zur Geschichte der Philosophie im 16. Jahrhundert. Thlr. 1. 6 Ngr. oder fl. 2.

Gerstner, Dr. L. Joseph, Universitäts-Professor, die Buchdruckerkunst in ihrer Bedeutung für Wissenschaft, Staat und Wirthschaft. Festrede zum fünfzigjährigen Jubiläum der Erfindung der Schnellpresse und zur Feier der Vollendung der tausendsten Druckmaschine in der Schnellpressenfabrik von König und Bauer zu Oberzell am 23. März 1865. Ngr. 6. ob. 18 kr.

Druck von Ph. J. Pfeiffer in Augsburg.

Die Könige der Germanen.

Das Wesen des ältesten Königthums

der

germanischen Stämme und seine Geschichte

bis auf die Feudalzeit.

Nach den Quellen dargestellt

von

Dr. Felix Dahn,

o. ö. Professor der Rechte an der Hochschule zu Würzburg.

Würzburg, 1870.

A. Stuber's Buchhandlung.

Fünfte Abtheilung.

Die politische Geschichte der Westgothen.

———◇◇◇———

Meinen Lehrern und Freunden

Josef von Pözl und Karl Prantl

dankbarer Verehrung

zugeeignet.

Vorwort.

Die Darstellung der Geschichte und der Verfassung der Westgothen hat mehr Zeit und Raum in Anspruch genommen als berechnet war. Der große Umfang der drei Rechtsquellen, des Westgothenrechts, des Breviars und der Concils=Acten erklärt das nicht allein: vielmehr hat die Beiziehung der älteren und neueren spanischen, portugiesischen, deutschen, französischen und italienischen Literatur, in Würzburg nicht eben leicht zu beschaffen, einerseits viel Zeit und Mühe gekostet, anderseits ein sehr weitschichtiges Material geliefert.

Das Zurückgreifen auf die Schriftsteller der früheren Jahrhunderte wird von Manchen als überflüssig erachtet werden: nicht von solchen Lesern, welche in der wechselnden Behandlung der politischen und Verfassungs=Geschichte ein interessantes Stück der Literatur=, ja der Cultur=Geschichte gespiegelt zu erkennen verstehen: wie lehrreich ist z. B. die so mannfach schattirte Auffassung von Leovigild und Hermenigild, von dem Glaubenswechsel und den Reichs=Concilien, von der angeblichen Feudalität in diesem Reich. Genauere Prüfung wird zeigen, daß die Benützung der ältern Literatur und auch gewisser Richtungen der neuern mit Auswahl des Charakteristischen erfolgte. Das erklärt auch die Weglassung mancher älteren Werke, die ich ein= gesehen, aber nicht angeführt habe. Von der neueren Lite= ratur ist alles Wichtige und Erreichbare vollständig verwerthet.

Der Druck der Darstellung der Verfaſſungs-Geſchichte
hat begonnen. Dieſelbe wird des großen Umfangs wegen
in zwei Bände gegliedert werden.

Eine Fülle von Material, welches ſich bei der Durch-
arbeitung der oben bezeichneten drei Hauptquellen des Weſt-
Gothenrechts für Privatrecht, Strafrecht, Civil- und Straf-
Proceß ergab, wird nicht in dieſe Darstellung des Königthums
und des öffentlichen Rechts eingeflochten, ſondern in einzelnen Abhandlungen unter dem Geſammtnamen „weſtgothiſche Studien" veröffentlicht werden. Damit mögen ſich
die nicht dem öffentlichen Recht angehörigen Rechtsausdrücke
bei Wulfila verbinden — die dem Staatsrecht zugehörigen
werden in dem nächsten Abſchnitt verwerthet. Endlich ſoll
darin die Geſchichte der weſtgothiſchen Geſetzgebung, die
Aufeinanderfolge der Redactionen und Publicationen der
Lex Visigothorum und die Urheberſchaft einzelner Könige
bezüglich einzelner Geſetze in Kürze erörtet werden. Eine
endgültige Unterſuchung hierüber wird freilich erſt die nochmalige, nicht nur zählende, ſondern wägende Vergleichung
der Handſchriften ermöglichen, welche wir in der Ausgabe der
Monumente erwarten und wohl noch lange erwarten werden.
Ich habe es vorgezogen, meine Arbeit nicht bis zu dem
noch ganz unbeſtimmbaren Erſcheinen jener Ausgabe hinaus
zu ſchieben, eben deßhalb aber auf die Urheberſchaft der
einzelnen Geſetzen, wo ſie nicht feſt ſtand, in dieſem
Werke — anders nothwendig in jenen „Studien" —
nirgends belangreiche Schlüſſe gebaut, ſo daß die etwaige
ſpätere Ermittlung anderer Autorſchaft an den Ergebniſſen
dieſes Werkes ſo gut wie Nichts ändern könnte.

Daß ich mir abermals die hier, z. B. in der Darſtellung des neuen Adels und der leiſen Anſätze zu Beneficial-
Weſen, oft beſonders verlockende Vergleichung mit ähnlichen fränkiſchen, angelſächſiſchen und anderen Stämmen

angehörigen Erscheinungen und die Erklärung des Gothischen aus solchen Analogien strenge versagt habe, ist eine Folge der A. I. p. IX. angegebenen Methode, an welcher unentwegt fest zu halten ersprießlich scheint.

Die ungezählten Irrthümer der spanischen Traditionen wurden deßhalb mit einer in Deutschland vielleicht unnöthig scheinenden Kritik aufgedeckt, weil jenseit der Pyrenäen auch die allerneueste Literatur noch vielfach ohne jede Kritik Erfindungen und Mißverständnisse wiederholt, welche schon Masdeu und Morales bekämpft.

Auf die arabischen Quellen einzugehen habe ich ganz unterlassen. Nicht hätte ich die Mühe, die Sprache zu er= lernen, gescheut. Aber ich überzeugte mich aus der Literatur, daß jene Quellen, — jedenfalls kommen sie nur für die letzten dreizehn Jahre des Gothenreichs in Betracht — soweit sie den Ereignissen näher stehn, nur Sage und Poesie bieten, soweit sie Geschichte bieten wollen, den Ereignissen allzu ferne stehen, und daß die Sichtung dessen, was Geschichte, was Sage, was älteren, was jüngeren Wachsthums, nur einem in diese Studien tief eingeweihten Forscher mög= lich wäre. Spricht doch Dozy, ein Gewährsmann ersten Ranges auf diesem Gebiet, von seinen Vorgängern in einer Weise, welche von deren Benützung wie Nachfolge ohne gründlichste Sprach= und Sach=Kenntniß jeden Besonnenen abhalten muß: so von Conte p. VII.: il a travaillé sur les documens arabes sans connaitre beaucoup plus de cette langue que les caractères, avec lesquels elle s' écrit; und über Gayangos und alle Vorgänger p. X.: ces messieux ont écrit sur des choses hors de leur portée. Auch Johnes p. 2, der die Nothwendigkeit der Kritik in Benützung der arabischen Quellen einschärft, überschätzt Abd El Hakim: er nennt ihn the most ancient and *trust-*

worthy authority und doch starb dieser „Zeuge" 160 Jahre nach dem Fall des Gothenreichs.

Unter diesen Umständen zog ich völlige Enthaltung vor: der daraus erwachsende Nachtheil besteht einzig darin, daß vielleicht über die Söhne Wittika's und über Roderichs Untergang einige spärliche Notizen mehr festzustellen wären als meine Erzählung gewagt hat.

Die politische Geschichte der Gothen gestattete eine mehr künstlerische Formgebung als die der meisten in den früheren Abtheilungen behandelten Stämme: möge man die Ungleich= mäßigkeit vergeben, wenn man in der Aenderung eine Besserung erblickt.

Die Menge der angeführten Schriften nöthigte zu einer etwas knappen Citirweise: hoffentlich hebt die Quellen= und Literatur=Ueberficht, auf welche der Leser freilich stets wird greifen müssen, bei einiger Aufmerksamkeit alle Zweifel.

Zum Schluffe habe ich verbindlichen Dank auszusprechen Herrn Collega Emil Hübner in Berlin, welcher mir schon im Jahre 1866 die handschriftlichen Sammlungen christlicher (gothischer) Inschriften, die er bei seinem Aufenthalt in Spanien und der Arbeit für die römischen Inschriften nebenher angelegt hat, mit größter Freundlichkeit zur Verfügung stellte: diese Sammlung bestätigt, corrigirt, ergänzt und scheidet aus die in den älteren spanischen Werken bereits veröffentlichten Inschriften: ich citire sie mit J. H.; durch Veröffentlichung dieser Sammlung würde dem Corpus Inscript. Hispanar. eine verdienstvolle Er= gänzung beigefügt; ferner Herr Dr. Arnd in Berlin, der mir im Jahre 1870 die Benützung der von ihm in der Pariser Bibliothek aufgefundnen älteren vita s. Aniani ge= stattete (citirt: v. Aniani Arnd). Endlich aber den Vor= ständen und Beamten der Bibliotheken zu Berlin, Göttingen, München und Würzburg, Herrn geheimen Regierungsrath

und Oberbibliothekar Dr. Pertz und Herrn Bibliothekar
Schrader in Berlin, Herrn geheimen Rath Stroh=
meier zu Göttingen, Herrn Dr. Halm, Director der
k. Hof= und Staatsbibliothek zu München, Herrn Ober=
Bibliothekar Dr. Föhringer daselbst, Herrn Oberbiblio=
thekar Dr. Ruland und Herrn Bibliothekar Stamminger
zu Würzburg für die große Liberalität, mit welcher sie
mich in Beibringung der Literatur unterstützt haben.

Würzburg, im Juli 1870.

Felix Dahn.

Verzeichniß

der in der V. und VI. Abtheilung neu aufgeführten Werke [1]).

A. Quellen.

Acta sive vita s. Aemiliani f. Braulio.

Acta s. Aniani Duchesne I. p. 521. Bouquet II. Surius ad d. 17. Nov.

Acta s. Aniani inedita. „Passio et virtus s. Aniani episc.", von Herrn Dr. Arnd zu Paris gefunden und mir zur Benützung mitgetheilt; ich setze seine Beschreibung bei: „Diese vita Aniani steht im codex Parisin. lat. 11748, fol. 70 fgl. — 78. und gehört die Handschrift noch der ersten Hälfte des IX. Jahrhunderts an und nicht, wie Delisle in seinem (in der Bibl. de l'ècole des Chartes abgedruckten) Verzeichniß angiebt, dem X. Der ganze Band enthält Heiligenleben, unter ihnen Afra, Eugenius, Gertrudis, Leodegarius, Lupicinus, Radegundis, Romanus. Sehr großes Format und in zwei Columnen geschrieben" (ich füge bei: geschrieben in Orleans: arg. „civitas nostra").

Acta s. Aurentii (Bolland.) 1. Mai I. p. 60.

Acta (vita) s. Aviti abbatis miciacensis. Bolland. 17. Juni III. p. 351 (exc. bei Bouquet III p. 438).

Acta (vita) s. Aviti episcopi viennensis Bolland. 5. Febr. I. p. 667.

Acta (vita) s. Aviti eremitae in Sarlatensi apud Petrocoricos Bolland. 17. Juni III. p. 361 (exc. Bouquet III. p. 390).

Acta s. Baboleni bei Bouquet III. p. 569.

Acta s. Caesarii Bolland. 27. August VI. p. 70.

Acta (vita) s. Droctovei Bouquet III. p. 436.

Acta s. Epiphanii f. Ennodius.

Acta s. Eptadii Bolland. August 24. IV. p. 778.

Acta (vita) s. Eusicii Bouquet III. p. 428.

Acta s. Fructuosi Bolland. 16. April p. 430.

Acta s. passio s. Irenae virginis Bolland. 20. März VIII. p. 911.

Acta s. Lupicini Bolland. 21. März III. p. 263.

Acta s. Maxentii Bouquet III. p. 390.

Acta s. Niketae Bolland. 15. Sept.

---

1) Ueber die schon in A. I.—IV. vorkommenden f. Abth. I. p. XIII.—XXIV. u. IV. p. V.—VIII.

Acta ordinis s. Benedicti ed. Mabillon. Paris I. 1668.

Acta s. Ramiri (Ranimeri) et XII. monachor. Bolland. 11. März p. 62.

Acta s. Remigii Bouquet III. p. 378.

Acta s. Sabae Bolland. 12. April p. 86.

Acta s. Sabae sub Aureliano Imp. Bolland. 24. April.

Acta Salvii confessoris Bolland. 11. Jan. p. 708.

Acta s. Theuderii abbatis Viennae (vita) Mabillon a. o. s. B. I. p. 678.

Acta s. Thuribii Bolland. 16. April p. 421.

(Acta s. Valerii) abbatis s. Petri de montibus elogium et vita Mabillon.
— a. o. s. B. II. Par. 1669, auch bei Tomayo Salazar sub d. 23. Febr.
— de vana mundi sapientia España sagrada XVI.

Acta s. Vassii Bolland. 16. April p. 421.

Acta viginti duorum martyr. Bolland. 26. Mart.

(Acta) s. Vincentii abbatis legionensis passio a. o. s. B. Mabillon I. p. 303.
Bolland. 11. März p. 62.

Aimoinus, de reb. gestis Francorum ed. Bouquet. rer. gall. script. IV.
Paris. 1741.

Ambrosius de spiritu sancto ed. Migne XVI. (Ambros. III.) p. 708.

„Antiqua" f. Bluhme.

S. Augustini opera ed. Migne, patrolog. XLVI. Paris 1846. a) Sermones
p. 72. 106. 296, b) de urbis excidio p. 716, c) de civitate Dei VII.,
d) retractationes II. 43.

Ausonii opera ed. Migne, patrolog. XIX. p. 823.

Auxentius, f. Waiß, Ulfila.

Aviti Alcimi episc. viennensis epistolae in: biblioth. max. patrum IX. Lugdun.
1677, auch nach Du Chesne I.

Aviti petrocorici eremitae vita Bolland. 17. Juni p. 861.

Bonifacii epistolae 19 ad Ethelbald. ed. Migne.

Braulionis episc. caesaraug. appendices ad Isidor. in: Schott Hisp. vir. ill. II.

Braulionis ep. vita s. Aemiliani cuculati in: Mabillon a. o. s. Ben. I.
p. 205 bei Migne LXXX.

Braulionis ep. epistolae ad Fronimianum presbyterum Mabillon a. o. s.
Ben I. — ad Tajonem nach Migne patrol. LXXX. p. 205. — de martyr.
caesaraugustanis Migne patrol. LXXX.

Brunichildis reginae et Childiberti regis epistolae ed. Du Chesne III.

Bulgachramni comitis epist. (I.—III.) ed. Migne patrol. LXXX.

s. Caesarii arelatensis testamentum ed. Baronius annal. eccles. ad a. 508.

s. Caesarii arelatensis vita Mabillon a. o. s. B. I. p. 659.

Cassiodori M. historia tripartita ed. Migne patrol. LXIX. 1.

Chlodovaei regis epist. ad Avitum ed. Du Chesne I.

Claudii Claudiani opera omnia ed. Artand (biblioth. class. latine). Paris 1824.

Chronicon Adefonsi M. de regibus Gotorum a Wamba etc. in: Ferreras
XVI. Madrid 1727 [1]).

---

1) Über dazu die Correcturen bei Bergansa, Ferreras convencido, f. Bergansa.

Chronicoń albaildensc ed. Ferreras XVI. Madr. 1727.
Chronicon conimbriense in Portugaliae Monum. hist. Scriptores I. 4 (unbrauchbar).
Chronicon iriense ed. Ferreras XVI. Madrid 1727. (Dazu Berganza, Ferreras conv.)
Chronicon moissiacense ed. Pertz. Monum. Germ. hist. Scr. L.
Chronicon ovetense ed. Ferreras XVI. Madr. 1727.
Chronicon paschale ed. Migne patrolog. Paris 1860.
Chronologia et series regum Gothor. in Bouquet script. rer. gall. et franc. II, p. 704.
Chrysostomi opera omnia graece et latine I.—XIII. Parisiis 1718—38.
Codex theodosianus L. I.—V. auch nach Wenck Lips. 1825.
Commodiani carmen apologeticum in spicileg. solesmense ed. Pitra. Paris 1852.
„Concilia", s. Aguirre (Literatur) unb Mansi (Literatur).
Constitutio imperator. Honorii et Theodosii Agricolae praes. Galliar. directa a. 418 ed. Wenck im Cod. Theod. Lips. 1825.
Continuator chron. Idacii bei Bouquet II. p. 463.
Corpus inscriptionum latinarum consilio et auctoritate academiae literarum regiae boruss. II.: inscript. Hispaniae latinae ed. Aemilius Hübner. Berolini 1869.

Dagoberti regis Francorum Gesta ed. Bouquet II.

Ennodius, vita s. Epiphanii Bolland. 21. Jan. II. p. 364.
Epiphanius, adversus octoginta haeres. ed. Cornarius. Paris 1564.
— opera ed. Dindorf L.—V. Lipsiae 1859—1862.
Epistolae decretales romanor. pontificum Matriti 1821.
Eugenii episc. Toletani opuscula in Sirmond. op. om. II. Venet. 1728 p. 609.
Eusebii Pamphili Historia ecclesiastica, auch nach Valesius Par. 1677.

Felicis episc. Tol. appendices ad Isid. Hispal. de vir. ill. in: Schott. Hisp. ill. II.
Formulae visigothicae f. „Bledenweg" unb „Rozière" (auch in Marichalar unb Manriques. II. p. 36—86.
Fredegarii scholastici chronicon bei Bouquet script. II.

S. Gregorii Magni papae libri dialogor IV.
        — epistolar XIV.
        — moralium sive expositio in libr. Hiob ed.
Migne patrolog. B. LXXV. 1. p. 510, LXXVII. 3.
Gregorii turonensis opera omnia ed. Migne patrol. LXXI. (die hist. eccles. Franc. nach Guadet et Taranne wie A. L.—IV.).

s. Hieronymi stridoniensis epistolae. Romae 1566.
Hildefonsi episc. hispal. appendices ad Isidori Hispal. vir. ill. in: Schott Hisp. ill. II.
Historia miscella ed. Migne patrol. XCV. t. 6.

Idacii chronici continuator ed. Bouquet II.

In. H. (mit von Profeſſor E. Hübner in Berlin mitgetheilte handſchriftliche Leſungen
  von und Notizen zu gothiſchen Inſchriften in Spanien (oben p. VIII).
Johannis Antiocheni fragmenta ed. Karl Müller in: fragm. historicorum
  graecorum. Paris 1841—51. I.—IV.
Johannis episc. gerundens. paralipomena Hispan. in: Schott Hispania
  illustrata I. (auch bei Bel. I. p. 1).
Isidori Hispalensis de claris praesertim Hispan. scriptor. et episc. in: Schott
  Hisp. ill. II.
— epist. ad Braulionem ed. Migne patrol. LXXX.
Isidori hispal. episc. originum sive etymologiar. libri XX. in: Cassiodori
  opera Par. 1619.
Isidori pacensis chronicon ed. Flores España sagrada VIII. [1]).
Juliani ep. tolet. append. ad Isid. hispal. de vir. ill. in: Schott Hisp. ill. II.
Juliani ep., historia Wambae regis etc. in: Bouquet II. p. 706.
— judicium promulgatum in tyrannor. perfidiam l. c. p. 716.

Kindasvinthi regis epist. ed. Migne patrol. LXXX.

Lex Burgundionum ed. Bluhme Monum. germ. h. Leges III. Hannover 1863.
Lex Romana Visigothorum, instruxit G. Haenel. Leipzig 1849.
Lex Visigothorum, Fuero juzgo en Latin y Castellano por la real
  academia española. Madrid 1815. Auch nach den Ausgaben:
Lex Visigothorum ed. Lindenbrog Codex legum antiquarum. Francof. 1618.
Lex Visigothorum in: Portugaliae monumenta historica (Leges) I. 1.
  Olisiponae 1856 [2]).
Libanii sophistae orationes et declamationes ed. Reiske. Altenburg I.—IV.
  1791.
— — orationes XVII. ed. Ant. Buongiovanni Venet. 1754.
Lucas Tudensis, Chronicon mundi in: Schott, Hisp. ill. IV.

Martini dumiensis ep. opuscula quae supersunt in: Biblioth. maxima
  patrum. X. Lugd. 1677.
— — libellus ad Mironem regem Galliciae in: d'Achéry spicilegium X.
  Paris 1671 p. 626.
Merobaudes et Coripus ed. J. Bekkerus. Bonnae 1836.

Nicephorus Callistus histor. eccles. Paris 1630.
s. Nili, opera omnia ed. Migne patrologia p. LXXIX. Paris 1860.

s. Orientii commonitorium ed. Migne patrol. LXI.
Orosius historiar. libri VII. ed. Havercampus Thorn 1857 u. Migne
  patrol. XXXI.

Pactum Guntechramni et Childiberti regum Pertz Monum. LL. I. 1885.
Passio s. acta.

---

1) Dazu Berganza, Ferreras convencido z. B. de Castro II. p. 435—480, auch bei
Sandoval p. 1—51.
2) Abdruck der Madriber Ausgabe mit Aufnahme der Varianten und der Noten Lindenbrogs.

Pauli Perfidi epistola Wambano principi directa in: Bouquet II. p. 706.

s. Paullini episc. nolani opera ed. Migne patrol. LXI.

Paullini Pellaei Eucharisticum de vita sua ed. Barth et Daum. Lips. 1761.
— ed. Leipziger Vratislaviae 1858.

Paullinus Petrocorius [1]) de mirac. s. Martini.

Paulus diaconus Emeritensis, de vita patrum emeritens. Aguirre V
p. 658.

Pauli diaconi Warnefridi fil. opera ed. Migne patrolog. XCV. t. 6.

Philostorgii historiae ecclesiasticae libri XII. ed. Gothofredus Lugduni 1643.

Photii Bibliotheca ed. Bekker. Berol. 1824.

Plinii, natural. histor. recensuit Sillig. Hamburg et Gotha 1851—55.

Pomerii Juliani diaconi praefatio ad librum Hildefonsi de laude Mariae
Aguirre I. 1 p. 658.

Pomponius Mela, de situ orbis ed. Tsschukius. Lipsiae 1857.

Prosperi Aquitani Chronici continuator havniensis ed. G. Hille. Berl. 1866.

Prudentii Aurelii, carmina ed. A. Dressel. Lipsiae 1860.

Quirici episc. epist. ad Tajonem ed. Migne patrol. LXXX.

Ravennatis anonymi Cosmographia ed. Pinder et Parthey. Berol. 1860.

Rekaredi regis epistola ad Gregor. M. papam ed. Baluzius miscellanea V.
Paris 1700 p. 472.

Rekisvinthi regis epist. ed. Migne patrolog. LXXX.

Rutilii Numatiani [2]) Galli itinerarium integris Simleri etc. animadver-
sionibus ed. Th. J. ab Almeloven Amstelodami 1687.

Salviani massiliensis opera ed. Baluzius. Par. 1669.

Sebastianus Salmanticensis (bei Sandoval p. 44—68) [. Alfons. Magni chron.

Severi majoricensis episc. epistola de Judaeis ed. Migne patrol. XX. p. 730.

Sidonii Apollinaris opera ed. Grégoire et Collombet. Lyon et Paris 1836.

Sisibuti regis epistolae   ⎫
— — vita et passio s. Desiderii   ⎬ ed. Mign. patrol. LXXX.
                                            ⎭

Socratis Scholastici historia ecclesiastica auch nach Valesius Par. 1677
und nach ed. Hussey I.—III. Oxonii 1853.

Sozomeni, Hermiae, historia ecclesiastica auch nach Valesius. Paris 1677.

Spicilegium acherianum. Paris 1671.

Suidae Lexicon ed. Gaisford. London.

Symmachi, Q. Aurelii, epistolar. libri X. ed. Th. Pareus. Francof. 1612.

Synesii opera ed. Krabinger. Landshut 1850. (vgl. I. München 1835.)
— quae exstant omnia. Paris 1612.

Tajonis praefatio ad Quiricum in V. libros Sentent. españa sagrada XXXL
p. 171 (auch bei Aguirre V. p. 530 u. Migne patrol. LXXX.).

Tarrae monachi epist. ad Reccaredum regem ed. Migne patrol. LXXX.

---

1) Ueber Berwechslung dieser drei Paullini (schon seit Greg. tur. II. 1.) Leipziger p. 2,
Ceillier XV. p. 198.

2) Auch Numantianus, Namnatianus, Namatianus.

Theodoreti episcopi historia ecclesiastica auch nach Valesius. Par. 1677.
Moguntiae 1679.

Venantii Fortunati opera omnia ed. Migne patrol. LXXXVIII. (manchmal
aus Versehen cit. LXXI.).

Victor, Sextus Aurelius, de Caesaribus, Argentorati 1530.

Vincentii Lirinensis commonitorium ed. Baluzius. Par. 1669.

Vita s. acta.

Wulfila auch nach Stamm, 4. Aufl. besorgt von Heyne. Paderborn 1869.

Zonaras ed. Pinder. Bonn. I. 1841. II. 1844.

B. Literatur.

Abulcacim Tarif, historia verdadera del rey don Rodrigo, traducida
por Miguel de Luna; 7. ed. Madrid 1653.

Abulcacim Tarif Abentarique, histoire des deux conquêtes de l'Espagne
par les Mores, traduite de l'Arabe (par de Luna 1589) et mise en Français.
Paris 1708.

Aguirre, Saënz de, collectio maxima conciliorum omnium Hispaniae. Romae
I.—IV. 1693—94; 1753 ed. sec.

Alcántara, Miguel Lafuente de, historia de Granada. Granada 1843—46.
I.—IV. 8°.

Alcocer, historia de Toledo. Toledo 1554.

Aldama, historia general de España T. I. Madrid 1860.

Aldrete, Bern., varias antiguedades de España, Africa y otras provinc.
Amberes 1614. 4°.

Alfonsi Carthaginiensis regum Hispan. anacephalaeosis in Schott Hisp.
ill. I. (auch bei Bel. II. p. 611).

Alteserra, rerum aquitanicar. libri V. Tolosae 1648.

— notae et observationes in X. libros h. eccles. Francor. Gregor. tur.
Tolosae 1679.

Alvarez, Don Jose Maria, instituciones del derecho real de España.
Buenos Aires 1834.

Amaral, Antonio Caetano do, sobre o estado civil da Lusitania desde a
entrada dos povos do Norte atè à dos Arabes, memorias de literatura
portugueza, Lisboa 1796 p. 127—487.

Amiable, de la condition des enfants illégitimes dans l'ancien droit français
in: revue historique de droit français et étranger. X. Paris 1864.

Ampère, histoire littéraire de la France avant Charlemagne. Paris I. II. 1867.

Anonym: „Alarich" in Pauly's Realencyklopädie I. S. 291 (2. Aufl.)

Anquetil, histoire de France I. Paris 1805.

Anschütz, über den Palimpsest der Lex Vis. Cod. S. German. 1278 in Pertz' Archiv 11°.

Nicolo Antonio bibliotheca hispanica nova ed. Fr. Perez Bayer 1788 I.

— — b. h. vetus Romae 1696.

d'Arbois de Jubainville, examen de quelques-unes des questions sou-
levées par la notice de M. Lapérouse .. sur le lieu de la défaite
d'Attila: in: mémoires lus à la Sorbonne, histoire etc. Paris 1864.

d'Arbois de Jubainville, nouvelle hypothèse sur la situation du campus
   mauriacus, Bibliothèque de l' école des chartes V. Ser. I. 1860.

Arevali, Isidoriana in: Is. Opp. o. Rom 1797 II.

Arnb, ſ. a. inedita s. Aniani.

Arnb, Geſchichte des Urſprungs und der Entwicklung des franzöſiſchen Volkes I.
   Leipzig 1844.

Aſcargorta, Geſchichte von Spanien, deutſch in der hiſtor. Hausbibliothek.
   Leipzig 1851.

Aſchbach, Geſchichte der Omayaben in Spanien. Frankf. a/M. 1829.

Augostini, Antonio, dialogos de medallas, inscripciones y otras antiguedades Tarragon. 1587. 4; italieniſch durch Sada, Rom. 1786 fol.

—— —— de emendatione decreti gratiani.

Augostini, Antonii epist. de rebus Caesaraugustae episcop. et concil.
   per eos celebratis. Aguirre I. p. 7.

Bacheller, histoire du commerce de Bordeaux. Bordeaux 1862.

Bähr, Geſchichte der römiſchen Literatur. Supplem.=Band I. II. III. Karlsruhe
   1836—1840.

Banduri, numismata imperatorum romanorum. I. II. Paris 1718.

Bar, das Beweisurtheil des german. Proceſſes. Hannover 1866.

Barre, de la, sur les divisions que les empereurs romains ont faites des
   Gaules en plusieures provinces in: mémoires de l'Institut. VIII. 4°. Paris
   1733 p. 408.

Basnage, hist. des juifs. Haye 1716.

Baudi di Vesme, des impositions de la Gaule dans les derniers temps
   de l' empire romain, in: revue historique de droit français et étranger VII.
   Paris 1861.

Baudi di Vesme, frammenti di orazioni panegiriche di M. A. Cassiodoro
   in: Memorie della reale academia delle scienze di Torino Serie II. T. 8.
   Torino 1846.

Baur, die chriſtliche Kirche von Anfang des IV.—VI. Jahrh. Tübingen 1859.

Baur, die chriſtliche Kirche des M.=A. Tübingen 1861.

Barmann, die Politik der Päbſte von Gregor I. bis Gregor VII. I. Elberfeld
   1868. II. 1869.

Beauvois, histoire légendaire des Francs et des Burgondes aux III. et
   IV. siècles. Paris et Copenhague 1867.

Bel, rerum hispanicar. scriptores aliquot. Francof. 1579.

Berganza, antiguedades de España. I. Madrid 1719.

Berganza, Ferreras convencido con critico desengaño. Madrid 1729.

—, la crisis ferrerica. Zaragoza 1720.

Bergmann, les Gétes. Paris 1839.

de Berlanga, monumenta historica malacitana. Malaca 1863.

Beſeler, die Lehre von den Erbverträgen. I. Göttingen 1835.

Beßel, Anzeige von Krafft de fontibus Ulfilae arianismi. Götting. gel. Anz. 1861.

Beßel, „Gothen“ in: Encyklopädie von Erſch und Gruber Sect. I. B. 75 S. 189 f.

v. Bethmann=Hollweg, der Civilproceß des gemeinen Rechts in geſchichtlicher
   Entwicklung. I. Bonn 1864. III. 1866.

v. Bethmann-Hollweg, ber german.-roman. Civilproceß im M.-A. I. B. vom
V.—VIII. Jahrh. Bonn 1868.

v. Bethmann-Hollweg in Perk' Archiv über b. Königsregister in ben Cd. ber L. V.

Beuter, Anton, cronica generale d' Hispagna. Vinegia 1556.

Biedenweg, commentatio ad formulas visig. Berolini 1856.

Biener, historia legum visigothicar. in regno Hisp. vetere spec. I. Lips. 1783.

— de Germano sua lege vivente opusc. I. Lips. 1830.

Biener, Versuch über bas Staats-, Kriegs- unb Lehenrecht bes westg. Reichs in
Spanien in Zepernick's Samml. auserlesener Abhandl. aus bem Lehenrecht IV.,
auch in Bieners opusc. academ. ed. Fr. A. Biener. Lipsiae 1830. II.

Binding, in Gött. gel. Anz. 1864 p. 841. (Anzeige von Derichsweiler, Burgunben.)

Binding, bas burgunbisch-romanische Königreich. I. Leipzig 1868.

Biondelli, dei Goti e della loro lingua. Milano 1839.

Birnbaum, b. rechtl. Natur ber Zehnten. Bonn 1831.

Bluhme, bas westburgundische Reich unb Recht, in Bekkers u. Muthers Jahrb. I.

— b. westgoth. Antiqua ob. b. Ges.-Buch Reccareb I. Halle 1847.

— Uebersicht ber in D. geltenben R.-Quellen. 3. Ausg. Bonn 1863.

Böhmer, b. christl. kirchl. Alterthums Wissenschaft. I. Breslau 1836. II. 1839.

Boissieu, inscriptions antiques de Lyon. Lyon I. 1846. II. 1854.

Bonnell, bie Anfänge bes karolingischen Hauses. Berlin 1866.

Bordier, les livres des miracles et autres opuscules de G. Grégoire évêque
de Tours. Paris I. 1857. II. 1860. III. 1862. IV. 1864.

Boretius, Anzeige von Binding, roman. burgunb. Königreich in v. Sybel's
histor. Z. 1869.

Bornhak, Gesch. ber Franken unter b. Merowingen I. Greifswalb 1863.

de Boulainvilliers, histoire de l' ancien gouvernement de la France;
à la Haye 1727.

Bourret, l' école chrétienne de Séville sous la monarquie des Visigoths.
Paris 1855.

du Boys, histoire du droit criminel des peuples européens. 2 ième edition.
Paris 1865.

Brachmann, bas Wehrgelb nach b. leges barbarorum in: Brandes' II. Bericht
über bie german. Gesellschaft. Leipzig 1863.

Brandes, Bericht über bie germanistische Gesellschaft an ber Universität Leipzig.
Leipzig I.—IV. 1863—1866.

— bie nobiles ber Germanen, ebenba. I. Leipzig 1863.

Brauchitsch, von, Geschichte bes spanischen Rechts. Berlin 1852.

Braumann, de leudibus in regno Merovingorum. Berolini 1865. diss. inaug.

Braun, bas kirchliche Vermögen von ber ältesten Zeit bis auf Justinian I. Gießen 1860.

Brockhaus, de comitatu germanico. Leipzig 1868.

Broglie, l' église et l' empire romain au IV. siècle V. u. VI. Paris 1866.

Brosien, kritische Untersuchungen ber Quellen zur Geschichte bes fränkischen Königs
Dagobert I. Göttingen 1868.

Brusen la Martinière, le grand dictionnaire géographique et critique
Haye VII. 1737.

Buse, Paullin von Nola u. s. Zeit. Regensburg 1857.

Calori Cesi, dei conti palatini dall' origine al secolo IX. Bologna 1862.

Campomanez y Dieguez, observaciones sobre las fechas de los concilios de Africa, España y de la Galia, Acad. histor. madr. Madr. L 1796.

Canciani, barbaror. leges antiquae IV. Venet. 1789.

Cardonne, histoire d' l'Afrique. Paris 1842.

Carranza, v. s. Hildefonsi in Aguirre V. p. 868.

Carta de un profesor de Alcalá a un amigo suyo sobre los sumarios de los cuadro primeros reyes de Asturia. Madrid 1786. (Nach einer handschriftlichen Notiz in dem Exemplar der Berliner Bibliothek: el autor es Villamiel, avogado en Madrid.)

Castillo, Julian del, historia de los reyes godos. Madrid 1624.

Castro, Adolfo de, historia de los judios en España. Cádiz 1847.

Castro, Rodriguez de, bibliotheca española I. Madrid 1781. II. 1786.

de Castro, historia de Cadiz y sua provincia desde los remotos tiempos hasta 1814. I. Cadiz 1858.

de Castro, historia de la muy noble, muy leal y muy heroica ciudad de Cadiz. Cadiz 1845.

de Catel, histoire des comtes de Toulouse. Toulouse 1633.

de Catel, mémoires de l' histoire de Languedoc. Toulouse 1633.

Cavanilles, Antonio, Don, historia de España. I. Madrid 1860 — V. 1863.

Cean-Bermudez, sumario de las antiguedades romanas que hay en España. Madrid 1832.

Ceillier, Dom Remi, histoire générale des auteurs sacrés et ecclésiastiques XIII.—XVII. Paris 1747 f.

du Cellier, histoire des classes laborieuses en France. Paris 1860.

Cénac Moncaut, histoire des pyrénées et des rapports internationaux de la France avec l' Espagne depuis les temps les plus reculés jusqu' à nos jours. I. Paris 1853 (folg.)

Cenni, de antiquitate eccles. hisp. Romae 1741.

Champion, les inondations en France depuis le VI. siècle jusqu' à nos jours. I.—VI. Paris 1858—1864.

Cherbonneau, histoire de la conquête de l'Espagne par les musulmans, traduite de la chronique d' Ibn El Kou thya. Paris 1857.

Chronicon ordinis s. Benedicti Coloniae 1648 (ed. Yepes 1609).

Colmeiro, Manuel Don, historia de la economia politica en España I. II. Madrid 1863.

Conde, Geschichte der Mauren in Spanien, deutsch von Rutschmann. I. Karlsruhe 1824.

Cortés y Lopez, diccionario geografico-historico de la España antiqua I. 1835. II. III. 1836.

Cofta, Bibliographie der deutschen Rechtsgeschichte. Braunschweig 1858.

La Cronica del rey don Rodrigo con la destruycion de España. Toledo 1549.

Crowe, the history of France I. London 1858.

Cucheval, de s. Aviti operibus. Paris 1863.

Cuper, de Apoll. Sid. in Bolland. 23 Aug. IV. p. 597.

Dahn, „Leibeigenschaft" im Staatswörterbuch von Bluntschli und Brater.

Dallaway, Constantinople ancienne et moderne I. Paris ans VII.

Daniel, histoire de France. I. Paris 1755.

v. Daniels, Handbuch der deutſchen Reichs= und Staaten=Rechts=Geſchichte. II. 1. Tübingen 1860.

Dann, über den Urſprung des Aſyl=Rechts. Z. f. D. R. III. S. 312.

Deguigne, histoire des Huns, deutſch durch Dähnert. I. Greifswald 1768.

Delisle, Rilliet et Bordier, études paléographiques et historiques sur des papyrus du VI. siècle. Genève 1866.

Depping, die Juden im M.=A., aus dem Franzöſiſchen. Stuttgart 1834.

Depping, histoire générale de l' Espagne. I. II. Par. 1811. 14.

Desormeaux, abrégé chronologique de l' histoire d'Espagne. Paris 1758.

Deuber, s. v. „Avitus" in der Encyclopädie von Erſch und Gruber.

Diago, Franciscus, historia de los victoriosissimos antiguos condes de Barcelona. Barcelona 1603.

Dietrich, über die Ausſprache des Gothiſchen. Marburg 1862.

— die Runeninſchriften der Goldbracteaten ꝛc. in Haupt's Z. f. d. A. neue Folge I.

— die burgundiſche Runeninſchrift zu Charnay eod.

— Runeninſchriften auf den Wiener Goldgefäßen, Germania 1866.

— ſieben deutſche Runeninſchriften in Haupt's Zeitſchrift, neue Folge II. 1. S. 82.

Döllinger, Chriſtenthum und Kirche in der Zeit der Grundlegung. Regens= burg 1860.

Doré, histoire de France du V. au IX. siècle. I. II. Paris 1862.

Dozy, histoire des Musulmans d' Espagne I.—IV. Leyde 1861.

— recherches sur l' hist. politique et litéraire de l' Espagne pendant le moyen âge. Leyde 1849. I.

Dubois, de l'origine de la communauté in: in revue de legislation et de jurisprudence. XXXVI. Paris 1849.

Dubos, histoire critique de l'établissement de la monarchie française dans les Gaules. I. Amsterdam 1735.

Duck, de usu et autoritate jur. civ. Rom. Lips. 1676.

Dunham, history of Spain and Portugal. London 1832.

Dupuy, vie de s. Grégoire de Tours. Paris 1854.

Eckhel, doctrina numor. vet. Vindob. 1792.

Edblad, de Attaulfo Westrogothorum in Hispania primo rege Aboae 1753.

de Eguren, D. J. Maria de, memoria descriptiva de los còdices notables conservados en los archivos cclesiasticos de España. Madrid 1859.

Eichhorn, d. ſpan. Samml. u. Quellen d. Kirchen=R. (Berl. Akab. 1834) Z. f. g. R. W XI. 1840.

— in Gött. gel. Anz. 1820. N. 92.

Elmacin historia Saracena latine opera Thomae Erpenii Lugd. Batav. 1625.

Erhard, Kriegsgeſchichte von Bayern ꝛc. I. München 1870.

Escandon, Don José Maria, historia monumental del héroico rey Pelayo y sucesores en el trono cristiano de Asturias. Madrid 1862.

Espinosa de los Monteros, historia, antiguedades y grandezas de Sevilla. Sevilla 1627.

Eulogius, memoriale Sanctorum in: Schott Hisp. ill. IV.

Faßel, das mosaisch=talmudische Civilrecht. I. Groß=Kanischa 1854.

Fauriel, histoire de la Gaule méridionale sous la domination des con-
  quérants Germains. I. II. Par. 1836.

Fehr, Staat und Kirche im fränkischen Reich bis auf Karl den Großen. Wien 1869.

Fernandez, Fr. Gallardo, origen, progresos y estado de las rentas de la
  corona de España. I. Madrid 1805.

Fernandez y Perez, D. Gregorio, historia de las antiguedades de
  Mérida. Badajoz 1857.

Ferreras, Allgemeine Historie von Spanien mit den Zusätzen der französischen
  Uebersetzung von d'Hermilly und mit einer Vorrede Baumgartens Halle 1754.
  Erst später erhielt ich das Werk im Original:

Ferrreras[1]), historia de España. I.—XVI. Madrid 1727, namentlich wichtig
  Band XVI. mit den Anhängen, Chroniken 2c.

Fertig, C. Sollius Apollinaris Sidonius und seine Zeit. Würzburg. I. 1845.
  II. Passau. 1848. (Programm des Gymnasiums zu Münnerstadt.)

Feßler, Attila.

Manuel de Figueiredo, dissertaçaõ hist.-crit. en que claramente se mostram
  fabulosos os factos, comque está enredada a vida de Rodrigo, rei dos
  godos, que este monarca na batalha de Guadalete morreo etc. Lisboa 1786.

Florez, España sagrada I.—XXXV. Madrid 1747—1786.

— T. IV. de la division de obispados y metropolis del tiempo y dominio
  de los Suevos.

— de la antiguedad y excelencias de la ciudad de Toledo. l. c.

— de la misa antigua de españa. esp. sagr. III.

Florez, Fr. Henr., medallas de las colonias, municipios y pueblos antiguos
  de España. Madrid 1758. 2 Vol. 4.

Forel, notice sur quelques passages de Fredégaire im Anzeiger für schweizer.
  Gesch. 1859.

Freund, Lug und Trug unter den Germanen. I. Berlin 1863.

Frieblein, die Zahlzeichen und das elementare Rechnen der Griechen und Römer
  und des christlichen Abendlands vom VII. bis in's XIII. Jahrh. Erlangen 1869.

Gabourd, histoire de France. I.—III. Paris 1856.

Gaillardin, histoire du moyen âge. I. Paris 1834.

Gallandius, bibliotheca veterum patrum X. Venetiis 1774.

Gamero, historia de la ciudad de Toledo. Toledo 1842[2]).

Gams, Kirchengeschichte Spaniens. I. II°. Regensburg 1862.

— zur ältesten Kirchengesch. Spaniens in: Tübinger theolog. Quartalschrift 1861.

— „Sedatus“ in: Freiburger Kirchenlexicon. IX. 1852.

Garnier, traité de l' origine du gouvernement français. Par. 1765.

---

1) Das Original ist in lateinischer, die Uebersetzung in deutscher Schrift angeführt.

2) Hiezu die anonyme Anzeige im Götting. gel. Anz. 1844 im Ganzen zutreffend, nur
sollte die Unkritik stärker gerügt sein.

Gaupp, das alte Gesetz der Thüringer. Breslau 1834.
— über die westgothische Antiqua, neue Jenaer Literat.=Zeit. 1848. S. 161.
Gayangos, Pascal de, history of the mahom. dynasties in Spain. I. London 1840. II. 1843.
Geib, Geschichte des römischen Criminalprocesses. Leipzig 1842.
Gérard, histoire des Francs d'Austrasie. I. II. Bruxelles, Paris, Leipzig 1864.
Gfrörer, zur Geschichte deutscher Volksrechte im Mittelalter, herausgeg. von Weiß. I. Schaffhausen 1865. II. 1866.
Giesebrecht, zehn Bücher fränkischer Geschichte von Bischof Gregorius von Tours I. II. in: Geschichtschreiber der D. Vorzeit VI. Jahrh. 4. u. 5. B. Berlin 1851.
Gilly, W. S. D. D., Vigilantius and his times. London 1864.
Gingins la Sarraz, inscription lapidaire burgonde im Anz. f. Schweizer Gesch. 1855.
— essai sur l'établissement des Burgunden dans la Gaule etc. in: memorie della acad. di Torino XL. I. Serie. Torino 1838.
— l'avouerie de Vevey, mémoires de la société d'histoire de la Suisse romande XVIII. 1863.
— l'établissement des Burgondes ebenda XVI. (?)
Giraud, essai sur l'histoire du droit français au moyen âge. Par. 1846.
Godefredi Viterbensis Pantheon in: Muratori script. Ital. VII.
Goldschmidt, de Judaeorum apud Romanos conditione (diss. inaug.) Halis Sax. 1866.
Goldschmidt, Handbuch des Handels=Rechts. I. 2. Erlangen 1869.
Gothofredus, proleg. ad Cod. Theodos. Lips. 1736.
de Gourcy, über Freiheit, Leibeigenschaft, Adel ꝛc. Deutsch durch Oesterley. Göttingen 1738.
Grätz, die westgothische Gesetzgebung in Betreff der Juden. Breslau 1858.
— Geschichte der Juden. IV. Berlin 1853.
Grégoire, de la condition civile et politique des descendants des affranchis dans l'ancien droit romain in: revue de legislation et de jurisprudence. XXXV. Paris 1849.
Gremaud, origines de l'abbaye de St. Maurice. Fribourg 1857.
Grimm, Jakob, das Wort des Besitzes; in den kleinern Schriften. I. Berlin 1864. S. 113—144.
— einige gothische Eigennamen in Haupt's Z. f. d. A. VII.
— über gothisch mundrs, munds ebenda.
Gruter, inscriptiones latinae totius orbis romani. I. II. Amstelod. 1707.
Guadet et Taranne f. Gregor. tur. A. I. p. XIV.
Guérard, essai sur le système des divisions territoriales de la Gaule. Paris 1832.
— polyptique de l' abbé Irminon. Par. 1844.
Guettée, hist. de l' église en France. Par. 1847. I. II.
Guizot, cours d' histoire moderne. Paris 1828.
— essais sur l' histoire de France. Par. 1823.
— histoire de la civilisation en France depuis la chûte de l'empire romain. Par. 2 edit. 1857.

Gusseme, diccionario numismatico general para la perfecta inteligencia de las medallas antiguas. Madrid 1778—77. 4. 6 Vol.

Gutſchmid, A. v., Anzeige von Schirren, de ratione etc. in: „neue Jahrb. für Philologie" Band 85. 86.

— die Grenze zwiſchen Alterthum und Mittelalter, in: Grenzboten XXII. Leipzig 1863.

Hänel, in der krit. Z. f. Geſetzg. u. R.-W. des Auslands XVI. 1844. 3. Heft (über Serna y Montalban, derecho de España).

— in Gersdorfs Leipziger Repertorium von 1848 T. XXIII. (Anzeige von P. Roths Entſteh. d. L. Bajuv.)

Hansen, de vita Aëtii. I. u. II. Dorpat 1840. diss. inaug.

Haverkamp, s. Orosius (Quellen).

Heeren, hiſtoriſche Werke VII. Göttingen 1821.

Hegewiſch, Verſuch über die römiſchen Finanzen. Altona 1804.

Hehn, Culturpflanzen und Hausthiere in ihrem Uebergang aus Aſien nach Griechen= land und Italien ſowie in das übrige Europa. Berlin 1870.

Heineccius, historia juris civilis et germanici. Lugdun. Batavor. 1740.

Held, de juris canonici circa usuras interdictis. Würzb. 1839.

Held, die eheliche Errungenſchaft nach den Volksrechten und Rechtsbüchern. München 1839.

Helfferich, der weſtgothiſche Arianismus und die ſpan. Ketzergeſchichte. Berlin 1860.

— Entſtehung und Geſchichte des Weſt-Gothenrechts. Berlin 1858.

Hertzberg, Jahresberichte über die römiſchen Dichter. Philologus 2. Jahrg. 3. Heft.

Herzog, Galliae narbonensis prov. rom. historia. Lipsiae 1864.

Hieronymus Paulus, de fluminibus et montibus Hispaniae ⎰ in: Schott.
· —   —   Barcino ⎱ Hisp. ill. II.

Hille, de continuatore Prosperi. Berlin 1866.

Hillebrand, Lehrbuch der deutſchen Staats= und Rechtsgeſchichte. Leipzig 1856.

Hinſchius, das Kirchenrecht der Katholiken und Proteſtanten. Berlin I. 1. 1869.

Hirſchfeld, die Getraideverwaltung in der römiſchen Kaiſerzeit, in: Philologus XXIX. 1. S. 1—97.

Hisely, histoire du comté de Gruyère in: mémoires et documents publiés par la société d' histoire de la Suisse romande. IX. Lausanne 1851.

Hoffmann, Chr. G., historia juris romani justinianei. I. Lipsiae 1733.

Hofmann, K., gothiſche Conjecturen und Worterklärungen in Pfeiffers Germania 1863.

Holtzmann, das Großhundert bei den Gothen, ebenda 1857.

— „Zacher, das gothiſche Alphabet Ulfila's, Leipzig 1855" in: Pfeiffer's Ger= mania 1856.

Hudemann, das Poſtweſen der römiſchen Kaiſerzeit. Kiel 1866.

Hübner, Aemilius, Corpus inscript. ſ. „Quellen".

Hübner, der Schatz von Guarrazar, Jahn's Jahrb. 85. 1862.

M. de la Huerta, dissertacion sobre qual de los reyes godos fue.. primero de los de su nacion en España. Acad. histor. madr. Madr. 1796.

Huguenin, histoire du royaume mérovingien d' Austrasie. Paris 1862.

Huſchberg, Geſchichte der Allemannen und Franken. Sulzbach 1840.

Huſchke, Alter und Verfaſſer der collatio leg. mos. et rom. in: Z. f. g. R.-W. XIII.

Jacobs, Géographie de Grégoire de Tours. Paris 1858.
— Géographie des diplomes méroving. in: revue des sociétés savantes des départements. II. Série. VII. Paris 1862.
— sur la centaine mérovingienne in: bibliothèque de l'école des chartes. V. Série. II. Paris 1861.
— le pagus aux différentes époques de notre histoire. Paris 1859.
— les fleuves et rivières de la Gaule. Paris 1859.
— et Général Crenly: examen .. des lieux proposés pour représenter Uxellodunum. Paris 1860.
Jäger, über das rhätische Alpenvolk der Breuni oder Brionen. Sitzungs-Berichte der Wiener Akademie 1863. Bb. 42.
Jager, histoire de l' église catholique en France .. depuis son origine jusqu' au concordat de Pie VII. Paris I.—III. 1862. — XIV. 1867.
Jarcke, Handbuch des gemein-deutschen Straf-Rechts. Berlin I.—III. 1830.
Ibn Abd El Hakems history of the conquest of Spain by John Harris Johnes. Goettingen 1858.
Johannes Magnus Gothus, hist. Gothorum Sueonumque. Romae 1554.
John O'Reilly, histoire complète de Bordeaux. I. Bordeaux et Paris 1857.
Jordao, le „morgengabe" portugais in: revue historique de droit français et étranger. V. Paris 1859. p. 101.
Jost, Geschichte der Israeliten seit der Zeit der Maccabäer bis auf unsere Tage. V. 1825.
Iserhielm, de regno Westrogothorum in Hispania. Upsalis 1705.
Junghans, kritische Untersuchungen zur Geschichte der fränkischen Könige Childerich und Chlodovech. Göttingen 1856.

Kaim, das Kirchenpatronat-Recht. Leipzig 1845.
Kaufmann, Georg, C. Sollius Apollinaris Sibonius in: neues schweizerisches Museum V. Basel 1865.
— die Werke des C. S. Apollin. Sibon. Göttingen 1864. Jnaug.-Diss.
— über das Föderatverhältniß des tolos. Reiches zu Rom. Forsch. z. D. Gesch. VI.
— über die Hunnenschlacht des Jahres 451 in: Forsch. z. D. Gesch. VIII. 1868. S. 117 f.
Kayserling, die Juden in Spanien und Portugal. I. Berlin 1861. II. 1867.
Kuper, om nordmandens herkomst etc. in: Samlinger til det norske Folks sprog og historie VI. 2. Christiania 1839.
Klapper, Theodorici M. Ostrogothorum regis contra calumniatorum insinuationes defensio. Programm des k. Gymnasiums zu Aachen 1858.
Knust, Briefe aus Spanien in Pertz' Archiv VIII.
Königswarter, la vengeance, le talion et les compositions in: revue de législation et de jurisprudence XXXIV. XXXV. Paris 1849.
— du serment, des ordalies et du duel judiciaire ebenda. XXXVI. 1849.
— l' achat des femmes ebenda. XXXIV. 1849.
Köpke, Römer und Germanen im IV. Jahrh.; in Raumer's histor. Taschenbuch 1864.
Köstlin, Geschichte des deutschen Straf-Rechts. 1859.
— der Diebstahl nach b. Recht vor der Carolina; krit. Ueberschau. III. S. 205. 335.
— das germanische Strafrecht. Z. f. D. R. XIV.

Krafft, de fontibus Ulfilae arianismi. Bonn. 1860.

Krauſe, „Germanen“ bei Erſch und Gruber Sect. I. T. 61.

Kries, de Gregorii turon. ep. vita et scriptis. Vratislav. 1839. Inaug.-Diss.

Kuhn, zur älteren Geſchichte des indogerm. Volkes. Berlin 1845. und in Weber's ind. Studien. I. Berlin 1850.

Laborde, itinéraire descriptif d'Espagne. I. Paris 1806. II. 1811.

Laboulaye, histoire du droit de propriété foncière. Paris 1839.

Ladevèze, recherches sur l' histoire de France. I. Paris 1842.

La Fuente, histor. general de España. Madrid 1850.

de Lagrèze, histoire du droit dans les pyrénées. Paris 1867.

Landau, die Territorien. Hamburg 1854.

— Dorf und Hof ⎱ Correſpondenzblatt der hiſtor. Vereine X. 1862.
— über Centenen ⎰
— das Bauernhaus in Thüringen.

v. Langethal, Geſchichte der deutſchen Landwirthſchaft I. Jena 1847.

Lardizabal, discurso sobre la legislacion de los Visigodos in: Fuero Juzgo. Madr. 1815.

La Ripa, corona real del pireneo I. Çaragoça 1685.

Lasteyrie, le trésor de Guarrazar, in: Bibliothèque de l' école des chartes. V. Sér. I. 1860.

Laurentie, histoire de France. I. Londres et Berlin 1839.

Lavallé, histoire des Français. I. Paris 1863.

Leandri, Elogium s., Mabillon a. o. B. I. p. 878.

Le Beau, histoire du bas empire. 1824.

Le Blant, inscriptions chrétiennes de la Gaule. I. Paris 1856. II. 1865.

Lecoy de la Marche, de l' autorité de Grégoire de Tours; étude critique sur le texte de l' histoire des Francs. Paris 1861.

Legrand d'Aussy, sur l' ancienne législation de la France etc., mémoires de l' instit., sciences morales et polit. III. Paris an IX. p. 382—466.

Lehuérou, histoire des intitutions méroving. Par. 1842.

— histoire des institutions caroling. Par. 1843.

Lelewel, numismatique du moyen âge I. Paris 1835.

Leo, Geſchichte des Mittelalters. I. Halle 1830.

Leo, rectitudines singularum personarum. Halle 1842.

Levasseur, histoire des classes ouvrières en France. Paris 1859.

Lezardière, théorie des loix politiques. Paris 1844.

Liaño, repertoire portatif de l' histoire et de la litterature des nations espagnole et portugaise. Berlin 1818—20. I. 1. 2. 8°.

Lipsius, de magnitudine eccles. romana IlI. 3.

Littré, études sur les barbares et le moyen âge. Paris 1867.

Llorente, Don Juan Antonio, leyes del fuero juzgo etc. 2. edicion. precede un discurso preliminar y una declaracion de voces antiquadas. Madrid 1792.

Loaysa, Garcias, epist. ad Philippum II. de concil. hisp. ed. Aguirre I. 1.

— tractatus de primatu eccles. tolet. ed. Aguirre II. p. 437.

Löbell, Gregor von Tours, 2. Aufl. ed. Bernhardt, mit einem Vorwort von H. v. Sybel. Leipzig 1869.

Lorinser, Reiseskizzen aus Spanien. I.—IV.1855—58.

Luzan, Ignacio de, dissertacion sobre el origen y patria primitiva de los Godos, Acad. hist. madr. Madrid I. 1796.

— diss. en que se dimuestra que Ataulfo fue el primero rey godo en España, eod.

Mabillon, Analecta I.—IV. Paris 1723.

— elogium s. Leandri in: Acta ordin. s. Benedict. I. p. 378.

Mably, observations sur l' histoire de France, oeuvres I., an 5 de l' ère républicaine.

Madera, Gregorio Lopez, excelencias de la monarquia d' España. Madrid 1597.

Madoz, diccionario geografico — estadistico -- historico de España VIII. Madrid 1850.

Mandajors, de, des limites de la France et de la Gothic, in: mémoires de l' Institut VIII. 4°. Paris 1733 p. 430.

Manresa Sanchez, Don Jose Maria, historia legal de España desde la dominacion goda hasta nuestros dias I. Madrid 1841.

Marianae, Joh., (e soc. Jesu) historiae de rebus Hispaniae libri XXX. in: Schott, Hisp. illustr. II.

Marichalar, Amalio, Marquis de Montesa, y Capitano Manrique, historia de la legislacion y recitaciones del derecho civil de España. I. II. 1861.

Marichalar y Manrique, hiezu: Anonyme Anzeige in Götting. gel. Anz. 1862.

Marin y Mendoza, historia de la milicia española I. Madrid 1776. (II. nie erschienen.)

Marina, discurso sobre el origen de la monarquia y sobre la naturaleza del gobierno español. Madrid 1813.

Marina, teoria de las Cortes. I. Madrid 1813.

— ensayo histor. crit. sobre la antiqua legislacion. Madrid 1811. 2. Aufl. 1834. 3. Aufl. 1845.

Marinaeus Siculus, de Gothorum in Hispaniam adventu in: Bel script. rer. Hispan. II. N. 10 u. in Schott, Hispan illustr. I. p. 291.

— de rebus Hispaniae memorabilibus Compluti 1533 u. l. c. (Bel u. Schott).

Martin, de fontibus Zosimi; Berolini 1866. diss. inaug.

—, hist. de France. I. Par. 1844. II. 1855.

s. Martini episc. dumiensis elogium in: acta ordinis sancti Benedicti ed. Mabillon I. p. 247.

Masdeu, historia critica de España y de la cultura española. I. 1787. IX.—XI. Madr. 1791.

Maßmann, Ulfilas, Stuttgart 1857.

Matamorus, de academiis et doctis viris Hispaniae in: Schott Hisp. ill. II.

Matile, études sur la loi gambette (Sonderabbruck aus memorie de l' acad. di Torino). Turin 1847.

de Maubeuge, de ratione qua Visigothi Gajl institutiones in epitomen redegerint. Lips. 1842.

Maurer, 2. v., Geſchichte der Dorfverfaſſung in Deutſchland. I. Erlangen 1865.
— Geſchichte der Fronhöfe. I. Erlangen 1862.

Mayans y Siscar, Don Gregorio, defencio del rey Witiça, Valencia 1772, deutſch durch Plüer in Büſchings gelehrtem Magazin I. S. 381.

Mayerne-Turquet, Loys de, histoire générale de l'Espagne. Paris 1608.

Mège, du (de la Haye) archéologie pyrénéenne. I. Toulouse 1858.

Meibom, das deutſche Pfandrecht. Marburg und Leipzig 1867.

Mémoire sur Marius, évêque d'Avenche in: Histoire de l'académie des inscriptions T. XXXIV. Paris 1770.

Memorial historico español. I. Madrid 1851.

Merkel, das bayriſche Volks-Recht in Pertz' Archiv XI. b.
—, über das firmare des bayriſchen Volksrechts in Zeitſchrift für Rechtsgeſchichte II.
—, der judex im bayriſchen Volksrecht ebenda I.
—, Zuſätze zu Savignys Geſchichte des römiſchen Rechts im Mittelalter VII. B. 2. Ausg. Heidelberg 1851.

Meuſel ſ. Struve.

Michelet, histoire de France. I. Paris 1861.

Mittermaier, Grundſätze des gem. D. Privat-Rechts. 7. Aufl. I. Regensburg 1847.

Minutoli, Altes und Neues aus Spanien. Berlin 1854.

Moeller, de Ammiano Marcellino. Diss. inaug. Regiomonti Pr. 1863.

Molinier, du duel en Espagne in: revue de législation et de jurisprudence. XXXV. Paris 1849.

Mommſen, Th., das römiſche Gaſtrecht und die römiſche Clientel in von Sybels hiſtor. Zeitſchrift 1868 S. 350.
— die Kaiſerbezeichnungen bei den römiſchen Juriſten in Z. ſ. R.-G. Weimar IX. 1869.
— die Schweiz in römiſcher Zeit in: Mittheilungen der antiquar. Geſellſchaft in Zürich. Zürich 1853.
— die Stadt-Rechte von Malaca und Salpenſa. Abhandlungen der ſächſ. Akademie. Leipzig 1857.
— Geſchichte des römiſchen Münzweſens. Berlin 1860.

Mondejar, de, Don Gaspar Ibañes etc., noticia y juicio de los mas principales historiadores de España. Madrid 1784.

Montalembert, die Mönche des Abendlandes vom h. Benedict bis zum h. Bern= hard. I. II. Deutſch durch Brandes. Regensburg 1860.

Montlosier, de la monarchie française. I. Paris 1814.

Morales, coronica general de España V.—VII. Madrid 1791.
—, de Cordubae urbis origine, situ et antiquitate in: Schott Hisp. ill. IV. p. 859.
—, epist. ad Resendium in: Schott Hisp. ill. II.
—, Iliberia ó Granada. Gran. 1848. 8°. (2 ed.)

Moron, curso de histor. de la civilisacion de España. Madrid 1841.

Müllenhoff, Zeugniſſe und Excurſe zur deutſchen Heldenſage in Haupts Z. ſ. D. A. XII.

Müller, deutſche Münzgeſchichte I. bis zur Ottonenzeit. Leipzig 1860.

München, das canonische Gerichtsverfahren und Strafrecht I. Cöln und Neuß 1865. II. 1866.

Mullié, fastes de la France. Lille 1841.

Muñoz y Soliva, historia de . . Cuenca y del territorio de su provincia y obispado desde los tiempos primitivos hasta la edad presente. Cuenca, 1866.

Murphy, history of the mahometan empire in Spain. London 1816.

Niehues, Geschichte des Verhältnisses zwischen Kaiserthum und Pabstthum im M. A. I. Münster 1863.

Rißen, über den gegenwärtigen Stand der römischen Kaisergeschichte in v. Sybels histor. Zeitschr. 1868. S. 257.

Nomenclatura urbium Hispaniae . . in: Schott Hisp. ill. II.

Nonii, Duardi censurae in Teixerae libellum de regum portug. origine in: Schott Hisp. ill. II.

Nonni, Ludov., Hispania sive populor. etc. descriptio in: Schott Hisp. ill. IV. p. 373.

Olenart, notitia utriusque Vasconiae. Paris 1638.

Osenbrüggen, das alemanische Strafrecht im deutschen Mittelalter. Schaffhausen 1860.

— das Strafrecht der Langobarden. Schaffhausen 1863.

Padilla, hist. eccl. de España. Malaga 1605.

Pagi, Anton., Critica in Annales ecclesiast. Baronii IV. fol. Antw. 1705.

Pantinus, Petrus, de dignitatibus atque officiis regni ac domus regiae Gothorum in: Schott Hispan. illustr. II.

Papon, histoire générale de Provence. I. II. Paris 1777.

Pardessus, loi salique. Paris 1843.

Parixel, de vita et scriptis s. Aviti. Lovanii 1859. Inaug. diss.

Passow, Ackerbau, Dörfer und Städte im D. Alterthum in Brandes Bericht. III. Leipzig 1864.

Paul, quaestiones Claudianae. (Programm des Sophien-Gymnasiums in Berlin.) Berlin 1866.

„Dux" in Pauly's Realencyklopädie des classischen Alterthums. 2. Aufl. von Teuffel. 1867.

Pedraza, historia de Granada. Granada 1689. fol.

Pellicer, annales de la monarquia de las Españas despues de sa perdida I. aparato a la monarquia antigua de las Españas. Valencia 1673.

Peigné-Delacourt, recherches sur le lieu de la bataille d' Attila en 451. Paris 1860.

Perez, J. B., epist. de concil. Hispan. bei Aguirre I. p. 11.

Pernice, de comitibus palatii. Halis Saxon. 1863.

Perreciot, de l' état civil des personnes et de la condition des terres dans les Gaules de les temps celtiques jusqu' à la redaction des coutumes. I.—II. Paris 1845.

Pertz, Handschriften der Lex Vis. in Pertz' Archiv VII. VIII.

Pétigny, de l' origine et des différentes redactions de la loi des Wisi-
goths, in: revue historique de droit français et étranger. I. Paris 1855.

Peyré, lois des Bourguignons. Lyon 1855.

Peyron, legum barbarorum fragmenta inedita et variantes lectiones etc.
in: Memorie della reale academia delle scienze di Torino Serie II.
T. VIII. Torino 1846.

Pfahler, Handbuch deutscher Alterthümer. Frankfurt a/M. 1865.

Pfalz, die germanischen Ordalien. Leipzig 1865. (Bericht über die Realschule zu L.)

Pictet, les origines indo-européennes. Paris I. 1859. II. 1863.

Pinder und Friebländer, die Münzen Justinians in Z. f. g. R. W. XII.

Pinius, de liturgia antiqua hispanica, gothica etc. 1729 (abgedr. Romae
1740) ad tom. VI. Julii Acta S. S. 1—112.

Pisa, de, historia de la imperial ciudad de Toledo, 2. ed. por Thoma a
Tamajo. Toledo 1617.

Plancher, hist. de Bourgogne. I. Dijon 1739 fol.

Ponton, d'Annécourt, essai sur la numismatique mérovingienne etc.
Paris 1864.

— monnaies mérovingiennes du palais et de l' école. Par. 1862.

Potthast, Bibliotheca historica medii aevi. Berl. III. 1862.

— Supplement. Berl. 1868.

Prieto y Sotelo, Don Antonio Fernandez, historia del derecho real de
España. Madrid 1738.

Pseudo-Dexter, Pseudo-Maximus f. Nicol. Anton. V. 2, 87.

Puiades, coronica universal del principat (sic) de Cathalunya, Barcelona
1609.

Quitzmann, die älteste Rechtsverfassung der Baiwaren. Nürnberg 1866.

Rasche, lexicon universae rei numar. veter. Lips. 1785. 8.

v. Raumer, über den geschichtlichen Zusammenhang des gothischen Christenthums
mit dem Althochdeutschen in Haupts Z. f. d. A. VI.

Raynouard, histoire du droit municipale en France. Deutsch durch Emmer-
mann. Leipzig 1830.

Reinkens, Hilarius v. Poitiers. Schaffhausen 1864.

—, Martin von Tours. Breslau 1866.

Reitemeier, notae in Zosim. (in der Bonner Ausgabe abgedruckt).

Resendius, antiquitates lusitan. in: Schott. Hisp. ill. II.

— de colonia pacensi, Colon. Agripp. 1600.

— epist. de aera hispan. in: Schott, Hispan. illustrata II., auch Colon.
Agrip. 1600.

— de antiquit. Elborae in: Schott, Hisp. ill. II.

von Reumont, Geschichte der Stadt Rom. I. II. Berlin 1867.

Revillout, de l' Arianisme des peuples germaniques qui ont envahi
l' empire romain, Paris 1850.

— le clergé chrétien dans les campagnes après la grande invasion; in:
mémoires lus à la Sorbonne. Paris 1864.

H. Richter, de Stilichone et Rufino. Diss. inaug. Halae 1860.

Richter, Heinrich, Geschichte des weströmischen Reiches besonders unter den Kaisern Gratian, Valentinian II. und Maximus (a. 375—388). Berlin 1865.

Rico y Amat, historia de España. I. Madrid 1860.

La Rigaudière, histoire des persecutions religieuses en Espagne. Paris 1860.

Rios, de los, études historiques, politiques et littéraires sur les juifs d'Espagne traduites par Magnabal. Paris 1861.

Ritter, Joh. Dan., de foro antiquo Gothorum regum Hispaniae. Wittembergae 1770.

Rive, Geschichte der D. Vormundschaft. I. Braunschweig 1862. II. 1. 1865.

— zur Frage nach dem Princip der Successionsordnung im germanischen Recht in Bekkers u. Muthers Jahrb. VI.

Rizius, Michael, de regibus Hisp. libri III. in: Schott, Hisp. ill. I. (auch nach Bel II. p. 446).

Rocquain de Courtemblay, variations des limites de l'Aquitaine .. jusqu' au V. siècle in: bibliothèque de l'école des chartes. V. Série. II. Paris 1861.

Rodericus Sancius, histor. Hispaniae in: Schott, Hisp. illustr. (auch nach Bel, I. p. 290).

— Tolet. rerum in Hisp. gestarum libri IX. in: Schott, Hisp. illustr. II. (auch nach Bel II. p. 185 f.)

— historia Arabum opera Th. Erpenii Lugd. Batav. 1625.

Rösler, das vorrömische Dacien, Sitzungs-Bericht der Wiener Akademie. 1864. B. 45.

de Rogatis, il regno dei Goti nella Spagna. Napoli 1648. (Historischer Roman; auch unter dem Titel: della perdita y riacquisto della Spagna Venetia 1664 und 1689. Deutsch: Augsburg 1727.)

de Roias, Don Pedro, historia de la imperial .. ciudad de Toledo. Madrid 1654.

Romey, histoire d'Espagne. I. II. Paris 1889.

„Rorico", gesta Francorum ed. Du Chesne I. p. 812.

Roscher, über Dreifelderwirthschaft in: Sitzungs-Berichte der k. sächs. Gesellschaft zu Leipzig. 1858. S. 67 f.

— System der Volkswirthschaft. Stuttgart u. Tübingen. I. 1854. II. 1860.

Rosenstein, Alarich und Stilicho, Forschungen z. D. G. III. 1863.

— Geschichte des Westgothen-Reichs in Gallien. Jnaug.-Diss. Berlin 1859.

— über das altgermanische Königthum in: Zeitschrift für Völkerpsychologie und Sprachwissenschaft VII. 1870.

— über das Verhältniß zwischen Olympiodor und Sozomenus. Forschungen z. D. Geschichte. 1860. I.

Rosseeuw Saint-Hilaire, histoire d'Espagne. Paris I.—II. 1844.

Roth, de re municipali Romanor. L. II. Stuttg. 1801.

Roth, Paul, über Entstehung der Lex Bajuvariorum. Eine Jnaug.-Abhandl. München 1848.

Roth, R.L., über die burgund. Grabschrift von a. 527 im Anz. f. Schweiz. Gesch. 1855.

Roth, v., von dem Einfluß der Geistlichkeit unter den Merowingen. Nürnberg 1830. Vortrag in der bayer. Akademie vom 26. August 1830.

Rotteck, allgemeine Geschichte. Freiburg 1826. IV.

Rozière, formules visigothiques. Paris 1854.

Rudorff, römiſche Rechtsgeſchichte. Leipzig 1857.

Ruhnkenius, de Galla Placidia Augusta, opuscula I. Lugduni 1723. (Braunſchweig 1828.)

Rückert, deutſches Nationalbewußtſein und Stammesgefühl im Mittelalter in Raumer's hiſtor. Taſchenbuch 1861.

Rühs, über die Geſetze der Weſtgothen. Greifswald 1801.

Rufini, historia eccles. ed. Basel 1564.

Rus-Puerta, Fr. de, hist. eccles. del reyno y obispado de Jaën. Jaën 1634.

Saavedra y Faxardo, corona gothica. Madrid 1670.

Salazar, Tomayo, martyrologium hispanum I.—VI. Lugduni 1651—1658.

Salgado, memorias eccles. do reino do Algarve. Lisboa 1786.

Sandoval, Prudencio de, historias de Idacio, Isidoro, Seb. etc. Pamplona 1615. Çaragoça 1634 fol.

Santiago (Pedraza), historia eccles. de Granada. Granada 1639 fol.

Savigny, von, Z. f. geſch. R.=W. V. N. 7 L

— über den römiſchen Colonat. Z. f. g. R.=W. VI.

— über die römiſche Steuerverfaſſung. Abhandl. der Berliner Akademie 1822. 1823.

Sax, J. del, chronica de España emilianense. Madrid 1724.

Schenkl, zur Kritik ſpäterer lateiniſcher Dichter. Sitzungs=Berichte der Wiener Akademie. 1863. B. 43 S. 34 ſ.

Scherer, Geſchichte des Welthandels. L Leipzig 1852.

Schloſſer, univerſal=hiſtoriſche Ueberſicht der Geſchichte der alten Welt. III. Frankfurt a/M. 1832.

Schmidt, C., essai historique sur la société civile dans le monde romain et sur sa transformation par le christianisme. Strasbourg 1853.

Schmidt, C. Alex., Geſchichte Arragoniens in M. A. Leipzig 1828.

Schmidt, D., das Verbrechen des Diebſtahls nach älterem d. Recht in Brandes Bericht II. Leipzig 1863.

Schotel, tilburg'sche Avond-Stonden. Amsterdam 1850.

Schottus, Andreas, Hispania illustrata. Francof. 1603—8. fol. Tom. I.—IV.

Schröder, Geſchichte des ehel. G.=R. in D. II. 1. Stettin 1868.

Schütze, Reinhold, die nothwendige Theilnahme am Verbrechen. Leipzig 1869.

Schuler Libloy, Deutſche Rechts=Geſchichte. 2. Aufl. Wien 1868.

Schulte, Ritter von, Lehrbuch der Deutſchen Reichs= und Rechtsgeſchichte. Zweite umgearbeitete Auflage. Stuttgart 1870.

Schulze, Hermann, Thronfolge und Familien=Recht der älteſten germaniſchen Königsgeſchlechter. Zeitſchrift für R.=G. VII.

Sécretan, éclaircissements sur les batailles de Mauriac et de Châlons, bibliothèque universelle 1865 p. 601.

— essai sur la féodalité, introduction au droit féodal du pays de Vaud. in: mémoires et documents publiés par la société d' histoire de la Suisse romande XVI. Lausanne 1858.

Selchow, v., Geſchichte der in Teutſchland geltenden Rechte. Göttingen 1738 (1773).

Senkenberg, Gedanken von dem jederzeit lebhaften Gebrauch des uralten D. R. Frankfurt a/M. 1759.

Sempere, histoire des cortes d'Espagne trad. en Français. Bordeaux 1815.
— historia del derecho español. I. Madrid 1822.
— — continuada hasta nuestros tiempos por T. Moreno. Madrid 1847.

Serna, Gomes de la, y Juan Montalvan, elementos del derecho civil de España. Madrid 1840. I. 7. ed. 1865.

Serrigny, droit public et administratif romain. Paris. I. 1862.

Sickel, Th., acta regum et imperatorum Carolinorum I. Urkundenlehre. Wien 1867.

Sievers, Anzeige von v. Wietersheim's Gesch. d. Völker-W. in Jahn's neuen Jahrb. Band 85.

Silva, Antonio Morales de, historia de Portugal, (composta em Ingles ... trasladada por . . Silva). Lisboa 1758.

Simonis, Versuch einer Geschichte Alarichs. I. Göttingen 1858.

Sirmond notae ad Apoll. Sidon.

Sismondi, histoire des Francais. I.

Skeat, a moeso-gothic glossary etc. London and Berlin 1868.

Smith, Valentin, de la famille chez les Burgondes in: mémoires lus à la Sorbonne: histoire, philologie et sciences morales. Paris 1864.

Soetbeer, über Maß und Gewicht. Forsch. z. D. G. I. IV.

du Sommérand, trésor de Guarrazar in: musée des thermes et de l'hotel de Cluny. Paris 1867 p. 350—358.

Prieto y Sotelo, historia del derecho real d'España. Madrid 1738. 4⁰.

Spangenberg in Ersch u. Gruber's Encyclopädie. I. Sect. Th. 12 S. 395 („Brev. Alarici").
— in Sav. Z. f. g. R.-W. V. (über die wolfenbüttel'sche Handschr. des Breviars).

Spanheim, dissert. de usu et praestantia numismatum. II. London 1717.

v. Spruners historischer Atlas: Spanien und Portugal. N. I.

Steub, die oberdeutschen Familien-Namen. München 1870.

Stobbe, Beiträge zur Geschichte des deutschen Rechts. Braunschweig 1865.
— die Juden während des Mittelalters. Braunschweig 1866.
— Personalität und Territorialität des Rechts in Bekkers und Muthers Jahrb. VI.
— über das Eintreten des Erben in die obligatorischen Verhältnisse des Erblassers nach Deutschem Recht ebenda V.
— zur Geschichte des deutschen Vertragsrechts. Leipzig 1855.

Struve, bibliotheca historica ed. Meusel. VI. 1. Lips. 1798.

Suarez, historia del obispado de Guadix y Baza. Madrid. 1696. fol.

von Sybel, die Deutschen bei ihrem Eintritt in die Geschichte in: v. S. kleine histor. Schriften. München 1863.
— deutsche Unterthanen des römischen Reichs, in: Jahrb. des Vereins von Alterthumsfreunden in den Rheinlanden. IV. S. 13.

Tarapha, Franciscus, de origine et rebus gestis regum Hispaniae in: Schott Hisp. illust. I. (auch bei Bel. II. p. 676).

Thiel, epistolae romanor. pontif. genuinae. Braunsbergae (1864 ?).

Thierry, nouveaux récits de l'histoire romaine. Paris 1863.

Thierry, récits mérovingiens I. II. oeuvres compl. Par. 1868.

— dix ans d'études historiques, oeuvr. compl. 1868 (II. histoire du moyen âge et histoire de France).

— Am., trois ministres de l' empire romain. Revue des deux mondes 1860—62.

— nouvelles lettres sur l' histoire de France. Revue des deux mondes (IV. Serie 15. Mai) Paris 1835.

Thomassin, ancienne et nouvelle discipline de l' eglise (extraite). Par. 1717. (Das Original mir nicht immer zugänglich.)

Thurius, historia regum Hispan. Matriti. 1702 [1]). (?)

Ticknor, history of spanish literature. London 1852. 2. A. 1863.

Tillemont, mémoires pour servir à l' histoire ecclesiastique. Bruxelles 1719.

Tomeo y Benedicto, Zaragoza; I. Zaragoza 1859.

Trognon, études sur l' histoire de France. Paris 1836.

Troya, storia d'Italia, Napoli I. 1841 seq.

Türk, Forschungen auf dem Gebiet der Geschichte. Rostock 1829. I. Ueber das westgothische Gesetzbuch.

de Ulloa, dissertacion sobre . . los duelos. Academia hist. madr. Madrid I. 1796.

— tratado de cronologia para la historia de España. II. eod.

— tratado cronol. sobre los concilios de España hasta su perdida eod. I.

— conjeturas sobre . . la regalia de nuestros reyes para la nominacion de obispos etc. eod. I.

Unger, römisches und nationales Recht vornehmlich im Königreich Castilien. Gött. 1848.

Vaissette, histoire générale de Languedoc. Paris 1730—45.

Valdelomar, Don Juan de la Reguera, resumen de la historia cronológica del derecho y leyes generales de España. Madrid 1798.

Valdesius, de dignitate regum regnorumque Hispaniae. Granatae 1602.

Valesius rerum francicarum libri VIII. Par. 1646. I.

Valentinelli, sulle antichità spagnuole. Sitz.-Ber. der Wiener Akademie 1859.

Vallente, Perez, apparatus juris publici hispanici. Matriti 1751.

Vannucci, storia d'Italia. I.—IV. Firense 1855.

Vasaei, Chronicon Hispan. in: Schott, Hispania illustr. I. (auch nach Bel. Script. rer. hisp. I. p. 437).

Vasconcellos, Mendez, de eborensi municipio. Romae 1597.

Velasquez, Luis Josef, conjeturas sobre las medallas de los reyes godos y suevos de España. Malaga 1759.

Villadiego, Alfonso, forus antiq. Gothorum. Madrid 1600.

Vogt, de Claudiani carminum quae Stiliconem praedicant fide historica. (diss. inaug.) Bonnae 1863.

Voigt, drei epigraphische Constitutionen Constantin des Großen . . . nebst Untersuchungen über Verfassung der pagi et vici des römischen Reichs. Leipzig 1860.

Volkmann, Synesius von Kyrene. Berlin 1869.

---

1) In einem der benützten Sammelwerke, ich vermag nicht mehr aufzufinden, in welchem.

Volmer, de regno Theoderici I. Wisigothorum regis. Inaug. diss. Vratislav. 1862.

Vols, de Vesegotharum cum Romanis conflictionibus post mortem Fl. Theodosii exortis. Greifswalde 1861. (Inaug. diss.)

Vossius, Isac., observat. var.

Wackernagel, Familien=Recht und =Leben der Germanen in Schreibers Taschenbuch für Geschichte und Alterthum in Süddeutschland. V. Freiburg i. Breisgau 1846.

— über Gewerbe, Handel und Schifffahrt der Germanen. Haupt's Z. f. D. A. VII. u. IX.

Wächter, de crimine incendii. Lips. 1833.

Waitz, Deutsche Verfassungs=Geschichte. I. 2. Aufl. Kiel 1865. II. 2. A. 1870.

— die Anfänge der Vassalität. Göttingen 1856.

— über die Anfänge des Lehenwesens. Histor. Z. v. Sybel 1865. XIII.

— Anzeige von „Könige" I. II. Götting. gel. Anz. 1861.

— Nachrichten v. d. k. Ges. d. W. zu Göttingen 1865 Nr. 4; über die ravennatischen Annalen.

— in Götting. gel. Anz. 1853 S. 106—108. Anzeige von Guérard, polyptique de l' abbé Irminon.

— die Niederlage der Burgunden durch die Hunnen. Forschungen z. D. G. I.

— zur Deutschen Verfassungsgeschichte in: Kieler Monatsschrift 1854. I. S. 101 u. S. 252.

Walckenaer, baron de, géographie ancienne historique et comparée des Gaules cisalpine et transalpine. Paris I.—III. 1839.

Wallon, histoire de l' esclavage dans l' antiquité I.—III. Paris 1847.

Warnkönig u. Stein, franz. Staats= und Rechtsgeschichte. I. Basel 1846.

Wattenbach, Anleitung zur lateinischen Paläographie. Leipzig 1869.

— Deutschlands Geschichtsquellen im Mittelalter. 2. Aufl. Berlin 1866.

Weber, Germanien in den ersten Jahrhunderten seines geschichtlichen Lebens. Berlin 1862.

v. Wedekind, die Dichtungen des Cl. Claudianus übersetzt. Darmstadt 1868.

Weil, Geschichte der Chalifen. I. Mannheim 1846.

Weinhold, die deutschen Frauen im M.=A. 1851.

— die gothische Sprache im Dienste des Christenthums. Halle 1870.

— über die D. Fried= und Freistätten. Schriften der Universität Kiel. Kiel 1864.

Welcker, „Abel", Staatslexikon. 3. Aufl. Leipzig 1856.

Wenck, s. Codex Theodos.

v. Wietersheim, die Bevölkerung des römischen Reichs. Leipzig 1860.

— Geschichte der Völkerwanderung. Leipzig II. 1860. III. 1862. IV. 1864.

— Historische Erinnerungen aus Friaul und Dalmatien in: v. Sybels histor. Zeitschr. 1865.

Wirth, Geschichte der Deutschen. Emmishofen bei Constanz I. 1842.

Wislicenus, der Deutschen älteste Geschichte und Volkszustände. Leipzig 1846.

Witte, de Guilelmi Malmesburiensis codice legis romanae Wisig. Breslau 1831. Diss. inaug.

Witte, die bindende Kraft des Willens im altdeutschen Obligationenrecht. Zeitschr. f. R.-G. VI.

Worms, recherches sur la constitution territoriale de la propriété dans les états musulmans. Par. (1840 ?).

Wurm, de rebus gestis Aëtii. Bonn 1864. (Diss. inaug.)

Wurstemberger, Geschichte der alten Landschaft Bern. I. Bern 1861. II. 1862.

Ximena, Don Martin, de, catalogo de los obispos... de Jaen. Madrid 1654.

Yepes f. chron. ord. Bened.

Zacher, „Germanien" bei Ersch u. Gruber. I. Sect. 61. B.

Zeiß, J. G., Cl. Claubianus u. d. röm. Reich v. 394—408. Landshut 1863. (Jahresbericht der k. bayer. Studienanstalt.)

Zeller, histoire de l' Italie depuis l' invasion des barbares. Paris 1858.

Zimmerle, das deutsche Stammgutsystem. Tübingen 1857.

Zimmermann, die Volksversammlungen der alten Deutschen in: Brandes Bericht II. Leipzig 1863.

Zöckler, Hieronymus. Sein Leben und Wirken nach seinen Schriften dargestellt. Gotha 1865.

Zuaznavar, M., ensayo histor. sobre la legislacion de Navarra. San Sebastian 1827. I.

Zumpt, über den Stand der Bevölkerung und die Volksvermehrung im Alterthum. Berlin 1841.

Unzugänglich blieben mir:

Abel, histoire des Français (oder de la France).

Alcántara, reseña historico-critica de los historiadores arábigo-españoles. Madrid 1863.

Alfaro, historia de España. Madrid 1862.

(Anonym) notions historiques sur le deuxième établissement des Burgondes. Lyon 1861.

Bachmansson, Beschreibung der wahren Ursachen vom Untergang des gothischen Reichs in Spanien, aus dem Schwedischen. Copenhagen u. Leipzig 1719.

Balbie, recueil de l'académie de Toulouse V. Toulouse.

Bartholomeo (oder Bartol.), Jordanis vindiciae. Romae 1800.

Baudot, mémoire sur la sépulture de l' époque mérovingienne. Paris 1860.

Benech, lex romana Visig. in: recueil de l' académie de Toulouse II.[1]).

Bilches, Santos y Santuarios del obisp. de Jaën. Madrid 1653. fol.

Boot, Akademie to Amsterdam. VII.

Bouchaud, mémoires de l' institut T. 14. Paris an. 11. p. 76—112.

Braun, zu der Kirchengeschichte Spaniens. Z. f. Philos. u. kathol. Theol. Heft 31. — die Capitole. Bonn 1849.

---

1) Erwähnt von Warnkönig, Heidelb. krit. Zeitschrift VI. u. krit. B.-J.-Schr. I. S. 262.

Cantos Benitez, escrutinio de monedas.

Cardenas monumentos antiquos de Romanos y Godos de España. Cordoba 1785 [1]).

Cénac-Moncaut, les richesses des pyrénées françaises. Paris 1864.

Chevallier, précis d'histoire de France du V. au XIV. siècle. Paris 1863.

Chigouesnel, nouvelle histoire de Bordeaux. Bayeux 1867.

Chuecos, Geschichte von Lorca. Lorca 1741.

Cisneros, Anti-Ferreras. Madrid 1724.

Colmeiro, Manuel, de la constitucion y del gobierno de los reinos de Leon y Castilla.

Colomera y Rodriguez, palaeografia castellana. Valadolid 1862.

Conde, histoire de Tolède.

Cotbeddin, histoire de la Mecque. IV. p. 566.

Des-Francs, études sur Grégoire de Tours. Chambery 1861.

Digot, hist. d'Austrasie I.

Dominicy, ad conc. agath. et ilerd. Par. 1645.

Drioux, compendio de la historia de la edad media. Paris 1867.

Edharbt, über Procop u. Agathias. Programm des Friedrichs-Collegiums Königsberg 1864.

Engelmann, glossaire des mots espagnoles et portugais derivés de l'Arabe. Leyden 1861.

Examen cronologico del año en que entraron los Moros en España. En Madrid 1677. 4°. [2])

Fabricio, los historiadores españoles en pruebas escogidas. Leipz. 1858. 16°.

Franckenau, sacra Themidis Hispaniae arcana Hannoverae. 1703. 4°. 2. Aufl. Matriti 1780 ed. Cerdano y Risco I. [3]).

Garinet, études sur l'invasion des Gaules par Attila. Châlons 1868.

Garreau, Leudaste ou les Gaulois sous les Méroving. Paris 1861.

Geiger, H., Leander und Hermigild. II. Th. Stuttgart 1860.

Gouet, histoire nationale de France I. II. Paris 1863.

Grubitz, emendat. orosianae Leipzig 1836. 4°.

Guizot et Jacobs, Grégoire de Tours, traduit etc. Paris 1861.

Guizot, revue francaise 1828 Novembre VI. p. 202—44.

Haage, Geschichte Attila's. Celle 1862.

Haas, histoire de la France.

Henschen, zur vita Aviti Bolland. 5. Febr. I. p. 666—74, neue Aufl.

Hidalgo, diccionario general de bibliografia española. Madr. 1862.

Hoftmann, über altgerman. Landwirthsch. 1855.

---

1) Von Hübner auch in Madrid, Sevilla, Cordova nicht aufgefunden C. J. p. 306.
2) Struve p. 161.
3) Ueber dies Plagiat an Juan Luca Cortes s. Türk S. 6.

Jaffus, la cité de Carcassone etc. Carcassonne 1815.

Kingsley, the Roman and the Teuton. London 1864.
Kembel, horae ferales. London 1863.
Kern, de obnoxiatione et wadio antiq. jur. germ. Breslau 1863.

La Boulaye, in: revue bretonne 1840.
Laferrière, histoire du droit civil de Rome et du droit français. Par. 1847.
Lafuente, historia eccles. de España, Barcelona (in libreria religiosa).
Lagrevol, Notice sur st. Avite. Lyon 1863.
Larroque, de l' esclavage chez les nations chrétiennes. Paris 1864.
Lastañosa, Juan de, museo de las medallas desconocidas. Huesca 1645. 4.
Latham, on the autority of the Germania of Tac. Journal of class. and
    sacred philol. XII. 1860.
Lebeuf, mémoires de l' acad. XVII. p. XXVI. ed à la Haye.
Le Blanc, traité historique des Monnayes de France. Paris 1690. 4.
    (Septimanische Münzen.)
Le Franc, histoire des Français ober de la France.
Legendre, de St. Aubin, Mercure de France 1741.
Legrand d'Aussy, sobre la antiqua legislacion de los Visigodos.
Levi, Cristiani ed Ebrei nel medio evo. Firenze 1867.
Löher, westfäl. Z. f. vaterl. Gesch. XIII. 1852.
Lopez, M. S., disertacion sobre el monacato del rey Wamba. Madrid 1773.
Lorenfi, ein Blick auf Spanien unter der Botmäßigkeit der Araber. Wien 1864.
Lugagne, mémoires sur les antiquités romaines et gothiques de Lodève.
    Lodève 1868.

Mabille, notice sur les divisions territoriales .. de Tourraine. Paris 1866.
Madera, discursos de .. las reliquias .. en Granada. Gran. 1601 fol.
Mahudel, dissert. historique sur les monnayes antiques de l' Espagne in:
    Charentons franz. Ueberf. v. Mariana V.
Marichalar, Geschichte des spanischen Rechts in: Wiener Wochenschrift für Wissen-
    schaft und Kunst. 1862. Nr. 47. (Anzeige.)
Marieta, hist. eccles. de todos los Santos de Esp. Concha 1596.
Marisot, orbis maritim.
de Marlès, histoire de la conquête de l'Espagne par les Arabes. Tours 1863.
Martini, De veterum Germanorum republica antiqua.
Mary-Lafon, la France ancienne et moderne. Paris 1863.
Mendoza, de concilio illiberitano 1594; ed. Gonzalez Tellez. Madrid 1665.
de Mondejar, notitia y judicio de los mas principales historiadores de
    España. Madrid 1784. 8°.
Montenon, la dynastie mérovingienne.
Montrond, St. Martin, évêque de Tours. Lille 1863.
Morin, l' Armorique au V. siècle. Rennes 1868.
Müldener, specimen rei numerariae veteris: de tribus aureis numis celebra-
    tissimi regis Gothorum Walliae. Francohusae 1752 [1]).

---

1) Struve p. 165.

Mueller, de genio, moribus et luxu aevi theodosiani. Götting. 1798.

Muñoz y Romero del estado de las personas en los reinos de Asturias y Leon in: revista española Decembre 1854.

Opitz, die Germanen im römischen Imperium. Leipzig 1867.

Pacheco, codigos españoles concordados y annotados. Madr. 1847.

Paul, revolutions françaises L—III. Paris 1863.

Paulssen, de antiqui populorum juris hereditarii nexu cum eorum statu civili I. Havniae 1822.

Pedraza, antiguedades de Granada. Madrid 1608. 4⁰.

Pierrot, histoire de la France (ober des Français).

Pons, viage en España I. 1.

Raineri, storia d' Europa dall' a. 476—1270. Oneglia 1864.

Ranera, historia d' España.

Raymond, l' Espagne et le Portugal. Paris 1862.

Regenbrecht, de canonibus apostolor. et codice eccles. Hisp. Breslau 1828. 8⁰.

Robert, carte générale de la monarchie des Gothes. Par. 1742.

Ruehl, de panegyricis latinis propaedeumata. Anclam (1867?).

du Ruy, histoire de la France ober des Français.

Sala, D., illustracion del derecho civil de España. 1837. I.

Salva, catalogue des livres anciens espagnols et d'ouvrages modernes à l' histoire et à la litterature d' Espagne. Paris 1848.

Santander, praefatio histor. crit. in veram et genuinam collectionem veterum canonum ecclesiae hisp. Bruxelles 1860.

Scarey, Rodr., lecturae in leges fori hisp. Salmant. 1556. 4⁰.

Schultz, Paul, de Stilichone, dissert. philos. Regiomonti 1864.

Sempere, memorias para la historia dellas constituciones españolas. I. Par. 1820.

Sheppard, the fall of Rome and the rise of the new nationalities. London 1868.

Siefert, de veterum Germanorum gentium regibus Neobrand. 1818.

Sievers, aus dem Leben des Libanius. Hamburg 1863.

Smith, notions sur l' origine .. des Borgondes. Lyon 1860.

Staubenraus, Leben des heil. Martin. Landshut 1833.

Thorbecke, Cassiodorus Senator.

Villenave, A. Denis, histoire de l' Espagne.

Villodas, antiguedades ecclesiasticas.

Volz, das Jahr der Schlacht von Pollentia, Programm des Gymnasiums zu Köslin 1864.

Wedelius, programma de numis gothicis. Jena 1698.

Ximena, catalogo de los obispos .. de .. Jaën. 1654 fol.

Zumpt, studia romana. Berlin 1859.

Erklärung der Abkürzungen.

A. bebeutet Acta (Sanctorum).

Agath. = Concilium Agathense.

Arel. = Concilium Arelatense.

B. = Breviarium Alarici, Lex Romana Visigothorum, unb zwar

    B. G. Gajus in bem Breviar.

    B. J. bie Interpretatio in bem Breviar, z. B. B. T. J. IV. 8, 5 Interpretatio zu Lex Romana Visig. Cod. Theod. liber IV., titulus 8, lex 5.

    B. Nov. bie Rovellen in bem Breviar.

    B. P. Pauli sententiae receptae in bem Breviar.

    B. T. ben Codex Theodos. in bem Breviar.

Barcin. = Concilium Barcinonense.

Brac. = Concilium Bracarense.

Caesaraug. = Concilium Caesaraugustanum.

Cc. = Concilia, z. B. Cc. T. III. 8 Concilium toletanum canon 8. (Dann praefatio, tomus, lex, confirmatio, appendix.)

Cd. = Codex, z. B. Cd. Leg. Codex legionensis Legis Visigothorum.

C. J. = Corpus Inscriptionum, II. Inscript. Hispaniae lat. ed. Hübner, N. Numero, p. pagina.

Egab. = Concilium Egabrense.

Emer. = Concilium Emeritanum.

F. = Formulae visigothicae (N. = Numero).

Gerund. = Concil. Gerundense.

Hisp. = Concilium Hispalense.

I. ober In. = Interpretatio zu Lex Rom. V. f. B.

J. H. = spanische Inschriften aus ber Westgothenzeit, in C. J. nicht aufgenommen, von Professor Hübner gesammelt und mir im Manuscript mitgetheilt.

Ilerd. = Concilium Ilerdense.

Illib. = Concilium Illiberitanum.

Luc. = Concilium Lucense.

L. V. = Lex Visigothorum nach Buch, Titel, Aera.

M. A. = Madrider Akadem. Ausgabe ber L. V.

P. = Pauli sententiae f. B.

Sk. = Skeireins ed. Maßmann.

T. = Codex Theodosianus in B.

Tarrac. = Concilium Tarraconense.

Tol. = Concilium Toletanum. (Auch Cc. T.)

U. A. = gothische Urkunden von Arezzo ed. Maßmann.

U. N. = gothische Urkunden von Neapel ed. Maßmann.

Valenc. = Concilium Valencianum.

W. = Wulfila ed. Maßmann.

Inhalts-Verzeichniß.

I. Geschichte der Westgothen seit der Trennung von den Ostgothen bis zur Begründung ihres Reiches in Gallien, des Reiches von Toulouse, a. 375—419.

(Von Athanarich bis Walja.) S. 1—70.

Athanarich S. 1—19. Fridigern S. 5—16. Alarich I. S. 21—54. Athaulf S. 55—63. Sigrich S. 65. Walja S. 65—70.

II. Geschichte des Reiches von Toulouse a. 419—507.

(Von Walja bis Amalarich.) S. 71—110.

Theoderich I. S. 71—80. Thorismund S. 80—82. Theoderich II. S. 82—88. Eurich S. 88—101. Alarich II. S. 101—110.

III. Geschichte des Reiches von Toledo a. 507—711. S. 110—230.

1. Vom Untergang des Reiches von Toulouse bis zur Annahme des Katholicismus a. 507—587.

(Von Amalarich bis Rekared I.) S. 111—151.

Amalarich S. 111—118. Gesalich S. 111—114. Theudis S. 118—121. Theodigisel S. 121—122. Agila S. 122—124. Athanagild S. 124—126. Leova I. S. 126—127. Leovigild S. 126—151.

2. Von Annahme des Katholicismus bis zum Untergang des Reichs a. 587—711.

(Von Rekared I. bis Roderich.) S. 152—230.

Rekared I. S. 152—172. Leova II. S. 172—173. Witterich S. 173—175. Gunthimar S. 175—177. Sisibut S. 177—184. Rekared II. S. 184. Svinthila S. 184—188. Rikimer S. 188. Sisinanth S. 188—190.

Kinbila S. 190—191. Tulga S. 191—192. Kindasvinth S. 192—199. Rekisvinth S. 199—204. Wamba S. 204—215. Erwich S. 215—219. Egika S. 219—224. Witika S. 224—226. Roderich S. 226—230.

Anhang. Beilagen. S. 231—246.

    I. Chronologische Reihenfolge der Westgothenkönige. S. 233—234.
    II. Stammbäume. Zu S. 234.
    III. Falsche Stammbäume und genealogische Fabeln. S. 235—238.
    IV. Ueber König Witika. S. 239—242.
    V. Ueber König Roderich und die maurische Eroberung. S. 243—246.

I. Geschichte der Westgothen seit der Trennung von den Ostgothen bis zur Begründung ihres Reiches in Gallien, des Reiches von Toulouse, a. 375 — a. 419.

(Von Athanarich bis Walja.)

Die dunkle Geschichte der Westgothen bis zu ihrer völligen poli=
tischen und räumlichen Trennung von dem Ostgothenreich Ermanarichs
wurde, soweit sie dies Werk beschäftigt, zum großen Theil in der
zweiten Abtheilung dargestellt. Hier ist jene Darstellung zu ergänzen
und zunächst bis zur Begründung des westgothischen Reiches in Gallien
fortzuführen, womit das Staatsleben des Volkes in eine wesentlich
verschiedene Phase tritt.

Nach unserer Annahme waren die westgothischen Bezirke bis auf
Ostrogotha [1]) von ostgothischen Reichskönigen beherrscht worden. Nach
Ostrogotha hatten sie sich von dieser Herrschaft völlig befreit [2]) und
standen, ohne ein westgothisches Stammkönigthum, unter einer Mehr=
zahl von Häuptlingen; in einigen Bezirken scheinen diese erblich ge=
wesen zu sein und sich daher dem Bezirks=Königthum so weit genähert
zu haben als die kurze Dauer dieses unabhängigen Zustandes gestattete.
In anderen Bezirken wechselten die Geschlechter, aus welchen die
Vorstände hervorgingen, häufiger: — Bezirksgrafschaften. Endlich
aber, — und dies ist wohl im Auge zu halten, — scheinen vielfach
wieder an die Stelle der staatlichen Bezirkseintheilung kleinere, natür=
liche Gliederungen in Geschlechter=Verbände und zumal die Häupter
der edlen Geschlechter selbständig, ohne Bezirksverband, neben die —
in andern Gauen fortbestehenden — Bezirke getreten zu sein.

---

1) Uebereinstimmend die gleichzeitig mit A. II. erschienene Kritik Schirrens von
v. Gutschmid S. 146. Fauriel I. p. 7.

2) c. a. 260.

Dahn, germanisches Königthum IV.

Ermanarich [1]) änderte an biesen inneren Zuständen nichts: er brachte bie Westgothen höchstens zu einer abhängigen Bundesgenossen= schaft, welche, außer ber Verpflichtung zur Waffenhülfe, nur eine Anerkennung formaler Oberhoheit in sich schloß [2]).

Diese westgothischen Geschlechter unb Bezirke stanben zwar in einer gewissen bauernben völkerrechtlichen Verbinbung: aber ihre volle politische Selbständigkeit erscheint barin, baß einzelne bieser Glieber= ungen sich nicht blos gegen Römer unb anbere Nachbarn manchmal enger zu gemeinsamen Unternehmungen zusammenschließen [3]), — bann meist unter einem gemeinsamen Herzog, — sonbern nicht minber häufig einanber selbst unter Anführung ihrer einzelnen Könige, Grafen, Geschlechterhäupter befehben [4]). Nur biese Auffassung wirb allen Quellen gerecht; jebe anbere geräth in Wiberspruch mit wenigstens Einer Gruppe von Berichten: mag man nun bie Westgothen als so unmittelbar unb straff wie bie Ostgothen von Ermanarich beherrscht [5]), ober anberseits sie von seinem Reich gar nicht berührt ansehen [6]), mag man Athanarich als Monarchen aller Westgothen [7]), ober bie West= gothen als lauter völlig unverbunbene „Geschlechter“, „Gaue“ be= trachten [8]).

---

1) c. a. 350.

2) A. II. S. 93. Jord. c. 24 sagt: *formidatus* nationibus vicinis; nach Köpke hätte bie Spaltung zwischen West= unb Ost=Gothen gerabe mit Ermanarichs Aufsteigen begonnen; s. aber bagegen A. II. S. 90; auch v. Syb. in histor. Z.=Schr. 1859 S. 515.

3) Das nennt Ammian 26, 6 einmal ganz treffenb: conspirare in unum gentem Gothorum ad pervadendum collimitia Thraciarum.

4) Ganz correct baher Socr. IV. 33 ἐμφύλιον πρὸς ἑαυτοὺς κινήσαντες πόλεμον.

5) So Gibbon c. 25 V, ber hieraus bie Beschränkung Athanarichs auf ben bloßen Richtertitel erklärt: „he renounced the royal title and assumed the more humble appellation of judge“; vgl. v. Wietersh. IV. S. 9. (meine Bebenken über bies Werk Münchener gel. Anz. 1859 theilt ganz Sievers Anz. v. Wiet.); nach Krafft I. 1. S. 95 „überläßt“ Ermanarich bem Athanarich bie Herrschaft.

6) So Köpke S. 109. Pallmann I. S. 45. Unklar Thierry Attila S. 20.

7) Simonis S. 5.

8) Köpke S. 110 Pallm. I. S. 45; aus ber späten Isibor. hist. p. 1060 ist nichts zu entnehmen; er sagt: (nach Socr. IV. 33.) primus gentis Gothorum administrationem suscepit A. regnans annos XIII unb 8 Jahre barauf: Gothi in semetipsos in A. et Fridigerno divisi sunt alternis sese caedibus de- populantes.

Der erste sichere Westgothenbeherrscher ist Athanarich a. 366—381 [1]). Er beherrschte den größten, den Ausschlag gebenden Theil des Volkes, vielleicht mehrere Bezirke [2]), keineswegs Alle [3]); wenn er auch in dem Krieg mit Valens den Heerbefehl, das Herzogthum [4]) über alle d. h. eben über alle am Krieg betheiligten Bezirke führte [5]), ganz ähnlich, wie vor 350 Jahren Armin [6]). Da sein Vater Rothestes [7]) vor ihm dieselbe Stellung bekleidet zu haben scheint, so haben wir hier wohl eine erbliche westgothische Bezirksherrschaft vor uns, welche sich echtem Bezirkskönigthum so weit nähert als die oben bezeichnete Schranke gestattet [8]).

Bei unserer Auffassung ist es ganz begreiflich, daß der Anmaßer Prokopius in seinem Kampf gegen Kaiser Valens [9]) die ihm zunächst erreichbaren — denn der Bezirk, die „Dörfer" [10]) Fridigerns und Athanarichs sind von dem gesammten „Barbarengebiet" [11]) der römischen Grenze am Nächsten [12]) — Westgothen allein [13]) um Hülfe an-

---

1) Ueber seine rechtliche Stellung in und zu seinem Volk s. Verfassung; unbestimmt Pfahler A. S. 51. „Ἀθάριδος" Acta s. Sabae. 12. April. p. 86 seq.

2) Reitem. p. 894 sagt, vier reges standen unter ihm und beruft sich auf Eutrop. 18, 2?1 und Amm., die nichts davon wissen. 3,000 Mann, nach Zos. 10,000 Mann hatte er dem Prokop zu Hülfe geschickt; vgl. v. Wietersh. III. S. 413, irrig Buat. VII. p. 332 u. Gibbon c. 25. 30,000 Mann.

3) Jedenfalls stand, wenn auch schwächer, (Act. s. Nicetae πλήθει χειρός) Fridigern unabhängig neben ihm. Isid. chron. p. 453, a. M. Waitz Ulf. S. 44. Bessel S. 152. Hieron. u. Socr. IV. 33. Γότθοι .. ἐς δύο μέρη ἐτμήθησαν, ὧν τοῦ ἑνὸς ἡγεῖτο Φριτιγέρνης, (Friþigairn? Maßmann Ulf. p. XIV.) τοῦ δὲ ἑτέρου Ἀθανάριχος οὐ μόνον τοὺς ὑπὸ Φ., ἀλλὰ καὶ τοὺς ὑπὸ Ἀ. ταττομένους βαρβάρους.

4) A. I. S. 22.

5) Luden II. S. 247 nennt ihn König der Thervingen und gemeinsamen Heerführer mehrerer Völker unter besonderen Königen, aber aus seinem Richtertitel folgt dies nicht.

6) A. I. S. 120.

7) Ῥωθεστέου τοῦ βασιλίσκου υἱός. Acta s. Sabae l. c.

8) „Stammfürst". Bethm. Holl. germ. Proc. I. S. 174 soll wohl dasselbe besagen.

9) Mai a. 366 Socr. IV. 3. 5. 9. Theodoret. IV. 12. Cassiod. hist. trip. VII. 22. Philostorg. IX. 5. Richter, westr. R. S. 425.

10) Κῶμαι A. s. Sabae l. c.

11) „In barbarico" Auxent. p. 20.

12) Dem solum Romaniae l. c. Gegensatz: ἡ Γετικὴ Philostorg. II. 5. τὰ ἐσώτατα τῆς Γωτθίας Epiphan. adv. haeres. III. 1, 14. Γότθια A. s. Sabae.

13) Vgl. Mascov I. S. 268.

1*

geht [1]), ohne Beiziehung der Oftgothen, sowie baß ber Kaiser für diese Hülfe zunächst an den Westgothen allein Rache nimmt.

Athanarich [2]) hatte nach der Beendung dieses Krieges durch den Untergang des Empörers Entlassung der gothischen Gefangenen von Valens gefordert, da er den Gegenkaiser in gutem Glauben an dessen Rechtmäßigkeit „dem foedus gemäß" [3]) unterstützt habe [4]). Athanarich ist also rechtlich unabhängig und thatsächlich mächtig genug, ohne Befragung und Mitwirkung Ermanarichs Krieg zu führen [5]).

Ebenso wenig beweist der im Laufe des Krieges mit Athanarich auf die Oftgothen ausgedehnte Angriff der Römer [6]) irgend etwas für das Verhältniß der Oft= und West=Gothen, weder Unterstützung durch den Oberkönig Ermanarich [7]) noch bloße Feldherrnschaft Atha= narichs für jenen [8]), denn die Römer mochten füglich auf ihren Zügen auch ohne solche Gründe das Gebiet dieser Nachbarn feindlich be= rühren [9]).

Das Auftreten Athanarichs bei dem nach drei Feldzügen der Römer [10]) erfolgenden Friedensschluß ist keineswegs das eines Be= siegten: die römischen Waffen, obwohl in Gefechten überlegen, hatten die Unterwerfung des durch Berge, Wälder und Sümpfe gedeckten Volkes nicht erzwingen können: beide Theile wünschten den Frieden und die Römer hofften nicht mehr auf entscheidenden Sieg [11]).

---

1) Ende Mai a. 366 Bessel „Gothen" S. 137.
2) Nicht Ermanarich wie Gibbon l. c. u. v. Wietersh. IV. S. 20.
3) D. h. nach den Verträgen mit Constantin A. II. S. 55 so auch Bessel „Gothen" S. 135.
4) Eunap. p. 47.
5) Ammian. M. 26. c. 6. Zos. IV. 7. Eunap. l. c.
6) Amm. Marc. 27, 5.
7) Wie Aschbach S. 25.
8) Wie Gibbon l. c.
9) Das „longius agentes" beweist, daß Valens erst auf seinen Märschen das Land der Oftgothen erreichte (so auch v. Syb. S. 118, Köpke S. 112, Bethm. Hollw. g. Proc. I. S. 175) nicht, (wie Aschb. l. c.) daß Oftgothen als Hülfs= truppen zu dem Heere der Westgothen gestoßen waren; von den westgothischen Be= zirken lag der Fribigerns der römischen Grenze und der Donau Acta s. Niketae näher, südwestlicher, der Athanarichs den Oftgothen näher, nordöstlicher (vgl. Gaupp S. 372, Zeuß S. 412).
10) a. 367 (Sommer) — 369 so auch Pagi ad a. 369 Bessel „Gothen" l. c.
11) Vgl. Mast. I. S. 269, Gibbon l. c. des Themistius paneg. ist eben — ein Panegyritus; viel zu günstig für die Germanen wie gewöhnlich Luden II. S. 248; das Detail bei v. Wietersh. IV. S. 16. Krafft L 1 S. 97. Bessel „Gothen"

Da aber den Gothen=Fürsten, vielleicht nur angeblich [1]), der Wille seines verstorbenen Vaters, den zu befolgen er beschworen hatte, verhinderte, den Fuß auf römischen Boden zu setzen [2]), und andrerseits doch der Kaiser nicht den Barbaren des Friedens wegen aufsuchen mochte [3]), vereinbarte man eine Zusammenkunft zu Schiff mitten im Donaustrom, was am deutlichsten den unentschiedenen Ausgang des Krieges zeigt und vielleicht nach Athanarichs Absicht zeigen sollte: „er zwang den Kaiser, sich dieser Auskunft zu fügen" [4]) und beide Contrahenten, auch der Kaiser, stellten Geiseln für Einhaltung des Vertrags. Einen ganzen Tag währten die Verhandlungen und von dem Ergebniß heißt es — mit seltner Bescheidenheit —, es sei der römischen Ehre nicht unangemessen gewesen [5]).

Die nächsten Jahre beschäftigten Athanarich a. 369—372 Reibungen mit seinem Nachbarn und schwächern [6]) Nebenbuhler, einem andern westgothischen Bezirkshäuptling, Fribigern, (den, nachdem er eine Schlacht verloren [7]), und sich auf römisches Gebiet über die Donau geflüchtet hatte, die römischen Grenzbesatzungen auf sein Anrufen erfolgreich unterstützten a. 370) [8]) und die Unterdrückung der durch diesen Rivalen und den Kaiser versuchten Bekehrung der Gothen zum Christenthum [9]), welches, wie ausdrücklich bezeugt wird [10]), über den

---

S. 140. Valens operirte von Marciodunum, Daphne und Noviodunum aus, von wo er zwei Gesetze des Cd. Th. L. 1. C. Th. X. 21 u. L. 2. X. 16. im Juli a. 367 datirt.

1) So Pallmann I. S. 71. 108.

2) Amm. Marc. l. c. adserebat Athanaricus, sub tremenda exsecratione jurisjurandi se esse obstrictum mandatisque prohibitum patris, ne solum calcaret aliquando Romanorum et adigi non poterat.

3) Vgl. Luden II. S. 250. Richter, westr. R. S. 431. 688.

4) Coëgit principem firmare pacem in medio flumine l. c., Gibbon l. c. meint, A. fürchtete Verrath.

5) Am. M. l. c. Zos. l. c. Eunap. p. 48 spricht nur von πολυτρόπων συμφορῶν καὶ ἀτεκμάρτου τύχης geführt ἐπὶ τὸ σταθερόν καὶ ἀσφαλέστερον Themist. l. c.

6) Act. s. Nik. oben S. 3.

7) Act. s. Nik. mit großer Einbuße.

8) Act. s. Nik. Hienach Sozom. VI. 37 der aber in der Chronologie irrt; hienach Cass. hist. trip. VIII. 18; jetzt erlitt A. eine schwere Niederlage nördlich der Donau. Socr. IV. 33.

9) S. unten Verfass. der Westg. von a. 375—419. Pallm. I. S. 75. 82 f. v. Wietersh. IV. S. 18. 19. Waitz Ulf. S. 39. Bessel S. 60 (er ist doch wohl identisch mit Ἀθάριδος v. s. Sab. Maßmann Ulf. p. XV. v. Wietersh. IV. S. 22, a. M. v. Syb. S. 121. Bessel Gothen S. 152) nachdem schon vor a. 355 er oder noch sein Vater und Vorgänger Rotesthes eine Christenverfolgung begonnen.

10) Socr. IV. 33.

Bezirk Fridigerns hinaus auch in das Gebiet Athanarichs verbreitet wurde [1]).

Wenige Jahre später, nachdem Friede zwischen beiden Häupt=lingen geschlossen war [2]), erfolgt der Angriff der Hunnen, — jener Stoß, welcher das seit drei Jahrhunderten an den Grenzen drohende Germanenthum mit Gewalt über die Schußwehren des Imperiums drängte, die „Ursache alles Elends" der römischen Welt [3]).

Von Osten her wälzen sich die Mongolen=Horden und nur mit den Ostgothen haben sie zunächst zu kämpfen: so wenig wie gegen die Römer vereinigen sich die beiden Gothen=Gruppen gegen die Hunnen. Ausdrücklich hebt das Jordanes hervor: er muß das Alleinstehen der Ostgothen erklären [4]), denn nach seiner Darstellung der Geschichte bis Ostrogotha und seiner Uebertreibung der Eroberungen Ermanarichs mußte sich sein Leser beide Völker vereinigt denken; er erläutert daher: „die Ostgothen standen allein, denn die Westgothen hatten sich damals bereits von der Verbindung mit ihnen in Folge eines Streites getrennt" [5]).

„Bereits" (jam) sagt er im Gedanken an die später immer weiter klaffende Entfernung beider Völker: ob aber das Ereigniß die erste Scheidung, nach Ostrogotha, oder eine zweite, erst kurz vor dem

---

1) Vielleicht, aber nur vielleicht, deuten die Acta S. Sabae an, daß Atha=narich den Priester Sansala, der vorher zu den Römern entwichen war, nicht in seinem, sondern in Fridigerns Bezirk überfallen und aufheben ließ; auch die auf dem Wege angezündeten Sträucher weisen auf einen feindlichen Einfall: zieht der König in seinem eignen Gebiet mit seinen Bewaffneten, so wäre ἐπίστη und λησται doch all zu leidenschaftlich selbst für diese Quelle. Die Ausdrücke der Acta Nik. τὸ Γότθων ἔθνος εἰς ἀντικάλους διερράγη καὶ ἐμφυλίους μοίρας καὶ εἰς δύο τε γεγόνασι μέρη sind von allen spätern Quellen (Socr. IV. 38 Isid.) nur um= und aus=geschrieben.

2) Socr. IV. 34. Bessels U. S. 88 Bestreitung hat mich nicht überzeugt.

3) Oros. VII. 33.

4) Bezeugt ist es auch von Oros. VII. 33 Gothos sparsim conturbatos.

5) c. 24 ed. Closs: a quorum societate jam Vesegothae quadam inter se contentione sejuncti habebantur. s. A. II. S. 57. richtig Bessel, Gothen S. 150 und v. Reumont I. S. 695; Pallm. I. S. 102 beschuldigt mich, die Spal=tungen im Reich Ermanarichs nicht zu berücksichtigen. Die Empörung der Rosomonen (so, nicht Roxalanen, ist nun zu lesen Jord. c. 24., vgl. Beauvois p. 293), die Trennung der Westgothen habe ich l. c. hervorgehoben; Spaltungen der Ost=gothen aber, ostgothische Parteiung gegen Ermanarich sind eine quellenwidrige Erfindung Pallmann's; die spätere Spaltung (Hunimund und Winithar) erklärt sich aus der Wahl zwischen Unterwerfung und Freiheit zur Genüge; jedes Wort der Darstellung II. S. 57 ist quellenmäßig und gegen Pallmanns willkürliche Combi=nationen aufrecht zu halten.

Hunnenangriff erfolgte Losreißung von den gewaltsamen Anziehungen Ermanarichs bezeichnen sollte ¹), ist nicht zu ermitteln.

Aber sie sind doch noch den Ostgothen wie Stammesvettern (parentes) so socii und (westliche) Nachbarn ²).

Jedenfalls sind die Könige, Grafen, Geschlechtshäupter der Westgothen von jetzt an völlig gelöst von jeder ostgothischen Oberhoheit. Und sie stehen auch neben einander selbstständig, bald ragt der Eine, bald der Andere mehr hervor, aber sichtlich nicht nach staatsrechtlichen, sondern nach thatsächlichen Gründen, welche dann erst folgeweise auch zu staatsrechtlicher Ueberordnung führen können ³). Gleich nach Ermanarichs Tod erscheint in dieser hervorragenden Stellung Athanarich: er ist damals der mächtigste unter den westgothischen Fürsten, er beherrscht einen großen Theil des Volkes ⁴) und mitten in der hunnischen Ueberfluthung hält er eine Zeit lang in seinen Bezirken, mehr als die Andern, den Bestand eines Staatswesens mit eignem Gebiet aufrecht, indessen die übrigen Fürsten, auf römischen Boden gedrängt, daselbst eine Weile nur als Heerführer erscheinen, in deren Schaaren blos die militairischen Formationen, unzweifelhaft nach dem gothischen Decimalsystem, und die natürlichen Fugen der Geschlechtergruppen vorhalten, während die Formen und Functionen des Staatslebens fast verschwinden.

Deutlich erhellt aus Ammian Athanarichs den andern, — rasch vor den Hunnen erliegenden oder zurückweichenden — Westgothenfürsten überlegene Macht ⁵).

Er glaubte sich, anfangs nur zögernd zurückschreitend, durch den Dniestr hinlänglich gedeckt: aber die schlauen Feinde umgingen

---

1) So Zeuß S. 411, Vols p. 4 u. A.

2) Jord. c. 25. Vesegothae, id est alii eorum socii et occidui soli cultores . . metu parentum.

3) Insoweit kann man mit Waitz I. S. 205 u. Löbell nach Jord. c. 25 Unterbrechung des Königthums annehmen, (aber nicht zu Gefolgschaften, eher zu einem bloßen Heere wurde der Stamm) bis auf Alarich. Isid. ed. Grot. p. 709 per multa retro saecula ducibus usi sunt, postea regibus ist werthlos, theils Ausschreibung von Jord., theils späte Construction.

4) „Judex potentissimus": Fridigern erliegt seiner Uebermacht und siegt erst durch römische Hülfe. Sosom. VI. 37.

5) Amm. M. 31, 3 stare gradu fixo tentabat, surrecturus in vires, si *ipse quoque* lacesseretur *ut caeteri*. Vgl. Maskov I. S. 286; daß er aber nach „Königthum" (d. h. Stammkönigthum) getrachtet, Köpke S. 110. 112. 114, ist unerweislich.

seine Vorposten und die raschen, kleinen Hunnengäule schwammen in nächtlicher Stille des Mondlichts durch den Fluß. Mit Mühe nur erreichte der überraschte König mit den Seinen jetzt in eiliger Flucht weit nach Westen ausweichend die Linie und das rechte Ufer des Pruth, wo er beabsichtigte, hinter ausgedehnten altrömischen neu von ihm befestigten Werken [1] nochmals den asiatischen Unholden Stand zu halten, ein Zeichen von bedeutender numerischer Stärke [2]).

Aber das erschreckte Volk fand hiezu nicht mehr den Muth: erst jenseit der Donau, auf dem Boden des schirmenden Römerreichs glaubten sich die Ausgewanderten gesichert: denn das Entsetzen vor den Hunnen war groß [3]). Fribigern, der Christ [4]), der alte Freund und frühere Schützling der Römer — schon einmal hatte er ja, ihre Hülfe suchend, die Donau überschritten — mochte dazu drängen, sich unter dem Schild des Kaiserreichs zu bergen, wenigstens finden wir alsbald ihn mit einem dritten Bezirks=Häuptling [5]), Alaviv, in Unterhandlung mit Kaiser Valens über die Aufnahme in das Reich. Und der größte Theil auch von Athanarichs Bezirksgenossen, neben der Hunnen Furcht von Nahrungsmangel bedrängt, verlangte nach demselben Rettungs= mittel [6]).

---

1) Mißverstanden von Gibbon c. 26.

2) Irrig daher die Annahme von Köpke S. 114. Pallm. u. A., es hätte ihn damals schon der größte Theil des Volkes verlassen gehabt; Fribigern und seine Christen konnten ihn nicht „verlassen", denn sie standen nie unter ihm. Jene täuscht das „ὁ ἀποστάς" in dem gefälschten, jedenfalls bedenklichen Cap. 2 der Acta s. Nik.

3) Eunap. p. 48; sie galten von bösen Geistern der Steppe mit Alraunen gezeugt. Jord. c. 24.

4) Ueber die Wirkung dieses Motivs s. Eunap. p. 82: die Heiden gaben sich, um die Aufnahme zu erreichen, für Christen aus; Jord. c. 25 ut fides uberior .. illis haberetur promittunt .. fieri Christianos. s. u. Verfass. Krafft I. 1. S. 227. Thierry, Attila S. 24 (vielfach ungenau).

5) Erst jetzt, nicht schon bei der Christenverfolgung, wie Thierry Attila S. 23, steht dieser neben Fribigern.

6) Deutlich unterscheidet Amm. Marc. 31, 3 von Athanarichs gens die reliquae Gothorum gentes; Athanarich scheint jetzt wie im Kriege von a. 366 auch über mehrere andere Bezirke als der Mächtigste das Herzogthum geführt zu haben, von welchem sich dann Fribigern und Alaviv, die Stimme der Mehrzahl befolgend oder auch leitend, emancipirten: sie haben enger zu ihnen gehörige, die residui, und an sie schließt sich dann, aber erst (zu früh setzt das Pallm. I. S. 85, wieder anders Gibbon l. c., Vols p. 4, Luden II. S. 275 schweigt. Vgl. v. Syb. S. 117. 122. Rückert G. Gesch. I. S. 207 f.) jetzt, populi pars major, quae

Athanarich, der älte Feind des Valens und der Christen, hoffte kaum auch für sich diesen Ausweg offen zu finden; nachdem der größte Theil der Seinen von ihm ab und Fridigern zugefallen war, hielt er sich noch eine Weile, rathlos beobachtend, an der Donau und da er sah, daß schon Fridigerns Aufnahme auf große Schwierigkeiten stieß, ostgothischen Nachzüglern aber der Uebergang mit Gewalt verwehrt und dadurch große Noth bereitet wurde, besorgte er für sich ein gleiches Schicksal: er verzweifelte[1]) an der Aufnahme in römisches Gebiet, da er sich erinnerte, wie er es einst für unmöglich erklärt, römischen Boden zu betreten, wie er den Kaiser durch die Nöthigung, in Mitte des Stroms zu verhandeln, gekränkt[2]): so entschloß er sich, mit den ihm treu Gebliebenen gegen Nordwesten, nach Siebenbürgen abzuziehen[3]): von da bis zu dem Tode Fridigern's verschwindet er aus dem Vordergrund der Ereignisse. —

Die Mehrzahl der westgothischen Bezirke und Geschlechter erblickte in der Aufnahme in das römische Gebiet das einzige Heil: sie blieben unter Fridigern, dessen frühere Verbindungen jenes Ziel am Leichtesten erreichbar erscheinen ließen, und Alaviv hart an der Donau stehen und unterhandelten[4]) mit dem fern in Persien weilenden Kaiser um die Bedingungen. Noth und Gefahr drängte sie: während der schleppenden Verhandlungen versuchte Alaviv den Uebergang zu erzwingen, ward jedoch abgeschlagen[5]).

Athanaricum attenuata necessariorum penuria deseruerat; daß Fridigern schon vor dem Hunnenangriff mit seinen Bezirken an die Donau abgezogen, so Zeuß S. 413, Waitz Ulf. S. 42, v. Syb. S. 117, Köpke l. c. u. Pallm. I. S. 107 ist im Widerspruch mit Socr., der Aussöhnung zwischen A. und Fr. nach a. 369 beweist.

1) Er „verschmähte sie" möchte ich nicht mit Zeuß S. 413, Vols p. 4 sagen; richtig Maßf. l. c., allerdings lag in der Uebersiedlung auch eine Unterwerfung; *Romanis se dederunt* sagt treffend Isid. h. G. p. 1075.

2) Amm. Marc. 31, 4.

3) In die Gebirge des „Hochlands" „hauhaland" (Grimm, Gesch. d. d. Spr. I. S. 139. 200. Caucalanda;) vgl. Gibbon l. c., Zeuß S. 410, Gaupp S. 373, Pallm. I. S. 108, Richter w. R. S. 467, Greg. tur. II. 4 und ihm nach Isidor l. c. p. 1060 faßt die Vertreibung durch die Hunnen als göttliche Strafe für die Vertreibung der Christen; irrig läßt dieser ihn schon jetzt mit in das römische Reich flüchten; abgesetzt détroné wie Broglie V. p. 819 wird er so wenig als Fridigern und Alaviv vom königlichen Geschlecht sind.

4) Angeblich durch Wulfila; so Krafft I. 1. S. 225, Broglie V. p. 315 und theatralisch, Thierry Attila S. 25. 31. 27.

5) Eunap. p. 49.

Endlich traf die sehnlich erwartete Entscheidung von Valens ein; lange hatten seine Räthe sich in der Frage bekämpft: war die Aufnahme ungezählter Barbaren in das morsche Reich bedenklich, so erschien ihr Ausschluß, der sie zur Verzweiflung treiben, vielleicht zu weiterer Anschwellung, zur Beschleunigung der bereits ferner grollenden hunnischen Brandung führen mußte, nicht minder gefährlich: während gerade die Niederlassung dieser kriegstüchtigen Schaaren hart an der Grenze eine Schutzwehr derselben wider jene Gefahr gewähren konnte. Letztere Erwägung schlug durch: sie sollten, gegen Verpflichtung zum Kriegsdienst, in dem fruchtbaren Thrakien angesiedelt werden[1]).

Mehr als 200,000 streitbare Männer, wohl gegen eine Million Köpfe wurden a. 376 in Folge dieser Verträge über die Donau geführt[2]).

Offenbar waren außer den beiden als die Hervorragendsten genannten noch andere Führer[3]) anerkannt, von denen deutliche Spuren begegnen, Vorstände volksadeliger Sippen, Häupter der von Athanarich abgefallenen Geschlechter[4]), vielleicht auch Grafen solcher Bezirke,

---

1) Vgl. Mascf. l. c., Gibbon l. c., Thierry Attila S. 29, v. Syb. deutsche Unterthanen S. 30, Richter w. R. S. 458, Broglie V. p. 320, v. Reumont I. S. 696, Pallmann I. S. 110; über vorgängige Annahme des Arianismus und Entwaffnung, welch' letztere nicht erzielt wurde. Eunap. l. c. (Hieron. Chron. Oros. VII 33 parteiisch gegen Valens: sine ulla foederis pactione suscepti), vgl. Bessel Ulf. S. 58; sollte nicht auch Eunap. frag. X. p. 101 hieher gehören? Man glaubte an ihnen bessere Grenzvertheidiger zu gewinnen als die römischen Heere waren, denen sie Valens vorzog. Socr. IV. 34, Sos. VI. 37; erfundene Motive bei Fauriel I. p. 15.

2) Nach des Eunap. l. c. u. p. 82 wohl etwas übertreibendem Bericht; ihm folgen v. Wietersh. IV. S. 77, Fauriel I. p. 114, Thierry Attila S. 32, v. Bethm. H. Germanen S. 76 (nicht 20,000, wie Bethm. H. G. Proc. I. S. 176). Gibbon l. c., Pallm. I. S. 117 will die Hälfte abziehen; aber auch Amm. Marc. 31, 4 vergleicht ihre Zahl dem Sand am Meer, abgesehen von Claud. VIII de IV. cons. Hon. v. 50 seq., v. 475

.. gens qua non effusior ulla:

.. cui parvus Athos augustaque Thrace

dum transiret erat .. quorum turbae spatium vix praebuit orbis. Vgl. Zos. IV. 20, Oros. VII. 33, Jord. c. 25. 26, Sosom. VI. 37, Vols p. 4, auch Hillebr. S. 54, v. Reumont I. S. 696, Riehues S. 341 schätzen die Gesammtzahl auf eine Million, Volmer p. 12 auf 800,000.

3) Judges nennt sie Gibbon l. c., die Bezeichnung des Themistius für Athanarich ohne Grund ausdehnend.

4) Eunap. p. 52 φυλῶν ἡγέμονες, ἀξιώματι καὶ γένει προήχοντες, eine Mehrzahl von βασιλικὰ παράσημα ἔχοντες s. u. Verfaß.; gerade diese (jetzt: dies gegen

in welchen seit der Emancipation nach Oſtrogotha noch kein Fürſten=
geſchlecht ſich erblich hatte machen können: die Kinder ſolcher „Vor=
nehmen“, (optimates) werden vergeiſelt, und mit Fribigern und
Alaviv werden andere, wenig nachſtehende, Führer ſpäter zum Gaſt=
mahl geladen. —

Dieſe großen Maſſen hatten damals die politiſche Einheit und
die politiſchen Gliederungen eingebüßt: ſtaatlich, national Zuſammen=
gehöriges war zerriſſen, ſtaatlich, national fremde Elemente wurden
durch die Gefahr, die Verwirrung, das Außerordentliche der Zuſtände
herangedrängt zu einer freilich nur lockern und dauerloſen Verbindung.

Ausgewanderte oſtgothiſche Schaaren, unter eignen Führern, wie
Alatheus und Safrach, mit Taifalen unter Farnob [1]), wider Willen des
Kaiſers über die Donau gedrungen, vielleicht auch, aber nicht blos,
wegen Heidenthums früher vergeblich zurückgewieſen [2]), ſchloſſen ſich an [3]).

Die Schwierigkeit, ſolche Maſſen hungernder Barbaren zu er=
nähren, wäre auch für guten Willen groß geweſen: die Habſucht aber
der römiſchen Statthalter, Lupicinus und Maximus, benützte die
hülfloſe Noth der Ausgewanderten, ihnen Alles, was ſie mitgebracht,
zumal ihre Weiber, Kinder und Knechte, abzubringen gegen die
ſchlechteſten, kärglichſten Lebensmittel [4]).

---

von Sybel und Köſtlin Z. f. D. R. XIV. S. 378, der ihm allzu eifrig gefolgt)
nur mehr durch den Geſchlechterverband zuſammengehaltenen Gruppen meint Eunap.
mit ſeinen φύλα: er ſagt, jede φύλη führte ihre heimiſchen, von der Heimath mit=
gebrachten Heiligthümer mit, nebſt Prieſtern und Prieſterinen: ſie halten ihr Heiden=
thum geheim, geben ſich für Chriſten aus ꝛc.: man ſieht, nur für chriſtliche Gothen
(Fribigerns) war urſprünglich die Aufnahme verlangt (nicht erſt a. 380 Chriſtiani=
ſirung wie Beſſel U. S. 72) und gewährt worden.

1) Amm. Marc. 31, 9.

2) Zeuß S. 413.

3) Amm. M. 31, 5 duces exerciti (sic) deutlich zu unterſcheiden von dem
Königsknaben Witherich, den ſie mit ſich führen: er iſt rex, aber eorum arbitrio
regebatur; vgl. Gibbon c. 26 p. 324 A. II. S. 39; falſch faßt ihn als Weſtgothen
Krauſe S. 316; und ſpäter ſind Sueridh und Colia, Gothorum optimates cum
populis suis longe ante d. h. vor dem Hunnenangriff suscepti Amm. M. 31, 6
überwiegend Heerführer, unentſcheidbar, ob oſt= oder weſt=gothiſche; vgl. Richter
w. R. S. 465.

4) Jord. c. 26. Hieron. Chron. ad. rebellionem per avaritiam . . fame
coacti sunt p. 517, Oros. VII. 33; nur den Barbaren gibt Schuld Eunap. p. 51.
Socr. IV. 35. — Buat. VI. p. 420. Vgl. Gibbon c. 26 p. 323, Palm. I. S. 117,
zu günſtig für die Römer Köpke S. 115; Plan der Rückkehr zu Athanarich Luden II.
S. 279 unerweislich und ganz unwahrſcheinlich.

Der lange brütende Haß kam plötzlich zu blutigem Ausbruch: bei Gelegenheit eines Gastmahls, zu welchem Lupicin die Führer Fribigern und Alaviv nach Marcianopel geladen hatte [1]), geriethen die zahlreichen Barbaren vor den Mauern der Stadt mit den römischen Wachen, welche ihnen den Eintritt in die Thore und den Ankauf von Lebensmitteln verwehrten, in Streit und erschlugen sie. Lupicin erfuhr hiervon ohne Wissen seiner Gäste und ließ, aus Zorn oder Furcht, die Gefolgen derselben, welche sie in den Palast begleitet hatten, niederhauen: durch seltene Geistesgegenwart rettete Fribigern — nur er selbst, rief er, könne weiteres Blutvergießen verhindern — sich und die Mitgäste vor gleichem Schicksal und gelangte glücklich aus der Stadt zu den Seinen, die vor den Thoren lärmten.

Diese Gewaltthat machte dem für die Gothen unerträglich gewordenen Zustand ein erwünschtes Ende [2]): an Stelle eines Friedens, der sie durch Hunger zu Grunde richtete, trat offner Krieg, der sie durch Plünderung ernährte. Die alte Römerfreundschaft, die Religionsgemeinschaft Fribigern's kann gegen das Bedürfniß seines Volkes jetzt nicht mehr in Erwägung kommen. Lupicin ward in einem Treffen vor Marcianopel geschlagen und alsbald in dieser Stadt von Fribigern belagert.

Ganze Regimenter gothischer Söldner im kaiserlichen Dienst, die man durch unkluge Härte zum Aufstand gereizt, traten über und die zahlreichen einzelnen Gothen, welche den Römern früher oder jetzt, in der Noth des Hungers, als Sclaven waren verkauft worden, entliefen ihren Herren und eilten in das Lager ihrer Landsleute [3]). Aber auch viele Nicht-Gothen, unzufriedene römische Bergknappen [4]), hunnische, alanische Reiter strömten zu den Fahnen Fribigerns — man sieht, ein militairischer, nicht ein politisch = nationaler Verband hielt diese

---

1) Es fragt sich doch, ob von Anfang in mörderischer Absicht wie Pallm. I. S. 120, Thierry Attila S. 35, Bessel G. S. 173. Richtiger Mascl. l. c. S. 289, Richter w. R. S. 463, Broglie V. p. 329, Maßmann Ulf. p. XVIII., Gibbon p. 325, Luden l. c.

2) Jord. c. 26 Gothi nacti occasionem votivam.

3) Nur die katholischen Gothen scheuten den Anschluß an die ketzerischen und heidnischen Brüder; solche Katholiken noch a. 379 in Mösien. Chrysost. ep. 14, Isid. p. 1061.

4) Amm. M. 31, 6 sequendarum auri venarum periti; das 'sind doch Bergarbeiter, so auch Mascl., Gibbon, Luden, Aschb., nicht Bergwerksbesitzer Pallm. I. S. 124.

Maſſen zuſammen ¹). Thrakien wurde geraume Zeit furchtbar ver=
heert ²): nach langem Manövriren ³), mehreren unentſchiedenen Ge=
fechten ⁴) und wiederholten wenig aufrichtigen Verhandlungen ⁵) kam
es am 9. Auguſt a. 378 ⁶) zu der großen Niederlage der Römer bei
Adrianopel, in welcher Kaiſer Valens, der zur Abwehr herbeigeeilt,
und zwei Drittel ſeines Heeres fielen ⁷).

Die Folge dieſer Schlacht war die „Ueberſchwemmung" aller
Nachbarprovinzen, „von Perinth bis Byzanz und ſüdlich der Donau
vom Pontus bis zu den juliſchen Alpen" ⁸). Ein halbes Jahr lang

---

1) Amm. M. 31, 6. 8. 9. 12; vgl. Volz p. 4, anders Gibbon l. c.

2) Nach des Socr. IV. 38 Uebertreibung bis vor Byzanz. Eunap. p. 51; die
Römer fürchteten damals die Gothen wie dieſe die Hunnen.

3) Theodoret IV. 29, Gibbon c. 26 p. 333—339.

4) Namentlich „an den Weiden" „ad salices" Beſſel G. S. 174, Krauſe S. 316,
v. Wietersh. IV. S. 82—86, Richter w. R. S. 473, Pallm. I. S. 125.

5) Durch arianiſche Prieſter, Amm. M. 31, 12. Ob hiebei Wulfila thätig
geweſen Waitz U. S. 46, Beſſel U. S. 58, G. S. 175, Maßmann Ulf. p. XVIII.,
Krafft L. 1. S. 229 und ſchon Bünau I. S. 826 ſteht doch ſehr dahin.

6) Ueber die Chronologie dieſer Kämpfe Clinton I. p. 488.

7) Amm. Marc. 31, 12. 13 „ein zweites Cannä"; als Strafe für den
Arianismus des Kaiſers Oros. VII. 33, Zos. 25, Socr. IV. 38, Sozom. VI 39. 40,
Theodoret IV. 36, (Cassiod. hist. trip. VIII. 15), Philostorg. IX. 17. Der
Uebergang der Gothen über die Donau und ſeine Conſequenzen wurde von den
Zeitgenoſſen ſo bedeutſam empfunden, daß man Orakel erfand, die ſie verkündet
haben ſollten.

l. c. 8. tunc populi innumeri, variis de gentibus orti,
immites animis et saevo robore freti,
trajicient armis Istri speciosa fluenta
vastabuntque agros Moesos atque arva Scytharum.
ast ubi Threiciam attigerint, majora parantes,
hic illos Fatum et Martis violentia sistet.

also erfunden nach a. 396; freilich hat ſchon Commodian c. 270 die Prophezeiung
von dem Gothenkönig Apollyon als Zerſtörer Roms und Vorläufer des Antichriſts
apologet. XXXVII. v. 803; vgl. Sozom. VIII. 1, Jord. c. 26, Hieron. chron. l. c.,
der damit ſein Werk ſchließt; Idac. ad a. 378, Isid. chron. Goth. Gibbon l. c.
p. 341. 358 40,000 Römer todt (??) Pallmann I. S. 130; v. Wietersh. IV.
S. 87. Vgl. Beſſel G. S. 174; (ſpäte Legenden über die Gemahlin des Valens
Marin. Sicul. VI. p. 358) richtige Würdigung dieſer Schlacht bei v. Syb. S. 162,
Deutſche Unterthanen S. 31, Richter w. R. S. 489; vgl. Thierry Attila S. 36,
Broglie V. p. 342, v. Reumont I. S. 697, Riehues S. 343, Vannucci IV.
p. 623; zugleich eine Niederlage des Arianismus im Reich Reinkens Martin S. 145.

8) Köpke S. 114, Beſſel G. S. 177, Johann. Antioch. p. 608, Chron.
Idac. adscr..p. 91, Socr. V, 1. Sos. VII. 1 nämlich Thrakien, Theſſalien, Möſien,

beschränkte sich die Abwehr der Römer auf die Vertheidigung der festen Städte: das Flachland war Preis gegeben. Damals meinte ein gothischer Häuptling, er staune über die Unverschämtheit der römischen Truppen, die immer noch Sieg hofften und das Land nicht räumen wollten, obgleich sie wie Schafe vor den Barbaren fielen und ihn oft Ueberdruß des Schlachtens ankomme [1].

Erst die Erhebung des großen Theodosius zum Kaiser des Orients [2] brachte einige Hülfe [3]. Er stellte durch strenge Zucht den Geist, durch kleine glückliche Gefechte [4] den Muth der Truppen wieder her, bedrohte die Barbaren durch geschickte Bewegungen und, das Wichtigste und Wirksamste, er wußte durch überlegene Politik [5] die lockere Verbindung und trotzige Eifersucht der einzelnen Führer und Bezirke zu verderblichen Spaltungen zu benützen und zu erweitern [6]: er theilte und löste die Macht der Gesammtheit durch Verhandlungen mit den einzelnen Häuptlingen, die er durch Leutseligkeit gewann, oft Tisch und Zelt mit ihnen theilend [7].

Von dem Zurückweichen Athanarichs an bis November a. 379 hatte unverkennbar Fridigern die oberste Leitung in fester Hand

---

Dacia ripensis, Illyrien, Pannonien, Epirus und Achaja. Pacat. panegyr. Theod. Aug. p. 289 jacebat innumerabilibus malis aegra vel potius exanimata respublica barbaris nationibus romano nomini velut quodam diluvio suprafusis; der kadmeischen Drachensaat vergleicht ihr Anschwellen Eunap. p. 50, ferner Claud. b. G. v. 175—195. VIII. v. 50.

1) Chrysost. ad viduam Juniorem IV. p. 468; vgl. Richter w. R. S. 497.

2) Januar a. 379. Clinton I. p. 495.

3) Den nutantia fata rei romanae Lat. Pac. p. 245 Claud. c. VIII. in IV. cons. Hon. v. 50 nulla relicta foret romani nominis umbra, ni pater ille tuus jam jam ruitura subisset pondera. Das Lob Gratians bei Auson. idyll. VIII. a. 878 beweist nichts.

4) Chron. Idac. adscr. p. 95, Idac. ad a. 879, Marc. com. p. 266 bei Sirmium?? Zu viel ist auf Latin. Pac. l. c. p. 250 sarmatica caede sanguineus Ister nicht zu geben. Jord. c. 27, Zos. IV. 24, Soz. VII. 4, Socr. IV. 24, Philost. IX. 19, Cassiod. (nach Theodoret.) hist. trip. IX. 4. Aurel. Victor „Theodos." f. die seine Siege feiernde Inschrift bei Banduri II. p. 507 jedenfalls vor a. 394. Claud. in Ruf. I. v. 316, Mast. I. S. 302, Gibbon c. 26 p. 359, Clinton I. p. 496 seq., Broglie V. p. 369, Pallm. I. S. 139. Schlosser S. 155 vergleicht ihn mit Fabius Maximus nach Cannä.

5) Richter, Stilich. p. 11.

6) Eunap. p. 53, Zos. IV. 56, Socr. V. 6. man verwerthet Fravitta gegen Gaina, gegen Eriulf.

7) Eunap. l. c. Vols p. 7.

geübt: das zeigt die ganze Darstellung Ammians, wiewohl sie hinter jener Hauptgestalt noch andere Führer erblicken läßt. In dieser einheitlichen Leitung durch ein hervorragendes Talent — als solches wird Fridigern wiederholt (von Ammian und Jordanes) bezeichnet und durch den Gang der Ereignisse bewährt — lag ein wesentlicher Grund der bisherigen Erfolge[1]).

Diese Gewalt beruhte aber bei Weitem mehr auf dem thatsächlichen Ansehen einer bedeutenden Persönlichkeit als auf formaler Rechtsstellung. Fridigern hatte (außer dem sehr zweifelhaften Königthum oder Grafenamt über seinen Bezirk, außer Gefolgsherrnthum und Geschlechterhäuptlingschaft) von den andern Fürsten nur das Herzogthum[2]) für den Krieg mit Byzanz erhalten: aber auf das Recht, für sich allein Frieden zu schließen, hatten jene Häuptlinge dabei nicht zu verzichten vermeint.

Und wie der Strom der Siegeserfolge stockt, macht sich unter den zahlreichen, rechtlich gleich stehenden Führern wieder die centrifugale Bewegung geltend.

Zuerst lösen sich die Ostgothen von der westgothischen Hauptmacht: Alatheus und Safrach ziehen (zwischen Februar und November a. 380) nach Pannonien ab und machen ihren Frieden mit Kaiser Gratian[3]). Einige Jahre später erscheinen diese Schwärme wieder feindlich an der Donau, mit andern Germanen und mit Hunnen gemischt; sie bringen es zu keiner Staatsbildung, obwohl sie den amalischen Königsknaben gleichsam als das lebende Symbol des Königthums mit sich führen; Alatheus[4]) findet bei einem versuchten Flußübergang mit dem größten Theil der Seinen den Tod[5]).

Aber auch ein westgothischer Häuptling Modares (Môdareis) tritt

----

1) Zu früh läßt diese Einheit sich lösen Bessel S. S. 177; vgl. Gibbon c. 26 p. 360.

2) A. I. S. 22.

3) Jord. c. 27, Gibbon c. 26 p. 361.

4) Wenn identisch mit Odothäus (über die Etymologie von A. und Safrach J. Grimm in Haupts Z. VII.); vgl. indessen Masl. I. S. 307, Gibbon p. 365, Bessel G. S. 185, A. II. S. 96.

5) Zos. IV. 88. 89, Reitem p. 896, Idac. ad a. 386, Claud. VIII. v. 633 in IV. cons. Hon. V. 623; andere ostgothische Schaaren in Phrygien carm. XXII. v. 575, Vols p. 6.

in den Dienst der Byzantiner und bringt in nächtlichem Ueberfall seinen Stammgenossen schwere Verluste bei [1]).

Was in dieser Zeit aus Fridigern, dem bisherigen Haupt, geworden, ist nicht zu ermitteln. Nach Zosimus [2]) ging auch er in Folge Vertrags über die Donau zurück: allein dagegen spricht, daß wir die westgothische Hauptmacht, welche er bisher befehligt [3]), nach wie vor in den alten Sitzen. in Thrakien und Mösien, finden. Manche [4]) meinen, er habe seinen alten Feind Athanarich in „Caucaland" angegriffen und vertrieben: aber die Vertreiber Athanarichs sind dessen nächste Verwandte oder doch Bezirksangehörige [5]).

Auch läßt ihn Jordanes zuletzt ausdrücklich nicht mit Alatheus über die Donau abziehen, sondern plündernd in Epirus, Thessalien, Achaja einfallen: gleich darauf wird seine Ersetzung durch Athanarich erzählt und er selbst nicht mehr genannt.

Hienach ist das Wahrscheinlichste, daß er auf jenem Zuge zwischen a. 379 und 381 starb [6]).

In seine Stellung aber in der gothischen Hauptmacht trat jetzt ein — sein alter Nebenbuhler Athanarich. Innere Parteiung hatte ihn aus seinen Sitzen in Siebenbürgen und, gegen seinen Eid, über die Donau auf römisches Gebiet gedrängt.

Die verwaisten Gothen Fridigerns, — unter welchen ja auch zahlreiche früher zu Athanarich gehörige Geschlechter — wählten in

---

1) Zos. IV. 25; vgl. Richter w. R. S. 505 nicht aus westgothischem Königsgeschlecht wie Broglie V. p. 360.

2) IV. 34, so Reitem. p. 394.

3) Vgl. Philostorg. IX. 17.

4) Mast. I. S. 302. 304, Buat. VI. c. XIX., Bessel II. S. 60, G. S. 169. 181, zweifelnd 183 u. v. Syb. S. 162. Unmöglich kann man mit Bessel Ulf. S. 60 alle Gothen (1 Million) im Jahre 380 noch zweimal die Donau überschreiten lassen.

5) Amm. M. 10, 27, 5 proximorum factione; dem entgegen denken Köpke S. 116, Pallm. I. S. 144 an ostgothische Bedränger, Zeuß S. 415 an Alatheus, Safrach und die Hunnen: aber alle diese sind doch keine „proximi". Müllenhoff S. 303 Kämpfe Athanarichs mit Sarmaten (und Taifalen?).

6) So auch Gibbon c. 26 p. 360, Leo I. S. 265, nach Pallm. I. S. 140 a. 379, Köpke S. 116 a. 380, Bessel zweifelt S. 182, anders Vols p. 5; man nimmt ohne jeden Grund Identität Fridigerns mit dem Martyr Fritigerils im gothischen Kalender an; so z. B. Krafft I. 1 S. 385, er war Arianer, wie sollte er — im Jahre 380 — an der Spitze seiner Schaaren für seinen Glauben gestorben sein?

ihrem Bedürfniß nach einheitlicher Leitung, die Einen der alten Feind=
schaft vergessend, die Andern der alten Führerschaft gedenkend, den
Fürsten von lang begründetem Ruhm zu ihrem Haupt.

Als Nachfolger Fribigerns nun, als Vertreter der auf römischem
Boden vereinigten Westgothen schloß Athanarich mit Kaiser Theodosius
wieder umfassende Friedens= und Bundesverträge [1]), über welche man
seit dem Blutbad von Marcianopel sich mit Fribigern nicht mehr hatte
einigen können. Auf dieser neuen Grundlage ruhte fortan bis zu
Alarichs Erhebung das Verhältniß zwischen Byzanz und den Gothen. —

Nur diese Auffassung löst die Widersprüche in den Ereignißen
und den Quellenangaben: nur sie erklärt, sie aber auch vollständig,
das große Gewicht, welches dem Besuch Athanarichs zu Byzanz in
diesem Zeitpunct beigelegt und die außerordentliche Fülle von Ehren,
die ihm dort bereitet wird. Der Kaiser läd ihn ein [2]), geht ihm eine
Strecke weit entgegen, veranstaltet ihm einen prachtvollen Einzug [3])
und setzt ihm, nach seinem baldigen Tod [4]) und „königlicher“ Be=
stattung [5]) eine Ehrensäule. All' das begreift sich nicht bei einem
verjagten Häuptling weniger Fluchtgenossen [6]), es begreift sich aber

---

1) Jus amicitiamque disponens Isid. p. 1061.

2) Gewiß nicht aus Caucaland über die Donau wie Köpke S. 116, Pallm. I.
S. 141: er hatte sicher kein Interesse, den Gothen diesseits der Donau ein bedeu=
tendes Haupt zu geben, nur, wenn ein solches sich erhoben, es zu gewinnen. Vgl.
Zos. IV. 34, Themist. XV. hindert nicht; unbestimmt Luden II. S. 305, S. 562,
Vols p. 5; die frühern Darstellungen bei Edblad p. 9, Luden S. 312, Gibbon
c. 26 p. 362, Pfister I. S. 224, Fauriel I. p. 18, v. Wietersh. IV. S. 120,
(besser Krafft I. 1. S. 231), Sempere I. p. 54 (historia), v. Reumont I. S. 698,
Bessel U. S. 86, Marin I. p. 210 lassen die Rechtsverhältnisse unklar.

3) 9. al. 11. Januar a. 382, Bessel G. S. 182.

4) Decimo quinto die Idac. p. 10, eodem mense Chron. Idac. adscr.
com. Marc. p. 268.

5) ταφῇ βασιλικῇ, Zos. l. c.

6) Z. B. nach Pallm. I. S. 141, der das gewichtige Wort des Jord. c. 28
qui tunc Fridigerno successerat ganz ignorirt (vgl. Socr. V. 10. 'Α. ὁ τῶν
Γότθων ἀρχηγὸς ὑπήκοον ἑαυτὸν ἅμα τῷ οἰκείῳ πλήθει παρέσχεν.) und deß=
halb nur mit dem Anhang Athanarichs operirend S. 174 Oros. universae gentes
Gothorum romano imperio se tradiderunt und hienach Isid. universa gens
Gothorum cum rege suo in Romaniam se tradiderunt nicht erklären kann; ganz
falsch ist Pallm. I. S. 175: Isid. meine mit „cunctus exercitus“ nur den ehe=
maligen kleinen Anhang Athanarichs: dieser war ja, wie derselbe Jord. dem Leser
kurz zuvor gesagt, jetzt an die Stelle Fribigerns getreten; irrig auch Vols p. 6,
der sich gezwungen sieht, statt rege regibus (d. h. Fravitta und Eriulf) zu lesen;
über das Chronologische Vols p. 10 und die Literatur daselbst.

sehr wohl, wenn Athanarich als „Nachfolger Fribigerns" [1], als „rex Gothorum" [2], als „Oberrichter über ben einzelnen Königen" [3], als Haupt ber sämmtlichen Westgothen auf römischem Boben handelt unb in Beenbung eines breijährigen, Verderben brohenben Krieges ein bauernbes Bünbniß errichtet [4].

Die beiden alten Gegner hatten bie Rollen getauscht: Athanarich vertritt jetzt bie Umkehr ber Politik seines Volkes aus bem Krieg in abhängige [5] Verbindung mit Rom: unb nun gewinnt bie Bewunberung ber überlegnen Cultur bes Römerthums, bie man ihm in ben Munb legt, eine mehr als anekbotische, sie gewinnt typische, symbolische Bebeutung: er wird zum Repräsentanten jener westgothischen Partei, welche im Anschluß an Rom bas Heil bes Volkes erblickt unb welcher eine römerfeinbliche, kriegerische, mehr barbarische aber eben auch nationale, Richtung entgegensteht [6]. Diese boppelte Strömung läßt sich von jenen Tagen an bis tief in's siebente Jahrhundert verfolgen [7].

---

1) Jord. c. 28 (unterschätzt bei v. Sph. S. 162).

2) Marc. chron. p. 268, Oros. VII. 34 foedus cum A. rege G.

3) So bie wichtige Stelle bei Ambrosius de spiritu sancto p. 708: (bas übertragen Waitz u. Bessel ll. schon auf bie Zeit c. 370—375) „unter bem ketzerischen Valens sah Byzanz bie Gothen brohenb vor seinen Thoren, unter bem rechtgläubigen Theobosius bagegen: hostem ipsum *judicem regum*, quem semper timere consueverat, deditum videt, supplicem recipit, morientem obruit, sepultum possidet".

4) Richtig Leo I. S. 265; vgl. Richter w. R. S. 515, Vogt p. 37.

5) ὑπήκοον παρέσχεν Socr. l. c.

6) Eunap. p. 53 (unb nach ihm Zos. l. c.); sehr charakteristisch ist hier bie parteiische Färbung ber unabhängigen Gesinnung als wilb=barbarisch, ber römischen als tugenbhaft bei bem Gegensatz von Eriulf unb Fravitta.

7) Jord. c. 28 (29 Closs) Theodosius Athanaricum regem, qui tunc Fridigerno successerat, datis sibi muneribus sociavit moribusque suis benignissimis ad se eum in Constantinopolim accedere invitavit. Qui omnino libenter acquiescens, regiam urbem ingressus est miransque: „en, inquit, cerno quod saepe incredulus audiebam, famam videlicet tantae urbis"; et huc illuc oculos volvens, nunc situm urbis commeatumque navium nunc moenia clara prospectans miratur, populosque diversarum gentium quasi fonte in uno e diversis partibus scaturiente unda, sic quoque militem aspiciens ordinatum: „Deus, inquit, sine dubio terrenus est imperator *et quisquis adversus eum manum moverit, ipse sui sanguinis reus existit*". Lehuérou I. p. 174.

In des Jordanes — auch für diesen sehr bezeichnenden — Worten wird das Programm derjenigen Partei ausgesprochen, welche die nationale Unabhängigkeit den Vortheilen der Unterwerfung unter die als überlegen anerkannte Culturmacht der Römer opfert: volle Umkehr der ehemals von Athanarich vertretenen Richtung, Verwandlung der bisherigen Stellung der Gothen aus Feindschaft in ziemlich unverdeckte Unterwerfung gegen Verpflegung durch Byzanz [1]).

Schon zwei Wochen darauf starb Athanarich in der Hauptstadt [2]), aber die ganze gothische Volks= und Heeres = Masse hielt an den von ihm abgeschlossenen Verträgen fest [3]), sie erneuen, anerkennen im October das im Januar abgeschlossene Bündniß [4]).

Mit dem neuen Verlust einheitlicher Leitung war ohnehin aber= mals eine wichtigste Voraussetzung kriegerischer Bewegung weggefallen [5])

---

1) Vgl. Zos. IV. 25. 27. 34, Ambros. de spiritu sancto l. c., Amm. M. 27, 5, Themist. XV. Idac. Marc. chron. ad a. 381; wie klar die Römer die Gefährlichkeit der Westgothen und also die Wichtigkeit dieser Verständigung er= kannten zeigt Oros. VII. 35: als 10,000 Gothen auf Seite des Kaisers in dem Krieg gegen Eugenius geschlagen und vernichtet werden: quos perdidisse lucrum et vinci vincere fuit. Vgl. Synesius in orat. ad Arcad. περὶ βασιλείας; über die dem Athanarich errichtete Ehrensäule s. Dallaway, Constantinople ancienne et moderne trad. franç. I. p. 34.

2) 25. Januar a. 381.

3) Gibbon c. 26 p. 363 läßt sie erst durch die ehrenvolle Bestattung ge= wonnen werden; vgl. v. Syb. S. 162, (Gaupp S. 373); und hienach wohl Idac. p. 10 u. chron. Id. adscr., also hatte er nicht nur für seinen Anhang, die „heidnischen W. G." Pallmanns I. S. 175, pactirt; auch aus diesen läßt Köpke S. 117 Manche abfallen. Zos. IV. 34 sagt ausdrücklich, nicht nur für seine Be= gleiter, ὅσοι ἅμα τῷ τελευτήσαντι παρεγένοντο, sondern für Alle, „ἅπαντες" erfolgte der Friede mit Byzanz.

4) Vgl. Chron. Marc. com. rex Gothorum cum quo Th. foedus pepi= gerat. Luden II. S. 312 (u. Bethm. H. g. P. I. S. 176) führt die Annahme west= gothischer Greuthungen (nicht Guthrungen wie Paul p. 9. 10) irre.

5) Das bezeichnet Isid. p. 1061 Gothi *proprio rege defuncto* (im Uebrigen nach Oros.) die Dankbarkeit für die „benignitas" des Kaisers l. c. hätte wohl hiezu nicht ausgereicht; von Söhnen A's. keine Spur; die Meldung, sein Geschlecht habe in den burgundischen Königen fortgeblüht, Greg. tur. II. 28, ist unglaubhaft. So richtig Lecoy de la Marche p. 58 (gegen Bordier) und Müllenhoff; vgl. Derichs= weiler S. 131, anders Bluhme Westburgund S. 53, Beauvois p. 474, Parizel p. 7, vgl. Matile p. 6.

Das Volk verblieb, unter mehreren gleichstehenden Führern und Fürsten, ohne König, in Thrakien angesiedelt [1]), erhielt Jahrgelder und vertheidigte diese Grenzen gegen andere Barbaren.

Zugleich aber dienten gothische Truppen (ost= und west=gothische) meist unter nationalen Offizieren [2]) in allen Lagern [3]) und Provinzen des Reichs [4]); auch solche heißen foederati, nicht nur die „Grenzer“, die Vertheidiger einer im Ganzen angewiesenen Provinz [5]); nicht blos in Thrakien, z. B. auch in Kleinasien erhielten die Gothen damals Land zugetheilt [6]) und diese westgothischen Soldtruppen leisteten dem Kaiser in Unterdrückung der Anmaßer Maximus a. 388 und Eugenius a. 394 gute Dienste [7]).

---

1) „Habitaverunt“ Chron. Idac. adscr. c. a. 877, fuerunt cum Romanis c. 28. Isid.

2) Sozom. VIII. 4, aber nicht immer wie Tillem. p. 489, Mascf. I. S. 306; vgl. v. Syb. S. 164, deutsche Unterthanen S. 18, Marin I. p. 282—285; manche wurden auch in römische Regimenter gereiht Latin. pac. 32 p. 358; Claud. XX. II. v. 576 legio pridem Romana, Gruthungi; vgl. Böck. II. p. 1070, I. p. 892 cohors prima Gothorum; doch standen ja auch an der Spitze rein römischer und solcher gemischter Schaaren häufig Gothen z. B. Gaina.

3) Latin. Pacat. pan. p. 316.

4) z. B. in Phrygien Greuthungen, Claud. l. c.

5) Wie Pallm. I. S. 113, dessen Begriff „Föderat=Völker“ theils nichts Neues (es sind die „Reichsgothen“ Bessels S. S. 168), theils nichts Richtiges enthält wie seine ganze Darstellung der Aufnahme von Germanen in's Imperium; ganz falsch ist, daß solche „Föderatvölker“ nie Könige hatten: war Theoderich der Große a. 475—489 kein König oder die Ostgothen damals kein „Föderatvolk“? der Westgothen in Spanien und Gallien unter Walja bis Eurich, der Burgunden zu geschweigen; es läßt sich mit jenem Begriff wegen Verschiedenheit der Beding= ungen des foedus nicht viel operiren, das verkennt auch Rosenst. III. S. 172; vgl. Roth Ben. S. 41. Richtiges bei Kaufmann, Museum S. 20, der aber mit Unrecht ein „foedus“ in Gallien a. 419—446 bezweifelt.

6) z. B. Claud. l. c. quibus arva domosque praebuimus: nach römischem System s. unten „Verfaß.“; ein höchst lehrreiches gleichzeitiges Beispiel über die Auf= nahme von Barbaren (Sciren) in das Imperium, die Rechtsformen (colonatus) und die wirthschaftlichen Wirkungen (frequentandi agri b. h. „Bevölkerung und Anbau der verödeten Ländereien“) gewährt C. Th. V. 4, 8 a. 409; vgl. Zumpt, Colonat S. 35; viel Zutreffendes bei v. Sybel Deutsche Unterthanen S. 30 f.; vgl. Richter, west. R. S. 219. 231.

7) Claud. VIII. v. 70 seq., Jord. l. c., Latin. pac. paneg. c. 32, Zos. V. 5, Oros. VII. 35, Socr. V. 11. 12. 14. 25, Sozom. VII. 27., Philost. X. 8; in der Entscheidungsschlacht bei Aquileja, 17. September a. 394, fochten, mit starkem Verlust der Gothen, Alarich, Gaina, Saul, Johann. Antioch. p. 609, Bacurius (ob Gothe?)

Jorbanes kann das schöne Verhältniß zum „imperium“, „die Erneuerung des foedus Constantins“, nicht genug loben, aber er verhehlt nicht den Preis — die Freiheit der Westgothen [1]).

Wir finden in dieser Zeit wieder eine Vielzahl von gleichstehenden
Führern, — der übergeordnete rex ist weggefallen — die sämmtlich
kaiserliche Offiziere, aber in der Stellung zu ihrer Nation nicht genau zu
bestimmen sind, so Muthari [2]) (Mobares), Gaina [3]), Saul [4]), Sarus [5]),
Fravitta [6]), Eriulf [7]). Daß aber auch Alarich in dieser Reihe steht

---

für Theodosius; Richter de Stil. p. 16, v. Wietersh. IV. S. 146, Bessel S. 189.
196, Ulf. S. 62, Vogt p. 89; hier verläßt uns Ammian. Marc., vgl. Möller
p. 21.

1) c. 28 cunctus exercitus in *servitio* Theodosii imperatoris perdurans
(contra consuetudinem propriae libertatis setzt Isid. p. 1061 bei) romano se
imperio *subdens* cum *milite* velut *unum corpus* efficit militiaque illa dudum
sub Constantino principe foederatorum renovata et ipsi dicti sunt *foederati*.
Dazu Latin. pac. p. 816 redactos ad *servitium* Gothos 82 p. 858 ibat sub
*ducibus vexillis*que *romanis* hostis aliquando romanus .. urbesque Pannoniae,
quas inimica dudum populatione vacaverat, *miles* impleverat. Gothus ille ..
respondebat ad nomen et alternabat excubias et notari infrequens verebatur.
δουλεύειν nennt Socr. IV. 34 schon das foedus von a. 376; die Quelle mit
Gewalt mißverstehend unterscheidet Pallm. I. S. 175 (trotz dem ipsi) servitium
und foedus: das Verhältniß war nach Auffassung der nationalen römerfeindlichen
Partei (und des römischen Hochmuths) ein servitium, nach der andern ein foedus.
(Marc. com. p. 268) richtig Köpke S. 116, vgl. Marin I. p. 279—282.

2) S. oben S. 15.

3) Eunap. p. 92. 117, Zos. IV. 18—22, Com. Marc. p. 272, Socr. VI. 6,
Sozom. VIII. 4, Philostorg. XI. 8, Theodoret V. 32. 33, Chron. pasch. p. 567
befehligt Römer und Gothen (Mascf. I. S. 236, Buat. VII. p. 28, Pallm. I.
S. 202, v. Wietersh. IV. S. 195, Thierry p. 200—220, Bessel G. S. 203—214)
wird obwohl arm und niedrig eingewandert magister utriusque militiae, und Consul Theodor. IV. 33, zieht „zahllose“ Gothen an sich, beherrscht die Hauptstadt und
den Kaiser Soz. VIII. 4; sein Verwandter Tribigild als Tribunus militum in
Phrygien Socr. l. c., Joh. Ant. p. 611, comes Philost. XI. 8, Claud. XX.
v. 176 (Targibilus) dux geticae alae (nicht regulus wie Paul p. 12) Greuthungum,
Mascf. I. S. 234, Bessel G. S. 205 l. c.

4) Oros. VII. 37, Joh. Ant. p. 611; ein Alane?

5) Zos. VI. 2, v. Syb. S. 164, s. unten.

6) Φράβιδος Eunap. p. 53. 92. 95. 96. 98, Zos. IV. 56, V. 40, Socr.
VI. 6, Rückert C. G. I. S. 212, Böck. II. 1091, Bessel Gothen S. 161. 186,
Thierry p. 245; noch jung, ein Heide, mag. militum Philost. XI. 8, mit einer
Römerin vermählt. Pallm. I. S. 189. Consul Soz. VIII. 4 a. 401.

7) Eunap. Zos. l. c. beide φυλῆς ἡγεμόνες, ihre Leute ὁμόφυλοι, vielleicht
bezeichnet das nur westgothische Nationalität, nicht engern Verband wie Bezirk oder

zeigt, daß wir nicht ausschließlich[1]) römische Offizier-Stellung bei diesen Männern annehmen dürfen: denn Alarich war einem alten Adelsgeschlecht angehörig, das noch immer in dem Leben des Volkes große Bedeutung hatte. Neben ihrer römischen Dienststellung mögen also jene Männer, von der gothischen Seite her betrachtet, wie Alarich, Edle oder auch Gefolgsherrn, Grafen, gewesen sein: denn wenn auch in Byzanz und sonst im Reich fast nur mehr der militairische Verband die Führer und die Gemeinfreien zusammenhalten mochte, — in Thrakien und an der Donau[2]) bestand immer noch ein Rest west-gothischen Staats- und Volks-Lebens, noch eignen Rechtes[3]) waltend mit nationalen Richtern und Vorständen[4]) und in alten Erinnerungen lebend[5]); in friedlichen Zeiten griffen auch die eingereihten gothischen Söldner wieder zum Pflug[6]); aber solche Führer, die wie Fravitta,

---

Geschlecht; ὧν ἦρχεν Ἐρίουλφος kann bloßes Commando bedeuten; ob auch der in Thessalonich erschlagene dux Illyrici Bodericus, dessen Mord Theodosius so schwer rächte, ein Gothe war? Ihm hatte der Kaiser den Sieg über Eugenius zu danken gehabt. Vgl. Volkmann S. 45.

1) Wie v. Sybel, Deutsche Unterthanen S. 19, Broglie VI. p. 423.

2) Daher juratus veniens *patrio* ab Istro Prud. c. Symm. II. v. 697, vgl. 716: 30 Jahre „quälen" die Gothen Pannonien; *„degener exuit Istrum"*. Claud. XX. v. 203 von einem römisch gesinnten Gothen; (über die lange und voll-ständige Beherrschung von Savien, Pannonien und den Donaugebieten XXII. II. v. 198) daher nennt Claud. wiederholt „Danubius" statt „Gothenthum".

3) Synes. l. c. c. 21.

4) Der ῥήξ, welcher c. a. 400 von Chrysostomus einen Nachfolger für den von demselben geweihten Bischof Unila verlangt, ist, weil katholisch, nicht Alarich, sondern ein Häuptling der zum Theil arianischen, zum Theil seit a. 370 katholischen Gothi minores, welche also, obwohl seit a. 355 eingewandert und in wenig selbständiger Lage, gleichwohl noch nationale Fürsten sich gewahrt hatten: noch mehr muß dieß von den Eingewanderten von a. 375 gelten.

5) Mit Recht Zumpt S. 33 abgesonderte selbständige Gemeinden der foederati.

6) Claud. XX. v. 194
    devotus aratris
    scinde solum positoque tuos mucrone sodales
    ad rastros sudare doce: bene rura Gruthungus
    excolet et certo disponet sidere vites;
über die Art des Ackerbaues der Germanen und deren Vereinbarkeit mit den Wan-derungen Roscher Dreifelderwirthschaft S. 69, „sehr extensive Landwirthschaft" S. 71—73.

Gaina, Sarus, im römischen Kriegsdienst aufgingen, gingen auch darin unter [1]).

Zwar eine Herrschaft, wie sie Fridigern und nach ihm Athanarich inne gehabt, eine Zusammenfassung aller westgothischen Bezirke fehlte jetzt eine Zeit lang [2]); ein solches „Gesammtkönigthum" war, der Art der Rechte nach, aus dem Bezirkskönigthum, der Ausdehnung nach, aus dem Herzogthum erwachsen und als Ganzes weder völlig das Eine noch das Andere erreichend, vielmehr ein bei den Westgothen wesentlich Neues gewesen. Immer aber setzt eine solche Gesammtherr=schaft eine Periode nationaler, freier, kriegerischer und gegen Rom gerichteter Machterstarkung voraus und seit c. a. 381 waren die West=gothen wieder in eine abnehmende Phase getreten. Aber es fehlte doch auch jetzt nicht an einzelnen Führern der nationalen Partei, welche dem abhängigen Frieden mit Rom, den andere Häuptlinge fortgesetzt wünschten, widerstrebten und Kampf [3]) und Freiheit vorzogen [4]); ein solcher war jener Eriulf, der von seinem römisch gesinnten Rivalen Fravitta in Byzanz ermordet wurde [5]): — der Kaiser schürte und

---

1) Die lehrreiche Parallele zwischen Alarich und Gaina bei Köpke S. 129, vgl. Simonis S. 5.

2) Vgl. Simonis S. 6, der aber nicht genug unterscheidet.

3) Aber die Barbaren, welche bei Claud. in Ruf. II. v. 61 Byzanz belagern, sind nicht Westgothen.

4) Drastisch schildert diesen Gegensatz Claud. XX. v. 194 mit dem Munde der Gattin Tribigilds (d. h. Bellona's in deren Gestalt) vgl. Thierry nouv. rec. p. 209, Paul p. 12

concesso cupit vixisse colonus

. quam dominus ra_,to;

da die Verpflegungsverpflichtungen von den Griechen doch immer wieder gebrochen wurden, war Krieg auch einträglicher als Friede:

v. 208. incipe barbaricae tandem te reddere vitae!

v. 226. spoliis praedaque repletus,

quum libeat, Romanus eris;

ein Vertreter des foedus b. G. v. 496 icti foederis; Pallm. I. S. 188 leidet an der Identificirung der römischen Partei mit den von ihm erfundenen heidnischen Gothen Athanarichs, anders Luben II. S. 312; die nationale Partei war sogar zahlreicher Eunap. p. 54 οἱ δὲ πολλοί und mächtiger δυνατώτεροι; das verkennt v. Syb. S. 161.

5) Zos. IV. 56 v. 20 nach Eunap. p. 58 (περὶ τούτων ἦν ἐν αὐτοῖς ἡ στάσις κ. τ. λ.) οἱ μὲν γὰρ ἔφασκον ἄμεινον εἶναι καταφρονῆσαι τῶν ὅρκων, οὓς ἔτυχον δεδωκότες . . οἱ δὲ τοὐναντίον κατὰ μηδένα τρόπον ἐναντιωθῆναι τοῖς συγ=κειμένοις; vgl. v. Syb. S. 163.

benützte die Spaltung: Fravitta erhält eine Römerin zur Frau und
die höchsten Staatsämter; — ein solcher aber zumal der edle Balthe
Alarich: und dieser war bestimmt, einen Zustand zu beenden, welcher
die gothische Volksart unfehlbar, wenn auch nur allmälig, in römische
Söldnerschaft würde aufgelöst haben [1]): seine nationale Gesinnung,
sein alter, mit der Geschichte und Heldensage, mit der unvergessenen
Freiheit seines Volkes verwachsener Name und seine persönliche Tüchtigkeit in Rath und Schlacht [2]) vereinten sich dazu, ihm, als die bisherigen Hemmnisse wegfielen und günstigere Verhältnisse eintraten,
die Herstellung des Königthums und damit die Erhaltung des Volks-
thums der Westgothen zu ermöglichen.

Alarich entstammte dem alten liebgefeierten westgothischen Adels-
Geschlecht der Balthen d. h. der Kühnen [3]), welches der Sage manchen

---

1) Vgl. v. Syb. S. 197, Vols p. 6, Köpke S. 116; die Berechtigung der
nationalen Partei verkennt Gibbon c. 26 p. 870; die Annahme, daß der Haß gegen
die „heidnische (übrigens hat schon Köpke S. 118, aber mit Maß, diese religiösen
Motive betont) Partei" Athanarichs die Gothen vor der Romanisirung bewahrt
habe, Pallm. L S. 190, verwechselt Ursache und Wirkung: die nationale oder
römische Gesinnung schafft die Parteispaltung. Vgl. Krafft L 1 S. 411, Fauriel L
p. 19, Rosenst. III. S. 165.

2) Rosenst. Westg. S. 1; man erwäge das Gewicht, das seinem persönlichen
Erscheinen vor Rom beigelegt wird. Tali judice! sagt Merobaudes c. VIII. v. 15.

3) A. II. S. 86. Closs. schlägt an der Stelle des Jord. nun die leichte und
leicht lösende Aenderung vor: acceperant statt acceperat. Daß es schon vor A.'s
Erhebung ein solches Adelsgeschlecht der W. gegeben richtig Waitz I. S. 198 und
Luden II. S. 337. 569, Aschb. S. 66, Löbell S. 522, vgl. Göhrum L. S. 19,
Brandes nobiles S. 40. 43; daß Jord. das ganze Volk der Ostg. Amaler, der
Westg. Balthen nenne ist ein Irrthum J. Grimms Gesch. .b. d. Spr. S. 313;
daß die Balthen nicht westg. Unterkönige unter ostg. Oberkönigen waren, richtig
Waitz I. S. 308 gegen Gaupp S. 109, Pfister L S. 218; von westgothischem
Stammkönigthum der Balthen a. 200—375 Thierry p. 40, Vols p. 10, Keyfer
S. 378, Fauriel I. p. 7 kann (richtig Hillebr. S. 55, v. Syb. S. 165, Köpke
S. 102, Bethm. H. g. P. I. S. 176, v. Gutschmid S. 150) keine Rede sein; f. die
ältere Lit. bei Gibbon c. 29, der die B. unter dem Namen „Baur" in Septimanien
bis ins späte Mittelalter fortblühen läßt! (Späte Spanier kennen freilich einen
rey Balto, Morales V. p. 338, dux Amalus, dux Balthus Iserhielm p. 19. 68.)
Abstammung der Burgundenkönige von den Balthen Schäffner I. S. 119 ist Verwechslung mit Athanarich (f. oben S. 19) und die Theoderich's I. von Alarich S. 204
Erfindung. Pallmanns I. S. 29 Einwände sind Wiederholungen der A. II. S. 86
widerlegten Ansichten; was an seinen Bemerkungen über den Stammbaum der
Amaler richtig, steht bereits A. II. S. 114 (zwei Jahre vor P's. Buch erschienen),
vgl. über die Stelle des Jord. noch Zeuß S. 116, Waitz L S. 75 (1. Aufl.).

Helden und der Geschichte in der Zeit von Ostrogotha bis Ermanarich manchen Bezirksgrafen gestellt haben mochte und gewiß zu den
primates zählte, unter denen an der Könige Statt, „regum vice",
das Volk über die Donau gezogen war: zur Annahme eines uralten
balthisch-westgothischen Stammkönigthums, für welches sich weder Raum
noch Zeit noch Zeugniß findet, haben erst Alarichs Erfolge geführt[1]).
Er war geboren zwischen a. 370 und 375: schon seine Jugend erklärt
es daher, daß er, so lang Fridigern und Athanarich lebten, nicht
hervortreten kann: zählte er doch noch nicht 25 Jahre als er bei
Aquileja a. 394 eine starke gothische Abtheilung befehligte[2]), was
sich nur aus hoher Bedeutung seines Geschlechts erklärt[3]).

Mit dem Tode des Theodosius (Januar a. 395) „des Freundes[4])

S. 193. (2. Aufl.) 198 gegen Köpke S. 122; nach Luden II. S. 569, „Alarich"
bei Pauly S. 291 u. Aschb. S. 66 soll das Geschlecht erst durch Alarich begründet,
nach Köpke S. 121 der ruhmvolle Beiname „Baltha" absichtlich wegen der Verwechselung mit den Balthen (nach Bessel G. S. 154 unabsichtlich) gewählt worden
sein — beides mit einer im Volk lebenden balthischen Heldensage nicht vereinbar.
Köpke stimmen bei Rosenst. III. S. 164 u. Vols p. 9, der Adoption annimmt.
Das Richtige ist: der alte Glanz des Geschlechtes leuchtete neu auf in diesem Sproß
und nun nannte man ihn mit besondrem Nachdruck „den Kühnen", lebhafter wieder
des Sinnes von „balþs" gedenkend; das Wort, (im Sprachschatz häufig verwerthet, balþaba, παρρησιωδως balþei, παρρησια vgl. þrasabalþei, usbalþei,
balþjan bei Schulze u. h. v.) aus einem Prädicat ein Geschlechtsname geworden,
wird jetzt in beiden Functionen verwerthet.

1) Cassiodor — Jordanes.

2) Zos. V. 5, Socr. VII. 10 stehen nicht entgegen, vgl. Luden II. S. 318,
Pallm. I. S. 206.

3) Jene Geburtszeit scheint doch aus dem Geburtsort Peuke einerseits
Claud. XXVIII. v. 105 Alaricum barbara Peuce nutrierat u. Prudent. contra
Symm. II. v. 696 und der „immatura mors" des Jord. c. 30 (was nicht „un-
gelegen" Pallm. I. S. 206, sondern „vorzeitig" ist, richtig der Poet: „während
noch die Jugendlocken seine Schulter blond umgaben") zu folgen; vgl. Aschb.
S. 31. 92, Giesebrecht I. S. 52 (1. Aufl.), dagegen Luden II. S. 569, Simonis
S. 9, Pallm. I. S. 205 dessen Einwände seinem Alter nur einige Jahre zufügen
würden; zu früh setzen sein Auftreten Morales V. p. 250, Köpke S. 121. 128,
Vols p. 10, Rosenst. III. S. 165; zwar fiele mit Alarichs Jugend nur Eine Stütze
unserer Auffassung; übrigens spricht für diese Jugend entscheidend, daß noch a. 402
Claudian b. G. v. 498 seine „calida juventus" schildert; nicht entgegen steht
v. 488, welcher nicht sagt, daß er a. 375 schon den Donauübergang mitgemacht;
seinen „Nährvater" bei Claud. l. G. halte ich für componirt; a. M. Thierry rec.
nouv. p. 298.

4) Amator generis Gothorum Jord. l. c.

des Gothenvolks" hatten sich aus manchfachen zusammen wirkenden Grün=
den die bisherigen guten Verhältnisse zu diesen Fremdlingen geändert[1]).
Zwar zunächst bestand das foedus auch unter Arkadius fort[2]). Aber
an die Stelle einer großen Herrscher = Persönlichkeit traten nun in
Parteiung zerklüftete Höflings = Regierungen, welche, voll Uebermuth
und Schwäche zugleich, im Wettkampf ihrer Ränke die unerträglichen
und doch unvertreiblichen, ja unentbehrlichen Barbaren bald hätschelten,
bald abstießen[3]).

Darin bestand die Gefahr, die Schwierigkeit der Lage. Einerseits
waren in alle Gegenden, Aemter, Lebensgebiete des Reiches damals
Barbaren, meist der gothischen Gruppe, eingedrungen[1]). Anderseits —
es läßt sich nicht verkennen, — brütete in jenen Tagen im Ostreich ganz
allgemein eine schwüle Stimmung, von Haß, Furcht und Verachtung
vergiftet, gegen diese leidigen Gäste. Charakteristisch sind hiefür die
Stellen bei Synesius[4]): „Ehe man duldet, daß die „Skythen"
(Gothen) hier im Land in Waffen einhergehen, sollte man alles Volk
zu Schwert und Lanze rufen — eine Schmach ist es, daß dieser
menschenreiche Staat die Ehre des Krieges Fremden überläßt, deren
Siege uns beschämen, selbst wo sie uns nützen — diese Bewaffneten
werden unsere Herren spielen wollen und alsdann werden wir Kampf=

---

1) Vgl. Vols p. 7.

2) Proc. b. V. I. 12 ξυμμαχία.

3) Vgl. Köpke S. 124, Thierry nouv. rec. p. 41, auch Richter de St.
p. 41 nimmt eine antibarbarische Bewegung in Byzanz wie a. 409 in Ravenna
und Rom an.

4) Buat. VI. p. 440, v. Reumont I. S. 698; vgl. Synes. περι βασιλειας;
(gut über ihn und seine antibarbarischen Forderungen schon Schlosser S. 359,
Bessel S. S. 203, vgl. Thierry p. 123, und jetzt besonders Volkmann S. 33—35).
Die Römer selber sagten, sie seien die Weiber, die Gothen die Männer in diesem
Staat l. c.; schon Honorius muß die später allgemeine Nachahmung, Dahn, Prokop.
S. 266, barbarischer Tracht den Römern verbieten Cod. Theod. l. 2 de habitu.
Minister Rufinus strebte sie bei Besuchen in ihrem Lager durch Anlegung ihrer
Tracht zu gewinnen Claud. in Ruf. II. v. 76 seq.; wie viel sich selbst ein Theo=
dosius an seiner Kaisertafel bieten ließ Eunap. p. 50; Byzanz war eine „Barbaren=
stadt" geworden und unter Gaina ganz in der Gewalt der Gothen Socr. VI. 6,
Soz. VIII. 4, Volkmann S. 17 f., 45, Vogt p. 88, Richter west. R. S. 219, 231;
gelegentlich überfiel man dann wohl in einer Art sicilianischer Vesper die Barbaren
in einzelnen Städten und ermordete sie. Soz. l. c. Ammian. in fine. Die Gothen,
Männer und Frauen, chron. pasch. p. 597 a. 467, welche noch spät im V. Jahrh.
in Byzanz begegnen, gehören wohl meist den Ostgothen an.

unkundige mit Kampfgeübten zu kämpfen haben. Wieder erwecken
müssen wir den alten Römersinn, unsere Schlachten selbst schlagen,
mit Barbaren keine Gemeinschaft pflegen, sie aus allen Aemtern vertreiben, so zumal aus dem Senat: denn innerlich schämen sie sich
doch nur dieser Würden, die uns Römern von je als die höchsten
galten. Themis und Ares müssen sich verhüllen, sehen sie diese pelz-
starrenden Barbaren über Männer im römischen Kriegskleid befehlen
oder, ihr Schaffell ablegend, rasch die Toga umwerfen und so mit
römischen Magistraten zusammen berathen und entscheiden die Dinge
des römischen Reichs! wenn sie den Ehrensitz einnehmen dicht neben
dem Consul, vor edlen Römern, wenn sie, sobald sie die Curie verlassen, wieder in ihre Wildschur schlüpfen, unter ihren Genossen die
Toga verlachend, in der man, spotten sie, das Schwert nicht ziehen
kann. Diese Barbaren, bisher brauchbare Diener unseres Hauses,
wollen nun unsern Staat beherrschen! Wehe, wenn ihre Heere und
Führer sich empören und ihre zahlreichen Landsleute, die als Sclaven im
ganzen Reich verbreitet sind, zu ihnen strömen." Er fordert „den starken
Heldenjüngling" (Arkadius!) auf, diese aus ihrer eignen Heimath vertriebenen barbarischen Knechte, die des Theodosius großherziger Gast-
freundschaft mit undankbarem Uebermuth vergolten, gleich Heloten
zum Pflugfrohn zu zwingen oder sie über ihren Ister zurückzujagen,
den Schrecken des römischen Namens bei ihren Landsleuten aufs neue
zu verbreiten [1]). Solcher Gesinnung, oft gewaltsam und tückisch bethätigt, erwiderten die Gothen mit dumpfem Groll. Unheimlich und
drohend war die Stimmung von Byzanz bis an die Donau. Und mit
diesen gefährlichen Barbarenmassen und den kaum minder gefährlichen
Sympathien und Antipathien der religiösen und nationalen Parteien
in beiden Römerreichen trieben nun die sich bekämpfenden Minister
der beiden Kaiserknaben ein hoch gewagtes Spiel: wie denn überhaupt
die zahlreichen Räthsel in dem Verhalten des ost- und weströmischen
Reiches zu den Gothen von den Tagen Fridigerns bis auf die Zeiten
Eurichs sich nur erklären aus den wechselnden Intriguen, mittelst
deren die Hofparteien, die Feldherrn und Beamten beider Reiche, bald
Römer, bald Barbaren von Geburt, in gewissenloser Gleichgültigkeit
gegen den Staat ihre persönlichen Gegner durch die Germanen zu stürzen

---

[1] Vgl. Richter w. Reich S. 217.

unb zu verberben suchten [1]). — Diesmal entlub sich bie brütenbe Schwüle enblich gewitterkräftig in kriegerischer, nationaler Bewegung ber Gothen gegen Byzanz. Die Erhebung bes jungen Balthen zerriß wie ein Blitz bas Gewölk. Alarich hatte schon unter Theobosius bem römischen Bünbniß unb ber Autorität bes Kaisers thatsächlich wiberstrebt [2]), jetzt nach bes Kaisers Tob [3]), vermehrte man [4]) bie feinbselige Stimmung im Volke burch mancherlei Unbill unb Alarich reizte man burch Ver= sagung eines erweiterten [5]) Commanbo's: „er grollte, baß man ihm keinen größern Heerbefehl übertrug unb er sich noch mit jenen Bar= baren begnügen mußte, welche ihm bereinst Theobosius bei Bekämpfung ber Empörung bes Eugenius untergeben hatte" [6].

Das ist höchst bezeichnenb für bie Stellung, welche biese west= gothischen Häuptlinge, im Vergleich mit echten Volkskönigen, ein= nahmen: ihre Macht beruht größtentheils auf bem ihnen vom Kaiser [7]) übertragenen Commanbo über bie eignen Lanbsleute. Ganz anbers stanb z. B. ber Ostgothe Theoberich: er war, abgesehen von seinen byzantinischen Aemtern, Volkskönig ber Ostgothen: was er von Byzanz

---

1) Gut hierüber Eunap. p. 86, Gibbon c. 29 p. 184. 148, Thierry p. 10. 41, Vols p. 7, währenb biese in Wahrheit beibe Reiche als Feinbe betrachten müssen. Proc. b. V. I. 2.

2) Claud. de VI. cons. Honor. (Obwohl selbstverständlich juristisch auch er unb bie Seinen in bem foedus von a. 382 begriffen waren. Socr. VII. 10 ὑπόσπονδος ὧν Ῥωμαίοις καὶ τῷ βασιλεῖ Θεοδοσίῳ.) v. 106: qui (Alarich unb Gilbo) saepe tuum sprevere patrem; de bello get. v. 589; 524 tot Augustos qui Hebro teste fugavi. Dies wohl übertrieben, anbers Richter de St. p. 44, Simonis S. 9, Bessel G. S. 188, Vogt p. 40.

3) Jan. a. 305.

4) Wenn auch hier nicht bie erste Ursache lag, so Jord. c. 29; Pallm. I. S. 204 verwirft bies Motiv mit Unrecht ganz, richtig Bethm. H. g. P. L. S. 176. Die Gelbbestechung bei Marcell. comes, bie übermüthige Unersättlichkeit bei Socrates VII. 10 sinb römische Motivirungen, vgl. Richter de St. p. 81 (gegen ältere Ansichten), ihnen folgt noch v. Syb. S. 166.

5) Denn er hatte bereits römische Würben Socr. VII. 10.

6) Zos. V. 4. Ἀλάριχος ἠγανάκτει, ὅτι μὴ στρατιωτικῶν ἡγεῖτο δυνάμεων, ἀλλὰ μόνους εἶχε τοὺς βαρβάρους, οὓς Θεοδόσιος ἔτυχεν αὐτῷ παραδούς, ὅτε σὺν αὐτῷ τὴν Εὐγενίου τυραννίδα καθεῖλεν. Daß er alle bie 20,000 Gothen befehligte, welche gegen Eugenius fochten unb von benen bie Hälfte fiel (Oros. VII. 35, Jord. c. 28) — so Vols p. 10, ist nicht richtig.

7) Ober von hervorragenberen (gothischen) Generalen z. B. Gaina, ber seine Lanbsleute zu Centurionen unb Tribunen macht Sozom. VIII. 4.

forbert, ift zunächft Land und Nahrung für fein Volk; verlangt er daneben für fich bürgerliche und militairifche Ehrenämter, fo bezweckt dies doch nie, dadurch feine Macht über die Gothen weiter auszudehnen: deßen bedarf's nicht, feine Herrfchaft über die Oftgothen ift gegeben und wird durch byzantinifche Beförderungen nicht erhöht.

Sehr verfchieden Alarich. Er ift von Anfang an nicht Stamm- oder Volks-König — das waren auch Athanarich und Fribigern, wenn überhaupt, nur vorübergehend und niemals recht eigentlich gewefen —; ja nicht einmal Bezirkskönig war er, was Athanarich von Anfang war[1]). Zwar geht Zofimus in der Annahme zu weit, er habe nur fo viele Gothen befehligt, als ihm der Kaifer „gegeben": den Spröß- ling[2]) der Balthen können wir uns nicht ohne eine Gefolgfchaft, ohne Gewalt über feine Sippe und deren Clienten[3]) denken und Theodofius hätte dem Zwanzigjährigen ficher nicht einen wichtigen Heerbefehl ver- traut, wenn derfelbe nicht fchon an fich eine gewiffe Autorität in feinem Volke gehabt hätte. Aber Gefolgfchaft[4]) und Sippe reichten doch nicht weit[5]) und über andere weftgothifche Schaaren hatte der bloße Edeling keinerlei Rechtsgewalt. Er konnte fich alfo über die zahl- reichen andern weftgothifchen Häuptlinge — und unter diefen beftanden altvererbte tödtliche Feindfchaften und Parteiungen wie z. B. zwifchen Sarus und den Balthen — nur durch zwei Mittel erheben: entweder

---

1) Olymp. apud Phot. p. 448 nennt ihn φύλαρχος,· aber noch a. 410; er nennt keinen Germanen βασιλεύς; f. S. 32 Anm. 2.

2) Wie der einzeln ins Römerreich geflüchtete Ueberläufer Gaïna Soz. VIII. 4.

3) Zos. V. 5 felbft nennt übrigens neben den τοὺς σὺν αὐτῷ βαρβάρους d. h. feinen weftgothifchen Föderatenregimentern noch ἄλλως σύγκλυδας.

4) An folche ift damals wohl manchmal zu denken, ob?? Claud. XX. II.
v. 236. conjurat barbara pubes
nacta ducem.

5) z. B. bei einem Tribigild Claud. XX. II. v. 220. Fravitta z. B. hat nur ὀλίγοι τινὲς τῶν ὁμοφύλων p. 54 und fie find ihm nur durch moralifche, nicht amtliche Bande verknüpft. Sarus ift nur ἐπάρχων πλήθους ὀλίγου ἄχρι γὰρ διακοσίων ἢ καὶ τριακοσίων ὁ λαὸς ἐξετείνετο. Olymp. p. 449 nur eine folche Zahl konnte Gefolgfchaft, Sippe und Söldnerfchaft erreichen: ganz andere Maffen ftehen hinter dem Piudans Alarich. Nach feinem Abfall von Honorius hat Sarus nur noch 18—20 Begleiter, Athaulf der Piudans, kann 10,000 verwenden, bloß um ihn auf- zuheben Olymp. p. 455; wenn Beffel daher S. 241 noch a. 409 von einem kleinen Kern um Alarich fpricht, fo ift das höchftens für a. 395 geltend. Seine Leute find Weftgothen: auf die immites Alani in Paullin. Nolan. c. 26 ift nichts zu geben; alanifche Schaaren fochten damals unter allen Fahnen.

daburch, daß der Kaiser ihm einen größeren als den bisherigen Theil der westgothischen foederati unter ein byzantinisches Commando gab [1]), ihn aufsteigen ließ in der militairischen Hierarchie; oder daburch, daß sein Volk selbst in Thrakien ihn zu einer höhern politischen Stellung über die andern Häuptlinge erhob, zu einer ähnlichen wie sie Fribigern und Athanarich [2]) besetzen. Dieser zweite Weg war der schwerer zu verfolgende: er setzte ganz außerordentliche Auszeichnung des Führers, zumal im Kriege, und auf Seite des Volkes einen neuen Aufschwung des seit Theodosius tief gebeugten nationalen Gefühls, und zwar in Auflehnung gegen Byzanz, voraus [3]).

Alarich scheint zunächst den leichtern Weg versucht zu haben: erst, als man ihm wegen seiner von früher her verdächtigen Gesinnung die Uebertragung eines größeren Commandos [4]) hartnäckig verweigerte und ihn auf die geringere Macht beschränkt halten wollte, die er schon mit zwanzig Jahren besessen, ergriff er die andre Alternative [5]). Die römerfeindliche Partei der Gothen war durch Entziehung der Jahrgelder [6]) und manche blutige That der Tücke [7]) gewachsen [8]), die Furcht vor Rom gesunken: so gelang es dem Balthen, einen sehr großen

1) Alsdann erwartete ihn eine Laufbahn wie die Stiliko's, der, obwohl aus hohem vandalischem Adelsgeschlecht (nach Claud. VI. cons. Hon. v. 552 gar königlichen Abstamms) doch jeder national-vandalischen Basis entbehrte oder des Sueven Rikimer; Stiliko und sein Vater schon waren römische Officiere von Föderattruppen: solche Männer stützten sich dann freilich immer auf das Barbarenthum im Römerstaate im Allgemeinen, aber nationale (stammthümliche) Würden hatten sie nicht; a. M. v. Syb. S. 166, dem gar kein Gothenvolk mehr besteht.

2) A. M. Bessel Gothen S. 291.

3) Das verkennt bei mancher richtigen Bemerkung Vols p. 11, vgl. Gibbon a. 29 p. 158, Claud. XX. II. v. 222 „bella dabunt socios"!

4) Ob στρατιωτικῶν δυνάμεων bei Zos. V. 5 den Gegensatz römischer Truppen zu βάρβαροι ausdrücken soll, Richter de St. p. 27 steht doch dahin.

5) So vereint sich Zos. V. 5 mit den lateinischen Quellen. „Alarich" bei Pauly S. 291, Luden II. S. 337 u. Simonis S. 6. häusen, Pallm. I. S. 204 verwirft beide Gruppen von Berichten; poetisch und parteiisch Claudian.

6) Die Gothen aber sprachen damals längst Rom gegenüber mit den Worten ihres Apostels: „Hvas drauhtinoþ svesaim annôm hvan?" „wer zeucht in den Krieg auf seine eignen Kosten?" I. Kor. 9, 7.

7) Oben S. 26 Note 4.

8) Jord. c. 29, vgl. Gibbon c. 29 p. 148, Richter de St. p. 34. 41, Vols p. 9, Proc. b. V. I. 2 sieht den Grund des Bruchs nur in der angebornen Treulosigkeit der Barbaren.

Theil — nicht die Gesammtheit — seines Volkes zum Bruch des foedus mit dem Kaiser fortzureißen [1]): und dieser aufständische Theil der Westgothen erhob ihn a. 395 [2]) zum Heerführer im Kampf gegen Rom und zum Leiter der Geschicke im Frieden: d. h. ungefähr zu der Stellung der Fridigern und Athanarich: die zum Kampf entschlossenen Bezirke machten ihn zum König und da nur diese, nicht aber die römisch gesinnten, welche als Landsknechte untergingen [3]), ein nationales Dasein fortsetzten war er in der That ein „König der Westgothen" b. h. derjenigen Westgothen, welche ein Volk waren und blieben [4]).

Diese Vorgänge scheinen die Ansicht [5]) von der Erwachsung germanischen Königthums aus römischer Feldherrnschaft zu bestätigen. Aber nähere Prüfung zeigt gerade das Gegentheil: im Gegensatz zu Rom, durch eine nationale Wiederermannung erwächst Alarichs Königthum. Und war auch bei den Westgothen ein Stammkönigthum noch nie vorhanden gewesen und selbst das Bezirkskönigthum, zuerst durch die ostgothische Oberhoheit, später durch die Lösung vom Heimathboden und römische Oberhoheit und den Söldnerdienst verwischt und beinahe aufgelöst, — das Rechtsinstitut des Königthums lebte dennoch als ein ganz bestimmt Gezeichnetes, als ein Alt = nationales selbst damals im Bewußtsein auch dieses Germanen=Volkes und in jedem Augenblick volksthümlicher Erhebung oder drohender Gefahr kann es ins Leben treten: um das Haupt eines alteteln und tapfern Führers konnten diese Anschauungen sofort kristallisirend zusammenschießen [6]).

---

1) Zos. l. c. schildert Alarichs Stimmung: nicht etwa Intriguen des Rufinus Com. Maro. p. 272 στασιάζοντα καὶ ἀλλοτριώσαντα τῶν νόμων.

2) Jord. chron. u. Maro. Ueber dieses Datum Vols p. 10 gegen Gibbon's Irrthum c. 29. Ihm folgt Hillebrand S. 56; gegen Isidors Chronologie, s. Köpfe S. 124, anders Clinton I. p. 502, doppelt falsch v. Dam. I. S. 62. „A. a. 400 König des gesammten Gothenvolks".

3) So richtig auch Pallm. I. S. 201, Köpfe S. 123, Rosenst. III. S. 16. 171, Vols p. 11.

4) Unzutreffend Simonis S. 12; neutrale Westgothen, abgesehen von den G. minores, Vols p. 11 kenne ich nicht.

5) v. Sybel „durch den Dienstvertrag mit dem Imperator ist das Königthum begründet worden", vgl. dagegen auch Waitz z. D. B. G. in Schmidts Z. III. S. 36.

6) Schroffster Contrast bei v. Syb. S. 166: „Alarich . . sammelte . . Menschen jedes Stammes um sich . . und versagte dem Kaiser den Gehorsam. Dies ist der

So sagt Jordanes etwas juristisch ganz [1]) Bestimmtes mit den Worten: mox ut Alaricus *creatus* est *rex* [2]). Daß der Balthe schon vorher in einflußreicher Stellung hervorragte als Heerführer, als Edeling, weiß er und sagt er: aber in seiner dramatisirenden, die Persönlichkeiten überall in den Vordergrund drängenden Darstellung läßt er die kriegerische Stimmung gegen Rom, welche, wie er selbst andeutet, offenbar der Erhebung Alarichs vorausging [3]), erst von Alarich nach seiner Erhebung erregt und „beschlossen" werden [4]).

König Alarich führte den Krieg in der Weise Fridigerns, wie sie seinem Volk am Besten zusagte: die festen Puncte fast immer

---

Ursprung des späteren westgothischen Volkes (!) und Staates"; in's Extrem gesteigert bei Wislicenus II. S. 128. 132 und Weber S. 145.

1) Diese Erkenntniß fehlt Richter de St. p. 48 seq., Leo I. S. 275.

2) Und hienach Isid. h. G. p. 1075 G. dum Romanorum injurias non sustinerent, indignati regem sibi ex sua turba legunt. Proc. b. V. I. 2 ἡγουμένου αὐτοῖς 'Αλαρίχου; über ἡγεῖσθαι bei Proc. A. II. S. 265; Olymp. p. 448 nennt ihn auch jetzt nur φύλαρχος, aber ebenso den unzweifelhaften Burgundenkönig Gundahar, βασιλεύς für den Kaiser sparend, vgl. Waitz I. S. 313.

3) Zweifelnd Rosenst. III. S. 166. 171, Volz p. 10, Luden l. c., vgl. v. Reumont I. S. 720, Wittmann S. 131.

4) Jord. c. 29 charakteristisch für die Stimmung, aus der diese Ereignisse hervorgingen: post quam vero Theodosius, amator pacis generisque Gothorum, rebus excessit humanis, coeperunt ejus filii utramque rempublicam luxuriose viventes annihilari auxiliariisque suis, id est Gothis, consueta dona subtrahere: mox Gothis fastidium eorum increvit, verentesque ne longa pace eorum se solveret fortitudo (dieß ist nur jordanisch-cassiodorische Darstellung eines an sich richtigen Moments; Pallm. I. S. 201. 206 verkennt letzteres) ordinant super se regem Alaricum, cui erat post Amalos secunda nobilitas Baltharumque ex genere origo mirifica, qui dudum ob audaciam virtutis Baltha, id est audax, nomen inter suos acceperat (l. acceperant); mox ut ergo antefatus Alaricus creatus est rex, cum suis deliberans suasit, eos suo labore quaerere regna quam alienis per otium subjacere, nur Paraphrase hievon Isid. chron. G. p. 1061 G. patrocinium romani foederis recusantes A. regem sibi constituunt. Mit Recht sieht Rosenst. III. S. 170 in des Rufinus (angeblichen) Intriguen nur secundäre Motive, richtiger etwa Benutzungen der schon gegebenen gothischen Bewegung. Anders Pagi ad a. 395, Buat. VII. p. 9, Volz p. 12. 15, die zu sehr Claud. (Kritik desselben Buat. l. c. p. 21) u. Marc. com. chron. p. 272, vgl. Wedekind p. V., folgen. Richter de St. p. 53 meint, R. habe ihn von Byzanz ab= und auf das dem Westreich gehörige West=Jllyrien lenken wollen. (Simon. S. 11—14 citirt neben Jord. und Isid. Lucas von Tuy aus dem 13. Jahrh., der lediglich Isid. ausschreibt.) Vgl. Pfister I. S. 227, Riehues p. 366. 367, Leo I. S. 274, v. Wietersh. IV. S. 184.

unbestürmt[1]) laffend — „Friede mit den Mauerfteinen!" rief er den
Seinen zu — durchzog er, verwüftend und gelegentlich fechtend, von
Thrakien aus[2]) das flache Land aller Nachbarprovinzen: Makedonien,
Theffalien, Arkadien, Illyrien[3]), und da weder die Thermopylen des
Leonidas[4]) noch der Ifthmus ernftlich vertheidigt wurden, drangen
die Gothen tief in das Herz von Griechenland und in den Peloponnes[5]):
nur Theben retteten feine ftarken Mauern, aber die alten Städte
ftolzen Namenklangs: Athen[6]), Megara, Tegea, Argos, Korinth und
Sparta[7]) fielen ohne Widerftand.

Der Hof von Byzanz war fichtlich unfähig, zu helfen: gleichwohl
wies er die von dem gewaltigen Befchützer des Abendlandes Stiliko,
dem Feldherrn, magister utriusque militiae, des Kaifers Honorius
angebotne und bereits in's Werk[8]) gefetzte Rettung mißtrauifch zurück
a. 395[9]), um fie dann im nächften Jahre gegen die drohenden Fort=
fchritte der Barbaren felbft anrufen zu müffen[10]).

Stiliko erfchien a. 396[11]) mit Flotte und Heer, landete bei

------

1) Aehnlich fpäter in Italien: Claud. XXVI. b. get. v. 44 .. clausi
prospicimus saevos campis ardentibus ignes.

2) Proc. b. V. I. 2.

3) Daß er felbft Byzanz bedroht ift unwahrfcheinlich, f. Rofenft. III.
S. 169—172, anders nach Claud. Gibbon c. 29, Simonis S. 12, Volz p. 12,
Richter de St. p. 29; irrig läßt ihn Lafuente II. p. 238 erft jetzt König werden.
Clinton I. p. 502 fchon a. 382.

4) Claud. b. G. v. 187 primo conamine ruptae Thermopylae.

5) Claud. in Ruf. II. v. 7—100, in Eutrop. XX. II. v. 200, Eunap.
p. 198, Zos. V. 5.

6) Ueber die widerftreitenden Berichte Rofenft. III. S. 175, Volz p. 7, Beffel
G. S. 198 (Capitulation), Krafft I. 1 S. 413, Thierry p. p. 98. 99, f. die ab=
weichenden älteren Meinungen (Schloffer S. 167 u. A.) bei Simonis S. 18. 19.

7) Claud. l. c. b. G. v. 629.

8) So richtig Schloffer S. 166, Clinton I. p. 586.

9) Reitemeier p. 404, Olymp. apud Phot. ed. Bekker p. 448, Maff. I.
S. 330, v. Wietersh. IV. S. 188; irrig über Zeitfolge und Motive Romey II.
p. 16.

10) Die Cabinetsintriguen zwifchen Rufinus und Stiliko intereffiren uns hier
nicht; f. Rofenft. III. S. 169. 222, Beffel G. S. 190, Richter de St., Simonis
S. 14, Volz p. 12, Vogt p. 56; man entzog Stiliko damals das Commando
über die zum Oftreich gehörigen Truppen.

11) So auch Rofenft. III. Simonis l. c.; Afchb. S. 70, Gibbon c. 29, (ähnlich
Luden II. 339), Buat. VII. p. 15 hatten nur Eine Bewegung Stiliko's angenommen
und die Ereigniffe zu fehr zufammengedrängt.

Korinth und drängte, weniger durch die unentschiednen Gefechte, als durch geschickte Strategie den Gothenkönig in das Gebirge Pholoë und in eine Lage, in welcher dem zahlreichen Volk nur Verschmachtung oder Ergebung zu übrigen schien [1]).

Aus dieser Gefahr wurde Alarich, so muß man annehmen, durch Stiliko selbst gerettet, der kein Interesse daran haben mochte, seine Feinde am Hofe zu Byzanz von der gothischen Bedrohung für immer zu befreien. Der Causalzusammenhang dieser Vorgänge ist nach dem Stand der Quellen nicht sicher zu stellen; nach Claubian [2]) rettet den Gothen die Eifersucht oder Furcht des Rufinus, mit welchem er geheime Verhandlungen angeknüpft [3]); freilich mochte man in Byzanz, wie das Jahr zuvor, besorgen nach Vernichtung der Barbaren den verhaßten Stiliko bald übermächtig an die Thore pochen zu hören. Andere dagegen nehmen Einverständniß Stiliko's mit Alarich an [4]); und entscheidend spricht für diese Ansicht, daß (abgesehen von der Schwierigkeit der Verhandlungen des eingeschloßnen Königs mit Byzanz) kein Grund abzusehen ist, weßhalb der sehr selbstherrliche und eigenwillige Minister des Abenblands dem Befehl seines Tobfeindes Rufin, Alarich frei zu geben, so gesetzgetreu und gutwillig gehorcht haben soll [5]), wenn es in seinem Interesse und Belieben lag, seinen Sieg zu vollenden; letzteres war aber, scheint es, auch nicht ganz mehr der Fall: sogar Claubian [6]) enthält sich, die Gothen, welche eine Wagenburg und doppelte Gräben decken, als unrettbar verloren barzustellen [7]) und nach Zosimus [8]) war durch Schuld der

1) Claud. VIII. de IV. cons. Hon. Stiliko hatte den in ihrer Wagenburg auf einem Hügel eingeschloßnen Gothen das Wasser abgeleitet v. 480 („plaustra" sind wohl auch XXI. I. v. 94 gegen „claustra" aufrecht zu halten und unter den Visi b. G. v. 516 die Visigothi zu verstehen. Zos. V. 7.

2) XXIX. v. 236 Rufinus conjuratos Getas contra pila fovet u. b. Get. v. extinctusque fores, ni te sub nomine legum
proditio regnive favor tegisset eoi.

3) Ihm folgen Vols p. 19, „Alarich" bei Pauly S. 291, Köpke S. 124, Gibbon c. 29, ähnlich Bessel G. S. 190.

4) Schlosser S. 168, Pallm. I. S. 218, Simonis S. 23, Richter de St. p. 21, Rosenst. III. S. 177, Volkmann S. 17, v. Reumont I. S. 720, zumal wegen Oros. VII. 87, welche Stelle aber auch die italischen Händel von a. 403 meinen kann.

5) Das erklärt die andre Ansicht nicht, auch nicht Thierry p. 54. 113.

6) In Ruf. II.

7) Anders freilich derselbe XXI. I. v. 112.

8) V. 7.

Sorglosigkeit und Ueppigkeit seines Heeres Stiliko's Stellung nicht mehr so siegesgewiß wie früher [1]).

Wie dem sei: der Gothenkönig zog frei aus dem Peloponnes von dannen nach Epirus [2]), wo er in Bälde von Byzanz, das ihn nun um jeden Preis befriedigen und entfernen mußte, seine Ernennung (a. 397) zum dux (oder vielleicht zum magister militum) per Illyricum orientale erhielt [3]). So hatte denn Alarich durch seine nationale Erhebung zugleich auch Byzanz gezwungen, ihm eine höhere Stufe einzuräumen [4]).

Er verpflegte und bewaffnete jetzt sein Volk aus den kaiserlichen Magazinen [5]) und hier, an der Grenzscheide der beiden römischen Reiche [6]), beobachtete, bearbeitete, bedrohte [7]) er wechselnd beide Kaiser=höfe, bereit, in jedem gelegenen Augenblick sich gegen Osten oder

---

1) Die gleichzeitige (?) Bedrohung der Rheingrenze Claud. XXI. I. v. 196, Vols p. 20. 29, Pallm. I. l. c. hätte ihn wohl nicht abgehalten, hier erst das Netz vollends zusammen zu ziehen: sie halten für das alleinige Motiv Gibbon c. 29, Keitem. p. 405, dag. Vols p. 19, unentschieden Masl. I. S. 332, Luden II. S. 340, vgl. Vogt p. 9 gegen Berrath p. 40, Thierry p. 51. 109.

2) Claud. XX. II. v. 215.

8) Not. dign. ed. Böck. c. 88. 89. Einverstanden Zeuß S. 417, Hillebrand S. 55 Bübinger öst. G. I. S. 40, Vogt p. 40, Köpke S. 124, Rosenst. II. S. 181: nicht praefectus Illyr. (Simonis S. 23 nach Masl. I. S. 332; vgl. über Illyr. occ. u. or. Böck II. p. 9. 141. 754 und die Beamtungen daselbst „praesidet Illyrico" Claud. XX. II. v. 216 ist schwerlich technisch gemeint) oder praetorio Böck c. 8, Vols p. 28; nach Gibbon c. 29 „master-general", nach v. Bethm. H. r. P. III. S. 27, g. P. I. S. 176 magister militum (not. dign. c. 8): aber sein Grund, daß Barbaren nie Civilverwaltungen erhielten, ist für diese Zeit nicht mehr zwingend. Der größte Theil auch des nicht streitbaren Volkes begleitet diese Züge; Reste blieben in Thrakien, Mösien, Pannonien vgl. Luden II. S. 338. 576.

4) Oben S. 30.

5) Claud. l. c., s. die zahlreichen „fabricae" in Illyricum Not. dign. I. p. 88, vgl. Aschb. l. c., Rosenst. III. S. 182.

6) Denn West=Illyricum gehörte zu West=Rom, es stand unter dem praef. praet. Italiae Not. dign. II. p. 9, Olymp. l. c. p. 448; über das Geographische (vgl. Köpke S. 124, Vols p. 21, Simon. S. 6. 24, Rosenst. III. S. 179) noch Zos. V. 26; daß damals (a. 397) West=Rom Gebietstheile an Alarich ablassen mußte, so Pallm. I. S. 220 nach Olymp. apud Phot. Sosom. VII. 25 ist nicht erweislich; s. dag. Rosenst. III. S. 179; über das Verhältniß von Zos. u. Sos. zu ihrer gemeinsamen Quelle Olymp. die sehr verdienstliche Untersuchung von Rosenst. I. S. 167 u. daselbst die ältere Lit. hierüber; wenn fortan jene beiden neben Ol. citirt werden, bestehen Abweichungen.

7) Gibbon c. 29. p. 158, Aschb. l. c., Simon. S. 24, anders Luden II. S. 342.

3*

Weften zu wenden. Denn auf die Dauer war in diefen exponirten
Sitzen für die Fremdlinge doch weder Ruhe noch Freiheit zu behaupten [1]).

Endlich bewogen ihn, wohl mehr als des byzantinifchen Hofes
Hetzereien [2]), der größere Reichthum der noch feltner geplünderten
Provinzen des Abendlandes [3]) und ihres einzigen Befchützers, Stiliko's,
Abwefenheit in gallifchen und rhätifchen Feldzügen [4]), fich gegen das
Weftreich zu wenden und in Italien einzubrechen a. 400 [5]); die
Alpenpfade hatten die Gothen bei Bekämpfung des Maximus und
Eugenius kennen gelernt [6]).

Die Gefchichte der italifchen Unternehmungen Alarichs ift fehr
dunkel, der Chronologie wie dem inneren Zufammenhang nach [7]);
aber am 14. Januar des Jahres 401, zum Geburtsfeft des heiligen Felix,
fchreibt Paullinus in Nola tief in Campanien bereits von Treffen und
Schrecken des Kriegs [8]), man bebte in feiner Umgebung, rüftete
Legionen und Wälle [9]); daß Alarich abfichtlich, um die den Germanen

---

1) Afchb. l. c., Simon. S. 24 faßen Alarichs damalige Lage zu günftig, —
er hatte a. 396 nicht viel Wahl feiner Wege gehabt, anders Rofenft. III. S. 179 —
zu ungünftig Volz p. 23, Pallm. I. S. 228. 324.

2) Beide Regierungen fuchten ihn, — der als Unterthan des Oftreichs galt
Cass. hist. trip. XI. 9 — als Drohung und Werkzeug zu benützen, (f. v. Giefebrecht
I. S. 53, Rofenft. III. S. 180. 182 aber auch Volz p. 23 u. Köpke S. 125 gegen
Afchb. S. 71 u. Schloffer Ueberficht III. 3 S. 175, Welt-Gefch. 1851 IV. S. 503)
und beiden vergalt er wohl Falfchheit mit Falfchheit Claud. v. 566

dum foedera fallax
ludit et alternae perjuria venditat aulae.

3) So auch Gibbon c. 29 p. 158, Zeuß S. 417, Simonis S. 26; an die
Zerftörung Roms, die ihn Prud. c. Symm. II. v. 697 befchwören läßt, (beffer
und poetifcher zugleich Claud. b. G. v. 82) dachte er ficher nicht.

4) Claud. b. G. v. 282—45, 278 seq., Maff. I. S. 328, Luben l. c.,
Simonis S. 28. 32, Volz p. 25—28. Anders Rofenft. III. S. 184, f. aber diefen
felbft S. 198, ganz fchief Michelet I. p. 145 „rivalité de Stilico et Alaric",
unentfchieden Fauriel I. p. 90.

5) a. 401, Köpke S. 125; zwei Feldzüge in den zwei Jahren Thierry nouv.
réc. p. 283. 290. 800, „anknüpfen" Rofenft. III. S. 182 wollte er damals
fchwerlich.

6) Claud. l. c. v. 286, deffen wiederholte Rechnung — 30 Jahre (ftatt 26)
feit dem Donauübergang — v. 487 ift ungenau: „si numero non fallor".

7) S. Gibbon c. 29 p. 159, Buat. VII. p. 64, Ulloa cronol. p. 302,
Clinton I. p. 551 c. a. 402, Rofenftein III. S. 92, irrig de Luxan Ataulfo
p. 245, Luben II. S. 343, ganz verwirrt Depping II. p. 205; a. 400 noch Köpke
S. 125, v. Bethm. H. g. P. I. S. 177 a. 401.

8) Carm. 26 v. 5—7; vgl. Bufe II. S. 61.

9) v. 103—105.

verberbliche Sommerhitze zu vermeiden, im Spätherbst aufbrach fagt uns Claubian[1]); die Unternehmung des Rabagais[2]) ift nicht gleichzeitig und nicht im Zufammenhang damit[3]).

Den Gedanken dauernder Beherrfchung Italiens muß ihm der Poet (Claubian) ebenfo nothwendig beilegen als der Gefchichtfchreiber

---

1) XXVIII. v. 443; gute Kritik über des Jord. verworrene Chronologie fchon bei de Ulloa, principio p. 270.

2) f. A. II. S. 96, Pallm. I. S. 230. 249 veranlaßt keine Aenberung; er hält ihn irrig (ebenfo irrig Leo I. S. 277 „ein Offizier Alarichs“) für ben König des oftgothifchen Reichs in Pannonien, das war bamals Hunimund; A. II. S. 57; feine Schaaren „von Rhein und Donau“ hatten keine nationale Einheit Zos. V. 26, vgl. Zeuß S. 417, Köpke S. 139, Rofenftein S. 201, Gabourd II. p. 107 „sans raison roi des Goths“, Erharb I. S. 78; nicht einmal, daß er Oftgothe, („Scytha“ „rex Gothorum“) fteht feft.

3) Wie Marin l. c., Bufe II. S. 146, Bübinger öft. G. I. S. 40. Prosper p. 648 Gothi Italiam sub Alarico et Rhadagaiso ducibus ingressi beweift nichts, weil zuviel: (hierüber Volz p. 27, richtig Rofenftein l. c. S. 195 u. Beffel (G. S. 220) er hat Oros. mißverftanden, f. Kraufe S. 316. 402, Vogt p. 41, Simonis S. 41, v. Wietersh. IV. S. 210, Rofenftein S. 199; vgl. com. Marc. p. 276; die gemini tyranni Claud. b. get. v. 285 find nicht Alarich und Rabagais, fondern Marimus und Eugenius; den Untergang des Rabagais feiert am 14. Jan. a. 406 Paullin. Nolan. carm. 81, alfo fällt er in das Jahr 405; bas beweift auch c. 21. v. 20 mactatis pariter cum rege profano hostibus. Pallm. I. S. 3. 324. 228. 231 „ergänzt“ hier wie fo oft willkürlich die Quellen; daß feine Schaaren fich emancipirende Föderatvölker waren, S. 3 ift erfunden; daß A. fchon bamals fefte Sitze in Italien erftrebt S. 229, unerweislich; richtig ift im Allgemeinen, daß A. feit a. 394 nach nationaler Selbftänbigkeit in möglichft freien Sitzen trachtet: fo fchon (aber zu abhängig von Rom) Rofenftein III. S. 280, Volz p. 23, aber P. findet überall mehr Einheit, Klarheit, Confequenz in diefen Bewegungen als Quellen und Wahrfcheinlichkeit geftatten; ganz irrig, daß die Weftgothen „die Idee verfolgen, als Arianer im Staatsgebiet bie volle Selbftänbigkeit zu erlangen“: wohl fühlten die römifchen Orthoboren und Arianer die Bedeutung des Arianismus der Weftgothen und andrer Barbaren im Reich: (f. die Gefetze beim Sturze Stiliko's Pagi ad a. 408, Beffel Ulf. S. 61) aber baß bie Weftgothen bamals confeffionelle Tenbenzen verfolgten, (ähnlich fchon Volz p. 6) ift nicht anzunehmen. Den Ge= banken einer Verbindung zwifchen Alarich und Rabagais hat fchon Pagi ad a. 402 Mask. I. S. 343 als kühne Hypothefe verworfen, ähnlich Luben II. S. 571, vgl. Clinton p. 560; übrigens hat Pallm. Vorgänger in Marinaeus Sicul. VI. p. 354, Vasaeus p. 657, Marin I. p. 211, de Luxan origen p. 105, (anders berfelbe in Ataulfo p. 244) Roder. Tol. II. 4 und Thurius II. 14, der einen ganzen Roman erfinbet; nach chronol. et ser. Goth. p. 704 (chron. albeld. p. 74) zieht Alarich nach Italien, Rabagais zu rächen (!); Isidor. p. 1062 ganz werthlos: nur das pari intentione ad praedandas quascumque regiones Italiae ift richtig.

abfprechen ¹). Das täufchende Siegesorakel, er werde die „Stadt"
(Urbs) erreichen, — statt deffen erreicht er nur das Flüßchen Urbis, —
hat wohl Claubian componirt ²), ift auch die fchöne Sage von dem
Dämon, welcher den Gothenkönig unaufhörlich und wider feinen
Willen gegen Rom getrieben ³), — Aehnliches flüfterte man von
Genferich und feinen Vandalen ⁴) — nicht nur aus den Verfen diefes
Dichters ⁵), fondern aus den Anschauungen der Zeitgenoffen auf=
gefproßt.

Nach einem Sieg am Timavus ⁶) bei Aquileja verheert Alarich
Venetien, überfchreitet den Po ⁷) und bringt faft ohne Widerftand ⁸) weftlich
gegen Ligurien, füdlich gegen Tuscien vor ⁹), belagert ¹⁰) die ligurifche
Vefte Afti am Tanaro ¹¹), und trägt durch feine rafchen Reiterfchaaren
Schreck und Gefahr tief in das Herz Italiens. Man zitterte im
weiten Reich für Rom ¹²), das fchleunig feine alten Mauern verftärkte ¹³)

---

1) A. M. Ascargorta S. 44; unentfchieden Pfahler A. S. 52, f. Claud.
b. G. v. 531 c. XXVIII. v. 180 seq.

2) v. 546 l. c. a. M. Ferreras II. § 3.

3) Sozom. IX. 6 vgl. Gregorovius I. S. 121 (erfte Ausgabe).

4) Salv. VII. p. 165 non suum esse quod facerent, agi se .. divino
jussu .. ac perurgeri. —

5) v. 546 „rumpe omnes, Alarice, moras.

6) Claud. b. G. v. 563 deploratum Timavo vulnus, Simonis S. 29,
Bufe II. S. 61.

7) An deffen unterem Lauf.

8) Claud. XXVIII. v. 268 seq.

9) Prud. c. Sym. II. v. 700

jamque ruens Venetos turmis protriverat agros
et Ligurum vastarat opes et amoena profundi
rura Padi Tuscumque solum victo amne premebat.

10) Uebrigens fruchtlos, Claud. XXVIII. v. 203 moenia vindicis Astae.

11) Der Kaifer war eher in dem feften Mailand (Rofenftein S. 196, Simon.
S. 31, Vols p. 28, Beffel „Gothen" S. 113. 217 als in dem kleinen Afti (Pall=
mann, Vols p. 65); richtig Rofenft. III. S. 195, Simon. S. 26, aber richtig gegen
Afchb. S. 72, Pallm. I. S. 237; wieder anders Gibbon c. 29; er wurde wirklich
eingefchloffen b. G. v. 564 obsessi principis u. XXVIII. v. 458 wo Honorius
(felbft!) feinen Heldenmuth fchildert: da Stiliko, um ihm Entfatz zu bringen, einen
von den Gothen befetzten Brückenkopf der Abba v. 458 erzwingen muß, kann der
Kaifer nicht wohl in Ravenna gewefen fein: vgl. Clinton I. p. 558, f. aber über die
Ausdehnung von „Ligurien" Walckenaer II. p. 496.

12) Claud. b. G. v. 199.

13) Claud. XXVIII. v. 531 und die Infchrift dafelbft in den Notas (Gruter. I.
p. 165).

und die Barbaren an den Grenzen erhoben [1]) ringsum lauernd die Waffen. Endlich am Osterfest des Jahres 402 [2]) griff Stiliko, der nach vollendeten Kämpfen in Rhätien [3]) und neuen Rüstungen [4]) zur Rettung herbeigeeilt war, die an diesem Tage keines Kampfs gewär= tigen Gothen bei Pollentia an: nach einigen, den glaubhafteren, Quellen siegte er [5]); wir verdanken eine Schilderung der Schlacht bei Prudentius dem Vorwurf des Symmachus und anderer Heiden, der Abfall von den Göttern habe die Noth Italiens und Roms zur Folge gehabt; Prudentius verherrlicht deßhalb den Tag von Pollentia als einen Sieg des Honorius (!) und Stiliko's durch Christus; das wäre nun doch undenkbar, wenn nicht die Römer wenigstens an diesem Tag siegreich das Schlachtfeld behauptet hätten; dafür spricht auch die Inschrift, welche den Sieg über Alarich feiert [6]); und die Gefangen= nahme von zahlreichen Weibern und Kindern der Gothen [7]) und die Befreiung der mitgeschleppten Gefangenen [8]) setzt wenigstens vorüber= gehende Occupation des gothischen Lagers voraus: solche Dinge kann auch ein Panegyrikus nicht der Wahrheit zuwider behaupten [9]).

---

1) l. c. v. 363—400.

2) 19. März; früher verlegte man die Schlacht in das Jahr 403 Gibbon c. 29, Clinton I. p. 551, noch Vols p. 35, s. dagegen Pagi ad a. 402, Mast. I. S. 337, Rosenstein III. S. 186. 193 und die Note von Waitz daselbst; Simonis S. 33, Pallm. I. S. 241, v. Wietersh. IV. S. 204.

3) Claud. b. G. v. 365, v. 279

    irrupere Getae, nostras dum Rhaetia vires

    occupat atque alio desudant Marte cohortes.

4) l. c. v. 313, im Winter überschritt er die Alpen, v. 340—360, 401: bis aus Britannien und vom Rhein zog er die Kräfte des Reichs zusammen v. 413—430.

5) Claud. b. G. VI. cons. Hon. v. 200 Aurel. Prudentius Clem. contra Symmachum v. 696—750.

6) Nicht über Radagais (Tillemont), richtig Bessel S. S. 219, (vgl. auch die bei Gruter p. 165 I. u. Claud. XXVIII. pagina 187.

7) Claud. b. G. v. 89. 625, c. XXVIII. v. 243, so auch Ferreras I. § 5, Mast. I. S. 340, s. daselbst auch über die Lage des Orts in Ligurien Claud., nicht Picenum: vgl. Havercamp ad Oros. VII. 36, Gibbon c. 29, Vogt p. 41, Si= monis S. 28, v. Wietersh. IV. S. 204, Vannucci IV. p. 625, am Fluß Urbis b. G. v. 555, heute noch Polenzo bei Brá Böck. II. p. 1189, Ulloa principio p. 287—291, Lafuente II. p. 288, Thierry nouv. réc. p. 306, v. Reumont I. S. 721, Zeiß S. 6. Daß auch Alarichs Frau und Kinder gefangen worden, hat Gibbon irrig aus Claudian gefolgert. Vogt p. 12.

8) v. 616.

9)   Celebranda mihi cunctis Pollentia saeclis!

    meritum nomen felicibus apta triumphis:

Einige Jahre darauf finden wir Alarich in Bewegung gegen Oberpannonien und Noricum und zugleich in Unterhandlungen mit Stiliko: er sollte, heißt es [1]), gegen große Geldsummen Ost = Illyrien den Byzantinern entreißen [2]). Sicher ist aber nur, daß Alarich Gold und andre Wohnsitze fordert, unsicher für welche Gegenleistung [3]).

Bald jedoch wurde Stiliko verdächtigt, diese Verhandlungen mit den Barbaren nur in persönlichem Interesse zu betreiben: er wolle, lautete die sehr unwahrscheinliche Anklage, seinen Sohn Eucherius zum Kaiser des Orients erheben [4]). Jedenfalls hatte der große Mann zahlreiche Feinde im Senat zu Rom, am Hofe des Kaisers und in den Heeren: durch das Bündniß mit Alarich geängstigt — die Barbaren im Föbus [5]), im ganzen Reich und zumal im Heer waren allerdings seine

---

Zos. V. 87, ohne daß man mit Pallm. letzterem eine selbständige Herrschaft daselbst, aus der er den Sarus verdrängt habe, beizulegen braucht: Sarus ist ein Abenteurer in römischem Dienst wie Gaina, Eriulf ꝛc. Athaulf dagegen gehört als Heerführer zu dem Königthum Alarichs, hat aber nach Zos. V. 45 keine große Truppenzahl unter sich; daß darunter auch Hunnen, ist irrelevant: hunnische Söldner begegnen damals in fast jedem Heere.

1) Zos. V. 26. 29. 81 nach Olymp. l. c. p. 448, (Soz. VIII. 25, IX. 4, Philost. XII. 2 und hienach Cass. hist. trip. X. 24 confundiren das Jahr 406 mit den Ereignissen von a. 395). Dafür Masf. I. S. 343, Heeren VII. S. 555, Ruhnken. p. 20, Richter de St. p. 21, Lafuente II. p. 241, Rosenstein I. S. 183, III. S. 211—21; dagegen Pallm. I. S. 271, sehr kurz Luden II. S. 357, irrig Gibbon c. 30 nach Buat. VII. p. 98; der Plan war fertig, so weit ich sehe, aber die Ausführung? Vgl. Ulloa, principio p. 275.

2) So Köpke S. 126, vgl. Olymp. p. 448; nach andern z. B. Hillebr. S. 56 erhielt er den weströmischen Theil von Illyrien.

3) Socr. u. Soz. leiden an offenbarer Verwirrung der Zeitrechnung.

4) Oros. VII. 37. 88; nur ein „Gerücht" Soz. IX. 4, Philost. XI. 3 positiv XII. 1. Dafür Ferreras II. § 12, Lafuente II. p. 241, gut dagegen Gibbon c. 30 p. 204; vgl. Gregorovius I. S. 119, Vogt p. 14 f. 43. 45, Beffel G. S. 223 meint, Stiliko wollte A. nur täuschend hinhalten; Vogt p. 43, ihn ganz für Westrom gewinnen, vgl. v. Giesebr. I. S. 54, Rosenst. I. S. 185, III. S. 217. Daß aber (wie dieser S. 211 u. Reitem. p. 412) Masf. I. S. 351 A. damals „gewissermaßen" im Dienste von Westrom stand, ähnlich Vogt p. 43, wird doch durch die erst noch erforderlichen Verhandlungen widerlegt. Magister militum bei Cassiod. h. trip. X. 24 ist nicht technisch, sondern nur Uebersetzung von στρατηγός Ῥωμαίων bei Soz. VIII. 10. Rosenstein's I. S. 186 frühere Auffassung war richtiger.

5) Deßhalb die wiederholte Verschonung Alarichs.

Stütze[1]), — vereinten sie sich zu seinem Sturze: besonders die Senats=
partei widerstrebte hartnäckig der Verbindung mit den Gothen: sie erblickte
plötzlich wieder schimpfliche Tributzahlung in Verträgen, — das Wort
„anno"[2]) von „annona" war längst bei den Gothen eingebürgert und
zur Bezeichnung von Sold und Verpflegung verallgemeinert worden —
zu denen sich Rom seit fast 200 Jahren hatte bequemen müssen[3]).

Nur die Furcht vor Stiliko erzwang zuletzt die Zustimmung
des Senats zu dem Vertrag mit Alarich, — 40 Centner Silber sollte
dieser erhalten[4]) — welchen der kluge Vandale als den gefährlichsten
Feind Italiens richtig erkannt hatte[5]). Aber die enge Verbindung
mit dem Gothenkönig[6]) steigerte den Groll und Argwohn zu Rom und
Ravenna, zumal des einflußreichen Heerführers Sarus, eines Gothen
und alten Feindes der Balthen[7]) und endlich gelang es, dem Kaiser
die Ermordung[8]) des Mannes abzubringen, der allein das sinkende
Reich gestützt hatte[9]).

---

1) Oros. VII. 37 barbaras gentes fovet; A. et gentem G. occulto foedere
fovet; Soz. IX. 4, mehr darf man auch nicht folgern aus Rutil. Num. II. v. 41
    quo magis est facinus diri Stiliconis acerbum
    romano generi dum nititur esse superstes . . (!)
    ~~immisit~~ Latiae barbara tela neci.
so noch de Boulainvilliers I. p. 11, dagegen Vogt p. 40 f.

2) Lucas III. 14 valdaiþ annom (ὀψωνίοις) izvaraim, ebenso Korinth I. 9, 7.

3) Vgl. Hegewisch S. 271. Der Haß der römischen Welt gegen die Gothen
war groß: das bezeugt der heidnische Rut. Num. I. v. 142. 386, wie der christliche
Prudent. c. Symm. II. v. 715—20, der über die Leichen frohlockt, welche die Ge=
filde von Pollentia bedecken.

4) Olymp. p. 449, Zos. V. 29.

5) Zos. V. 31: er wollte ihn nach Gallien ablenken, dies dem Empörer
Constantin zu entreißen, anders Vogt p. 40; irrig lassen ihn Ferreras II. § 14,
Ulloa, principio p. 298, de Catel p. 450, comtes de Toulouse p. 4, Dep=
ping II. p. 205 schon dahin aufbrechen.

6) Persönliche Sympathie, Thierry nouv. récits. p. 322, bestimmte einen
Staatsmann wie Stiliko nicht.

7) Olymp. p. 449.

8) 23. August a. 408 Clinton I. l. c.

9) Claud. in Ruf. I. mit Grund
    v. 274 qui paene ruenti
        lapsuroque tuos objeceris humeros orbi;
    VIII. v. 488 clypeum et defensorem;
vgl. Richter de St. p. 19 seq., auch Vogt p. 46; erst jetzt wurde wahr Rutil.
Numant. II. v. 49
    ipsa satellitibus pellitis Roma patebat
    et captiva prius quam caperetur erat.

Das nach Stiliko's, seines Sohnes und seiner barbarischen Garden Untergang (zu Pavia) erlassene Verbot, fortan Arianer oder Heiden in römische Dienste zu nehmen, kennzeichnet Geist und Richtung der ganzen Bewegung: sie war christlich, römisch-senatorisch, archaistisch, antibarbarisch [1]); Stiliko war freilich dem römischen Heidenthum entgegengetreten und hatte die sibyllinischen Bücher, die man in der Angst vor Radagais wieder befragt hatte, verbrennen lassen [2]), aber sein Sohn Eucherius ward der Hinneigung zum Heidenthum bezichtigt [3]): jedoch diese ganze antibarbarische, römisch-stolze Gesinnung war, soferne sie aufrichtig, ein eitler Anachronismus [4]) und hatte nur die Wirkung, ungezählte Barbaren aus dem Dienst des Kaisers und zu Alarichs Fahnen zu treiben.

Als dessen Forderungen [5]): Auszahlung der versprochenen Gelder, Abtretung von Pannonien und Geiselstellung [6]), von den Feinden und Nachfolgern Stiliko's abgewiesen wurden, drang der Gothenkönig Ende a. 408 wieder in Italien ein [7]) und alle die barbarischen Söldner, Heerführer, Beamten, Abenteurer, die zu der unterdrückten Partei des Ermordeten gehörten, fielen ihm in Masse zu [8]). Ohne Wider=

---

1) Bessel Gothen S. 228; so richtig, abgesehen von der manierirten Darstellung, Pallm. I. S. 14. 205. 270. 325, aber schon lang vor ihm Buat. VII. p. 140, Gibbon c. 80, Mast. I. S. 334, Leo L S. 280—283; vgl. v. Wietersb. IV. S. 221, Thierry nouv. réc. p. 332, Gérard I. p. 82, Reitem. p. 414, Rosenstein I. S. 185. 188, III. 206—219. Daher das Lob des Leiters der Intrigue, Olympius, eines eifrigen Heidenbekämpfers (vgl. Krafft I. 1 S. 21, Vogt p. 21) bei Augustin. ep. 124, dagegen Olympiod. p. 448. 450, man vergleiche z. B. Prudent. c. Symm. v. 711 mit Rutil. Num. II. v. 41—49.

2) Rut. Num. l. c.

3) Oros. VII. 38. Com. Marc. p. 277, Buse II. S. 173, Schlosser S. 184, Zeiß S. 7, Vogt p. 21—32, Broglie VI. p. 70. 84, bes. die treffliche Darstellung von Reumonts I. S. 602—716. 722; die Verbindung mit dem Haupt der heidnischen Partei, Symmachus, war enge Symm. ep. IV. 1—14.

4) Das verkennt doch Gibbon's glänzende Rhetorik c. 30. 31 p. 210, richtig Vogt p. 41.

5) Irrig läßt Zeller p. 19, Wislicenus II. S. 56 Alarich lediglich dem Racheruf der Söldner Stiliko's folgen.

6) Er hatte wohl nicht die versprochnen Summen voll erhalten Mast. I. S. 357, Luden II. 360, anders Rosenst. I. S. 187, Reitem. p. 412, vgl. Olymp. p. 448, Zos. V. 36, Philost. XII. 3, v. Reumont S. 737.

7) Von August bis Dezember a. 408 konnte Alarich unmöglich schon Rom belagern, so Clinton I. l. c., da Stiliko erst Ende August fiel.

8) Man glaubte, die Wittwe Stiliko's erwarte in ihm den Rächer und ermordete sie; nach Olymp. p. 418. Andeutung Zos. V. 38, Soz. IX. 6.

ſtanb, „wie im Triumphe“ [1]), mit ſtarken Verheerungen [2]) zog er über den Po, durch Tuſcien unb über Rimini unb Picenum, bas felſige Narni fruchtlos berennenb [3]), vor bie Thore von Rom [4]); wie wichtig bie Perſönlichkeit bes Königs [5]) zeigt bie Wirkung bes Gerüchtes von ſeinem Tob [6]) unb bes Nichtglaubens an ſeine perſönliche Anweſenheit im Lager [7]).

Ohne Sturm, burch Aushungerung [8]) ſuchte er bie Stabt zu bezwingen. Bekannt iſt bie Verachtung, mit welcher ber Gothe bie mit ihrer Volkszahl prahlenben Drohungen ber Römer belächelte [9]). Nicht ohne Intereſſe iſt es, ſeine Friebensbebingungen zu erwägen [10]): zuerſt verlangt er außer allem Golb unb Silber in ber Stabt Freilaſſung aller Sclaven barbariſcher Abkunft: zuletzt begnügt er ſich mit 5,000 Pfunb Golb, 30,000 Pfunb Silber, 4,000 ſeibnen unb 3,000 Purpur-Ge= wänbern unb 3,000 Pfunb Pfeffer, b. h. wohl „Gewürz“: in ber That ein „barbariſcher Contract“ [11]). Mit ſolcher Beute bezog er in Tuſcien Winterlager, wo noch viele Tauſenb entlaufene Sclaven zu ihm ſtrömten [12]). Der Kaiſer, beſſen thatloſes Leben unb träge Starrheit [13]) bas feſte Ravenna ſicher beſchirmte, war zu keinem Frie=

---

1) Proc. b. V. I. 2.

2) Uebertreibenb erklärt Proc. b. V. I. 2 aus bieſen ben Menſchen= unb Gelb=Mangel unb bie Stäbteverwüſtung in Italien zu ſeiner Zeit — 150 Jahre ſpäter; aber allerbings hob Nov. 10 Val. bie Veräußerungsbeſchränkungen bei Curialengütern wegen ber großen Belaſtung ber Stäbte burch bieſe Kriegszüge auf: hostium ruina fatalis qua Italia laboravit, a tempore quo A. Italiam in- travit.

3) Soz. IX. 6.

4) Zos. V. 36, Gibbon c. 31 p. 212; Enbe a. 408 ober Anfang a. 409, Pagi ad a. 410; vgl. Reitemeier, Paßm. I. S. 297, v. Wietersh. IV. S. 228.

5) Tali sub judice! Merobaudes VIII. v. 142.

6) Zos. V. 28.

7) V. 40; ſehr ausführlich, ſehr geiſtreich unb ſehr theatraliſch Thierry nouv. récits p. 348—410.

8) S. Hieron. ep. ad Principiam p. 170, Olymp. p. 449; er occupirte unb ſperrte bie bamalige Hafenſtabt Portus.

9) „Je bichter bas Gras, beſto leichter bas Mähen“; Rom zählte wohl lange nicht mehr bie anberthalb Millionen ber beſſern Kaiſerzeit v. Wietersh. Bevölker. S. 97.

10) Gibbon c. 31. Vgl. Reitem. p. 418.

11) Buſe II. S. 175; vgl. Thierry nouv. récits p. 385, Fauriel I. p. 79.

12) Zos. V. 42 f. angeblich 40,000.

13) Der Christipotens juvenis! bes Prudent. II. v. 711 c. Symm.; ſchabe,

bensſchluß mit Alarich, der abermals Waffenhülfe in allen Kriegen
antrug, zu bringen, trotz des Flehens des jetzt ſchutzlos zitternden Senats
und (ſpäter) des Biſchofs [1]) von Rom und der Bemühungen ſeines neuen
Miniſters Jovius. Dieſer, ein Bekannter des Gothenkönigs, verein=
barte mit ihm in einer Unterredung zu Rimini Friedensbedingungen,
wonach Alarich Jahrgelder, Getreide und in Venetien, Dalmatien
und Noricum Land erhalten ſollte. Außerdem ſchlug Jovius dem
Kaiſer vor, Alarich zum magister utriusque militiae zu ernennen [2]):
dann werde er vielleicht von jenen andern Forderungen Einiges nach=
laſſen. Honorius aber verwarf dieſe Bedingungen in einem hochfahrenden
Brief und Jovius, den Entſchluß des Kaiſers, an der anti = barbari=
ſchen Politik feſt zu halten, erkennend, wollte nun Kaiſer und Heer
und ſich ſelbſt ſolidariſch hiefür verpflichten: er beſchwor zu Ravenna
mit allen Truppen „ewigen Krieg den Gothen bei dem Haupt des
Kaiſers“ [3]). Auch Alarichs Verzicht auf das magisterium, die Jahr=
gelder, Venetien und Dalmatien, — er verlangte, mäßig genug [4]), nur
Noricum und Getreide für ſein Volk — änderte hieran nichts.

Dieſe Verhandlungen ſind lehrreich. Sie zeigen wie der Gothen=
könig vor Allem für ſein Volk [5]) ſorgen muß: für ſich kann er ver=
zichten auf Ehren, Gold, Vortheile, ſo heftig ihn die Abweiſung im
Augenblick gereizt hatte [6]). Das Volk aber, des langen Kriegs= und
Wanderlebens müde, verlangt immer und immer wieder [7]) nach der

---

daß der letzte römiſche Dichter, Claudian, ſein glänzendes Talent zum Lob eines
Schwächlings vergeudete, von dem er nur beharrliches Zuhauſebleiben zu verherrlichen
hat vgl. Vogt p. 8. 54; über die Einſchließungen Ravenna's Clinton I. l. c. Gut
hierüber Proc. b. V. L 2, der auch mit Recht das Gerücht verwirft, Honorius
habe ſelbſt die Weſtgothen zum Schutz gegen ſeine Unterthanen herbeigerufen: viel=
leicht ein Nachklang der Verbindung Stiliko's mit Alarich wider die Senatorenpartei.

1) Soz. IX. 7.

2) Faurial L p. 83. Mißverſtanden von Leo I. S. 284.

3) Anders Maſt. I. S. 358, Luden II. l. c.; vgl. Ulloa, principio p. 277,
Morales V. p. 837.

· 4) Zos. V. 51 ἐπιεικῶς καὶ σωφρόνως; vgl. v. Wietersh. IV. S. 231, Vogt
p. 47, anders und irrig Wislicenus II. S. 57.

5) Die τῷ γένει προσήκοντες Zos. l. c.

6) Nach Zos. V. 49—51, Soz. IX. 7 empört ihn beſonders die Verweiger=
ung der ἀρχὴ στρατηγίας, vgl. Roſenſt. I. S. 186, anders Köpfe S. 127, Beſſel
S. 228.

7) Zunächſt Brod, Soz. IX. 7, da man nicht ſelbſt hatte ſäen und ärndten
können.

unentbehrlichen Grundlage germanischen Volks = und Staatslebens: nach festen Sitzen auf eignem Boden, nach Ackerland und Pflugschar [1]), und solch zwingendem Bedürfniß muß der König seine persönliche Erbitterung bald zum Opfer bringen [2]).

Dabei ist bedeutsam, wie das Verlangen der Germanen sich immer mehr dem noch besser erhaltenen Herzen des Westreichs, Italien, zuwendet: sie begnügen sich nicht mehr gern mit den schon lange wechselnden Barbaren preisgegebnen und von gefährlichen Nachbarn bedrohten [3]) Außenprovinzen wie Thrakien, Mösien, Jllyrien, Panno=nien [4]): nur nothgedrungen läßt man sich mit Noricum abfinden: sie verlangen nach dem Kern des Reichs; wiederholt versuchen die West-gothen unter Alarich und Athaulf, in Güte oder Gewalt, die An-siedlung in Italien vom westlichen Kaiser zu erlangen [5]): allein noch gelingt nicht, was erst die Söldner Odovakars, die Ostgothen und Langobarden erreichen: die ersteren beiden unter Beseitigung eines abendländischen Kaisers, aber wo möglich aus Autorität des oströmi-schen, die letztern unverholen als bloße Eroberer, ohne west= oder ost=römische Autorität.

Alarich wollte Ansiedlung südlich der Alpen: ohne Autorität des Kaisers glaubte er diese nicht sicher und dauernd halten zu können [6]) — gewiß eine richtige Würdigung des damaligen wahren Machtverhält-nisses zwischen dem immer noch überlegnen Römerthum und einem heimathlosen Germanen=Volksheer, das, trotz aller vorübergehenden Waffenerfolge, ringsum Feinde und keinen Boden unter den Füßen hatte. Die römische Welt stand eben a. 408 noch ganz anders den Germanen gegenüber als etwa a. 478 oder a. 568 [7]).

---

1) Waitz I. 2 A. S. 308 „das Heer, auch wo es um Sold dient, sucht immer Land und feste Sitze einzunehmen, um so wahrhaft wieder zum Volke zu werden", vgl. Zos. I. 46, das ist die „quieta patria" des Jord. f. Köpke S. 124. 128, Rosenst. III. S. 166.

2) Soz. l. c.

3) Zos. 50.

4) Aus Oberpannonien führt Athaulf eine große Verstärkung auswandernder Gothen zu. Zos. V. 37.

5) Das Motiv verkennt Köpke S. 127.

6) Mehr kann ich Rosenstein Forsch. III. S. 163 nicht einräumen; andere Vermuthungen desselben (f. auch Köpke S. 128) S. 192 (über Abtretung Galliens) sind doch allzuwenig gestützt. Jord. hat Jahre und Thatsachen zusammengeschoben.

7) Man lese wie noch a. 417 Rutil. Num. von Rom und Italien „do-mina rerum" II. v. 17 (vgl. Ampére II. p. 9) 86 spricht: I. v. 48. v. 184:

Lebensfreudigste Genußsucht pulsirte noch in den Söhnen jener Tage; sie glaubten mit nichten an ihren bevorstehenden Untergang: „Lerne die Furcht vor Rom, wahnwitzige Welt der Barbaren" — mit diesem stolzen Wort schließt Claudian seine Verherrlichung von Stiliko's Siegen [1]). Wir freilich kennen den Ausgang und legen diese Kenntniß ganz unberechtigterweise [2]) bei Würdigung der damaligen Situation den Anschauungen der leitenden Männer jener Zeiten unter [3]).

An Errichtung eines gothischen Reiches anstatt des römischen in Italien war nicht zu denken [4]). Alarich brauchte Land für sein Volk, in Sitzen, die man nicht gegen andre Barbaren und die römische Weltmacht zugleich zu vertheidigen hatte, also unter Gewährung des Kaisers.

Honorius in dem festen Ravenna war zu dieser Gewährung nicht zu bringen gewesen: so schlug der König consequent den einzig offnen Weg ein: er beschloß, einen andern Kaiser aufzustellen, der, von ihm abhängig, gewähren müsse, was Honorius weigerte [5]).

Der Balthe zog zum zweiten Mal vor Rom [6]) und zwang den

---

porrige victuras romana in saecula leges,
   dum stabunt terrae, dum polus astra ferit.
ergo age sacrilegae tandem cadat hostia gentis,
   submittant trepidi perfida colla Getae;
aeternum tibi Rhenus aret, tibi Nilus inundet etc.

und Claud. XXVIII. v. 159 nec terminus unquam romanae ditionis erit, vgl. Lepsius de magnit. rom. p. 254 u. Wedekind p. 1.

1) Discite vesanae Romam non temnere gentes! b. G. ult.

2) Besonders wieder Littré p. 80.

3) Nur christliche Asketen etwa prophezeien die Katastrophe: Rom, sagt Salvian VII. p. 151, war nie so elend und so üppig wie heute: es hat vom sardonischen Kraute genossen: es lacht und — lacht bis es stirbt; auch p. 161—3 bezeugt er, obzwar tadelnd, das römische Selbstgefühl; vgl. Gregorov. I. S. 130, Simonis S. 27, Rosenst. Forsch. III. S. 163 u. besonders über die Inferiorität solcher Germanenschaaren gegenüber dem Weltreich Gaupp S. 181.

4) Wie Schäffner I. S. 77, Peuder I. S. 261; ganz irrig Dunham I. p. 98 „from the accession of Honorius the roman empire existed only by sufferance" — alsdann hätte es nicht noch achtzig Jahre existirt.

5) Diese Auffassung allein erklärt den bisher (z. B. Mast. I. S. 360, Luden II. S. 363, Schlosser S. 189, Vogt p. 48, v. Wietersh. IV. S. 231) unerklärten Schritt; schief Thierry nouv. récits p. 410 Attale „empereur du sénat" u. 412; viel zu günstig denken Alarichs Stellung Vogt p. 48. 51, Wislicenus II. S. 134 f., Köpke S. 156.

6) Zos. VI. 1. 6, Sos. IX., anders und irrig Philost. XII. 3.

Senat durch Bedrohung mit Sturm oder Aushungerung, in Allem seinen Willen zu thun, d. h. den Honorius abzusetzen und in der Person des Stadtpräfecten Attalus aus altsenatorischem Geschlecht [1]) einen neuen Kaiser zu erheben, welcher nun alle weitern Forderungen erfüllen mußte.

Attalus wurde von dem Bischof Sigisar zum Arianismus [2]) bekehrt; Heiden, denen er innerlich zuneigte, und Arianer hofften auf ihn; er ward in sorgfältiger Wahrung der Form mit Diadem, Purpur und den andern imperatorischen Insignien angethan [3]). Ferner ward nun Alarich magister militum, sein Schwager Athaulf comes equitum domesticorum [4]) und für sein Volk mochte der König bessere als die früher verlangten Sitze in Aussicht genommen haben, wenn erst friedliche Ansiedlung in Italien möglich geworden [5]).

Hier müssen wir bei dem nothwendig sich aufdrängenden Ge= danken verweilen: weßhalb ließ Alarich nicht sich selbst zum Kaiser ernennen, was doch für seinen Zweck [6]) das Einfachste gewesen wäre? Die richtige Beantwortung dieser Frage enthält die stärkste Bestätigung unserer Grundansicht von dem echt nationalen Ursprung und der scharfen juristischen Bestimmtheit des germanischen Königthums als eines Rechtsinstituts. Wenn die Stellung dieser Germanenkönige nur

---

1) Olymp. p. 449, Proc. b. V. I. 2.

2) Nach Soz. IX. 9 vom Katholicismus, wohl nicht vom Heidenthum (wie Krafft I. 1 S. 417, Maßmann Ulf. p. XXX.): ein Nichtgetaufter hätte a. 409 schwerlich Stadtpräfect von Rom sein können.

3) Proc. b. V. I. 2.

4) Olymp. ap. Phot. ed. Bekker. p. 449, Zos. VI. 6. 7, Oros. VII. 42, Proc. l. c., Soz. IX. 8, Philost. XII. 3, Bessel G. S. 228, Buat. VII. p. 178; über jene Würden Garnier p. 54.

5) Auch Geiseln verlangte und erhielt er, darunter war damals der junge (vix puberibus sub annis puer objectus geticis catervis, bellorum mora, foederis sequester) Aëtius; so richtig Wurm p. 8, nicht, wie Hansen oben S. 41 N. 8 a. 402. (W. hat die Schrift von H., scheint es, nicht gekannt), Merobaudes c. IV. v. 41—46 mundi pretium — fuit paventis — das kann nur die Stadt (intentas Latio faces removet, ferner VIII. v. 128 cum telaque Tarpejas premeret arctoa secures, 130 pignusque superbi foederis et mundi pretium) Rom meinen.

6) Proc. b. V. I. 2 legt ihm nur die Absicht bei, Honorius durch Attalus zu ersetzen; aber weßhalb? Auch Gibbon c. 31 schweigt auf diese Frage wie Zeuß S. 419, Köpke S. 127, sehr kurz v. Reumont I. S. 739, besser aber nicht er= schöpfend Lehuérou inst. mérov. I. p. 175.

auf römischen Civil= und Militair=Aemtern und dem Föbus ruhte[1]), weßhalb hat dann gar niemals ein echter Germanenkönig, so oft sie es gekonnt hätten, die höchste Stufe auf dieser römischen Leiter für sich selbst in Anspruch genommen, warum hat weder Alarich noch Athaulf[2]), weder Genserich noch Theoberich noch irgend einer der folgenden Italien nach völliger Erledigung des weströmischen Kaiser=stuhls beherrschenden Gothen= und Langobarden=Könige sich als west=römischen Kaiser ausrufen lassen? Weßhalb beburfte es erst so langer Vorbereitung bis, und weßhalb erschien es als etwas so ganz Außer=ordentliches, als die Eröffnung einer neuen welthistorischen Aera, daß endlich Karl der Große den weströmischen K a i s e r titel annahm, ohne indeß den Titel „K ö n i g d e r F r a n k e n" aufzugeben? Offenbar machte sich Alarich beßhalb nicht aus einem Germanenkönig zum römischen Imperator, weil zwischen diesen beiden historischen, aus grundver=schiedenen Rechtsanschauungen erwachsenen, selbständigen Rechtsinstitu=tionen in den Gedanken der Römer und Germanen eine unübersteig=liche Kluft bestand[3]), weil das germanische Königthum nicht eine h o h e römische Civil= und Militairwürde war, von der man zur h ö c h s t e n römischen Civil= und Militairwürde aufsteigen mochte; Verschiedenheit der Wesensart[4]) trennte alternativ beide juristische Möglichkeiten: freie Germanen k o n n t e man nicht als römischer Imperator beherrschen, nur im Krieg dem imperium Unterworfene.

Anderseits hatte, wer echtes Königthum besaß, gar nicht das Be=bürfniß einer andern Gewalt über Germanen: wäre Königsherrschaft über Germanen Folge römischer Würden gewesen, jeder Germanenfürst, der konnte, hätte nach der höchsten römischen Würde trachten müssen.

Nicht die Scheu vor der einem Barbaren unerreichbaren Majestät der römischen Kaiserwürde lag jener Enthaltung zu Grunde, wie man oft behauptet. Denn schon seit Jahrhunderten sehen wir wiederholt

---

1) v. Sybel S. 167. 169; extremste Consequenz hievon bei Weber S. 145: „den Germanen war das Königthum ursprünglich fremd".

2) Denn Köpke's Auffassung von Oros. VII. 43 kann ich nicht theilen; nach Socr. VII. 10 verschmäht Alarich die oströmische Krone (!).

3) Ich möchte daher nicht sagen, Alarich verschmäht die Kaiserkrone, wie v. Giesebr. I. S. 55, der überhaupt die Germanen zu stark und das Kaiserreich zu schwach barstellt.

4) Daher hat Wulfila neunmal das in der That unübertragbare Caesar, Kaīoap des Textes unübersetzt gelassen: Kaisar, und niemals þiudans bafür gesetzt.

Barbaren sich mit dem kaiserlichen Purpur bekleiden, auch einzelnen
Germanen, Nicht-Königen, traute man wenigstens gleiches Trachten zu:
es wurde also der Vorgang für möglich gehalten. Warum haben nun
Alarich, Athaulf, Theoderich, Alboin nicht dasselbe gethan? Eben weil
sie, neben ihren römischen Würden, echte Könige eines germanischen
Volkes und weil solche Könige etwas Andres waren als jene bloßen
Abenteurer im römischen Dienst, die, wenn sie auch etwa als Gefolgsherrn über germanische Schwerter geboten, doch als Basis ihrer Macht
nur römische Würden hatten und deßhalb die höchste römische Würde
erstreben mußten und konnten. Nichts zeigt klarer als diese Betrachtung
den specifischen Rechtsunterschied zwischen dem alt-nationalen germanischen
Königthum und jenen römischen Civil- und Militair-Gewalten, aus
deren Anhäufung in der Hand eines Germanen man das germanische
Königthum hat entstehen lassen wollen. —

Der größte Theil Italiens fiel [1] anfangs Attalus zu. Zur
Bekämpfung des dem Honorius treu bleibenden Statthalters Heraklian
von Afrika, des Mörders Stiliko's, wurden Truppen übergesetzt:
Alarich [2] zog vor Ravenna, den Sohn des Theodosius in seine Gewalt
zu bringen. Honorius war damals schwer bedrängt [3]: seine Beamten
und Generale fielen von ihm ab, er bot dem Gegenkaiser Theilung
der Herrschaft an [4]: aber Attalus wollte ihm nur das Leben, doch
in Verbannung „und nicht ohne Körperverstümmlung" gewähren.
Schon wollte Honorius nach Byzanz [5] entfliehn und Italien aufgeben: da trat plötzlich ein Umschlag ein.

Heraklian hatte die Truppen des Attalus geworfen [6], er schickte

---

1) Freilich nur gezwungen von Alarich Zos. VI. 10.

2) Oder, wie man es nannte, Attalus Olymp. p. 452: nach Proc. b. V.
I. 2, beide; Soz. IX. 8.

3) Proc. b. V. L 2 καραδοκοῦντι καὶ ἐν τριχυμίαις φερομένῳ, ferner τὰ
ἔσχατα ἀπορουμένοις, vgl. Gibbon c. 31; man flüchtete damals vor den Gothen
von Ravenna nach Unteritalien und Sicilien, so Turranius Rufinus, wie ich
Bähr I. S. 207 entnehme.

4) Soz. IX. 8.

5) Zos. VI. 7 f. nach Olymp. p. 451 l. c. oder nach Afrika Proc. b. V.
I. 2, Soz. IX. 8, Philostorg. XII. 3, Gibbon c. 31; Detail, das uns hier nicht
interessirt, f. bei Rosenstein Forsch. I. S. 173, Pallm. I. S. 305 f. und „Alarich"
bei Pauly S. 291.

6) Zos. VI. 9.

4*

mit diefer Siegesnachricht Gelb [1]) und bedrängte Rom durch Ab=
fperrung der Zufuhr dermaßen [2]), daß die Stadt fich gegen Attalus
und für Honorius erklärte [3]): auch die abgefallenen Feldherrn traten
jetzt wieder zu diefem zurück. Alarich aber fand die Sumpf=Linien
von Ravenna undurchbringbar und befchloß feinen Gegenkaifer, deffen
Unverftand [4]) und hochfahrender, ja gefährlicher Eigenfinn [5]) — (wider
den Rath Alarichs fchickte er Führer faft ohne Truppen nach Afrika,
weil ihm die Seher kampflofen Sieg verheißen [6]): auch verfprach
er den Römern Herftellung der alten Weltherrfchaft [7]) und wähnte,
Alarichs fich als Werkzeugs hiezu bedienen zu können: er zog unfähige
Römer den von Alarich empfohlenen Germanen vor und der Gothe fing
mit Grund an, feinem Gefchöpf zu mißtrauen, er plane, nach Be=
feftigung in der Herrfchaft, ihm und den Seinen den Untergang) [8] —
ihn verdroß und der nach dem Abfall der Römer keinen Werth mehr [9])
für ihn hatte, einer Verftändigung mit Honorius zu opfern, der
doch allein fich in Wahrheit als Imperator behauptet hatte [10]). Er
fetzte jenen in einem feierlichen öffentlichen Act zu Rimini [11]) ab und
fchickte Purpur und Diadem — fie felbft anzulegen fällt ihm auch
jetzt nicht in den Sinn — mit neuen Friedensanträgen an Honorius [12]).
Aber diefer wies ihn ab: ein Sieg des Sarus, der fich nach

---

1) Auch Soldaten kamen nach Ravenna von Byzanz Proc. l. c., Socr. l. c.,
Soz. l. c.

2) Zos. VI. 17, Soz. IX. 8.

3) Hievon fchweigt Luden II. S. 364 völlig.

4) Proc. b. V. I. 2 οὔτε αὐτός τε νοεῖν ἱκανός.

5) l. c. οὔτε τῷ εὖ εἰπόντι πεισθῆναι; wohl nach Olymp. p. 452 μὴ πειθό-
μενος 'Αλαρίχῳ.

6) Soz. IX. 8.

7) Vgl. Reitem. p. 421. 423.

8) Vgl. Köpke S. 27, Vogt p. 48, Thierry récits nouv. p. 423, anders
Leo I. S. 285.

9) Auch feine Neigung zu den Heiden fchadete: „der Chriftengott widerftrebte
feiner Herrfchaft", Fauriel I. p. 88, nach Zeller p. 20 ebenfo das Arianifche
Bekenntniß dem Gothenkönig bei den Italienern.

10) Philoft. XII. 8.

11) Nicht Rom wie Soz. IX. 8.

12) Soz. IX. 9. Abfichtliche Verhöhnung wie Socr. VII. 10 des imperium
lag Alarich fehr fern; Attalus folgte als Privatmann (Gothis cohaesit, Prosper)
oder Gefangener (Proc. b. V. I. 2) dem gothifchen Lager.

längerem Schwanken durch seinen Haß gegen Athaulf[1]) oder Alarich[2]) wieder ganz für die Römer hatte entscheiden lassen, mochte seinen Muth erhöhn, der freilich hinter den Gräben, Canälen und Thürmen von Ravenna ziemlich wohlfeil war[3]).

Der Gothenkönig zog ab von dieser unbezwingbaren Festung der Sümpfe und zum dritten Mal vor die Thore Roms, welche er sich durch Verrath[4]) oder Gewalt[5]) öffnete[6]). Ebenso schwanken die Be= richte über den größeren oder geringeren Grad der Zerstörung und Plünderung bei der Einnahme; jedenfalls erfreuten sich die Kirchen, wie der Anerkennung des Asylrechts[7]), so auch im Uebrigen großer Schonung oder doch baldiger Restitution und offenbar hat man das Maß der Verwüstung sehr übertrieben — namentlich ist bei Selbst= Widerspruch des nämlichen Schriftstellers das Rhetorische in der Dar= stellung abzuziehen[8]).

---

1) Olymp. p. 450, Zos. VI. 13.

2) Olymp. p. 449.

3) Olymp. p. 452, Zos. VI. 12. 13, Soz. IX. 9, Oros. VII. 42, Buat. VII. p. 204, Masc. I. S. 362.

4) Proc. b. V. I. 2, Soz. IX. 15, so Gibbon c. 81.

5) Oros. l. c. ep. Hieron. ad Principiam. So Luden II. S. 578.

6) 24. Aug. a. 410 Clinton L l. c., Köpke S. 127.

7) Idac. p. 15, August. civ. Dei I. 7. 34, II. 1 de urb. excid. VI. p. 716—24. Hieron. ad Princip. Oros. VII. 39, Soz. IX. 10.

8) Vgl. Com. Marc. p. 277, so Proc. b. V. I. 2 Augustin. de excid. VI. p. 716—24 retractationes II. 43 de civ. Dei XV. 2, I. 12. 13. Hieron. ad Gaudent. p. 130. „Reiche Beute" Olymp. p. 449, Socr. VII. 10, v. Wietersh. IV. S. 235, Thierry nouveaux récits „le sac de Rome", Troya I. 4. b. p. 434, Valiente l. c., Romey II. p. 23, Montalembert I. S. 157, Wislicenus II. S. 59, Zöller S. 289. Dagegen derselbe Augustin. de civ. Dei I. 7. 14, III. 29 und derselbe Hieron. ad Principiam p. 170: der „Brennus unsrer Tage", dann Idac. p. 15 Rut. Numant. I. p. 119 sagt nur tristem casum; nach Oros. VII. 39, II. 19 (hienach Isid. p. 251: daselbst die Legende mit Alarichs Wort: cum Romanis gessi bellum, non cum apostolis Dei) verbrannten nur einzelne Häuser. s. Hugo Grot. p. 51 de Lusan, Ataulfo p. 260, Joh. Magn. Goth. p. 489, Masc. I. S. 364, Luden II. S. 366, Krafft I. 1 S. 422, Buse II. S. 178—180 (Legenden), Vogt p. 89, Gérard I. p. 83. Aeltere Literatur s. bei Gibbon l. c., Schlosser S. 192, Gregorov. L. S. 146, Köpke S. 128; das meiste Material bei Bessel G. S. 240, treffend schon Barth. ad Rut. Num. p. 197 ut quisque paganismo, imperatori, Gothis, Christianis, Stiliconi, Alaricho faventior; vgl. v. Reumont I. S. 740—743, Wirth I. S. 360, Bähr I. S. 95, Rückert C. G. I. S. 247; viel Irriges bei Cénac Moncaut I. p. 196 f.

Alarich aber mußte trachten, das reiche Afrika[1]) zu gewinnen, noch immer die Kornkammer Roms und Italiens, das seinen Getreide=bedarf wegen der Latifundienwirthschaft nicht selbst zu erzeugen ver=mochte und beßhalb, wie die letzten Vorgänge deutlich gezeigt, ohne Beherrschung der libyschen Häfen nicht zu behaupten war: der König zog daher alsbald[2]) von Rom über Campanien, — in diese Tage fällt die Belagerung und Einnahme von Nola und die längere Gefangen=schaft des Bischofs Paullinus[3]) — dann über Bruttium und Rhegium nach Unteritalien, um zunächst nach Sicilien überzusetzen, der alten Brücke zwischen Italien und Afrika. Jedoch ein Sturm zerstörte seine Schiffe in der Meerenge von Messina — die schöne Sage von der Statue, welche den Barbaren den Uebergang wehrt[4]), konnte nicht vor Alarich entstanden sein, da vor ihm kein Barbar (seit Hannibal) Unteritalien betreten: flüchtigen Römern suchten die gothischen Reiter damals „mit schwimmenden Roßen" auf die Inseln nachzusetzen[5]) — und bald darauf starb der Gothen=Held, der von allen Germanen=Königen am Tiefsten in den Süden vorgedrungen war, in der Blüthe seiner Jahre[6]).

Die poesievolle Bestattung seiner Leiche unter der melodischen Busentowelle lehrt einerseits, daß noch uralte Germanensitte[7]) damals

---

1) Rut. Num. I. v. 147
  quin et foecundas tibi conferat Africa messes;
Symm. ep. IV. 4. VII. 68, Salv. VI. p. 188, vgl. Leo I. S. 285 (neben Sar=dinien und Sicilien).

2) Ueber die Dauer seines Aufenthalts 6 Tage (Chron. Marc. com. p. 278) oder 3 Tage (Chron. brev. Ronc. II. p. 259, Oros. VII. 39) und die Motive seines Abzugs (sicher nicht Furcht vor einem Heere aus — Byzanz wie Socr. VII. 10) Masm. L. S. 367, anders Luden II. S. 369. 579, Gregorov. L. S. 155, Bessel G. S. 236, v. Bethm. H. g. P. I. S. 177.

3) Paull. Nol. p. 117, Bischof seit a. 409 Bähr S. 50. Buse II. S. 207 sucht die selbstwidersprechende Tradition (zuerst bei Greg. magn. dial. III. 1) von der Gefangenschaft Paullins (als Gärtner) bei dem Eidam des Vandalenkönigs auf den Schwager des Gothenkönigs zu übertragen, statt die Legendenschablone zu erkennen.

4) Olymp. p. 453.

5) Rut. Num. I. v. 334.

6) Ende a. 410. An einer Krankheit Proc. l. c., Oros. VII. 43 „den über=menschlichen Anstrengungen"! Riehues S. 374; über Sagen und Aberglauben hiebei Olymp. p. 452. — Jord. c. 30, viel Rhetorik bei Thierry récits p. 463—484 la mort d' Alaric.

7) Grimm, Gesch. d. d. Spr. I. S. 135; nichts hierüber bei Bergmann, les Gètes p. 281 „la sepulture", les Scythes, „funerailles" p. 71; s. Cluver p. 360.

bei den Weftgothen dauerte, anderseits aber verräth sie leise — so fühlt man sich beinah verfucht zu meinen — das Gefühl des Volkes, nicht ftarf genug zu sein, das Grab ihres Königs durch Aufrichtung dauernder Herrschaft in der Halbinsel zu beschützen.

Zu Alarichs Nachfolger wurde gewählt Athaulf (a. 410—415), der Bruder feiner Gattin[1]), eine — nach beftimmtem Quellenzeugniß[2]) wie nach dem Gefammteindruck feiner Handlungen — bedeutende Per=fönlichkeit. Von feiner Vorgeschichte wiffen wir ficher nur, daß er Alarich aus Ober=Pannonien Verftärfungen zugeführt hat[3]); er mag ein altadliges Geschlechterhaupt und ein mächtiger Gefolgsherr gewefen fein: jedenfalls erscheint er immer als abhängiger, wenn auch erfter, Heerführer Alarichs[4]).

Er gab, scheint es, alsbald den fühnen Plan, nach Sicilien und Afrifa überzufetzen und damit auch den Gedanfen der Behauptung Italiens auf[5]). Die nächften zwei Jahre nach Alarichs Tod waren

---

1) Olymp.: ὁ τῆς γυναικὸς ἀδελφός p. 450 Idac. p. 15, Marc. Chron. p. 278 propinquus ungenau; nicht hatte Athaulf eine Schwefter Alarichs wie Cénac Moncaut I. p. 206; nicht „Schwiegervater"! Ferreras II. § 3. § 21 „Bruder", endlich richtig § 33; „Vetter" Rofenft. Weftg. S. 3, cousin, Mayerne p. 165, frater Vogt p. 47, vgl. Fauriel I. p. 103; fehr boshaft und giftig, aber oft zutreffend die Kritif diefer Unachtfamfeiten des Ferreras bei Berganza crisis. z. B. p. 48 über Narbonne.

2) Oros. VII. 43 animo viribus ingenioque nimius vgl. Fauriel I. p. 103.

3) Oben S. 41 N. 9. Zof. V. 37; was Pallm. I. S. 261 von einer dem König ebenbürtigen Stellung dortfelbft anführt, find grundlofe Vermuthungen.

4) Vgl. Rofenft. I. S. 193; wenn Olymp. p. 459 erzählt, ein ῥήξ μοίρας γοτθικῆς fei durch ihn getödtet worden, woher noch a. 414 eine „alte Feindfchaft" in Dubios, dem Diener jenes Gemordeten, glimmt, fo befagt dies für Athaulfs Stellung in Pannonien wenig (Büdinger öfterr. G. I. S. 39 läßt ihn des Ermordeten Thron einnehmen), wenn auch jene That dorthin zu verlegen; vielleicht liegt eine Verwechs=lung mit Sarus vor, den aber Olymp. schwerlich ῥήξ nennen würde, nachdem er p. 449 denfelben nennt πλήθους μὲν ὀλίγου ἐπάρχοντα, ἄχρι γὰρ διακοσίων ἢ καὶ τριακοσίων ὁ λαὸς ἐξετείνετο, ἄλλως δὲ ἡρωϊκόν τινα καὶ ἐν μάχαις ἀκαταγώνιστον.

5) Anders Köpfe S. 130; aber die Nachricht, daß er abermals Rom einge=nommen und geplündert und jetzt erft Placidia gefangen habe, Jord. c. 31, Olymp. p. 449, Oros. VII. 40, Idac. p. 15, vag. Chron. Marc. p. 278 u. Jord. felbft de regn. succ. (oder Placidia's Fürbitte Rom gerettet Ruhnfen. p. 24) ift un=glaubwürdig, f. auch Maff. I. S. 368, Köpfe S. 132, Rofenft. S. 3, anders Luden II. S. 579, zweifelnd Troya I. 4 b. p. 485; ob er fich nach Tufcien zurück=gewendet und dort niedergelaffen habe, ift aus L. 7 Cd. Th. XI. 28 nicht zu erweifen wie Tillemont art. 51 fur Honoré Maff. I. S. 375, Afchb. S. 98,

wohl durch wechselnde Verhandlungen und Feindseligkeiten mit Honorius ausgefüllt, (dessen einflußreiche Schwester Placidia schon seit a. 408 im Lager der Gothen als Gefangene[1]), Geisel[2]), und Vermittlerin lebte)[3]), unter allmäliger Rückbewegung aus dem gefährlichen Süden nach dem sicherern Nordwesten der Halbinsel. Im Jahre 412 aber[4]) führte Athaulf sein Heer und Volk[5]) aus Italien nach Gallien, offenbar in der Absicht, hier die vergeblich gesuchten ruhigen und unabhängigen Sitze zu gewinnen. Ob dabei mit Honorius ein Vertrag dahin geschlossen wurde, daß die Gothen im Einvernehmen mit dem Feldherrn Constantius „für den Kaiser" Gallien von dem Anmaßer Jovinus[6]), welchen Burgunden und Alanen unterstützten, Spanien von den Vandalen, Alanen und Sueven befreien, in beiden Provinzen den Aufruhr der verzweifelnden Bauern, den Bundschuh der Bagauden, niederwerfen und alsdann diese Länder zugleich für sich und den Kaiser wider andere Barbaren vertheidigen sollten oder ob Athaulf auf eigne Faust sich nach Gallien wandte — diese Frage ist nach dem Stand der Quellen nicht sicher zu entscheiden[7]): jedenfalls mußte

---

Rosenst. l. c., sicher sind nur Verheerungen dieser Provinz nach jener Stelle u. Rut. Num. I. v. 39 seq.

      postquam tuscus ager postquamque aurelius agger
      perpessus geticas ense vel igne manus.

1) Idac. p. 15.

2) speciale pignus Oros. VII. 40.

3) Ruhnken. p. 22.

4) Irrig a. 414 Isid. p. 1063 (richtig Clinton I. l. c.); der contin. Prosp. ed. Hille p. 85 ist so schlecht unterrichtet in diesen Dingen, daß er die von Narses besiegten Ostgothen a. 555 nach Spanien ziehen läßt.

5) στρατός Proc. b. V. I. 2 exercitus Jord. l. c., über diesen Ausdruck f. A. II. S. 246.

6) Auf die übrigen gallischen Wirren — Constantin, Gerontius — habe ich nicht einzugehen.

7) So auch Pfister I. S. 230, Morales V. p. 341, Fauriel I. p. 112; gegen einen Vertrag Vaissette I. p. 164, M. de la Huerta p. 228, gut p. 241—242, Ulloa, principio p. 295, Leo I. S. 286 nimmt dagegen Vertrag mit Jovinus und wie de Luzan, Ataulfo p. 250, ganz irrig, nach Athaulfs Abzug noch gothische Besetzung Liguriens an. König von Italien nennt ihn de Luzan p. 248—250. Für einen mit Honorius abgeschloßnen Vertrag über Abtretung Galliens — (und Spaniens, so Rico y Amat. I. p. 6) man wäre hienach auf den schon a. 408 mit Alarich verhandelten Plan zurückgekommen so Sempere I. p. 56 (historia), — Gothofr. proleg. c. 5 Nota y, Masdeu X. p. 10, Alteserra aquit. p. 342, Ferreras II. § 33 (aber nach Illyrien ist Athaulf nicht gezogen! § 41.) de Luzan, origen p. 105, Ataulfo p. 247. 249, Gibbon c. 31, Lafuente II. p. 248, Dun-

Honorius den Abzug der Gothen aus seiner Nähe und ihre Kämpfe mit Jovinus und den Barbaren in dermalen doch für ihn verlornen [1]), und durch jene Bauernrevolution zerrütteten Provinzen mit demselben Interesse sehen wie später Zeno den Aufbruch Theoderichs gegen Odovakar und nach Italien. Die Ziele aller germanischen Strebungen in dieser Zeit — Sitze in römischen Provinzen gegen Selbstvertheidigung unter strengerer oder linderer Abhängigkeit vom Kaiser — schwanken im letzteren Puncte nach der jeweiligen günstigeren oder ungünstigeren Lage Roms oder der Barbaren selbst in immer wechselnden Schattirungen und die Motive für Annäherung oder Gegensetzung zu Rom lassen sich nur in seltnen Fällen heute noch bestimmt beweisen.

In Gallien angelangt sucht Athaulf, statt den Jovinus zu bekämpfen, sich mit demselben auf Rath des alten Gegners des Honorius, des Attalus, welcher als Privatmann das gothische Volksheer begleitete, zu verständigen: eine Unterredung zwischen beiden hatte aber keinen Erfolg: Jovinus zog es vor, so scheint es, sich mit Sarus, dem Gegner der Balthen zu verbinden [2]), der, von Honorius wegen der Ermordung eines seiner Gefolgsleute (δομέστικος) Bellari (Viljarip?) wieder abgefallen [3]), eben nach Gallien unter Weges war. Als Athaulf dies

ham I. p. 100, Zeuß S. 419, Troya II. 8 p. 1563, Krafft I. 1 S. 425, Bornh. I. S. 174, Buse II. S. 182, Zeller p. 22, Pfahler S. 55, v. Reumont I. S. 744, vgl. Sotelo p. 82, Valesius p. 111, v. Langethal I. S. 44, Wislicenus II. S. 61, Bind. I. S. 11 ist zuzugeben, daß „dari" (oder obtinere vgl. Gingins la Sarraz établissem. p. 193, der einen Vertrag annimmt, aber: „allié douteux et formidable") und „ingredi" den Unterschied von vertragsmäßigem Einräumen und gewaltsamem Erobern ausdrückt und Prosper hier von ingredi spricht: ob aber die einzelne Quelle ihr dari oder ingredi jedesmal richtig anwendet, ist eine andre Frage; ältere Spanier wie Lopes Madera p. 8. p. 17, de Lusan, Ataulfo p. 247 legen auf die Abtretung an Alarich oder Athaulf größtes Gewicht, um die Legitimität und das hohe Alter des spanischen Thrones gegenüber dem „illegitimen" französischen und deutschen Reich darzuthun, (jedoch keine Unterordnung unter Rom, Valiente) Joh. M. Goth. p. 441 läßt Athaulf, den rex externus, (wie ihm alle Gothenkönige außer Schweden heißen) aus Liebe zu Placidia Rom und Italien dem Honorius „schenken". v. Bethm. H. r. P. III. S. 28 Abzug „weil das ausgesogene Land sie nicht ernährte".

1) Hieron. ep. 123 ad Ageruchiam; vgl. Zöckler S. 285, Walckenaer II. p. 374, Erhard I. S. 80.

2) Olymp. p. 454; Prosper ed. Pithoeus p. 747, Atholphus . . a societate Jovini avertitur sehr dunkel; dafür Gibbon c. 31 p. 292, Köpke S. 132, Fauriel I. p. 116; unentschieden auch Mask. I. l. c., Edblad p. 20, Lembke a. a. O. (bei v. Bethm. H. P. S. 177 steht Avitus wohl verdruckt für Jovinus).

3) Nach Soz. IX. 13 tritt Sarus als τύραννος gegen Honorius auf. Viel-

erfuhr, überfiel er mit größter Uebermacht [1]) den verhaßten Lands=
mann und Rival und ließ ihn nach grimmiger Gegenwehr tödten.

Wahrscheinlich hatte sich Athaulf mit Jovinus in Gallien theilen
wollen [2]): denn er bricht mit ihm sofort, als dieser statt beßen seinen
Bruder Sebastian zum Mitregenten annimmt, und sucht wieder nach
Verbindung mit Honorius: er verspricht, die Köpfe der beiden An=
maßer in Bälde nach Ravenna zu liefern und Placidia frei zu geben
gegen eine reiche Getreidespende an sein Volksheer, das in diesen
Wanderungen sich nicht durch Ackerbau hatte nähren können: ver=
muthlich waren feste Sitze für die Gothen in Gallien eine weitere
stillschweigende Voraussetzung des Vertrags. Athaulf vereinte sich mit
dem kaiserlichen Präfecten Darbanus: er eroberte Valence, Darbanus
Narbonne [3]), und die Köpfe der beiden Brüder, die sich in diesen
Städten vertheidigt hatten, gelangten richtig nach Ravenna [4]).

Aber bald beschuldigten sich Honorius und Athaulf gegenseitig,
den Vertrag nicht erfüllt zu haben: die Getreidespende blieb aus und
Placidia blieb im Lager der Gothen [5]). Der König war zu neuen
Feindseligkeiten gezwungen, sein Volk zu versorgen: ein Versuch auf
das reiche Marseille wurde von dem kaiserlichen Feldherrn Bonifacius [6])
blutig abgewiesen [7]), dagegen gelang es, im Herbst durch List [8]) — die
gothischen Krieger ließen sich bei der Weinlese auf den Aerndtewagen
der Winzer unter Reblaub verborgen in die offenen Thore fahren —

---

leicht auch wegen der Annäherung zwischen dem Kaiser und Athaulf, umgekehrt
Rosenst. S. 5.

1) Olymp. l. c. spricht von 10,000 gegen die 18 oder 20 Begleiter des Sarus,
der überhaupt höchstens über 300 Gothen gebietet.

2) So auch Luden II. S. 375, der aber S. 580 Anm. 12 u. 581 Anm. 15
den Einfluß des Constantius zu früh einsetzt, f. auch Rosenstein Westg. S. 5 (gegen
Gibbon u. Fauriel) Derichsweiler S. 21.

3) a. 413 Olymp. p. 455, Prosper p. 647 (747), Idat. ad a. 413; übles
Lob von Jovin, Gerontius, Darbanus Apoll. s. V. 9.

4) Irrig die Chronologie bei Philostorg. XII. 6.

5) Olymp. p. 455. 456.

6) Vgl. A. I. S. 148.

7) Olymp. l. c. 456, Athaulf selbst verwundet; Wurm p. 31.

8) Idac. p. 17; über die Chronologie vgl. Vaissette, hist. de Languedoc I.
p. 642 u. Aschb. S. 100 gegen Tillem. a. 51 sur Honoré, anders Masf. L.
l. c. u. Gibbon c. 31.

Narbonne und von da aus auch Toulouse[1]) und ohne Gewalt[2]) das wichtige Bordeaux zu gewinnen[3]).

Die Friedensverhandlungen scheinen namentlich an dem hart= näckigen Verlangen der Auslieferung Placidia's gescheitert zu sein, deren Hand Constantius, der jetzige Beherrscher des Kaisers, zugesagt erhalten hatte und zur Befestigung seiner Stellung für unentbehrlich halten mochte[4]). Aber aus ganz ähnlichen Motiven wollte der Gothenkönig die Tochter des Theodosius nicht von sich lassen[5]): sie war bis dahin als Geisel immer die beste Bürgschaft für eine Wiederverständigung mit dem Kaiser gewesen. Jetzt ging Athaulf weiter: er konnte, man sieht das klar, entfernt nicht daran denken in feindlichem Gegensatz zu der überlegenen römischen Culturmacht in Gallien, bloß als barbarischer Eroberer, für sich und sein Volk auf die Dauer Herrschaft und Wohnsitz zu behaupten: er mußte um jeden Preis die römische Welt mit sich und den Seinen versöhnen[6]). Versagte ihm das hiefür geeignetste Mittel: Genehmigung der gothischen Niederlassung und Verleihung römischer Civil= oder Militairwürden durch den Kaiser selbst, so bot sich als zweitbeste Auskunft die engste Verbindung mit der glänzenden und bedeutenden Placidia, welche, die Tochter und Schwester römischer Kaiser, als die personificirte römische Legitimität erschien. Als Gatte Placidia's mochte Athaulf, auch ohne den Willen des Kaisers, den Römern in Gallien als Schützer sich empfehlen und er hatte immer noch Hoffnung, alsdann auch die volle Anerkennung seines Schwagers in Ravenna zu gewinnen. Offenbar wollte Athaulf ähnlich wie Stiliko die Stütze des Reiches und — der Beherrscher des Kaisers werden, aber nicht wie jener am Hofe, isolirt, ohne nationalen Rückhalt, sondern im fernen sichern Gallien und geschirmt durch sein Volkskönig= thum. Die Stellung Stiliko's und zwar ganz in dessen Weise hatte nun aber auch Constantius für sich ausersehen und deßhalb ist Con=

1) Rutil. Numant. v. 496:
       et colere externos capta Tolosa lares.
2) Paull. Pell. Eucharist. v. 312:
       nostra ex urbe Gothi fuerant qui in pace recepti.
3) Paullin. v. 311.
4) Sie war auch an sich begehrenswerth Olymp. p. 456.
5) Es knüpft Athaulf ihre Auslieferung absichtlich an unannehmbare Beding= ungen.
6) Vgl. Volz p. 11, Rosenst. Westg. S. 5, v. Sybel S. 47, anders Fauriel I. p. 123.

ftantius, nicht der Kaiser. der eigentliche Feind des Athaulf bis zu dessen Tode[1]). Die Vermählung des Gothenkönigs mit Placidia wurde zu Narbonne[2]) mit unverkennbarer Absichtlichkeit in solcher Form gefeiert, daß die Braut in Tracht und Ceremoniell als Repräsentantin des römischen Imperatorenthums erschien: die Hochzeitsfeier wurde nicht, wie es Rechtens gewesen wäre, in germanischem, sondern mit ängstlicher Sorgfalt in streng römischem Stil abgehalten: der Gothenkönig selbst erschien in römischer Tracht und nahm den zweiten, die Imperatrix den ersten, den Ehrenplatz ein[3]): alle Welt sollte in dieser Heirath die Verschmelzung des legitimen Römerstaats mit dem Westgothenvolk als Vertreter des längst in's Reich recipirten Germanenthums erblicken, und in der That glaubten viele Zeitgenossen damals dieses Ziel durch jenen gleichsam symbolischen Act erreicht[4]): „man glaubte erfüllt die Prophezeiung Daniels von der Verbindung des Herrschers im Osten mit dem König des Nordens"[5]).

----

1) Das haben alle bisherigen Darstellungen z. B. Morales V. p. 356 über= sehen, f. bef. Olymp. p. 458.

2) Januar a. 414 Clinton I. l. c.

8) Olymp. p. 458 προκαθεσθείσης Πλακιδίας ἐνπαστάδι τε 'Ρωμαικῶς ἐσκευασ= μένη καὶ σχήματι βασιλικῷ, συγκαθέζεται αὐτῇ καὶ 'Αδάουλφος ἐνδεδυμένος χλανίδα καὶ τὴν ἄλλην 'Ρωμαίων ἐσθῆτα: aber die bei diesem „römischen" Fest entfaltete Pracht stammte aus — dem geplünderten Rom.

4) Idac. p. 18, Isid. l. c.

5) Unsere Auffassung läßt die persönlichen Neigungen von Athaulf, Placidia und Constantius außer Anschlag, weil unbezeugt; anders de Luxan Ataulfo p. 247, Morales V. p. 389, Luden II. S. 372 (der in der Zeit, Ort und gänzlich in der Motivirung irrt), Lembke I. S. 19, Krafft I. 1 S. 425 und, wie der alte Ruhnk. p. 26, wissen die modernen Franzosen (und auch Niebues S. 375, v. Wietersh. IV. S. 238. 268) allzuviel von diesen erotischen Motiven; Fabeln aus Johannes Magn. h. Got. bei Valiente p. 82 und Späteren. Nach Olymp. p. 457 bedurfte es der σπουδή καὶ ὑποθήκη eines Römers, Candibianus, nach Philost. XII. 4 wieder= holter Werbung, Placidia zu gewinnen; daß die Hochzeit erst in Narbonne (Idac. p. 18, Olymp. l. c.) im Hause eines vornehmen Römers, Ingenius, nicht schon in Italien, gefeiert wurde wie Jord. c. 31, Masdeu X. p. 12, Gibbon c. 31 p. 281, Luden II. 372. 376, Vannucci IV. p. 625, auch nicht in Marseille, wie Zeller p. 22, ist sicher; einverstanden Ferreras II. § 46, Heeren VII. S. 556, Lembke I. S. 20, Rosenft. Westg. 6. Mittelmeinungen bei Mask. I. S. 376, de Catel hist. du Languedoc. p. 453 (Nachfeier der schon in Italien vollzogenen Vermählung). Attalus führte den römischen Hochzeitchor, aber nicht schon als aber= maliger Kaiser (wie Luden II. S. 376); nach Philost. XII. 4 hatte A. in erster

Aber dieser kühne Schritt steigerte die Spannung mit Honorius statt sie zu verringern: denn Constantius beherrschte den Kaiser nach wie vor und Athaulf gab alsbald die Hoffnung einer Versöhnung so vollständig auf, daß er den Attalus zum zweiten Male als Gegen= kaiser erhob a. 414 [1]), der sich auch sofort mit dem Apparat der kaiserlichen Palastbeamten umgab und z. B. den „Schatzmeister eines leeren Schatzes" bestellte [2]). —

Gleichwohl blieb Athaulf's Lage in Gallien bedenklich genug: namentlich litt sein Volk Nahrungsmangel, da von ruhigem Feldbau keine Rede sein konnte und die seebeherrschende kaiserliche Flotte die Zufuhr abschnitt [3]): er suchte, weichend, die Pyrenäen zu gewinnen und ließ in seiner Hauptstadt Narbonne nur Besatzung zurück [4]). Als Constantius, der seine Bekämpfung, wie unsere Auffassung leicht erklärt, mit scharfem Eifer betrieb [5]) von Arles heranzog, verließen die Gothen die Stadt und eilten, unter starker Verheerung des von

---

Ehe eine Ostgothin βαρβαρικοῦ γένους Σαυρομάτων zur Frau. Vales. vermuthet, die Lücke (. . . φύσιν ὁστρογοτθικήν . .) habe deren Verstoßung enthalten. Ueber die Hochzeit mit Placidia vgl. noch Alteserra aquit. p. 348, Edblad p. 28, Pfähler A. S. 56; Zustimmung des Honorius irrig Schlosser S. 199, Hansen I. p. 39, Zeller p. 22, Laboulaye propr. p. 244 (pour dot les Gaules et l'Espagne — à conquérir), Edblad p. 22, Wislicenus II. S. 62, Leo I. S. 287, vgl. v. Wietersh. IV. S. 263, Buat. VII. p. 209, Troya I. 4 b. p. 448 (verkannt bei Lafuente II. p. 248), Romey II. p. 497, v. Reumont I. S. 744, Fauriel I. p. 124, Gabourd II. p. 119, Cénac Moncaut I. p. 201.

1) Prosper p. 647. 684; über die Zeit vgl. Asch. S. 102, Rosenst. S. 9; ganz irrig verlegt diese Vorgänge in's Jahr 409 unter Alarich, der Gallien nie betreten, Leipziger, der neueste Herausgeber von Paull. Pell. p. 51, ebenso irrig nach Spanien M. de la Huerta p. 229.

2) In Person des Paull. Pell. Euchar. v. 291, der dem eiteln Spiel (vano solatio) des „Tyrannus" vergebens widerstrebte; John O'Reilly I. p. 114.

3) Oros. VII. 43.

4) Idac. a patricio Constantio *pulsatus* p. 18 ut relicta Narbona Hispanias peteret Oros. VII. 42 abire in H. *coëgit:* irrig Fauriel I. p. 126; keine Capi= tulation wie Cénac Moncaut I. p. 202; parteiisch für die Gothen, gegen klare Quellen, Luden II. S. 377 gestützt auf den ebenfalls parteiischen Jord.; ähnlich Mariana V. 2, Gibbon c. 31. Ferreras II. § 49 meint, er habe gegen Rom nicht fechten wollen; richtig Conni p. 169, Gaupp S. 378, Köpke S. 133, Rosenst. S. 9; unentschieden Romey II. p. 25; erfunden Masdeu X. p. 18, Iserhielm p. 25 Einladung durch die Spanier; schwankend hierüber Aldama I. p. 218.

5) Oros. VII. 43 **magna gerendarum rerum industria.**

ihnen aufgegebenen und nun feindlich behandelten Landes, ihrem König über die Bergpässe nach [1]).

Auch Bordeaux räumten sie erst nach vorgängiger Plünderung [2]) und unterweges wollten sie noch Bazas nehmen und den städtischen und Provincial-Adel daselbst, von dessen Reichthum angelockt, im Bund mit den empörten Sclaven züchtigen, ohne Zweifel für Sympathien mit Constantius, wurden aber hieran durch den Abfall der ihnen bisher widerwillig verbündeten Alanen — auch dies zeigt die üble Lage der Gothen — verhindert [3]). Paullinus, der „Schatzmeister" des Attalus, vermittelte den Vertrag zwischen der Stadt und den Alanen, welche die Gärten der Vorstadt besetzten und vor dem „gemeinsamen gothischen Feind" beschützten [4]).

Gallien und Attalus, der „hohle Schattenkaiser" [5]) waren so von den Gothen preisgegeben: letzterer, von jeher nur auf die Waffen der Barbaren gestützt, „ohne eigene Zuversicht und Mittel" [6]) ward auf der Flucht gefangen, nach Ravenna gebracht und dort mit dem einst von ihm dem Sohne des Theodosius gedrohten Schicksal, — Verstümmelung und Verbannung, — gestraft [7]).

Athaulf hatte inzwischen Barcelona eingenommen und suchte von diesem festen Stützpunkt aus Raum in Spanien zu gewinnen, zunächst

---

1) Paull. Pell. v. 198 in praedam permissa populo abeunti 313—314
non aliter nobis quam belli jure subactis
aspera quaeque omni urbi irrogavere.
311 profecturi regis Atiulfi Oros. VII. 42 Gothos Narbona expulit. Irrig Leo I. S. 287, Wirth I. S. 361, ganz irrig Niebues l. c.

2) Paull. Pell.; über Bordeaux unter Athaulf John O'Reilly I. p. 112.

3) A. I. S. 263, Wurm p. 58, Fauriel I. p. 130—134, Paull. Pell. v. 329.

4) Späte Sagen über die Gothen bei de Catel p. 420.

5) Oros. VII. 42 inane imperii simulacrum.

6) Gut hierüber Paull. Pell. v. 297, der den Tyrannus verließ und dem „gothischen Frieden" folgte d. h. dem Schutz, der Rechtsordnung, welche sie gewährten; über Paull. P. vgl. Schlosser S. 323—336, Ampère II. p. 158.

7) Nicht ausgeliefert von den Gothen, wie Leo I. S. 287, Clinton l. c. („surrendered") nach Philost. XII. 4; vgl. Prosper p. 647 A. a Gothis ad Hispanias (migrantibus?) neglectus et praesidio carens capitur. Marc. Chron. p. 277 nach Oros. VII. 42 in mari (A. imperatore facto, infecto, refecto et defecto); erst a. 416 Luden II. S. 378, Clinton l. c., Rosenst. S. 13; erfunden Masdeu X. p. 15, daß Athaulf selbst Kaiser gespielt oder, Cénac Moncaut I. p. 204, daß er Attalus nach Afrika habe senden wollen.

gegen die Vandalen [1]). Als ihm hier Placidia einen Sohn gebar, scheint die Hoffnung einer Ausgleichung mit Rom nochmal aufgelebt zu haben [2]): der Knabe erhielt den bedeutungsvollen Namen Theodofius und sein baldiger Tod wurde von den Zeitgenossen als ein verhängnißvolles Ereigniß betrachtet [3]). Athaulf selbst wurde kurz darauf von dem in seine Dienste getretenen [4]) Gefolgsmann eines alten Feindes (vielleicht des Sarus) [5]), der neben dem Blut seines Herrn eigne Verhöhnungen ob seiner kleinen Gestalt rächen wollte, ermordet [6]). — Nur mit Widerstreben war der König durch Constantius in Feindschaft gegen Rom gedrängt worden [7]). Er hatte eingesehen, daß sein seit so langen Jahren nicht zu Ruhe gekommenes, in Krieg und Wanderung geschwächtes, in seinem staatlichen Zusammenhang schwer bedrohtes Volk nicht im Stande war, gegen den Willen Roms in irgend wünschbaren Sitzen sich zu behaupten: auf eine völlige Austilgung des römischen Elements aber und Ersetzung durch das Germanische mußte

---

1) Jord. c. 31.

2) Olymp. p. 58, Oros. VII. 43.

3) Idac. chron. p. 18; hienach Isid. h. l. c. Die feierliche Bestattung in silbernem Sarge bei Olymp. p. 458; erfunden ein Vertrag mit Constantius, wonach A. versprochen, keine Flotte zu halten Cénac Moncaut I. p. 204.

4) Philost. XII. 4 ὑπό τινος τῶν οἰκείων.

5) So Gibbon c. 31, Leo I. S. 287.

6) August oder September (Köpke S. 133) a. 415; vor 24. September Clinton l. c.; so combinire ich nach Aschb. S. 105, Ferreras II. § 50, v. Wietersh. IV. S. 266, Jord. l. c., der den Mörder Eberulf, und Olymp. p. 459, der ihn Δούβιος nennt (gothischer und lateinischer Doppelname?). Ferner Oros. VII. 43 dolo suorum; Prosper: a quodam suorum; Idac. p. 18 inter familiares fabulas per quendam Gothum; Fabeln über Athaulfs Grabmal Hieron. Paul. Barcino p. 842, Tarapha p. 540 (bei Barcelona); die (falsche) Inschrift bei Vasaeus p. 660, Nonius p. 404, Beuter p. 890 hat schon Mariana V. 2 bezweifelt; (daß Sigerich sich schon unter Alarich ausgezeichnet, Rod. Tolet. Berganza p. 3, ist Erfindung oder Verwechselung mit Sarus) Masdeu IX. p. 2, X. p. 16, Morales V. p. 362 unentschieden; erfunden la bassesse de sa naissance Cénac Moncaut I. p. 206.

7) Daß er nicht im Dienst des Kaisers aus Gallien zog und in Spanien focht, (wie Gibbon c. 86, ähnlich Türk S. 31) ist klar, f. Aschb. S. 103, Lembke I. S. 20, Rosenst. W. G. S. 11; damals c. a. 412—415 war Honorius mit den Barbaren in Spanien in Frieden, diese im römischen foedus A. I. S. 147. 165; daher ganz begreiflich, daß man zu Byzanz den Tod Athaulfs mit Illumination und Circusfesten feierte Chron. pasch. p. 572 („von Honorius" war er aber freilich nicht vernichtet worden).

er verzichten, da er erkannte, daß auch hiezu die Kraft der Westgothen nicht ausreichte, abgesehen von ihrer Unfähigkeit, damals schon selbst Träger und Fortsetzer der römischen Cultur zu werden: namentlich hätten sie die enge — und, wir dürfen hinzufügen, verknöcherte — Straffheit des römischen Staatslebens, der „Civilitas" [1]) nicht ertragen.

Seit er diese beiden Unmöglichkeiten erkannt, erklärte er, habe er den einzig offnen Mittelweg eingeschlagen, das Römerreich durch die Kraft seines Volkes zu stützen und durch engsten Anschluß an Rom zugleich das Kaiserreich und sein Volk vor andern Feinden zu bewahren [2]).

Schwerlich war damals — anders nach weiteren hundert Jahren des Verfalls auf römischer und der staatlichen Reorganisation auf germanischer Seite — eine andere Politik möglich [3]): denn an eine dauernde Verbindung aller Barbarenstämme gegen Rom war bei dem Mangel jedes Zusammengehörigkeitsgefühls, jeder weiter blickenden politischen Einsicht

---

1) S. A. III. S. 18.

2) Dies ist der durch seine Thaten bestätigte Sinn seiner meist mißverstandenen Erklärung bei Oros. VII. 43 (quod Ataulfus) referre solitus esset, se in primis ardenter inhiasse, ut, obliterato romano nomine, romanum omne solum Gothorum imperium et faceret et vocaret essetque, ut vulgariter loquar, Gothia, quod Romania fuisset fieretque nunc Ataulfus quod quondam Caesar Augustus; atque ubi multa experientia probavisset, neque Gothos ullo modo parere legibus posse propter effrenatam barbariem, neque reipublicae interdici leges oportere, sine quibus respublica non est respublica, elegisse se saltem, ut gloriam sibi de restituendo in integrum augendoque romano nomine Gothorum viribus quaereret, habereturque apud posteros romanae restitutionis auctor, postquam esse non potuerat immutator. (Ueber des Oros. Tendenz nicht übel schon de Luxan, Ataulfo p. 258.) Freilich traf auch der Schluß der S. 60 erwähnten Prophezeiung Daniels zu: „aber sie werden doch nicht aneinander halten, gleichwie Eisen und Thon sich nicht mengen läßt". Vgl. Vaissette I. p. 167, Buat. VII. p. 216, Papon I. p. 23, Gibbon l. c., Biener op. ac. II. p. 16, Joh. M. Goth. p. 491, Iserhielm p. 24, Mascï. L. S. 367, Luden II. S. 371, Lembïe I. S. 19, v. Syb. S. 166, v. Wietersh. IV. S. 257, Michelet I. p. 145, Fauriel I. p. 137, Lavallé L. p. 79, Laurentie I. p. 71, Vogt p. 49, Cénac Moncaut I. p. 200, Lehuérou I. p. 175. 203, Rosenst. West-G. S. 7; über das hieraus von Solbast fabricirte Edictum Athaulfi (für echt gehalten von Iserhielm p. 87, aber auch noch von Heinecc. ant. p. 24, Hoffmann I. p. 473, v. Selchow S. 275), s. Verfaß. und Gesetzgeb. Nach vielen Aelteren z. B. Desormeaux I. p. 30, de Catel comtes de Toulouse p. 4, Depping II. p. 206, de Luxan, origen p. 107 erfolgt die Umstimmung Athaulfs durch Placidia.

3) A. M. Rosenst. S. 7.

in den Maßen und bei den starken Stammesgegensätzen nicht zu denken. Freilich war auch mit Rom kein dauernd Bündniß einzugehen, wie die Geschichte der Ostgothen deutlich zeigt: Vernichtung eines Barbarenstamms durch den andern oder durch die eigne vorübergehend wieder gehobne Macht, ohne Rücksicht auf alle frühern Verträge, war und blieb römisches System. Und wenn nicht die ganze Existenz, so war doch die Nationalität [1]) und die Unabhängigkeit eignen politischen Lebens durch das foedus mit Rom fortwährend bedroht. Zum Theil ein dunkler Instinct hievon, kräftiger aber gewiß die bloße planlose Raub und KampfLust und die nationale Antipathie gegen Rom und Römische Ordnung erhielt bei den Westgothen eine antirömische immer kriegslustige Partei lebendig. Athaulf scheint, abgesehen von jenen privaten und individuellen Rachegründen, einer solchen Partei zum Opfer gefallen zu sein [2]); man erinnere sich, daß Sarus zuletzt gegen Honorius aufgetreten war; es konnte also dessen Rächer sich mit den Römerfeinden, wohl gegen den romanisirenden König verbinden. Dies bestätigen bedeutsam die nächsten Ereignisse [3]). Athaulf hatte seinem Bruder sterbend Rückgabe der Placidia und Freundschaft mit Rom empfohlen. Aber nicht dieser Bruder Athaulf's, sondern ein Bruder des Sarus, Sigrich, gelangte durch Gewaltmittel seiner Partei auf den Thron und diese Partei — war eben die römerfeindliche [4]).

Die Ermordung der sechs Kinder Athaulf's aus früherer Ehe, mehr noch die harte Behandlung der Placidia als Kriegsgefangenen — sie mußte mit andern Gefangnen zwölf römische Meilen vor dem Pferde des Königs zu Fuße gehen — zeigen die Tendenzen der neuen Machthaber [5]). Schon am siebenten Tage [6]) wurde Sigrich ermordet

---

1) Vgl. Helff. S. 3. 4.

2) Oros. VII. 43 cum . . paci petendae atque offerendae studiosissime insisteret . . *dolo suorum* (Prosper: a quodam suorum), ut fertur, occisus est.

3) Vgl. Aschb. S. 106.

4) Olymp. p. 459 διάδοχος δὲ ὁ τοῦ Σάρου ἀδελφός . . σπουδῇ μᾶλλον καὶ δυναστείᾳ ἢ ἀκολουθίᾳ καὶ νόμῳ γίνεται.

5) Vgl. v. Syb. S. 167. Nachklingend in der Fabel, die Gothen hätten Athaulf ermordet: quod Romae pepercisset Marin. Sicul. VI. p. 354, f. auch Vasaeus p. 680, Villadiego p. 55.

6) Nicht im 7. Monat, wie Berganza p. 3.

a. 415, vielleicht [1]) weil er sich [2]) zu den Römern zu neigen begann [3]). Sein Nachfolger Walja a. 415—419 [4]) verbesserte sofort die Behand= lung der Kaisertochter, setzte aber die Kämpfe gegen die römischen wie gegen die barbarischen Besatzungen der Städte fort [5]) und drang so von Barcelona westlich an der Südküste von Spanien bis nach Cadix vor. Aber so mißlich [6]) und wenig befestigt waren gleichwohl die gothischen Verhältnisse [7]) in dem außer von den Römern noch von vier andern Germanenstämmen occupirten Lande, daß Walja sogar den alten Plan Alarichs, nach Afrika überzusetzen, jetzt, da ihn nur die schmale Meerenge von jenen reichen und nur von den Römern vertheidigten Provinzen trennte, wieder aufnahm [8]). Der üble Aus=

---

1) So Mariana V. 2, Villadiego p. 55, Mayerne p. 167, Sempere I. p. 69, Fauriel I. p. 189, Munnos I. p. 858; kritiklos Romey II. p. 27, Cénac Moncaut I. p. 206; eine unmögliche Conjectur ist castrum Sigerici statt Sisara bei Cortes y Lopes II. p. 881 zur Zeit des Ptolemäus!

2) Wie Oros. VII. 43 mit freilich höchst zweifelhafter Glaubwürdigkeit meldet (Isidor schreibt ihn nur aus); völlig verworfen von Rosenst. W. G. S. 11, Köpke S. 33.

3) Cum judicio Dei ad pacem pronus (Isidor. promptissimus) esset, nihilominus a suis interfectus est Jord. c. 31 nur fraude suorum peremtus; ganz falsch Lembke, der umgekehrt die Mißhandlung Placidia's als Grund seiner Ermordung angiebt; Fabeln über seine fünf Söhne aus Rod. tol. II. 7, bei Rizius und Tarapha l. c., wo die Stelle des Jord. über Attila auf Sigrich übertragen wird! Auch Genserich hat er mit Sigrich verwechselt (geradezu G. statt S. heißt er bei Julian del Castillo p. 75) und ihm fünf Söhne mit den Namen der Van- dalenkönige gegeben.

4) Nicht Athaulfs Bruder, wie Ferreras II. § 51, oder Verwandter, Desormeaux p. 32 f. Aschb. S. 108; Prosper, Idac. p. 18, Philostorg. XII. 4 lassen Walja mit Uebergehung Sigrichs auf Athaulf folgen, so noch Lavallé I. p. 79; anders Prosp. Tiro; vgl. noch Olymp. l. c. φύλαρχος, ἡγεμών von Walja; Oros. VII. 43, Jord. c. 32.

5) A. I. S. 147; deßhalb zugleich für (so v. Syb. S. 167) und gegen den Kaiser operirend; Oros. l. c. tendentiös: ad hoc electus a Gothis, ut pacem in- fringeret, ad hoc ordinatus a Deo, ut pacem confirmaret; vgl. Valesius p. 139.

6) S. die große Hungersnoth des Jahres 415/16 bei Olymp. p. 462.

7) Anders Lembke I. S. 21.

8) Rosenst. W. G. S. 12 hat aus Orosius wahrscheinlich gemacht, daß ein früheres gescheitertes Unternehmen einer selbständigen Abtheilung von Westgothen (die sich in Folge der Parteispaltungen im Volk losreißen wollten) den König warnte; zu spät setzt dies Isidor p. 1064; (nach Oros. warnende Erinnerung an Alarichs Unternehmen).

gang erster Versuche hiezu, Stürme, und der Mangel an ausreichenden
Schiffen brachten ihn davon ab [1]). Da nun aber Constantius, der
seine Absichten auf Placidia jetzt erneuerte, mit einem römischen Heer
die Pyrenäen überschritt, war Walja sehr bereit, mit dem Kaiser
seinen Frieden zu machen [2]). Placidia ward jetzt aus einem Hinderniß
eine Beförderung des Verständnisses [3]): gegen ihre Auslieferung erhielt
Walja 600,000 Scheffel Waitzen für sein in unstätem Fechten und
Wandern darbendes Volk und übernahm die Verpflichtung, die Halb=
insel von den Vandalen, Sueven und Alanen zu befreien, offenbar,
um die bisher von ihnen eingenommenen Sitze zu gewinnen und fortan
unter römischer Oberhoheit, gegen andre Feinde des Kaisers zu ver=
theidigen [4]): man sieht, die Gothen traten jetzt in dieselbe Stellung,
welche kurz vorher a. 412—415 jene andern Germanenstämme vom
Kaiser eingeräumt erhalten hatten [5]): die Gothen erneuen jetzt mit
Westrom das früher zur Zeit des Theodosius [6]) mit Ostrom geschloßne
foedus: ihre Siege a. 416—418 gelten als Siege des Kaisers:
gefangne Vandalenkönige sendet Walja an Honorius, der sie zu Rom
im Triumph aufführt [7]). Gegen die schwächern Barbarenstaaten,

---

1) Daher begreift sich, daß die Balearen noch Anfang Februar a. 418 nicht
von den Gothen besetzt waren (ep. Severi major. civitate *romanis* legibus sub-
dita (fugiunt) gladios barbarorum, p. 736 u. 740 zwei Juden flüchten vor
den clades Hisp. nach Minorca). Jene Besitznahme geschah wohl erst seit der
Wiedereroberung Spaniens unter oder nach Eurich.

2) a. 416 Cénac Moncaut p. 207 (nicht 418, wie Morales V. p. 870).

3) Olymp. p. 402 Honorius schickt Gesandte: σπονδὰς εἰρηνικὰς θέσθαι καὶ
ἀπολαβεῖν τὴν Πλακιδίαν . . . ἀποσταλέντος αὐτῷ σίτου . . . ἀπολύεται Πλακιδία.
Euplatius s. Olymp. l. c. (nicht auch Magistrianus, sondern E. heißt ὁ μαγιστρ.
s. Olymp. apud Phot. ed. Bekker.) Prosper p. 648 (687) pacem expetens ed.
Pithoe, p. 749 sogar Gothi cum se iterum Ataulfo peremto movissent, Con-
stantis (l. Constantii) *repelluntur* occursu. Das ist die divina providentia des
Isidor., s. auch Gibbon c. 31.

4) Pax optima. Daher erfolgte Oros. VII. l. c. einstweilen — das zeigt die
Getreidelieferung — Einquartierung und Verpflegung wie cantonirender römischer
Truppen.

5) So ist Oros. VII. l. c. zu verstehen nach Abzug der Rhetorik vgl. Aschb.
S. 170, Rosenst. W. G. S. 13; anders Mask. I. S. 385; zu günstig stellt durch=
gehend die Lage der Gothen dar Pfahler A. S. 87, Munnos I. p. 853, Ulloa,
principio p. 306—310, Gibbon c. 31 p. 302, v. Bethm. H. g. P. I. S. 17, v. Wietersh.
IV. S. 268, Lafuente II. p. 300, Fauriel I. p. 140.

6) Oben S. 17.

7) a. 417; mit Attalus; vgl. Olymp. l. c., Oros. VII, Prosper l. c.,

Silingen und Alanen, erfocht Walja große Vortheile a. 417. 418
und auch die stärkern asbingischen Vandalen fanden nur durch Rückzug
in die gallicischen Gebirge Schutz gegen die Fortschritte der Gothen [1]).

Aber schon Ende 418 [2]) zog das Volk aus Spanien wieder völlig
ab und erhielt durch Vertrag die römische Provinz Aquitanica secunda
mit einigen Städten benachbarter Provinzen eingeräumt, d. h. das
herrliche Stromgebiet der Garonne „von Toulouse bis zum Ocean" [3])
mit den Städten Bordeaux, Agen, Angoulême, Saintes, Poitiers
und Perigeux, neben kleineren, (Auch, Bazas, Lecloure, Eauze) und
dazu (in Narbonnensis prima) das schöne Toulouse, welches von Anfang, wenn nicht gleich Hauptstadt, doch die wichtigste Stadt des
Reiches wurde, und demselben bei den Späteren den Namen des tolo-
sanischen verlieh [4]). Zur Zeit der spätern größten Ausdehnung des

---

Idac. p. 18. 19, Wallia cum patricio Constantio pace .. facta, Alanis (etc. . .)
adversatur, A. I. S. 147, vgl. Isidor. ad a. 416 u. 417, Jord. c. 33, Philostorg.
XII. 4. 5; Rutil. v. 115 seq.

1) A. I. S. 147, Rosenst. W. G. S. 14, Colmeiro I. p. 112, Idac. p. 19,
Apollin. Sid. paneg. Anthem.

2) September, so Ferreras II. § 59 woher? nicht Anfang a. 419 wie Morales
V. p. 878.

3) Idac. l. c.

4) Vgl. Bind. I. S. 11; aus Philost. XII. 4 ed. Reading μοιράν τινα
τῆς τῶν Γαλάτων χώρας ἐς γεωργίαν ἀποκληρωσάμενοι kann man nicht mit Köpke
S. 134 nur zeitweilige Abfindung folgern: „zeitweilig" d. h. bis auf bessere Zeiten
waren alle römischen Concessionen an Barbaren gemeint. Salv. VII. p. 157 Aqui-
tania . . a Deo barbaris data Prosper p. 651 (687) A. secunda et quibus-
dam civitatibus confinium provinciarum. Aquitanica secunda zählt mit Aquitan.
prima, Narbonn. prima et secunda, viennensis, novempopulana u. alpes
maritimas zu den septem provinciae: not. prov. Gall. und dazu die Lit. bei Böck. II.
p. 471—80, sie war eine der 3 dioeceses des praef. praet. Gall. mit einem eignen
vicarius VII. prov. Guérard essai p. 27, Rocquain p. 263 „Aquitaine depuis
Auguste jusqu' à la période barbare" Walckenaer II. p. 399, über die Abgrenzung
Aschb. S. 111 und die ältere Literatur daselbst. Dubos I. S. 363 Alteserra aquit.
p. 349, Fauriel I. p. 142, „Septimania" Pagi ad 401 u. a. 374 Alteserra
notae p. 151, rer. aq. p. 10—15, nicht zuerst bei Apoll. S. III. 2, Rosenst.
W. G. S. 14. 15 und nicht von jenen „sieben Städten" der Gothen benannt, denn
schon bei Plinius III. 4 und Pomponius Mela finden sich Septumani (bei Beziers);
diese, nicht die septima legio, die bei Beziers und in Languedoc cantonirte, Bruzen
la Martinière VII. p. 470, hatten wohl längst vorher der Landschaft den Namen
gegeben; vgl. Volmer p. 6, ungenügend hier auch Jacobs Geogr. p. 129 (sie erhielten auch mehr als sieben Städte).

Begriffes umfaßte dies „Septimanien" genannte Gebiet die Bischofs-
Städte und -Gebiete von Air, Apt, Rieʒ, Frejus, Sistèron, Arles,
(Carcassonne, Rîmes), Marseille, Toulon, Digne, Grasse, Bence,
Glandèbe, Seneʒ, Nice, (und Toulouse) [1].

Daß die Gothen damals spanische Landschaften, wie Catalonien,
d. h. das östliche Tarraconien mit Barcelona, behielten, ist ein Irrthum älterer Darstellungen [2], abgesehen [3] von Besaßungen in
einzelnen Städten kraft des Föbus und für die Römer [4].

Die Gründe dieser Rückwanderung lassen sich nicht genau angeben [5], doch lag die Initiative gewiß auf römischer Seite [6]: vielleicht wollte man die Gothen in der entlegnen Halbinsel nicht all' zu
selbständig werden lassen [7]; vielleicht auch begegnete man sich hier
mit einem Wunsche Walja's selbst: denn Spanien war schwerer mit-
genommen als das lachende, „üppige Land der goldnen Garonne".
Nach der begeisterten Schilderung [8] der Zeitgenossen galt Aquitanien
als die „Perle Galliens" [9], Fruchtbarkeit und Schönheit des Landes
waren gleich gefeiert, „nicht einen Theil der Erde, ein Stück des
Paradieses glaubten die Bewohner daran zu besißen" [10]. Rebgelände

---

1) Papon I. p. 183—588, Vaissette I. p. 213 f., de Catel p. 33—38 und
comtes de Toulouse p. 3, Ulloa, principio p. 343, Warnkönig I. S. 65,
Lezardière I. p. 287, Gingins la Sarras etablissement p. 212, Jacobs, Geographie p. 85, Lavallé I. p. 77.

2) Masdeu X. p. 23, Mariana V. 3, s. Mask. I. S. 388, Sotelo p. 33,
und die Literatur daselbst; Schäffner I. S. 77, auch noch Ascargorta S. 44,
Lafuente II. p. 305, Wirth I. S. 361, Cénac Moncaut I. p. 208, richtig de
Mandajors p. 430, v. Wietersh. IV. S. 272, Wurm p. 32.

3) Das löst die Quellenwidersprüche bei Ulloa, principio p. 322—324,
ʒ. B. über Barcelona p. 329—332.

4) Das gegen Cénac Moncaut I. p. 212.

5) Gibbon c. 31 schweigt; ebenso Köpfe S. 134; vgl. Schlosser S. 200;
v. Wietersheim IV. S. 269; irrig läßt Lembke I. S. 22 Aquitanien schon a. 416
den Gothen versprechen wie Ferreras II. § 33 nach Philostorg. XII. 4.

6) Idac. p. 19 Gothi per Constantinum ad Gallias *revocati*; Prosper
l. c.; das betont mit Fug schon Ulloa, principio p. 311, Teuber „Avitus" nimmt
gothische Initiative an; als Lohn „ob meritum victoriae" kindlich Isidor., hienach
Morales V. p. 373.

7) So Vaissette I. p. 177.

8) Bei Salv. VII. p. 151. 164 Aquitanorum opes luxuriantium.

9) Vgl. Gaupp S. 410.

10) Deren hohen Ruhm s. bei Hehn S. 33. 39.

wechselten mit goldenen Saten, blühende Fluren mit Obstgärten und lieblichen Hainen, von Quellen durchrieselt, von Flüssen durchströmt; und man wandelte noch immer mit frohen Liedern unter den Myrthen und Platanen von Bordeaux [1]).

Der Gebirgskrieg aber gegen die nunmehr „in den unzugänglichen Winkeln" [2]) Spaniens concentrirte vandalische und suevische Macht, „welche jetzt [3]) erkannt hatte, daß ihnen Rom nicht einmal im Bund mit den föderirten Germanen gewachsen sei" [4]) war ohne lockende Aussicht [5]).

Von jetzt an beginnt eine gedeihlichere Entwicklung des gothischen Volkes: das seit fünfundvierzig Jahren vergeblich gesuchte Ziel, Land, bauernde und vortheilhafte Wohnsitze [6]), und damit die Voraussetzung germanischen Staatslebens, ja hier der Neugestaltung des Volkes, ist endlich erreicht: freilich in so engem Anschluß [7]) an Rom, mit der Gefahr so starker Abhängigkeit von römischem Wesen, wie sie Alarich hatte vermeiden wollen. Die rasch vorschreitende Romanisirung der westgothischen Nationalität, namentlich aber ihres Rechts- und Staatslebens, erklärt sich, abgesehen von dem Einfluß dieser südlichen lang und tief von römischer Cultur durchtränkten Landschaften, — der Abel, der noch in der Auvergne keltisch sprach, schämte sich dessen und befliß sich, das Latein als Muttersprache zu lernen [8]) — und der größern Weichheit gothischen Stammes im Vergleich mit Franken, Alamannen, Langobarden, wesentlich aus dem Bundesverhältniß mit Rom, unter welchem die neue Staatengründung erfolgte.

---

1) Apoll. Sip. VIII. 9; vgl. die physikalische Geographie der Provence bei Papon I. p. 2—131, Alteserra rer. aq. p. 105.

2) Isid. h. G. p. 1075.

3) D. h. seit der Niederlage des Castinus A. L. S. 148.

4) Salvian VII. p. 165.

5) Andere Erwägungen bei Aschbach S. 110.

6) Ob aber damals schon Landtheilung und Hospitalitas? so Gaupp S. 379 vielleicht; aber aus den Quellen folgt nur Occupation des Landes im Ganzen, mit einziger Ausnahme des ἐκ γεωργίαν bei Philost.; (anders Peucker I. S. 262); einigen Ackerbau beweist Merobaudes VIII. v. 14, s. A. VI. „Landtheilung".

7) Lehuérou inst. mérov. l. c., Gérard I. p. 84 übertreiben das.

8) Ap. Sid. III. 3.

II. Geschichte des Reiches von Toulouse a. 419—507.

(Von Walja bis Amalarich.)

Noch im ersten Jahre der Rückwanderung aus Spanien nach Gallien a. 419[1]) starb Walja: ihm folgte durch Wahl des Volks=heeres Theoderich I. a. 419—451. Walja hinterließ, scheint es, nur eine Tochter, später die Mutter Riklmers; Theoderich war ihm nicht verwandt[2]). Unter seiner langen Regierung und seinen kräftigen Nachfolgern hob sich die Macht und dehnte sich das Gebiet der Gothen in Gallien, die „gothica sors"[3]), bedeutend. — Die Geschichte des Volkes bis auf die Zeit Eurich's wird von einer doppelten Strömung bewegt: einerseits folgten diese Könige dem natürlichen[4]), ja durch die seit ruhiger Siedelung zunehmende Bevölkerung nothwendig gewordnen Drange, die gothische Niederlassung und Herrschaft über den ursprüng=lich angewiesenen schmalen Landstreifen nach Süden bis an die Rhone,

---

1) Ueber dieses Datum Idac. p. 20, f. Clinton l. c. u. Köpke S. 134 mit Recht gegen die Mehrzahl; ganz falsch Fernandez y Perez p. 111, der Walja bei Merida gegen die Alanen fallen läßt.

2) Wie Mariana V. 8, Ferreras II. § 63, Sotelo p. 83, Amaral p. 141; daß Th. ein Enkel Alarichs (so Gibbon c. 35 p. 78, Rotted IV. S. 151, Fauriel I. p. 179, Cénac Monoaut I. p. 212, v. Wietersh. IV. S. 273) darf man nicht nach Einer rhetorischen Zeile des Apoll. Sid. c. VII. v. 505 annehmen; (von „Balthen" spricht Apoll. nicht, wie Edblad p. 10 behauptet) avus kann hier praedecessor bedeuten; so auch Aschb. l. c., Waitz I. S. 295, III. S. 167, Rosenst. W. G. S. 16, Köpke S. 135; über den Besuch des Amalers Berismund am Hofe Waljas A. II. S. 97, Troya II. 2 ad a. 417, Vaissette I. p. 177; rein erfunden hat Phillips Erb= u. W. R. S. 116, daß man Theoderichs Geschlecht für das dritte nach Amalern und Balthen hielt; manche wie Desormeaux I. p. 37 nennen Th. Theodemer, Theobored, so Sotelo p. 83, del Sas p. 53 Theuberes.

3) Apoll. Sid. VII. 6, VIII. 3.

4) In anderem Sinne findet es selbst Apoll. S. VII. 1 natürlich, nämlich wie des Wolfes Raub.

nach Nord=Osten bis an die Loire auszubehnen [1]), d. h. ihre, von den
Römern mit Berechnung genau abgesteckte, rings umschloßne Lage [2]),
zumal die Absperrung vom Mittelmeer, zu durchbrechen, sich auszu=
breiten im Roussilon und Périgord, durch Saintonge und Aunis,
über Angoumois und Poitou, und die reichen und wichtigen römischen
Städte in ihrer Nachbarschaft zu gewinnen. Andrerseits war aber
das Westreich noch zu stark und besonders in Gallien zu tiefgründig
gewurzelt, als daß die Gothen der Anlehnung an Rom gegenüber den
andern Germanen hätten entrathen oder gar in Feindschaft gegen Rom
sich in Gallien hätten bauernd halten können. Für jene Ausbreitungs=
versuche mußten also immer Momente römischer Verlegenheiten und
gallischer Parteiwirren abgewartet werden [3]). Das gemeinsame Interesse
der Römer und der Gothen gegen gemeinsame Feinde und die Unmög=
lichkeit, die römische oder die gothische Machtstellung in Gallien ganz
zu beseitigen, führten nach jedem solchen gothischen Versuch, mochte
er glücken oder fehlschlagen, immer bald wieder zur Versöhnung [4]); —
zurück gaben aber die Gothen fast nie mehr die Scholle, deren sie
einmal Meister geworden — das „foedus" wurde immer wieder
hergestellt und die Gothen kämpften in Spanien und Gallien gegen
die Feinde Roms, deren Beseitigung zuletzt doch nur ihnen, nicht
Rom, zu Gute kommen sollte.

So unterstützten Hülfstruppen Theoderichs a. 422 die römischen
Anstrengungen, die seit dem Abzug der Gothen gewaltig um sich
greifenden Vandalen niederzuhalten [5]). Als aber nach des Honorius

---

1) Verkannt bei v. Syb. S. 167, Gérard I. p. 84 (über die Loire=Linie
Rocquain p. 265), Isid. p. 1064 Th. I. regno aquitanico non contentus. Apoll.
S. III. 1 (Gothi) saepenumero etiam Septimaniam suam fastidiunt vel refun-
dunt modo invidiosi hujus anguli (die Auvergne) etiam desolata proprietate
potiantur; . . veterum finium limitibus effractis omni vel virtute vel mole
possessionis turbidae metas in Rhodanum Ligerimque proterminant (a. 473)
VI. 6. foedifragam gentem in suas sedes redisse, vgl. bes. VII. 6 Evarix
r. G. limitem regni sui . . rupto foedere . . armorum jure vel tutatur vel
promovet. VIII. 3 promotae limitem sortis.

2) Cénac Moncaut I. p. 208 irrig über Spanien.

3) Treffend schon Julian del Castillo p. 80 Th. aprovechóse de la nympha
ocasion.

4) Anders die Auffassung bei Rosenst. S. 16. 17, vgl. Wislicenus II. S. 137.

5) A. I. S. 148, Fauriel I. p. 153, Niederlage der Verbündeten unter
Castinus a. 422, angeblich, so Cénac Moncaut I. p. 214 (Legendenfabeln hiebei l. c.)
durch den Uebergang der Gothen im Gefecht herbeigeführt Idac. p. 22.

Tod a. 423 gegen Kaiſer Valentinian ein Anmaßer auftrat und
Gallien ſowie den großen römiſchen Feldherrn Aëtius vorübergehend
für ſich gewann, ergriff Theoderich die Waffen, wie es ſcheint[1]),
angeblich für den legitimen Kaiſer, in Wahrheit aber im eignen In=
tereſſe, nahm einige[2]) Städte in ſeiner Südgränze (Gallia narbonnensis) und griff ſchon energiſch (multa vi) nach dem wichtigen Arles,
der „edeln Stadt" a. 425[3]). Schon Auſonius[4]) nennt ſie das galliſche
Rom[5]): und erſt noch a. 418 wieder hatte Honorius die Bedeutung dieſer
Metropole („Conſtantina" beigenannt, zu Ehren des Conſulats des
Conſtantius), der „ſieben Provinzen"[6]) durch Verlegung der jährlichen
Landſchafts=Verſammlung (conventus) in ihre Mauern anerkannt[7]).
Aëtius aber, zu Valentinian zurückgetreten, brachte der Stadt Entſatz,
überfiel die Gothen und ſchlug ſie empfindlich a. 426[8]); ihr Anführer,
ein Vornehmer (optimas), Aonulf, wird gefangen[9]). Aber das foedus
ward bald erneut, die Römer ſcheinen ſpäter weniger erfolgreich ge=
fochten zu haben: denn ſie ſtellten den Gothen Geiſeln[10]). Schon im
nächſten Jahre a. 427 kämpften gothiſche Truppen wieder für die
Römer gegen die Vandalen in Spanien[11]). Zwar wagte a. 429

---

1) Das hat man überſehen, ſo Derichsweiler S. 29, Peucker I. S. 265,
Roſenſt. S. 17; vgl. Fauriel I. p. 180.

2) Pleraque übertreibend Isid. h. l. c.

3) Prosper p. 456.

4) p. 870.

5)   Pande, duplex Arelate, tuas, blanda hospita, portas:
       Gallula Roma, Arelas.

6) Böck. II. p. 475, vgl. 349, Guérard essai p. 105, Wurm p. 25,
Fauriel I. p. 148, Walckenaer II. p. 418. 397, Cénac Moncaut I. p. 211,
gegen die Gothen gerichtete Maßregel? ſchwerlich.

7) Const. Hon. ed. Wenck. C. Theod., Witte p. 8, de la Barre p. 428,
Papon I. p. 594, II. p. 17, Vaissette I. p. 175, Guizot cours. p. 28, Raynouard I.
S. 139.

8) Prosper l. c. non impuniti abscederunt domi. p. 690 ed. Pithoe p. 754,
Idac. p. 25.

9) Vielleicht aber (Ferreras II. § 75) iſt das ein ſpäterer Vorgang von a. 428
Fauriel I. p. 182, a. 429 Wurm p. 29 oder a. 430 Roſenſt. S. 18; vgl. Volmer
p. 24, ob Merobaudes paneg. praef. II. p. 10 hieher gehört? Schlacht am
„Schlangenberg" (colubrarium); der König trifft erſt nach der Niederlage ein. Daß
ſie damals das Flachland von G. Narbonnensis prima ſchon behielten, (ſo
de Mandajors p. 431) unglaubhaft (von Toulouſe bis an die Rhone) vgl. Vaissette I. p. 179, Ulloa, principio p. 326, Romey II. p. 84.

10) So richtig Wurm p. 26 nach Apoll. Sidon. c. VII. v. 215.

11) Jord. c. 33, Prosper p. 659 (pacis placita).

Theoberich einen zweiten Versuch auf den Schlüssel des Rhonethals, Arles, und auf andere Städte, da die Römer durch die Franken beschäftigt schienen: doch abermals wies ihn der herbeieilende Aëtius ab[1]). In dem Bürgerkrieg zwischen Bonifacius[2]) und Aëtius a. 436 standen die Gothen auf Seite des Ersteren[3]); schwerlich gehörte des Aëtius Gattin, allerdings eine gothische Fürstentochter[4]), dem Hause des Theoberich an[5]). Ein Jahr später a. 437[6]) wehrte einem heftigen Angriff der Gothen auf Narbonne, die ihrem jetzigen Gebiet näher gelegene und schon früher[7]) von ihnen besessne Stadt[8]), die „Pforte Spaniens“[9]), das Zusammenwirken der beiden römischen Feldherrn Aëtius und Litorius ab. Dießmal sollte die wiederholte Treulosigkeit[10]) der Gothen nachdrücklich gezüchtigt werden, vielleicht dachte man ihrem Reiche völlig ein Ende machen, die bewilligten Städte ihnen entreißen zu können. Litorius brach von Süden, Aëtius mit hunnischen[11]) Söldnern von Norden her in das gothische Gebiet:

---

1) Ueber den Frieden von a. 430 Mandajors p. 483; über a. 433 u. a. 436 Fauriel I. p. 184. 191; ein gothischer Anführer, Betto, zieht erfolglos gegen Spanien Idac. p. 25.

2) A. I. S. 149.

3) Gothische Schaaren zogen mit Genserich nach Afrika A. I. S. 152; andere Gothen aber fochten gemäß dem foedus („G. foederati“) unter Bonifacius in Hippo gegen die Vandalen Possid. v. s. Aug. c. 28, Rosenst. S. 20.

4) Merobaudes IV. v. 17 propago regum, heroum soboles; Apoll. Sidon. paneg. Major. v. 205 getica sceptra.

5) So Wurm p. 57, Hansen p. 23: Aëtius war in jungen Jahren Geisel im Lager Alarichs gewesen, der ihn „wie einen Sohn hielt“ Merobaudes VIII. v. 142: vielleicht war seine Gattin mit den Balthen oder Athaulf verwandt.

6) Prosper p. 659. 694, Idac. p. 26, Apoll. Sid. VII. v. 246. 475, Rosseeuw I. p. 199.

7) Oben S. 61.

8) Noch andere Erwägungen Volmer p. 85.

9) Cénac Moncaut I. p. 215.

10) Denn eine gens foedifraga, perfida nennen sie nicht unverdient und das foedus ein malum Apoll. Sid. VII. 6, ep. VI. 6, Rutil. Numat. I. v. 146 und sogar der Lobredner Salvian muß sagen: Gothorum gens perfida, (sed pudica VII. p. 169. Orientius common. II. v. 178

       multis ficta fides, multis perjuria multis

       causa fuit mortis civica proditio.

Merobaudes p. 10 läßt am „Natternberg“ Aëtius der „giftigen Natter“ auf's Haupt treten.

11) Salv. VII. p. 161 praesumebamus in Chunis spem ponere. Apoll.

letterer schlug die Gothen nachdrücklich, sie verloren 8,000 Mann [1]).
Ersterer belagerte den König, dessen Friedensanträge verworfen wurden, —
denn die Lorberen des Aëtius ließen seinen Collegen nicht schlafen —
in seiner Hauptstadt Toulouse und bedrängte ihn hart, bis ein ver=
zweifelter Ausfall der Gothen mit der Zerstreuung der Belagerer und
der Gefangennahme des siegesgewissen Litorius endete [2]). Interessant
ist die Parteinahme der kirchlichen Quellen [3]) für den frommen, obzwar
arianischen König wider den halb heidnisch gesinnten Römer=Feldherrn [4]),
der die vermittelnde Geistlichkeit, den heiligen Bischof Orientius von
Auch an der Spitze, mit Hochmuth abweist (seine Wahrsager hatten
ihm prophezeit, er werde in die Stadt einziehen und er zog auch ein —
als Gefangner) [5]) während der Gothenkönig bis zur Stunde der Schlacht
den Bußgürtel trägt und auf den Knien liegt [6]). Jetzt wollte Theoderich
seinerseits nichts von Frieden hören, sondern seine Vortheile verfolgen:
ohne Widerstand, ohne Kampf, nur durch Vorrücken glaubten damals

---

Sid. VII. v. 245 scythicos equites; die Hunnen unter einem König Gausarich
belagern vergeblich die Gothen in urbe vasatensi Greg. tur. glor. martyr. I. 18.

1) Prosper p. 662, Idac. p. 26.

2) a. 439 Clinton l. c., Romey II. p. 91, Fauriel I. p. 194 Ende a. 439,
Salvian VII. p. 161_8, Prosper p. 662, Isid. p. 1014, Jord. c. 84.

3) Zumal Salvian.

4) Auruspicum responsis et daemonum significationibus fidit, Prosper.

5) Vgl. die malerische Schilderung Salv. p. 162.

6) Des Litorius Eifersucht auf Aëtius und seine abergläubige Verblendung
werden auch von Idac. p. 28, Prosper p. 662 als Ursache der Niederlage bezeichnet;
vgl. Alteserra aquit. p. 353, Valesius p. 141; Aeltere z. B. de Catel p. 461,
Vaissette I. p. 183, aber auch noch Volmer p. 4, vgl. 41, Wurm p. 55, Cénac
Moncaut I. p. 216 benützen die apokryphe v. s. Aurentii A. S. S. 1. Mai p. 61,
die offenbar ganz nach Salv. componirt ist und nur noch einige Ausschmückungen
beifügt, die (der mit dem König tafelnde Spanier so wenig wie der wunderbare
Nebel ꝛc.) nicht zu brauchen sind. Lehrreich über die arge Verheerung Galliens in
diesen Kriegen dagegen das common. Orientii (über einen späteren f. O. R. de
Castro II. p. 264, Bähr I. S. 72, Gallandius X. p. X.) II. v. 181 seq. als
Augenzeuge:

»per vicos, villas, per rura et compita et omnes
per pagos (cunctos?) inde vel inde viis,
mors, dolor, excidium, strages, incendia, luctus:
una fumavit Gallia tota rogo.«

Vgl. auch Merobaudes VIII. v. 20—23 populos relictis urbibus et arvis
reddidit.

die Gothen ihr Gebiet bis an die Rhone dehnen zu können [1]); in solchen Tagen war der gothische (und karthagische) Hof Asyl für alle unruhigen, ehrgeizigen Römer [2]).

Mit Mühe soll damals Avitus, Präfect von Gallien, dem König von früher her befreundet, — er hatte a. 430 einen vergeiselten Verwandten frei gebeten und den Uebertritt in den Dienst Theoderich's abgelehnt [3]) — brieflich die Wiederherstellung des foedus vermittelt haben [4]).

Dem entsprechend finden wir a. 446 wieder gothische Hülfstruppen unter den Römern gegen die Sueven in Spanien fechtend [5]). Aber da sich die Macht der Sueven gerade damals bedeutend hob [6]), verband sich Theoderich alsbald auf's Engste mit deren König Rekiar, indem er ihm seine Tochter vermählte [7]). Ja es unterstützten [8]) sogar gothische Truppen den Suevenfürsten, da er den Römern Saragossa und Jlerda entriß [9]). Man sieht, nicht an die Römer allein wollte sich der König lehnen: auch mit den Vandalen in Afrika verschwägerte er sich, indem er dem Sohne Genserich's eine andere Tochter verhei-

---

1) Apoll. Sid. carm. VII. v. 299
　　　　capto terrarum damna patebant
　　Litorio; in Rhodanum proprios producere fines
　　Theudoridae fixum, nec erat pugnare necesse,
　　sed migrare Getis;
(diese Wendung noch zwei Mal vgl. Kaufm. Ap. S. S. 22); anders freilich Prosper p. 663 (695) und hienach Gibbon c. 35 p. 81, Fauriel I. p. 196, aber dies gehört in die Zeit vor der Katastrophe des Litorius.

2) Idac. p. 80.

3) Apoll. Sid. carm. VII. v. 220.

4) l. c. v. 308 foedus, Avite, novas; hierauf wohl auch v. 474; Rosenst., Prosper folgend, verwirft S. 23 den ganzen Bericht, was wohl zu weit geht; ein Panegyricus würde zur Schmähung, wenn er solche Dinge rein erfände; vgl. Vaissette I. p. 180, Ulloa, principio p. 338, Alteserra notae p. 46, Schlosser S. 255, Thierry Attila S. 135, Romey II. p. 92, Fauriel I. p. 197, Lafuente II. p. 307; auch jetzt suchte der König ihn in seinen Dienst zu ziehen Apoll. Sid. l. c. v. 223.

5) S. Gesch. der spanischen Sueven.

6) Idac. p. 80.

7) Idac. p. 81, Isid. h. Suevor. p. 1080 Besuch des Rekiar zu Toulouse a. 449.

8) Nach Isidor hist. Goth. u. l. c. c.

9) Cum auxilio Gothorum. Irrig also de Mandajors p. 434, vgl. Cénac Moncaut I. p. 215.

rathete. Als diese wegen bloßen Verdachts vom Vandalenkönig [1])
grausam verstümmelt zurückgeschickt wurde, sah sich Theoderich freilich
wieder auf Römer und Sueven, die alten Feinde der Vandalen, zurück-
gestoßen, aber daß er daran denken konnte, mit diesen im Bunde
einen Rachezug nach Afrika zu unternehmen [2]), ist ebenso nur eine
Wendung der dramatisch zugespitzten, persönliche Motive hervorsuchenden
Darstellung des Jordanes, wie daß der bald hierauf gegen das römische
und gothische Gallien gerichtete gewaltige, Völker mitfortwälzende
Heereszug Attila's lediglich von Genserich herbeigeführt worden sei,
der hiedurch die Rache Theoderich's und seiner Verbündeten habe abhalten wollen [3]). Die großartige Bewegung Attila's gegen das Westreich erklärt sich vielmehr aus großartigeren Gründen der gesammten damaligen Weltlage: hier seien nur hervorgehoben einmal die Erkräftigung
des Ostreichs seit Marcian's Regierung [4]), anderseits der Reiz, mit
welchem jene noch nicht von ihnen geplünderten Länder die unersättlichen
Mongolen anziehen mußten [5]). Die Versuche des Hunnenkönigs,
Römer und Westgothen zu trennen und die Einen oder Andern auf
seine Seite zu ziehen [6]), und Einen dieser Feinde durch den andern,
dann aber auch nach dem andern, zu vernichten, mußten scheitern:
zu klar war die Parteistellung vorgezeichnet, zu schroff der Gegensatz
des wüsten Nomadenreichs, zu durchsichtig das sichre Verderben im
Fall eines Sieges der „Gottesgeißel" [7]).

---

1) Irrig Cénac Moncaut I. p. 221 von Hunerich.

2) Jord. c. 36.

3) Aschb. S. 120, Lembke I. S. 29, Rosseeuw I. p. 206, Fauriel I. p. 224,
Rosenst. S. 23. 24 und Thierry Attila S. 109, Romey II. p. 97: man beachtet
jene dramatisirende Eigenthümlichkeit des Jord. zu wenig.

4) A. I. S. 157.

5) Abgesehen von der (ebenfalls dramatisirten) Einladung Honoria's com.
Marcell. Procop. Prisc. l. c.; daß übrigens Genserich in jenem Sinne zu wirken
suchte, ist wohl möglich; Priscus p. 152, f. A. I. S. 451.

6) Jord. c. 36, Vaissette I. p. 184.

7) Das vortreffliche Cap. 36 des Jorb. enthält die staatsmännische Weisheit
Cassiodor's, (wohl mehr als des Priscus, wie Rosenst. S. 25) der die treibenden
politischen Motive mit umfassendem Blick erkennt: vgl. orbis tyrannum, qui optat
mundi generale servitium — omnium inimicus; armorum potentes, auxiliamini etiam reipublicae, cujus membrum tenetis: d. h. also neben dem gemeinsamen Interesse die Pflicht aus dem foedus, welche, für sich allein oder gegen ein
abweichendes Interesse, schwerlich entschieden hätte (das gegen Gaupp S. 192).

Uebrigens ging die Initiative zu der gemeinsamen Operation von Aëtius aus [1]); Theoderich hatte mit Mühe von dem thörigen Plan abgebracht werden müssen, die ungezählten Reiterschaaren ganz Gallien überfluthen zu lassen und ihren Anprall erst hinter der schmalen Schutzlinie der Garonne abzuwarten [2]). Er willigte endlich ein, sich mit den Römern und deren übrigen Verbündeten zu vereinigen und gemeinsam dem Feind nach Nordost entgegen zu ziehen.

Auf Seite der Römer fochten noch, halb gezwungen [3]), die Alanen, dann die Reste der Burgunden, Sachsen vom Niederrhein, die ripuarischen Franken [4]) — andere Franken waren von den Hunnen zur Heeresfolge mit fortgerissen — slavische Söldner (Sarmathae), die den Römern zu foedus unterworfnen keltischen Bretonen (Armoricani), die rhätischen Brionen [5]) und andere germanische und keltische Stämme [6]).

Sehr unsicher ist das Verzeichniß der Völker Attila's bei Apollinaris Sidonius [7]): mancher Name ist offenbar aus poetischen und gelehrten Reminiscenzen geschöpft oder aus Noth des Versmaßes gewählt: das Hauptvolk, die Ostgothen, fehlen: er nennt Rugier, Stiren, Gepiden, Gelonen [8]), Burgunden [9]), Neurer (! Nervier), Bastarnen (!), Thüringer, Brukterer, Franken [10]).

---

1) Obwohl er den Gothen anfangs mißtraute, vgl. Buat VII. p. 532, Masdeu X. p. 38—45, Binding I. S. 43, Troya II. l. 1. a. 581, Gabourd II. p. 155, Lafuente II. p. 311, Krause S. 319, Deguigne S. 434, Thierry, Attila (sehr romanhaft!) f. Waitz, Niederlage S. 10—12.

2) Durch Avitus? Apoll. Sid. e. VII. v. 387, Thierry, Attila S. 136, Fertig I. S. 8, Gibbon c. 35 p. 93; auch der Präfect Ferreolus betrieb das Bündniß; soviel mag an den Phrasen Apoll. Sid. VII. 12 richtig sein, aber die Entscheidung bewirkte Aëtius. Man hat dabei kaum nöthig, auch der Verbindung des Aëtius mit einer gothischen Königstochter zu gedenken.

3) A. L S. 263.

4) Die Uebertreibung Greg. tur. von deren damaliger Bedeutung zeigt Kaufmann Forsch. VIII. S. 136—138; vgl. Gérard I. p. 120.

5) Falsch hist. misc. „Bariones"; über dieselben besonders die Darstellung von Jäger, über unsere Stelle S. 413.

6) Z. B. die Lititiani; (Lutetiani?) f. den verbesserten Text des c. 36 des Jord. bei Closs.; hienach z. B. hist. misc. zu corrigiren.

7) VII. v. 320 Wurm p. 82, v. Wietersheim IV. S. 360.

8) Schwerlich Gotono statt Gelono zu lesen.

9) Die Unterworfnen: (ignorirt bei Smith p. 2) Burgunden fehlen also, wie Franken, auf beiden Seiten; vgl. Bluhme, Westburgund S. 51. Wurm p. 83. Waitz, Niederlage S. 10—12; Wurstemberger I. S. 203.

10) Aber Vandalen Laurentio I. p. 89 lagen nicht vor Orleans! vgl. Valesius

Im Herzen Frankreichs trafen die beiden ungeheuren Völkerwogen aufeinander. Der große Sieg auf den „catalaunischen", richtiger „mauriacensischen"[1]) Feldern ward erkämpft durch das Bündniß römischer Feldherrnkunst des Aëtius[2]) und germanischen Heldenthums der volkreichen[3]) Westgothen. Diese rächten mit Ingrimm den Tod ihres greisen[4]) Königs, der, die Seinen zum Angriff führend, im Vorderkampf des Reitertreffens fiel[5]).

IV., Pfahler Gesch. S. 277, Lembke I. S. 30, Lehuérou I. p. 189, Rosenstein S. 26; über die Marschroute Coblenz, Trier, Metz, Dulchy (Aisne), Troyes, Orleans s. Bolland. Oct. t. IX. p. 122 (neue Ausgabe, mir unzugänglich).

1) 5 Milien von Troyes, Contin. Prosper. ed Hille; wie abenteuerlich die Sage das Schlachtfeld verlegte, zeigt du Mège I. p. 285. Ueber die vorgängige Belagerung und den Entsatz von Orleans 14. oder 24. Juni (?) vita Aniani Apoll. Sid. VIII. 15, Greg. tur II. 7; die Hunnen waren bereits eingedrungen: oppugnatio, irruptio *nec direptio*; alle Legenden aus dem Fabelkreis des h. Anian (wie bei Joh. M. Goth. p. 806!) noch Guettée I. p. 292, Jager II. p. 496, vgl. Dubos I. p. 561 seq., Wurm p. 86, Fauriel I. p. 226, Thierry l. c. die endgültige Kritik bei Kaufm. Forsch. VIII. S. 130—134; irrig über die Zeit Wirth I. l. c.; Anfang Juli; so auch Wurm p. 88. Kaufmann Forschungen VIII.; nicht schon Rheinübergang Attila's Ende Februar Gabourd II. p. 161 (vgl. Gérard I. p. 119) oder A. in Metz 8. April?? Jager II. p. 492, 27. Mai Châlons? d'Arbois de Jub. examen, p. 271; die Schlacht nicht erst nach dem 7., d'Arbois de Jub. p. 271, oder 27. September, Clinton a. 451; die acta inedita s. Aniani „passio et virtus" (Arnd) sind älter, einfacher, mirakelfreier; sie lassen den Bischof Aëtius („Agatius") in Arles aufsuchen und zu Hülfe rufen; das Sturm- und Regenmirakel deuten sie nur an, das zu Rom betende Weib des Aëtius und die Franken kennen sie noch nicht; sie nennen nur Thursumodus, rex Gothor., nicht seinen Vater.

2) Es ist übrigens eine schöne und wohl nicht ganz grundlose Dichtung des Merobaudes VIII. v. 180, daß der vergeiselte Knabe Aëtius von Alarich zuerst als künftiger Held erkannt und mit den Waffen vertraut gemacht worden — „der spätere große Feind" und, setzen wir hinzu, der große Helfer des Gothenvolks ..; rey de las Galias nennt Aëtius Tomeo y Benedicto I. p. 142 (!): Verwechselung mit Aegidius.

3) Kaufmann Forsch. VIII. S. 138.

4) Apoll. Sid. VII. v. 470.

5) Ueber die vorschnelle Identificirung seiner Leiche mit dem „cadavre de Pouans" durch Peigné-Delacourt s. Verfassung: „Königsschmuck" u. Kaufmann Forsch. VIII. S. 128; im Chron. pasch. p. 589 heißt er fälschlich Ἀλλάριχος; das Beste über diese Schlacht nunmehr in der sorgfältigen Untersuchung von Kaufmann Forschungen VIII. S. 117—146 (vgl. Brosien S. 35), welche mit meiner vorher abgeschlossnen Darstellung vielfach zusammentrifft, vgl. Peucker II. S. 311, Huschberg S. 546, Wurm p. 86—87, Marin I. p. 297, Valesius p. 158—166, ihm folgt Jacobs geogr. p. 116; d'Arbois de Jubainville p. 872 Mauriacum = „Moirey des batailles" (nicht „Mury" wie Leo, Mittelalter I. S. 54), der aber

Noch auf dem Schlachtfeld erhob das Volksheer den tapfern Thorismund, Theoberich's ältesten (?) Sohn, der sich im Kampf besonders ausgezeichnet, durch Wahl in altgermanischen Formen zum König [1]. Damit wurde die feierliche ebenfalls in allen alten Formen [2] vollzogene Bestattung Theoberich's verbunden; und daß die in ihre Wagenburg gedrängten Hunnen diese Todesfeier, als Zeichen der Behauptung des Schlachtfelds zugleich eine stolze Siegesfeier, nicht zu stören wagten, galt als besonders hoher Ruhm [3]. — Aëtius vermochte den Gothenkönig, seinen natürlichen Impuls, den Vater durch völlige Vernichtung Attila's, der „wie ein wunder Löwe" zu grimmigem Todeskampf entschlossen, in seiner Wagenburg lag, zu rächen, aufzugeben und schleunigst nach Toulouse heimzukehren, um etwaigen Versuchen seiner dort zurückgebliebenen fünf Brüder [4], sich vor ihm der Herrschaft zu bemächtigen, zuvorzukommen.

Nach Jordanes [5] hielt der römische Staatsmann die drohende Erstarkung der gothischen Macht nach völliger Beseitigung des hunnischen Gegengewichts für zu gefährlich [6]. Indessen ist auch zu erwägen, daß, wie abgewiesne Stürme lehrten, die Vernichtung der Hunnen in ihrem stark verschanzten Lager, wenn überhaupt, nur mit den größten Opfern zu erreichen gewesen wäre [7]. Konnte doch Attila

---

irrig wie Mullié p. 12 zwei Schlachten annimmt, auch in seinem examen p. 272 f. 274; Secretan p. 606 giebt die ganze Literaturgeschichte der Streitfrage über den Ort der Schlacht (nicht c. secalaunici statt catal., wie Mullié „les deserts de la Sologne") und führt gegen zwanzig neuere französische Abhandlungen an, aber p. 651 erklärt er den Hundsrück als Hunsruck = retraite des Huns!! andere Marschlinien der Hunnen bei Peigné-Delacourt p. 19. Erhard I. S. 87.

1) Jord. c. 41. Gothi armis insonantibus regiam deferunt majestatem etc.

2) Cluver p. 860.

3) So ist der dunkle Sinn der vielen Worte des Jord. c. 41 zu verstehen. Wurm p. 89 verkennt die Heldensage, aus welcher Jord. hier schöpft.

4) Theoberich, Fridrich, Eurich, Retemer und Himmerith Mariana V. 3, Alteserra aquit p. 355.

5) c. 41 Greg. tur. II. 7; die Fabeln des 300 Jahre späteren Fredeg. sind natürlich zu verwerfen; vgl. Rosenstein S. 28, Kaufmann VIII. S. 145.

6) Ihm folgen Gibbon c. 35 p. 101, Mullié p. 12, Erhard I. S. 90, Rosseeuw I. p. 211, und die Meisten; vgl. Kaufmann l. c.; nach Wurm p. 92 gewährt Aëtius den Hunnen freien Abzug gegen das Versprechen, (!) das Westreich nicht mehr zu beunruhigen; wie die Schlacht den Fall des Westreichs entschieden haben soll, Laboulaye propriété p. 246, Lavallé I. p. 87, ist nicht abzusehen.

7) S. Proper p. 671. 701. 755. A. W. Lembke I. S. 31, Romey II. p. 100, Luden II. S. 419: „Th. sah nicht ohne Mißtrauen auf den Mann, der

schon im nächsten Jahre wieder einen Feldzug nach Italien rüsten. Erfunden ist dagegen ein zweiter Zug der Hunnen gegen Gallien[1]) und ein zweiter Sieg der Gothen[2]): Jordanes leitete, vielleicht unbewußt, das Streben, die Gothen auch allein, ohne die Römer, als Besieger Attila's zu feiern[3]). — Der Argwohn gegen die Geschwister des Gothenkönigs war, scheint es, nicht unbegründet. Wenigstens wurde Thorismund nach kurzer Regierung von seinen Brüdern Theoderich und Friderich ermordet.

Die Motive sind dunkel: bald wird des Königs tyrannische Härte[4]), bald seine römerfeindliche Politik als Grund angegeben[5]); das Richtige wird in der Vereinigung dieser Berichte liegen. Gewiß ist, daß er mit Aëtius über die Vorenthaltung der reichen hunnischen Beute in Streit gerathen war und während dieser Zerwürfnisse auf Arles, das alte Ziel seines Vaters, einen abermals vergeblichen Versuch ge=

---

diesen Rath aussprach. Er befolgte also (!) den Wink" x.; besser Desormeaux I. p. 46, Fauriel I. p. 238, Kaufmann VIII. S. 141.

1) Wider die Alanen südlich der Loire, Jacob's Geographie p. 88.

2) A. L. S. 264, Rosenst. W. S. S. 30, Jord. c. 43 hat seine Quelle (fast. Raven. Chron. v. 641 ed. Hille hienach Greg. Tur. l. c.) mißverstanden, (gut beleuchtet von Kaufm. Forsch. VIII. S. 120) welche vielmehr Thorismund post mortem patris Alanos bello perdomare läßt, wohl zur Strafe ihrer Reigung zu den Hunnen, so schon Aschb. S. 130; oder, so Wurm p. 97: um neuer Verbindung mit Attila zuvorzukommen (Alanen schon früher nur widerstrebend auf Seite der Gothen oben S. 62, Paull. Pell. Euchar. v. 370 seq.).

3) Jord. folgen Mariana V. 4, Mast. I. S. 441, Berganza p. 8, Sotelo p. 84, Alteserra aquit. p. 358, Cénac Moncaut I. p. 228, Lembke I. S. 33, Ascargorta S. 46 (das viel verbreitete Buch enthält viel Irriges), unentschieden Gaupp S. 268, Pfahler A. S. 92, Masdeu X. p. 47, Pfister I. S. 237, richtig schon Vaissette I. p. 194, vgl. Leo Mittelalter I. S. 51.

4) Isid. h. G. p. 1066 dum multa ageret insolentius. Greg. tur. l. c. post multas lites et bella. Dagegen zu schönfärbend Jord. l. c. suorum quieta pace composita, so Masdeu X. p. 46, Sotelo p. 84.

5) Idac. p. 85 spirans hostilia (hienach Isidor. dum feralis ac noxius hostilia inspiraret, hienach Chron. et ser. Goth. p. 704 u. Chron. albeld. p. 74 (gegen die Römer, nicht wie Rosseeuw I. p. 212 gegen seine Brüder) a . . fratribus occiditur u. Prosper p. 671 cum rex ea moliretur, quae et romanae paci et Gothicae adversarentur quieti, a germanis suis, quia noxiis dispositionibus irrevocabiliter instaret, occisus est, so Mandajors p. 436, v. Syb. S. 167, v. Wietersh. IV. S. 442, vgl. Fauriel I. p. 239.

wagt hatte [1]). Aber der König scheint noch weitere Feindseligkeiten [2]) gegen Rom beabsichtigt und an seinem Recht, die äußere Politik des Reiches zu bestimmen, dem Widerstreben einer römisch gesinnten Partei gegenüber, mit schroffer Härte festgehalten zu haben, ein Recht, das in solcher Ausdehnung noch nicht von der alten Volksfreiheit anerkannt war. Da verbanden sich die Brüder, welche, sammt der zu Toulouse verbliebnen Mannschaft, bei der tumultuarischen Wahl auf dem hunnischen Schlachtfeld nicht mitgehandelt hatten, und sich daher bei der Bagheit des germanischen Kronerb= und Wahl=Rechts durch den einseitigen Act des siegreichen Heeres mehr überrascht als verpflichtet betrachten mochten [3]), mit der römischen Partei und den mit der Energie des Königs Unzufriednen und Thorismund fiel durch Mord nach tapfrer Gegenwehr a. 453 [4]). Ihm folgte sein Bruder Theoberich II., a. 453—466, der aber dem mitverschwornen dritten Bruder, Fribrich, eine sehr bedeutende Stellung [5]) als Hauptfeldherrn und Statthalter einräumte [6]). Gemäß der gegen Thorismund eingeschlagenen Richtung hielt der König mit Kaiser Valentinian gute Freundschaft und ließ schon im nächsten Jahre durch Fribrich die aufständischen

---

1) Apoll. Sidon. epist. VII. 12; Gefechte vor den Thoren von Arles, an Rhone und Loire: Aetium Ligeris liberatorem. Aëtius erkaufte damals den Frieden durch reiche Geschenke. Ferreolus mag vermittelt haben: durch eine Mahlzeit allein ließ sich der Gothe schwerlich — abspeisen Apoll. S. VII. 12. Ueber die 500 Pfund schwere Goldschüssel, angeblich die tabula Salomonis bei Fredeg. Chron. Aschb. S. 130 und die Lit. daselbst, Lembke I. S. 33, Cénac Moncaut I. p. 223, Rosenst. W. G. S. 28.

2) Regem ferocissimum nennt ihn Apoll. S. VII. 12 inflexum.

3) Nur Theoderich II. war noch mit im Feld gewesen.

4) Ueber dieses Datum, nicht 452 s. Aschb. S. 131, Jord. c. 43; der Mörder war Ascalcrus, (sollte darin nicht ein skalks, verdorben, stecken?) ein aliens, wie der des Athaulf. Der Sinn der immer mißverstandnen Stelle scheint: der Diener wartet den Augenblick ab, da der eine Arm des Königs durch Aderlaß kampfunfähig, entfernt vorher die Waffen, stürzt dann, Gefahr meldend, herzu, führt aber in Wahrheit selbst die Verschworenen herein; der König erschlägt in Ermanglung des Schwertes mit dem Schemel (scabellum) mehrere der Angreifer; anders Vasaeus: con un cuchillo pequenno? scalpellum, Villadiego p. 55; ganz dieselbe epische Ausschmückung bei Alboins des Langobarden Tod.

5) Apoll. S. c. VII. v. 435.

6) Vgl. Marius Avent. p. 402 ingressus Th. rex . . Arelate cum fratribus, p. 403 nennt er den Fribrich sogar rex.

Bagauden in Spanien „im römischen Auftrag" niederwerfen[1]). Des Valentinian Mörder und Nachfolger, Maximus, beeilte sich, die herrschenden Mächte in Gallien für sich zu gewinnen und Avitus, der Präfect dieser Provinz, vermittelte[2]) abermals erfolgreich zwischen dem Kaiser und dem Gothenkönig, dem er, wie einst dessen Vater als Freund[3]), als Lehrer, als Einführer in die römische Bildung nahe stand[4]): er zog mit Theoderich und Fridrich glänzend in die Hauptstadt Toulouse ein[5]). Als aber hier alsbald die Nachricht von der Ermordung des Maximus und der Einnahme Roms durch die Vandalen eintraf, wiederholte Theoderich den Schritt Alarich's und Athaulf's und erhob mit Fridrich[6]) den ihm eng befreundeten Avitus zum Kaiser des Abendlandes, der jedoch, getragen von der Stimmung der gallischen Provincialen, selbst hiezu am Meisten gedrängt zu haben scheint. —

Diese Meldung Gregor's von Tours[7]) ist viel glaubhafter als die Rhetorik des charakterschwanken[8]) Eidams des Avitus, Apollinaris Sidonius, wonach[9]) der Präfect nur gezwungen dem Drängen des Königs nachgiebt[10]). Der „gallicanus exercitus" und die „honorati"

---

1) Idac. p. 87, a. 454 per Fridericum, Theoderici regis fratrem, bagaudae tarraconenses caeduntur ex auctoritate romana. Zu spät gesetzt von Cénac Moncaut I. p. 228.

2) Vgl. Apoll. Sid. III. 1 vobis inter Gothos et rempublicam mediis carm. VII. v. 399 foedera prisca precor v. 469.

3) c. VII. v. 470.

4) Starke Uebertreibung seines Einflusses c. VII. v. 421, 488, 470, 490 bei dem Vater und Sohne. Carm. VII. v. 508
> mihi romula dudum
> per te jura placent parvumque ediscere jussit
> ad tua verba pater docili quo prisca Maronis
> carmine molliret mihi scythica pagina mores.

Diese Bildung und seiner Sitten Freundlichkeit lobte die allgemeine Stimme Apoll. Sid. I. 2; s. daselbst sein Portrait, das, trotz der affectirten Diction, anschaulich ist.

5) Apollin. Sidon. c. VII. v. 495. 859 seq. 485.

6) 10. Juli a. 455, vgl. Clinton I. l. c.

7) Greg. tur. II. 11 Avitus cum romanum ambisset imperium und Isid. h. G. p. 1066.

8) Gut hierüber Kaufmann, Museum S. 16.

9) Apoll. Sid. c. VII. v. 501. 518, (so Romey II. p. 108, Fertig I. S. 8, Parizel p. 16), Vannucci IV. p. 627.

10) Welcher Sühne für Alarichs Frevel (!) ꝛc. verheißt (auf Grund dieser Phrase und obenein in Verwechslung Alarichs mit Genserich sagt wohl Lafuente II. p. 316: es handelten die Gothen indignados! de la destruccion vandalica de Roma) einverstanden Mast. X. 4, Gibbon c. 86 p. 182, vgl. Valesius p. 182,

6*

zu Toulouse[1]) zeigen, daß Avitus sich nicht blos auf die Gothen stützte: es war eine specifisch gallische Bewegung, nicht ohne Eifersucht gegen Italien, welches durch launenhafte Erhebung und Ermordung der Imperatoren so oft und so wechselvoll die Geschicke der mächtigsten Provinz des Abendlands verwirrte[2]). Beide, Gallien und die Gothen, hatten gleiches Interesse an jenem Schritt: das „foedus" d. h. die Waffenhülfe der Gothen war dadurch für die Provinz gesichert[3]) und für jenes Volk nicht nur Glanz und Ehre, gewiß auch manches Zugeständniß von dem immerhin halb abhängigen[4]) Kaiser erlangt.

Alsbald zeigte sich die neue enge Verbindung in praktischen Wirkungen. Die Verheerungen des Suevenfürsten Rekiar, Theoberich's Schwager, im römischen Spanien sollten zuerst a. 456 durch eine Gesammtbotschaft[5]) des Kaisers und des Königs, dann durch eine zweite des Königs abgestellt werden: trotzige Abweisung zu ahnden ging nun Theoberich „in Namen und Auftrag des Kaisers"[6]) mit

---

Laurentie I. p. 93, Papon II. p. 82, v. Syb. S. 173, Fauriel I. p. 244, Kaufmann Ap. Sib. S. 20 (gut S. 22), Binding S. 53, dagegen Lafuente l. c., Troya II. 2. p. 884, Vaissette I. p. 196, v. Wietersh. IV. S. 406, Huschberg S. 553.

1) Bei Idacius p. 87.

2) Apoll. Sid. VII. v. 116
ni fors iterum tu, Gallia, mittas qui vincat.
v. 515 das Lob der Auvergne:
Gallia compulerit te, quae jure potest.
543 fulsit conditio proprias qua Gallia vires |
exerceret.
Der Erhebung durch die Gothen zu Toulouse folgt die Anerkennung durch den gallischen Adel zu Ugernum (Vaissette I. p. 196) senatus, nobiles proceres v. 572 seq. cum Gallis Isid. l. c.

3) Apoll. Sid. c. VII. v. 521 quid possint servire Getae te principe; damals war ihm Th. martius ille rector atque magno patre prior decus Getarum, romanae columen et salus gentis! c. XXVIII. v. 68.

4) Gegen die umgekehrte, übertreibende Darstellung des Apoll. Sid. Kaufmann Ap. S. S. 22. 23; er verschenkt massenhaft Gold und, als ihm das gebricht, Erz und Eisen an die Gothen Joh. Antioch. p. 613.

5) Idac. p. 88 ut tam secum quam cum romano imperio, quia uno essent pacis foedere copulati, jurati foederis promissa servarent.

6) Idac. p. 58 et cum voluntate et cum ordinatione Aviti imperatoris; hienach Isid. cum licentia Aviti, vgl. Vaissette I. p. 198, Derichsweiler S. 39; insofern überließ Avitus Spanien allerdings den Gothen, Kaufmann Ap. S. S. 26 — aber er hatte es nicht!

feinen Gothen und den ebenfalls föderirten burgundischen Truppen [1]) über die Pyrenäen, schlug die Sueven bei Asturica (Astorga, 5. October), zog in deren Hauptstadt Bracara ein (28. October), durchstreifte unter äußerst harten Verheerungen [2]) das ganze suevische Gebiet, drang in Lusitanien weit südlich bis Meriba vor '— die Stadt wurde durch die „Schreckenswunder" [3]) der heiligen Eulalia vor der Plünderung bewahrt — und setzte über die unterworfenen Bezirke der Sueven an Stelle des hingerichteten Rekiar [4]) einen von ihm abhängigen Fürsten aus dem Stamm der Warnen, dessen Versuch, sich nach Theoderich's Abzug selbständig zu machen, bald blutig unterdrückt wurde [5]). Der König war durch die schlimme Nachricht von der Absetzung seines Kaisers Avitus in Italien [6]) nach Hause gerufen worden [7]): der neue Imperator, Majorian, wurde von den dem Avitus föderirt gewesenen Burgunden und Gothen [8]) als Feind betrachtet: abermals ergreifen letztere den Augenblick römischer Wirren zur Ausbreitung der eignen Macht: der Personenwechsel der Imperatoren gewährt Grund oder Vorwand genug, das doch mit dem Imperium [9]) geschloßne foedus bei Seite zu setzen. Theoderich läßt einen Theil seiner Truppen in Spanien zurück, und schickt ihnen a. 457 und a. 458 weitere Ver-

---

1) Jord. c. 44, Idac. l. c. multitudo variae nationis; Fauriel I. p. 271; Wurstemberger I. S. 202—203. Das foedus genügt zur Erklärung der Burgundi- schen Betheiligung Smith p. 2; Binding I. S. 52 erinnert noch an die Verwandt- schaft der Burgundenkönige mit Walja; über das Verhältniß der Quellen über diese Vorgänge S. 54; die Eroberung des burgundischen Lyon durch Th. hat Iserhielm p. 84 rein erfunden oder mit Lugdunum Convenarum, Comminges, verwechselt.

2) Auch gegen die Romanen, trotz der „ordinatio romana"; es ist eine noch nicht gewürdigte Eigenart des Idac., die Westgothen, wo es irgend angeht, als foederati und Beauftragte des Reiches darzustellen.

3) „Ostenta" Idac. p. 89, Isidor. l. c.; worin sie bestanden, unerzählt; s. Gams I. S. 369; eine Höhe vor der Stadt, wo Theoderich lagerte, hieß (hievon?) noch im späten Mittelalter „la Godina", Fernandez y Perez p. 112.

4) Isid. h. Suevor. p. 1080.

5) Juni a. 457 Idac. l. c., Jord. c. 44; näheres in der Geschichte der spanischen Sueven.

6) In Piacenza; nach September a. 456; Clinton, 17. Mai a. 456, Marius Avent.

7) April a. 457 Idac. p. 42 adversis sibi nuntiis territus. Damals Eroberung von Illuro, Bearn und Lapurdum; über Lugdunum Convenarum, Comminges, Cénac Moncaut I. p. 226 p. 228 und du Mège I. p. 498.

8) Ueber das gute Vernehmen beider Germanenvölker von damals s. v. Syb. S. 173, Bind I. S. 59, anders derselbe 78.

9) Uebersehn von Lembke I. S. 37.

stärkungen, die Provinzen Gallicien, Asturien, Bätica und Lusitanien zum Theil im Kampf gegen die Suevischen Bezirkskönige, — diesmal ohne „römischen Auftrag", aber durch Vorgeben eines solchen arglistig in die Städte sich schleichend — zu plündern und zu unterwerfen[1]): er selbst aber greift, die Friedensvorschläge Majorians verwerfend, aber= mals, und abermals vergebens, nach dem unabläsfig angestrebten Arles a. 459[2]).

Eine Niederlage durch Aegidius, den Nachfolger des Aëtius in der Vertheidigung des römischen Besitzes an der Loire[3]), zeigte dem König, daß die günstige Gelegenheit wieder vorüber und Rom für ihn weder schon zu entbehren noch schon zu bezwingen war in Gallien — so wenig der Kaiser die gefährlichen Freunde und das so oft gebrochne foedus beseitigen konnte: so wurde denn dasselbe mit Majorian feier= lich erneuert[4]), und römische und gothische Truppen straften gemein= sam unter einem römischen Magister Militum und einem gothischen Grafen Sunjarich die Ermordung[5]) römischer Bürger durch die Sueven in der gallicischen Stadt Lugo[6]). Aber schon im nächsten Jahr gab ein neuer Kaisermord dem Gothen Gelegenheit zu Wiederbeginn des alten Spiels und diesmal gewann er wenigstens die Eine längst ersehnte Beute, Narbonne. Aegidius wollte, so scheint es[7]), den Nachfolger des von dem gewaltigen Minister Rikimer ermordeten Majorian

---

1) Idac. p. 42, der diesmal die solita ars perfidiae, die doli et perjuria der Gothen energisch tadelt: Palentina und Asturica wurden damals zerstört: das castrum coviacense widerstand seinen duces Cyrila u. Sunjarich p. 42 (Singerich Isid. p. 1066), anders u. irrig Gibbon c. 36 p. 138.

2) Auf diese Zeit geht Greg. tur. mir. mart. 2 u. Paul. petrocor. de vita s. m. 6.

3) Idac. p. 45.

4) Priscus p. 156, Idac. ad a. 459 p. 45 firmissima inter se pacis jura sanxisse; hierauf geht Apoll. Sid. c. V. v. 562. 567:
      flectitur ad vestras gens effera conditiones.
Vaissette I. p. 204, Dubos II. p. 112, anders über die Folge der Ereignisse Fauriel I. p. 279.

5) Ostern 461.

6) c. Juni a. 461 Idac. p. 46, dahin auch Priscus p. 156. Darauf wechseln Gesandtschaften und Kriege: Sunjarich erobert Scalabis in Lusitanien; der magister militum Nepotianus wird „Theuderico ordinante" durch Arborius ersetzt; vgl. v. Syb. S. 173, auch gegen die Vandalen in Afrika sollten die Gothen helfen Joh. Ant. p. 616.

7) Zweifelhaft auch Bind I. S. 64. Dafür v. Syb. S. 173, vgl. Fauriel I. p. 277.

(7. August a. 461), Severus, nicht anerkennen, sondern gedachte mit dem starken in Gallien stehenden römischen Heer den neuen Namen Kaiser und den eigentlichen Beherrscher des Abendlands, den Kaiser=Macher Rikimer, in Italien selbst anzugreifen: nur die drohende Haltung Theoderich's hielt ihn von solcher Entblößung Galliens ab [1]). Da opferten Verräther ihrem Parteihaß das Interesse des Reichs und erkauften die Waffenhülfe der Gothen für Severus und Rikimer wider Aegibius durch Abtretung von Stadt und Gebiet Narbonne [2]). Der Befehlshaber der Stadt, Agrippinus, öffnete die Thore aus persönlicher Feindschaft gegen Aegibius, worauf dieser bis über die Loire zurück=weichen mußte [3]). Hier aber, bei Orleans [4]), machte er Halt, wandte sich und schlug die ungestüm nachdrängenden Gothen schwer auf's Haupt — ihr Feldherr Fridrich, des Königs Bruder [5]), fiel [6]) — und schon überschritt, mit Franken [7]) und Alanen im Bunde, Aegibius wieder angreifend die vielumstrittene Loire, als sein plötzlicher Tod a. 463 — man glaubte an Vergiftung durch Rikimer — die Gothen von dem bedeutendsten Gegner befreite, der ihnen seit Aëtius in Gallien den römischen Schild entgegen gehalten [8]).

Sofort konnte sich Theoderich, wie gegen das nun fast unvertheidigte

---

1) Prisc. Mehr möchte ich nicht zu sagen wagen; s. auch Löbell S. 541, Gibbon c. 36 p. 166.

2) „Prov. narbon. prima" Böcking II. p. 18 bis dahin unter dem praef. praet. Galliar. Idac. p. 47, Isid. h. G. p. 1066; wie sehr der König die Stadt „liebt" d. h. begehrt, weiß Apoll. Sid. carm. XXIII. v. 68. Ueber die Wichtigkeit von Narbonne Cénac Moncaut I. p. 842.

3) Die v. Lupic. Bolland. 21. März p. 266 kann bei bestem Willen den Verrath des Agrippinus nicht beseitigen; vgl. v. Syb. S. 174, Fauriel I. p. 278; über die gleichzeitige Belagerung von Chinon durch die Römer Greg. tur. confess. 22; das auffallende „hostes improbi" erklärt sich daraus, daß der fromme Abt Maximus unter den Belagerten, nicht den Belagerern, sich befand; über die kleineren Er=werbungen der Gothen von 437—461 de Mandajors p. 434—37, ungenau Romey II. p. 111.

4) So Mar. Avent. Junghans S. 13; nicht Armorica wie Idac. p. 47 so Fauriel I. p. 279, Lembke I. S. 39; oder bei Toulouse! Rosseeuw I. p. 217, Rosenstein S. 39: „Arronicum": woher?

5) Rex bei Mar. Avent. vgl. Löbell S. 545.

6) Späte Gelehrtenfabeln über diesen „roi Fresolai" bei de Catel u. Vaissette p. 468.

7) Junghans S. 17, Binb. I. S. 105.

8) Vaissette I. p. 210, Dubos II. p. 127 seq.

römische Gebiet im Nordosten[1]), freier auch wieder gegen die unruhigen Sueven im Nordwesten wenden, welche den räuberischen Gebirgskrieg nie völlig einschlafen ließen: weder wiederholte Gesandtschaften noch Geschenke noch Feldzüge unter drei wechselnden Führern noch die An= nahme des Suevenfürsten zum „Waffensohn" Theoderich's[2]), noch die, wie es scheint[3]), versuchte Verschwägerung machte diesem Guerillawesen ein Ende. Mitten in solchen Bemühungen „büßte Theoderich wie er gefrevelt": d. h. er wurde von einem Bruder ermordet[4]).

Wenn es diesem Bruder, dem gewaltigen Eurich[5]), in den acht= zehn Jahren seiner glanzreichen Regierung gelang, die gothische Herr= schaft in Gallien und Spanien weit über die Ziele seiner Vorgänger hinaus zu tragen und sein Volk, unter Beseitigung des „foedus" und jeder auch scheinbaren Oberhoheit Roms[6]), aus einer viel bedrohten

---

1) Idac. p. 50 quo desistente mox Gothi regiones invadunt, quas romano nomini tuebatur.

2) Idac. p. 48. 50 cum armorum adjectione, s. Ausführliches bei Sueven.

3) Isid. h. Suev. p. 1080 sagt freilich nur *conjugem quam haberet*.

4) Zu Toulouse, Anfang a. 466. Mar. Avent. p. 408, Idac. p. 50 Euricus pari scelere quo frater succedit in regnum .. honore provectus et crimine; über das Jahr s. Vaissette I. p. 211, Aschb. S. 143, Lembke I. S. 40; politische Motive sind nicht wahrzunehmen.

5) Altspanisch in Eralgio verwandelt del Sas. p. 67.

6) Von Eurich an beginnt jedenfalls größere formelle Unabhängigkeit der Gothen von Rom nach Apoll. S. VII. 6 rupto dissolutoque foedere antiquo limitem promovet, promotae limitis sortem VIII. 3 etsi non tenemus ex foedere (populos Galliarum), während er noch von Theoderich II. sagt: Getis jura dictat sub judice vestro carm. V. v. 562. Jord. c. 47 totas Hispanias Galliasque sibi jam *proprio jure* tenens, c. 45 Gallias *suo jure* nisus est occupare; vgl. Hegel II. S. 312; v. Syb. S. 167. 175, Peucker I. S. 263, Gérard I. p. 84, Serna y Montalban I. p. 28, Wislicenus S. 138 (nicht ganz richtig Gaupp hierüber: der Nachdruck liegt auf jam). Das gothische Aquitanien d. h. dies Land, nicht das g. Reich, galt wegen des foedus, so lang und wenn dies eben gehalten wurde, noch als ein Theil der respublica romana: auxiliamini, spricht Aëtius zu ihnen, reipublicae, cujus membrum *tenetis* Jord. c. 36; aber es heißt doch nur „*tenetis*" d. h. eben das Land, nicht estis, und ist überdies sicher cassiodorisch, vgl. oben S. 77 N. 7. Fast zu weit geht (noch weiter Petigny p. 221. Aelterewie Heinecc. Hist. jur. II. § 13 nahmen einen vollen „nexus clientelaris" an), deßhalb Gaupp S. 179, „der W. G. Staat stand nicht neben dem römischen Reich, sondern bildete ein abhängiges Glied desselben"; dagegen gut Kaufmann Museum S. 25—29 aus Briefen des Apoll. S.; daß aber diesem foedus immer nur „Friede" bedeute, kann ich nicht zugeben — es ist das andere Extrem; wohl aber entspricht es jenem „tenere", wenn die notit. dignit. auch nach der Abtretung von a. 418 Aquitanica secunda noch als gallische Provinz des Westreichs anführt —

in eine imponirend beherrschende Stellung zu erheben, so liegt der
Grund hievon zwar gewiß zu gutem Theil in seiner bedeutenden Per=
sönlichkeit — sein erbittertster Feind giebt ihm das widerwillige Zeug=
niß [1]) — er war sehr kühn, sehr schlau, sehr zäh: aber doch auch
in der jetzt reißend schnellen Abnahme der Widerstandskräfte des west=
römischen Reichs: „der Tiber war so seicht geworden, — klagt ein
Zeitgenosse, — daß man ihn an der Garonne vertheidigen mußte" [2]).

Der rasche Wechsel nur in der Ohnmacht gleich bleibender Im=
peratoren und die unaufhörlichen Parteiungen im Reich mußten das
Schwert des tapfern Eroberers, die Plane des fast noch kühneren
Staatsmanns unwiderstehlich machen: was für seine Vorgänger eine
hin und wieder auftauchende Gelegenheit gewesen, kaum an flüchtiger
Schwinge zu haschen, wurde für Eurich ein fast ununterbrochen ein=
ladender Zustand der Wehrlosigkeit; schlicht und schlagend sagt das
Jordanes: „Eurich sah den häufigen Wechsel der römischen Kaiser
und das Schwanken des Reichs, da gedachte er Gallien sich zu eignem
Recht zu unterwerfen" [3]). — Zunächst trachtete der neue Herrscher,
noch kaum auf dem blutschlüpfrigen Throne gefestigt, vorsichtig die
Vortheile des römischen „foedus" sich zu wahren: er schickte Gesandte
an den byzantinischen Kaiser Leo: (der damals a. 466 auch als Im=
perator des Abendlandes galt: Rikimer hatte den Severus [4]) gestürzt

---

eben in partibus! — sogar noch unter praesides. Dagegen unterscheidet Apoll.
S. VII. 1 das solum romanum, die partes Romanorum 5, scharf von den ab=
getretnen und annectirten sedes G., dem limes regni Eurici 6., l. gothicae sortis
l. c.: regnum utrumque d. h. Rom und Gothia. Vgl. Lezardière I. p. 281.
Ausdrücke wie „Vasall" des Reiches v. Bethm. H. g. P. I. S. 185 verwirren statt
zu erklären. Rosseeuw I. p. 284. 286 sieht in dem Gothenstaat die Fortsetzung
des römischen, weil er a. 410 Vertrag mit Honorius annimmt; das wäre eher noch
das Burgundenreich, in Wahrheit nur Syagrius.

1) Apoll. S. VII. 6. (Fertig I. S. 31) ob virium merita terribilis; armis
potens, acer animis, alacer annis: den Mars der Garonne nennt er ihn VIII. 9
und aus Ennod. v. s. Epiphan. p. 869 G. quos E. r. *ferrea dominatione* (sie
erheischten solche!) gubernabat geht ebenfalls das Zeugniß der Energie hervor;
vgl. v. Wietersh. IV. S. 447. 454, Dubos II. p. 142, Rückert C. G. I. S. 264,
Gabourd II. p. 185, Cénac Moncaut I. p. 288.

2) Apoll. Sid. VIII. 9 ut Martem validus per inquilinum *defenset
tenuem Garumna Tibrim.* Vgl. c. VII. v. 539 die Klage Roms: „umbram
imperii"; verkannt bei v. Sybel S. 175.

3) Jord. c. 45 Klagen über das Sinken Roms Apoll. S. IV. 14 romanarum
rerum adversitas; 15 tempus quo vix auderet alius vetusta ecclesiarum
culmina strui; 17 ceciderunt apud limitem latina jura; vgl. Vaissette I. p. 227.

4) Oben S. 87.

und noch nicht erſetzt) — er war von den Perſern bedrängt[1]) und ſchien der Hülfe bedürftig. Aber die Verhandlungen führten nicht zum Ziel[2]). Als daher im nächſten Jahre a. 467 Leo, der von ihm inzwiſchen ernannte weſtliche Kaiſer, Anthemius, und deſſen Eidam Rikimer gegen die Vandalen rüſteten, verbanden ſich Genſerich und Eurich wider dieſen Angriff[3]). Es iſt merkwürdig, wie die beiden damals bedeutendſten Germanenreiche — Franken und Oſtgothen kamen noch nicht in Vergleich, auch nicht die Burgunden — durch die rö= miſche Bedrohung des Einen von ihnen immer auf ihre natürliche Alliance hingedrängt werden[4]). Auch fehlte es jetzt, bei der Abnahme der zuſammenhaltenden Kraft Roms, in Gallien ſelbſt nicht an rö= miſchen Provinzialen, welche aus Verzweiflung an Hülfe vom Reich[5]) oder auch aus egoiſtiſchen Intereſſen ſich an die Barbaren ſchloſſen. Intereſſant und bezeichnend für die damaligen Verhältniſſe iſt der Plan, über welchen ſogar Arvandus, der römiſche Präfect von Gallien ſelbſt, mit Eurich correſpondirte[6]): Bruch mit Byzanz[7]), Angriff auf die Partei des Anthemius in Gallien, namentlich aber auf die mit ſtäter Treue am römiſchen foedus haltenden Bretonen in Armorica an der bisherigen Nordgrenze der Gothen, der Loire[8]), Abziehung

---

1) Apoll. S. VIII. 9.

2) Irrig Sotelo p. 89.

3) Letzterer ſuchte auch die Sueven zu gewinnen Idac. p. 50. 51; ſind aber Apoll. S. VIII. 8 die transmarinae gentes die Vandalen, ſo gab es auch eine Zeit des Zwiſtes mit ihnen; vgl. c. XXIII. v. 266 (Genſerich), vgl. v. Syb. S. 175, Fauriel I. p. 305.

4) Jord. c. 47 betont in ſeiner dramatiſchen Weiſe dabei die politiſche Kunſt des Genſerich.

5) In extrema miseriarum romana respublica defluxit Apoll. S. III. 8, si nullae, quantum rumor est, Anthemii principis opes Ap. S. II. 1.

6) Apoll. Sid. V. 13. VII. 7. I. 7, Vaissette I. p. 214; Gibbon c. 36 p. 136 f., Papon II. p. 36, Troya II. I. a. p. 566, Derichsweiler S. 45, Huſch= berg S. 569, Fertig I. S. 18—20, Fauriel I. p. 309—814; auch der Präfect Seronatus conspirirt mit den Gothen Ap. S. II. 1, daher die haßgetränkte Schilderung V. 13; die patriotiſchen Auvergnaten lieferten ihn gefangen nach Rom VII. 7 amore rei publicae barbaris provincias propinantem; beide wurden proceſſirt und verurtheilt.

7) ſ. S. 89 d. h. der angeknüpften Verhandlungen?

8) Dieſe halbromaniſirten Kelten verhielten ſich ſchroff ablehnend gegen ihre germaniſchen Nachbarn: Merobaudes VIII. 15 barbara vicinae refugit consortia gentis; hier vor Allem mußten ſich die Gothen zu Herrn machen.

der Burgunden von dem römischen foedus und mit ihnen gemeinsame
Eroberung von ganz Gallien. Ein Theil dieser Projecte wenigstens
ward in den nächsten Jahren verwirklicht: Eurich griff den Anthemius
in Spanien und Gallien zugleich an [1]): während seine Heere jenseit
der Pyrenäen, gegen Sueven und Römer ohne Unterschied operirend,
jenen Meriba und Lissabon [2]), diesen Tarraco, Sevilla und Coimbria
entrissen, schlug er selbst die keltischen Bundesgenossen der Römer,
mit ihrem König Riothimus bei Bourg-dieu oder Déols an der
Indre aus dem Felde und entriß ihnen die Stadt Bourges [3]). —
Bei den neuen Zerrüttungen im Reich [4]): — Absetzung des Anthemius,
Einsetzung des Olybrius durch Rikimer (11. Juli a. 472), Tod des
Rikimer (18. August), Tod des Olybrius (23. October), Erledigung
des Thrones bis 5. März a. 473, Erhebung des Glycerius, Verwerfung desselben durch Byzanz, Bekämpfung, Absetzung, Ersetzung
desselben durch Julius Nepos 24. Juni a. 474 — vermochten die
dünnen Reihen der römischen Besatzungen, unerachtet der Hülfe der
bundestreuen Briten und Burgunden [5]), den Sieger nicht abzuhalten,
nach Nord, Ost und Süd in Gallien Raum zu gewinnen [6]).

---

1) Ueber die Chronologie Binding I. S. 79; irrig über Anthemius v. Bethmann H. g. P. I. S. 180.

2) Emerita und Olisipona Idac. p. 52.

3) a. 470? Jord. c. 45, Greg. tur. II. 18 (Apoll. S. II. 1) Britanni de
Biturica a Gothis expulsi sunt multis apud dolensem vicum peremtis; vgl.
Junghans S. 15, Löbell S. 546, Troya II. 1. a. p. 556, Vaissette I. p. 216,
Alteserra notae p. 56, aquit. p. 866, Dubos II. p. 167, Huschberg S. 511,
(a. 469 Fauriel I. p. 806. 814), Jacobs geogr. p. 107; sollte R. der von Apoll.
S. III. 9 genannte Riothamus sein, — Untersuchung britannischer Räubereien
wird allerdings von ihm verlangt — zu dem er ohne allen Titel, (ohne rex), fast
herablassend spricht, so ergäbe sich höchst untergeordnete Stellung dieser keltischen
Häuptlinge; freilich nennt er auch König Hilperich von Burgund einfach magister
militum V. 6, nicht rex, 7 correct tetrarcha; und denselben vita Lupicini p. 265
patricius H. sub quo ditionis regiae jus publicum tempore illo redactum
est. Dagegen begleiten „reguli" den „regius" juvenis Segimer; vgl. Wurstemberger I. S. 213. Apoll. Sid. nennt die beiden Reiche der Gothen und Burgunden
„regna": das „imperium" heißt ihm nie regnum.

4) Apoll. Sidon. ep. II. 1, Fertig II. S. 5.

5) Ueber der letzteren damalige thörige Politik v. Sybel S. 175, Binding I.
S. 78; doch überschätzt dieser ihre Macht: zu einem Offensivstoß gegen die Gothen
hätte sie nicht ausgereicht.

6) Es läßt sich nicht genau feststellen, welche Städte den Gothen damals schon
erlagen; vgl. Fauriel I. p. 816; zu weit dehnen Aschb. S. 151, Lembke I. S. 42,

Nur eine höchſt wichtige Landſchaft, das waldige Hochland der
Auvergne, mit ihrer tapfern Bergbevölkerung und ihrer feſten Hauptſtadt
Clermont=Ferrand „die ſich wie eine Inſel aus dem grünen Becken
der Limagne (Nieder=Auvergne) hebt", von Ecdicius, des Avitus Sohn
und des Biſchofs der Stadt, Apollinaris Sidonius, Schwager mit
burgundiſchen [1]) foederati muthig und erfolgreich gegen heftig wieder=
holte Bedrängniſſe vertheidigt [2]), ſtand dieſen Fortſchritten noch ſehr
unbequem im Wege: ſie trennte wie ein vorſpringender Winkel [3]),
wie ein Keil ſperrend die ſüdliche von der nördlichen Hälfte des
gothiſchen Gebiets [4]) und hielt das Wachsthum gothiſcher Volkskraft
ſcharf einſchnürend auf [5]). Der diplomatiſche und militairiſche Kampf
um dieſen Beſitz, von einer der mithandelnden — und noch mehr mit=
leidenden, — Perſönlichkeiten, dem leicht erreglichen Apollinaris Sido=

Cénac Moncaut I. p. 239 das bis a. 474 eroberte Gebiet: „von der Loire bis
zum Mittelmeer". Sogar Arles und, vorübergehend wenigſtens, Marſeille fallen,
ſo ſcheint es, a. 471 in Eurichs Hand; ſo auch Binding L S. 79, deſſen ſorgfäl=
tige Unterſuchung doch nicht barthut, ob beide Städte in dem Frieden von a. 475
rückgegeben wurden; contin. Prosperi ed. Hille p. 28. 29. Euricus penes Arelas
urbem, quam ipse ceperat, moritur.

1) Smith p. 2, daher muß dieſe Apoll. Sid. widerwillig patronos nennen
carm. XII.

2) Seit a. 471 oder Anfang 472 (die Bedrohung dauerte lange, über ein
Jahr hinaus, in welchem die Barbaren in Winterlager gezogen Ap. S. III. 7)
(Binding I. l. c.) Ap. Sidon. III. 8; Ecdicius hatte ſich erſt durch die Belagerer in
die Stadt ſchlagen müſſen; hiebei empfindliche Verluſte der Gothen; ſ. beſ. auch
VII. 7, dann V. 6 cum primum aestas dicessit autummo et Arvernorum timor
potuit aliquantisper ratione temporis temperari (u. 8 tempore hostilitatis;)
wer iſt der novus princeps? 6. 7, ein Kaiſer, meint Sirmond.; der Hunger zwang
das Gras der Wälle zu verzehren VII. 7. inopia, flamma, ferrum, pestilentia,
pingues caedibus gladii, macri jejuniis praeliatores.

3) Angulus infelix Apoll. S. VII. 7.

4) Treffend Apoll. S. III. 4 oppidum nostrum quasi quemdam sui limitis
oppositi obicem circum fusarum nobis gentium arma terrificant.. aemulorum
sibi in media positi populorum lacrimabilis praeda. VII. 1 rumor est G. in
romanum solum castra movisse, cui semper irruptioni nos miseri Arverni
janua sumus .. quia quod necdum terminos suos ab Oceano in Rhodanum
Ligerisque alveo limitaverunt, solam .. moram de nostro tantum obice
patiuntur, circum jectarum vero spatia .. jam pridem regni (al. regis)
minacis importuna devoravit impressio; Ecdicius wurde zum Dank vom Kaiſer
Nepos zum patricius ernannt l. c. V. 16.

5) l. c. VII. 7 arma hostium .. remorati sunt Fauriel I. p. 328,
Guettée I. p. 348 f.

nius, in zahlreichen Briefen mit der Uebertreibung, aber auch mit der Wahrheit, der Leidenschaft geschildert, entfaltet ein lehrreiches Bild der Parteien, der Stände, der Interessen in dem Gallien des sinkenden fünften Jahrhunderts.

Mit heißem Eifer und kühler Hartnäckigkeit zugleich [1]) verfolgte der König seine Plane auf eine Erwerbung, welche für die Zukunft des mächtig und bereits alle Nachbarn bedrohend [2]) anwachsenden Staates entscheidend schien [3]). Wiederholte Angriffe erzielten nur schwere [4]) Verheerungen: das Flachland war so verwüstet, die Städte so veröbet, daß in den Straßen von Vienne damals die Hirsche in Rudeln gingen: denn nicht die Auvergne nur, auch die Städte Arles, Riez, Avignon, Orange, Viviers, Valence und Troix = Château hatten unter den Feldzügen Eurich's schwer gelitten [5]). Außer diesen nutzlosen Plagen gelang nur theilweise Occupation [6]) des Landes. Auch die förmliche Abtretung durch den schwachen Kaiser Glycerius half nichts: Ecdicius kehrte sich nicht daran. Denn namentlich war es der eifrig römisch gesinnte Provinzial=Adel [7]), der Träger der Bildung und des Reichthums, der Traditionen und des Stolzes besserer Zeiten, der, von Truppen wenig unterstützt, fast nur mit eignen Mitteln [8]),

---

1) Daher von einer vorübergehenden Ruhe Apoll. S. V. 12 si non per foederum veritatem, saltem per induciarum imaginem.

2) Regnum minax Apoll. S. VII. 1.

8) VII. 10 atque utinam haec esset Arvernae *forma* vel *causa* regionis ut minus excusabiles excusaremur d. h. Lage und Gesinnung.

4) l. c. devastata proprietas III. 1 semiruta moenia, aedes incendiis prorutae, campos sepultos ossibus insepultis 2. praedium etiam ante barbaros desolatum 5. VI. 10 depraedationis gothicae turbinem vitans 12 post gothicam populationem, post segetes incendio absumtas VII. 1. ambustam murorum faciem, putrem sudium cratem, propugnacula vigilum trita pectoribus (pedibus?); bes. VII. 7. 11 inter semiustas muri fragilis angustias.

5) Vgl. Lezardiére I. p. 297, von Roth S. 6, Fauriel I. p. 325, Fertig II. S. 9—17 große Hungersnoth a. 476 S. 20.

6) Schon seit Theoderich II. versucht VII. 1, III. 8. 4, V. 16 als Ap. S. VII. 5 schrieb waren von Aquitanica prima alle Städte außer Clermont gothisch; bestritten: ob damals Bourges, wo er schrieb, schon gefallen? Vgl. Vaissette I. p. 218, Valesius p. 226, Fertig schweigt II. S. 28. Mit Recht dafür und zwar schon a. 470 Fauriel I. p. 580.

7) Die „nobilitas" Apoll. Sid. II. 1.

8) l. c. VII. 7 viribus propriis arma hostium publicorum remorati: sibi adversus vicinorum aciem tam duces fuere quam milites.

der gothischen Eindringung auf's Lebhafteste widerstrebte: man war entschlossen, äußersten Falls massenhaft durch Auswanderung oder Eintritt in den geistlichen Stand — „die Heimath lassen oder — die Haare“ meint Sidonius [1]) — sich der Rache des Königs zu entziehen. An der Spitze jener Aristokratie und ihrer Unternehmungen stand das mächtigste Geschlecht der Landschaft, das Haus des [2]) Avitus, geführt von Ecdicius und Sidonius [3]). Letzterer, Bischof von Clermont seit a. 471/472 [4]), setzte alle Mittel gegen Eurich in Bewegung: durch seinen ganzen Briefwechsel brausen die Stürme der Zeit und der Nachbar= schaft [5]): mit allen bösen Königen des alten Bundes vergleicht er den Gothenfürsten und kann sich über sein Glück auf Erden nur mit seiner ewigen Verdammniß einigermaßen trösten [6]). Ein mächtiges Motiv dieser Antipathie war allerdings das arianische Ketzerthum der Gothen [7]), aber auch sein Barbarenhaß war sehr lebhaft [8]). Freilich gab es auch eine zu den Gothen neigende Partei in Stadt und Landschaft [9]), und Angeberei und Ränkespiel jeder Art [10]) unter den gallischen Factionen und den drei Germanenvölkern, deren verschiednen Königen und den

---

1) Apoll. Sid. II. 1 patriam dimittere aut capillos.

2) Verstorbnen Kaisers S. 85.

3) Ueber die Verzweigungen der Familie f. Bolland. die 28. August. „vita Apollin.“ p. 599; Fertig l. c. I. S. 6, Fauriel I. p. 197, Ceillier XV. p. 83.

4) Ceillier l. c., Fertig II. S. 6, Bolland. p. 606; er hatte früher lang auf die Vermittlung des Avitus gehofft, falls die Barbarenherrschaft nicht mehr fern zu halten III. 1.

5) IX. 9 concitatarum gentium procella VII. 10 sub hac bellorum tempestate IX. 3, gentium motibus itinera suspecta.

6) VII. 6, der justus princeps VIII. 7 ist nicht etwa Eurich, sondern Nepos.

7) Eurich heiße noch füglicher König seiner Secte, als seiner Nation, meint er; vgl. Bolland. l. c. p. 615, Fertig II. 18, Aldama I. p. 225 (gedruckt Madrid 1860!) hält E. für einen Heiden.

8) S. Verfassung „Germanen und Romanen“; VII. 1 animositas nostra tam temeraria tamque periculosa; populus arvernus necdum circumfusis dat terga terroribus; timidi me temerarium, constantes liberum appellant; sogar die Burgundenfürsten, seine unentbehrlichen Helfer wider den Gothen, nennt er Tyrannen tyrannopolitani V. 8, warm empfunden seine Klage VII. 7: lieber alle Schrecken des Krieges als solchen Frieden.

9) Besonders wohl unter dem niedern Volk; vgl. Kaufmann, Museum S. 13; daher civica simultas III. 2; 4 suspecti Burgundionibus; 8 nec propugnan- tium caremus invidia. IV. 6 scheint vor verfrühter Schilderhebung zu warnen.

10) L. c. IV. 7.

römischen Gegenkaisern standen damals in giftigstem Flor: besonders und aus guten Gründen beargwöhnten die Gothen den Verkehr der katholischen Bischöfe unter einander und mit Rom [1]). Sie und der Laienadel waren die eigentlichen Führer und Vertheidiger Galliens. Das Reich vermochte immer weniger für die Provinz zu thun.

Auch des Glycerius Nachfolger, Nepos, suchte Frieden mit dem Gothen. Er schickte drei Gesandtschaften nach einander mit immer steigenden Zugeständnissen und Abtretungen: die ersten beiden scheiterten an der vom König unnachgiebig geforderten Einräumung des noch nicht eroberten Theils der Auvergne. Auch dem Träger der dritten kaiserlichen Gesandtschaft, dem uns [2]) wohlbekannten Epiphanius von Pavia, gegenüber bestand der König bei ehrerbietigster [3]) Behandlung des heiligen Mannes in der Form, in der Sache auf seiner Forderung und setzte sie endlich mit seiner unermüdlichen Zähigkeit durch [4]): man erkaufte durch Preisgebung der patriotischen Provinz die Herstellung des foedus [5]) und, wie man kurzsichtig wähnte, die Ruhe für andere Gebiete Galliens, zumal an den Seealpen [6]). Die Landschaft bebte jetzt vor der Rache der Gothen [7]): Ecdicius floh zu den Burgunden, Apollinaris wurde nach Livia bei Narbonne [8]) gefangen abgeführt, aber durch Einfluß des mächtigen Ministers Leo, den auch Epiphanius für ·

---

1) IX. 5: nach dem Friedensschluß: „nun werden unsere Briefe wieder häufiger, weil weniger verdächtig"; Durchsuchung der Reisenden und Boten nach Briefschaften auf Befehl Eurichs IX. 8.

2) Aus A. II. S. 168, III. S. 188.

3) Keineswegs ironischer wie Rosseeuw I. p. 218.

4) Anfang a. 475 Ennod. vita · s. Epiph. p. 369, über die Schwäche der römischen Defensive quod arma tueri vix poterant, zu früh Pagi ad a. 474, Gibbon c. 36, Clinton a. 474, vgl. Dubos II. p. 211, Alteserra aequit p. 369—372, richtig Lembke I. S. 43, Gaupp S. 196.

5) Apoll. S. IX. 5.

6) Ennod. v. s. Epiph. p. 379, Fauriel I. p. 328—337, Apoll. S. VII. 7 facta est servitus nostra pretium securitatis alienae. Arvernorum proh dolor! servitus, pro iis tot tantisque devotionis experimentis nostri .. facta jactura est, pudeat vos hujus foederis! nec utilis nec decori.

7) Alia regio tradita servitium sperat, Arverna supplicium: er bittet im Voraus um Aufnahme der Flüchtigen; noch in IX. 8 scheint mir die Losreißung verdeckt beklagt zu werden junctis abjunctisque regionibus — dissociata habitatio.

8) Fertig II. S. 18, Fauriel I. p. 338, Ap. S. III. 8.

ſich gewonnen hatte [1]), bald wieder in Freiheit geſetzt [2]); ſpäter erſchien
er in Bordeaux am Hof Eurich's und erbat ſich die Rückkehr aus der
Verbannung, erlangte aber allerdings in zwei Monaten nur einmal
Audienz und mußte lang vergebens bitten [3]) und Briefe und Verſe
ſchreiben: aus Apollinaris Sidonius ließe ſich ein intereſſanter Studien=
kopf darſtellen; er hat, geiſtreich und leicht erreglich, in ſeiner Me=
moiren= und Correſpondenz=Schreibweiſe, man möchte ſagen, bereits
franzöſiſchen Typus [4]).

So war des Königs Ausdauer gekrönt: jetzt erſchien das gothiſche
Gebiet in Gallien zwiſchen Loire, Rhone und beiden Meeren trefflich
abgerundet [5]), und von ſelbſt erwies ſich nun als nächſtes Ziel der
Waffen und der Plane, bei guter Gelegenheit jenſeit der Pyrenäen
das Gleiche wie in Gallien zu vollenden. Dieſe Gelegenheit gewährte
in Bälde [6]) der Sturz des Kaiſers Nepos durch Romulus Auguſtulus
(28. Auguſt a. 475) und deſſen Abſetzung und die Abſchaffung,

---

1) Ennod. l. c. p. 370.

2) VIII. 2.

3) Nil mereor precesque frustra impendo 9. (das Loblied auf Eurich war
doch gewiß für deſſen Ohren geſtimmt! ſo auch Kaufm. Ap. Sib. S. 11 f. 39,
Muſeum S. 14.

4) Dieſer Geſichtspunct fehlt in der geſchickten Auffaſſung von Kaufm. l. c.
S. 10, Muſeum S. 2—28, wie bei Fertig's fleißiger Schrift und bei Ampère II.
p. 235; (bloße Lobpreiſung bei Jager II. p. 18 f. — 50); über ſeine Rhetorik
Kaufm. Ap. Sib. S. 13, vgl. Bähr I. S. 379, Gallandius X. p. XXII., Fauriel I.
p. 326, Guettée I. p. 383, Laurentie I. p. 101.

5) Vgl. Ulloa principio p. 336, Lafuente II. p. 326, Lexardière I.
p. 299, Raynouard I. S. 167; a. 474 gewann Eurich auch Apta Julia und Orange,
was ich Binding I. S. 86 entnehme; die Grenze mit den Briten bildet die Loire=
mündung Merobaudes VIII. v. 14 ſ. Nota dazu; über die unbeſtimmbare Grenze
mit den Burgunden Binding S. 92; er muß damals auch an der Seealpengrenze
wenigſtens Einfälle gemacht haben. Ennod. Epiph. p. 369 orta dissensio est,
dum illi italici fines imperii quos trans gallicanas alpes porrexerat (Nepos:
ein Irrthum des Ennodius, aus den Grenzverhältniſſen ſeiner Zeit d. h. nach
Odovakar, abgeleitet: bis a. 474 war dieſe Linie dem imperium noch nie verloren
geweſen; vgl. Junghans S. 24) novitatem spernentes non desinerent incessere;
über den Erwerb von Uſez (Ucetia) de Mandajors p. 439; über die gothiſchen
Grenzen von a. 477 Vaissette I. p. 217—222, Troya II. 1 a. p. 47. Daß
a. 496 das Vivarais gothiſch war, erhellt aus der Inſchrift zu Viviers Le Blant
N. 482 p. 207.

6) In die Zwiſchenzeit fällt wohl Apoll. S. IX. 5 nunc saltem post pacis
initam pactionem, quia fidelibus animis foederabuntur.

richtiger Erledigung [1]) des westlichen Kaiserthums durch Odovakar. Alle
Barbarenstämme in Gallien und Spanien geriethen bei letzterem Er-
eigniß in unruhige Bewegung, alle rißen Stücke der erledigten römischen
Herrschaft an sich: es entsprach nur den realen Machtverhältnissen,
daß auf die Westgothen der Löwenantheil fiel: die ganze iberische
Halbinsel [2]). König Eurich, vielleicht unter dem Vorwand, durch die
Verträge mit Nepos dessen Verdrängern nicht verpflichtet [3]) zu sein,
vielleicht ohne allen Vorwand, drang a. 477, durch nicht unbedeutenden
Zuzug der Ostgothen Widimer's [4]) verstärkt, über die Pyrenäen, nahm
Pampelona und Saragossa [5]) und vernichtete in raschem Ueberfall den
Widerstand, welchen der römische Adel der tarraconischen Provinz [6])
aus eignen Mitteln versuchte: denn seit a. 461, so scheint es, stand kein
römisches Heer zum Schutze Spaniens mehr unter Waffen [7]), das
man immer überwiegender und zuletzt allein dem gefährlichen Schild
der Gothen hatte überlassen müssen. Diese hatten theils mit,
theils gegen Willen der Kaiser seit lange eine Reihe von spanischen
Städten [8]) Sueven und Provinzialen [9]) abgenommen und für sich
behalten, freilich ohne förmliche Abtretung durch Rom: von diesen
Puncten aus gewannen sie jetzt mit leichter Mühe die ganze Provinz
bis auf einen schmalen Streifen im äußersten Nordwesten, wo sich in

---

1) A. II. S. 38; v. Gutschmid, Grenze S. 333 sehr richtig; ganz falsch
Jager II. 67 ce roi des Hérules entrait en Italie avec une puissante armée ..
un nouveau Annibal! etc.

2) Nach Troya 1a. p. 62 nur Catalonien, Arragon und Navarra.

3) In diese Zeit fällt wohl Apoll. S. IX. 3: der erneute Bruch des erneuten
foedus: hoc tempore, quo aemulantum invicem sese pridem foedera statuta
regnorum denuo per conditiones discordiosas ancipitia redduntur: gentium
motibus itinera suspecta.

4) A. II. S. 67; Gaupp S. 386 der angebliche Brief des Glycerius an diesen
ist eine Fälschung, Anz. für Kunde der D. Vorzeit 1860 N. 11.

5) Huesca, Jacca. Ferreras II. § 168, Tomeo y Benedieto I. 144.

6) Isid. Chron. Goth.; wie der der Auvergne Apoll. S. VII. 7 tarraconensis
etiam nobilitatem quae ei oppugnaverat, exercitus irruptione peremit. Daß
er aber die Stadt Tarraco zerstörte, Diago p. 88 ist nicht damit gesagt. Vgl.
Marin I. p. l. c., Mariana l. c., Villadiego p. 56, Gamero p. 255; auch Toledo
fiel; Phillips I. S. 355, Fauriel I. p. 343.

7) Früher stand in Asturien und Galicien die siebente Legion C. J. N. 2634.

8) Es läßt sich nicht ganz genau feststellen, welche: s. Sueven; über Merida
Fernandes y Perez p. 112, über Toledo Pisa p. 90.

9) Er entreißt also Spanien nicht nur den Sueven Dunham I. p. 186.

ben schwer zugänglichen Sierras von Gallicien die Sueven behaupteten [1]). Dadurch war den Gothen für den Fall des Unterliegens in den Kämpfen um das vielbestrittene Gallien in der abgelegnen westlichen Halbinsel eine sichere Zufluchtsstätte gewonnen [2]), welche in der That bestimmt war, diesem Volke Rettung zu gewähren, als es schon im nächsten Menschenalter vor der Alles überwältigenden jungen Macht der zu größrem Werk berufnen Franken zurückweichen mußte. —

Zunächst aber trachtete Eurich vielmehr nach weiterer Ausbreitung auch in Gallien. Bald nach seinen spanischen Erfolgen [3]) überschritt er die Rhone und gewann außer dem lang erstrebten Arles (a. 480?) noch das reiche Marseille a. 481 [4]) und die ganze Provence bis an die Seealpen [5]). Die Bevölkerung, obwohl gemäß ihrer tiefen Romanisirung [6]) innerlich an dem legitimen vertriebenen Kaiser Nepos hangend und den Gothen wie dem Odovakar abgeneigt, konnte nicht widerstehen und auch letzterer ließ geschehen, ja er bekräftigte, was er nicht hindern konnte [7]): er scheint fast das ganze bisher weströmische Südgallien förmlich an

1) Diese wurden nicht (wie Gibbon c. 36 nach Mariana I. 5, 5 p. 162) unterworfen; richtig Ferreras II. § 169, aber nicht aus Verzicht Eurich's, vgl. Ulloa principio p. 808; römische Befehlshaber in einzelnen Städten erhalten? Fauriel I. p. 343; Cardonne I. p. 6 läßt ihn die Vandalen nach Afrika vertreiben!

2) Treffend Isidor. h. G. p. 1075 (in Hispania) sedem vitae et imperii locaverunt.

3) a. 478. So nach Ferreras II. § 181, Aschb. S. 154 und Bind I. S. 96, Andere a. 479, nach Isidor. (dagegen Lembke I. S. 43) oder a. 480 so histoire de Languedoc I. p. 280, zu früh jedenfalls Gibbon c. 36; Masten X. § 26 u. A. nehmen wegen der verwirrten Chronologie des Jord. eine zweimalige Eroberung der beiden Städte an, a. 470 u. 480, s. dagegen Aschb. S. 155; Bind I. S. 79. 92 nimmt Eroberung von Arles in Marseille schon a. 470 und Rückgabe war von Marseille 475 an, in welches Jahr die Gesandtschaft von Arles fällt; (Apoll. 8. V. 20 unbestimmbar).

4) Fauriel I. p. 344. In diese Zeit fallen wohl die „weltlichen Bedräng= nisse" des Bisch. Gräcus v. M. Apoll. 8. IX. 4. der übrigens ziemlich Gothisch gesinnt war s. die Note von Billardon de Sauvigny.

5) Proc. b. G. I, 2.

6) Noch bedeutend mehr als Spanien war Südfrankreich von römischer Cultur durchtränkt, Apoll. 8. IX. 13 imitabiturque Gallos feritas Iberiorum; noch a. 542 sprach man in den Straßen von Arles griechisch, v. s. Caes., Bouq. III. p. 384; über die römische Lebensweise des Abels Fauriel I. p. 384.

7) A. II. S. 42, Proc. l. G. I, 12. Anders Rosseeuw I. p. 224.

Eurich abgetreten zu haben [1]). — Diesen ausgedehnten Besitzstand seines
Reiches hielt Eurich fest in siegreicher Abwehr nicht nur sächsischer
Seeräuber, die bei Saintonge landeten [2]), auch gegen fränkische
Bezirke an der Waal im Norden [3]). Beachtung verdient letztere Notiz
wegen merkwürdiger Uebereinstimmung mit einem Briefe Theoderich's
des Großen, welcher die Könige der Thüringer, Warnen und Heruler
erinnert an die Geschenke Eurich's und wie oft dieser sie vor der
Kriegsbedrohung „der nächsten Völker" geschützt habe [4]). Diese nächsten
Völker waren offenbar die fränkischen Stämme, deren Uebergriffen [5])
also damals schon der Westgothe wie später der Ostgothe als Beschirmer
der Schwächeren entgegentrat.

Jn solcher Beleuchtung gewinnt es höhere politische Bedeutung,
wenn das Gedränge der Gesandten fremder, oft ferner Völker und
Stämme im Palaste des Eurich gerühmt wird [6]): Sachsen [7]), Franken,
Heruler [8]), Burgunden, Römer, sogar Perser, die, wegen gemeinsamer
Interessen gegen Byzanz, Subsidien zahlen [9]): — der König ist dadurch
so vielbeschäftigt, daß der Bischof Sidonius in zwei Monaten nur

---

1) τοῦ τυράννου σφίσιν ἐνδιδόντος Proc. l. c., Dubos II. p. 260, so auch
Manso S. 35, Gibbon c. 88 p. 261, Troya II. 2. p. 884, Hartmann p. 20; das
Gebiet zwischen Mittelmeer, Rhone, Durance und Seealpen bis an Italiens
Grenzen Jungh. S. 22.

2) Apoll. Sidon. ep. VIII. 6. 9 ; aus England? Rosseeuw I. p. 225.

3) l. c. VIII. 3. 9 barbaris ad Vachalim trementibus; Sicamber (victus
es.) ist aber nur archaistisch-poetisch für Francus; anders Asch. l. c., Lembke I.
S. 44; vielleicht auch (dagegen Bind, I, S. 96) gegen die Burgunden im Osten.
Jord. c. 47 übertreibt in bekannter Tendenz die gothischen Erfolge: Burgundiones
„subegit" (!), vgl. aber auch Apoll. Sidon. p. VIII. 9 flexo poplite supplicat
quietem septipes Burgundio.

4) Var. III. 3. recolite namque Eurici senioris affectum, quantis vos
juvit semper muneribus, quoties a vobis proximarum gentium imminentia
bella suspendit.

5) Eurich erlebte noch drei Jahre von Chlodovech's Regierung.

6) Apoll. Sid. ep. VIII. 3. 9. IV. 20, Vaissette I. p. 228, Kaufm. A. S.
S. 40, Lafuente II. p. 325, Romey II. p. 116, Dubos II. p. 211, Aud. I.
S. 153, Huguenin p. 25, Ceillier XV. p. 109, Fauriel I. p. 346, Gabourd
II. p. 183, John O'Reilly I. p. 117, Rosseeuw I. p. 225.

7) Ap. S. VIII. 9.

8) Offenbar (wie imos oceani colis recessus l. c. und Cass. Var. III. 3
beweisen) nicht, wie Asch. S. 156, die Obotriden; richtig Gibbon c. 88 p. 261.

9) Ap. S. VIII. 9.

7*

einmal Audienz erlangt[1]). — Auch seine Königin Ragnachild war eine
Königstochter[2]); an sie knüpft man willkürlich die Sage von der
„Königin Plattfuß" (reine Pedauque)[3]). —

Eine so beherrschende Machtstellung nahm — nach dem baldigen
Verlust der wichtigen gallischen Gebiete — kein späterer Westgothen=
könig ein: Eurich war — es ist die Zeit nach dem Niedergang des
westlichen Imperiums und vor der Ostgothen[4]) und Franken Er=
hebung — der mächtigste Fürst des Abendlandes: bis über das Meer
reichte der Schrecken seines Namens[5]).

Dem äußeren Glanz des Reiches entsprach auch nach Möglichkeit sein
innerer Flor: unter diesem König zuerst wurde westgothisches Gewohnheits=
recht aufgezeichnet[6]); in der Verfassungsgeschichte wird hierauf näher ein=
zugehen sein: hier genügt die Bemerkung, daß Eurich keineswegs die
Romanen als solche bedrückte: seine einflußreichsten Beamten, sein Minister
Leo[7]), sein Graf Victorius, dem die grollende Auvergne anvertraut wurde[8]),

---

1) l. c. nec multum vacat domino vel ipsi dum responsa petit sub-
actus orbis (!).

2) l. c. IV. 8 (cui rex est genitor, socer atque maritus) welchen Stam=
mes? über die von Ap. S. gedichtete Inschrift auf der ihr geschenkten Schale Le
Blant II. p. 582, (keinenfalls die Greg. tur. patr. 12, 8 genannte viel jüngere
Raniohildis Sigivalti filia wie de Catel p. 471).

3) Den regius juvenis Segimer IV. 19, den mehrere reguli begleiten, halte
ich nicht für einen Gothen (wie Colmeiro I. p. 120, der ihn unter Athalarich!
setzt), sondern Burgunden oder Franken; oder sollte es ein sonst nicht genannter
Sohn Theoderich I. und die reguli seine Brüder sein?

4) Diese selbst waren damals, zwischen Byzanz und den Hunnen eingekeilt,
in übler Lage A. II. S. 63 und sollen sich der letztern durch Anschluß an Eurich
siegreich erstarkend erwehrt haben Apoll. S. VIII. 9.
    istis Ostrogothus viget patronus
    vicinosque premens subinde Chunos
    his quod subditur, superbit illis:
aber es war weit damals von der Garonne an den Ister und jedenfalls wurde E.
auch durch Widimer's Ostgothen gekräftigt A. II. S. 67.

5) Apoll. Sid. VIII. 3 terrificat corda gentium transmarinarum (Van=
dalen?).

6) Nicht aber die sogen. Antiqua, diese rührt von Rekared I. f. Gesch. d.
Gesetzgeb.

7) Irrig legt man aber allgemein z. B. Cénac Moncaut I. p. 245 diesem
jene Gesetzesredaction bei auf Grund mißverstandner Phrasen von Apoll. Sid.

8) Er war comes von Clermont, vielleicht dux Apoll. VII. 17, Greg. tur.
II. 85, vgl. Jager II. p. 64.

waren Römer. Der Druck auf den Katholicismus[1]), dessen ihn nach
Sidonius[2]) alle Späteren beschuldigen, war die nothgedrungene Abwehr
der hartnäckigen und gefährlichen Opposition, welche die katholischen
Bischöfe überall der ketzerischen Regierung bereiteten: diese Opposition
hat das Werk seines Lebens unaufhörlich bedroht (und in Bälde zer=
stört): wohl begreiflich also ist es, wenn ihm schon das Wort „Ka=
tholisch", wie Sidonius sagt, „die Miene und das Herz wie Essig
zusammenzog"[3]). Wir constatiren hier nur, daß der für das Gothen=
reich verhängnißvoll gewordene confessionelle Fanatismus sich damals
bereits in politischem Widerstand und politischer Unterdrückung entlub. —
Eurich starb in (oder bei) Arles a. 485[4]). Schon unter seinem Sohn
und Nachfolger hatte der Verrath der katholischen Bischöfe und die
Sympathie der katholischen Laien den Verlust fast des ganzen gothischen
Galliens an die Franken zur Folge.

Dieses Volk, dem eine Reihe von zwingenden Gründen[5]) vor
allen Germanen die größte Zukunft — die Herrschaft des Abend=
landes — zubeschied, hatte damals (a. 481) an Chlodovech ein jugend=
liches Haupt gewonnen, das in der That als eine Personification
aller national=fränkischen Eigenschaften erscheint[6]): der schnelle Blick
für die gelegene Stunde, die lauernde Erspähung der Blöße, die Rasch=
heit und die Wucht des wohlgezielten Streichs und die kühlste Ge=
wissenlosigkeit[7]) in der Wahl der Mittel zu dem mit fatalistischer
Zuversicht und mit fast ununterbrochnem Glück verfolgten Ziel. Dazu
kamen dann die starke Volkszahl, die stete Kriegsübung, die äußerst
glückliche Lage des Reiches, welche die Vortheile des Nordens mit denen
des Südens vereinte: — den Nachbarn im Nordosten waren die

---

1) Besonders a. 477; doch baute er dem h. Julian eine Kirche zu Briuda
Apoll. S. ep. II. 1.

2) VII. 6; ihm folgt Lembke I. S. 46; besser Rosseeuw II. p. 226.

3) ep. VII. 6; mehr für den Glauben der Katholiken als für die Mauern
der Römer sei er zu fürchten.

4) Jedenfalls vor September 485; Cénac Moncaut I. p. 246. Ueber sein
Todesjahr, (nicht 483 oder 484 Dubos II. p. 311, Lembke I. S. 46), s. Binding I.
S. 95, Prosper cont. ed. Hille p. 30.

5) Darüber Ausführliches in der Geschichte der Franken.

6) Gut hierüber schon Mably I. p. 153, Boulainvilliers I. p. 19, Clovis
était.. ambitieux, féroce, hardi, cruel et très rusé: c' est à dire qu'il possé-
dait toutes les qualités d' un héros barbare.

7) Nach Jager II. p. 70 verdient er seine Erfolge durch seine Tugenden!

Franken burch die römische Cultur, denen im Südwesten burch die germanische Naturkraft überlegen — als zu Alle dem noch die Annahme des Christenthums in dem katholischen Bekenntniß trat, war die natürliche und die nationale, die politische und die kirchliche, die geistige und die geistliche Ueberlegenheit des Frankenthums in ihrer Zusammenwirkung unwiderstehlich: weder die Heiden im Osten noch die Arianer im Westen, weder die Vorcultur im Norden noch die Uebercultur im Süden konnten dawider aufkommen. —

Alarich II. a. 485—507, der Sohn Eurich's von Ragnachild, verrieth alsbald, daß er mit der Härte auch der Kraft seines Vaters entbehrte[1]). Bisher hatten Gothen und Franken nicht gegrenzt[2]): im Südosten trennte beide[3]) das Reich der Burgunden, im Nordosten das noch von Syagrius, dem Sohne des Aegibius[4]), „dem König der Römer", im Namen des Imperiums behauptete Gebiet: von Soissons bis an die Loire. Aber schon im zweiten Jahre von Alarich's, im sechsten seiner eigenen Regierung a. 486 eroberte der kaum zwanzigjährige Chlodovech durch seinen Sieg bei Soissons dieses letzte Eiland römischer Herrschaft in Gallien: nun waren die Gothen an ihrer Nordgrenze in einem breiten Gürtel in die schlimme Nachbarschaft[5]) des Merovingen gerathen und sofort begann der Druck der fränkischen Politik auf den Süden fühlbar zu werden. Chlodovech verlangte die Auslieferung des zu den Gothen geflüchteten Syagrius und mit Grund betrachtete man es als Zeichen mangelnden Kraft= wie Ehr=Gefühls, daß Alarich diese Forderung dem Sieger nicht zu verweigern wagte: in Ketten gab er den Schützling den fränkischen Gesandten hin[6]).

---

1) Daß er minderjährig den Thron bestieg, Gabourd II. p. 194, ist nicht anzunehmen.

2) Nur sehr mittelbar (durch die Armoricaner an der Loire); vgl. Jacobs géogr. p. 94 gegen v. Sprumer über die Ausdehnung der unabhängigen Bretagne.

3) Ueber die wechselnde burgundisch=gothische Grenze zu a. 443 Matile p. 5, zu a. 456 Gingins la Sarras établissement p. 212, zu a. 470 p. 277, zu a. 505 Gabourd III. (die Karte); unbrauchbar die Karte bei Mullé „accroissements des Francs".

4) S. oben S. 86—87; Rosenst. Königth. S. 181.

5) „Der Franke ist gut als Freund, schlimm als Nachbar", sagte ein Sprichwort der Franken selbst (aus späterer Zeit Eginh. v. K. M.).

6) Greg. tur. II. 27 Ch. ad A. mittit, ut illum redderet. alioquin noverit sibi bellum . . inferri. at ille metuens, ne propter eum iram Fran-

Als eine natürliche Stütze für Alarich gegen die Franken bot
sich eine Zeit lang die so eben in Italien kräftig aufgerichtete Macht
der stammverwandten Ostgothen dar. Theoderich der Große hatte in
seinem Kampf gegen Odovakar in bedenklicher Lage sehr willkommnen
westgothischen Zuzug erhalten [1]): er machte alsbald, wie wir sahen [2]),
die Verbindung der minder mächtigen Germanenstaaten unter seiner
Leitung gegen die gefährlichen Umgriffe der Franken zu einem wichtigen
Augenmerk seiner Politik. Wiederholt vermittelte er zwischen seinem
Eidam, dem Gothen, und seinem Schwäher, dem Franken [3]). „frater
meus" schreibt Alarich an Chlodovech und erbittet eine Zusammen=
kunft: sie fand statt auf einer Aue der Loire bei Amboise, heute Ile
de Saint-Jean, mit Schmaus und Trank zwischen a. 500 u. 505 [4]).

Aber der Zusammenstoß zwischen den beiden gallischen Haupt=
mächten war unvermeidlich geworden: zumal seit Chlodovech [5]) das
katholische Bekenntniß und damit die Rolle des Vorkämpfers der Kirche
gegen die arianischen Ketzer in Gallien angenommen: damit hatte er
seinen Nachbarkönigen, dem burgundischen und dem westgothischen, man
kann nur sagen, den Boden unter den Füßen, d. h. die Anhänglichkeit
ihrer römischen Unterthanen entzogen und sich an diesen eine Partei
gewonnen, deren Uebertritt unaufhaltbar erfolgen und ebenso unab=
wendbar den Sturz jener Throne in Gallien herbeiführen mußte [6]).

---

corum incurreret, ut Gothorum pavere mos est, (das ist freilich gregorische
Mißgunst (vgl. Kries p. 21. 89) gegen die Ketzer) vinctum legatis tradidit.
Gibbon c. 38 p. 266, vgl. Daniel II. p. 55, zu günstig beurtheilt diesen König
Luden III. S. 83, besser Lembke I. S. 47, Fauriel I. p. 347, II. 47, Junghans
S. 28 erinnert an die alte Feindschaft der Gothen mit Aegidius (nicht identisch mit
dem von Apoll. S. ep. V. 5 genannten Syagrius, richtig Kaufmann Museum
S. 28 gegen Fertig I. S. 33).

1) a. 489; nicht, wie A. II. S. 80, a. 490, vgl. Waitz ravennat. Annalen
S. 89, Fauriel II. p. 49, Ladevèze I. p. 16.

2) A. II. S. 142.

3) A. II. S. 144 f., a. 498, zu spät setzt dies Masdeu X. p. 83, zu früh
Daniel II. p. 38; vgl. Dubos II. p. 689.

4) Bornhak I. S. 226, Greg. tur. II. 35 igitur A. r. G. cum videret
Chl. r. gentes assidue debellare etc., irrig in der Chronologie Michelet I. p. 159;
über den Ort Fauriel II. p. 51.

5) a. 496 Weihnachten.

6) Diesen Sachverhalt hat man längst erkannt: Mariana V. 6, Ferreras II.
§ 198, § 213, (sehr naiv; auch Desormeaux I. p. 65 penchant bien légitime!
ähnlich noch a. 1862 Jager II. p. 75), Boulainvilliers I. p. 20, Anquetil I.

Höchst bezeichnend hiefür ist der Brief des burgundischen Bischofs Avitus von Vienne an Chlodovech nach dessen Taufe: „Dein Glaube ist unser Sieg" ruft er dem König zu [1]).

Diese Stimmung und Gesinnung der Katholiken — die Schroff=heit des Gegensatzes zeigen für damals die Briefe des Avitus [2]) wie unter Eurich die des Apollinaris Sidonius und unter Leovigild Gregor von Tours, jedesmal Zeitgenossen — war weder durch Strenge noch durch Milde zu ändern: deutlich sagt es Gregor von Tours: „Alle wünschten mit sehnlicher Liebe (desiderabili amore) die Herrschaft der Franken" [3]): „Viele Leute in Gallien verlangten seither (d. h. seit der Taufe Chlodovech's) mit heißester Sehnsucht danach, die Franken zu Herren zu gewinnen" [4]). Vergebens schlug der König den offnen Aufstand in spanischen Städten nieder [5]), vergebens entsetzte und ver=bannte er die gefährlichsten seiner Gegner, die einflußreichen katholischen Bischöfe Volusian und Verus von Tours a. 496 [6]), Cäsarius von

---

p. 69 „une conspiration", Alteserra p. 802, Gibbon c. 38 p. 281, Leo I. S. 345, Aschb. S. 220, Gérard I. p. 213, Michelet I. p. 160, Derichsweiler S. 72, Laurentie I. p. 109—113, Ladevèze I. p. 13, Fauriel I. p. 42. 76, Rosseeuw I. p. 284, Marichalar I. p. 474, v. Bethmann H. g. P. I. S. 180; vergeblich wider=streiten Gams II. a. S. 485, Parizel p. 31 und das Fräulein von Lezardière I. p. 855, dessen sonst so klarer Blick nur schwer durch Kirchenfenster zu bringen vermag.

1) du Chesne I. p. 885.

2) ep. 6. 24. 29. Ueber diesen sehr einflußreichen Avitus — er schrieb eifrig gegen den Arianismus — und seine Briefe Gams „Sedatus" S. 918—919, Parizel p. 164. 86, Gabourd II. p. 205, Cucheval p. 7. 32. 84. 106, Ceillier XV. p. 389—417, Galland. X. p. XXVIII., Bluhme Westburgund S. 62; vgl. ep. Nicetii ad Chlod. l. c. p. 855: qui baptisatus quanta in haereticos reges Gunde-baldum vel Alaricum fecerit, audisti; Aldama I. p. 225 läßt ihn aus dem Arianismus (!) übertreten; ich nehme weiter (s S. 94 N. 7) nicht Notiz von dem Buch.

3) II. 28.

4) II. 36 multi jam tunc ex Galliis habere Francos dominos summo desiderio cupiebant; auf die Zusammenkunft bei Amboise ist das nicht mit Bornhak I. S. 226 zu beziehen.

5) In Tortosa Vict. tun. append.; über eine Erhebung von Saragossa a. 497 unter Paulus, Tomeo y Benedicto I. p. 145, Petrus, oder Burdemalus s. Ferreras II. § 198 aus einem Anonymus bei Alcobaza (?), Cénac Moncaut I. p. 246.

6) Greg. tur. II. 26, X. 31. (V.'s Hinrichtung, so Cénac Moncaut I. p. 251, erst von späten Legenden erfunden) nach Spanien a. G. suspectus habitus in Hisp. (oder nach Toulouse) est quasi captivus abductus Fauriel II. p. 52.

Arles (nach Borbeaux) a. 503 oder 505 [1]), Quintian von Rhodez: dieser entfloh [2]) nach Clermont; hier sieht man deutlich, daß nicht immer die katholischen Laien, — diese klagen ihn selbst an — sondern vorab eben die Bischöfe die fränkischen Parteigänger waren [3]); der Sohn Chlobovech's setzte ihn später zum Bischof von Clermont ein: „denn, sprach er, um seiner eifrigen Liebe zu uns willen ist er aus seiner Stadt vertrieben worden" [4]).

Die feindselige Gesinnung dieser Bischöfe kennzeichnen die kirchlichen Quellen, gegen ihren Willen, überall selbst [5]). Ja, Bischof Galactorius von Bearn ergriff (als der Krieg ausgebrochen) sogar offen die Waffen, und wollte, an der Spitze seiner Diöcesanen, sich mit Chlobovech vereinen, — so erzählte man zu seinem Ruhm! — ward aber bevor er die Garonne überschritten, von gothischen Reitern eingeholt, angegriffen und fiel im Gefecht [6]).

Alle diese Bischöfe standen in bringendem, zum Theil durch die nächsten Ereignisse schon gerechtfertigtem Verdacht, ihre Städte den Franken oder den diesen verbündeten, zum großen Theil bereits katholisirten Burgunden in die Hände spielen zu wollen [7]). Aber jene

---

1) Bischof seit 501 Ceillier XVI. p. 227, vgl. 229 (502 Bähr I. S. 425), Guettée II. p. 46—111, a. 503 (505 Guizot II. p. 10), er wurde bald restituirt und der falsche Ankläger (zur Steinigung?) verurtheilt.

2) Zu spät setzt das de Mandajors p. 441.

3) Greg. tur. II. 36 unde factum est, ut Q. Ruthenorum ep., per hoc odium ab urbe depelleretur; dicebant enim (cives): „quia desiderium tuum est, ut Francorum dominatio possideat terram hanc". post autem dies paucos orto inter eum et *cives* scandalo, *Gothos*, qui in hac urbe morabantur, (Besatzung) suspicio attigit exprobrantibus civibus, quod velit se Francorum ditionibus subjugare; auch Cäsarius v. Arles wird von seinem eignen notarius, einem Römer, angeklagt, v. s. Caes. p, 662.

4) Greg. tur. patr. 4, 1; über seinen Vorgänger Amantius f. dessen vita von Venant. Fort. Migne 71 p. 521.

5) vita s. Caes. p. 662: instruxit .. obedire regibus et potestatibus quando justa praecipiunt .. et *despectui habere* in principe ariani dogmatis pravitatem. Der König, auch nach der Restitution, heißt nefarius princeps; (anders freilich Ceillier l. c. und Jager II. p. 51, Guettée l. c. u. 61!)

6) Quelle? Ich entnehme dies Fauriel II. p. 54 auf seine Verantwortung: denn das daselbst citirte Wert von Marca, histoire du Béarn (mit der Quellen-Angabe) war mir noch nicht zugänglich. Jager II. p. 148 setzt den zweifelhaften Vorfall in's Jahr 508; nach Cénac Moncaut I. p. 256 greift der Bischof selbst die Gothen an (bei Mimizan).

7) Greg. tur. II. 36, X. 31. v. patr. IV. vita s. Caesarii Mabillon I. p. 662. .

Verfolgungen schürten nur die Abneigung und liehen der Opposition Vortheil und Nimbus des Martyriums. Ebenso fruchtlos war es, daß der König auf dem Wege der Milde die Römer und die Katholiken zu gewinnen suchte durch wohlthätige Codification des römischen Rechts[1]), durch Beibehaltung der römischen Minister seines Vaters[2]), durch Aufnahme (von andern Arianern) verfolgter katholischer Priester[3]), durch freie Duldung des kirchlichen Lebens[4]), — er ließ die lang verwaisten Bischofstühle von Aire und Bigorre, von Dax und Bearn, von Comminges, von Couserans[5]) und Elne wieder besetzen und a. 506 das Concil von Agde tagen: — immerdar blickten, wie die Katholiken in Italien nach Byzanz[6]), die Orthodoxen in Südgallien sehnend nach den Franken.

Als nun im Jahre 500 Chlodovech den Burgundenkönig Gundobad angriff, wagte Alarich nicht[7]), die durch die gesammte politische Lage zwingend vorgeschriebne Unterstützung dieses natürlichen Verbündeten gegen die Franken: die schlecht verhehlte Sympathie[8]) konnte jenen nicht retten und diese nur reizen. Wenige Jahre nachdem Gundobad erlegen, proclamirt Chlodovech den Kampf gegen die Gothen als einen Glaubenskrieg gegen die Ketzer[9]), wobei nun Gundobad und die

---

1) Breviarum Alarici 8. Febr. a. 506. S. Gesch. der Gesetzgeb. in „westgoth. Stubien", s. Rückert C. G. I. S. 265. Irrig Cénac Moncaut I. p. 252.

2) Leo war auch Alarichs consiliarius Greg. tur. mart. 92 und die Familie des hartnäckigen Gothenfeindes Ap. Sidonius hatte er in volle Gunst aufgenommen. Aviti epist. 45. Greg. tur. läßt Leo erblinden zur Strafe für Abtragung der der Kirche des hl. Felix zu Narbonne.

3) A. I. S. 249, Alteserra aquit. p. 380.

4) S. „Kirchenhoheit"; Fauriel II. p. 58; sehr unverdient nennt ihn daher vita Aviti petroc. erem. p. 861 Christiani nominis publicum inimicum. So noch Lavallé I. p. 91.

5) Die Belagerung dieser Stadt durch einen gothischen Heerhaufen unter Retisvinth (Ricosindus) bei Dom. Vaissette I. 889, Cénac Moncaut I. p. 249 lasse ich ebenso dahin gestellt wie den angeblichen Canal d' Alaric zwischen Aisne und Adour p. 258.

6) A. II. S. 170. 199, Dahn Prokop. S. 398.

7) So richtig Binding I. S. 15 gegen Dubos und Derichsweiler.

8) Greg. tur. II, 33.

9) l. c. II. 37 valde moleste fero, quod hi Ariani partem teneant (den schönsten! Salvian VII. p. 151). Galliarum: eamus cum Dei adjutorio et superatis redigamus terram in ditionem nostram.

Burgunden, unter welchen der Katholicismus einstweilen starke Fortschritte gemacht, den Franken willfährige Heeresfolge leisten [1]).

Mit den Händen ist es zu greifen, — trotz neuerer Bestreitungen —
wie in diesem Feldzug der Sieg der Franken durch die Identificirung
mit der katholischen Sache entschieden wurde: psychologisch interessant
ist dabei aus dem Bericht des frommen und ehrlichen Gregor von Tours
zu entnehmen, wie innig in dem Führer, Chlobovech, berechnende
Schlauheit und blinder fanatischer Aberglaube sich mischten, wie Betrug
und Ueberzeugung, Täuschung und Selbsttäuschung, Heimtücke und
Begeisterung fast unausscheidbar dem Glaubensheer den Weg zum
Siege bahnten. —

Rasch wie immer erfaßte und vollführte der Frankenkönig seinen
Plan [2]): er wollte die Westgothen treffen und den Feldzug entscheiden,
ehe die zugesagte ostgothische Hülfe aus Italien anlangen konnte; ohne
diese war Alarich den verbündeten Franken und Burgunden nicht gewachsen [3]): er war übel vorbereitet: mit Hast, mit Anstrengung, mit
Gewaltsamkeit betrieb er die Rüstungen, griff zu Münzverschlechterung [4]),

---

1) Ueber die Motive Binding I. S. 192. „Territorialabrundung", statt dessen verloren sie Terrain S. 213; Bluhme Westburgund I. S. 222 nennt diese Alianz gar
nicht; vgl. die vita s. Eptadii p. 778; Plancher I. p. 49 läßt Gundobad vermitteln,
Guettée II. p. 7 ebenso irrig mit Alarich conspiriren.

2) Eine besondere Kriegsursache wird gar nicht genannt (richtig Depping II.
p. 218 „presque sans motif.") Masdeu X. p. 75 guerra injusta y sin motivo
legitimo, so naturnothwendig schien den Zeitgenossen der Conflict und die Ausdehnung des Frankenreichs; erst Fredeg. (ihm folgt Pagi ad a. 507 und Lecoy
de la Marche p. 57, der sich auch durch Chlobovechs Rede in der v. s. Remigii
Bouquet III. p. 378 leiten läßt!) spricht von amicitiae fraudulenter initae ab A.
und die parteiische und späte v. Aviti Erem. bei Bouq. III. p. 390 mißt ihm
Uebermuth wegen der Siege über alle seine Nachbarn?? und den Plan bei, das
Frankenreich zu erobern, sehr mit Unrecht; wahrlich dem Wolf Chlobovech gegenüber
war Alarich das Lamm der Fabel (des völlig sagenhaften Berichts bei dem sogen.
contin. Idac. Bouquet II. p. 468 u. Aimoin I. 20 zu geschweigen, der für Sagenbildung ebenso wichtig wie für die Geschichte unbrauchbar ist). Vgl. Mariana V. 6,
gut Ferreras II. § 211. — Vasaeus p. 669, Vaissette I. p. 244, Ladevèze I.
p. 15, (Dubos II. p. 569. 654 unrichtig); nach Wurstemberger I. S. 222 wird
Chl. in den Krieg „verwickelt"; richtig schreiben Fauriel II. p. 55, Laboulaye
propr. p. 250 dem fränkischen Klerus die Schürung von Chlobovechs Kriegslust zu;
erfunden, daß die Franken schwören, den Bart wachsen zu lassen bis Alarich besiegt
sei Anquetil p. 69.

3) Irrig Gibbon c. 38 p. 281, Cénac Moncaut I. p. 247.

4) In der Münzstätte zu Aire L. Burg. p. 576 c. 6. Avit. ep. 78 prae-
sagam futurae ruinae (mixturam) quam rex Getarum monetis publicis adul-

zu Zwangsanlehen oder willkürlicher Wegnahme des Silbergeldes, um damit die aus dem ganzen Reich zum Kriegsdienst gepreßten Waffen= fähigen[1]), Romanen wie Gothen, zu besolden und durch Geschenke anzueifern[2]). Als aber Chlodovech schnell mit starker Heeresmacht vom Norden über die Loire drang und die Burgunden gleichzeitig von Osten durch die Auvergne den Gothen in die rechte Flanke zogen[3]), da räumte Alarich, so von zwei Seiten bedroht und in seinen ersten natürlichen Vertheidigungslinien umgangen, das ganze Gebiet von Tours und wich südwestlich bis Poitiers zurück: wohl auch um der Unzuverlässigkeit der katholischen Bevölkerung in jenen am Meisten unterwühlten Grenzlanden willen; endlich auch, um tiefer im Süden dem erwarteten Zuzug der Ostgothen näher zu sein. Inzwischen aber wirkte die religiöse Färbung[4]), welche Chlodovech mit Ostentation seinem Unternehmen zu geben verstand: er gelobte den Apostelfürsten für den Fall seines Sieges eine Kirche, er schickte an das Grab des h. Martin zu Tours[5]), „dem damaligen Orakel des christlichen Westens", um von dieser geweihten Stätte ein Zeichen des Ausgangs des Krieges zu erlangen: seine Boten werden gemahnt, auf den Sinn des Psalms zu achten, der bei ihrem Besuch in der Kirche werde gesungen werden und siehe, es war Psalm 17, 39—40, 18, 40—41: „Du hast mich gerüstet mit Stärke zum Streit und wirst unter mich werfen, die sich wider mich setzen, du giebst mir meine Feinde in die Flucht, daß ich meine Hasser verstöre".

Solcher Verheißung sich würdig zu zeigen, befahl Chlodovech auf's Strengste, aller Kirchen und Geistlichen und Angehörigen der Kirchen

---

terium ferinantem (l. ferientem?) mandaverat p. 587. Vgl. Müller, Münzgesch. S. 75, der aber willkürlich L. V. VII. 6, 5 (Gebot der Annahme vollwichtiger Münze) auf Alarich zurückführt; L. Burg. p. 576 c. 6 gestattet zurückzuweisen: die gothischen solidos aus der Zeit König Alarichs und die Aduricanos d. h. zu Aire geprägten, wie man jetzt statt Ardaricianos oder Armoricanos liest.

1) Aber nicht schon die Sclaven wie Rosseeuw I. p. 233, L. V. X. 2 gehört nicht A., sondern Wamba zu.

2) v. Aviti petrocor. erem. p. 361; eine allerdings nicht verdachtfreie Quelle.

3) Binding I. S. 196.

4) Huschberg S. 664, Rückert C. G. I. S. 325.

5) Greg. tur. II. 37 ubi erit spes victoriae, sagt er, si beatus Martinus offenditur? er erinnert den Heiligen, daß die Westgothen eine gens incredula sempreque aemula tibi seien.

und deren Schützlingen, Jungfrauen und Wittwen, zu schonen [1]). Die Belohnung blieb nicht aus: durch die angeschwollne Vienne zeigt eine von den Heiligen gesendete Hinde dem frommen König die Furth und auf dem Marsche gegen Poitiers leuchtet den Franken eine Feuer= säule auf der bischöflichen Kathedrale, der Kirche des h. Hilarius, weg= weisend und bewillkommnend entgegen: der Enkel des Wasserdämons war der Schützling der katholischen Heiligen geworden [2]).

Die Gothen aber wollten nicht länger unthätig die reißenden Fortschritte der Franken und die Verheerung ihres Landes [3]) mit an= sehen: sie drängten ihren König, gegen bessere Einsicht, wie seine feste Stellung [4]), so seinen sichern Plan aufzugeben, die Entscheidung erst nach dem Eintreffen von Theoberich's Hülfsheer zu suchen [5]): er zog [6]) dem Feind entgegen und verlor Sieg und Leben in der blutigen [7]) Schlacht „auf den voclabischen Feldern" [8]). Consequent faßte man die

---

1) Im Gebiet von Tours nur Pferdefutter zu requiriren Greg. tur. II. 37, vgl. ep. Chlodovei ad episc. Bouquet IV. 54, du Chesne I. p. 336. Mirakel des h. Marentius in dessen vita excerpta bei Bouquet III. 390. Bischof Solemnis sollte nach dessen vita (bei Migne 71 p. 845 citirt, mir unzugänglich, in der Pariser Bibliothek) den König auf seinem Feldzug zum „catechumenus" gemacht haben.

2) Ganz auf dem Mirakelstandpunct Gregors Jager II. p. 140.

3) Proc. b. G. I. 12.

4) Hinter der Charente? Fauriel II. p. 57.

5) Das verkennt Binding I. S. 198, richtig schon Gibbon c. 38.

6) a. 507 nach Pfingsten? Binding S. 194.

7) Greg. tur. II. 37 läßt zwar die Gothen „sofort nach ihrer Gewohnheit den Rücken wenden"; s. aber über seine Ungerechtigkeit gegen diese „Ketzer" Löbell S. 424; Chlodovech gerieth in nächste Todesgefahr, sein Vetter wurde verwundet: sehr zahlreiche gothische Gefangne, die Eptadius loskauft; v. s. Eptadii p. 778, vgl. Lex Burgund. p. 575 c. 8.

8) Ueber den Ort der Schlacht, ob nicht Vouillé, sondern Voulon (Jacobs géogr. p. 144 nach Lebeuf und de Beauregard) entscheide ich nicht; am Clain, einem Nebenflüßchen der Vienne, Jacobs fleuves et riviéres p. 7 zwischen Sichar Baptereze und Champagne=St.=Hilaire; s. auch Jacobs l. c. über die vorhergehenden Bewegungen beider Heere; zehn Milien, zwei geographische Meilen, nordwestlich von Poitiers. Fälschlich verlegt Proc. l. c. das Schlachtfeld nach Carcassonne; über den sagenhaften campus arianus Masdeu X. p. 87. Daß Alarich von Chlodovechs Hand gefallen, folgt aus dem „interficere" bei Greg. tur. und in v. s. Eptadii p. 779 nicht, wie die Meisten annehmen: z. B. Rotteck IV. S. 152, Wirth I. S. 382, Huschberg S. 665, Lembke I. S. 51, Luden II. S. 659, Bornhak I. S. 233, Gibbon c. 38 p. 284, Daniel II. p. 62, Binding I. S. 198, Fauriel II. p. 58,

Schlacht als Gottesurtheil und den Untergang Alarich's als Strafe seines Ketzerglaubens [1]).

Romey II. p. 119, Altesarra aquit. p. 390, Huguenin p. 85, Gabourd II. p. 222, Laurentie I. p. 135, Rosseeuw I. p. 234, Cavanilles I. p. 201. Manche schildern den Zweikampf genau! Vasaeus p. 670, Rorico bei du Chesne I. p. 815.

1) Greg. tur. l. c. Deo adjuvante siegt Chlodovech; (vgl. Kries p. 43) aber auch nach Ferreras II. § 218.

III. Geſchichte des Reiches von Toledo a. 507—711.

1. Vom Untergang des Reiches von Toulouſe bis zur Annahme des Katholicismus a. 507—587.

(Von Amalarich bis Rekared.)

Ein Schlachttag entſchied über die galliſche Herrſchaft der Weſt=
gothen [1]). Zahlreiche Umſtände wirkten zuſammen ihren Widerſtand zu
lähmen: vor Allem innere Parteiung, begünſtigt durch den Mangel
einer feſten Erbordnung und das Schwanken zwiſchen Wahl= und
Erb=Recht: der echte Erbe Alarich's, Amalarich, der Enkel Theoderich's
des Großen, war ein fünfjähriger Knabe: kein Wunder, daß jetzt
geſchah, was unter ſolchen Umſtänden in jenen Germanenreichen ſich
ſo oft wiederholt: daß ein volljähriger, obwohl minder berechtigter
Prätendent, ein Baſtard Alarich's, Geſalich [2]), Anhang fand, als er
nach dem Scepter griff: ſeine Partei wählte ihn zu Narbonne zum
König, indeß die Anhänger Amalarich's dieſen vor den Franken und
vor ſeinem Stiefbruder über die Pyrenäen [3]) flüchteten: der größte
Theil des Königsſchatzes, die römiſche Beute des erſten Alarich,
darunter der Sage nach die Kleinobien Salomon's aus dem Tempel
zu Jeruſalem, wurde aus dem unſichern Toulouſe in das feſte Car=
caſſonne geborgen, um deſſen ſteile Felsmauern ſchützend die Aube
ſpült. Inzwiſchen hatten die Katholiken in den Städten Poitiers,
Saintes, Bourges, Bazas, Eauze, Lectoure, Auch u. A. die Franken
mit Freuden aufgenommen: nur die Auvergne, deren tapfre Männer
unter dem Sohn des Apollinaris Sidonius auf den voclabiſchen Feldern
Treue und Ehre der Katholiken auf's Beſte gewahrt, mußte mit Ge=

---

1) Vaissette I. p. 246.

2) Gisalaich nach Dietrich, Ausſprache S. 35; ich behalte die Schreibung
der A. II. bei.

3) Nach Andern nach Carcaſſonne; Mullié p. 16 (a. 1841) macht A. zu
einem Sohn Geſalich's!

walt von einem fränkisch = burgundischen Heer unterworfen [1]) werden, während Chlodovech mit der Hauptmacht durch Aquitanien und Peri=gord an die Garonne zog und das wichtige Bordeaur gewann [2]). Im nächsten Jahr 508 fiel ohne Widerstand — Bischof Heraklian öffnete selbst die Thore — die Hauptstadt Touloufe und der Rest des dortigen Königsschatzes in seine Hand [3]). Und als er vor der bis=her vorsichtig vermiednen starken Festung Angouleme erschien, stürzten „in Wiederholung des Wunders von Jericho" bei des „höchst sieghaften [4]) Königs" Anblick die gewaltigen Mauern plötzlich krachend nieder und die gothische Besatzung war kriegsgefangen [5]); wohl verdient war es also [6]), daß der „fromme König" nach Tours zurückkehrte und dem heiligen Martin aus der Siegesbeute die reichsten Schenkungen zu=wandte [7]).

Sein Sohn Theuderich und sein burgundischer Verbündeter Gundobad gewannen indessen die Städte an der Loire und Rhone und sogar Narbonne [8]), da der unfähige Gesalich nach großen Ver=lusten schmählich über die Pyrenäen floh und sich in das sichere Bar=celona warf [9]). Ganz Gallien schien für die Westgothen verloren.

Endlich, als schon Gundobad von Burgund mit Theuderich Arles auf das Aeußerste bedrängte, — der Kampf galt zweimal besonders der Rhone=Brücke, welche die Ost = und West=Stadt verband; die Einschließung [10]) währte von Juni a. 508 bis Ende a. 509 oder An=

---

1) Greg. tur. II. 37; ob noch a. 507 (Junghans und alle ältern: Albi, Rhodez, Usege, Cahors, Clermont) oder 508 (Bind. I. S. 200) entscheide ich nicht. Fauriel II. p. 111. 59—72; bei ihm und Binding Detail, auf das ich nicht eingehe.

2) Nicht a. 487!! wie Prosp. chron. cont. havn. p. 31; der dux G. Suatrius wird gefangen.

3) Carcassonne aber schlug alle Angriffe zurück, bis ostgothischer Entsatz nahte Proc. l. c.

4) v. s. Caesarii p. 668.

5) Greg. tur. l. c. cui dominus tantam gratiam tribuit, ut in ejus con-templatione muri sponte corruerent.

6) Vgl. Alteserra aquit p. 389, Valesius p. 269.

7) Avitus v. Vienne wünscht ihm Glück mit den Worten: successus felicium triumphorum, quos per vos regio illa gerit, cuncta concelebrant, tangit enim *nos* felicitas: quotiescumque *illic pugnatis, vincimus.*

8) Noch a. 508 Bind. I. S. 201.

9) Fredegar. c. 25, Aimoin. I. 22 Isidor. infelicitate et ignavia summus .. cum multo sui dedecore et cum magna suorum clade.

10) S. Bindings sorgfältige Untersuchung I. S. 201; ich nehme mit ihm nur Eine Belagerung an. Bischof Cäsarius ward zum zweitenmal des Verraths ge=

fang a. 510 — und Chlodovech Carcaſſonne zum zweiten Mal be=
lagerte, erſchien das verſpätete oſtgothiſche Hülfsheer auf dem galliſchen
Schauplaß. Es war die Bedrohung durch die byzantiniſche Flotte, welche,
— vielleicht eine Diverſion im Einvernehmen mit Franken und Bur=
gunden — im Jahre 507 bis 508 die Waffen Theoderich's in Italien
feſtgehalten hatte; deßhalb kann er den Heerbann erſt zur Sommer=
ſonnenwende (24. Juni) 508 entbieten [1]). Dieſe friſch eingreifende
Macht hemmt ſofort und wendet alsbald den bisherigen Hochgang der
fränkiſchen Erfolge. Zu den bereits [2]) geſchilderten Vorgängen iſt
nur nachzutragen, daß Theoderich mit bewährter Staatskunſt einen
ſehr glaubenseifrigen Katholiken zum Feldherrn und Statthalter
und oberſten Leiter der galliſchen Dinge erwählt hatte, den tapfern
Herzog Ibba, deſſen Klugheit und Eifer für die katholiſche Kirche
den Franken plößlich den Vortheil ihrer bisher ungetheilten Beſchüßer=
ſtellung gegenüber den Provinzialen entzog und die Bevölkerung
leicht der jedenfalls milderen Herrſchaft Theoderich's gewann. Doch
wurden, wohl wegen Verraths, die Bürger einzelner Städte wie
Orange [3]) kriegsgefangen erklärt. Als nun endlich [4]) Arles wenigſtens
Luft gemacht, Carcaſſonne entſeßt, Narbonne und das ganze Gebiet
von Narbonnenſis und Provincia den Franken und Burgunden wieder
entriſſen war, organiſirte der große König von Italien aus ſeine eigene,
unmittelbare Regierung [5]) in den wichtigſten und gefährdetſten Theilen
von Südgallien: in dem Reſt von Gallien dagegen und in Spanien

---

ziehen — ganze Schiffsladungen voll Lebensmittel ſchicken ihm die Burgundenfürſten
v. s. Caes. p. 671 — dann auch die Judenſchaft p. 663; nach dem Frieden wird
Cäſarius zum brittenmal angeklagt und nach Ravenna geladen; vgl. Huſchberg
S. 668, Ampère II. p. 205.

1) Cassiod. Var. I. 24, vgl. A. II. S. 133; das haben meine Vorgänger
Gibbon c. 38, Daniel I. p. 68, Bornhak I. S. 236, Binding I. S. 236, Lavallé I. p. 102 überſehen.

2) A. II. S. 149 vgl. Baudi di Vesme frammenti, p. 174 f.

3) v. s. Caes. p. 665.

4) Ueber das Detail dieſer Kämpfe Vaissette I. p. 250 (S. A. II. S. 149—151)
und Binb. I. S. 209, der nur aus dem dürftigen Material manchmal allzuviel
Münze ſchlägt; ſ. auch über ihn Boretius in v. Syb. hiſtor. Zeitſchr. 1869; wie
weit damals die Gothen das Land den Franken wieder abnahmen ſ. de Mandajors
p. 441 (bis an das Uſege) Rosseeuw I. p. 239.

5) Proc. b. G. I. 12 er ſandte dsi (d. h. in regelmäßiger Ablöſung) ἄρχοντάς
τε καὶ στρατιάν d. h. duces, comites und oſtgothiſche Beſaßungen, welche hier aber
auch angeſiedelt wurden, wie die Wechſelheirathen beweiſen.

Dahn, germaniſches Königthum V.

übernahm er die vormundschaftliche Regierung des Westgothen-Reiches für seinen noch wehrunfähigen Enkel Amalarich; der Anmaßer Gesalich hatte sich durch Grausamkeit und Untüchtigkeit[1]) seinem eignen Anhang verhaßt gemacht und, a. 510 von Ibba bei Barcelona geschlagen und aus Spanien vertrieben, nach wiederholter Rückkehr den Tod gefunden[2]). Gesalich war durch Theoberich's Auftreten allerdings auf die Seite der Franken und Burgunden gedrängt worden: aber die Annahme, daß er schon a. 507 Narbonne und überhaupt Gallien verrätherisch jenen preisgegeben, sich dadurch Hülfe gegen Amalarich in Spanien zu erkaufen[3]), verstößt gegen die Quellen; auffällt, daß Gesalich gleichwohl als rechtmäßiger[4]) König galt: erst nach seinem Tode zählt man nach Regierungsjahren Theoberich's in Spanien[5]).

Während Ibba gegen Gesalich in Spanien beschäftigt war, hatten zwei andere ostgothische Feldherrn mit Anstrengung neue und nähere Bedrängnisse von dem noch nie völlig entsetzten Arles[6]) abzuwehren. Endlich ruhten die Waffen, nachdem die Ostgothen überall den Sieg behauptet. Gleichwohl beließ Theoberich, aus früher entwickelten Gründen[7]), den Franken fast alle Eroberungen: Aquitanien, Auvergne, alles Land nördlich der Garonne und südlich derselben Toulouse, Gascogne und Guyenne[8]). Doch erhielten sich hier noch lange gothische

---

1) Idac. Isid.

2) März oder April a. 511 Campomanes y Diegues p. 523, Zuaznavar p. 76, A. II. S. 151.

3) Aschb. S. 174, Lembke l. l. c., Derichsweiler S. 73, Cénac Moncaut I. p. 260.

4) Daß G. zu Barcelona den bekannten Grafen Gojarich (s. B.) und „Veillis" ermordet, sagt Cénac Moncaut I. p. 318 nach Proc., Jord. u. Isid., die nichts davon wissen.

5) Isid. h. G. p. 1068; von a. 522 an auch nach Jahren Amalarich's? Cc. T. II. a. 527; freilich erst nach Theoberichs Tod; irrig Lecoy de la Marche p. 58 Theilung zwischen Gesalich und Theoberich, wieder anders Rosseeuw I. p. 238.

6) So suche ich die Angaben der Quellen zu vereinen, ohne zwei Belagerungen anzunehmen; anders Valesius p. 277—808 u. A.

7) A. II. S. 154 f., Gérard I. p. 217. Gegen Binding I. S. 214 muß ich erinnern, daß ich der Jahreszahl a. 509 A. II. S. 150 ein nicht zu übersehendes Fragezeichen beigesetzt und gegen S. 253, daß ich ausdrücklich II. S. 153 sage, die Unternehmung hatte nicht gegen die Burgunden ihre Spitze gerichtet. Nach Bornh. I. S. 241 wurde gar kein Friede geschlossen.

8) Bind. I. S. 212 nennt die Städte Toulouse, Bordeaux, Auch, Eause, Bazas, Clermont, Coube, Auxerre.

Siebelungen: noch zu Ende des sechsten Jahrhunderts, ja noch im achten, begegnen in diesen Gegenden gothische Namen wie Amalarius [1]), Alarich u. A. [2]).

Auch die gelegene Zeit nach dem Tode Chlobovech's, Nov. a. 511, da die fränkische Macht vielgetheilt und vielbeschäftigt, die burgundische aber von den Merowingen hart bedrängt war [3]), benützte der Ostgothenkönig nur zur Gewinnung einer militairisch günstigern Grenzstellung, indem er das Gebiet von Rhodez (Rhutenos) und die Rovergue besetzte und die Durance=Linie befestigte [4]). Ob er damals auch Gevauban, (Gabalos), Belay (Vellavos) und Albi (Albigenses) wegnahm [5]), ist zweifelhaft [6]). Es sind nach a. 523, wie die Unterschriften der Bischöfe auf den Concilien a. 524—529 darthun, noch ostgothisch: Cavaillon, Apt, Orange, St. Paul de Trois châteaux, Carpentras, Gap und Embrun [7]); vor a. 524 hatte Theubibert, der Enkel Chlobobovech's, den Gothen wieder Montabis, nach Andern Diou in Septimanien und das „Ziegenschloß" (castrum Capraria) entrißen [8]) und in jene Zeit vor a. 525 fallen wohl die Verheerungen der Gothen in Perigord [9]). Die Hauptstadt des westgothischen Besitzes in Gallien war jetzt Narbonne und blieb es bis zum Untergang dieses Reiches. Obwohl, wie wir wissen, sonst zu Eroberungen nicht geneigt, behielt Theoberich doch den gesammten westgothischen Staat bis zu seinem Tode unter seiner Beherrschung, in der Form vormundschaftlicher [10])

---

1) Venant. Fortun.

2) Greg. tur. patr. 20.

3) A. II. S. 153.

4) Daß diese als Haupt=Grenzscheide galt, zeigt die Redeweise der v. s. Caesar. p. 660—78, Isid. h. G. p. 1067.

5) Hist. de Langued. I. N. 68, Aschb. S. 180, Cénac Moncaut I. p. 320.

6) Vgl. Manso S. 65, Bornh. I. S. 241; irrig Huguenin p. 49; irrig über Theoberichs Politik Laurentie I. p. 157; viel zu sehr behnen spätere Quellen wie Fredeg. c. 29 die Eroberungen Chlobovechs aus; vgl. Gaillardin I. p. 69.

7) S. „Kirchenhoheit" und Binding l. c.

8) Greg. tur. II. 21 (anders de Mandajors p. 441). Hierauf geht wohl Venant. Fort. II. 15
    et comitante fide revocasti ex hoste triumphos
(Theodiberts).

9) l. c. IV. 8.

10) Die Fabel seiner persönlichen Regierung in Spanien noch bei Vasaeus p. 670, Berganza p. 5—9. (Dagegen schon Morales V. p. 452—459.) Masdeu X. p. 93. 245, Villadiego p. 56, Saavedra y Faxardo p. 166.

Verwaltung, welche, seit sein Enkel[1] herangewachsen, nur ein sehr durchsichtiger Vorwand war. Dazu bewog wohl die klare Einsicht in die Gefährlichkeit fränkischer Politik und Nachbarschaft, welche des Königs Briefe bekunden[2]), und in die Unfähigkeit der Westgothen, dem fränkisch=burgundischen Druck gegenüber Gallien auf die Dauer aus eigner Kraft zu behaupten. Es kam aber hinzu, daß Theoderich durch die zweideutige Haltung seines Feldherrn und Statthalters Theudis gehindert wurde, an die spanischen Dinge weiter zu rühren[3]).

So viel Macht übrigens letzterer im Lande besaß[4]), er wagte doch nicht, als Theoderich, nach 17jähriger Regierung starb a. 526, den Sohn Alarich's, der in Narbonne erzogen worden war, vom Thron auszuschließen. Die bisherige Verbindung der beiden gothischen Reiche wurde jetzt gelöst: Amalarich wurde von den Ost=gothen, d. h. von seiner Tante Amalasuntha und seinem Vetter Athalarich[5]), als völlig unabhängiger König des westgothischen Reiches anerkannt: die bisher an die ostgothische Staatskasse bezahlten Abgaben hörten auf und der westgothische Königsschatz wurde von Ravenna, wohin er aus Carcassonne verbracht worden, zurückgeliefert. Jedoch traten die Westgothen von ihren gallischen Besitzungen alles Gebiet zwischen den Alpen und der Rhone[6]) an die Ostgothen ab, — so ziemlich die römische „provincia"[7]), — so daß nur ein nicht eben

---

1) Seit a. 522 führt aber dieser den Titel rex Masdeu X. p. p. 244 und wird dies Jahr als sein erstes Regierungsjahr bezeichnet.

2) Cass. Var. III. 1 f.

3) S. hierüber A. II. S. 152 f., Buat X. p. 5 („ayo" Amalarichs Masdeu X. p. 98 war dieser nicht); gegen die Katholiken übte er die gleiche Toleranz wie in Italien; unter seiner Regierung tagten die Synoden von Tarracona 6. Nov. a. 516, Gerunda 8. Juni a. 517, Arles, Lerida und Valencia a. 524, s. „Kirchenhoheit, Concilien".

4) A. II. S. und VI. „Grundlagen, Adel".

5) Beide Vettern werden häufig confundirt z. B. Julian del Castillo p. 93.

6) Proc. b. G. I. 18.

7) Die Ostgothen ließen ihrerseits an die Burgunden einzelne Gebiete ab Vaissette I. p. 267, A. II. 180, Binding I. S. 268; über die wechselnden Süd- grenzen des fränkischen, burgundischen, ost= und west=gothischen Gebiets s. Masdeu X. p. 99, Cénac Moncaut p. 180, Phillips I. S. 357, Fauriel II. p. 51, Waitz II. S. 50, Binding I. l. c., de Mandajors p. 440, Vaissette I. p. 255. 267, Böck. II. p. 478, „Terminus Gothorum" bei Greg. tur. VII. 9, Lafuente II. p. 834, de Catel, comtes de Toulouse p. 5; vgl. auch Lezardière I. p. 287, Raynouard I. S. 167, Gingins-La-Sarraz, Vevey p. 12, Bonnell S. 210. 196—198, Brau-

breiter Küstenstrich, im Norden und Westen von den fränkischen Eroberungen, im Osten von dem oftgothischen Gebiet begränzt, den Westgothen in Gallien blieb, deſſen Mittelpunkt Narbonne bildete. Die Rhone ſchied jetzt Weſt- und Oſtgothen. Da aber in den letzten 17 Jahren — und vereinzelt wohl auch früher ſchon — häufig Ehen zwiſchen Oſt- und Weſtgothen einerſeits, vielleicht auch, gegen das Geſetz, zwiſchen Germanen und Provinzialen, dann zwiſchen den Romanen aus den jetzt zu trennenden Gebieten geſchloſſen worden, war eine Regelung der Unterthanenzugehörigkeit erforderlich und dieſe wurde dahin getroffen, daß jeder in ſolcher Ehe lebende Mann das Wahlrecht erhielt, an dem Wohnort ſeiner Frau zu bleiben oder dieſe in das Gebiet ſ e i n e s Volkes mit zu führen [1]).

Die Friedlichkeit und Ordnung dieſer ganzen Auseinanderſetzung läßt vermuthen, daß noch die Weisheit Theoderich's für den Fall ſeines Todes dieſe Beſtimmungen getroffen, welche die gefährlich leichten Zugänge der Franken nach Italien der weſtgothiſchen, ſchwächern und dabei weniger intereſſirten, Bewachung entziehen und ſeinen Oſtgothen ſelbſt in die erprobten Hände legen ſollten.

Aber nach des großen Königs Tod gewährte auch das oſtgothiſche Reich keinen hinreichenden Halt mehr gegen die Franken und ängſtlich [2]) ſuchte Amalarich durch Heirath mit der fränkiſchen Königstochter Chrotichildis ſich zu dem Merowingerreiche günſtiger zu ſtellen [3]). Jedoch der confeſſionelle Fanatismus, der für den Weſtgothenſtaat von jeher ſo verhängnißvoll geweſen war und bis zum Ende geblieben iſt, verkehrte auch dieſen Schritt in Verderben. Eine Zeit lang zwar

---

mann p. 4, Gaillardin I. p. 67, Derichsweiler S. 73. 76. 79. 93 (Avignon war a. 517 nicht weſt-, wie Wurſtemberger I. S. 206, ſondern oſt-gothiſch) Ladevèze I. p. 8; die Rhoneüberſchwemmungen von a. 563 u. 580 f. Champion III p. 185 trafen nicht mehr weſtgothiſches Gebiet; die wichtigſten Städte der Gothen in Gallien neben Narbonne waren Nîmes, Beziers, Carcaſſonne.

1) So iſt die bunkle Stelle Proc. b. G. I. 18 zu beuten; auffallend iſt babei Manches; aber es ſind eben vielleicht nicht blos, wie freilich der Wortlaut beſagt, Ehen oſt- ober weſt-gothiſcher Männer gemeint, ſondern ebenſo Ehen zwiſchen Provinzialen vom Oſt- und Weſt-Ufer der Rhone.

2) Proc. b. G. I. 18 τὴν Γερμανῶν δύναμιν κατορρωδήσας.

3) Quod illi clementer indulgent ſagt Greg. tur. III. 1 hochmüthig; baß die Braut dem Gothenreich das Gebiet von Toulouſe als Mitgift zugebracht, iſt ein Irrthum von Mariana V. 6 und Ferreras II. § 261.

gestattete der König der katholischen Kirche ziemlich freie Bewegung [1]); aber später wollte er mit brutaler Gewalt seine Königin zur Annahme des Arianismus zwingen [2]) und beschimpfte und mißhandelte die widerstrebende Tochter Chlodovech's so lange, bis sie ihren Bruder Childibert (I.) von Paris zu ihrer Befreiung herbeirief: ein Tuch, befleckt von ihrem unter den Schlägen Amalarich's vergoßnem Blut, sollte mit stummer Beredsamkeit den Merowingen zur Rache mahnen [3]). Alsbald rückte Childibert gegen Narbonne: in heißer Schlacht geschlagen floh Amalarich und fand den Tod entweder [4]) in dieser Stadt während deren Erstürmung, ehe er das gesuchte Asyl einer katholischen Kirche erreichte, oder in Barcelona, wohin er zu Schiff entkommen, durch sein eignes meuterisches Heer [5]). Childibert [6]) trat mit reicher Beute den Rückweg an, auf welchem die befreite Schwester starb.

Jetzt ergriff der mächtigste Mann [7]) in Spanien, Theudis, obwohl Ost = Gothe, das Scepter a. 531—548, wahrscheinlich eben durch Hülfe des (vielleicht durch ihn) empörten Heeres, Decemb. a. 531 [8]).

---

[1]) a. 527 tagte die zweite Synode zu Toledo s. „Concilien".

[2]) Daß er erledigte Bischofstühle nicht wieder besetzen ließ, vermuthet Ferreras II. § 251; vgl. Padilla II. p. 15, Zuaznavar p. 74.

[3]) Greg. tur. III. 1. 10, Proc. b. G. 13.

[4]) Greg. tur. III. 10 und hienach Aimoin II. 8; ihm folgt Bornh. I. S. 271; unbestimmt Proc. l. c.; hieher gehört auch Venant. Fortun. I. 15 v. 9. versus ad hispanas acies cum rege sereno u. Greg. tur. confess. 82: der Einsiedler Eusicius hatte dem Frankenkönig Sieg prophezeit v. s. Eusicii Bouquet. III. p. 428.

[5]) So Fredeg. Luc. Tud. II. 48 in foro; nach Isid. h. Goth. p. 1068 zwar zu Narbonne, aber ab exercitu jugulatus; vgl. Rosseeuw I. p. 241, Daniel I. p. 102, Jager II. p. 210, Troya II. 8 p. 1203.

[6]) Da hierunter 20 evangeliorum Greg. tur. III. 10, hat man vermuthet, damals sei der Codex argenteus über die Pyrenäen entführt und, wie andre Beutestücke, l. c. an fränkische Klöster verschenkt worden, er taucht im XVI. Jahrh. im Kloster Werden in Westfalen auf.

[7]) Sein Lob bei Fauriel II. p. 132; A. II. S. 152.

[8]) (October a. 531 Ulloa cronol.); eine Inschrift mit seinem Namen bei Le Blant II. p. 475, bestätigt wird obiges Datum durch p. 464 l. c.; Fabeln bei Aelteren wegen Verwechslung von Amalarich mit Athalarich von Masdeu X. p. 106 aufgedeckt; vgl. diesen auch über die Inschrift von Narbonne l. c.; es ist viel Räthselhaftes in diesen Vorgängen; Theudis beschuldigt sich später, bei seinem eignen gewaltsamen Ende, selbst: recepisse se *dignam vicissitudinem*, quod et ipse privatim *ducem* suum *occidisset sollicitatum* (al. u. besser *sollicitatus*); vgl. mors debita (al. freilich deinde) praevenit principem: vergleicht man damit Isid. omnium contra se odio excitato .. in foro ab exercitu jugulatus interiit

Nachträglich scheint ein Wahlact des Volkes seine Erhebung bestätigt zu haben [1]). Theudis, der ohnehin den Schwerpunkt seiner persönlichen Macht in Spanien fühlte [2]), überließ die gallischen Besitzungen einem Statthalter, der zu Narbonne residirte: er selbst weilte meist — eine ständige Residenz ist noch nicht anerkannt — in der wichtigen Grenzfeste Barcelona [3]), um der fränkischen Bedrohung nahe zu sein. Denn unablässig trachteten die Merowingen — und es lag das in der That ihnen vorgezeichnet — das ganze Frankreich, bis an seine natürliche Westgrenze — Gregor von Tours nennt Septimanien bald Gallien „zugehörig", bald „benachbart" [4]) — unter ihre Herrschaft zu bringen und die gehaßten und verachteten Ketzer, in Vollendung des großen Werkes Chlodovech's von a. 507, über die Pyrenäen zu drängen: durch das ganze sechste Jahrhundert ziehen sich (bis Rekared I.) diese immer erneuten Bemühungen.

Schon a. 533 oder 534 ergriffen sie abermals die Waffen, — eine Ursache des Krieges wird und ward vielleicht nicht angegeben — eroberten ein Stück von Septimanien bei Beziers und nöthigten die hier angesiedelten Gothen zur Auswanderung [5]). Und acht Jahre später

(Amalaricus), so wird man wohl Theudis für den Anstifter halten dürfen; so Gérard I. p. 259, Cénac Moncaut I. p. 320; vielleicht hatte auch Proc. l. c. etwas Aehnliches gehört: Θεύδην ἤδη (b. h. bei Theoderichs Lebzeiten) ἐκ τοῦ ἐμφανοῦς τυραννοῦντα; ducem („Hauptmann" Mayans I. S. 393) stünde dann für regam. Schwerlich darf man wegen Jord. c. 58 A. Francorum *fraudibus irretitus* regnum cum vita amisit Einverständniß des Theudis mit den Franken annehmen; zwar fällt auf, daß Childibert Narbonne nur plündert, nicht behält, (irrig läßt Proc. l. c. die Franken damals das gothische Gallien erobern) doch reichte hiezu kaum seine entlegne Macht.

1) Greg. tur. III. 30 Theoda rex ordinatus est. Isid. Theudis .. creatur in regnum; Aschb. S. 86 hat Proc. l. c. mißverstanden, auch ist es irrig S. 187, erst von nun ab die Wahl als Successionsform zu bezeichnen, ähnlich Lembke I. S. 39, vgl. Buat. X. p. 124. Theudis war Oheim des Ostgothenkönigs Ildibad A. II. S. 224, nicht consobrinus Amalasuntha's wie Rod. tol. II. 12, Roder. Sant. II. 14 aus Verwechslung mit Theodahad, vgl. Alf. carthag. c. 21, Tarapha p. 541, Ritius p. 1017, Vasaeus p. 67. — Ferreras II. § 262 ignorirt alles Illegitime bei Theudis' Erhebung.

2) A. II. S. 152.

3) Nicht schon in Toledo Mariana V. 1, Lembke I. S. 55, Aschb. S. 187; a. 540 Provincialsynode zu Barcelona s. „Concilien"; über seine freundliche Stellung zur Kirche Isidor. p. 1069.

4) VIII. 28. 30.

5) Nach Prokop b. G. I. 13 wandern diese von freien Stücken mit Weib

a. 542 brangen Chilbibert I. und Chlotachar II. sogar über die Berg-
höhen, nahmen Pampelona, bestürmten, jedoch vergeblich, Saragossa,
welches durch das in Procession auf den Wällen umhergetragene Gewand seines Schutzheiligen, St. Vincentius, gerettet ward [1], und
verheerten das Flachland der tarraconischen Provinz [2]. — Spätere [3]
Berichte übertreiben diese Erfolge der Franken und lassen sie sogar
Toledo zerstören [4]); ja, nach Frebigar [5] wird schon a. 531 ein
ersonnener „dux Francio" in dem eroberten Cantabrien von den
Franken tributpflichtig eingesetzt [6].

Mit reichem Raub beladen [7] wichen sie dann vor dem anrückenden
Theubis gegen die Pyrenäen zurück, in deren Schluchten sie durch
den Feldherrn Theubigisel hätten vernichtet werden sollen und können,
wenn dieser sich nicht hätte bestechen lassen, ihnen Vorsprung von
Tag und Nacht zu unverfolgtem Abzug mit ihrer Beute [8] zu gönnen,
von welcher Chilbibert einen Theil St. Avitus zu Orleans gelobt hatte.
Die Nachhut ihres Heeres wurde, wahrscheinlich von dem nach-
brängenden König, aufgerieben [9].

---

und Kind aus; die Absicht der Merowingen, das gewonnene Land zu säubern und
zu sichern, ist aber wohl unverkennbar.

1) Greg. tur. III. 29, Eugenius ep. carm. VII. p. 613; das Kleinod wurde
schwerlich an Chilbibert ausgeliefert wie Florez XXX. p. 127—129, Gams I.
S. 382 nach Aimoin II. 20, der aus der unbrauchbaren vita s. Droctovei (bei
Bouquet III. p. 486) schöpft; vgl. Tomeo y Benedicto I. p. 147.

2) Victor. tun. Jord. c. 58 Isidor.

3) Zuerst die vita Eusicii exc. bei Bouquet III. p. 428.

4) Gut hiegegen Ferreras II. §§ 261. 274; Morales V. p. 471, Masdeu X.
p. 104, Gérard I. p. 269.

5) p. 424.

6) Troya III. 1 p. 186 scheint er ein kaiserlicher dux: mir eine Erfindung
fränkischer Eitelkeit; die vita s. Aviti presb. miciacens. legt p. 359 Chilbibert
vollends die Absicht bei, ad obtinendum Hispaniae regnum! Irrig Bonnell
S. 203; richtig Fauriel II. p. 132; vgl. Gabourd II. p. 296, Cénac Moncaut I.
p. 329.

7) Greg. tur. l. c.

8) Vita s. Aviti miciac. l. c.

9) So sind die Berichte des Franken Gregor III. 30, des Gothen Jord. c. 58
und des Spaniers Isidor h. G. p. 1069 zu vereinigen. Ferreras II. § 262 folg.
und Berganza, crisis p. 49, Lembke I. S. 61, anders Bornh. I. S. 296, Fauriel
II. p. 133, Gabourd II. p. 319.

Dieser Ausgang schaffte immerhin einige Ruhe vor den Franken[1] und so erklärt sich, daß Theubis, der früher den Banbalen seine, freilich zu spät angerufne[2], Hülfe gegen Justinian versagt hatte, c. a. 544 auf Bitten seines von Belisar hart bedrängten Neffen Jlbibad in Italien[3], diesem durch einen Angriff auf die Byzantiner in Afrika Luft zu machen versuchen konnte. Wahrscheinlich wirkte zu diesem weitausgreifenden Unternehmen auch die Besorgniß mit, nach der Vernichtung der Banbalen und Ostgothen werde die schmale Meerenge von Gibraltar die byzantinischen Waffen nicht lange mehr von der Bedrohung des nächsten Germanenreichs, der Westgothen auf der iberischen Halbinsel, abhalten. Dem entspricht es wenigstens, daß Theubis den Byzantinern in Afrika vor Allem die feste Hafenstabt[4] Ceuta, den natürlichen Ausgangspunkt einer Invasion in Spanien, zu entreißen suchte. Der erste Handstreich gelang a. 544: glücklich landete Theubis in Afrika und nahm Ceuta[5]. Nach seiner Rückkehr aber ging die Festung wieder verloren und so eifrig trachtete der König nach ihrem Besitz, daß er zum zweiten Mal ein Heer gegen die Stadt sandte. Dies Heer wurde jedoch an einem Sonntag, ähnlich den Vorfahren a. 402 bei Pollentia, als es fromm seiner Sabbatfeier pflag, durch den Angriff byzantinischer Schiffe und einen gleichzeitigen Ausfall der Belagerten überrascht und völlig vernichtet. Damit gab Theubis jenen Plan auf[6]. Vier Jahre darauf ward er zu Sevilla ermordet[7].

Das gleiche Ende fand schon nach siebzehn (April a. 548 bis Oct. a. 549) Monaten sein Nachfolger, der frühere Felbherr Theubigisel[8],

---

1) Is. l. c. post tam felicis successum victoriae. Jord. l. c. Francorum insidiosam calumniam de Hispaniis pepulit.

2) A. I. S. 177. Mariana V. 8 läßt ihn irrig den Banbalen helfen; irrig in der Zeitfolge Morales V. p. 489.

3) A. II. S. 224.

4) Irrig Ferreras II. § 281. Daniel I. p. 151 unterstellt Ceuta Sette in Languedoc! Ueber diese Festung Bruzen la Martinière VII. p. 500.

5) Das stellt man stets falsch dar: die Stadt war seit a. 534 in byzantinischen Händen.

6) Proc. b. G. II. 30, Isidor. h. G. p. 1069, vgl. Cardonne I. p. 5, Troya II. 8 p. 1491, Lafuente II. p. 337, Masdeu X. p. 110, Desormeaux I. l. c., unrichtig Dunham I. p. 112, Romey II. p. 123, de Castro Cadiz I. p. 206, Alcantara I. p. 272.

7) Der Mörder stellt sich wahnsinnig Isidor. h. G. 1069.

8) Nicht sein Mörder wie Gaillardin I. p. 89 oder sein consanguineus wie Rod. Sant. II. 15 (hienach wohl Schwestersohn Troya III. 1 p. 182) oder Tochter-

„welcher die Männer, deren Frauen er nachstellte, hatte wegräumen laſſen". Bei nächtlichem Gelag im Palaſte zu Sevilla wurden plötzlich von den Verſchworenen die Lichter gelöſcht und der König, wie er fröhlich. mit ſeinen Freunden am Zechtiſch ſaß [1]), mit dem Schwerte durchbohrt [2]).

Der Franke Gregor äußert ſich in widerwilligem Tadel ſolch' raſcher und blutiger Beſeitigung verhaßt gewordener Könige: ihm ſchwebt vor, wie treu ſein Volk, wenigſtens an der Dynaſtie der Merowingen, trotz aller Mordthaten in derſelben, hängt, während bei den Weſtgothen vom Tod Amalarich's an die Krone höchſtens durch zwei Generationen in Einer Familie bleibt: „die Gothen hatten die abſcheuliche Gewohnheit angenommen, wenn ihnen Einer ihrer Könige mißhagte, ihn mit dem Schwert anzufallen und Einen, der ihnen beſſer gefiel, ſich zum König zu ſetzen" [3]).

In der That, es hat zur Hemmung ruhiger Erſtarkung und ſchließlich zur Zerklüftung und Aufreibung der gothiſchen Macht in Parteiungen der Mangel eines erbbefeſtigten Königthums in dieſem Reich am Meiſten beigetragen [4]). Und es ſcheint, grade dieſe Unſicherheit der Herrſchaft verleitete die durch Wahl auf den Thron gehobnen Vornehmen zu Willkür und Gewalt, ſtatt ruhiger und feſter Uebung des königlichen Rechts: jene gefährliche Sinnesart des Volkes hätte maßvolle Kraft und Stäte der Fürſten erheiſcht, aber ſie erzeugte umgekehrt die Neigung zu tyranniſcher Launethat.

ſohn Totila's wie Luc. Tud. II. 48, Vasaeus p. 674, Mariana V. 8, Depping II. p. 226 — wohl nur, weil Totila Großneffe A. II. S. 227 des Theudis war.

1) Greg. tur. III. 30 dum ad coenam cum amicis suis epularetur, et esset valde laetus, cum (sic) subito extinctis luminibus in recubitu ab inimicis gladio percussus interiit. Isid. h. G. p. 1069, Fredegar c. 42; alſo nicht von ſeinen „confientes" Masdeu X. p. 118; ſpäte Fabeln über den Mörder „buffo" bei Rod. Sant. II. 14. (Verwechslung mit Theudis) Alf. carth. c. 23 „gladio Ipsalini" chronol. et ser. p. 705.

2) Er ſcheint den Katholiken abgünſtig geweſen zu ſein und wird für ſeine Zweifel an dem Mirakel zu Oſſetum, das er ein „Stücklein der Römiſchen", artificium Romanorum, nennt, beſchämt. Ausführlich hierüber Ferreras II. §§ 288—293 aus Greg. tur. glor. mart. c. 24; vgl. Padilla II. p. 21, ſ. „Kirchenhoheit".

3) Greg. tur. III. 30 bei Fredegar: Gothi . . jam olim habent hoc vitium, cum rex eis non placet, ab eis interficitur.

4) Marina, Cortes: de los 32 reyes Godos . . . hubo 8 usurpadores, 4 despojados de la corona y 8 asesinados, entre ellos 2 victimas de fratricidio, en todo 20 crimenes de 32 sucesiones.

Gegen den Nachfolger Theudigisels, Agila (October a. 549 bis
554), erhob sich unter der Anklage schwerer Bedrückung[1]) eine Partei,
zu der namentlich auch die katholische Kirche gehört zu haben scheint[2]):
es wird die schwere Niederlage, welche der König vor dem Hauptort
der Empörung, Cordova[3]), erlitt, wo er seinen Sohn und den
gesammten Königsschatz verlor, als eine „Strafe der Heiligen" für
die Verletzung des Grabmals des Martyrs St. Acisclus und für die
„Verachtung Christi" aufgefaßt[4]). Gleichwohl glaubte das Haupt der
Empörer, Athanagild, von edlem Geschlecht[5]), nicht, dem geschlagenen
König die Krone durch seinen Anhang allein entreißen zu können und
er scheute nicht vor dem folgenschweren Schritt, die natürlichen Feinde
seines Volkes, die Byzantiner, zur Hülfe in das Land zu rufen[6]).
So wurde denn die von Theudis geahnte Gefahr durch gothische
Parteiung selbst heraufbeschworen. Wie erwünscht und passend Kaiser
Justinian grade damals, im Augenblick der Niederwerfung des letzten
Widerstandes der Ostgothen a. 554, eine solche Aufforderung zur
Einmischung kommen mußte, wie sie so völlig eine Wiederholung der
Vorgänge schien, die zur Eroberung von Afrika und Italien geführt
hatten, leuchtet ein[7]). Nach den Vandalen und Ostgothen sollten

---

1) Greg. tur. IV. 8 cum populum gravissimo dominationis suae jugo
adterreret.

2) Darin liegt einer der Gründe der (falschen) Tradition, sein Gegner Athana=
gild sei heimlich katholisch gewesen Luc. tud. II. 49 f. u. und der einzige der
gleich falschen, daß Agila St. Leander und St. Isidor des Glaubens halber ver=
bannt habe, so noch Mabillon elog. st. Leandri p. 380.

3) Daß diese Stadt allein den Fürsten geschlagen habe, ist Ruhmrede von
Morales, Cordova p. 367; irrig ist auch die Annahme, daß Cordova von jeher
(Helff. Arian. S. 53) byzantinisch gewesen und erst von Leovigild den Gothen
unterworfen worden sei; vgl. Troya III. 1 p. 188.

4) Chronol. et ser. Goth. Agila dum ad Cordobam . . pugnaret, in
contemptum Christi sepulcrum s. martyris Aiscli („mit dem Blut von Feinden
und Thieren") pollueret, filium ibi cum multa copia interfectum et omnem
thesaurum regium amisit; vgl. Isid. h. G. p. 1070, Alf. Carth. c. 23, Gams I.
S. 358, Mariana V. 8: er hatte Pferde in dem Heiligthum untergebracht.

5) Vielleicht, (denn allzuviel ist auf Venant. Fort. VI. 2. 8 A. nobile
genus, nobilitate pollens) nicht zu geben; er denkt wohl nur an den Glanz
der Krone; warum ein señor de Sevilla? Berganza p. 59.

6) Von Landabtretungen, Cavanilles I. p. 207, wissen die Quellen nichts.

7) Vgl. A. I. S. 167, A. II. S. 197, Dahn, Prokop S. 43, 397; über die
Gefährlichkeit Ostroms v. Gutschmid Grenze S. 337.

nun auch die Westgothen durch den Kampf um die Krone Byzanz und das Verderben in das Land geladen haben. —

Willfährig sandte Justinian Heer und Flotte unter dem Patricius Liberius[1]) und rasch bemächtigten sich diese gefährlichen Gehülfen der meisten Seestädte und der starken Küstenfestungen — mit Freuden nahmen die Romanen die katholischen, die kaiserlichen Fahnen auf[2]) — längs dem ganzen Südost-Ufer der Halbinsel[3]), wo sie fast siebzig Jahre sich behaupteten.

Gegen die vereinte Macht der Byzantiner (des „miles romanus", „exercitus") und der Rebellen verlor der König eine zweite Schlacht, bei Sevilla, und erfüllt schien jetzt die Erwartung, daß die kaiserliche Politik den dritten Triumph über ein gespaltnes Germanenvolk feiern sollte: nur ein völliger Umschlag, die plötzliche Aufhebung der gothischen Parteiung, wandte dies ab. Die Anhänger Agila's mochten die Ueber- legenheit der Gegner, ja die Bedrohung der Existenz des ganzen Reichs durch längere Fortführung des Kampfs erkennen: sie machten diesem dadurch ein Ende, daß sie ihren König, der, vom Quadalquivir an die Quadiana-Linie zurückgewichen, zu Merida neue Rüstungen betrieb, ermordeten und Athanagild anerkannten a. 554[4]).

Dieser (a. 554—567) suchte zwar sofort der unbedacht in das Reich gerufenen Helfer, sowie er ihrer nicht mehr bedurfte, wieder ledig zu werden. Jedoch gelang ihm dies trotz allen Anstrengungen nicht[5]): wohl wurden im offnen Felde die griechischen Statthalter, „Patricier" hießen sie zumeist, von dem gothischen Heerbann oft ge-

---

1) Jord. c. 58; Dahn, Prokop. S. 314; Troya III. 1 p. 184—186 weiß allzuviel, mehr als die Quellen, von ihm zu erzählen.

2) Jord. c. 58, Isid. Chron. ed. Roncall. p. 458; in Hispaniam per Athanigildum tyrannum romanus miles ingreditur. Greg. tur. IV. 8 civitates aliquas.

3) Vgl. v. Spruners Atlas, Spanien und Portugal N. I. „das Reich der Westgothen auf der iberischen Halbinsel."

4) Isid. l. c. p. 1070 videntes Gothi proprio se everti excidio et magis metuentes, ne Spaniam milites auxilii occasione invaderent, (sie waren aber schon im Lande) Agilanem Emeritae interficiunt et Athanigildi se regimini tradiderunt. Victor Tun. p. 871 Agilam (l. Agilane) mortuo Athanagildus, qui dudum tyrannidem assumpserat, Gothorum rex efficitur.

5) Isid. l. c.; aus Greg. tur. l. c. folgen nur Siege in Feldschlachten: nur ex parte entriß er ihnen ihre Städte; Chron. et ser. Goth. p. 705 meint freilich extinxit eos.

schlagen, aber die zahlreichen Hafenplätze, welche sich von Sucruna am Mittelmeer bis zum „heiligen Vorgebirge" am atlantischen Ocean hinzogen und viele Binnen = Städte innerhalb dieser Linie, welche sie damals gewannen, konnten ihnen nicht wieder entrißen werden: war doch die Vertheidigung fester Plätze immer noch die stärkste Seite byzantinischer, deren Bezwingung die schwächste Seite germanischer Kriegführung: und erst nach mehr als zwei Menschenaltern [1]) vermochten zwei tapfre Könige die letzte Spur der frevelhaften Thorheit Athanagilds durch völlige Vertreibung der Griechen aus der Halbinsel zu löschen. —

Unter solchen Umständen war es für das arianische Gothenreich bedenklich, daß die Könige der benachbarten Sueven, welche in den Zeiten der inneren Partelung und der Kriege der Gothen gegen Franken und Byzantiner sich aus ihrer Ohnmacht erhoben haben mochten, gerade jetzt das katholische Bekenntniß annahmen [2]), woburch sie mit den orthodoxen Griechen und Merowingen, ohnehin ihren natürlichen Alliirten, auch in religiöse Gemeinschaft traten - und in eine Verbindung, deren leicht gegen die Gothen zu kehrende Spitze nicht zu verkennen war. Daher that auch Athanagild Schritte zur Befreundung mit den Franken: er vermählte seine Tochter Brunichildis, „die neue Perle, welche Spanien gezeugt" [3]), mit König Sigibert von Austrasien zu Metz. Im Winter a. 566/567 führte sie Gogo, der Vertreter des Bräutigams, über die Pyrenäen [4]). Gregor von Tours legt dem Frankenfürsten die Initiative und das Motiv bei, durch Verbindung mit der gothischen Königstochter seine Brüder, welche mit unfreien und niedern Weibern im Concubinat lebten, wie bis dahin auch er [5]), vollends zu überstrahlen. Er warb um sie „mit großen Geschenken". Da folgte sein Bruder Chilperich von Soissons diesem Beispiel und freite Brunichilbens Schwester, Gailesvintha [6]). Sie erhielt zu „Muntschatz und Morgengabe" [7]) Stadt und Gebiet

---

1) Isidor: quos postea submovere a finibus regni molitus non potuit, adversus quos huc usque (d. h. a. 631) confligitur.

2) S. Gesch. der Sueven.

3) Venant. Fortun. VI. 2.

4) Venant. Fortun. l. c.

5) l. c.

6) Der Name der Tochter scheint doch verschieden von dem (bei Venant. F. VI. 7) freilich gleich scandirten Gobisvintha der Mutter. (Goisv., Dietrich, Aussprache.)

7) Pactum andel. p. 6 in dotem et morganegyba Burdegala, Lemo-

von Bordeaur, Limoges, Cahors, Bearn und Bigorre. Aber mit
Grund hatte man Chilperichs bösen Leidenschaften mißtraut: — ge=
waltsam hatte man die Braut aus den Armen der Mutter reißen
müssen und den Freier eidlich verpflichtet, sie so lange er lebe nicht
zu verstoßen [1]) — er ließ alsbald die junge Königin um seiner
Buhle Fredigunthis willen erdrosseln [2]). Diese Erfüllungsart mero=
wingischer Eide sollte Athanagild nicht mehr erleben: er starb vorher [3])
in seinem Palaste zu Toledo „frieblichen Todes" a. 567 (November?)
was man als Ausnahme hervorhob [4]). Daß er heimlich zum Katho=
licismus übergetreten [5]), ist unglaubhaft [6]): Motiv der Erfindung war
vielleicht, daß man den Sueven die Priorität der Bekehrung nicht
gönnte, Anlaß, der Uebertritt seiner Töchter bei ihrer Verheirathung,
sein Gegensatz zu dem von der Kirche verworfenen Agila und sein
Bündniß mit Byzanz; er gründete die Kirche der h. Justa und Rufina
zu Toledo [7]), wo er gerne und regelmäßig Hof hielt, ohne die Stadt
bereits endgültig zur Residenz des Reiches zu erheben [8]).

---

vicas, Cadurcus, Bearna et Begaro vgl. Jacobs géographie p. 94; irrig
Bonnell S. 216; das ist hier Muntschatz, von den Franken, nicht Mitgift von den
Gothen gegeben.

1) Jene Besorgnisse sind vielleicht der verhüllte Kern der Uebertreibungen bei
Venant. Fortun. VI. 7; auf Reliquien hatte Chilperich geschworen Aimoin. III.
c. 5, Saavedra y Faxardo p. 199.

2) Greg. tur. IV. 27. 28, VI. 8, Fredeg. c. 58, Venant. Fortun. l. c.
in seiner Klage verschweigt die Todesart, die er doch sicher kannte! Mirakel an
ihrem Grabe; sie wird in Spanien als Heilige verehrt. Salazar sub die 24. Maji;
vgl. Fauriel II. p. 168, Thierry l. c. p. 296, Guettée II. p. 218, Gabourd II.
p. 371: nicht zurückbringen ließ er sie, wie Anquetil I p. 97. (Verwechslung mit
Herminberga s. u.)

3) So scheint mir, auch Cénac Moncaut I. p. 387; anders John O'Reilly I. p. 145.

4) Joh. Biclar. p. 388, Isid. l. c.

5) Luc. Tud. Hisp. illustr. IV. p. 49; hienach Mariana V. 8, Gamero
p. 270, Valdesius p. 96.

6) Vgl. Aschb. S. 196, Lembke I. S. 65, zweifelnd Romey II. p. 127,
Greg. tur. IV. 82, den A. citirt, sagt nichts davon; erst der späte († 1250) Luc. Tud.

7) Gams I. S. 287; ein apokrypher pagus und Palast=Ruinen einer
Stadt Namens Athanagild (??) in Lusitanien (in Guimarañ(e)s) Resend. pro s.
Chr. mart. p. 1004, Mariana l. c., Morales V. p. 505, Depping II. p. 228,
de Catel p. 492 sind zu verwerfen; eine Inschrift mit seinem Namen Le Blant II.
p. 474, „Coenobium Eulaliae rex Athanagildus et aedem" Hildef. bei Gamero l. c.

8) S. „Gesammtcharakter des Königthums", „palatium"; dies geschah erst
durch Leovigild: erst von ihm an kann man streng genommen vom „tolebanischen
Reiche" sprechen.

Der Mangel einer festen Erbordnung und der Ehrgeiz der habernden Großen, die lieber Könige werden als Könige wählen wollten, zeigte sich auch bei dieser Thronerledigung wieder klar und verderblich. Fast ein halbes Jahr (fünf Monate) lang konnte man sich über keine Wahl einigen, und als zuletzt die gallische Provinz den langjährigen[1]) Dux[2]) von Narbonne, Leova, zum König erhob[3]), drohte das Reich in seine beiden Gruppen auseinanderzufallen. Denn die Gothen in Spanien wollten den ohne ihre Mitwirkung[4]) Gewählten nicht anerkennen und die Gefahr eines neuen Bürgerkriegs wurde vielleicht nur dadurch abgewandt, daß Leova seinen jüngern Bruder Leovigild, der in Spanien, wenn nicht an der Spitze seiner Gegner[5]), doch in der ersten Machtstellung stand, — er hatte durch Heirath mit der Wittwe Athanagilds, Gosivintha, auch dessen Anhang gewonnen — als Nachfolger und Mitregenten, genauer als alleinigen König des spanischen Theiles, anerkannte[6]), während er sich mit Septimanien begnügte; diese Theilung, welche freilich an den merowingischen Staaten eine Art Vorbild hatte, zeigt immerhin[7]), welch' schwaches Band dies gothische Königthum gegenüber den starken Partei- und Gebiets-Gegensätzen[8]) war. Doch vereinte nach Leova's baldigem Tode a. 572 Leovigild wieder beide Theile des Reiches[9]).

---

1) Seit a. 560; daher wohl der Irrthum bei Luc. Tud. II. p. 49, daß Leova schon bei Lebzeiten des Athanagild erhoben worden (geschöpft aus Joh. Biclar. »superstite«?).

2) Nicht „Virrey" Sotelo p. 150.

3) April a. 568 (bestätigt das Datum durch Inschrift bei Le Blant p. 465, Masdeu X. p. 182) — a. 572; über „Leub", „Leob" bei Westgothen Dietrich in Haupt's Z., neue Folge II. 1 S. 82; vgl. Ansileubus, Liubericus Cc. T.; der septimanische Bruder wird stätig Liub, der andere Leov und Leuv geschrieben.

4) So scheint es; Rosseeuw L. p. 247; vgl. Pfahler A. S. 99.

5) Joh. Biclar. p. 388 sagt nur: superstite fratre in regnum .. constituitur.

6) a. 569, vielleicht noch a. 568 Le Blant p. 457, Romey II. p. 129. Die Brüder sind nicht Söhne Athanagilds wie Sotelo p. 150.

7) Isidor. p. 1070 mißbilligt die Spaltung in charakteristischen Worten: sicque regnum duos cepit, dum nulla potestas patiens consortis sit.

8) S. Verfassung: „Räumliche Eintheilungen".

9) Joh. Biclar., Greg. tur. IV. 38 „totum regnum occupavit"; über die abweichende Chronologie Isidor's p. 1070 f. Aschb. S. 197, Lembke I. S. 66, Morales V. p. 518. Eine Münze Velasquez p. 28 nennt noch beide Brüder zusammen. Daß L. damals nach Gallien ging, Muñoz p. 856, unerweislich.

Leovigilds Persönlichkeit und Regierung tragen einen bestimmt ausgeprägten Charakter [1]), welcher manchen der zuletzt genannten gothischen Könige gebricht, von denen wir, außer dem Namen, nur etwa die gewaltsame Todesart kennen. Von diesem Herrscher an gestatten die Quellen [2]), fast bis zu Ende des Reiches mit wenigen Unterbrechungen, lebensvollere Zeichnung der Geschichte.

Alle die chronischen Gefahren, äußere und innere, welche dies Reich bedrohten, alle verderblichen Elemente, welche in und nahe seinen Grenzen seit lange gährten, traten, in plötzlichen Krisen, geschärft und zu klarer Erkennbarkeit gesteigert, gegen diesen König heran. Der kräftige Herrscher wehrte sie nach allen Seiten mit Ueberlegenheit ab, in einsichtiger Wahl bald milde Klugheit, bald rücksichtslose Energie bewährend.

Die nationalen Contraste der Einwohner und der Nachbarn dieses Reiches waren, wegen ihrer feindseligen Spannung durch die religiösen Gegensätze, die Eine Hauptbedrohung. Die Verbindung der katholischen, romanischen Provinzialen mit den gleichfalls katholischen Sueven, Griechen, Franken gegen die arianischen Gothen war eine fortwährende, schweigend lauernde Todesgefahr für diesen Staat.

Sie zu beseitigen war eine Unmöglichkeit: denn sie hätte nichts geringeres als die Vernichtung oder erzwungne Bekehrung dieser vier katholischen Mächte vorausgesetzt: — die andre Alternative zu ergreifen, nämlich die Katholisirung der Gothen, dazu entschloß sich erst Leovigilds Nachfolger; wir werden sehen, daß dieser Ausweg eine Gefahr in sich schloß, welcher denn schließlich auch das Reich erlegen ist. — Dieser religiös = politischen Bedrohung durch innere und äußere Feinde war nun nichts entgegenzustellen als ein Königthum, das, untergraben durch den Mangel der Erblichkeit, durch die zur Gewohnheit gewordene Rebellion eines meisterlosen, übermächtigen, königsmörderischen Adels [3]) — der zum Gehorsam nur durch Schrecken, zur Treue aber durch nichts zu bringen war, — eine höchst unsichre Macht gewährte: und daneben bot sich der Krone nur noch dar ein gothisches Nationalgefühl, das durch tief und alt eingewurzelte Par=

---

1) Vgl. Helff. S. 8, Aschb. S. 256, Lafuente II. p. 344, Zuaznavar p. 77, Moron II. p. 131, Romey II. p. 146. 148, Pfahler, Gesch. S. 487, Gaillardin I. p. 88; der Name begegnet noch in der Maurenzeit Salazar 20. Sept.

2) Zumal der treffliche Joh. Biclar., dann Isidor, Paul. Emer. u. Julian.

3) Helff. S. 8. 12, Pfahler, Gesch. S. 485, Rico y Amat. p. 9.

teiungen und durch starke Hinneigung zu dem römischen Wesen, zu der glänzend überlegnen römischen Cultur sehr stark erschüttert war.

In der Zeit nach dem Tod Athanagilds sah es fast danach aus, der Gothenstaat als solcher könne nicht fortgeführt werden: — ein · halbes Jahr Thronerledigung, dann eine in Spanien nicht an=erkannte septimanische Wahl, hierauf neue Parteiungen, endlich eine Theilung von Gebiet und Regierungsgewalt des Reiches [1]. Inzwischen aber hatten nicht bloß die Byzantiner vom Südosten, die Sueven vom Nordwesten her sich auf Kosten des schützerlosen Reiches ausgebreitet — es war, was ungleich bedenklicher, in den noch nicht von diesen Feinden geradezu occupirten Gebieten die gesammte romanische Bevölkerung und zwar die bäuerliche auf dem Lande [2], namentlich in den Gebirgen, ganz ebenso wie die Städte — also die ganze große übermächtige Volkszahl der Katholiken — auf allen Puncten, im Norden mit den Sueven, im Osten mit den Franken, im Süden mit den Griechen, in natürliche Verbindung getreten, bald unwillkürlich, bald mit der bestimmten Absicht der Losreißung von dem, wie es schien, zerfallenden Ketzerstaat der Gothen. —

Dieser großen Gefahr schritt Leovigild sofort energisch entgegen: unermüdlich trug er in den nächsten acht · Jahren seine Waffen nach allen Richtungen der Halbinsel, überall den zum Theil hartnäckigen Widerstand der verbündeten inneren und äußeren Feinde brechend [3].

Noch im Jahre seiner Thronbesteigung a. 569 zog er nach dem Süden gegen die Griechen in die „bastanische [4]" und malaccitanische Landschaft" [5], schlug die Feinde und verheerte das Land [6]; im nächsten Jahre a. 570 gewann er im Westen des byzantinischen Gebiets durch Einverständnisse mit den gothischen Einwohnern [7] die feste Stadt

---

1) Joh. Biclar. l. c. provinciam Gothorum, quae jam rebellione diversorum fuerat diminuta.

2) Die „rustici" des Joh. Biclar.

3) Joh. Biclar. l. c. fährt fort: mirabiliter ad pristinos revocat terminos. Isid. l. c. p. 1070 ampliare regnum bello statuit (l. studuit?) . . . studio ejus exercitus . . . multa praeclare sortitus est.

4) Lies bastitanische Cortes y Lopez II. p. 220.

5) „regio" : Bašça und Malaga; Ferreras II. § 330.

6) Joh. Biclar. l. c.

7) Denn der Frainigangus, (so Dietrich Ausspr. S. 42 statt Framidaneus, Framidancus) des Joh. Biclar. ist ein Gothe; Mariana V. 11, Ferreras II. § 331, Morales V. p. 521.

Affibonia [1]). Das ganze folgende Jahr a. 571 aber leiſtete das wichtige und ſtolze Corbova, den Mittellauf des Bätis (Quabalquivir)
beherrſchend, eifrig katholiſch, den Byzantinern zugethan, der gothiſchen
Herrſchaft immer abgeneigt und ſeit zwanzig Jahren entrückt [2]), gewiß
auch von kaiſerlicher Beſatzung vertheidigt, einen erbitterten Widerſtand,
den die Bauern der andaluſiſchen Berge unterſtützten.

Endlich fiel die Stadt, wie Affibonia, durch nächtlichen Verrath:
dieſer Schlag traf die griechiſche Partei im ganzen Lande ſchwer und
entmuthigend: die blutige Beſtrafung der Bürger und der Bauern,
wiederholte Niederlagen der byzantiniſchen Truppen im offnen Feld [3])
ſcheinen eine große Zahl der zu dieſen abgefallenen Städte und Caſtelle
zur Unterwerfung gebracht zu haben [4]).

Im nächſten Jahre zog der König gegen Norden, wo die Rebellion,
wie im Süden bei den Griechen, bei den Sueven Halt und Hülfe ſuchte [5]):
aber das raſche und machtvolle Vordringen Leovigilds ſchreckte die
Sueven von bewaffneter Unterſtützung des Aufſtandes ab und ſo wurde
zuerſt im Norden die Stadt Aregia [6]) und das Gebiet der Aregenſes,
dann im Nordweſten Sabaria, hart an der ſueviſchen Grenze, bezwungen [7]). Nun kam a. 573 oder 574 die Reihe an das öſtlich
angrenzende Cantabrien, wo die Stadt Amaja erobert wurde [8]);

---

1) Medina Sidonia Ferreras l. c., Morales l. c., Cortes y Lopes II.
p. 171, Cean-Bermudes p. 289, C. J. N. 1305. 1314. 1315. 2249 über die
Lage p. 176.

2) Seit Agila wohl nicht mehr bezwungen Morales V. p. 521, Joh. Bielar.
l. c. „diu Gothis rebellem“.

3) Wenn wir auch die große Schlacht bei „Legio“ und die Umtaufung der
Stadt nach dem Namen des Königs „Leo“ aus guten Gründen unverwerthet laſſen
ſ. bei Luc. Tud. II. 49 u. Nonius p. 484 dieſe Fabeln. Isid. ſagt nur: fudit
diverso proelio militem (sc. romanum).

4) Joh. Biclar. l. c.; wenn Isid. l. c. ihn omnes rebelles Hispaniae urbes
gewinnen läßt, ſo meint er doch nur die ſeit a. 569 abgefallenen. In Chron. ed.
Roncall. p. 459 ſagt er nur: quasdam regiones sibi rebelles u. h. G. p. 1071
plurimae, . . . quaedam castra.

5) Anders und irrig Ferreras II. § 238.

6) al. Varegia, al. Amaja.

7) Ueber Sapi, Sabaria (falſch Sabarta) des Joh. Bicl. p. 885, Isid.
p. 1071. (Sanabria), nicht Salaria vgl. die Abweichungen bei Ferreras II. § 337,
Cénac Moncaut I. p. 889, Rosseeuw I. p. 248; Mariana V. 11 verzweifelt es
zu finden; bei Cortes y Lopes III. p. 885 ſo viele Vermuthungen als Schrift-
ſteller; ich folge v. Spruner.

8) Unter harten Verheerungen, welche der h. Aemilian als Strafgerichte

eine biesmal von suevischen Truppen unterstützte Wiedererhebung in den aregischen Bergen ward niedergeworfen und das Haupt der Empörung, ein vornehmer Spanier, Aspidius, mit seiner Familie gefangen. In diesen dem Centrum des Gothenstaats ferner gelegenen Gebieten hatten sich, man sieht das deutlich, einzelne hervorragende Häupter des alten Provinzialadels, durch Reichthum, ausgedehnten Grundbesitz und starke Clientelen mächtig, als die natürlichen Führer an der Spitze der Bewegung gefunden, welche die Ueberordnung des Staates sprengen wollte: eine Erscheinung, welche sich seit den Zeiten der Karthager und der Römer in der von mächtigen Gebirgsreihen in scharf individualisirte Landgruppen gegliederten Halbinsel der Pyrenäen immer wiederholt hat bis auf den heutigen Tag: jede dieser spanischen Landschaften hatte einen lebhaften Zug zu abgesondertem autarkischem Leben und die autonome Führung der eingewurzelten Adelsgeschlechter ersetzte in Krieg und Frieden häufig die Regelung durch den Staat [1]).

Im Jahre 576 mußten zwei mal die Aufstände der Städter und der Bauern (rustici) in dem Gebirgsland von Orospeda unterdrückt werden [2]).

Damit waren zunächst die bringendsten Aufgaben für das Schwert des Königs gelöst: aber in der mit Mühe gewonnenen Zeit der Waffenruhe galt es jetzt, mit aller Kraft das Scepter zu schwingen d. h. das Ansehn der Staatsgewalt herzustellen. Denn jene Neigung der alt-iberischen Thäler und ihrer romanischen Bevölkerung, sich unter localen Dynasten gegen die barbarische Staatsautorität der Gothen selbständig zu stellen, traf in gefährlichster Weise zusammen, mit

---

vorausgesagt Braul. v. s. Aemil. p. 213: ein Römer Abundantius hingerichtet; über die Lage Masdeu X. p. 184; nach Mariana ist Aregia Amaja; s. dagegen Cortes y Lopez II. p. 158, C. J. p. 396: sechs luegas von Burgos; meist verwechselt mit Ammaea C. J. p. 158; heute Port alegre in Lusitanien.

1) Beispiele: die Brüder Didymus und Verinianus a. 411; der tarraconensische Abel a. 471, Theubis c. 520; ein solcher Provinzialdynast („nicht anciano del pueblo" Marin I. p. 244, oder „roi" Cénac Moncaut I. p. 339) war dieser Aspidius: Joh. Biclar. p. 387 L. rex aregenses montibus (1. montes) ingreditur, Aspidium loci seniores (1. seniorem so Roncal.) cum uxore et filiis captivos ducit opesque ejus et loca in suam redegit potestatem. Ueber das Geographische vgl. v. Spruner, Atschb. S. 200, Lembke I. S. 66, Ferreras IIA § 344 gegen Mariana V. 11.

2) Joh. Biclar. p. 388; über die Lage Mariana V. 11, sierra de Cuenca y Molina, Ferreras II. § 346. Dagegen Hieron. Paul. de montibus II. p. 389, Muñoz I. p. 356 (la sierra de Almansa y Alcarás). Irrig Martin II. p. 105, die Gothen hätten die Bergstämme niemals unterworfen.

dem schlimmen Hang der gothischen Großen, in meisterloser Selbst=
herrlichkeit alle kräftige Handhabung der Regierung unmöglich zu
machen und jeden Regenten, der sie versuchte, zu verderben: von einer
Anhänglichkeit, wie sie die Ostgothen ihrem Königthum bewähren,
war in diesem Wahlreich keine Rede: die Treue der Unterthanen war
noch viel geringer als die Zwangsgewalt der Könige: man konnte
genau die stolzen und unbändigen Geschlechter bezeichnen, welche in
den letzten fünfzig, ja hundert und fünfzig Jahren einen König nach
dem andern ermordet und durch genehmere Männer ersetzt hatten.

In solchem Zusammenhang betrachtet gewinnen die naiven Aus=
brücke jener Zeit nahe stehender Autoren tiefe Bedeutung: derselbe
Gregor [1]), der jene abscheuliche Angewöhnung der Westgothen rügt [2]),
berichtet uns, Leovigild habe „alle jene getödtet, welche die Könige zu
ermorden sich angewöhnt hatten [3]), nicht einen Einzigen des Mannsstamms
ließ er leben“. Wenn kirchlich gesinnte Quellen dem König, der später so
manchen Act der Nothwehr gegen die katholische Kirche zu üben nicht ver=
meiden konnte, bei seinem Auftreten gegen diese „Mächtigen“ lediglich Geiz
und Neid d. h. mißgünstige Beargwöhnung ihrer Macht als Beweg=
gründe beimeßen [4]), so gestatten, ja zwingen uns wie die Vergangenheit
so die Zukunft dieses Königthums und vor Allem Leovigilds übrige
Maßregeln und seine schlimmen Erfahrungen, nicht in solchen persön=
lichen Leidenschaften, — mögen diese auch in der Ausführung mit=
gewirkt haben, — sondern in einer klar gedachten und energisch ver=
folgten politischen Tendenz die wahre Ursache seines Verfahrens zu
suchen. Und eine unbefangne, obwohl ebenfalls bischöfliche, für diese
Zeit die werthvollste Quelle, ein Mann, welchen der König selbst in
Verbannung geschickt hat, Johannes von Valclara, nennt die Sache

---

1) III. 80.

2) Oben S. 122.

3) IV. 32 interficiens omnes illos, qui reges interimere consueverant,
non relinquens ex eis mingentem ad parietem. Falsch das Citat über diesen
biblischen Ausdruck bei Guadet et Taranne ad h. l.; eine „bande“ gewerbsmäßiger
Königsmörder darf man aber nicht mit Depping II. p. 370 darunter verstehen.

4) Isid.l. c. Leuvigildus vi cupiditatis et livoris quosque potentes vidit (de
reg. G. quoscunque nobilissimos ac potentissimos vidit) aut capite truncavit
(aut capite damnavit) aut opibus sublatis proscripsit et proscriptos in exilium
misit. Chronol. reg. Goth. potentes· per cupiditatem damnavit; hienach Chron.
albeld. p. 76.

beim rechten Namen mit den Worten: „Leonegild (sic) überwand überall und rottete aus die Tyrannen und gewaltsamen Bedrücker Spaniens und erlangte so für sich und das (geringere) Volk Ruhe" [1]). Also Schutz für die kleinen gothischen Freien [2]), die natürlichen Verbündeten des Königthums gegen die bisherige Herrschaft eines Adels, dessen Macht sich als Unbotmäßigkeit nach Oben, als Druck nach Unten äußerte [3]). Alles, was wir sonst von Leovigild erfahren, bestätigt, daß er mit vollem Bewußtsein, systematisch, die sämmtlichen einem starken Königthum feindlichen Momente aufsuchte und bekämpfte, daß er alle Mittel, welche die bisher schwächsten Seiten der Regierung heben und kräftigen konnten, anzuwenden und planmäßig zu verbinden nicht ermüdete.

Das Königthum war bisher schon financiell gegen den reichen Adel in schwerem Nachtheil gewesen: kein erbliches Geschlecht konnte hier mit den erschöpften und viel in Anspruch genommenen Staatsmitteln einen mächtigen Hausschatz verbinden: Leovigild zuerst suchte wie durch Kriegsbeute durch erhöhte Steuern das Aerar zu bereichern und die vielen Confiscationen der Güter des gebändigten Adels dienten dem gleichen Zweck [4]). Gewiß war es ferner nicht bloß prahlende Eitelkeit, wenn Leovigild in dem ganzen Auftreten des Gothenkönigs eine Aenderung vornahm: „bis auf ihn hatte der König in Tracht und Sitz vor dem Volke sich nicht ausgezeichnet: er zuerst nahm königliche Kleidung an (Purpur) und seinen Sitz auf einem Thron" [5]). Fortan

---

1) Joh. Biclar. l. c. Leonegildus extinctis undique tyrannis et pervasoribus Hispaniae superatis sortitus requiem propriam (al. propria) cum plebe resedit.

2) Auch Lafuente II. p. 359 sieht in dieser heilsamen Energie zu viel tyrannische Grausamkeit.

3) Cum propria plebe (statt propriam) d. h. dann mit seinen Gothen im Gegensatz zu dem romanischen katholischen Adel.

4) Isid. l. c. aerarium quoque ac fiscum primus iste *auxit* h. Goth. fiscum quoque iste, locupletavit primusque aerarium de *rapinis civium* hostiumque manubiis auxit, d. h. doch nicht erste Anlage wie Aschb. S. 256; f. Verfassung, „Finanzbann". Ganz a. M. Colmeiro I. p. 149, Rosseeuw I. p. 249.

5) l. c. primus inter suos regali veste opertus solio resedit: nam ante eum et habitus et consessus communis ut genti ita regibus erat. Vgl. Lafuente II. p. 558, Helff. S. 9: „Immer mehr Goldmünzen von Leov. kommen in Spanien zu Tage, auf denen der König mit allen Auszeichnungen der Königsgewalt abgebildet ist." Masdeu X. p. 149, f. „Münzhoheit, Finanzen".

follte auch äußerlich der König sich von dem ihn umgebenden Adel durch die Abzeichen der königlichen Würde unterscheiden. Er schuf auch Toledo zur bleibenden Residenz des Reichs[1]. Wenn wir nun weiter vernehmen, daß Leovigild an der von Eurich stammenden Gesetzgebung Aenderungen vornahm, neue Bestimmungen hinzufügte und überflüssige abschaffte[2], so werden wir wohl auch bei diesen Aenderungen zum Theil jene politische Tendenz des Königs wirksam denken dürfen[3]. Vielleicht gilt das gleiche von der Gründung einer Stadt in Celtiberien[4], welche er seinem jüngern Sohn Rekared zu Ehren Rekopolis nannte: dieses Werk wurde als ein Zeichen der glücklich hergestellten Ruhe im Lande[5] und als Ausdruck der königlichen Herrlichkeit betrachtet und den wohl aus der gothischen „plebs" heran gezogenen Colonisten der neuen Stadt eine Reihe von Privilegien ertheilt[6]. Jedenfalls aber stand diese Gründung und Benennung im Zusammenhang mit dem wichtigsten Schritt, welchen der König auf der bezeichneten Bahn vorwärts trat: mit dem Versuch, die Krone in seinem Geschlecht erblich und dem Wahlrecht des Adels ein Ende zu machen. Um nach seinem Tod seinem Hause die Krone zu wahren, ließ er a. 572 seine beiden Söhne erster Ehe Hermenigild[7] und

---

1) Helff. S. 8. S. „Verfassung", „Gesammtcharakter", „Residenz".

2) Isid. h. p. 1072 in legibus quoque ea, quae ab Eurico incondite constituta videbantur, correxit plurimas leges praetermissas adjiciens plerasque superfluas auferens. Chronol. reg. Goth. leges Gothorum correxit. S. Westgothische Studien, „Gesetzgebung".

3) z. B. Reform und Verstärkung der Gerichtsgewalt, strenge Rechtspflege zum Schutz der Gemeinfreien durch die Staatshülfe gegen den Adel vgl. Helff. S. 9. 15. Zu bestimmt Aschb. S. 201. „Die Verordnungen, welche die gothischen Großen durch ihre Uebermacht entrotzt hatten, ließ er heraus werfen."

4) Isid. h. p. 1072.

5) Joh. B. l. c. eine Münze aus dieser Zeit? Velasques p. 85.

6) Joh. Biclar. p. 889. Die verschiedenen Ansichten über die Lage der durch die Araber zerstörten Stadt (sie hieß ihnen Rocupell, oder Carrapell Cortes y Lopez III. p. 808) s. bei Aschb. l. c., Lembke I. S. 67, Mariana V. 11 u. Ferreras II. §§ 347. 348, dagegen Berganza, crisis p. 51, Morales V. p. 531: 616, ad a. 577; v. Spruner schwankt: er läßt die Wahl zwischen der Gegend von Bilbilis oder Secobrica. Cortes y Lopez III. p. 802: am Zusammenfluß von Tajo und Guadiela" bei Almonacid de Zurita, Rosseeuw I. p. 249, del Saz p. 60: „Pastrana". Muñoz p. 356: im Bezirk von Buendia vgl. p. 358.

7) Dieser Name begegnet noch a. 942 (843 Salazar 9. Nov.) in Estremadura In. H.

Rekared als Mitregenten anerkennen [1]); eine Realtheilung in Provinzen [2]) hat man (für a. 572) allzubestimmt auf Gregor von Tours hin ange= nommen und Leovigild zu Toledo, Hermenigild zu Sevilla [3]), Rekared zu Rekopolis resibiren lassen [4]): fränkische Sitte und spätere Vorgänge können Gregor getäuscht haben [5]). Jedenfalls wollte Leovigild durch die schon bei seinen Lebzeiten befestigte Stellung der Söhne dem Wechsel der Dynastie zuvorkommen.

Aber in der eignen Familie des Königs sollte, nachdem er sich und seinem Volke eine Zeit der Ruhe erkämpft [6]), der verderblichste der zahlreichen diesen Staat bedrohenden Gegensätze, der confessionelle, zu einem Ausbruch kommen, welcher, alle andern Gefahren wieder entfesselnd, sein Haus und sein Reich an den Rand des Verderbens drängte. Und wieder gab eine merowingische Verschwägerung den Anlaß. — Leovigild war ursprünglich keineswegs ein Feind des Katholicismus: dies beweist seine Verbindung in erster Ehe mit Theodosia, der katho= lischen Tochter eines byzantinischen Großen, Severianus, aus Karthagena [7]); diese, wahrscheinlich unterstützt von ihrem Bruder Leander, einem Mann von gleich großer Neigung wie Begabung zu seelenbeherrschen= dem Einfluß, dem späteren Metropolitan von Sevilla, mochte ihre beiden arianisch getauften Knaben früh mit dem katholischen Bekenntniß be= freundet haben.

Seit Leovigild den Thron bestiegen und jahrelang die Conspiration der Katholiken mit den Reichsfeinden zu bekämpfen hatte, mußte ihn

---

1) Joh. Bicl. p. 385 filios consortes regni facit.

2) Provinciam ad regnandum tribuit IV. 82.

3) Greg. tur. Meriba.

4) Mariana VI. 11, Sotelo p. 155, Morales V. p. 534, Alcántara I. p. 275, Ferreras II. § 351, Padilla II. p. 43, Flores V. p. 182, Lafuente II. p. 345, Gibbon c. 37 p. 250. Richtig Giesebrecht Greg. S. 197.

5) Die Münze mit „Erm. rex“ und die Inschrift (welcher Entstehungszeit?) auf dem Stein aus Alcalá de Guadayra (damals Hientpa, Cean-Bermudez p. 253) (anno secundo regni d. n. Erm. regis, quem persequitur genetor (sic) suus Leuvig. rex in civ. Ispal.) bei Flores. p. 200. 207, Masdeu X. p. 139, Helff. S. 12 gehören offenbar der Empörungszeit Hermenigilds, da er den Königstitel annahm.

6) Joh. Bicl. L. quieta pace regnante.

7) Siehe über diese Familie und die daran geknüpften Sagen und Erfindungen die Beilage Nro. II. Giesebrecht l. c. S. 275.

allmälig strengere[1]) Gesinnung gegen die gefährliche Macht dieser Kirche erfüllen — darauf ist wohl mehr Gewicht zu legen als auf seine Verbindung[2]) in zweiter Ehe mit Gosivintha, der Wittwe Athanagilds, einer leidenschaftlichen Arianerin.

Verschwägerung mit den Merowingen sollte abermals das Frankenreich und den Gothenstaat einander nähern: Hermenigild ward mit seiner Stiefnichte Ingunthis, der Tochter Sigiberts und Brunichilbens, (also Enkelin seiner Stiefmutter Gosivintha) verlobt, vornehmlich auf Betreiben der fränkischen Königin[3]). Seit vier Jahren Wittwe — Sigibert war a. 576 durch Fredigunthis ermordet worden — und von ihren Feinden stets mit Vernichtung bedroht, griff die Tochter Athanagilds nach der gothischen Macht als ihrer natürlichen Stütze. Mit reicher Ausstattung[4]) ward die Braut durch Septimanien über Agbe und die Pyrenäen nach Toledo geleitet a. 580. Dabei scheint man gothischer Seits den Uebertritt der künftigen Königin zum Arianismus vorausgesetzt zu haben, wie ja auch Brunichild und Gailesvintha den Katholizismus angenommen hatten[5]).

Gewiß hatte namentlich Gosivintha nicht daran gedacht, einer katholischen Königin — ihrer eignen Enkelin — am Hofe zu Toledo eine Stätte zu bereiten. Als daher Ingunthis, die noch unterwegs zu Agbe durch den Bischof Fronimius[6]) in dem Festhalten an ihrem Glauben und in dem Abscheu wider das „Gift der Ketzerei" bestärkt worden[7]), uneachtet alles Anbringens den Uebertritt auf's Festeste weigerte, mußte man einen politischen Plan, von dem man Günstiges erwartet, nicht gescheitert blos, nein, in verderbliche Gefahr umgeschlagen erblicken: statt sich den Franken zu nähern, hatte man eine eifrige und einflußreiche Vertreterin der reichsgefährlichen Confession in's Land gezogen. Diese politischen, geschichtlichen Motive hat man außer Acht gelassen, wenn man, den bramatisch schildernben[8]) und alles aus persönlichen

---

1) Katholikenverfolgungen vor Hermenigilds Empörung Helff. S. 11 folgen aus Isid. u. Luc. tud. nicht.

2) Mit Lembke I. S. 67.

3) Joh. Biclar. l. c., Greg. tur. IV. 52. V. 39.

4) Cum magno apparatu Greg. tur. l. c. V. 39.

5) Greg. tur. IV. 27. 28, Jager II. p. 415, Venant. Fort. VI. 3. 7.

6) Nicht Frominius, wie Andere.

7) Greg. tur. IX. 24 ut nunquam se veneno hereticae credulitatis admisceret. ‒

8) So auch noch Mariana V. 12, Gibbon c. 36 p. 251, Huguenin p. 156, Alcántara I. p. 276, Cénac Moncaut I. p. 338.

Leidenschaften naiv erklärenden Quellen jener Zeit folgend [1]), in Goisvintha nur die einäugige [2]), häßliche, Jugend und Schönheit beneidende böse Stiefmutter, in Ingunthis immer die leidende, jugendlich schöne Königstochter des Märchens erblickte. Uebrigens scheint zwar in der That Goisvintha, als Zureden nicht half, die Enkelin thätlich mißhandelt zu haben [3]): der König jedoch, obwohl in seiner Berechnung getäuscht, ist weit entfernt, die Widerstrebende zu zwingen: er hofft, den brennenden Haber in seinem Hause [4]) dadurch zu löschen, daß er Hermenigild und seine Gattin vom Hof in einer Art Verbannung entfernt und ihnen bei Sevilla [5]) eignes Gebiet anweist.

Aber der Erfolg zeigte, daß die katholische Kronprinzessin in der That nicht ungefährlich war: es gelang ihrem unnachläßigem Zuspruch [6]), den Gemahl zu Sevilla, unterstützt durch dessen mütterlichen Oheim, Leander, seit a. 579 daselbst Metropolitan — „Erzbischof", begegnet im Gothenreich noch nicht — zum Uebertritt zu bewegen: er nahm in der katholischen Taufe den Namen Johannes an [7]).

Nach der ganzen politischen Constellation [8]) war dieser Schritt

---

1) Joh. B. l. c. sagt gewaltsam kürzend: Hermenegildus factione (d. h. hier aus Schuld ihres Treibens) Gosvinthae . . tyrannidem assumens.

2) Zur Strafe für die Katholikenverfolgung läßt sie Greg. tur. V. 39 auf einem Auge erblinden.

3) Wenn wir auch das Schleifen an den Haaren, mit Füßen Treten, Blutigschlagen und in den Fischteich Werfen z. B. noch bei Schröckh XVIII. S. 77, dahin gestellt sein lassen: man frägt billig, wo der junge Gatte einstweilen blieb? Zweifelnd auch Helff. S. 11, der an die gleichen Beschuldigungen gegen ihre Tochter Brunichild erinnert. (Giesebrecht l. c. liest: Gunsvintha.)

4) Joh. Biclar. l. c. domestica rixa conturbat securitatem adversariorum (d. h. tempus ab aliis adversariis securum).

5) Nicht Toledo wie Pfahler I. S. 100, so auch Guadet et Taranne ad Greg. tur. V. 39, falsch die Darstellung bei Saavedra y Faxardo p. 228.

6) Nicht eben leicht: quod ille diu refutans tandem commotus fecit l. c.

7) Joh. Biclar. l. c., Greg. tur. V. 39, Gregor. Magn. papae. dialog. III. 31, Paul. Diac. III. 21 (nicht unvereinbar wie Barmann I. S. 54 meint); ausführlich über Leander R. de Castro II. p. 280, Bourret p. 38—57; aber daß er (und die Griechen) mit bewußter Planmäßigkeit den Sturz des Arianismus durch das Königthum erstrebt habe, Helff. S. 10, ist eine dramatische Construction, daß erst seit der Ehe mit Theodosia (welche H. später leugnet Nr. S. 13) s. Beilagen Nro. II.; nähere Verbindung der spanischen Katholiken mit Byzanz begonnen, eine willkürliche Annahme und daß L. schon vor Ingunthen's Einfluß den Prinzen bekehrt habe, Montalembert II. S. 199, ein Irrthum.

8) Oben S. 129.

nichts andres als Empörung gegen den Vater, Gefährdung des Staats, Untergrabung des gesammten bisher von dem König mit so viel An=strengung hergestellten Bau's. Es ist höchst bezeichnend, daß die orthodoxen Zeitgenossen, selbst so leidenschaftliche Feinde des Arianismus wie Gregor von Tours, so eiferwarme Katholiken wie Johannes von Valclara (Biclaro), das Beginnen Hermenigilds nicht zu rechtfertigen wagen: so gewaltig war die Persönlichkeit des Königs, so großartig sein staatsmännisches Werk, so klar sein Recht und so grell der poli=tische Frevel des Sohnes.

Denn, darf man auch nicht die Entthronung des Vaters als sein ursprünglich treibendes Motiv annehmen[1]), sofort, noch a. 580[2]), sah sich Hermenigild in die engste Verbindung gedrängt mit allen schlimmsten Feinden des Reichs, mit den Sueven im Nord=Westen, den Griechen im Süden, mit den unzufriednen Katholiken und Ro=manen in allen Provinzen[3]). Die Bischöfe der rechtgläubigen Kirche mit ihrer dem unfertigen Germanenstaat so weit überlegnen, unüber=troffnen, welterobernden Organisation waren seine natürlichen Ver=bündeten, seine besten Helfer überall: im ganzen Reiche loderten die katholischen Erhebungen empor, Sueven und Byzantiner rückten in das gothische Gebiet, Hermenigild nahm den Königstitel an und schlug Münzen mit seinem Brustbild und einer geflügelten Victoria[4]), ja er trachtete nun dem Vater nach dem Leben[5]).

1) Wie Helff. S. 12; das andre Extrem bei Gams II. a. S. 489: „Isidor scheint (!) ihn für einen Rebellen zu halten".

2) Zwischen dem Uebertritt und dem Ausbruch des offnen Kampfes liegt eine Pause, in welcher Vater und Sohn correspondirten, Greg. tur. V. 39. VI. 43 „veni ad me, schreibt der König, quia exstant causae, quas conferamus" et ille: „non ibo, quia infensus es mihi pro eo quod sim catholicus"; daraus hat Mariana V. 12, vgl. Saavedra y Faxardo p. 226, beide Briefe componirt, welche noch Bourret (Paris, 1855) p. 48 einfach recipirt!

3) Greg. tur. V. 39 ad partem se imperatoris jungit, ligans cum prae=fecto ejus amicitias, qui tunc Hispaniam impugnabat.

4) Die angebliche Inschrift der Münze „regem devita" in Nachbildung vom Brief Pauli an Titus c. 3, v. 10 „einen ketzerischen Menschen meide", welche Morales Cordova p. 367 so geistreich fand, daß sie nur von St. Leander selbst herrühren könne, ist Mißverständniß; s. Verfassung „Münzregal"; auch Pabst Gregor der Große nennt den rebellischen Sohn rex. dial. III. 31, epist. IV. 46, I. 41 rex privat eum regno, rex, filius regis Gothorum.

5) Greg. tur. V. 39 hatte naiv gesagt: quod cum L. audisset, coepit causas quaerere, qualiter eum perderet; aber VI. 43 tadelt er den vatermör=

Das rechte Wort für Hermenigild hat — „tyrannus" d. h. „Em=
pörer" nennt er ihn und sein Thun ein „rebellare" — der wackere
Johannes von Balclara, der doch damals sein Bisthum Gerunda
durch den Zorn des Königs verlor — erst später hat man in Spanien
und anderwärts aus Sympathie für den katholischen Martyr den
rebellischen Sohn, den reichsverderberischen Prinzen übersehn [1]).

Die Wucht des gegen Leovigild gefallenen Streiches war groß:
außer seiner Residenz Sevilla hatte sich eine ganze Reihe der wich=
tigsten Städte und Castelle [2]) für Hermenigild erklärt [3]), das kaum
erst wieder gezähmte andalusische Corvova schüttelte feurig den Zügel
der gothischen Herrschaft ab und lud einen byzantinischen Präfecten
mit starker Truppenmacht in seine Mauern: „viele Tausende" hat
Hermenigild noch ganz zuletzt unter seiner Fahne [4]): der König wagte
nicht, sich dieser übermächtigen Bewegung sofort mit den Waffen
entgegen zu werfen [5]): klar erkannte er die Nothwendigkeit, weitere

---

berischen Plan: nesciens *miser*, judicium sibi imminere divinum, qui contra
genitorem *quamvis haereticum* talia cogitaret.

1) Die Würdigung dieser Schritte Hermenigilds und der davon untrennbaren
späteren Politik seines Bruders ist ein Prüfstein für politische oder kirchliche, wissen=
schaftliche oder klerikale Geschichtsauffassung: die älteren Spanier verleugnen hier
meist die Jesuitenschule nicht; vgl. Morales Cord. p. 637. Höchst charakteristisch
pie rebellans V. p. 535—554. VI. 2, Aldrete antiq. p. 310, Mayans I. S. 393,
Sotelo p. 155; vgl. ferner Padilla II. p. 52—61, Espinosa p. 75—80, Pedraza,
Suares l. c., Puiades p. 308, Morales V. p. 535—54, VI. 2, Masdeu X. p. 157,
Villadiego p. 57, Saavedra y F. l. c., Julian del Castillo p. 94, Valdesius
p. 99, Beuter p. 398, aber auch Valesius p. 169, Iserhielm p. 181, Vaissette I.
p. 306. 310, Cenni II. p. 1 seq., Montalembert II. S. 204, Bourret p. 45, Dupuy
p. 247, Guettée II. p. 297, (Declamationen bei Muñoz I. p. 361), Cénac Moncaut I.
p. 340, unkritisch auch Depping H. p. 251, Cavanilles I. p. 211, Lardis. p. 18,
Rios h. lit. Gamero p. 266 (gegen Voltaire und Gibbon), ungenügend auch
Aschb. S. 256, Lembke I. S. 78, Lafuente II. p. 362, Sempere I. p. 75, ed.
Moreno I. p. 58, Zuaznavar I. p. 80, gut Fauriel II. p. 312 u. Rossceuw I.
p. 252; zu gelinde urtheilen über Hermenigild auch Dunham I. p. 119 (besser
S. 123) und Romey I. p. 136. 138.

2) Meriba (Evora?) Velasques p. 35; daß dies identisch mit Elvora
C. J. p. 102.

3) Joh. Biclar. l. c. Hispalim et alias civitates atque castella secum
contra patrem rebellare fecit; quae causa in provincia Hispaniae tam Gothis
quam Romanis (i. e. Graecis) majoris exitii quam adversariorum infestatio
fuit.

4) Greg. tur. IV. 43.

5) Mariana V. 12 kehrt das Machtverhältniß um.

Fortschritte der katholischen Erhebungen zunächst in dem noch äußerlich treu gebliebnen oder doch von seinem Schwert überherrschten Gebiet zu hemmen: dazu brauchte er, so klug wie entschloßen, bald Milde, bald Strenge.

Mit so großer. Feinheit operirt der König [2]) — auf die Nachricht von einem Mirakel läßt er restituiren, was seine Truppen in einem katholischen Kloster geraubt [1]): er bezeugt geflißentlich den katholischen Heiligen z. B. Sanct Eulalia, und deren Heiligthümern seine Verehrung: ein katholischer Einsiedler von höchstem Ruf, Sanct Nunctus, lebt nur von Leovigilds Unterstützung [3]), — daß Gregor von Tours [4]) erbangend einen durchreisenden Spanier frägt, „wie bei den Christen (d. h. Katholiken), deren nur geringe Zahl in jenem Land noch übrig, (!) der Glaube bestehe?" sein Gewährsmann meint dann zwar: sie bewahren den Glauben treu; „aber der König trachtet sie nun mit neuem Kunstgriff zu irren, indem er arglistig in den Kirchen unserer Religion zu beten scheint". Er erkläre: Das habe ich nun klar erkannt, daß Christus, der Sohn Gottes, dem Vater gleich ist: nur daß auch der heilige Geist vollkommner Gott sei, glaube ich nicht: deßwegen, weil in keiner Bibelstelle steht, er sei Gott" [5]). — Daß auch katholische Römer fest am König hielten, erhellt aus der Wahl von zwei solchen zu Gesandten an Chilperich [6]) von Soissons. Aber im Ganzen war der Conflict auch ein nationaler: auf Seite des Vaters haben wir uns das Gothenthum zu denken, während Hermenigild sich auf die Romanen, d. h. die Katholiken, die Griechenfreunde, stützen mußte.

1) Greg. tur. glor. conf. 12; die Strenge hat übertrieben schon Isidor. Chron. l. c. iniquae perfidiae furore repletus in Catholicos persecutione commota plurimos episcoporum exilio relegavit et ecclesiarum reditus et privilegia tulit; h. Goth. p. 1071, noch mehr Greg. tur. V. 39 Exil, Confiscation, Hunger, Gefängniß: mart. 82 ein katholischer Priester, der der Bestechung widersteht („wie Koth achte ich deine Gaben") wird gegeißelt und verbannt; vgl. Bordier, Greg. I. p. 828, Paul. Emer. p. 649 bes. c. 11, hienach Flores V. p. 200, Vaissette p. 289, dann Gams II. a. S. 483.

2) Paul. Emer. p. 652 ut erat in rebus omnibus simulator pessimus et dissimulator facillimus. Anders Lembke I. S. 49.

3) Paul. Emerit. p. 642.

4) VI. 18.

5) l. c. heu, heu, quam iniquam sententiam, quam venenosum sensum.

6) Greg. tur. Martin. III. 8.

Die von Leovigild in dieser Zeit nothwendig verhängte Ver=
folgung der Kirche hat man sehr übertrieben. Die gefährlichsten
Bischöfe wurden freilich durch Verbannung unschädlich gemacht [1] und
durch Einziehung ihrer Güter und „Privilegien" [2] gestraft. So,
natürlich, Leander von Sevilla a. 584—586, sein Bruder Fulgentius
von Ecija (Astigi), Licinian von Karthagena; Fronimius von Agde
sollte (angeblich) für seine Einflüsterungen getödtet werden, er entfloh
in die Merowingerreiche [3]. Damals auch wurde Johannes [4] von
Gerunda (später Gründer von Biclaro, Valclara) nach Barcelona
verbannt [5]. Gegen Mausona von Merida unternahm man vergebliche
Versuche der Gewinnung oder Einschüchterung. Anfangs hatte man
sich begnügt, ihm nur einen arianischen Bischof an die Seite zu setzen,
der ihm einige Kirchen wegzunehmen suchte [6]. Da leisten die Katho=
liken mit Gewalt Widerstand: gleichwohl ordnet der König noch einen
besondern „Streit", wohl zugleich Religions= und Rechts=Streit an,
obzwar unter Zuziehung der Richter, um den Besitz der Hauptkirche
der heiligen Eulalia [7]. Darauf wird Mausona zunächst nach Toledo
zur Verantwortung geladen und erst als er die Auslieferung des
Gewandes jener Heiligen an die arianische Kirche weigert, (er
trug es insgeheim um den Leib gefaltet, behauptete aber, er habe
es verbrannt und die Asche verschluckt) wird er auf drei Jahre in ein
Kloster verbannt: ein wildes Pferd, das ihn abwerfen und tödten
soll, wird plötzlich zahm; hätte er wirklich die ihm von seinem Bio=
graphen in den Mund gelegten Reden gegen Leovigild geführt — er
will ihn durch herausfordernde Schmähungen bekehren — hätte er
wohl schwerere Strafe erhalten und — verdient [8].

---

1) Daß der Martyrtod des Abtes Vincenz von Leon, des Priors Ranimer
und zwölf anderer Mönche unter Leovigild falle, Gams l. c., ist unerweislich; nach
den Bolland. a. 554—5; nach Mariana a. 630, nach Mabillon, Morales, Ferreras
(II. §§ 565), Baronius, Aguirre a. 580—584. Risco a. 448—560; s. „Sueven",
„Kirchenhoheit".

2) S. Verfassung: Kirchenhoheit.

8) Greg. tur. IX. 24.

4) Ausführlich über ihn R. de Castro II. p. 288.

5) Isid. de vir. ill. p. 6.

6) Paul. Emer. p. 649; ich folge der Schreibung Dietrichs l. c. S. 38.

7) Aber diese ganze Erzählung ist nicht voll verwerthbar.

8) Die heilige Eulalia prophezeit ihm in Gestalt einer weißen Taube die
baldige Rückkehr und bewirkt die Sinnesänderung Leovigilds durch nächtliche Heim=

Der in Merida vom König eingesetzte Bischof wird halb und halb
von den Katholiken verjagt; jene kirchlichen Quellen legen überall wider
Willen von der Staatsgefährlichkeit dieser Bischöfe bestes Zeugniß ab[1]).

Leovigild wirkte weniger durch Gewalt als durch Klugheit: vor
Allem suchte er die noch nicht offen abgefallenen Katholiken um jeden
Preis zurück zu halten: zu diesem Zweck nahm er sich, mitten im
schlimmsten Gedränge a. 581, Zeit, ein Concil seiner Bischöfe[2]) nach
Toledo zu berufen, um durch nachgiebige Beschlüsse den Orthodoxen
goldne Brücken zur Versöhnung mit dem Arianismus zu bau'n. Da
sich dieselben am Meisten an der bisher bei ihrem Uebertritt geforderten nochmaligen Taufe gestoßen hatten[3]), erließ ihnen das Concil
fortan diese Form, begnügte sich mit der Handauflegung und einer
das Abendmahl begleitenden Erklärungsformel, welche, da sie den
eigentlichen Glaubensgegensatz umging, an sich (d. h. wenn ihr nicht
eben die Bedeutung des Uebertritts beigelegt worden wäre) ein
Katholik ohne Bedenken aussprechen konnte[4]). Der König hatte sich
nicht getäuscht. Sehr viele Katholiken, auch Geistliche, so Bischof
Vincenz von Saragossa, zwischen Verfolgung und diesen glimpflichen
Ausweg gestellt, wählten, zumal wenn Bestechung nachhalf, den letztern:
die Zahl derer, welche das Martyrium vorzogen, war gering[5]).

Erst jetzt brach der König von Toledo und dem Tajo mit Heeresmacht gegen die Empörung auf, welche im Süden, in Bätica und
Hispalis, wegen der Anlehnung an die Griechen ihre Basis und in

suchung mit — Prügeln. l. c. p. 652, Padilla II. p. 68, Geny II. 4. S. 490;
andere Mirakel Morales V. p. 555, Bordier l. c. p. 251.

1) Unbegreiflich, daß Salazar 1. Nov. Mausona noch den König Witika
erleben läßt!

2) Nicht auch von Katholiken wie Ferreras II. § 558, der hier überhaupt
ungenauer als sonst; vgl. Helff. S. 5, v. Bethm. H. G. P. I. S. 204, Dupuy p. 343.

3) Darin sah man abominatio gehannae; doch hatten sich selbst Priester und
Bischöfe, wie Vincentius von Saragossa, dazu bequemt Isidor. h. G. 1071. Gegen ihn
schrieben damals Lucinian von Karthagena und Severus von Malacca, Hildef. de
vir. illustr. p. 6, Mariana V. 18.

4) Ueber die Lesart bei Joh. Biclar., Mariana, Schott u. Helff.: der Sinn
ist jedenfalls klar.

5) Isidor. Chron. Rono. p. 459, Joh. Biclar. p. 389 per hanc seduc-
tionem *plurimi* nostrorum cupiditate potius impulsi in Arianum dogma
declinant. Isidor. *plerosque sine persecutione* illectos auro rebusque decepit
h. G. Greg. tur. V. 39, VI. 18; Paul. Emerit. c. 10.

Sevilla, der Residenz Hermenigilds, ihren wichtigsten Punct hatte.
Schon hatte Leovigild Merida [1]) erobert und sich hier von der Guadiana (Anas) gegen den Guadalquivir (Bätis) gewandt, als von drei
Seiten her zugleich die katholischen Verbündeten Hermenigilds durch
drohende Bewegungen diesem Luft zu schaffen suchten: die Sueven [2])
fielen vom Nordwesten heerend in das Land, im Nordosten standen
die Katholiken von Cantabrien und Vasconien auf und im Südosten
drohten die fränkischen Schwäger Hermenigilds, Guntchramn von
Orleans und Chilperich von Soissons, Ingunthis zu schützen und zu
rächen und zumal das hülflose und unabläßig begehrte Septimanien
wegzunehmen, wenn der arianische Vater nicht von seiner Verfolgung
abstehe. Leovigild wußte diese letzte und größte Gefahr durch kluge
Trennung seiner fränkischen Gegner, der ohnehin durch Mißtrauen
und böse Erinnerungen tief gespaltnen Merowingen, abzuwenden,
indem er den Einen, Chilperich, durch ein Project, dessen und Fredigunthens Tochter, Rigunthis, mit Rekared zu vermählen, zu gewinnen
suchte: er trat in Verhandlungen hierüber, wodurch er jedenfalls die
burgundisch=fränkische Action aufhielt [3]).

Dem Umstand, daß der Weg aus Spanien nach den Höfen der
Merowingerreiche [4]) über Tours führte, verdanken wir die Aufzeichnung dieser Gesandtschaften bei Gregor von Tours [5]) — man sieht,
wie lebhaft der Verkehr, wie geschäftig die Politik, wie Aufsehen
erregend der Ausbruch des großen Kampfes zwischen Vater und Sohn

---

1) Greg. tur. VI. 18 u. Evora? Vgl. Velasques p. 86; eine Münze aus
diesen Tagen?

2) Greg. tur. VI. 43.

3) Greg. tur. VI. 18, Joh. Biclar. l. c., Pagi ad a. 587, Helff. S. 12.

4) Vgl. Kries p. 59.

5) Gesandte Chilperichs an Leovigild ad conspiciendam dotem (d. h. hier
Müntschatz) missi VI. 18. Darauf Gesandte L.'s an Ch. und Childibert l. c.;
eine weitere Sendung glor. mart. III. 8; ein Gesandter Chilperichs kehrt grade im
Höhepunct des Kampfes zwischen Vater und Sohn zurück a. 584 h. Fr. VI. 8. 24. 34
(früher fällt die Gesandtschaft Brunichildens V. 41), bald darauf eine andre: redit
de Hispaniis: nihil certi renuntiaverunt, eo quod L. contra filium suum
seniorem in exercitu resideret. Dem Franken wird der religiöse auch zum
nationalen Gegensatz: mart. 81. gens illa sind die Arianer=Gothen. Die Feindschaft
der Confessionen war damals wieder wie etwa zur Zeit Chlodovechs auf's Aeußerste
gespannt: immunditia sectae und jeder Unglimpf bei Greg. tur. conf. 48 auf
die Ketzer gehäuft; viel milder später gegen den Arianismus z. B. Fredigar, vgl.
Brosien S. 36.

und den beiden Confessionen war: — er gestaltete sich den Zuschauern auch als ein Kampf der Nationen, der Gothen und Romanen.

Die neue Freundschaft zwischen Leovigild und Chilperich mußte Guntchramn (und Brunichildis) zwar im Haß gegen den Gothen= fürsten bestärken, aber im Angriff durch die Besorgniß um ihre be= drohte Rücken=Stellung lähmen: von dieser Seite also frei schlug der König mit Raschheit und blutiger Strenge den Aufstand in den Bergen nieder a. 582, gründete dort, die Landschaft im Zaume zu halten, eine feste Stadt, welcher er, obwohl noch mitten im Kampfe, den stolzen Namen „Siegesstadt“ verlieh[1]), und trieb durch seine Härte einen großen Theil der baskischen Bevölkerung zur Auswanderung über die Pyrenäen[2]). Jetzt wandte sich Leovigild zur Bezwingung von Sevilla zu dem Quadalquivir zurück: a. 583; eng umklammerte er die Stadt: der Suevenkönig Miro rückte zwar mit einem starken Heere zum Entsatz heran, wurde aber von dem kriegserfahrenen Helden dergestalt eingeschloßen[3]), daß er nur durch eidlich gelobte Unter= werfung sich den Rückzug erkaufen konnte[4]).

Die sehnlich erwartete Hülfe von Byzanz, welche Bischof Leander daselbst aufbieten sollte[5]), blieb aus: der König sperrte die geängstete Stadt vom Flusse und durch ausgedehnte Umschanzungen, in welche er die Ruinen der alten Römerstadt Italica einzuflechten verstand[6])

---

1) Victoria, Victoriacum; über die Lage s. Ferreras II. § 373, III. p. 489, Muñoz I. p. 357; nicht in Gallien! wie Iserhielm p. 100.

2) Greg. tur. VI. 34; in dieser Zeit vermuthet Velasquez p. 43 einen Sieg Hermenigilds über einen dux Ayo seines Vaters auf Grund der sehr zweifelhaften Inschrift bei Alcalá de Guadayra; aber das Treffen wäre jedenfalls in das Jahr 580 oder 581 zu setzen.

3) Greg. tur. VI. 43 quo circumdato.

4) Näheres über diese widerspruchsvolle Unternehmung in der Suevengeschichte; man hat, Joh. Biclar. p. 391 mißverstehend, (schon Isid. h. Suevor. p. 1080) Miro dem Vater zu Hülfe ziehen laßen, gegen alle politische Natur der Sache und den Wortlaut der Quelle; vgl. Greg. tur. VI. 43.

5) In dieser „Wanderung seines Exils“ „pro causis fidei“ schrieb er gegen die Ketzer Isid. de vir. illustr. p. 5 und lernte am kaiserlichen Hof den Apokri= siarius des Papstes Pelagius, nachmaligen Pabst Gregor den Großen, kennen: eine Verbindung, welche unter der nächsten Regierung für den Gothenstaat wichtige Folgen haben sollte. Gregor M. epist. I. 41, IV. 46 praefatio in librum Job. p. 510, Barmann I. S. 54.

6) Cortez y Lopez III. p. 97, C. J. p. 146.

von aller Zufuhr ab und nahm sie zuletzt mit Sturm [1]).   Hermeni=
gild entkam (vorher?) und floh nach Cordova zu den Griechen [2]).

Aber nach Eroberung der übrigen Städte und Schlößer [3]) —
eine besonders steile und feste Burg, castrum Osser, hatte Hermeni=
gild mit dreihundert Mann besetzt, die sich lange vertheidigten [4]) —
erschien der König auch vor diesem letzten Bollwerk der Empörung
und der byzantinische Präfect ließ sich durch die Summe von 30,000
Solidi bestechen, die Stadt und den Flüchtling Preis zu geben [5]). .

Aus dem Asyl einer Kirche, von wo aus er die Gnade des
Vaters anrief, entfernte ihn sein Bruder Rekared durch eidliche Zu=
sicherungen im Auftrag des Königs: er wurde gefangen nach Toledo
geführt a. 583/584 und dann nach Valencia verbannt.

Im Einzelnen schwanken die Berichte. Nach Gregor von Tours wirft
er sich dem Vater zu Füßen, dieser erhebt ihn mit Küssen und weichen
Worten, winkt dann, „seines Eides vergeßen", läßt ihm die königlichen
Kleider abreißen und sie mit schlechten vertauschen, seine Diener
(pueri) von ihm trennen und ihn mit nur einem puerulus in's Exil
gehen [6]). Harte Behandlung und Ketten fügt erst Pabst Gregor bei [7]),
selbstverständlich war Einziehung seiner Güter [8]); wenn Johannes
von Biclaro [9]) sagt: „er wird der Herrschaft beraubt", so meint dies
wohl einmal das ihm seit seiner Verheirathung eingeräumte Gebiet

---

1) „Pugnando" Joh. Biclar. p. 391; falsch also Lembke I. S. 70; er schlug
darauf eine Siegesmünze: „cum Deo obtinuit Spalim" Velasquez p. 18.

2) Joh. Biclar. l. c. „ad rem publicam" sc. romanam d. h. in oftrömischen
Schutz; über diesen Sprachgebrauch Trognon p. 48; fälschlich läßt ihn Luc. tud.
p. 49 dolo zu Sevilla gefangen nehmen; ihm folgt Mariana V. 12; auch Leander
wurde nicht gefangen, wie Ferreras II. § 383.

3) Joh. Biclar. l. c. „castella".

4) Greg. tur VI. 43; doch wohl identisch mit Ossetum? Mariana V. 12,
heute San Juan de Alfarache? Masdeu X. p. 137, Salteras, Axualfarache,
C. J. N1254—1256 bei Sevilla (nicht identisch mit Oretum in der Tarraconensis,
heute Nuestra Señora de Oreto sive de Azuqueca bei Granatula C. J.
N. 3221. 3222) s. Verfass. „Kirchenhoheit"; ganz der Legende folgend Bourret p. 51.

5) Joh. Biclar. p. 392, Gregor tur. V. 39. VI. 43, Siegesmünze „Cor-
dubam bis obtinuit" Velasquez p. 18.

6) Daraus das Mißverständniß bei Luc. tud. p. 49 dolo cepit und der
Irrthum bei Romey II. p. 135.

7) Greg. magn. dial. III. 31.

8) l. c.

9) p. 392 regno privatur.

von Sevilla und dann den Thronfolge-Anspruch — sofern ein solcher in diesem Wahlreich bestand.

Gleich darauf a. 583/584 bot sich erwünschte Gelegenheit, dem höchst unbequemen suevischen Nachbarreich ein Ende zu machen, welches von Anbeginn jede gothische Bedrängniß zu einem kleinen Stoß in die Flanke ausgebeutet hatte: das Nähere der Vorgänge in der Geschichte der Sueven — Leovigild verleibte dies Gebiet seinem Reiche ein und der letzte Suevenkönig verschwand in einem Kloster.

So trägt der König den Ruhm, eine vier= und fünffache Be= drohung nach allen Seiten durch Klugheit und Kraft überwunden und eine Krisis, welche die Existenz des Staates gefährdete, abgeschloßen zu haben mit einer stolzen Erweiterung seiner Macht und seiner Marken [1]). —

Die Vermählung Rekarebs mit Rigunthis, durch deren Betreibung Leovigild sich Chilperichs guten Willen und Unthätigkeit auch bei der Unterwerfung der Sueven erkauft hatte, kam nicht zu Stande, obwohl der Verlobungsvertrag endgültig abgeschloßen [2]) und die Braut mit reichster Ausstattung von den gothischen Gesandten [3]) schon aus Paris (September a. 584) bis nach Toulouse [4]) war geleitet worden, da bei ihrem Eintreffen in dieser Stadt die Ermordung Chilperichs a. 584 bekannt wurde: die Prinzessin, welche die eigne Bedeckung auf der Reise ausgeraubt hatte, wurde von Chilperichs Feinden gefangen gehalten und später ihrer Mutter Fredigunthis zurück gesandt. Die völlige Unthätigkeit, mit welcher Leovigild und ihr Verlobter all' dies mit ansahen, scheint allerdings dafür zu sprechen, daß sie, nach Chilperichs Tod, auf diese Verbindung kein Gewicht mehr legten [5]).

Im nächsten Jahre fiel das Haupt des gefangnen Hermenigild. Der König mochte mit gutem Grunde fürchten, daß die Glaubensverschie= denheit seiner beiden Söhne nach seinem Tode neue Unruhen, nament=

----

1) Vgl. unten „Sueven".
2) Greg. tur. VI. 34; die h. Rabigunthis eiferte umsonst gegen die Verbin= dung mit den Arianern Aimoin. 50.
3) Magna Gothorum legatio Greg. tur. VI. 45.
4) Greg. tur. VII. 9.
5) Aschb. S. 213 meint, es sei ihnen von Anfang mit der Heirath nicht Ernst gewesen; s. aber Greg. tur. VI. 33. 34. 45. VII. 9. IV. 44. Die Uebersiedlung nach Spanien schien damals ihren fränkischen Gefolgen wie ein Abschied vom Leben: sie befahlen, ihre Testamente zu öffnen, wenn sie die Pyrenäen überschritten hätten.

lich eine neue Erhebung der Katholiken unter Hermenigild, herbeiführen könnte; er wollte dem letzteren volle Amnestie und gleiches Erbrecht mit Rekared gewähren, wenn er öffentlich zum Arianismus zurücktrete[1]).

Aber unentwegt hielt Hermenigild an seinem neuen Glauben fest — er weigerte sich, am Ostertag das Abendmahl von einem arianischen Bischof zu nehmen — und der König ließ ihn zu Tarraco mit dem Beil hinrichten, wohl weniger aus Groll über die Vergangenheit als aus Besorgniß für die Zukunft[2]). Pabst Sixtus V. sprach ihn heilig auf Bitten des Königs Philipp II., gegen welchen sich auch ein Sohn empört hat; die spanische Kirche begeht[3]) sein Fest am 13. April: sein Kerker in Sevilla an der porta cordubana ward noch spät gezeigt[4]).

Seine Gattin Ingunthis war von den Byzantinern festgehalten[5]) worden, vielleicht als Geisel für die Versprechungen ihres

1) Daß der Prinz nach Tarraco entflohen sei, um sich mit seinen Glaubensgenoßen zu verbinden und neuen Aufstand zu erregen, ist eine unbegründete Combination Gibbon's c. 86 p. 252; ihm folgen Rotteck IV. S. 155, Lembke I. l. c., Lafuente II. p. 351, Rosseeuw I. p. 255 und, romanhaft ausspinnend, Romey II. p. 186; diesem, mit falscher Chronologie, Cénac Moncaut I. p. 344.

2) Ostern 13. April a. 585 Joh. Biclar., Greg. magn. dial. III. 21, Greg. tur. VIII. 28, Ulloa cronol., nicht 24. März a. 584 Pagi ad h. a., über Ort, Tag und Jahr vgl. Ferreras II. § 391, Diago p. 39, Vaissette p. 678, Helff. S. 12; willkürlich Gibbon c. 37; Tödtung durch apparitores, erst späte Fanatiker laßen den Vater den Sohn eigenhändig mit dem Beile tödten nach Alf. carthag. c. 26, Rod. Sant. II. 19.

3) Salazar sub die 13. Apr.

4) Mariana V. 12; Mirakel an seinem Grabe (Tarapha p. 542, aber auch noch Bourret p. 51!) sollen die Bekehrung der Gothen bewirkt haben Morales V. p. 581. Legenden über Verbringung seiner Reliquien nach Saragossa Rus Puerta p. 4; nach Aldrete antiq. p. 310 sühnte (expió) „la muerte de E. la peste del Arianismo godo"; eine echt spanische Rede legt ihm in den Mund Diago p. 41 vgl. Espinosa p. 80; höchst auffallend erscheint allerdings, daß die beiden eifrigen Katholiken, Joh. Biclar. und Isid., den Uebertritt Hermenigilds gar nicht erwähnen, ihn nur als rebellis und tyrannus, nicht als martyr behandeln; gleichwohl darf man den Uebertritt nicht etwa bezweifeln; vgl. Giesebrecht Greg. S. 276; Lembke I. S. 68. 73 erklärt das Schweigen aus dem Groll über seine Verbindung mit Byzanz; aber der war bei den beiden Bischöfen nicht allzugroß: sie wollten vielmehr, nachdem der Katholicismus Staatsreligion geworden, nicht an die Verbindung dieses Glaubens mit der staatsbedrohenden Empörung des Sohnes gegen den Vater erinnern.

5) So deute ich Greg. tur. VI. 40. 43 (anders Helff. S. 13; Gibbon c. 86 meint, Leovigild habe sich gegrämt, sie nicht „befreien" zu können: aber er wollte sie offenbar nur in seine eigne Gewalt bringen).

Bruders Childibert (II.), der gegen große Summen die Unterwerfung
der Langobarden verheißen hatte [1]); vielleicht auch hatten sie noch eine
Wiedererhebung Hermenigilds gehofft: nach seinem Tod schifften sie
die Wittwe nach Griechenland ein [2]); sie starb unterwegs auf Sicilien [3])
oder in Afrika [4]); nur ihr Knabe, Athanagild, gelangte nach Byzanz.
Briefe über ihn und an ihn von seinem Mutterbruder Childibert und
seiner Großmutter Brunichildis an Kaiser und Kaiserin [5]) erbitten
günstige Behandlung, einmal auch Freilassung; „rex" reden ihn die
Briefe an, doch ist das nur merowingischer Sprachgebrauch [6]), nicht
etwa tendenziöse Anerkennung als legitimer König der Gothen gegen=
über Rekared.

Nach Hermenigilds Tod, aber sicher nicht blos, um diesen zu
rächen [7]), ergriffen Guntchramn von Burgund und Childibert von
Metz, der Sohn Sigiberts und Brunichildens, die Waffen gegen die
Gothen: es erklärt sich dies vielmehr aus der ganzen damaligen Partei=
gruppirung der betheiligten Mächte: die Verbindung Leovigilds mit
Chilperich, Fredgunthis, Rigunthis war, bei der Familienfeindschaft
der Merowingen, zugleich als gegen Brunichild, deren Sohn Childibert
und wohl auch gegen Guntchramn [8]) gerichtet gemeint oder doch an=
gesehen. Dem entsprach, daß Leovigild in Brunichild, der Mutter,
und in Childibert, dem Bruder der Ingunthis, der Verderbenstifterin

---

1) Paul. Diacon III. 17: (dagegen Ferreras II. §§ 386. 394) nach diesem
fiel sie auf der Flucht nach Gallien in die Hand der Kaiserlichen. Morales V. p. 543
meint, sie sei ihnen von Herm. von Anfang als Geisel gegeben, Fauriel II. p. 313
anvertraut worden; ganz ungenau Plancher I. p. 78.

2) Quasi belli praedam meint Mariana V. 18; aber sie hatten ihr ja
helfen sollen.

3) Paul. Diacon. l. c.

4) Greg. tur. VIII. 1. 28.

5) Bei Migne LXX. p. 1170 seq., Du Chesne I. p. 867.

6) S. „Gesammtcharakter".

7) So Vaissette I. p. 294, Lembke I. l. c., Jager III. p. 27, Morales V.
p. 557, Masdeu X. p. 141, Guettée II. p. 290, Plancher I. p. 28, Cénac
Moncaut I. p. 361, dagegen Fauriel II. p. 313; vgl. Greg. tur. VIII. 28 quibus
de causis commotus Guntchramnus rex exercitum in Hispanias destinat, ut
prius Septimaniam ejus dominatione subderent — das war das treibende
Motiv — et sic inantea proficiscerentur.

8) Ueber dessen häufigen Parteiwechsel s. Löbell S. 42; er hatte nach Gaile=
svinthens Ermordung als Schiedsrichter deren dos (d. h. Muntschatz) und Morgen=
gabe Brunichilden zugesprochen; pact. de Andel. p. 6, Bonnell S. 208.

in seinem Haus und Reiche, natürliche Rächer [1]) und Feinde erblicken mußte: Childibert, der schon früher [2]) ein Heer gegen Spanien ge= rüstet, stand überdies mit der Gothen alten Feinden, den Byzantinern, im Bunde.

Nach Chilperichs Tod mußte also der Hof von Toledo auf Seite Fredigunthens seine natürliche Stellung finden. Dieser Sachverhalt fand sogar in dem unglaubhaften Gerücht seinen scharfen Ausdruck, Leovigild habe mit Fredigunthis die Ermordung der Brunichild und Childiberts geplant [3]).

Bei Guntchramn von Burgund aber, der unmittelbar mit dem gothischen Gebiet in Gallien grenzte, wirkte, wie bereinst in Chlodo= vech, das weltliche Verlangen nach der Pyrenengrenze mit dem frommen Ketzerhaß zusammen: „unerträglich ist es, spricht er, fast mit den Worten seines Ahnherrn, daß sich das Gebiet dieser abscheu= lichen Gothen nach Gallien herein erstreckt" [4]): er, als Beherrscher Südfrankreichs, ist daher der eigentliche Träger dieser merowingischen Politik, der „natürlichen Südwestgrenze" [5]).

Während Childibert im Bunde mit Byzanz durch seinen lango= bardischen Feldzug beschäftigt war, bereitete Guntchramn einen sehr ernst gemeinten Doppelangriff gegen die Gothen: er schob in Septi= manien zwei Heere auf verschiedenen Straßen gegen Carcassonne und Nîmes vor, indeß seine burgundisch=fränkische Flotte an der gallicischen Küste landen, vielleicht eine Erhebung der Sueven daselbst unter= stützen [6]) und die Gothen im Herzen ihrer Macht mit einem Einfall von Nordwesten bedrohen sollte. Aber während Leovigild diese Flotte bei ihrem Landungsversuch überfallen und so übel zurichten ließ, daß nur Wenige ihrer Bemannung auf Kähnen sich mit der traurigen

---

1) Greg. tur. VI. 40, Daniel I. p. 815.

2) Greg. tur. VI. 42.

8) Greg. tur. VIII. 30; ein angeblicher Brief des Gothenfürsten verheißt der Wittwe Chilperich's heimliche Geldsendungen zu jenem Behuf; daß Brunichild den Arianismus begünstigt, ist späte Erfindung z. B. der vita s. Desiderii Bolland. 23. Mai.

4) Greg. tur. VIII. 30.

5) Bisher allgemein übersehen.

6) Nicht wohl commercii causa! Mariana V. 18, ungewiß Ferreras II. § 398.

Nachricht nach Frankreich zurück retteten¹), trieb Rekared die beiden
Landheere aus Septimanien hinaus; durch ihre grausamen Verwüst=
ungen auch im eignen Lande hatten die Franken sich selbst alle Lebens=
mittel auf ihrer Rückzugslinie zerstört und den Ingrimm der Bauern
wachgerufen: von Nimes mußten sie abziehen, Carcassonne, das die
Thore geöffnet, ward ihnen wieder entrissen, ihr Feldherr, Graf
Terentiolus von Limoges, fiel, und unter großen Verlusten durch
Hunger, Seuchen²) und Schwert flohen sie, ihre Beute im Stich
lassend, vor Rekared, der ihnen noch drei Grenzcastelle an der Rhone
abnahm³).

Gleichwohl suchte Leovigild den Frieden durch wiederholte Ge=
sandtschaften⁴) unter deren, noch einmal durch die Waffen und gothi=
sche Siege⁵) unterbrochnen, Verhandlungen er zu Toledo starb⁶).

Leovigild's Regierung bezeichnet den letzten Versuch, das gothische
Reich, nach seinem hergebrachten Charakter durch kräftigste Anspannung
aller gegebnen Mittel gegen die gleichfalls hergebrachten Gefahren zu
befestigen: Bekämpfung des Katholicismus, Bändigung des Adels,
Erkräftigung des Königthums, Abwehr der feindlichen Nachbarn. Und
man muß einräumen, daß der König Großes geleistet hat: mehr
freilich durch das, was er verhütet und niedergekämpft, als durch das,
was er erreicht und aufgerichtet hat: wiewohl die Unterwerfung der
Sueven und Zurückdrängung der Griechen nicht gering anzuschlagen
ist: „Er hat sich des größten Theils von Spanien bemächtigt, denn
vor ihm war das Gothenvolk in enge Grenzen eingezwängt"⁷).

---

1) Greg. tur. VIII. c. 30. 35; Lafuente II. p. 356; rein erfunden die
fränkischen Siege bei Aimoin III. 37.

2) Fredeg. p. 418.

3) Joh. Biclar. p. 393, darunter „Schloß Wibberkopf" caput arietis castrum
südöstlich von Castres (Cabarede, Jacobs Géogr. p. 100, Masdeu X. p. 134,
vgl. Daniel I. p. 316—319, Fauriel II. p. 318—319) und Ugernum (Beau-
caire? Jacobs Géogr. p. 138, du Mège I. p. 241 bei Joh. B. Hodiernum)
bei Arles Greg. tur. IX. 7 (ob auch Lodève? so Vaissette I. p. 283. 304, f. de
Mandajors p. 47) genannt von Geogr. Rav. p. 238. — Paul D. I. 21 berichtet
einen Sieg Childiberts; s. die Noten bei Migne zu P. D.

4) Greg. tur. l. c. 37. 45.

5) Greg. tur. 45, Joh. Biclar. l. c.

6) 13. April oder 21. Mai a. 586 Joh. Biclar. p. 393. 394, Greg. tur.
VIII. 46, Fredeg. p. 418; nicht a. 585 wie Ferreras II. § 405.

7) Isid. h. G. p. 1071: aber freilich: „es verdunkelte ihm der Irrthum seines
Mißglaubens den Ruhm von solcher Heldenschaft".

Leovigild hat als Grundlage des Staats noch streng die alte gothische Nationalität aufrecht erhalten, wie sie sich durch Sprache, Sitte, Glaube den Romanen entgegenstellte [1]). Letzterer Gegensatz, der confessionelle, wurde von diesem Stamme mit einer besondern angebornen oder doch frühe durch seine Geschichte anerzognen Leidenschaftlichkeit des Religionstriebs erfaßt: ein verhängnißvoller Charakterzug, der die Westgothen von den Verfolgungen Athanarichs und Fribigerns und den Parteiungen unter Theodosius anhebend durch die bereits geschilderten Katholikenverfolgungen hindurch zu den alsbald sie ablösenden Arianer- und Juden-Verfolgungen begleitet, eine Sinnesart, welche das innere und das äußere Verderben: die Unterjochung der Krone durch die Bischofsmütze und die Hereinziehung des Islam zur Folge gehabt hat, eine Gluth der Empfindung, welche dann zwar in den langen Kämpfen zwischen Mauren und Christen die schöne Blüthe castil'schen Ritterthumes trieb, aber nach dem Siege des Christenthums in ungezählten Scheiterhaufen loderte, deren dicht gestreute Asche das schöne Land und das edle Volk auf Jahrhunderte hinaus, für freie Geistes-Cultur unempfänglich machend, überdeckt hat. — Dabei ist jedoch hervorzuheben, daß historische Gründe — so früher die Herrschaft der Bischöfe und später der Racenkampf gegen die Mauren — zu einer so extremen Ausbildung dieses Hanges weiter mächtig beigetragen haben, ja, daß von Anbeginn der religiöse Gegensatz dadurch vergiftet worden, daß er jedesmal eine politische Gefahr in sich schloß. Der Zufall aber, daß sich das Wort „bigot" aus „Visigot" [2]) entwickelt hat, ist, wenn auch ein blinder, kein ganz ungerechter. —

.

---

1) Vgl. Aschb. S. 256; anders Helff. S. 9.
2) S. „Verfass.", „Grundlagen".

2. Von Annahme des Katholicismus bis zum Untergang des Reichs a. 587—711.

(Von Rekared bis Roderich.)

König Leovigild hatte den hergebrachten Gothenstaat erhalten wollen [1]) und die meisten Thaten seines thatenreichen Regiments hatten mit äußerster Strenge und Anstrengung den Arianismus zwar nicht als Staatsreligion, aber doch als Merkmal des Gothenthums zu behaupten bezweckt: es ist anzunehmen, daß er mit Bewußtheit damit die Basis der ungemischten Nationalität wahren wollte.

Das Erste was sein Sohn und Nachfolger, König Rekared I. 21. April a. 586 — 31. Mai a. 601, that, war nun aber, daß er, im schärfsten Gegensatz zu seinem Vater [2]), selbst zum Katholicismus übertrat und, so viel er irgend konnte, sein Volk zu dieser Confession als gothischer Staatsreligion hinüber drängte.

Dieser Schritt ist im Hinblick auf die Vergangenheit dieses Königthums so überraschend, im Hinblick auf seine Zukunft so entscheidend, daß die Erforschung seiner Gründe und Zusammenhänge unsere unerläßliche Aufgabe wird [3]).

Wohl ist anzunehmen, daß Rekareds persönliche Ueberzeugung mitgewirkt, daß er von seiner katholischen Mutter her [4]) eine Neigung zu diesem Glauben empfangen und still bewahrt habe. Aber dies reicht entfernt nicht zur Erklärung aus. Denn besonders stark und zwingend muß die katholische Gesinnung Rekared's doch nicht eben gewesen sein, die er, so lang sein Vater lebte, auf's Sorgfältigste verbarg, die ihn nicht abhielt, nach Kräften eine Politik zu unterstützen, welche vom Arianismus aus und gegen den Katholicismus mit Strenge vorging, ihn nicht hinderte, dem Untergang eines Bruders im Kampf für eine gemeinsame Ueberzeugung zuzusehn [5]), ja zu dessen Bewältigung selbst das Schwert zu führen.

---

1) Helff. S. 15 sagt daher mit Recht von der Gesetzgebung Leovigilds „die Continuität des W. G. Rechts zu unterbrechen, lag für ihn kein Grund vor.

2) Ganz anders Helff. S. 27, auch Pfahler A. S. 104.

3) Ungenügend hierüber Aschb. S. 256, Lembke I. S. 78, Helff. l. c. und alle unsere Vorgänger.

4) Vgl. Helff. S. 27.

5) Das haben Mariana V. 12 u. Saavedra p. 229 empfunden und ihm daher eine besonders rührende Rede an Hermenigild in den Mund gelegt.

Wenn eine bisher so vorsichtige confessionelle Sympathie plötzlich so kühne Umwälzungen wagt, wird es erlaubt und geboten sein, sich nach äußeren, nach politischen Gründen umzusehen, welche jener innern Neigung zu Hülfe kamen. —

Der König mochte die geistige Ueberlegenheit[1]) des Katholicismus, seine siegreiche Consequenz erkennen oder doch fühlen. Dies System war dogmatisch der folgerichtigste, es war hierarchisch der best organisirte Ausdruck[2]) der christlichen Ideen: jene Ueberlegenheit bewährte sich nicht nur in Gallien, Italien und im ganzen Orient[3]), sondern in Rekareds eignem Reich, in Spanien selbst. Troß der Verfolgung hatte der Katholicismus nicht an Boden verloren, troß der Begünstigung durch die Krone der Arianismus nicht Raum gewonnen[4]). Ja, während die nichtgothischen Einwohner[5]) an ihrem Katholicismus unerschütterlich festhielten und lieber das Land als den Glauben aufgaben, machte der politisch verfolgte Glaube unter den Westgothen selbst Fortschritte[6]). Dies beweist nicht nur der nicht unbedeutende und immer stärker werdende gothische Bestandtheil in den katholischen Erhebungen, namentlich der leßten unter Hermenigild, mehr noch beweist dies der verhältnißmäßig geringe Widerstand[7]), auf den Rekareds Convertirungen stießen: die Mehrzahl der Gothen war innerlich für diesen Schritt reif und vorbereitet. Besonders ist beachtenswerth und doch noch völlig unbeachtet, daß sich schon vor der Gesammtbekehrung edelgeborne Gothen[8]) in den katholischen Bischofstellen finden z. B. c. a. 570

---

1) Es ist charakteristisch für Gregor tur. IX. 15, daß dieser meint, die Mirakel der katholischen Priester, denen es die arianischen nicht gleich thun konnten, hätten den König überzeugt: zumal die von Gregor gloria confess. c. 13 erzählte Geschichte habe entschieden.

2) Vgl. Trognon p. 58.

3) Deßhalb darf man nicht mit Helff. S. 28 seinen Sieg allzustark aus persönlichen Stüßen (Leander) erklären; besser du Boys I. p. 516.

4) Beides im Großen und auf die Dauer. S. oben S. 142.

5) Mit wenigen vorübergehenden Ausnahmen oben S. 142.

6) Diago p. 85 b meint schon bei der Einwanderung: no todos los Godos eran Arianos.

7) Helff. S. 33, Revillout p. 8. 54.

8) Wir würden deren eine viel größere Anzahl kennen, wenn sie nicht, wie schon Laien bei der katholischen Taufe (Hermenigild — Johannes), regelmäßig biblische oder sonst christlich componirte Namen anzunehmen und ihre gothischen abzulegen pflegten: falsch daher die Argumentation bei Rosseeuw I. p. 277 aus den Namen auf den Cc.

Bertchramn von Cabix, dann Mausona von Meriba[1]), Babo von
Jlliberi c. a. 575 (Granada)[2]). Diesen Stand der Dinge erkannt
und in dieser Erkenntniß energisch mit der bisherigen Politik gebrochen
zu haben ist kein geringes staatsmännisches Verdienst. Mit Recht
hat man[3]) bemerkt, daß einerseits die Inconsequenz in der Behand=
lung des Katholicismus auf Seite der Fürsten, — bald Druck, bald
Toleranz, — die Inconsequenz des arianischen Klerus, der fortwäh=
rend in seinen Dogmen Concessionen und die Festigkeit der Ueberzeugung
untergrabende Aenderungen machte, und die großartige Consequenz[4])
des Katholicismus anderseits, der unter allen Bestürmungen nicht ein
äußerstes Vorwerk des meisterhaft gebauten Systems preis gab, den
Uebertritt aber den Ketzern weislich nicht zu schwer machte[5]), zu diesen
Fortschritten des Katholicismus zusammen wirkten. Hiezu kam, daß
durch die Einverleibung des suevischen Reichs die Stärke des katho=
lischen Elements — und zwar durch den Gothen näher stehende Ger=
manen — im Gothenstaat wesentlich erhöht wurde. Sollte die
Confession die so dringend wünschenswerthe Verschmelzung beider

---

1) Paul. Em. p. 647 nobili in saeculo ortus origine . . genere Gothus.
Zu spät setzt diese Erscheinung du Boys I. p. 526.

2) Jch citire im Augenblick nach Madoz diccionario „Granada" p. 561.

3) Aschb. S. 220, Rosseeuw I. p. 274, Romey II. p. 286.

4) Wollte man doch eine Zeit lang die arianischen Bet-Häuser nicht zu katholischen
Kirchen verwerthen Avitus ep. VI. — was man freilich später aufgab. Rilliet p. 73.
Ein charakteristisches Beispiel der nirgends wieder erreichten Principienstrenge und
fernsichtigen Leitung der orthodoxen Kirche bietet der Entscheid Gregors auf die An=
frage Leanders über den Vorzug einmaligen oder dreimaligen Untertauchens bei der
Taufe. Beides, meint der Pabst, sei gleich zuläßig, aber, da in Spanien die
Arianer bisher die Dreizahl angewendet hätten, wie übrigens die italienischen Katho=
liken noch thäten, sollen die Katholiken in Spanien sich nur der Einzahl bedienen
(Literatur bei Helff. Nr. S. 43): ne dum mersiones numerant, divinitatem
dividant dumque quod faciebant faciunt morem vestrum se vicisse glorientur.
Cc. T. IV. 6; vgl. ep. Martini bracar. ad Bonif. pap. Aguirre II. p. 506;
auch sehe man, wie die Unterschiede in spanischen und gallischen Kirchen des Reiches
und spanischen unter einander durch das consequente Streben nach Einheit aufge=
hoben werden. Cc. T. IV. 9. 10. 11. 12 bes. 13, ferner 41, wo gleichmäßige Tonsur
angeordnet und die gallicische Sitte hierin, weil sie die der Arianer gewesen, ab=
gestellt wird; vgl. auch die Motivirung v. 57, ferner Cc. T. X. 1, Em. 2, T. XI. 3
und besonders für die katholische Kirche im Suevenreich Cc. Brac. I. (Rede des
Lucretius), vgl. Rosseeuw I. p. 274.

5) Vgl. schon C. Illib. c. 22 sogar bei Apostaten, vgl. 46. 47.

Germanenstämme und die immer noch fehlende Ehegenoßenschaft mit
den Romanen hindern? [1])

Aber noch ein entscheidendes politisches Moment trat hinzu: das
Königthum griff nach einer Allianz [2]) gegen den weltlichen Abel: diese
gewährte der geistliche Abel [3]), der Episkopat.

Wir haben gesehen, wie es erst Leovigild einigermaßen gelungen
war, das Königthum über den weltlichen Abel zu erheben, mittelst
blutiger Gewalt, die nicht stätig angewendet werden konnte und nur
half, so lang sie schreckte. Rekared suchte gegen den Laien = Abel die
Hülfe der größten Macht in seinem Staat, der Kirche, welche, durch
Organisation, Bildung [4]) und Reichthum, moralischen Einfluß, Schlag-
fertigkeit bedeutend stärker als die Krone, als alleinige Trägerin der
Cultur die Zeit zu beherrschen berufen, und dem weltlichen Abel mehr
als gewachsen war. Freilich gelangte diese Verbündete zu einer Herrschaft über den Thron, zwingender als je die Macht der weltlichen
Aristokratie gewesen war. Dies wurde das Verderben des Reichs.
Denn ersetzen konnte das Priesterthum die Kraft des Königthums
doch mit nichten und der Bischoffstab zerbrach, als er im Kampf gegen
die Araber für Schwert und Scepter gelten sollte.

Wie klar jedes dieser Einzelmotive dem König vorschwebte, ist
um so weniger anzugeben, als der unwillkürliche religiöse Drang, den
wir nicht bezweifeln, die politische Erwägung erwärmte, aber auch
trübte; instinctiv war gewiß jedes derselben thätig.

Da nun aber der beabsichtigte Schritt den schroffsten Bruch mit
allen bisherigen Ueberlieferungen [5]) dieser Krone und zumal mit der
Politik des eben geschiedenen gewaltigen Herrschers enthielt, da es
immerhin eine starke Partei eifriger Arianer gab, welche, voraus der

---

1) Hierüber Ausführliches in „Verfassung, Grundlagen, Germanen und
Romanen“.

2). Cenni II. p. 2 „magna regum cath. cum ecclesia conjunctio“.

3) Ganz verkehrt Rico y Amat. I. p. 18: durch Rekared Verwandlung der
aristokratischen in eine demokratische Monarchie mittelst des Episkopats.

4) Der arianischen überlegen auch hierin Helff. S. 29: man war sich dieser
Bildung stolz bewußt; s. z. B. ep. Braul. p. 657 quia et nos juxta Flaccum
didicimus literulas et de nobis dici potest: fenum habet in cornu, longe
fuge.

5) Es war in der That auch in diesem Sinn eine innovatio gentis Gothorum wie Cc. T. III. praef. sagt.

Klerus dieser Kirche, plötzlich aus Unterdrückern zu Unterdrückten werden sollte — denn Toleranz verstanden diese Gothen nicht, wie ihre Brüder in Italien, zu üben — und da die Germanen im Reich nicht ohne Schein eine Bedrohung oder doch Verleugnung sogar der Nationalität darin erblicken konnten, ging man mit einer aufhorchenden, vortastenden Klugheit zu Werke, in deren vorsichtig gewählten Schritten für ein geübtes Ohr der traditionelle Leisegang der Priesterschaft nicht zu verkennen ist. —

Vor Allem mußte das Aergerniß des Abfalls von des Vaters und den eignen bisherigen Principien beseitigt oder geschwächt werden. Dazu gab es kein besseres Mittel, als die Umkehr durch König Leovigild selbst schon vorbereitet darzustellen. Anknüpfend an die glaubhafte Thatsache, der Greis habe auf dem Sterbebette die Hinrichtung seines Erstgebornen bereut, verbreitete man das sich sehr natürlich hieran schließende Gerücht, — zuerst bei Gregor dem Großen [1]), bem F r e u n d L e a n d e r s , taucht es auf — er habe auch seine antikatholische Politik, die Verfolgungen, von welchen jene Katastrophe nur die blutige Consequenz, bereut und verworfen. Von da war nur ein leichter Fortschritt zu dem Beisatz, er habe sich selbst heimlich dem unterdrückten Glauben zugewendet, „und dies nur aus Furcht vor seinem Volke nicht offen zu thun gewagt" — Leovigild freilich sehr unähnlich! — ja er habe sogar befohlen, seinen Erben Rekared in diesen Dogmen zu unterweisen und zwar habe er zu diesem Geschäft erkoren — denselben Leander von Sevilla, welcher die Seele der Handlungen Hermenigilds und einer der gefährlichsten Feinde des Königs gewesen war! So erzählt zuerst abermals — Pabst Gregor [2]).

---

1) dial. III. 31.

2) l. c., hienach vielleicht Greg. tur. l. c., dann chronicon iriense p. 90, Luc. tud. II. 50, Rod. Tol. II. 14 und alle ältern Spanier, Flores V. p. 210. Die Bekehrung Leovigilds nehmen hienach an: Sotelo p. 154, Masdeu X. p. 151, Cellier XVI. p. 809, Padilla II. p. 51, Depping II. p. 248, Morales V. p. 564, dahin neigte auch Marichalar I. p. 362. 352, Pujades p. 307, Vasaeus p. 679, Ferreras II. §§ 403—404, Mariana V. 18 (der drei Mirakel aufzählt, welche die Umstimmung bewirkt), Moron II. p. 132, Cavanilles I. p. 212 si non hubiese sido arriano y como todo sectario, (!) intolerante, seria tenido por uno de los mas ilustres reyes de la monarquia española. Revillout p. 247. Neue Leovigild's bezeugen auch die angeblichen Verse des St. Hilifons bei Mabillon I. elog. Leandri p. 384; (daß der König Leander nach seiner Rückkehr aus Byzanz gefangen und eingekerkert habe, ist unverbürgt, vgl. Nicol. Anton. IV. 4. 87.) Greg. tur. VIII. 46

Diese Vorgänge, zu frühest nur von dem Leander nahe befreundeten
Haupt der katholischen Kirche, gewiß in bestem Glauben, berichtet,
paßen so ausgesucht zu der vorbereiteten Maßregel und paßen so ent=
schieden nicht zu Leovigilds gesammtem Charakterbild, daß wir aus
dem fein verschlungenen Gewebe nur den Einen Faden, diesen aber
ganz sicher, herausgreifen: — auch bei diesen Vorbereitungen und
Ausstreuungen spielte der geistvolle Leander die Hauptrolle; alle
Thatsachen, alle Zeitgenoßen weisen darauf hin. Er war der Erste in
der stolzen Reihe von spanischen Kirchenfürsten, welche von da ab so
oft an der Könige Statt die Geschicke der Halbinsel geleitet und be=
herrscht haben [1]).

Im Zusammenhang mit diesen Gerüchten von Leovigilds Um=
stimmung stand ein weiterer, ebenfalls sehr wohl berechneter Schritt:
der König ließ bald nach seiner Thronbesteigung an demjenigen,
welcher bei der Hinrichtung Hermenigilds am Meisten betheiligt war,
einem gewissen Sisbert, eine beschimpfende Todesstrafe vollziehn [2]).

---

hat jene Gerüchte als Wahrheit genommen, aber doch ein ehrliches „ut quidam
asserunt" beigefügt (zu streng hierüber Lecoy de la Marche p. 109): L. rex
aegrotare coepit et poenitentiam pro errore haeretico agens et obtestans,
ne huic haeresi quisquam reperiretur consentaneus (schüchternere Version der
Anweisung für den Thronerben) in legem catholicam transit ac per septem dies
infletu perdurans (das wird bei Luc. tud. p. 50 zu mors acerrima und bei
Bourret p. 52 zur „maladie vengeresse") pro his quae contra Deum inique
molitus est, spiritum exhalavit. Bei Gregor. M. Dial. III. 31 wird er deßhalb
zum martyr (hienach Valdesius p. 97. 104, L. rex catholicus!); aber Johannes
von Biclaro und Isidor, die Spanier, wissen nichts von solcher Umkehr und
consequent bedenkt Paul. Emeritan. den letzten Arianerkönig mit ewiger Höllenpein.
Es verwerfen die Bekehrung als Sage Löbell S. 365, Rosseeuw I. p. 259,
Romey II. p. 145. 149. Hier weht aber nicht der reine Hauch der Sage, sondern
der trübe Dunst der Erfindung.

1) Sein Bruder, St. Isidor. ed. Roncall. p. 459, wie sein Freund, der
Pabst, dial. III. 31 bezeugen das: Leander ad gentis Gothorum conversionem
claruit; de vir. illustr. p. 5 ingenio praestantissimus, ut etiam fide ejus
atque industria populi gentis Gothorum ab ariana insania ad fidem catholicam reverterentur; über ihn vergl. noch die vita Bolland. 13. März Aguirre II.
p. 394 (seine Verherrlichung bei Espinosa p. 85; —) Bähr I. S. 454, Ceillier
XVII. p. 115, Barmann I. S. 58, Ferreras II. § 409; über Eutropius, den Abt
des monasterium servit., Mabillon elogium s. Leandri p. 872. 881.

2) So unbestimmt drücke ich mich aus, weil ich in Sisbert nicht bloß, wie
die herrschende Darstellung nach Mariana V. 12, einen gemeinen Henker erblicke,
wie zu thun die Quellenworte J. Biclar. p. 391 H. in urbe tarraconensi a Sis-

Denn die Erinnerung an Hermenigild mußte bei dem vorgesteckten Plane für Rekared wahrlich nicht eben günstig sein: er hatte den Bruder durch Zusicherungen in des Vaters Namen aus seinem Asyle entfernt und wenn er auch den blutigen Ausgang nicht zu verantworten hatte, — beschämend war es doch, daß er jetzt zu demselben Glauben übertrat, für welchen er jenen, trotz seines Eides, unthätig hatte sterben sehen. Hermenigild galt den Katholiken mit Grund als ein Martyr: in der Bestrafung seines Mörders leistete Rekared gewissermaßen Sühne für seine frühere Haltung, bewährte seine brüderliche Liebe, besiegelte jene Gerüchte von des Vaters Sinnesänderung und zeigte Katholiken und Arianern ermuthigend und einschüchternd, seine Gesinnung [1]).

Endlich begünstigte man wohl auch die Verbreitung der abergläubischen Erklärungen von Landplagen und schreckenden Naturereignißen, welche bald nach Hermenigilds Tod eingetreten waren: ein großes Erdbeben, das die Felsen der Pyrenäen durchschütterte, verderbliche Heuschreckenschwärme, welche die Saaten um die Königsstadt Toledo zerstörten, galten den geängsteten Gemüthern als Strafgerichte Gottes für die Verfolgung der Bischöfe, für das Blut des königlichen Heiligen [2]).

Da gleichwohl arianischer Widerstand, der kirchlich und politisch zumal werben konnte, im Innern zu erwarten war, strebte Rekared nach Frieden, ja Bündniß (foedus) mit den bisherigen Religions- und Reichs-Feinden im Ausland, den bis dahin alleinigen Verfechtern des Katholicismus, den Frankenkönigen. Seine Stiefmutter Godisvintha (die Mutter Brunichildens, Großmutter Childiberts),

berto interficitur allerdings gestatten, aber nicht zwingen: eines solchen niedern Werkzeugs Namen haben die Chroniken sonst nie bewahrt und hätten es wohl auch hier nicht gethan: ich halte Sisbert für einen arianischen Großen, vielleicht Grafen (so Helff. S. 11) von Tarraco, der bei dem König zu Hermenigilds Verderben wirkte und dann auch die Hinrichtung, etwa sie beschleunigend, leitete; nach Ferreras II. § 408 „Hauptmann der Leibwache hingerichtet wegen Verschwörung wider Rekared"! Vgl. Lafuente II. p. 851.

1) Joh. Biclar. p. 898 Sisbertus, interfector Hermenigildi, morte turpissima perimitur, anders Lembke I. S. 79; aber interfector Hermenigildi steht doch sicher nicht umsonst da.

2) Freilich hausten die Heuschrecken noch schlimmer in dem katholischen Gallien Ferreras II. § 371; ob die Erblindung Godisvinthens als Strafe für Ingunthens Mißhandlung erfunden oder nur zurecht gelegt, entscheide ich nicht.

mit welcher er sich eng verband, — sie versöhnte sich scheinbar mit dem so lang verfolgten orthodoxen Bekenntniß — sollte das ver= mitteln[1]). Rekared wollte dabei auch die bisherige Stellung des gothischen Hofes zu den merowingischen Familienparteiungen[2]) voll= ständig umkehren.

Guntchramn zwar hatte seine empfindlichen Schläge und die Begier nach dem schönen Septimanien noch nicht vergeßen: er ließ die Gesandten Rekareds nicht vor, — sie gelangten nur bis Mâcon — woraus neuer Groll zwischen Gothen und Burgunden erwuchs: eine Zeit lang ward aller Reise= und Handels=Verkehr der beiden Grenz= lande gesperrt — ja die Gothen drangen unter Verheerungen bis zum zehnten Milienstein vor Arles[3]).

Aber mit Childibert kam schon jetzt ein enges Freundschafts= bündniß zu Stande, schwerlich ohne geheime Mittheilung des bevor= stehenden Glaubenswechsels.

Denn nun gingen König Rekared und Leander an das Werk. Noch im ersten Jahre seiner Regierung[4]) lud der Sohn Leovigilds die arianischen und die katholischen Bischöfe zu einem Glaubensgespräch nach Toledo, in welchem beide Theile ihre Dogmen vortragen und be= gründen sollten. An eine wirkliche Bekehrung der gesammten Einen Religionspartei glaubte dabei niemand; der Ausgang, den dieser Rede=

---

1) Greg. tur. IX. 1. Damals wohl trat er auch an Brunichild einige septi= manische Grenzgebiete ab: Ep. Bulgachramni III. p. 112 pro stabilitate con= cordiae in jura contradidit domnae Br. s. unten Gunthimer; aber gothische Hülfstruppen Theoderichs gegen Chlotachar a. 600 müßten beßer als durch die v. s. Bertharii Bolland. 2. Aug. Bouquet III. p. 489 bezeugt sein. Greg. tur. l. c. spricht von einem förmlichen Vertrag mit der Stiefmutter: foedus iniit R. cum G. eamque ~~ut matrem suscepit~~. Das ist gleichwohl kein familienrechtlicher Privat= vertrag, sondern enge politische Verbindung: als Mutter Brunichildens, Großmutter des jüngern Childibert, sollte sie die Versöhnung zwischen den Merowingen und R. bewirken; vgl. Huguenin p. 217.

2) S. oben S. 149.

3) Greg. tur. IX. 1.

4) Joh. Biclar. p. 894, Isid. p. 1071 in ipsis regni sui primordiis; non multos dies post discessus genitoris nostri, sagt er Cc. T. III. b. h. December a. 586 oder Januar a. 587; Barmann I. S. 58, Hefele III. S. 43, Florez V. p. 210; am 12./13. April a. 587 wird bereits die Hauptkirche zu Toledo, Sancta Maria, dem katholischen Cult übergeben: consecrata sancte Marie (sic) in catholico; s. die Inschrift gefunden a. 1591 von J. B. Perez bei Gamero p. 369, Marichalar I. p. 859; vgl. Eguren p. XIII. Revillout p. 250.

kampf nehmen sollte, war im Voraus festgesetzt: der König erklärte sich — „durch schwere Gründe, himmlische und — setzt er aufrichtig genug hinzu — irdische, bewogen" für die katholische Lehre.

Bei diesem freimüthigen Bekenntniß waren wir gewiß berechtigt, uns nach den „irdischen" b. h. den politischen Motiven des folgen= reichen Schrittes umzusehen.

Sehr viele gothische Laien aus dem Adel traten schon jetzt mit dem König über [1]), andere, die große Menge des Volkes folgte dann allmälig nach [2]).

Mit großer Klugheit erleichterte die Kirche den Uebertritt, indem sie sich mit der segnenden Handauflegung eines rechtgläubigen Priesters begnügte, von einer zweiten Taufe jedoch, an der Viele Anstoß ge= funden haben würden, Umgang nahm [3]).

Auch der König ließ sich bekreuzen und salben [4]). Daß aber auch die Mehrzahl der anwesenden arianischen Bischöfe schon damals übertrat [5]), · erklärt sich, im Zusammenhalt mit den späteren Wider= strebungen, nur durch die Annahme, daß die eifrigsten Arianer bei einer Versammlung gar nicht erschienen waren, deren Zweck und vor= bestimmten Ausgang sie wohl erkannt. Immerhin zeigt dieser Verlauf der Dinge, welch' starke Fortschritte der Katholicismus im Stillen bereits gemacht hatte.

Alsbald ging eine zweite Gesandtschaft an Childibert ab, welche den vollzogenen Uebertritt anzeigte [6]) und, unter reichen Geschenken (10,000 Solidi) für Rekared um die Hand der Chlbosvintha [7]), der Schwester Childiberts und der Ingunthis, warb [8]).

---

1) Sie berufen sich in Cc. T. III. auf ihre frühere conversio.

2) So rasch wie Fredeg. p. 418 meint, ging es freilich nicht.

3) Cc. ·Caesaraug. II. cum accepta denuo benedictione presbyteratus, s. auch Helff. S. 29.

4) Greg. tur. IX. 15.

5) Joh. Biclar. l. c. sacerdotes sectae arianae sapienti colloquio aggres- sus ratione potius quam imperio converti ad catholicam fidem fecit gentem- que omnem Gothorum ad unitatem .. revocat ecclesiae christianae Isid- h. G. p. 1060. 1071. 1072: cum omnibus suis übertreibend chron. ed. Ronc. p. 459.

6) Sicut in fide se adserebat unum, ita et caritate se praestaret uni- tum. IX. 16.

7) Nicht Gosvinth wie Rosseeuw I. p. 262.

8) Greg. tur. IX. 16. 25. Seine Gattin Bado unterschreibt aber noch Cc. Tol. III. Ferreras II. § 402 setzt die Vermählung mit ihr in a. 585, er macht

Welch' große Bedeutung in diesen politischen Verbindungen der Confession zukam, zeigt die auffallende Thatsache, daß Childibert sich auf jene Nachricht hin entschloß, sein Königswort, mit welchem er die Schwester bereits dem arianischen Langobardenkönig Authari verlobt hatte, zu brechen, und sie dem katholischen Freier zuzusagen [1] — vorbehaltlich der Zustimmung Guntchramns, seines Ohms. Dieser war aber für's Erste [2] noch nicht zu gewinnen: er wies die Braut=Werber mit der Erklärung ab, er könne den Gothen nicht mehr trauen, welche Jngunthis der Gefangenschaft und dem Tod in der Fremde, — vergebens erbot sich Rekared seine Unschuld an deren Schicksal durch Eid oder jedes andere Mittel zu erhärten [3] — ihren Gatten dem Henker Preis gegeben; er habe diese Frevel noch zu rächen und werde bis dahin keinen Gesandten Rekareds annehmen. Und er schickte sich auf's Neue an, diese Rache in's Werk zu setzen [4].

König Rekared suchte, wie sein Vater, das Königthum gegen die aristokratische Auflehnung kräftig zu handhaben: er schlug die kleinen „tyranni" wachsam und energisch nieder [5].

Solche Empörungen mußten jetzt, wie vorauszusehen war, durch den Widerstand der glaubenstreuen Arianer verstärkt werden: denn es wurde durch den Confessionswechsel nur die Katholikenverfolgung von Arianerverfolgungen abgelöst: der König, der ja die Glaubens=einheit, aus „irdischen" Gründen, wollte, konnte sich mit seinem per=

---

aus ihr, wie gewöhnlich, eine „höchst vornehme" Gothin, ihm nach Cénac Moncaut I. l. c.

1) Weinhold S. 241, vgl. Rückert Nationalbewußtsein S. 371—373, Greg. tur. IX. 25 eo quod gentem illam ad fidem catholicam conversam fuisse cognosceret, wörtlich hienach Paul. Diacon. III. 27. Brunichild hält die Verbindung mit Rekared durch reiche Geschenke aufrecht. Also totaler Umschwung der Stellung des Gothenkönigs zu den merowingischen Familienparteien, s. oben S. 149 u. Daniel I. p. 823: statt Frebigunthens Brunichildens Tochter seine Braut!

2) Gregor tur. und andere Bischöfe vermitteln später (von seiner Chronologie sehe ich ab) diese Zusage. Greg. tur. IX. 20, Huguenin p. 206, Guettée II. p. 292, Jager III. p. 52.

3) Greg. tur. IX. 16. 20, Jager III. p. 53.

4) In diese Zeit fällt wohl Venant. Fort. XI. 23. wo der comes Galactorius des Königs Guntchramn als gegen die Cantabrier und Basken bestellt gepriesen wird.

5) Isid. l. c. multi quoque adversus eum tyrannidem assumere cupientes detecti sunt suaeque machinationis consilium implere non potuerunt.

fönlichen Uebertritt nicht begnügen: es sollte in Bälde keine Arianer im Reiche mehr geben [1]). Maßregeln wie der Ausschluß der Ketzer von allen Civil= und Militairämtern [2]), die Verbrennung aller auf= zutreibenden arianischen Bücher [3]) sollten hiezu führen, mußten aber die anhänglichen Bekenner jenes Glaubens schwer verletzen.

Drei arianische Erhebungen folgten rasch nach einander [4]) und es ist begreiflich, daß jede von Bischöfen dieser Kirche geleitet war. Die erste und gefährlichste loderte in dem immer unsichren Septimanien auf. Der König hatte durch Gesandte die dortigen Arianer zum Uebertritt auffordern lassen [5]) und einen großen Theil auch dazu be= wogen: aber an die Spitze der Beharrenden trat ein Bischof Athalokus, (Athalaïks) ein so energischer Vorkämpfer jenes Bekenntnisses „in Schrift und Gelehrsamkeit", daß [6]) man einen zweiten Arius in ihm erblickte; er verband sich mit zwei vornehmen und reichen gothischen Grafen, Granista und Wildigern [7]), und vergalt die Vorgänge jenseit der Pyrenäen durch eine harte Verfolgung der septimanischen Katholiken: der Aufstand, auf Entthronung Rekareds gerichtet [8]), wurde, obwohl von Burgund aus unterstützt [9]), rasch unterdrückt: viele Franken wurden gefangen, man beging auf den Plätzen der spanischen Städte jubelnde Siegesfeste [10]): Athalokus brach der Schmerz über den Abfall der Gläubigen und das Scheitern der Unternehmung das Herz [11]).

---

1) Ganz anders und irrig Helff. S. 29. Zu spät setzt dies auch Rosseeuw I. p. 278.

2) Greg. M. dial. III. 31 ut nullum in suo regno militare permitteret.

3) Fredeg. Scholast. p. 418 omnes libros arianos praecepit ut sibi praesententur; quos in una domo collocatos incendio concremare jussit et ad christianam legem baptisare omnes Gothos fecit. Vielleicht gab jedoch Anlaß zu dieser Darstellung Conc. Caesaraug. II. can. 2: reliquiae . . de ariana haeresi inventae . . pontificibus praesentatae *igne probentur:* (vgl. Ferreras II. § 416) orthodoxe, glaubte man, würden nicht brennen.

4) Rosseeuw I. p. 270 übertreibt also die docilität der Gothen bei dem Uebertritt des Königs.

5) Greg. tur. IX. 15.

6) Greg. tur. IX. 15.

7) Paul. Emerit. p. 655.

8) Paul. Emer. l. c. regnum proripere.

9) So Paul. Emerit. l. c. (f. die Note von Guadet und Taranne II. p. 462 Dur Desiderius von Toulouse fällt vor Carcassonne) „mehr eine Tragödie als eine Historie".

10) More priscorum per plateas magno fragore jubilantes.

11) Greg. tur. l. c.

Faſt gleichzeitig mit den Septimaniern hatten ſich die Arianer in dem alten Suevenreich Luſitanien empört unter dem Biſchof Sunna von Meriba [1]), welcher dem Katholiken Mauſona wieder hatte weichen müſſen [2]), und zwei gothiſchen Grafen Segga und Witterich, — noch ein britter, Vakrila, wird genannt — nebſt vielem Volk [3]).

Aber hier bewährte ſich bereits vortrefflich die Allianz mit dem katholiſchen Episkopat [4]): Biſchof Mauſona entdeckte und erſtickte mit Klugheit und Kraft die Bewegung durch Hülfe des dux Claubius und des Abfalls des Grafen Witterich, dem ein Mirakel Arm und Schwert gelähmt hatte im Augenblick, da er den katholiſchen Biſchof vor der Thüre ſeiner Kirche durchbohren ſollte [5]).

Sunna ſchlug die ihm unter der Bedingung des Uebertritts an= gebotne Begnabigung und Verleihung eines neuen Biſchofſtuhles aus: er ſprach: „Reue kenne ich nicht und katholiſch werde ich nicht, ſondern ich bleibe in dem Bekenntniß oder ſterbe mit Freuden für den Glauben, in dem ich von Kindheit an gelebt": — das iſt nach Paulus von Meriba bei dem Arianer natürlich nicht Ueberzeugungstreue, ſondern „hartnäckige Bosheit des Teufels" — er zog es vor, ſich auf einem ſchlechten Schiff im Meer ausſetzen zu laſſen, gelangte glücklich nach Afrika, machte dort viele Proſelyten und ſtarb zuletzt in Clermont. — Noch im nämlichen Jahre kam es zu einer britten Verſchwörung der Arianer: die alte Katholikenfeindin Gobiſvintha, welche Hermenigild's und Ingunthens Verberberin geweſen, rüſtete ſich, auch ihren zweiten Stiefſohn zu vernichten. Sie hatte ſich anfangs unter dem moraliſchen Druck von des Königs Auftreten zu Toledo zum Katholicismus be=

---

1) Deſſen Charakteriſtik bei Paul. Emer. p. 649 antithetiſche Rhetorik.

2) S. oben S. 141.

3) Uebertreibend Paul. Emer. p. 653, die Hauptquelle für dieſe Ereigniſſe.

4) Ueber die früheren Verbindungen der ſpaniſchen mit den fränkiſchen Biſchöfen gegen die gothiſche Regierung Eichhorn Zeitſchr. f. geſch. R. W. XI. S. 105.

5) Paul. Em. l. c., Mariana VI. 14. Wohl an denſelben dux Claubius iſt gerichtet der lobſpendende Brief Gregors des Großen Aguirre II.; daraus viel= leicht componirt Paul. Emer. p. 653 c. 17. 18, España ſagrada XIII. p. 335; (über P. E. vgl. Knuſt S. 190, R. de Castro II. l. c.) vgl. Joh. Biclar. p. 394; die Seltſamkeit einer arianiſchen Partei im Suevenreich iſt nicht ſo groß, wie Helff. S. 32 meint: die noch von Leovigild eingeſetzten Biſchöfe und Großen waren die Führer: neben Sunna war noch ein Arianer oder ein zu der Formel des Königs von a. 581 gewonnener Katholik, Nepopis, an die Stelle Mauſona's geſetzt worden Paul. Emer. p. 651; Münzen aus jenen Tagen? Velasquez p. 56.

quemt[1]) und eine Zeit lang eifrig mit ihm merowingische Politik getrieben. Jetzt aber bereitete sie unter dem Einfluß des Bischofs Uldila eine Erhebung gegen Rekared und den herrschenden Glauben vor und trat auch mit dem sonst streng katholischen Guntchramn in Verbindung, der sich nicht scheute, diese Ketzerbewegung zu unter= stützen, wenn sie ihm nur zur Rache und zu Septimanien verhalf. Er schickte abermals ein Heer, angeblich von 60,000 Mann unter den Feldherrn Austrowald von Toulouse und Boso in das gothische Gallien, und Carcassonne öffnete die Thore. Aber die innere Ver= schwörung ward entdeckt, der Bischof verbannt, und die leidenschaftliche Greisin überlebte die Entdeckung nicht[2]).

Gleichzeitig scheiterte in Septimanien der fränkische Angriff. Das weit überlegne Invasionsheer wurde von dem erwähnten lusitanischen dux Claudius bei Carcassonne in einen Hinterhalt gelockt und so großartig geschlagen, daß man[3]) in dem wunderbaren Sieg die gött= liche Belohnung für die Bekehrung Rekareds erblickte: Guntchramn machte keinen weitern Versuch gegen die Gothen mehr[4]), ja er willigte

---

1) Freilich soll sie die von katholischen Priestern geweihte Hostie nie verschluckt haben: ein Mißverständniß von Mariana V. 14.

2) Joh. Biclar. l. c. Uldila (al Ubila) episcopus cum Gosuintha regina insidiantes Recaredo manifestantur et fidei catholicae communionem, quam sub specie christiana quasi sumentes *projiciunt*, (dies hat Mariana in obiger Weise gedeutet!) publicantur . . . Gosuintha vero Catholicis semper infesta *vitae tunc terminum dedit:* letzteres bedeutet nur vielleicht, (daher der vorsichtige Ausdruck im Text) nicht nothwendig (denselben Ausdruck braucht er auch von natür= lichem Tod z. B. von Kaiser Tiberius II.) Selbstmord wie Aschb. S. 226, Helff. S. 33, Pfahler A. S. 105, Rosseeuw I. p. 263, vorsichtiger Mariana V. 14, Ferreras II. § 415, quelque chose de „mysterieux" (Hinrichtung?) Romey II. p. 159, Revillout p. 254, Giesebrecht Gregor S. 128.

3) Joh. Biclar. p. 895, Isid. h. p. 1072 fidei susceptae auxilio.

4) Nach Joh. Biclar. l. c., der darin einen Sieg wie Gideons erblickt, er= liegen die 60,000 Franken 300 Gothen! geglaubt von Florez V. p. 218. Nach Greg. tur. IX. 31 betrug der Verlust der Franken (Fredeg. p. 428 negligentia Bosonis) 5,000 Todte, darunter der eine Feldherr, Austrowald, 2,000 Gefangene, — fast das ganze Fußvolk, — (was Ferreras II. § 419 noch nicht genug) nach Isid. 9,000 Mann; früher schon fiel Boso; jedenfalls war es eine der schwersten Schlappen der Franken, die weit in ihr Gebiet verfolgt wurden, und nach Isid. p. 1072 der bedeutendste Sieg, den die Gothen je erfochten; wohl im Hinblick hierauf meint Jul. v. Wambae p. 709: nec Francos Gothis aliquando posse resistere; übrigens setzen manche die Invasion Boso's mit der Erhebung des

balb barauf, enblich mürbe geworden, zur Aussöhnung mit Rekared und zu bessen Verlobung mit Chlobosvinthis ein [1]).

Von dieser großen Waffenentscheidung an warb Rekared wenig mehr zu Kriegsthaten genöthigt. Der Aufstand eines gothischen Großen, des dux Argimund (e cubiculo), wurde mit Strenge, namentlich mit beschimpfenden Strafen (Decalvation) unterbrückt: Blut und Schande sollten von weitern Versuchen gegen das siegreiche Königthum abschrecken [2]).

Die Byzantiner unterbrachen zwar nie das Bestreben, von ihren Küstenpuncten aus wider mehr Raum im innern Spanien zu gewinnen: aber ihnen gegenüber erprobte sich die katholische Politik des Königs aufs Allerbeste [3]): während sie früher immer leicht orthodoxe Einwohner der Binnenstädte gewonnen hatten, fanden sie jetzt keine solchen Anknüpfungen mehr: denn die einzigen Gegner des Königs, die arianischen Rebellen, waren doch zu unnatürliche Bundesgenossen.

So gelang es Rekared, alle ihre Versuche zurückzuweisen. Die Feindseligkeiten schliefen allmälig, ohne besondern Friedensschluß, ein. Der König ersuchte den Pabst Gregor um Mittheilung jener Verträge, welche bereinst zwischen Justinian und dem Gothenreich, (vermuthlich unter Athanagild), zumal wohl über den damaligen Besitz-

---

Athalokus in Verbindung, Andere (Fauriel II. p. 322 f.) nehmen drei Einfälle und Niederlagen der Franken an; vgl. Martin II. p. 186. 189, Cénac Moncaut I. p. 868, Rosseeuw I. p. 264, Giesebrecht Gregor S. 152. „Die letzte Anstrengung der Merowinger gegen die Gothen"; ob die Siegemünze Rekareds („victor Emerita", „Victoria Avionum") nach dieser oder der frühern Schlacht geprägt wurde, ist ungewiß; vgl. Valesius II. p. 379. 301, Morales VI. p. 12, Velasquez p. 19 u. 57. 59), Romey II. p. 159, Daniel I. p. 330, Fauriel II. p. 326, Laurentie I. p. 251.

1) Ob es zum Vollzug dieser Verlobung kam, ist sehr zweifelhaft; vgl. Greg. tur. IX. 16. 20, Vaissette I. p. 308, Morales VI. p. 8, Plancher I. p. 79; Aschb. S. 226, dagegen Lembke I. S. 83. Dafür Mariana VI. 1, Ferreras II. § 429 (nach Babbo's Tod), Aguirre II. p. 407, Romey II. p. 155; Guntchramn starb bald barauf a. 593, sein Erbe fiel an Theuderich, den Sohn Childiberts, Enkel Brunichildens; hier verläßt uns Greg. tur., der mit a. 591 sein Geschichtswerk schließt und a. 594 stirbt.

2) Joh. Biclar. p. 398, der uns hier verläßt; ob auch diese Rebellion sich mit dem Arianismus verband, so Revillout p. 259, der nur diese arianische Erhebung kennt, ist nicht ersichtlich.

3) Jetzt sind auch die Bischöfe gut gothisch gegen die insolentias Romanorum gesinnt Isid. p. 1073.

ſtanb, ſeien geſchloſſen worben. Der Pabſt aber antwortete ablehnenb: erſtens ſei bas betreffenbe Archiv (Carthophylacium) Juſtinians ab= gebrannt; ſobann aber ſollte Niemanb ſagen können: ber König ſelbſt habe burch ben Pabſt für jenen ungünſtige Documente zu neuer Verhanblung gezogen: er beutet alſo Kenntniß ber im Original ver= brannten, aber in Abſchriften vielleicht in Rom erhaltenen Urkunben an unb warnt, ſich auf bieſelben zu berufen: b. h. wohl ber jetzige Beſitzſtanb ſei für bie Gothen günſtiger als jene Verträge, was nach Leovigilbs Eroberungen ſehr wahrſcheinlich. Damit beruhte bie Sache.

Eine Jnſchrift im Kloſter de Nuestra Señora de las mercedes zu Karthagena, zwiſchen bem 13. Auguſt a. 589 unb 13. Anguſt 590 verfaßt[1]), nennt uns einen byzantiniſchen magister militum, welchen Kaiſer Mauricius a. 582—590 gegen „barbariſche Feinbe" b. h. bie Gothen[2]) nach Spanien geſenbet, vielleicht ſchon zur Zeit bes Leovigilb[3]).

Außerbem hatte ber König nur noch Eine äußere Geſährbung abzuweiſen, welche ebenfalls aus ſeinem Uebertritt erfloſſen war. Die baſtiſchen Gebirgsbauern, treue Katholiken, unter ben arianiſchen Verfolgungen Leovigilbs ausgewanbert[4]), verſuchten nunmehr, ba ihr Glaube in ber alten Heimath herrſchenb geworben, in bie früheren Sitze zurückzukehren, welche inzwiſchen gewiß von anbern Anſieblern eingenommen waren. Sie brauchten baher Gewalt unb brangen, gegen ben Willen Rekarebs, bewaffnet über bie Pyrenäen: ber König hielt ſie auf, ſchlug ſie unb zwang ben Reſt zur Umkehr[5]).

1) Quisquis ardua turrium miraris culmina vestibulumque urbis duplici porta firmatum dextra laevaque binos porticos (sic) arcos etc. . . . Commen-ciolus sic haec jussit patricius missus a Mauricio Augusto contra hostes barbaros magnus virtute magister militum Spaniae:
  sic semper Hispania tali rectore laetetur
  dum poli rotantur dumque sol circuit orbem
a. VIII. Augusti indictione VIII.; über bieſen Commenciolus ſ. Theophyl. Simoc. II. 10, Evagr. VI. 15, Θράξ γένος; Gibbon c. 46, Clinton II. p. 151; er wurbe a. 589 nach Thrakien abberufen C. J. N. 3420.

2) Hübner C. J. l. c. benkt auch an Mauren: aber ſolche waren bamals weber in Spanien noch in Norbafrika.

3) Gregor. Magni epist. L. VII. ep. 128, I. 41, IV. 46, VII. 127, (Aguirre II. p. 407, Migne IX. ep. 22,) IX. 121—127, Recaredi regis ep. in Stephani Baluz. V., vgl. Morales VI. p. 81, irrig Rosseeuw I. p. 265.

4) Oben S. 144.

5) Vasaei Chronicon in Hispan. illustr. I. Ferreras II. § 444 Isid. Chron.

In der Geschichte der Gesetzgebung und der Verfassung wird auszuführen sein, nach wie vielen Richtungen hin die innere Politik[1]) dieses Königs — und doch stets von jenem einheitlichen oben angedeuteten Princip aus — wichtige Veränderungen im Gothenstaat bewirkte.

Hier genügt, noch einmal an jenes Princip zu erinnern: es war Befestigung des Königthums durch Allianz mit dem katholischen Episkopat gegen den Laienadel, — welcher seinerseits den niederen Klerus in seiner Opposition gegen den hohen stützte[2]), sehr häufig aber sich selbst in die geld= und macht=reichen Bischofswürden drängte[3]) — dann Ausgleichung des gefährlichen Gegensatzes zwischen Gothen und Romanen. „Er stellte, sagt Lucas von Tuy, seine altspanischen und römischen Unterthanen mit den Gothen in völlige Rechtsgleichheit[4]). In ersterer Hinsicht ist von größter Wichtigkeit das III. Concil von Toledo von a. 589[5]), zu welchem alle Bischöfe des Reiches geladen waren und zwei und sechszig derselben erschienen[6]). Diese Versammlung, unter der Leitung Leanders von Sevilla und Mausona's[7]) von Merida, besiegelte die Unterdrückung des Arianismus: auch der Laienadel[8]), König und Königin[9]) an der Spitze, bekannten sich hier zu der streng orthodoxen

---

Isid. h. p. 1072. Anders Lembke I. S. 84. Schauplatz: Navarra, Guypuscoa, Alava? Cénac Moncaut I. p. 874.

1) Er nahm zuerst mit der feierlichen Krönung den Titel **Flavius** an; s. die Inschriften und Münzen bei Masdeu IX. p. 11—14.

2) Cc. **Narb.** 5.

3) Cc. T. IV. 19.

4) Ejusdem conditionis esse instituit. Hienach Hegel II. S. 323.

5) S. Verfassung, Kirchenhoheit, Concilien.

6) Uebrigens gab es noch lange nach Rekareds Uebertritt arianische Bischöfe; in mehreren Städten katholische und arianische neben einander. Der Arianismus hat sich im äußersten Westen (Gallicien, Portugal) und im äußersten Osten (Catalonien, Valencia) am längsten behauptet. S. Helff. S. 35, der die katholischen und arianischen Bischöfe von Merida, Toledo, Sevilla, Narbonne, Barcelona, Valencia, Viseu, Tuy, Lugo, Porto und Tortosa zusammenstellt gegen Ketzerei und Rückfall in dieselbe noch späte Conc. T. IV. 19.

7) Ueber diese Schreibung Dietrich Ausspr. S. 37.

8) Omnes seniores sollen sich (s. auch Helff. S. 36 zweifelnd) an die 5 illustres Gussin, Fonsa, Afrila, Agila u. Ella, welche die Concilsacten unter= zeichnen, geschlossen haben.

9) Baddo; ob diese die Vorgängerin (Ferreras ad a. 591) oder Nachfolgerin der Chlobosvinthis war, (hist. de Langued. I. 320 n. 86 p. 678)? oben S. 165.

Glaubensformel. Die Arianer wurden verflucht. Das Concil erließ, außer den Regelungen der Kirchenzucht, eine Reihe von weltlich-polizeilichen Bestimmungen [1]), welche der König bestätigte und zum Theil in sein Gesetzbuch aufnahm.

So war thatsächlich das Concil zugleich Reichstag geworden [2]), — eine Erscheinung, welche mit solcher Bestimmtheit so frühe in keinem andern Germanenreiche feststeht.

Damit war das vom König angestrebte Uebergewicht des geist-lichen über den weltlichen Adel entschieden [3]) — freilich für die Zukunft auch das Uebergewicht über die Krone selbst: sowie man der katho-lischen Kirche die Bedeutung der Staatskirche und der Versammlung der katholischen Bischöfe die dem entsprechende Bedeutung beilegte, mußten diese, keineswegs nur wegen ihrer numerischen Ueberlegenheit [4]) oder weil sich seit Rekared die Könige krönen oder salben ließen [5]), — dies war nur Ausdruck und Folge der neuen Selbstauffassung des Königthums und der neuen Allianz, nicht Ursache — sondern in Folge ihrer ganzen geistigen und moralischen Ueberlegenheit und der genialen Organisation der Hierarchie bald die herrschende Stellung im Staat einnehmen.

Die Freude in Rom über die Herstellung der Glaubenseinheit auf der pyrenäischen Halbinsel war groß: von allen Germanenvölkern waren jetzt nur noch die Langobarden jenem tief verhaßten Ketzer-glauben ergeben, welcher einst [6]) bis auf die Zeit Chlodovechs die ganze Germanenwelt, soweit sie nicht noch heidnisch war, beherrscht hatte.

Pabst Gregor der Große tauscht Geschenke mit Rekared, lobt dessen Bekehrung und sendet seinem Freunde Leander zur Belohnung —

---

1) Acta Concil. Tolet. III., Joh. Biclar. p. 396 der Rekared mit Con-stantin und dies Concil mit dem von Chalkedon und Nicäa zusammenhaltend mit diesem Sieg des Katholicismus feierlich seine Chronik schließt. Isid. Chron., Helff. S. 36. 37, s. unten Kirchenhoheit.

2) Vgl. Lafuente II. p. 384, Pland II. S. 224, Sempere ed. Moreno I. p. 53, Revillout p. 255. Ausführliches „Verfassung", „Kirchenhoheit".

3) Helff. S. 37; er fordert die Hülfe des Concils pro inhibendis insolen-tium moribus . . . insolentium rabiem auctoritate regia refrenare.

4) Aschb. S. 230, andere Irrthümer bei Lembke L. S. 84, vgl. Gamero p. 458.

5) Isidor. Chron. Rec. regno est coronatus, Helff. S. 45, Aschb. eod.

6) Revillout p. 54 f.

das Pallium a. 599 [1]); er ermahnt diesen gleichwohl, den König „den gemeinsamen Sohn" streng zu überwachen [2]): auch dem König selbst räth er „Demuth" an [3]). Rekared schenkt 300 cucullas, Kleider für Arme und einen mit Edelsteinen besetzten Kelch, der Pabst ein Stück der Kette Petri, einige Haare Johannes des Täufers und Splitter vom Kreuz Christi [4]); a. 591/592 erst gelangen gothische Gesandte des Königs, Aebte, von Stürmen bisher abgehalten, nach Rom; er empfiehlt dem Pabst besonders Leander, der die Freundschaft zwischen den Correspondenten vermittle, nennt seinen alten Glauben eine „fluch= würdige Ketzerei" (nefanda haeresis) und erbittet des Pabstes Für= bitte für sich und seine Völker [5]).

Mit dem Arianismus war die wichtigste Scheidewand zwischen Gothen und Römern gefallen [6]), von da ab beginnen beide Nationen allmälig in die einheitliche neue Bevölkerung Spaniens zu verschmelzen. Daß aber hiebei das römische Element dem germanischen weit über= wiegen mußte, die ganze Verschmelzung nur eine Romanisirung der Gothen, nicht eine Germanisirung der Romanen sein konnte, dazu führte in diesem Staat, außer allen im arianischen Ostgothenstaat ange= gebnen [7]) und im Langobardenreich ähnlich wiederkehrenden Gründen — Ueberlegenheit der Cultur und der Kopfzahl, Einfluß von Lage und

---

1) Ep. Greg. M. an Rec. Aguirre II. p. 405 ep. 7 bei Migne p. 127, ep. Recear. reg. 2. 5 an Leander p. 398 (auf seine Veranlassung hatte er die Erläuterungen zum Buch Hiob geschrieben) proleg. Ceillier XVII. p. 151, Bourret p. 55, Barmann I. S. 54. 58.

2) Erga eum evigilet, ut bene coepta perficiat nec se de bonis operibus extollat.

3) Humilitas ep. 4. 6. Flores V. 220, Masden XI. p. 123 widerlegten den Irrthum, Gregor habe als Pabst die Bekehrung erwirkt, aus der Chronologie.

4) Legenden über weitere Geschenke Mariana VI. 1; vgl Gibbon c. 37. R. abreissirt: dom. sancto ac beatiss. papae Balus V. p. 472.

5) Padilla II. p. 52—56. 61, Espinosa p. 82; vgl. viele Legenden über das angeblich damals von Gregor nach Spanien geschenkte Bild von nuestra señora de Guadalupe daselbst p. 107. Fabeln über Rekareds Geschenke des wunder= thätigen Bildes (de nuestra Señora de Riansares nach Tarancon bei Muñoz I. p. 362 (ganz kritiklos).

6) Wenn auch keineswegs schon Rekared Ehegenossenschaft und ein einheitliches Landrecht für die beiden Nationalitäten herstellte, wie Asch. S. 231, Pfahler A. I. S. 105, beides geschah erst zwei Menschenalter später c. a. 650, richtig Rosseeuw I. p. 266.

7) A. III. S. 23.

Klima — gerade die seit Rekared von der Regierung gepflegte enge Allianz mit der römischen Hierarchie. So wurde die römisch-spanische Aera d. h. Zeitrechnung [1]) damals zuerst von den Gothen angenommen, zwar von Johannes von Biclaro, dem gebornen Gothen, noch nicht; wohl aber von Isidor, dem Romanen und jüngern Zeitgenossen. In das von Rekared für seine Gothen aufgezeichnete Gesetzbuch, die sogenannte Antiqua [2]), wurde massenhaft römisches Recht, zumal aus der Lex Alarichs für die Römer im Gothenstaat, recipirt; ganz allgemein drang in das gesammte Staatswesen, besonders in die Hof- und Reichsämter, ihre Titel und Verwaltung, ihre Attribute und Functionen seit Rekared immer mehr das römisch-byzantinische Wesen ein [3]).

Seit jenen Tagen wurde wohl auch — was das Bezeichnendste und Gefährlichste zugleich — die gothische Sprache aus den maßgebenden, herrschenden, gebildeten Kreisen nach und nach verdrängt: sie fristete seitdem überwiegend unter dem niedern Volk, zumal auf dem flachen Lande, eine wenig beachtete Existenz: wie von je in der Gesetzgebung des Staates und der Kirche sowie in der Literatur, so waltete fortan auch in dem Gottesdienst, am Hof, in den Aemtern das Gothische verdrängend, fast nur mehr die lateinische Sprache, in allen diesen Gebieten die Romanisirung des Staates und Volkes kennzeichnend, steigernd und vollendend. Es ist unzweifelhaft, daß diese Umwandlungen, welche dem Gothenstaat das ihn fortan bis zu seinem Untergang bestimmende Gepräge aufdrückten, an Rekareds Umschlag in der Politik sich knüpften. Daß diese Veränderungen in mancher Beziehung verderblich wirkten und zwar unvermeidlich [4]), steht fest: zweifelhaft freilich ist, ob die Fortführung der Weise Leovigilds auf die Dauer möglich war. Und selten ist in aller Geschichte das Schauspiel eines so jähen Wechsels im System, einer so plötzlichen Umkehr der Principien des Vaters und Vorgängers durch den Sohn

---

1) Hierüber vgl. Isidor. origin. V. 34, Resendii epist. de aera hispan., in Hispan. illustr. II. p. 828, Aschb. S. 231, Bluhme p. XIII., Helff. S. 61—64 Mayans bei de Mondejars obras chronologicas 1744 II. p. 42, Yañes era y fechas de España c. 9. Maß und Gewicht aller Art und Münzung waren von jeher die römischen gewesen, s. „Polizei".

2) S. Geschichte der Gesetzgebung.

3) z. B. byzantinische Hofetiquette Helff. S. 45, im Hof von Toulouse hatte mehr Weströmisches gewaltet.

4) Nicht erst durch Mißbrauch der Nachfolger Aschb. S. 233, anderer Ansicht auch Lembke I. S. 80.

und Nachfolger, der als Mitregent Jahre lang selbst in jenen Gleisen gewandelt.

Auch in seiner Erscheinung und seiner Persönlichkeit bildet zu dem durchgreifenden und harten Leovigild der Sohn einen von den Zeitgenossen scharf empfundenen Gegensatz: seine Milde und leutselige Güte, seine freigebige Hand gegenüber dem systematisch die Krone bereichernden Vater wird gepriesen, zunächst natürlich von den recht= gläubigen Priestern, deren nicht unbefangenes Zeugniß den Ruhm dieses Herrschers begründet hat: in die Wette preisen ihn Johannes[1]) und Isidor, wie er die von seinem Vater (paterna labe) geraubten Schätze und Ländereien der Kirche und der Privaten in versöhnender Absicht zurückgiebt, dem Volke die Steuern nachläßt, zahlreiche Kirchen und Klöster gründet und königlich beschenkt[2]): „er war grundverschieden vom Wesen seines Vaters: dieser höchst kriegsgewaltig und ohne Religion, der Sohn frommgläubig und groß durch den Frieden, der Vater durch die Kunst der Waffen seines Volkes Reich erweiternd, dieser dasselbe Volk durch den Ruhm des Glaubens erhöhend[3]), er war willfährig, sanft, von seltener Herzensmilde, schon sein Antlitz spiegelte so viel Wohlwollen und seine Seele barg so viel der lautern Güte, daß er auf aller Menschen Gedanken heilsam wirkte und selbst die Bösen ihn zu lieben zwang: er legte seine Reichthümer in dem Segen der Dürftigen, seine Schätze in dem Dank der Armen an."

Müssen wir nun auch die angeblich ausschließlich segensreiche Wirkung seiner Tendenzen bestreiten[4]), die hohe persönliche Begabung des Sohnes Leovigilds steht nicht minder fest als die entscheidende Bedeutung seiner Regierung für Spaniens ganze Zukunft.

---

1) p. 394.

2) Joh. B. ecclesiarum et monasteriorum conditor. et delator. So die Kathedrale von Toledo, wo in der Kapelle der h. Leotabia die Messe bis heute nach gothischem Ritus gefeiert wird Gams I. S. 350.

3) Viel bloße Schulrhetorik in diesen Antithesen, z. B. Rekareds Kriege bloße Waffenspiele Isid. p. 1071. 1072; hienach Paul. Emer. p. 658.

4) „Pater patriae" Vasaeus p. 681; überschätzt auch bei Ferreras II. § 449, Zuaznavar I. p. 78, Masdeu X. p. 166, Lafuente II. p. 369, Vaissette I. p. 820; mit ihm beginnt die goldne Zeit Julian del Castillo p. 95, laudes Reccaredi Valdesius p. 100, Sotelo p. 161, Staudenmeier S. 77, Lembke I. S. 85, besser Schröckh XVIII. S. 81, Romey II. p. 101, Helff. S. 47; eine Inschrift mit seinem Namen in Granada Pedraza p. 75, Suarez p. 112, Alcántara I. p. 393 aus a. 594.

Seinem Leben entsprach sein frommes Ende: „Und wie er zuerst den Ruhm des rechten Glaubens gewann, vermehrte er denselben zuletzt durch öffentliches Bekenntniß seiner Sündenreue"[1]). Knüpft dann endlich der Bischof von Sevilla an seine Wohlthätigkeit gegen die Armen die Bemerkung: „denn er wußte wohl, daß er von Gott das Reich dazu erhalten, es zum Heile des Volkes zu verwalten",— zugleich eine heilsame Verwarnung an seine Nachfolger! — so werden auch wir den bahnbrechenden Schritten dieses Königs die Anerkennung nicht versagen, daß sie wenigstens in solcher Gesinnung geschehen. — Ihm folgte sein Sohn Leova II.[2]) Mai a. 601 — a. 603, immerhin in diesem Wahlstaat ein Zeichen von Ansehn des Vorgängers: principielle staatsrechtliche Anerkennung der Erblichkeit der Krone war, scheint es, aber auch von diesen beiden mächtigen Herrschern dem Laienadel nicht abzuringen und gerade an diesem wichtigsten Punct versagte die bischöfliche Allianz: denn die Geistlichkeit, welche bei der Krönung und Salbung mitzuwirken und hieraus mit Hülfe der Concilien=Gesetzgebung bald eine entscheidende Betheiligung auch bei der Wahl abgeleitet hatte, verspürte keine Neigung, durch Anerkennung der Erblichkeit jenes gewichtige Recht wieder zu einer bloßen Form= handlung herabzudrücken. Und der Antagonismus zwischen Priester= und Laien=Abel war in diesem Staat nicht immer groß[3]), die Ge=

---

1) So ist wohl zu verstehn Isidor. Fidem rectae gloriae (fidei rectae gloriam?) quam primum percepit novissime publica confessione poenitentiae cumulavit. Chron. albeld. p. 76 ist zu lesen tempora statt tempore regni sui omni bonitate ornavit.

2) Unehelich? Vaissette I. p. 320, Rosseeuw I. p. 302, Isid. ignobili matre progenitus Moron p. 408. Aschb. S. 233 meint, von der später zur Königin erhobnen Baddo, welche spanische Tradition zur Tochter des Königs Astur (Arthus) von Britannien macht Aguirre II. p. 407.

3) Ganz anders Helff. S. 46: er sieht in den Bewegungen des VII. Jahrh. den Kampf der Geistlichkeit, „die das byzantinische Kaiserthum und des Gothen= adels, der den altgermanischen Geschlechterkönig zum Wahlspruch nimmt". Aber der Klerus wollte nicht das byzantinische Kaiserthum, das die Kirche beherrschte — er wollte selbst den Staat beherrschen und das „Geschlechterkönigthum" ist eine Nebelgestalt. Vielmehr besteht I. ein Kampf zwischen der Krone und der Aristokratie: dabei steht die geistliche Aristokratie bald auf Seite der Krone, (um sie zu beherrschen) bald als geheime Führerin auf Seite des weltlichen Adels, um einen zu selbstän= digen König durch ehrgeizige Edle als ihre Werkzeuge zu verderben, II. ein Kampf zwischen Coterien des weltlichen Adels, der mit dem geistlichen oft den gleichen Familien angehörte.

fährdung der Geistlichen durch die Laiengewalt nicht immer schwer genug, um die Bischöfe, wie dies im fränkischen und später im deut= schen Reich der Fall war, auf ein starkes Königthum als Schutz= gewalt mit deutlicher Nothwendigkeit zu weisen.

Auf den erst zwanzigjährigen König, wahrscheinlich [1]) durch Unterstützung des Episkopats erhoben [2]), ging das von seinem Vater an dieser Partei verdiente Wohlwollen über: sie lobte seine guten Anlagen [3]). Er kam nicht dazu, sie zu bewähren: schon nach andert= halb Jahren [4]) fiel er, wie man behauptet, als das Opfer einer letzten Erhebung des Arianismus, jedenfalls der Empörung des wider= spenstigen Adels. Derselbe Graf Witterich, welcher bei der Arianer= empörung Sunna's [5]) compromittirt, aber zum Lohn des Verraths an seinen Mitschuldigen begnadigt worden war, erhob abermals, so be= richtet unglaubhaft eine sehr späte Quelle [6]), das Panier des Arianis= mus, richtiger gewiß das Schwert der Laienaristokratie gegen die Herrschaft der Bischöfe, sammelte die Gegner der Priestergewalt um sich, nahm den jungen König gefangen, ließ ihm die Schwerthand abhauen und ihn tödten [7]).

Daß dies gelingen und der Anmaßer sich sieben Jahre, December a. 603 bis Anfang October a. 610, auf dem Thron behaupten konnte, zeigt, daß der Widerstand gegen das neue System noch lebhaft im Lande zuckte, aber ein Versuch der Wiederaufrichtung des Arianismus, wenn wirklich beabsichtigt [8]), konnte nach allem Vorgefallenen nicht

---

1) So auch Helff S. 47, der aber die der hohen Geistlichkeit ergebenen „Pfalz= grafen" rein erfunden hat: es sind die palatini d. h. die Palastgroßen.

2) Schwerlich des Laienadels wie Aschb. S. 233.

3) Isidor. h. p. 1072 virtutum indole insignitus; Goldmünzen von ihm tragen die Schrift Hispali Pius Mariana VI. 2.

4) Julian. Chronic.

5) Oben S. 163.

6) Luc. tud. II. p. 51; ihm folgen Vasaeus p. 681, Mariana VI. 2, Saavedra y Faxardo p. 298, Ferreras II. § 457, Morales V. p. 56, Petigny p. 231, Rosseeuw I. p. 302, Pfahler Gesch. S. 496, Ascargorta S. 50, Cava= nilles I. p. 220. Zweifelnd Pfahler Alterth. S. 106, Revillout p. 259, vorsichtig schweigt Masdeu X. p. 170, dagegen Helff. S. 48.

7) Isid. p. 1072 praecisa dextera sumpta tyrannide innocuum occidit Paul. Emer. c. 17 l. c.

8) Ich halte das Gerücht für gehässige Erfindung der Partei: die Abgunst Isidors geht gerade weit genug gegenüber einem Gegner der Priesterschaft und lau=

mehr gelingen. Der König ging gegen die Kirchlichen mit empfind=
licher Strenge vor[1]) und ließ während seiner Regierung kein Concil
abhalten. Auch gegen die Byzantiner nahm er die alten Kämpfe
wieder auf, die in der That den Gothen vorgezeichnet waren, sie
mußten trachten, allein Herrn zu sein auf der Halbinsel — aber
in wiederholten Feldzügen erzielte er keine weitern Vortheile, als daß
er die Stadt Segontia mit ihrer Besatzung in seine Gewalt brachte[2]).
Auch in seinen friedlichen wie feindlichen Beziehungen zu den Franken
war er unglücklich: er hatte seine Tochter Herminberga mit Theuderich
von Burgund zu Orleans — der des alten Guntchramn Reich geerbt —
vermählt[3]), dem Sohne Childeberts und Enkel Brunichildens. Aber
diese und ihr Anhang, ihre Tochter Theudilanis, wohl aus Eifersucht[4])
verleideten dem Merowingen die Königin, der er seine Buhle hatte
opfern müssen, dermaßen, daß er die Gothin nach Jahresfrist un=
berührt, aber aller mitgegebnen Schätze beraubt, ihrem Vater zurück=
schickte a. 607[5]).

Witterich suchte Rache für diese empfindliche Kränkung: er ver=
band sich mit dem Langobarden Agilulf und den beiden andern Franken=
fürsten mit Chlotachar II., dem Sohn Fredegunthens, und mit Theudibert
von Metz, dem zweiten Sohn Childeberts und Enkel Brunichildens,
gegen diese und ihren andern Enkel Theuderich: aber die drohende
Unternehmung der vier Könige kam aus dunkeln Gründen (divino

---

warmen Katholiken, gegenüber einem in den Arianismus zurückgesunkenen Apostaten
auf dem Thron Rekareds wäre sie unerklärlich gering.

1) Isid. l. c. in vita *plura* illicita fecit, meint also offenbar nicht blos den
Kronraub.

2) Isid. l. c. adversus Romanos nihil satis gloriae gessit, praeter quod
milites quosdam Sagontia per duces obtinuit; daß das heutige Gisgonza am
Guadalete, nicht Siguenza am Henares (wie Aeltere s. Aschb. S. 234) gemeint,
ist klar; so auch Lembke I. S. 86, vgl. Romey II. p. 162; ob aber die duces
griechische Verräther (patricii, mag. milit. des Kaisers) oder Feldherrn Witterichs
(Ferreras, Aschb. l. c.) sein sollen, unklar; nach dem Sprachgebrauch von Isid.
u. Luc. beides möglich; Münzen aus dieser Zeit Valasquez p. 67; sein Name Vittiricus
in einer Inschrift zu Illiberi Pedraza p. 75, Suares p. 122, Alcántara I. p. 393.

3) Vermittelt durch Arebius von Lyon, Ausantwortung zu Chabillon.

4) Aschb. S. 234.

5) Fredegar. Chron. p. 428 c. 30; (über Liebeszauber hiebei Vasaeus p. 681,
Mariana VI. 2, gläubig erzählt von Ferreras II. § 459,) obwohl er geschworen
hatte ne unquam a regno degradaretur. So endete die fünfmal versuchte Ver=
schwägerung der Gothenfürsten mit den Merowingen fünfmal mit Unheil.

nutu) gar nicht zum Anfang der Ausführung [1]). Bald darauf ward der Usurpator bei Gelegenheit eines Gastmahls — ähnlich wie Theubigisel — von Verschworenen, vielleicht [2]) der kirchlichen Partei, erschlagen, seine Leiche mißhandelt und der priestergefügere Gunthimar zum König eingesetzt Anfang October a. 610 [3]).

Von seiner kurzen Regierung (bis 14. August a. 612) ist, außer fruchtloser Belagerung einiger byzantinischer Städte [4]) und glücklicherer Abwehr baskischer Räubereien, wenig Sicheres überliefert. Die Kritik hat vielmehr eine Reihe von Traditionen abzuweisen, welche Fälschung oder Irrthum an Gunthimars Namen geknüpft. So den berühmten königlichen Beschluß, (decretum Gundemari) durch welchen er dem Bischof von Toledo die Würde eines „Metropoliten" über die Kirchenprovinz Karthagena verliehen haben soll, während jener noch auf dem Bekehrungsconcil nur episcopus carpetaniae provinciae heißt. Daß dies Decret und die Acten einer angeblich a. 610 zu Toledo abgehaltnen Provincialsynode höchst bedenklich erscheinen, ja wahrscheinlich, letztere aber unzweifelhaft gefälscht sind, wird die Geschichte der Kirchenhoheit darthun. Ferner sind die Gesetze zu Gunsten der Kirche und ihres Asylrechts, welche seit Alfons von Karthagena [5]) diesem König zugeschrieben werden, unauffindbar [6]).

---

1) Fredegar. c. 30. 31 p. 428, theilweise mißverstanden bei Aimoin. III. 98. 99 u. Gesta Francor., Maffou XIV. § 34 u. Afchb. S. 234; vgl. Plancher I. p. 89, Ferreras II. § 462 erinnert mit Grund an Witterichs unsichere Stellung im eignen Land.

2) Denn als gewiß darf man das doch nicht (mit Helff. S. 48, vorsichtiger Ar. S. 58; vgl. Romey II. p. 164) wegen des verweigerten kirchlichen Begräbnisses hinstellen; nach den romantisch-ritterlichen Combinationen bei Alf. Carth. c. 29, Rod. Sant. II. 22 wird er von den rächenden Vettern Leova's getödtet.

3) Isid. h. G. p. 1073 chronol. et ser. p. 705 quod fecit recepit.

4) Isid. l. c. militem obsedit; über die Auslegung f. Afchb. S. 236 gegen Ferreras II. § 467.

5) c. 30. Hienach Roder. Sant. II. 23, Vasaeus p. 681, Julian del Castillo p. 96, Puiades p. 319, Tarapha p. 543, Sotelo p. 167, Llorente p. 5, vgl. dagegen Helff. S. 53.

6) Fälschlich legt ihm das Heergesetz Wamba's bei Vasaeus p. 682; die von Lindenbrog und Walter mit seinem Namen bezeichneten Gesetze L. V. IV. 2, 19 über Nachgeborne und Eheverträge theilt M. A. (Madrider akad. Ausgabe) Kindasvinth, Cod. Leg. der Antiqua zu; vgl. Helff. S. 52. 94, Stobbe S. 89, Marichalar I. p. 368.

Endlich pflegt man auf Grund der Briefe des Grafen Bulga=
chramnus, Statthalters (comes) in Septimanien, ganz zuversichtlich
zu erzählen[1]), Gunthimar habe seine Erhebung der Hülfe Theuderichs
von Burgund verdankt und diesem dafür Tribut entrichtet[2]), später
aber sich mit ihm wegen Mißhandlung von Gesandten entzweit und
durch Bulgachramnus den Franken die früher abgetretnen Städte
Lubinianum (Juvignac) und Cornelianum (Corneilhan, Département
de l' Hérault) wieder entrissen. Jedoch aus jenen trümmerhaft er=
haltnen und barbarisch geschriebnen Briefen ergibt sich mit Sicherheit
nur, daß, als Brunichild und Theuderich gegen Theudibert von
Austrasien die Avaren hetzten, Gunthimar auf Seite des Letztern
stand und ihm durch Gesandte Summen Goldes schickte, welche zur
Bekämpfung oder zur Beschwichtigung jener Raubhorden dienen
sollten[4]).

Damals wurden in Septimanien Fasten und Gebete angeordnet
für Abwehr der Invasion der heidnischen Avaren in die christlichen
Lande von Austrasien[5]). In einem spätern Brief wird dann ein
(wahrscheinlich burgundischer) Priester (wohl ein Bischof „pater“) der
Falschheit beschuldigt (dissimulatio) und eine große dem König „und
dem Volk“ der Gothen zustehende Geldforderung (gegen Theuderich
von Burgund, muß mann annehmen) behauptet, weil edle Gesandte,
Totila und Gunthrimar, von dem König (jenes Bischofs) aufgefangen
worden seien (wohl sammt dem für Austrasien bestimmten Golde)
Graf Bulgachramnus erklärt, er werde fränkische, an seinen König
abgeordnete Gesandte nun ebenfalls festhalten bis jene Gothen in
Freiheit gesetzt seien[5]), endlich aber jene beiden von den Bur=
gunden beanspruchten Städte vorenthalten und nicht herausgeben:

---

1) So Ferreras II. §§ 429. 463, Mariana VI. 2, Vaissette I. p. 323,
de Catel p. 501, Morales X. 1, Aschb. S. 236, Lembke I. S. 87, Helff. S. 49. 50,
über jene Briefe Aguirre II. p. 426; B. ist nicht „comte-evêque“ (!) wie Romey II.
p. 165, richtig Masdeu X. p. 172.

2) Hiegegen eifert der Nationalstolz Masdeu's XI. p. 87.

3) Epist. Bulgar. I. u. II.; während man nach der Parteigruppirung Gun=
thimar, den Gegner von Witterichs Richtung, auf Theuderichs Seite gesucht haben
würde; wilden Haß gegen Brunichildis und Theuderich verräth sein Nachfolger
Sisibut in seiner vita s. Desiderii p. 384.

4) ep. I. u. II.

5) ep. III.

denn König Rekared habe dieselben bereinst an Frau Brunichilbis lediglich zur Erhaltung des guten Einvernehmens abgetreten, welches die Franken nun selbst gebrochen [1]).

Gunthimars Nachfolger Sisibut [2]) unterbrückte durch seine Feld-herrn Rekila und Svinthila die Aufstände in den Gebirgen von Asturien, Cantabrien, Gallicien und den baskischen Grenzlanden [3]), persönlich aber setzte er die Bekämpfung der Byzantiner fort [4]) und zwar mit bestem Erfolg, da das Kaiserreich damals durch Avaren und Perser zu stark beschäftigt wurde [5]), um diese entlegnen über-seeischen Besitzungen mit Nachdruck vertheidigen zu können. In zwei offnen Feldschlachten auf's Haupt geschlagen [6]) konnte der griechische Statthalter Cäsarius nur mit Anstrengung sich in den festen Küsten-städten halten. Sisibut wußte durch ausgesuchte Milde in Behandlung der Gefangenen und Besiegten [7]) die Bevölkerungen und sogar die Besatzungen in den Städten zu gewinnen [8]). Er kaufte von seinen Kriegern mit hohen Summen die kriegsgefangnen und dadurch ihnen verknechteten Romanen und Byzantiner frei „und sein Königsschatz ward das Lösgeld der Gefangnen" [9]).

---

1) Einen vierten von Morales VI. p. 59 angeführten Brief Bulgachramns an Gunthimar mit Tröstungen über den Tod seiner Königin Hildivara vgl. Mariana VI. 2 (bei Gusseme I. p. 401 eine „señora gallega!") fand ich unter den mir zugänglichen Abbrücken bisher noch nicht; irrig Cénac Moncaut I. p. 382.

2) a. 612—620; über dies Jahr, bestätigt durch eine Inschrift (2 Inscr. H.) Ferreras II. § 469; (Dunham I. p. 183 nennt ihn constant Sisbert.) Fredegar. p. 424 läßt ihn sofort auf Witterich folgen; vgl. über ihn Moron p. 405, Lafuente II. p. 405; der Name noch im XI. Jahrh. Salazar 15. März.

3) Isidor. Chron. h. G. p. 1073 Ruccones Svinthila et Astures per-domuit: vgl. Luc. tud. II. 51 (nach Isid.) und Fredegar.: der aber irrig Cantabrien früher von den Franken besetzt und mit Tribut belastet (oben S. 120 N. 6), dann von den Byzantinern wieder gewonnen nennt. Vgl. Risco in Flores España sagrada t. XXXII. p. 322, Aschb. S. 237 und die Noten zu Fredegar. l. c.

4) Fredegar. p. 424 contra manum publicam l. romanam rempublicam.

5) Mar. Av. continuator p. 416.

6) Isid. l. c. de Romanis bis feliciter triumphavit; hienach Isid. pac. 285, auch Svinthila romana castra perdomavit; mit großem Verlust der Griechen ep. Cæsarii patricii p. 366, Fredeg. l. c. Münzen aus diesen Jahren Velasques p. 71, eine Inschrift aus a. 613 Masdeu IX. p. 250.

7) Aehnlich wie Totila A. II. S. 229.

8) Isid. chron. ed. Roncall. p. 460, h. G. p. 1073.

9) l. c. „ejus thesaurus redemptio extitit captivorum".

So trat der Patricier Cäsarius mit dem König in Verhand=
lungen über bedeutende Abtretungen griechischen Gebiets. Bischof
Cäcilius von Mentesa [1]), welchen der Statthalter gefangen und frei=
gegeben hatte [2]), übernahm die Vermittlung: neben ihm zwei gothische
Laien, Ansimund und Theoderich, dann der Romane Ursellus und ein
Priester Amelius. Cäsarius bittet in erstaunlich demüthigem Ton um
Frieden und begleitet seinen Brief mit dem Geschenk eines kostbaren
Bogens [3]).

Der König antwortet sehr freundlich („amice charissime") und
friedfertig: aber er macht den Feldherrn vor Gott verantwortlich für
die Fortsetzung des Blutvergießens, — man sieht, wie die Confessions=
gemeinschaft nunmehr die Beziehungen verbessert hat — wenn er seine
Vorschläge verwerfe [4]).

Die Byzantiner besaßen damals noch auf der iberischen Halbinsel
zwei Gruppen verschiedenen Gebiets: einmal, westlich der Meerenge,
am atlantischen Ocean die äußerste Südspitze von Portugal, ein kleines
Stück des jetzigen Algarbiens, mit den Städten Lacobriga und Osso=
noba; dann aber am Mittelmeer ein weitgestrecktes Land, als dessen
westlichster Punct Colopona, dessen östlichster Sucruna erscheint [5]).

Diese ganze Kette von Besitzungen am Mittelmeer — weitaus die
wichtigeren und größeren — traten sie nun den Gothen ab a. 615, nur
jene letzte Ecke des Erdtheils am atlantischen Ocean behaupteten sie
noch. Kaiser Heraklius, dem Gothenkönig persönlich bekannt [6]), rati=

---

1) Nicht Montesano wie Romey II. p. 166.

2) So deutet auch Ferreras II. § 478 die dunklen Worte; nach Mariana VI. 8
wäre er noch Unterthan des Kaisers; allerdings war Mentesa lange Zeit byzantinisch
gewesen; vgl. ep. Caesarii p. 866.

3) (arcus) p. 866 serenissimum urbis dominum patrem vestrum ist schwer
deutbar.

4) ep. Sisibut. ed. Caesar. p. 866. Hienach offenbar componirt die bisher
(noch von Rosseeuw I. p. 805) für originell gehaltene Stelle Fredegars l. c.: di-
cebat S. pietate plenus: „heu me miserum, cujus tempora (l. tempore) tanta
sanguinis effusio fit!" cuicumque poterat occurrere de morte liberabat u.
Rod. Tol. II. 17.

5) Vgl. v. Spruner; unrichtig Aschb. S. 237; daß alle in dieser Linie be-
griffnen Städte damals noch kaiserlich waren, ist zu viel behauptet.

6) p. 869. 870; diese merkwürdigen Briefe Sisibuts und Cäsarius stammen
aus einem Coder der Kathedrale (?) zu Toledo; hienach zuerst in España sagr. VII.
p. 320—325, dann bei Migne 80 p. 863; vgl. Ferreras II. § 477, Aschb.
S. 238. — Mar. Avent. chron. cont. p. 416 plurimas romanae militiae urbes
IV. (anno) regni sui bellando subjecit.

ficirte nach mehreren Befenbungen ben Friebensvertrag a. 615/616. Manche jener verhaßten Meeresburgen, an beren Wällen bie unge= ſchlachte Kriegskunſt der Gothen ſich ſeit ſiebzig Jahren mübe geſtürmt, brachen ſie nun bis auf bie Grunbmauern nieber [1]).

Nicht zu erweiſen iſt bie allgemeine Annahme [2]), baß bie Gothen gerabe unter bieſem König auch in Afrika wieber Eroberungen machten, namentlich bie Städte Tanger unb Ceuta gewannen, welche ſie aller= bings ſicher unter Theubis verloren hatten unb ebenſo ſicher unter Roberich wieber beſaßen.

Außer ber milben Güte [3]) unb ben Kriegserfolgen bieſes Herrſchers wirb auch ſeine Neigung zu Kunſt unb Wiſſenſchaft geprieſen: er baute bie berühmte Kirche ber heiligen Leokabia [4]) zu Tolebo [5]), unb ſeine gelehrte Bilbung iſt nicht nur von Iſibor bezeugt [6]), ber ihm bie Schrift de natura rerum zugeeignet [7]), wir beſitzen heute noch eine von ihm verfaßte Biographie bes heiligen Deſiberius [8]). Dieſe wie

1) Bgl. Fredeg. chron. c. 33 p. 424 plures civitates ab imperio in litore maris (al. per maris litora) usque ad pyreneos montes abstulit et usque ad fundamentum destruxit.

2) Tarapha p. 543, Lafuente II. p. 469, Lafuente Alcántara I. p. 286, Desormeaux I. p. 118, ber auch von „Flottenſiegen" zu erzählen weiß; Romey II. p. 170; in ber recapitul. laudis Gothor. p. 1075 heißt es aber nur: Sisebuti studiis ad tantam felicitatis virtutem profecti sunt Gothi, sed et (l. ut) ipsa maria suis armis adeant; Mariana VI. 8; vgl. Colmeiro I. p. 144, Ros- seeuw I. p. 308; ſehr richtig hierüber Ferreras II. § 484; wenn Isid. origines XIV. 4 zu Hispania auch bie provincia tingitana in regione Africae zählt, ſo iſt bas beßhalb nicht entſcheibenb, weil bies Werk archaiſtiſch römiſche Eintheilungen ohne Rückſicht auf beren Fortbeſtanb anzuführen liebt, in ber Römerzeit aber bie tingit. prov. zu ben prov. Hispaniae gehörte; keineswegs gewannen bie Gothen bie ganze Maurit. ting. wie Eguren p. XX.

3) Chronol. reg. Goth. suis per omnia benevolus; Fredeg. l. c. vir sapiens et in tota Spania laudabilis valde, pietate plenissimus; Isid. p. 1073 mante benignus.

4) „en la Vega" Gamero p. 347. 383.

5) Aber nicht bas Grabmal für ben Biſchof Amator zu Granatula wie Mariana VI. 8, Tarapha p. 543, Gams I. S. 34. Die Inſchrift batirt nur nach ſeiner Regierung. Dunham I. entnimmt p. 132, baß er Ebora baut (ebenſo Iserhielm p. 100), Masdeu X. p. 176: aber bieſer ſagt: „no hay testimonio antiguo".

6) p. 1073 sententia doctus, lingua nitidus, literarum studiis magna ex parte imbutus.

7) Braulio de vir. ill. p. 7, Hildef. eod. p. 10.

8) Vita et passio s. Desiderii.

seine Briefe [1]) athmen eine gewisse Energie, ja leidenschaftliche Heftig=
keit des Ausdrucks, und in der Gesinnung — den ganzen Glaubenshaß
der Zeit [2]). Ist der Schluß des Briefes an die Langobardenfürsten
echt, so verstand der König die Künste der Bekehrung so vortrefflich
wie ein Priester [3]): selbstgefällig bemerkt er, nicht aus Unkenntniß,
sondern aus Absicht habe er sein Schreiben statt mit Grammatik,
Rhetorik und Dialektik mit Bibelstellen ausgestattet [4]). Seine „Chronik
der Gothen" ist leider verloren [5]), aber seine erhaltenen Verse (Disticha)
sind auch einem gekrönten Helden schwer zu verzeihn [6]).

Dieser gegen seine Kriegsfeinde gütige, mit der Bildung seiner
Zeit mehr als andre Laien vertraute König war gleichwohl tief durch=
drungen — sein leidenschaftliches Wesen wird durch seine Schriften
verrathen — von dem religiösen Fanatismus jener Tage, jener Kirche
und jener Nation. Unter ihm beginnt die Reihe grausamer Juden=
verfolgungen, welche den gothischen Staat entstellt und wahrscheinlich
wesentlich zu dessen Untergang beigetragen haben. Die Geschichte des
Zustandes der Juden im Westgothenreich und dieser Judengesetze wird
die nächste Abtheilung ausführlich darstellen: hier mögen nur die
politischen und nationalen diesen Verfolgungen zu Grunde liegenden
Motive berührt werden.

---

1) Handschriften zu Oviedo und Toledo in Esp. sagr. VII. p. 309 (bei
Ximena p. 85—87) und hienach bei Migne 80 p. 363.

2) Die Briefe zeigen Anklänge an den Brief-Stil Gregor des Gr. (bef. ep. I.
ad Caecil. mentesan. „ut magis flere libeat" wörtlich aus dem Brief Gregors
an Leander); außer diesem noch an ep. Eusebius, an den patricius Caesarius,
(daß dieser der byzant. Statthalter hat Helff. S. 154 ganz übersehen!) an
Theudila und die Langobardenfürsten Abalvald und Theodolinde; ohne Grund
bezweifelt Mariana die Identität dieses Sisibut.

3) p. 374 plectendi sunt pollicitatione, qua cupiunt nonnulli subtiliter
pro tempore ubi inardescunt; quosdam lenis debet comminatio regulae sub-
dere, quosdam asperior increpatio flectere . . haec pro loco, pro tempore,
pro persona gerenda sunt, etc.

4) Masdeu XI. p. 311 weiß denn auch gehörig die „cultura de nuestros
reyes" zu rühmen: doce reyes que merezen el nombre de sabios. Eurich,
Alarich, Leovigild, Rekared, Sisinanth, Kindila als „Legisten", Sisibut, Kindasv.,
Reßiv., Ervich als Gelehrte! Vgl. Aschb. S. 240, Lembke I. S. 90, Bourret
p. 77.

5) Eguren p. XVIII.

6) Zu loben findet sie R. de Castro II. p. 343.

Offenbar reichen zur Erklärung [1]) derselben solche Momente nicht aus, welche auch in den andern Germanenstaaten vorlagen, in welchen sie gleichwohl zu einer officiellen Bedrückung der Juden nicht [2]) führten. Also weder die schon im römischen Staatsrecht vorgefundne Zurück= setzung noch die Verhaßtheit der Juden aus religiösen Gründen noch ihre (angebliche) Rechtlosigkeit als einer fremden außerhalb des Königs= schutzes stehenden Nation [3]), sondern nur solche Motive werden die entscheidenden gewesen sein, welche bei diesem gothischen Staat oder seinen Juden ausschließlich wirkten.

Was zunächst die letzteren anlangt, so scheint die Vermuthung gerechtfertigt, daß der, zum Theil [4]) wohl auch durch Wucher erworbene, Reichthum der Juden — unleugbar überall ein Hauptgrund jener

---

1) Denn echt sagenhaft ist der Bericht Fredegars p. 438 und Aimoins IV. 22, Kaiser Heraklius, durch Zeichendeuter gewarnt, es drohe der Christenheit von dem „unbeschnittenen Volk" Gefahr, habe dies statt von den Saracenen von den Juden verstanden und deßhalb von Sisibut als Bedingung jener Abtretungen die Aus= treibung der Juden verlangt. — Schon chronologisch unmöglich wie Ferreras gezeigt; a. M. Moron p. 407, Romey II. p. 165, u. Rios p. 29, A. de Castro p. 26, La Rigaudière p. 10 (der eine Rebellion der Juden vom Jahre 620 rein erfindet), Fehr S. 525, Alcántara I. p. 284. — Daß übrigens Sisibut für den katholischen Glauben eifert, zeigt jenes interessante Schreiben an die Langobardenfürsten, in welchem er sie aufforbert ihr Volk zum Katholicismus zu bekehren p. 372—378 (der echte Brief schließt vielleicht da, wo der Cd. eccles. Tol.). Den grausamen Tod Brunichildens malt er mit der Wollust des Hasses blutig aus v. s. Desiderii p. 384.

2) Oder doch nicht in solcher Dauer und Heftigkeit; der Frankenkönig Dagobert soll es damals freilich für schimpflich erachtet haben, gegenüber den zu ihm flüch= tenden Juden, den Westgothen an „Religion" nachzustehen: alle Einwanderer mußten binnen vorgesteckter Frist zwischen Tod und Taufe wählen: Paul. Emer.: turpe videbatur Franco a Wisigothis ejectos religionis nostrae hostes indomitos finibus suis ruptos diutius retinere ac *Wisigothis religione cedere.*

3) Vielmehr haben sich die Juden bis auf Rekared offenbar einer thatsächlich sehr günstigen Stellung erfreut, sie bekleideten Richter= und Finanzstellen, hatten christliche Weiber und Knechte; Helff. hat mit Recht auf die Verschlechterung' ihrer Lage seit der Katholisirung hingewiesen S. 41, aber er geht sicher zu weit, wenn er ihre günstige Stellung nur aus gothischen Rechtsbegriffen ableitet oder meint streng arianische Könige „machten sich ein Vergnügen daraus, Juden über die Romanen als Beamte zu setzen"; hiezu empfahl sie neben ihrer Thätigkeit ihre neutrale, un= parteiische Stellung.

4) Denn ein sehr gutes Zeugniß stellt ihrer Solidität aus Apoll. S. VI. 11: „es pflegen diese Leute stets nur nach weltlichem Recht und Verkehr wohlbegründete Ansprüche zu erheben". (Sclavenhandel? Helff. S. 69.)

Verfolgungen[1]) — in Spanien schon früher als in andern römischen Provinzen ein ganz außerordentlicher und daß, bei der großen Zahl der spanischen Juden, die hierauf gegründete Ueberlegenheit des verhaßten Volkes den Barbaren wie den Romanen gegenüber eine ebenso bedeutende als mit Ingrimm empfundene war.

Dazu kömmt als ein zweites diesem Staat specifisches Moment die Beherrschung desselben durch den hierarchisch=christlichen Eifergeist[2]). Die Kirche war es, die durch den Staat die Juden verfolgte. Es ist zwar richtig, daß nicht nur einzelne hervorragende Glieder des katholischen Klerus die gewaltsamen Judenbekehrungen verwarfen[3]), sondern auch ganze Kirchenversammlungen sich dagegen erklärten. Indessen ist doch hierauf nicht[4]) zu viel Gewicht zu legen: sind doch alle diese Verfolgungs=Gesetze auf andern Concilien unter Inspiration und Mitwirkung der Bischöfe erlassen, ist es doch ganz undenkbar, daß diese von ihren Bischöfen meist so völlig abhängigen Könige in einer halb kirchlichen Frage gegen den ernsten Willen der spanischen Kirche so lange Zeit mit solcher Härte hätten vorgehen können. Entscheidend aber ist, daß gerade der katholische Klerus es war, der die Ausführung der Judengesetze und die Gerichtsbarkeit hiefür, zunächst mit Ausschluß der weltlichen Beamten, übertragen erhielt und ausübte.

Freilich — und dies ist der dritte, nach unserer Auffassung der wichtigste Grund — lag in dem westgothischen[5]) Volksgeist und seiner

---

1) Gibbon c. 37; schon Römer klagten Rut. Numant. I. v. 395:

   atque utinam nunquam Judaea subacta fuisset

     Pompei bellis imperioque Titi!

   Latius excisae pestis contagia serpunt

     victoresque suos natio victa premit!

und ein Wort Seneca's bei Aug. civ. Dei VI. 11 victi victoribus leges dedere (sceleratissimae gentis consuetudo per omnes jam terras recepta).

2) Charakteristisch, daß Eugenius von Toledo carm. I. erfleht nicht nur den rechten Glauben, sondern: falsis obviam sectis.

3) Isid. p. 1073 aemulationem (d. h. löblicher Eifer) quidem habuit, sed non secundum scientiam: potestate enim compulit, quos provocare fidei ratione opportuit etc.; derselbe Isidor. auf dem IV. Concil: „nemini deinceps ad credendum vim inferre".

4) Mit Aschb. S. 241, Lembke I. S. 89; besser Depping S. 38, Helff. S. 68, der mit Recht annimmt, daß dann allerdings die niedern Geistlichen, Beamten und der Pöbel in Egoismus und Leidenschaft das von den Bischöfen beabsichtigte Maß weit überschritten.

5) Uebrigens ist nicht ausgeschlossen, daß dieser leidenschaftliche Zug durch Be=

Geschichte seit dreihundert Jahren ein Zug, welcher die Raublust der
Könige und Großen mächtig grade in diese Richtung drängte: die
besondere Neigung zu jener fanatischen [1]) Religionsübung, die in der
Verfolgung andern Glaubens die beste Bethätigung des eignen Glaubens
sieht: da dieser Brand an dem Gegensatz von Katholicismus und
Arianismus keine Nahrung mehr fand, ergriff er einen neuen Stoff,
der sich zugleich der Stammesantipathie und der Habgier empfahl [2]).

Seit Rekared ist für jeden bedeutenderen Gothenkönig, den Cha=
rakter und Erfolg seiner Regierung maßgebend das Verhältniß, das
er zu dem katholischen Episkopat einnimmt: nicht leicht konnte sich eine
kräftige Persönlichkeit ohne allen Widerstand in die immer mächtigere
Herrschaftsstellung dieser gefährlichen Verbündeten finden und fügen.
Auch Sisibut, dessen Frömmigkeit noch durch bessere Beweise als durch
die Judenverfolgung bezeugt ist [3]), suchte doch auch seine Kronrechte
gegen die Kirche geltend zu machen [4]): er ertheilte dem Bischof Eusebius
von Tarraco unter heftigster Schelte — „kaum mit den Fingern habe
er an sein Schreiben rühren mögen" — einen herben Verweis: er
kümmere sich um eitle Dinge, halte es mit elenden, hohlen, auf=
geblasenen Menschen, treibe blinden Cult mit den Knochen der Todten

---

rührung mit dem in Spanien vorgefundenen Volksgeist neue Nahrung erhalten haben
mochte. Ueber spanischen Religionsfanatismus schon vor der westgothischen Zeit
f. Gams I. S. 284, II. S. 29. 35—37, 309 („virgines violentae").

1) v. Bethm. Hollw. G. Proc. I. S. 173 spricht von tiefer Religiosität: aber die
beiden Schlachten von Pollentia und Ceuta und das Gebet Theoderichs zu Toulouse
beweisen doch nur Aeußerliches. Mit Recht Fauriel I. p. 577: les Visigoths se
montrèrent plus sérieux, plus profonds, plus tenaces . . en religion et en
croyance comme en toute chose que les Burgondes; bei Valdestus p. 172 ein
besonderes Capitel des Ruhms p. 171: „natio hisp. excellit in haereticis puniendis
et exterminandis".

2) Vgl. Davoud-Oghlou p. VIII., Llaño I. p. 15. Ueber das Schreiben
Sisibuts an die Bischöfe, Richter und Priester von Barbi, Aurgi (über dies C. J.
N. 3362), Sturgi, Jlliturgi, Biacia, Tugia, Tertugia, Egabro und Epagro f. Flores
VII. p. 104, XII. p. 383. 393, Gams II. S. 18; auffallend ist Haenels p. XCVII.
Irrthum, daß wir keine Gesetze von Sisibut haben und nur sein Name L. V.
XII. 3. 12 erwähnt werde; über ihm fälschlich zugeschriebene Gesetze bei Sotelo
p. 171 f. Gesch. d. Gesetzgeb.

3) Isid. h. G, p. 1073. 1074.

4) Anders Helff. S. 53 f., dessen ganz abschätzige Auffassung Sisibuts ich
nicht theilen kann, besser Rosseeuw I. p. 304; unter ihm tagte die Provinzialsynode
zu Egara a. 614 und das II. Concil zu Sevilla a. 619, f. „Kirchenhoheit". -

und verabsäume darüber die Lebenden, und gebe sich mit Leidenschaft den Stiergefechten hin [1]). Er zwingt ihn zuletzt, (vestra *tandem vel sera* consensione) den vom König gewünschten Candidaten zum Bischof von Barcelona einzusetzen [2]).

Bezeichnend ist, daß man bei dem bald hierauf erfolgenden Tod [3]) des Königs sofort an Gift dachte [4]). Ein Zeichen seiner Einsicht und seines Ansehns ist, daß er schon bei Lebzeiten die Wahl seines Sohnes Rekared II. zum Mitregenten und Nachfolger hatte durchsetzen können, aber derselbe starb bald nach seinem Vater 16. April a. 621 [5]).

Jetzt wurde der tapfre Feldherr Sisibuts, Svinthila, a. 621 — a. 631 gewählt [6]). Dieser wehrte zuerst einem neuen Versuch der Basken, aus Gallien in das tarraconische Spanien einzubringen: er überraschte sie noch in den Felsenpässen (von Alava und Rioja?) [7]) so plötzlich mit seinem Heere, daß „diese bergedurchschweifenden Stämme" [8]) sich ohne

---

1) Hierüber f. „Polizei"; das ist die einzige, bisher übersehene, Stelle, welche den allgemein geleugneten Fortbestand dieser alt-spanischen Nationalspiele während der Gothenzeit beweist.

2) ep. Sisib. reg. ad Eusebium p. 870; falsch Mariana und Aschb.: nicht um Absetzung des angeredeten Bischofs handelt es sich; seine consensio zur Einsetzung eines Andern in Barcelona wird verlangt; daß Eusebius im Amte starb, beweist Epist. Braul. ad Isidor. p. 654.

3) a. 620 (14. Febr. 621 Ulloa).

4) Isidor. hist. p. 1074; (unzutreffend v. Bethm. H.-G.-P. I. S. 205), der aber seine Gerechtigkeit, Milde, Frömmigkeit und Kriegstüchtigkeit lobt und bedeutsam schließt: cujus exitus non modo religiosis sed etiam optimis laicis exstitit luctuosus; andere späte Gerüchte über seinen Tod Alf. Carth. c. 31, Mariana VI. 8, charakteristisch Ferreras II. § 487.

5) Lucas tud. l. c. hic *cum patre* duobus annis regnavit; nach l. c. überlebt er wenige Tage, nach Isidor. l. c. drei Monate; (h. G. p. 1073 princeps paucorum dierum), hienach Isid. pac. p. 286: nach Julian chron. reg. Wisig. drei Jahre. Dieser Irrthum erklärt sich vielleicht aus zweijähriger Mitregentschaft (aber freilich relicto filio *parvulo* Isid. p. 1074).

6) „Suintilanus" auf Spangen und Kreuzen zu Guarrazar, f. Königsornat; falsch In. H. Biseu in Portugal „Suintaliuba". Derselbe war gewiß kein Sohn Rekared L., wie Alf. Carth. c. 33, Mariana VII. 4, Ferreras II. § 449 von der Babbo, (vorsichtiger § 489, gegen seine Schwankungen Berganza crisis p. 53), Masdeu X. p. 168, vorsichtiger p. 177; ein unehelicher: so Helff. S. 71, Cavanilles I. p. 228, Romey II. p. 162, vgl. 170, ihm irrt nach, wie meist, Cénac Moncaut I. p. 333; ebenso zweifelhaft, ob Gatte der Theodora, Sisibuts Tochter, Roder. Tol. II. p. 18 u. Luc. Tud. l. c., Tarapha p. 544.

7) Cénac Moncaut l. c.

8) Isid. l. c.

Widerstand unterwarfen, Geiseln stellten und den freien Abzug durch Herausgabe all' ihres Raubes und die bemüthigende Verpflichtung er= kauften, selbst mit an einer Festung, Ologitum, (al. Ologitis) zu bauen, welche wesentlich zur Sicherung der Grenzen gegen ihre Ein= fälle bestimmt war [1]). Den größten Ruhm aber erwarb sich dieser König dadurch, daß er die Halbinsel vollständig von den byzantinischen Eindringlingen säuberte, welche 80 Jahre lang mit größter Zähigkeit sich, an den Küsten festgeklammert, im Lande behauptet hatten.

Freilich hatte ihm Sisibut mächtig vorgearbeitet und ihm nur den letzten Stoß zu führen übrig gelassen [2]), zu welchem die gleich= zeitigen persischen Gefahren des Kaiserreichs einluden. Svinthila überfiel die Byzantiner mit der ihm eignen Raschheit, schlug sie im offnen Felde [4]), nahm den Einen Statthalter [3]) gefangen, gewann den zweiten für sich [5]) und bedrängte die führerlosen und von jeder Entsatz= hoffnung entblößten Truppen in den letzten Seestädten Algarbiens, „dem Vorgebirge St. Vincent", dergestalt [6]), daß sie endlich aus dem Lande weichend sich einschifften: jetzt zuerst war es erreicht, daß ganz Spanien unter gothischem Scepter stand [7]).

---

1) Chronol. et ser. reg. Goth. Vascones devicit; ausführlich Isid. h. G. p. 1070, Luc. Tud. II. p. 51; über die Lage dieser Stadt vgl. Mariana VI. 4 mit Vasaeus Hisp. illustr. I. Risco in España sagrada t. 88, Aschb. S. 642 Romey II. p. 171; von Valladolid (Vasaeus) kann keine Rede sein; das Richtige, wohl bei v. Spruner (zwischen Terraga und Ebellinum, Larga und Aragon Cénac Moncaut I. p. 384) a. 622? (Ferreras II. § 491) wahrscheinlicher (initio regni Isid.) als 625 (Mariana); heute Olite? Masdeu X. p. 177, Muñoz I. p. 357, Julian del Castillo p. 101, Oïenart p. 29, baskisch Erri — berri i. e. „urbs nova"; die Zuflucht der nicht unterworfenen Basken war Navarra.

2) Is. h. G. p. 1073 (Sisibut) residuas Romanorum urbes . . omnes exinanivit, quas gens Gothorum post in ditionem suam facile redegit.

3) l. c. Is. p. 1074 praelio conserto.

4) l. c. alterum prudentia suum fecit alterum virtute proelii sibi subjecit.

5) duos patricios romanos, daraus macht Helff. S. 72 u. 154 ganz irrig zwei Große, die sich gegen ihn empörten; irrig auch Romey II. p. 191; auf diese Kämpfe geht vielleicht die hostilitas in der ep. Braulionis I. ad Isid. p. 630.

6) Münzen aus dieser Zeit Velasquez p. 74.

7) Chronol. et ser. reg. Goth.: Suintila... victoria et consilio magnus fuit . . . duos patricios romanos cepit omnem Hispaniam . . . strenue rexit. Isid. l. c. . . . gloriam prae caeteris regibus felicitate mirabili reportavit totius Hispaniae infra oceani fretum monarchia regni primus . . . potitus quod nulli retro principum est collatum. Luc. tud. II. 59, Isid. pac. p. 286 celeri victoria (l. celebri?).

In mehr als einer Hinsicht erinnert König Svinthila's Erfassung des Königthums und der demselben gesteckten Ziele an seinen großen Vorgänger Leovigild[1]). So viel sich den unzureichenden, von kirchlichem[2]) und politischem Parteigeist getrübten und sich selbst widersprechenden[3]) Quellen abgewinnen läßt, suchte der König sich der gedrückten niederen Stände, der Kleinfreien, — „Vater der Armen" nannte man ihn[4]) — anzunehmen und die Uebermacht der geistlichen und weltlichen Großen zu bekämpfen[5]).

Er trachtete ferner, wenn nicht principiell die Krone erblich zu machen[6]), wenigstens bei der nächsten Thronerledigung die unheilvollen Wahlkämpfe dadurch abzuschneiden, daß er seinen Sohn Rikimer als Mitregenten und Nachfolger anerkennen ließ: es wird der Glanz seiner kriegerischen Erfolge und die Anhänglichkeit der kleinen Freien gewesen sein, welche diese nie leicht bewilligte Concession dem widerstrebenden Adel und Klerus abnöthigten: erblickte doch diese doppelte Aristokratie in der oft geübten Wahlfreiheit die stärkste Schranke des Königthums, die stärkste Schanze der eignen herrschenden Stellung in

---

1) So, wie ich nachträglich finde, auch Helff. S. 72.

2) Aguirre II. p. 504.

3) Hier schließt Isid. mit Lobpreisungen seine Geschichte, während er als Leiter des nächsten Concils die „Frevel und Laster" des Gestürzten schmäht. Isidor. p. 1074 praeter has militaris gloriae laudes plurimae in eo regiae majestatis virtutes: fides, prudentia, industria, in judiciis examinatio, strenua in regendo regno cura, praecipua circa omnes munificentia, largus erga indigentes et inopes, misericordia satis promtus, ita, ut non solum princeps populorum, sed etiam pater pauperum vocari sit dignus; hujus filius Racimirus, in consortium regni assumtus, pari cum patre solio conlaetatur, in cujus infantia ita sacrae indolis splendor emicat, ut in eo et meritis et vultu paternarum virtutum effigies praenotetur; so im fünften Jahre seiner Regierung. Leider ist die Fortsetzung der Chronik durch den jüngeren Zeitgenossen St. Hilbifuns † a. 699 verloren.

4) Nach Hiob 29, 15. 16; auch häufig auf älteren Inschriften Le Blant l. c.; vgl. Lafuente II. p. 410, ungerecht Dunham II. p. 188, unbestimmt Rosseeuw I. p. 810.

5) Mit dem Lob bei Isid. l. c. würden stimmen L. V. IV. 3, 3. 4, 1, welche ihm Cod. leg. beilegt, (Sorge für die Unmündigen und gegen Aussetzung) nach andern Handschriften antiquae; vgl. Biener origin. I. § 86, Eichh. I. § 34, Bluhme p. X., Helff. S. 74, Stobbe S. 80, Lardizabal p. XV., irrig Türk Forsch. I. S. 43—48.

6) Diese weitergehende Meinung von Aschb. S. 243, Helff. S. 73 ist nicht zu erweisen.

diefem Staat. Daher ftieg vielleicht [1]) gerade feit jenem Erfolg der Groll der beiden schon vorher mißvergnügten Stände [2]) wie anderseits der König von jetzt ab, beffer befeftigt und fiegesgewiß, die Zügel noch ftraffer anziehn mochte. Wie mißtrauisch er ben mächtigen Bischöfen gegenüber ftand, zeigt die auffallende Thatsache, daß er während der 10 Jahre feines Regiments, gegen wiederholte feierlich beschloßne Kirchengefetze, keine Concilien zusammentreten ließ, diefe gefährlichen geiftlichen Heeresmufterungen, welche die Macht des Episkopats jedesmal schon durch deren Schauftellung vermehrten. Die Feindschaft der beiden herrschenden Gewalten in diefem Staat, des Adels und des Klerus zugleich, konnte das schwanke gothische König= thum nicht ertragen. Wir werden nicht irren mit der Vermuthung, daß der seelenbeherrschende Klerus die letzte und einzige Stütze des Königs, die Liebe des niedern Volkes, dadurch untergrub, daß er „den Vater der Armen" als gottlos, habgierig und grausam barftellte' wozu die häufigen Confiscationen und Todesftrafen, über unzufriedne und complottirende Große verhängt, den Anlaß gaben. Wenigftens tauchen die fonft nirgends erwähnten „Frevel" (scelera) des Königs zuerft in den Acten des nächften Concils von Toledo auf [3]).

Es spricht für den König und gegen die fittlichen Motive der Oppofition, daß diefe nur durch Hülfe des alten Nationalfeindes, der Franken, zu obfiegen hoffen konnte nnd nicht davor zurückscheute, diefe Hülfe durch Preisgebung eines nationalen Kleinods, noch reicher an Ruhmes= als an Goldeswerth, zu erkaufen.

In der immer unsichern gallischen Reichshälfte ftellte fich ein gothischer Graf [4]), Sifinanth, an die Spitze der Unzufriednen, ließ fich krönen und bot dem König Dagobert von Neuftrien, Sohn Chlo-

---

1) Allzubeftimmt Daniel II. p. 13, Muñoz I. p. 376.

2) Nach Fredeg. p. 441 ift er verhaßt: *omnibus palatii primoribus* . . die *proceres* rufen die fränkische Hülfe wider ihn; vgl. Ferreras II. § 497. Morales VI. p. 89, Masdeu X. p. 178, Valdesius p. 167, „8. mores controversi": feither Verschlimmerung des Königs Desormeaux I. p. 221, Saavedra y Faxardo p. 327, Mariana VI. 4. Cavanilles I. p. 224; daß feine Gattin Theodora und fein Bruder Gaila ihn verhaßt gemacht, hat man nur componirt aus Cc. T. IV.

3) Cc. Tol. IV. possessio de miserorum haustibus sumpta.

4) Nach Ferreras II. §. 501 dux Gall. narb.; ihm folgt wie gewöhnlich Romey II. p. 172; Alf. Carth. cap. 34, 27. 40, Rod. Sant. (die überhaupt aus dem Wahlreich nach Kräften ein Erbreich machen z. B. II. 32) nennen Eifinanth den jüngeren Bruder Svinthila's.

tachars und Enkel Frebigunthens, (a. 628—638), für seine Kriegshülfe[1]) das edelste Stück des gothischen Königsschatzes, jenes fünf Centner schwere Goldbecken, welches, so rühmte die gothische Sage, dereinst Held Thorismund, der Besieger Attila's, von den Römern, als Ersatz für die aufgegebene Beute von den catalaunischen Feldern, durch Drohungen erpreßt hatte[2]).

Der gierige Merowinge[3]) ging den Handel mit Freuden ein, bei welchem er an Leistung und Gegenleistung gewann und schickte zahlreiche Hülfstruppen[4]). Die vereinten Septimanier und Franken drangen unter Sisinanth und zwei Feldherrn Dagoberts über die Pyrenäenpässe, die Feinde Svinthilas in Spanien fielen ihnen zu[5]), ohne Widerstand kamen sie bis Saragossa. Hier wollte der König ihnen in offner Schlacht entgegen treten, aber die Uebermacht auf Seite der Gegner und der Verrath in seinem eignen Lager waren so stark, daß — ein Zeichen entweder von des Königs Verhaßtheit oder von des Klerus und des Adels ausschlaggebender Stellung — sein ganzer Anhang, auch sein Bruder Gaila[6]), ihn verließ und Sisinanth allgemein als König anerkannt wurde (16. April a. 631). Diese unblutige Entscheidung rettete wahrscheinlich des Entthronten Leben: sein Geschick (und das seines Sohnes) wird nicht weiter erwähnt, da er aber noch a. 633 lebte, scheint er mit seinem Sohn[7]) in ein Kloster gesteckt worden zu sein[8]): des Gestürzten und seiner Familie Vermögen wurde eingezogen bis auf Gnadenbelassungen Sisinanths[9]). Die versprochene Gold-

1) Ganz falsch Plancher I. p. 192, wonach Dagobert a. 629 dem Sisinanth diese Truppen zur Austreibung der Byzantiner (!) gesendet haben soll.

2) Fredeg. c. 78 p. 441, über seine Glaubwürdigkeit bes. Brosien S. 38—40. Oben S. 81; ob hiezu Proc. b. G. I. 12?

3) ut erat cupidus Fredeg. l. c.

4) Aus Toulouse und Umgegend Fauriel II. p. 441.

5) Fredeg. c. 78.

6) Nicht Genalofa wie Valdesius p. 10.

7) Dessen Frömmigkeit rühmt Isid. p. 1074.

8) Co. T. IV.; ist Orius in manchen Handschriften der Königsliste sein Mönchsname? Doch vielmehr Verunstaltung eines Prädicats (Flavius? doch nicht ὅσιος?), da Ervich ebenso heißt; vgl. Helff. S. 75.

9) Vgl. Fred. c. 74, werthlos späte Quellen wie Isid. Pacensis, Chron. albeldense; Rod. tol. u. Luc. tud. verschweigen die ihnen wohl bekannte Entsetzung; (unbestimmt Sotelo p. 181, ganz kritiklos Lardizabal p. 15), sie und chron. albeld. machen Sisinanth und Kindila (andre auch noch Kindasvinth) zu Söhnen Svinthilas und der Theodora, der (erfundnen) Tochter Sisibuts; ähnlich noch Puiades p. 328, vgl. dagegen Mariana VI. 6, Hefele III. S. 81.

schüssel lieferte der Sieger den Gesandten der Neustrier aus, aber die Gothen, den Verlust des Kleinods nicht verschmerzend, entrissen es wieder mit Gewalt [1]), und Dagobert mußte sich mit einer Abfindung von 200,000 (?) Solidi zufrieden geben.

Sisinanth stand völlig unter der Herrschaft der Bischöfe [2]). Das bedarf nach unserer Auffassung von Svinthila's Regiment und Sturz nicht erst der Annahme, der Emporkömmling habe sich gegen spätere Verschwörungen auf die geistliche Partei stützen müssen [3]): war doch die ganze Erhebung gegen Svinthila wesentlich vom Klerus beseelt und zum Siege geführt worden. Sisinanth war nur das Werkzeug, der Zweck der Rebellion aber war gewesen die Wiederherstellung der Herrschaft des geistlichen Adels im Staat. Das vierte Concil von Toledo a. 633 unter dem Vorsitz des großen Isidor von Sevilla, des Bru= ders und Nachfolgers Leanders [4]), war der stärkste Ausdruck dieser Unterwerfung der Krone unter die Bischofsmütze [5]): „der König flehte, vor den geistlichen Vätern knieend, in unterwürfigster Haltung des ganzen Körpers, unter Schluchzen und reichen Thränenströmen, um Fürbitte bei Gott" [6]). Bezeichnend ist die kurze Notitz einer alten Quelle [7]), „Sisinanth regierte drei Jahre, hielt eine Versammlung der Bischöfe, war willfährig (patiens) und befolgte die orthodoxen katholischen Regeln". Es war also keine Stärkung des Throns, son= dern nur ihrer eigenen Herrschaft über denselben, wenn die Bischöfe zunächst diesen Fürsten gegen Empörungen zu sichern suchten [8]). Der Verräther Gaila wollte, scheint es, die Früchte seiner Hinterlist

---

1) per vim; nicht: „auf dem Wege"; erst die gesta Dagoberti p. 587 machen aus vim „viam", so irrig Daniel I. p. 13, Moron p. 411: vielleicht ist das Ganze fränkische Erfindung.

2) Dawider streiten auch nicht die Händel des Gerontius unter des Königs Zuneigung mit Justus von Toledo Hildef. de vir. illustr. c. 8. c. 13, vgl. Rosseeuw I. p. 342.

3) Aschb. S. 246.

4) Münzen aus diesem Jahr Velasquez p. 75.

5) Das verkennt, bei mancher feinen Bemerkung über den Zweck dieser Ver= sammlungen, Mariana VI. 5; Moron II. p. 184 dagegen meint: die Weisheit Sisinanths bestätigte die seit Cc. T. III. (II. p. 133. 198) herrschende „forma teocra= tica". Sempere ed. Moreno I. p. 58: „progresos de la teocratia".

6) Acta Cc. T. IV., so ausgemalt von Mariana VI. 5.

7) Hildefuns Chron. in Luc. Tud. L. III.

8) Anders Helff. S. 76; freilich gelten diese Gesetze dann auch für die Zukunft.

die nur Sisinanth zu gute gekommen, durch neue Complotte sich selbst zuwenden: er scheiterte und das Concil entzog auch ihm und seinem Hause zur Strafe alle Würden und alle Güter [1]).

Zur Besieglung der engen Allianz zwischen König und Kirche wurde jede künftige Rebellion gegen den Ersteren mit dem Banne der Letzteren bedroht [2]). Daß aber das Concil mit diesen Maßregeln für sein Werkzeug nicht die Kräftigung der Krone an sich bezweckte, zeigt die eifrige Betonung des freiesten Wahlrechts des geistlichen und welt= lichen Adels im Fall der Thronerledigung. Und Vorsitzer dieses für die Geschichte von Staat und Kirche in Spanien und ihres Verhält= nisses hochwichtigen Concils war derselbe gelehrte, fromme und heilige Isidor von Sevilla, der ehedem den „Vater der Armen" bis zum Himmel erhoben hatte mit seinem Lob: jetzt fand er gegen den ge= stürzten Mann kaum Worte des Tadels genug [3]).

Der Sieg der romanischen Kirche über den germanischen Staat war ein vollständiger: das Leben des Reiches war zusammengeschnürt, fast erstickt von den kirchlichen Gängelbanden [4]). Der geistliche Einfluß beherrschte auch die Wahl und die Regierung des nächsten Königs Kindila', (März oder Anfang April a. 636 — a. 640) [5]), von dem es

---

1) Als die ihm der König lassen wollte, quia fidem glor. dom. suo promissam non servavit. Cc. tol. IV.

2) Cum gentis consultu. S. Verfaß. „Kirchenhoheit".

3) Act. Co. T. IV. de Suintilane vero, qui scelera propria metuens se ipsum regno privavit et potestatis fascibus exuit (!) id .. decrevimus, ut neque eundem vel uxorem ejus propter mala, quae commiserunt, neque filios eorum unitati nostrae unquam consociemus nec eos ad honores a quibus ob iniquitatem dejecti sunt aliquando promoveamus; quique etiam sicut fasigio regni habentur extranei, ita et a possessione rerum, quas de miserorum sumptibus hauserant (!), maneant alieni; über Isidor Luc. tud. p. 52, Nicol. Ant. V. 3, 60, Espinosa p. 90, ausführlich R. de Castro II. p. 293—344, Ceillier XVII. p. 621—651, Bähr I. S. 456, Bourret p. 62—118 (alle Mirakel der Biographen daselbst recipirt; über seine Schüler S. 69 f.), die freilich nur Lob auch für seinen Charakter haben; (frühe Sagen über ihn bei Mariana VI. 7), ebenso Eguren: portento! de virtud. Der rex in epist. p. 651. 654 ist wohl Sisinanth.

4) Vgl. Helff. S. 79. Daß Sisinanth der L. V. ihre jetzige Gestalt und Eintheilung gegeben habe, oder daß einzelne Gesetze derselben von ihm herrühren, ist ein Irrthum älterer Darstellungen, aber noch bei Zöpfl § 13; dagegen schon Llorente p. 7, Sav. II. S. 68, Helff. S. 75, Stobbe S. 80, f. „Gesetzgebung".

5) Sisinanth starb a. 636 (Ferreras); daß Svinthila und Kindila nicht der= selbe Name, hat gegen Rod. Sant. II. 28 und Türk I. S. 45 Helff. S. 74 dar=

kurz, aber deutlich, heißt: „er hielt sehr viele Synoden mit den Bischöfen und kräftigte sein Reich durch den Glauben".

Das fünfte Concil zu Toledo gleich im ersten Jahre seiner Regierung a. 636 [1]) bestätigte des Königs Wahl und suchte den Thron durch die Mittel der Kirche zu festigen: Empörung, Verfluchung, Zauberworte, die Wahl eines Gegenkönigs [2]) wider den König werden mit dem Bann bedroht, auch die Kinder des Königs durch besondere Strafen geschützt [3]). Schon anderthalb Jahre darauf sicherte das sechste Concil von Toledo a. 638 abermals durch schärffste Bann=drohung die Person des Königs und verpflichtete jeden Thronfolger wie den Adel, die etwaige Ermordung des Vorgängers zu rächen. Be=zeichnend genug für die Praxis in diesem Staat ist die Bemerkung, nur durch diese Rache könnten sie sich von dem Verdacht der Mitschuld reinigen. Aber die sorgfältige Beschränkung der Wählbarkeit zum König [4]) (jedoch nicht, nach der bisherigen irrigen Deutung der Stelle, auf die großen alten Adelsgeschlechter) bekundet die eigentliche Tendenz dieser Beschlüsse.

Der König, dessen Verdienste die Geistlichkeit nicht hoch genug rühmen zu können erklärt [5]): — sprach er doch auf Cc. T. VI. den bündigen Rechtssatz aus, daß Niemand in seinem Reiche leben dürfe, der nicht katholisch sei — hatte die Wahl seines Sohnes Tulga zu seinem Nachfolger [6]) (10. Januar a. 640—641) wohl dem Bestreben

---

gethan; vgl. Cc. T. V. VI. chronol. et ser. reg. Goth. Münzen aus diesen Tagen? Velasquez p. 76.

1) Im Juni, wie Cc. T. IV. vorgeschrieben; über die wenigen Besucher und die Motive der eiligen Berufung s. die Hypothesen bei Helff. S. 80; mehr als Hypothesen sind es nicht und was davon richtig, sagt schon Mariana VI. 6.

2) regem providere contra viventis regis utilitatem Cc. Tol. VI. 17.

3) Diese Bestimmungen wurden zum Theil in die L. V. aufgenommen; wie Helff. S. 79 annimmt, erst von Kindasvinth und ohne Namen des Urhebers, so Stobbe S. 81.

4) Kein zum Mönch Geschorner (dies ging gegen Wiedererhebung gestürzter Könige) oder zur Strafe Decalvirter oder von knechtischer oder nicht gothischer (nach der bisherigen Auslegung nicht abliger) Abkunft c. 17. S. A. VI.: „Königswahl".

5) Cc. Tol. VI. 16. Geschenke nach Rom erwähnt Ferreras II. § 517 aus Mabillon Analecta I. (?)

6) Daß er die Krone principiell habe erblich machen wollen, Unger S. 32, ist nicht zu erweisen.

der Geistlichkeit zu danken[1]), ihre durch neun Jahre fortgeführte Be=
herrschung des Thrones auch unter diesem schwachen oder milden
Knaben sicher zu behaupten.

Aber die Allianz des geistlichen und des weltlichen Adels war
doch keine absolut verläßige, so mächtig die Verbreitung der nämlichen
oder nahe verwandter oder verschwägerter Geschlechter durch die beiden
Aristokratien dies Band durch die Gemeinsamkeit der Familieninteressen
neben den politischen Standesinteressen verstärkte (daraus, nicht aus
nationaler Fürsorge erklärt sich die Wahrung der Rechte des Adels
durch die Bischöfe auf den Cc. T. V. und VI.)[2]). Der Adel hatte
mittelst des Klerus die Befestigung der Krone, namentlich durch Ver=
erblichung, im Geiste der Leovigild und Svinthila, verhindert und in=
sofern allerdings seinen Hauptzweck erreicht, aber im Ganzen spielte
er doch unter den Bischofskönigen, nur nach und hinter dem Klerus,
die zweite Rolle im Staat: dies war namentlich in Friedenszeiten,
wie jetzt seit langen Jahren, unvermeidlich: denn der geistliche Adel
überragte den weltlichen wie an Reichthum, so an Bildung, wie an
Feinheit der Organisation, so an Zahl der Vertreter auf den Con=
cilien, wie an Klarheit der Zwecke, so in kluger Wahl der Mittel:
also mit allen Stützen politischer Macht. Nicht immer aber begnügten
sich der Weltadel oder doch einzelne seiner Geschlechtergruppen oder
deren hervorragende Häupter mit jener zweiten Rolle[3]): und waren
auch diese Tendenzen in der Regel ebenso selbstisch wie die der Bischöfe,
manchmal mischte sich darin doch auch wie unwillkürlich ein wohl=
thätiges und gesundes, wenn auch nur kriegerisch empfundnes, Wider=
streben gegen die Herrschaft der Krummstäbe über ein Heldenvolk und
gegen den Weihrauchqualm der Synoden, der erschlaffend und ver=
dumpfend durch die Gesetze und die Zustände dieses Staates zog. Und
kernige Kraft konnten die spanischen Bischöfe ihren gekrönten Werk=
zeugen doch weder einflößen noch immer selbst ersetzen: die Schwäche

----

1) Petitione patris Fredeg. p. 445.

2) Deßhalb kann ich Helffs S. 43 Auffassung nicht theilen.

3) Vgl., übrigens bei anderer Gelegenheit, Helff. S. 47. 48 u. Asch. S. 257;
deßhalb bedarf es manchmal der Ermahnung an den Laienadel zur Eintracht mit
den patres Co. Tol. VIII. praef.; vgl. Mariohalar II. p. 5; viel zu viel baut auf
diesen Gegensatz von romanischem geistlichen und gothischem weltlichen Adel Helff.
durchgängig (ihm folgt v. Bethm. H. g. P. I. S. 205) verkennend, daß schon vor
Rekared dieselben gothischen Geschlechter in Episkopat und palatium traten.

eines solchen Fürsten mußte bald einzelne ehrgeizige Eble zur Em=
pörung, bald auch ben ganzen Weltabel zur Erkämpfung der erſten
Rolle im Reiche herausfordern.

Solche allgemeine Motive ſcheinen [1]), neben perſönlichen, die ſich
unſerer Kenntniß entziehn, ber Erhebung [2]) des Kindaſvinth zu Grunde
gelegen zu ſein: dieſer vornehme Gothe [3]), ſchon früher oft bei Abels=
bewegungen [4]) betheiligt und in der Kenntniß ſolcher Umtriebe ergraut,
verſammelte „ſehr viele ber Senatoren" — b. h. der auf den Con=
cilien erſcheinenden Edeln — und anderen Anhang, aus bem Volk,
um ſich, ließ ſich zum König ausrufen und ben jungen Fürſten mit
geſchornem Haar in ein Kloſter ſtecken [5]).

Kindaſvinth, eine energiſche Herrſchernatur [6]), brachte, ſo lang
er das Scepter in der nervigen Hand führte, einen ganz anderen als
den bisherigen Geiſt in die Regierung Spaniens: der eiſerne Greis —
er war neun und ſiebzig Jahre alt, als er nach der Krone griff —
erinnert an Vorgänger wie Leovigilb und Svinthila: ſein Beſtreben ging auf
gewaltige Herſtellung eines gewaltigen Königthums, mit ſchonungsloſer

---

1) Andere bei Romey II. p. 180.

2) ep. Braul. p. 684 vos coelesti misericordia *excitatos*. Darin liegt das
Revolutionäre; Parteikämpfe, durch die Jugend des Fürſten provocirt, waren voraus=
gegangen Fredeg. p. 445.

3) Fabeln über ſeine Abſtammung (Stammgut, Erbtheil) aus der tierra de
campos wegen einer (apokryphen) Inſchrift ſ. noch bei Muñoz L p. 378, Ferreras II.
§ 568, Morales VI. p. 144.

4) Nicht ein Sohn Svinthila's wie Marichalar I. p. 370.

5) Fredegar. p. 445. (So mit Recht auch Helff. S. 86) 10. Mai a. 642—652.
Vgl. Chron. Joh. Biclar. cont. España sagr. VI. p. 242, Isid. Pac. p. 287—288
Tulgas bonae indolis et radicis . . Chind. per tyrannidem regnum Gothorum
invasum Hiberiae triumphabiliter principatur demoliens Gothos sexque per
annos regnat. Masdeu X. p. 182 rey de vida corta y de virtudes grandes.
Saavedra y F. p. 853. Ueber Sigibert. Monum. Germ. VIII. Script. VI. p. 327
und Isid. (er folgt blos dem Fredegar.) Helff. l. c. Mariana will den „Fremden"
nicht glauben: er ſagt von Tulga VI. 8 ab optimis initiis ad summa nitentem
mors importuna praecepsque (!) — (woher weiß er das?) Toleti ex morbo
oppreſſit . . cum rempublicam gubernasset annis duobus mensibus quatuor.
Dieſe Zeitangabe nach dem Cod. Castil. ſ. Helff. S. 86; nach Cd. Vat. reg. Christ.
2 Jahre Vasaeus p. 662. Spätere Spanier ignoriren die Abſetzung Sotelo p. 200.
(Mariana VI. 8 ſchwankt) u. Marichalar I. p. 384. Richtig Ferreras II. § 522 f.,
Dunham II. p. 135, Rosseeuw I. p. 317; eine Münze aus der Zeit dieſer Kämpfe?
Velasquez p. 81; falſch ſeine Grabſchrift bei Masdeu IX. p. 22.

6) Luc. tud. l. c. demoliens Gothos regnat.

Niederwerfung der geiſtlichen und weltlichen Mächte[1]), welche dem
König bisher einen Platz höchſtens neben ſich, nie über ſich, am
Liebſten unter ſich einräumen wollten. Sein eigener Sohn, aus
weicherem Stoff geformt, ähnlich wie Rekared gegenüber Leovigild,
tadelte ſpäter[2]) die Härte des Vaters und ſeiner „Rache".

Fredigar[3]) ſchildert dieſe Schritte Kindasvinths in ſeiner Weiſe:
„der König hatte die böſe Sitte (morbus) der Gothen in Entthronung
ihrer Könige erkannt, war er doch ſelbſt oft Theilnehmer ſolcher Pläne
geweſen — daher kannte er genau die trotzigen Geſchlechter von denen
Gefahr drohte und ſicher wußte er ſie zu treffen. — Da ließ er denn
Alle, welche ſich früher bei Vertreibung der Könige betheiligt, oder
im Verdacht der Empörung ſtanden, mit dem Schwert ausrotten oder
verbannen, zweihundert der Vornehmſten, fünfhundert der Geringeren
ſoll er auf dieſe Weiſe getödtet haben: ihre Frauen und Töchter und
ihr Vermögen wurde den Anhängern des Königs zugetheilt: da flohen
Viele, die ähnliche Strafen fürchteten, aus Spanien zu den Franken
oder nach Afrika, riefen dort um Hülfe und trachteten von da aus
mit den Waffen zurückzukehren und Rache zu nehmen[4]). Der König
aber ließ nicht nach, bis er durch dieſe Strenge im ganzen Reich den
Geiſt der Empörung gebrochen: die Gothen waren von ihm gebändigt
und wagten nicht mehr gegen ihn, wie ſie es mit ihren Königen pflegen,
ſich aufzulehnen: dies Volk[5]) iſt nämlich ſtörriſch, wenn es nicht ein
ſtarkes Joch auf dem Nacken fühlt"[6]). Dieſe Worte des Zeitgenoſſen
ſind höchſt charakteriſtiſch.

-----

1) Vgl. Cc. Tol. VIII. 12 u. decr.

2) Cc. Tol. VIII. 12.

3) c. 82 p. 445.

4) Das ſind die discrimina, pericula necessitatis, adversariorum incursus,
quibus coelesti misericordia vos excitatos et vestro regimine nos ereptos
videmus bei Braul. ep. p. 684.

5) Ueber Fredigars Verhältniß zu den Gothen Broſien S. 37.

6) Ganz anders die Auffaſſung bei Lembke I. S. 97, der die Nothwendigkeit
eines erſtarkenden Königthums in dieſem Reich nicht begriffen hat; beſſer Pfahler A.
S. 109, Geſch. I. S. 561 und Helff. l. c., deſſen Argumentation über Geſetzesreform
S. 86 folg. ich mir aber nicht aneignen kann; auch Ascargorta S. 52 und Sempere
hist. I. p. 89 ſprechen von despotismo insufrible de Ch., beſſer ſchon Masdeu X.
p. 184; bei Fauriel I. p. 518 ſteht Svinthila ſtatt K., aber auch dies verbeſſert iſt
es ganz irrig, daß hiemit die Adelsrevolutionen beendet geweſen ſeien (Paulus,
Ervich, Roderich).

Deutlich erkennt man die Tendenz des Königs aus den Beschlüssen des VII. Concils zu Toledo, das er a. 646 berief [1]. Jene gefährliche Emigration wird darin energisch bekämpft: „Jedermann kennt die Frevelthaten der Empörer (tyranni), ihren unsäglichen stolzen Trotz (superbia), und die Gefahren, welche sie, zuletzt durch ihre Flucht in's Ausland, verursacht: nämlich der Abreißung von Provinzen vom Reiche und der unaufhörlichen Anstrengung der gothischen Truppen". Dafür soll sie lebenslängliche Verbannung und Confiscation treffen. —

Daß aber auch der geistliche Adel dem König feindlich entgegenstand und von ihm nicht minder als der weltliche gezügelt wurde, erhellt aus der Thatsache, daß unter jenen Emigranten auch der Klerus stark vertreten war [2], über welchen der König durch die treu gesinnten oder doch in seiner Gewalt lebenden [3] Bischöfe Absetzung und andere Bußen aussprechen ließ. Wer mit den Ausgewanderten Verkehr unterhielt, sollte gleiche Strafe mit ihnen tragen und die Vermuthung [4] ist nicht unbegründet, daß dadurch die Conspiration, namentlich der Priesterschaft, mit jenen Flüchtlingen abgeschnitten werden sollte [5].

Der König nahm diese Concilienschlüsse in die weltliche Gesetzgebung auf [6]. Auch sonst kennzeichnen Kindasvinths Principien seine zahlreichen Gesetze: dieselben würden, so hat man mit Recht bemerkt [7], auch ohne die Ueberlieferung Fredigars, uns vollständige

---

1) Es erledigte nur die eine weltliche Frage, welche der König ihm vorlegte; vgl. Helff. S. 136 und „Concilien".

2) Schon unter Sisinanth hatte man den gefährlichen Verkehr der Priester mit dem Ausland überwachen müssen; L. V. II. 1, 6 wird eben auch auf die Geistlichen erstreckt und über die Laien wegen Empörung der Bann gesprochen: ungefähr a. 642 setzt der König einen fränkischen Abt, Gesandten Chlodovechs II. zu Saragossa fest v. s. Baboleni Bouquet III. p. 569.

3) Das verkennt völlig Lembke L S. 98.

4) Aschb. S. 251.

5) Vgl. Cc. T. VII. 1 u. VIII. praef.

6) L. V. II. 1, 6 Todesstrafe und Confiscation (auch durch Begnadigung nur in Blendung zu verwandeln), vielleicht (so Helff. S. 129) dem römischen Recht (L. 5. 6 Cod. Just. IX. 8 ad leg. Jul. maj.) nachgebildet; der Schluß vielleicht von Rekisvinth überarbeitet Helff. S. 89; II. 1, 7 de non criminando principe wird von Cd. Leg. ebenfalls Kindasvinth, von den andern Cdd. dem Sohne zugetheilt; bezüglich der übrigen zwischen Vater und Sohn schwankenden Gesetze s. „Gesch. der Gesetzgeb."; schon die Mitregentschaft, abgesehen vom gleichen Auslaut der Namen, erklärt die häufige Verwechselung.

7) Helff. l. c.

Einsicht in sein Zeitalter und — fügen wir hinzu — in seine innere Politik gewähren [1]).

So stellte er — ein folgenreicher Schritt — mit seinem Sohne Rekisvinth, unter Aufhebung der Geltung des römischen Rechts, wie es das Breviar Alarichs für die romanischen Unterthanen codificirt hatte, und mit Ausdehnung des Westgothenrechts auf die Römer zuerst ein einheitliches Landrecht für alle Angehörigen des Reiches her [2]). Dann führte er eine gründliche Reform des gerichtlichen Verfahrens und der Gerichte selbst durch [3]): er zwang die widerstrebenden Bischöfe und Priester, sich vor dem weltlichen Richter zu stellen [4]): er sorgte, die bisherigen engen Schranken des Grafschaftsgerichts durchbrechend, auch abgesehen von der außerordentlichen Rechtshülfe des Königs, für sichere Vollstreckung der Urtheile [5]): er bedrohte in einer strengen Criminalgesetzgebung [6]) den stolzesten Palatin wie den niedern Gemein= freien mit gleich schweren Strafen: ja er wies die Gerichte an, die Strenge des Gesetzes in Schonung der Kleinfreien zu mildern [7]), welche, durch die hohen Geldstrafen und eventuelle Verknechtung in Vermögen und Freiheit schwer bedroht, immer mehr an Dichte verloren und doch die natürlichen Stützen des Throns gegen Adel und Geistlichkeit ge= wesen wären [8]).

Schon diese ausgedehnte gesetzgeberische Thätigkeit zeigt, daß nach den ersten schweren Jahren seiner Regierung, in welchen, neben den

---

1) Bei manchem Richtigen in den Bemerkungen Helffs S. 130 u. 133 f. Ar. S. 59 über die Tendenzen Kindasvinths (vgl. Moron I. p. 419, Rosseeuw I p. 818) neigt seine Darstellung doch mehr zu kühnen Generalisirungen und Auf= bauung großer Sätze aus kleinem Material (z. B. aus der nackten Thatsache der Verlobung seiner consobrina mit dem Griechen Ardabast S. 130), als daß eine vorsichtige Forschung ihr überall beizupflichten vermöchte; so ist gegenüber dem Zeugniß Fredigars und der eignen Gesetze die Tendenz K.s nicht eine „vermittelnde" zu nennen; nach Lembke I. S. 98 wirft er sich Schoß der Geistlichkeit. (!)

2) Ueber Motive und Vorbereitung f. „Gesch. der Gesetzgebung".

3) Regelung des Beweises durch Zeugen, Urkunden, Folter L. V. II. 4, 2. 5, VI. 1, 2; — Termine, Bußsätze VI. 4, 8.

4) Treffend Helff. S. 135 „vor Allem Recht und Gerechtigkeit gegenüber allgemeiner Gesetzlosigkeit — dann erst Adel und Geistlichkeit".

5) L. V. II. 1, 17. 2, 7—10; Helff. S. 129 und Verfassung: „Adelsterri= torien".

6) L. V. VI. 1, 2, Mord 5, 15, Fälschung VII. 5, 2.

7) L. V. XII. 1, 1.

8) Daran schließen sich dann die humanen Gesetze zum Schutze der Unfreien L. V. VI. 5, 12 und andere.

Kämpfen und Strafen bei Niederwerfung der aristokratischen Anarchie
und Ueberhebung, Seuchen, Mißwachs und Dürre[1]) auf Spanien
drückten, eine Zeit frieblichen Behagens folgte, in welcher das Land
aufblühte und keine Rebellion mehr gewagt wurde[2]).

Der Kirche gegenüber setzte er auch in Verleihung der Bischofs=
stühle seinen Willen durch: er erhob den bisherigen Archibiakon zu
Saragossa, Eugenius, zum Metropolitan von Toledo a. 645 troß
den bringenden Vorstellungen des Bischofs Braulio, baß er in seiner
Altersschwäche dieser Stütze nicht entrathen könne; gerabezu geistvoll
ist die Wendung in der Antwort Kindasvinths, jenes Bittschreiben
des Bischofs zeige durch seine Kraft und Gedankenfülle selbst am
besten, baß er keiner Stütze bedürfe[3]).

Uebrigens lebte der König als eifriger Christ im besten Einver=
nehmen mit der loyal gesinnten Geistlichkeit: wurde er doch noch zur
Zeit des Morales[4]) als „Heiliger" verehrt in der Umgegend des an=
geblich[5]) von ihm als Begräbnißstätte gegründeten Klosters von St.
Roman zwischen Toro und Torbesillas nah am Duero; die Mönche
zeigten bamals noch eine ausführliche (falsche) Biographie dieses Königs
und seiner (apokryphen) Genossen St. Roman und Otho.

So pflog er nähern Umgang mit dem erwähnten als Gelehrter
und Dichter gefeierten Eugenius, er trug ihm Verbesserung der Gedichte
des Dracontius auf[6]); den Priester Tajo von Saragossa schickte er

1) Ferreras II. §§. 525. 526 freilich aus der trüben Quelle: v. s. Audoini.
2) Auf diese letzten Jahre, etwa a. 645—649, bezieht sich was der späte
Lud. Tud. p. 55 (u. Rod. tol. II. 21) von seiner ganzen Regierung rühmt:
hujus tempore ab omni perturbatione Hispania conquievit (hienach Chron.
albeld.) adeo ut nullus in ea infidelis reperiretur vel qui arma sumeret
rebellandi; vgl. Rosseeuw I. p. 320.
3) ep. Braul. et Chindasw. p. 678—9. Daß Br. ein Bruder Leanders und
Isidors gewesen, hat schon Morales VI. p. 188 widerlegt; vgl. über ihn R. de
Castro II. p. 350, Ceillier XVII. p. 552, Bähr I. S. 44, Bourret p. 78—77,
Gams I. S. 326. Ueber die Absetzung des Bischofs Theodigisel von Sevilla auf
Cc. T. VII. s. „Concilien".
4) VI. p. 158.
5) Dafür noch Cavanilles I. p. 281.
6) ep. Eugen. et Chind. Ferreras II. § 541; s. die von E. verfaßte Grabschrift
auf Kindasv. Gattin Riciberga (s. Masdeu IX. p. 26, X. p. 186), conjux
richtig Ferreras II. § 544. 560, Helff, Ar. S. 61, nicht Schwiegertochter wie
Noguera n. ad Mariana; vgl. Berganza crisis p. 54; derselbe E. setzt dem todten
Löwen folgende Schmäh=Grabschrift:

nach Rom, Werke des Pabstes Gregor, den Commentar zum Buch
Hiob, die Moralien, die nicht mehr in Spanien aufzutreiben waren,
zu erbitten [1]) und suchte auch durch Schenkungen an viele Gottes=
häuser [2]) darzuthun, daß er nicht die Kirche, nur deren Hebung über
die Krone, bekämpft habe.

Es gelang ihm, seinen Sohn Rekisvinth schon in den Besitz der
Herrschaft zu setzen, indem er ihn a. 649 zum Mitregenten ernannte [3]):
wie es heißt, auf Rath der Bischöfe Braulio und Eutropius und des
Dux von Tarragonien (oder Grafen von Saragossa) Celsus [4]): aber
es frägt sich, ob diesen nicht die Initiative von Vater oder Sohn [5])

Chindaswinthus ego, noxarum semper amicus,
  Patrator scelerum, Chindaswinthus ego,
Impius, obscoenus, probrosus, turpis, iniquus,
  Optima nulla volens, pessima cuncta valens.
Nulla fuit culpa, quam non committere vellem,
  Maximus in vitiis et prior ipse fui etc.

Das geht doch über christliche Bußfertigkeit hinaus — im Mund eines Andern;
sein Gedicht de mentis humana mutabilitate traf also diesen falschen und un=
dankbaren — den lebenden König hatte er lobend besungen — Priester selbst; Lob
seiner Tugenden bei Gamero p. 851; er wird zu Toledo als Heiliger verehrt.
„Hätten die mißmuthigen Adelsgeschlechter dichten können, sie würden noch wackrer
geschimpft haben" Helff. S. 140, aber sie konnten oft nicht schreiben und die
ersten Palatinen mußten die Synodalacten unterkreuzen. Freilich sind auch die Verse
des E. z. B. c. 23 von kaum erhörter Geschmacklosigkeit; besser die Grabschrift der
Rikiberga; unbegreiflich überschätzt ihn los Rios hist. lit., auch noch Helff. Ar. S. 61,
s. dag. Hübner, der Schatz von Guarrazar.

1) Mirakel hiebei, Isid. pac. (Julian del Castillo p. 103), Mariana VI. 8,
R. de Castro II. p. 887, Eguren p. XVIII., von denen Tajo selbst ep. ad Eugen.
p. 715—722 noch nicht das Mindeste weiß; Braulio ep. p. 690 entleiht dann jene
Schriften.

2) Unecht aber das von Morales ep. ad Resend. p. 1022 u. VI. p. 251
erwähnte und besessene „privilegium" Ch. für das Kloster des h. Fructuosus in
Bergido apud Complutum (mit zahlreichen „comites" etc.); vgl. Ferreras II.
§ 535. Yepes chron. de la orden d. S. Benito II. app. 13; schon die localen
Bezeichnungen verrathen die viel spätere Aufzeichnung; vgl. Rod. tol. II. 20,
Mariana VI. 8, R. de Castro II. p. 888, dagegen Ferreras II. §§ 528. 535,
dafür Berganza crisis p. 53 und sogar wieder Marichalar I. p. 885 (1861!).

3) 22. Jan. Jul. l. c., Hildef. l. c., Fredeg. p. 445.

4) ep. Braul. p. 684.

5) Romey II. p. 182.

zugeſchoben war ¹). Da er ſelbſt ſchon im höchſten Greiſenalter ſtand, überließ er dem Sohn fortan die Regierung faſt allein. Drei Jahre darauf ſtarb er, neunzig Jahre alt ²).

Ob Kindaſvinth nur für den nächſten Thronfall hatte ſorgen oder für immer die Krone erblich machen wollen ³), läßt ſich nicht entſcheiden: doch ſind ſo weit gehende Intentionen bei den Fürſten jener Zeit und jener Nation nicht leicht anzunehmen und jedenfalls würde dann Rekiſvinth, wie ſeine Königswahl=Geſetze vom VIII. Concil von Toledo a. 653 zeigen, den Plan wieder aufgegeben haben. Doch ſcheint die Erhebung des Königsſohnes zum Mitregenten gerade jene Bewegungen hervorgerufen zu haben, welchen ſie zuvor kommen ſollte: ein vornehmer Gothe, Froja, entwich über die Grenze ⁴) zu den räuberiſchen Basken, welche ſtets bereit waren, ſich für die Armuth ihrer Berge an dem geplünderten Reichthum der ſpaniſchen Thäler ſchadlos zu halten: ſie folgten auch jetzt dem lockenden Rufe zur Beute, drangen unter der Führung Froja's, der dabei nach der Krone trach= tete ⁵), über die Pyrenäen und ſchloßen unter großen Verheerungen Saragoſſa ein ⁶): erſt am Ebro wurden ſie vom König zurückge=

---

1) Helff. Ar. S. 61 meint, Braulio habe des Prinzen klerikale Haltung dazu veranlaßt; eine Inſchrift aus a. 650 In. H. anno secundo Rezesvinthi regnantis *cum patre* principis (Jaen); eine Fälſchung iſt dagegen die In. H. Sevilla N. 19, wonach a. 652 ein comes Rezesvinthi judicio Dei (irrig Hübner: ein techniſches „Gottesurtheil“ — es iſt nur „Strafgericht Gottes“) ſtirbt zu Caumona a. IV. Rez. feliciter regnante Caumonae Dei judicio Ericus occiso Agila comite dictus est comes die Veneris 25. Maii era 690; eine Münze aus dieſem Jahr? Velasquez p. 82.

2) 1. October a. 652 Fredeg. p. 445, Juliani chron. (al. 30. Sept. a. 653). Erſt Alf. Magn. ſpricht von Gift vgl. Vasaeus p. 683; über ſeine und Rikibergas Grabſtätte ſ. oben und Aguirre II. p. 529.

3) Mariana VI. 8, Aſchb. S. 252, Lardizabal II. glaubt ihn gegen dieſen Vorwurf vertheidigen zu ſollen; vgl. Rosseeuw I. p. 321.

4) Wie ſchlimm dieſe Emigranten, refugae, den Staat beunruhigt, zeigt Cc. T. VIII. praef. 2 de refugis atque perfidis.

5) Ueberſehen; ſ. aber Tajonis praef. Aguirre p. 530: homo pestifer atque insani capitis F. *tyrannidem* sumens adsumtis sceleris sui perversis fautoribus contra R. principem debellaturus.. aggreditur patriam, p. 531 auctor super- stitiosae (Hinneigung zum Arianismus?) tyrannidis.

6) Tajo p. 581 (Salazar 29. Jan. Puiades p. 336), der in den Nächten jener ſchlimmen Tage damals in dem umſtürmten Saragoſſa die Sammlung der Sentenzen Gregor des Gr. ſchrieb.

schlagen und über die Grenze getrieben¹). Froja fand dabei den Tod²).

Rekisvinth, eine milde Natur, für seine Königsaufgaben allzu mild — bezeichnend ist die späte Tradition, er sei als Knabe zum geistlichen Stand bestimmt und schon tonsurirt worden³), „so eifrig im Glauben, daß er mit Geistlichen Religionsgespräche zu halten liebte"⁴), er pflog gelehrten Verkehr mit Bischof Braulio⁵); sein Stil ist schwülstig im Vergleich mit dem seines Vaters⁶) — benützte diesen Erfolg nicht zu energischer Niederhaltung der Opposition und Kräftigung des Königthums: im Gegentheil: er machte Klerus und Adel eine Reihe von Zugeständnissen und gab von dem Vater bereits gewonnene Vortheile unter Mißbilligung seiner „Härte" wieder auf⁷):

---

1) Darauf geht wohl Eugen. c. 18 pacis redintegratio; über diese Basken-Kriege seit dem Sueven Rekiar, Theoderich II. und Leovigild bis Wamba s. Olenart p. 29; Fauriel II. p. 356—360, Laurentie I. p. 241; man streitet, ob die Gothen je alle baskischen Bergstämme vollständig unterwarfen; keinenfalls dauernd; nur wenige Wörter, — 10 etwa, führt Cénac Moncaut I. p. 291 an — sind aus dem Gothischen in die baskische, zahlreiche in die spanische Sprache übergegangen; vgl. Rosseeuw I. p. 447—460.

2) ep. Tajonis p. 530; der ältere Isid. pac. p. 290 sagt von dem Sieg des Königs: non cum modico exercitus damno, so richtig Ferreras II. § 545; fünf-hundert Jahre später sagt Rod. tol. aus Nationalstolz non cum modico exercitu sine damno und ihm folgt wie Risco in Flores España sagrada 32 p. 336 noch Aschb. S. 253!

3) Tarapha p. 545.

4) Luc. tud. III. p. 55.

5) ep. Braul. p. 685 (Helff. Ar. S. 61), ep. Recesw. eod.

6) Ein gleichnamiger diaconus R. a. 681 Masdeu IX. p. 252 bei In. H, in Cordoba: aber irrig fand man (Puiades p. 335) seinen Namen in der capela de Requesens in Catalonien. Erfindung ist es, wenn Julian. Pomer. praef. p. 659 den König von St. Hildifuns wegen seines Lebenswandels gezüchtigt und bei der Erscheinung der h. Jungfrau in einer armen Sünder-Rolle dargestellt, nach v. Hildef. Cixilanis s. unten. Helff. Ar. S. 68 legt zuviel Gewicht auf das flagitiosum tamen *bene monitum* (al. bonae indolis) bei Isid. pac. p. 290 und die „purpurata meretrix" Cc. Tol. S. 67 ist nicht eine leibhaftige Buhlerin im Purpurkleid, die den König beherrscht, sondern die bekannte allegorische Figur der Apokalypse XVII. 4 (Fleischeslust und Irrlehre): jenes aber ist nur Paraphrase von Cixilanis v. Hildef. qui cum eum ob iniquitates (d. h. Sünden) suas increpatas (daher *bene monitum*) superbo oculo intuebatur; jene „purpurata meretrix" trägt in ihrem Schlepp eine Reihe weiterer Selbsttäuschungen Helfferichs.

7) Daher sein Lob im Mund der Bischöfe für Beseitigung der pressurarum exitia Cc. T. VIII. 12.

er hoffte durch Milde die Gegner der Krone zu entwaffnen, eine Selbsttäuschung, durch welche er vorübergehende Ruhe für die Dauer seiner Regierung um den Preis dauernder Schwächung des König= thums erkaufte.

Wir können also der bisherigen Verherrlichung dieses Königs [1]) nur entschieden entgegentreten und müssen ihn nicht zu der Reihe der Kräftiger, sondern der Auflöser der Krongewalt und damit des Staats der Westgothen zählen. Denn in diesem Reich konnte zunächst nur ein unerschütterlich befestigtes Königthum die angebornen und durch die Geschichte anerzognen politischen Fehler der Nation heilen: die Aristokratie vertrat nicht etwa, wie dies in andern Staaten jener und späterer Tage der Fall war, die alte germanische Volksfreiheit gegen ein romanisirendes absolutistisches Königthum — jene alte ehrwürdige Freiheit war den selbst romanisirten Gothen längst abhanden ge= kommen — sie verfocht nur ihre selbstischen Standesinteressen [2]), ihren eigenen Trotz nach oben und Druck nach unten, und das Gegentheil alles Staatsprincips: die meisterlose und pflichtlose Selbst= herrlichkeit des Junkers. Rekisvinth gewährte nicht nur dem Adel und dem Klerus alle Forderungen, er beantragte selbst auf der Ver= sammlung zu Toledo [3]) Straflosigkeit für alle überwiesenen Empörer und forderte die Aufstellung von Schiedsrichtern für Beschwerden Einzelner gegen den König, denen sich die Krone unweigerlich unter= werfen müsse.

---

1) Auch noch bei Aschb. l. c., Lembke I. S. 100. 102, Pfahler A. S. 110, der seine geringere Energie erkennt, selbst Helff. S. 140 schreibt ihm noch die Absicht zu „in die Fußstapfen seines Vaters zu treten", keinenfalls hat er dieselbe ausgeführt; gegenüber seiner Zeichnung dieser Königsfigur muß ich das oben ausgesprochene Be= denken wiederholen: wenn er R.'s Tendenz S. 142 dahin zusammenfaßt „Einheit der Bevölkerung ruhend auf der Einheit des Gesetzes, ein über alle Sonderverhält= nisse übergreifendes, auch die Kirche und ihre Diener einverleibendes Staatsbürger= thum, gestützt durch einen feierlichen Staatsvertrag" und wenn er darin den „byzan= tinischen Staatsbegriff", in R. den Justinian dieses Reichs erblickt, so ist all' dies viel zu modern und zu bewußt. Ebensowenig kann ich finden, daß erst R. den Concilien von Toledo jene Bedeutung zugetheilt habe, wodurch das canonische Recht in das bürgerliche herübergenommen worden oder gar, daß er erst der Monarchie eine staatsrechtliche Grundlage geschaffen habe S. 143.

2) Das verkennen jene Spanier, welche einen Leovigild, Svinthila, Kindasvinth verurtheilen, z. B. noch Colmeiro I. p. 119.

3) Ausführliches s. Verfassung, „Concilien".

Wenn dies das Ansehn des Throns, das wahrlich ohnehin nie groß war in diesem Staate, herunterziehn mußte, schwächte ein bedeutender Steuernachlaß [1]) die Mittel der Regierung und auch eine weitere Anordnung, welche unter andern Umständen die Kräftigung der Krone hätte herbeiführen mögen, konnte, ja sie sollte in dem Zusammenhang, in welchem sie auftritt, mit nichten also wirken. Da nämlich die Macht des Adels wesentlich auf seinem Reichthum, vorab Grundbesitz mit Colonen, beruhte, hätte das Königthum, neben der Gewalt, die ihr das Recht zumaß, durch Ansammlung eines bedeutenden Kronguts, an Stelle der fehlenden Hausmacht einer erblichen Dynastie, ein thatsächliches Gegengewicht anstreben sollen. Statt dessen verordnete der König — oder besser gesagt das Concil und der Reichstag, — daß bei dem Tode des Königs nur, was er nachweisbar bei dem Regierungsantritt schon mitgebracht, seinen Erben verbleiben, alles Andre aber, also nicht bloß die Krongüter, sondern, wenigstens dem Wortlaut nach, auch alle Errungenschaft des königlichen Privatvermögens seinem Nachfolger zufallen solle [2]). Daß man hiebei nicht die Bereicherung des Throns [3]), sondern die Beraubung des Königs bezweckte, — man wollte Bereicherung der Familien auf Kosten und aus den Mitteln des Fiscus verhindern — erhellt aus der engen Verbindung dieser Bestimmung mit der feierlichen und umständlichen Anerkennung des unbeschränktesten Königs=Wahlrechts des geistlichen und weltlichen Adels, zu welcher sich Rekisvinth verstand. Wenn er damit auch nicht [4]) „das von seinem Vater schon zu einem Erbreich gemachte Land" — soweit war Kindasvinth entschieden nicht gekommen — wieder zu einem Wahlreich machte und dadurch den „Grund zum Untergang des blühenden Königreichs legte", so besiegelte er doch dadurch aufs Nachdrücklichste den Verzicht auf die von Kindasvinth und allen bessern Herrscher erreichten oder erstrebten Ziele und verrieth damit einen Mangel an Einsicht oder an Kraft, welchen alle seine vielgerühmten Verdienste um den friedlichen Flor des Staates nicht aufwiegen können [5]).

---

1) S. Verfassung, „Finanzhoheit".
2) S. „Finanzhoheit": in dieser Ausdehnung gar nicht durchzuführen.
3) So Lembke I. S. 100.
4) Wie Aschb. S. 255.
5) Daß Aschb. trotz jener Aeußerung S. 255 zu dem hohen Lobe Rekisvinths gelangt, ist nur bei Mangel alles staatsmännischen Sinnes denkbar. Moron II. p. 188 lobt ihn consequent als Vollender der Politik Rekarebs und Sisnanths.

Seine gesetzgeberische Thätigkeit werden wir anderwärts im Ein=
zelnen kennen lernen: hier genügt der Hinweis auf die zahlreichen
Kirchenversamnlungen [1]) und die Erneuerung der Judenbedrückung
zur Charakterisirung seiner Abhängigkeit vom klerikalen Einfluß.

Mit Recht hat man darauf hingewiesen, daß es die Geistlichkeit
gewesen (Braulio), die zuerst Rekisvinth zum Mitregenten erbeten hat [2]).

Bezeichnend für seine Richtung ist auch das Mirakel der Er=
scheinung der heiligen Leokabia, deren er zusammen mit Bischof Hildi=
funs gewürdigt wurde: ein Stück ihres Schleiers schneidet der Bischof
mit dem hiezu geliehenen Dolch (cultellum) des Königs ab. Dasselbe
wird noch heute in Toledo gezeigt [3]). Eine spätere Erscheinung der
heiligen Jungfrau selbst belohnte weiter den Bischof, der ihre Jung=
fräulichkeit gegen eine damals auftauchende von drei Irrlehrern ver=
tretne [4]) Behauptung, sie habe (nach Christus) dem Joseph Kinder
geboren, vertheibigt hatte [5]).

In gleichem Sinne sprechen auch die reichen Geschenke an Kirchen
und die Kirchenbauten [6]), die von diesem König bezeugt sind. Er verbot

1) Cc. T. VIII. a. 653, IX. a. 655, X. a. 656.

2) Helff. S. 141.

3) „s. casulla" Morales VI. p. 225, Pisa p. 105, Masdeu XI. p. 131,
Salazar 9. Dec., gläubig erzählt (aber doch nicht gläubig genug für Berganza,
crisis p. 55) von Ferreras II. § 567 und Lorinser II. S. 227; vgl. Mariana VI. 10,
Gams I. S. 342, ein Betrug nach Helff. Ar. S. 70—71; offenbar eine im guten
Glauben entstandene Tradition.

4) Der angebliche „Julianus Petri" ist eine Fälschung; s. Helff. Ar. S. 62.

5) Vgl. Helff. Ar. S. 63 f.; beide Mirakel aufgenommen in die spanischen
Meßbücher l. c. 65. Morales VI. p. 221: „este soberano milagro es una de
las cosas mas ciertas y averiguadas que la iglesia de España *en razon de
milagros* tiene". Saavedra y F. p. 373. Der Stein, auf den die Madonna den
Fuß setzte, wird in der Nacht des diesem Wunder geweihten Festes (24. Jan.) von
ungezählten Anbächtigen geküßt:

> „quando la Reyna del cielo
> puso los pies en el suelo,
> en esta piedra los puso:
> de besarla tened uso
> para mas vuestro consuelo".

6) „Gold, Silber, Perlen, Edelsteine" Luc. tud. p. 55, Mariana VI. 9.
In. H. zu Leon: Johannes dem Täufer

> posside constructam in aeterno munere sedem
> quam devotus ego rex Recesuindus amator
> nominis ipse tui proprio de jure dicavi

bei Strafe lebenslänglicher Verbannung, dann des Verlustes aller geistlichen und weltlichen Würden und des Vermögens jede Anfech=tung der katholischen Lehre in Schriften oder Worten, was zumal gegen die jüdische Theologie gerichtet war.

Im Uebrigen ist seine drei und zwanzig jährige Regierung an Thaten leer[1]) und das an sich rührende Lob später Quellen[2]): „er liebte alle sehr und wurde von allen geliebt, denn er war so mild und demüthig, daß er unter seinen Unterthanen wie Einer ihres gleichen schien" ist nach unserer gesammten bisherigen Darstellung in Wahrheit bittrer Tadel für einen König dieses Reiches[3]).

In der Schwäche hohen Alters hatte sich der König nach Gerticos, einer Villa bei Salamanca[4]), zurückgezogen, wo er am 1. September a. 672 starb.

Die Bestimmung des Gesetzes, daß der Nachfolger an dem Sterbeort des Vorgängers gewählt werden müsse, trug wohl mehr als Unterthanenliebe dazu bei, daß sich die gothischen Großen in Masse zu der Beisetzung[5]) nach der entlegnen Villa drängten: — daß Rekisvinth absichtlich seine Brüder (Theobefrid und Favila: beide

---

a. 662 oder 665 bei Morales VI. p. 206; Erbauung der Kirche zu Bagnos Ferreras II. § 568; eine der Weihekronen des Schatzes von Guarrazar trägt seinen Namen. Viel später der Diction nach sind die Acten der passio der h. Irene, welche an=geblich im zweiten Jahre dieses Königs a. 653 gestorben sein soll, s. Verfaß. „Grundlagen".

1) Cc. Emer. a. 666 erwähnt seiner „hostes" in Wendungen, die einen Feldzug andeuten. (Froja?) Sein Lob bei Cavanilles I. p. 236. 232 „gran rey".

2) Luc. tud. l.[?]c.

3) Treffend sagt Helff. S. 183: Ein antoninisches Zeitalter, jenes ausdrucks=volle Schweigen der Geschichte, das Montesquieu und Gibbon den guten Regierungen nachrühmen, wird man in R.'s späteren Jahren nicht suchen dürfen; dem wider=spreche schon der Zustand, in welchem sein Nachfolger das Reich vorfindet; namentlich Verfall der Wehrverfassung vgl. Rosseeuw I. p. 324. Aber wenn Isid. c. 22 die Zeit zwischen dem X. und XI. Cc. T. als perturbationum et diversarum cladium annos bezeichnet, so giebt Helff. S. 184 selbst die Quelle an, nämlich prol. act. Cc. T. XI., also ohne selbständigen Werth; Helff. Ar. l. c. Annahme späterer Zer=würfnisse mit der Geistlichkeit und deßhalb Pausirung der Concilien sind auf die „purpurata meretrix" oben S. 200 gegründet, also unbegründet.

4) Jul. v. Wambae p. 707 in salmanticensi territorio Luc. tud., Alf. M. p. 10 in palantino territorio nach Rod. tol. II. 22, Mariana VI. 19: tunc Gerticos, nunc Bamba, Name seines Nachfolgers; aus trüber Quelle schöpft den angeblichen Haber der Großen um die Krone des noch Lebenden Rosseeuw I. p. 316.

5) exequiale funus Jul. v. W. p. 707.

fagenhaft) von den höhern Würden und der Thronfolge fern gehalten, ift eine mit den genealogifchen Fabeln vom Stammbaum Kindafvinths bis „Don Pelayo" verflochtne Erfindung [1] — einer der hervorragend= ften derfelben, Wamba, wurde gekoren, wohl derfelbe der Cc. T. X. a. 656 als Bevollmächtigter des Königs und vir illuster begegnet [2]).

Hauptquelle für die Gefchichte diefes Königs ift feine von einem Zeitgenoffen verfaßte Biographie, mit fehr rhetorifcher Haltung. Dies zeigt fich gleich in ihrer Darftellung des Herganges bei der Wahl: es fehlt hier keiner jener ftereotypen Züge, welche in derartigen Königs= Panegyriken fchon die erfte Erhebung und Einführung ihres Helden fchildern: „der Schmerz um den Verftorbnen, nicht ehrgeizige Pläne haben ihn hergeführt (an den gefetzlichen Wahlort), obwohl fein edles Gefchlecht, feine lang gereifte Weisheit, feine geprüfte Tugend ihn vor Allen zum Thron berufen mußten": daher denn auch Einftimmigkeit der fonft fo vielgefpaltnen Großen, die fich wie in plötzlicher Infpiration ihm zu Füßen werfen und ihn mit Acclamation zum König heifchen. Darauf, felbftverftändlich, hartnäckige Weigerung und Thränen der überrafchten Befcheidenheit Wamba's [3]), die nur dadurch in ihrem

---

1) Von Luc. tud., Rod. tol., Vasaeus, hienach Morales VI. p. 160 weit ausgefponnen S. 163, Puiades p. 829 u. A., recipirt noch von Romey II. p. 186.

2) Sagen (über feine Vorverkündung durch Pabft Leo und Berufung vom Pfluge weg; er erklärt, fo wenig König zu werden, als der Stab, mit dem er die Rinder antreibt, in feiner Hande rgrünen könne: der Stab ergrünt und treibt Blüthen) bei Julian del Castillo p. 107, Rod. Sant. II. 82, Tarapha u. A., dagegen fchon Vasaeus p. 690, Masdeu X. p. 191; über feinen angeblichen Stammfitz Hircana oder Idania la vieja in Portugal Mariana VI. 12, Morales VI. p. 288, Julian del Castillo p. 106, Muñoz I. p. 878, aber feine „alteble" Abftammung Mar. Resend. pro s. Chr. mart. p. 1015 nach Rod. Tol. III. ift ebenfo unverbürgt; nicht ein Sohn Rekifvinths wie Bouter vgl. Sotelo p. 211; die v. Wambae, angeblich von Julian von Toledo, jedenfalls vor des Königs Sturz, unmittelbar nach der Niederwerfung der Rebellion des Paulus, gefchrieben, ift als gleichzeitige Quelle höchft werthvoll, aber als rhetorifche Tendenzfchrift gleichwohl mit Vorficht zu benützen; a. M. freilich Eguren p. XXI. gefchrieben von Prieftern: incapaces a faltar a la verdad! Ganz unkritifch über W., Witika und Roderich v. Dan. I. S. 368 f., Vaissette I. p. 850 seq.; blind folgen der v. W. Lafuente II. p. 427 („todo es dramatico en la vida de W." — p. 427; allerdings: in diefer Lebens= Befchreibung.) Ferner Dunham II. p. 187, Romey II. p. 188 und felbft Rosseeuw I. p. 826; die fpanifche Sage hat fich früh des letzten Königs bemächtigt, der als fiegreicher Held erfchien.

3) Helff. S. 183 (und ihm nach v. Bethm. H. I. S. 215) folgert daraus „miß= liche Umftände, denen der gothifche Adel einen gewachfenen Mann entgegen zu ftellen

Widerstand überwunden wird, daß „einer der Herzoge" das Schwert
zieht und ihn als Vaterlandsverräther zu tödten droht, da er sich
dem Gemeinwohl schulde und sein Ablehnen, weil es das Reich in's
Verderben stürzen müsse, einem Hochverrath gleich zu achten sei [1]).

Alsbald, nachdem Wamba zu Toledo vom Metropolitan Quiricus
in der Kirche der Apostelfürsten zum König gesalbt worden, (19. September
a. 672)[2]), wiederholte sich die häufige Erscheinung einer Schilderhebung
in den Reichstheilen nördlich der Pyrenäen[3]). Der comes Hilderich
zu Nîmes hatte, im Widerspruch mit den geistlichen und weltlichen
Gesetzen die Juden in Septimanien gebuldet[4]), ja die Vertriebenen
zurückgerufen. Um der Strafe für solchen Ungehorsam zu entgehn
gab es ein glänzendes Mittel: selbst nach der Krone zu greifen[5]).
Das Unternehmen mochte desto leichter gelingen, als der alte eifer-
süchtige Gegensatz[6]) Septimaniens zu dem Hauptlande in diesem
Augenblick gegen Wamba dadurch verschärft worden, daß bei dessen
Wahl diese Provinz gar nicht vertreten[7]) gewesen. Hilderich verschmähte es auch nicht, mit den alten Reichsfeinden, den Franken,
sich zu verbinden[8]): den Bischof Gumild von Magelona hatte er
schon zuvor gewonnen, und da der Bischof seiner eignen Grafenstadt
Nîmes, Aregius, beharrlich an König Wamba festhielt, ließ er ihn

---

beabsichtigte" — beides wohl zu kühn: es ist eitel rhetorische Phrase. Die litera-
rische Bildung, welche ihm Luc. Tud. p. 61 nachrühmt, hat er wohl nur aus den
Reden, die Jul. W. ihm in den Mund legt, gefolgert.

1) Ganz kritiklos folgen der vita Wambae p. 707 wie Sotelo p. 210 noch
Aschb. S. 277, Lembke I. S. 102, Ascargorta S. 53.

2) Ein glückverheißendes Mirakel hiebei Rod. Tol. III. 1, Vasaeus p. 690.
Einer Taube ähnlicher Rauch (al. Taube und eine Biene) steigt oder fliegt aus seinem
Haupt. Jul. v. W. p. 707 und hienach Luc. tud. p. 55 (mit hinzugefügter Deu-
tung) Morales VI. p. 240, Sotelo p. 211. Dagegen wohlgefällig verzeichnet von
Valdesius p. 120 „jus unctionis reg. Hisp. et in ea miraculum".

3) Ausführlich nach Julian Fauriel I. p. 7—60, Rosseeuw I. p. 327—333.

4) Grätz IV. S. 163. Wie Helff. bemerkt: ohne allen Zweifel gegen reichliche
Bezahlung!

5) Lembke I. S. 103 kehrt dies um.

6) Vgl. die scharfe Stelle Jul. v. W. p. 708 Verf., „Grundl." Einiges Selbstständige bei Luc. Tud.

7) Eine Andeutung dieses Motivs Jul. v. W. p. 707. Hienach Rosseeuw I.
p. 327.

8) Aber erst Alf. M. p. 10 spricht von Absicht des Anschlusses an das Frankenreich; vgl. Fauriel III. p. 8.

in Ketten in's Frankenreich abführen und durch einen ihm ergebnen Abt Ranimer ersetzen: denn die städtischen Bevölkerungen waren leichter noch als durch die civile durch die bischöfliche Gewalt zu leiten. Von Nîmes aus gewann der Empörer dann einen großen Theil des gothischen Galliens [1], während er die noch widerstrebenden Landschaften durch Verheerungszüge auf seine Seite zu schrecken suchte.

Der König war gleichzeitig durch die Basken und Asturier beschäftigt, die wieder einmal dem Gehorsam sich entzogen, und schickte zur Dämpfung des Aufstandes in Septimanien seinen Feldherrn (dux) Paulus, byzantinischer Abkunft [2]), mit zahlreichen Truppen aus [3]).

Aber dieser ehrgeizige Mann trachtete, wie es scheint, schon seit geraumer Zeit im Stillen selbst nach der Krone. Wenigstens bereitete er noch in Spanien Alles zu einer Erhebung vor: auf seinem Wege durch Tarraconien gewann er die mächtigsten Adelshäupter, darunter Ranosind, den Herzog dieser Provinz, und einen gardingus Hilbigis nebst deren großem Anhang: mit den Frankenkönigen, auch den austrasischen, — die Söhne vornehmer Franken wurden als Geiseln des ernst gemeinten Bundes in das Lager der Empörer geschickt — wurden Verbindungen angeknüpft und sie wie die baskischen Bergstämme von Alava und Bureda durch Geld und Gaben, die man den Kirchen entrissen [4]), zu Raub und Heerfahrt aufgereizt. In scheinbarem Eifer gegen die Rebellen hob Paulus auf dem Marsche noch neue Truppen aus, überschritt hierauf die Pyrenäen und forderte, immer noch im Namen König Wamba's, Einlaß in die Thore von Narbonne, der Hauptstadt Septimaniens, den ihn Erzbischof Argibald (Argibaud, Argibut), vor seinen Plänen gewarnt, vergeblich zu wehren suchte. Kaum im Besitz dieser wichtigen Stadt erklärte er in einer großen Versammlung seiner Heerführer und des tarraconischen Adels die Wahl Wamba's, vielleicht wegen der Nichtbefragung Septimaniens, für nichtig [5]) und forderte zur Erhebung eines andern Königs auf. Verabredetermaßen schlug nun Ranosind Paulus zum König vor, der sofort, jeder eigentlichen Abstimmung zuvorkommend, die Anwesenden

---

1) Von „mons Camelus" bis Nîmes Jul. l. c. p. 708.
2) „Graecum" Rod. Sant. II. l. c.
3) Vielleicht der gleichnamige palatinus des VIII. u. IX. Cc. T.
4) J. v. W. p. 715.
5) So deute ich Jul. v. W. p. 708. Deßhalb läßt Wamba später die Zustimmung des Paulus und seiner Genossen bei der Wahl constatiren.

in Eid und Pflicht nahm. Der Graf von Nîmes und dessen Anhang schlossen sich dem neuen viel mächtigeren Prätendenten an zu gemein= meinsamem Kampfe gegen Wamba, welcher sich, da die Basken, die Catalonen und einzelne Städte Tarraconiens zugleich gegen ihn auf= standen, fast auf das Gebiet westlich vom Ebro beschränkt sah.

Aber der König — er zog eben mit geringer Macht zur Züch= tigung der Basken aus — verzagte nicht: er verwarf den Rath seiner Heerführer, zunächst nach der Hauptstadt Toledo heimzukehren und erst nach sorgfältigen Rüstungen der Rebellion in einer numerisch ebenbürtigen Macht entgegen zu treten: er zählte darauf, durch über= raschende Kühnheit und Energie die Empörung niederzuwerfen, bevor sie Zeit zu weiterer Ausdehnung gefunden. Zuerst brachte er in raschen Schlägen die Nächsten seiner Feinde, die baskischen Guerilleros, zur Unterwerfung: er verheerte die Landschaft, brach die steilen Burgen, welche wie Geierhorste hoch und kühn dort an den Porphyr=Felsen kleben, und nahm ihnen Geiseln und Tribut ab. So in seiner linken Flanke gedeckt, zog er rasch über Calahora und Huesca gegen Süd= osten wider die von den Rebellen stark besetzten Städte Tarraconiens, Barcelona und Gerunda, und bewog sie durch sein plötzliches Erscheinen zur Unterwerfung [1].

1) In Barcelona wurden gefangen Eured, Guntifred, Henulf der Diakon, Neufred und ein Römer Pompedius Jul. jud. p. 717. Der Bischof letzterer Stadt soll von Paulus selbst aufgefordert worden sein, sich demjenigen anzuschließen, der zuerst mit einem Heer Einlaß fordern werde (?); jedenfalls aber ist der höchst schwül= stige Cartellbrief des Paulus an Wamba, dem Aschb. S. 281 und Helff. S. 186 folgen, rhetorisch componirt (bei Bouquet p. 706). Man lese selbst: In nomine do- mini Flavius Paulus summus rex orientalis (d. h. der Ostprovinz) Wambae regi Austri: (soll heißen Neustri) si jam asperas et inhabitabiles montium rupes percurristi, si jam fertosa et sylvarum nemora ut leo fortissimus pectore confregisti, si jam caprearum cursum cervorumque saltum aprorum ursorumque edacitates radicitus edomuisti, si jam serpentum vel viperarum venenum evomuisti, indica nobis, armiger, indica nobis, domine sylvarum et petrarum amice. nam si haec omnia accubuerunt, et tu festinas ad nos venire, ut nobis abundanter philomelae vocem retexas. et ideo, magnifice vir, ascendit (l. ascendat) cor tuum ad confortationem, (l. conprobationem) descende usque ad clausuras. nam ibi invenies oppopumbeum grandem, cum quo legitime possis contendere. Daß opp. nicht ein Schloß in den Pyrenäen. (wie Du Chesne!) sondern ἀποκομπάιον vgl. Petrus de Marca bei Bouquet l. c., „athlète" Vaissette I. p. 353, Masdeu X. p. 196, Cénac Moncaut I. p. 403 redresseur des torts, las er ἀποτρόπαιον? Depping II. p. 281 hält für nöthig zu beweisen, daß der Brief nicht authentisch, sondern gehässig fingirt sei. Dunham II. p. 189 nimmt ihn für authentisch; auch Romey II. p. 192 neigt hiezu.

Nach kurzer Rast überschritt der König in drei Heerhaufen auf drei Wegen die Pyrenäen [1]). Der eine, auf der rechten Flanke, zog auf der alten Römer=Straße [2]) dem Meer entlang gegen Septimanien, in der Mitte brach der König selbst durch die von Ranosind und Hilbigis besetzten Pässe (Clausurae) [3]) von Ausonne (Vich), der linke Flügel unter Herzog Desiderius drang durch die Cerdagne und deren Haupt=Stadt, Julia Livia (Puigcerba), welche der Herzog Araugisel und Hyazinthus, der Bischof von Urgel, vergebens zu halten suchten, über das Gebirge und alle drei Heere vereinigten sich alsbald vor der Hauptstadt Septimaniens, welche von dem Herzog Witimer tapfer vertheidigt, aber nach dreistündigem Sturmlaufen, vorzüglich durch Mitwirkung der königlichen Flotte, erobert wurde [4]). Darauf fielen Agde [5]) und Beziers [6]) und die Flotte erzwang auch die Uebergabe von Magelone, von wannen Bischof Gumild nach Nîmes entkam. In dieser festen Stadt hatte Paulus seine ganze Widerstandskraft con=centrirt: er verstärkte die Werke, häufte Lebensmittel auf, der längsten Einschließung zu trotzen, und nährte den Muth der Bürger und der Besatzung mit Versprechungen baldigen Entsatzes durch ein großes Hülfsheer der Franken, das bereits durch die Thäler der Garonne und Aube heranrücke.

Die Besorgniß vor diesem fränkischen Zuzug [7]) hielt in der That den König einen Nachtmarsch vor der Stadt in einem festen Lager

1) Die Bergfesten „Geierhorst" Vulturaria, (heute Oltrera) und Caucoliberi fielen l. c. p. 710; aus Sordonia im Thal von Carol floh der Vertheidiger zu Paulus; hier werden gefangen (ein) Witimer und Leofred, Guidrigud und ihre Frauen Jul. jud. p. 717.

2) Per viam publicam.

3) Hier werden gefangen, lauter Gothen, außer den beiden Genannten Helia, Harmenus (al. Carmeum) Maurico, Wandamir, Dagar, Xira, Liubita Jul. jud. p. 717; über Clausurae (häufig im ganzen Reich) s. Böck. I. p. 501; vgl. Fauriel III. p. 12, Marin I. p. 299—301) s. Verfassung: „Heerbann".

4) Witimer ward in einer Kirche nach verzweifelter Gegenwehr mit einem Brett niedergeschlagen, gefangen (mit ihm Argimund und Gultrica, primiclerus Jul. jud. p. 718) und mit Geißelhieben durch die Straßen geführt Jul. v. W. p. 711.

5) Hier wird Wilisend, richtiger wohl Luc. tud. Ranosind, der Bruder des Bischofs Wilisund, gefangen Jud. p. 718.

6) Hier wurde Ranimer gefangen Jul. jud. p. 718.

7) So erkläre ich die Rede Jul. v. W. p. 711, doch lagen auch in Nîmes Franken und Austrasier (Saxones) externa gens p. 714, jud. p. 718.

zurück. Er blieb daselbst um den Rücken zu decken, während er 30,000 Mann unter vier duces, denen Tags darauf noch ein fünfter, Wandimer, mit frischen 10,000 folgte, zur Belagerung absandte.

Der Sturm des ersten Tages ward abgeschlagen: — anschaulich schildert die Quelle das Gefecht: die Belagerer führen unter Schirm= dächern den „Widderkopf", den Mauerbrecher gegen die Festungswerke, sie suchen die Thore zu sprengen oder in Brand zu stecken und auf Leitern die Wälle zu ersteigen, von deren Zinnen durch Geschosse aller Art die Vertheidiger vertrieben werden sollen, während diese mit Pfeilen, Wurfspeeren, Steinen, Feuerbränden die Annäherung der Angreifer und ihrer Maschinen abwehren — man sieht, die Gothen hatten in der römischen Kriegs=Schule, in dem fast nie ruhenden Kampf gegen die byzantinischen Städte doch Manches gelernt. Am zweiten Tag erstürmten die Feldherrn des Königs nach tapferer Ver= theidigung unter großem Blutvergießen die Stadt, deren Einwohner zuletzt, in dem Wahne, verrathen zu sein, mit der Rebellen=Besatzung selbst in Kampf geriethen.

In das großartige römische Amphitheater zurückgedrängt — in der That ein „castrum arenarum" [1]) — suchte Paulus durch die Ver= mittlung des Erzbischofs Argibald die Gnade des Königs [2]). Es bezeugt Wamba's wohlbefestigte Macht, daß er diese Bitte gewähren konnte: er sicherte den Empörern das Leben, wenn er sie auch nicht ganz unbestraft lassen könne. Die Strafe bestand in einer moralischen Vernichtung: Paulus und Sechsundzwanzig der Hauptschuldigen wur= den, ersterer an den Haaren, von zwei berittnen Herzogen durch das Lager vor den König geführt, Paulus warf sich ihm zu Füßen und legte den Schwert=Gürtel ab [3]), ein Zeichen der Entkleidung der Waffenehre [4]): darauf bekannten sie ihren Eidbruch und Undank in feierlicher Erklärung ein und es wurden ihnen jene Concilienschlüsse und Gesetzesstellen verlesen [5]), welche solche Rebellion mit Todesstrafe

----

1) Noch im Jahre 1809 stand und hieß ein angebauter Thurm: la tour des Goths, Romey II. p. 196.

2) 1.—3. September a. 673, dem Jahrestag der Wahl Wamba's.

3) sibi cingulum solvi.

4) Luc. tud. p. 65 hat dies nicht verstanden, deshalb fügt er bei: et sibi collo ligavit.

5) Ganz wörtlich enthält das jud. p. 718 Conc. Tol. IV. 75 u. L. V. II. 1, 6: so citirt, was von andern Codd. als II. 1, 7 aufgeführt wird: es fand also nach Wamba noch eine Veränderung der Redaction statt.

unb Vermögenseinziehung bebrohten: ber König begnabigte sie aber zu lebenslänglichem Kerker unb Verlust ber Ehre [1]). Im Uebrigen sorgte ber Sieger für bie Wieberherstellung ber schwer geschäbigten Stabt Nimes [2]), gab ben Kirchen bie von ben Rebellen entrissenen Schätze zurück, verstärkte bie Mauern ber Städte, unb eine große Zahl von vornehmen jungen Franken unb Sachsen, welche von ihren Vätern bem Paulus für bie abgeschloßnen Hülfsverträge als Geiseln gegeben unb mit ben Rebellen gefangen worben, entließ ber König alsbald ohne Lösegelb [3]); ein fränkisches Heer, welches unter bem dux bes gallischen Vasconiens, Lupus, bie Grenzen Septimaniens überschritten unb bis Asperianum bei Beziers plünbernb gestreift hatte, zog sich vor ben ausgeschickten gothischen Truppen, bie reiche Beute an Gefangenen unb Vorräthen machten, schleunig zurück. Wamba reorganisirte nun Septimanien, entließ bie Truppen, setzte anbere Beamte ein, vertrieb bie Juben, — bas burfte nicht fehlen! — beschenkte bie arg mitgenommenen Städte unb konnte so nach völliger unb glorreicher Unterbrückung eines höchst gefährlichen Aufstanbes „im Triumphe" [4]) nach seiner Resibenz Toledo zurückkehren: sechs Monate hatte ber Krieg gebauert [5]).

---

1) Durch Auswinben ber Stirnhaare (Decalvation) ausgebrückt, excoricare, bas decalvare ber L. V.; so auch Jul. v. W. p. 715, nicht bloßes Scheeren; nach Luc. Tud. III. p. 55 (hienach Cénac Moncaut I. p. 404) wurbe Paulus auch geblenbet, wohl gestützt auf Jul. jud. p. 718, wo ber Erlaß ber Todesstrafe an bie Verwanblung in Blenbung geknüpft ist; im Text ist bie zweimalige Vorführung ber Rebellen in Eine Hanblung zusammengezogen. Das jud. Jul. spielt boch wohl in Nimes, nicht in Toledo, wie man allgemein annimmt, arg. *universo exercitu*, bas auf bem Rückweg entlassen wurbe.

2) Die siebenundzwanzig vornehmen Männer, welche mit Paulus in Nimes gefangen wurben, excepta *vulgi* multitudine, sinb fast lauter Gothen: Gumilb, ber Bischof, Frinsclus, Flobari, Wistrimir, Ranimunb, Anbosinb, Athaulf, Marimus, Joannes Clerius (l. Clericus), Anuaru, Aquilin, Obofreb, Jberius, Joannes, Mosimus, Amingus, Wirimar, Emmerich, Transemir, Bera, Ebrulf, Recaulf, Kottila, Gulbramir, Liuba, Ranila, Jbericellus. Daraus barf man nicht etwa Verhaßtheit bes Königs gerabe bei ben Germauen folgern, sonbern überwiegenbes Einbringen ber Gothen in bie neue factische Aristokratie, bie sich in biesem Reich gebilbet, in bessen letzten Zeiten; s. Verfassung: „Grunblagen".

3) Unb sogar beschenkt (?) Jul. v. W. p. 718.

4) Ueber „Canabes" (Cannes?) unb Elna.

5) Jul. v. W. p. 716. Chronol. et series reg. Goth. Bouquet II. p. 708 cunctis civitatibus Gothiae et Galliae captis . . Paulum . . victum celebri triumpho sibi subjecit.

Bei dem Einzug in diese Stadt wurden die Rebellen (zum dritten Mal) in Ketten, mit geschornem Haupt und Barthaar, unbeschuht, in Knechtskleidern von Kamelhaar und Paulus mit einer schwarzen Spottkrone[1]) auf dem Haupt auf Wagen durch die Straßen geführt und in das Gefängniß geworfen, aus welchem, sie erst a. 684 entlassen wurden.

Lange nicht hatte das gothische Königthum so markige Macht entfaltet, so schimmernde Erfolge gewonnen[2]): die absichtliche Schautragung derselben läßt sich nicht verkennen. Aber Wamba sollte — wäre anders späten spanischen Berichten zu glauben — auch den Ruhm gewinnen, einen neuen furchtbaren Feind des Gothenreiches, denjenigen, welchem es ein Menschenalter später erliegen mußte, die Araber, bei ihrem ersten Versuch auf Spanien glänzend zurückzuweisen. Auf die Geschichte der Forschritte des Islams in Afrika[3]) hat dies Werk nicht einzugehen. Hier genügt die Angabe, daß der Feldherr des Kalifen Yezib, Akba, vor und während Wamba's ersten Regierungsjahren den Byzantinern Nordafrika, die Eroberung Belisars, entrissen und zuletzt auch die Seefestung Tanger, diesen Brückenkopf der spanischen Meerenge und Springpunct zum Angriff auf Europa, eingenommen hatte[4]). Von dort aus warfen die Verbreiter des Islam naturgemäß den begehrlichen Blick sofort auf die schöne Halbinsel „Algesiras", „Andalus", dessen äußerstes Vorgebirg das freie Auge von dem Strandsaum Afrika's gewahrt[5]).

Akba rüstete, so heißt es, eine Flotte von überraschender[6]) Schiffszahl und versuchte an der Südspitze Spaniens zu landen: aber Wamba, — unter welchem schon vorher die gothische Kriegsmarine in

---

1) picea ex coriis laurea coronatus Jul. v. W. p. 716.

2) Den ausgezeichneten Feldherrn erkennt aus seinen Anordnungen Paulus Jul. v. W. p. 711.

3) Vgl. Dozy II. p. 81, Saavedra y F. p. 409. Die arabischen Sagen bei P. y Gayangos I. p. 252, Morales VI. p. 209, Conde I. S. 8—26, Aschb. Ommajaden S. 6—21, Quellen und Lit. 21—23.

4) Aschbach Ommajaden S. 21.

5) Ganz unbegründet und unnöthig die Annahme einer Einladung durch Erwich Mariana VI. 14 u. Romey II. p. 208.

6) Vorsichtig Masdeu X. p. 208. 210.

kräftigem Stand war und Tüchtiges geleistet hatte [1]) — schlug ihn und verbrannte die ganze maurische Armada, angeblich 270 Schiffe [2]).

Da aber die erste Nachricht dieses Seesieges erst zweihundert Jahre nach Wamba auftaucht und da die Spanier jener Zeit sehr gern gleichsam im Voraus Revanche nahmen für den Tag von Xeres de la Frontera durch Berühmung alter christlicher Erfolge über den Islam, können wir die ganze Erzählung nur mit größtem Zweifel betrachten [3]).

Die kräftige Reform des gothischen Heerwesens, welche Wamba unternahm [4]), mit starker Ausdehnung und strenger Einschärfung der Wehrpflicht, ist jedoch möglicherweise zum Theil der Einsicht in die vom Islam drohenden Gefahren entwachsen. Vielleicht nur sagenhafte Anknüpfung an jene Wehrgesetze ist die Ueberlieferung seiner Neu=befestigung (und Ausschmückung) von Toledo [5]).

Es decken aber die Wehrgesetze Wamba's und die Reform der=selben durch seinen Nachfolger die fressenden Schäden auf, an welchen Staat und Gesellschaft der Gothen krankte. Wamba muß, ein uner=hörter Abfall von altgermanischer Anschauung, die Unfreien in aus=

---

1) Weder früher, abgesehen etwa von Sisibut, oben S. 179, noch später war dies in gleichem Maß der Fall.

2) Münzen aus diesen Tagen? Velasquez p. 90.

3) Zuerst nach Alphons M. (Sebast. Salamant.) Chron. Luc. tud. III. 68 p. 10 ducentas septuaginta naves Saracenorum Hispaniae litus aggressae occurrentibus ejus exercitibus omnes ibi deletae sunt et ignibus concrematae; nach Vasaeus a. 675, nach Ferreras a. 677; gegen diese Jahrzahl Berganza crisis p. 58; ohne Bedenken bringen die Nachricht auch Mariana VI. 14, Masdeu X. p. 209, Puiades p. 342, Sotelo p. 213, Lafuente II. § 606, Moron p. 438, Romey II. p. 208, Ascargorta S. 52, Cénac Moncaut I. p. 406, Rosseeuw I. p. 336. 340, Cavanilles I. p. 242, Lardizabal p. XVI., Depping II. p. 291, Dunham II. p. 143, Pfahler Gesch. S. 570. Zweifel bei de Castro, Cadiz I. p. 209; die C. J. N. 1120 u. 2015 erwähnten „Mauri" gehören nicht, wie manche Spanier behaupten, dem VII. oder VIII. Jahrhundert, sondern der Zeit vor der gothischen Eroberung an.

4) S. Verfassung: „Heerbann" und Geschichte der Gesetz=Gebung.

5) Angeblich Inschriften bei Isid. Pac. p. 293
　　　erexit factore Deo rex inclytus urbem
　　Wamba sua celebrem protendens gentis honorem.
porta de Alcántara Beuter p. 420, Rod. tol. III. 12, Nonius p. 335, Mariana VI. 14, Florez V. p. 183, Ferreras II. § 599, Lorinser II. S. 223, Masdeu IX. p. 30. X. p. 208, Morales VI. p. 264, Sandoval p. 359, seine angebliche Neu=Gründung von Pampelona („Bambae-Luna!") bei Luc. Tud. p. 55.

gebehnteftem Maß zu ben Waffen rufen: nur ber zehnte Theil aller Sclaven barf zu Haufe bleiben, bas Felb zu beftellen. Das erklärt fich nicht aus Abnahme ber Bevölkerung an fich — wir fehen, welche Maffen in bem Bürgerkrieg bes Paulus auf beiben Seiten auftreten — fonbern aus bem faft völligen Verfchwinben[1]) ber Gemein= freien, ber eigentlichen Kernkraft unb normalen Grunblage alles germanifchen Staatswefens: was fich nicht aus biefem Stanb in bie neuentftanbene Ariftokratie bes Reichthums, bes Hof= unb Staats= ober Kirchen=Amts aufzufchwingen vermochte, warb rettungslos von eben biefer Ariftokratie in ben Staub ber Schutzhörigen ober gar ber Un= freien hinabgebrückt: eine erfchreckenbe Erfcheinung, bie bem Gothen= ftaat alle Wiberftanbskraft entzog. Unb ber Sinn für bie Waffenpflicht, ber Eifer bem Heerbann bes Königs zu folgen hatte unter biefem Abel, ber lieber in feinen Privatfehben unb in Empörungen feine Kraft vertobte, bermaffen abgenommen, baß Wamba mit fcharfen Worten bie Ehrverwirkung für Verletzung ber Wehrgefetze anbrohen muß. Aber bie Zeit ertrug bie ftrengen Anforberungen, bie ftarken Arzneien folcher Zucht nicht mehr: fein Nachfolger fchwächt biefelben für bie Zukunft ab unb erklärt, ber größte Theil bes Volkes hätte bie Strafe ber Infamie bereits verbient, wollte man bie Normen Wamba's wirklich anwenben.

Die in ber „divisio terminorum dioecesium et parochiarum Hispaniae" biefem König zugefchriebne[2]) Neutheilung ber Kirchen= provinzen[3]) ift in ber überlieferten Rebaction beftimmt nicht aus bem VII. Jahrhunbert[4]).

---

1) Verkannt von **Rosseeuw** I. p. 353.

2) Hisp. illustr. II. p. 830 (Ithacius codex ovet. Pelagii „hitacion del rey W." C. J. p. 419) Luc. tud. II. p. 55.

3) Angenommen von **Mariana** VI. 14. 15, **Resend.** de ant. Ebora p. 979, **Morales** VI. p. 280, **Ferreras** II. § 604, **Puiades** p. 342, **Rus Puerta** p. 206, **Saavedra** y F. p. 407, **Julian** del Castillo p. 108; (vgl. **Vaissette** I. p. 365, **Muñoz** I. p. 372) unb ben meiften Spaniern vgl. **Alcocer** I. 35, **Argote** arcebispado de Braga II. p. 760. Dagegen **Florez** esp. s. IV. p. 203, **Masdeu** l. c., **Lafuente** p. 440, **Gamero** p. 433, unentfchieben **Rosseeuw** I. p. 335, u. **Marichalar** I. p. 417; ferner **Romey** II. p. 185. 207, **Cénac Moncaut** I. p. 42, **Cavanilles** I. p. 244.

4) A. M. **Helff.** S. 189, aber feine beiben Gründe, baß bas Conc. ovet. (unter Alfons bem Keufchen!) fie kennt unb **Argote** esp. sagr. 38, p. 118 eine glaubhafte Hanbfchrift (aus welcher Zeit?) fah, finb weniger als fchwach.

Wohl aber hatte der König in seinem Wehrgesetz auch die Mittel der Kirchen ohne Schonung beigezogen zur Vertheidigung des Landes, eine Neuerung, welche vielleicht die Erbitterung des Episkopats [1]) erregt und den Sturz des Königs herbeigeführt hat: wenigstens war der undankbare Günstling, der seinen Wohlthäter vom Thron verdrängte, ein Verbündeter oder ein Werkzeug dieser Partei: es ist gewiß, daß sie seinen Sieg unterstützte und daß ihr vor Allen dieser Sieg zu Statten kam. —

Unter König Kindasvinth war [2]) ein vornehmer Grieche, Arbebast, (Artabazes?) aus Byzanz nach Spanien [3]) und an den Hof zu Toledo gekommen und hatte eine Verwandte [4]) des Königs geheirathet. Den Sohn des Griechen, Erwich, hatte Wamba vor allen Palatinen [5]) geehrt und erhöht. Dieser Erwich nun reichte dem König einen Trank [6]), der ihm das Leben kosten sollte, aber seine kräftige Gesundheit nur in eine todtähnliche Betäubung zu stürzen vermochte. In diesem Zustand ward der König geschoren und in ein Mönchsgewand (14. Oktober 680) gesteckt. Erwich aber ergriff sofort (15. Oktober) die Zügel der Regierung und ward wenige Tage danach, obwohl Wamba noch lebte, zum König gesalbt [7]).

---

1) Diese konnten steigern die Gesetze de *coercitione pontificum* L. V. V. 1, 6 u. 7 (wodurch er die Habsucht der Bischöfe zügelte und das Vermögen der Kirchenstiftungen schützte), welche einige Cdd. Wamba beilegen; s. Sotelo p. 212 „Gesch. der Gesetz-Gebung", Marichalar I. p. 414.

2) Auf Anstiften des Teufels Luc. Tud. III. 68.

3) Angeblich (Ferreras III. § 529, aber ganz unerweislich; ihm folgen Pellicer und Ponce de Salas v. s. Hermeneg.); ein Sprößling Hermenigilds und Ingunthens; verbannt nach Alf. M. p. 10; gewiß nicht ein Verwandter Kindasvinths wie Alfons Carth. c. 39; vorsichtig Rosseeuw I. p. 836.

4) Consobrina (so Alf. M. Seb. Salamant.), Luc. Tud. III. 68; nicht Tochter, wie Mariana s. Helff. S. 130, Esp. sagr. XIII. p. 479.

5) Er war comes: so verstehe ich wenigstens Felix de v. ill. p. 11 ad dom. Er. *tempore comitatus sui* und so sagt auch Lnc. Tud. III. 68, Rod. Tol. III. 12.

6) Aus herba cui nomen est spartum, Seb. Salam. c. 3 „eine Binsenart, häufig in Carthagena", Helff. S. 190 nach Forcellini; anders Mariana VI. 14.

7) Ueber das Anziehen der Mönchskutte in Todeskrankheiten Mabillon Bened. part. 2 Sec. IV. praef., Löbell S. 308, anders Morales VI. p. 289 s. A. VI. „Klosterwesen", Aguirre II. p. 246. 692, Masdeu XI. p. 867—376 („quedó verdadero religioso"); über das Haarscheeren und die öffentlichen Bußen Aschb. S. 294; Hauptquelle über die Palastrevolution Cc. T. XII. c. 1, Chronol. et series Gothor. Wamba ab Ervigio *regno privatur.*

Wamba, dem man die Todessacramente bereits ertheilt, starb nicht, aber er machte auch nicht den geringsten Versuch[1]), sich dem schmählichen Frevel[2]), den man an ihm begangen, zu widersetzen, die ihm aus den Händen gewundene Macht zurück zu gewinnen: er lebte ruhig als Mönch[3]) im Kloster Pampliega bei Burgos[4]) noch mehrere Jahre[5]): eine Resignation, welche sich bei der Energie des Mannes, der einst eine drei= und vierfache Empörung binnen kurzer Frist siegreich niedergeworfen, schwerlich[6]) anders als aus der Erkenntniß unangreifbarer Uebermacht des Thronräubers erklären läßt[7]).

Diese Uebermacht konnte Erwich aber nur durch die stärkste Ge= walt dieses Reiches, die Geistlichkeit, gewinnen und die Geistlichkeit gewann er durch Preisgebung des von Wamba für die Krone be= haupteten Bodens.

Erwich wurde in einer Priester=Versammlung zu Toledo, welche in der That wenig von einem Reichstag an sich trug, — den Vorsitz führte derselbe Erzbischof Julian von Toledo[8]), welcher Wamba's panegyrische Biographie geschrieben, jetzt aber an seinem Sturze mit= gearbeitet hatte, — von der außerordentlich zahlreich erschienenen Geist= lichkeit und fünfzehn Palatinen als König anerkannt: einer Ver= sammlung von Männern, deren größter Theil schon vorher ins Geheim für Erwich gewonnen und deren andrer über den ganzen schnöden Her= gang mehr getäuscht als unterrichtet war. Die Gründe, mit welchen man diesen Beschluß rechtfertigte, waren, daß Wamba durch das Scheeren der Haare die Fähigkeit, König zu sein, verloren, daß er

---

1) Anders und ohne Quellengrund Rosseeuw I. p. 337.

2) Montalembert naiv II. S. 227 „roy Wamba, moine malgré lui".

3) Benedictiner vgl. Julian del Castillo p. 109.

4) Romey II. p. 210.

5) Alf. M. p. 11, Luc. Tud. III. 68, Pfahler A. S. 115, Aschb. S. 295 N. 47; er ist wie Rekisvinth in der Kirche der h. Leokadia dol Alcazar begraben Gams I. S. 342, Mariana VI. 14; Fabeln über sein Klosterleben in s. Pedro de Arlança s. Sandoval p. 356.

6) Aus Edelmuth Rosseeuw I. p. 337.

7) Gewiß nicht aus der formellen Ausschließung eines Geschornen vom Thron durch die Wahlgesetze. Pfahler A. S. 115 nimmt Unkenntniß von Erwichs Schuld an.

8) Er hat einen Juden „Restitutus" (doch wohl getauft) zum Diener epist. Idalii barcin. Aguirre II. p. 536 jüdischer Abkunft: „wie die Rose aus Gedörn erblüht" Isid. Pac. p. 294 ex traduce Judaeorum Isid. Bej.; vgl. über ihn Felix v. ill. p. 11 und Helff. S. 191·

selbst, mit Zustimmung der Großen, Erwich zu seinem Nachfolger ernannt und daß diesen der Erzbischof bereits gesalbt habe: — drei
Gründe, deren erster nichtssagend, deren zweiter theils erlogen, theils
verfassungswidrig, deren dritter gleichgültig und unfähig war, staats=
rechtliche Nichtigkeiten zu heilen [1]).

Die Hauptstütze des schwachen [2]) Königs war der gewaltige Julian
von Toledo, dessen Herrschsucht [3]) jetzt jeden Zügel abgestreift hatte
und dessen stolze und harte Leitung den spanischen Priestern bald
selbst zu viel wurde [4]).

Das erwähnte zwölfte und das dreizehnte Concil zu Toledo a. 683
sind neue unheilvolle Siege der Kirche in dem unablässigen Kampf
mit der immer mehr sinkenden Krone: Klerus und Adel theilten sich
in den zerrißnen Purpur des Königthums; ihre Privilegien und ihre
thatsächliche Macht wurden erhöht: mit Grund hat man gesagt, daß
diese nur achtjährige Regierung fallen ließ, was seit Kindasvinth und
Wamba Gutes in dem Reich war erbaut worden: diese priesterliche
Palastrevolution nnd die Regierung ihres Werkzeugs hat den Unter=
gang des Gothenstaats so unmerklich und doch so unabwendbar geför-
dert, wie die leise Unterwühlung der Dämme dem Deichbruch bei der
nächsten Sturmfluth vorarbeitet. Ungebühr und Gesetzesverachtung
des selbstherrlichen Adels und seiner Parteiungen, welche Wamba so
kräftig niedergehalten, schnellten wieder empor zu einer für das Königs=
scepter nicht mehr erreichbaren Höhe: die Rebellen des Paulus wurden in
alle Ehren und Rechte wieder eingesetzt [5]); selbstverständlich ärndtete solche
Schwäche [6]) nicht den Dank, sondern lediglich neue Aufstände des Adels

---

1) Man vergl. die Beschönigung des priesterlichen Verfahrens bei Luc. Tud.
III. 68, Rod. tol. III. 12; Mariana VI. 14, Ferreras II. § 614, gut dagegen
Depping II. p. 292, Cavanilles I. p. 244, Saavedra y F. p. 414; Isid. pac.
p. 294 verschweigt die Entthronung. Erwichs Schuld bezweifelt Dunham II. p. 145,
ehrlich Joh. M. Goth. Egica (l. Ervicus) quamvis sceleratissimus episcopis
suplicem se commendat p. 529.

2) Alf. M. p. 11 erga subditos modestus.

3) erectus in superbis comprimendis; seine schriftstellerische Thätigkeit (gegen
die Juden) Helff. Ar. S. 78, R. de Castro II. p. 382, Ceillier XVIII. p. 733,
Bähr I. S. 471.

4) Concil. Tolet. XII. c. 6.

5) Concil. tol. XII. c. 7. XIII. tom. c. 1. 2 obzwar in starken Ausdrücken
über die scelerata conjuratio, tyranni etc.

6) pius ac modestus erga subditos Luc. tud. III. p. 69 mit Benützung
von Alf. M. und Cc. T.

gegen ben König [1]), so baß bieſer ſelbſt unverletzlich erklärt, ja bie Königin Leovigotho unb ihre Kinber bem Schutze ber Kirche em= pfohlen werben mußten [2]).

Auch ſonſt fehlt es nicht an Zeichen ber Furcht b. h. bewußter Ohnmacht unb ſchlechten Gewiſſens Erwichs [3]): bahin zählt, baß ber König mit Umgehung ſeiner Kinber [4]) Egila, ben Neffen Wamba's, ben er mit ſeiner Tochter Cixilo vermählte, zum Erben erklärte [5]): ebenſo ber Verzicht auf alle Steuerrückſtände [6]), zumal aber bie ſtarke Ab= ſchwächung bes Wehrgeſetzes Wamba's [7]), namentlich mit Erleichterungen für bie Kirche [8]), unb bie Begnabigung berjenigen, welche wegen Verletzung jener Waffenpflicht unter Wamba Freiheit unb Ehre verwirkt hatten, während bie ſchwere Bebrückung ber namentlich von bem Erzbiſchof mit bem Eifer eines Convertiten verfolgten Juben — ſie hatten unter allem ſchweren Zwang unb bunkeln Elenb bas Licht einer eigenartigen Bilbung gepflegt unb bekämpften bie chriſtliche Theologie in gelehrten Streitſchriften, welche Julian, „wie eine Roſe aus bem Gebörn" ſelbſt aus bem Jubenſtamm erwachſen, zu wiberlegen ſuchte — ben hierarchi= ſchen Geiſt bieſer Regierung kennzeichnet.

Die zum größten Theil ſchon im erſten Jahre Erwichs erlaſſenen, auf bem Concil beſchloßnen Jubengeſetze, acht unb zwanzig an ber Zahl, entfalten einen Fanatismus, ber alle früheren Religionsbebrück= ungen in bieſem Reich an Grauſamkeit übertrifft, ſie athmen eine bis in's Kleinlichſte bohrende Rachſucht unb ihre mit lauernber Be= vormunbung burchgeführten Quälereien für Leib unb Seele kennzeichnen ben Geiſt jener Macht, welche ſie bem Staat bictirt hat [9]).

---

1) Daß jene Bewegungen von Anhängern Wamba's ausgingen, Aſchb. S. 296, iſt weber erweislich noch wahrſcheinlich; freilich ſinb auch nicht mit Ferreras II. S. 443 unter ben „Feinben" bie Mauren zu verſtehen.

2) Concil. XIII. c. 4. In Wiederholung früherer Beſchlüſſe.

3) Gut ſchon Masdeu X. p. 218, Rosseeuw I. p. 380.

4) Söhne? benn filii heißt es ſtets Cc. T. XIII. u. XV.

5) Luc. Tud. III. p. 69 consobrinus Alf. M. p. 11, Chron. et series reg. Goth.

6) Concil. tol. XIII. c. 3; gelobt bei Colmeiro I. p. 150.

7) L. V. IX. 2, 8.

8) L. V. IX. 2, 9.

9) Vgl. Stobbe, Rechtsquellen S. 91; über ſeine neben bieſen (wahrſcheinlich beſonbers publicirten) Jubengeſetzen — (ber libellus wirb als in ben Kirchen ver= leſen vorausgeſetzt) — verfaßten anberweitigen Geſetze ſ. „Geſch. b. Geſetzgeb."

Zuletzt entsagte der König, von Krankheit, Aberglauben [1]) und, wie es scheint, Gewissensangst gepeinigt [2]), dem Scepter, das er ebenso verwerflich [3]) geführt wie erlangt hatte, und ging in ein Kloster, wo er alsbald starb (c. 15. November a. 687) [4]).

Sein Nachfolger Egika (gesalbt erst 24. November a. 687) war nicht ganz so schwach und priesterergeben [5]). Er berief alsbald ein Concil nach Toledo [6]), um sich von einer Collision von Eiden befreien zu lassen. Er hatte nämlich dem Erwich, als er sich mit dessen Tochter vermählte, einen Schwur leisten müssen, die königliche Familie zu schützen und in nichts zu schädigen und als er den Thron bestieg, hatte er den verfassungsmäßigen Königs=Eid [7]) geschworen, gegen alle Unter=thanen der Gerechtigkeit zu walten. Da nun unter seinem Vorgänger ungerechtermaßen manche Vornehme — vermuthlich Anhänger Wamba's — sammt ihrem Vermögen Familiengliedern Erwichs als Knechte zu=getheilt worden, so mußte Egika, wollte er diese Unglücklichen, seinem Schwur der Gerechtigkeit getreu, zu Stand und Vermögen restituiren, nothwendig die Verwandten Erwichs „schädigen".

Das Concil entband ihn daher desjenigen Schwures, der nur privaten Charakter hatte, soweit er mit seinem Herrschereib collidirte.

---

1) Davon zeugt sein Gesetz VI. 2, 5.

2) Eine Hungersnoth während seiner Regierung Isid. pac. p. 294, Puiades p. 345.

3) Sehr gut Rosseeuw I. p. 361: ce règne honteux .. ne fut à vrai dire qu' une longue abdication (et) fit plus de mal à l'empire gothique que le règne le plus tyrannique n' aurait pu lui en faire. Ich habe diese immer geistvolle, wenn auch nicht immer kritische, Darstellung (f. die Beilagen über Witika und Roderich) erst nach Abschluß meiner Arbeit, nach Beginn des Druckes kennen gelernt und freue mich unserer mannschafen Uebereinstimmung; viel schwächer ist der rechts= und verfassungsgeschichtliche Theil des Werkes.

4) Alf. M. chron. p. 11 nach Isid. pac. l. c.; über Brückenbau zu seiner Zeit in Merida Mariana VI. 17 f. Verfassung: „Culturpolizei"; eine Inschrift mit seinem Namen a. 686 J. H. nunc tempore potentis Ervigii Getarum regis.

5) Einverstanden Depping II. p. 295, Helff. S. 202. A. M. Rosseeuw I. p. 364. 371 multum sapiens et patiens nennt ihn erst Alf. M. p. 11: Isid. pac. p. 294 dagegen: Gothos acerba morte persequitur.

6) Cc. T. XV. a. 688; eine Inschrift aus diesem Jahr zu Narbonne mit seinem Namen Le Blant II. p. 476; zu Cabir de Castro, Cadiz p. 25 und das größere Werk I. p. 207. Die (bestrittne) Chronologie bestimme ich durch Masdeu IX. p. 464, wo das IV. Jahr Egika's mit dem Jahre 691 p. Chr. (729 der spanischen Era) stimmt (14. Mai).

7) Irrig faßt Rosseeuw I. p. 361 auch diesen als einen besonderen, von Erwich geforderten und ihm geleisteten privaten Schwur.

Schon dieser Vorgang. beutet auf eine seinem Vorgänger entgegen=
gesetzte Tendenz des Königs [1]).

Die dem König feindliche Partei, vielleicht die kirchliche [2]), fand
an dem Nachfolger Julians auf dem Bischofsstuhl zu Toledo, dem
hochgebornen [3]) und hochfahrenden Sisbert, ein gefährliches und ver=
wegenes Haupt. Dieser ränkevolle Mann ist ein echtes Spiegelbild
der damaligen gothischen Priesterschaft und ihres nicht bloß verwelt=
lichten [4]), sondern geradezu nur auf Beherrschung der weltlichen
Dinge gerichteten Sinnes: mag er früher, bis er die höchste Kirchen=
stelle im Staat gewonnen, wie man ihm vorwirft, ein Meister in
heuchelnder Verstellung gewesen sein, jetzt, in der Fülle der Macht,
hielt er diese Mühe, scheint es, für überflüssig.

Ohne die Entrüstung des Volkes und der Geistlichkeit zu scheuen,
legte er übermüthigen Sinnes das von der heiligen Jungfrau dem
St. Hildifuns vom Himmel gebrachte Gewand, die „santa cuculla“,
selbst an, und trat damit bekleidet auf die seither nie beschrittene
Kanzel, auf welcher sie dem Heiligen erschienen. Er begnügte sich
nicht mit dem mächtigen Hirten=Stabe des Primas von Spanien und
der großen Gewalt, welche dieser ohnehin über das Reich gewährte: —
völlig und ungehemmt wollte er den Staat beherrschen. Da nun
Egika, unerachtet seiner Ergebenheit an den Glauben und seiner frei=
gebigen Milde [5]), doch für eine solche Schattenrolle zu stark und

---

1) Daß er sich vielmehr zu seinem (angeblich) immer noch lebenden („exem-
plarmente Lafuente p. 441ᵃ woher?) Oheim Wamba neigte, dessen Einfluß sogar
der Grund gewesen sein soll, aus dem sich Egika von Cirilo trennte (Chron. et
ser. reg. Goth.: filiam Ervigii conjuratione (cum juratione Chron. alb. p. 77)
Wambanae subjecit (al. abjecit) ist eine ganz unverbürgte Ueberlieferung des
späten Luc. Tud. III. 69 avunculus ejus rex Wamba ei praecepit, ut conjugem dimitteret, eo quod pater ejus (so Mariana VI. 18, Pagi ad a. 687.
Desormeaux I. p. 152) Erviglus eum callide expulisset a regno. Dagegen
Helfferich, zweifelnd Rosseeuw I. p. 368; Luc. hat seine Quelle mißverstehend ausgeschrieben. Ausmalungen hiervon bei Alf. Carth. u. Rod. Sant. Vasae. p. 692.
Egica hat die Cirilo wohl erst nach Erwichs Thronbesteigung geheirathet und Witila
ist nicht Cirilo's, sondern einer ersten Frau Sohn. So Helff. und Pfahler A. S. 117,
dagegen Mariana VI. 18. Haltlose Vermuthungen bei Saavedra y F. p. 431.

2) Nach Helff. S. 206 umgekehrt die „gothische“.

3) Aber daß er ein naher Verwandter Wamba's, (Gamero p. 362) ist Er=
findung.

4) Vgl. Lembke I. S. 114 f. über den allgemeinen Sittenverfall des Klerus.

5) Concil tol. XVI. c. 8.

ſelbſtſtändig ſein mochte, faßte der Primas[1]) den Gedanken einer Palaſt=
revolution, wie ſie ja ſchon ſo oft an dieſem Hof von Prieſter= und
Adels=Parteien zu ſichrem Erfolg geführt worden: der König, ſeine
Familie (b. h. ſeine Kinder und ſeine Verwandten nach Wamba's
Seite?) und ſeine treueſten Palatinen[2]) ſollten ermordet werden.

Die Verſchwörung[3]) ward noch zu rechter Zeit entdeckt und der
König erſtickte ſie mit ſchnellen Schlägen: er ließ Sisbert verhaften
und eilte ſeinen Mitſchuldigen[4]) in den Provinzen mit überlegnen
Kräften ſo raſch entgegen, daß ſie, jeden Widerſtand aufgebend, ſich
theils unterwarfen, theils aus dem Lande flohen. Ueber Sisbert
richtete die (XVI.) Kirchen= und Reichs=Verſammlung zu Toledo
a. 693: er ward nach den Strafnormen über Hochverrath[5]) mit Ent=
ſetzung, Conſiscation und Verbannung (exilii ergastulum) geſtraft —
ein Laie wäre dem Tode nicht entgangen — und zudem aus der
Kirchengemeinſchaft geſtoßen: die alten Androhungen gegen das un=
ausrottbare Uebel der Empörung wurden wiederholt[6]).

Schon das nächſte Jahr ſah über eine neue, ungleich gefährlichere
Empörung eine neue Kirchen= und Reichsverſammlung zu Toledo (XVII.)
richten: der Fanatismus dieſes theokratiſchen Staates[7]) hatte ſich, wie
wir geſehen, nachdem der Glaubenskampf zwiſchen Katholicismus und
Arianismus ausgetobt, in der unerträglichſten Unterdrückung der Juden
ausgeprägt. In den letzten Jahrzehnten waren ſehr zahlreiche Iſraeliten,
den unſäglichen Leiden ihres Bekenntniſſes zu entgehen, in die Staats=
kirche eingetreten, welche ihnen begreiflicherweiſe hiedurch nicht weniger
verhaßt blieb. Ferner aber hatten viele Judenfamilien die gothiſche

---

1) Dieſer Ausdruck iſt zwar den gothiſchen Quellen fremd, ſtatt deſſen: „Metro=
politan".

2) So verſtehe ich Cc. XVI. Egicanem regem non tantum regno privare,
sed et morte cum Frogello, Theodemiro, Liuvilane, Liuvigitone quoque
Tecla et caeteris interimere decrevit.

3) L. V. II. 1, 8 Cod. Leg. Cc. T. 1. c. klagt, daß man mit Gift und
Dolch ihm nach dem Leben geſtrebt. Die Verſchwornen hatten ſich eidlich zu Ge=
heimhaltung verbunden.

4) Namentlich auch Geiſtliche Cc. T. XVI. 9. Verbindung mit den Franken,
ſo Sotelo p. 233, unerweislich.

5) L. V. II. 1, 6 (7.) Cc. T. IV. c. 75 und ſpätere.

6) Concil. tol. XVI. c. 9. 10.

7) Egika rühmt, daß das wahrheitsgemäße und ſichre Lob der Glaubenskraft
Spaniens den ganzen Erdkreis erfülle Cc. T. XVII. tom.

Heimath verlassen und sich in den Nachbarländern [1]), zumal in dem nahen Nordafrika angesiedelt [2]), von wo aus sie mit ihren Verwandten und Glaubensgenossen in Spanien Handelsverkehr und andere Verbindungen sorgfältig pflegten.

Die Stellung dieser afrikanischen Juden war jedenfalls erträglicher als die der spanischen, da zu jener Zeit die byzantinischen Kaiser die gesetzlich allerdings noch bestehenden harten Judenordnungen der älteren Imperatoren thatsächlich regelmäßig [3]) ruhen ließen und am Wenigsten in dem entlegnen Afrika in Anwendung brachten. Aber einen ganz glänzenden Umschwung erfuhren jene Hebräer seit der arabischen Eroberung Nordafrika's: der Islam ließ diesen Bekennern eines nahe verwandten strengen Monotheismus mit bilderlosem Cult völlig freie Uebung ihrer Religion und befreite sie von allen ihren Lasten: nur den geringen Kopfzins aller besiegten Andersgläubigen mußten sie bezahlen.

Es begreift sich, mit welchen Gefühlen auf diese Gleichstellung die spanischen Juden blickten, diese Elenden, welche an Freiheit und Ehre, an Gewissen, Leben und Habe fortwährend bedroht den gothischen Staat nur als eine lebenswierige Strafgefangenschaft — ohne Verbrechen — betrachten konnten. Das Ergebniß solcher Vergleiche blieb nicht aus. Sie conspirirten mit den Juden (und Arabern?) in Afrika, vielleicht — denn bewiesen ist es nicht — zu dem Zwecke einer Invasion des Islams in Spanien [4]), die für sie eine Befreiung von dem unerträglichsten Joche war [5]). Die Entdeckung dieses Plans steigerte aber, nachdem Egika im Anfang seiner Regierung sie milder behandelt, ihnen z. B. christliche Knechte wieder belassen hatte [6]), den Fanatismus der Gesetze bis zu der Tendenz sofortiger und absoluter Ausrottung des ganzen Judenthums im Gothenstaat.

Das XVII. Concil von Toledo a. 694 beschloß Verknechtung

<hr>

1) Schon seit Sisibut zahlreich im Frankenreich Mar. Av. cont. p. 416.
2) In transmarinis regionibus Cc. T. XVII. tom.
3) Ausnahmen unter Heraklius.
4) So ohne Weiteres Puiades p. 348, Rosseeuw I. p. 366, Montesq. 28, 7, Depping S. 41, Lafuente II. p. 451. 475, Kayserling Juden S. 5, Dozy II. p. 27, A. de Castro p. 82, besser Colmeiro I. p. 160.
5) Charakteristisch die Sage von dem Verrath der Juden Toledo's bei der Belagerung durch Tarik, s. Lorinser II. S. 210, Rosseeuw II. p. 35.
6) Cc. T. XVII. tom.

aller [1]) erwachſenen Juden, Aufhebung' aus ihren bisherigen Wohn=
ſitzen, Vertheilung derſelben unter die chriſtlichen Familien, Con=
fiscation ihres Vermögens, Trennung aller Judenkinder im Alter von
über 6 Jahren von ihren Aeltern, chriſtliche Erziehung und Verheirathung
derſelben mit Chriſten; ſo daß im Laufe des nächſten Menſchenalters
die Abſorbtion des verhaßten Volkes hätte vollzogen ſein müſſen, —
wenn der Gothenſtaat noch ſo lange beſtanden hätte und es nicht
überhaupt leichter wäre, ſolche Extreme zu verordnen als auszuführen.

Dieſe Vorgänge und Beſchlüſſe, in den uns erhaltnen Acten des
Concils aufgezeichnet [2]), ſind die letzten ſicher beglaubigten Thatſachen
in der Geſchichte des Weſtgothenreichs: für die letzten ſiebzehn Jahre
ſeines Beſtandes beſitzen wir nur ſpäte und ſtückhafte, von Sage und
Kunſtdichtung duftig durchflochtene, von Gelehrten = Fabeln wie von
Spinnweben überzogene, von abſichtlicher Fälſchung entſtellte und ver=
worrene Nachrichten.

Gefährdung der Pyrenäenpäſſe und Septimaniens durch Räubereien
der Basken und Franken deuten noch jene Concilsacten an [3]).

Dagegen iſt ſchon der angebliche Sieg des Feldherrn Theodemer
über eine Flotte der Araber eine Erfindung oder beſſern Falls' eine
Verwechslung [4]).

Es gelang dem König, ſeinen Sohn Witika, den er vorher ſchon
zum dux von Gallicien [5]) beſtellt, vielleicht auch um die unruhigen

---

1) Die ſcharfſinnig vertheidigte Beſchränkung dieſer Geſetze auf die rückfäl=
ligen Juden bei Grätz, weſtgoth. Judengeſetzgebung, wird anderwärts widerlegt
werden.

2) Außer den einzelnen Geſetzen Egika's: ſ. Geſch. der Geſetzgebung.

3) Cc. T. XVII.: intra clausuras; (die inneren Unruhen meint Isid.
pac. p. 300. E. Gothos acerba morte persequitur.) Vgl. Ferreras II. § 653,
Vaissette I. p. 371, Romey p. 226, Aſchb. S. 302; Einfälle der Franken meint
vielleicht Cc. T. 1. c. externae gentis incursu Gallia ab hominibus desolata
dinoscitur; überſehn von Rosseeuw I. p. 370, Alf. M. (Sebast. Salamant.) c. 5
im X. Jahrh.! will genaueres wiſſen: gentes infra regnum tumentes perdomuit,
adversus Francos inrumpentes Gallias ter praelium egit, sed triumphum
nullum egit.

4) Ferreras II. § 652, Velasquez p. 100 und andere Spanier, doch auch
Aſchb. l. c., Ommajaben S. 24, Rosseeuw I. p. 440 und Pfahler A. S. 118
halten an dieſem zweiten Seeſieg vor a. 711 feſt; aber ſchon Lembke l. c. weiſt
darauf hin, daß Isid. pac. die Beſiegten Graecos nennt und die arabiſchen Quellen
ſchweigen.

5) Er iſt alſo nicht der dux regionis intra clausuras Galliae Cc. T. XVII.

Sueven zu gewinnen oder zu bändigen: — er resibirte in Tut[1]) —
zu seinem Mitregenten zu erheben[2]) und ihm hieburch bei seinem
Tode (c. 15. November a. 701 zu Toledo) unangefochtne Nachfolge zu
sichern a. 701 — a. 710[3]).

Fast unmöglich ist es, aus den widersprechenden, dürftigen, parteiischen und vor Allem späten Berichten ein Bild von Witika's[4])
Wesen, Wollen und Walten zu gewinnen, das psychologische und
geschichtliche Wahrscheinlichkeit vereint.

Die Quellen, welche uns am Meisten für eine solche Beurtheilung
geboten haben würden, die Acten der von ihm berufnen XVIII. Kirchen-
versammlung zu Toledo, sind uns verloren[5]): sie wurden angeblich
„als im Widerspruch mit allen früheren Concilien dieses Reiches und
mit den canonischen Forderungen der Kirche“ nach dem Untergang des
Königs und seines Reformversuchs von der siegreichen Hierarchie vernichtet[6]).

Kritische Prüfung der späten Quellen ergiebt, daß wir von diesem
König so gut wie nichts wissen und nur etwa folgende Sätze auf-
stellen können: er war beim Volke in hohem Grade beliebt, der
Priesterschaft in gleichem Grade verhaßt; er hat also wahrscheinlich

---

1) Angebliche Spuren seines Palastes daselbst Ferreras II. § 654, Mariana
VI. 18.

2) 15. November a. 697. Als Gesetzgeber nennt sie beide zusammen L. V.
V. 7, 20, Cd. Leg. Flav. E. et W. reges; ebenso Cd. S. J. R. bei VI. 1, 2; „petulanter“, sagt Isid. pac. d. h. übermüthiger, weil ungewöhnlicher Weise. Münzen
mit beider Namen Masdeu IX. p. 83—86, Vaissette hist. de Languedoc I.
p. 875, Ferreras II. § 654.

3) Nicht a. 700 wie Mayans y Siscar bei Büsching I. S. 382; vgl. Romey
II. p. 227, Saavedra y F. p. 444.

4) Ein Palatinus Witica, der schon auf Cc. T. XII. begegnet, ist schwerlich
dieser König, dessen Vater erst auf XIII. vorkommt. Eine künstliche Zeitrechnung
bei Florez Esp. sagr. II. 187 (gemeinsame, dann alleinige, Regierung Witikas
und Roderichs mit Egika und Witika) hat schon Helff. S. 217 abgewiesen. Die
Wahrheit ist, daß wir nach dem Stand der Quellen nichts wissen: — wenn Isid.
Bej. c. 29 sagt: Felix concilia satis praeclara etiam adhuc cum ambobus
principibus agit, so ist, wie Helff. S. 217 mit Recht bemerkt, auf diese vagen
Sätze nichts zu geben.

5) Der Benedictiner Sarmiento soll in dem galicischen Kloster Celanova
Spuren davon (wie c. 61 Synod. XVIII. conc. tol., L als Zahl der Bischöfe)
gefunden haben vgl. Helff. l. c.

6) Vgl. Helff. und Pfahler A. S. 120, Mariana VI. 19, Pagi l. c. Dagegen Florez l. c.

die absolute Herrschaft des Episkopats über die Krone [1]) energisch angegriffen: nicht frei von der seit den letzten beiden Generationen verbreiteten und tief eingedrungenen Sittenlosigkeit des Gothenvolkes scheint er auch gegen einzelne, vielleicht durch seine Ausschweifungen gekränkte, Häuser des Weltadels Gewalt oder harte Gesetzesstrenge geübt zu haben.

Das Urtheil der seiner Zeit zunächst stehenden Berichte ist nur günstig [2]), enthält noch keine Spur der späteren Anklagen: „er erließ die von seinem Vater verhängten Strafen und zerstörte in öffentlicher feierlicher Handlung die Schuldurkunden (cautiones), welche sein Vater mit List oder Gewalt vielen Unterthanen abgezwungen [3]), er rief die Verbannten zurück und restituirte sie in Aemter und Güter: so daß in ganz Spanien seine Regierung beliebt war" [4]). Erst hundert Jahre nachher taucht in einer fremden Quelle, der Chronik von Moissac, der erste Vorwurf auf: er habe Priestern und Laien durch seine geschlecht= lichen Leidenschaften ein böses Beispiel gegeben [5]) und lawinenartig wachsen jetzt die Beschuldigungen in jeder spätern Nachricht: je ferner stehend, also je unglaubwürdiger, desto stärker sind die Anklagen: sie steigern sich in der Chronik von Albayba [6]) und bei König Alfons [7]), bis endlich in der Mitte des dreizehnten Jahrhunderts der Diakon Lucas von Tuy [8]) die bisher vereinzelten Züge, mit eignen Zuthaten vermehrt, zu einem Bilde zusammenfaßt, welches auf den ersten Blick die Tendenz, die Uebertreibung, die Unmöglichkeit verräth, während der etwas frühere Erzbischof Roderich Ximenez von Toledo [9]) den Widerstreit der Berichte dadurch zu heben sucht, daß er den Fürsten

---

1) Mit Recht hat man (Rosseeuw I. p. 299) die Frage aufgeworfen, wo die Hierarchie in dieser Vergeistlichung des Staates wohl' endlich würde Halt gemacht haben, wenn nicht der Säbel der Mauren ihr kunstvolles Gewebe durchhauen hätte.

2) Die Inschrift bei Gamero p. 364: Rex Witiza diu regnet et astra petat, wage ich nicht zu verwerthen.

3) Mißverstanden von Mariana VI. 19; solche Nachlässe waren häufig auch bei Privatgläubigern als fromme Acte: Paul. Emer. p. 645.

4) So der Contin. des Chron. Joh. Biclar. bis a. 721 und Isid. Pac. c. a. 750. (610—754).

5) Chron. Moissiac. c. a. 818 ad a. 715 Monum. Germ. Script. I. p. 290, Wattenbach, Geschichtsquellen S. 146.

6) bis a. 883; s. Potthast s. h. v.

7) Alf. M. p. 11 † 912, der sogenannte Sebastianus Salamanticensis.

8) † 1250.

9) † 1247.

im Anfang im Sinne der älteren Quellen musterhaft, dann aber, vermöge eines neronischen Umschlags, plötzlich im Sinne der späteren Quellen verabscheuungswürdig regieren läßt[1]). Die Hauptanklagen sind: Un= keuschheit, Auflösung der Kirchenzucht, Aufhebung des Cölibats, Miß= handlung des widerstrebenden besseren Theils des Klerus durch den willfährigen Erzbischof Sinibred von Toledo, Trennung von Rom — er soll gedroht haben, als Eroberer in der Stadt des Pabstes einzu= ziehn! — Rückberufung der Juden und Gleichstellung mit den Christen, Niederreißung aller Städtemauern im Reich, um den Widerstand der Unterthanen zu brechen (außer Toledo, Leon und Astorga), Verbot des Waffentragens, (Verwandlung der Schwerter in Pflugschaaren) — daher die Wehrlosigkeit Spaniens gegen die Araber! — endlich grau= same Verfolgung des Adels, besonders der angeblichen Sprößlinge Kindasvinths und ihres Hauptes, des großen spanischen Nationalhelden Pelagius („Don Pelayo"), des sagengefeierten späteren Erretters des Christenthums auf der Halbinsel.

Im Anhang werden wir die Verbreitung dieser Traditionen, Sagen und Erfindungen durch die spanische Literatur verfolgen: der Geschichte sind sie fremd.

Witika scheint natürlichen Todes gestorben zu sein[2]). Sein Nachfolger Roderich gehört fast nur mit seinem Namen der Geschichte an. Seine historische Existenz wird am Sichersten durch die bis auf ihn reichenden Verzeichnisse der Königsnamen in den Handschriften der Westgothengesetze verbürgt[3]); eine Münze mit seinem Namen ist zweifel= haft, seine Grabschrift zu Viseu in Portugal[4]) unzweifelhaft falsch[5]).

---

1) So Vasaeus ad a. 702, Sotelo p. 227.

2) Februar a. 710, andere a. 709; so Lafuente p. 463, Romey II. p. 243, Muñoz p. 388. Von Empörung Roderichs und Entthronung Witika's spricht auch Rod. tol. III. 16 (nicht Luc. tud. III. p. 69), hienach Romey II. p. 241, César Moncaut I. p. 418, Ascargorta S. 56, Sotelo p. 280, Ferreras IV. § 15; Mayans I. S. 395 componirt die Empörung mit natürlichem Tod Witika's während des Bürgerkriegs; falsch ist die Inschrift hic jacet Vitica In. H.

3) Cd. Lisb.; vgl. Knust in Pertz' Arch. VII. S. 727.

4) Rod. tol. II. 20.

5) Ebenso die Inschrift Masdeu IX. p. 252, welche a. 697 bereits weiß daß R. der „letzte Gothenkönig!"; nach arabischen Berichten heirathete Musa (oder Tarif) seine Wittwe Egilo Pascal y Gayangos; gegen seine angeblichen Gesetze Morales XII. 31, schon Sotelo p. 280.

Zwischen ihn und Witika hat der Eifer der Genealogen, welche die spanischen Könige des sechszehnten und siebzehnten Jahrhunderts unmittelbar auf „Don Pelayo", auf Kindasvinth, ja auf Theoderich den Großen und Kaiser Theodosius zurückführen und dadurch das Alter und die Legitimität des deutschen Kaiserreichs und des französischen Königthums weitaus überstrahlen wollten, einen König Acausa (später Acosta), mit Gattin und Sohn versehen, eingeschoben und ein paar hundert Jahre lang verehrt, welcher lediglich ein — Schreib= oder Lesefehler ist [1]).

Alles, was sich an den Namen König Roderichs, „Don Robrigo's", knüpft, ist früh umrankt und umwoben von dem ebenso reizenden als undurchbringlichen Schlinggewächs spanisch = christlicher und maurischer Volks= und Kunst=Dichtung, von einer ritterlichen Romantik, welche ihre duftigsten Blüthen um diese Gestalt geflochten hat [2]). Wie frische Waldblumen zu gemachten Flitterkränzen verhält sich jene Poesie zu den gelehrt fabricirten genealogischen Fabeln, welche später nationale Eitel= keit mit dem staubigen Apparat gefälschter Stammbäume um die letzten beiden Gothenkönige geheftet hat.

„Roderich, der Sohn jenes tapfern Herzogs Theodifred (eines Enkels oder Sohnes Kindasvinths), den Witika geblendet, schwingt sich nach dessen Tod mit Ausschluß der Königssöhne auf den Thron. Diese Prinzen und der Statthalter in Afrika, Graf Julian, den der König durch Verführung seiner schönen Tochter, Doña Cava oder Florinda, zu tödtlicher Rache getrieben, rufen insgeheim die Araber in's Land. In der Entscheidungsschlacht — auf einem Wagen mit acht weißen Zeltern bespannt fährt der König in den Kampf — gehen die Verräther, denen die Flügel des Christenheeres anvertraut, zum Feinde über und Schlacht und Reich der Gothen ist verloren. König Roderich verschwindet. Im Schilf am Flusse findet man seine goldnen Schuhe".

So die Sage. Die Geschichte aber weiß nur zu sagen, daß das Gothenreich zum Falle längst gereift war, als der Islam im Sieges= lauf seiner jugendlichen Begeisterung in Nordafrika erschien und als= bald den leichten Sprung über die schmale Meerenge wagte.

Die alten inneren Schäden des Staates, Adelsparteiung, Thron= streit, Collision von Staat und Kirche, waren unter den letzten

---

1) S. den Anhang S. 238.
2) S. z. B. die cronica del rey Don Rodrigo.

Königen wieder blutend aufgebrochen; dazu trat ein immer anwach=
sendes Hauptgebrechen: es fehlte an einem starken gemeinfreien Mittel=
stand: die Verfassungsgeschichte wird das Verschwinden des kleinfreien
Grundbesitzes darthun. Die gothischen Bauern — ein gothischer Handel=
und Gewerbestand hatte nie geblüht — waren! rathlose Schutzhörige
oder rechtlose Unfreie des geistlichen und weltlichen Adels geworden,
ohne Verständniß und Interesse für den Staat, dessen Geschicke von
den Concilien und im Palatium zu Toledo entschieden wurden, wo
nur jene doppelte Aristokratie vertreten war: ohne deren Leitung zu
handeln hatten jene Massen längst verlernt.

Das ganze Volk aber war — und die herrschenden Stände zu=
meist — in seiner nationalen, kriegerischen, — „Wamba muß den Muth
bei Prügelstrafe befehlen" [1]) — und moralischen Kraft durch die priester=
liche Gängelung erschlafft, durch die Adelsgeschlechter im Kampf um
die Krone tief gespalten und durch die Mischung mit den entarteten
Romanen verderbt [2]): es scheinen in der That geschlechtliche Laster
häufig geworden zu sein [3]); dem Fall des Reiches fast gleichzeitige
Quellen fassen die Katastrophe als Strafe solcher Ausschweifungen [4]).
Man sieht, die Sage hat typisch den letzten Königen
Witika und Roderich die verhängnißvollen Verirrungen
der ganzen Nation, Ausschweifung und Parteihader, bei=
gelegt — das ist die geschichtliche Bedeutung jener Traditionen.
Charakteristisch ist die Klage schon Isidors, der so selten das Auge
auf die Gegenwart wirft, über den zunehmenden Luxus [5]) der

---

1) Rosseeuw I. p. 298. 353.

2) Depping II. p. 437. Vgl. Helff. S. 14; Sempere historia p. 181 ed.
Moreno p. 131 (anders Bourret p. 194), Muñoz I. p. 374, Lafuente p. 464—486
(Parteiungen), Rosseeuw I. p. 364, Moron I. p. 197. 198, II. p. 264, keines=
wegs wie Rod. tol. hisp. Arab. p. 17 regnum a tempore Leovigildi per annos
CXL. pace continuo laetum! so auch Cenni II. p. 10.

3) Vgl. das Verbot der Päderastie Cc. T. XVI. c. 13, Rosseeuw I. p. 384,
freilich auch schon Cc. Illib.; das Lob Salvians VII. p. 183, p. 158 war, wenn
je, längst nicht mehr verdient.

4) So Bonifac. ep. ad Ethelbaldum regem Merciorum ed. Giles N. 71
p. 132 gentibus Hispaniae .. quae a Deo recidentes fornicatae sunt, donec
judex omnipotens talium criminum ultrices poenas .. per Sarscenos venire
permisit. Dazu Antonii Augustini de emendat. decr. Grat. p. 407. So thun
alle älteren Spanier La Ripa p. 1 u. A.

5) Muñoz I. p. 374 schöpft hiebei zu viel aus maurischen Sagen und Col=
meiro I. p. 185 aus Isidors Etymologien; er citirt Proc. b. V. et Pers. IV. (sic)
Verwechslung mit den Vandalen b. V. II. 6.

Frauen [1]). Daß man aber den drohenden Fall im Gothenreich geahnt habe, ist ganz unerweislich und die Grab=Inschrift des Bischofs Felix († 2. Juni a. 700) in S. Leocadia zu Toledo, angeblich von seinem Nachfolger Guntherich († 707) gesetzt [2]), lediglich eine späte Prophe= zeihung nach (a. 711) dem Geschehenen [3]).

Die Darstellung der maurischen Eroberung liegt nicht in der Aufgabe dieses Werkes [4]): ihre reißenden Fortschritte nach einer ein= zigen Feldschlacht, bei Xerez be la Frontera am Guadalete [5]), bezeugen die äußerst geringe Widerstandskraft des tief gespaltnen Reiches [6]): —

---

1) Origin. XIX. 82 nunc pro auro feminis nullum fere est leve atque immune membrum.

2)　　　Gothica res nisi fallor ego minitata ruinam
　　　ejus et immensa mole laborat opus;
　　　da viros gentique tuae patriaeque foveto
bei Rus Puerta p. 216, Gamero p. 364.

3) Der Nationalstolz hat sich später (wie Rod. tol. III. 22 noch **Mariana** VI. 7 Mondejar p. 36) umgekehrt das rasche Erliegen des ganzen Volkes vor den Ungläubigen als von Gott verhängte mirakelhafte Strafe für die Schuld der beiden Könige zurecht erklärt:

„regis ad exemplum totus componitur orbis"

Widerstand gegen das göttliche Strafgericht Luc. tud. III. p. 69—71. Eulogius memoriale sanctor. I. p. 250 war daher unmöglich; man erblickte schon im Propheten Ezechiel, wo Jsmael, der Stammvater der Mauren, das Land Gog (d. h. der Gothen!) erobert, die Katastrophe vorverfündet. Mariana VI. 7 läßt St. Jsidor die „perdida" und die Wiedererstehung prophezeihn.

4) Vgl. darüber Vorwort; Aschb. Ommajaden S. 30 folg., **Rosseeuw II.** p. 40 f.

5) Das richtige Datum der Schlacht ist der 25./26. Juli **a. 711 Weil I.** S. 523, Murphy p. 57, nicht 31. Juli wie A. Schmidt Arag. S. 1, nicht 13. Oct. wie Muñoz I. p. 372; nach den arabischen Sagen währt sie sieben Tage, vom 19. bis 26. Juli, P. y Gayangos I. chronolog. table p. XCII.; die älteren Ansichten bei La Ripa p. 3, Alcántara II. p. 34, Aschb. Ommajaden S. 30, Dozy II. **Rosseeuw I. a. C. p.** 385; nicht a. 712 wie Ulloa cronol., Cénac Moncaut II. p. 19 und viele Andern; nicht 12. Nov. wie Cavanilles I. p. 339 oder 12. Dec. 714 wie Marichalar I. p. 451; Xerez ist municipium Caesaris Cean Bermudes p. 235, Guadalete arabisch Wâdi-Becca, heute Salado Dozy II. p. 33.

6) Rod. tolet. hist. Arabum c. 9 p. 17 nennt es freilich regnum G. antiqua soliditate firmatum und Marino, discurso in seiner optimistischen Auf= fassung muß sagen: „ignoramos las causas de la ruina"; auch Lafuente's II. p. 524 Urtheil über die Gothenzeit ist zu günstig; s. Depping II. p. 370; Dunham I. p. 194; Moron I. p. 196 zählt die „Vorzüge der Gothen vor allen Germanen" auf, Manresa p. 70: la organizacion de la España goda fué sin disputa el

das Königthum fällt mit dem König, Roderich erhält keinen Nachfolger — in wenigen Tagen tränkten die Mauren, unaufhaltsam von
Südwest nach Nordost über die Halbinsel hinbrausend, ihre Rosse in
den Fluthen des Guadalquivir, der Guadiana, des Tajo: rasch nach
einander fielen die festen Städte Sidonia, Eciga, Cordova, Malaga,
Illiberis (Granada): ohne Widerstand öffnete das stärkste Bollwerk,
die gefeierte Hauptstadt des Gothenreichs, die wohlgefügten Thore und
siegreich wehte bald die grüne Fahne des Propheten von den Zinnen
des alten Königsschlosses zu Toledo.

Erst in der harten Zucht eines Verzweiflungskampfes, eines Racen-
und Glaubenstreits, unter den Entbehrungen und Gefahren des
Gebirgskriegs in den Felsschroffen der Sierren und Nevaden, wider
verhaßte Unterbrücker, wie ihn Spanien dreimal gesehen hat — gegen
Römer, Mauren und Franzosen — wurde das Volk in seiner Mischung
von Romanen und Gothen zu neuer Kraft und Tüchtigkeit gestählt,
aus welcher es, unter dem symbolischen Zusammenschluß durch ein
neu aufsprießendes Königthum, in glorreichem Ringen die schöne Blüthe
des castil'schen Ritterthums entfaltet und schließlich nach 700jähriger
Herrschaft den Halbmond wieder ganz von der pyrenäischen Halbinsel
vertrieben hat. Der neue Staat dieses neuen Volkes, — Spanier, keine
Gothen mehr — war der Lehenstaat, nicht mehr das alt-gothische
Königthum.

parto mas fecundo de la inteligencia humana!! Vgl. Masdeu XI p. 6, Romey
II. p. 246, E. A. Schmidt Aragonien S. 1; der technische stehende Ausdruck der
älteren Spanier ist: „la perdida de España" Pedraza p. 87, Suares p. 127,
Alcántara II. p. 84; über die maurische Eroberung Septimaniens Cénac Moncaut
II. p. 1—18.

Anhang.

Beilagen.

———◆◇◆———

I. Chronologische Reihenfolge der Westgothenkönige.

Athanarich	366 (?) — 381 (25. Jan.). — Fridigern?	
Alarich I.	395—410 (September | October).	
Athaulf	410—415 (August | September).	
Sigrich	415—415 (September).	
Walja	415—419.	
Theoberich I.	419—451 (Anfang Juli).	
Thorismund	451—453.	
Theoberich II.	453—466 (Anfang).	
Eurich	466—485 (vor September).	
Alarich II.	485—507 (nach Pfingsten).	

{ Gesalich	507—511 (März	April)	} Theoberich der Große
{ Amalarich	507—531 (December)	} 507—526.
Theubis	531—548 (März	April).	
Theubigisel	548—549 (October).	
Agila	549—554.	
Athanagild	554—567 (November).	
{ Leova I.	567—572.	
{ Leovigild	567—586 (April	Mai).	

Rekared I.	586—601 (Mai).
Leova II.	601—603.
Witterich	603—610 (Anfang October).
Gunthimar	610—612 (14. August).
Sisibut	612—620 (14. Februar).
Rekared II.	620—621 (16. April?).
{ Svinthila	620—631.
{ Rikimer	? —631 (16. April).

Sisinanth	631—636	(März).
Kinbila	636—640	(1. April).
Tulga	640—641	(10. Mai?).
⸤ Kinbasvinth	641—652	(1. October).
⸤ Rekisvinth	649—672	(22. Jan. 649 — 1. Sept. 672).
Wamba	672—680	(1. Sept. 672 — 14. Oct. 680).
Erwich	680—687	(15. Oct. 680 — 15. Nov. 687).
⸤ Egika	687—701	(gesalbt 24. Nov. 687 — 15. Nov. (?) 701).
⸤ Witika	697—710	(15. Nov.? 697 — Februar 710).
Roberich	710—711	(25. Juli).

III. Falsche Stammbäume und genealogische Fabeln.

An die etwa im neunten und zehnten Jahrhundert erwachsende und schon im dreizehnten Jahrhundert aufgezeichnete echte und harmlose spanische Volkssage und die maurische Kunstdichtung schlossen sich seit dem sechszehnten Jahrhundert mit absichtlicher Fälschung fabricirte Stammbäume, die dann von der nationalen Eitelkeit blindgläubig bis auf die Gegenwart als geschichtliche Wahrheit fortgeführt worden.

Die falschen Stammbäume bezweckten zumal den Vorzug der spanischen Könige des XVI. und XVII. Jahrhunderts an Alter und Legitimität vor dem französischen und deutschen Thron darzuthun: jene Könige sollten unmittelbar von den römischen Kaisern, zumal dem großen Spanier Theodosius I., abstammen und durch Vertrag mit dessen Sohn Honorius, also ganz legitim, sollte das Gothenreich in Spanien begründet worden sein, während der französische und der deutsche Thron auf gewaltsamer Losreißung vom Imperium beruhen.

Zu diesem Behuf ließ man die Könige Castiliens direct von dem sagenhaften Don Pelayo stammen, welcher als Repräsentant des sich im Kampf gegen den Islam neu bildenden spanischen Volkes erscheint.

Pelayo wurde zu einem Enkel Kindasvinths gemacht, dem man außer Rekisvinth noch zwei Söhne Favila (oder Berimund) und Theodifred, eine Tochter Rikilo und einen Neffen Costa, letzteren in Folge eines lächerlichen Schreibversehens, andichtete. Favila's Sohn sollte Pelayo, Theodifreds Sohn der letzte Gothenkönig Roderich sein. Kindasvinths Tochter (oder Nichte) Rikilo sollte dann mit Arbebast, dem Enkel Hermenigilds, vermählt und Mutter Erwichs, Großmutter Witika's sein, welchem man drei Söhne und eine Tochter mit arabi= schen und lateinischen Namen beilegte. Mit Hermenigild war aber durch Theodosia und Severian der Zusammenhang mit Theoderich dem

Großen (al. Theudis) und seiner Gattin Theodora (oder Doña! Sancha!) gegeben, welche als eine Enkelin oder Großnichte des Kaisers Theodosius erfunden wurde: abgesehen davon, daß der Amaler durch Adoption Sohn des Kaisers Zeno geworden war und hiedurch Italien (und Spanien für Amalarich) als Nachfolger in das Imperium rechtmäßig beherrschte: dieser, nicht Karl der Große, sei also der legitime Erbe kaiserlicher Würde im Abendland und den spanischen Königen, den Nachkommen der Pelayo und Kindasvinth, der Hermenigild und Leovigild, der Severianus, Theoderich und Theodosius, gebühre also der Vorrang vor dem Monarchen Frankreichs und dem König der Deutschen, der nur durch Anmaßung den Kaisertitel führe.

Eine Reihe von anderen Irrthümern bezüglich Svinthila's, Sisinanth's, Kindila's, Sisibuts ist theils durch Mißverständniß, theils durch das Bestreben entstanden, die Krone auch des ersten Reichs als erblich darzustellen.

Die folgenden Stammtafeln werden zur Erläuterung beitragen: das Falsche in denselben ergiebt die Vergleichung mit den echten zu S. 234.

Riscita ——— Theobifred.

Egilo al. eine Maurin, Zara Abuliassah ——— Roberich

Alle Kö

Diese genealogischen Fabeln finden sich noch bei Morales ep. ad Resend. p. 259, (dagegen schon treffend Nic. Ant. IV. 4. 74). Lopez Madera p. 25 de la succesion del reyno de España, como es la mas conforme al derecho natural de las gentes, de su mucha antiguedad y continuacion: p. 32 werden alle spanischen Könige auf Rekareb I. (von Julian del Castillo von 1624 bis Theoberich I.) dann auf Alarich I. (Valdesius I. p. 127) zurückgeführt. Vgl. Morales VI. p. 51 desde glorioso rey Recaredo descienden *derechamente* nuestros reyes de Castilla hasta el catolico rey nuestro Señor Don Felipe, segundo desto nombre; vgl. Valdesius p. 100, Pisa p. 92, Julian del Castillo p. 110 nimmt sogar Vererbung der Krone auf die Spindel=seite an (en hembra), weil Erwich Egika mit Cixilo vermählte!

Severianus heißt in der spanischen Tradition „dux", d. h. byzan=tinischer Statthalter von Karthagena=Sevilla: mit Recht bemerkt Helff. Ar. S. 52, daß dies erst in späten Meßbüchern sich findet und deß=halb zu verwerfen ist. Aber deßwegen nun auch die ganze Verbindung mit Theodosia, Leander u. s. w. als Märchen zu verwerfen, geht zu weit. Dafür, trotz Zweifeln, (poco segura Mondejar p. 40, Morales V. p. 533); vgl. Bourret p. 38, Ferreras II. § 442, Espinosa p. 89, Padilla II. p. 33, Lafuente II. p. 348, Dunham p. 119. 218.

Fabel ist natürlich auch, daß er mit seiner Familie, um Ver=folgungen seines Bekenntnisses auszuweichen, aus griechischem Gebiet nach Tolebo zu den Gothen geflüchtet sei (so Yepez).

Die Abstammung von Theoberich dem Großen schon bei Luc. tud. II. 49. Hienach dann Yepez, Vasaeus p. 675; dagegen Mon=dejar p. 40, der aber doch p. 46 Pelayo's königliche Abstammung festhält.

Dagegen schon Elogium s. Leandri Mabillon II. p. 378.

Alle Fabeln über Witika, über Costa den Sohn des Theobifred, und Roberichs Abstammung schon bei Rod. Sant. † 1470, die Meisten auch schon bei Alf. Carth. † 1456, welcher übrigens Rod. Tolet. † 1247 so völlig ausschreibt, daß er Abweichungen selbst angiebt; dann bei Marin. Sicul. † 1532 und Tarapha unter Philipp II. S. 845—6, Vasaeus p. 689 (doch einige Ansätze von Kritik S. 691), Ritius p. 1075, Mariana VI. 19. 20, Salgado p. 250, Villamiel (s. carta) p. XV.—XXIV., Gamero p. 309, Ferreras IV. § 7 (gut einige Kritik III. § 5), Morales VI. p. 354. Jener Theobifred, ein Sohn Rekisvinths, nach Andern Kindasvinths, begegnet schon bei Rod. tol. und Luc. tud. † 1250, ebenso Fafila, der Vater des Pelagius, während jene Fabeln nicht einmal ihrer eigenen Zeitrechnung nach bis Kindasvinth hinauf reichen würden: vgl. Lafuente p. 455—463.

Jener König Acausa, der zwischen Erwich und Egika oder zwischen Witika und Roderich eingeschoben wurde, verdankt seine ganze Existenz nur einem Mißverständniß der Stelle bei Luc. tud. III. 69 durch spätere Abschreiber: era DCCXIV dictus Ervigius regnum obtinuit, quod (al. ea Causa) quia (sic) erat consanguineus Chindaswindi tyrannide sumsit d. h. Erwich vermochte die Krone an sich zu reißen, da er ein Neffe Kindasvinths war. Daraus wurde dann: Er. regnum obtinuit; quod Acausa, (später Causta, Consta, Costa) qui erat cons. Ch., tyrannide sumsit. Dieser König Acosta begegnet dann bei Joh. Magn. Goth. p. 531, Julian del Castillo p. 110, Valdesius und fast allen Gleichzeitigen. Ja, nun fand man auch Münzen mit seinem Namen, welche übrigens Morales VI. p. 366 richtig gedeutet hat: Irena Constantin. rex, nicht Flav. Aconsta rex; aber offenbar hat jene Stelle, nicht, wie Morales meint, erst der Fund der Münzen den König Acosta in's Leben gerufen.

Aber jener Lesefehler hat auch Weib und Kind: de Rogatis p. 7 vermählt ihn mit Doña Anagilba und giebt ihm einen Infanten Don Sancio; viele alte Literatur bei Figueiredo p. 49.

Escandon, Pelayo, ist ein unglaubliches Buch, erschienen zu Madrid 1862, der Königin zugeeignet. Der Verfasser begnügt sich nicht mit der Wiederholung all' dieser genealogischen Fabeln: er ist in Cavadonga, dem Schauplatz des großen Sieges des Pelagius, geboren und deßhalb berufen eine epoca, que á fuer heroica se tiene hoy por fabulosa p. IX., in ihrer tieferen Wahrheit aufzudecken: zu diesem Behuf nimmt er eine symbolische Deutung der Namen (und Thatsachen) vor, welche er aus Wilhelm von Humbolds Sprachphilosophie geschöpft hat: (!) in c. IX. giebt er eine Etymologie der fraglichen Königsnamen (sin que se tenga por infalibile la etimologia de las voces, ellas tienen su arte, allerdings!) welche an Verrücktheit alles mir Bekannte überflügelt: Pelayo, Pelagius bezeichnet Ruhm und bellator, Alfonso ist „ille fons", Witica ist vitiosus, Rodericus ist rex doctus, Ranimer ist regni mirus, Hermisvintha ist hormesion. p. 140 f.

Aber das Merkwürdigste ist, daß alle diese Herrschaften, symbolisch-allegorischer Natur, gleichwohl leibhaftig gelebt und alle von ihnen berichteten Thaten vollbracht haben: p. 19 en la aplicacion á la historia será *yo el primero* que abre la senda del conocimiento de la dialectica de los tropos.

IV. Ueber König Wittika.

Der contin. des Joh. Biclar. (— a. 721) España sagrada VI.
p. 438 sagt: Vitica decedente patre *nimia quietudine* ejus in solio
sedit *omni populo redamante* u. von Roberich nur: R. *furtim magis*
quam virtute Gothorum invadit regnum.

Isidor. pac. p. 296 (— a. 754) hic patri (al. patris) succedens
in solio *quamquam petulanter* clementissimus tamen XV. per
annos exstat in regno: qui non solum eos quos pater damna-
verat ad gratiam recipit tentos (sic, al. exemptos) exilio, verum
etiam (al. quasi) clientulos manet (al. habet) in restaurando:
nam quos ille gravi oppresserat jugo, pristino iste reducebat in
gaudio et quos ille a proprio abdicaverat solo, iste pie (al. pro)
reformans reparabat ex dono (al. damno) sicque convocatis cunctis
postremo cautiones [1]), quas parens more (al. ore) subtraxerat
subdolo, iste in conspectu omnium digno cremavit incendio et
non solum innoxios reddidit, si vellent (al. vellet) ab insolubili
vinculo, verum etiam rebus propriis redditis et olim jam fisco
mancipatis palatino restaurat officio.... W. decrepito jam patre
pariter regnat qui (wer?) suprafatae cladis non ferentes exitium
per Hispaniam e palatio vagitant, (al. v. restituuntur) qua de
causa .. decesso jam patre florentissime suprafatos per annos
regnum retemptat atque omnis Hispania gaudio nimio freta lae-
tatur. Dann ohne Erwähnung einer Absetzung W.'s: Rudericus
hortante senatu tumultuose regnum invadit: d. h. wohl Ausschluß
der Söhne des frieblich verstorbenen Wittika: keine Erwähnung von
Julian unb Caba: nur R. eo praelio fugato omni Gotorum exer-

---

1) Nicht Beschuldigungen ober eibliche Verschwörungsurkunben wie Helff.
S. 218, Plürr I. p. 382, sonbern Schulbscheine.

citu qui cum eo aemulanter fraudulenterque ob ambitionem regni
advenerant cecidit. sicque regnum simul cum patria male cum
aemulorum internecione amisit.

Von W. sagt er nur noch: Sinderedus (ep. tol.) sanctimonii
studio claret atque longaevos et merito honorabiles viros (ber
Kirche von T.) non secundum scientiam zelo sanctitatis stimulat
atque instinctu jam dicti W. principis eos sub ejus tempore con-
vexare non cessat.

Falsch die Urkunde der Schenkung an das Kloster Lorbano, angeblich
a. 760: de la parentela de Witiça *buen rei.* Mayans I. S. 387.

Chronicon moissiacense (— a. 818 resp. a. 840) Pertz Monum. I.
p. 290 Witicha deditus in feminis exemplo suo sacerdotes ac
populum luxuriose vivere docuit, irritans furorem domini. Sara-
ceni tunc in Spania ingrediuntur; wohl nach Bonifac. ep. oben
S. 228 N. 4, der aber nur vom Volk, nicht vom König spricht.

Chron. ovetense p. 63 (— a. 850). Vitiza .. malus homo fuit
plenus omnium iniquitatum: episcopis et cunctis ordinibus ecclesiasticis uxores habere praecepit: canones claudere mandavit
arma in suo regno neminem habere jussit et ideo quia pessimus
fuit ex suis filiis nemo in regno consedit (nichts von Entthronung
und gewaltsamem Tod).

Dagegen das Chron. albeld. (— a. 883) weiß von allen Beschuldigungen nur: Faffilanem ducem Pelagii patrem (den Egika
nach Tuy verbannt hatte) quadam occasione uxoris fuste in
capite percussit unde post ad mortem pervenit: ob occasione
uxoris heißt: auf Antrieb der Frau des Faffila oder: aus Eifersucht
auf seine Frau, ist unklar[1]).

Alf. M. c. 6 p. 11 († a. 912 c. 882). Vitizanus .. probosus
et moribus flagitiosus fuit et sicut equus et mulus, quibus non
est intellectus, cum uxoribus et concubinis plurimis se inqui-
navit et ne adversus eum censura ecclesiastica consurgeret, concilia dissolvit, canones observavit omnemque religionis ordinem

---

1) Mit Recht sagt Mayans, daß dieser Zug wegen Verbindung mit dem ganz
sagenhaften Don Pelayo unverwerthbar; anders freilich die Meisten; von einer angeblichen Tochter oder Enkelin Witika's, Sarah la Goda, leitete der arabische Schriftsteller El Kou thya seine Herkunft ab Cherbonneau p. 1; Witika's Söhne heißen
ihm Almounz, (seine Tochter Sarah), Roumlouh und Arbebast — letzterer Name
eine Reminiscenz an Erwichs Vater p. 3.

depravavit, episcopis, presbyteris, diaconibus uxores habere praecepit: istud quidem scelus Hispaniae causae pereundi fuit et quia reges et sacerdotes legem Domini derelinquerunt, omnia agmina Gotorum Saracenorum gladio perierunt (weiß nichts von Entthronung oder gewaltsamem Tod).

Das Chronicon iriense (Ende des X. Jahrh., Anfang des XI.) sagt nur: Vitiza non bonus und Rudericus pecor anteriore; über alle diese Quellen Isid. pac., Chron. moissiac., Chron. alb., „Sebast. salam.", monach. sil. (XI. Jahrh.), Chron. ovet., iriense, annal. complutens. Aschb. Ommajaden p. IX. — XVIII.; irrig läßt dieser die ep. Bonifac. oben S. 228 bereits Witika anklagen.

Der Chronist aus Silos c. 14 sagt: igitur tempore Witticae Gothorum regis . . ex bono et aequo multa nefanda et horribilia flagitia in Hispania sunt rursus multiplicata. cum enim idem Wittisa militaribus armis aliisque bonis artibus, quibus regnum libere reparatur, male abuteretur et ad inertiam et voluptatem carnis soluto impudicitiae fraeno pessundatus esset, simul omnis gens Gothorum laxo imperio animum ad lasciviam et superbiam flectere coepit. namque postposita omni religione divina spretis animorum medicamentis alienas prosperas res iuvadendi rapiendi domique trahendi velut tabes exercitus Gothorum libido invasit: sed et episcopi caeterique Dei cultores aspernabantur, sacrosanctae ecclesiae clausis foribus pro nihil habebantur, synodalia concilia dissolvuntur, sancti canones sigillantur. postremo quidquid pudicum, quidquid sobrium, quidquid honestum videbatur, ea tempestate ludibrio ducebatur. et quod lacrymabile relatu videtur, ne adversus eum pro tanto scelere sancta ecclesia insurgeret, episcopis, presbyteris, diaconibus atque omnibus sacri altaris ministris carnales uxores lascivas rex habere praecepit: quippe Gothorum regis post ubi magis in conviviis libidinibusque exercendis quam in laboribus studiisque ab his malis purgandi regnum animus incendit, praeter ocium ei caetera fastidium erant.

Nach späterer Erfindung sollte schon Egika den Favila nach Gallicien verbannt und Witika ihn „seiner Gattin wegen" mit einem Stock erschlagen haben, vgl. Helff. l. c. Jener Erzbischof Sindired soll bei der maurischen Eroberung nach Rom entflohen und Oppa, Witika's Bruder, im Einverständniß mit den Ungläubigen auf den erledigten Stuhl gestiegen sein. Durch seine Hülfe habe dann Muza viele edle Gothen ermorden lassen, bis der treulose Priester von dem Helden Pelayo gefangen und mit dem Tode bestraft worden sei.

Jener Tradition folgen dann blindlings alle Aelteren: de Catel p. 509, Vaissette I. p. 375, Berganza p. 81, vgl. crisis p. 9, Morales VI. p. 359, Valiente p. 110 seq., Joh. Magn. Goth. p. 531 pessimis tyrannis comparandus, Alcocer I. 42, Desormeaux I. p. 168, Villadiego 58, Mayerne p. 192, Saavedra y Faxardo p. 446, Vasaeus ad a. 702, Sotelo p. 227, Tomeo y Benedicto I. p. 154, Julian del Castillo p. 110 (von da ab überhaupt Roman, nicht mehr Geschichte), Puiades p. 350 c. 136 del mal rey W. y los pessims costums seus y dels pecats que posà en Esp., Pisa p. 119, Beuter p. 415, de Rogatis p. 4 (Roman), Ascargorta S. 56, Pagi crit. ad Baron. ad a. 701, Mariana III. 7, bis zumal gegen diesen in Mayans ein Vertheidiger des Königes erstand l. c. I. S. 403 f.; aber noch Helff. Ar. S. 80 hält die Aufhebung des Cölibats für gewiß und Moron II. p. 266 die ganze Anklage aufrecht! (Unger S. 32 die Trennung von Rom) ähnlich Gamero p. 308, Phillips I. S. 362, Gieseler I. S. 749, Guizot civil. II. p. 285, Valiente p. 117, Cénac Moncaut I. p. 413, Cavanilles I. p. 254. Den Gipfel der Unkritik aber hält de los Rios p. 30 f. fest, der die Thaten des VII. Jahrhunderts durch die gelehrte Autorität des — Morales beweist, einen um mehr als 500 Jahre entlegnen Zeugen wie Luc. Tud. und die „Weisheit" von Alfonso und Roderich „verwerthet!", weil sie König und Erzbischof waren.

Zweifelnd Depping II. p. 299, Marichalar I. p. 450, schon Masdeu X. p. 220, XI. p. 248 (u. Llorente p. 17), abgeschrieben bei Romey II. p. 228 seq., gegen Mariana vertheidigt ihn gut wider alle Beschuldigungen ausgenommen die Ausschweifungen, vgl. Gieseler I. S. 750.

Mehr oder minder kritisch verhalten sich zu der Tradition Aschb. Westg. l. c., Ommajaden S. 24, Ferreras IV. § 6. 11, Lardiz. p. 34, Lafuente p. 455—63 (der in der Apologie freilich mit Recht nicht so weit geht wie Mayans de Siscar); Dunham II. p. 152, Pfahler S. 507, A. de Castro p. 34, Muñoz p. 386—388; gut im Uebrigen Rosseeuw I. p. 376, der aber doch die Verfolgungen Theobifreds, Pelayo's, Roderichs, deren Abstammung von Kindasvinth, Theodemers Seesieg über die Mauren a. 709 und Roderichs Empörung annimmt.

V. Ueber König Roderich und die maurische Eroberung.

Wie die Aelteren z. B. Iserhielm p. 105, sämmtlich, hält noch Manoel de Figueiredo Lisboa 1786 in seiner kritischen Abhandlung dissertaçaõ histor.-crit. en que claramente se mostram fabulosos os factos, com que está enredada a vida de R. rei dos Godos. que este monarca na batalha de Guadalete morreo etc. (viele alte Literatur p. 4. 9) p. 9 Theobisred für den Sohn Kinbasvinths: er ist ihm Gatte der Riscita, senhora de sangue real.

Aber auch noch die modernste spanische und französische Geschicht= schreibung thut beßgleichen: so Lafuente II. p. 464—486 trotz seiner Kritik p. 454—463, ebenso Moron I. p. 198, II. 136. 266, Pedraza p. 87, Muñoz I. p. 379, Cénac Moncaut I. p. 413, (Rosseeuw I. p. 328), Marichalar I. p. 451. Ulloa cronol. setzt Roderichs Empörung schon in a. 709; über die Chronologie noch Masdeu X. p. 320—326. Die Empörung, nach El Kou thya p. 3 zu Corbova, nimmt auch an Dunham II. p. 153. Cavanilles I. p. 255 nebst Blendung nach der cronica del rey R.!! Abfall der Söhne Witika's Murphy p. 57, A. de Castro p. 37, Muñoz I. l. c. Die arabischen Sagen lassen Witika friedlich sterben und dann mit Umgehung seiner Söhne Ro= berich, der keinem Königsgeschlecht angehört, erwählen P. y Gayangos I. p. 254 oder sich gegen die Wittwe und den unmündigen Erben em= pören l. c. Empörung Roderichs gegen W. Rotteck IV. S. 157, Pfahler Gesch. S. 511, Dozy p. 33, A. de Castro p. 37, Mari= chalar l. c. Witika's Ermordung Dozy l. c. Blendung Helff. l. c. Abd El Hakem bei Johnes p. 18 nennt Roderich the lord of An- dalus, who used to reside in Toledo; nach Joh. Bicl. cont. comes in Corbova; daher dux von Biscaya de Rogatis p. 6. Das Richtige

ift, daß W. natürlichen Todes zu Toledo starb und R. durch tumultuarische Wahl einer Adelspartei (Luc. tud. l. c. R. tumultuose
regnum hortante senatu invadit.) mit Ausschluß der Söhne succedirte.

Gibbon c. 51 verwerthet die späten poetischen Darstellungen zu
einem seiner anmuthigen Geschichtsbilder von freilich mehr künstlerischer
Wahrheit als historischer Richtigkeit.

Die ganze Cava=Mythe recipirt Pedraza p. 87, Sotelo
p. 231, de Catel p. 510 (etwas abweichende Version), San Pedro
Pascual, der Witika statt Roderich nennt, die cronica general, Cardonne I. p. 65, Berganza p. 84, (crisis p. 59 bekämpft Pellicer's
Kritik), Alcocer I. 42, Murphy p. 56, Morales VI. p. 369 und
Iliberia p. 225 (gegen Conde), Joh. M. Goth. p. 531, Desormeaux
I. p. 70, Villadiego p. 58, Mayerne p. 193. Cava's Vater heißt
in den arabischen Sagen Ilyán, Abd El Hakem bei Johnes Ilyan,
lord of Septa, governor of the straits. Vgl. Puiades p. 352, Pisa
p. 121 Beuter p. 411, P. y Gayangos I. p. 255 sehr schön p. 257,
Saavedra y Faxardo p. 400 etc.; aber auch noch bei Moron II.
p. 266, Weil I. S. 516, Marichalar I. p. 451, und de los Rios
p. 30—33 l. c. (Florinda heißt sie hier mit dem alten romanhaften
Namen.) Dozy II. p. 51, Alcántara I. p. 289, Julian del Castillo
p. 113, Iserhielm p. 102.

Auch die Episode der maurischen Sclavin Alifa, die sich in
bunklem Gemach dem König für ihre Herrin ausgiebt, recipirt Tomeo
y Benedicto I. p. 162.

Zweifelnd Depping II. p. 303; stillschweigend ausgeschlossen bei
de Castro, Cadiz I. p. 210.

Die Darstellungen schwanken zwischen Verführungen und Gewalt
Abd El Hakem p. 19.

Dagegen fassen den Bericht als Sage Vaissette I. p. 377, sehr
gut schon Mayans I, S. 398, Masdeu X. p. 223, Valiente p. 116,
Cavanilles I. p. 335; vgl. Gamero p. 316, A. de Castro p. 36,
Rosseeuw I. p. 379. Aschbach Ommajaden S. 80; er läßt Julian
Roderich beßhalb nicht anerkennen, weil die Söhne Witika's, Eva
und Sisibut, und sein Bruder Oppa, an Julian festhaltend, den Kampf
gegen den Anmasser Roderich noch fortführten (unerweislich), ebenso
Muñoz p. 399, ähnlich Weil I. l. c.

Ueber den arabischen Ursprung des Namens Cava (arabisch:
Dirne, sonst Florinde), und Alifa (Morales Iliberia p. 225) und der

Sage f. Conde I. S. 26. Der „Brief Cava's" bei Mariana VI. 21 ist lesenswerth; gegen Cara's Existenz schon Mayans I. S. 398, Masdeu X. p. 223. Alfs. M. weiß noch nichts von ihr und Julian; er nennt nur die Söhne Witika's als Verräther; f. aber auch A. de Castro p. 40.

Der erste Abendländer, der die Cava-Sage bringt, ist der Mönch von Silos aus dem XI. und XII. Jahrhundert; hienach dann Rod. tol. und Luc. tud.

Zur Zeit scheint in Spanien die Deutung vorzuherrschen, daß „violar à la Caaba" ursprünglich Austreibung einer unter Wamba eingewanderten judaisirenden (arabischen?) Secte Caab durch Egika und Cc. T. XVII. bedeutet habe; f. die Literatur bei Gamero p. 318.

Ueber die Sage von dem scheulosen Erschließen des geheimen Gemaches (oder der Truhe) im Palast zu Toledo, das kein Gothenkönig vor ihm zu betreten gewagt, durch Roderich (Abd El Hakem bei Johnes p. 20), El Kou thya bei Cherbonneau p. 8, aus Habsucht oder Neugier, wo man dann die drohenden Gestalten der Mauren und eine böse Prophezeihung findet, — ein Adler wirft dann einen Brand auf das Dach und das Haus geht in Flammen auf, — zuerst Chron. bei Rod. tol. III. 18, Julian del Castillo p. 113, gut dagegen schon Valiente p. 115, A. de Castro p. 36, (dann Murphy; auch über Roderichs Palast zu Al-mobavar bei Cordova p. 55), weitere spanische Sagen bei Pedraza p. 84, zumal von dem wunderbaren Wirbelwind und der Deutung durch den Bischof von Granada, dann von der Prophezeihung Merlins Julian del Castillo p. 113, Puiades p. 352 „pronosticos de la perdida de España", Pisa p. 120, Weil I. S. 521.

Dagegen Muñoz p. 388, Cavanilles I. p. 335, Rosseeuw I. p. 482 f.

Maurische Sagen über Gefechte mit Tarik schon unter Witika um Tanger Pascal y Gayangos I. p. 254, maurische und spanische über den Seesieg von a. 709 unter Theodemer, arab. Rosseeuw I. p. 380. 440, vgl. Weil I. S. 519.

Ueber die Bewegungen und Gefechte vor Guadalete viele Fabeln und Erfindungen bei de Castro, Cadiz I. p. 214—218. Widerstand Theodemers und Edekons gegen die Mauren p. 211; vgl. Figueiredo p. 10. Landung auf Gibraltar 30. April a. 711, in Spanien 1. Mai Weil I. S. 518.

Ueber die Schlacht am Guadalete vgl. die Sagen und Fabeln bei Conde I. p. 29. 36, Murphy p. 57, Fernandez y Perez p. 115, Morales VI. p. 372, (A. de Castro p. 40), Hiberia p. 215—227, Weil I. S. 520, P. y Gayangos I. p. 274, (E. A. Schmid Arag. 1.) Die Gothen glaubten lange nicht, daß die Araber mehr als einen Beutezug, daß sie dauernde Eroberung und Niederlassung bezwecktm. Vgl. Rosseeuw II. p. 35, P. y Gayangos I. p. 275, über die Vorgänge seit der Landung p. 265—275, Verrath unter dem Adel p. 270 gewiß aus der Sage zu entnehmen. Aschb. Ommajaden S. It. nach maurischen Berichten siegen 25,000 Araber über 90,000 Christen, Murphy l. c. 40,000—70,000. Den Uebergang Julians und der Söhne Witika's in dem Gefecht nimmt noch Rosseeuw L. p. 387 an; die berühmte spanische Romanze über die Schlacht p. 485.

Ueber des Königs Flucht auf seinem treuen Roß Orella Rosseeuw I. p. 387.

Roderichs Wittwe Egilo soll dann Abbulaziz neben andern edeln Gothinen in seinen Harem aufgenommen haben (Isid. pac.), umgekehrt giebt Roderich eine Maurin, Zara Abualiassa, zur Gattin Abulcacim Tarif Abentarique, p. 1—39, dessen Fabeln eine Hauptquelle für de Rogatis wurden.

Roderichs Grabschrift zu Viseu in Portugal hält auch noch für echt (wie Beuter p. 41, de Catel p. 510 und Iserhielm p. 104) Aldama I.! a. 1859! Dagegen, zumal gegen die verläumberischen Zusätze, Figueiredo p. 21, der ihn mit Recht in der Schlacht fallen läßt: gegen Fabeln über seine späteren Schicksale als Mönch, die sich an das Bild de Nuestra Señora de Nazareth in Cauliana knüpfen p. 33 und über seine Bußen und Teufelsversuchungen die coronica del rey don Rodrigo.